노동법 I

KB191694

노동법 I 쟁점과 사례연습

발행일	2022년 4월 5일		
지은이	김성권		
펴낸이	손형국		
펴낸곳	(주)북랩		
편집인	선일영	편집	정두철, 배진용, 김현아, 박준, 장하영
디자인	이현수, 김민하, 허지혜, 안유경	제작	박기성, 황동현, 구성우, 권태련
마케팅	김회란, 박진관		
출판등록	2004. 12. 1(제2012-000051호)		
주소	서울특별시 금천구 가산디지털 1로 168, 우림라이온스밸리 B동 B113~114호, C동 B101호		
홈페이지	www.book.co.kr		
전화번호	(02)2026-5777	팩스	(02)2026-5747

ISBN 979-11-6836-269-7 14360 (종이책) 979-11-6836-270-3 15360 (전자책)
979-11-6836-279-6 14360 (세트)

잘못된 책은 구입한 곳에서 교환해드립니다.
이 책은 저작권법에 따라 보호받는 저작물이므로 무단 전재와 복제를 금합니다.

(주)북랩 성공출판의 파트너

북랩 홈페이지와 패밀리 사이트에서 다양한 출판 솔루션을 만나 보세요!
홈페이지 book.co.kr • **블로그** blog.naver.com/essaybook • **출판문의** book@book.co.kr

2023 공인노무사

변호사시험 5급공채

노동법 I

쟁점과 사례연습

공인노무사 김성권

북랩

_머리말

본서 '**노동법 I 쟁점과 사례연습**'은 기존의 노동법 교재들과 비교할 때 다음과 같은 점에서 획기적으로 구별됩니다. 기존의 노동법 교재는 기본서, 요약서, 사례집으로 나뉘어져 있기 때문에 수험생들은 먼저 기본서로 내용을 학습을 한 후에 사례집을 통하여 기본 이론을 사례에 적용하는 연습을 한 후 쟁점 중심의 요약서를 구입하여 마무리 정리하는 과정을 거치는 경우가 일반적이었습니다. 따라서, 수험생은 최소한 3권의 교재는 구입해야 하였고, 경우에 따라서는 거기에 추가하여 기출문제집까지 구매해야만 하였습니다. 그런데, 본 '**노동법 I 쟁점과 사례연습**'은 위의 3권내지 4권, 즉, 기본서, 요약서, 사례집 및 기출문제집을 모두 합친 원스톱 기능을 수행하고 있습니다. 따라서 별도의 기본서가 필요없이 기본 내용을 학습할 수 있을 뿐 아니라, 최종 마무리 정리 및 사례연습까지 원스톱으로 해결할 수 있습니다. 그 결과, 본서 '**노동법 I 쟁점과 사례연습**'은 기본서, 요약서, 사례집의 기능을 동시에 수행할 수 있게 되었습니다. 특히, 본서에 수록된 사례는 역대 노무사 시험, 변호사 시험, 행정고시, 변호사시험 모의시험 및 최신 유력 판례를 사례화한 것으로서, 본서(노동법 I, 노동법 II)에 수록된 사례는 무려 208개(노동법 I 108개, 노동법 II 90개(유사사례 포함시 100개))에 달합니다. 따라서, 수험생은 별도로 기출문제집을 구입할 필요 없음은 물론 사례를 통한 심화학습을 통하여 모든 종류의 시험을 완벽하게 대비하실 수 있습니다. 본서에는 2022년 2월 17일자 판례(2022.2.10. 선고 2020다279951 판결)까지 사례화하여 수록하였습니다.

그런데, 무엇보다 중요한 것은 본서 '**노동법 I 쟁점과 사례연습**'은 출제 가능한 모든 주요 쟁점을 총망라하고 있다는 점입니다. 다시 말하면, 본서의 쟁점을 벗어나는 쟁점은 존재할 수 없다는 것입니다. 왜냐하면, 원래 노동법은 출제 가능한 내용이 상대적으로 그리 많지 않은 법과목으로서, 그나마 출제 가능한 부분들은 사실상 거의 모두 기출문제로 노출되었고, 그 결과, 노동법은 기존에 이미 노출된 쟁점들이 상호 반복되어 출제되고 있는 형국인데, 본서에는 기출문제들이 모두 수록되었을 뿐 아니라, 기출문제를 포함하여 본서에 수록된 방대한 사례는 출제 가능한 모든 논점을 커버하고도 남기 때문입니다. 실제로 필자가 2020년에 발행한 '**통합 노동법 쟁점 및 사례**'는 출간 이후 모든 역대 시험(노무사시험, 변호사 시험, 5급 공채시험 등)를 단 하나도 빠지지 않고 100% 적중하였다는 사실을 기억하신다면, 그보다 한층 업그레이드된 버전인 본서 '**노동법 I 쟁점과 사례연습**'의 파괴력은 충분히 예상하실 것으로 믿습니다.

다시 말하자면, 본서 한권이면 노동법 시험은 완벽하게 대비할 수 있다는 의미가 됩니다. 따라서, 수험생 여러분은 절대로 학습 범위를 넓히지 마시고 오로지 본서 한권만을 반복하여 학습한다면 소기의 목적을 달성할 수 있으리라 확신합니다.

시험에는 왕도가 없습니다. 그러나, 서술형 시험을 효율적으로 준비하기 위한 최적의 방법은 학습 내용을 압축적으로 정리한 후, 그것을 최대한 반복하여 학습하는 것이라는 점에는 의문의 여지가 없습니다. 본서에는 출제 가능한 노동법의 모든 쟁점이 총망라되어 있으며, 특히 주요 쟁점의 경우에는 한 페이지로 요약하여 수록하고 있습니다. 따라서, 강력하게 추천드리는 바는, 노동법 시험을 준비하는 수험생은 본서의 '쟁점'을 단 하나도 빠지지 않고 직접 손으로 반복해서 필서해 보시라는 것이다. 직접 반복해서 써보면 학습내용이 저절로 체화되는 것을 느끼실 것이며, 그것이 필자가 추천하는 최고의 학습방법입니다.

필자는 똑똑한 사람보다 성실한 사람이 시험에 많이들 합격하시기 바랍니다. 필자의 일천한 경험에 의하면 똑똑한 사람이 사회에 누를 끼치는 것은 보았어도, 성실한 사람이 사회에 폐가 되는 것은 본적이 없습니다. 노무사든 변호사든 공무원이든 설실한 분들이 많이 되셨으면 하고, 이 책을 성실하게 100회독 이상 완독하시어 모두들 시험에 꼭 합격하셔서 이 사회의 성실한 지도자가 되신다면, 필자로서는 그보다 더 큰 보람은 없을 것입니다.

마지막으로 노동법 시험을 준비하시는 분들에게 반복하여 당부드리고자 하는 바는 절대로 학습 범위를 넓히지 말라는 것입니다. 확언 드리는 바는, 본서 한권이면 어떤 노동법 시험이든 충분히 대처할 수 있다는 것입니다. 본서는 기존의 기본서, 요약서, 사례집 및 기출문제집의 기능을 통합하여 수행하고 있을 뿐 아니라, 중요 논점은 오히려 그 어떤 기본서보다 심도 깊게 다루고 있으므로, 더 이상 범위를 넓히지 말고 본서만 반복 학습하여도 충분히 소기의 목적을 달성할 수 있을 것입니다.

본서를 통하여 시험을 준비하는 모든 분에게 합격의 영광이 함께 하기를 기원하며, 본서의 출판을 맡아 주신 ㈜북랩 손형국 대표님, 김회란 본부장님 그리고 편집부 여러분께 감사드립니다.

2022년 4월

공인노무사 **김성권**

_목 차

PART 01. 노동법총론

PART 02. 개별적 근로관계법

PART 01

노동법총론

노 동 법 | 쟁 점 과 사 례 연 습

제1장 노동법의 법원과 유리조건 우선의 원칙

1. 노동법의 법원

(1) 노동법의 법원(法源)의 개념

'법원'이란 '**법의 연원**'을 약칭하는 것으로서, 일반적 의미의 '법원'이란 법관이 재판을 할 때 있어서 적용하여야 할 재판의 기준이 되는 **법의 존재형식**을 의미하는 성문법인 헌법과 법률을 의미한다. 또한 헌법에 따라 체결·공포된 조약도 국내법과 같은 효력을 가지므로(헌법 제6조 제1항), 국제노동기구(ILO)협약을 비롯하여 우리나라가 비준, 공포한 조약은 노동법의 법원의 하나로 인정된다. 그런데 **노동법 영역**에서는, 이와 같은 **객관적 의미의 법원**에서 더 나아가, 근로자와 사용자에게 권리의무를 발생시키는 '노사자치규범'인 **단체협약, 취업규칙, 근로계약 및 노동관행**(**사실인 관습**)과 같은 **주관적 법원**의 법원으로서의 규범성을 긍정한다.

(2) 법원으로서의 노동관행 인정여부(→사례: 01)

근로관계에서의 권리 · 의무의 내용은 헌법 및 노동관계 법률, 단체협약, 취업규칙, 근로계약 등 다양한 법원으로부터 나오는 바, 헌법 및 노동관계 법률과 같은 **객관적 법원**이나 노동관계의 당사자들의 의사에 기초하여 인정되는 단체협약, 취업규칙, 근로계약과 같은 **주관적 법원** 외에 이른바 '**노동관행**[1]'을 법원으로 보아 이를 **법적 청구권 기초**로 할 수 있는지 문제된다.→(**쟁점**) **법원으로서의 노동관행의 인정 여부**)

노동관행으로 인정되기 위해서는 어느 사업체 내에서 근로조건 등과 관련하여 일정한 관행이 노사 간에 아무런 이의 없이 오랫동안 반복적으로 행하여 짐으로써 그 노사 간에 그러한 취급 내지 처리가 당연한 것으로 받아들여져 기업사회에서 일반적으로 근로관계를 규율하는 규범적인 사실로서 명확히 승인되거나, 기업의 구성원이 일반적으로 아무런 이의도 제기하지 아니한 채 당연한 것으로 받아들여 기업 내에서 **'사실상의 제도'로서 확립**되어 하나의 묵시적 규범으로 인식되어 정착되기에 이르러야 한다는 것이 판례의 태도이다.(대법원 1993.01.26. 선고 92다11695 판결 등) 한편, 기업에 일정한 관행이 있더라도, 단체협약이나 취업규칙 등이 **그러한 관행과 다른 내용을 명시적으로 정하고 있다면**, 그러한 관행을 이유로 단체협약이나 취업규칙상의 규정을 배척함에는 **특히 신중해야 한다**는 것이 최근의 대법원의 입장이다(대법원 2021. 12. 16. 선고 2016다7975 판결)

---

1) 이러한 노동관행도 역시 **주관적 법원**으로서 일종의 **불문의 취업규칙**에 해당한다. 따라서 취업규칙의 변경에 준하여 근로자의 과반수로 조직된 노동조합의 동의를 얻었다는 등의 특별한 사정이 없는 한 사용자가 일방적으로 노동관행에 반하여 근로자에게 불리한 조치를 취할 수는 없다.(대법원 2002.4.23. 선고 2000다50701 판결)

(쟁점) 법원으로서의 노동관행의 인정 여부(→사례: 01)

1) 문제점

근로관계에서의 권리 의무 내용은 헌법 및 노동관계 법률, 단체협약, 취업규칙, 근로계약 등 다양한 법원으로부터 나오는 바, 이른바 '**노동관행**'을 법원으로 보아 이를 **법적 청구권 기초**로 할 수 있는지 문제된다.

2) 학설

가. 규범설

사업장의 구체적인 노동(경영)관행에도 일종의 경영상의 관습법과 같은 **규범력**이 인정되므로 이를 청구권의 기초로 삼을 수 있다는 견해이다.

나. 계약설

사용자의 특정한 행태가 반복되면 그러한 행태 내지 급부에 대하여 의무를 부담하겠다는 사용자의 의사가 추단되고, 근로자는 이를 수령함으로써 근로계약 당사자간에 특정한 급부를 목적으로 하는 **합의**가 성립된다는 견해이다.

다. 신뢰책임성

신뢰책임설에 의하면 사용자가 반복되는 동일한 형태를 통하여 근로자에게 그러한 행태가 계속될 것을 **신뢰**하도록 하였다면 사용자는 그러한 경영상의 형태가 반복되거나 동일한 급부를 받게 될 것이라는 신뢰를 구축하게 될 것이므로 **신의칙상** 그러한 근로자의 **신뢰는 보호**되어야 한다는 견해이다.

3) 판례

노동관행으로 인정되기 위해서는 어느 사업체 내에서 근로조건 등과 관련하여 일정한 취급 내지 처리가 노사 간에 아무런 이의 없이 오랫동안 반복적으로 행하여 짐으로써 그 노사 간에 그러한 취급 내지 처리가 당연한 것으로 받아들여져 기업사회에서 일반적으로 근로관계를 규율하는 규범적인 사실로서 명확히 승인되거나, 기업의 구성원이 일반적으로 아무런 이의도 제기하지 아니한 채 당연한 것으로 받아들여 기업 내에서 '**사실상의 제도**'**로서 확립**되어 하나의 묵시적 규범으로 인식되어 정착되기에 이르러야 한다는 것이 판례의 태도이다.(대법원 1993.01.26. 선고 92다11695 판결 등)

4) 소결

사용자의 일정한 경영상의 형태가 반복되거나 사실적 급부가 계속되어 기업내에서 사실상의 제도로서의 노동관행이 확립되면 근로자들은 앞으로도 그러한 경영상의 형태가 반복되거나 동일한 급부를 받게 될 것이라는 신뢰를 구축하게 되고, 따라서 이러한 신뢰는 보호되어야 한다는 점에서 **신뢰책임설**이 타당하다. 따라서, 이를 위해서는 그러한 관행이 기업의 구성원이 일반적으로 아무런 이의도 제기하지 아니한 채 당연한 것으로 받아들여 기업 내에서 '**사실상의 제도**'로서 확립되어 하나의 묵시적 규범으로 인식되어 정착되기에 이르러야 할 것이다.

사례연습 01

법원으로서의 노동관행(대법원 2021. 12. 16. 선고 2016다7975 판결 : 출제유력)

A사는 근로계약이나 단체협약에서 정한 바 없이 10년 전부터 경영실적이나 근로자들의 업무성적과 관계 없이 모든 근로자들에게 매년 12월말에 최소한 100만원 이상의 특별 상여금을 지급하여 왔다. 그런데, 2018년부터 갑작스러운 경영난에 빠지게 된 A사는 계속적인 경영적자로 인해 경영상 어려움을 겪자 2020. 10. 1. 자로 기존 대표이사를 해임시키고 새로운 대표이사를 취임시켰다. 새로 취입한 대표이사는 동년 12월부터는 더 이상 특별 상여금을 지급하지 않기로 결정하고 이를 공고하였다.

한편, B사는 소속 근로자에게 상여금을 지급해 왔는데, B사의 단체협약에서는 B사가 조합원에게 상여금을 지급한다고 정하고, 지급률과 지급시기 등 세부사항은 따로 정하도록 하였다. B사의 2012년 급여세칙은 상여금에 관하여 다음과 같이 정하고 있다.

> [급여세칙]
>
> 제25조(상여금)
>
> ① 상여금의 연간 지급률은 800%로 하되, 2월, 4월, 6월, 8월, 10월, 12월말에 100%씩 합계 600%의 기간상여를, 설날과 추석에 각각 50%의 명절상여를, 12월말에 100%의 연간상여를 지급한다.
>
> ② 상여금 적용일수는, 기간상여가 지급월 전월 2개월, 연간상여가 전년도 12월부터 당해연도 11월까지, 명절상여는 이전 명절상여 지급일 이후부터 다음 지급일까지이다. 퇴직자에 대한 상여금은 적용대상 기간 동안 근무분에 대해서 일할 계산하여 지급한다.

다만 위 급여세칙이 정하는 명절상여는 2011년에 신설되어 지급되기 시작한 것으로서, 그 이전까지 상여금은 명절상여 100%를 제외한 700%였다. 그리고,명절상여의 경우에는 지금까지 재직 근로자에게만 지급하였고 퇴직근로자에게는 지급한 바 없으며, 그동안 아무도 이에 대하여 이의를 제기한 바 없다. 다만, B사가 퇴직한 근로자에게 명절상여를 지급하지 않는다는 사정을 정식으로 공지하거나 공식화한 바는 없다. B사는 직원들에게 급여세칙상의 상여금을 통상임금에 포함시켜서 계산한 연장근로수당, 야간근로수당 등 법정수당을 지급하였지만, 관행적으로 재직자에게만 지급하여 온 명정살여금은 통상임금에 포함되지 않는 것으로 보고 이를 제외하였다.

1. A사에서 20년 이상 근속하고 있는 근로자 갑은 2020년 연말에 A사에 대하여 연말 특별상여금을 지급할 것을 청구하고 있다. 이러한 갑의 주장은 타당한가?
2. B사 근로자 을은 급여세칙상 명절상여도 통상임금에 포함시켜 계산한 연장근로수당, 야간근로수당 등 법정수당을 지급하여야 한다고 주장하고 있다. 이러한 을의 주장은 타당한가?

I. 설문 1의 해결

1. 쟁점의 정리

사안에서 A사는 근로계약이나 단체협약에서 정한 바 없이 관행적으로 모든 근로자들에게 매년 12월말에 최소한 100만원 이상의 특별 상여금을 지급하여 오고 있는 바, 근로자 갑에게 특별상여금 지급 청구권이 인정되는 지의 여부와 관련하여 먼저 이러한 회사의 관행이 근로자의 임금 청구권의 기초가 되는 이른바 '노동관행'에 해당하는 지 여부를 살펴본 후, 본 사례에서 갑이 그 지급을 청구하는 특별 상여금이 근로기준법상 임금에 해당하는 지 여부를 검토하여야 할 것이다.

2. 노동관행(경영관행)에 의한 청구권의 인정여부

(1) 문제점

근로관계에서의 권리 의무 내용은 헌법 및 노동관계 법률, 단체협약, 취업규칙, 근로계약 등 다양한 법원으로부터 나오는 바, 헌법 및 노동관계 법률과 같은 객관적 법원이나 노동관계의 당사자들의 의사에 기초하여 인정되는 단체협약, 취업규칙, 근로계약과 같은 주관적 법원 외에 이른바 '노동관행'을 법원으로 보아 이를 법적 청구권 기초로 할 수 있는지 문제된다.

(2) 학설

1) 규범설

사업장의 구체적인 노동(경영)관행에도 일종의 경영상의 관습법과 같은 규범력이 인정되므로 이를 청구권의 기초로 삼을 수 있다는 견해이다.

2) 계약설

사용자의 특정한 행태가 반복되면 그러한 행태 내지 급부에 대하여 의무를 부담하겠다는 사용자의 의사가 추단되고, 근로자는 이를 수령함으로써 근로계약 당사자간에 특정한 급부를 목적으로 하는 합의가 성립된다는 견해이다.

3) 신뢰책임설

사용자의 반복된 급부 내지 행태를 통하여 근로자에게 그러한 경영상의 형태가 반복되거나 동일한 급부를 받게 될 것이라는 신뢰가 구축하게 된다면 신의칙상 그러한 근로자의 신뢰는 보호되어야 한다는 견해이다.

(3) 판례

어느 사업체 내에서 근로조건 등과 관련하여 일정한 취급 내지 처리가 노사 간에 아무런 이의 없이 오랫동안 반복적으로 행하여 짐으로써 그 노사 간에 그러한 취급 내지 처리가 당연한 것으로 받아들여져 기업사회에서 일반적으로 근로관계를 규율하는 규범적인 사실로서 명확히 승인되거나, 기업의 구성원이 일반적으로 아무런 이의도 제기하지 아니한 채 당연한 것으로 받아들여 기업 내에서 '사실상의 제도'로서 확립되어 하나의 묵시적 규범으로 인식되어 정착되기에 이르러야 한다는 것이 판례의 태도이다.(대법원 1993.1.26. 선고 92다11695 판결 등)

(4) 소결

사용자의 일정한 경영상의 형태가 반복되거나 사실적 급부가 계속되어 기업내에서 사실상의 제도로서의 노동관행이 확립되면 근로자들은 앞으로도 그러한 경영상의 형태가 반복되거나 동일한 급부를 받게 될 것이라는 신뢰를 구축하게 되고, 따라서 이러한 신뢰는 보호되어야 한다는 점에서 '신뢰책임설'이 타당하다. 따라서, 이를 위해서는 그러한 관행을 기업의 구성원이 일반적으로 아무런 이의도 제기하지 아니한 채 당연한 것으로 받아들여 기업 내에서 '사실상의 제도'로서 확립되어 하나의 묵시적 규범으로 인식되어 정착되기에 이르러야 할 것이다.

3. 특별 상여금의 임금성

(1) 근로기준법상 임금

'근로기준법상 임금'이란 사용자가 근로의 대가로 근로자에게 임금, 봉급, 그밖에 어떠한 명칭으로든지 지급하는 일체의 '금품'으로서, 근로자에게 계속적 · 정기적으로 지급되고 그 지급에 관하여 단체협약, 취업규칙, 급여규정, 근로계약과 노동관행 등에 의하여 사용자에게 그 지급의무가 지워져 있는 것을 모두 포함한다. 판례는 사용자가 지급하는 금품이 근로의 대가인지 여부는 임금의 명칭이 무엇인지 여부와 관계없이, 사용자의 임금 지급 의무의 발생이 근로자의 근로제공과 직접적으로 혹은 밀접하게 관련되었는지의 여부에 따라 결정된다는 전제하에, 이러한 사용자의 '지급의무'의 발생 근거는 단체협약, 취업규칙, 근로계약은 물론, 사용자의 방침이나 회사의 관행에 따라 계속적으로 이루어져 노사 간에 그 지급이 당연한 것으로 여겨질 정도의 관례가 형성된 '노동관행'이라도 무방하다는 입장이다.(대법원 1999.5.12. 선고 97다5015488 판결)

(2) 상여금의 임금성

판례는 상여금의 지급이 (ⅰ) 취업규칙 등에 지급조건, 금액, 지급시기가 정해져 있거나 전 근로자에게 관례적으로 지급하여 사회통념상 근로자가 당연히 지급 받을 수 있다는 기대를 갖게 되는 경우에는 근로기준법상 임금에 해당할 것이지만, (ⅱ) 관례적으로 지급한 사례가 없고, 기업이윤에 따라 일시적, 불확정적으로 사용자의 재량이나 호의에 의해 지급하는 경우에는 근로기준법상 임금에 해당하지 않는다는 입장이다.

(3) 사안의 경우

취업규칙 등에 지급조건, 금액, 지급시기가 정해져 있는 경우는 물론이고 회사의 관행에 따라 전 근로자에게 관례적으로 지급하여 노사간에 그 지급이 당연한 것으로 여겨질 정도의 관례가 형성된 '노동관행'에 따라 사회통념상 근로자가 당연히 지급 받을 수 있다는 기대를 갖게 되는 경우에는 근로기준법상 임금에 해당한다고 보아야 할 것인 바, A사는 근로계약이나 단체협약에서 정한 바 없지만 20년 이상 경영실적이나 근로자들의 업무성적과 관계없이 모든 근로자들에게 계속적 · 정기적으로 지급하여 왔으므로 사안의 특별상여금은 근로기준법상 임금에 해당한다.

4. 결론

사안에서 모든 근로자들에게 매년 12월말에 최소한 100만원 이상의 특별 상여금을 지급하여 온 회사의 관행은 기업의 구성원이 일반적으로 아무런 이의도 제기하지 아니한 채 당연한 것으로 받아들여 기업 내에서 '사실상의 제도'로서 확립되어 하나의 묵시적 규범으로 인식되어 정착되었다고 판단되고, 따라서 그러한 특별 상여금은 근로기준법상 임금에 해당하므로 연말에 A사에 대하여 연말 특별상여금을 지급할 것을 청구하는 근로자 갑의 주장은 타당하다.

II. 설문 2의 해결

1. 쟁점의 정리

사안에서 근로자 을은 급여세칙상의 명절상여도 통상임금에 포함시켜 계산한 연장근로수당, 야간근로수당 등 법정수당을 지급하여야 한다고 주장하고 있는 바, 이러한 을의 주장이 타당한 지를 검토하기 위해서는 먼저 일할 계산하여 지급하는 급여세칙상의 명절상여금이 통상임금에 해당하는 지 살펴보아야 할 것이다. 한편, B사는 임금세칙에도 불구하고 명절상여금의 경우에는 급여세칙과 달리 관행적으로 재직 근로자에게만 지급하여 왔고 퇴직근로자에게는 지급한 바 없을 뿐 아니라, 그동안 아무도 이에 대하여 이의를 제기한 바 없다고 한다. 그렇다면, 이와 같이 급여세칙의 규정과 달리 행하여지고 있는 B사의 경영관행이 법원으로서의 규범력이 인정될 수 있는지를 검토하여야 할 것이다.

2. 명절상여금의 통상임금 해당여부

(1) 통상임금의 의의

통상임금이란 '근로자에게 정기적이고 일률적으로 소정근로에 대하여 지급하기로 정한 시간급 · 일급 · 주급 · 월급 또는 총근로에 대한 도급금액'을 말하는 바(근로기준법 시행령 제6조 제1항), 대법원은 '통상임금이란 근로자가 소정근로시간에 통상적으로 제공하는 근로인 소정근로의 대가로 지급하기로 약정한 금품으로서 정기적 · 일률적 · 고정적으로 지급되는 임금'이라고 정의하면서, '어떠한 임금이 통상임금에 속하는지 여부는 그 임금이 소정근로의 대가로 근로자에게 지급되는 금품으로서 정기적 · 일률적 · 고정적으로 지급되는 것인지를 기준으로 그 객관적인 성질에 따라 판단하여야 하고, 임금의 명칭이나 그 지급주기의 장단 등 형식적 기준에 의해 정할 것이 아니다.'라고 한다.(대법원 2013.12.18. 선고 2012다89399 판결)

(2) 통상임금의 판단기준

1) 소정근로의 대가

판례는 '소정근로의 대가'라 함은 근로자가 소정근로시간에 통상적으로 제공하기로 정한 근로에 관하여 사용자와 근로자가 지급하기로 약정한 금품이라고 하면서, '근로자가 소정근로시간을 초과하여 근로를 제공하거나 근로계약에서 제공하기로 정한 근로 외의 근로를 특별히 제공함으로써 사용자로부터 추가로 지급받는 임금이나 소정근로시간의 근로와는 관련 없이 지급받는 임금은 소정근로의 대가라 할 수 없으므로 통상임금에 속하지 아니한다.'고 판시하였다.(대법원 2013.12.18. 선고 2012다89399 판결)

2) 정기성

'정기성'이란 임금을 '정기적'으로, 즉 사전에 미리 정해진 일정한 기간마다 '주기적 · 규칙적'으로 지급하는 것을 의미한다. 정기성이란 1임금지급기간에 임금을 지급하는 것을 말하므로, 소정근로에 대한 대가가 정기적이라고 할 수 있으려면 시간급, 일급, 주급, 월급이어야 하고, 1회적이거나 비정기적으로 지급되는 금품들은 통상임금에는 포함되지 않는다. 다만, 통상임금에 속하기 위한 성질을 갖춘 임금이 1개월을 넘는 기간마다 정기적으로 지급되는 경우, 이는 노사간의 합의 등에 따라 근로자가 소정근로시간에 통상적으로 제공하는 근로의 대가가 1개월을 넘는 기간마다 분할지급되고 있는 것일 뿐, 그러한 사정 때문에 갑자기 그 임금이 소정근로의 대가로서의 성질을 상실하거나 정기성을 상실하게 되는 것이 아니하다. 따라서 정기상여금과 같이 일정한 주기로 지급되는 임금의 경우 단지 그 지급주기가 1개월을 넘는 다는 사정만으로 그 임금이 통상임금에서 제외된다고 할 수는 없다.

3) 일률성

통상임금은 '일률적'이라야 한다는 의미는 당해 사업 · 사업장의 모든 근로자가 그 임금의 지급대상으로 정해져 있다는 것을 의미한다. 모든 근로자에게 지급되고 있는 이상 직급에 따라 그 구체적인 지급액이 차이가 있더라도 통상임금에 포함시키는 데에 아무런 지장이 없다. 판례는 '일률적'으로 지급되는 것에는 사업 또는 사업장의 '모든 근로자'에게 지급되는 것뿐만 아니라 '일정한 조건 또는 기준에 달하는 모든 근로자에게 지급되는 것도 포함된다.'(대법원 2013.12.18. 선고 2012다89399 판결)는 입장이다.

4) 고정성

어떤 임금이 통상임금에 속하기 위해서는 그것이 고정적으로 지급되어야 한다. '고정성'이라 함은 '근로자가 제공한 근로에 대하여 그 업적, 성과 기타의 추가적인 조건과 관계없이 당연히 지급될 것이 확정되어 있는 성질'을 말한다. 매 근무일마다 일정액의 임금을 지급하기로 정함으로써 근무일수에 따라 일할계산하여 임금이 지급되는 경우에는 실제 근무일수에 따라 그 지급액이 달라지기는 하지만, 근로자가 임의의 날에 소정근로를 제공하기만 하면 그에 대하여 일정액을 지급받을 것이 확정되어 있으므로, 이러한 임금은 고정적 임금에 해당한다. 근로자가 특정 시점 전에 퇴직하더라도 그 근무일수에 비례한 만큼의 임금이 지급되는 경우에는 앞서 본 매 근무일마다 지급되는 임금과 실질적인 차이가 없으므로, 근무일수에 비례하여 지급되는 한도에서는 고정성이 부정되지 않는다.

(3) 사안의 경우

사안의 명절상여는 적용대상 기간 동안의 근무분에 대하여 일할계산하여 지급하도록 되어 있는바, 이와 같이 근로자가 특정 시점 전에 퇴직하더라도 그 근무일수에 비례한 만큼의 임금이 지급되는 경우에는 매 근무일마다 지급되는 임금과 실질적인 차이가 없으므로 고정성이 인정된다. 따라서 사안의 명절 상여금은 일할계산하여 지급하도록 되어 있는 한에 있어서는 통상임금에 해당한다.

3. 관행적으로 재직자에 한하여 명절상여를 지급하는 경우

(1) 문제점

B사는 임금세칙에도 불구하고 명절상여금의 경우에는 급여세칙과 달리 재직 근로자에게만 지급하여 왔고 퇴직근로자에게는 지급한 바 없을뿐 아니라, 그동안 아무도 이에 대하여 이의를 제기한 바 없다고 하는 바, 이와 같이 급여세칙과 다른 B사의 경영관행이 법원으로서의 규범력이 인정될 수 있는지 문제된다.

(2) 법원으로서의 경영관행

어느 사업체 내에서 근로조건 등과 관련하여 일정한 관행이 노사 간에 아무런 이의 없이 오랫동안 반복적으로 행하여 짐으로써 그 노사 간에 그러한 관행이 당연한 것으로 받아들여져 기업사회에서 일반적으로 근로관계를 규율하는 규범적인 사실로서 명확히 승인되거나, 기업의 구성원이 일반적으로 아무런 이의도 제기하지 아니한 채 당연한 것으로 받아들여 기업 내에서 '사실상의 제도'로서 확립되어 하나의 묵시적 규범으로 인식되어 정착되기에 이르러야 한다는 것이 판례의 태도이다. (대법원 1993.1.26. 선고 92다11695 판결 등)

(3) 사안의 경우

어느 기업의 단체협약이나 취업규칙 등에 기업의 관행과 다른 내용을 명시적으로 정하고 있다면, 경영상 관행을 이유로 단체협약이나 취업규칙상의 명문의 규정을 배척함에는 특히 신중해야 할 것인 바(대법원 2021. 12. 16. 선고 2016다7975 판결), 특히 본 사안의 경우와 같이 그 경영관행의 내용이 근로자에게 불리하게 형성된 경우에는 더욱 그러하다. 대법원은'단체협약과 같은 처분문서를 해석할 때 명문의 규정을 근로자에게 불리하게 변형 해석할 수 없다(2011. 10. 13. 선고 2009다102452 판결).'는 법리를 정립하고 있는 바, 본 사안의 취업규칙(임금세칙)은 단체협약과 함께 근로계약의 내용을 이루고 있다는 점에서 볼 때, 명문의 취업규칙을 근로자에게 불리하게 변형 해석할 수는 없을 것이다. 더군다나, 명문의 규정에 반하여 관행적으로 명절상여금을 일할지급하지 아니하는 사용자의 의무 불이행에 대해 규범성을 부여하여 근로자에게 불리하게 해석할 수는 없는 일이다. 따라서, 본 사안의 관행은 규범력이 인정되는 법원으로 볼 수 없다고 해야 한다.

4. 결론

B사의 관행은 규범력이 인정되는 법원으로 볼 수 없으므로, 임금세칙에 따라 일할계산하여 지급될 것으로 되어 있는 본 사안의 명절상여금은 통상임금의 범위에 산정하는 것이 타당하다. 따라서, 단체협약의 급여세칙상 명절상여도 통상임금에 포함시켜 계산한 연장근로수당, 야간근로수당 등 법정수당을 지급하여야 한다고 주장하는 근로자 을의 주장은 타당하다.

관련판례 대법원 2002.4.23. 선고 2000다50701 판결(취지) 경영관행의 법원성

어느 사업체 내에서 근로조건 등과 관련하여 일정한 취급 내지 처리가 노사 간에 아무런 이의 없이 오랫동안 반복적으로 행하여 짐으로써 그 노사 간에 그러한 취급 내지 처리가 당연한 것으로 받아들여져 기업사회에서 일반적으로 근로관계를 규율하는 규범적인 사실로서 명확히 승인되거나, 기업의 구성원이 일반적으로 아무런 이의도 제기하지 아니한 채 당연한 것으로 받아들여 기업 내에서 **'사실상의 제도'로서 확립**되어 하나의 묵시적 규범으로 인식되어 정착되기에 이르렀다면 그러한 취급 내지 처리는 이른바 노동관행으로서 근로기준법과 단체협약 등에 반하지 아니하고 그러한 취급 내지 처리가 오히려 근로자에게 유리한 근로계약의 내용이 되어 개별근로 관계를 규율하는 효력이 있다 할 것이어서, **취업규칙의 변경에 준하여 근로자의 과반수로 조직된 노동조합의 동의를 얻었다는 등의 특별한 사정이 없는 한 사용자가 일방적으로 그러한 노동관행에 반하여 근로자에게 불리한 조치를 취할 수는 없다.**

관련판례 대법원 2021. 12. 16. 선고 2016다7975 판결 경영관행 인정의 한계

특정 임금 항목이 근로자가 소정근로를 했는지 여부와 상관없이 특정 시점에 재직 중인 근로자에게만 지급하는 임금인지를 판단할 때에는, 그에 관한 근로계약이나 단체협약 또는 취업규칙 등 규정의 내용, 사업장 내 임금 지급 실태나 관행, 노사의 인식 등을 종합적으로 고려해서 판단해야 한다(대법원 2013. 12. 18. 선고 2012다94643 전원합의체 판결, 대법원 2020. 4. 29. 선고 2018다303417 판결 참조). 그리고 특정 시점이 되기 전에 퇴직한 근로자에게 특정 임금 항목을 지급하지 않는 관행이 있더라도, 단체협약이나 취업규칙 등이 그러한 관행과 다른 내용을 명시적으로 정하고 있으면 그러한 관행을 이유로 해당 임금 항목의 통상임금성을 배척함에는 특히 신중해야 한다

관련판례 대법원 2021. 12. 16. 선고 2016다7975 판결[2] 퇴사자에 대한 임금인상분 차액분 지급

근로자 乙이 주장하는 노사관행이 만약 A사가 재직 근로자들에게 임금인상분 차액을 소급하여 지급한 사실을 말하는 것이라면, 이는 노사간에 체결된 단체협약 및 이에 따라 개정된 보수규정에 따른 것임이 분명하므로, 거기에 무슨 노사관행이 성립할 여지는 없다. 또한 노사관행이 이미 퇴직한 근로자들에게까지 임의로 임금인상분 및 퇴직금 인상분 차액을 추가 지급하여 준 사실을 말하는 것이라면, 그것은 노동조합 또는 근로자 집단과 사용자 사이에 있었던 사실이 아니라, **이미 퇴직한 근로자들과 사용자인 A사 사이에 있었던 외부적 사정에 불과**[3]하므로, 그로써 노동조합 또는 근로자 집단과 사용자 사이의 노사관행이 성립할 수도 없는 것이다. 다만, 근로자 乙로서는 乙이 재직할 당시 A회사가 이미 퇴직한 근로자들에게 위와 같이 임금 및 퇴직금인상분 차액을 지급하여 온 사실에 기하여 자신도 퇴직하게 되면 같은 대우를 받을 것이라는 기대를 가지고 있었다고 볼 수는 있으나, **단체협약은 그 본래적인 성질에 있어서 협약 당사자인 구성원에게만 그 효력이 미치는 것이 원칙이고** 단체협약 적용 당시에 이미 퇴사한 근로자에게는 적용될 여지가 없다는 점에 비추어 보면, **위와 같은 내용의 노사관행은 그 성립요건인 규범의식 자체가 인정될 수 없는 것이**므로, 이미 퇴사한 근로자에게도 당연히 단체협약이 소급적으로 적용된다고 볼 수는 없다'

2) (판례사례연습) A사는 새로운 대표이사의 경영방침에 따라 근로자 乙에게 2010. 2.20. 임금 및 퇴직금을 지급하면서 2009. 12. 1.부터 2010. 2.10.까지의 기간에 대한 퇴직금인상분 차액을 추가로 지급하지 아니하였다. 퇴사한 근로자 乙은 자신에게 '퇴직금 인상분 차액'을 지급하지 않는 것은 단체협약에 위반되며, 또한 그 동안 퇴직금 인상분 차액을 지급하여온 회사의 관행에 위배되는 것으로서 부당하다고 주장하고 있다. 이러한 乙의 주장은 타당한가? → (해결) **乙의 주장은 타당하지 않다.**

3) 판례는 이미 퇴사한 근로자에게는 단체협약이 적용될 여지가 없을 뿐 아니라 회사와 퇴사한 근로자 사이에는 원칙적으로 경영관행이 존재할 여지가 없다는 태도임.(본 사안은 예외적인 관행도 불인정)

2. 유리조건 우선의 원칙 ('상위법 우선의 원칙'에 대한 예외)

(1) 노동법에서의 법원의 경합(→사례: 02, 03)

'여러 법원이 충돌하는 경우에 어느 법원을 우선 적용하는 가의 문제가 '법원의 경합'이다. 법원의 경합에는 ① **다른 순위**간의 법원이 경합하는 '**상위법 우선의 원칙**[4]', ② **같은 순위** 법원의 법원이 경합[5]하는 (i) **신법 우선의 원칙** 및 (ii) **특별법 우선의 원칙**이 있다. 노동관계법의 기본적 규율대상인 근로관계의 성립과 내용은 근로계약에 의하여 일차적으로 결정되지만, 이러한 근로관계에 대하여 **다수의 법원들이 중첩적으로 적용되어 여러 법원들이 충돌**하는 경우가 적지 않기 때문에, 노동법의 규범 질서를 합목적적으로 조율하기 위한 **법원의 경합**은 노동법에 있어서 매우 중요한 위치를 차지하고 있다. 특히, 노동법에서는 다른 순위 법원 간에 적용되는 '**상위법 우선의 원칙**' **에 대한 예외**로서, 노동법 특유의 원칙인 '유리조건 우선의 원칙'의 인정여부가 문제되고 있다.

(2) 유리조건 우선의 원칙(→사례: 02, 03)

근로관계의 내용을 형성하는 노동법상의 법원은 근로기준법, 단체협약, 취업규칙, 근로계약 등이 있는데, 이들 법원 사이에는 노동법 특유의 원칙인 '유리조건 우선의 원칙'이 지배한다. '유리조건 우선의 원칙'은 다른 순위 법원 간에 적용되는 '**상위법 우선의 원칙**'**에 대한 예외**로서, 하위의 법원이 상위의 법원보다 근로자에게 유리한 내용을 규정하고 있는 경우에는 상위법 우선의 원칙에도 불구하고 **근로자에게 유리한 내용을 규정하고 있는 하위의 법원이 우선적으로 적용**된다는 것이다. 이를테면, 근로기준법 제97조에 따라 취업규칙에 미달하는 근로조건을 정한 근로계약은 그 부분에 관하여 무효로 되므로, 취업규칙이 근로계약보다 상위의 법원으로서의 효력이 인정되는 결과, 근로계약과 취업규칙의 내용이 충돌하는 경우에는 원칙적으로는 '상위법 우선의 원칙'에 따라 상위의 법원인 취업규칙이 적용되어야 하는 것이다. 그런데, 이와 반대로 **근로계약에서 정한 근로조건이 오히려 취업규칙의 기준보다 유리한 경우**에는 상위의 법원인 취업규칙이 적용되는 것이 아니라, '**유리조건 우선의 원칙**'에 따라 하위법원인 근로계약의 내용이 그대로 유효하다. 즉, 근로기준법 제15조와 제97조가 '근로조건에 미치지 못하거나 **미달하는** 근로조건을 정한 근로계약은 그 부분에 한하여 무효로 한다'라고 규정하여 한 것의 반대 해석상 근로기준법과 취업규칙에 **미치지 않거나 미달하지 않은** (하위의 법원이 정한) 근로조건을 정한 부분은 유효하므로, 결과적으로 유리한 조건을 정한 근로기준법과 취업규칙보다 하위의 법원이 예외적으로 우선적으로 적용되는 결과가 된다는 것이다. 반면에, 단체협약과 근로계약 사이에 유리조건 우선의 원칙이 적용되는 지 여부에 대해서는 견해의 대립이 있다.→**(쟁점) 단체협약과 근로계약간에 유리조건 우선의 원칙이 적용되는 지 여부)**

---

4) '**상위법 우선의 원칙**'은 법에도 일정한 계위가 존재한다는 인식 아래 하위법은 상위법에 위배될 수 없다는 것을 그 내용으로 하고 있다. 따라서, **다른 순위 법원간**에는 '상위법 우선의 원칙'에 따라 상위단계의 법이 적용되는 바,노동관계법원은 헌법을 최상위의 법원으로 하여 헌법 > 법률 > 시행령 > 시행규칙 > **단체협약 〉 취업규칙 〉 근로계약의 순으로 적용된다.**

5) **같은 순위 법원**간에는 ① '**신법우선의 원칙**'에 따라 최근에 제정된 법원이 이전에 제정된 법원보다 우선하여 적용되며, ② '**특별법우선의 원칙**'에 따라 **일반법(규정)보다 특별법(규정)이 우선**한다. 이를테면, 퇴직급여에 관하서는 퇴직급여 보장법이 일반법인 근로기준법에 대한 특별법으로서 우선 적용된다. 단체협약의 경우에도 **산별단체협약과 사업 또는 사업장별 단체협약이 병존하는 경우**(노조법 시령령 제7조 참조) 산별단체협약 또는 지역별단체협약보다 기업별 또는 사업장별단체협약이 특별법원으로서 우선하는 것으로 보아야할 것이다.(→**노동법 II, (쟁점) 상급단체의 기본협약과 지부, 분회의 보충협약의 경합**)

(쟁점) 단체협약과 근로계약간에 유리조건 우선의 원칙이 적용되는 지 여부(→사례: 02)

1. 문제점

단체협약에 의한 집단적 자치의 효력과 관련하여 **단체협약과 근로계약**간에 유리조건 우선의 원칙을 인정할 수 있는 지 문제된다.

2. 학설

(1) 긍정설(최저기준설, 편면적 적용설)

집단적 자치는 사적자치를 보호하기 위한 것이라는 점에서 단체협약은 근로자들을 보호하기 위하여 근로조건의 최저기준을 정한 것으로 이해하여야 하고, 따라서 근로자들의 권익을 보호하는 헌법적 가치에 비춰 볼 때, 노조법 33조1항은 단체협약보다 불리한 내용의 근로계약에 한하여 이를 무효로 하겠다는 취지일 뿐이라고 해석되어야 한다는 견해이다.

(2) 부정설(절대적 기준설, 양면적 적용설)

단체협약을 통한 집단적 근로조건 변경법리 및 단체협약을 체결한 취지 그리고 근로기준법 제15조나 제97조와 달리 규정된 노조법 제33조 제1항의 문리해석상 단체협약에서 정한 '근로조건'은 '최저기준'을 의미하는 것이 아니라 법문 그대로 '기준'을 의미하므로, 그 기준에 위반하는 취업규칙 또는 근로계약은, 단체협약보다 유리하든 불리하든 가리지 않고, 단체협약의 강행적 효력에 따라 언제나 무효가 된다는 견해이다.

(3) 절충설

산별 조직 형태를 갖는 독일과 기업별 조직형태인 우리나라는 그 사정 다르므로 유리 조건의 우선의 원칙은 제한적으로 인정되어야 한다는 전제하에, **산업별 교섭**에서는 편면적 기준을, **기업별 교섭**에서는 양면적 기준을 적용해야 한다는 견해이다.

3. 판례

'**근로조건을 불리하게 변경하는 내용**의 단체협약이 현저히 합리성을 결하여 노동조합의 목적을 벗어난 것으로 볼 수 있는 것과 같은 특별한 사정이 없는 한 **그러한 노사간의 합의를 무효라고 볼 수는 없다**'(대법원 2002.12.27. 선고 2002두9063 판결)고 하여 유리조건 우선의 원칙의 적용을 원칙적으로 부정하는 것으로 해석된다.

4. 검토

우리나라에는 산업별 교섭을 바탕으로 한 독일의 단체협약법 제4조 제3항과 같이 '단체협약은 최저기준을 정한 것으로서 단체협약보다 유리한 근로계약의 내용은 유효하다.'는 유리조건 우선의 원칙을 정한 법률규정은 존재하지 않는 바, 만일 기업별노조가 지배적인 우리나라에서 긍정설을 취하게 된다면 단체협약의 체결 그 자체가 무의미해 진다는 점에서, **단체협약이 현저히 합리성을 결하여 노동조합의 목적을 벗어난 것으로 볼 수 있는 것과 같은 특별한 사정이 없는 한** 그러한 노사간의 합의를 무효 볼 수 없을 것이므로, 단체협약에 대해서는 원칙적으로 **유리조건 우선의 원칙이 적용되지 않는다고** 보는 판례의 태도가 타당하다.

(쟁점) 단체협약의 불이익변경(→사례: 02)

1. 문제점

노동조합은 근로조건의 유지 · 개선 기타 근로자의 경제적 · 사회적 지위의 향상을 도모함을 목적으로 조직된 단체인 바(노조법' 제2조 제4호), **노동조합이 단체협약을 통해서 근로조건을 불이익하게 변경하는 경우**, 그러한 단체협약이 협약자치 내지 단체자치의 한계를 넘어 규범적 효력이 부정되는 지 문제된다.

2. 판례의 태도

(1) 원칙 : 협약자치(단체자치)의 원칙상 유효

판례는 '**협약자치의 원칙상** 개정된 단체협약에는 당연히 취업규칙상의 **유리한 조건의 적용을 배제**하고 개정된 단체협약이 우선적으로 적용된다는 내용의 합의가 포함된 것이라고 봄이 당사자의 의사에 합치한다고 할 것'이므로 ,근로조건을 불리하게 변경하는 내용의 단체협약도 **원칙적으로 유효**하다'는 입장이다.[6]

(2) 예외 : 특별한 사정이 있는 경우 무효

다만, 판례는 '근로조건을 불리하게 변경하는 내용의 단체협약이 현저히 합리성을 결하여 노동조합 목적을 벗어난 것으로 볼 수 있는 특별한 사정이 있는 경우에는 그러한 합의를 무효라고 보아야 한다'고 판시하면서, 이때 '**단체협약이 현저히 합리성을 결하였는지는 단체협약 내용과 체결경위, 협약체결 당시 사용자 측 경영상태 등 여러 사정에 비추어 판단하여야 한다**'고 하였다.(대법원 2011.07.28. 선고 2009두7790 판결)

3. 검토

개별적 근로관계를 집단적 의사결정방식인 단체협약으로 규율도록 하는 가장 근본적인 이유는 집단적 교섭력을 통하여 사용자와 대등한 힘의 균형을 이룸으로써 근로조건을 근로자와 사용자가 동등한 지위에서 자유의사에 따라 결정하기 위한 것이다. 그 결과, **사적자치 대신에 집단적 의사결정방식을 적용할 것에 동의한 개별 근로자**는 자신이 가지고 있는 사적 자치의 실현방법을 스스로 제한하고 집단적 의사결정방식에 따르기로 한 것으로 볼 수 있으므로, **근로조건을 불리하게 변경하는 내용의 단체협약이 현저히 합리성을 결하여 노동조합 목적을 벗어난 것으로 볼 수 있는 특별한 사정이 있는 경우가 아닌 한, 그러한 합의를 무효라고 볼 수 없을 것이다.**

---

6) **협약자치의 원칙상 노동조합은 사용자와 사이에 근로조건을 유리하게 변경하는 내용의 단체협약뿐만 아니라 근로조건을 불리하게 변경하는 내용의 단체협약도 체결할 수 있으므로,** 근로조건을 불리하게 변경하는 내용의 단체협약이 현저히 합리성을 결하여 노동조합의 목적을 벗어난 것으로 볼 수 있는 것과 같은 특별한 사정이 없는 한 **그러한 노사간의 합의를 무효라고 볼 수는 없고,** 단체협약의 개정에도 불구하고 종전의 단체협약과 동일한 내용의 취업규칙이 그대로 적용된다면 단체협약의 개정은 그 목적을 달성할 수 없으므로 개정된 단체협약에는 당연히 취업규칙상의 유리한 조건의 적용을 배제하고 개정된 단체협약이 우선적으로 적용된다는 내용의 합의가 포함된 것이라고 봄이 당사자의 의사에 합치한다고 할 것이고, 따라서 개정된 후의 단체협약에 의하여 취업규칙상의 면직기준에 관한 규정의 적용은 배제된다고 보아야 한다.(대법원 2002.12.27. 선고 2002두9063 판결)

사례연습 02

단체협약과 근로계약(공인노무사 제21회 기출문제)

1. A회사와 A회사의 노동조합(이하 'A노동조합'이라고 한다) 사이에 체결된 '2010년도 단체협약'(만료일 : 2011. 12. 31.)에 따르면, 짝수 월(2월, 4월, 6월, 8월, 10월, 12월)의 25일에 월 기본급의 100%에 해당하는 고정상여금이 근로자에게 지급된다. 세계적인 금융위기 이후 계속된 경기불황으로 부도의 위기에 처하게 된 A회사는 경영난의 타개와 근로자들의 잦은 결근의 방지를 위하여 A노동조합과 5차례에 걸쳐 특별교섭을 행하였고, 그 결과 2010년 12월 28일에 '2010년도 특별노사합의'가 성립하였다. '2010년도 특별노사합의'의 내용은 다음과 같다.

제1조: 경영정상화를 위하여 2010년도 12월 고정상여금과 2011년도 2월, 4월 및 6월 고정상여금은 이를 지급하지 않고, 이후 고정상여금의 지급 여부와 그 시기는 회사와 노동조합이 별도로 합의한다.

제2조: 상습적인 무단결근의 방지를 위하여 무단결근에 따른 면직기준을 '월 7일 이상'에서 '월 5일 이상'으로 한다.

제3조: 이 특별노사합의의 내용과 상충되는 2010년도 단체협약의 부분은 무효로 한다.

이와 관련하여 다음 물음에 답하시오.

2011년 5월에 총 6일을 무단결근한 A노동조합의 조합원인 근로자 乙은 2011년 7월에 개최된 징계위원회에서 '2010년도 특별노사합의' 제2조는 그 내용이 현저히 불합리한 것으로서 무효이므로, 자신에게 적용되지 않는다고 주장한다. 근로자 乙의 주장이 타당한지 여부를 논하시오.

1. 쟁점의 정리

본 사례에서 A 노동조합은 경영정상화를 위하여 기존의 근로조건을 불이익하게 변경하는 단체협약을 체결하였는 바, 먼저 단체협약의 협약자치(단체자치)의 한계와 관련하여 기존의 근로조건보다 오히려 불이익하게 변경하는 단체협약의 체결이 인정되는 지 문제되며, 또한 근로자의 근로조건을 불리하게 변경하는 이러한 단체협약과 근로계약 사이에도 유리조건 우선의 원칙이 적용되는 지도 살펴보아야 하겠다. 나아가 노동조합의 규제권한의 범위와 관련하여 단체협약으로 개별 근로자의 동의 없이 개별 조합원이 이미 취득한 권리에 대하여 처분행위를 할 수 있는 지 여부도 검토하고자 한다.

2. 단체협약의 협약자치(단체자치)의 한계

(1) 문제점

노동조합은 근로조건의 유지 · 개선 기타 근로자의 경제적 · 사회적 지위의 향상을 도모함을 목적으로 조직된 단체인 바 (노동조합 및 노동관계조정법 (이하 '노조법') 제2조 제4호), 노동조합이 단체협약을 통해서 근로조건을 불이익하게 변경하는 것이 협약자치 내지 단체자치의 한계를 넘어 규범적 효력이 부정되는 지 문제된다.

(2) 판례의 태도

1) 원칙 : 협약자치(단체자치)의 원칙상 유효

판례는 '협약자치의 원칙상 개정된 단체협약에는 당연히 취업규칙상의 유리한 조건의 적용을 배제하고 개정된 단체협약이 우선적으로 적용된다는 내용의 합의가 포함된 것이라고 봄이 당사자의 의사에 합치한다고 할 것'이므로 ,근로조건을 불리하게 변경하는 내용의 단체협약도 원칙적으로 유효하다'는 입장이다

2) 예외 : 특별한 사정이 있는 경우 무효

다만, 판례는 '근로조건을 불리하게 변경하는 내용의 단체협약이 현저히 합리성을 결하여 노동조합 목적을 벗어난 것으로 볼 수 있는 특별한 사정이 있는 경우에는 그러한 합의를 무효라고 보아야 한다'고 판시하면서, 이때 '단체협약이 현저히 합리성을 결하였는지는 단체협약 내용과 체결경위, 협약체결 당시 사용자 측 경영상태 등 여러 사정에 비추어 판단하여야 한다'고 하였다.(대법원 2011.07.28. 선고 2009두7790 판결)

(3) 검토

개별적 근로관계를 집단적 의사결정방식인 단체협약으로 규율도록 하는 가장 근본적인 이유는 집단적 교섭력을 통하여 사용자와 대등한 힘의 균형을 이룸으로써 근로조건을 근로자와 사용자가 동등한 지위에서 자유의사에 따라 결정하기 위한 것이다. 그 결과, 사적자치 대신에 집단적 의사결정방식을 적용할 것에 동의한 개별 근로자는 자신이 가지고 있는 사적 자치의 실현방법을 스스로 제한하고 집단적 의사결정방식에 따르기로 한 것으로 볼 수 있으므로, 근로조건을 불리하게 변경하는 내용의 단체협약이 현저히 합리성을 결하여 노동조합 목적을 벗어난 것으로 볼 수 있는 특별한 사정이 있는 경우가 아닌 한, 그러한 합의를 무효라고 볼 수 없을 것이다.

(4) 사안의 경우

사안에서, A노동조합은 세계적인 금융위기 이후 계속된 경기불황으로 부도의 위기를 극복하고 근로자들의 잦은 결근의 방지를 위하여 A회사와 특별노사합의를 체결한 것이므로, 이러한 노사합의가 협약자치의 한계를 벗어나 현저하게 합리성을 결하여 무효라 할 수 없다. 따라서, 본 사안의 '2010년도 특별노사합의'는 유효하다.

3. 단체협약과 근로계약 사이에 유리조건 우선의 원칙이 적용되는 지 여부

(1) 문제점

노동법 특유의 원칙인 '유리조건 우선의 원칙'이라 함은 다른 순위 법원간에 적용되는 '상위법 우선의 원칙'에 대한 예외로서, 하위의 법원이 상위의 법원보다 근로자에게 유리한 내용을 규정하고 있는 경우에는 상위법 우선의 원칙에도 불구하고 근로자에게 유리한 내용을 규정하고 있는 하위의 법원이 우선적으로 적용된다는 것을 의미하는 바. 단체협약에 의한 집단적 자치의 효력과 관련하여 단체협약과 근로계약간에 유리조건 우선의 원칙을 인정할 수 있는 지 문제된다.

(2) 학설

1) 긍정설(최저기준설, 편면적 적용설)

집단적 자치는 사적자치를 보호하기 위한 것이라는 점에서 단체협약은 근로자들을 보호하기 위

하여 근로조건의 최저기준을 정한 것으로 이해하여야 하고, 따라서 사용자가 자발적으로 단체협약의 기준보다 유리한 급부를 하거나 또는 근로계약에 의하여 단체협약의 기준 이상의 급부를 약속하는 것은 사적 자치의 원리상 유효하다고 보아야한다고 해석하는 견해이다.

2) 부정설(절대적 기준설, 양면적 적용설)

단체협약을 통한 집단적 근로조건 변경법리 및 단체협약을 체결한 취지 그리고 노조법 제33조 제1항의 문리해석상 단체협약에서 정한 '근로조건'은 '최저기준'을 의미하는 것이 아니라 법문 그대로 '기준'을 의미하므로, 그 기준에 위반하는 취업규칙 또는 근로계약은, 단체협약보다 유리하든 불리하든 가리지 않고, 단체협약의 강행적 효력에 따라 언제나 무효가 된다는 견해이다.

3) 절충설

산별 조직 형태를 갖는 독일과 기업별 조직형태인 우리나라는 그 사정 다르므로 유리 조건의 우선의 원칙은 제한적으로 인정되어야 한다는 전제하에, 산업별 교섭에서는 편면적 기준을, 기업별 교섭에서는 양면적 기준을 적용해야 한다는 견해이다.

(3) 판례

근로조건을 불리하게 변경하는 내용의 단체협약이 현저히 합리성을 결하여 노동조합의 목적을 벗어난 것으로 볼 수 있는 것과 같은 특별한 사정이 없는 한 그러한 노사간의 합의를 무효라고 볼 수는 없다고 하여 유리조건 우선의 원칙의 적용을 원칙적으로 부정하는 것으로 해석된다.(대법원 2002.12.27. 선고 2002두9063 판결)

(4) 검토

우리나라에는 산업별 교섭을 바탕으로 한 독일의 단체협약법 제4조 제3항과 같이 '단체협약은 최저기준을 정한 것으로서 단체협약보다 유리한 근로계약의 내용은 유효하다.'는 유리조건 우선의 원칙을 정한 법률규정은 존재하지 않는 바, 만일 기업별노조가 지배적인 우리나라에서 긍정설을 취하게 된다면 사실상 사용자의 지배개입을 허용하는 결과가 될 뿐 아니라 단체협약의 체결 그 자체가 무의미해 진다는 점에서, 단체협약이 현저히 합리성을 결하여 노동조합의 목적을 벗어난 것으로 볼 수 있는 것과 같은 특별한 사정이 없는 한 그러한 노사간의 합의를 무효 볼 수 없을 것이므로, 단체협약에 대해서는 원칙적으로 유리조건 우선의 원칙이 적용되지 않는다고 보는 판례의 태도가 타당하다.

(5) 사안의 경우

단체협약의 경우에는 유리조건 우선의 원칙이 배제되므로, 사안에서 경영정상화를 위하여 고정상여금의 지급 여부와 그 시기는 회사와 노동조합이 별도로 합의하고, 무단결근에 따른 면직기준을 '월 7일 이상'에서 '월 5일 이상'으로 한다는 단체협약의 내용에 대해서도 노조법 제33조의 근로기준적 효력이 발생하며, 2011년 상여금 부분은 아직 구체적으로 발생하지 않은 권리이므로 개별조합원의 동의가 없어도 그 효력이 있다.

4. 노동조합의 규제권한의 범위

(1) 문제점

노동조합의 규제권한의 범위와 관련하여, 2010년도 특별노사합의가 유효하다면 특별노사합의가 성립한 2010년 12월 28일 이전에 이미 그 지급청구권이 발생한 2010년도 12월의 고정상여금에 대해서도 단체협약의 효력이 미치는 지 문제된다.

(2) 근로자의 기득의 권리 등을 처분하는 사항

조합원이 이미 취득한 권리에 대하여는 노동조합의 규제권한이 미치지 않으므로, 조합원의 기득의 권리 또는 이익의 포기를 정하는 단체협약 조항은 효력이 없다. 판례도 '이미 구체적으로 그 지급청구권이 발생한 임금(상여금포함)이나 퇴직금은 근로자의 사적 재산영역으로 옮겨져 근로자의 처분에 맡겨진 것이기 때문에 노동조합이 근로자들로부터 개별적인 동의나 수권을 받지 않는 이상, 사용자와 사이의 단체협약만으로 이에 대한 포기나 지급유예와 같은 처분행위를 할 수는 없다'는 입장이다.(대법원 2000.09.29. 선고 99다67536 판결)

(3) 사안의 경우

'2010년도 특별노사합의'의 내용 중에서 2010년 12월 상여금은 2010.12.25 새로운 단체협약이 체결되기 전 이미 지급청구권이 발생된 것으로서 노동조합의 규제권한이 미치지 아니하므로 개별 근로자의 동의나 수권을 받지 않는 이상 그 효력이 인정되지 않는다.

5. 결론

(1) 설문1의 해결

협약자치(단체자치)의 원칙상 근로자의 근로조건을 불리하게 변경하는 단체협약은 특별한 사정이 없는 한 유효하고, 단체협약에 대해서는 유리조건 우선의 원칙이 적용되지 않으므로 사안에서 2011년 상여금 부분은 아직 구체적으로 발생하지 않은 권리이므로 개별조합원의 동의가 없어도 그 효력이 있다. 그러나, 이미 구체적 권리로서 근로자에게 귀속된 2010년도 고정상여금 부분은 개별조합이 동의하지 않는 한 그 효력이 인정되지 않으므로 甲은 2010년 12월 상여금의 지급을 청구할 수 있다.

(2) 설문2의 해결

A노동조합은 경영위기를 극복하기 위하여 A회사와 특별노사합의를 체결한 것으로서, 무단결근은 기업의 근무기강을 저해하고 근무효율을 떨어지게 한다는 점에서, 상습적인 무단결근의 방지를 위하여 무단결근에 따른 면직기준을 '월 7일 이상'에서 '월 5일 이상'으로 단축하는 것이 현저히 합리성을 결하였다고 보기 어려우므로, 이러한 노사합의가 협약자치의 한계를 벗어나 무효라 할 수 없다. 따라서, 사안의 '2010년도 특별노사합의'는 그 내용이 현저하게 불합리할 것으로서 무효라는 乙의 주장은 타당하지 않다.

(쟁점) 취업규칙과 근로계약 사이에 유리조건 우선의 원칙이 적용되는 지 여부(→사례: 03)

(1) 문제점

'유리조건 우선의 원칙'이라 함은 다른 순위 법원간에 적용되는 '상위법우선의 원칙'에 대한 예외로서, 하위의 법원이 상위의 법원보다 근로자에게 유리한 내용을 규정하고 있는 경우에는 **상위법 우선의 원칙에도 불구하고** 근로자에게 유리한 내용을 규정하고 있는 **하위의 법원이 우선적으로 적용**된다는 것`을 의미하는 바. 취업규칙에 의한 집단적 근로조건의 변경의 효력과 관련하여 취업규칙과 근로계약간에 유리조건 우선의 원칙을 인정할 수 있는 지 문제된다.

(2) 학설

1) 긍정설

근로기준법 제97조의 반대해석 등을 통하여 취업규칙의 변경에는 유리조건 우선의 원칙이 적용되므로 "취업규칙보다 유리한 근로계약이 여전히 유효하다"는 견해이다.

2) 부정설

취업규칙을 통한 집단적 근로조건 변경법리에 비추어 볼 때 집단적 동의 절차를 거쳐 변경된 취업규칙은 그 자체로 근로조건의 내용을 구성하므로 취업규칙의 변경에는 유리한 조건 우선의 원칙이 부정된다는 견해이다.

(3) 판례

판례는 근로기준법 제94조가 정하는 **집단적 동의는 취업규칙의 유효한 변경을 위한 요건에 불과**하므로, 취업규칙이 집단적 동의를 받아 근로자에게 불리하게 변경된 경우에도 **근로기준법 제4조가 정하는 근로조건 자유결정의 원칙**은 여전히 지켜져야 하고, 따라서 근로자에게 불리한 내용으로 변경된 취업규칙은 **집단적 동의를 받았다고 하더라도 그보다 유리한 근로조건을 정한 기존의 개별 근로계약 부분에 우선하는 효력을 갖는다고 할 수 없다**는 입장이다. (대법원 2019. 11. 14. 선고 2018다200709 판결)[7]

4. 검토

근로기준법 제4조의 원칙 및 근로기준법 제97조의 반대해석을 통하여 취업규칙과 근로계약 사이에 유리조건 우선의 원칙이 적용되는 것으로 해석되고, 따라서 근로자에게 **불리한 내용으로 변경된 취업규칙은 집단적 동의를 받았다고 하더라도 그보다 유리한 근로조건을 정한 기존의 개별 근로계약 부분에 우선하는 효력을 갖는다고 할 수 없다는 판례의 태도가 타당하다.**

---

7) 이와 관련하여 최근에 대법원은 위 법리는 근로자와 사용자가 취업규칙에서 정한 기준을 상회하는 근로조건을 개별 근로계약에서 따로 정한 경우에 한하여 적용될 수 있는 것이고 **개별 근로계약에서 근로조건에 관하여 구체적으로 정하지 않고 있는 경우**에는 취업규칙 등에서 정하는 근로조건이 근로자에게 적용된다고 보아야 함을 확인하였다.(대법원 2021.1.13. 선고 2020다232136 판결)

사례연습 03

취업규칙과 근로계약(공인노무사 제29회 기출문제)

A회사는 직급이 1급인 근로자인 甲과 2014. 3.경 기본연봉을 70,900,000원으로 정한 연봉계약을 체결하였다. A회사는 2014. 6. 25. A회사 소속 근로자의과반수로 조직된 노동조합의 동의를 받아 취업규칙인 임금피크제 운용세칙을 제정, 공고하였다. 임금피크제 운용세칙 제정으로 개정된 취업규칙은 연봉계약이 정하는 기본연봉에 복리후생비를 더한 총연봉을 임금피크 기준연봉으로 정하고, 정년이 2년 미만 남아 있는 근로자에게는 임금피크 기준연봉의 60%, 정년이 1년 미만 남아 있는 근로자에게는 임금피크 기준연봉의 40%를 지급하도록 규정하였다. 이에 대해 甲이 임금피크제의 적용에 동의하지 아니한다는 의사를 표시하였으나 A회사가 甲에게 취업규칙에 따라 삭감된 임금을 지급하였다. 즉 A회사는 甲에게 취업규칙이 정하는 바에 따라 2014. 10. 1.부터 2015. 6. 30.까지는 정년이 2년 미만 남아 있다는 이유로 기준연봉의 60%, 2015. 7. 1.부터 2016. 6. 30.(甲의 정년퇴직일)까지는 정년이 1년 미만 남아 있다는 이유로 기준연봉의 40%를 지급하였다.

A회사가 2014. 9. 23. 취업규칙에 따라 임금피크제 적용으로 감액된 임금내역을 통지하자, 甲은 단체협약에서 노동조합원 자격이 없는 자로 정한 1급 직원이므로 甲에게 노동조합과의 합의 · 결과인 임금피크제를 적용하는 것은 위법하다고 주장한 다음, 甲은 A회사에게 임금피크제의 적용에 동의하지 아니한다는 의사를 표시하였다. 甲은 종전 업무를 그대로 수행하다가 2016. 6. 30.자로 정년퇴직하였다. 다음 물음에 답하시오. (50점)

물음1) A회사가 노동조합원 자격이 없는 甲에게 노동조합과의 합의 결과인 개정된 취업규칙에서 정한 임금피크제를 적용하는 것은 위법하다고 하는 甲의 주장은 정당한지 논하시오. (25점)

물음2) A회사가 기본연봉을 정한 근로계약을 체결한 甲의 동의 없이 과반수로 조직된 노동조합의 동의를 얻어 개정된 취업규칙에 따라 임금피크제를 甲에게 적용할 수 있는지 논하시오. (25점)

Ⅰ. 설문 1의 해결

1. 쟁점의 정리

근로자 갑의 주장의 정당성과 관련하여, 먼저 A회사가 새로 제정한 임금피크제 운용세칙이 취업규칙에 해당하는지 여부를 살펴보고, 만일 임금피크제 운용세칙이 취업규칙에 해당한다면 임금피크제 운용세칙을 제정한 것이 취업규칙을 불이익하게 변경한 것인지 여부인지 검토하여야 할 것이다. 그리고 만일 불이익 변경에 해당한다면 A회사가 취업규칙 불이익 변경을 위한 적법한 동의절차를 거쳤는지의 여부와 관련하여 취업규칙의 불이익 변경절차와 아울러 과반수 노동조합의 조합원의 자격이 없는 갑에게도 불이익하게 변경된 취업규칙이 적용될 것인지 살펴봐야 하겠다.

2. 임금피크제 운용세칙이 취업규칙에 해당하는지 여부

(1) 취업규칙의 의의

'취업규칙'이란 사업장 내 '근로조건'과 '복무질서'를 통일적으로 처리하기 위하여 사용자가 일방적으로 작성한 '규칙'을 말한다. 판례는 '취업규칙은 사용자가 근로자의 복무규율과 임금 등 당해 사업의 근로자 전체에 적용될 근로조건에 관한 준칙을 규정한 것'이라고 정의한다. 따라서, 명칭에 관계 없이 사업장의 모든 근로자에게 적용되는 근로조건 등을 포함하고 있다면 취업규칙이라고 해석한다.

(2) 사안의 경우

사안에서 A회사가 새로 제정한 임금피크제 운용세칙은 사업장의 모든 근로자에게 적용되는 근로조건인 임금을 포함하고 있으므로 이는 취업규칙에 해당한다.

3. 임금피크제 운용세칙을 제정한 것이 취업규칙 불이익 변경에 해당하는 지 여부

(1) 취업규칙 불이익 변경의 의미

'취업규칙의 불이익 변경'이란 사업장에서 이미 정하여진 근로조건을 종전보다 저하시키거나 복무규율을 강화하는 것을 의미한다. 따라서, 취업규칙의 불이익 변경에 해당하는지 여부는 그 변경으로 인하여 근로자의 '기득의 권리 또는 이익'이 침해되는지 여부에 따라 결정된다.

(2) 불이익한 내용의 신설도 불이익 변경인지 여부

근로자의 '기득의 권리 또는 이익'이 침해되는 경우라고 평가되는 경우라면 기존의 조항이 변경되는 경우뿐 아니라 조항을 새롭게 신설하는 경우에도 취업규칙의 불이익 변경에 해당하므로, 불이익한 내용의 신설도 불이익 변경에 해당한다. 판례도 '임금피크제 정년제 규정의 '신설'은 근로자가 가지고 있는 기득의 권리나 이익을 박탈하는 불이익한 근로조건을 부과하는 것에 해당한다.'라고 하였다.(대법원 2019.11.14. 선고 2018다200709 판결)

(3) 사안의 경우

사안에서의 임금피크제 운용세칙은 취업규칙으로서 임금피크제 운용세칙은 정년이 2년 미만 남아있는 근로자에게는 임금피크 기준연봉의 60%, 정년이 1년 미만 남아 있는 근로자에게는 임금피크 기준연봉의 40%를 지급하도록 규정하고 있어 사업장에서 이미 정하여진 근로조건을 종전보다 저하시키고 있으므로 이는 취업규칙의 불이익 변경에 해당한다.

4. 비조합원인 근로자 갑에게 임금 피크제가 적용되는 지 여부

(1) 취업규칙의 불이익 변경의 요건

취업규칙을 근로자에게 불리하게 변경하는 경우에는 해당 사업 또는 사업장에 근로자의 과반수로 조직된 노동조합이 있는 경우에는 그 노동조합, 근로자의 과반수로 조직된 노동조합이없는 경우에는 근로자의 과반수의 동의를 받아야 한다.(근로기준법 제94조 제1항 후단)

(2) 근로자의 과반수로 조직된 노동조합이 있는 경우의 동의

근로자 과반수로 조직된 노동조합이 있는 회사에서 취업규칙을 근로자에게 불리하게 개정하는 경우에는 해당노동조합의 동의를 얻어야 한다. 따라서, 이 경우 근로자 과반수로 조직된 노동조합의 경우에는 법령이나 단체협약 또는 노동조합의 규약 등에 의하여 조합장의 대표권이 제한되었다

고 볼 만한 특별한 사정이 없는 한 원칙적으로 근로자대표의 동의로 충분하고 별도로 노동조합 소속 근로자의 과반수의 동의를 얻어서 하여야 하는 것은 아니다.

(3) 취업규칙 불이익 변경의 효과

취업규칙의 불이익 변경이 근로자 과반수로 구성된 노동조합의 동의를 얻은 경우 위 변경은 노동조합원은 물론 노동조합에 가입할 자격은 없지만 기존 취업규칙의 적용을 받았던 근로자에게도 그의 개별적 동의 여부와 관계 없이 당연히 적용된다.(대법원 2008.2.29. 선고 2007다85997 판결)

5. 결론

사안의 경우 임금피크제 운용세칙은 취업규칙으로서 임금피크제 운용세칙의 변경은 취업규칙의 불이익 변경에 해당한다. 한편, A회사는 근로자 과반수로 조직된 노동조합이 존재하며 법령이나 단체협약 또는 노동조합의 규약 등에 의하여 조합장의 대표권이 제한되었다고 볼 만한 특별한 사정이 없으므로 노동조합의 대표의 동의는 적법하다. 따라서, 취업규칙은 불이익 변경의 동의의 요건을 갖추어 유효하므로 원칙적으로 비조합원인 근로자 갑에게도 임금피크제가 적용되어야 하므로, A회사가 노동조합원 자격이 없는 甲에게 노동조합과의 합의 결과인 개정된 취업규칙에서 정한 임금피크제를 적용하는 것은 위법하다고 하는 甲의 주장은 정당하지 않다.

II. 설문 2의 해결

1. 문제점

A회사의 주장과 관련하여 A회사는 기본연봉을 정한 근로계약을 체결한 甲의 동의 없이 과반수로 조직된 노동조합의 동의를 얻어 개정된 취업규칙에 따라 임금피크제를 甲에게 적용하였는 바, 먼저 취업규칙에 의한 집단적 근로조건의 변경의 효력과 관련하여 유리조건 우선의 원칙에 대하여 살펴본 후, 본 사안의 경우 취업규칙과 근로계약간에 유리조건 우선의 원칙을 인정할 수 있는 지 검토해야 할 것이다.

2. 유리조건 우선의 원칙의 의미

노동법 특유의 원칙인 '유리조건 우선의 원칙'이라 함은 다른 순위 법원간에 적용되는 '상위법 우선의 원칙'에 대한 예외로서, 하위의 법원이 상위의 법원보다 근로자에게 유리한 내용을 규정하고 있는 경우에는 상위법 우선의 원칙에도 불구하고 근로자에게 유리한 내용을 규정하고 있는 하위의 법원이 우선적으로 적용된다는 것'을 의미한다.

3. 취업규칙과 근로계약의 관계

(1) 학설

1) 긍정설

근로기준법 제97조의 반대해석 등을 통하여 취업규칙의 변경에는 유리조건 우선의 원칙이 적용되므로 "취업규칙보다 유리한 근로계약이 여전히 유효하다"는 견해이다.

2) 부정설

취업규칙을 통한 집단적 근로조건 변경법리에 비추어 볼 때 집단적 동의 절차를 거쳐 변경된 취업규칙은 그 자체로 근로조건의 내용을 구성하므로 취업규칙의 변경에는 유리한 조건 우선의 원칙이 부정된다는 견해이다.

(2) 판례

판례는 근로기준법 제94조가 정하는 집단적 동의는 취업규칙의 유효한 변경을 위한 요건에 불과하므로, 취업규칙이 집단적 동의를 받아 근로자에게 불리하게 변경된 경우에도 근로기준법 제4조가 정하는 근로조건 자유결정의 원칙은 여전히 지켜져야 하고, 따라서 근로자에게 불리한 내용으로 변경된 취업규칙은 집단적 동의를 받았다고 하더라도 그보다 유리한 근로조건을 정한 기존의 개별 근로계약 부분에 우선하는 효력을 갖는다고 할 수 없다는 입장이다. (대법원 2019. 11. 14. 선고 2018다200709 판결)

(3) 검토

근로기준법 제4조의 원칙 및 근로기준법 제97조의 반대해석을 통하여 취업규칙과 근로계약 사이에 유리조건 우선의 원칙이 적용되는 것으로 해석되고, 따라서 근로자에게 불리한 내용으로 변경된 취업규칙은 집단적 동의를 받았다고 하더라도 그보다 유리한 근로조건을 정한 기존의 개별 근로계약 부분에 우선하는 효력을 갖는다고 할 수 없다는 판례의 태도가 타당하다

4. 결론

근로자에게 불리한 내용으로 변경된 취업규칙은 집단적 동의를 받았다고 하더라도 그보다 유리한 근로조건을 정한 기존의 개별 근로계약 부분에 우선하는 효력을 갖는다고 할 수 없다. 따라서, 이 경우에도 근로계약의 내용은 유효하게 존속하고, 변경된 취업규칙의 기준에 의하여 유리한 근로계약의 내용을 변경할 수 없으며, 근로자의 개별적 동의가 없는 한 취업규칙보다 유리한 근로계약의 내용이 우선하여 적용된다 할 것이므로 A회사는 기본연봉을 정한 근로계약을 체결한 甲의 동의 없이 과반수로 조직된 노동조합의 동의를 얻어 개정된 취업규칙에 따라 임금피크제를 甲에게 적용할 수 없다.

관련판례 대법원 2021.1.13. 선고 2020다232136 판결[8](→제4장 임금, '(2)연봉제계약'참조)

개별 근로계약에서 근로조건에 관하여 구체적으로 정하지 않고 있는 경우에는 **취업규칙 등에서 정하는 근로조건이 근로자에게 적용**된다고 보아야 하는바, 원고가 급여규정 등이 규정한 바에 따라 급여를 지급 받기로 하는 외에 별도로 임용계약서를 작성하거나 근로조건에 관하여 약정을 체결하지 않았으므로 **연봉제 임금체계에 대하여 근로자 과반수의 동의를 얻은 후에는 원고에게 취업규칙상 변경된 연봉제 규정이 적용**된다고 보아야 한다.

8) 원고는 호봉제의 급여체계가 시행되던 때 피고의 교원으로 임용되었는데 이후 피고가 급여체계를 연봉제로 변경하는 내용으로 취업규칙을 변경하고 이에 대해 사후적으로 근로자 과반수의 동의를 받은 경우, 원고가 급여규정 등이 규정한 바에 따라 급여를 지급 받기로 하는 외에 별도로 임용계약서를 작성하거나 근로조건에 관하여 약정을 체결하지 않았으므로 **유리조건 우선의 원칙이 적용되지 않음**을 확인한 사례이다.

제2장 노동법상 권리의무의 주체

1. 근로기준법상 근로자와 사용자

(1) 근로기준법상 근로자(→사례: 04,05,06,07)

1) 의의

'근로기준법상 근로자'란 직업의 종류와 관계없이 **임금을 목적**으로 사업이나 사업장에 **근로를 제공하는 자**를 말하는 바(근로기준법 제2조 제1항 1호), 이에 해당하는지 여부는 **계약의 형식에 관계없이** 실질적으로 임금을 목적으로 **종속적인 관계**에서 사용자에게 근로를 제공하였는지 여부에 따라 판단한다는 것이 판례의 태도이다.(대법원 1991.12.12. 선고 91다24250 판결) 따라서, 여타의 도급·위임계약자와 구분되는 **'근로기준법상 근로자'의 평가핵심표지**는 '사용자의 지휘·명령에 따라 근로를 제공한다.'는 **'사용종속성'**이다.

2) 사용종속성

타인을 위하여 노무를 제공하고 보수를 받는 여타의 도급·위임계약자와 구분되는 '근로자성'의 핵심표지는 사용자에 대한 '사용종속성'이다. 즉, 근로자는 도급·위임계약자와 같은 '자영업자'와 달리 사용자의 지시·감독하에서 노무를 제공한다는 점에서 구별되는 바, 이러한 **'사용종속성'**은 형식적으로 판단하지 않고 실질적으로 판단하는 바, 근로기준법상 근로자에 해당하는지 여부를 판단함에 있어서는 그 계약의 형식과 관계없이 그 실질에 있어 근로자가 사업 또는 사업장에 임금을 목적으로 종속적인 관계에서 사용자에게 근로를 제공하였는지 여부에 따라 판단하여야 할 것이고, '종속적인 관계'가 있는지 여부는 ① 업무 내용을 사용자가 정하고 ② 취업규칙 또는 복무(인사)규정 등의 적용을 받으며 ③ 업무 수행 과정에서 사용자가 상당한 지휘·감독을 하는지, ④ 사용자가 근무시간과 근무장소를 지정하고 근로자가 이에 구속을 받는지, ⑤ 노무제공자가 스스로 비품·원자재나 작업도구 등을 소유하거나 ⑥ 제3자를 고용하여 업무를 대행케 하는 등 독립하여 자신의 계산으로 사업을 영위할 수 있는지, ⑦ 노무 제공을 통한 이윤의 창출과 손실의 초래 등 위험을 스스로 안고 있는지, ⑧ 보수의 성격이 근로 자체의 대상적 성격인지, ⑨ 기본급이나 고정급이 정하여졌는지 및 ⑩ 근로소득세의 원천징수 여부 등 보수에 관한 사항, ⑪ 근로 제공 관계의 계속성과 사용자에 대한 전속성의 유무와 그 정도, ⑫ 사회보장제도에 관한 법령에서 근로자로서 지위를 인정받는지 등의 경제적·사회적 여러 조건을 종합하여 판단'해야 할 것이고, 다만, '기본급이나 고정급이 정하여졌는지, 근로소득세를 원천징수하였는지, 사회보장제도에 관하여 근로자로 인정받는지 등의 사정은 사용자가 경제적으로 우월한 지위를 이용하여 임의로 정할 여지가 크기 때문에, 그러한 점들이 인정되지 않는다는 것만으로 근로자성을 쉽게 부정하여서는 안 된다.(대법원 2006.12.07. 선고 2004다29736 판결)

3) '종속성'의 의미

근로자성 판단기준과 관련해서는 인적 종속성론, 경제적 종속성론, 조직적 종속성론 등이 주장되고 있는 바, 전통적인 견해는 일반적으로 근로기준법상 근로자는 **'인적종속론'**을 기초로 하고 있다. 한편, 특수형태종사 근로자는 **'경제적 종속성론'**에 근거하여 인정되고 있다.

가. 인적 종속성론(사용종속성론) → 근로기준법상 근로자

'인적 종속성론'은 노무공급자의 노무급무과정에서의 종속성 내지 지시 구속성을 중시하여 근로자성 여부를 판단하는 견해이다. 이 입장에서는 어떤 노무공급자가 근로자에 해당하는가 여부는 노무 내용의 타인결정성을 중시하여 판단하게 된다. 즉 **노무공급자가 수행하는 업무의 시간 · 장소 · 내용 · 방법 등에서 그 노무를 이용하는 타인의 지시**(지휘 · 감독)**에 대한 구속성 여부**가 종속성 판단의 핵심적 요소로 된다.

나. 경제적 종속성론 → 노조법상 근로자

'경제적 종속성론'이란 노무공급자가 그 노무를 이용하는 자에 대하여 경제적 · 사회적으로 어떠한 지위에 서는가를 중시하여 근로자성 여부를 판단하는 견해이다. 여기서 경제적 종속성이란 **노무공급자가 노동력 판매 이외의 방식으로는 생활 자원을 구할 수 없고 통상 특정인에 대해서만 노무를 제공하고 있으며, 노동시장에서 교섭력이 약하여 사실상 노무이용자가 일방적으로 결정하는 계약조건을 받아들일 수밖에 없고, 실업의 위협에 항상 노출**되어 있는 등의 경제적 · 사회적 지위를 가지는 경우에 인정되는 종속성을 말한다.

다. 조직적 종속성

'조직적 종속성'이라 함은 제공되는 노무가 당해 사업의 운영에 필요불가결하거나 사업운영상 항상적으로 필요한 경우에 인정되는 종속성을 말한다. 이러한 조직적 종속성의 판단기준으로는, ① **공급되는 노무가 당해 사업에서 차지하는 중요성의 정도**, ② **당해 사업내의 다른 노무와의 관련성의 정도** 등을 들 수 있다.

4) 근로자 개념의 상대성

근로기준법상의 근로자 · 사용자의 개념은 **근로자의 보호**라는 취지에서 **상대적**으로 판단한다. 사업주를 위해 행위하는 자인 부장 · 팀장 · 과장 등과 같은 중간관리자는 사용자로부터 부여 받은 권한의 범위내에서는 사용자로서 근로기준법을 준수해야 하는 의무를 부담하는 '근로기준법상 사용자의 지위'에 있지만, 사업주에 대하여는 사업주에 의하여 고용되어 그의 지휘와 명령에 따르면서 근로를 제공하는 '근로자의 지위'도 가지고 있다. 이와 같이 근로자와 사용자라는 이중의 지위를 가지는 것을 일컬어 **'근로자 · 사용자 개념의 이중성'**이라고 한다. 따라서 이들 회사의 임원 또는 간부 등과 같은 **중간관리자**는 대표자와의 관계에 있어서는 **근로기준법상 근로자로서의 보호**를 받는 반면, 일반 직원과의 관계에 있어서는 **사용자로서 근로기준법의 규정을 준수할 의무를 부담하고** 이에 위반하면 벌칙의 적용을 받는다.

한편, **근로자 대표**를 선출함에 있어서의 근로자는 사업장에서 근무하는 근로기준법상의 근로자에서 근로기준법 제2조 제1항 제2호에서 정한 사용자에 해당하는 사용자성을 지닌 근로자, 즉, '그 밖에 근로자에 관한 사항에 대하여 사업주를 위하여 행위하는 자(중간 관리자)'를 제외한다.

(쟁점) 사용종속성의 판단기준(→사례: 04,05,06,07)

1. 전통적인 판례의 태도

종래부터 대법원은 '근로기준법상 근로자'에 해당하는지의 여부는 계약의 형식보다는 그 실질에 있어 근로자가 사업 또는 사업장에 임금을 목적으로 종속적인 관계에서 사용자에게 근로를 제공하였는지 여부에 따라 판단하여야 할 것이라는 태도를 취하여 왔다.(대법원 1994.12.09. 선고 94다22859 판결 등)

2. 일부 수정된 대법원 판례(대법원 2006.12.07. 선고 2004다29736 판결)의 태도

대법원은 전통적인 근로자성 판단기준으로 원용해 오다가, 2006년 판결(대법원 2006.12.07. 선고 2004다29736 판결)에서 일부 수정된 '근로자성 인정여부'에 대한 판단기준을 제시하였다. 즉, 근로기준법상 근로자에 해당하는지 여부를 판단함에 있어서는 그 계약의 형식과 관계없이 그 실질에 있어 근로자가 사업 또는 사업장에 임금을 목적으로 종속적인 관계에서 사용자에게 근로를 제공하였는지 여부에 따라 판단하여야 할 것이고, '종속적인 관계'가 있는지 여부는 ① 업무 내용을 사용자가 정하고 ② 취업규칙 또는 복무(인사)규정 등의 적용을 받으며 ③ 업무 수행 과정에서 사용자가 상당한 지휘 · 감독을 하는지, ④ 사용자가 근무시간과 근무장소를 지정하고 근로자가 이에 구속을 받는지, ⑤ 노무제공자가 스스로 비품 · 원자재나 작업도구 등을 소유하거나 ⑥ 제3자를 고용하여 업무를 대행케 하는 등 독립하여 자신의 계산으로 사업을 영위할 수 있는지, ⑦ 노무 제공을 통한 이윤의 창출과 손실의 초래 등 위험을 스스로 안고 있는지, ⑧ 보수의 성격이 근로 자체의 대상적 성격인지, ⑨ 기본급이나 고정급이 정하여졌는지 및 ⑩ 근로소득세의 원천징수 여부 등 보수에 관한 사항, ⑪ 근로 제공 관계의 계속성과 사용자에 대한 전속성의 유무와 그 정도, ⑫ 사회보장제도에 관한 법령에서 근로자로서 지위를 인정받는지 등의 경제적 · 사회적 여러 조건을 종합하여 판단'해야 할 것이고, 다만, '기본급이나 고정급이 정하여졌는지, 근로소득세를 원천징수하였는지, 사회보장제도에 관하여 근로자로 인정받는지 등의 사정은 사용자가 경제적으로 우월한 지위를 이용하여 임의로 정할 여지가 크기 때문에, 그러한 점들이 인정되지 않는다는 것만으로 근로자성을 쉽게 부정하여서는 안된다.'는 것이 일부 수정된 대법원의 입장이다.

3. 수정된 대법원 판례의 기준

일부 수정된 대법원 판결은 기존의 판례가 제시하는 '사용종속성'의 징표를 대부분 동일하게 인용하면서도 다음과 같은 점에서 기존의 판례와 구별된다.

① '구체적 · 개별적'인 지휘 · 감독 대신 '상당한' 지휘 · 감독이라는 표현을 사용함으로써 근로자가 수행하는 업무의 내용에 따라서는 사용자로부터 반드시 구체적, 개별적인 지휘 · 감독을 받지 않더라도 근로자성이 인정될 수 있는 여지를 마련하였다.

② '독립사업자성'에 대한 표현을 더욱 구체화하여 '노무제공을 통한 이윤의 창출과 송실의 초래 등 위험을 스스로 안고 있는지'의 여부를 추가적인 판단 징표로 제시하였다.

③ 기본급이나 고정급이 정해졌는지 여부, 근로소득세의 원천징수 여부, 사회보장제도에 관한 법령에서 근로자로 인정받는지 등의 사정은 사용자가 경제적으로 우월한 지위를 이용하여 임의로 정할 여지가 크다는 점에서, , 그러한 점들이 인정되지 않는다는 것만으로 근로자성을 쉽게 부정해서는 안된다는 점을 명확히 하였다.

(쟁점) 근로자의 징표(→사례: 04,05,06,07)

1. 사용종속성(종속 노동성)

전통적인 관점에서 근로자의 규범적 판단기준은 '**사용종속관계**'이다. 즉, 근로기준법에서 보호하고자 하는 근로자는 사용자의 지휘명령에 따라 근로를 제공하는 자로서 '**사용종속관계**'가 인정되어야 한다. 이러한 '사용종속관계'는 ① **사용자가 업무수행과정에서 일반적인 지휘 명령권을 가지는지 여부**, ② **근무시간 또는 근무 장소의 구속성 유무** ③ **보수의 성격**(근로자체에 대한 대가성이 있는지 또는 일의 완성에 대한 보수로서의 성질이 있는지 여부 등) **등을 주요기준으로 삼고 있다**. 따라서, 근로자에 해당하는지 여부를 판단함에 그 계약의 형식이 아니라 **실질에 있어서** 근로자가 사업 또는 사업장에 **임금을 목적**으로 사용자에게 **종속적인 관계**에서 근로를 제공하였는지 여부를 모든 제반 요소를 **종합적으로** 고려하여 판단한다.

2. 독립 사업자성(물적 독립성)

'**독립 사업자성**'은 사용종속성의 반대 징표로서, 독립 사업자성이 강할수록 사용종속관계는 부정되고 독립 사업자성이 긍정된다. 독립 사업자성은 ① **노무제공자가 스스로 비품 · 원자재나 작업도구 등을 소유하고 있는지** ② **제3자를 고용하여 업무를 대행케 하는 등 독립하여 자신의 계산으로 사업을 영위할 수 있는지** ③ **노무 제공을 통한 이윤의 창출과 손실의 초래 등 위험을 스스로 안고 있는지의 여부로 판단한다.** 따라서 자신의 생산수단을 소유하고 자신의 위험 하에 자신의 계산으로 사용자와의 거래행위를 수반하는 경우에는 근로자가 아니라 자영업자로 본다.

3. 실질적 · 종합적 판단

근로기준법상의 근로자에 해당하는지 여부를 판단함에 있어서는 그 계약의 형식과 관계없이 그 '**실질**'에 있어 근로자가 사업 또는 사업장에 임금을 목적으로 **종속적인 관계**에서 사용자에게 근로를 제공하였는지 여부를 경제적 · 사회적 여건을 **종합적으로 고려**하여 **실질적 관점**에서 상황에 따라 **구체적으로 평가**한다. **다만, 기본급이나 고정급이 정해졌는지, 근로소득세 원천징수여부, 사회보장제도**(4대보험)**에 관하여 근로자로 인정받는 지 등의 사정은 사용자가 경제적으로 우월한 지위에서 임의로 정할 여지가 크기 때문에, 그러한 점들이 인정되지 않는다는 것만으로 근로자성을 쉽게 부정하여서는 아니되고,** 근로자로서의 보호 필요성이 있는 지의 여부를 **실질적이고 종합적인 관점**에서 판단하여야 한다.

5) 특수형태 근로자의 근로자성(→사례: 04,05)

6) 등기임원의 근로자성(→사례: 06)

7) 소사장의 근로기준법상 근로자 해당여부(→사례: 07)

사례연습 04

특수형태 근로자의 근로자성(공인노무사 27회 기출문제)

A사는 가방을 제조 · 판매하는 회사로서, 백화점을 운영하는 여러 회사들과 거래계약을 체결하여 백화점 내에 A사의 제품을 판매하는 매장을 개설 운영하고 있다. 80개에 달하는 각 매장에는 A사와 체결한 판매용역계약에 따라 A사의 제품을 판매하고 그 대가로 매월 수수료를 지급받는 판매원들이 있고, 이들의 근무기간은 4년 내지 10년이다. 관매용역계약에 따르면, 수수료는 '매장의 월매출액 × 매장 수수료율 × 개인 수수료율' 산식으로 산출하되, 판매원 직급별 월기준금액(매니저 300만원, 시니어 250만원, 주니어 200만원)의 85%에 미달하거나 130%를 초과하여 지급할 수 없도록 되어 있다.

2013년 3월 위와 같은 판매용역계약을 체결한 (주니어 판매원)을 포함한 A사의 모든 판매원들은 백화점 영업시간(10:30~20:00)에 맞추어 해당 매장에 출 · 퇴근하면서 A사가 정한 가격으로 A사 제품을 판매했다. A사는 각매장과 연결된 전산망을 통해 매장의 판매실적과 근무상황 등을 실시간으로 파악했고, 수시로 업무 관련 지시를 전달했다. 또한 A사 본사 영업부직원들이 매주 담당 매장을 방문하여 판매원들의 근무실태를 점검했다.

그 과정에서 A사는 매출부진을 이유로 매니저급 판매원과의 판매용역계약을 해지하기도 했다. 판매원들은 출산, 질병 등 특별한 사유가 있거나 할인행사로 일손이 부족할 때, A사의 사전 승낙을 받아 아르바이트 직원을 채용해 판매보조 인력으로 활용했다. A사는 비품, 아르바이트 급여 등 매장운영에 필요한 모든 비용을 부담했다. A사는 본사 직원과 달리 판매원들에게 취업규칙 등을 적용하지 않았고, 사업소득세를 원천징수했으며, 판매원들을 4대 보험에 가입시키지 않았다. 다음 물음에 답하시오.

甲은 A회사에게 「근로기준법」 제56조 제1항에 따른 가산임금을 청구할 수 있는 근로자에 해당하는지에 대하여 논하시오.

1. 쟁점의 정리

甲은 A회사에 대해서 근로기준법 제56조 제1항에 따른 가산임금을 청구하고 있는 바, 甲에게 그러한 청구권을 인정하기 위해서는 먼저 甲이 근로기준법상 근로자에 해당하여야 하고 甲의 근로시간이 법정근로시간 1일 8시간을 초과하여야 한다. 그런데, 사안에서 甲은 A회사와 근로계약을 체결한 것이 아니라 판매용역계약을 체결하였으므로, 甲을 근로기준법상근로자에 해당한다고 볼 수 있는지를 먼저 검토한 후, 甲이 A회사에 대해서 근로기준법 제56조 제1항에 따른 가산임금을 청구할 수 있는지 여부를 살펴보고자 한다.

2. 근로기준법상 근로자 해당 여부

(1) 근로기준법상 근로자의 개념

'근로기준법상 근로자'란 직업의 종류와 관계없이 임금을 목적으로 사업이나 사업장에 근로를 제공하는 자를 말하는 바(근로기준법 제2조 제1항 1호), 이에 해당하는지 여부는 계약의 형식에 관계없이 실질적으로 임금을 목적으로 종속적인 관계에서 사용자에게 근로를 제공하였는지 여부에 따라 판단한다는 것이 판례의 태도이다.(대법원 1991.12.12. 선고 91다24250 판결) 따라서, 여타의 도급 · 위임계약자와 구분되는 '근로기준법상 근로자'의 평가핵심표지는 '사용자의 지휘 · 명령에 따라 근로를 제공한다.'는 '사용종속성'이다.

(2) 사용종속성의 판단기준

종래부터 대법원은 '근로기준법상 근로자'에 해당하는지의 여부는 계약의 형식보다는 그 실질에 있어 근로자가 사업 또는 사업장에 임금을 목적으로 종속적인 관계에서 사용자에게 근로를 제공하였는지 여부에 따라 판단하여야 할 것이라는 태도를 취하여 왔다.(대법원 1994.12.09. 선고 94다22859 판결 등) 대법원은 전통적인 근로자성 판단기준을 원용해 오다가, 2006년 판결(대법원 2006.12.07. 선고 2004다29736 판결)에서 일부 수정된 '근로자성 인정여부'에 대한 판단기준을 제시하였다. 즉, 근로기준법상 근로자에 해당하는지 여부를 판단함에 있어서는 그 계약의 형식과 관계없이 그 실질에 있어 근로자가 사업 또는 사업장에 임금을 목적으로 종속적인 관계에서 사용자에게 근로를 제공하였는지 여부에 따라 판단하여야 할 것이고, '종속적인 관계'가 있는지 여부는 ① 업무 내용을 사용자가 정하고 ② 취업규칙 또는 복무(인사)규정 등의 적용을 받으며 ③ 업무 수행 과정에서 사용자가 상당한 지휘 · 감독을 하는지, ④ 사용자가 근무시간과 근무장소를 지정하고 근로자가 이에 구속을 받는지, ⑤ 노무제공자가 스스로 비품 · 원자재나 작업도구 등을 소유하거나 ⑥ 제3자를 고용하여 업무를 대행케 하는 등 독립하여 자신의 계산으로 사업을 영위할 수 있는지, ⑦ 노무 제공을 통한 이윤의 창출과 손실의 초래 등 위험을 스스로 안고 있는지, ⑧ 보수의 성격이 근로 자체의 대상적 성격인지, ⑨ 기본급이나 고정급이 정하여졌는지 및 ⑩ 근로소득세의 원천징수 여부 등 보수에 관한 사항, ⑪ 근로 제공 관계의 계속성과 사용자에 대한 전속성의 유무와 그 정도, ⑫ 사회보장제도에 관한 법령에서 근로자로서 지위를 인정받는지 등의 경제적 · 사회적 여러 조건을 종합하여 판단해야 할 것이고, 다만, '기본급이나 고정급이 정하여졌는지, 근로소득세를 원천징수하였는지, 사회보장제도에 관하여 근로자로 인정받는지 등의 사정은 사용자가 경제적으로 우월한 지위를 이용하여 임의로 정할 여지가 크기 때문에, 그러한 점들이 인정되지 않는다는 것만으로 근로자성을 쉽게 부정하여서는 안 된다.'는 것이 일부 수정된 대법원의 입장이다.

(3) 사안의 검토

1) 사용종속성 요소

비록 甲에게 취업규칙이 적용되지 않는다고 하지만, ① 근무시간과 근무장소가 사용자에 의하여 직접 지정되고 업무 수행에 있어서도 업무의 내용이 사용자에 의하여 정해질 뿐 아니라, A사는 각 매장과 연결된 전산망을 통해 매장의 판매실적과 근무상황 등을 실시간으로 파악하였고, 수시로 업무 관련 지시를 전달하였으며, ③ A사 본사 영업부직원들이 매주 담당 매장을 방문하여 판매원들의 근무실태를 점검했다는 점에서, 업무수행 과정에 있어서도 갑은 사용자로부터 적어도 상당한 지휘 감독울 받았다고 평가되므로 갑에게는 A회사에 대한 사용종속성이 인정된다.

2) 독립사업자성 요소

비록 甲과 A회사가 형식적으로는 판매용역계약을 체결하고 매월 수수료 형식으로 보수를 비급

받지만 ① 甲은 A사가 정한 가격으로 A사 제품만을 판매하였으며 甲의 보수는 판매원 직급별 월기준금액의 85%에 미달하거나 130%를 초과하여 지급할 수 없도록 되어 있다는 점에서 이는 판매용역의 대가라기보다는 오히려 근로에 대한 대상성에 더욱 가까우며, ② 비록 판매원들이 판매보조인력 등 제3자를 고용하기도 했지만 사전에 A사의 승낙을 받아야 하였을 뿐 아니라 판매보조인력을 고용하는 사유 역시 판매원들의 출산, 질병 등 특별한 사유가 있거나 할인행사로 일손이 부족할 때로 한정된다는 점에서 이는 A 회사의 필요성에 의한 것이지 판매원들의 필요성에 의한 것이라고 보기 어렵다. ③ 그 외에도 A사가 비품, 아르바이트 급여 등 매장운영에 필요한 모든 비용을 부담했다는 점 등을 종합적으로 판단할 때, 판매원인 甲에게는 독립사업자성 요소가 부정된다고 판단된다.

3) 기타 요소

비록 갑에게는 근로소득세가 아니라 사업소득세를 원천징수하고 있으며 4대 보험에 가입되어 있지 않지만, '기본급이나 고정급이 정하여졌는지, 근로소득세를 원천징수하였는지, 사회보장제도에 관하여 근로자로 인정받는지 등의 사정은 사용자가 경제적으로 우월한 지위를 이용하여 임의로 정할 여지가 크기 때문에, 그러한 점들이 인정되지 않는다는 것만으로 근로자성을 쉽게 부정하여서는 안 된다.'는 것이 판례의 태도이다.

(4) 사안의 경우

A회사는 형식적으로는 판매원들과 제품 판매에 대한 매월 수수료를 지급하는 판매용역계약을 체결하였으나, ① A회사가 판매원들에게 상당한 지휘·감독을 행사하였고, 甲의 보수도 근로에 대한 대상성에 가까우며 ② 판매원을 이윤창출과 손실 위험의 귀속 주체로 볼 수 없고, ③ 취업규칙 미적용과 사업소득세 원천징수, 4대 보험 미가입의 경우에는 사용자가 임의로 정할 여지가 큰 점에서 근로자성을 부정할 요소는 아니므로 백화점 판매원과 A회사 간에는 사용종속관계가 성립한다. 따라서, 계약의 형식과 관계없이 실제로 담당한 업무내용, 업무에 대한 지시감독관계 등을 실질적인 관점에서 종합적으로 평가할 때, 갑에게는 '사용 종속성'이 인정되므로 갑은 근로기준법상 근로자에 해당한다.

3. 근로기준법 제56조 제1항에 따른 가산임금의 청구

사용자는 연장근로(제53조·제59조 및 제69조 단서에 따라 연장된 시간의 근로를 말한다)에 대하여는 통상임금의 100분의 50 이상을 가산하여 근로자에게 지급하여야 하는 바(근로기준법 제56조 제1항), 甲이 근로기준법상 근로자에 해당하는 이상, 그가 휴게시간을 제외하고 일 8시간·주40시간 이상 근로하였다면 A사에게는 근로기준법 제56조 제1항 소정의 연장근로수당을 지급할 의무가 있다.

4. 결론

사안에서 甲은 판매용역계약을 체결하였으나 계약의 형식과 관계없이 실제로 담당한 업무내용, 업무에 대한 지시감독관계 등을 실질적인 관점에서 종합적으로 평가할 때 갑에게는 '사용종속성'이 인정되며, 甲의 근로시간은 백화점 영업시간(10:30~20:00)으로서 1일 8시간을 초과하는 경우에는 근로기준법 제56조 제1항에 따른 가산임금을 청구할 수 있는 근로기준법상 근로자에 해당한다.

관련판례 대법원 2021. 11. 11. 선고 2019다221352 판결 정수기 AS 설치기사의 근로자성(★★★)

1. 이 사건 엔지니어는 제품의 설치 AS업무를 완료하면 PDA 기기 등을 통하여 피고의 전산망에 그 완료사실을 입력하였다. 엔지니어들은 피고가 정한 수수료 규정에 따라 **고정적인 기본급 없이** 실적에 따라 제품의 **설치 AS수수료 및 판매수수료**[9]를 매달 정기적으로 지급받았다. 피고는 엔지니어들을 대상으로 신입교육, CS(Customer Service, 고객서비스) 교육 등 각종 **교육 프로그램을 실시**하였고, 피고는 필요에 따라 엔지니어가 제품의 설치AS업무를 수행하는 과정에서 지켜야 할 지침을 만들어 사내통신 등 형태로 엔지니어들에게 통지하여 이를 따르도록 하였고, '엔지니어 10대 행동강령'을 정하여 그 **준수를 요구**하였다. 피고는 엔지니어가 피고의 서비스 지침을 준수하지 않거나 허위보고를 하는 경우 **벌과금**을 부과하기도 하였다. 또한 피고는 사내통신 또는 SM을 통하여 팀별 적정 매출 목표를 설정하고 그 달성 여부를 지속적으로 확인하면서, 엔지니어별로 매출 목표를 설정하고 수시로 이를 확인하면서 실적이 부진한 엔지니어를 질책하거나, 사무소 복귀, 교육 참석, 휴무일 근무 등의 **불이익을 주는 등의 방법으로 매출촉진을 독려**하였다.

2. 원고들은 피고의 사업 중 핵심 부분이라고 할 수 있는 제품의 판매, 판매된 제품의 배달·설치·AS를 직접 담당하였다. 피고는 원고들에게 배정받은 제품의 설치·AS 업무를 수행하고 그 결과를 보고하도록 하였고, 업무처리에 관한 각종 기준을 설정하고 그 준수를 지시하였다. 또한 피고는 원고들에 대한 매출목표의 설정 및 관리, 교육 등을 지속적으로 실시하였다. 이와 같이 피고는 원고들이 수행할 업무 내용을 정하였고, 원고들에 대한 업무상 직접적인 지휘감독은 주로 피고의 SM을 통해 이루어졌다고 하더라도 그것이 전체적으로 보아 자신의 핵심적인 사업 영역에서의 성과를 달성하려는 피고에 의한 것이라고 볼 수 있는 이상 피고가 **원고들의 업무수행에 관하여 상당한 지휘·감독을 하였다고 봄이 타당하다**. 원고들이 제품의 설치·AS업무와 판매업무 사이의 비중을 조절할 수 있었다고 하더라도, 각 업무들이 피고의 상당한 지휘·감독에 따라 이루어졌다는 점은 달라지지 않는다.

원고들은 사실상 피고에게 전속되어 피고로부터 받는 수수료를 **주된 소득원**으로 하였다. 원고들은 **성과급 형태의 수수료만 지급받았지만 이는 그 업무의 특성에 기초하여 피고가 정한 기준에 따랐기 때문일 뿐이고,** 원고들이 피고의 지휘감독에 따라 업무를 수행하고 받은 위와 같은 수수료가 근로에 대한 대가로서의 임금의 성격을 지니고 있지 않다고 보기 어렵다. 또한, 원고들은 반복적인 재계약 또는 기간연장 합의를 통해 장기간 피고의 엔지니어로 종사하여 그 업무의 계속성이 인정된다. 원고들이 근무시간이나 근무장소에 대하여 피고로부터 엄격한 제한을 받았다고 보기는 어려우나, 이는 원고들의 주된 업무수행이 외부에서 이루어진다는 특성에 기인하는 것에 불과하다. 피고의 회장은 직접 엔지니어들의 조기출근을 강조하는 발언을 하였고, 피고는 사내통신을 통해 엔지니어들에게 위 발언을 숙지하도록 안내하기도 하였다. 원고들이 업무에 사용할 PDA, 차량의 구입 및 유지에 필요한 비용을 부담하고, 스스로의 비용으로 판촉활동을 하였다고 하더라도, 피고 역시 사무에 필요한 공간을 원고들에게 제공하고 일정한 경우 위 비용 중 일부를 지원하기도 하였다. **원고들은 피고로부터 배정받은 제품의 설치 AS업무를 피고의 엔지니어가 아닌 제3자에게 이관하거나 제3자를 고용하여 업무를 대행하게 할 수 없었고,** 판매업무 역시 이에 대한 피고의 지휘감독의 정도에 비추어 이를 **피고로부터 독립하여 자신의 계산으로 한 사업이라고 보기 어렵다**. 원고들은 피고의 취업규칙, 복무규정, 인사규정 등을 적용받지 않았으나, 피고는 엔지니어 10대 행동강령 등 다양한 형식의 규정, 지침 등을 마련하여 엔지니어들에게 통일적으로 그 준수를 요구하였다. 피고는 원고들을 비롯한 엔지니어들에게 지급하는 수수료에서 **근로소득세가 아닌 사업소득세를 원천징수하였고, 엔지니어들을 피보험자로 하여 고용보험 등에 가입하지는 않았다. 그러나 이러한 사정들은 사용자인 피고가 경제적으로 우월한 지위에서 임의로 정할 수 있는 것에 불과하므로,** 위와 같은 사정들은 원고들의 근로기준법상 근로자성 인정에 방해가 되지 않는다.

---

9) 대법원은 AS 설치기사가 사용자로부터 직접 받는 '설치 AS 수수료'뿐 아니라, 사용자로 직접 받지 않는 **판매수수료**도 평균임금 산정의 기초가 되는 임금이라고 판단한 사안이다.(대법원 2021.11.11. 선고 2020다273939 판결).(→ **평균임금 참조**) 근로기준법상 근로자와 평균임금(퇴직금)이 함께 사례화 출제유력함.(→ **사례연습 05 참조**)

사례연습 05
형식상 특수형태근로자와 퇴직금 (행정고시 2014년 기출문제)

B가 운영하는 대학입시학원의 종합반 강사인 A는 처음 5년간은 근로소득세를 납부하고 국민건강보험의 직장가입자로 보험료를 납부하였으나, 이후 5년간은 B의 요구에 따라 사업자등록을 하고 지역가입자로 건강보험료를 납부하면서, 매년 2월부터 11월까지를 기간으로 정한 소위 강의용역제공계약을 반복하여 체결하는 방식으로 강의하여 왔다. 10년간 A는 B의 학원에서 동일한 업무를 수행하였으며, 12월부터 1월까지의 계약 공백기간에는 무급으로 B의 학원에서 진학상담과 강의준비를 하였다. 매년 2월에 체결되어왔던 계약의 갱신을 거절당하자 A는 퇴직금의 지급을 주장하였다. A의 주장은 타당한가?

1. 쟁점의 정리

A는 B학원에게 퇴직금의 지급을 주장하고 있는 바, 甲에게 퇴직금 청구권을 인정하기 위하여는 먼저 甲이 근로기준법상 근로자에 해당하여야 하고 甲이 퇴직금의 지급을 청구할 수 있는 요건을 갖추고 있어야 한다. 그런데, 사안에서 A는 B학원과 근로계약을 체결한 것이 아니라 강의용역계약을 체결하였으므로, 먼저 A가 근로기준법상근로자에 해당하는 지 여부를 검토하여야 할 것이고, 만일 근로기준법상 근로자에 해당한다면 A가 퇴직금을 청구할 수 있는 요건을 갖추고 있는 지를 살펴보아야 할 것이다.

2. 근로기준법상 근로자 해당 여부

(1) 근로기준법상 근로자의 개념

(2) 사용종속성의 판단기준

(3) 사안의 검토

사례의 경우, 원래 근로소득세를 납부하고 근로자로서 국민건강보험의 직장가입자로 보험료를 납부하던 A가 현재 B학원과 강의용역계약을 체결하고 사업자등록을 한 후 지역가입자로 건강보험료를 납부하고 있는 것은 우월한 지위에 있는 B의 요구에 따라 A가 사업자등록을 한 후 지역가입자로 건강보험료를 납부한 것에 불과하다는 점, 이러한 계약 형식의 변경은 B의 요구에 따른 것으로서 A는 10년 동안 계속하여 B의 학원에서 근로자로서 동일한 업무를 수행하여 왔음이 인정되는 점, 특히, 12월부터 1월까지의 계약 공백 기간에는 무급으로 B의 학원에서 진학상담과 강의준비를 하였다는 점 등에 비추어 볼 때 위와 같은 계약의 변경은 형식에 불과하고 갑은 여전히 근로기준법 근로자에 해당된다고 판단된다.

3. 퇴직금 지급 청구의 인용여부

(1) 퇴직금의 의의

퇴직금이란 근로자가 일정기간을 근속하고 퇴직하는 경우 근로관계의 종료를 사유로 하여 사용자가 지급하는 일시 지급금을 의미한다. 판례는 '퇴직금은 근로자가 1년 이상 근무하고 퇴직할 때 일시금으로 지급하는 것으로서, 본질적으로 후불적 임금의 성질을 지니는 것'으로 보고 있다.

(2) 퇴직금 지급 요건

A의 퇴직금지급 청구가 인정되기 위해서는 첫째, 실질적인 근로관계가 존재하여야 하고, 둘째 적어도 근로연수가 계속해서 1년 이상이어야 하며(근로자퇴직급여보장법 제4조 제1항 본문) 셋째로 1주간의 소정근로시간이 15시간 이상이어야 한다.(근로자퇴직급여보장법 제4조 제1항 단서)

(3) 사안의 검토

A는 근로기준법상 근로자이므로 실질적인 근로관계가 존재하고, 계속근로 여부와 관련하여 퇴직금지급청구가 인정되기 위해서는 적어도 근로연수가 계속해서 1년 이상이어야 하는 바, 근로계약기간이 만료되면서 다시 근로계약을 맺어 그 근로계약기간을 갱신하거나 동일한 조건의 근로계약을 반복하여 체결한 경우에는 갱신 또는 반복된 계약기간을 합산하여 계속 근로 여부와 계속 근로 연수를 판단하여야 하고(대법원 1995.7.11. 선고 93다26168 전원합의체 판결 등 참조), 갱신되거나 반복된 근로계약 사이에 일부 공백 기간이 있다 하더라도 그 기간이 전체 근로계약기간에 비하여 길지 아니하고, 계절적 요인이나 방학 기간 등 당해 업무의 성격에 기인하거나 대기 기간재충전을 위한 휴식 기간 등의 사정이 있어 그 기간 중 근로를 제공하지 않거나 임금을 지급하지 않을 상당한 이유가 있다고 인정되는 경우에는, 근로관계의 계속성은 그 기간 중에도 유지된다. 사안의 경우 매년 2월부터 11월까지를 기간으로 정한 소위 강의용역제공계약을 반복하여 체결하는 방식으로 강의하여 오기는 하였으나, 계약기간이 아닌 12월부터 1월까지의 계약 공백기간에도 A는 무급으로 B의 학원에서 진학상담과 강의준비 등의 업무를 수행하였음을 알 수 있는 바, 이러한 사정에 비추어 보면 11월 이후 다음해 2월까지의 기간은 강의에 부수되는 업무 수행과 다음 연도 강의를 위한 재충전과 강의 능력 제고를 위한 연구를 위한 기간으로서 그 기간 중에도 A학원과 을 등의 사이에 근로관계는 계속되었다고 보기에 충분하다. 따라서, A의 1주간의 소정근로시간이 15시간 이상으로 인정되는 경우에는 B에 대하여 퇴직금의 지급을 청구할 수 있다.

4. 결론

사례의 경우 A에게는 실질적인 근로관계가 존재하고 계속근로연수가 10년이므로 퇴직금지급을 요구하는 A의 주장은 타당하다.

관련판례 대법원 2020. 6. 25. 선고 2018다292418 판결 겸직한 채권추심원의 근로자성

근로기준법 (이하, 근로기준법)상의 근로자에 해당하는지는 계약의 형식이 고용계약인지 위임계약인지보다 근로제공관계의 실질이 근로제공자가 사업장에서 임금을 목적으로 종속적인 관계에서 사용자에게 근로를 제공하였는지에 따라 판단하여야 한다. **원고들이 피고 외의 다른 근무처에서 상당한 소득을 올렸다는 사정은 근로제공관계의 실질을 파악할 때 고려할 여러 사정 중 일부에 불과**하고, 피고가 원고들의 근로자성을 인정하지 않은 기간 동안 위 원고들의 업무수행 방식과 피고의 지휘.감독의 태양이나 정도 등 근로자성 인정 여부를 종전과 달리 판단할 수 있을 정도로 실질적으로 변경되었다고 볼 만한사정이 없다. 결국 위 원고들이 피고 외의 다른 근무처에서 얻은 소득이 같은 기간 피고로부터 얻은 소득과 비교하여 **50% 이상의 비중을 차지하는 기간에도** 여전히 위 원고들을 피고의 근로자로 봄이 타당하다

사례연습 06

등기임원의 근로자성 (2016년도 제1차 변호사시험 모의시험)

공인노무사 갑은 2012. 10. 1.부터 사단법인 A경영컨설팅에서 경영상담사로 근무하였는데, 스스로 특정 기업과의 경영상담 계약을 체결한 적이 없이 오로지 A경영컨설팅의 대표인 을의 지시에 따라 담당기업을 배정받아 경영자문 및 노무관련 분쟁해결 등의 법률상담 업무를 수행하였다. 그런데 A경영컨설팅은 2015. 4. 30. 이메일을 통해 '후임자가 선정될 때까지 근무하다가 후임자가 정해지면 업무를 인계하도록' 갑에게 지시하였다가, 2015. 5.31. 오전 '후임자가 선정되었으므로 내일부터 법인으로 출근할 필요가 없음' 이라는 문자를 갑의 휴대전화로 보냈다. 이에 갑이 을에게 전화를 걸어 항의하자, 을은 '경영상담 실적이 극히 저조할뿐 아니라 고객으로부터의 항의가 빈발하였음'을 이유로 해고하는 것이라고 설명하였다.

갑은 A경영컨설팅이 자신을 부당하게 해고하였다고 주장하면서 노동위원회에 부당해고 구제를 신청하는 동시에, 재직기간에 상응하는 퇴직금을 지급하여 줄 것을 A경영컨설팅에 청구하였다.

A경영컨설팅은 2013. 1.28. 갑 등 신임 경영상담사 2명을 법인등기부에 임원으로 등재하면서 이를 당사자들에게 통지하지 아니하였고, 법인의 구성원으로서 이들에게 이익배당을 하거나 손실을 공동부담케 하지 않았다. 갑 등 신임 경영상담사들에게는 본봉과 이에 기초하여 특정된 몇 가지 수당을 가산하여 지급하면서 갑종근로소득세를 원천징수하였으나, 각자의 경영상담 활동 내역에 따른 급여액의 변동이 없이 매달 일정한 금액을 지급하였다.

1. A경영컨설팅은 갑이 사단법인의 임원으로 등기되어 있을 뿐 아니라, 법인의 임원인 경영상담사는 다른 임원의 지휘 감독 없이 자유롭게 업무를 처리하였기 때문에 갑의 퇴직금 청구는 부당하다고 주장한다. 이러한 주장은 타당한가?
2. A경영컨설팅의 갑에 대한 해고는 절차적 측면에서 정당한가?

Ⅰ. 설문1의 해결

1. 쟁점의 정리

사안에서 A경영컨설팅은 갑이 사단법인의 임원으로 등기되어 있을 뿐 아니라, 법인의 임원인 경영상담사는 다른 임원의 지휘 감독 없이 자유롭게 업무를 처리하였다는 이유로 갑의 퇴직금 청구는 부당하다고 주장하고 있다. 이러한 A경영컨설팅의 주장의 당부와 관련해서는 등기임원의 근로자성과 아울러 甲이 근로기준법상 근로자에 해당하는 지의 여부를 판례의 태도를 기초로 구체적으로 검토해야 할 것이다.

2. 등기임원의 근로자성

사단법인의 등기 임원은 사단법인과 위임계약을 체결한 자로서 원칙적으로 근로기준법상 근로자라 할 수 없으며, 이들이 정관이나 총회의 결의에서 정한 바에 따라 일정한 보수를 받는 경우에도 그 보수는 위임 사무집행에 대한 대가로 지급되는 대가의 일종일 뿐 근로기준법에서 정한 임금이라 할 수 없다. 다만, 등기 임원으로서의 명칭이나 직위가 형식적·명목적인 것에 불과하다거나 원고가 담당한 전체 업무의 실질이 위임사무를 처리하는 것이 아니라 임금을 목적으로 종속적인 관계에서 일정한 근로를 제공함에 그친다고 볼 수 있는 경우에는 그 임원은 근로기준법에서 정한 근로자에 해당할 수 있다.(대법원 2017.11.9. 선고 2012다10959 판결)

3. 근로기준법상 근로자 해당 여부

(1) 근로기준법상 근로자의 개념

(2) 사용종속성의 판단기준

(3) 사안의 검토

1) 사용종속성 요소

갑은, 경영상담사로 근무하면서 A경영컨설팅의 대표인 을의 지시에 따라 담당기업을 배정받아 경영자문 및 노무관련 분쟁해결 등 법률상담 업무를 수행하였으므로 입무의 내용이 사용자에 의하여 정하여지고 업무수행과정에서도 사용자로부터 상당한 지휘 감독을 받았다고 평가되므로 갑에게는 A회사에 대한 사용종속성이 인정된다.

2) 독립사업자성 요소

비록 갑은 법인 등기부에 임원으로 등기되어 있으나, A경영컨설팅에서 이를 당사자들에게 통지하지 않았고, 또한 갑에게는 이익배당을 하거나 손실을 공동으로 부담하지도 않았다는 점에서 갑은 노무 제공을 통한 이윤의 창출과 손실의 초래 등 위험을 스스로 안고 있다고 평가되지 않으므로 甲에게는 독립사업자성 요소가 부정될 뿐 아니라, 갑은 매달 일정한 금액을 지급받았으므로 보수의 성격도 근로 자체의 대상적 성격이 있다고 보아야 한다.

3) 기타 요소

비록 갑에게는 갑종 근로소득세를 원천징수하였으나 본봉과 수당을 가산하여 지급하였다는 점에서 기본급이나 고정급이 정해진 것으로 볼 수 있으며, 근로소득세를 원천징수하였는지, 사회보장제도에 관하여 근로자로 인정받는지 등의 사정은 사용자가 경제적으로 우월한 지위를 이용하여 임의로 정할 여지가 크기 때문에, 그러한 점들이 인정되지 않는다는 것만으로 근로자성을 쉽게 부정하여서는 안 된다.'는 것이 판례의 태도이다.

4. 결론

사안에서 A경영컨설팅은 갑의 사단법인의 임원으로 등기되어 있지만 실제로 갑이 담당한 업무내용, 업무에 대한 지시감독관계, 보수의 성격 등을 실질적인 관점에서 종합적으로 평가할 때 갑에게는 '사용종속성'이 인정되므로 갑은 근로기준법상 근로자에 해당한다.

Ⅱ. 설문2의 해결 (→ 사례연습 80 근로자의 법정 해고요건)

사례연습 07

소사장의 근로자성 (대법원 2016. 5. 26. 선고 2014도12141 판결: 출제유력)

A사는 조선 및 산업설비부품인 상·하역 운반장비 및 조선용 기자재 및 중장비 차량부품 등을 제작하는 회사이다. 甲은 A사에 2010년 6월 1일에 입사하여 A사의 차량부품 제작 부문에서 10년간 근로한 현장 팀장이었는데, A사로부터 퇴사후 소사장 형태의 도급계약을 체결할 것을 제안받고 甲명의로 사업자등록증을 개설한 후 2020.6.1. 퇴직금 전액을 수령하고, 그 다음 날인 2020.6.2부터는 도급계약에 따라 계속 A사에 출근하였다. 甲은 현장에서 수행하였던 차량부품가공 제작 업무에 필요한 숙련된 기술을 보유하고 있는 자이므로 작업을 수행함에 있어서 A회사로부터 개별적이고 구체적인 지시를 받을 필요는 없었지만, A사 사장이나 부장으로부터 포괄적인 지시를 받아 작업을 수행하였으며, 갑의 업무수행상 필요한 설비, 원재료, 집기 등은 모두 A회사에서 제공하였다. 그리고, 甲이 소사장으로 일하는 기간 중에도 甲이 퇴사하기 전에 근로자로 근무할 당시와 마찬가지로 甲에게는 출퇴근시간이 정해져 있었고, 출퇴근 시에 항상 출퇴근카드를 작성하였을 뿐 아니라, 외출시 회사의 허락 또는 동의를 구하였으며, 휴가 기간도 7월 말에서 8월로 정해져 있었고 작업 도중 다쳤을 때 회사가 치료비를 지급한 경우도 있었다.. 한편, 보수는 甲이 완성한 부품대금 명목으로 3.3% 사업소득세를 공제한 후 지급받았으며(그런데 실제로 甲의 급여는 출퇴근 카드에 기초한 근로시간을 기준으로 계산한 시급을 매월 일정한 날(15일) 지급받았음), 4대보험에도 가입되어 있지 않았다. 甲은 2020.6.1부터 2023.6.1.까지 소사장으로 일하고 퇴사하면서 2010.6.1.부터 2023.6.1.까지 13년간의 퇴직금 전액을 지급하여 줄 것을 A사에 요구하자 A사는 이미 2020.6.1. 甲에게 퇴직금 전액을 지급히였으므로. 甲에게 퇴직금을 지급할 의무가 없다고 주장하고 있다. 다음에 대하여 답하시오.

甲은 2023.6.1. 퇴사하면서 퇴직금을 지급할 것을 요구할 수 있는 근로자에 해당하는가 논하시오.

1. 쟁점의 정리

사안에서 A사를 퇴사한 후 소사장 형태의 도급계약을 체결한 甲이 A사에 대하여 퇴직금을 지급할 것을 요구할 수 있는 근로자에 해당하는 지 문제되는 바, 이러한 甲의 주장의 당부와 관련해서는 먼저 소사장의 근로자성과 아울러 甲이 근로기준법상 근로자에 해당하는 지의 여부를 판례의 태도를 기초로 구체적으로 검토해야 할 것이다.

2. 소사장의 근로자성

종전에는 단순한 근로자에 불과하였다가 어떠한 계기로 하나의 경영주체로서의 외관을 갖추 고 종전의 사용자(모기업)와 도급계약을 맺는 방법으로 종전과 동일 내지 유사한 내용의 근로 를 제공하게 된 경우(이른바 소사장의 형태를 취한 경우)에는, 근로기준법상의 근로자에 해당 하는지 여부를 판단함에 있어서 스스로 종전의 근로관계를 단절하고 퇴직한 것인지 아니면 그 의사에 반하여 강제적·형식적으로 소사장의 형태를 취하게 되었는지 여부, 사업계획, 손익계 산, 위험부담 등의 주체로서 사업운영에 독자성을 가지게 되었는지 여부, 작업수행과정이나 노 무관리에 있어서 모기업의 개입 내지 간섭의 정도, 보수지급방식과 보수액이 종전과 어떻게 달라졌으며 같은 종류의 일을 하는 모기업 소속 근로자에 비하여는 어떠한 차이가 있는지 여부 등도 아울러 참작하여야 한다.(대법원 2016. 5. 26. 선고 2014도12141 판결)

3. 근로기준법상 근로자 해당 여부

(1) 근로기준법상 근로자의 개념

(2) 사용종속성의 판단기준

(3) 사안의 검토

1) 사용종속성 요소

甲이 퇴사하기 전에 근로자로 근무할 당시와 마찬가지로 甲에게는 출퇴근시간이 정해져 있었고, 출퇴근 시에 항상 출퇴근카드를 작성하였을 뿐 아니라, 외출시 회사의 허락 또는 동의를 구하였으며, 휴가 기간도 7월 말에서 8월로 정해져 있었고 작업 도중 다쳤을 때 회사가 치료비를 지급한 경우도 있었을 뿐 아니라, 甲은 작업을 수행함에 있어서 비록 A회사로부터 개별적이고 구체적인 지시를 받지는 아니하였으나, A사 사장이나 부장으로부터 포괄적인 지시를 받아 작업을 수행한 점이 인정된다는 점에서, 입무의 내용이 사용자에 의하여 정하여지고 업무수행과정에서도 사용자로부터 상당한 지휘 감독을 받았다고 평가된다. 따라서 甲에게는 A회사에 대한 사용종속성이 인정된다.

2) 독립사업자성 요소

갑의 업무수행상 필요한 설비, 원재료, 집기 등은 모두 A회사에서 제공하였으며, 갑은 노무 제공을 통한 이윤의 창출과 손실의 초래 등 위험을 스스로 안고 있다고 평가되지 않을 뿐 아니라, 비록 갑의 보수는 甲이 완성한 부품대금 명목으로 3.3% 사업소득세가 공제된 후 지급받지만, 실제로 甲의 급여는 출퇴근 카드에 기초한 근로시간을 기준으로 계산한 시급을 매월 일정한 날(15일) 지급받은 것이 불과하다는 점에서, 甲이 A사로부터 지급받은 부품대금 명목의 금원은 통상적인 근로자가 근로의 대가로 지급받는 임금과 유사한 성격이 있다고 보아야 한다.

3) 기타 요소

비록 甲이 A사와 도급계약을 체결하였으며 4대보험에도 가입되어 있지 않았지만, 근로소득세를 원천징수하였는지, 사회보장제도에 관하여 근로자로 인정받는지 등의 사정은 사용자가 경제적으로 우월한 지위를 이용하여 임의로 정할 여지가 크기 때문에, 그러한 점들이 인정되지 않는다는 것만으로 근로자성을 쉽게 부정하여서는 안된다.'는 것이 판례의 태도이다.

4. 결론

사안에서 甲은 소사장 형태의 도급계약을 체결할 것을 A사로부터 제안받고 사업자등록증까지 개설하고 형식적으로는 도급계약에 따라 노무를 제공하였지만, 실제로 갑이 담당한 업무내용, 업무에 대한 A의 상당한 지시감독관계, 보수의 성격 등을 실질적인 관점에서 종합적으로 평가할 때 갑에게는 '사용종속성'이 인정되므로 갑은 근로기준법상 근로자에 해당한다.

관련판례 대법원 1987. 6. 9. 선고 86다카2920 판결 고등학생 현장슬습생의 근로자성

사업주와 실습생 사이의 채용에 관한 계약내용, 작업의 성질과 내용, 보수의 여부등 그 근로의 실질 관계에 의하여 사용종속관계가 있음이 인정되는 경우에는 그 실습생은 근로기준법의 적용을 받는 근로자에 해당한다고 할 것이다.

(2) 근로기준법상 사용자

1) 근로계약체결의 당사자인 사용자와 근로기준법상 사용자의 개념의 구별

먼저, **근로기준법이 정의하는 근로자**는 근로계약의 당사자로서의 근로자를 의미하는 것이 아니라는 것을 인식하여야 한다. 즉, 근로계약의 당사자인 사용자의 정의에 대해서는 근로기준법에 직접 규정하고 있지 아니하다. 다만, 동법 제2조 제1항 제4호의 '근로계약'에 관한 정의 규정[10]을 기초로 근로계약의 당사자로서의 사용자의 개념은 다음과 같이 이해할 수 있을 것이다. 즉, 사용자는 자기의 지시·감독하에 노무를 제공하는 근로자에 대하여 임금을 지급할 의무를 부담할 것을 약정한 계약의 당사자이다. 그러나, 이러한 근로계약체결의 당사자로서의 '사용자'의 의미는 근로기준법을 비롯한 노동법에서는 본질적인 개념이 아니다. 왜냐하면, 근로기준법은 '공법, 구체적으로는 '노동행정법'으로서 ,노동행정법인 근로기준법이 정의하는 사용자는 **강행규정인 노동행정법(근로기준법)을 준수할 의무자**, 즉 **근로기준법의 수범자의 범위**를 정한 것이다.[11] 근로계약의 경우에는 근로기준법을 비롯한 공법(행정법)인 노동관계법령에 의한 엄격한 규제를 받는 바, 근로기준법에서 '사용자'(근로기준법 제2조 제2항2항 제2호)의 정의를 규정하고 있는 것은 **근로기준법을 준수할 의무가 있는 자**의 범위를 명확히 하기 위한 것이다. 따라서, 일반적으로 '사용자'의 개념은 ① **근로계약 체결의 당사자로서 '사법상 권리의 무의 주체인 사용자'**와 ② **근로기준법을 비롯한 공법상 의무의 수범주체로서의 '근로기준법상 사용자'**의 두 가지 개념으로 '이원화'된다. 그리고, 근로기준법상 근로자, 즉, '사업주 또는 사업경영 담당자. 그 밖에 근로자에 관한 사항에 대하여 사업주를 위하여 행위하는 자' 중에서 근로계약의 당사자로서의 사용자는 좁은 의미의 사용자인 '**사업주**'를 의미한다.

근로계약 체결의 당사자로서의 사용자와 근로기준법상 사용자의 구별

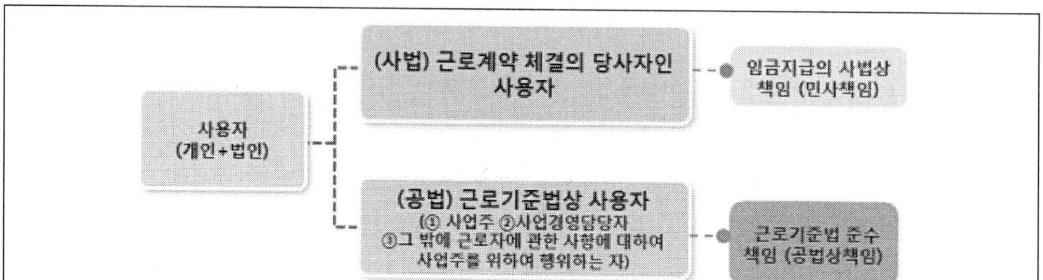

근로기준법이 사용자 개념을 규정하고 있는 것은 **근로기준법을 준수할 의무가 있는 사용자의 범위를 명확히** 하기 위한 것이다 따라서, '사용자'의 개념은 ① 근로계약 체결의 당사자로서 '**사법상 권리의 무의 주체**인 사용자'와 ② 근로기준법을 비롯한 **공법상 의무의 수범 주체**로서의 '근로기준법상 사용자'의 두 가지 개념으로 '**이원화**' 된다.

---

10) 그리고, '근로계약'에 관한 근로기준법 제2조 제1항 제4호의 정의는 민법 제656조 '고용'의 정의 즉, 고용은 당사자 일방이 상대방에 대하여 노무를 제공할 것을 약정하고 상대방이 이에 대하여 보수를지급할 것을 약정함으로써 그 효력이 생긴다'를 차용한 것이다.

11) 따라서, 근로기준법을 이른바 '사회법'이라는 전제하에 공법과 사법의 혼합된 영역으로 이해하고 근로기준법을 비롯한 노동법을 공부하는 것은 실제로 적지 않은 개념의 혼선을 가져온다는 점을 유의하여야 한다.

2) 근로기준법상 사용자의 개념(→사례: 08,09)

근로기준법상 사용자라 함은 근로기준법을 이행할 '**공법상 책임의 주체**'를 의미하는 바, **근로기준법상 사용자**를 광의로 정의하면 '사업주 또는 사업 경영 담당자, 그 밖에 근로자에 관한 사항에 대하여 사업주를 위하여 행위하는 자'이며, **협의의 사용자는 '사업주'**를 의미한다.(근로기준법 제2조 제2항 제2호)

가. 사 업 주

사업주란 사업의 경영주체로서 **근로계약의 당사자**를 뜻한는 협의의 근로기준법상 사용자를 의미한다. 개인사업의 경우 **개인**, 법인이나 단체가 행하는 사업의 경우 그 **법인이나 단체**가 사업주가 된다.

나. 사업경영담당자

사업경영담당자란 **사업경영 일반에 관하여 책임을 지는 자**로서 사업경영의 전부 또는 일부에 대하여 포괄적인 위임을 받고 대외적으로 사업을 대표하거나 대리하는 자(예: 법인의 대표이사)를 의미한다.

다. 근로자에 관한 사항에 대하여 사업주를 위하여 행위하는 자

'근로자에 관한 사항에 대하여 사업주를 위하여 행위하는 자'란 근로자의 인사, 급여, 후생, 노무관리 등 근로조건 결정 또는 업무상의 명령이나 지휘 감독을 하는 등의 사항에 대하여 **사업주로부터 일정한 권한과 책임을 부여받은 자**를 의미한다.

3) 근로자·사용자 개념의 상대성

근로기준법 제2조 제2항 제2호의 '**사업주를 위해 행위하는 자**'는 사업주로부터 부여받은 권한의 범위내에서는 근로기준법을 준수해야 하는 의무를 부담하는 '**근로기준법상 사용자의 지위**'에 있지만, 동시에 사업주에 대하여는 사업주에 의하여 고용되어 그의 지휘와 명령에 따르면서 근로를 제공하는 '**근로자의 지위**'도 동시에 가지고 있다. 이와 같이 근로자와 사용자라는 **이중의 지위**를 가지는 것을 일컬어 '**근로자·사용자 개념의 이중성**'이라고 한다. 따라서 이들 회사의 임원 또는 간부 등과 같은 중간관리자는 대표자와의 관계에 있어서는 근로기준법상 근로자로서의 보호를 받는 반면, 일반 직원과의 관계에 있어서는 사용자로서 근로기준법의 규정을 준수할 공의무를 부담하고 이에 위반하면 벌칙의 적용을 받는다.

4) 실질적 의미의 사용자

한편, 좁은 의미의 사용자를 의미하는 '사업주'는 **실질적 관점에서 판단**하여야 한다. 따라서, 이른바 '형식적 사용자'는 원칙적으로 사용자에 해당하지 않으며, 그 배후에서 실질적으로 근로자를 지휘·명령하는 '실질적 의미의 사용자'가 근로기준법을 수범할 의무가 있는 근로기준법상 사용자이다. 이를테면, 의료인이 아닌 사람이 의료인을 고용해 그 명의를 이용하여 개설한 의료기관인 이른바 '사무장 병원'에 있어서 비록 의료인 명의로 근로자와 근로계약이 체결되었더라도 의료인 아닌 사람과 근로자 사이에 실질적인 근로관계가 성립할 경우에는 의료인 아닌 사람이 근로자에 대하여 임금 및 퇴직금의 지급의무를 부담한다고 보아야 한다. 이는 의료인과 의료인 아닌 사람 사이의 약정이 강행법규인 의료법 제33조 제2항 위반으로 무효가 된다고 하여 달리 볼 것은 아니다.(대법원 2020. 4. 29. 선고 2018다263519 판결) 나아가, 사용자의 지위를 인정하는 데 있어서는 반드시 당사자 사이의 명시적 의사의 합치가 필요한 것은 아니고, 묵시적으로 당사자 사이에 실질적인 의사의 합치가 있는 것으로 의제되는 경우, 즉 '**묵시적 근로계약관계**'가 인정되는 경우도 있다.

(3) 사용자 개념 확대에 관한 판례법리

1) 의의

오늘날 개별적 근로관계에서의 **사용자 개념**은 근로계약체결 당사자뿐만 아니라 **이와 동등시될 수 있는 자로 분열 · 확대**되어 가고 있다. 즉, 사용자의 개념은 근로자 파견에서와 같이 파견사업주와 사용사업주의 관례로 '분열'될 뿐 아니라, 근로자와 사용자 사이의 명시적 근로계약뿐 아니라 묵시적 근로계약으로 '확대'된다. 그 결과, 근로자와 사용자가 명시적으로 체결한 **명시적 근로계약**뿐 아니라, 당해 노무공급형태의 구체적 실태를 토대로 실질적인 사용종속관계가 추인되는 '**묵시적 근로계약**'도 인정된다. 판례는 사내하도급관계, 소사장제, 모자회사 관계 등에서 계약의 형식과 실질이 다른 경우 **묵시적 근로계약성립**의 법리와 **법인격부인**의 법리에 의해서 근로계약상의 상대방이 아닌 제3자에게로 근로기준법상 사용자 개념을 **확대**하고 있다.

2) 묵시적 근로계약 성립의 법리(→사례: 08, 09)

가. 묵시적 근로계약 성립의 의의

대법원은 '형식적으로는 피고 회사와 도급계약을 체결하고 소속 근로자들인 원고들로부터 노무를 제공받아 자신의 사업을 수행한 것과 같은 외관을 갖추었다고 하더라도, **실질적으로는 사업경영의 독립성을 갖추지 못한 채 피고 회사의 일개 사업부서로서 기능하거나, 노무대행기관의 역할을 수행하였을 뿐**이고, 오히려 피고 회사가 원고들로부터 종속적인 관계에서 근로를 제공받고 임금을 포함한 제반 근로조건을 정하였다고 봄이 상당하므로, 원고들과 피고 회사 사이에는 직접 피고 회사가 원고들을 채용한 것과 같은 **묵시적 근로관계**가 성립되어 있었다고 보는 것이 타당하다.'(대법원 2008.07.10. 선고 2005다75088 판결)고 하여 묵시적 근로관계의 성립을 명시적으로 인정하고 있다.

나. 인정 요건

대법원은 위장도급으로서 묵시적 근로계약관계를 인정하기 위한 요건에 대해 하청업체가 **사업주로서의 독자성이 없거나 독립성을 결여**해 원청업체의 노무대행기관과 동일시할 수 있는 등 그 존재가 형식적, 명목적인것에 지나지 아니할 것을 요하는 바, 구체적으로는 ① **업무수행의 독자성이나 사업경영의 독립성을 갖추지 못한채** ② **원청업체의 일개 사업부서로서 기능하거나 노무대행기관의 역할을 수행했을 뿐이고** ③ **오히려 원청업체가 하청업체 소속 근로자들로부터 종속적인 관계에서 근로를 제공받고, 임금을 포함한 제반 근로조건을 결정하였을 것** 등이 인정되어야 한다는 입장이다.(대법원 2008.07.10. 선고 2005다75088 판결).

다. 효과

외형적으로는 원청업체와 하청업체 사이에 도급관계의 형식을 취했지만 하청업체의 존재가 형식적, 명목적인 것에 불과하여 사업주로서의 실체가 인정되지 않는 상태, 즉 하청업체의 법인격을 부인할 정도에 이르렀다면, 원청업체가 하청업체해당 근로자를 직접 고용한 것으로 보게 되어 하청업체가 고용한 근로자와 원청업체 사이에 **묵시적인 근로계약관계**가 성립된다.

라. 구체적인 사례

(i) 소사장 법인

'소사장'이란 종전에는 단순한 근로자에 불과하였다가 어떠한 계기로 하나의 경영주체로서의 외관을 갖추고 종전의 사용자(모기업)와 도급계약을 맺는 방법으로 종전과 동일 내지 유사한 내용의 근로를 제공하게 된 경우를 말한다. 판례는 경기화학 사건에서 기본 기업 중 일부 생산부문의 인적 조직이 소사장 법인으로 분리된 경우, 소사장 법인의 존재가 형식적 · 명목적인 것에 지나지 않아 법인의 '경영상 독립성'이 인정되지 않는다고 평가되는 경우에는, **소사장 법인의 근로자와 모기업 사이에 묵시적으로 근로계약이 체결**된 것으로 인정될 수 있다고 한다.(대법원 2002.11.26. 선고 2002도649 판결)

(ii) 사내 하도급

판례는 현대미포조선 사례에서, 하청업체가 실질적으로는 업무수행의 독자성이나 사업 경영의 독립성을 갖추지 못한 채 현대미포조선의 일개 사업부서로서 기능하거나 노무대행기관의 역할을 수행하였을 뿐이고, 오히려 현대미포조선이 하청 근로자들로부터 종속적인 관계에서 근로를 제공받고 임금을 포함한 제반 근로조건을 정하였다고 봄이 상당하므로, 현대미포조선이 직접 근로자들을 채용한 것과 같은 **묵시적인 근로계약관계가 성립**되어 있었다고 판시하였다.(대법원 2008.07.10. 선고 2005다75088 판결)

3) 법인격부인의 법리

가. 법인격부인의 법리[12]의 의의

법인격 부인론은 어느 기업을 지배함으로써 실질적인 책임을 부담해야 하는 자(개인 및 회사)가 **별개의 법인격을 가진 주체**라는 형식적 이유를 들어 책임을 회피하지 못하도록 하기 위하여 전개된 이론으로서, 법인격부인의 법리는 지배기업이 종속기업을 전속적 하도급관계 등을 통하여 지배하는 경우 종속기업이 해산되거나 근로자가 해고되었을 때 지배기업의 노동법적 책임을 추급하기 위한 이론이다.

나. 법인격 부인의 요건

법인격 부인의 법리가 적용되기 위해서는 ① '**지배요건**'으로서, 법인격의 배후에 개인 또는 다른 법인에 의한 현실적 지배(자본관계, 임원관계, 일상적 업무나 노무에 대한 현실적 지배 등)가 있어야 하며 ② '**목적요건**'으로서 개인 또는 지배기업이 피지배기업의 법인격을 위법 또는 부당한 목적으로 이용하여야 한다. 즉, **법인격의 남용을 목적으로 설립되었거나, 설립된 법인이 법인격 남용의 목적으로 이용되어야 한다.**

다. 효과

법인격이 남용이 인정되는 경우에는 남용된 기업의 법인격이 부정되는 결과, 법인격 남용을 지배한 기업과 근로자 사이에 직접적인 근로관계가 존재하는 것으로 의제된다.

라. 구체적인 사례

대법원은 에스케이사건(대법원 2003.09.23. 선고 2003두3420 판결)에서 '주식회사 에스케이는 위장도급의 형식으로 근로자를 사용하기 위하여 '인사이트코리아'라는 **법인격을 이용한 것에 불과**하고, 실질적으로는 참가인이 원고들을 비롯한 근로자들을 직접 채용한 것과 마찬가지로서 참가인과 원고들 사이에 근로계약관계가 존재한다고 보아야 할 것이다'라고 판시함으로써 결과에 있어서 법인격부인론을 인정하는 것과 유사한 판시를 한 바 있다.

---

12) 법인격 부인론은 영미법상 인정되는 보통법상의 원칙에서 기원하는데, 비록 우리나라에는 이와 관련된 명문의 규정은 존재하지 않으나 학설과 판례는 민법 제2조(신의성실) 원칙 내지 상법 제169조가 정한 '회사의 법인격'의 내재적 한계에서 법인격 부인론의 근거를 찾고 있다

사례연습 08

근로기준법상 사용자 개념의 확장 (공인노무사 제29회 기출문제)

A공사는 고속국도의 설치 · 관리 및 통행료 수납업무를 수행하는 공기업이다. 개인사업자 B는 2018. 6. 30. A공사에서 정년퇴직한 자로서, 2018. 12. 31. 수의(隨意)계약 방식으로 A공사와 통행료 수납업무에 관한 용역계약을 체결하였다(계약기간: 2019. 1. 1. ~ 2021. 12. 31.). B는 용역업체의 창업에 소요된 5천만원 전액을 A공사로부터 연 1%의 이자율로 차입하여 조달하였고, 별도의 사무실을 두지않았으며, 용역계약에 따라 A공사의 영업소에서 근무할 수납원 외에는 다른 근로자를 채용하지 않았으며, 2020. 8. 15.까지 A공사 이외의 거래처에서 발생한 매출은 없다. B는 용역계약의 이행을 위하여 2019. 1. 1. A공사로부터 소개받은 甲과 기간의 정함이 없는 근로계약을 체결하였다. 甲은 채용과 동시에 A공사가 관리하는 ○○영업소의 통행료 수납원으로 발령받아 계속 근무하고 있다.

한편, C사는 시설관리 등을 사업목적으로 2000. 1. 1. 설립된 회사로서 2020. 8.15. 현재 자본금은 5억 원이며, 다수의 거래처로부터 시설관리 등의 업무를 도급받아 수행하고 있다. 다만, C사는 근로자파견사업의 허가를 받지는 아니하였다. C사는 2017. 12. 31. 공개입찰 방식으로 2018. 1. 1. ~ 2018. 12. 31.의 1년의 계약기간으로 A공사와 통행료 수납업무 용역계약을 체결하였고, 이후 같은 방식으로 두 차례계약을 갱신하였다. C사는 기존에 근무하던 수납원이 퇴직하여 결원이 생기자 구직자를 모집하여 2019. 8. 14. 乙과 1년의 계약기간으로 근로계약을 체결하였다. 乙은 채용과 동시에 A공사가 관리하는 △△영업소의 통행료 수납원으로 발령받아 근무하던 중 2020. 8. 13. 계약기간이 만료되어 C사에서 퇴사하였다. C사는 乙에게 기존과 동일한 조건으로 근로계약을 갱신할 것을 제안하였으나, 乙은 "A공사에게 나를 직접 고용하라고 요구하겠다."며 그 제안을 거절하였다.

A공사는 사전에 정해 둔 용역대금 산정기준에 따라 B 및 C사 등 외주업체와 용역계약을 체결하였고, A공사의 영업소는 A공사의 직원인 소장, 과장, 대리, 주임과 외주업체 소속인 수납원으로 구성되어 있다. 수납원들은 A공사의 영업소 사무실로 출근하여 A공사의 로고가 새겨진 근무복과 명찰을 착용한 후 주임으로부터 지시사항을 전달받고 요금소로 이동하여 통행료 수납업무 등을 수행하였다. 또 수납원들은 교대시간 또는 근무시간 종료 후 사무실로 이동하여, 징수한 통행료를 확인한 후 주임에게 입금확인서와 개인별 근무확인서를 작성 · 제출하였고, 주임은 이러한 개인별 근무확인서의 내용이 A공사의 전산시스템에 자동 저장된 정보와 일치하는지 확인하고 소장의 결재를 받았다. 한편, 외주업체들은 영업소 소장에게 매월 소속수납원들의 근무편성표, 출퇴근 사항을 보고하였다. A공사는 2018. 1. 1. 통행료 수납업무와 관련하여 고객을 응대할 때의 행동, 표정, 언어, 예절, 자세, 예외적 상황별 고객응대 요령 등이 기재된 매뉴얼을 제작하여 외주업체에 배포하였고, 외주업체 소속 수납원들은 이러한 매뉴얼에 따라 업무를 수행하였다. 다음 물음에 답하시오.

물음1) 자신이 A공사에 직접 채용된 근로자라고 주장한다. 판례법리에 근거하여 甲의 주장의 타당성에 관하여 논하시오.

물음 2) 乙은 자신이 A공사에 파견된 근로자였음을 이유로 A공사가 자신을 직접고용할 의무가 있다고 주장한다. 판례법리에 근거하여 乙의 주장의 타당성을 논하시오. (다만, 파견대상업무에 관한 부분은 논점에서 제외한다.)

Ⅰ. 설문 1의 해결

1. 쟁점의 정리

이 사례에서 B회사와 근로계약을 체결한 甲이 근로계약을 직접 체결하지 않은 A공사를 상대로 A공사에 직접 고용된 근로자라고 주장하고 있는 바, 이러한 甲의 주장이 정당성이 인정되기 위해서는 甲이 형식상으로는 B회사와 근로계약을 체결하고 있지만 실질적으로는 A회사가 근로계약상의 사용자라는 것이 증명되어야 할 것이므로, 본 사례는 근로계약상의 사용자 개념의 확장이 그 쟁점이 될 것인데, 판례는 '묵시적 근로계약 성립의 법리' 등에 의하여 사용자 개념의 확대를 인정하고 있으므로, 이하에서는 위와 같은 판례 법리를 사례에 적용하여 A사가 甲의 사용자인지 여부를 검토하기로 한다.

2. 근로기준법상 사용자 개념과 사용자 개념의 확대

(1) 근로기준법상 사용자 개념

근로기준법이 사용자 개념을 규정하고 있는 것은 근로기준법을 준수할 의무가 있는 사용자의 범위를 명확히 하기 위한 것이다. 즉, 근로기준법상 사용자라 함은 근로기준법을 이행할 '공법상 책임의 주체'를 의미하는 바, 근로기준법상 사용자를 광의로 정의하면 '사업주 또는 사업 경영 담당자. 그 밖에 근로자에 관한 사항에 대하여 사업주를 위하여 행위하는 자'이며, 협의의 사용자는 '사업주'를 의미한다.(근로기준법 제2조 1항 2호)

(2) 사용자 개념 확대에 관한 판례법리

오늘날 개별적 근로관계에서의 사용자 개념은 근로계약체결 당사자뿐만 아니라 이와 동등시될 수 있는 자로 분열 · 확대되어 가고 있다. 판례는 사내하도급관계, 소사장제, 모자회사 관계 등에서 계약의 형식과 실질이 다른 경우 묵시적 근로계약 성립 등에 의해서 근로계약상의 상대방이 아닌 자에게 근로기준법상 사용자 개념을 확대하고 있다.

3. 묵시적 근로계약 성립의 법리

(1) 의의

대법원은 '형식적으로는 피고 회사와 도급계약을 체결하고 소속 근로자들인 원고들로부터 노무를 제공받아 자신의 사업을 수행한 것과 같은 외관을 갖추었다고 하더라도, 실질적으로는 사업경영의 독립성을 갖추지 못한 채 피고 회사의 일개 사업부서로서 기능하거나, 노무대행기관의 역할을 수행하였을 뿐이고, 오히려 피고 회사가 원고들로부터 종속적인 관계에서 근로를 제공받고 임금을 포함한 제반 근로조건을 정하였다고 봄이 상당하므로, 원고들과 피고 회사 사이에는 직접 피고 회사가 원고들을 채용한 것과 같은 묵시적 근로관계가 성립되어 있었다고 보는 것이 타당하다.'(대법원 2008.07.10. 선고 2005다75088 판결)고 하여 명시적으로 묵시적 근로관계의 성립을 인정하고 있다.

(2) 인정 기준

대법원은 위장도급으로서 묵시적 근로계약관계를 인정하기 위한 요건에 대해 하청업체가 사업주로서의 독자성이 없거나 독립성을 결여해 원청업체의 노무대행기관과 동일시할 수 있는 등 그 존재가 형식적, 명목적인것에 지나지 아니할 것을 요하는 바, 구체적으로는 ① 업무수행의 독자성이나 사업경영의 독립성을 갖추지 못한채 ② 원청업체의 일개 사업부서로서 기능하거나 노무대행기관의 역할을 수행했을 뿐이고 ③ 오히려 원청업체가 하청업체 소속 근로자들로부터 종속적인 관계에서 근로를 제공받고, 임금을 포함한 제반 근로조건을 결정하였을 것 등이 인정되어야 한다는 입장이다.(대법원 2008.07.10. 선고 2005다75088 판결).

(3) 효과

외형적으로는 원청업체와 하청업체 사이에 도급관계의 형식을 취했지만 하청업체의 존재가 형식적, 명목적인 것에 불과하여 사업주로서의 실체가 인정되지 않는 상태, 즉 하청업체의 법인격을 부인할 정도에 이르렀다면, 원청업체가 하청업체해당 근로자를 직접 고용한 것으로 보게 되어 하청업체가 고용한 근로자와 원청업체 사이에 묵시적인 근로계약관계가 성립된다..

(4) 사안의 경우

사안의 경우, B는 용역업체의 창업에 소요된 5천만원 전액을 A공사로부터 연 1%의 이자율로 차입하여 조달하였고, 별도의 사무실을 두지않았으며, 용역계약에 따라 A공사의 영업소에서 근무할 수납원 외에는 다른 근로자를 채용하지 않았으며, 2020. 8. 15.까지 A공사 이외의 거래처에서 발생한 매출은 없을 뿐 아니라, 甲과 같은 수납원들은 A공사의 영업소 사무실로 출근하여 A공사의 로고가 새겨진 근무복과 명찰을 착용한 후 A공사로부터 구체적인 지시사항 등을 전달받으며 A공사로부터 지시감독을 받으며 근로를 제공하였으며, A공사의 전산시스템에 자동 저장된 정보와 일치하는지 확인하고 A공사의 직원인 소장의 결재를 받았다는 점에서, B회사는 사업주로서의 독자성이 없거나 독립성을 결하여 A공사의 단순한 노무대행기관과 동일시 할 수 있다고 판단되므로, B회사는 그 존재가 형식적 · 명목적인 것에 지나지 않아 A공사와 근로자 甲 사이에 묵시적 계약관계가 인정되고, 그 결과 A공사가 처음부터(소급하여) B사 소속이었던 근로자 甲의 사용자였던 것으로 의제되므로, A공사는 甲을 포함하는 B회사 소속 근로자에 대하여 사용자로서 모든 책임을 부담하게 될 것이다.

4. 결론

사례에서 A공사는 사업주로서의 독자성이 없거나 독립성을 결하여 A회사의 단순한 노무대행기관과 동일시 할 수 있다고 판단되는 경우에는 A공사가 처음부터 B회사 소속이었던 근로자의 사용자였던 것으로 의제되므로, A공사는 B사 소속 근로자 甲에 대하여 사용자로서 모든 책임을 부담하게 될 것이므로, 자신이 A공사에 직접 채용된 근로자라고 주장하는 甲의 주장은 타당하다.

II. 설문 2의 해결 (→ 사례연습 100 파견사업자의 직접 고용의무)

사례연습 09

근로기준법상 사용자 개념의 확장 (행정고시 2012년 기출문제)

B회사는 전자제품을 생산하는 A회사와 도급계약을 체결하고 A회사 사업장 내에서 생산제품의 검사·수리업무를 수행하여 왔다. A회사는 B회사가 모집한 근로자에 대해 기능시험을 실시하여 채용 여부를 결정하였고, B회사 소속 근로자들의 징계와 승진에 대해서도 실질적인 권한을 행사하였다. 나아가 A회사는 B회사 근로자들의 출근, 퇴근, 근무 시간 등을 점검하고 작업방법에 대해서도 직접 지시하였다. A회사는 작업량 단가로 산정된 금액을 B회사에 도급비로 지급하였고, B회사는 그 중 수수료를 제하고 남은 금액을 소속 근로자들에게 임금으로 지급하였다. 그러나 상여금과 각종 수당 및 퇴직금은 A회사가 B회사 근로자들에게 직접 지급하였다. 2012년 초 불경기가 계속되자 A회사는 구조조정의 일환으로 B회사와의 도급계약을 해지하고 B회사 근로자들 중 일부를 계약직으로 신규 채용하였다. 도급계약 해지로 B회사가 폐업하자 신규채용이 거부된 甲은 A회사를 상대로 부당해고구제신청을 하였다. 이에 대하여 논하시오.

1. 쟁점의 정리

이 사례에서 B회사와 근로계약을 체결한 甲이 근로계약을 직접 체결하지 않은 A회사를 상대로 A회사 관할노동위원회에 원직복직과 임금지급을 내용으로 하는 부당해고 구제신청권을 행사할 수 있는 지 문제되고 있다. 이러한 甲의 주장이 인용되기 위해서는 甲이 형식상으로는 B회사와 근로계약을 체결하고 있지만 실질적으로는 A회사가 근로계약상의 사용자라는 것이 증명되어야 할 것이므로, 본 사례는 근로계약상의 사용자 개념의 확장이 그 쟁점이 될 것인데, 판례는 '묵시적 근로계약 성립의 법리' 또는 '법인격부인의 법리'에 의하여 사용자 개념의 확대를 인정하고 있으므로, 이하에서는 위와 같은 판례 법리를 사례에 적용하여 A사가 甲의 사용자인지 여부를 검토하기로 한다.

2. 근로기준법상 사용자 개념과 사용자 개념의 확대

(1) 근로기준법상 사용자 개념

근로기준법이 사용자 개념을 규정하고 있는 것은 근로기준법을 준수할 의무가 있는 사용자의 범위를 명확히 하기 위한 것이다. 즉, 근로기준법상 사용자라 함은 근로기준법을 이행할 '공법상 책임의 주체'를 의미하는 바, 근로기준법상 사용자를 광의로 정의하면 '사업주 또는 사업 경영 담당자. 그 밖에 근로자에 관한 사항에 대하여 사업주를 위하여 행위하는 자'이며, 협의의 사용자는 '사업주'를 의미한다.(근로기준법 제2조 1항 2호)

(2) 사용자 개념 확대에 관한 판례법리

오늘날 개별적 근로관계에서의 사용자 개념은 근로계약체결 당사자뿐만 아니라 이와 동등시될 수 있는 자로 분열·확대되어 가고 있다. 판례는 사내하도급관계, 소사장제, 모자회사 관계 등에서 계약의 형식과 실질이 다른 경우 묵시적 근로계약 성립의 법리와 법인격부인의 법리에 의해서 근로계약상의 상대방이 아닌 자에게 근로기준법상 사용자 개념을 확대하고 있다.

3 묵시적 근로계약 성립의 법리

(1) 묵시적 근로계약의 성립의 의의

(2) 인정 요건

(3) 효과

(4) 사안의 경우

사안의 경우, A회사는 B회사가 모집한 甲 등의 근로자에 대해 기능시험을 실시하여 채용 여부를 결정하였고, B회사 소속 근로자들의 징계와 승진에 대해서도 실질적인 권한을 행사하였을 뿐 아니라, 나아가 A회사는 B회사 근로자들의 출근, 퇴근, 근무 시간 등을 점검하고 작업방법에 대해서도 직접 지시하였고, A회사는 작업량 단가로 산정된 금액을 B회사에 도급비로 지급하였으며, B회사는 그 중 수수료를 제하고 남은 금액을 소속 근로자들에게 임금으로 지급하였다는 점에서, B회사는 사업주로서의 독자성이 없거나 독립성을 결하여 A회사의 단순한 노무대행기관과 동일시 할 수 있다고 판단되므로, B회사는 그 존재가 형식적 · 명목적인 것에 지나지 않아 도급인과 근로자 사이에 묵시적 계약관계가 인정되고, 그 결과 도급인(A회사)이 처음부터(소급하여) 수급인(B회사) 소속이었던 근로자 甲등의 사용자였던 것으로 의제되므로, A회사는 甲을 포함하는 B회사 소속 근로자에 대하여 사용자로서 모든 책임을 부담하게 될 것이다.

4 결론

사례에서 A회사는 B회사의 법인격을 위법 · 부당한 목적으로 남용하였다고 평가되므로 B회사의 근로자 甲은 B회사의 법인격을 부인하고 A회사를 상대로 A회사를 상대로 부당해고구제신청을 제기하여 구제받을 수 있으며, 또한 B회사는 사업주로서의 독자성이 없거나 독립성을 결하여 A회사의 단순한 노무대행기관과 동일시 할 수 있다고 판단되는 경우에는 A회사가 처음부터 B회사 소속이었던 근로자의 사용자였던 것으로 의제되므로, A회사는 B회사 소속 근로자 甲에 대하여 사용자로서 모든 책임을 부담하게 될 것이므로, B회사의 근로자 甲은 A회사를 상대로 부당해고구제신청을 제기하여 구제받을 수 있을 것이다.[13]

13) 본 사안의 경우는 B회사의 사업경영상 독립성이 인정되지 않아 독립적 회사로서의 실체마저 부정되어 B회사와 명시적으로 근로계약을 체결한 근로자들과의 근로관계가 인저어되지 않아, 묵시적 계약이론에 따라 B회사의 근로자들이 A회사와 묵시적 근로관계가 인정된 사례이다. 만일, 사례에서 B회사의 사업경영상의 독립성은 인정되는 경우, 즉 B회사가 실질적으로 독립된 회사로서의 실체는 가지고 있는 경우라 하더라도, B회사가 전문적인 기술이나 자본의 소유자로서 근로자를 직접 지휘·명령한 것이 아니라, 원청이 사실상 사용사업주로서 근로자에 대하여 지휘, 명령권 행사하였다면, 그러한 하청업체는 노무관리상의 독립성이 인정되지 않는 '불법파견'에 불과할 것이다. 불법파견의 경우에는 원청기업인 A회사에게 B회사의 근로자 甲에 대한 **직접고용의무가 발생**한다.(대법원 2013.11.28. 선고 2011다60247 판결 등) **(→ 사례연습 100 파견사업자의 직접 고용의무)**

(쟁점) 근로기준법의 실효성 확보

1. 의의

근로기준법은 그 실효성을 확보하기 위해서 근로기준법에 위반하는 근로계약부분을 **무효**로 하는 동시에 **감독기관**에 의한 지도·감독과 사용자의 위반행위에 대한 **벌칙**을 마련하고 있으며, 감독행정의 실효를 확보하기 위하여 사용자에게 여러 **의무를 부과**하고 있다.

2. 근로계약에 대한 효력

근로기준법에서 정하는 기준에 미치지 못하는 근로조건을 정한 근로계약은 그 부분에 한하여 무효로 한다. 이 경우 무효로 된 부분은 근로기준법에서 정한기준에 따른다.(근로준기법 제15조 제1, 2항)

3. 벌칙의 적용

근로기준법은 강행규정으로 **법의 실효적 준수를 확보**하기 위하여 대체로 그 위반에 대한 벌칙이 규정되어 있다.(근로기준법 제107조 이하 참조) 근로기준법은 **양벌주의**를 채택함으로써 직접 위반행위를 한 관리자 등에게 벌칙을 적용하는 외에, 그 위반행위를 방지하기 위한 감독을 게을리한 경우 사업주에게도 **벌금형**을 과할수 있도록 하고 있다. 다만 사업주가 그 위반행위를 방지하기 위하여 해당 업무에 관하 여상당한 주의와 감독을 게을리하지 아니한 경우에는 예외로 한다.(근로기준법 제115조)

4. 근로감독관 제도

근로기준법의 실효적 준수를 확보하려면 전문적 행정기관의 감독이 필요하다. 따라서 국가는 국가가 정한 근로조건의 기준을 확보하기 위하여 고용노동부와 그 소속기관에 근로감독관을 두어 근로기준법과 그 외의 노동보호법의 현실적 준수를 확보하고 있다.(근로기준법 제101조 참조)

5. 감독행정상 사용자의 의무

근로기준법은 감독행정의 실효성 확보를 위하여 사용자에게 여러 가지 의무를 부과하고 있으며, 이러한 의무를 위반시 고용노동부장관이 과태료를 부과·징수한다.(제116조)

6. 체불사업주 명단의 공개

고용노동부장관은 근로기준법 제36조, 제43조, 제56조에 따른 임금, 보상금, 수당, 그 밖에 일체의 금품을 지급하지 아니한 사업주가 **명단 공개 기준일 이전 3년 이내 임금 등을 체불하여 2회 이상 유죄가 확정된 자**로서 명단 공개 기준일 이전 1년 이내 임금 등의 체불총액이 3천만원 이상인 경우에는 그 인적사항 등을 공개할 수 있다. 다만, 체불사업주의 사망·폐업으로 명단 공개의 실효성이 없는 경우 등 대통령령으로 정하는 사유가 있는 경우에는 그러하지 아니하다.(근로기준법 제43조의2)

(4) 양벌규정

근로기준법 제115조【양벌규정】

사업주의 대리인, 사용인, 그 밖의 종업원이 해당 사업의 근로자에 관한 사항에 대하여 제107조, 제109조부터제111조까지, 제113조 또는 제114조의 위반행위를 하면 그 **행위자**를 벌하는 외에 그 **사업주**에게도 해당 조문의 벌금형을 과한다. **다만, 사업주가 그 위반행위를 방지하기 위하여 해당 업무에 관하여 상당한 주의와 감독을 게을리 하지 아니한 경우에는 그러하지아니하다**

1) 양벌규정의 의의

근로기준법상 사용자의 지위에 있는 자가 근로기준법 제107조, 제109조부터 제111조까지, 제113조 또는 제114조의 위반행위을 위반하면 양벌규정이 적용된다(근로기준법 제115조). 근로기준법 제115조가 규정한 '양벌규정'이란 사업장에서 사업주를 위하여 행위 하는 사업주의 대리인, 사용인, 그 밖의 종업원이 이 법의 위반행위를 하는 경우에는 그 행위자를 벌할 뿐 아니라 그 사업주에게도 해당 조문의 동일한 액수의 벌금형을 과하는 규정을 의미한다. 이를테면, 회사의 인사과장이 위 근로기준법상 양벌규정이 열거한 조항을 위반한 경우에는 행위자인 인사과장뿐 아니라 사업주에게도 동법 위반의 책임이 부과된다.

관련 문제 _ 법인의 대표자와 근로기준법상 양벌규정

일반적인 양벌규정은 '법인의 대표자나 법인 또는 개인의 대리인·사용인 그 밖의 종업원(종업원등)이 범죄행위를 한 경우' 종업원등을 처벌하는 외에 법인 또는 개인에 대해서도 해당 조문의 벌금형을 부과하도록 되어 있다. 예를 들면, **산업안전보건법 제71조**는 '법인의 대표자나 **법인 또는 개인**의 대리인, 사용인, 그 밖의 종업원이 그 법인 또는 개인의 업무에 관하여 제66조의2, 제67조, 제67조의2 또는 제68조부터 제70조까지의 어느 하나에 해당하는 위반행위를 하면 그 행위자를 벌하는 외에 그 법인 또는 개인에게도 해당 조문의 벌금형을 과(科)한다'고 양벌을 규정하고 있다. 그런데, 다른 법률의 양벌규정과는 달리 **근로기준법 제115조**에서는 '**사업주**의 대리인, 사용인, 그 밖의 종업원'이라고 규정하여 **법인의 '대표자'**를 위반행위자에 포함하고 있지 않기 때문에 '대표자'의 근로기준법 위반행위에 대하여 사업주인 법인에게도 벌금형을 과할 수 있는지 문제되는 바, 고용노동부의 행정해석은 사업경영담당자인 대표자의 위법행위에 대해서 그 행위자인 대표이사를 벌하는 것 외에 법인인 사업주에게도 벌금형을 과할 수 있다는 입장이다,

2) 양벌규정의 법적 성질

직접적인 행위자가 아닌 사업주도 처벌하는 양벌규정의 이론적 근거가 무엇인가에 관하여는 ① 무과실 책임설, ② 과실 책임설, ③ 과실 추정설, ④ 부작위 책임설 등 여러 학설이 대립하고 있지만, 근로기준법은 헌법재판소의 결정에 따라 '과실책임설'의 입장에서 법령을 개정하였다.[14]

---

14) 헌법재판소는 양벌규정에서 영업주가 고용한 종업원 등이 그 업무와 관련하여 위반행위를 한 경우에, 그와 같은 종업원 등의 범죄행위에 대해 영업주가 비난받을 만한 행위가 있었는지 여부와는 전혀 관계없이 종업원 등의 범죄행위가 있으면 자동적으로 영업주도 처벌하도록 규정하고 있는 것은 형벌에 관한 책임주의에 반하므로 헌법에 위반된다고 결정하였다.(헌재 2007.11.39. 선고 2005헌가10 결정 등) 이에 따라 법무부는 각종 법률의 양벌규정에 관하여 헌법재판소의 견해를 적극적으로 수용하여 정비하는 작업에 착수하였다. 그리하여 근로기준법도 2009.5.21.자 개정을 통하여 사업주가 종업원 등의 위반행위를 방지하기 위하여 해당 업무에 관하여 상당한 주의와 감독을 게을리하지 아니한 경우에는 양벌규정에 따른 사업주의 형사책임은 면책되는 것으로 변경하였다.(그 건까지는 사업주가 위반 방지에 필요한 조치를 한 경우에는 면책하는 것으로 규정되어 있었다)

3) 양벌규정 적용 요건

가. 사업주와 위반행위자의 관계

사업주의 대리인, 사용인 그 밖의 종업원이 해당 사업의 근로자에 관한 사항에 대하여 벌칙이 적용되는 근로기준법 위반행위를 한 경우이어야 한다. 양벌규정의 취지는 사업주의 처벌을 통하여 벌칙조항의 실효성을 확보하는 데에 있는 것이므로, 여기서 말하는 대리인, 사용인, 종업원에는 사업주와 정식으로 위임계약이나 고용계약이 체결되어 근무하는 자뿐만 아니라 그 사업주와 업무를 직접 또는 간접적으로 수행하면서 사업주의 지휘·통제를 받는 자라면 여기에 포함된다.(대법원 1987.11.10. 선고 87도1212 판결)

나. 사업주의 주의·감독의무 위반

양벌규정에 의하여 사업주의 책임을 묻는 것은 종업원 등에 대한 사업주의 선임·감독상 과실책임을 근거로 하는 것이다. 따라서 사업주가 종업원 등의 위반행위를 방지하기 위하여 해당 업무에 관하여 상당한 주의와 감독을 게을리하지 아니한 경우에는 형사처벌을 받지 않는다. 구체적인 사안에서 사업주가 상당한 주의 또는 감독을 게을리하였는지 여부는 **당해 위반행위와 관련된 모든 사정 즉 당해 법률의 입법 취지, 처벌조항 위반으로 예상되는 법익 침해의 정도, 위반행위에 관하여 양벌규정을 마련한 취지 등은 물론 위반행위의 구체적인 모습과 그로 인하여 실제 야기된 피해 또는 결과의 정도, 사업주의 영업 규모 및 행위자에 대한 감독 가능성이나 구체적인 지휘 · 감독관계, 사업주가 위반행위 방지를 위하여 실제로 행한 조치 등을 전체적으로 종합하여 판단하여야 한다.**(대법원 2010.4.15. 선고2009도9624 판결 등)

4) 양벌규정 적용의 효과

사업주의 대리인, 사용인, 그 밖의 종업원이 해당 사업의 근로자에 관한 사항에 대하여 근로기준법 제115조 제1항에 열거된 위반행위를 하면 행위자를 벌하는 외에 그 사업주에게도 해당 조문의 벌금형을 과하는 바, 양벌규정에 따른 사업주의 처벌은 위반행위자인 종업원 등의 처벌에 종속하는 것이 아니라 독립하여 사업주 그 자신의 종업원등에 대한 선임·감독상 과실로 인하여 처벌되는 것이다. 따라서, **행위자의 범죄 성립이나 처벌이 사업주 처벌의 전제조건으로 될 필요는 없다.** 즉 사업주 자신의 과실책임을 묻는 양벌규정에서는 행위자에게 구성요건상 자격이 없다고 하더라도 사업주의 범죄 성립에는 아무런 지장을 미치지 않는다.(대법원 1987.11.10. 선고 87도1213 판결) 또한 양벌규정에 따른 사업주의 벌금 납부 역시 사업주 자신의 과실행위로 인한 손해에 해당하고, 따라서 특별한 약정이 없는 한 사업주는 위법행위를 한 종업원 등에게 그에 따른 손해배상을 구할 수 없다.대(법원 2007.11.16. 선고 2005다32229 판결)

비교 양벌규정과 공범관계의 구별

사업주가 대리인, 사용인, 그 밖의 종업원의 이 법의 위반행위와 관련하여 그 위반행위를 알고 그 시정에 필요한 조치를 하지 않은 경우 또는 이들을 교사를 한 경우, 예를 들면, 사업주가 인사부장에게 근로계약을 작성하지 말 것을 지시했거나 그 사실을 알고 방치했다면 사업주도 교사 내지 방조자로서 책임을 지는데, 이 경우는 사업주가 공범으로서 처벌되는 것이지 양벌규정에 의하여 처벌되는 것이 아니다.

2. 노조법상 근로자와 사용자(→사례: 10,11)

(1) 노조법상 근로자

헌법 제33조
① 근로자는 근로조건의 향상을 위하여 자주적인 단결권·단체교섭권 및 단체행동권을 가진다.
노조법 제2조[정의]
1. '근로자'라 함은 직업의 종류를 불문하고 **임금·급료 기타 이에 준하는 수입에 의하여 생활하는 자**를 말한다.

1) 헌법 제33조 제1항에서의 '근로자'의 개념

헌법 제33조 제1항은 '근로자는 근로조건의 향상을 위하여 자주적인 단결권·단체교섭권 및 단체행동권을 가진다'고 규정하면서도, '근로자'의 개념을 직접 정의하지 아니하였다. 따라서 헌법 제33조 제1항에서의 '근로자'의 개념은 헌법의 이념(취지) 및 시대적 상황 등을 고려하여 헌법상 권리인 **노동3권을 보장을 받아야 할 실질적인 필요성이 있는 자**로 정의하여야 할 것인 바, 헌법 제33조 제1항 소정의 근로자 개념은 근로기준법상 근로자(근로기준법 제2조 제1항 1호)는 물론 노조법상 근로자(노조법 제2조 제1항)의 개념보다 넓다고 보아야 하며, 이것이 바로 **헌법상 노동조합**(법외노조)에게 노조법과 무관하게(즉, 노조법상 설립신고를 하지 않은 경우라도) **헌법상 노동3권의 본질적인 부분이 인정**되어야 하는 근거이기도 하다.

2) 노조법상 근로자와 근로기준법상 근로자

근로기준법 제2조 제1항 1호는 '근로자란 직업의 종류와 관계없이 임금을 목적으로 사업이나 사업장에 근로를 제공하는 자'라고 규정하고 있는 반면, 노동조합 및 노동관계조정법 (이하 '노조법') 제2조 제1호는 '근로자라 함은 직업의 종류를 불문하고 임금·급료 기타 이에 준하는 수입에 의하여 생활하는 자를 말한다.'고 정의하고 있다. 따라서 노조법은 근로기준법과 달리 근로자가 반드시 현재 사업장에서 '근로를 제공'할 것을 요건으로 하지 아니하고 '**기타 수입에 의하여 생활할 것**'**만을 요구**할 뿐이므로, '현재' 임금을 목적으로 사업(장)에 근로를 제공하고 있는 상태인 근로자는 물론이고, 현재는 취업하고 있지 않지만 '향후'에 근로를 제공할 의사와 능력이 있는 **실업자나 구직자**라 하더라도 **노동3권을 보장할 필요성**이 있는 한 노조법상 근로자에 해당한다. 나아가, 근로기준법상 근로자에는 포함되지 않는 자라 하더라도 노조법상 근로자의 개념에는 포함될 수 있다. 이를테면 사용종속관계가 인정되는 근로자이지만 근로기준법이 적용되지 않는 가사사용인 등의 근로자는 물론 심지어 사용종속관계 조차 인정되지 않는 **특수고용형태근로종사자**로서 임금, 급료 기타 **이에 준하는 수입**에 **의존하는 자**라도 **노동3권을 보장할 필요성**이 있는 한 노조법상 근로자에 해당 할 수 있다.

위와 같이 '노조법'과 '근로기준법'이 정의하는 근로자의 개념이 구별되는 것은 각각의 법률을 규정한 입법의 목적이 다르기 때문이다. 즉, '**근로기준법**'은 사회적 약자인 근로자 '**개인의 근로조건**'을 보호할 목적에서 제정된 것인 반면에, '**노조법**'은 근로자 개인의 근로조건을 보호하기 위한 것이 아니라 근로자의 **노동3권의 보장**을 통하여 근로자의 경제적·사회적 지위 향상 등을 목적으로 제정된 것이다.

3) 노조법상 근로자(노조법 제2조제1호)의 개념

노조법 제2조제1호는 '근로자'라 함은 직업의 종류를 불문하고 임금·급료 기타 이에 준하는 수입에 의하여 생활하는 자를 말한다'라고 정의하고 있다.

가. 직업의 종류는 불문

노조법상 근로자는 직업의 종류는 따지지 아니하므로 정신노동과 육체노동의 구별도 문제되지 아니하고, 상용·임시직·촉탁직을 불문하지 한다. 따라서 근무형태나 직종·직급 등은 노조법상 근로자성 판단의 기준이 되지 않는다.

나. 임금·급료 기타 이에 준하는 수입

통설과 판례는 비록 근로기준법상 근로자는 아니지만 노동3권을 보장을 받아야 할 필요성이 있는 자들도 노조법상 근로자에 포함시키는 것이 타당하다는 점에서, 특수고용형태근로종사자가 노무제공의 대가로 받는 금품도 근로기준법상 임금은 아니지만 '기타 이에 준하는 수입'에 포함되는 것으로 보고 있다.

다. 그에 의하여 생활하는 자

'임금 등의 수입에 의지하여 생활하는 자'에는 현재 임금 등의 수입에 의해 생활하고 있는 경우뿐만 아니라, 앞으로 그에 의하여 생활하려는 자도 포함된다. 따라서 현실적으로 근로를 제공하고 있는 근로자는 물론이고, 현재는 취업하고 있지 않지만 향후에 근로를 제공할 의사와 능력이 있는 실업자나 구직자도 노동3권을 보장할 필요성이 있는 한 노조법상 근로자의 개념에 포함된다.(대법원 2004.02.27. 선고 2001두8586 판결)

4) 노조법상 근로자의 구체적인 판단 기준(→사례: 10,11)

최근에는 사용종속관계라는 전통적 기준으로는 근로자성 여부를 결정하기 어려운 다양한 노무공급형태가 증가하고 있는 바, 판례도 '노동3권의 보장' 측면에서 골프장 캐디, 학습지 교사(→사례: 10)와 같은 특수고용형태근로종사자들의 노조법상 근로자성을 인정한 이래(대법원 2014.02.13. 선고 2011다78804 판결 등), 최근에는 코레일유통과 용역계약을 체결한 매점 운영자(대법원 2019.02.14. 선고 2016두41361 판결)(→사례: 11), 자동차 판매 대리점주와 판매용역계약을 체결한 카마스터(대법원 2019.06.13. 선고 2019두33712 판결) 등의 노조법상 근로자성을 인정한 바 있다. 특히, 이들 판결은 노조법상 근로자에 대한 판단기준은 인적 종속성보다는 '업무의 종속성 및 독립종속성(경제적 종속성)'의 평가요소에 더 중점을 둘 수 있다고 하여, 근로기준법상 근로자성 판단기준과 노조법상 근로자성 판단기준이 어떻게 다른지에 대하여 구체적으로 판시하였다는 데에 큰 의미가 있는 바, 구체적으로 특정 노무제공자가 노조법상 근로자에 해당하는지는, **① 노무제공자의 소득이 특정 사업자에게 주로 의존하고 있는지, ② 노무를 제공받는 특정사업자가 보수를 비롯하여 노무제공자와 체결하는 계약 내용을 우월한 지위에서 일방적으로 결정하는지, ③ 노무제공자가 특정 사업자의 사업 수행에 필수적인 노무를 제공함으로써 특정 사업자의 사업을 통해서 시장에 접근하는지, ④ 노무제공자와 특정사업자의 법률관계가 상당한 정도로 지속적·전속적인지, ⑤ 특정 사업자와 노무제공자 사이에 어느 정도 지휘·감독관계가 존재하는지, ⑥ 노무제공자가 특정 사업자로부터 받는 임금·급료등 수입이 노무 제공의 대가인지 등을 종합적으로 고려하여 판단하여야 한다.**

사례연습 10

매점 운영자의 노조법상 근로자성 (대법원 2019.02.14. 선고 2016두41361 판결: 출제유력)

철도업을 영위하는 A공사는 매점운영자인 등과 철도역 내 식료품을 파는 매점 운영에 관한 용역계약을 체결하고 매점 등을 관리하며 물품을 판매하도록 하였다. A공사는 미리 마련한 정형화된 형식의 표준 용역계약서에 의해 매점운영자들과 용역계약을 체결하면서 보수를 비롯한 용역계약의 주요 내용을 대부분 결정하였다. 매점운영자들은 A공사와 2년 이상의 기간 동안 용역계약을 체결하고 일정한 경우 재계약하였으며, 철도 운영 시간과 연동하는 용역 계약에 의해서 매점 운영시간이 결정되었다. 매점운영자들의 기본적인 업무는 용역계약에서 정한 특정 매점에서 물품을 판매하는 것으로, 매점운영자들은 A공사가 공급하는 상품을 A공사가 정한 가격에 판매해야 하고, 판매현황을 실시간으로 포스(POS) 단말기에 등록하도록 되어 있었다. 용역계약에 따라 휴점은 월 2일까지만 가능한데, 휴점을 하려면 별도로 신청을 하여 허가를 받도록 되어 있었다. 매점운영자들은 A공사가 실시하는 교육 및 연수를 받아야 하고, A공사가 소집하는 회의에 정당한 사유가 없는 한 참석해야 했다. A공사는 자신의 비용으로 매장 내에 웹카메라를 설치 · 운용하였고, 매점운영자들을 상대로 정기 또는 수시로 영업지도 및 재고조사 등을 하였다. 또한 A공사는 매점운영자들이 용역계약을 위반하거나 매점의 운영에 문제를 발생시킨 경우 등에는 경고를 하거나 계약을 해지할 수 있었다. 매점운영자들은 A사가 제공한 물품을 판매한 대금 전액을 매일 A사 명의의 계좌에 입금하고, 매월 A공사로부터 보조금과 판매대금의 일정 비율로 산정된 용역비를 지급 받았다.

甲등 매점운영자들이 B단체를 결성하여 A공사에 단체교섭을 요구하자, A공사는 甲 등과는 용역계약을 체결하였을 뿐이므로 이들은 근로기준법상 근로자가 아니고, 따라서 이들이 설립한 단체도 행정관청으로부터 노동조합 설립신고를 받지 않은 임의단체에 불과하다면서 단체교섭을 거부하였다. (단, 甲 등은 근로기준법상 근로자는 아니고, 甲등이 설립한 B단체는대표자 및 규약을 비롯한 단체성을 구비한 단체임을 전제로 한다.)

물음 1) 甲등 매점운영자들은 단체교섭을 요구할 수 있는 근로자에 해당하는지 논하시오.

물음 2) 甲등이 설립한 단체는 임의단체에 불과하므로 단체교섭을 구할 수 없다는 A공사의 주장은 타당한지 논하시오.

Ⅰ. 설문 1의 해결

1. 쟁점의 정리

본 사안에서, 근로기준법상 근로자가 아닌 甲등 매점운영자들이 단체교섭을 요구할 수 있는 근로자에 해당하는 지를 검토하기 위해서는 먼저 甲 등이 근로기준법상 근로자는 아니지만 적어도 노동3권의 보장이 필요한 노조법상 근로자에 해당한다는 것이라는 점이 인정되어야 할 것이다. 따라서, 먼저 근로기준법상 근로자와 노조법상 근로자가 어떠한 근거와 이유에서 구별되어야 하는 지 여부를 살펴본 후, 노동조합및노동관계조정법(이하 '노조법') 제2조 제1호의 노조법상 근로자 개념을 분설하면서 노조법상 근로자에 대한 판례의 판단기준을 기초로 甲 등이 노조법상 근로자에 해당하는 지의 여부를 구체적인 검토해 보도록 한다.

2. 甲 등의 노조법상 근로자 해당 여부

(1) 노조법상 근로자와 근로기준법상 근로자

근로기준법 제2조 제1항 1호는 '근로자란 직업의 종류와 관계없이 임금을 목적으로 사업이나 사업장에 근로를 제공하는 자'라고 규정하고 있는 반면, 노조법 제2조 제1호는 '근로자라 함은 직업의 종류를 불문하고 임금 · 급료 기타 이에 준하는 수입에 의하여 생활하는 자를 말한다.'고 정의하고 있다. 따라서 노조법은 근로기준법과 달리 근로자가 반드시 현재 사업장에서 '근로를 제공'할 것을 요건으로 하지 아니하고 '기타 수입에 의하여 생활할 것'만을 요구할 뿐이므로, '현재' 임금을 목적으로 사업(장)에 근로를 제공하고 있는 상태인 근로자는 물론이고, 현재는 취업하고 있지 않지만 '향후'에 근로를 제공할 의사와 능력이 있는 실업자나 구직자라 하더라도 노동3권을 보장할 필요성이 있는 한 노조법상 근로자에 해당한다. 나아가, 근로기준법상 근로자에는 포함되지 않는 노무 제공자라 하더라도 노조법상 근로자의 개념에는 포함될 수 있다

위와 같이 '노조법'과 '근로기준법'이 정의하는 근로자의 개념이 구별되는 것은 각각의 법률을 규정한 입법의 목적이 다르기 때문이다. 즉, '근로기준법'은 사회적 약자인 근로자 '개인의 근로조건'을 보호할 목적에서 제정된 것인 반면에, '노조법'은 근로자 개인의 근로조건을 보호하기 위한 것이 아니라 근로자의 노동3권의 보장을 통하여 근로자의 경제적 · 사회적 지위 향상 등을 목적으로 제정된 것이다.

(2) 노조법상 근로자(노조법 제2조 제1호)의 개념

노조법 제2조제1호는 '근로자라 함은 직업의 종류를 불문하고 임금 · 급료 기타 이에 준하는 수입에 의하여 생활하는 자를 말한다'라고 정의하고 있다.

1) 직업의 종류는 불문

노조법상 근로자는 직업의 종류는 따지지 아니하므로 정신노동과 육체노동의 구별도 문제되지 아니하고, 상용 · 임시직 · 촉탁직을 불문하지 한다. 따라서 근무형태나 직종 · 직급 등은 노조법상 근로자성 판단의 기준이 되지 않는다.

2) 임금 · 급료 기타 이에 준하는 수입

통설과 판례는 비록 근로기준법상 근로자는 아니지만 노동3권을 보장을 받아야 할 필요성이 있는 자들도 노조법상 근로자에 포함시키는 것이 타당하다는 점에서, 특수고용형태근로종사자가 노무제공의 대가로 받는 금품도 근로기준법상 임금은 아니지만 '기타 이에 준하는 수입'에 포함되는 것으로 보고 있다.

3) 그에 의하여 생활하는 자

'임금 등의 수입에 의지하여 생활하는 자'에는 현재 임금 등의 수입에 의해 생활하고 있는 경우뿐만 아니라, 앞으로 그에 의하여 생활하려는 자도 포함된다. 따라서 현실적으로 근로를 제공하고 있는 근로자는 물론이고, 현재는 취업하고 있지 않지만 향후에 근로를 제공할 의사와 능력이 있는 실업자나 구직자도 노동3권을 보장할 필요성이 있는 한 노조법상 근로자의 개념에 포함될 뿐 아니라(대법원 2004.02.27. 선고 2001두8586 판결) 나아가, 근로기준법상 근로자에는 포함되지 않는 이른바 특수형태 근로자와 같은 노무 제공자도 노조법상 근로자의 개념에는 포함될 수 있다.

(3) 노무제공자의 노조법상 근로자 해당여부의 판단 기준

구체적으로 특정 노무제공자가 노조법상 근로자에 해당하는지는, ① 노무제공자의 소득이 특정 사업자에게 주로 의존하고 있는지, ② 노무를 제공받는 특정사업자가 보수를 비롯하여 노무제공자와 체결하는 계약 내용을 우월한 지위에서 일방적으로 결정하는지, ③ 노무제공자가 특정 사업자의 사업 수행에 필수적인 노무를 제공함으로써 특정 사업자의 사업을 통해서 시장에 접근하는지, ④ 노무제공자와 특정사업자의 법률관계가 상당한 정도로 지속적 · 전속적인지, ⑤ 특정 사업자와 노무제공자 사이에 어느 정도 지휘 · 감독관계가 존재하는지, ⑥ 노무제공자가 특징 사업자로부터 받는 임금 · 급료등 수입이 노무 제공의 대가인지 등을 종합적으로 고려하여 판단하여야 한다는 것이 판례의 태도이다.(대법원 2018.06.15. 선고 2014두12598 판결)

(4) 사안의 경우

① 주된 소득 의존성 : 업무 내용, 업무 준비 및 업무 수행에 필요한 시간 등에 비추어 볼 때 甲 등 매점운영자들이 겸업을 하는 것은 현실적으로 어려워 보여, A공사로부터 보조금과 판매대금의 일정 비율로 산정된 용역비가 甲 등 학습지교사들의 주된 소득원이었을 것으로 보인다.

② 계약내용 일방 결정성 : A공사는 甲 등 불특정다수의 매점운영자들을 상대로 미리 마련한 정형화된 형식으로 용역계약을 체결하면서 보수를 비롯하여 용역계약의 주요 내용은 A공사에 의하여 일방적으로 결정되었다고 볼 수 있다.

③ 필수적 노무제공 및 시장접근성 : 甲 등 매점운영자들이 제공한 노무는 A회공사의 매점영업과 관련된 사업 수행에 필수적인 것이었고, 甲 등 매점운영자들은 오로지 A회사의 사업을 통해서만 시장에 접근하였다..

④ 계약관계의 지속 · 전속성 : 甲 등 매점운영자들은 A공사와 매년 2년 단위로 용역위탁계약을 체결하고 계약기간을 자동 연장하여 왔으므로 그 용역위탁사업계약관계는 지속적이었고, A회사에게 상당한 정도로 전속되어 있었던 것으로 보인다

⑤ 지휘 · 감독관계성 : (i) 매점운영자들은 A공사가 실시하는 교육 및 연수를 받아야 하고, (ii) A공사가 소집하는 회의에 정당한 사유가 없는 한 참석해야 했으며, (iii) A공사는 자신의 비용으로 매장 내에 웹카메라를 설치·운용하였고, 매점운영자들을 상대로 정기 또는 수시로 영업지도 및 재고조사 등을 하였다.(iv) 또한 A공사는 매점운영자들이 용역계약을 위반하거나 매점의 운영에 문제를 발생시킨 경우 등에는 경고를 하는 등, 이러한 사정에 비추어 보면 甲 등 매점운영자들은 비록 근로기준법상 근로자에 해당한다고 볼 정도는 아니지만 어느 정도 A회사의 지휘 · 감독을 받았던 것으로 볼 수 있다.

⑥ 노무제공 대가성 : 甲 등 매점운영자들은 A공사가 공급하는 상품을 A공사가 정한 가격에 판매해야 하고, 판매현황을 실시간으로 포스(POS) 단말기에 등록하는 등 자신이 제공한 노무에 대한 대가 명목으로 수수료를 지급받았다.

⑦ 노동3권 보장 필요성 : (ⅰ) 비록 근로기준법이 정하는 근로자로 인정되지 않는다 하더라도, 특정 사업자에 대한 소속을 전제로 하지 아니할 뿐만 아니라 고용 이외의 계약 유형에 의한 노무제공자까지도 포함할 수 있도록 규정한 노조법의 근로자 정의 규정과 대등한 교섭력의 확보를 통해 근로자를 보호하고자 하는 노동조합법의 입법 취지를 고려할 때, A공사의 사업에 필수적인 노무를 제

공함으로써 A공사와 경제적·조직적 종속관계를 이루고 있는 甲 등 매점운영자들을 노조법상 근로자로 인정할 필요성이 있다.. (ii) 또한 경제적 약자의 지위에서 A공사에게 노무를 제공하는 甲 등 매점운영자들에게 일정한 경우 집단적으로 단결함으로써 노무를 제공받는 특정 사업자인 A공사와 대등한 위치에서 노무제공조건 등을 교섭할 수 있는 권리 등 노동3권을 보장하는 것이 헌법 제33조의 취지에도 부합하다 할 것이다.

3. 결론

노조법상 근로자에 해당하는지는 노무제공관계의 실질에 비추어 노동3권을 보장할 필요성이 있는지의 관점에서 판단하여야 하는 바, 사안에서의 甲 등 매점운영자들은 사용자에 대하여 경제적·조직적 종속관계에 있다고 판단되므로 설령 근로기준법상근로자로 인정되지 않는다 할지라도 노조법상 근로자에 해당된다. 따라서 甲등 매점운영자들은 단체교섭을 요구할 수 있는 근로자에 해당한다.

II. 설문 2의 해결

1. 쟁점의 정리

사안에서 A공사는 甲 등이 설립한 임의단체에불과하므로 단체교섭을 구할 수 없다고 주장하는 바, 이러한 A공사의 주장의 정당성을 검토하기 위해서는 먼저 노동조합설립신고를 하지 않은 단체의 지위와 관련하여 노조법상 설립신고제도에 대하여 살펴본 후, 설립신고를 하지 않은 단체의 지위에 대하여 검토하고자 한다.

2. 노동조합설립신고를 하지 않은 B단체의 지위

(1) B단체의 지위

1) 근로자측 단체교섭 당사자

'단체교섭의 당사자'란 단체협약을 체결할 수 있는 법률상의 능력을 보유한 주체, 즉 단체교섭을 자신의 이름으로 행하고 그 법적효과가 귀속되는 협약체결의 당사자를 말하는 바, 헌법상 단체교섭권은 근로자 개인의 권리로 보장되는 것이지만(헌법 제33조 제1항), 실제로 단체교섭권은 노동조합을 통하여 행사하므로 근로자측의 단체교섭의 당사자는 '노동조합'이다. 여기서 '노동조합'이란 노조법 제2조 제4호 소정의 단체, 즉, '근로자가 주체가 되어 자주적으로 단결하여 근로조건의 유지·개선 기타 근로자의 경제적·사회적 지위의 향상을 도모함을 목적으로 조직하는 단체'를 말한다.

2) 헌법상 단결체의 단체교섭 당사자 인정여부

헌법상 단결체(법외노조)라 함은 노조법 제2조 제4호에 정한 자주성을 갖추고 민주적 규약(제11조)을 구비하였으나 단지 설립신고증만 갖추지 못한 근로자단체를 의미한다. 헌법상 단결체의 단체교섭 당사자 인정여부와 관련하여 행정관청으로부터 노동조합 설립신고증을 교부받은 만이 단체교섭의 정당한 당사자가 될수 있을 뿐이고, 법외노조는 단체교섭의 당사자가 될 수 없다는 견해도 있지만, 헌법상 단체교섭권이란 근로자가 그들의 단결체를 통하여 근로조건의 향상 등을 위하여 사용자 또는 사용자단체와 자주적으로 교섭하고 그 교섭의 결과 합의된 사항에 관하여 단체협약을 체결할 권리를 의미하는 것이므로, 근로자 주체성, 자주성, 목적성, 단체성 등의 실질적 요건을 갖추어 권리능력이 있는 단체로 인정될 수 있는 근로자 단체라면 헌법상 단체교섭권의 주체가 될 수 있는 것으로 보아야 한다.

3) 사안의 경우

본 사안에서의 B단체는 노조법 제2조 제4호에 정한 자주성을 갖추고 민주적 규약(노조법 제11조)을 구비하였으나 단지 설립신고증만 갖추지 못한 근로자 단체로서 법외노조인 이른바 '헌법상 단결체'에 해당한다. 그리고 헌법상 단결체인 법외노조의 경우에도 단체교섭을 비롯하여 헌법상 노동조합으로서의 노동기본권의 향유 주체로서의 지위가 인정된다.

(2) 노조법상 설립신고제도

노조법은 헌법상 자주적인 단결권 보장에 따라 노동조합 자유설립주의를 원칙으로 하면서도(노조법 제2조 제5호), 행정관청에 대한 신고주의를 취하고 있다.(제10조 내지 제12조) 노동조합의 설립에 관하여 신고주의를 택한 취지는 노동조합의 조직체계에 대한 행정관청의 효율적인 정비·관리를 통하여 노동조합이 자주성과 민주성을 갖춘 조직으로 존속할 수 있도록 보호·육성하려는 데에 있을 뿐이고, 신고증을 교부받은 노동조합에 한하여 노동기본권의 향유 주체로 인정하려는 것은 아니라는 것이 판례의 입장이다.

3. 결론

'단체교섭의 당사자'란 단체협약을 체결할 수 있는 법률상의 능력을 보유한 주체, 즉 단체교섭을 자신의 이름으로 행하고 그 법적효과가 귀속되는 협약체결의 당사자를 말하는 바, 헌법상 단체교섭권은 근로자 개인의 권리로 보장되는 것이지만(헌법 제33조 제1항), 실제로 단체교섭권은 노동조합을 통하여 행사하므로 근로자측의 단체교섭의 당사자는 '노동조합'이다. 여기서 '노동조합'이란 노조법 제2조 제4호 소정의 단체, 즉, '근로자가 주체가 되어 자주적으로 단결하여 근로조건의 유지·개선 기타 근로자의 경제적·사회적 지위의 향상을 도모함을 목적으로 조직하는 단체'를 말한다

3. 결론

노조법상 근로자에 해당하는지는 노무제공관계의 실질에 비추어 노동3권을 보장할 필요성이 있는지의 관점에서 판단하여야 하는 바, 사안에서의 甲 등 매점운영자들은 사용자에 대하여 경제적·조직적 종속관계에 있다고 판단되므로 설령 근로기준법상근로자로 인정되지 않는다 할지라도 노조법상 근로자에 해당된다. 따라서 甲 등은 근로기준법 근로자가 아니므로 이들이 설립한 단체도 임의단체에 불과하다면서 단체교섭을 거부하는 A공사의 주장은 정당하지 않다

사례연습 11

특수형태근로자의 노조법상 근로자성(대법원 2018.06.15. 선고 2014두12598 판결: 출제유력)

甲 등은 2015.1.1.부터 A회사와 1년 단위로 학습지교사 위탁사업계약을 체결한 후 계약기간을 1년 단위로 자동 연장하여 왔다. 甲 등이 수행하는 업무는 A회사의 학습지 관련 사업 수행에 필수적인 것으로서 甲을 비롯한 학습지교사들은 A회사의 학습지회원에 대한 관리 교육, 기존 회원의 유지, 회원모집 등을 수행하고 그에 대한 대가로서 수수료를 지급받았다.

A 회사는 신규 학습지교사들을 상대로 입사실무교육을 실시하고, 사무국장 및 단위 조직장을 통하여 신규 학습지교사들을 특정 단위조직에 배정한 후 관리회원을 배정하였다, 한편, 甲 등에게 취업규칙은 적용되지 않았으며, 업무처리지침에 따라 A회사는 갑을 비롯한 학습지교사들에게 학습지도서를 제작, 배부하고 표준 필수업무를 시달하였으며, 학습지교사들은 매월 말일 지국장에게 회원 리스트와 회비 납부여부 등을 확인한 자료를 제출하고 정기적으로 참가인의 홈페이지에 로그인하여 회원들의 진도상황과 진단평가결과 및 회비 수납 상황 등을 입력하며, 2~3달에 1회 정도 집필시험을 치르도록 하였다. 그런데, 甲 등은 학습지교사들의 열악한 근무환경을 개선하기 위하여 뜻있는 동료 학습지교사들과 함께 학습지 교사들을 구성원으로 하는 노동조합을 설립하기 위하여 甲을 초대 위원장으로 선출하고 민주적인 규약을 만들어 설립총회를 거쳐 가칭 '학습지 교사 노동조합'을 설립하자고 A회사에 단체교섭을 요구하자, A회사는 甲 등 학습지교사들과는 위탁사업계약을 체결하였을 뿐이므로 이들은 근로기준법상 근로자가 아니고, 따라서 이들이 설립한 단체도 임의단체에 불과하고 노동조합이 아니라면서 단체교섭을 거부하였다.

이러한 A 회사의 주장은 정당한가? (단, 甲 등은 근로기준법상 근로자는 아님을 전제로 한다.)

1. 쟁점의 정리

사안에서 A회사는 근로계약이 아닌 위탁사업계약을 체결한 甲 등이 설립한 임의단체에 대하여 자신들은 단체교섭을 체결할 의무가 없다는 전제하에 단체교섭을 거부하고 있는 바, 이러한 A회사의 주장의 정당성을 검토하기 위해서는 비록 甲 등이 근로기준법상 근로자는 아니지만 적어도 노동3권의 보장이 필요한 노조법상 근로자에 해당한다는 것이라는 점이 먼저 인정되어야 할 것이다. 따라서, 먼저 근로기준법상 근로자와 노조법상 근로자가 어떠한 근거와 이유에서 구별되어야 하는 지 여부를 살펴본 후, 노동조합및노동관계조정법(이하 '노조법') 제2조 제1호의 노조법상 근로자 개념을 분설하면서 노조법상 근로자에 대한 판례의 판단기준을 기초로 본 사례에서의 甲 등이 노조법상 근로자에 해당하는 지의 여부를 구체적인 검토해 보도록 한다.

2. 甲 등의 노조법상 근로자 인정여부

(1) 노조법상 근로자와 근로기준법상 근로자

(2) 노조법상 근로자(노조법 제2조제1호)의 개념

1) 직업의 종류는 불문

2) 임금 · 급료 기타 이에 준하는 수입

3) 그에 의하여 생활하는 자

(3) 노무제공자의 노조법상 근로자 해당여부의 판단 기준

(4) 사안의 경우

① 주된 소득 의존성 : 업무 내용, 업무 준비 및 업무 수행에 필요한 시간 등에 비추어 볼 때 甲 등 학습지교사들이 겸업을 하는 것은 현실적으로 어려워 보여, A회사로부터 받는 수수료가 甲 등 학습지교사들의 주된 소득원이었을 것으로 보인다

② 계약내용 일방 결정성 : A회사는 甲 등 불특정다수의 학습지교사들을 상대로 미리 마련한 정형화된 형식으로 위탁사업계약을 체결하였으므로, 보수를 비롯하여 위탁사업계약의 주요 내용이 A회사에 의하여 일방적으로 결정되었다고 볼 수 있다.

③ 필수적 노무제공 및 시정접근성 : 甲 등 학습지교사들이 제공한 노무는 A회사의 학습지 관련 사업 수행에 필수적인 것이었고, 甲 등 학습지교사들은 A회사의 사업을 통해 학습지 개발 및 학습지 회원에 대한 관리·교육 등에 관한 시장에 접근하였다.

④ 계약관계의 지속·전속성 : 甲 등 학습지교사들은 A회사와 일반적으로 1년 단위로 위탁사업계약을 체결하고 계약기간을 자동 연장하여 왔으므로 그 위탁사업계약관계는 지속적이었고, A회사에게 상당한 정도로 전속되어 있었던 것으로 보인다

⑤ 지휘·감독관계성 : (ⅰ) A회사는 신규 학습지교사들을 상대로 입사실무교육을 실시하고, 사무국장 및 단위조직장을 통하여 신규 학습지교사들을 특정 단위조직에 배정한 후 관리회원을 배정하였음. (ⅱ) 일반 직원에게 적용되는 취업규칙과는 구별되지만 甲 등 학습지교사들에게 적용되는 업무처리지침 등이 존재하였고, A회사는 甲 등 학습지교사들에게 학습지도서를 제작, 배부하고 표준필수업무를 시달하였음. (ⅲ) 학습지교사들은 매월 말일 지국장에게 회원 리스트와 회비 납부여부 등을 확인한 자료를 제출하고 정기적으로 A회사의 홈페이지에 로그인하여 회원들의 진도상황과 진단평가결과 및 회비수납 상황 등을 입력하며, 2~3달에 1회 정도 집필시험을 치렀음. 이러한 사정에 비추어 보면 甲 등 학습지교사들은 비록 근로기준법상 근로자에 해당한다고 볼 정도는 아니지만 어느 정도 A회사의 지휘·감독을 받았던 것으로 볼 수 있다.

⑥ 노무제공 대가성 : 甲 등 학습지교사들은 A회사로부터 학습지회원에 대한 관리 교육, 기존 회원의 유지, 회원모집 등 자신이 제공한 노무에 대한 대가 명목으로 수수료를 지급받았다.

⑦ 노동3권 보장 필요성 : (ⅰ) 비록 근로기준법이 정하는 근로자로 인정되지 않는다 하더라도, 특정 사업자에 대한 소속을 전제로 하지 아니할 뿐만 아니라 고용 이외의 계약 유형에 의한 노무제공자까지도 포함할 수 있도록 규정한 노조법의 근로자 정의 규정과 대등한 교섭력의 확보를 통해 근로자를 보호하고자 하는 노동조합법의 입법 취지를 고려할 때, A회사의 사업에 필수적인 노무를 제공함으로써 A회사와 경제적·조직적 종속관계를 이루고 있는 甲 등 학습지교사들을 노조법상 근로자로 인정할 필요성이 있음. (ⅱ) 또한 경제적 약자의 지위에서 A회사에게 노무를 제공하는 甲 등 학습지교사들에게 일정한 경우 집단적으로 단결함으로써 노무를 제공받는 특정 사업자인 A회사와 대등한 위치에서 노무제공조건 등을 교섭할 수 있는 권리 등 노동3권을 보장하는 것이 헌법 제33조의 취지에도 부합하다 할 것이다.

(5) 소결

노조법상 근로자에 해당하는지는 노무제공관계의 실질에 비추어 노동3권을 보장할 필요성이 있는지의 관점에서 판단하여야 하는 바, 사안에서의 학습지교사는 사용자에 대하여 경제적 · 조직적 종속관계에 있다고 판단되므로 설령 근로기준법상근로자로 인정되지 않는다 할지라도 노조법상 근로자에 해당된다.

3. 결론

노조법상 근로자에 해당하는지는 노무제공관계의 실질에 비추어 노동3권을 보장할 필요성이 있는지의 관점에서 판단하여야 하는 바, 사안에서의 학습지교사는 사용자에 대하여 경제적 · 조직적 종속관계에 있다고 판단되므로 설령 근로기준법상근로자로 인정되지 않는다 할지라도 노조법상 근로자에 해당된다. 따라서 甲 등은 근로기준법 근로자가 아니므로 이들이 설립한 단체도 임의단체에 불과하다면서 단체교섭을 거부하는 A회사의 주장은 정당하지 않다.

유사 사례

방송연기자의 노조법상 근로자성(대법원 2018.06.15. 선고 2014두12598 판결: 출제유력)

한국방송연기자노동조합(이하 '연기자노조')은 탤런트, 성우, 코미디언(개그맨), 무술연기자 방송연기자를 조직대상으로 설립된 노동조합이다. 연기자노조는 A공사와 출연료 등에 관한 단체협약을 25년여간 체결해 오고 있다. 2012년 갱신체결을 위한 교섭이 타결되지 않던 중 복수노조 교섭창구단일화제도가 시행되자 A공사의 다른 근로자들과 교섭단위를 분리해 줄 것을 노동위원회에 신청하였다. 이와 관련하여 A공사는 A공사에는 전속된 방송연기자가 전혀 없으므로 .연기자노조는 노조법 제29조의 3 제2항, 동법 시행령 제14조의 11 제1항에 의해 교섭단위 분리신청을 할 수 있는 노동조합에 해당하지 않기 때문에 교섭단위 분리에 관한 신청인적격이 없다고 주장하고 있다. 이러한 A 공사의 주장은 정당한가? (단, 甲 등은 근로기준법상 근로자는 아님을 전제로 한다.)

1. 쟁점의 정리

사안에서 A공사는 연기자 노조의 교섭단위 분리 신청에 대해, A공사에는 전속 계약한 방송 연기자가 전혀 없으므로 연기자 노조는 교섭단위 분리 신청의 신청인 적격이 없다고 주장하고 바, 이러한 A회사의 주장의 정당성을 검토하기 위해서는 A공사의 방송 연기자들이 비록 A공사와 전속계약을 하지는 아니하였지만, 적어도 노동3권의 보장이 필요한 노조법상 근로자에 해당한다는 것이라는 점이 인정되어야 할 것이다. 따라서, 먼저 근로기준법상 근로자와 노조법상 근로자가 어떠한 근거와 이유에서 구별되어야 하는 지 여부를 살펴본 후, 노조법 제2조 제1호의 노조법상 근로자 개념을 분설하면서 노조법상 근로자에 대한 판례의 판단기준을 기초로 본 사례에서의 A공사의 방송연기자들이 노조법상 근로자에 해당하는 지의 여부를 구체적인 검토해 보도록 한다. 그 중에서도 특히 본 사안에서는 판례가 제시하는 세부 판단 요소 중전속성과 소득의존성의 관계에 대해서는 보다 면밀하게 검토를 하도록 하겠다.

2. 甲 등의 노조법상 근로자 인정여부

(1) 노조법상 근로자와 근로기준법상 근로자

(2) 노조법상 근로자(노조법 제2조제1호)의 개념

1) 직업의 종류는 불문

2) 임금 · 급료 기타 이에 준하는 수입

3) 그에 의하여 생활하는 자

(3) 노무제공자의 노조법상 근로자 해당여부의 판단 기준

(4) 사안의 경우

① A공사가 방송연기자의 출연료 등 보수를 일방적으로 결정하고 있는 점, ② 방송연기자가 제공하는 방송연기는 A공사의 방송사업 수행을 위한 필요 요소이며, 방송연기자는 A공사 등 방송사업자의 방송사업을 통해 방송연기시장에 접근하는 점, ③ 방송연기자 업무의 기본적 내용은 A공사가 지정하는 역할과 대본 등에 의해 결정되며, A공사가 방송연기자들의 업무수행과정에서 구체적이고 개별적인 지휘.감독을 하는 점, ④ 방송연기자가 A공사로부터 받는 출연료에는 저작인접권에 대한 대가가 일부 포함되기는 하나 기본적으로는 방송연기라는 노무제공의 대가에 해당하는 점, ⑤ 그동안 A공사는 방송연기자가 노동조합법상 근로자이며, 원고 역시 노동조합법상 노동조합에 해당함을 전제로 단체교섭을 체결해 왔다는 점 등을 고려하면, 방송연기자의 전속성과 소득의존성이 다소 강하지 않더라도 노동조합을 통해 A공사와 대등한 지위에서 교섭할 수 있도록 할 필요성이 있다는 점에서, 방송연기자들을 노조법상 근로자로 인정할 필요성이 있다고 판단된다.

(5) 소결

노조법상 근로자에 해당하는지는 노무제공관계의 실질에 비추어 노동3권을 보장할 필요성이 있는지의 관점에서 판단하여야 하는 바, 본 사안에서의 방송연기자는 사용자인 A공사에 대하여 경제적 · 조직적 종속관계에 있다고 판단되므로 설령 방송연기자의 전속성과 소득 의존성이 강하지 않다 할지라도 노조법상 근로자에 해당된다.

3. 결론

노조법상 근로자에 해당하는지는 노무제공관계의 실질에 비추어 노동3권을 보장할 필요성이 있는지의 관점에서 판단하여야 하는 바, 사안에서의 방송연기자는 사용자에 대하여 경제적 · 조직적 종속관계에 있다고 판단되므로, 노조법상 근로자에 해당된다. 따라서, A공사의 주장은 정당하지 않다.

(쟁점) 취업자격 없는 외국인의 노조법상 근로자성(→사례: 12)

1. 쟁점의 정리

기본권 능력이란 헌법상 보장된 기본권을 향수할 수 있는, 즉, 기본권의 주체가 될 수 있는 능력을 말하는 바, 대한민국의 국적을 가지고 있지 아니한 외국인에게는 국제법상 상호주의에 따라 권리가 인정되는 것이 일반적이고, 특히 출입국관리법령에 따라 취업활동을 할 수 있는 체류자격을 받지 않은 외국인 근로자는 출입국관리법상 강제 출국의 대상에 해당한다. 따라서, 외국인 근로자, 특히 체류자격을 받지 않은 외국인 근로자가 노조법상 근로자로서의 지위가 인정되는 지 여부를 검토하기 위해서는 그 전제로서 외국인 근로자게 **기본권 주체성**이 인정되는 지 여부를 먼저 살펴본 후, 출입국관리 법령상 외국인 고용제한규정의 취지와 관련하여 **취업자격 없는 외국인**에게 **노조법상 근로자성**이 인정될 수 있는 지 여부를 검토하여야 할 것이다.

2. 외국인의 기본권 주체성

① 현행 헌법은 기본권의 주체를 '국민'으로만 규정하고 있으며 '외국인'은 기본권의 주체로 명시한 바 없고, 단지 헌법 제6조 제2항에서 .'외국인은 국제법과 조약이 정하는 바에 의하여 그 지위가 보장된다'.라고만 규정하여 외국인의 지위를 불확정개념을 사용하여 언급하고 있을 뿐이므로 외국인에게는 기본권 주체성을 인정할 수 없다는 견해도 있지만, ② 외국인의 **기본권 주체성**과 관련하여 헌법재판소는 '근로의 권리가 일할 자리에 관한 권리만이 아니라 일할 환경에 관한 권리도 함께 내포하고 있는 바, **후자는 인간의 존엄성을 보장하기 위한 자유권적 기본권의 성격도 갖고 있어 외국인 근로자라고 하여 이 부분까지 기본권의 주체성을 부인할 수 없다**'고 결정한 바 있다.(헌재 2007.08.30. 선고 2004헌마670 결정)

3. 출입국관리 법령상의 외국인고용제한규정의 취지

출입국관리 법령에서 외국인고용제한규정을 두고 있는 것은 취업자격 없는 외국인의 고용이라는 사실적 행위 자체를 금지하고자 하는 것뿐이지, **나아가 취업자격 없는 외국인이 사실상 제공한 근로에 따른 권리나 이미 형성된 근로관계에 있어서 근로자로서의 신분에 따른 노동관계법상의 제반 권리 등의 법률효과까지 금지하려는 것으로 보기는 어렵다**는 것이 대법원의 입장이다.(대법원 1995.9.15. 선고 94누12067 판결 등 참조)

4. 결론

외국인에게도 기본권 주체성이 인정되어야 할 것이고, 설령 출입국관리 법령에 따라 취업활동을 할 수 있는 체류자격을 받지 않은 외국인이라 하더라도, 출입국관리 법령상의 외국인고용제한규정의 취지를 고려할 때 ,근로기준법상 근로자는 물론 노조법상 근로자로 인정된다.

사례연습 12

취업자격 없는 외국인의 근로자성 (대법원 2015.6.25. 선고 2007두4995 (전합) :출제유력)

A회사는 상시 근로자 100명을 사용하여 방역용 마스크를 제조하는 회사이다. A회사에는 일반직 근로자 60명, 기능직 근로자 30명이 근무하고 있고, 그밖에 출입국관리법상 취업자격이 없는 외국인 10명이 일용직으로 근무하고 있다. 일용직 외국인들은 일반직, 기능직 근로자들과 달리 직제규정상 정원에 포함되지 않는다. 이들 일용직으로 일하는 외국인 10명은 D노동조합을 결성하고 관할 행정관청에 노조설립신고서를 제출하였으나, 관할 행정관청은 취업자격이 없는 외국인이 D노동조합에 가입하고 있다는 이유로 설립신고서를 반려하였다.

관할 행정관청의 D노동조합 설립신고서 반려처분은 타당한가?

1. 쟁점의 정리

대한민국의 국적을 가지고 있지 아니한 외국인에게는 국제법상 상호주의에 따라 권리가 인정되는 것이 일반적이고, 특히 출입국관리법령에 따라 취업활동을 할 수 있는 체류자격을 받지 않은 외국인 근로자는 출입국관리법상 강제 출국의 대상에 해당한다. 따라서, 외국인 근로자, 특히 체류자격을 받지 않은 외국인 근로자가 노조법상 근로자로서의 지위가 인정되는 지 여부를 검토하기 위해서는 그 전제로서 외국인 근로자게 기본권 주체성이 인정되는 지 여부를 먼저 살펴본 후, 출입국관리 법령상 외국인 고용제한규정의 취지와 관련하여 취업자격 없는 외국인에게 노조법상 근로자성이 인정될 수 있는 지 여부를 검토하여야 할 것이다.

2. 외국인의 기본권 주체성

① 현행 헌법은 기본권의 주체를 '국민'으로만 규정하고 있으며 '외국인'은 기본권의 주체로 명시한 바 없고, 단지 헌법 제6조 제2항에서 .'외국인은 국제법과 조약이 정하는 바에 의하여 그 지위가 보장된다'.라고만 규정하여 외국인의 지위를 불확정개념을 사용하여 언급하고 있을 뿐이므로 외국인에게는 기본권 주체성을 인정할 수 없다는 견해도 있지만, ② 외국인의 기본권 주체성과 관련하여 헌법재판소는 '근로의 권리가 일할 자리에 관한 권리만이 아니라 일할 환경에 관한 권리도 함께 내포하고 있는 바, 후자는 인간의 존엄성을 보장하기 위한 자유권적 기본권의 성격도 갖고 있어 외국인 근로자라고 하여 이 부분까지 기본권의 주체성을 부인할 수 없다'고 결정한 바 있다.(헌재 2007.08.30. 선고 2004헌마670 결정)

3. 출입국관리 법령상의 외국인고용제한규정의 취지

출입국관리 법령에서 외국인고용제한규정을 두고 있는 것은 취업자격 없는 외국인의 고용이라는 사실적 행위 자체를 금지하고자 하는 것뿐이지, 나아가 취업자격 없는 외국인이 사실상 제공한 근로에 따른 권리나 이미 형성된 근로관계에 있어서 근로자로서의 신분에 따른 노동관계법상의 제반 권리 등의 법률효과까지 금지하려는 것으로 보기는 어렵다는 것이 대법원의 입장이다.(대법원 1995.9.15. 선고 94누12067 판결 등 참조)

4. 외국인 일용직 근로자의 노조법상 근로자 인정여부

(1) 노조법상 근로자(노조법 제2조제1호)의 개념

노조법 제2조제1호는 '근로자라 함은 직업의 종류를 불문하고 임금 · 급료 기타 이에 준하는 수입에 의하여 생활하는 자를 말한다'라고 정의하고 있는 바, 노조법상 근로자에 해당하는지는 노무제공관계의 실질에 비추어 노동3권을 보장할 필요성이 있는지의 관점에서 판단하여야 할 것이고, '직업의 종류', '상용·일용·임시직·촉탁직·아르바이트 등 근무형태 등은 노조법상 근로자를 판단함에 있어 기준이 되지 않는다는 것이 판례의 태도이다.

(2) 사안의 경우

노조법상 근로자를 판단함에 있어 '직업의 종류', '상용·일용·임시직·촉탁직·아르바이트 등 근무형태 등은 기준이 되지 않는다. 따라서, 사안의 외국인 일용직 근로자는 임금을 목적으로 사업이나 사업장에 근로를 제공하는 근로기준법상 근로자이자 노동3권의 보장을 필요로 하는 노조법상 근로자에 해당한다.

5. 결론

외국인에게도 기본권 주체성이 인정되어야 할 것이므로, **사안의 외국인 일용직 근로자는 노조법상 근로자에 해당하고, 출입국관리법령상의 고용 제한의 취지애 비추어 취업자격 없는 외국인이라 하더라도 노동조합을 결성할 수 있는 노조법상 근로자에 해당한다. 따라서, 행정관청이 취업자격이 없는 외국인이 D노동조합에 가입하고 있다는 이유로 설립신고서를 반려한 처분은 타당하지 않다.**

관련판례 대법원 2015. 6. 25. 선고 2007두4995 판결 취업자격 없는 외국인의 근로자성

노동조합 및 노동관계조정법(이하 '노동조합법'이라고 한다) 제2조 제1호, 제5조, 제9조, 구 출입국관리법(2010. 5. 14. 법률 제10282호로 개정되기 전의 것)의 내용이나 체계, 취지 등을 종합하면, 노동조합법상 근로자란 타인과의 사용종속관계하에서 근로를 제공하고 그 대가로 임금 등을 받아 생활하는 사람을 의미하며, 특정한 사용자에게 고용되어 현실적으로 취업하고 있는 사람뿐만 아니라 일시적으로 실업 상태에 있는 사람이나 구직 중인 사람을 포함하여 노동3권을 보장할 필요성이 있는 사람도 여기에 포함되는 것으로 보아야 한다. 그리고 출입국관리 법령에서 외국인고용제한규정을 두고 있는 것은 취업활동을 할 수 있는 체류자격(이하 '취업자격'이라고 한다) 없는 외국인의 고용이라는 사실적 행위 자체를 금지하고자 하는 것뿐이지, 나아가 취업자격 없는 외국인이 사실상 제공한 근로에 따른 권리나 이미 형성된 근로관계에서 근로자로서의 신분에 따른 노동관계법상의 제반 권리 등의 법률효과까지 금지하려는 것으로 보기는 어렵다.

따라서 타인과의 사용종속관계하에서 근로를 제공하고 그 대가로 임금 등을 받아 생활하는 사람은 노동조합법상 근로자에 해당하고, 노동조합법상의 근로자성이 인정되는 한, 그러한 근로자가 외국인인지 여부나 취업자격의 유무에 따라 노동조합법상 근로자의 범위에 포함되지 아니한다고 볼 수는 없다.

(2) 노조법상 사용자

1) 노조법상 사용자의 개념(→사례: 13)

노조법 제2조 제2호는 '**사용자**'라 함은 **사업주, 사업의 경영담당자 또는 그 사업의 근로자에 관한 사항에 대하여 사업주를 위하여 행동하는 자**'로 규정하고 있는 바. 이러한 노조법상 사용자의 개념은 ''헌법에 의한 근로자의 단결권 · 단체교섭권 및 단체행동권을 보장하여 근로조건의 유지개선(노조법 제1조 전단)'이라는 노조법의 입법 목적에 부합하도록 해석하여야 할 것이다. 그 결과 노조법상 사용자의 개념은 **근로기준법상 사용자의 개념보다 확장되어** 노조법상 사용자의 개념에는 근로기준법상 사용자, 즉 명시적 근로계약이나 묵시적 근로계약이 인정되는 근로개약의 당사자로서의 사용자뿐만 아니라 묵시적 근로계약관계도 인정되지 않아 근로자와 직접적으로 근로관계를 형성할 수 없는 제3자라 하더라도 **실질적으로 근로자의 노동3권의 행사에 영향을 줄 수 있는 자**라면 노조법상 사용자의 개념에 포함될 수 있다고 보는 것이 타당하다.

가. 사업주

사업주란 **사업을 책임지고 경영하는 주체**로서 인사, 노무, 경영, 등 기업운영의 총괄적인 지휘 · 책임자를 의미한다. 따라서, 개인 기업에서는 '**개인**' 회사 기타 법인은 '**법인**' 그 자체가 사업주이다. 사업의 종류나 성질은 문제되지 않으므로 영리 사업인지 비영리 사업인지 불문하며, 일반 사기업뿐 아니라, 국가, 지방자치단체 및 국영기업체 등도 사업주가 될 수 있으며 공익사업, 사회사업 또는 종교사업의 사업주도 여기서 말하는 사업주에 포함된다.

나. 사업경영담당자

사업경영담당자라 함은 사업주가 아니면서 **사업경영 일반에 대해 권한과 책임을 지는 자**로서, 사업주로부터 사업경영의 전부 또는 일부에 대해 포괄적인 위임을 받고 대외적으로 사업을 대표하는 자를 의미한다.

다. 근로자에 관한 사항에 대하여 사업주를 위하여 행동하는 자

근로자에 관한 사항에 대하여 사업주를 위하여 행동하는 자라 함은 근로자의 인사, 급여, 후생, 노무관리 등 근로조건의 결정 또는 업무상의 명령이나 지휘 · 감독을 하는 등의 사항에 대하여 사업주로부터 일정한 권한과 책임을 부여 받은 자를 의미한다.

2) 부당노동행위제도에서의 사용자 개념의 확장

노조법은 근로기준법과 같이 근로자 개인의 근로조건을 보호하기 위한 것이 아니라 **근로자의 노동3권의 보장**을 통하여 **근로자의 경제적 · 사회적 지위 향상 등을 목적**으로 제정된 법으로서, 특히, **노조법 제81조의 부당노동행위제도는** 근로계약상 사용자에 대한 책임(손해배상)을 묻는 것이 아니라, 근로자의 단결활동권의 침해와 관련한 일정한 부당노동행위'의 배제 및 시정을 통하여 ''**정상적인 노사관계의 회복**'을 그 목적으로 한다. 따라서 노조법상 부당노동행위제도에서의 사용자 개념은 직접적인 근로계약관계를 전제로 하는 **근로기준법에서의 사용자 개념보다 폭넓게 확장된다.**

가. 지배 · 개입에서의 사용자 개념의 확대(→사례: 13)

지배개입의 부당노동행위에서의 사용자에는 노조법 제2조 제2호의 사용자, 즉, 사업주, 사업의 경영담당자 또는 그 사업의 근로자에 관한 사항에 대하여 사업주를 위하여 행동하는 자뿐 아니라, **근로자와 직접적으로 근로관계를 형성하지 않은 제3자도** 포함될 수 있다. 이를테면, 수급사업주의 근로자가 조합을 결성하여 직간접적으로 원청의 정상적인 업무수행에 지장을 초래할 경우, 원청은 수급업체 근로자의 조합활동에 대하여 불이익 취급 이나 지배개입 등의 부당노동행위를 할 수 있기 때문에, 노조법 제2조 제2호의 사용자가 아닌 원청과 같은 제3자라도 부당노동행위책임을 질 수 있다. 따라서, 수급사업주가 독립성과 자주성이 없어 사업주로서의 실체를 갖지 못하고 사실상 원청의 노무관리 대행기구로서 기능하여 근로계약의 당사자가 아닌 수급인의 근로자가 사실상 원청 사용자와 묵시적 근로계약관계를 체결한 것과 다름없는 경우는 물론이고, **그러한 묵시적 근로계약관계가 성립하지 않는 경우에도 원청이 근로자의 기본적인 노동조건 등에 관하여 고용사업주로서의 권한과 책임을 일정부분 담당하고 있다고 볼 정도로 현실적이고 구체적으로 지배 결정할 수 있는 지위에 있는 경우에는 그 한도 내에서 제3자인 원청이 지배개입의 부당노동행위의 주체가 될 수 있다.** 특히, 복수의 기업의 물적 · 인적 구조가 모자관계에 있을 때는 이른바 법인격 부인론에 의하여 모기업이 자기업의 종업원의 사용자의 지위에 있을 수 있고, 따라서 이러한 경우라면 모기업이 지배개입 등의 부당노동행위의 책임을 지게 된다.

> **관련판례** 대법원 2010.03.25. 선고 2007두8881 판결 지배 · 개입에서의 사용자 개념의 확대
>
> 법 제81조 제4호는 '근로자가 노동조합을 조직 또는 운영하는 것을 지배하거나 이에 개입하는 행위' 등을 부당노동행위로 규정하고 있고, 이는 단결권을 침해하는 행위를 부당노동행위로서 배제·시정하여 정상적인 노사관계를 회복하는 것을 목적으로 하고 있으므로, 그 지배·개입 주체로서의 사용자인지 여부도 당해 구제신청의 내용, 그 사용자가 근로관계에 관여하고 있는 구체적 형태, 근로관계에 미치는 실질적인 영향력 내지 지배력의 유무 및 행사의 정도 등을 종합하여 결정하여야 할 것이다. 따라서 **근로자의 기본적인 노동조건 등에 관하여 그 근로자를 고용한 사업주로서의 권한과 책임을 일정 부분 담당하고 있다고 볼 정도로 실질적이고 구체적으로 지배 · 결정할 수 있는 지위에 있는 자가, 노동조합을 조직 또는 운영하는 것을 지배하거나 이에 개입하는 등으로 법 제81조 제1항 제4호 소정의 행위를 하였다면, 그 시정을 명하는 구제명령을 이행하여야 할 사용자에 해당한다.**

나. 단체교섭의 당사자로서의 사용자 개념의 확대(→(쟁점) 단체교섭의 당사자로서의 사용자 개념의 확장) (→사례: 14)

대법원은 지배 · 개입의 부당노동행위의 주체에 관하여, 근로관계에 실질적인 영향력 내지 지배력을 행사하고 있는 경우에는 근로계약관계가 없는 원청 등 제3자에게 지배 · 개입의 당사자로서의 사용자로 인정하면서도(대법원 2010.03.25. 선고 2007두8881 판결), 대법원은 단체교섭당사자로서의 사용자의 개념에 대하여 '노조법' 제29조 제1항의 규정에 의하여 노동조합 대표자의 단체교섭요구에 응하여야 할 사용자라 함은 근로자와의 사이에 그를 지휘 · 감독하면서 그로부터 근로를 제공받고 그 대가로서 임금을 지급하는 것을 목적으로 하는 명시적이거나 묵시적인 근로계약관계를 맺고 있는 자를 말한다'(대법원 1995.12.22. 선고 95누3565 판결)고 하여 단체교섭상의 사용자와 근로계약상의 사용자를 동일하게 파악함으로써 단체교섭의 당사자로서의 사용자 개념을 제3자로 확대하지 않고 있다. 반면에, 학설의 다수설은 근로관계에 실질적인 영향력 내지 지배력을 행사하고 있는 경우라면 지배 · 개입 내지 단결권 침해의 주체로서의 사용자와 단체교섭 당사자로서의 사용자의 범주를 달리 파악되어야 할 이유가 없다고 한다.

사례연습 13

지배개입의 사용자 개념의 확대 (2013년도 제3차 변호사시험 모의시험)

선박제조회사인 H사의 사내하청업체들은 대부분 H사의 업무만 수행하여 왔다. H사는 K사 등 사내하청업체들에 대한 개별도급계약의 체결 여부 및 물량을 그 계획에 따라 주도적으로 조절하였다. 그 외에도 도급계약의 해지, 사내 하청업체 등록해지 권한을 가지고 있는 등 H사는 사내 하청업체에 대하여 우월적 지위에 있었고, 사내하청 근로자의 기본적인 근로조건 등에 관하여 그 근로자를 고용한 사업주로서의 권한과 책임을 일정부분 담당하고 있었다.

그런데 H사 사내하청업체 소속 일부 근로자들은 2003.3.경부터 비밀리에 노동조합 준비위원회를 결성하고 비밀조합원제도를 유지하여 오다가 일부 조합원의 신분이 노출되자 같은 해 8. 24. H사내하청노동조합창립총회를 거쳐 같은 달 30. 노동조합 설립신고증을 교부받게 되었다.

H사는 사내하청노동조합의 결성으로 선박제조가 지체되어 선박인도일정이 늦추어질 것을 우려하던 중, 사내하청업체 K 소속 근로자이면서 H사내하청노동조합 조합원인 갑(甲)이 H사에서 유인물을 배포하는 것을 보고, H사는 '갑이 회사 내에서 유인물을 배포하는 등 회사 운영을 방해하고 있다'면서 K사에 계약해지 등의 경고를 하였다. 그러자 사내하청업체 K사를 비롯하여 몇몇 사내하청업체가 폐업하기로 결정하고 실제로 2003.10. 8.에 폐업하였다. 사실상 사내하청업체들의 폐업이유는 H사내 하청노동조합의 설립 이외에 다른 이유가 없었다. 이에 따라 H사내하청노동조합은 2003.10. 10자로 H사를 상대로 부당노동행위 구제신청을 하였다.

부당노동행위제도의 제도적 의의와 H사의 부당노동행위 주체로서의 적격성에 대하여 논함.

1. 쟁점의 정리

사안에서 H사는 사내하청업체 근로자의 기본적인 근로조건 등에 관하여 그 근로자를 고용한 사업주로서의 권한과 책임을 일정부분 담당하고 있었는데, H사 사내하청업체 소속 일부 근로자들이 노동조합을 설립하자 H사는 노동조합이 설립된 하청업체인 K사에 계약해지 등의 경고를 하고 실제로 몇몇 사내업체들을 폐업하였다. 이에 H사 사내하청업체 근로자들은 자신들의 근로계약의 상대방이 아닌 H사를 상대로 부당노동행위의 구제신청을 제기하였는데, 만일 H사가 H사 사내하청업체 근로자들의 근로계약의 상대방이 아님에도 불구하고 H사 사내하청업체 근로자들에 대한 부당노동행위의 주체로서의 지위가 인정된다면 H사내하청노동조합이 H사를 상대로 제기한 부당노동행위 구제신청은 적법하게 될 것이다. 따라서 본 사례의 핵심은 H사의 부당노동행위 주체로서의 적격성이라 할 것인 바, 이하에서는 먼저 부당노동행위제도의 제도적 의의를 살펴본 후, H사의 부당노동행위 주체로서의 적격성과 관련하여 노동조합및노동관계조정법(이하 '노조법') 제2조 제2호에서 규정하고 있는 노조법상 사용자의 개념을 살펴보고, 특히, 노조법상 사용자의 개념의 확대에 관한 판례의 법리를 기초로 H사의 부당노동행위 주체로서의 적격성을 구체적으로 검토해 보고자 한다.

2. 부당노동행위제도

(1) 부당노동행위제도의 제도적 의의

'부당노동행위 제도'는 사용자가 근로자 및 노동조합의 노동3권 보장 질서를 침해함으로써 근로자들의 집단적 교섭력을 약화시키는 불공정한 행위를 부당노동행위로 규정하여 이를 금지하면서, 사용자가 이를 위반하는 경우 노동위원회에 의한 구제절차 등을 통해 침해당한 근로자 및 노동조합을 구제함으로써 정상적인 집단적 노사관계질서를 회복, 유지시킬 것을 목적으로 하는 제도이다.

(2) 부당노동행위 구제절차의 피신청인

원칙적으로 부당노동행위 구제절차의의 피신청인은 사용자이다, 즉, 피신청인은 노동위원회의 구제명령을 이행하여야 할 의무가 있는 '사업주'인 사용자이므로, 개인기업인 경우의 사업주는 개인(실질적 사업주), 법인기업의 사업주는 법인 그 자체에 국한된다. 그런데, 판례는 구제명령의 실효성을 확보하기 위하여 구제명령을 이행할 의무가 있는 사용자에는 근로자와 직접 근로계약을 체결한 사업주뿐 아니라 근로관계에 실질적으로 영향력을 행사한 지배·개입의 주체도 포함되는 것으로 해석하고 있다. 즉, 사업주가 아니라도 구제명령을 이행할 수 있는 법률적 또는 사실적인 권한이나 능력을 가지고 있는 지위자 있는 자라면, 그러한 한도 내에서는 부당노동행위의 주체로서 구제명령의 대상자인 사용자에 해당한다는 것이 판례의 태도이다. 따라서, 원청회사 등이 사내 하청업체 소속 근로자들의 기본적인 노동조건 등에 관하여 고용사업주인 사내 하청업체의 권한과 책임을 일정 부분 담당하고 있다고 볼 정도로 실질적·구체적으로 지배·결정할 수 있는 지위에 있고 사내 하청업체의 사업 폐지를 유도하고 그로 인하여 사내 하청업체 노동조합의 활동을 위축시키거나 침해하는 지배·개입행위를 하였다면, 원청회사는 부당노동행위 구제명령의 대상인 사용자에 해당할 수 있다.

3. H사의 부당노동행위 주체로서의 적격성

(1) 부당노동행위의 주체

노조법 제81조는 '사용자는 부당노동행위를 할 수 없다.'고 규정하여 부당노동행위를 하지 않을 부작위의무를 '사용자'에게 부과하고 있다. 따라서 부당노동행위의 주체는 '사용자' 이다. 여기서 '사용자'라 함은 노조법 제2조 제2호의 '사용자', 즉 '사업주, 사업의 경영담당자 또는 그 사업의 근로자에 관한 사항에 대하여 사업주를 위하여 행동하는 자'를 의미한다.

(2) 사용자 개념의 확장

노조법은 근로기준법과 같이 근로자 개인의 근로조건을 보호하기 위한 것이 아니라 근로자의 노동3권의 보장을 통하여 근로자의 경제적·사회적 지위 향상 등을 목적으로 제정된 법으로서, 특히, 노조법 제81조의 부당노동행위제도는 근로계약상 사용자에 대한 책임(손해배상)을 묻는 것이 아니라, 근로자의 단결활동권의 침해와 관련한 일정한 '부당노동행위'의 배제 및 시정'을 통하여 '정상적인 노사관계의 회복'을 그 목적으로 한다. 따라서 노조법상 부당노동행위제도에서의 사용자 개념은 직접적인 근로계약관계를 전제로 하는 근로기준법에서의 사용자 개념보다 폭넓게 확장된다.

(3) 지배 · 개입에서의 사용자 개념의 확대

1) 지배 · 개입의 부당노동행위

노조법 제81조 제1항 제4호 본문은 '근로자가 노동조합을 조직 또는 운영하는 것을 지배하거나 이에 개입하는 행위와 노동조합의 운영비를 원조하는 행위'를 사용자의 부당노동행위의 하나로 규정하고 있다. 이러한 지배 · 개입행위는 가장 포괄적이고 광범위한 반조합 행위로서, 다른 부당노동행위의 유형과 구별되는 지배 · 개입행위의 특징은 근로3권의 행사 그 자체를 직접 침해하는 것이 아니라 사용자가 단결체를 자신이 원하는 방향으로 유도함으로써 노동3권을 우회적으로 침해한다는 데에 있다.

2) 지배 · 개입에서의 사용자

지배 · 개입을 부당노동행위로 금지하는 취지를 고려할 때 근로자의 기본적인 노동조건 등에 관하여 그 근로자를 고용한 사업주로서의 권한과 책임을 일정 부분 담당하고 있다고 볼 정도로 실질적이고 구체적으로 지배 · 결정할 수 있는 지위에 있는 자가 지배 · 개입 행위를 하였다면, 그 시정을 명하는 구제명령을 이행하여야 할 사용자에 해당한다는 것이 판례의 태도이다.(대법원 2010.03.25. 선고 2007두8881 판결) 따라서, 지배 · 개입의 부당노동행위에서의 사용자에는 노조법 제2조 제2호의 사용자, 즉, 사업주, 사업의 경영담당자 또는 그 사업의 근로자에 관한 사항에 대하여 사업주를 위하여 행동하는 자뿐 아니라, 근로자와 직접적으로 근로관계를 형성하지 않은 제3자도 포함될 수 있다. 이를테면, 수급사업주의 근로자가 조합을 결성하여 직간접적으로 원청의 정상적인 업무수행에 지장을 초래할 경우, 원청은 수급업체 근로자의 조합활동에 대하여 불이익취급 이나 지배 · 개입 등의 부당노동행위를 할 수 있기 때문에, 노조법 제2조 제2호의 사용자가 아닌 원청과 같은 제3자라도 부당노동행위책임을 질 수 있다.

4. 결론

사안에서 H사는 사내 하청업체에 대하여 우월적 지위에 있었고, 사내하청 근로자의 기본적인 근로조건 등에 관하여 그 근로자를 고용한 사업주로서의 권한과 책임을 일정부분 담당하고 있다고 볼 정도로 현실적이고 구체적으로 지배 · 결정할 수 있는 지위에 있는 경우라 할 것이므로 H사는 그 한도 내에서 사내하청업체 근로자들에 대하여 부당노동행위의 주체가 될 수 있다.

(쟁점) 단체교섭의 당사자로서의 사용자 개념의 확장(→사례:14)

1. 견해의 대립

대법원은 지배·개입의 부당노동행위의 주체에 관하여, 근로관계에 실질적인 영향력 내지 지배력을 행사하고 있는 경우 근로계약관계가 없는 자에게도 **지배·개입의 당사자로서의 사용자**로 인정하고 있는데(대법원 2010.03.25. 선고 2007두8881 판결), 근로관계에 실질적인 영향력 내지 지배력을 행사하고 있는 경우라면 직접적인 근로계약관계가 없는 자에게도 **단체교섭의 당사자로서의 사용자성**을 인정할 수 있는지에 대해서는 견해의 대립이 있다.

2. 학설

(1) 근로계약의 당사자와 단체교섭의 당사자를 달리 보는 견해

지배·개입 내지 **단결권 침해의 주체**로서의 사용자와 **단체교섭 당사자**로서의 사용자의 범주는 **달리 파악**되어야 한다는 점에서, 근로계약의 당사자가 아닌 경우에는 단체교섭과 같은 법률행위로서의 부당노동행위의 주체가 될 수는 없지만, 지배·개입과 같은 사실행위로서의 부당노동행위의 주체는 될 수 있다는 견해이다.

(2) 근로계약의 당사자와 단체교섭의 당사자를 동일하게 보는 견해

근로계약의 당사자가 아닌 경우라도 근로관계에 **실질적인 영향력 내지 지배력을 행사하고 있는 경우라면** 지배·개입 내지 단결권 침해의 주체로서의 사용자와 단체교섭 당사자로서의 사용자의 범주를 달리 파악되어야 할 이유가 없다는 견해이다.

3. 대법원의 태도

대법원은 단체교섭당사자로서의 사용자의 개념에 대하여 '노조법' 제29조 제1항의 규정에 의하여 노동조합 대표자의 단체교섭요구에 응하여야 할 사용자라 함은 근로자와의 사이에 그를 지휘·감독하면서 그로부터 근로를 제공받고 그 대가로서 임금을 지급하는 것을 목적으로 하는 명시적이거나 묵시적인 근로계약관계를 맺고 있는 자를 말한다'(대법원 1995.12.22. 선고 95누3565 판결)고 하여 **단체교섭상의 사용자를 근로계약상의 사용자와 동일하게 파악**하고 있다.

4. 검토 및 하급심 판례의 입장

부당노동행위제도의 취지에 비추어 판단할 때, 외부적인 계약 형식에 관계없이 실질적으로 사용자로서의 권한을 행사하는 자로서 근로조건의 전부 또는 일부에 대하여 구체적 영향력 내지 지배력(처분적 권한)을 미치는 자라고 보는 것이 타당하다. 하급심 판결에서는 '근로계약상 사용자가 아니더라도, 근로자의 기본적인 노동조건 등에 관하여 부분적이라도 현실적이고 구체적으로 지배·결정할 수 있는 지위에 있는 경우에는 그 한도 내에서 단체교섭당사자로서의 사용자에 해당한다.'고 하여, 도급인(원청업체)도 단체교섭의무를 부담하는 사용자에 해당한다고 판시한바 있다.(서울남부지법 2007.12.10. 선고 2007카합2731결정)

사례연습 14

단체교섭상 사용자 개념의 확장(공인노무사 18회 기출문제)

A회사는 종전까지는 직접 수행하던 업무의 일부를 B회사와는 도급계약을 통해, C회사와는 근로자 파견계약을 통해 각각 외주화하였다. B회사 근로자로 조직된 갑 노동조합과 C회사 근로자로 조직된 을 노동조합이 각각 A회사를 상대로 단체교섭을 요구하였으나, A회사는 직접근로관계가 없다는 이유로 단체교섭을 거부하였다. 이에 갑 · 을 노동조합은 단체교섭거부를 이유로 한 부당노동행위 구제신청을 하였다. A회사의 부당노동행위 책임에 대하여 논하시오.

1. 쟁점의 정리

사안에서, B회사 근로자로 조직된 甲노동조합과 C회사 근로자로 조직된 乙노동조합은 각각 A회사를 상대로 단체교섭을 요구하자 A회사는 직접 근로관계가 없다는 이유로 단체교섭을 거부하고 있는 바, 만일, A회사가 단체교섭의 당사자로서의 지위가 인정된다면 A회사의 교섭 거부는 부당노동행위에 해당할 것이지만 A회사의 단체교섭 당사자 지위가 인정되지 않는다면 A회사의 단체교섭 거부는 아무런 문제가 되지 않을 것이다. 따라서, A회사의 부당노동행위 책임을 논하기 위해서는 먼저 A회사의 단체교섭 당사자여부를 검토한 후, 만일 A회사가 甲 노동조합과 乙 노동조합의 단체교섭당사자로 인정되는 경우라면, 본 사례에서 A회사에게 이들 노동조합과 단체교섭을 거부할 정당한 이유에 있는 지 여부를 살펴보아야 할 것이다.

2. A회사의 단체교섭 당사자 인정여부

(1) 단체교섭의 당사자로서의 사용자 개념의 확장

1) 견해의 대립

대법원은 지배 · 개입의 부당노동행위의 주체에 관하여, 근로관계에 실질적인 영향력 내지 지배력을 행사하고 있는 경우 근로계약관계가 없는 자에게도 지배 · 개입의 당사자로서의 사용자로 인정하고 있는데(대법원 2010.03.25. 선고 2007두8881 판결), 근로관계에 실질적인 영향력 내지 지배력을 행사하고 있는 경우라면 직접적인 근로계약관계가 없는 자에게도 단체교섭의 당사자로서의 사용자성을 인정할 수 있는지에 대해서는 견해의 대립이 있다.

2) 학설

가. 근로계약의 당사자와 단체교섭의 당사자를 달리 보는 견해

지배 · 개입 내지 단결권 침해의 주체로서의 사용자와 단체교섭 당사자로서의 사용자의 범주는 달리 파악되어야 한다는 점에서, 근로계약의 당사자가 아닌 경우에는 단체교섭과 같은 법률행위로서의 부당노동행위의 주체가 될 수는 없지만, 지배 · 개입과 같은 사실행위로서의 부당노동행위의 주체는 될 수 있다는 견해이다.

나. 근로계약의 당사자와 단체교섭의 당사자를 동일하게 보는 견해

근로계약의 당사자가 아닌 경우라도 근로관계에 실질적인 영향력 내지 지배력을 행사하고 있는 경우라면 지배 · 개입 내지 단결권 침해의 주체로서의 사용자와 단체교섭 당사자로서의 사용자의 범주를 달리 파악되어야 할 이유가 없다는 견해이다.

3) 대법원의 태도

대법원은 단체교섭당사자로서의 사용자의 개념에 대하여 '노조법' 제29조 제1항의 규정에 의하여 노동조합 대표자의 단체교섭요구에 응하여야 할 사용자라 함은 근로자와의 사이에 그를 지휘 · 감독하면서 그로부터 근로를 제공받고 그 대가로서 임금을 지급하는 것을 목적으로 하는 명시적이거나 묵시적인 근로계약관계를 맺고 있는 자를 말한다고 하여(대법원 1995.12.22. 선고 95누3565 판결) 단체교섭상의 사용자를 근로계약상의 사용자와 동일하게 파악하고 있다.

4) 검토 및 하급심 판례의 입장

부당노동행위제도의 취지에 비추어 판단할 때, 외부적인 계약 형식에 관계없이 실질적으로 사용자로서의 권한을 행사하는 자로서 근로조건의 전부 또는 일부에 대하여 구체적 영향력 내지 지배력(처분적 권한)을 미치는 자라고 보는 것이 타당하다. 하급심 판결에서는 '근로계약상 사용자가 아니더라도, 근로자의 기본적인 노동조건 등에 관하여 부분적이라도 현실적이고 구체적으로 지배 · 결정할 수 있는 지위에 있는 경우에는 그 한도 내에서 단체교섭당사자로서의 사용자에 해당한다.'고 하여, 도급인(원청업체)도 단체교섭의무를 부담하는 사용자에 해당한다고 판시한바 있다.

(2) 파견법상 사용자 책임

1) 근로기준법의 적용에 관한 특례(파견법 제34조)

파견근로자의 근로계약, 해고, 해고예고, 퇴직금, 퇴직 후의 근로관계, 임금, 연차유급휴가, 재해보상 등에 대해서는 파견사업주를 사용자로 본다. 또한 파견근로자의 근로시간, 휴게, 휴일, 생리휴가, 산전후휴가, 육아시간 등에 대해서는 사용사업주를 사용자로 본다.

한편 파견사업주가 사용사업주의 귀책사유로 인하여 근로자의 임금을 지급하지 못한 경우와 파견사업주와 사용사업주가 근로기준법을 위반하는 내용을 포함한 근로자 파견계약을 체결하고 그 계약에 따라 파견근로자를 근로하게 한 경우에는 사용사업주와 파견사업주가공동으로 책임을 진다.

2) 산업안전보건법의 적용에 관한 특례(파견법 제35조)

원칙적으로 사용사업주를 산안법상의 사용자로 하되, 근로자의 건강진단은 파견사업주의 책임으로 한다. 한편 사업주의 의무, 작업장소의 변경, 작업의 전환 및 근로시간 단축, 본인의 동의없는 건강진단결과공개금지, 법령위반 등의 이유로 신고한 근로자에 대한 불이익 처우 금지, 파견사업주와 사용사업주가 산업안전보건법을 위반하는 내용을 포함한 근로자 파견계약을 체결하고 그 계약에 따라 파견근로자를 근로하게 한 경우에는 양자가 공동으로 책임을 진다.

(3) 사안의 경우

A회사는 甲과 乙노동조합과 그 조합원들에게 실질적 영향력 내지 지배력을 미치는 범위내에서는 단체교섭의 당사자 지위가 인정된다고 판단된다. 다만, 단체교섭상의 사용자를 근로계약상의 사용자와 동일하게 파악하고 있는 대법원의 입장에 따르면 A는 단체교섭의 당사자로 인정되지 않을 것이다. 한편, A회사가 파견계약을 맺고 있는 C회사의 乙노동조합의 경우 파견법상 사용자 책임을 지는 범위 내에서는 당연히 단체교섭의 상대방이 된다 할 것이다.

3. A회사의 노조법 제81조 제1항 제3호의 부당노동행위 책임 인정 여부

(1) 노조법 제81조 제1항 제3호의 부당노동행위의 의의

노조법은 근로자의 단체교섭권을 효적으로 보장하기 위하여, 사용자가 '노동조합의 대표자 또는 노동조합으로부터 위임을 받은 자와의 단체협약체결 기타의 단체교섭을 정당한 이유 없이 거부하거나 해태하는 행위'를 부당노동행위로서 금지하고 있다.(노조법 제81조 제1항 제3호)

(2) 부당노동행위의 판단기준(정당한 이유)

단체교섭의 거부는 사용자가 노동조합의 교섭담당자가 신청한 단체교섭을 '정당한 이유' 없이 거부하는 것, 다시 말해 사용자의 단체교섭 거부행위를 말한다. 판례는 '노조법 제81조 제1항 제3호가 정하는 부당노동행위는 사용자가 아무런 이유 없이 단체교섭을 거부 또는 해태하는 경우는 물론이고, 사용자가 단체교섭을 거부할 정당한 이유가 있다거나 단체교섭에 성실히 응하였다고 믿었더라도 객관적으로 정당한 이유가 없고 불성실한 단체교섭으로 판정되는 경우에도 성립한다.'고 하면서(대법원 1998.05.22. 선고 97누8076 판결) 단체교섭에 대한 사용자의 거부나 해태에 정당한 이유가 있는지 여부는 ① 노동조합 측의 교섭권자, ② 노동조합 측이 요구하는 교섭시간, 교섭장소 및 ③ 그의 교섭태도 등을 종합하여 사회통념상 단체교섭의무 이행을 기대하는 것이 어렵다고 인정되는지 여부에 따라 판단하여야 한다'고 하였다.(대법원 2010.04.29. 선고 2007두11542 판결)

(3) 사안의 경우

위에서 검토한 바와 같이 A회사에게는 甲과 乙 노동조합의 단체교섭에 응할 의무가 인정되며, 노조법 제81조 제1항 제3호의 부당노동행위는 사용자가 단체교섭을 거부할 정당한 이유가 있다고 믿었더라도 객관적으로 정당한 이유가 없는 경우에도 성립하므로, 설령 A회사가 자신에게는 단체교섭의무가 없다고 오신한 경우라 하더라도 이를 단체교섭 거부의 정당한 이유로 원용할 수 없으므로, A회사에게는 노조법 제81조 제1항 제3호의 부당노동행위가 책임이 인정된다.

4. 결론

① A회사는 甲과 乙노동조합과 그 조합원들에 대하여 질적으로 사용자로서의 권한을 행사하는 자로서 근로조건의 전부 또는 일부에 대하여 구체적 영향력 내지 지배력(처분적 권한)을 미치는 자에 해당하므로 단체교섭 당사자로 인정되고, 따라서 설령 A회사가 자신에게는 단체교섭의무가 없다고 오신한 경우라 하더라도 이를 단체교섭 거부의 정당한 이유로 원용할 수 없으므로, A회사에게는 노조법 제81조 제1항 제3호의 부당노동행위가 책임이 인정된다. ② 반면에, 단체교섭상의 사용자와 근로계약상의 사용자를 동일하게 파악하고 있는 행정해석과 대법원에 의하면 A회사는 단체교섭 당사자로 인정되지 않으므로, 노조법 제81조 제1항 제4호의 부당노동행위책임을 부담하는 것은 별론으로 하고, A에게는 노조법 제81조 제1항 제3호의 부당노동행위책임이 인정되지 않을 것이다. 다만, 행정해석과 대법원의 입장의 경우에도, A회사가 파견계약을 맺고 있는 C회사의 乙노동조합의 경우에는 파견법상 사용자 책임을 지는 범위 내에서는 당연히 단체교섭의 상대방이 된다고 볼 수 있으므로, 乙노동조합에 대해서는 노조법 제81조 제1항 제3호의 부당노동행위가 책임을 인정할 수 있을 것이다.

4) 사용자단체

가. 의의

노조법 제2조 제3호는 '사용자단체라 함은 노동관계에 관하여 그 구성원인 사용자에 대하여 조정 또는 규제할 수 있는 권한을 가진 사용자의 단체를 말한다.'고 정의하여 노동관계의 사측 당사자로서 사용자단체를 인정하고 있다. 사용자단체는 그에 대응하는 노동조합에 대하여 각 사업의 사용자들로부터 위임을 받은 범위 내에서 단체교섭의 권리와 의무를 가진다.

나. 사용자단체의 인정요건

(i) 구성원으로서의 사용자

사용자단체의 구성원으로서의 사용자는 협의의 사용자인 '사업주'를 의미한다. 즉 개인사업의 경우에는 사업주인 개인을 법인사업의 경우 법인 그 자체를 말하는 바, 이는 사용자단체에 의한 구속력, 즉 법적 효력이 귀속되는 주체를 의미한다.

(ii) 노동관계에 관한 조정 · 규제권한

현행 노조법은 사용자단체로 인정받기 위해 노동관계에 관한 조정 · 규제 권한을 가지고 있어야 한다고 규정하고 있다. 이와 관련하여 판례는 단순히 구성원들의 경제적 지위의 향상 등을 목적으로 하는 경제단체는 노동관계에 관한 조정 · 규제권한이 없으므로 노동조합에 대응하는 단체가 아니라고 한다.(대법원 1999.06.22. 선고 98두137 판결.

(iii) 다수결의 원리를 통한 조정 · 규제

한편, 판례는 명문의 규정은 없지만 사용자단체로 인정받기 위해 그 구성원에 대하여 다수결의 원리를 통한 통제력을 가지고 있을 것을 요구하고 있다.(대법원 1992.02.25. 선고 90누9049 판결)

다. 사용자단체의 법적지위

(i) 노조법상 지위

a) 단체교섭과 관련된 지위

노조법상 사용자단체는 노조법 제30조에 의해 신의에 따라 성실히 교섭하고 단체협약을 체결하여야 하며 그 권한을 남용하여서는 아니 된다. 또한 정당한 이유 없이 교섭 또는 단체협약의 체결을 거부하거나 해태하여서는 아니 된다. 또한 노조법 제29조 제3항의 규정에 따라 교섭권을 위임할 수 있는 권한도 가진다. 이와 관련하여 판례는 노동조합과 사이에 단체교섭 및 단체협약을 체결할 권한이 있다거나 이러한 권한을 구성원들로부터 위임받았다고 볼 수 없을 경우 노동조합의 단체교섭요구에 응하여야 할 사용자단체에 해당되지 않는다고 보았다. (대법원 1999.06.22. 선고 98두137 판결)

b) 노동쟁의와 관련된 지위

사용자단체는 노조법상 노동쟁의의 주체(노조법 제2조 제5호), 필수유지업무 협정 체결의 주체(동법 제42조의3), 필수유지업무 결정의 신청권자(동법 제42조의4), 쟁의조정의 당사자 등으로서의 지위를 가진다.

c) 쟁의행위와 관련된 지위

사용자단체는 헌법상 노동3권의 주체는 될 수 없지만, 노조법상 쟁의행위인 직장폐쇄의 주체로는 인정된다.(노조법 제2조 제6호)

(ii) 부당노동행위와 관련된 지위

노조법이 부당노동행위의 주체를 사용자로 규정한 것은 예시적 의미를 갖는 데 불과하다고 보아야 할 것이고, 노조법은 사용자단체도 성실교섭 의무를 가진다고 규정하고 있는데, 사용자단체가 이에 위반하는 경우에 부당노동행위가 되지 않는다고 보는 것은 불합리할 뿐 아니라, 사용자단체를 통한 통일교섭이 점차적으로 확대되고 있다는 점 등을 고려할 때 사용자단체도 사용자와 마찬가지로 부당노동행위의 주체로서 인정될 수 있을 것이다.

(iii) 노동위원회법상 지위

a) 노동위원회 위원 추천권

사용자단체는 노동위원회의 사용자 위원 추천권과(노동위원회법 제6조 제3항), 공익위원추천 및 배제권(노동위원회법 제6조 제4항)을 가진다.

b) 노동위원회의 조사에 응할 의무

노동위원회는 사무와 관련하여 사실관계 확인 등 그 사무집행을 위하여 필요하다고 인정할 때에는 사용자단체에 대하여 출석, 보고, 서류제출을 요구할 수 있고, 조사할 수 있다.(노동위원회법 제23조 제1항)

PART 02

개별적 근로관계법

노 동 법 | 쟁 점 과 사 례 연 습

제1장 근로기준법의 주요원칙 및 적용범위

1. 근로기준법의 주요원칙

(1) 근로조건기준 법정주의(근로기준법 3조 및 제15조)

제3조(근로조건의 기준) 이 법에서 정하는 근로조건은 **최저기준**이므로 근로관계 당사자는 이 **기준**을 이유로 근로조건을 낮출 수 없다

제15조(이 법을 위반한 근로계약) ① 이 법에서 정하는 **기준**에 미치지 못하는 근로조건을 정한 근로계약은 그 부분에 한하여 **무효**로 한다.

② 제1항에 따라 **무효로 된 부분**은 이 법에서 정한 **기준**에 따른다.

1) 의의

헌법 제32조 제3항에서는 근로조건의 **기준**은 인간의 존엄성을 보장하도록 법률로 정한다고 규정하여 '**근로조건 기준 법정주의**'를 선언하고 있다. '**근로조건 기준 법정주의**'란 근로조건을 계약의 당사자인 사용자와 근로자의 합의에 맡기지 않고 근로조건의 결정에 관하여 법률로써 **그 최저한의 제한(기준)을 설정**한다는 의미로서, 이는 결국 민법의 지도이념인 **계약 자유의 원칙에 대한 예외이자 계약 자유의 원칙에 대한 헌법적 한계**를 설정한 것이라고 할 수 있다. 따라서, 근로자와 사용자가 근로기준법의 규정에 위반하는 내용에 합의를 하였더라도 근로조건이 정한 **최저기준에 미달**하는 계약부분은 당연히 **무효**가 되고, 무효가 되는 부분은 **근로기준법에 정한 기준**에 따른다.(근로기준법 제15조)

2) 강행적 효력과 보충적 효력

근로기준법이 정한 근로조건은 최저기준이므로(근로기준법 제3조 전단) 근로계약의 당사자는 근로기준법에서 정한 기준(최저기준)에 미치지 못하는 근로조건을 정할 수 없고, 설령 근로기준법이 정한 최저기준에 미달하는 근로조건을 정한 근로계약을 체결하였다 하더라도 그 미달된 부분에 한하여 무효이며, 무효로 부분은 법이 정한 최저기준으로 대체된다.(근로기준법 제15조 제2항)

3) 최저기준 저하의 금지

근로관계의 당사자는 **근로기준법의 기준을 이유로** 근로조건을 낮출 수 없다.(근로기준법 제3조 후단) 법문에서는 '근로기준의 당사자'로 되어 있지만, 이는 '사용자'가 근로조건을 '일방적'으로 낮추는 것을 의미하는 것으로 보아야 한다. 즉, 사용자는 근로기준법의 기준을 이유로 현재 근로기준보다 상회하는 근로자의 근로조건을 근로기준법이 정하는 기준으로 **'일방적으로'** 낮추는 것이 금지된다

근로기준법의 일반 원칙

1. 근로조건 노사대등결정의 원칙 (→(2) 근로조건 대등결정의 원칙 및 근로조건의 준수)

근로기준법 제4조는 근로기준법정주의를 전제로 '근로조건은 근로자와 사용자가 동등한 지위에서 자유의사에 따라 결정하여야 한다.'라고 규정하여 근로조건의 결정에 있어서의 '**계약자유의 원칙**'을 천명하고 있다. '근로조건 대등 결정의 원칙'은 근로계약을 체결할 때는 물론 근로조건을 변경하는 경우에도 적용되므로, 사용자는 근로자의 동의 없이 근로계약의 내용을 일방적으로 변경할 수 없다.' 최근의 판례는 취업규칙이 집단적 동의를 받아 근로자에게 불리하게 변경된 경우에도 근로기준법 제4조가 정하는 근로조건 자유결정의 원칙은 여전히 지켜져야 한다는 것을 명백히 하였다. (대법원 2019.11.14. 선고 2018다200709 판결)

2. 근로조건의 준수 의무 (→(2) 근로조건 대등결정의 원칙 및 근로조건의 준수)

근로자와 사용자는 근로기준법 제4조의 근로조건 노사대등원칙에 따른 **단체협약, 취업규칙과 근로계약**을 성실하게 이행할 의무가 있다(근로기준법 제5조) 이러한 **근로기준법 제5조의 근로조건 준수의무**는 개별적 근로관계법에서의 '노사 당사자 대등의 원칙'을 규정한 근로기준법 제4조를 구현시키기 위한 대전제라 할 것이다.

3. 균등처우의 원칙(차별적 처우의 금지) (→(3) 균등처우의 원칙(차별적 처우의 금지))

'사용자는 근로자에 대하여 **남녀의 성(性)**을 이유로 차별적 대우를 하지 못하고, **국적 · 신앙 또는 사회적 신분**을 이유로 근로조건에 대한 차별적 처우를 하지 못한다.'(근로기준법 제6조,위반시 근로기준법 제114조 제1항 벌칙적용 : 500만원 이하의 벌금))

4. 강제근로의 금지 (→(4) 강제근로의 금지)

사용자는 **폭행, 협박, 감금 그 밖의 정신상 또는 신체상 자유**를 부당하게 구속하는 수단으로써 근로자의 자유의사에 어긋나는 근로를 강요하지 못한다(근로기준법 제7조,위반시 근로기준법 제114조 제1항 벌칙적용 : 500만원 이하의 벌금).

5. 폭행금지 (→(5) 폭행금지)

사용자는 **사고의 발생이나 그 밖의 어떠한 이유**로도 근로자에게 폭행을 하지 못한다.(근로기준법 제8조, 위반시 근로기준법 제114조 제1항 벌칙적용 : 500만원 이하의 벌금))

6. 중간착취의 배제 (→(6) 중간착취의 배제)

누구든지 법률에 따르지 아니하고는 **영리**로 다른 사람의 취업에 **개입**하거나 **중간인**으로서 이익을 취득하지 못한다(근로기준법 제9조,,위반시 근로기준법 제114조 제1항 벌칙적용 : 500만원 이하의 벌금))

7. 공민권행사의 보장 (→(7) 공민권행사의 보장)

사용자는 근로자가 근로시간 중에 **선거권, 그 밖의 공민권의 행사 또는 공의 직무를 집행**하기 위하여 **필요한 시간을 청구**하면 거부하지 못한다. 다만, 그 권리의 행사나 공의 직무를 수행하는 데에 지장이 없으면 **청구한 시간을 변경**할 수 있다.(근로기준법 제10조,,위반시 근로기준법 제114조 제1항 벌칙적용 : 500만원 이하의 벌금)

(2) 근로조건 대등결정의 원칙 및 근로조건의 준수

> **제4조(근로조건의 결정)** 근로조건은 근로자와 사용자가 동등한 지위에서 자유의사에 따라 **결정**하여야 한다.
> **제5조(근로조건의 준수)** 근로자와 사용자는 각자가 단체협약, 취업규칙과 근로계약을 지키고 **성실하게 이행할 의무**가 있다.

1) 근로조건 대등결정의 원칙(근로기준법 제4조) (→III. 근로계약,1.근로계약의 성립)

근로기준법 제4조는 **근로기준법정주의를 전제**로 '근로조건은 근로자와 사용자가 동등한 지위에서 자유의사에 따라 결정하여야 한다.'라고 규정하여 **근로조건의 결정**에 **있어서의 '계약자유의 원칙'**을 천명하고 있다. '근로조건 대등 결정의 원칙'은 근로계약을 체결할 때는 물론 근로조건을 변경하는 경우에도 적용되므로, 사용자는 근로자의 동의 없이 근로계약의 내용을 일방적으로 변경할 수 없다. 최근의 판례는 취업규칙이 집단적 동의를 받아 근로자에게 불리하게 변경된 경우에도 **근로기준법 제4조가 정하는 근로조건 자유결정의 원칙**은 여전히 지켜져야 한다는 것을 명백히 하였다. (대법원 2019.11.14. 선고 2018다200709 판결)

2) 근로조건의 준수의무(근로기준법 제5조)

근로기준법 제5조는근로기준법 제4조의 근로조건 대등원칙에 따라 근로자와 사용자가 동등한 지위에서 자유의사에 따라 결정한 **단체협약, 취업규칙, 근로계약을 성실하게 이행할 의무**가 있음을 규정하고 있는 바, 이는 '근로조건의 기준은 인간의 존엄성을 보장하도록 법률로 정한다.'는 **헌법 제32조를 실현**하는 의미를 가진다. 즉, 근로기준법 제5조는 헌법 제32조 제3항의 '근로조건 기준 법정주의'에 따라 결정된 단체협약, 취업규칙, 근로계약을 성실하게 이행할 의무를 근로자와 사용자에게 부과하고 있는 것이다.

3) 근로기준법 제4조 및 제5조의 효력

근로기준법 제4조 및 제5조의 법적 성격에 대하여는 벌칙규정이 없다는 것을 이유로 본조가 추상적 원칙을 선언한 훈시규정으로 이해하는 것이 다수설이다. **그러나, 근로기준법 제4조와 제5조를 단순한 훈시규정에 지나지 않는 것으로 평가하는 것은 근로기준법의 목적과 정신에 비추어 볼 때 타당하다고 할 수 없다.** 근로기준법 제4조와 제5조는 근로조건은 근로자와 사용자가 동등한 지위에서 자유의사로 결정하여야 하고, 근로자와 사용자에게는 그와 같이 결정된 근로조건인 단체협약, 취업규칙, 근로계약을 지키고 성실하게 지킬 공의무가 있음을 규정한 **강행규정**으로 보아야 할 것이므로, 근로기준법 제4조와 제5조에 위반되는 근로조건, 즉, 강행법규인 근로기준법 제4조 및 제5조에 위반되는 근로계약, 취업규칙, 단체협약은 그 법적 효력은 부정되어야 할 것이다[1]. 이를테면, 근로계약의 내용을 사용자가 일방적으로 결정하거나 변경하는 경우(예: 일방적인 임금 삭감의 합의)라든지, 취업규칙이나 회사에 제도로 승인된 관행을 사용자가 일방적으로 근로자에게 불리하게 변경하는 경우 등은 모두 근로기준법 제4조 및 제5조에 위반되어 그 효력이 부인되어야 한다.

---

1) 본 규정은 헌법 제32조 제3항의 위임에 따라 규정된 근로기준법이 정한 **헌법상 원칙**이라는 점에서. 근로조건 대등결정 및 준수의 원칙은 개별 근로계약을 체결하거나 변경하는 경우뿐만 아니라 **집단적 근로조건을 결정하는 내용의 취업규칙이나 단체협약에 대해서도 적용**되어야 할 것이다.

(3) 균등처우의 원칙(차별적 처우의 금지)(→사례: 15)

1) 의의

근로기준법 제6조는 '사용자는 근로자에 대하여 남녀의 **성(性)**을 이유로 차별적 대우를 하지 못하고, **국적 · 신앙 또는 사회적 신분**을 이유로 근로조건에 대한 차별적 처우를 하지 못한다.'고 규정하여 '균등처우의 원칙'을 선언하고 있다.(위반시 근로기준법 제114조 제1항 벌칙적용 : 500만원 이하의 벌금) '균등처우의 원칙'은 **헌법 제11조에 규정된 '법 앞의 평등'이 구체환된 것**으로서, 근로조건을 결정함에 있어서 성별과 국적 · 신앙 · 사회적 신분을 이유로 불합리한 차별대우를 해서는 아니 된다는 것을 선언한 것이다.

2) 균등처우원칙의 내용

가. 비교집단의 존재

근로기준법에서 말하는 차별적 처우란 본질적으로 같은 것을 다르게, 다른 것을 같게 취급하는 것을 말하는 것이므로, 근로기준법에서 금지하는 차별적 처우에 해당하기 위해서는 우선 그 전제로서 차별을 받았다고 주장하는 사람과 그가 비교대상자로 지목하는 사람이 본질적으로 **동일한 비교집단**에 속해 있어야 한다.(대법원 2015.10.29. 선고 2013다1051 판결)

나. 차별의 내용

차별('차별적 처우')이란 사용자가 **정당한 이유 없이** 동일 · 유사한 상황에 처한 근로자 사이들에 대하여 서로 다른 취급을 하는 것을 의미하는 바, 여기에서의 '차별'은 차별의도를 가지고 불이익하게 취급하는 '직접차별', 외관상 중립적이지만 결과적으로 불이익이 발생하는 **간접차별을 포함**한다. 근로기준법 제6조의 규정상 차별이 금지되는 '근로조건'은 ① 임금 · 근로시간 · 직무의 배치내지 전환 · 취업장소 · 교육훈련 · 휴직 · 안전과 보건 · 복리후생 등 근로관계의 유지를 전제로 하는 것, ② 해고, 정년 등 근로관계의 종료를 전제로 하는 것, ③ 그 밖의 근로내용과 무관한 다른 사정을 이유로 한 불합리한 차별적 처우를 모두 포함한다.(대법원 2019.03.14. 선고 2015두46321 판결)

다. 합리적인 이유

헌법상의 평등원칙은 일체의 차별적 대우를 부정하는 '절대적 평등을 의미하는 것이 아니라 입법과 법의 적용에 있어서 합리적인 근거가 없는 차별을 금지하는 **상대적 평등**을 뜻한다. 따라서, 차별이 존재하는 경우에도 담당업무, 업무수행능력, 근무부서의 난이도 등 **합리적 이유가 인정되는 차별은 허용**된다.(대법원 1996.08.23. 선고 94누13589 판결),

3) 채용에서의 차별

근로기준법 제6조에서 금지하는 차별대우는 근로계약을 전제로 한 '근로조건'에 관한 차별대우를 의미하므로, 근로계약을 체결하기 전단계인 '**채용**'에 있어서의 차별은 본조 위반이 아니다.(대법원 1992.08.14. 선고 92다1995 판결)

4) 법위반의 효과

사용자가 본 조합에 위반하여 근로자에 대하여 남녀의 성(性)을 이유로 차별적 대우를 하거나, 국적 · 신앙 또는 사회적 신분을 이유로 근로조건에 대한 차별적 처우를 한 경우에는 **500만원 이하 벌금형**에 처한다.(근로기준법 제114조 제1호)

(쟁점) 무기계약직 등 고용형태가 사회적 신분인지 여부(→사례: 15)

1. 문제점

'사회적 신분'이라 함은 란 사회에서 장기간 점하는 지위로서 일정한 사회적 평가를 수반하는 것을 의미하는 바(헌재 1995.2.23. 선고 93헌바43 결정), '균등처우의 원칙'을 규정하고 있는 근로기준법 제6조의 사회적 신분에 '무기계약직'이라는 고용형태가 포함되는지 여부가 문제된다.

2. 학설

무기계약직 등과 같은 고용형태가 근로기준법 제6조의 '사회적 신분'인지의 여부와 관련하여 학설은 ① 무기계약직이라는 고용형태는 사회적 신분에 해당한다는 견해, ② 단시간 근로자는 사회적 신분에 포함되지 않으나 임시직이라는 고용형태는 사회적 신분에 포함된다는 견해, ③ 상용직 근로자, 기간제 근로자, 단시간 근로자의 지위 등 고용형태는 모두 사회적 신분에 포함되지 않는다는 견해 등이 있다.

3. 판례

근로기준법 제6조의 사회적 신분에 '무기계약직'이라는 고용형태가 포함되는지 여부에 관한 대법원의 판단은 아직까지 존재하지 않은 상황이다. 다만, 최근에 고등법원은 사회적 신분에 해당하기 위해서는 사회에서 장기간 점하는 지위로서 일정한 사회적 평가를 수반하는 것 이외에도 사업장 내에서 근로자 자신의 의사나 능력발휘에 의하여 변경될 수 없는 계속적 고정적 성격을 지녀야 한다고 판시하여 헌법상 '사회적 신분'의 개념보다 엄격한 요건을 제시한 바 있다.(서울고법 2018.05.25. 선고 2017나2039724 판결)

4. 검토

근로기준법 제6조 위반시에는 형사처벌이 예정되어 있다는 점에서, 죄형법정주의상 그 의미는 일반인이 예측가능하도록 제한적으로 해석하는 것이 요구된다. 따라서, 근로기준법 제6조의 사회적 신분에 해당하기 위해서는 사회에서 장기간 점하는 지위로서 일정한 사회적 평가를 수반하는 것 이외에도 사업장 내에서 근로자 자신의 의사나 능력발휘에 의하여 변경될 수 없는 계속적 고정적 성격을 지녀야 한다고 보는 것이 타당하다. '무기계약직'이라는 고용형태는 근로자 개인의 의사나 능력만으로는 변경되기 어려운 측면이 있는 것은 사실이나, 그것이 계속적 고정적 지위에 있다고 볼만큼 항구불변한 성격의 것이라고 단정할 수 없을 뿐 아니라, 특히, 무기직 근로자라는 '고용형태'가 인격과 관련된 표지로서 사회적 평가가 수반된다고 보기 어려우므로 결론적으로 근로계약의 내용에 따라 결정된 지위인 정규직과 비정규직, 노동조합 임원과 같은 지위는 근로기준법 제6조에서 말하는 사회적 신분에 포섭되지 않는다고 판단된다.[2]

---

2) 차별적 처우를 금지하는 균등대우의 원칙에 관한 일본의 노동기본법 제3조는 '사회적 신분'에 임시공이나 파트타임 근로자와 같은 고용형태는 포함되지 않는다'고 명시하고 있다..

사례연습 15

차별처우의 금지와 근로기준법 제6조에서의 '사회적 신분' (공인노무사 26회 기출문제)

공기업인 B사의 보수규정에 따르면 공개채용을 통하여 입사한 정규직 사원의 경우 공기업 근무경력의 100%를 인정하여 초임 연봉을 정하고 있다. 한편 계약직에서 정규직으로 전환된 직원들의 경우 채용경로와 업무성격이 정규직 사원과 구별되므로, 계약직 근무경력의 50%만을 근무경력으로 인정하여 초임 연봉을 책정하고 있다. 계약직에서 정규직으로 전환된 직원인 甲은 B사의 보수규정이 기간제 및 단시간근로자 보호 등에 관한 법률과 근로기준법상 차별적 처우 금지 규정에 위반된다고 주장하고 있는 바, 그 주장의 정당성에 대해 설명하시오.

1. 쟁점의 정리

사안에서 甲은 자신을 기존의 정규직 근로자, 혹은 공개채용을 통해 입사한 정규직 근로자와 차별하는 것은 기간제 및 단시간근로자 보호 등에 관한 법률(이하 '기간제법')과 근로기준법상의 차별적 처우 규정에 위반한다고 주장하고 있으므로, 이하에서는 각각의 법규정이 금지하는 차별에 해당하는 지의 여부를 살펴보고, 특히 근로기준법상 차별에 해당하기 위하여 무기계약직 등 고용형태가 근로기준법 제6조에서 금지하는 '사회적 신분'인지 여부를 검토하도록 한다.

2. 甲에 대한 차별이 기간제법상 차별처우금지규정에 위반되는지 여부

(1) 차별시정제도의 의의

차별시정제도는 사용자가 비정규직근로자(기간제, 단시간, 파견근로자)를 비교대상 근로자(무기계약 근로자, 통상근로자, 직접고용 근로자)에 비하여 임금 그 밖의 근로조건 등에 있어서 합리적인 이유 없이 불리하게 처우하는 것을 금지하는 제도이다.

(2) 기간제법상 차별시정제도의 신청권자3)

현행 기간제법상 차별시정제도의 신청권자는 근로기준법상의 근로자로서 상시 5인 이상의 근로자를 사용하는 사업 또는 사업장에서 근로하는 기간제근로자 및 단시간근로자이다.(기간제법 제3조 제1항) 즉, 기간제법상 차별시정제도의 신청권자는 차별적 처우를 받은 비정규직 근로자 당사자로 한정하고 있다. 비정규직 근로자로서의 지위는 사용자의 차별적 처우가 있었던 때에 있으면 충분하고, 차별시정을 신청할 당시에 까지 그 지위를 유지하고 있어야 하는 것은 아니다. 따라서, 퇴직하였거나 정규직으로 전환되어 비정규직 근로자가 아니게 된 사람이라도 차별적 처우가 있었던 때에 비정규직 근로자였다면 차별신청의 당사자적격이 인정된다.

(3) 사안의 경우

사안에서 甲은 이미 계약직에서 정규직으로 전환된 근로자이고, 갑이 주장하는 것은 정규직으로 전환된 이후의 차별이고 비정규직 근로자였던 당시의 차별이 아니므로, 갑에게는 기간제법상의 차별적 처우 금지 규정을 적용할 수 없다. 따라서 甲이 자신에 대한 차별을 기간제법 위반이라고 주장하는 것은 정당하지 않다.

3. 甲에 대한 차별이 근로기준법상 차별처우금지규정에 위반되는지 여부

(1) 근로기준법상 차별처우 금지의 의의

근로기준법 제6조는 '사용자는 근로자에 대하여 남녀의 성(性)을 이유로 차별적 대우를 하지 못하고, 국적 · 신앙 또는 사회적 신분을 이유로 근로조건에 대한 차별적 처우를 하지 못한다.'고 규정하여 '균등처우의 원칙'을 선언하고 있다.(위반시 근로기준법 제114조 제1항 벌칙적용 : 500만원 이하의 벌금) '균등처우의 원칙'은 헌법 제11조에 규정된 '법 앞의 평등'이 구체화된 것으로서, 근로조건을 결정함에 있어서 성별과 국적 · 신앙 · 사회적 신분을 이유로 불합리한 차별대우를 해서는 아니 된다는 것을 선언한 것이다.

(2) 무기계약직 등 고용형태가 사회적 신분인지 여부

1) 문제점

'사회적 신분'이라 함은 란 사회에서 장기간 점하는 지위로서 일정한 사회적 평가를 수반하는 것을 의미하는 바(헌재 1995.2.23. 선고 93헌바43 결정), '균등처우의 원칙'을 규정하고 있는 근로기준법 제6조의 사회적 신분에 '무기계약직'이라는 고용형태가 포함되는지 여부가 문제된다.

2) 근로기준법 제6조의 사회적 신분에 '무기계약직'이라는 고용형태가 포함되는지 여부

가. 학설

학설은 ① 무기계약직이라는 고용형태는 사회적 신분에 해당한다는 견해, ② 단시간 근로자는 사회적 신분에 포함되지 않으나 임시직은 사회적 신분에 포함된다는 견해, ③ 상용직 근로자, 기간제 근로자, 단시간 근로자의 지위 등 고용형태는 모두 사회적 신분에 포함되지 않는다는 견해 등이 있다.

나. 판례

근로기준법 제6조의 사회적 신분에 '무기계약직'이라는 고용형태가 포함되는지 여부에 관한 대법원의 판단은 아직까지 존재하지 않은 상황이다. 다만, 최근에 고등법원은 사회적 신분에 해당하기 위해서는 사회에서 장기간 점하는 지위로서 일정한 사회적 평가를 수반하는 것 이외에도 사업장 내에서 근로자 자신의 의사나 능력발휘에 의하여 변경될 수 없는 계속적 고정적 성격을 지녀야 한다고 판시한 바 있다.(서울고법 2018.5.25. 선고2017나2039724 판결)

다. 검토

근로기준법 제6조 위반시에는 형사처벌이 예정되어 있다는 점에서, 죄형법정주의상 그 의미는 일반인이 예측가능하도록 제한적으로 해석하는 것이 요구된다. 따라서, 근로기준법 제6조의 사회적 신분에 해당하기 위해서는 사회에서 장기간 점하는 지위로서 일정한 사회적 평가를 수반하는 것 이외에도 사업장 내에서 근로자 자신의 의사나 능력발휘에 의하여 변경될 수 없는 계속적 고정적 성격을 지녀야 한다고 보는 것이 타당하다. '무기계약직'이라는 고용형태는 근로자 개인의 의사나 능력만으로는 변경되기 어려운 측면이 있는 것은 사실이나, 그것이 계속적 고정적 지위에 있다고 볼 만큼 항구불변한 성격의 것이라고 단정지우기도 어려울 뿐 아니라, 특히, 무기직 근로자라는 '고용형태'가 인격과 관련된 표지로서 사회적 평가가 수반된다고 볼 수는 없으므로, 결론적으로 근로계약의 내용에 따라 결정된 지위인 정규직과 비정규직, 노동조합 임원과 같은 지위는 근로기준법 제6조에서 말하는 사회적 신분에 포섭되지 않는다고 판단된다.

3) 소결

'무기계약직'이라는 고용형태는 근로기준법 제6조에서 말하는 '사회적 신분'에 해당한다고 보기는 어려우므로 근로기준법 제6조의 차별금지조항에 위배된다는 甲의 주장은 정당성을 인정받을 수 없을 것이다.

(3) 비교집단이 존재하는지를 기준으로 한 판단

1) 비교집단의 존재

근로기준법에서 말하는 차별적 처우란 본질적으로 같은 것을 다르게, 다른 것을 같게 취급하는 것을 말하며, 본질적으로 같지 않은 것을 다르게 취급하는 경우에는 차별 자체가 존재한다고 할 수 없다. 따라서 근로기준법에서 금지하는 차별적 처우에 해당하기 위해서는 우선 그 전제로서 차별을 받았다고 주장하는 사람과 그가 비교대상자로 지목하는 사람이 본질적으로 동일한 비교집단에 속해 있어야 한다.

2) 무기계약직에 대한 차별에서의 비교집단의 존재

최근의 판례는 이른바 무기계약직에 대한 차별이 근로기준법 제6조 위반인지를 판단함에 있어서 '비정규직인 계약직에서 정규직으로 전환되는 직원과, 공개경쟁시험을 통해 정규직으로 임용된 직원들 사이에는 임용경로에 차이가 있기 때문에, 본질적인 동일한 비교집단이 속하지 않으므로, 근로기준법 제6조의 차별금지조항에 위배되지 않는다'고 판시한 바 있다.(대법원 2015. 10. 29. 선고 2013다1051 판결)

3) 소결

판례에 따르면 계약직에서 정규직으로 전환된 甲은 채용경로와 업무성격이 공개채용을 통하여 입사한 정규직 사원과 구별되므로, 본질적으로 동일한 비교집단에 속해 있지 않을 것이므로, 근로기준법 제6조의 차별금지조항에 위배된다는 주장은 정당성을 인정받을 수 없을 것이다.

4. 사안의 해결

(1) 기간제법 위반 여부

甲은 이미 계약직에서 정규직으로 전환된 근로자이므로, 甲이 자신에 대한 차별을 기간제법 위반이라고 주장하는 것은 정당하지 않다.

(2) 근로기준법 제6조 위반 여부

무기계약직과 같은 고용형태가 사회적 신분에 해당한다는 대법원 판례는 아직 존재하지 아니하지만, 무기계약직이라는 고용형태는 근로기준법 제6조에서 말하는 '사회적 신분'에 해당한다고 보기는 어려우므로 근로기준법 제6조의 차별금지조항에 위배된다는 甲의 주장은 정당성을 인정받을 수 없을 것이다.

---

3) 제26회 공인 노무사 시험에서 출제된 본 사례는 기존의 대법원 판례(대법원 2015. 10. 29. 선고 2013다1051 판결)에 기초한 것이라 기존의 판례에 기초하여 본 사례를 구성하였지만, **최근의 대법원 판례(대법원 2019. 12. 24. 선고 2015다254873 판결)의 취지에 따르면** 기간제법 제8조제1항의 취지와 공평의 관념 등을 고려하면, 기간의 정함이 없는 근로계약으로 전환된 근로자의 근로조건은 다른 **특별한 사정이 없는 한 동종 또는 유사한 업무에 종사하는 기간의 정함이 없는 근로계약을 체결하는 근로계약보다 불리해서는 안된다고 해석**하고 있음을 유의하여야 할 것이다.

(4) 강제근로의 금지(→사례: 20,24,25,26,27)

1) 의의

근로기준법 제7조는 '**사용자**는 폭행, 협박, 감금 그 밖의 정신상 또는 신체상 자유를 부당하게 구속하는 수단으로써 **근로자의 자유의사에 어긋나는 근로를 강요하지 못한다.**'는 강제 근로의 금지'를 규정하고 있다. 강제근로의 금지 규정은 헌법 제12조 제1항의 강제노역을 받지 않을 권리에 대한 규정을 근로관계에서 구체화한 것으로서 이는 경제적으로 우위에 있는 사용자가 그 힘의 우위를 이용하여 근로자의 자유의사에 반하는 근로를 강요하지 못하도록 함으로써 근로자의 인격 존중과 실현을 도모하기 위한 것이다.

2) 근로 강제의 주체

강제근로의 금지의 주체는 '**사용자**'인 바.[4]사람에게 폭행·협박·감금 등의 수단에 의하여 근로를 강제하더라도 가해자에게 사용자성이 결여되어 있는 경우에는 형법상 강요죄 등이 성립하는 것은 별론으로 하고 근로기준법 제7조가 적용될 여지는 없다.

3) 근로 강제의 수단

강제근로의 수단으로 예시되어 있는 '폭행, 협박, 감금'은 형법상 범죄구성요건에 해당하지만[5], 본조는 그것에 한정하지 않고 '그 밖의 일체의 수단'에 의한 강제근로를 명시적으로 금지하고 있는 바, '**그 밖의 강제근로의 수단**'은 '근로자 보호'를 위하여 사회통념상 부당한 것으로 인정되는 방법에 의해서 **근로자에게 근로를 강요하는 일체의 수단**'으로 넓게 해석해야 할 것이다.[6] 또한, '정신상 또는 신체상의 자유'에는 '퇴직의 자유'(이직의 자유)도 포함되므로 퇴직의 자유를 실질적으로 제한하는 행위도 강제근로가 된다.

4) 법위반의 효과

사용자가 폭행, 협박, 감금, 그 밖에 정신상 또는 신체상의 자유를 부당하게 구속하는 수단으로써 근로자의 자유의사에 어긋나는 근로를 강요하지는 경우에는 **5년 이하 징역 또는 5천만원 이하 벌금형**에 처한다.(근로기준법 제107조)

---

4) 근로자를 보호하고자 하는 근로기준법의 취지에 비추어 근로기준법 제7조의 사용자의 개념은 목적론적으로 해석하여 넓게 판단하는 것이 적절할 것이라는 견해도 있지만, 본조의 주체는 동법 제9조와 같이 '누구든지'로 규정되어 있지 아니하고, 본조를 위반하는 경우에 적용되는 형벌을 고려할 때 사용자의 개념을 확장하는 것은 죄형법정주의에 반할 소지가 있다고 판단된다.

5) 죄형법정주의 원칙상 강제근로의 수단으로서의 폭행(형법 제260조)·협박(형법 제283조)·감금(형법 제276조)은 '형법'에서 규정하고 있는 개념에 따라야 할 것이다.

6) 따라서 **연장 및 휴일 근로의 강요, 이직의 자유 제한, 장기 근로계약의 강제, 사표 수리 거부, 계약불이행에 대한 위약금제도 (근로기준법 제20조), 손해배상금의 예정제도(근로기준법 제20조), 전차금상계제도(근로기준법 제21조), 그리고 사용자관리하의 강제예금제도(근로기준법 제22조), 미성년자의 근로계약의 대리 금지(근로기준법 제67조 제1항)** 등으로 인하여 근로자의 자유의사가 구속된 경우에도 법 위반이 될 수 있다. 그러나 사용자가 사회통념상 상당한 정도의 수단으로 근로계약상의 의무 이행을 요구하는 경우에는 법 제7조가 금지하는 강제근로에 해당하지 않는다고 보아야 한다.(→ **III. 근로계약, 6. 근로계약으로 체결할 수 없는 사항**)

(5) 폭행금지

1) 의의

근로기준법 제8조는 '사용자는 사고의 발생이나 **그 밖의 어떠한 이유로도** 근로자에게 **폭행을 하지 못한다.**'고 규정하여 사용자의 근로자에 대한 '폭행'을 절대적으로 금지하는 바, 이는 사용자가 우월한 지위를 이용하여 근로자를 부당하게 폭행하는 것을 금지하기 위한 것이다. '강제근로의 금지'가 폭행, 협박, 감금, 그 밖에 정신상 또는 신체상의 자유를 부당하게 구속하는 수단으로 하는 '강제노동'을 금지하는 것이라면, **'폭행금지'**는 **'폭행' 그 자체를 금지**하는 것이다. 따라서 설령 근로자가 고의로 사고를 발생시키거나 사용자에게 막대한 손해를 입힌 경우라도 그에 대하여 합당한 민형사상 책임을 묻거나 징계책임으로 추궁할 일이지 어느 경우에도 근로자에게 사적으로 폭행을 가해서는 아니된다.

2) 폭행의 의미

'폭행'은 형법상 '폭행죄'에서 규정하고 있는 사람의 **'신체'에 대한 유형력의 행사** 즉 형법상 **협의의 의미의 폭행**을 의미하는 것이지만, 반드시 신체에 대한 직접적인 접촉을 요건으로 하는 것은 아니다.[7] 따라서 강제 몸수색이나 체벌 등 강압적인 신체에 대한 유형력의 행사는 물론 폭언을 수차 반복하는 것도 폭행에 속한다. 근로기준법 제8조의 '폭행'의 개념을 형법상 폭행죄의 그것보다 넓게 해석하여야 한다는 견해도 있지만, 벌칙이 적용되는 본조의 '폭행'의 구성요건을 그와 같이 예측가능성이 없을 정도로 넓게 해석하는 것은 죄형법정주의 원칙상 허용되지 않는다고 보아야 할 것이다

3) 형법상 폭행죄와 근로기준법상 폭행금지

근로기준법 제8조에서 말하는 폭행의 죄는 형법상 폭행죄와 달리 **반의사불벌죄가 아니다.** 즉, **형법상 폭행죄에 대한 특별범죄**이므로 근로자가 법위반한 사용자에 대해 처벌을 원하지 않는다고 하더라도 사용자는 처벌되어야 한다. 따라서, 업무시간 중이라 하더라도 업무와 관련 없이 사적인 관계에서 벌어진 폭행(예 근로자와 사용자의 사적관계에 기인한 폭행 등)은 일반 형사문제에 불과하지만, 반대로 사업장 밖에서 발생한 폭행이라 하더라도 업무와 관련되어 발생한 것이라면 이는 근로기준법 제8조가 적용된다.

4) 법위반의 효과

사용자가 근로자에게 폭행을 가한 경우에는 **5년 이하의 징역 또는 5천만원 이하의 벌금**에 처한다.(근로기준법 제107조) 사법상으로는 민법상 불법행위가 성립하는 경우에 그에 따른 손해배상청구도 가능할 것이다.

---

7) 형법상 폭행죄(형법 제206조 제1항)에서의 '폭행'은 사람의 '신체'에 대한 유형력의 행사를 의미한다.(협의의 폭행) 따라서,단순한 욕설이나 폭언은 폭행에 해당하지 않는다. 그러나, 피해자의 신체에 공간적으로 근접하여 고성으로 폭언이나 욕설을 반복하는 것도 폭행이다.((대법원 1956.12.21. 선고 4289형상297 판결, 대법원 1990.02.13. 선고 89도1406 판결 등) 그러나, 단순히 피해자에게 욕설을 한 것만을 가지고 폭행을 한 것이라고는 할 수 없지만(대법원 1991,1,29. 선고 90도2153판결), 직장내의 지속적인 폭언이나 욕설은 근로자에 대하여 욕설을 하는 경우에는 근로기준법 제76조의2 '직장내 괴롭힘 금지'에 해당할 수 있을 것이다.

(6) 중간착취의 배제(→사례: 16)

1) 의의

근로기준법 제9조는 '누구든지 법률에 따르지 아니하고는 영리로 다른 사람의 취업에 개입하거나 중간인으로서 이익을 취득하지 못한다'고 규정하여, 제3자가 근로자의 취직 또는 취직 후에 사용자와 근로자의 중간에 개입하여 중간착취를 하는 것을 금지하고 있는 바, 이는 다른 사람의 취업에 개입하거나 근로제공과 관련하여 소개비, 수수료등을 받는 악습을 제거하기 위한 것이다.

2) 중간착취의 주체

중간착취의 주체에는 제한이 없다. 법문상으로는 '누구든지'로 되어 있는데, 여기에는 개인은 물론이고 단체도 포함되며, 국적도 문제되지 않는다.

3) 중간착취의 대상

중간착취의 대상으로 금지하는 행위는 ① '영리로 타인의 취업에 개입'하는 행위와 ② '중간인으로서 이익을 취득'하는 행위이다. '영리로 다른 사람의 취업에 개입'하는 행위란 '영리'의 의사로 제3자가 타인의 취업에 있어서 이를 소개하거나 알선하는 조건으로 소개료·중개료·수수료 등의 명목으로 이익을 취득하는 것을 의미한다. 따라서, '영리성'이 없는 경우에는 처벌할 수 없지만, 제3자가 영리로 타인의 취업을 소개 또는 알선해 주기로 하면서 그 대가로 금품을 수령하였다면 반드시 근로관계 성립 또는 갱신에 직접적인 영향을 미칠 정도로 구체적인 소개 또는 알선행위에까지 나아가야만 하는 것이 아니라는 것이 판례의 태도이다.(대법원 2008.09.25. 선고 2006도7660 판결) '중간인으로서 이익을 취득'하는 행위는 근로계약관계 존속 중에 사용자와 근로자 사이의 중간에서 근로자의 노무제공과 관련하여 사용자 또는 근로자로부터 법률에 의하지 아니하는 이익을 취득하는 것을 말한다.(대법원 2007.08.23. 선고 2007도3192 판결)

4) 법률에 의한 예외

반면에 근로의 기회를 찾는 근로자와 노동력의 확보가 필요한 사용자 사이를 연결할 사회적 필요성도 엄연히 존재한다. 따라서, 국가는 제3자가 타인의 근로관계에 관여하는 것을 전면적으로 금지할 수는 없기 때문에, 근로기준법 제9조는 명시적으로 '다른 법률'에 의한 제3자의 개입을 인정하고 있다. 직업안정법은 영리를 목적으로 타인의 취업에 개입하는 대표적인 형태로 유료직업사업을 인정하고 있다.

5) 위반의 효과

근로기준법 제9조를 위반한 자는 5년 이하의 징역 또는 5천만원 이하의 벌금에 처한다.(근로기준법 제107조) 직업안정법에 따라 행정관청에 등록을 마치고 유료직업소개소 사업을 하는 경우에는 본조에 위반되지 않으므로, 결국 본조의 위반은 무등록 유료직업소개사업을 하는 경우에만 성립할 수 있으며 이 경우에는 직업안정법 제47조 1호에도 위반된다.[8]

---

8) 직업안정법에 위반된 무허가 근로자공급사업자와 공급을 받는 자 사이에 체결한 근로자공급계약의 효력에 대해서는 학설상의 대립이 있으나, 판례는 본조의 규정을 효력규정으로 보아 본조에 위반한 근로계약은 효력이 없다고 본다.(대법원 2004.06.25. 선고 2002다56130.56147 판결)

사례연습 16

근로기준법 제9조에서의 중간착취의 배제 (2017년도 제3차 변호사시험 모의시험)

A회사는 상시 근로자 500명을 사용하여 가전제품을 제조 · 판매하는 주식회사이다. A회사에는 A회사의 근로자 350명이 가입한 A노동조합이 있다. 甲은 2003년 3월 A회사에 입사하여 생산부에서 근무하면서 2013년 7월부터 2016년 6월까지 3년 동안 A노동조합의 사무국장을 역임하였고, 그 후에는 A노동조합의 대의원으로 활동하고 있다. 그런데 甲은 2016년 9월부터 2017년 2월까지의 기간 동안 A회사 밖에서 지인 3명으로부터 취업 알선의 부탁을 받고 그 대가로 적게는 500만 원에서 많게는 1,000만원 등 합계 2.200만 원을 수령하였으나 A회사의 인사담당자나 임원 등에게 취업을 부탁하는 구체적인 소개 또는 알선행위를 하지는 않았다.

취업청탁을 위해 甲에게 500만 원을 제공한 甲의 지인 乙은 취업이 이루어지지 않자 2017년 5월 중순경 A회사에 甲의 금전 수령 사실을 알렸다. 이러한 제보를 받은 A회사는 을 상대로 금전 수령 경위 등을 조사하게 되었고, 그 과정에서 A회사의 인사부장은 甲에게 징계위원회가 열리면 엄중한 징계가 불가피하니 차라리 사직서를 제출하는 것이 좋겠다는 취지의 발언을 수차례 하였다. 은 처음에는 가족부양 등을 이유로 사직할 처지가 아니라고 설명하면서 사직의 의사가 없다고 하였다. 그러나 인사부장이 사직을 거부한다면 회사규정에 따른 징계절차를 진행할 수밖에 없다고 거듭하여 말하자 甲은 결국 2017년 5월 말일부로 개인사정상 퇴직하고자 한다는 내용의 사직서를 작성하여 인사부장에게 제출하였다. 이 사직서를 제출한 다음 날 A회사는 에게 사직서가 수리되었음을 통보하였다.

1. 취업 알선의 명목으로 지인들로부터 상당한 금원을 수령하였지만 실제로 취업에 아무런 영향력을 행사한 바가 없기 때문에 자신의 행위가 위법하지 않다고 주장한다. 이러한 주장은 타당한가?
2. 甲은 사직서 제출이 인사부장의 강요에 의한 것으로 진의 아닌 의사표시에 해당하여 무효이므로 A회사의 사직서 수리는 실질적으로 해고라고 주장한다. 이러한 주장은 타당한가?

Ⅰ. 설문1의 해결

1. 쟁점의 정리

근로자 甲은 지인들로부터 취업 소개 알선의 명목으로 상당한 금원을 수령하였는 바, 특히 사안에서 금품을 받은 甲이 취업에 대한 구체적인 알선행위가 없었고, 취업에 영향을 미치지 않았는데 이런 경우에도 근로기준법 제9조를 위반한 것으로 볼 수 있는지 여부가 문제된다.

2. 금품을 받은 행위가 근로기준법 제9조 위반인지 여부

(1) 중간착취 배제의 의의

근로기준법 제9조는 '누구든지 법률에 따르지 않고는 영리로 다른 사람의 취업에 개입하거나 중간인으로서 이익을 취득하지 못한다.'고 규정하고 있는 바, 이는 제3자가 타인의 취업에 직간접으로 개입하거나 근로제공과 관련하여 소개비, 수수료 등을 받는 악습을 제거하기 위한 것이다.

(2) 중간착취의 대상

중간착취의 대상으로 금지하는 행위는 ① '영리로 타인의 취업에 개입'하는 행위와 ② '중간인으로서 이익을 취득'하는 행위이다. '영리로 다른 사람의 취업에 개입'하는 행위란 '영리'의 의사로 제3자가 타인의 취업에 있어서 이를 소개하거나 알선하는 조건으로 소개료·중개료·수수료 등의 명목으로 이익을 취득하는 것을 의미하며(따라서, '영리성'이 없는 경우에는 처벌할 수 없다.) '중간인으로서 이익을 취득'하는 행위는 근로계약관계 존속 중에 사용자와 근로자 사이의 중간에서 근로자의 노무제공과 관련하여 사용자 또는 근로자로부터 법률에 의하지 아니하는 이익을 취득하는 것을 말한다.(대법원 2007.8.23. 선고 2007도3192 판결)

(3) 구체적인 소개 또는 알선행위에까지 나아가야만 중간착취의 금지에 해당하는 지 여부

영리로 타인의 취업에 개입하는 행위의 경우 제3자가 영리로 타인의 취업을 소개 또는 알선하는 등 근로관계의 성립 또는 갱신에 영향을 주는 행위로 취업을 원하는 사람에게 취업을 알선해 주기로 하면서 그 대가로 금품을 수령하는 정도의 행위도 포함된다고 볼 것이고 반드시 근로관계 성립 또는 갱신에 직접적인 영향을 미칠 정도로 구체적인 소개 또는 알선행위에까지 나아가야만 하는 것이 아니라는 것이 판례의 태도이다.(대법원 2008.9.25. 선고 2006도7660) 중간착취금지는 제3자가 타인의 취업에 개입하여 부당하게 이득을 얻는 것을 금하여 근로자를 보호하려는데 있으므로, 취업을 원하는 사람에게 취업 알선의 대가로 금품을 수령하는 행위도 근로기준법 제9조에서 금지하는 행위에 포함된다 할 것이다. 따라서 반드시 구체적인 소개 또는 알선행위에까지 나아가야만 하는 것은 아니며 판례의 태도가 타당하다.

3. 결론

甲은 회사의 노동조합 간부로 3년 이상 근무하였고 현재까지 대의원으로 활동 중이어서 회사의 취업자 선정에 관하여 사실상 영향력을 미칠 수 있는 지위에 있는 바, 그러한 지위에서 지인들로부터 그 회사에 취업할 수 있도록 알선해 달라는 부탁을 받아 이를 승낙하면서 그 대가로 금원을 교부받은 행위는 근로기준법 제9조에서 금지하는 행위에 해당하며 구체적인 알선행위를 하지 않았다 하더라도 근로기준법 제9조에서 위반되는 행위의 성립에는 지장이 없다. 따라서, 본 사안에서 甲이 구체적으로 지인들의 취업을 위하여 알선하는 행위를 하지 않았다 하더라도 근로기준법 제9조에 위반된다 할 것이다.

II. 설문2의 해결 (→ 사례연습 86 비진의 의사표시와 해고)

(7) 공민권 행사의 보장

1) 의의

근로기준법 제10조는 '사용자는 근로자가 **근로시간 중**에 **선거권, 그 밖의 공민권의 행사 또는 공의 직무를 집행**하기 위하여 필요한 시간을 청구하면 **거부하지 못한다.** 다만, 그 권리의 행사나 공의 직무를 수행하는 데에 **지장이 없으면** 청구한 **시간을 변경할 수 있다.**'고 규정하여 근로자의 공민권 행사의 보장을 규정하고 있다. 이는 근로자가 공민권의 행사 또는 공의 직무의 수행을 위하여 필요한 시간을 보장함은 물론 근로자의 공민권의 행사 등으로 인하여 불이익을 입지 않도록 하기 위함이다.

2) 내용

가. 공민권 행사와 공의 직무집행

'**공민권**'이라 함은 국회의원 또는 대통령의 선거권 등 법령이 국민 일반에게 보장하고 있는 헌법상 '참정권'을 말한다. '**공의 직무**'는 법령에 규정된 직무로서 공적인 성질을 가진 업무를 의미한다. 예컨대, 국회의원, 노동위원회의 위원으로서의 직무나 선거관리위원으로서의 직 등이 있으며 근로자가 향토 예비군 훈련이나 민방위 훈련 등에 참가하는 것도 여기에 포함된다.

나. 필요한 시간의 부여

근로자가 근로시간 중이라도 공민권의 행사 등을 위하여 필요한 시간을 청구하는 경우라도, 법령에 근거가 있거나 사회통념상 공민권의 행사나 공의 직무를 위하여 필요불가결하다고 인정되는 경우에 사용자는 근로자에게 공민권 행사 등을 위한 시간을 부여해야 한다. 휴게시간은 근로시간에 해당하지 않으므로 사용자가 근로자로 하여금 휴게시간을 이용하여 공민권 등을 행사하도록 요구하는 것은 근로시간 중의 행사를 보장하는 법 규정에 반할 뿐 아니라 휴게시간 자유이용의 원칙(근로기준법 제54조 제2항)에도 위배되어 허용되지 않는다.

다. 근로자에 대한 임금지급 문제

단체협약, 취업규칙, 근로계약 등에서 달리 정하고 있지 않은 한, **무노동무임금의 원칙상**, 근로자가 공의 직무수행 등에 필요한 시간에 대하여 사용자가 임금을 지급할 법적 의무는 없다. 따라서, 근로자가 근로를 제공하지 않은 기간(시간) 동안 사용자가 임금을 지급해야 할 것인가, 또는 휴무 혹은 휴직으로 해야 할 것인가 등에 관하여는 단체협약이나 취업규칙 등에서 정한 바에 따른다. 다만, 대통령, 국회의원, 지방의회의원 선거, 국민투표를 위한 시간과 예비군 훈련과 민방위 훈련 시간과 같이 **관계법령**에 특별한 근거가 있는 경우에는 공의 직무 등을 위하여 사용한 시간만큼은 **유급으로 처리**하여야 한다.

3) 위반의 효과

근로기준법 제10조에 위반한 자는 **2년 이하의 징역 또는 2천만원 이하의 벌금**에 처한다.(근로기준법 제110조 제1호)

2. 근로기준법의 적용

(1) 근로기준법의 적용범위

1) 원칙과 예외

근로기준법을 비롯한 노동관계 법령은 모든 근로자들에게 적용되는 것이 원칙이다. 그러나, 사업장 혹은 근로자의 특성에 비추어 근로기준법을 적용하기 곤란한 사정이 있는 경우에는 예외적으로 근로기준법이 아예 적용되지 않거나 혹은 일부 규정의 적용이 배제될 수도 있다. 특히, 상시 4인 이하의 근로자를 사용하는 사업(장)에 대하여는 사업(장)의 영세성을 고려하여 법의 일부만을 적용한다. 반면에, **'상시 5명' 이상의 근로자를 사용하는 사업(장)에는 근로기준법이 전면적으로 적용**된다.

2) 4인 이하 사업(장) 일부적용의 평등권 침해여부

헌법재판소는 '상시 사용 근로자수 5인이라는 기준을 분수령으로 하여 근로기준법의 전면 적용 여부를 달리한 것은, 근로기준법의 확대적용을 위한 지속적인 노력을 기울이는 과정에서, 한편으로 영세사업장의 열악한 현실을 고려하고, 다른 한편으로 국가의 근로감독능력의 한계를 아울러 고려하면서 **근로기준법의 법규범성을 실질적으로 관철하기 위한 입법정책적 결정**으로서 거기에는 나름대로의 합리적 이유가 있다고 할 것이므로 평등원칙에 위배된다고 할 수 없다.'고 하여 근로기준법 제11조가 헌법에 위반되는 것은 아니라는 입장을 취한 바 있다.(헌재 1999.09.16. 선고 98헌마310 결정)

3) 근로기준법이 적용되지 않는 근로자

가. 동거하는 친족 만을 사용하는 경우

동거하는 친족만을 사용하는 사업장이나 가사사용인에 대해서는 근로기준법이 아예 적용되지 않는다. 여기에서 ① '**동거**'란 세대를 같이 하면서 생활을 공동으로 하는 것을 의미하며, ② '**친족**'**이**란 민법 제1770조에서 규정하는 친족 즉, 8촌 이내 의 혈족과 4촌 이내의 인척, 배우자를 의미한다. 친족이라 하더라도 동거 하지 않으면 여기서의 '동거의 친족'에 해당하지 않으며 동거하는 친족 외에 친족이 아닌 근로자를 단 한 명이라도 고용하는 경우에는 친족을 포함하는 모든 사람들에게 근로기준법이 적용된다.

나. 가사사용인

가사사용인은 가시도우미(파출부)나 아기돌보미와 같이 개인 가정집에 고용되어 집안일을 하는 근로자, 간병인, 일용인부 등을 의미한다. 집주인이 주택수리를 위해 고용하는 일용인부(일용 근로자)도 근로기준법의 적용대상이 아니다. 가사도우미을 비롯하여 가정집에서 개인적으로 고용한 가사사용인에게는 근로기준법이 적용되지 않으므로 근로시간에 대한 제한이라든지, 휴게시간이나 주휴일과 같은 근로기준법상의 규정들뿐 아니라 근로기준법을 전제로 규정되는 퇴직금, 최저임금 등에 관한 규정들도 적용되지 않는다.

(쟁점) '상시 5명 이상'의 개념

1. '상시 5명 이상'의 근로자

(1) '상시 5명'의 의미

'상시 5명 이상' 이란 근로자수가 '항상 5명' 이상 근로해야 한다는 것을 의미하는 것이 아니라, 때로는 5명 미만이라 하더라도 **사회통념**에 의하여 객관적으로 판단하여 1년 동안 **상태적**으로 '5명' 이상이 되는 경우를 의미한다.[9]

(2) 상시 근로자수의 산정방식

'상시 사용하는 근로자수'를 산정하는 방법으로 '해당 사업 또는 사업장에서 법 적용사유 발생일 전 1개월 동안 (사업 성립일로부터 1개월 미만인 경우는 그 기간) 사용한 근로자의 인원(휴직자 포함)을 같은 기간 중의 가동일수[10]로 나누어 산정 한다.(근로기준법 시행령 제7조의 2) 다만, ① 위 산식에 따라 산정한 상시 근로자수가 5인 미만에 해당하지만, 산정기간 동안 일별로 근로자수를 파악하였을 경우 5인 미만인 날이 전체의 1/2 미만인 경우는 상태적인 고용현황이 5인 이상인 것으로 보아서 해당 법규정을 적용하며, ② 위 산식에 따라 산정한 상시 근로자수가 5인 이상에 해당하지만, 산정기간 동안 일별로 근로자수를 파악하였을 경우 5인 미만인 날이 전체의 1/2 이상인 경우는 상태적인 고용현황이 5인 미만인 사업장으로 보아서 해당 법규정을 적용하지 않는다.

2. '사업 또는 사업장'의 의미

(1) 의의

'**사업 또는 사업장**'이라 함은 개인사업체 또는 독립된 법인격을 갖춘 회사 등과 같이 **경영상의 일체**를 이루면서 **계속적, 유기적**으로 운영되고 전체로서의 독립성을 갖춘 하나의 기업체조직을 뜻한다.

(2) 사업

'**사업**'이란, 하나의 활동주체가 유기적 관련 속에서 수행하는 사회적인 활동 즉, '업'으로서 반복적 · 계속적인 의도로 하는 모든 사회적 활동을 의미한다. 사업이 '업'으로 행해지는 한 자영업자나 기업과 같은 영리단체는 물론 모든 비영리단체 등을 모두 포함한다. 원칙적으로 하나의 법인은 하나의 사업으로 보기 때문에, 본사, 지점, 출장소, 공장, 지사 등이 같은 장소에 있으면 원칙적으로 이를 나누지 않고 1개의 사업으로 본다. 다만, 같은 장소에 있더라도 **근로형태가 현저히 다른 부분**이 있고 그러한 부분이 주된 부분과 비교하여 **노무관리, 회계 등이 명확하게 구분**되는 경우에는 **독립된 사업장**으로 보고 이 법을 적용할 수 있다.

(3) 사업장

'**사업장**'이란 본사 · 공장 · 지점 등 구체적인 사업활동이 행하여지는 단위 장소 또는 장소적으로 구분된 사업체의 일부분으로서 **장소적 개념**이다. 하나의 사업이 여러 개의 사업장으로 구성된 경우에는 **여러 개의 사업장이 하나의 사업으로 취급** 받는다. 다만, 예외적으로 **사업장 별로 인사 노무 · 재정 · 회계 등이 분리되어 독자적으로 이루어지고 사업장별로 서로 다른 단체협약이나 취업규칙을 적용** 받는 등 별개의 사업이라 볼 수 있는 경우에는 각각을 **독립된 사업장**으로 본다.

---

9) 여기에서의 근로자에는 파견근로자와 같은 **간접고용형태의 근로자**는 **포함되지 않는다.**
10) '가동일수'란 해당 사업장의 휴일 혹은 휴무일인 날을 제외한 소정근로일을 의미한다.

(2) 근로기준법의 속지주의 원칙

1) 섭외사건에서의 준거법의 선택

국적이 다른 당사자가 계약을 체결하는 경우를 '섭외적 요소가 있는 계약'이라고 하는데, 이 경우에 어느 국가의 법률을 적용할 것인가를 '준거법(準據法))[11]의 결정'이라고 한다. 근로기준법 제12조(적용 범위)는 "이 법과 이 법에 따른 대통령령은 국가, 특별시·광역시·도, 시·군·구, 읍·면·동, 그 밖에 이에 준하는 것에 대하여도 적용된다."고 하여 '속지주의 원칙'을 규정하고 있으며, 국제사법은 '당사자가 준거법을 선택하지 않은 경우에는 ① 근로자가 일상적으로 노무를 제공하는 국가의 법에 의하거나, 또는 ② 근로자가 일상적으로 어느 한 국가 안에서 노무를 제공하지 아니하는 경우에는 사용자가 근로자를 고용한 영업소가 있는 국가의 법을 준거법으로 한다(국제사법 제28조 제2항).'고 규정하고 있다.

2) 국내의 외국인 사업 / 외국인 근로자

가. 대한민국 내에서 근로계약을 체결한 외국인 사업장의 근로자의 경우

국제사법 제28조에 의하여 근로계약의 경우에는 사용자가 근로자를 고용한 영업소가 있는 국가의 법에 의한다. 따라서, 대한민국 내에서 근로를 제공하는 근로자에게는 그 근로자의 국적 여하를 불문하고 대한민국의 근로기준법 등의 노동관련 법령이 적용된다.[12]

나. 외국법인 소속 근로자가 대한민국에 파견된 경우

외국법인에서 근로계약을 체결하고 외국법인에 소속된 외국인 근로자가 주재원 비자 등을 받고 대한민국에 파견되어 근로하는 경우에 그 외국인 근로자는 소속된 국가의 법을 적용 받을 뿐 대한민국의 노동관계 법령이 적용되지 않는다

3) 국외의 한국인 사업

가. 해외 현지법인의 경우

해외에 독립적으로 법인이나 영업소 등을 설치하고 그 해당 국가의 사업장에서 고용한 근로자는 그 근로자의 국적 여하를 불문하고 속지주의 원칙에 따라 그 나라의 법이 적용되므로 대한민국의 근로기준법이 적용되지 않는다.

나. 국내회사에서 현지법인에 근로자를 파견한 경우

한국법인에 소속된 근로자가 외국의 현지법인이나 영업소 등에 파견되어 근로하는 경우에는 대한민국의 근로기준법이 적용되는 것이 원칙이다. 이는 외국법인에서 근로계약을 체결하고 외국법인에 소속된 외국인 근로자가 주재원 비자 등을 받고 대한민국에 파견되어 근로하는 경우에 그 외국인 근로자는 소속된 국가의 법을 적용 받을 뿐 대한민국의 노동관계 법령이적용되지 않는 것과 동일한 이치이다.

---

11) '준거법'이란 복수 국가 당사자간의 섭외적 사법관계를 규율하기 위해 국제사법에 의하여 선정된 어떤 국가의실 체법민(법, 상법, 근로기준법 등)을 말한다.

12) 국제사법 제28조 제1항은 여기에서 한 걸음 더 나아가, 설령 당사자가 명시적으로 준거법을 선택하더라도 '근로자가 일상적으로 노무를 제공하는 국가의 법 또는 사용자가 근로자를 고용한 영업소가 있는 국가의 법에 의하여 부여되는 보호를 박탈할 수 없다.'고 규정하고 있다.

제2장 근로계약

1. 근로계약의 성립

(1) 총론

1) 근로계약의 의의

'**근로**'란 정신노동과 육체노동을 말하는 바(근로기준법 제2조 제1항 제3호), 근로기준법 제2조 제1항 제4호는 '**근로계약**이란 근로자가 사용자에게 근로를 제공하고 사용자는 이에 대하여 임금을 지급하는 것을 목적으로 체결된 계약'이라 규정하고 있다. 따라서, 근로자의 '근로제공 의무'와 사용자의 '임금 지급 의무'는 서로 대가적 관계에 있는 것인데, 근로계약은 다른 계약과는 비교할 수 없을 정도의 **고양된 '신의성실의 원칙'**을 준수해야 하는 의무를 근로자와 사용자에게 부과하는 결과, **근로자**에게는 근로계약의 부수적 의무로서 '근로제공 의무' 외에도 **신의칙에 따른 '충실의무'**가 그리고 **사용자**에게는 '임금 지급 의무'외에 자신의 지휘 감독 아래에서 근로를 제공하는 근로자에 대한 **보호의무와 안전배려 의무**가 인정된다.

2) 근로계약의 체결과 근로조건 대등결정의 원칙

근로기준법은 **제4조**에서 '근로계약은 근로자와 사용자가 동등한 지위에서 자유의사에 따라 결정하여야 한다'고 규정하여 **근로조건 대등결정의 원칙**을 명시하고 있는 바, 사용자는 '**채용의 자유**'를 향유하며 근로자는 '**직업선택의 자유**'를 누리므로, 근로계약의 당사자인 근로자와 사용자는 동등한 지위에서 자유롭게 근로계약을 체결할 자유가 있다.(근로기준법 제4조) 따라서, 사용자는 근로계약을 체결함에 있어서 근로기준법상의 근로계약 체결에 관한 제반규정, 이를테면 근로기준법서 제20조 이하의 강제근로를 제한하는 규정, 여자 및 소년의 사용제한 등의 강행규정에 위반하지 않는 한, 어떤 근로자를 채용할 것인가 하는 것은 원칙적으로 그의 자유에 속한다. (일정규모 이상의 사업(장)에 부과되는 채용시의 의무부과는 별개의 문제이다).

3) 근로계약의 당사자

'근로계약'을 체결한 근로계약의 당사자는 '**근로자**'와 '**사용자**'인 바, 여기에서 '근로자'는 사용자에게 근로를 제공하고 그 대가로 임금을 지급받고자 하는 '자연인'을 의미하며, '사용자'는 근로자의 근로를 제공받고 그 대가로 임금을 지급하는 '**자연인**' 혹은 '**법인**'을 의미한다. 사업주가 개인사업의 경우에는 근로계약 체결의 당사자로서의 사업주와 사업경영담당자(대표)가 일치하지만, 사업주가 법인사업의 경우에는 **'법인' 그 자체가 근로계약 체결의 당사자**로서 근로자에게 근로의 대가(임금)을 지급할 사법상 의무를 부담하며, 법인의 대표자는 근로계약의 당사자가 아니므로 근로계약에 대한 '사법상 책임'을 지지 않는다.

4) 근로계약 성립

근로계약은 다른 모든 계약의 경우와 마찬가지로 오로지 **청약과 승낙의 의사표시의 합치**만으로 유효하게 성립하므로,근로계약을 체결함에 있어서는 서면 계약과 같은 특별한 형식을 요구하지 않는다. 심지어 묵시적 합의나 관행 · 관습에 의해서도 근로계약은 유효하게 성립한다는 것이 판례의 태도이다.(대법원 1999.07.09. 선고 97다58767 판결) 다만, 사용자는 근로계약을 체결할 때에 근로조건의 중요사항을 명시하여야 하며, 특히 일정 사항에 대해서는 명시된 서면을 근로자에게 교부하여야 한다.(→3. 근로조건의 서면명시 및 교부의무)

5) 근로계약의 해석(→사례: 17)

'처분문서'란 증명하고자 하는 법률적 행위(처분)가 그 문서 자체에 의하여 이루어지는 경우의 문서를 말한다. 대표적인 처분문서가 계약서이며, 따라서 근로계약의 해석은 '**처분문서의 해석**'에 따른다. 처분문서의 해석에 대하여 법원은 처분문서의 진정성립이 인정되면 그 기재내용을 부인할 만한 분명하고도 수긍할 수 있는 반증이 없는 한 원칙적으로 그 처분문서에 기재되어 있는 문언대로의 의사표시의 존재와 내용을 인정하여야 한다. 즉, 계약당사자 사이에 어떠한 계약내용을 처분문서인 서면으로 작성한 경우에 문언의 의미가 명확하다면, 특별한 사정이 없는 한 문언대로 의사표시의 존재와 내용을 인정해야 한다. 그러나 그 문언의 의미가 명확하게 드러나지 않는 경우에는 문언의 내용, 계약이 이루어지게 된 동기와 경위, **당사자가 계약으로 달성하려고 하는 목적과 진정한 의사, 거래의 관행 등을 종합적으로 고찰하여 논리와 경험의 법칙, 그리고 사회일반의 상식과 거래의 통념에 따라 계약내용을 합리적으로 해석**해야 한다(대법원 1996.7.30. 선고 95다29130 판결 등 참조). 특히 문언의 객관적인 의미와 다르게 해석함으로써 당사자 사이의 **법률관계에 중대한 영향을 초래하는 경우**에는 그 문언의 내용을 더욱 **엄격하게 해석**해야 한다(대법원 2008.11.13. 선고 2008다46531 판결 등 참조).

관련판례 대법원 2022. 1. 27. 선고 2018다207847 판결 근로계약의 해석

계약당사자 사이에 어떠한 계약내용을 처분문서인 서면으로 작성한 경우에 문언의 의미가 명확하다면, 특별한 사정이 없는 한 문언대로 의사표시의 존재와 내용을 인정해야 한다. 그러나 그 **문언의 의미가 명확하게 드러나지 않는 경우에는 문언의 내용, 계약이 이루어지게 된 동기와 경위, 당사자가 계약으로 달성하려고 하는 목적과 진정한 의사, 거래의 관행 등을 종합적으로 고찰하여 논리와 경험의 법칙, 그리고 사회일반의 상식과 거래의 통념에 따라 계약내용을 합리적으로 해석해야 한다(대법원 1996. 7. 30. 선고 95다29130 판결 등 참조)**. 특히 문언의 객관적인 의미와 다르게 해석함으로써 당사자 사이의 법률관계에 중대한 영향을 초래하는 경우에는 그 문언의 내용을 더욱 엄격하게 해석해야 한다(대법원 2008. 11. 13. 선고 2008다46531 판결 등 참조).

이 사건 조항은 그 자체로 '원고와 피고가 이 사건 근로계약의 기간이 만료하는 2018. 4. 30.까지 별도로 합의하지 않는 한 이 사건 근로계약은 자동으로 연장된다.'는 의미임이 명확하다. 이와 달리 '원고가 근로계약기간 동안 항공종사자 자격을 유지함으로써 근로계약상 정해진 근로를 정상적으로 제공할 수 있다는 전제에서만 이 사건 조항이 적용된다.'는 기재는 없다. 이 사건 근로계약서에 적혀 있지 않은 내용을 추가하는 것은 처분문서인 이 사건 근로계약서 문언의 객관적인 의미에 반한다.

6) 연소자의 근로계약의 체결

가. 연소자(미성년자)의 개념

미성년자와 연소자는 구별되는 개념이다. '미성년자'란 민법상의 행위 무능력자[13]를 의미하며, **'연소자'란 근로기준법에서 정한 15세 이상 18세 미만의 근로자를 말한다.** 따라서, 미성년자와 연소자의 개념은 그 적용국면이 다르다. 민법적으로 미성년자는 단독으로 유효한 법률행위를 할 수 없는 행위무능력자인 반면, 근로기준법 제68조에 따르면 미성년자는 독자적으로 임금을 청구할 수 있기 때문에, 그러한 범위에서 미성년자인 근로자는 완전한 행위능력자로 취급 받는다(따라서, 미성년자인 근로자는 근로기준법 제68조에 의하여 독자적으로 임금청구의 소를 제기할 수 있는 소송능력도 인정된다:대법원 1981.8.25. 선고 80다3149 판결). 그럼에도 불구하고, **연소자를 포함하는 미성년자는 민법상으로는 여전히 행위무능력자**이므로, 미성년자가 근로계약을 체결함에 있어서는 반드시 법정대리인의 동의가 필요하다.(민법 제5조, 제920조단서). 그리고, 여기에서의 '동의' 방식에는 별다른 제한이 없으므로 구두이든 서면이든 무방하다. 그런데, 근로기준법 제66조에 따르면, 사용자는 18세 미만인 자(연소자인 근로자)에 대하여는 그 연령을 증명하는 가족관계기록사항에 관한 증명서와 친권자 또는 후견인의 동의서를 사업장에 갖추어 두어야 한다[14].

나. 미성년자 근로계약의 대리의 금지 등

미성년자의 근로계약에 대한 미성년자의 법정대리인(친권자나 후견인)의 대리는 금지되므로 (근로기준법 제67조 제1항), **법정대리인인 미성년자의 부모 등이 미성년자를 대신해서 근로계약을 체결할 수 없다.** 심지어 근로기준법 제67조 제1항에 위반하여 미성년자를 대리하여 근로계약을 체결한 친권자 또는 후견인에게는 500만원이하의 벌금에 처한다(근로기준법 114조 제1호).한편, 미성년자의 근로계약을 법정대리인(친권자나 후견인)이 대리할 수는 없지만, 미성년자가 근로계약을 체결함에 있어서는 반드시 법정대리인(친권자나 후견인)의 동의가 필요하며, 미성년자가 법정대리인(친권자나 후견인) 동의 없이 체결된 근로계약은 미성년자 본인 또는 그 법정대리인이 취소할 수 있다(민법 제5조 제2항).

다. 연소자 근로계약의 해지

법정대리인(친권자나 후견인)은 근로계약이 미성년자에게 불리하다고 인정하는 경우에는 이를 해지할 수 있다(근로기준법 제67조 제2항)[15]. 또한, 고용노동부장관도 공익 차원에서 일정한 경우에는 미성년자의 근로계약을 해지할 수 있다(근로기준법 제67조 제2항). 고용노동부 장관의 미성년자 근로계약 해지사유는 근로감독관 집무규정 70조에 규정되어 있다.

---

13) '행위무능력자'란 단독으로 계약을 포함하는 법률행위를 유효하게 할 수 없는 자를 의미한다. 행위무능력자인 미성년자는 법률행위를 단독으로 유효하게 할 수 없으므로 미성년자가 법률행위를 함에 있어서는 법정대리인의 동의가 필요하다. 법정대리인의 동의를 받지 않는 미성년자의 법률행위(계약)는 미성년자 또는 법정대리인이 이를 취소할 수 있다.(민법 제5조 제2항).

14) 반면에, 18세인 미성년자는 근로기준법 제66조의 재한을 받지 않으므로 법정대리인으로부터 구두이든 서면이든 어떠한 방식으로든 '동의'를 받으면 된는 쩜에서, 연소자인 근로자의 경우의 법정대리인의 동의는 미성년자의 법정대리인의 동의보다 더욱 엄격한 방식을 요구한다는 점을 유의하여야 한다.

15) '**미성년자에게 불리하다고 인정되는 경우**'에는 근로계약을 계속시키는 것이 근로조건이나 작업환경의 측면에서 미성년자에게 불리하다고 인정되는 경우 뿐 아니라, 미성년자의 성장이나 교육의 측면에서 미성년자에게 좋지 않은 영향이 발생하는 경우도 포함되는 것으로 넓게 해석해야 할 것이지만(**해지사유에 관한 객관설, 주관설, 절충설 중 '주관설'의 입장**),법정대리인의 해지권의 행사가 권리남용으로 인정되는 경우에는 해지권의 행사가 인정되지 않을 수도 있을 것이다.

7) 근로계약 위반의 효과

가. 근로자의 근로계약 위반의 효과

근로자가 그 책임 있는 사유로 근로제공 의무를 이행하지 않으면 민법상 채무불이행이 되고 사용자는 근로자에게 그 이행을 갈음 하여 손해배상을 청구(민법 390조 참조)하거나 계약을 해지할 수 있다. 다만, 근로제공은 근로자의 인격과 불가분의 관계에서 이루어지므로 **그 의무의 불이행에 대하여는 직접 강제이든 간접강제이든 강제이행**(민법 389조 참조)**은 허용되지 않으며, 강제근로는 금지된다.**(근로기준법 제7조)

나. 사용자의 근로계약 위반의 효과(→(쟁점) 명시된 근로조건 위반시 근로자의 보호)(→사례: 18)

사용자가 그 책임 있는 사유로 근로제공 의무를 이행하지 않으면 민법상 채무불이행이 되고 근로자는 사용자에게 그 이행을 갈음 하여 손해배상을 청구(민법 390조 참조)하거나 계약을 해지할 수도 있다. 특히, 명시된 근로조건이 사실과 다를 경우에 근로자는 **즉시 근로계약을 즉시 해제**할 수 있으며, 근로자는 근로조건 위반을 이유로 **손해의 배상을 청구**할 수 있고(근로기준법 제19조 제1항) 사용자는 취업을 목적으로 거주를 변경하는 근로자에게 **귀향 여비를 지급**하여야 한다.(근로기준법 19조2항 후단.)

또한, 사용자는 근로계약상 부수의무로서 **근로자의 인격권을 존중해야 할 의무** 곧 근로자의 인격과 품위 등이 침해받지 않도록 할 신의칙상 보호의무를 부담하며, 나아가사용자가 근로자의 **인격권을 침해**하는 행위를 하는 경우에는 **불법행위**에 의한 손해배상책임을 지게 될 것이다. 판례는 사용자의 근로자에 대한 배려의무의 하나로서 신의칙상 근로자의 인격실현에 대한 사용자의 신의칙상 의무를 인정하면서 사용자가 정당한 이유 없이 **근로자의 근로제공을 계속적으로 거부하는 경우**에는 근로자의 **인격적 법익을 침해**하는 것이므로 사용자는 이에 대한 손해배상책임을 부담한다는 입장이다.(대법원 2006.07.28. 선고 2006다17355 판결, 대법원 2021.11.25. 선고2018다272698 판결) (→**(쟁점) 사용자의 근로수령의무 인정여부**)[16)]

다. 근로자의 불법행위에 대한 손해배상책임의 제한

사용자가 피용자의 업무수행과 관련한 불법행위로 인하여 손해를 입은 경우 사용자가 피용자에게 행사할 수 있는 구상권의 범위와 관련하여, 판례는 사용자가 근로자의가 업무수행과 관련된 '불법행위(민법 제750조)'로 인하여직접 손해를 입었거나 사용자가 그 피해자인 제3자에게 사용자책임(민법 제756조)에 따라 손해를 배상한 경우, **사용자는 그 사업의 성격과 규모, 시설의 현황, ② 피용자의 업무내용과 근로조건 및 근무태도, ③ 가해행위의 발생원인과 성격, ④ 가해행위의 예방이나 손실의 분산에 관한 사용자의 배려의 정도, ⑤ 기타 제반 사정에 비추어** 손해의 공평한 분담이라는 견지에서 **신의칙상 상당하다고 인정되는 한도** 내에서만 피용자에 대하여 손해배상을 청구하거나 그 구상권을 행사할 수 있다고 한다.(대법원 1996, 4, 9, 선고 95다5261 판결)

16) 대학교수인 원고가 파면처분무효확인 등 사건에서 승소하여 복직하였으나 피고가 강의를 배정하지 않다가 결국 교원업적평가 점수 미달을 이유로 재임용거부처분을 하자 피고의 강의미배정 행위 등에 대한 위자료를 청구한 사안이다. 대법원은 제반사정에 비추어 보았을 때 피고가 소속 대학교수인 원고를 본연의 업무에서 배제하려는 의도로 원고에게 강의과목을 배정하지 않았다고 볼 여지가 충분하고, 피고의 업무지휘권 등의 행사에 지장을 초래하는 등 특별한 사정이 있었다고 볼 만한 자료도 없다는 점 등을 고려하면 피고가 원고에 대하여 강의를 배정하지 않은 것은 정당한 이유 없이 교수인 원고의 근로제공을 계속적으로 거부함으로써 **원고의 인격적 법익을 침해**한 것이고 따라서 피고는 이로 인하여 원고가 입은 정신적 고통에 대하여 배상할 의무가 있다고 보았다.

사례연습 17

근로계약의 해석 (대법원 2022. 2. 10. 선고 2020다279951 판결: 출제유력)

2017. 5. 1.A회사는 근로자 甲을 항공기를 이용한 산불진압 등의 업무를 수행하는 헬기조종사로 채용하면서 근로계약서에는 근로계약기간에 대해 다음과 같이 기재하였다..

> 제1조 [근로계약기간]
> 계약기간은 2017년 5월 1일부터 2018년 4월 30일까지로 하며, 계약기간 만료 시까지 별도 합의가 없으면 기간만료일에 자동 연장한다.

甲은 교육훈련에서 역량미달 평가를 받았고, A회사는 같은 해 11월 甲에 대하여 재교육을 살시했지만 훈련교관은 甲이 수준미달이라는 평가를 내렸다. 한편, A회사는 회사의 내부사정으로 모든 조종사들에게 형식적으로 사직서를 제출할 것을 요구하였고, 2017.12.1. 甲등은 사직원을 일괄 제출하였다. 이후 2017.12.12. A회사는 甲에게 사직원이 수리되어 2017.12.31.근로계약관계가 종료한다는 통보를 하였다. 이에 반발한 甲은 자신이 제출한 사직서는 회사의 요청에 의하여 다른 근로자들과 함께 형식적으로 제출한 것으로서 비진의 의사표시이므로 효력이 없다고 주장하고 있다. 한편 A회사는 甲의 역량 부족으로 근로계약기간 동안 항공종사자 자격을 유지함으로써 근로계약상 정해진 근로를 정상적으로 제공하는 것이 어렵다고 판단한 A회사는 2018. 4. 2. 근로자에게, '원고와 근로계약기간이 2018. 4. 30. 자로 만료될 예정이고 헬기조종사로서 필요한 직무상 역량미달로 근로계약 갱신이 불가능하다.'는 내용증명을 발송하였다. 甲은 A회사의 이러한 내용증명 통보가 아무 효력이 없고 근로계약은 2018. 5.1.부터 자동 갱신되었음 주장하고 있다.

1. 甲은 A회사의 2017.12.12. 사직원 수리가 비진의표시에 해당하여 효력이 없고 , 그럼에도 갑의 사직서를 수리하는 것은 해고라고 주장하고 있다. 이러한 甲의 주장은 정당한가?
2. A회사의 2018.4.2. 내용증명 통보는 아무런 효력이 없으므로 근로계약은 2018. 5.1.부터 자동 갱신된다는 甲의 주장은 정당한가?

Ⅰ. 설문 1의 해결 (→ 사례연습 87 사용자의 해고와 비진의의사표시)

Ⅱ. 설문 2의 해결

1. 쟁점의 정리

사안에서 甲은 근로계약이 2018. 5.1.부터 자동 갱신된다고 주장하는 바, 이는 결국 A회사의 2018.4.2. 내용증명으로 한 근로계약해지 통보가 효력이 있는지의 문제로 귀결될 것이다. 따라서, 먼저 근로계약의 해석에 관한 판례의 법리를 검토한 후, 사안에서 A회사와 甲원 사이의 근로계약서에는 '계약기간을 1년으로 하되, '계약기간 만료 시까지 별도 합의가 없으면 기간만료일에 자동 연장한다'는 '자동연장규정'이 존재하는데, 여기에서의 '자동연장규정'에서의 '합의'의 의미를 근로계약 해석의 원칙상 그 문언의 의미를 넘어서 '근로자가 근로계약기간 동안 항공종사자 자격을 유지함으로써 근로계약상 정해진 근로를 정상적으로 제공할 수 있다'는 전제에서 해석'할 수 있는 살펴보도록 하겠다.

2. 근로계약의 해석

근로계약은 처분문서이므로 근로계약의 해석은 '처분문서의 해석'에 따를 것인데, 처분문서의 해석에 대한 법원의 기본적인 태도는 '처분문서의 진정성립이 인정되면 그 기재내용을 부인할 만한 분명하고도 수긍할 수 있는 반증이 없는 한 원칙적으로 그 처분문서에 기재되어 있는 문언대로의 의사표시의 존재와 내용을 인정하여야 한다. 즉, 계약당사자 사이에 어떠한 계약내용을 처분문서인 서면으로 작성한 경우에 문언의 의미가 명확하다면, 특별한 사정이 없는 한 문언대로 의사표시의 존재와 내용을 인정해야 한다. 그러나 그 문언의 의미가 명확하게 드러나지 않는 경우에는 문언의 내용, 계약이 이루어지게 된 동기와 경위, 당사자가 계약으로 달성하려고 하는 목적과 진정한 의사, 거래의 관행 등을 종합적으로 고찰하여 논리와 경험의 법칙, 그리고 사회일반의 상식과 거래의 통념에 따라 계약내용을 합리적으로 해석해야 한다(대법원 1996.7.30. 선고 95다29130 판결 등 참조). 특히 문언의 객관적인 의미와 다르게 해석함으로써 당사자 사이의 법률관계에 중대한 영향을 초래하는 경우에는 그 문언의 내용을 더욱 엄격하게 해석해야 한다)'는 것이다.

3. '자동연장규정'의 해석

(1) 대법원의 입장

대법원은 본 사안의 자동연장규정에서의 '합의'의 문언상 의미는 명확하므로, '합의'를 해석함에 있어서 '근로자가 근로계약기간 동안 항공종사자 자격을 유지함으로써 근로계약상 정해진 근로를 정상적으로 제공할 수 있다'는 내용을 추가하여 해석하는 것은 이 사건 근로계약서 문언의 객관적인 의미에 반한다'고 판시하였다

(2) 검토

대법원은 '단체협약과 같은 처분문서를 해석할 때 명문의 규정을 근로자에게 불리하게 변형 해석할 수 없다(2011. 10. 13. 선고 2009다102452 판결).'는 법리를 정립하고 있다. 본 판례는 단체협약에 관한 판례이기는 하지만, 단체협약과 근로계약은 모두 동일하게 '처분문서'이므로, 처분문서인 근로계약의 해석에 있어서도 단체협약의 해석의 경우와 마찬가지로 명문의 규정을 근로자에게 불리하게 해석할 수는 없다고 판단된다. 특히, 본 사안의 경우에는 근로계약의 종료와 관련된 문제로서 처분문서의 해석이 당사자 사이의 법률관계에 중대한 영향을 초래하는 경우에 해당한다. 따라서, 본 사안에서의 자동연장규정에서의 '합의'의 의미를 그 문언의 의미를 넘어서 '근로자가 근로계약기간 동안 항공종사자 자격을 유지함으로써 근로계약상 정해진 근로를 정상적으로 제공할 수 있다'는 전제에서 해석하는 것은 근로계약의 해석에 관한 처분문서의 해석에 반하는 해석으로서 허용할 수 없다고 보는 것이 타당하다.

4. 결론

사안에서 .근로자와 사용자 사이에 근로계약기간에 대한 별도의 '합의'가 없음은 명백한고, 또한 '자동연장규정'에서의 '합의'의 의미를 그 문언의 의미를 넘어서 해석'할 수 없으므로, 근로계약은 2018. 5.1.부터 자동 갱신된다는 甲의 주장은 정당하다.

2. 근로조건의 명시 및 교부의무

제17조(근로조건의 명시) ① 사용자는 근로계약을 체결할 때에 근로자에게 다음 각 호의 사항을 명시하여야 한다. 근로계약 체결 후 다음 각 호의 사항을 변경하는 경우에도 또한 같다. → **500만원 이하의 벌금(양벌규정)**

1. **임금**
2. **소정근로시간**
3. **제55조에 따른 휴일**
4. **제60조에 따른 연차 유급휴가**
5. **그 밖에 대통령령으로 정하는 근로조건**

② 사용자는 제1항제1호와 관련한 임금의 구성항목·계산방법·지급방법 및 제2호부터 제4호까지의 사항이 명시된 **서면을 근로자에게 교부**하여야 한다. 다만, 본문에 따른 사항이 **단체협약 또는 취업규칙의 변경 등 대통령령으로 정하는 사유로 인하여 변경되는 경우**에는 근로자의 요구가 있으면 그 근로자에게 교부하여야 한다. (→ **500만원 이하의 벌금(양벌규정)**

시행령 제8조(명시하여야 할 근로조건) 법 제17조제1항제5호에서 "대통령령으로 정하는 근로조건"이란 다음 각 호의 사항을 말한다.

1. 취업의 장소와 종사하여야 할 업무에 관한 사항
2. 법 제93조제1호부터 제12호까지의 규정에서 정한 사항
3. 사업장의 부속 기숙사에 근로자를 기숙하게 하는 경우에는 기숙사 규칙에서 정한 사항

시행령 제8조의2(근로자의 요구에 따른 서면 교부) 법 제17조제2항 단서에서 "**단체협약 또는 취업규칙의 변경 등 대통령령으로 정하는 사유**로 인하여 변경되는 경우"란 다음 각 호의 경우를 말한다.

1. 법 제51조제2항, 제51조의2제1항, 같은 조 제2항 단서, 같은 조 제5항 단서, 제52조제1항, 같은 조 제2항제1호 단서, 제53조제3항, 제55조제2항 단서, 제57조, 제58조제2항·제3항, 제59조제1항 또는 제62조에 따른 **서면 합의**로 변경되는 경우
2. 법 제93조에 따른 취업규칙에 의하여 변경되는 경우
3. 「노동조합 및 노동관계조정법」 제31조제1항에 따른 단체협약에 의하여 변경되는 경우
4. 법령에 의하여 변경되는 경우

(1) 의의

근로기준법 제17조는 사용자로 하여금 일정한 근로조건을 명시하도록 하고, 그 중에서도 특정한 근로조건은 반드시 서면으로 명시하고 교부하도록 **근로조건의 서면명시 및 교부의무** 등을 규정하고 있는 바, 이는 근로자가 근로조건이 불확정된 상태에서 취업을 강제 당할 위험을 예방하기 위한 것이다. 근로조건 명시 및 교부의무를 위반하면 **500만원 이하 벌금**에 처한다.(근로기준법 114조)

(2) 근로조건의 명시의무(→사례: 18)

1) 단순 명시 근로조건

사용자는 근로계약을 체결할 때 근로자에 대하여 임금, 소정근로시간, 제55조에 따른 휴일(주휴일), 제60조에 따른 유급휴가(연차 유급휴가), 그 밖에 대통령령(시행령 제8조)으로 정하는 근로조건을 명시하여야 한다.(근로기준법 제17조 제1항 본문)

2) 서면 명시 근로조건

단순 명시 근로조건 중에서 ① 임금의 구성항목 · 계산방법 · 지급방법 ② 소정근로시간 ③ 제55조에 따른 휴일(주휴일) ④ 제60조에 따른 유급휴가(연차 유급휴가)에 대해서는 반드시 **서면으로 명시**하고 명시된 **서면을 근로자에게 교부**하여야 한다.(근로기준법 제17조 후단)

(3) 근로조건의 서면교부의무

사용자는 명시사항이 단체협약 또는 취업규칙의 변경 등 대통령령(시행령 제8조의2)으로 정하는 사유로 인하여 변경되는 때에는 **근로자의 요구**가 있으면 그 근로자에게 **교부**하여야 한다.(근로기준법 제17조 제2항)

(쟁점) 명시된 근로조건 위반시 근로자의 보호(→사례: 18)

1) 의의

명시된 근로조건이 사실과 다를 경우에 근로자는 근로조건 위반을 이유로 손해의 배상을 청구할 수 있으며 즉시 근로계약을 해제할 수 있는 바(근로기준법 19조 제1항), 여기에서의 '명시된 근로조건이 사실과 다를 경우'라 함은 사용자가 근로계약서에 명시한 근로조건을 실제로 이행하지 않는 경우를 말한다. 따라서 명시한 근로조건보다 유리한 경우에는 동조위반이 아니다. 근로기준법 제17조에서 규정하고 명시의무 위반의 범위에 있지 않은 근로조건 위반의 경우에는 민법상의 계약해지권만 인정된다 할 것이다.

2) 손해배상의 청구

'명시된 근로조건'이 사실과 다를 경우에 근로자는 근로조건 위반을 이유로 **손해의 배상을 청구**할 수 있다.(근로기준법 제19조 제1항), 여기에서 손해배상의 산정 기준은 사용자가 명시된 근로조건을 제대로 이행하였다면 근로자가 받게 될 이익과 사용자가 이를 이행하지 않음으로써 발생된 상태와의 차액이 될 것인데, 근로기준법은 **노동위원회에** 근로자의 손해배상 청구를 신청할 수 있도록 함으로써 신속한 권리 구제를 도모하고 있다.(근로기준법 제19조 제2항 전단)

3) 근로계약의 즉시해제(계약의 즉시 해지권)

명시된 근로조건이 사실과 다를 경우에 근로자는 **즉시 근로계약을 해제**할 수 있는 바(근로기준법 제19조 제1항) 이러한 근로계약 즉시해제권의 규정 취지는 근로자가 원하지 않는 근로를 강제당하는 폐단을 방지하고 근로자를 신속히 구제하려는 데에 있으므로, 근로계약을 체결한 후(또는 근로관계 도중 근로조건이 변경된 후)로부터 **상당한 기간**이 지나면 행사할 수 없다는 것이 판례의 태도이다.(대법원 1997.10.10. 선고 97누5732 판결)

4) 귀향여비지급

근로계약이 해제되었을 경우에 사용자는 **취업을 목적**으로 **거주를 변경**하는 근로자에게 **귀향 여비**를 지급하여야 한다.(근로기준법 19조2항 후단) 여기서 귀향여비는 귀향(거주 변경)에 필요한 일체의 비용을 말하는 것으로서, 근로자 본인뿐만 아니라 그와 생계를 함께 하는 가족 모두가 거주를 변경하는 과정에서 소요되는 교통비, 식비, 숙박비 및 가재도구의 이사 비용이 포함된다.

사례연습 18

근로조건의 명시 및 교부의무 (변호사시험 2014년 기출문제)

근로자 A는 의류판매 회사인 B사(상시근로자 100명)에 2013.7.1에 취업하였다. A는 취업하기 전에 B사의 인사부장으로부터 다음의 근로조건에 대하여 설명을 듣고 구두로 근로계약을 체결하였다.

- 월임금은 200만원을 지급함
- 근로시간은 1일 8시간 1주 40시간으로 함
- 1주에 1일의 주휴일을 부여함

그러나 A가 실제로 약 2개월간 근무하였던 동안의 근로조건은 다음과 같았다.

- 월임금은 150만원을 지급받았음
- 근로시간은 1주 48시간 근무를 하는 것이 일반적임
- 1주에 1일의 주휴일을 부여받았음

A는 2013, 9, 2 오전 출근하여 인사과 사무실을 찾아가 '당초 취업을 결정할 때 들었던 근로조건과 실제로 지급된 임금이나 근로시간이 다르다라는 취지의 말을 하면서 마침 자리에 있던 인사과장에게 노동조합 및 변호사와 상담하여 근로기준법에 따른 권리를 행사하겠다'라고 하였다. A는 인사과 사무실을 나오면서 '왜 사람을 속이느냐, 이 나쁜 놈들아'라고 큰 소리로 말하면서 인사과장의 책상을 발로 걷어찼고 이에 대해 인사과장이 A를 째려보자 A는 인사과장의 멱살을 잡고 두 차례 흔들다가 뒤로 밀쳤다. 이로 인사과장은 약4주간의 치료를 요하는 상해를 입었다. 이를 두고B는 A가 상급자에게 폭언과 폭행을 하였다는 등의 이유로 해고를 하기로 방침을 정하였다. B사의 징계규정에는 상급자를 폭행하거나 상급자에게 상해를 가한 경우를 해고사유로 규정하고 있다.

한편, B사에는 C노동조합(이하 'C노조'라 한다)이 설립되어 있고, C노조가 B사와 체결한 단체협약 제40조에는 '근로자의 해고가 불가피할 때에는 조합과 합의하여 이를 실시한다'라고 규정되어 있다.

1. 쟁점의 정리

사안에서 근로자 A는 B사의 인사부장으로부터 일부 근로조건에 대하여 설명을 듣고 구두로 근로계약을 체결하였는 바, ① 먼저 근로계약의 체결과 근로기준법 제17조의 관계를 살펴본 후, ② A가 B사와 체결한 근로계약의 내용 및 효력과 관련하여 구두로 계약을 체결한 것이 근로기준법 제17조의 근로조건 명시 의무 및 명시된 서면 교부의무에 위반되는지 여부, ③ 그리고 명시된 근로조건과 사실이 다른 경우 근로자 A가 근로기준법 제19조에 따라 행사할 수 있는 권리가 무엇인 지 검토하여야 할 것이다. ④ 또한, 기타 근로기준법 규정에 의해서 근로자 A가 행사할 수 있는 권리와 관련하여 A는 2개월 동안 소정근로시간을 초과하여 1주 48시간을 근무하였는 바, (i) 만일 근로자 A와 합의하지 않고 연장근로를 한 것이라면 근로기준법 제53조 위반에 해당하는 지 여부, (ii) 그리고 그에 따른 연장근로수당의 지급을 청구할 수 있는 지 여부 등도 살펴보아야 한다.

2. A가 B사와 체결한 근로계약의 내용 및 효력

(1) 근로계약의 체결과 근로기준법 제17조

'근로계약'은 청약과 승낙의 의사표시의 합치만으로 유효하게 성립하고 근로계약의 체결에 근로계약서와 같은 특별한 형식을 요구하는 것은 아니므로, 서면계약이 체결되어 있지 않더라도 구두 혹은 관행·관습에 의해서도 근로계약은 유효하게 성립한다. 한편, 근로기준법 제17조는 사용자로 하여금 일정한 근로조건은 반드시 서면으로 명시하고 근로자에게 교부하도록 '근로조건의 명시 및 교부의무'를 규정하였는 바, 이는 사용자가 우월한 지위를 남용하여 구체적인 근로조건을 제시하지 않은 불확정한 상태에서 근로자가 취업을 강제 당할 위험을 예방함으로써 근로자의 법적 지위를 강화하기 위한 것이다.

(2) 근로계약의 내용

1) 근로기준법 제17조 위반 여부

근로기준법 제17조는 근로계약을 체결할 법에서 열거하고 있는 중요한 근로조건에 대해서는 서면으로 명시하도록 하고, 근로계약 체결 후 단체협약 또는 취업규칙의 변경 등의 사유로 인하여 위 사항이 변경되는 경우에는 근로자의 요구가 있으면 그 근로자에게 교부할 것을 규정하고 있다.

가. 단순 명시 근로조건

사용자는 근로계약을 체결할 때 근로자에 대하여 임금, 소정근로시간, 제55조에 따른 휴일(주휴일), 제60조에 따른 유급휴가(연차 유급휴가), 그 밖에 대통령령(시행령 제8조)으로 정하는 근로조건을 명시하여야 한다.(근로기준법 제17조 제1항 본문)

나. 서면 명시 근로조건

단순 명시 근로조건 중에서 ① 임금의 구성항목·계산방법·지급방법 ② 소정근로시간 ③ 제55조에 따른 휴일(주휴일) ④ 연차유급휴가에 대해서는 반드시 서면으로 명시하고 명시된 서면을 근로자에게 교부하여야 한다.(근로기준법 제17조 후단)

다. 근로조건의 서면교부의무

사용자는 근로기준법 제17조에 명시된 사항을 기재한 서면을 근로자에게 교부하여야 할 뿐 아니라, 명시사항이 단체협약이나 취업규칙 등 대통령령으로 정하는 사유로 인하여 변경되는 때에는 근로자의 요구가 있으면 그 근로자에게 교부하여야 한다.(근로기준법 제17조 제2항)

2) 사안의 경우

B사와 근로자 A간에 '월 임금은 200만원 지급, 근로시간 1일 8시간 1주 40시간, 1주일에 1일의 주휴일 부여'를 근로조건으로 하는 근로계약을 구두로 체결하였는 바, ① 서면 명시의무와 관련하여. (i) 임금은 월 200만원 지급한다는 것만 명시하였을 뿐이고 임금의 구성항목·계산방법·지급방법에 대한 구체적 명시가 없으며 (ii) 근로기준법 제60조의 연차유급휴가를 명시하지 아니하였다. ② B사는 근로계약을 구두로 체결하였으므로 근로기준법 제17조의 서면교부의무를 위반하였다.

(3) 근로계약의 효력

근로기준법 제17조를 위반한 경우에도 근로계약 자체는 유효하게 성립하고 다만 근로기준법 제114의 벌칙이 적용될 뿐이다. 따라서, A사가 구두로 설명한 근로조건에 따라 근로계약은 유효하게 성립되었다.

3. A가 행사할 수 있는 근로기준법상의 권리

(1) 근로기준법 제19조에 따른 권리

1) 근로조건 명시 위반과 근로기준법 제19조

명시된 근로조건이 사실과 다를 경우에 근로자는 근로조건 위반을 이유로 손해의 배상을 청구할 수 있으며 즉시 근로계약을 해제할 수 있는 바(근로기준법 19조 제1항), 여기에서의 '명시된 근로조건이 사실과 다를 경우'라 함은 사용자가 근로계약서에 명시한 근로조건을 실제로 이행하지 않는 경우를 말한다. 따라서 명시한 근로조건보다 유리한 경우에는 동조위반이 아니다.

2) 근로기준법 제19조의 내용

가. 손해배상의 청구

'명시된 근로조건'이 사실과 다를 경우에 근로자는 근로조건 위반을 이유로 손해의 배상을 청구할 수 있는 바(근로기준법 제19조 제1항), 여기에서 손해배상의 산정 기준은 사용자가 명시된 근로조건을 제대로 이행하였다면 근로자가 받게 될 이익과 사용자가 이를 이행하지 않음으로써 발생된 상태와의 차액이 될 것이다. 다만, 근로자의 손해배상 청구를 노동위원회에 신청하도록 함으로써 신속한 권리 구제를 도모하고 있다.(근로기준법 제19조 제2항 전단)

나. 근로계약의 즉시해제(계약의 즉시 해지권)

명시된 근로조건이 사실과 다를 경우에 근로자는 즉시 근로계약을 해제할 수 있는바(근로기준법 제19조 제1항) 이러한 근로계약 즉시해제권의 규정 취지는 근로자가 원하지 않는 근로를 강제당하는 폐단을 방지하고 근로자를 신속히 구제하려는 데에 있으므로, 근로계약을 체결한 후(또는 근로관계 도중 근로조건이 변경된 후)로부터 상당한 기간이 지나면 행사할 수 없다는 것이 판례의 태도이다.(대법원 1997.10.10. 선고 97누5732 판결)

다. 귀향여비지급

근로계약이 해제되었을 경우에는 사용자는 취업을 목적으로 거주를 변경하는 근로자에게 귀향여비를 지급하여야 한다.(근로기준법 19조2항 후단)

3) 사안의 경우

사안에서 B사와 근로자 A간에 '월 임금은 200만원 지급, 근로시간 1일 8시간 1주 40시간, 1주일에 1일의 주휴일 부여'를 근로조건으로 하는 근로계약을 체결하였으나, 명시한 근로조건과 달리 월임금은 150만원을 지급받았으며, 근로시간은 1주 48시간 근무를 하는 것이 일반적이었으므로, 근로자 A는 B사에 대하여 근로기준법 제17조 위반을 근로기준법 제19조에 따라 손해배상의 청구, 근로계약의 즉시해제(계약의 즉시 해지권), 귀향여비지급 등을 청구할 수 있다.

(2) 근로기준법 제53조에 따른 권리

1) 법정근로시간과 연장근로의 합의

당사자 간에 합의하면 1주 간에 12시간을 한도로 제50조의 근로시간을 연장할 수 있는 바(근로기준법 제53조), 사용자가 근로자와 합의하지 않은 경우는 물론이고, 설령 근로자와 합의한 경우라도 법에서 정한 근로시간을 초과한 경우에는 2년 이하의 징역 또는 2,000만원 이하의 벌금이 사용자에게 부과되며, 초과근로에 대한 가산임금도 지급하여야 한다.

2) 사안의 경우

사안에서 A는 2개월 동안 소정근로시간을 초과하여 1주 48시간을 근무하였는 바, 만일 근로자 A와 합의하지 않고 연장근로를 한 것이라면 근로기준법 제53조 위반에 해당한다.

(3) 근로기준법 제56조에 따른 권리

1) 연장근로수당의 지급

상시 5인 이상의 근로자를 사용하는 사업 또는 사업장의 경우에는 연장근로시간에 대하여 통상임금의 100분의 50 이상을 가산하여 근로자에게 지급하여야 한다.(근로기준법 제56조) 근로기준법 제53조에서의 '연장근로'란 근로기준법에서 정한 법정근로시간인 1주 40시간, 1일 8시간을 초과하는 근로를 의미한다.

2) 사안의 경우

만일 A의 초과근로에 대한 가산수당을 지급하지 아니하였다면 이는 근로기준법 제56조위반이고, A는 소정근로시간을 초과한 근로시간에 대해서는 소정근로에 대한 임금 월 200만원이외에 별도로 연장근로수당을 청구할 수 있다.

(4) 근로기준법 제109조 및 제 110조의 적용

근로기준법 제53조와 근로기준법 제56조 위반에 대하여 A는 형사고소할 수 있다.(근로기준법 제109조, 제110조)

5. 사안의 해결

(1) A가 B사와 체결한 근로계약의 내용 및 효력

사용자는 근로기준법 제17조를 위반하였는 바, 근로기준법 제17조를 위반한 경우에도 근로계약 자체는 유효하게 성립하고 다만 근로기준법 제114의 벌칙이 적용될 뿐이다. 따라서, A사가 구두로 설명한 근로조건에 따라 근로계약은 유효하게 성립된다.

(2) 그 외의 근로기준법상 권리

① 근로자 A는 근로조건 위반을 이유로 근로기준법 제19조에 따라 (i) 손해배상을 청구할 수 있고 (ii) 근로계약을 해제할 수도 있으며, (iii) 취업목적으로 거주지를 변경하는 경우에는 귀향여비지급 청구를 할 수도 있을 것이다. ② 그 외의 근로기준법상 권리로는 (i) 근로기준법 제53조 위반 (ii) 근로기준법 제56조위반 (iii) 근로기준법 제109조 및 제 110조의 적용을 주장할 수 있다.

3. 사용자와 근로자의 의무

(1) 사용자의 의무

1) 주된 의무:임금지급의무

사용자는 근로에 대한 대가로서 근로자에게 **임금을 지급하여야 할 의무**를 진다.(근로기준법 제2조 제1항 제5호) 지게 된다. 사용자의 임금 지급의무는 근로계약상 **주된 의무**로서 자신의 지휘 감독아래 제공된 근로에 대한 반대 급부로서의 의미를 지닌다. 근로자의 임금의 액수, 지급시기 및 지급방법 등에 대하여는 근로계약이 정한 바에 따르겠지만, 법정수당이나 퇴직금 등의 지급에 있어서는 근로기준법과 최저임금법 등이 정한 강행규정에 위반되어서는 아니된다.

2) 부수적 의무: 보호의무

가. 안전보호의무(안전배려의무)

사용자는 부수적 의무로서 안전보호의무를 지는 바, **안전보호의무는 성실의무의 한 내용으로서 근로계약에 수반되는 부수적 의무이므로** 근로계약서상에 구체적인 내용이 없어도 **신의칙상** 당연히 인정된다. 사용자의 안전보호의무는 근로자의 생명·신체·건강을 침해해서는 안되는 **소극적인 의무**뿐 아니라, 예상되는 생명·신체·건강에 대한 위험으로부터 근로자를 보호해야 하는 **적극적인 의무**를 포함한다. 이러한 보호의무의 구체적인 내용은 당사자의 약정이나 단체협약 등에 의하여 정하여질 수도 있지만, 사용자의 안전보호의무는 신의칙에 근거하여 인정되는 의무라 할 것이므로, 당사자의 약정 등에서 정해지지 않은 경우에는 **근로자의 업무와 관련이 있는 범위**내에서 인정되어야 할 것이다.(대법원 2001.7.27. 선고 99다56734 판결)

이러한 사용자의 안전보호의무는 **근로자 파견의 경우에도 마찬가지로 적용**되므로, 근로자파견관계에서 사용사업주와 파견근로자 사이에는 특별한 사정이 없는 한 파견근로와 관련하여 사용사업주가 파견근로자에 대한 보호의무 또는 안전배려의무를 부담한다는 점에 관한 **묵시적인 의사의 합치**가 있다고 할 것이므로, 파견사업주는 물론 사용사업주에게도 파견근로자에 대한 보호의무 내지 안전배려의무가 인정된다는 것이 판례의 태도이다.(대법원 2013.11.28. 선고 2011다60247 판결)

나. 사용자의 인격권존중의무

근로자가 인간으로서 누리는 프라이버시 권리, 비인간적인 괴롭힘을 받지 않을 권리 등의 인격권은 직장에서도 존중되어야 하는 바, 사용자는 근로계약상 부수의무로서 **근로자의 인격권을 존중해야 할 의무** 곧 근로자의 인격과 품위 등이 침해받지 않도록 할 신의칙상 보호의무를 부담한다. 또한, 사용자가 근로자의 **인격권을 침해**하는 행위를 하는 경우에는 **불법행위**에 의한 손해배상책임을 지게 될 것이다. 판례는 사용자의 근로자에 대한 배려의무의 하나로서 신의칙상 근로자의 인격실현에 대한 사용자의 신의칙상 의무를 인정하면서 사용자가 정당한 이유 없이 **근로자의 근로제공을 계속적으로 거부하는 경우**에는 근로자의 **인격적 법익을 침해**하는 것이므로 사용자는 이에 대한 손해배상책임을 부담한다는 입장이다.(대법원 2006.07.28. 선고 2006다17355 판결) (→(쟁점) 사용자의 근로수령의무 인정여부)

(쟁점) 사용자의 근로수령의무 인정여부(→사례: 19)

1. 문제점

'근로수령의무'란 사용자가 근로계약에 따라 근로자가 제공하는 근로를 현실적으로 수령할 의무를 말하는 바, 이러한 사용자의 근로수령의무를 **신의칙상 부수의무**의 하나로 인정할 수 있는지 문제된다.

2. 학설

(1) 원칙적 부정설

원칙적 부정설은 근로자에 대하여 근로제공의무의 이행을 강제할 수 없는 것과 마찬가지로, 사용자에게 근로의 수령을 강제할 수 있는 것은 아니므로 근로자의 '**취업청구권**'을 인정할 수 없다는 견해이다. 따라서, 예외적으로 명확한 법적 근거가 있는 경우(예컨대, 부당노동행위나 부당해고 등에 대한 원직복귀구제명령), 혹은 당사자 사이의 특약이 있는 것으로 인정되는 경우(예컨대, 취업규칙에서 취업금지사유를 명확하게 한정적으로 열거하고 있는 경우)를 제외하고 이는 법적으로 강제할 수 있는 성질의 의무가 아니라고 한다.

(2) 긍정설

근로계약상 사용자가 근로자에게 부담하는 의무는 임금지급의무에 한하지 않고 자신의 지배 하에서 계속적으로 근로를 제공하는 근로자의 이익을 보호하여야 할 **부수적 의무로서의 배려의무**를 포함하는 바, 여기에서의 사용자의 부수적 의무로서의 배려의무에는 근로자에 대한 **인격권 존중의무가 포함**되는 것이고 이러한 근로자에 대한 인격권존중의무의 한 내용으로서 사용자는 노무수령의무를 부담한다는 견해이다.

3. 판례

판례는 '사용자가 근로자의 의사에 반하여 정당한 이유 없이 근로자의 근로제공을 계속적으로 거부하는 것은 **근로자의 인격적 법익을 침해**하는 것이 되어 사용자는 이로 인하여 근로자가 입게 되는 정신적 고통에 대하여 배상할 의무가 있다.'고 하여 사용자의 부당한 복직 거부가 근로자의 인격적 법익을 침해하는 **불법행위**를 구성한다고 하였다.(대법원 1996.04.23. 선고 95다6823 판결, 대법원 2014.01.16. 선고 95다6823 판결)

4. 검토

근로계약은 인적계약으로서 다른 계약과는 비교할 수 없을 정도의 **고양된 '신의성실의 원칙'**을 **준수**해야 하는 의무를 계약의 당사자인 근로자와 사용자에게 부과하는바, 사용자에게는 근로계약상의 부수적 의무의 하나로서 근로자가 근로제공을 통하여 자신의 인격의 발전을 도모함으로써 인격을 실현할 수 있도록 배려해야 하는 **신의칙상 의무**를 부담한다. 따라서, 사용자가 그 책임 있는 사유로 배려의무를 위반하면 근로자는 사용자에 대하여 채무불이행에 따른 손해배상을 청구(민법 제390조 참조) 할 수 있고, 또 사용자에게 적절한 조치를 강구할 것을 청구하거나 배려의무에 위반되는 행의를 중지할 것을 청구할 수도 있을 것이며, 이러한 **배려의무의 이행의 하나**로서 근로자의 취업 청구권도 인정할 수 있을 것이다.

사례연습 19

사용자의 근로수령의무와 부당해고(대법원 2006.07.28. 선고 2006다17355 판결 : 출제유력)

甲은 A회사에 입사하여 근무하던 중 노동조합을 결성하고 또 위원장으로 선출되어 여러 차례 A회사와 단체교섭을 하여 왔다. 그러던 중, 甲은 2007년 1월23일 회사로부터 해고를 당하자 노동위원회에 부당해고 구제신청을 하였고, 노동위원회는 甲의 구제신청을 받아들여 부당해고로 판정하고 부당해고기간 중의 임금지급과 복직을 명하는 구제명령을 하였으며 이에 대해 A회사가 불복하지 않아 구제명령은 2007년 3월 4일 확정되었다.

甲은 수차 A회사에 대하여 복직을 요구하였으나 A사는 임금으로 甲에게 매월 금 300만원씩의 임금상당액만 지급할 뿐 甲을 복직시키지 않고 있던 중, A회사는 2007년 5월 23일 위의 해고 당시와 비슷한 사유를 들어 甲을 다시 해고하자, 甲은 해고무효확인의 소를 제기였고, 이후 A회사의 해고가 무효라는 판결이 동년 11월 24일 확정되었다.

1. 甲이 수차 A회사에 대하여 원직복직을 요구하였으나 A사는 임금으로 甲에게 매월 금 300만원씩의 임금상당액만 지급할 뿐 甲을 원직복직시키지 않는 행위는 정당한가?
2. 甲은 부당해고가 확정되었음에도 복직을 거부하고 동일사유로 다시 해고한 것에 따른 정신적 손해의 배상을 청구하였다. 이 청구가 인용될 수 있는가?

Ⅰ. 사안1의 해결

1. 쟁점의 정리

근로자가 근로를 제공하려 하였으나 사용자가 취업을 거부한 경우에는 수령지체(민법 제392조)가 되어 근로자에게 임금을 지급해야 하는 것은 당연하다. 그런데, 사안과 같이 부당해고 구제명령이 확정된 근로자 甲이 수차 A회사에 대하여 원직복직을 요구하였으나 사용자가 근로자에게 근로계약상 임금은 정상적으로 지급하면서 근로자를 복직시키지 않는 경우, 사용자에게 근로 수령의무를 인정할 수 있는 것인지, 만일 인정한다면 어떠한 근거에서 인정할 수 있는 지 문제된다.

2. 사용자의 근로수령의무 인정여부

(1) 문제점

'근로수령의무'란 사용자는 정당한 이유가 없는 한 근로계약에 따라 근로자가 제공하는 근로를 현실적으로 수령할 의무를 말하는 바, 이러한 사용자의 근로수령의무를 신의칙상 부수의무의 하나로 인정할 수 있는지 문제된다.

(2) 학설

1) 원칙적 부정설

원칙적 부정설은 근로자에 대하여 근로제공의무의 이행을 강제할 수 없는 것과 마찬가지로, 사용자에게 근로의 수령을 강제할 수 있는 것은 아니므로 근로자의 '취업청구권'을 인정할 수 없다는 견해이다. 따라서, 예외적으로 명확한 법적 근거가 있는 경우(예컨대, 부당노동행위나 부당해고 등에 대한 원직복귀구제명령), 혹은 당사자 사이의 특약이 있는 것으로 인정되는 경우(예컨대, 취업규칙에서 취업금지사유를 명확하게 한정적으로 열거하고 있는 경우)를 제외하고 이는 법적으로 강제할 수 있는 성질의 의무가 아니라고 한다.

2) 긍정설

근로계약상 사용자가 근로자에게 부담하는 의무는 임금지급의무에 한하지 않고 자신의 지배 하에서 계속적으로 근로를 제공하는 근로자의 이익을 보호하여야 할 부수적 의무로서의 배려의무를 포함하는 바, 여기에서의 사용자의 부수적 의무로서의 배려의무에는 근로자에 대한 인격권 존중의무가 포함되는 것이고 이러한 근로자에 대한 인격권존중의무의 한 내용으로서 사용자는 노무수령의무를 부담한다는 견해이다.

(3) 판례

판례는 '사용자가 근로자의 의사에 반하여 정당한 이유 없이 근로자의 근로제공을 계속적으로 거부하는 것은 근로자의 인격적 법익을 침해하는 것이 되어 사용자는 이로 인하여 근로자가 입게 되는 정신적 고통에 대하여 배상할 의무가 있다.'고 하여 사용자의 부당한 복직 거부가 근로자의 인격적 법익을 침해하는 불법행위를 구성한다고 하였다.(대법원 1996.04.23. 선고 95다6823 판결, 대법원 2014.01.16. 선고 95다6823 판결)

(4) 검토

근로계약은 인적계약으로서 다른 계약과는 비교할 수 없을 정도의 고양된 '신의성실의 원칙'을 준수해야 하는 의무를 계약의 당사자인 근로자와 사용자에게 부과하는바, 사용자에게는 근로계약상의 부수적 의무의 하나로서 근로자가 근로제공을 통하여 자신의 인격의 발전을 도모함으로써 인격을 실현할 수 있도록 배려해야 하는 신의칙상 의무를 부담한다. 따라서, 사용자가 그 책임 있는 사유로 배려의무를 위반하면 근로자는 사용자에 대하여 채무불이행에 따른 손해배상을 청구(민법 390조 참조) 할 수 있고, 또 사용자에게 적절한 조치를 강구할 것을 청구하거나 배려의무에 위반되는 행의를 중지할 것을 청구할 수도 있을 것이며, 이러한 배려의무의 이행의 하나로서 근로자의 취업 청구권도 인정할 수 있을 것이다.

3. 결론

사용자에게는 근로계약상의 부수적 의무의 하나로서 근로자가 근로제공을 통하여 자신의 인격의 발전을 도모함으로써 인격을 실현할 수 있도록 배려해야 하는 신의칙상 의무를 부담하고 있으며, 그 내용의 하나로서 사용자의 근로수령의무가 인정된다. 따라서 A회사가 임금으로 甲에게 매월 금 300만원씩의 임금상당액만 지급할 뿐 甲을 원직복직시키지 않는 행위는 정당하지 않다. 다만, 판례에 따르면 사용자가 근로자의 의사에 반하여 정당한 이유 없이 근로자의 근로제공을 계속적으로 거부하는 것은 근로자의 인격적 법익을 침해하는 것으로서 불법행위를 구성할 것이다.

II. 사안2의 해결

1. 쟁점의 정리

사안에서 A회사는 부당해고임이 확정되었음에도 불구하고 정당한 이유 없이 복직을 거부하던 중 동일한 사유로 다시 근로자를 해고하였는 바, 이러한 A회사의 행위가 불법행위를 구성하는지, 만일 불법행위가 인정될 수 있다면 어떠한 요건하에서 인정되는 지 문제된다.

2. A회사 행위의 불법행위 해당성

(1) 문제점

사용자의 근로자에 대한 해고가 정당하지 못하여 무효로 판단되는 경우 그러한 사유만으로 곧바로 그 해고가 불법행위가 되는 것은 아니고, 그런 행위가 불법행위를 구성하기 위해서는 ① 고의, 과실에 의한 ② 위법행위가 있고 ③ 그로 인한(인과관계) ④ 손해가 발생한 경우여야 할 것인바, 어떤 경우에 해고가 무효로 되는 외에 블법행위가 될 수 있는지 문제된다.

(2) 판례의 태도

사용자의 근로자에 대한 해고가 정당하지 못하여 무효로 판단되는 경우 그러한 사유만으로 곧바로 그 해고가 불법행위를 구성하게 되는 것은 아니고, 사용자의 해고와 관련한 행위가 예외적으로 불법행위를 구성하는 위법한 행위로 평가될 수 있어야 한다.

판례에 의하면 '사용자가 근로자를 징계해고할 만한 사유가 전혀 없는데도 오로지 근로자를 사업장에서 몰아내려는 의도하에 고의로 어떤 명목상의 해고사유를 만들거나 내세워 징계라는 수단을 동원하여 해고한 경우나, 해고의 이유로 된 어느 사실이 소정의 해고사유에 해당되지 아니하거나 해고사유로 삼을 수 없는 것임이 객관적으로 명백하고, 또 조금만 주의를 기울이면 이와 같은 사정을 쉽게 알아볼 수 있는데도 그것을 이유로 징계해고에 나아간 경우 등 징계권의 남용이 우리의 건전한 사회통념이나 사회상규상 용인될 수 없음이 분명한 경우에 있어서는 그 해고가 근로기준법 제27조 제1항에서 말하는 정당성을 갖지 못하여 효력이 부정되는 데 그치는 것이 아니라, 위법하게 상대방에게 정신적 고통을 가하는 것이 되어 근로자에 대한 관계에서 불법행위를 구성할 수 있을 것'이라고 한다.(대법원 1992.10.22. 선고 92다43586 판결 등) 즉, 이러한 악의적인 해고는 근로기준법 제23조 제1항에서 말하는 정당성을 갖지 못하여 효력이 부정되는 데 그치는 것이 아니라, 근로자에 대한 관계에서 불법행위를 구성할 수 있다.

(3) 사안의 경우

사안에서 A회사가 1차 해고에 대한 노동위원회의 부당해고 판정에 대하여 행정소송을 제기하지 않아 부당해고로 확정되었음에도 불구하고 근로제공을 거부할 만한 특별한 사정이 없음에도 근로제공을 계속 거부하다가 비슷한 사유로 다시 해고한 것은 사회상규에 어긋나는 위법한 행위로서 불법행위를 구성한다.

4. 결론

A회사가 부당해고의 확정에도 불구하고 의 근로제공을 거부할 만한 특별한 사정이 없음에도 근로제공을 계속 거부하다가 비슷한 사유로 다시 해고한 것은 사회상규에 어긋나는 위법한 행위로서, 이로 인해 甲은 계속 복직도 하지 못한 채 2차 해고에 대해 무효확인의 소를 제기해야 하는 등 상당한 정신적 고통을 받았을 것임은 경험칙에 비추어 명백하다고 볼 수 있다. 따라서 A회사는 甲의 이로 인한 정신적 손해에 대해 배상할 책임이 있다.

(쟁점) 사용자의 진실고지의무

1. 의의

근로기준법은 제4조에서 '근로계약은 근로자와 사용자가 동등한 지위에서 자유의사에 따라 결정하여야 한다'고 규정하여 **근로조건 대등결정의 원칙**을 명시하고 있는 바, 사용자는 채용 절차를 진행하면서 구직자에게 근무환경이나 근로조건에 대해 미리 제시하여야 하고, 신의성실의 원칙에 따라 **근로자에게 진실을 고지할 의무**를 가진다.

2. 진실고지의무 위반의 효과

(1) 근로계약의 해지

사용자가 거짓으로 고지·설명하거나 누락하거나 이행하지 않는 등 근로자의 채용을 유도하기 위해 진실고지의무의 이행을 다하지 않아 근로계약에서 **명시된 근로조건**이 사실과 다를 경우에 근로자는 **즉시** 근로계약을 **해제**할 수 있다'(근로기준법 제19조 제1항), 이는 해지예고기간을 정한 민법 제544조(이행지체와 해제), 제660조(기간의 약정이 없는 고용의 해지 통지)에 대한 특칙으로 해석되므로, 근로기준법 제17조에서 규정하고 명시의무 위반의 범위에 있지 않은 근로조건 위반의 경우에는 일반적인 민법상의 계약해지권만 인정된다 할 것이다.

(2) 손해배상청구

사용자가 진실고지의무의 이행을 다하지 않아 근로계약에서 '명시된 근로조건'이 사실과 다를 경우에 근로자는 근로조건 위반을 이유로 **손해의 배상을 청구**할 수 있는 바(근로기준법 제19조 제1항), 근로기준법은 근로자가 **노동위원회에** 손해배상 청구를 신청할 수 있도록 함으로써 신속한 권리 구제를 도모하고 있다.(근로기준법 제19조 제2항 전단) 여기에서 손해배상의 산정 기준은 사용자가 명시된 근로조건을 제대로 이행하였다면 근로자가 받게 될 이익과 사용자가 이를 이행하지 않음으로써 발생된 상태와의 차액이 될 것인데, 판례는 근로자가 노동위원회에 근로기준법 제19조 소정의 손해배상청구를 하려면 사용자가 근로계약체결시 근로자에 대하여 명시한 근로조건을 위반하여 근로자에게 손해를 입힌 사실을 전제로 하여야 하고, 사용자가 근로기준법의 다른 규정사항(예 같은 법 제27조 제1항 위반)이나 노동조합법상의 확정된 구제명령에 위반하여 근로자에게 손해를 입히더라도 같은 조 소정의 손해배상청구를 할 수는 없다.'(대법원 1989.02.28. 선고 87누496 판결)고 판시하여, 손해배상의 범위를 근로계약서상 확약된 사항에 국한하고 있다. 따라서, 근로기준법 제17조에서 규정하고 명시의무 위반의 범위에 있지 않은 근로조건 위반의 경우에 근로자는 노동위원회가 아닌 일반 법원에 채무불이행 또는 불법행위로 인한 손해배상청구의 소를 제기하여야 할 것이다.

(3) 귀향여비지급

사용자가 진실고지의무의 이행을 다하지 않아 근로계약에서 '명시한 근로조건이 사실과 다를 경우에 한하여, 사용자는 취업을 목적으로 거주를 변경하는 근로자에게 귀향 여비를 지급하여야 한다. (근로기준법 19조2항 후단)

(2) 근로자의 의무

1) 의의

'근로계약'이란 근로자가 사용자에게 근로를 제공하고 사용자는 이에 대하여 임금을 지급하는 것을 목적으로 체결된 계약'으로서(근로기준법 제2조 제1항 제4호) 근로자는 근로계약에서 정한 바에 따라 성실하게 근로를 제공할 **근로계약 준수의무(근로기준법 제5조)**를 부담한다. 또한, 계속적 계약인 근로계약은 고양된 '신의성실의 원칙'을 준수해야 하는 의무를 근로자와 사용자에게 부과하는 결과, **당사자간에 특별한 약정이 없어도** 근로자는 사용자의 경영상의 이익이 침해되지 않도록 주의해야 할 **신의칙상**의 제반의무를 부담하고, 여기에는 취업근로제공과 관련된 작위의무와 영업상의 비밀유지의무 및 경업금지의무를 포함하는 부작위의무가 있다.

2) 근로자의 진실고지의무(→(쟁점) 근로자의 진실고지의무)

구직자는 사용자에 대하여 신의칙상 **진실을 고지할 의무**를 부담하는 바, 채용 절차에서 구직자는 '신의성실의 원칙'에 따라 성실하게 신뢰를 가지고 근로계약이 체결되도록 노력해야 하며, 그 중 하나로서 구직자에게는 근로계약의 체결과 관련된 사항을 사용자에게 진실하게 고지하거나 조회에 응할 의무가 있다.

3) 비밀유지의무

'비밀유지의무'라 함은 영업비밀 기타 기업의 유용한 기밀정보를 허가 없이 사용하거나 제3자에게 누설하지 말아야 하는 의무를 의미한다. 근로자는 사용자에게 근로를 제공하며 사용자의 지시와 명령에 따라 업무를 수행하는 과정에서 기업의 영업비밀 등을 접하게 되므로, 사용자는 근로자에게 재직 시는 물론 퇴직 후에도 영업비밀을 준수하는 의무를 부과할 필요성이 인정된다. 따라서, 이와 같은 비밀유지의무는 **근로관계의 존속 중은 물론 퇴직 후에도** 존재한다.

4) 경업금지의무(→(쟁점) 경업금지 약정(전직금지 약정))

경업금지의무란 근로자가 **사용자와 경합하는 업무를 행하지 아니할 의무**를 말하는 바, **근로계약의 존속 중**에 근로자는 **경업금지의무를 부담**하고, 이는 근로계약에 수반되는 **신의칙상의 의무**이다. 그러나 **퇴직 후의 경업금지 의무**는 원칙적으로 당사자 사이에 **약정**이 있고 그 약정의 **내용**이 직업선택의 자유와 직업 활동을 **부당하게 제한하지 않는 범위** 내에서 인정된다.

근로자가 경업금지약정에 위반한 경우, 경업금지약정을 체결한 기존의 사용자는 근로자에 대하여 경업금지약정위반에 따른 손해배상을 청구할 수 있다. (민법 제390조) 한편, 근로자의 경업금지약정 위반에 따른 손해배상을 청구와 관련하여 사용자가 **경업금지약정**을 체결하면서 **위약금약정**을 하는 것이 **근로기준법 제20조가 금지하는 '위약금 예정의 금지'**에 해당하는 지 문제될 수 있다. 그러나, 근로자가 퇴직후 동종업체 취업을 일정 기간 제한하면서 이를 위반시 일정액의 손해배상을 하도록 약정하는 이른바 '경업금지 약정(경업금지 약정)'은 **근로자의 근로를 강제하기 위한 것이 아니라 회사의 영업비밀을 보호하기 위한 것**이므로, 경업금지약정 체결시 위약금을 약정하는 것은 '근로기준법 제20조 위약예정의 금지위반'에 해당하는지 않는다.[17]

---

17) 다만, 경업금지의 약정이 과도하다면 일부 감액되거나 혹은 민법 제103조에 정한 선량한 풍속 기타 사회질서에 반하는 법률행위로서 무효가 될 수 있을 것이다.

(쟁점) 근로자의 진실고지의무

1. 의의

구직자는 사용자에 대하여 신의칙상 진실을 고지할 의무를 부담하는 바, 채용 절차에서 구직자는 '신의성실의 원칙'에 따라 성실하게 신뢰를 가지고 근로계약이 체결되도록 노력해야 하며, 그 중 하나로서 구직자에게는 근로계약의 체결과 관련된 사항을 사용자에게 진실하게 고지하거나 조회에 응할 의무가 있다.

2. 진실고지의무 위반의 효과

(1) 손해배상청구

사용자의 질의 · 조회가 정당함에도 근로자가 의도적으로 진실고지의무를 위반하여 사용자의 채용 결정에 직접적인 영향을 미치거나 그 원인으로 작용했다면, 사용자는 근로자에게 **계약체결상의 과실(민법 제535조) 또는 불법행위(민법 750조)**를 이유로 손해배상을 청구할 수 있다. 다만, 판례는 계약체결상 과실책임을 확대 내지 유추적용하지 않고 이를 민법 제750조의 일반불법행위로 해결한다.

(2) 계약의 취소(→제9장, (2) 당사자의 일방적 의사표시에 의한 근로관계의 종료, (쟁점) 근로계약의 취소)

근로자가 진실고지의무를 위반한 경우 원칙적으로 사용자는 그의 채용의 의사표시를 **착오(민법 제109조) 또는 사기(민법 제110조)**를 이유로 취소할 수 있을 것이다. 근로자의 근무개시 전에 취소권이 행사되면 근로계약은 소급적으로 소멸할 것이지만, 이미 취업상태가 진행되어온 경우에는 계속적 계약인 근로계약의 특성상 취소의 소급효를 인정할 수 없으므로 근로계약은 취소의 의사표시 이후로 그 효력이 소멸될 것이다.

(3) 징계처분 가능여부

근로계약 체결 이전에 발생한 학력은폐, 경력사칭 등과 같은 진실고지의무 위반을 이유로 **징계해고**할 수 있는 지 문제되는 바, 최근의 판례는 허위 사실을 알았더라면 근로계약을 체결하지 아니하였을 것이라는 사정과 같은 고용 당시의 사정뿐 아니라 고용 이후 해고에 이르기까지 그 근로자가 종사한 근로의 내용과 기간, 허위기재한 사실을 알게 된 경우, 알고 난 이후 근로자의 태도 및 사용자의 조치내용, 학력 등이 종전에 알고 있던 것과 다르다는 사정이 드러남으로써 노사 간 및 근로자 상호간 **신뢰관계의 유지와 안정적인 기업경영과 질서유지에 미치는 영향** 기타 여러 사정을 종합적으로 고려하여 판단해야 한다는 입장이다.(대법원 2012.07.05. 선고 2009두16763 판결) 한편, 판례는 회사가 학력은폐 사실을 알고도 이를 이유로 징계권을 행사하지 아니할 것으로 신뢰할 만한 정당한 기대를 가지게 된 경우에는 회사측의 징계권 행사가 신의칙에 반하여 부당할 수 있다고 한다(대법원 1994.01.28. 선고 92다45230 판결).[18]

---

18) 또한, 판례는 경력을 사칭한 근로자가 장기간 성실하고 무난하게 근무해 온 경우에는 채용당시에 있었던 흠이 치유될 수도 있다고 하면서 근로자가 입사 당시, 과거에 형사처벌을 받고 파면되었던 사실을 은폐하였더라도 입사 이후 13년 간 성실하게 근무한 경우 경력 은폐를 이유로 한 징계해고는 정당한 이유가 없다고 한다.(대법원 1993.10.28. 선고 93다30921 판결)

(쟁점) 경업금지 약정(전직금지 약정)(→사례: 20)

1. 의의

'경업'이란 근로자가 경쟁적 성격을 가지는 동종·유사 업종의 다른 회사로 이직하거나 스스로 회사를 설립하는 등의 방법으로 종전 회사에서 재직 중 획득한 지식, 기술, 기능, 인간관계 등을 이용하여 경쟁적 성격을 갖는 직업활동에 종사하는 것을 말한다. 근로계약의 존속 중에 근로자는 경업금지의무를 부담하고, 이는 근로계약에 수반되는 신의칙상의 의무이다. 그러나 퇴직 후의 경업금지 의무는 원칙적으로 당사자 사이에 약정이 있고 그 약정의 내용이 근로자의 직업선택의 자유를 부당하게 제한하지 않는 합리적인 범위 내에서 인정된다.

2. 경업금지 약정 (전직금지 약정)의 유효요건

(1) 보호할 가치 있는 사용자의 이익

'보호할 가치있는 사용자의 이익이라 함은 ① 부정 경쟁방지 및 영업비밀보호에 관한 법률제2조 제2호에 정한 '영업비밀 뿐만 아니라 ② 그 정도에 이르지 아니하였더라도 당해 사용자만이 가지고 있는 지식 또는 정보로서 근로자와 이를 제3자에게 누설하지 않기로 약정한 것이거나 고객관계나 영업상의 신용의 유지 등도 이에 해당한다.

(2) 근로자의 경업 제한의 합리성

경업제한의 기간은 과도하게 장기간이어서는 안되며 경업이 제한되는 직종은 사용자의 영업비밀과 직접 관련되는 직종으로 한정하여야 한다.

(3) 대상조치 유무

'대상조치(代償措置)'라 함은 근로자가 경업금지약정을 채결하는 것에 대하여 어떠한 '대가'를 부여하는 것을 의미한다.

(4) 근로자의 퇴직 전 지위 및 퇴직 경위 등 기타 사정

경업금지 약정을 유효성을 판단하기 위해서는 근로자의 종전 회사에서의 지위 및 직무의 내용, 즉 근로자가 회사의 영업비밀에 접근할 수 있는 지위(직급)에 있었는지 여부, 근로자가 퇴직하게 된 동기나 사유 등 여러 사정을 종합적으로 고려한다.

3. 경업금지약정(전직금지 약정) 위반시의 효과

근로자가 경업금지약정에 위반한 경우, 경업금지약정을 체결한 기존의 사용자는 근로자에 대하여 경업금지약정위반에 따른 **손해배상을 청구**할 수 있으며(민법 제390조), 경업금지약정에 위반하여 근로자가 경쟁업체 등에 취업한 경우, 경업금지약정을 체결한 사용자는 경업금지약정상의 경업금지청구권을 피보전권리로 하여 **전직금지가처분**을 신청할 수 있다.(민사집행법 제300조)

관련 문제_ 보호할 가치 있는 사용자의 이익

경업금지 약정의 유효성을 인정하기 위한 핵심 요건으로서의 '보호할 가치 있는 사용자의 이익'이익'이라 함은 ① 부정 경쟁방지 및 영업비밀보호에 관한 법률 제2조 제2호에 정한 **'영업비밀'**뿐만 아니라 ② 그 정도에 이르지 아니하였더라도 당해 사용자만이 가지고 있는 지식 또는 정보로서 근로자와 이를 제3자에게 누설하지 않기로 약정한 것이거나 고객관계나 영업상의 신용의 유지 등도 이에 해당한다 할 것이다.

① 영업비밀(부정경쟁방지법상의 영업비밀)

판례는 경업금지 약정의 대상으로서의 '보호할 가치 있는 사용자의 이익'인 '영영업비밀'을 사실상 '부정경쟁방지법'상의 '영업비밀'과 사실상 동일하게 판단하고 있다고 평가된다.(수원지방법원 안산지원 2011.08.18. 선고 2010가합7666 판결 등) 부정경쟁방지 및 영업비밀보호에 관한 법률 제2조 제2호는 **'영업비밀이란 공연히 알려져 있지 아니하고 독립된 경제적 가치를 가지는 것으로서, 상당한 노력에 의하여 비밀로 유지된 생산방법, 판매방법 그 밖에 영업활동에 유용한 기술상 또는 경영상의 정보**를 말한다.'고 규정하고 있다. 즉, 부정경쟁방지법에 의하여 보호되는 '영업비밀'이 되기 위한 요건은 ① 비밀로서 관리 되어지고(**비밀관리성**), ② 생산방법 · 판매방법 기타 사업활동에 유용한 기술상 또는 영업상 정보로서(**경제적 유용성**), ③ 공연하게 알려져 있지 않은 정보(**비공지성**)를 의미한다.

② 중요한 영업자산

부정 경쟁방지 및 영업비밀보호에 관한 법률 제2조 제2호에 정한 '영업비밀'정도에 이르지 아니하였더라도 당해 사용자만이 가지고 있는 지식 또는 정보로서 사용자의 '중요한 영업자산'으로 평가될 수 있으나 경업금지의대상인 '보호할 가치 있는 사용자의 이익'으로 평가될 수 있다. 여기에서의 사용자의 '중요한 영업자산'이라 함은 고객관계나 영업상 신용은 물론 '불특정 다수인에게 공개되어 있지 않아 보유자를 통하지 아니하고는 이를 통상입수할 수 없고, 그 자료의 보유자가 자료의 취득이나 개발을 위해 상당한 시간, 노력 및 비용을 들인 것으로서 그 자료의 사용을 통해 경쟁자에 대하여 경쟁상의 이익을 얻을 수 있는 정도의 영업자산을 말한다.

관련 문제_ 경업금지약정(전직금지 약정)과 손해배상액의 예정

근로자가 경업금지약정에 위반한 경우, 경업금지약정을 체결한 기존의 사용자는 근로자에 대하여 경업금지약정위반에 따른 손해배상을 청구할 수 있다.(민법 제390조) 한편, 사용자는 근로계약 불이행에 대한 위약금 또는 손해배상액을 예정하는 계약을 체결하지 못하는 바(근로기준법 제20조), 근로자의 경업금지약정 위반에 따른 손해배상을 청구와 관련하여 사용자가 경업금지약정을 체결하면서 위약금약정을 하는 것이 근로기준법 제20조가 금지하는 '위약금 예정의 금지'에 해당하는 지 문제될 수 있다. 그러나, 근로기준법 제20조의 '위약금 예정의 금지'는 근로자의 채무불이행, 즉 근로자가 근로하고 싶지 않은 경우에도 '위약금' 때문에 이직하지 못하는 것을 방지하기 위한 것이지 근로자가 사용자에게 실제로 손해를 발생시킨 경우에 배상해야 할 '실손해액'까지 면제해 준다는 의미는 아니다. 즉, 근로자가 퇴직후 동종업체 취업을 일정 기간 제한하면서 이를 위반시 일정액의 손해배상을 하도록 약정하는 이른바 '경업금지 약정(경업금지 약정)'은 근로자의 근로를 강제하기 위한 것이 아니라 회사의 영업비밀을 보호하기 위한 것이므로, **경업금지약정 체결시 위약금을 약정하는 것은 '근로기준법 제20조 위약예정의 금지위반'에 해당하는지 않는다.**

사례연습 20

비밀유지 및 경업금지의무와 교육비 반환 약정(공인노무사 12회 기출문제)

근로자 갑은 컴퓨터 회사 A와 근로계약을 맺으면서 퇴직 후 2년 이내에 경쟁기업에 전직을 하지 아니하며 해외연수 후 1년 이내에 퇴사 시 해외 연수비를 반환한다는 취업규칙에 서명 날인하였다. 그 후 갑은 6개월간의 해외연수를 마친 후 3개월 후에 경쟁기업인 B사로 전직하였다 이에 컴퓨터 회사 A는 갑을 상대로 해당 연수비를 반환할 것과 비밀유지의무와 경업금지의무 위반을 이유로 손해배상을 청구하였다.

이 사안에 대해 논하시오.

1. 쟁점의 정리

사안에서 근로자 갑은 컴퓨터 회사 A와 근로계약을 맺으면서 퇴직 후 2년 이내에 경쟁기업에 전직을 하지 아니하며 해외연수 후 1년 이내에 퇴사 시 해외 연수비를 반환한다는 취업규칙에 서명 날인하였는데, 갑은 6개월간의 해외연수를 마친 후 3개월 후에 경쟁기업인 B사로 전직하자 A사는 갑에게 비밀유지의무와 경업금지의무위반을 이유로 하는 손해배상을 청구하는 바, 여러한 A회사의 갑에 대한 손해배상청구의 유효성을 검토하기 위해서 ① 먼저 근로계약상 부수적 의무로서의 비밀유지의무와 경업금지의무를 살펴보고, ② 특히, 경업금지 약정의 유효성을 검토한 후 ③ 이 사안에서의 교육비반환약정과 근로기준법 제20조의 위약금지 예정 금지와의 관계를 검토하도록 하겠다.

2. 근로계약상 부수적 의무

(1) 근로자의 부수적 의무

'근로계약'이란 근로자가 사용자에게 근로를 제공하고 사용자는 이에 대하여 임금을 지급하는 것을 목적으로 체결된 계약'이지만(근로기준법 제2조 제1항 제4호), 계속적 계약인 근로계약은 고양된 '신의성실의 원칙'을 준수해야 하는 의무를 근로자와 사용자에게 부과한다. 그 결과, 특히 근로자에게는 당사자간에 특별한 약정이 없어도 사용자의 경영상의 이익이 침해되지 않도록 주의해야 할 신의칙상의 제반의무를 부담하는 바, 여기에는 근로제공과 관련된 작위의무와 영업상의 비밀유지의무 및 경업금지의무를 포함하는 부작위의무가 있다.

(2) 비밀유지의무

'비밀유지의무'라 함은 영업비밀 기타 기업의 유용한 기밀정보를 허가 없이 사용하거나 제3자에게 누설하지 말아야 하는 의무를 의미한다. 근로자는 사용자에게 근로를 제공하며 사용자의 지시와 명령에 따라 업무를 수행하는 과정에서 기업의 영업비밀 등을 접하게 되므로, 사용자는 근로자에게 재직 시는 물론 퇴직 후에도 영업비밀을 준수하는 의무를 부과할 필요성이 인정된다. 따라서, 이와 같은 비밀유지의무는 근로관계의 존속 중은 물론 퇴직 후에도 존재한다.

(3) 경업금지의무

경업금지의무란 근로자가 사용자와 경합하는 업무를 행하지 아니할 의무를 말한다. 즉, 근로자 스스로 사용자의 사업과 경쟁적인 성격의 사업을 경영하거나 혹은 사용자와 경쟁관계에 있는 다른 기업을 위해 일하지 않아야 한다는 것을 그 내용으로 한다. 근로계약의 존속 중에 근로자는 경업금지의무를 부담하고, 이는 근로계약에 수반되는 신의칙상의 의무이다. 그러나 퇴직 후의 경업금지 의무는 원칙적으로 당사자 사이에 약정이 있고 그 약정의 내용이 직업선택의 자유와 직업 활동을 부당하게 제한하지 않는 범위 내에서 인정된다.

3. 경업금지 약정(전직금지 약정)

(1) 경업금지 약정의 의의

'경업금지 약정'이라 함은 기업의 영업 비밀을 보호하기 위하여, 회사에서 기술직이나 영업비밀을 취급하는 근로자가 경쟁적 성격을 가지는 동종 · 유사 업종의 다른 회사로 이직하거나 스스로 회사를 설립하는 등의 방법으로 종전 회사에서 재직 중 획득한 지식, 기술, 기능, 인간관계 등을 이용하여 경쟁 업체와 같은 동종업종에 진출하는 것을 일정기간 제한 또는 금지하는 계약을 의미한다.

(2) 경업금지 약정의 유효성

'경업금지 약정의 유효성'은 사용자의 '영업 비밀의 보호'와 근로자의 '직업 선택의 자유'가 상호 충돌하는 이른바 '헌법상 기본권의 충돌'과 관련된 영역이다. 법원은 경업금지약정이 체결된 배경이나 경업금지의 제한의 내용에 합리성이 인정되는 경우에는 헌법상 보장된 직업 선택의 자유를 침해하지 않는 것으로서 공서양속위반으로 볼 수 없다.'고 하면서 규범조화적 해석에 따라 경업금지약정의 효력을 합리적인 범위에서 제한하려는 태도를 보이고 있다.(대법원 1997.06.13. 선고 97다8229 판결 등)

(3) 경업금지 약정의 유효요건

1) 보호할 가치 있는 사용자의 이익

경업금지 약정의 유효성을 인정하기 위한 핵심 요건은 '보호할 가치 있는 사용자의 이익'이다. 여기에서 말하는 '보호할 가치있는 사용자의 이의이라 함은 ① 부정 경쟁방지 및 영업비밀보호에 관한 법률제2조 제2호에 정한 '영업비밀뿐만 아니라 ② 그 정도에 이르지 아니하였더라도 당해 사용자만이 가지고 있는 지식 또는 정보로서 근로자와 이를 제3자에게 누설하지 않기로 약정한 것이거나 고객관계나 영업상의 신용의 유지 등도 이에 해당한다 할 것이다.

2) 근로자의 경업 제한의 합리성

경업제한의 기간은 과도하게 장기간이어서는 안되며 경업이 제한되는 직종은 사용자의 영업비밀과 직접 관련되는 직종으로 한정하여야 한다. 따라서, 근로자의 지위나 재직기간 등에 비하여 지나치게 장기간에 걸친 경업제한은 허용되지 않으며, 대상 직종이나 업무를 한정하지 않고 '회사의 전 영업종목'이라는 식으로 포괄적으로 정하는 약정은 인정되지 않는다.

3) 대상조치 유무

'대상조치(代償措置)'라 함은 근로자가 경업금지약정을 채결하는 것에 대하여 어떠한 '대가'를 부여하는 것을 의미한다. '대상조치'에는 단순한 금전뿐 아니라 대상조치로 평가될 수 있는 모든 금전적 비금전적 조치를 포함한다. 이러한 대상조치는 근로계약을 종결할 때에 근로자에게 '위로금'형식으로 일정 금액을 지급하는 것이 일반적이지만, 대상조치의 시기에는 특별한 제한이 없는 것이므로 근로계약을 체결하면서 대상조치를 선행할 수도 있는 것이다.

4) 근로자의 퇴직 전 지위 및 퇴직 경위 등 기타 사정

경업금지 약정을 유효성을 판단하기 위해서는 근로자의 종전 회사에서의 지위 및 직무의 내용, 즉 근로자가 회사의 영업비밀에 접근할 수 있는 지위(직급)에 있었는지 여부, 근로자가 퇴직하게 된 동기나 사유 등 여러 사정을 종합적으로 고려한다.

(4) 경업금지약정(전직금지 약정)과 손해배상액의 예정

1) 경업금지약정 위반시의 효과

근로자가 유효한 경업금지약정에 위반한 경우 사용자는 ① 민사상으로는 손해배상, 전직금지가처분, 영업비밀침해금지 가처분 등을 청구할 수 있고, ② 형사상으로는 부정경쟁방지법위반죄, 형법상 업무상 배임죄 등이 문제될 수 있다.

2) 손해배상책임과 위약예정 금지 위반 여부

사용자는 근로계약 불이행에 대한 위약금 또는 손해배상액을 예정하는 계약을 체결하지 못하는 바 (근로기준법 제20조), 사용자가 경업금지약정을 체결하면서 위약금약정을 하는 것이 근로기준법 제7조 강제근로 금지 내지 근로기준법 제20조가 금지하는 '위약금 예정의 금지'에 해당하는 지 문제될 수 있다. 그러나, 근로기준법 제20조의 '위약금 예정의 금지'는 근로자의 채무불이행, 즉 근로자가 근로하고 싶지 않은 경우에도 '위약금' 때문에 퇴직하지 못하는 것을 방지하기 위한 것이지 근로자가 사용자에게 실제로 손해를 발생시킨 경우에 배상해야 할 '실손해액'까지 면제해 준다는 의미는 아니다. 즉, 근로자가 퇴직후 동종업체 취업을 일정 기간 제한하면서 이를 위반시 일정액의 손해배상을 하도록 약정하는 이른바 '경업금지 약정(경업금지 약정)'은 근로자의 근로를 강제하기 위한 것이 아니라 회사의 영업비밀을 보호하기 위한 것이므로, 경업금지약정 체결시 위약금을 약정하는 것은 '근로기준법 제20조 위약예정의 금지위반'에 해당하지 않는다. 그리고 근로기준법 제20조에 위반되지 않는다면 근로기준법 제7조의 강제근로 금지에도 위반될 여지는 없다 할 것이다. 근로기준법 제20조는 근로기준법 제7조의 특별한 경우의 하나이기 때문이다.

4. 교육비 반환 약정

(1) 교육비 반환 약정과 근로기준법 제20조 위반 여부

사용자가 근로자의 교육이나 연수비용을 지출한 후 일정한 의무재직기간을 두고, 근로자가 그러한 '의무 재직기간'을 위반(근로계약불이행) 했을 때 교육이나 연수비용을 반환하기로 하는 약정을 '교육비 반환 약정'이라고 한다. 사용자가 근로자에게 교육비용 등을 지원하면서 일정 기간 동안 의무적으로 근로할 것을 강제하는 이러한 '교육비반환 약정'은 사용자가 근로계약을 체결하는 경우에 근로계약 불이행에 대한 위약금 또는 손해배상액을 예정함으로써 근로자의 근로를 강제하는 '위약금 예정'과 외형상 그 모습이 유사하기 때문에, 이러한 교육비 반환 약정의 유효성이 근로기준법 제20조 '위약금 예정의 금지'와 관련하여 문제되고 있다.

(2) 일정금액 지급 약정 또는 임금 반환 약정

판례는 '근로자가 일정 기간 동안 근무하기로 하면서 이를 위반할 경우 소정 금원을 사용자에게 지급하기로 약정하는 경우, 그 약정의 취지가 약정한 근무기간 이전에 퇴직하면 그로 인하여 사용자에게 어떤 손해가 어느 정도 발생하였는지 묻지 않고 바로 소정 금액을 사용자에게 지급하기로 하는 것이라면 이는 명백히 근로기준법 제20조에 반하는 것이어서 그 효력을 인정할 수 없다'. 또한, '임금의 반환을 약정하는 것은 사전에 정한 근무기간 이전에 퇴직하였다는 이유만으로 마땅히 근로자에게 지급하여야 할 임금을 반환하라는 취지이므로 이는 근로기준법 제20조에 반하여 효력이 없다'고 한다.(대법원 2008.10.23. 선고 2006다37274 판결)

(3) 연수비용 반환 약정

약정이 사용자가 근로자의 교육훈련 또는 연수를 위한 비용을 우선 지출하고 근로자는 실제 지출된 비용의 전부 또는 일부를 상환하는 의무를 부담하기로 하되 장차 일정 기간 동안 근무하는 경우에는 그 상환의무를 면제해 주기로 하는 취지인 경우에는, 근로자가 원래 전적으로 혹은 공동으로 부담하여야 할 비용을 사용자가 대신 지출한 것이라고 인정되는 한도에서는 근로기준법 제20조 위반이 아니라는 것이 판례의 태도이다.(대법원 2008.10.23. 선고 2006다37274 판결)

(4) 유효한 교육비 반환약정의 요건

1) 교육비 상환의무 면제 취지의 약정(조건부 소비대차계약)이 존재할 것

약정의 취지가 '사용자가 교육훈련 또는 연수비용을 우선 지출하고 근로자는 그 비용을 상환하기로 하되, 일정기간 근무하는 경우에는 그 상환의무를 면제해 주기로 하는 취지의 약정'이라야 한다. 즉, 근로자와 사용자 사이에 일종의 '조건부 소비대차계약'이 체결된 것으로 볼 수 있어야 한다.

2) 근로자가 부담할 성질의 비용일 것

근로자의 교육이나 연수가 사용자가 아닌 근로자 개인의 이익을 위한 것으로서 근로자의 자발적 희망에 의하여 부담해야 할 성질의 비용이어야 한다.

3) 약정근무기간 및 상환비용이 적정할 것

교육비 반환약정이 유효하다고 평가되는 경우에도, 근로자의 약정 근무기간 및 상환해야 할 비용이 합리적이고 타당한 범위 내에서 정해져야 한다.

(5) 사안의 경우

사안에서의 해외연수비 반환약정의 구체적인 내용은 명확하지 않으나, 상환비용이 연수기간중에 소요된 연수비에 한하므로 이는 근로기준법 제 20조에 위반하지 않는 유효한 약정으로 판단된다.

5. 결론

갑은 A회사에 대한 근로계약상의 부수의무로서의 비밀유지의무와 경업금지의무가 인정되며, 또한 갑은 경업금지약정과 교육비반환금지 약정을 규정한 A회사의 취업규칙에 서명 날인하였음에도 불구하고 위의 약정에 위반한 바, A회사의 위와 같은 약정은 근로기준법 제20조의 위약금지 예정금지에 위반되지 않는 약정으로서 유효하므로 갑은 A회사에 대하여 손해배상책임을 부담한다.

4. 채용내정, 시용, 수습

(1) 채용내정

1) 채용내정의 의의

'채용내정'이란 근로자가 회사에 정식 입사하기 이전에 채용할 자를 미리 결정하여 두는 것을 말한다. 즉, 일정한 조건하에 정한 전형절차에 의해 최종적으로 합격이 결정되었으나 아직 정식으로 입사하기 전의 상태를 '채용내정'이라 한다. '채용내정'은 '근로계약' 그 자체는 성립되었지만 아직 구체적인 '근로관계'에 편입되지 않았다는 점에서 시용이나 수습계약과 구별된다.

2) 채용내정의 법적성질(→사례: 21)

가. 학설

(i) 근로계약 체결과정설

시용에서 본채용까지 일련의 절차 전체가 근로계약의 체결과정이라 보는 견해이다.

(ii) 근로계약 예약설

양 당사자가 시용계약을 통해 근로계약 체결을 예약한 것으로 보는 견해이다.

(iii) 조건부 근로계약설

시용계약과 동시에 본계약이 성립하였으나 근로자로서 요구되는 일정한 조건(해제조건)을 충족하지 못하면 채용내정은 당연히 효력을 잃는다는 견해이다.[19]

(iv) 해약권유보부 근로계약 성립설

시용계약에 의하여 일단 근로계약은 성립하지만 시용기간에는 사용자에게 근로계약의 해약권[20]이 유보되어 있다고 보는 견해이다[21].

나. 판례

판례는 채용 내정을 통지함으로써 일단 근로계약은 성립하지만 사용자에게 근로계약의 해약권이 유보되어 있다고 보는 '해약권유보부 근로계약성립설'을 취하고 있다.(대법원 2002.12.10. 선고 2000다25910 판결) 따라서, 근로자에게 채용내정을 통지함으로써 일단 근로계약은 성립하지만 채용내정은 해약권이 유보된 근로계약으로서의 성질을 가진다고 보아야 할 것이다.

---

19) 조건을 정지조건으로 보게 되는 경우에는 정지조건이 성취되어야 비로소 근로계약이 성립되는 것으로 보게 될 것이므로 근로자 보호에 적절하지 않다. 따라서, 조건부계약설은 일반적으로 조건을 해제조건으로 해석한다.

20) '해약권'은 형성권의 일종이다. 형성권이란 법률이나 계약에 의하여 부여받은 일정한 권리(예:해약권)를 가지는 당사자의 일방적인 의사표시에 의하여 법률관계(예:근로계약관계)의 발생, 변경, 소멸을 가져오는 권리를 의미한다. 따라서 형성권이 인정된다는 것은 결국 법률관계(근로관계) 그 자체는 성립하였음을 전제로 하는 것이고, 형성권을 행사한다는 것은 결국 사용자의 일방적인 근로관계의 종료인 '해고'를 의미한다.

21) 통설과 판례인 해약권 유보부설에 따르면 사용자는 근로계약에 기초한 형성권을 행사한다고 해석하겠지만, 근로계약의 당사자인 근로자의 의사까지 고려한다면 언제나 그러한 결론에 이른다고 보기는 어렵다. 따라서, 사용자에게 일방적인 해약권이 유보된 것을 인정하는 것보다는 객관적인 조건(해제조건)을 충족하지 못한 경우에 한하여 채용내정이 효력을 잃는다고 보는 해제조건부 근로계약설이 타당하다고 생각된다.

3) 채용내정의 성립시기

채용내정에서 사용자의 채용 모집에 대한 근로자의 응모가 청약이고 이에 대한 사용자의 채용내정 통지가 승낙이라고 보게 되면, 사용자와 채용내정자 간의 근로계약은 **사용자가 채용내정 통지를 발송한 시점**에서 구체적으로 성립하게 된다.[22](민법 제531조)

4) 채용내정의 효력발생시기

채용내정의 경우에 있어서 근로계약이 성립된 때로부터 실제로 취업할 때까지는 현실적으로 근로 제공이 이루어지지 않고 있다는 점에서 근로계약의 효력은 언제 발생하는 것으로 보아야 하는가, 즉, **근로계약의 성립시기와 효력시기가 구별**되는 지의 문제는 견해의 대립이 있다. ① 먼저, 효력시기부계약설은 근로계약의 효력 발생에 관하여 시기(始期)가 붙어 있는 것으로 보고 현실적인 취업시기가 도래하지 아니한 채용내정기간 동안에는 근로계약의 효력이 발생하지 않는다고 한다. ⑰ 반면에, 취업시기부계약설은 채용내정 통지로 근로계약이 성립함과 동시에 효력도 곧바로 발생하고 다만 현실적인 근로 제공 곧 취업의 시기가 붙어 있다고 보는 견해이다. ③ 살피건대, 채용내정은 근로계약의 성립을 전제로 하므로 채용내정기간 중에도 근로제공과 관련되지 않은 근로관계의 내용은 그대로 인정되어야 한다는 점에서, 채용내정기간 중에는 근로계약의 효력이 존혀 발생하지 않는다고 보는 효력시기부계약설은 부당하고 **취업시기부계약설**이 타당하다.

5) 채용내정 중의 근로관계

가. 근로기준법, 취업규칙 등의 적용 여부

채용내정에 의해 성립하는 근로계약의 효력을 취업의 시기가 붙은 근로계약으로 해석하는 경우[23]에는 입사일 전에도 채용내정자에게 근로기준법, 취업규칙 등이 적용된다고 보아야 할 것이다. 다만, 채용내정은 아직까지는 근로를 제공하기 이전인 상태이므로 근로기준법, 취업규칙 등의 규정 중 근로제공을 전제로 하는 규정은 채용내정자에게는 그 적용이 없지만, 그 외의 규정(예: 균등처우금지, 근로조건 서면명시, 해고의 제한, 취업규칙 중 채용내정자에게 적용이 예정된 규정 등)은 채용내정자에게도 적용된다.

나. 휴업수당의 지급 여부

사용자의 귀책사유로 채용내정자가 입사예정일에 현실적으로 취업하지 못하게 되는 경우, 이는 곧 사용자의 귀책사유로 휴업하는 경우에 준하는 것으로 보아야 할 것이므로, 사용자는 채용예정일로부터 채용내정자가 실제로 입사할 때까지 근로기준법 제46조 소정의 휴업수당을 지급할 의무가 있다.

다. 채용내정의 취소(→(쟁점) 체용내정의 취소와 해고)

사용자가 채용내정을 취소하는 것은 결국 근로관계를 일방적으로 종료하는 '해고)에 해당하지만, 채용내정은 해약권이 유보된 근로계약으로서의 성질을 가지므로 채용내정계약을 취소하는 것은 결국 채용내정계약에 유보된 사용자의 해약권을 행사하는 것으로서 정당한 사유를 일반적인 해고의 경우보다 넓게 인정할 수 있다는 것이 판례의 태도이다.(대법원 2002.12.10. 선고 2000다25910 판결)

---

22) 민법 제531조(격지자간의 계약성립시기) 격지자간의 계약은 승낙의 통지를 발송한 때에 성립한다.
23) 반면에, 효력시기부설에 따른다면 취업예정일 이전에는 근로기준법이나 취업규칙 등이 적용될 여지가 없을 것이다.

(쟁점) 체용내정의 취소와 해고(→사례: 21)

1. 의의

사용자가 채용내정을 취소하는 것은 결국 근로관계를 일방적으로 종료하는 '해고)에 해당하지만, 채용내정은 해약권이 유보된 근로계약으로서의 성질을 가지므로 채용내정계약을 취소하는 것은 결국 채용내정계약에 유보된 사용자의 해약권을 행사하는 것으로서 정당한 사유를 일반적인 해고의 경우보다 넓게 인정할 수 있다는 것이 판례의 태도이다.(대법원 2002.12.10. 선고 2000다25910 판결) 즉, 사용자에 의한 정식채용의 거부 또는 채용내정의 취소는 반드시 근로기준법 제23조 해고의 정당한 사유에 해당해야 하는 것은 아니지만, 적어도 사회통념상 합리적인 근거가 있는 경우에 한하여 정당하다 할 것이다.

2. 근로기준법 제26조 및 27조의 적용 여부

(1) 근로기준법 제26조 적용여부

사용자는 근로자를 해고하려면 적어도 30일 전에 예고를 하여야 하고, 30일 전에 예고를 하지 아니하였을 때에는 30일분 이상의 통상임금을 지급하여야 한다. 다만, 근로자가 계속 근로한 기간이 3개월 미만인 경우에는 그러하지 아니하다.(근로기준법 제26조) 따라서, 채용내정 통보일(발송일)로부터 3개월 이내에 채용내정을 취소하는 경우에는 해고예고수당을 지급하지 않아도 될 것이다.

(2) 근로기준법 제27조 적용여부

근로자에 대한 해고는 해고사유와 해고시기를 서면으로 통지하여야 효력이 있는 바(근로기준법 제27조제2항), 이는 강행규정이라고 할 것이므로(대법원 2011.10.27. 선고 2011다42324 판결) 채용내정을 취소하는 경우에도 채용내정자로 하여금 그 취소사유를 파악하여 대처할 수 있도록 구체적으로 거부사유를 서면으로 통지하여야 할 것이다.

3. 경영상 이유에 의한 해고의 적용여부

판례는 채용내정을 취소하기 위해 50일 전에 이를 통보하고 근로자대표와 사전협의할 것을 규정한 근로기준법 제24조 제3항의 규정은 근로계약이 확정된 근로자를 전제로 하는 것으로서 사용자에게 해약권이 유보되어 있는 채용내정자에 대하여는 그 적용이 없다고 한다.(대법원 2000.11.28. 선고 2000다51476 판결)

4. 채용내정 취소가 정당한 이유가 없어 무효인 경우(부당해고 문제)

사용자가 채용내정을 통지한 후 정당한 사유 없이 채용내정을 취소한 것은 부당해고이므로 효력이 없고, 이 경우 근로자는 애초에 채용내정한 바에 따라 채용할 것을 요구할 수 있음며 아울러 채용되었으면 받았을 **임금 상당액(입사예정일로부터 채용취소시까지의 임금 상당액)을 손해배상으로 청구할 수 있다**. 나아가 그러한 채용내정의 취소, 즉, 사용자의 해고가 불법행위의 요건까지 갖추는 경우에는 **부당해고 외에 불법행위가 성립**하므로 사용자는 근로자에 대하여 이에 대한 추가적인 **손해배상책임(위자료)**을 부담할 수도 있을 것이다.,

사례연습 21

채용내정의 취소 (행정고시 2016년 기출문제)

대학졸업예정자인 甲은 2015년 9월 8일 자동차 부품생산업체인 B회사의 채용시험에 응시하여 2015년 10월 30일 최종합격통지를 받았다. 합격통지서에 의하면 甲의 입사예정일은 2016년 3월 2일이었다. 甲은 2016년 2월 17일 대학을 졸업하였고, B회사가 배포한 합격통지서에 따라 2015년 12월 1일부터 2016년 1월 17일까지 신입사원연수에 참여하였다. 그 과정에서 입사관계서류도 제출하였다. 그런데 갑작스러운 금융위기로 인해 B회사의 경영상태가 매우 악화되자, B회사는 신입사원 채용을 하지 않기로 결정하였다. 이에 따라 2016년 2월 25일자로 甲에 대해 입사취소통지를 하였다. B회사의 甲에 대한 입사취소통지의 정당성에 관하여 논하시오.

1. 쟁점의 정리

사안에서 B회사는 갑작스럽게 경영상태가 매우 악화되어 신입사원 채용을 하지 않기로 결정하고 甲에 대해 입사취소통지를 하였는 바, 만일 B회사와 甲 사이에 근로계약관계가 성립하지 않는다면 사안에서의 입사취소통지는 단순한 민사계약의 취소 문제에 불과하겠지만, 만일 B회사와 甲 사이에 근로계약관계가 성립하였다면 입사취소통지는 사용자에 의한 해고에 해당하므로 근로기준법이 전면적으로 적용될 것이다. 따라서, B회사의 甲에 대한 입사취소통지의 정당성을 논하기 위해서는 먼저 B회사가 2015년 10월 30일 경 갑에게 최종합격통보를 해 줌으로써 갑과 B회사 사이에 근로계약관계가 유효하게 성립되었는 지 여부를 검토해야 할 것이다. 만일 갑과 B회사 사이에 근로계약관계가 유효하게 성립되었다면 B회사가 갑에게 한 신규채용의 취소통보는 실질적으로 해고에 해당할 것이므로,B회사가 채용내정을 취소하기 위해서는 '정당한 사유'가 있어야 할 것인데 (근로기준법 제23조 제1항), 경영상의 이유에 의한 채용내정의 취소의 경우에도 이러한 경영상 이유에 의한 근로기준법 제24조의 유효요건을 모두 충족해야 하는지 검토해야 할 것이다.

2. 근로관계의 성립 여부

(1) 채용내정의 의의

'채용내정'이란 근로자가 회사에 정식 입사하기 이전에 채용할 자를 미리 결정하는 것을 말한다. 다시 말하면, 일정한 조건하에 정한 전형절차에 의해 최종적으로 합격이 결정되었으나 아직 정식으로 입사하기 전의 상태를 '채용내정'이라 한다. '채용내정'은 '근로계약' 그 자체는 성립되었지만 아직 구체적인 '근로관계'에 편입되지 않았다는 점에서 시용이나 수습계약과 구별된다.

(2) 채용내정의 법적성질

1) 학설

가. 근로계약 체결과정설

시용에서 본채용까지 일련의 절차 전체가 근로계약의 체결과정이라 보는 견해이다.

나. 근로계약 예약설

양 당사자가 시용계약을 통해 근로계약 체결을 예약한 것으로 보는 견해이다.

다. 조건부 근로계약설

시용계약과 동시에 본계약이 성립하였으나 근로자로서 요구되는 일정한 조건(해제조건)을 충족하지 못하면 채용내정은 효력을 잃는다는 견해이다.

라. 해약권유보부 근로계약 성립설

시용계약에 의하여 일단 근로계약은 성립하지만 시용기간에는 사용자에게 근로계약의 해약권이 유보되어 있다고 보는 견해이다.

2) 판례

판례는 채용 내정을 통지함으로써 일단 근로계약은 성립하지만 사용자에게 근로계약의 해약권이 유보되어 있다고 보는 '해약권유보부 근로계약성립설'을 취하고 있다.(대법원 2002.12.10. 선고,2000다25910판결)

(3) 검토 및 사안의 경우

시용도 사용종속관계를 전제로 하는 것이므로 근로계약이 성립한 것으로 보는 것이 타당하므로, 회사(사용자)의 모집공고는 청약의 유인으로, 응모자는 청약으로, 그리고 회사의 채용내정은 승낙으로 해석할 수 있을 것이다. 따라서, 본 사안의 경우 B회사는 2015년 10월 30일 경 갑에게 최종합격통보를 해 줌으로써 갑과 B 회사 사이에 근로계약관계가 유효하게 성립되어 2016년 3월 2일 이후에 갑은 B회사의 근로자가 되었다.

3. 채용내정의 취소와 경영상 이유에 의한 해고

(1) 문제점

사안에서 B회사는 신입사원 채용을 하지 않기로 결정하였는 바, 채용내정을 취소하는 것은 결국 근로관계를 일방적으로 종료하는 '해고'에 해당하고, 따라서, 사용자가 채용내정을 취소하기 위해서는 '정당한 사유'가 있어야 할 것인데 (근로기준법 제23조 제1항), 경영상의 이유에 의한 채용내정의 취소의 경우에도 이러한 경영상 이유에 의한 근로기준법 제24조의 유효요건을 모두 충족해야 하는지 문제된다.

(2) 경영상 이유에 의한 해고

경영상 해고라 함은 기업의 유지와 존속을 위하여 경영상 필요에 의해 일정한 요건 아래 근로자들 가운데 일부를 해고하는 것을 말하는 바, 경영상 해고는 근로자와 무관한 오로지 사용자측의 경영상 사정으로 인한 해고라는 점에서 엄격한 제한이 요구된다. 따라서, 경영상해고에 있어서는 첫째 해고를 하지 않으면 기업 경영이 위태로울 정도의 긴박한 경영상의 필요성이 존재하여야 하고, 둘째 해고회피를 위한 노력을 다하여야 하며, 셋째 합리적이고 공정한 정리기준을 설정하여 이에 따라 해고대상자를 선정하여야 하고, 넷째, 근로자의 과반수로 조직된 노동조합 또는 근로자대표에게 해고실시일 50일전까지 통보하고 성실하게 협의해를 거칠 것이 요구된다.(근로기준법 제24조)

(3) 판례의 태도

판례는 채용내정의 취소를 해고로 보면서도 내정자의 지위와 회사와의 관계를 고려하여 해고 이유를 신축적으로 해석하여, ① 채용내정자는 현실적인 노무제공을 하지 않은 상태로서 근로관계의 밀접도가 통상의 근로자에 비하여 상대적으로 떨어진다고 할 것이어서 기존의 근로자에 비해 우선적으로 경영상 해고대상에 포함될 수 있을 것이라고 하며, ② 사용자에게는 채용내정을 취소할 수 있는 권리, 즉, '해약권'이 유보되어 있으므로, 채용내정을 취소하기 위해 일반근로자를 해고할 경우와 같이 근로자대표와 사전협의를 하거나, 일정기일 전에 통보를 하여야 하는 근로기준법 제24조 제3항에 정한 절차를 거칠 필요가 없다는 입장이다.(대법원 2000.11.28. 선고 2000다51476 판결)

(4) 사안의 경우

사안에서 B회사가 채용내정을 취소하는 것은 결국 근로관계를 일방적으로 종료하는 '해고'에 해당하지만, 당해 해고는 채용계획실시 후에 발생한 갑작스러운 금융위기로 인해 회사의 경영상태가 매우 악화된 후 이루어진 것으로서 사용자측으로서는 이에 대한 예견가능성 및 회피가능성이 없는 경영상의 긴박한 필요에 해당한다. 따라서, 당해 해고는 경영상 이유에 의한 해고이므로, A회사의 위 해고는 위의 사실관계에 비추어, ① 긴박한 경영상의 필요에 의하여, ② 해고 회피를 위한 사용자의 노력이 병행되면서, ③ 객관적 · 합리적 기준에 의하여 해고대상자를 선정하여 행하여진 것이고, 한편 신규채용된 자들의 채용내정시부터 정식발령일까지 사이에는 사용자에게 근로계약의 해약권이 유보되어 있다고 할 것이므로 갑에 대하여는 근로기준법 제24조 제3항이 적용되지 않는다고 보아야 할 것이다.

4. 결론

이 사례의 경우 B회사는 2015년 10월 30일 경 갑에게 최종합격통보를 해 줌으로써 갑과 B 회사 사이에 근로계약관계가 유효하게 성립되어 2016년 3월 2일 이후에는 채용내정자 갑은 B회사의 근로자가 되었다 할 것이므로 그 후 B회사가 갑에게 한 신규채용의 취소통보는 실질적으로 해고에 해당한다. 다만, 당해 해고는 경영상 이유에 의한 해고로서 신규채용된 자들의 채용내정시부터 정식발령일까지 사이에는 사용자에게 근로계약의 해약권이 유보되어 있다고 할 것이므로 갑 등에 대하여는 근로기준법 제24조 제3항이 적용되지 않는다고 보아야 한다. 결국 B회사의 甲에 대한 입사취소통지는 정당하다.

(2) 시용(→사례: 22,23)

1) 시용의 의의

시용이란 본 근로계약 체결 이전에 해당 근로자의 직업적 능력, 자질, 인품, 성실성 등 업무적격성을 관찰·판단하고 평가하기 위해 **일정기간 시험적으로 고용**하는 것을 말한다.(대법원 1995. 7. 11. 선고 93다26168). 즉, 사용자가 근로자 채용의 신중을 기하기 위하여 처음부터 근로자를 정규직원으로 임명하지 않고 일정한 기간을 정하여 시험적으로 근무하도록 하여 그 기간 중에 근로자로서의 적격 여부를 평가하여 **본채용 여부를 결정**하는 것을 의미한다.[24]

시용과 수습은 구별하여야 한다. 시용기간이 **정식채용할 것을 전제**로 하여 근로자의 능력, 자질,인품, 성실성 등 업무적격성을 판단하기 위한 기간임에 비하여, 수습 기간은 **이미 정식채용되었음을 전제로** 정식채용된 근로자의 직업능력의 양성 · 기업의 적응 등을 목적으로 설정되는 것이라는 점에서 양자는 서로 구별된다[25].

2) '시용기간부 근로관계'의 법적성질(→사례: 22,23)

가. 학설

(i) 정지조건설

정지조건설은근로자로서 적격하다는 평가를 정지조건으로 하여 정규사원으로 채용된다는 견해이다.

(ii) 해제조건설

해제조건설은 근로자로서 부적격하다는 평가를 해제조건으로 하여 근로관계는 해지된다는 견해이다.

(iii) 해약권유보부 근로계약 성립설

시용계약에 의하여 일단 근로계약은 성립하지만 사용자는 근로관계를 해지할 수 있는 해약권(형성권)이 유보되어 있다고 보는 견해이다.

나. 판례

판례는 '시용기간 중에 있는 근로자를 해고하거나 시용기간 만료시 본계약의 체결을 거부하는 것은 사용자에게 유보된 해약권의 행사'라고 하여 **해약권유보부 근로계약 성립설**의 입장에 있다.(대법원 2006.02.24. 선고 2002다62432 판결)

다. 검토

시용기간중에도 사용종속관계를 전제로 하는 근로계약관계가 존재하는 것이고, 다만 시용기간 중에 있는 근로자를 해고하거나 시용기간 만료시 본계약의 체결을 거부하는 것은 사용자에게 유보된 해약권의 행사하는 것으로 보는 **해약권유보부 근로계약 성립설**이 타당하다.

---

24) 일반적으로 수습의 경우에는 수습기간이 만료되면 자동적으로 정규사원으로 편입되지만, 시용의 경우에는 시용기간이 만료되면 **적격성 여부 판단**을 거쳐서 **본채용 여부**를 결정하게 된다.

25) 시용과 수습의 용어가 자주 혼용되어서 사용되므로 주의하여야 한다. 수습은 이미 본채용 된 것을 전제로 하므로, 이를테면 판례중에 '수습근로자의 '**본채용**'을 거부한다'는 의미는 수습근로자가 아니라 시용근로자를 의미한다는 것으로 이해하여야 한다.

3) 시용기간

가. 시용기간의 설정

시용계약이 성립하기 위해서는 해당 근로자와 사용자 사이에 시용관계에 관한 명시적인 **합의**, 즉, 시용기간의 설정의 합의가 있어야. 따라서, 근로계약서 등에 '시용기간'에 관한 규정을 명시하지 않은 경우에는 시용기간이 없는 것으로 취급되므로 본채용이 된 것으로 추정된다.

나. 시용기간과 계속근로기간

시용기간도 근로자의 계속근로기간에 당연히 포함된다.따라서, 시용기간 만료 후 본 근로계약을 체결하여 공백 기간 없이 계속 근무한 경우에도 시용기간과 본 근로계약기간을 통산한 기간을 퇴직금 산정의 기초가 되는 계속근로기간으로 보아야 한다(대법원 2022. 2. 17. 선고 2021다218083 판결)

다. 시용기간의 연장

시용기간의 연장은 근로자의 법적 지위에 중대한 영향을 미치고 근로계약의 중요한 일부를 이루는 사항이므로, 최소한 시용기간의 연장은 그에 대하여 **근로자가 동의하거나 근로자에게 통보**되어야 그 효력이 있다고 보아야 할 것이다.(서울행법 2006.09.26. 선고 2006구합20655 판결)

라. 시용기간의 경과

시용계약기간이 경과한 후에는 통상의 근로관계가 전환되어 유보된 해약권이 소멸되었으므로, 사용자는 더 이상 시용기간 중의 사유로 근로자를 해결할 수 없다. 따라서, 사용자가 통상의 근로관계로 전환된 근로자와의 근로관계를 종료하고자 하는 경우에는 더 이상 시용계약상 유보된 해지권을 행사할 수는 없고 **근로기준법 제23조**의 요건을 갖추어 근로자를 해고하여야 한다. 따라서, 사용자가 통상의 근로자로 전환된 근로자를 시용기간 중의 사유로 해고하는 경우에는 부당해고에 해당할 것이다.

4) 본채용의 거부(→사례: 22, 23)

사용자가 시용 근로자의 본채용을 거부하는 것은 사실상 '**해고**'에 해당한다. 따라서, 사용자가 근로자를 해고하기 위해서는 먼저 실체적 요건으로 근로기준법 제23조의 '정당한 이유'가 필요하고, 절차적 요건으로 근로기준법 제26조 및 제26조가 규정한 해고의 예고 및 해고의 서면 통지 요건을 갖추어야 할 것이고, 근로기준법 조 및 고평법 조에서 정한 '해고금지기간'인 경우에는 근로자를 해고하지 못할 것이다.

다만, 판례는 시용근로자에 대한 본채용의 거부는 사용자에게 **유보된 해약권을 행사**하는 것에 불과할 뿐, 근로자의 귀책사유를 전제로 징계해고와는 그 성질을 달리 하므로, 사용자가 시용근로자와의 본채용을 거부하는 경우, 당해 근로자의 업무능력, 자질, 인품, 성실성 등 업무적격성을 관찰·판단하려는 시용제도의 취지 목적에 비추어 볼 때 보통의 해고의 정당한 이유보다는 넓게 인정되나, 사용자가 본채용을 거부하기 위해서는 시용기간 중의 근로자의 근무태도·능력 등을 고려하여 본채용하는 것이 부적절하다는 객관적인 '**합리적 이유**'가 존재하여야 한다는 입장이다.(대법원 1991.05.31. 선고 90다62432 판결) 이를테면, 본채용 탈락하는 하위등급자의 수를 사전에 할당하고 절대평가가 아닌 상대평가를 하여 탈락자를 추린다든지 하는 것은 객관적이고 합리적인 평가방법이라 할 수 없다고 한다.(대법원 2015.11.27. 선고 2015두48136 판결)

(쟁점) 본채용의 거부와 해고(→사례: 22,23)

1. 문제점

사용자가 시용 근로자의 본채용을 거부하는 것은 사실상 **'해고'**에 해당하므로, 사용자가 시용기간 중에 있는 근로자를의 본채용을 거부하기 근로기준법 제23조의 '정당한 이유' 등의 요건을 갖추어야 할 것인데, 시용 근로자의 경우에도 일반 근로자에게 적용되는 해고의 요건이 그대로 적용되어야 하는 것인지 문제된다

2. 정당한 이유

판례는 시용근로자에 대한 본채용의 거부는 사용자에게 **유보된 해약권을 행사**하는 것에 불과할 뿐, 근로자의 귀책사유를 전제로 징계해고와는 그 성질을 달리 하므로, 사용자가 시용근로자와의 본채용을 거부하는 경우, 당해 근로자의 업무능력, 자질, 인품, 성실성 등 업무적격성을 관찰·판단하려는 시용제도의 취지 목적에 비추어 볼 때 보통의 해고의 정당한 이유보다는 넓게 인정되나, 적어도 시용기간 중의 근로자의 근무태도·능력 등을 고려하여 본채용하는 것이 부적절하다는 객관적인 **'합리적 이유'**는 존재하여야 한다는 입장이다.(대법원 1991.05.31. 선고 90다62432 판결) 이를테면, 본채용 탈락하는 하위등급자의 수를 사전에 할당하고 절대평가가 아닌 상대평가를 하여 탈락자를 추린다든지 하는 것은 객관적이고 합리적인 평가방법이라 할 수 없다고 한다.(대법원 2006.02.24. 선고 2002다62432 판결)

3. 근로기준법 제26조 및 근로기준법 제26조의 적용

(1) 근로기준법 제26조 적용여부

사용자는 근로자를 해고하려면 적어도 30일 전에 예고를 하여야 하고, 30일 전에 예고를 하지 아니하였을 때에는 30일분 이상의 통상임금을 지급하여야 한다. 다만, 근로자가 계속 근로한 기간이 3개월 미만인 경우에는 그러하지 아니하다.(근로기준법 제26조) 따라서, 시용기간 중의 해고라도 (보통해고이든 징계해고이든) 사용종속관계에 들어간 후 3개월이 경과되면 근로기준법상의 해고예고제도가 적용되므로 30일전에 해고예고를 하거나 30일분의 통상임금을 해고예고수당으로 지급하여야 한다.(근로기준법 제26조)

(2) 근로기준법 제27조 적용여부

근로자에 대한 해고는 해고사유와 해고시기를 서면으로 통지하여야 효력이 있는 바(근로기준법 제27조제2항), 이는 강행규정이라고 할 것이므로(대법원 2011.10.27. 선고 2011다42324 판결) 사용자가 본채용을 거부하는 경우에는 근로자로 하여금 그 거부사유를 파악하여 대처할 수 있도록 구체적으로 거부사유를 서면으로 통지하여야 한다.(근로기준법 제27조) 이를테면, 사용자가 시용 근로자에게 단순히 '시용기간의 만료로 해고한다.'는 취지로만 통지한 것은 근로기준법 제27조 규정을 위반한 절차상 하자가 있어 효력이 없다.(대법원 2015.11.27. 선고 2015두48136 판결)

사례연습 22

시용계약과 해고 (공인노무사 25회 기출문제)

상시 근로자 300인을 사용하는 C회사는 시용기간을 2016. 1. 1부터 같은 해 6, 30.까지로 정하여 근로자乙을 채용하였다. C회사는 사용기간 만료 3일 전에 업무적격성이 없다는 이유로 乙에게 본 근로계약 체결의 거부를 구두로 통보하였다. C회사가乙에게 시용기간 만료 3일 전에 본 근로계약 체결의 거부를 구두로 통보한 것이 정당한지에 대하여 설명하시오.

1. 쟁점의 정리

사안에서 C회사가 시용기간 만료 3일 전에 본 근로계약 체결의 거부를 구두로 통보한 것이 정당한가를 판단하기 위해서는 먼저 시용계약이 근로계약의 성립으로 볼 수 있는 지 검토해야 할 것이다. 만일 시용계약이 근로계약으로 인정된다면 본계약의 거부의 법적성질이 해고인지 여부가 문제될 것이고, 만일 본채용의 거부가 해고에 해당한다면 본채용을 거부하는 경우에도 근로기준법 제26조 및 근로기준법 제27조의 해고의 법정요건을 갖추어야 하는 지에 대한 검토를 요한다.

2. 근로계약의 성립여부

(1) 시용의 개념

'시용'이란 사용자가 근로자 채용의 신중을 기하기 위하여 처음부터 근로자를 정규직원으로 임명하지 않고 일정한 기간을 정하여 그 기간 내의 근무상황 등을 고려하여 근로자의 직업적성과 업무능력, 자질, 인품, 성실성 등 근로자로서의 적격 여부를 평가하여 본채용 여부를 결정하는 것을 말한다.

(2) 시용의 법적성질

1) 학설

시용의 법적 성질에 대하여 ① 정지조건설 ② 해제조건설 ③ 해약권유보부 근로계약 성립설 등이 주장되고 있다.

2) 판례

판례는 '시용기간 중에 있는 근로자를 해고하거나 시용기간 만료시 본계약의 체결을 거부하는 것은 사용자에게 유보된 해약권의 행사로서, 당해 근로자의 업무능력, 자질, 인품, 성실성 등 업무적격성을 관찰 · 판단하려는 시용제도의 취지 목적에 비추어 볼 때 보통의 해고보다는 넓게 인정되나, 이 경우에도 객관적으로 합리적인 이유가 존재하여 사회통념상 상당하다고 인정되어야 할 것이다'라고 하여 해약권유보부 근로계약 성립설의 입장에 있다.(대법원 2006.02.24. 선고 2002다62432 판결)

(3) 검토 및 사안의 경우

시용도 사용종속관계를 전제로 하므로 근로계약이 성립한 것으로 보는 것이 타당하고, 따라서 시용계약에도 근로기준법이 전면적으로 적용된다. 판례의 태도와 같이 사용자가 시용근로자의 본채용을 거부하는 것은 시용계약에 유보된 사용자의 해지권을 행사하는 것이라 할지라도, 사용자가 본채용을 거부하기 위해서는 시용기간 중의 근로자의 근무태도·능력 등을 고려하여 본채용하는 것이 부적절하다는 '합리적 이유'가 존재하여야 한다.

3. 본 근로계약 체결 거부의 법적 성격

(1) 사용자의 해고의 의의

사용자의 '해고'란 근로자의 의사에 반하여 근로계약을 해지하는 사용자의 '일방적 의사표시'를 의미하는 바, 판례는 해고를 '실제 사업장에서 불리는 명칭이나 그 절차에 관계없이 근로자의 의사에 반하여 사용자의 일방적인 의사에 의하여 이루어지는 모든 근로계약관계의 종료를 의미한다'고 정의한다.(대법원 1993.10.26. 선고 92다54210 판결 등) 사용자가 근로자를 '해고'하는 경우에는 실체적 요건으로서 근로기준법 제23조의 '정당한 이유'가 필요하며, 절차적 요건으로서 근로기준법 제27조 (해고사유 등의 서면통지) 및 근로기준법 26조 (해고예고기간)를 준수하여야 한다.

(2) 사안의 경우

사안에서 C회사가 업무적격성이 없다는 이유로 乙에게 본 근로계약체결의 거부하는 것은 근로자의 의사에 반하여 사용자의 일방적인 의사에 의하여 이루어지는 근로계약관계의 종료로서 '해고'에 해당한다.

4. 법정해고절차 준수 여부

(1) 근로기준법 제26조 준수여부

1) 해고예고제도의 의의

사용자는 근로자를 해고(경영상 이유에 의한 해고를 포함한다)하려면 적어도 30일 전에 예고를 하여야 하고, 30일 전에 예고를 하지 아니하였을 때에는 30일분 이상의 통상임금을 지급하여야 한다.(근로기준법 제26조), 해고예고제도는 돌발적인 실직의 위험으로부터 근로자를 보호하려는데 그 취지가 있으며, 사용자에 대해서는 대체근로자를 찾는 과정에서 해고를 재고하도록 하는 일종의 숙려기간으로 작용하기도 하고, 근로자에게는 정당한 해고사유의 유무에 대한 자기변호의 기회를 부여하는 효과도 있다.

2) 해고예고의 적용

해고의 예고는 4인 이하 사업장을 포함하여 통상해고, 징계해고, 경영상 해고를 불문하고 반드시 하여야 한다. 다만, 정년퇴직이나 기간의 정함이 있는 근로계약의 종료, 합의퇴직 등과 같이 사전에 이미 근로관계의 종료를 예견할 수 있는 경우에는 해고예고제도 자체가 적용될 여지가 없다. 그리고, 3개월 미만의 단기 근로계약의 경우나 즉시해고 등 예외적인 사유가 있는 경우에는 해고예고제도가 적용되지 않는다.(근로기준법 제26조)

3) 사안의 경우

사안의 경우에는 3개월 미만의 단기 근로계약을 체결한 것이 아니고 6개월의 시용기간을 정한 시용계약을 체결하였으며, 이는 사전에 근로관계의 종료를 예견할 수 있는 경우에 해당하다고 볼 수도 없으므로 사용자는 근로기준법 제26조를 준수하여야 한다. 그럼에도 불구하고 사용자는 계약기간 만료 3일전에 본 근로계약체결의 거부를 구두로 통보하였으며, 해고예고수당을 지급하지도 아니하였다. 따라서, 사안의 본 근로계약체결의 거부는 근로기준법 제26조에 위반된다.

(2) 근로기준법 제27조 준수여부

1) 해고의 서면통지 제도의 의의

근로자에 대한 해고는 해고사유와 해고시기를 서면으로 통지하여야 효력이 있으며(근로기준법 제27조 제2항), 서면으로 통지하지 않은 해고는 효력이 없다. '서면'이란 종이로 된 문서를 의미하므로 이메일이나 휴대폰 문자메세지 등을 이용한 통지는 원칙적으로 서면통지로 볼 수 없다. 근로기준법이 해고의 서면통지를 의무화한 취지는 사용자로 하여금 해고를 신중하게 결정하도록 함과 아울러, 해고의 존부 및 시기와 그 사유를 명확하게 하여 사후의 분쟁해결을 적정하고 용이하게 할 수 있도록 하고 근로자도 해고에 적절히 대응할 수 있도록 하기 위한 것이다.

2) 서면통지의 기재 내용

사용자는 해고사유와 해고시기를 '확정'하여 서면으로 통보해야 하므로 확정적인 해고의사가 기재되지 않은 조건부 해고통지나 불확정 기한부 해고통지는 허용되지 않는다. 해고사유와 해고시기는 구체적이고 명확하게 기재하여야 하는바, 적어도 서면통지의 기재내용에 의하여 근로자는 언제 어떠한 이유에서 해고되었는지 명확하게 인식할 수 있으며 해고에 대응하는 데에 지장이 없을 정도는 되어야 할 것이다.

3) 서면통지를 위반한 해고의 효력

해고와 관련하여 근로기준법 제27조는 해고방식에 있어 요식주의를 채택하고 있는바, 이는 사용자가 해고 여부를 더 신중하게 결정하도록 할 뿐만 아니라 해고사유를 통지 받은 근로자로 하여금 해고의 존부 및 해고사유 등 해고를 둘러싼 분쟁 사항을 명확하게 알게 하여 근로자의 방어권을 보장함으로써 종국적으로 근로자의 권익을 보호하기 위한 강행규정이라고 할 것이므로 해고사유가 구체적으로 기재되지 않은 해고 통지의 경우에는 해고에 정당한 사유가 있는지 여부를 살펴볼 필요도 없이 해고의 절차적 요건을 충족하지 못하여 무효이다.(대법원 2011.10.27. 선고 2011다42324 판결)

4) 사안의 경우

사안에서 C회사는 乙에게 본 근로계약체결의 거부를 구두로 통보하였는 바, 이는 실질적으로 해고에 해당하므로 사용자는 근로기준법 제27조를 준수하여야 한다. 그럼에도 불구하고 사용자는 서면에 의한 해고 통지를 하지 아니하고 계약기간 만료 3일전에 본 근로계약체결의 거부를 구두로 통보하였으므로 이는 근로기준법 제26조에 위반된다.

5. 결론

사안에서의 시용계약의 체결은 근로계약의 성립을 의미하고, 사용자의 본채용의 거부는 해고에 해당하므로. 사용자가 시용 근로자를 해고하기 위해서는 ① 30일 이전에 해고를 예고 (혹은 30일분의 통상임금의 지급)하여야 하며 ② 해고사유와 해고시기를 서면으로 통지(해고 통지)하여야 한다. 그런데, 사안에서의 시용계약 은 3개월 미만의 단기 근로계약을 체결한 것이 아니고, 사전에 이미 근로관계의 종료를 예견할 수 있는 경우에 해당하지도 않음에도 C회사가 乙에게 시용기간 만료 3일전에 본 근로계약 체결의 거부를 구두로 통보한 것은 근로기준법 제26조 및 근로기준법 제27조의 해고의 법정요건을 갖추지 않은 해고로서 정당하지 않다.

사례연습 23

시용과 본채용의 거부 및 해고절차 (변호사시험 2019년도 제1차 모의시험)

甲은 2019. 2. 1. A회사에 입사하면서 기간의 정함이 없는 근로계약을 체결하였다. 이 근로계약에서는 3개월의 시용기간이 설정되어 있었다. 甲은 판매업무를 하면서 자신의 실수로 2019. 2. 과 2019.3. 두 차례의 걸쳐 각각 100만원과 70만원의 영업상 손해를 입혔고, 또한 2019. 2.3. 다섯 차례에 걸쳐 짧게는 10분에서 길게는 30분에 이르기까지 지각을 하였다. 2019.3. 30. A회사는 영업상 손해를 입혔던 점과 지각이 잦은 점을 언급하며, 근무능력이 부족하고 근무태도가 좋지 않다는 것을 이유로 3개월의 시용기간이 만료되는 2019.4. 30.에 본채용을 하지 않을 것임을 구두로 甲에게 통지하였다.

甲은 자신에 대한 본채용 거부가 효력이 없다고 주장하였다. 甲의 주장은 정당한가?

1. 쟁점의 정리

A회사는 甲이 시용기간 중 영업상 손실을 입히고 지각이 잦았을 뿐 아니라 근무능력이 부족하고 근무태도가 좋지 않다는 것을 이유로 3개월의 시용기간이 만료되는 2019.4. 30. 본채용을 하지 않을 것임을 구두로 甲에게 통지하였는 바, A회사가 본채용을 거부한 것이 정당성을 갖추었는지의 여부를 판단하기 위하여서는 먼저 시용의 법적성질을 살펴본 후, A회사와 乙사이에 시용계약이 성립하였는지 여부를 검토하고, A회사가 본채용을 거부한 것이 정당한 지 여부를 실체적인 면과 절차적인 면에서 각각 검토하여야 할 것이다.

2. 시용계약의 성립여부

(1) 시용의 개념

(2) 시용의 법적성질

1) 학설

2) 판례

(3) 검토

시용도 사용종속관계를 전제로 하므로 '근로계약성립설'이 타당하고, 따라서 시용계약에도 근로기준법이 전면적으로 적용된다.

(3) 시용계약의 성립

시용계약이 성립하기 위해서는 해당 근로자와 사용자 사이에 시용관계에 관한 명시적인 합의, 즉, 시용계약을 체결하여야 한다. 따라서, 회사에 시용제도가 있는 경우에는 반드시 근로계약서나 취업규칙 등에 '시용기간'에 관한 규정을 명시하여야 한다. 만일, '시용기간'에 관한 규정을 명시하지 않는 경우에는 정식 사원으로 채용된 것으로 보아야 할 것이다.

(4) 사안의 경우

甲기이 체결한 근로계약에서는 3개월의 시용기간이 설정되어 있다. 따라서, 乙의 시용계약은 명시적인 합의에 의해 유효하게 성립되었다.

3. 본채용 거부의 정당성 여부

(1) 정당성 판단의 기준

판례는 '시용기간 중에 있는 근로자를 해고하거나 시용기간 만료시 본계약의 체결을 거부하는 것은 사용자에게 유보된 해약권의 행사로서, 당해 근로자의업무능력, 자질, 인품, 성실성 등 업무적격성을 관찰 판단하려는 시용제도의 취지 · 목적에 비추어볼 때 보통의 해고보다는 넓게 인정되나, 이 경우에도 객관적으로 합리적인 이유가 존재하여 사회통념상 상당하다고 인정되어야 할 것이다'라고 판시하여 시용근로자에 대하여는 근로기준법 제23조 제1항에서 규정한 정당한 이유보다 다소 완화된 입장을 취하고 있다.(대법원 2006.02.24. 선고 2002다62432, 판결)

(2) 사안의 경우

사안의 경우 甲은 판매 업무를 하면서 자신의 실수로 두 차례의 걸쳐 각각 100만원과 70만원의 영업상 손해를 입혔고, 또한 다섯 차례에 걸쳐 지각을 하였는 바, 이는 甲의 업무적격성을 의심받게 하는 사정으로서 사용자가 결정한 甲의 업무 부적합 평가는 사회통념상 사회통념상 상당한 것으로 인정될 수 있을 것이므로 사용자의 본채용 거부의 합리적 이유가 존재한다.

4. 해고의 서면통지 위반 여부

(1) 해고의 서면통지의무의 의의

(2) 서면통지의 기재 내용

(3) 서면통지를 위반한 해고의 효력

(4) 사안의 경우

판례의 법리에 따를 때, 해고사유와 해고시기를 서면으로 통지하여야만 적법 · 유효하다. 그런데, 사안에서 A회사는 본채용을 하지 않을 것임을 구두로 甲에게 통지하였는 바, 이러한 甲에 대한 해고는 근로기준법 제27조에 위배되어 효력이 없다.

5. 결론

시용근로자 甲에 대한 본채용 거절은 객관적으로 합리적 이유가 존재한다고 볼 수 있으나, 본채용의 거부는 해고에 준하는 것이므로 구체적이고 실질적인 거부사유를 서면으로 통지하였어야 함에도. 구두통지만 이루어진 이 사례에서의 본채용 거절은 효력이 없으므로 이를 다투는 甲의 주장은 타당하다.

(3) 수습

1) 의의

'수습'이란 일단 근로계약을 체결한 후에 근로자의 직업능력이나 사업장에서의 업무 적응 등을 위하여 일정 기간을 수습 기간으로 정하여 근무하도록 하는 것을 말한다. 수습은 이미 정규 근로자로 본채용되었음을 전제로 한다는 점에서, 아직 정규 근로자로 본채용되지 않은 상태를 의미하는 '시용'과 개념상 구별된다. 다만, 수습 기간중에는 당해 사업 또는 사업장의 일반 근로자보다 임금에서 차별이 있는 경우도 있기 때문에, 수습사용중인 기간은 평균임금 산정되는 기간과 총액에서 제외한다(근로기준법 시행령 제2조)

3) 수습기간의 설정

수습기간은 '법정사항'이 아니므로, 수습기간은 해당 직무 및 근로계약의 성질을 감안하여 사회통념상 인정되는 범위내에서 근로계약이나 취업규칙 또는 단체협약 등으로 합리적으로 설정하면 되는 것이지만, 계속근로기간 3개월 미만인 근로자의 경우에는 해고예고를 하지 않아도 되므로 수습기간은 3개월로 정하는 것이 일반적이다. 만일, '수습수습기간을 설정하는 경우에는 **반드시 근로계약서에 '수습기간'에 관한 규정을 명시하여야 한다.** 만일, '수습기간'에 관한 규정을 명시하지 않는 경우에는 수습과정이 없는 것으로 취급된다. 또한, 수습기간의 연장은 근로계약의 중요한 일부를 이루는 사항이므로 수습기간 연장에 대한 근로자의 **동의**가 있어야 그 효력이 있다.

4) 수습기간과 근속년수

수습기간을 근속년수에 합산할 지의 여부는 법령의 제한이 있는 경우를 제외하고는 회사가 재량으로 정할 사항이다. 이를테면, 법률에서 규정하는 퇴직금이나 연차휴가의 산정에는 시용기간을 반드시 통산하여야 하겠지만, 법정 외의 근속수당의 지급, 상여금의 산정, 승급 등을 산정할 때 시용기간의 산입여부는 회사의 재량에 달려 있다.

5) 수습기간 중의 임금

시용근로계약의 특성상 시용근로자의 임금 등 근로조건을 당해 사업 또는 사업장의 일반근로자와 차별을 두는 것은 사회통념상 합리성이 벗어나지 않는 한 인정될 수 있다. 따라서, 수습기간의 임금에 대해서는 취업규칙이나 근로계약 등을 통하여 일반 근로자보다 낮게 책정되는 경우가 많다. 심지어, 수습근로자의 경우에는 최저임금의 10프로의 감액도 가능하다.[26] 다만, 단순노무직종 근로자는 수습 근로자라고 할지라도 최저임금의 감액 없이 최저시급의 100%를 지급해야 한다.[27]

---

26) 그러나 모든 수습근로자가 최저임금의 10프로의 감액이 가능한 것이 아니라 ① **적어도 1년 이상의 근로계약을 정한 경우로서 ② 기간은 최대 3개월까지만 ③ 감액도 최저임금의 10프로까지만 허용된다. 따라서, 1년 이하의 근로계약을 체결한 경우에는 수습근로자라 하더라도 최저임금 이하의 임금을 줄 수 없으며, 1년 이상의 근로계약을 체결한 근로자라 하더라도 최대 3개월까지만, 그리고 최소한 최저임금의 90프로 이상을 주어야 한다.**

27) 단순노무직종(표준작업분류 대분류9): 일반적으로 제1수준의 직무능력이 필요하며 몇 시간 또는 몇십분의 작업 내 훈련으로 업무수행이 가능(예: 택배원, 음식배달원, 청소, 경비원, 패스트푸드원, 주유원, 주차관리원등)

6) 수습근로계약의 해지

시용근로자와 달리 수습근로자는 정규근로자의 신분을 전제로 하는 것이다. 따라서, 사용자가 일방적으로 수습근로자와의 근로계약을 해지하는 경우, 즉 수습근로자를 해고하는 경우에는 통상의 근로자를 해고하는 경우와 동일한 기준이 적용된다. 다만, 해고의 정당한 이유는 모든 근로자들에게 획일적으로 적용되는 것은 아니므로 합리적인 범위에서 수습근로자에 대한 해고의 정당성 판단은 완화될 수 있다.

7) 근로기준법 제26조 및 27조의 적용 여부

가. 근로기준법 제26조 적용여부

수습근로자를 포함하여 계속근로기간 3개월 미만인 근로자에게는 근로기준법 제26조의 해고예고 규정이 적용되지 않는다. 그러나,계속근로기간이 3개월이 경과되면 근로기준법상의 해고예고제도가 적용되므로 30일전에 해고예고를 하거나 30일분의 통상임금을 해고예고수당으로 지급하여야 한다.(근로기준법 제26조)

나. 근로기준법 제27조 적용여부

근로자에 대한 해고는 해고사유와 해고시기를 서면으로 통지하여야 효력이 있으므로(근로기준법 제27조 제2항), 사용자는 수습근로자를 해고하는 경우에는 근로자로 하여금 그 거부사유를 파악하여 대처할 수 있도록 구체적으로 거부사유를 서면으로 통지하여야 한다.(근로기준법 제27조)

(4) 기능습득자의 보호

1) 취 지

근로기준법 제77조는 사용자로 하여금 기능의 습득을 목적으로 하는 근로자를 혹사하거나 기능 습득에 관계없는 업무에 종사시키지 못하도록 규정하고 있다. 이는 과거 봉건적인 도제 제도 아래에서 나타난 전근대적인 기능수습제도의 폐습을 방지하려는 데에 그 취지가 있다.

2) 보호 대상

근로기준법 제77조의 보호 대상이 되는 '기능의 습득을 목적으로 하는 근로자'란 수습, 견습, 훈련생, 연수생, 양성공 등 명칭을 불문하고 기능을 배우는 것을 목적으로 취업한 자를 말한다.

3) 혹사의 금지

사용자는 기능의 습득을 목적으로 하여 취업한 근로자를 혹사시킬 수 없다. 금지되는 행위인 '혹사'란 열악한 작업환경과 근로조건 아래에서 근로자를 사용하는 것을 말한다. 어떠한 행위가 혹사에 해당되는지 여부에 관한 구체적인 판단은 일반적인 사회통념에 따라 개별적으로 판단하여야 한다

3) 기능 습득과 관계없는 업무에 대한 사용 금지

사용자는 기능 습득을 목적으로 하는 근로자를 가사 그 밖의 기능 습득에 관계없는 업무에 종사시키지 못한다. 어떠한 업무가 기능 습득에 관계없는 업무에 해당하는지는 개개의 사안에 따라 구체적으로 판단할 수 밖에 없으나, 사용자의 개인적·가사적 잡무(잡다한 심부름, 자질구레한 허드렛일 등)에 사용하는 것 등이 포함된다.

5. 근로계약으로 체결할 수 없는 사항

'근로계약'의 내용도 일반적인 다른 모든 계약과 마찬가지로 사적자치주의 원칙에 따라 임의로 결정할 수 있음이 원칙이다. 그러나 근로기준법은 근로계약의 특수성을 고려하여 근로계약을 체결하는 경우에 일정한 사항들은 근로계약의 내용으로 삼지 못할 것을 규정하고 있는데(① **위약금 예정의 금지**(근로기준법 제20조) ② **전차금 상계의 금지**(근로기준법 제21조) ③ **강제저금의 금지**(근로기준법 제22조)), 이들 '금지규정'의 취지는 근로자로 하여금 그의 의사에 반하여 사용자에게 어쩔 수 없이 근로를 제공하는 것을 방지하고자 함에 있는 것이다.

(1) 위약예정의 금지(근로기준법 제20조)(→사례: 21, 25, 26, 27)

1) 의의

사용자는 근로계약 불이행에 대한 위약금 또는 손해배상액을 예정하는 계약을 체결하지 못하는 바(근로기준법 제20조) 그 약정의 취지가 약정한 근무기간 이전에 퇴직하면 그로 인하여 사용자의 **손해 발생 여부나 실제 손해 액수를 묻지 않고 곧바로 일정 금액을 사용자에게 지급하기로 한다**거나, 혹은 약정한 근무기간 이전에 퇴직하였다는 이유만으로 마땅히 근로자에게 지급되어야 할 **임금을 반환**하기로 한 것이라면 (→교육비(연수비) 반환 약정), 이는 위 조항에 반하는 것이어서 그 효력을 인정할 수 없다. **설사 근로자가 이에 동의하였다 하더라도 그러한 약정은 동조에 위반되어 무효**이다. 다만, 근로계약서를 작성하면서 근로자가 아닌 사용자가 근로계약을 위반하는 경우의 위약금 등을 약정하는 것은 유효하다

관련 문제 _ 위약금 약정과 손해배상액의 예정

'**손해배상액의 예정**'이란 채무불이행의 경우에 **실손해와 관계없이** 배상하여야 할 **손해배상액**을 미리 일정한 금액으로 정하는 약정을 의미한다. **손해배상액의 예정**의 경우에는 채무불이행이 발생하는 경우에 예정된 배상액을 청구할 수 있을 뿐 위약금 이외에 별도의 배상금을 청구할 수 없는데(단, 법원에 의한 직권감액 가능), 위약금의 경우와 달리 손해배상액의 예정은 불법행위에 기한 손해배상의 경우에도 가능하다. 한편, '**위약금**'이란 채무불이행이 발생한 경우 채무불이행에 의한 **손해배상과는 별도**로 지급하는 계약위반에 대한 **제재금(制裁金)**을 지급할 것을 미리 약정하는 금액으로서(민법 제398조 제1항), 위약금은 손해배상의 예정인 경우도 있고 위약벌(위약벌은 감액할 수 없다)인 경우도 있는데, **위약금은 손해배상액의 예정으로 추정**한다.(민법 제398조 제4항)

2) 실손해액 배상 약정과의 구별

근로기준법 제20조의 '위약금 예정의 금지'는 근로자의 채무불이행, 즉 근로자가 근로하고 싶지 않은 경우에도 '위약금' 때문에 퇴직하지 못하는 것을 방지하기 위한 것이지, 근로자가 사용자에게 실제로 손해를 발생시킨 경우에 배상해야 할 '실손해액'까지 면제해 준다는 의미는 아니다. 따라서, 근로자의 채무불이행이나 불법행위가 발생한 경우에 실손해액을 청구할 수 있도록 단체협약이나 취업규칙 등에 정하는 것은 근로기준법 20조에 위반된다고 볼 수 없다.

3) 신원보증계약과의 구별

신원보증계약이란 근로자가 업무를 수행하는 과정에서 그의 책임 있는 사유로 사용자에게 손해를 입힌 경우에 신원보증인이 그 손해를 배상할 채무를 부담할 것을 약정하는 계약을 말한다. 근로기준법 제20조가 사용자의 근로자에 대한 실손해액 청구까지 면제해 준다는 의미는 아니므로, 근로자가 근로 중 채무불이행, 불법행위 등으로 사용자에게 손해를 발생케 할 경우에 대비하여 사용자가 신원보증인과 신원보증계약을 체결하거나 또는 신원보증인과 근로자를 연대채무자로 하여 신원보증계약을 체결하는 것은 위약예정금지에 반하지 않는다. 그러나 신원보증계약이 위약금이나 손해배상액을 미리 예정하는 형식을 취한다면 이는 법위반으로 보아야 한다. 위약금의 부담자는 근로자 본인에 한하지 않으므로, 친권자, 신원보증인 등 법정 대리인이나 제3자가 위약금을 부담하는 경우에도 본조 위반이 되기 때문이다.

4) 위반의 효과

근로기준법 제20조(위약 예정의 금지)에 위반하면 벌칙(근로기준법 114조의 형벌)이 적용되고, 근로계약의 내용 중 위약금예정약정 부분은 사법상 무효가 된다. 나아가 근로기준법 제20조가 금지하는 근로계약 불이행에 대한 위약금 또는 손해배상액의 예정에 해당하는 경우에는 동시에 근로기준법 제43조가 정하는 임금의 전액 지급 원칙에도 반하여 무효가 될 수 있다.

관련판례 대법원 2019.06.13. 선고 2018도17135 판결 위약예정의 금지

사실관계: 피고인은 OO시 OO동에 있는 'OO고속관광 주식회사'의 대표이사로서 "상시 '30명 근로자를 사용하여 운수업을 경영하는 사용자이다. 피고인은 2011.6.1.부터 2013.10.2.경까지 위 사업장에서 근무하다가 퇴직한 김○○의 임금 등 합계 1,546,460원 (교통사고공제 1,200,000원 + 연차 휴가수당 346,460원)을 당사자 사이의 지급기일 연장에 관한 합의 없이 퇴직일로부터 14일 이내에 지급하지 아니하였다

1) 피고인과 김OO 사이에 작성된 근로계약서에는 무사고승무수당 200,000원을 매월 고정적으로 지급하는 것으로 기재되어 있고 달리 김OO의 실제 근무성적에 따라 그 지급 여부와 지급액이 달라지는 것은 아니므로, 위 무사고승무수당도 근로기준법에서 정하는 '임금'에 해당한다고 봄이 상당하다. 그런데 근무 중 교통사고가 발생한 경우 실제 손해 발생 여부 및 손해의 액수에 관계없이 3개월 동안 매월 무사고승무수당 200,000원을 임금에서 공제하기로 하는 약정은 근로기준법 제20조가 금지하는 근로계약 불이행에 대한 위약금 또는 손해배상액의 예정에 해당할 뿐만 아니라 근로기준법 제43조가 정하는 임금의 전액 지급 원칙에도 반하므로 무효[28]이다. 따라서 피고인은 김○○에게 무사고승무수당 합계 1,200,000원을 지급할 의무가 있다.
2) 피고인이 2013.11.11. 김OO에게 지급한 3,463,050원 이 전부 미지급 퇴직금에 충당되는 이상 피고인의 주장과 같이 위 3,463,050원에서 2,500,000원(%=D 피고인이 수사기관에서미지급 퇴직금이라 주장했던 금액)을 공제한 나머지 963,050원 이 미지급 연차 휴가수당에 충당될 여지는 없다. 따라서 피고인이 김○○에게 지급한 연차 휴가수당은 672,000원에 불과하므로, 나머지 346,460원의 연차 휴가수당을 지급할 의무가 있다.

28) 사안의 무사고승무수당의 지급조건은 '무사고'인데 이는 근로의 양(量)이 아닌 질(質)과 관련되는 조건이다. 따라서 무사고승무수당은 무사고라는 근무성적에 따라 지급되는 수당으로서, 통상임금은 아니어도 근로의 대가인 임금에는 당연히 포함된다. 또한, 교통사고가 발생하면 그 달의 무사고승무수당 20만원을 못받는 것에 그치지 않고, **사고 발생 시 실제 손해 발생 여부나 손해의 액수에 관계없이 미리 정한 60만 원을 급여에서 공제하는 약정이기 때문에, 이는 전형적인 위약 예정이다.**

(2) 전차금 상계의 금지

1) 의의

사용자는 전차금(前借金)이나 그 밖에 근로할 것을 조건으로 하는 전대(前貸)채권과 임금을 상계하지 못한다.(근로기준법 제21조). 전차금이란 근로계약을 체결하면서 근로를 제공할 것을 조건으로 사용자로부터 빌려 차후에 임금으로 변제해 나갈 것을 약정하는 돈을 의미하며, 전대채권이란 근로를 제공할 것을 조건으로 빌린 돈을 말한다. **근로기준법 제21조에서 금지하고 있는 것은** 사용자가 근로자에게 전차금 등을 대여하는 것 그 자체가 아니라 **사용자가 그 대여금채권으로 근로자의 임금채권에 대해 일방적으로 상계를 하는 것이다.** 즉, '전차금 상계의 금지'는 근로자와 사용자 사이의 금전대차관계와 근로관계를 분리시킴으로써 **근로자의 신분이 부당하게 구속되는 것을 방지**하려는데 그 취지가 있는 것이다.따라서, 근로자가 사용자에 대하여 자신의 임금채권으로 사용자가 근로자에 대하여 가지는 금전채권을 일방적으로 상계하는 것은 무방하다.

2) 내용

가. 상계금지의 대상

근로자의 임금채권과 상계를 하는 것이 금지되는 사용자의 채권은 전차금이나 그 밖에 근로할 것을 조건으로 하는 전대채권이다. 상계 금지의 대상이 되는 사용자의 채권은 근로할 것을 조건으로 하는 대여금채권이므로, 이러한 조건하에서 발생하는 채권이 아닌 경우에는 비록 근로계약이 체결되어 있는 사용자의 근로자에 대한 채권이라도 이에 해당하지 않는다, **구체적으로 그 해당 여부는 금전 대여의 원인, 기간, 금액, 금리의 유무 등을 종합적으로 검토하여, 그 채권에 의해 신분적 구속이 따르는 강제근로의 위험성이 생기는지 여부를 기준으로 판단하여야 할 것이다.**

나. 상계 금지의 의미

근로기준법 제21조에서 금지하고 있는 것은 사용자가 근로자에게 전차금 등을 대여하는 것 그 자체가 아니라 **사용자가 그 대여금채권으로 근로자의 임금채권에 대해 일방적으로 상계를 하는 것이다.** 여기서 '상계'란 민법상 상계와 같은 뜻으로 채권자와 채무자가 서로 동종의 채권을 가지는 경우 그 채권·채무를 대등액으로 소멸하게 하는 당사자의 일방적 의사표시를 말한다.

3) 근로기준법 제21조를 위반한 상계의 효력

가. 상계 의사표시의 무효

사용자가 강행법규인 근로기준법 제21조를 위반하여 전차금 그 밖의 근로할 것을 조건으로 하는 전대채권과 임금을 상계할 경우 그 **상계의 의사표시는 사법상 무효**가 되어 근로자의 임금채권은 그대로 남게 된다.

나. 벌칙

근로기준법 제21조를 위반한 사용자는 **500만원 이하 벌금형**의 형사처벌을 받게 된다.(근로기준법 제114조 제1호)

(3) 강제저금의 금지

1) 의의

사용자는 근로계약에 덧붙여 **강제저축 또는 저축금의 관리**를 규정하는 계약을 체결하지 못한다.(근로기준법 제22조) 사용자가 임금의 일정액을 강제로 저축하게 하여 그 반환을 어렵게 한다면 근로자는 그 의사에 반하여 사업장에 구속될 우려가 있기 때문이다.

2) 내용

'강제저축의 계약'은 사용자 자신이 근로자와 계약하는 것은 물론 은행, 우체국, 공제조합 등과 같은 제3자와 저축계약을 하는 것을 포함하며, 여기서 '근로계약에 덧붙여'라고 함은 근로계약의 체결 또는 존속 조건으로 하는 것을 말한다. 예컨대, 저축하지 않으면 고용하지 않는다거나, 취업 후 저축계약을 체결하지 않으면 해고하는 경우 등이 여기에 해당한다. 또한, 사용자가 직접 근로자의 예금을 받아 관리하는 사내예금은 물론 사용자가 근로자의 예금을 받아 근로자 개인 명의로 은행 기타 금융기관에 예금하여 그 통장과 인감을 보관하는 경우라든지 예금의 인출을 금지 · 제한하는 것도 여기에 포함된다.

3) 허용되는 경우

반면에 근로계약과 결부시키지 않고 근로자의 자유의사에 의한 저축금을 위탁받아 관리하는 계약을 금지할 이유는 없다. 그러나, 근로자의 위탁에 의한 경우라도 그대로 방치하면 사실상 강제저축으로 작용할 우려가 있기 때문에 '사용자로 하여금 저축의 종류 · 기간 및 금융기관을 근로자가 결정하고 근로자 본인의 이름으로 저축할 것'과 '근로자가 저축증서 등 관련자료의 열람 또는 반환을 요구할 때에는 즉시 이에 따를 것'을 의무화하고 있다.(근로기준법 제22조 제2항) 따라서, 사용자가 근로자 본인의 이름이 아닌 자기의 이름으로 저축금을 관리하는 것은 근로기준법 제22조 위반이다. 또한, 법률에 의한 근로자저축인 경우에는 특별법에 의한 것이므로 그 범위 안에서 강제저축이 가능할 것이지만, 이 경우에도 그 범위를 넘는 부분의 저축금을 관리할 경우에는 법위반이 된다. 사용자가 근로자의 위탁으로 저축금을 관리하는 경우에는 근로자가 저축증서 등 관련 자료의 열람 또는 반환을 요구할 때에는 즉시 이에 따라야 한다.(근로기준법 제22조 제2항 제2호)

4) 법위반의 효과

근로기준법 제22조(강제 저금의 금지)에 위반하면 벌칙(근로기준법 114조의 형벌)이 적용된다. 강제저금 약정은 **사법상 무효**가 되며 근로자의 위탁 없이 저축금을 관리하게 된 경우에 사용자는 즉시 저축금액 및 이자를 근로자에게 반환하여야 하며 위탁에 의해 관리하더라도 보관 및 반환방법이 정해져 있지 않다면 이는 무효이고, 근로자의 요구에 따라 언제든지 저축금액 및 이자를 반환하여야 한다.

6. 근로계약 체결시의 약정

(1) 교육비(연수비) 반환 약정(→사례: 23, 24, 25, 26)

1) 의의

사용자가 근로자의 교육이나 연수비용을 지출한 후 일정한 의무재직기간을 두고, 근로자가 그러한 '의무재직기간'을 위반하였을 때 교육이나 연수비용을 반환하기로 하는 약정을 '교육비(연수비) 반환 약정'이라고 한다. 사용자가 근로자에게 교육비용 등을 지원하면서 **일정 기간 동안 의무적으로 근로할 것을 강제**하는 이러한 '교육비반환 약정'은 사용자가 근로계약을 체결하는 경우에 근로계약 불이행에 대한 위약금 또는 손해배상액을 예정함으로써 근로자의 근로를 강제하는 '위약금 예정'과 외형상 그 모습이 유사하기 때문에, 이러한 교육비 반환 약정의 유효성이 **근로기준법 제20조 '위약금 예정의 금지'**와 관련하여 문제되고 있다.

2) 구체적인 검토(→사례: 23, 24, 25, 26)

가. 위약예정으로서 '무효'인 약정 : 채무불이행 책임을 묻기 위한 취지의 약정

(i) A형: '일정액의 금원을 지급(배상)'하기로 하는 취지의 약정

'근로자가 일정 기간 동안 근무하기로 하면서 이를 위반할 경우 소정 금원을 사용자에게 지급하기로 약정하는 경우, 그 약정의 취지가 약정한 근무기간 이전에 퇴직하면 그로 인하여 **사용자에게 어떤 손해가 어느 정도 발생하였는지 묻지 않고** 바로 일정액의 금원을 사용자에게 지급하기로 하는 것이라면 이는 위약예정금지 조항에 반하는 것이어서 그 효력을 인정할 수 없다.(대법원 2008.10.23. 선고 2006다37274 판결)

(ii) B형 : 근로자에게 지급되어야 할 '임금'을 반환하기로 하는 취지의 약정

의무재직기간을 위반한 경우 '**임금 반환**을 약정한 부분은 기업체가 근로자에게 근로의 대상으로 지급한 임금을 채무불이행을 이유로 반환하기로 하는 약정으로서 실질적으로는 위약금 또는 손해배상을 예정하는 계약이므로 근로기준법에 위반되어 무효라고 한다.(대법원 1996.12.06. 선고 95다2494 판결) 나아가 그와 같은 강행법규에 위반한 무효의 약정에 기한 채무의 변제를 **민법 제744조의 도의관념에 적합한 비채변제라고 할 수도 없다**고 판시하였다.(대법원 2008.10.23. 선고 2006다37274 판결)

(iii) C형: 연수의 실질이 근로인 경우, 임금 및 기타 비용을 반환하기로 하는 약정

'직원의 해외파견근무의 실질이 **연수나 교육훈련이 아니라** 근로인 경우, 즉, 그 실질이 업무상 명령에 따른 근로 장소의 변경에 불과한 경우, 이러한 해외근무기간 동안 지급된 혹은 지출한 금품은 장기간 해외근무라는 특수한 근로에 대한 대가이거나 또는 업무수행에 있어서의 필요불가결하게 지출할 것이 예정되어 있는 경비에 해당하여 재직기간 의무근무 위반을 이유로 이를 반환하기로 하는 약정 또한 마찬가지로 무효라고 보아야 할 것이다. (대법원 2003.10.23. 선고 2003다7388 판결)

나. 위약예정으로서 '유효'인 약정 : 대여금을 반환하는 취지의 약정(교육비 반환약정)

위약금이나 임금이 아닌 **연수비의 전부 또는 일부**를 상환하기로 한 '교육비반환약정'은 **근로자가 원래 전적으로 혹은 공동으로 부담하여야 할 비용**을 사용자가 대신 지출한 것이라고 인정되는 한도에서는 근로기준법 제20조 위반이 아니라는 것이 판례의 태도이다.(대법원 2008.10.23. 선고 2006다37274 판결)

3) 교육비 반환약정의 요건(유효성 판단기준) : 약비적(약정, 비용. 적정)

가. 교육비 상환의무 면제 취지의 약정(조건부 소비대차계약)이 존재할 것

약정의 취지가 '사용자가 교육훈련 또는 연수비용을 우선 지출하고 근로자는 그 비용을 상환하기로 하되, 일정기간 근무하는 경우에는 그 상환의무를 면제해 주기로 하는 취지의 약정'이라야 한다. 즉, 근로자와 사용자 사이에 일종의 '**조건부 소비대차계약**'이 체결된 것으로 볼 수 있어야 한다.

나. 근로자가 부담할 성질의 비용일 것

근로자의 교육이나 연수가 사용자가 아닌 **근로자 개인의 이익을 위한 것**으로서 근로자의 자발적 희망에 의하여 부담해야 할 성질의 비용이어야 한다.

다. 약정근무기간 및 상환비용이 적정할 것

교육비 반환약정이 유효하다고 평가되는 경우에도, 근로자의 약정 근무기간 및 상환해야 할 비용이 **합리적이고 타당한 범위** 내에서 정해져야 한다. 따라서 약정근무기간이 상환비용에 비하여 과도하게 장기간인 경우에는 합리적인 범위에서의 근무기간만으로 제한적으로 인정해야 할 것이다.

관련판례 대법원 2000.11.28. 선고 대법원 2000다51476 판결 교육비 반환약정의 유효성

피근로자가 일정 기간 동안 근무하기로 하면서 이를 위반할 경우 소정 금원을 사용자에게 지급하기로 약정하는 경우, 그 약정의 취지가 약정한 근무기간 이전에 퇴직하면 그로 인하여 **사용자에게 어떤 손해가 어느 정도 발생하였는지 묻지 않고** 바로 소정 금액을 사용자에게 지급하기로 하는 것이라면 이는 명백히 구 근로기준법(2007. 4. 11. 법률 제8372호로 전문 개정되기 전의 것) 제27조에 반하는 것이어서 효력을 인정할 수 없다. 또, 그 약정이 미리 정한 근무기간 이전에 퇴직하였다는 이유로 마땅히 근로자에게 지급되어야 할 **임금을 반환**하기로 하는 취지일 때에도, 결과적으로 위 조항의 입법 목적에 반하는 것이어서 역시 그 효력을 인정할 수 없다. **다만, 그 약정이 사용자가 근로자의 교육훈련 또는 연수를 위한 비용을 우선 지출하고 근로자는 실제 지출된 비용의 전부 또는 일부를 상환하는 의무를 부담하기로 하되 장차 일정 기간 동안 근무하는 경우에는 그 상환의무를 면제해 주기로 하는 취지인 경우에는, 그러한 약정의 필요성이 인정된다.** 이때 주로 사용자의 업무상 필요와 이익을 위하여 원래 사용자가 부담하여야 할 성질의 비용을 지출한 것에 불과한 정도가 아니라 **근로자의 자발적 희망과 이익까지 고려하여 근로자가 전적으로 또는 공동으로 부담하여야 할 비용을 사용자가 대신 지출한 것으로 평가되며, 약정 근무기간 및 상환해야 할 비용이 합리적이고 타당한 범위 내에서 정해져 있는 등 위와 같은 약정으로 인하여 근로자의 의사에 반하는 계속 근로를 부당하게 강제하는 것으로 평가되지 않는다면,** 그러한 약정까지 구 근로기준법 제27조에 반하는 것은 아니다.

관련 논점 유리하게 변경된 교육비(연수비용) 상환의무를 면제 규정

인사규정상 해외연수 근로자의 해외연수비용 상환의무의 면제기간이 **근로자에게 더 유리하게 개정된 경우,** '아직 면제기간이 진행중이던 근로자의 해외연수비용 상환의무를 면제받는 의무복무기간은 개정된 인사규정에 소급적용을 배제하는 별도의 규정이 없는 한, 유리하게 개정된 인사규정이 적용된다.(대법원 1994.05.10. 선고 93다30181 판결)

사례연습 24

교육비 반환약정과 퇴직금의 상계(공인노무사 19회 기출문제)

갑은 A회사에서 10년째 근로하던 중 회사의 해외연수프로그램에 응모, 선정되어 2년간 외국 대학에서 학위를 취득하고 귀국하였다 유학중 갑은 A회사로부터 업무상 지휘 · 명령은 받지 아니하였으며, 다만 해외연수직원관리규정에 따라 6개월에 한 번씩 회사에 연수상황을 보고하였다.

갑은 귀국 후 A회사에 1년간 근로한 후 사직원을 제출하고 퇴직하였다. A회사의 해외연수직원관리규정은 해외연수기간 중 정상급여 및 유학중 소요되는 학교등록금, 생활비, 자녀교육비, 주택비, 왕복항공료 등의 유학비용은 A회사가 부담하고, 해외연수직원은 해외연수 후 국내 귀임 시 회사 또는 관계 회사에 해외연수기간에 해당하는 2년 이상을 근무하여야 하며, 이를 위반한 때에는 정상급여를 제외한 유학비용 일체를 반환해야 한다고 규정하고 있다 이러한 규정에 따라 A회사는 갑의 사직원을 수리하면서 갑에게 지급해야 할 퇴직금을 유학비용과 상계하고 지급하였다. 이상의 사례를 읽고 노동법상 쟁점이 되는 문제에 관하여 논하시오.

1. 쟁점의 정리

A회사의 '해외연수직원관리규정'에 따르면 해외연수직원은 해외연수 후 국내 귀임시 회사 또는 관계회사에 해외연수기간에 해당하는 2년 이상을 근무하여야 하며, 이를 위반할 때에는 정상급여를 제외한 유학비용일체를 반환해야 한다고 규정하고 있는 바, 본 사례에서의 노동법상 쟁점이 되는 문제는 먼저 ① 본 사례와 같이 의무재직기간을 두고 이를 위반할 시 해외연수비용의 반환을 규정한 A회사의 해외연수직원 관리규정이 근로기준법 제7조 강제근로의 금지 내지 근로기준법 제20조에서 금지하는 위약예정에 해당하는지 여부일 것이다, 그 다음으로는 ② 만일, 위의 규정이 근로기준법에서 금지한 강제근로금지 내지 위약예정에 해당하지 않는다면 퇴직금에서 해외연수비용을 상계하는 것이 근로기준법 제43조 제1항이 규정하고 있는 임금전액불원칙에 위배되는 것인지 여부일 것이다.

2. A회사의 '해외연수직원관리규정'의 유효성

(1) 근로기준법 제7조 위반여부

1) 강제근로 금지(근로기준법 제7조)의 의의

근로기준법 제7조는 '사용자는 폭행, 협박, 감금 그 밖의 정신상 또는 신처상 자유를 부당하게 구속하는 수단으로써 근로자의 자유의사에 어긋나는 근로를 강요하지 못한다.'는 강제 근로의 금지'를 규정하고 있다. 강제근로의 금지 규정은 헌법 제12조 제1항의 강제노역을 받지 않을 권리에 대한 규정을 근로관계에서 구체화한 것으로서 이는 경제적으로 우위에 있는 사용자가 그 힘의 우위를 이용하여 근로자의 자유의사에 반하는 근로를 강요하지 못하도록 함으로써 근로자의 인격 존중과 실현을 도모하기 위한 것이다

2) 사안의 경우

근로기준법 제7조에서의 '그 밖의 강제근로의 수단'은 '근로자 보호'를 위하여 사회통념상 부당한 것으로 인정되는 방법에 의해서 근로자에게 근로를 강요하는 일체의 수단'으로 넓게 해석해야 할 것이지만, 본조를 위반한 행위를 한 자에 대하여는 위약예정 금지를 위반한 경우에 비하여 매우

엄중하게 처벌하고 있다는 점에서(근로기준법 제114조 제1호) 본 사안의 경우와 살이 사용자가 사회통념상 상당한 정도의 수단으로 근로계약상의 의무 이행을 요구하는 경우 혹은 위약금의 반환을 요구하는 경우에는 근로기준법 제20조의 위약예정 금지에 해당하는 것은 별론으로 하고 동법 제7조가 금지하는 강제근로에 해당하지 않는다고 해석된다

(2) 위약 예정의 금지(근로기준법 제20조)

사용자는 근로계약 불이행에 대한 위약금 또는 손해배상액을 예정하는 계약을 체결하지 못하는 바(근로기준법 제20조) 그 약정의 취지가 약정한 근무기간 이전에 퇴직하면 그로 인하여 사용자의 손해 발생 여부나 실제 손해 액수를 묻지 않고 곧바로 일정 금액을 사용자에게 지급하기로 한다거나, 혹은 약정한 근무기간 이전에 퇴직하였다는 이유만으로 마땅히 근로자에게 지급되어야 할 임금을 반환하기로 한 것이라면, 이는 위 조항에 반하는 것이어서 그 효력을 인정할 수 없다. 설사 근로자가 이에 동의하였다 하더라도 그러한 약정은 동조에 위반되어 무효이다. 다만, 근로계약서를 작성하면서 근로자가 아닌 사용자가 근로계약을 위반하는 경우의 위약금 등을 약정하는 것은 유효하다.

근로기준법 제20조(위약 예정의 금지)에 위반하면 벌칙(근로기준법 114조의 형벌)이 적용되고, 위약금예정약정은 사법상 무효가 된다.

(3) 교육비 반환 약정

1) 문제점

사용자가 근로자의 교육이나 연수비용을 지출한 후 일정한 의무재직기간을 두고, 근로자가 그러한 '의무 재직기간'을 위반(근로계약불이행) 했을 때 교육이나 연수비용을 반환하기로 하는 약정을 '교육비 반환 약정'이라고 한다. 그런데, '교육비반환 약정'은 사용자가 근로계약을 체결하는 경우에 근로계약 불이행에 대한 위약금 또는 손해배상액을 예정함으로써 근로자의 근로를 강제하는 '위약금 예정'과 외형상 그 모습이 유사하기 때문에, 이러한 교육비 반환 약정의 유효성이 근로기준법 제20조 '위약금 예정의 금지'와 관련하여 문제되고 있다.

2) 일정금액 지급 약정 또는 임금 반환 약정

판례는 '근로자가 일정 기간 동안 근무하기로 하면서 이를 위반할 경우 소정 금원을 사용자에게 지급하기로 약정하는 경우, 그 약정의 취지가 약정한 근무기간 이전에 퇴직하면 그로 인하여 사용자에게 어떤 손해가 어느 정도 발생하였는지 묻지 않고 바로 소정 금액을 사용자에게 지급하기로 하는 것이라면 이는 명백히 근로기준법에 반하는 것이어서 효력을 인정할 수 없다. 또, 그 약정이 미리 정한 근무기간 이전에 퇴직하였다는 이유로 마땅히 근로자에게 지급되어야 할 임금을 반환하기로 하는 취지일 때에도, 결과적으로 위 조항의 입법 목적에 반하는 것이어서 역시 그 효력을 인정할 수 없다.'고 한다.(대법원 2008.10.23. 선고 2006다37274 판결)

3) 연수비용 반환 약정

다만, 그 약정이 사용자가 근로자의 교육훈련 또는 연수를 위한 비용을 우선 지출하고 근로자는 실제 지출된 비용의 전부 또는 일부를 상환하는 의무를 부담하기로 하되 장차 일정 기간 동안 근무하는 경우에는 그 상환의무를 면제해 주기로 하는 취지인 경우에는, 그러한 약정의 필요성이 인정된다. 이

때 주로 사용자의 업무상 필요와 이익을 위하여 원래 사용자가 부담하여야 할 성질의 비용을 지출한 것에 불과한 정도가 아니라 근로자의 자발적 희망과 이익까지 고려하여 근로자가 전적으로 또는 공동으로 부담하여야 할 비용을 사용자가 대신 지출한 것으로 평가되며, 약정 근무기간 및 상환해야 할 비용이 합리적이고 타당한 범위 내에서 정해져 있는 등 위와 같은 약정으로 인하여 근로자의 의사에 반하는 계속 근로를 부당하게 강제하는 것으로 평가되지 않는다면, 그러한 약정까지 근로기준법 제20조에 반하는 것은 아니다.'라는 것이 판례의 태도이다.(대법원 2008.10.23. 선고 2006다37274 판결)

4) 교육비 반환약정의 요건

가. 교육비 상환의무 면제 취지의 약정(조건부 소비대차계약)이 존재할 것

약정의 취지가 '사용자가 교육훈련 또는 연수비용을 우선 지출하고 근로자는 그 비용을 상환하기로 하되, 일정기간 근무하는 경우에는 그 상환의무를 면제해 주기로 하는 취지의 약정'이라야 한다. 즉, 근로자와 사용자 사이에 일종의 '조건부 소비대차계약'이 체결된 것으로 볼 수 있어야 한다.

나. 근로자가 부담할 성질의 비용일 것

근로자의 교육이나 연수가 사용자가 아닌 근로자 개인의 이익을 위한 것으로서 근로자의 자발적 희망에 의하여부담해야 할 성질의 비용이어야 한다.

다. 약정근무기간 및 상환비용이 적정할 것

교육비 반환약정이 유효하다고 평가되는 경우에도, 근로자의 약정 근무기간 및 상환해야 할 비용이 합리적이고 타당한 범위 내에서 정해져야 한다.

(3) 사안의 경우

① 사안에서의 해외연수는 근로자 甲이 자발적으로 희망한 것일 뿐 아니라 외국 대학에서 학위은 그 성질상 근로자 甲에게 유익한 것이므로 근로자 A와 A회사 사이에는 교육비 상환의무 면제 취지의 약정(조건부 소비대차계약)이 존재하는 것으로 평가되며 ② 해외연수직원관리규정은 해외연수기간에 해당하는 2년 이상을 근무하여야 한다고 규정하고 있는 바, 이 기간을 부당하게 장기간이라 할 수 없으며, 상환비용도 연수기간중에 소요된 연수비에 한하므로 그 상환비용 역시 합리적인 범위로서 근로자의 자발적 희망과 이익까지 고려하여 근로자가 전적으로 또는 공동으로 부담하여야 할 비용을 사용자가 대신 지출한 것으로 평가되므로 해외연수직원관리규정은 甲의 의사에 반하여 근로를 부당하게 강제하는 것으로 평가 되지 않는다. 따라서, 해외연수직원관리규정은 근로기준법 제 20조에 위반하지 않으므로 갑은 유학비용을 반환하여야 한다.

3. 퇴직금에서 해외연수비용을 상계하는 것이 유효한 지 여부.

(1) 문제점

이 사례에서 A회사는 갑의 사직원을 수리하면서 갑에게 자급해야 할 퇴직금을 유학비용과 상계하고 지급하였는 바, 이러한 A회사의 상계의 유효성이 임금 전액지급의 원칙에 위반되는 지 여부가 퇴직금의 법적 성격과 관련하여 문제된다.

(2) 퇴직금의 법적 성격

퇴직금이란 근로자가 일정기간을 근속하고 퇴직하는 경우 근로관계의 종료를 사유로 하여 사용자가 지급하는 일시 지급금을 의미한다. 판례는 '퇴직금'은 사용자가 근로자의 근로 제공에 대한 임금 일부를 지급하지 아니하고 축적하였다가 이를 기본적 재원으로 하여 근로자가 1년 이상 근무하고 퇴직할 때 일시금으로 지급하는 것으로서, 본질적으로 '후불적 임금의 성질을 지니는 것'으로 보고 있다.

(3) 임금 전액지급의 원칙 위반여부

1) 전액지급의 원칙

사용자는 근로자에게 임금의 '전액'을 지급하여야 하며(근로기준법 제43조 제1항) 이 규정을 위반한 자는 3년 이하의 징역이나 3천만원 이하의 벌금에 처하도록 하고 있다.(근로기준법 제109조) 따라서 사용자가 임금의 일부를 임의로 '공제'하고 지급하는 것은 법령 또는 단체협약에 특별한 규정이 있는 경우를 제외하고는 허용되지 않는다. 이는 사용자가 일방적으로 임금을 공제하는 것을 금지하여 근로자에게 임금 전액을 확실하게 지급받게 하고자 함이다.

2) 임금채권의 상계 금지

전액지급 원칙의 취지상, 사용자가 근로자에게 정당하게 받을 채권이 있는 경우라 하더라도 사용자가 임금채권을 수동채권으로 하고 자신의 근로자에 대한 채권을 자동채권으로 하여 상계하는 것은 허용되지 않는다.

(4) 사안의 경우

이 사례에서 A회사는 갑의 사직원을 수리하면서 갑에게 자급해야 할 퇴직금을 유학비용과 상계하고 지급하였다. 그러나 퇴직금은 후불적 임금으로서 임금에 해당하는 바, 이 사례에서 사용자가 유일하게 가지는 유학비용반환채권을 자동채권으로 하여 근로자가 가지는 퇴직금채권을 상계하는 것은 임금전액지급원칙에 위반된다, 따라서 갑은 A회사에게 퇴직금 전액지급을 청구할 수 있다.

4. 결론

① A회사의 '해외연수직원관리규정'은 위약예정계약이 아니므로 유효하다. 따라서 A회사는 의무재직기간을 이행하지 않은 갑에 대하여 유학비용반환채권을 가진다.

② 甲은 자유로운 의사에 기하여 상계할 것을 합의한 바 없고, A회사의 채권발생이 계산착오 등으로 발생한 부당이익의 반환도 아니다. 따라서 A회사는 유학비용채권과 甲의 퇴직금을 상계할 수 없으므로 갑은 A회사에게 퇴직금 전액지급을 청구할 수 있다.

사례연습 25

교육비 반환약정 (변호사시험 2016년 기출문제)

갑은 A회사에서 10년째 근로하던 중 회사의 해외연수프로그램에 응모, 선정되어 2년간 외국 대학에서 학위를 취득하고 귀국하였다 유학중 갑은 A회사로부터 업무상 지휘 · 명령은 받지 아니하였으며, 다만 해외연수직원관리규정에 따라 6개월에 한 번씩 회사에 연수상황을 보고하였다.

갑은 귀국 후 A회사에 1년간 근로한 후 사직원을 제출하고 퇴직하였다. A회사의 해외연수직원관리규정은 해외연수기간 중 정상급여 및 유학중 소요되는 학교등록금, 생활비, 자녀교육비, 주택비, 왕복항공료 등의 유학비용은 A회사가 부담하고, 해외연수직원은 해외연수 후 국내 귀임 시 회사 또는 관계 회사에 해외연수기간에 해당하는 2년 이상을 근무하여야 하며, 이를 위반한 때에는 정상급여를 제외한 유학비용 일체를 반환해야 한다고 규정하고 있다 이러한 규정에 따라 A회사는 갑의 사직원을 수리하면서 갑에게 자급해야 할 퇴직금을 유학비용과 상계하고 지급하였다. 이상의 사례를 읽고 노동법상 쟁점이 되는 문제에 관하여 논하시오.

1. 쟁점의 정리

갑은 A회사의 해외연수 프로그램에 응모, 선정되어 2년간 외국대학에서 학위를 취득하고 귀국하였다. 그런데 본 사례의 A회사의 '해외연수직원관리규정'에 따르면 해외연수직원은 해외연수 후 국내 귀임시 회사 또는 관계회사에 해외연수기간에 해당하는 2년 이상을 근무하여야 하며, 이를 위반할 때에는 정상급여를 제외한 유학비용일체를 반환해야 한다고 규정하고 있는 바, 본 사례에서의 노동법상 쟁점이 되는 문제를 논하기 위해서는 ① 먼저 본 사례와 같이 의무재직기간을 두고 이를 위반할 시 해외연수비용의 반환을 규정한 A회사의 해외연수직원 관리규정이 근로기준법 제20조에서 금지하는 위약예정에 해당하는지 여부를 살펴보아야 할 것이고, ② 만일, 위의 규정이 근로기준법에서 금지한 위약예정에 해당하지 않는다면 퇴직금에서 해외연수비용을 상계하는 것이 근로기준법 제43조 제1항이 규정하고 있는 임금전액불원칙에 위배되는 것인지 여부를 검토해야 할 것이다.

2. A회사의 '해외연수직원관리규정'의 유효성

(1) 근로기준법 제7조 위반여부

1) 강제근로 금지(근로기준법 제7조)의 의의

2) 사안의 경우

(2) 위약 예정의 금지(근로기준법 제20조)

(3) 교육비 반환 약정

1) 문제점

2) 일정금액 지급 약정 또는 임금 반환 약정

3) 연수비용 반환 약정

4) 교육비 반환약정의 요건

가. 교육비 상환의무 면제 취지의 약정(조건부 소비대차계약)이 존재할 것

나. 근로자가 부담할 성질의 비용일 것

다. 약정근무기간 및 상환비용이 적정할 것

(3) 사안의 경우

① 사안에서의 해외연수는 근로자 甲이 자발적으로 희망한 것일 뿐 아니라 외국 대학에서 학위은 그 성질상 근로자 甲에게 유익한 것이므로 근로자 A와 A회사 사이에는 교육비 상환의무 면제 취지의 약정(조건부 소비대차계약)이 존재하는 것으로 평가되며 ② 해외연수직원관리규정은 해외연수기간에 해당하는 2년 이상을 근무하여야 한다고 규정하고 있는 바, 이 기간을 부당하게 장기간이라 할 수 없으며, 상환비용도 연수기간중에 소요된 연수비에 한하므로 그 상환비용 역시 합리적인 범위로서 근로자의 자발적 희망과 이익까지 고려하여 근로자가 전적으로 또는 공동으로 부담하여야 할 비용을 사용자가 대신 지출한 것으로 평가되므로 해외연수직원관리규정은 甲의 의사에 반하여 근로를 부당하게 강제하는 것으로 평가 되지 않는다. 따라서, 해외연수직원관리규정은 근로기준법 제 20조에 위반하지 않으므로 갑은 유학비용을 반환하여야 한다.

3. 퇴직금에서 해외연수비용을 상계하는 것이 유효한 지 여부.

(1) 문제점

(2) 퇴직금의 법적 성격

(3) 임금 전액지급의 원칙 위반여부

1) 전액지급의 원칙

2) 임금채권의 상계 금지

(4) 사안의 경우

이 사례에서 A회사는 갑의 사직원을 수리하면서 갑에게 자급해야 할 퇴직금을 유학비용과 상계하고 지급하였다. 그러나 퇴직금은 후불적 임금으로서 임금에 해당하는 바, 이 사례에서 사용자가 유일하게 가지는 유학비용반환채권을 자동채권으로 하여 근로자가 가지는 퇴직금채권을 상계하는 것은 임금전액지급원칙에 위반된다, 따라서 갑은 A회사에게 퇴직금 전액지급을 청구할 수 있다.

4. 결론

① A회사의 '해외연수직원관리규정'은 위약예정계약이 아니므로 유효하다. 따라서 A회사는 의무재직기간을 이행하지 않은 갑에 대하여 유학비용반환채권을 가진다.

② 甲은 자유로운 의사에 기하여 상계할 것을 합의한 바 없고, A회사의 채권발생이 계산착오 등으로 발생한 부당이익의 반환도 아니다. 따라서 A회사는 유학비용채권과 甲의 퇴직금을 상계할 수 없으므로 갑은 A회사에게 퇴직금 전액지급을 청구할 수 있다.

사례연습 26
교육비 반환약정 (2021년 제2차 변호사시험 모의시험)

자동차 제조업체인 A회사에는 회사가 전액 비용을 부담 지출하면서 직원을 해외에 파견하여 위탁교육을 시키는 해외선진기술교육과정 프로그램을 두고 있다. A회사의 규정에 따르면, 이 프로그램에 합격한 후 해외에 파견되어 해당 교육과정을 이수한 직원은 교육 수료일자로부터 5년간 의무재직기간 이상 근무하지 아니할 때에는 회사가 부담한 교육비용과 파견기간 지급된 임금의 전부를 상환하도록 규정하고 있다.

A회사 근로자이자 엔지니어인 甲는 2016년 1월 사내에서 실시하는 해외선진기술교육과정 프로그램에 공모하여 합격하였다. 이후 2017년 1월 미국 P사에 파견 되어 엔진모듈기술교육과정을 이수하고, 기술인정자격시험에 합격한 후 2019년 A회사로 복귀하였다. 당시로서는 엔진모듈기술이 매우 독창적이고 희소한 것이어서, 동종 경쟁사인 S사가 甲에게 접근하여 이직을 종용하자, 甲는 이에 응하기로 하고, 2020년 1월 A회사를 사직하고 같은 해 3월에 S사에 입사하였다. 그리고 甲은 공모 당시 교육비 반환에 관한 사내규정의 내용을 이미 알고 있었다.

A회사는 甲에 대하여 교육비 반환에 관한 사내규정 위반을 이유로 교육비용 및 임금의 반환을 청구하였다. A회사의 청구는 정당한가?

1. 쟁점의 정리

사안에서 갑은 A회사의 위탁교육 프로그램에 응모, 합격되어 약 2년간 미국 P사에 파견 되어 엔진모듈기술교육과정을 이수하고, 기술인정자격시험에 합격한 후 2019년 A회사로 복귀하였다 그런데 본 사례의 A회사의 규정'에 따르면 이 프로그램에 합격한 후 해외에 파견되어 해당 교육과정을 이수한 직원은 교육 수료일자로부터 5년간 의무재직기간 이상 근무하지 아니할 때에는 회사가 부담한 교육비용과 파견기간 지급된 임금의 전부를 상환하도록 규정하고 있다. 甲이 2019년 귀국후, 동종 경쟁사인 S사가 甲에게 접근하여 이직을 종용하자, 甲는 이에 응하기로 하고, 2020년 1월 A회사를 사직하고 같은 해 3월에 S사에 입사하자, A회사는 甲에 대하여 교육비 반환에 관한 사내규정 위반을 이유로 교육비용 및 임금의 반환을 청구하고 있는 바, 이러한 A회사의 청구는 정당한지 여부를 검토하기 위서는 본 사례와 같이 의무재직기간을 두고 이를 위반할 시 해외교육비용과 임금의 전부의 반환을 규정한 A회사의 규정이 근로기준법 제7조의 강제근로 금지에 위반되는 지 여부를 살펴보고, 또한 A회사의 규정이 근로기준법 제20조에서 금지하는 위약예정에 해당하는지 여부를 살펴보기 위하여 교육비 반환약정의 유효요건 및 효과에 대하여 검토해 보도록 한다.

2. A회사의 교육비용반환규정의 유효성

(1) 근로기준법 제7조 위반여부

1) 강제근로 금지(근로기준법 제7조)의 의의

2) 사안의 경우

(2) 위약 예정의 금지(근로기준법 제20조)

(3) 교육비 반환 약정

1) 문제점

2) 일정금액 지급 약정 또는 임금 반환 약정

3) 연수비용 반환 약정

4) 교육비 반환약정의 요건

가. 교육비 상환의무 면제 취지의 약정(조건부 소비대차계약)이 존재할 것

나. 근로자가 부담할 성질의 비용일 것

다. 약정근무기간 및 상환비용이 적정할 것

(4) 사안의 경우

1) 경비반환의 경우

기업체에서 비용을 부담 지출하여 직원에 대하여 위탁교육훈련을 시키면서 일정 임금을 지급하고 이를 이수한 직원이 교육수료일자부터 일정한 의무재직기간 이상 근무하지 아니할 때에는 기업체가 지급한 교육비용의 전부 또는 일부를 근로자로 하여금 상환하도록 한 부분은 근로기준법 제20조에서 금지된 위약금 또는 손해배상을 예정하는 계약이 아니므로 유효하다. 또본 사안의 경우, 약정의 내용상 그 필요성이 인정되고, 근로자가 사내 규정을 알고 스스로 공모하였으며, 프로그램의 내용상 근로자에게 이익이 되는 부분으로 사용자가 대신 지출한 것으로 평가할 수 있고, 5년이라는 의무재직기간이 사회통념상 무효가 될 정도로 과하다고 평가되지는 않으므로, 본 사안의 교육비용의 반환은 타당하다.

2) 임금의 경우

A회사에서 비용을 부담 지출하여 직원에 대하여 위탁교육훈련을 시키면서 이를 이수한 직원이 교육수료일자부터 5년의 의무재직기간 이상 근무하지 아니할 때에는 임금반환을 약정한 부분은 기업체가 근로자에게 근로의 대상으로 지급한 임금을 채무불이행을 이유로 반환하기로 하는 약정으로서 실질적으로는 위약금 또는 손해배상을 예정하는 계약이므로 근로기준법 제20조에 위반되어 무효이다.

3. 결론

A회사의 甲에 대한 교육 경비에 대한 반환청구는 그 약정의 필요성, 교육 경비의 성격, 의무재직기간의 합리성을 고려했을 때 정당하지만, 임금에 대한 반환청구는 마땅히 지급해야할 임금을 의무재직기간 이전에 퇴직했다는 사유로 반환을 청구하는 것은 위약예정의 금지에 해당되어 정당하지 않다.

(2) 사이닝 보너스 약정(→사례: 27)

1) 문제점

'사이닝보너스'란 기업이 경력직 전문 인력 등 우수인재를 확보하기 위하여 근로계약을 체결(사이닝)하면서 지급하는 금품을 의미하는 바, 이러한 사이닝보너스 반환약정이 **의무근무기간과 결합**하는 경우에는 근로자의 자유의사를 제한하는 결과를 초래할 수 있다는 점에서 **근로기준법 제7조 및 동법 제20조와 관련하여** 사이닝보너스 반환약정의 유효성이 문제가 되고 있다.

2) 사이닝보너스 약정의 법적 성질

사이닝보너스 지급약정(계약)은 근로계약이라는 주된 계약에 부차적으로 체결되는 부수계약으로서의 성질을 가지는 바, 판례는 사이닝 보너스의 법적성격을 이직사례금, 전속계약금, 임금 선급금의 성질을 지닌다고 보면서, 기업이 경력 있는 전문 인력을 채용하기 위한 방법으로 근로계약 등을 체결하면서 일회성 인센티브 명목으로 지급한 사이닝보너스가 이직에 따른 보상이나 근로계약 등의 체결에 대한 대가로서의 성격만 가지는지, 아니면 더 나아가 의무근무 기간 동안의 **이직금지 내지 전속근무** 약속에 대한 대가 및 **임금 선급**으로서의 성격도 함께 가지는지의 여부는 **해당 계약이 체결된 동기 및 경위, 당사자가 계약에 의하여 달성하려고 하는 목적과 진정한 의사, 계약서에 특정 기간 동안의 전속근무를 조건으로 사이닝보너스를 지급한다거나 그 기간의 중간에 퇴직하거나 이직할 경우 이를 반환한다는 등의 문언이 기재되어 있는지 및 거래의 관행 등을 종합적으로 고려하여 판단**하여야 한다는 입장이다.(대법원 2016.6.11. 선고 2012다55518 판결)

3) 사이닝보너스 약정의 효력

가. 사이닝보너스 약정의 법적성질이 '이직사례금'인 경우

사이닝보너스의 법적성질이 근로자가 이직함으로써 사이닝보너스계약을 모두 이행된 것으로 볼 수 있는 '이직사례금'에 불과한 경우라면, 애초에 의무복무기간과 결부된 약정(위약금 약정)이 존재하지 않으므로 근로기준법 제20조의 위약금예정금지문제는 발생하지 않을 것이다. 따라서, 사적자치의 원칙상 그러한 사이닝보너스 약정은 유효하다고 해석되며, 이직 사례금의 경우에는 애초에 의무복무기간이 설정된 사이닝보너스 반환약정 그 자체가 존재하지 않는 것이므로 근로자의 반환의무도 인정되지 않는다.

나. 사이닝보너스의 법적성질이 '전속계약금'인 경우

사이닝보너스의 법적성질이 근무기간과 결부된 **'전속계약금'**의 경우에는 **근로기준법 제20조 위반 여부**가 문제될 수 있다. 이 경우에, ① 근로자가 일정기간 동안 근무하기로 하면서 이를 위반하여 일정 근무기간 이전에 퇴직하면 그로 인해 사용자에게 **어떤 손해가 어느 정도 발생했는지 묻지 않고** 바로 **일정한 금액의 위약금**을 사용자에게 지급하기로 한 경우라면 이는 근로기준법 제20조에 반하여 효력이 없을 것이다. ② 반면에, 사용자와 근로자가 **임금과는 별도**로 일정 기간 근무할 것을 조건으로 **추가적인 금원**을 지급받았으나, 해당 **조건을 충족하지 못한 경우** 금원을 **반환**토록 하는 것은 **사회통념상 계약자유 원칙**에 속하는 것으로서 근로기준법의 취지에 역시 반하지 않는다고 볼 수 있다. 이러한 형태의 보너스 지급 및 그에 관한 계속 근로 약정의 경우 해당 근로자로서는 언제든지 근로관계를 종료할 수 있고, 다만 계속근로를 전제로 한 금원을 반환할 것을 약정한 것, 즉, 사용자가 일종의 **해제 조건부로 금원을 대여한 것**으로 볼 수 있기 때문이다.

사례연습 27

사이닝보너스 계약(공인노무사 28회 기출문제)

A회사는 최근 판매부진의 실적을 만회하기 위해 자동차부품판매의 유경험자로서 다른 회사에서 좋은 판매영업성과를 올리고 있던 근로자 乙을 채용하면서 연봉 1억 원과 별도로 사이닝보너스(signing bonus)로 1억 원을 지급하고 7년간 고용을 보장하기 하는 내용의 채용합의서를 작성하였다. A회사는 乙에게 약정한 사이닝보너스를 지급하였고, 乙은 2017년 2월 16일부터 A회사의 판매사업 부문 담당 사업부장으로 재직하다가 2018년 4월 15일 개인사유를 이유로 사직하였다. 그리고 다음과 같은 사실이 인정된다.

① 채용합의서에는 7년간의 전속근무를 조건으로 사이닝보너스를 지급한다거나 乙이 약정근무기간 7년을 채우지 못하였을 경우 이를 반환하여야 한다는 등의 내용은 기재되어 있지 아니하다.

② 채용합의서만으로는 약정근무기간과 고용보장기간을 각 7년으로 약정한 특별한 이유나 동기를 찾기 어렵다.

③ A회사는 채용합의 과정에서 乙에게 장기간 근무의 필요성이나 근무기간이 7년이어야 하는 구체적인 이유는 설명하지 아니하였다.

④ A회사는 채용합의 당시 乙에게 약정근무기간을 채우지 못할 경우 사이닝보너스를 반환하여야 한다는 사실은 고지하지 아니하였다.

다음 물음에 답하시오.

A회사는 乙의 사직을 이유로 乙에게 지급한 사이닝보너스를 반환할 것을 청구하였다. A회사의 청구의 타당성에 관하여 논하시오.

1. 쟁점의 정리

'사이닝보너스'란 기업이 경력직 전문 인력 등 우수인재를 확보하기 위하여 근로계약을 체결(사이닝)하면서 지급하는 금품을 의미하는 바, 이러한 사이닝보너스 약정은 근로자의 이직의 자유를 제한한다는 측면에서 근로기준법 제7조 내지 제20조와 관련하여 그 반환약정의 유효성이 문제되고 있다. 사안에서 A회사는 乙의 사직을 이유로 乙에게 지급한 사이닝보너스를 반환할 것을 청구하고 있는데, 이러한 A회사의 청구의 타당성을 검토하기 위해서는 먼저 근로기준법 제7조 및 제20조와의 관계에서 사이닝보너스 약정의 유효성을 살펴본 후, 사이닝보너스 약정의 법적성질 및 그 효력을 검토하여야 할 것이다.

2. 사이닝보너스 약정의 유효성

(1) 근로기준법 제7조 위반여부

사이닝보너스 반환약정의 유효성과 관련하여서는 이러한 약정이 근로기준법 제7조의 '그 밖에 정신상 또는 신체상의 자유를 부당하게 구속하는 수단'에 포섭될 수 있는지가 문제되는 바, 근로기준법 제7조를 위반한 행위를 한 자에 대하여는 위약예정 금지를 위반한 경우에 비하여 매우 엄중하게 처벌하고 있다는 점에서(근로기준법 제114조 제1호) 사용자가 사회통념상 상당한 정도의 수단으로 근로계약상의 의무 이행을 요구하는 경우 혹은 위약금의 반환을 요구하는 경우에는 근로기준법 제20조의 위약예정 금지에 해당하는 것은 별론으로 하고 동법 제7조가 금지하는 강제근로에 해당하지 않는다고 해석된다.

(2) 근로기준법 제20조 위반여부

사용자는 근로계약 불이행에 대한 위약금 또는 손해배상액을 예정하는 계약을 체결하지 못하는 바(근로기준법 제20조) 그 약정의 취지가 약정한 근무기간 이전에 퇴직하면 그로 인하여 사용자의 손해 발생 여부나 실제 손해 액수를 묻지 않고 곧바로 일정 금액을 사용자에게 지급하기로 한다거나, 혹은 약정한 근무기간 이전에 퇴직하였다는 이유만으로 마땅히 근로자에게 지급되어야 할 임금을 반환하기로 한 것이라면, 이는 위 조항에 반하는 것이어서 그 효력을 인정할 수 없다.

사이닝보너스 약정의 취지가 약정한 근무기간 이전에 퇴직하면 그로 인하여 사용자에게 어느 정도의 손해가 발생하였는 지 묻지 않고 곧바로 소정의 금액을 사용자에게 지급하기로 한다거나, 혹은 약정한 근무기간 이전에 퇴직하였다는 이유만으로 마땅히 근로자에게 지급되어야 할 임금을 반환하기로 한 것이라면, 이는 위 조항에 반하는 것이어서 그 효력을 인정할 수 없으므로, 설사 근로자가 이에 동의하였다 하더라도 그러한 약정은 동조에 위반되어 무효이다.

3. 사이닝보너스 약정의 법적 성질 및 효력

(1) 사이닝보너스의 법적성질

사이닝보너스 지급약정(계약)은 근로계약이라는 주된 계약에 부차적으로 체결되는 부수계약으로서의 성질을 가지는 바, 판례는 법률행위 해석론에 입각하여 사이닝 보너스의 법적성격을 이직사례금, 전속계약금, 임금 선급금의 성질을 가질 수 있다고 보고 있다.(대법원 2008.10.23. 선고 2006다37274 판결)

(2) 사이닝보너스 약정의 효력

1) 사이닝보너스 약정의 법적성질이 '이직사례금'인 경우

사이닝보너스의 법적성질이 근로자가 이직함으로써 사이닝보너스계약을 모두 이행된 것으로 볼 수 있는 '이직사례금'에 불과한 경우라면, 애초에 의무복무기간과 결부된 약정(위약금 약정)이 존재하지 않으므로 근로기준법 제20조의 위약금예정금지문제는 발생하지 않을 것이다. 따라서, 사적자치의 원칙상 그러한 사이닝보너스 약정은 유효하다고 해석되며, 이직 사례금의 경우에는 애초에 의무복무기간이 설정된 사이닝보너스 반환약정 그 자체가 존재하지 않는 것이므로 근로자의 반환의무도 인정되지 않는다.

2) 사이닝보너스의 법적성질이 '전속계약금'인 경우

사이닝보너스의 법적성질이 근무기간과 결부된 '전속계약금'의 경우에는 근로기준법 제20조 위반 여부가 문제될 수 있다. 이 경우에, 근로자가 일정기간 동안 근무하기로 하면서 이를 위반하여 일정 근무기간 이전에 퇴직하면 그로 인해 사용자에게 어떤 손해가 어느 정도 발생했는지 묻지 않고 바로 위약금을 사용자에게 지급하기로 한 경우라면 이는 근로기준법 제20조에 반하여 효력이 없을 것이다. 반면에, 사용자와 근로자가 임금과는 별도로 일정 기간 근무할 것을 조건으로 추가적

인 금원을 지급받았으나, 해당 조건을 충족하지 못한 경우 금원을 반환토록 하는 것은 사회통념상 계약자유 원칙에 속하는 것으로서 근로기준법의 취지에 역시 반하지 않는다고 볼 수 있다. 즉 위와 같은 형태의 보너스 지급 및 그에 관한 계속 근로 약정의 경우 해당 근로자로서는 언제든지 근로관계를 종료할 수 있고, 다만 계속근로를 전제로 한 금원을 반환하면 될 것이므로 이러한 금원 지급에 관해서는 해제 조건부로 금원을 지급한 것으로 볼 수 있기 때문이다.

3) 사이닝보너스의 법적성질이 '임금 선급금'인 경우

사이닝보너스의 법적성질이 '임금 선급금'인 경우에는 금전의 대여를 근로관계와 결부시키는 것을 금지하는 근로기준법 제21조 전차금 상계의 금지 위반 여부가 문제 수 있다. 따라서, 사용자가 근로자에게 지급할 퇴직금 등과 임금 선급금을 상계하는 경우에는 근로기준법 제21조 위반이 될 것이다.

(3) 사안의 사이닝보너스 약정의 효력

1) 사이닝보너스 약정에 대한 구체적인 판단

판례는 사이닝보너스가 이직에 따른 보상이나 근로계약 등의 체결에 대한 대가로서의 성격만 가지는지, 아니면 더 나아가 의무근무 기간 동안의 이직금지 내지 전속근무 약속에 대한 대가 및 임금 선급으로서의 성격도 함께 가지는지의 여부는 해당 계약이 체결된 동기 및 경위, 당사자가 계약에 의하여 달성하려고 하는 목적과 진정한 의사, 계약서에 특정 기간 동안의 전속근무를 조건으로 사이닝보너스를 지급한다거나 그 기간의 중간에 퇴직하거나 이직할 경우 이를 반환한다는 등의 문언이 기재되어 있는지 및 거래의 관행 등을 종합적으로 고려하여 판단하여야 할 것이라고 한다.(대법원 2008.10.23. 선고 2006다37274 판결)

2) 사안의 경우

사안의 채용합의서에는 7년간의 전속근무를 조건으로 사이닝보너스를 지급한다거나 乙이 약정근무 7년을 채우지 못하였을 경우 이를 반환하여야 한다는 등의 내용은 기재되어 있지 않을 뿐 아니라, 채용합의서만으로는 약정근무기간과 고용보장기간을 각 7년으로 약정한 특별한 이유나 동기를 찾기 어렵다. 한편 A회사는 채용합의 과정에서 乙에게 장기간 근무의 필요성이나 근무기간이 7년이어야 하는 구체적인 이유는 설명하지 아니하였으며, A회사는 채용합의 당시 乙에게 약정근무기간을 채우지 못할 경우 사이닝보너스를 반환하여야 한다는 사실은 고지하지 아니하였다는 점에서, 사안의 사이닝보너스의 법적 성직은 '이직사례금'인 것으로 해석된다. 따라서, '이직사례금'에 불과한 경우라면, 애초에 의무복무기간과 결부된 약정(위약금 약정)이 존재하지 않으므로 근로기준법 제20조의 위약금예정금지문제는 발생하지 않을 것이고, 사적자치의 원칙상 그러한 사이닝보너스 약정은 유효하다고 해석된다.

4. 사안의 해결

사안의 사이닝보너스의 법적 성직은 '이직사례금'인 것으로 해석되므로 계약 당사자 사이에 근로계약이 실제로 체결된 이상 근로자 乙이 약정근무 기간을 준수하지 아니하였더라도 사이닝보너스가 예정하는 대가적 관계에 있는 반대급부는 이행된 것으로 볼 수 있을 것이므로 근로자의 사이닝보너스 반환의무도도 인정되지 않는다. 따라서, A회사가 乙의 사직을 이유로 乙에게 지급한 사이닝보너스를 반환할 것을 청구하는 것은 타당하지 않다.

제3장 취업규칙

1. 총론

(1) 취업규칙의 의의

'취업규칙'이란 사업장 내 '**근로조건**'과 '**복무질서**'를 **통일적으로 처리**하기 위하여 **사용자**가 일방적으로 작성한'규칙'을 말한다. 따라서, 명칭에 관계 없이 사업장의 모든 근로자에게 적용되는 복무규율과 임금 등 당해 사업의 근로자 전체에 적용될 근로조건 등을 포함하고 있다면 취업규칙이라고 해석한다. 취업규칙은 반드시 사업장의 모든 근로자에 대하여 일제히 적용되도록 작성되어야 하는 것은 아니고, 동일 사업장 내에서도 근로자의 직종 또는 근로형태 등의 특수성에 따라 근로자의 일부에만 적용되는 별도의 취업규칙을 둘 수 있다. 취업규칙의 작성 및 변경 권한은 사용자에게 있으므로 취업규칙은 사용자가 일방적으로 작성할 뿐 아니라 변경도 하지만, **취업규칙의 내용이 근로기준법 등 노동관계 법령 등에 위배되는 경우에 그 위반된 부분은 근로기준법 등의 강행규정의 내용으로 대체**되며, 기존의 취업규칙의 내용을 근로자에게 불이익하게 변경하기 위해서는 근로자 과반수의 동의를 얻어야 한다.(근로기준법 제94조 제1항 단서)

(2) 취업규칙의 법적성질

1) 학설

가. 법규범설

법규범설은 취업규칙은 그 자체가 **법규범**으로서 사용자와 근로자를 구속한다는 견해이다. 따라서 법규범설에서는 사용자가 일방적으로 작성한 규범에 불과한 취업규칙이 어떠한 근거에서 노사 양 당사자를 구속하는 법규범성을 가지는가에 대하여 설명을 해야만 한다. 이를 설명하기 위하여 ① 사용자의 소유권 내지 경영권에서 그 근거를 찾는 '**경영권설**', ② 헌법과 법률, 특히 근로기준법 제97조가 근로자를 보호하기 위하여 취업규칙에 법규범적 효력을 부여하였다는 '**수권설**' 등의 견해가 있다.

나. 계약설

계약설은 근로자의 **동의**를 근거로 취업규칙이 **근로계약의 내용**이 되어 당사자를 구속한다고 본다. 따라서 계약설은 취업규칙이 어떻게 근로계약의 내용이 되었는가를 설명하여야 하는데, 계약설 중에서 ① '**사실관습설**'은 근로계약의 내용은 취업규칙에 따른다는 사실인 관습이 존재하므로 그러한 사실인 관습이 근로계약의 내용이 된다고 주장하며, ② **부합계약설**은 취업규칙의 내용은 당사자의 일방이 사전에 일방적으로 작성하는 보통거래약관과 유사한 것으로서 부합계약의 성질을 가진다고 한다.

2) 판례

판례는 근로자에게 불이익하게 변경된 취업규칙에 개인적으로 동의한 근로자에게도 취업규칙 변경의 효력이 발생하지 않는다고 하면서, '근로기준법이 근로자를 보호하기 위하여 취업규칙의 작성을 강제하고 이에 **법규범성을 부여**한 것'이라고 하여 규범설 중 '**수권설**'의 입장인 것으로 평가된다.(대법원 1977.01. 26. 선고 77다355 판결)

3) 검토

취업규칙의 법적성질과 관련해서는 **근로기준법 제97조**가 명시적으로 취업규칙의 규범력을 부여하고 있는 점, 그리고 취업규칙을 변경하는 경우에는 **근로자의 집단적 의사결정 절차**를 요한다는 점에서 규범설 중 '**수권설**'이 타당하다.

(3) 취업규칙의 적용 범위

1) 장소적 적용 범위

취업규칙은 사업 또는 사업장 단위에서 작성이 의무화되어 있는 것이므로 그 효력이 미치는 것은 **사업 또는 사업장 단위**이다. 하나의 사업이 여러 개의 사업장으로 구성된 경우에는 여러 개의 사업장이 하나의 사업으로 취급 받으므로 하나의 취업규칙의 적용을 받는다. 다만, **예외적으로 사업장 별로 인사 노무 · 재정 · 회계 등이 분리**되어 독자적으로 이루어지고 사업장별로 서로 다른 단체협약이나 취업규칙을 적용 받는 등 별개의 사업이라 볼 수 있는 경우에는 **각각을 독립된 사업장**으로 본다.

2) 시적 적용 범위

사용자가 취업규칙을 작성 · 변경하면서 시행일을 정하였다면 취업규칙은 정해진 **시행일**부터 효력을 발생한다. 시행일을 정하지 않은 경우에는 그 취업규칙은 원칙적으로 취업규칙이 유효하게 **작성 · 변경되는 절차를 완료한 때**, 즉 일련의 취업규칙 작성 · 변경절차 가운데 특히 취업규칙이 작성 · 변경에 따른 효력을 갖기 위하여 요구되는 동의 또는 주지 등의 절차를 모두 마친 때부터 그 효력이 발생한다.

3) 인적 적용 범위

단체협약은 노동조합에 가입한 근로자에게만 적용되는 반면, 취업규칙은 노동조합 가입 여부를 묻지 않고 사용자와 근로계약관계를 맺은 사업장 내 **근로자 전체 또는 특정 근로자 집단**에게 적용된다. 또한, 취업규칙을 소급하여 적용하기로 규정한 경우에도 소급할 시점에 이미 퇴사한 근로자에게는 취업규칙이 적용되지 않는 것이 원칙이다.

(4) 제재규정의 제한(→제7장 징계권 (2) 징계의 종류 3)감급)

취업규칙에서 근로자에 대해 감급의 제재를 정할 경우에 그 감액은 1회의 금액이 평균임금 1일분의 2분의 1을, 총액이 1임금지급기 임금총액의 10분의 1을 초과하지 못한다.(근로기준법 제95조)

2. 취업규칙의 작성 및 변경

(1) 취업규칙의 작성 및 신고 의무

1) 의의

상시 10명 이상의 근로자를 사용하는 사용자는 근로기준법 제93조 각 호의 사항에 관한 취업규칙을 작성하여 고용노동부장관에게 신고하여야 하여야 하며(근로기준법 제92조 제1항), 고용노동부장관은 법령이나 단체협약에 어긋나는 취업규칙의 변경을 명할 수 있다.(근로기준법 제96조 제2항)

2) 취업규칙의 작성 및 신고 의무자

상시 10인 이상의 근로자를 사용하는 근로기준법이 적용되는 사업장에서는 반드시 취업규칙을 작성하여 노동부장관에게 신고하여야 한다.(근로기준법 제93조) 여기에서 취업규칙의 작성 및 신고 의무를 부담하는 사용자는 직장규율이나 근로조건의 결정에 관하여 실질적인 권한과 책임을 가지는 사용자를 말한다.(대법원 1995.03.14. 선고 93다42238 판결 등)

3) 취업규칙작성 및 신고의무의 내용

근로기준법이 적용되는 상시 10인 이상의 근로자를 사용하는 사업장에서는 취업규칙을 작성하여 사업장을 관할하는 지방관서의 근로감독과에 신고하여야 한다. 하나의 사업(장)에 복수의 취업규칙을 둔 경우에는 복수의 취업 규칙 모두 신고의 대상이다. 하나의 사업이 2 이상의 사업장으로 구성되어 있고, 각 사업장은 상시 10인 미만이지만 사업 전체로는 10인 이상일 경우에는 원칙적으로 취업규칙 신고 의무가 있다. 다만, 각 사업장별로 인사 · 노무 · 재정 · 회계 등이 분리되어 독자적으로 이루어지고 있는 경우에는 각 사업장별로 판단하여야 할 것이므로 10인 미만인 각 사업장은 취업규칙 신고 의무가 없다.

4) 신고절차

취업규칙을 신고하는 기간에 대해서는 별도로 법령 등에 정한 바가 없으나, 상시 근로자수 10명 이상이 된 때에는 취업규칙을 작성하여 근로자들의 의견을 청취한 후 지체없이 고용노동부에 취업규칙을 신고하여야 한다. 신고를 받은 고용노동부장관은 20일 이내의 기간을 두고 심사하여 그 결과 내용이 법령이나 단체협약에 위배된다고 판단되면 3일 이내에 변경명령을 하며, 변경명령을 받고 일정한 기한 내에 변경 · 보고하지 않으면 5백만원 이하의 벌금에 처할 수 있다.(근로기준법 제114조 제2항)

5) 신고의무 위반의 효과

취업규칙 작성 · 신고의무를 위반한 경우에는 **5백만원 이하의 과태료**가 부과된다.(근로기준법 제116조 제1항 제2호). 취업규칙 작성 · 신고의무 규정은 취업규칙에 대한 행정적 감독을 위한 단속규정이라 할 것이므로, 사용자가 취업규칙을 신고하지 않았다고 하여 그 취업규칙이 무효로 되는 것은 아니다(대법원 1989.05.09. 선고 88다카4277 판결).

(2) 취업규칙의 변경

1) 취업규칙 변경의 의의

취업규칙의 작성과 마찬가지로 취업규칙의 변경권한도 사용자에게 있는 것이므로 취업규칙의 변경의 경우에도 취업규칙의 작성과 동일하게 근로자의 의견을 듣는 것으로 충분하다. **다만, 취업규칙을 근로자에게 불이익하게 변경하는 경우에는 근로자 과반수로 조직된 노동조합이 있는 경우에는 그 노동조합, 그렇지 않은 경우에는 근로자 과반수의 동의를 얻어야 한다.**(근로기준법 제97조 제1항 단서)

2) 취업규칙 변경의 요건

가. 취업규칙을 근로자에게 불이익하게 변경하는 경우가 아닌 경우

취업규칙을 근로자에게 불이익하게 변경하는 경우가 아닌 경우에는 취업규칙의 작성과 변경에 대한 '의견청취'를 들으면 된다.(근로기준법 제94조 제1항) 단체협약에서 취업규칙의 작성·변경에 관하여 노동조합의 동의를 얻거나 노동조합과의 협의를 거치거나 그 의견을 듣도록 규정하고 있다 하더라도 원칙적으로 취업규칙상의 근로조건을 종전보다 근로자에게 불이익하게 변경하는 경우가 아닌 한 그러한 동의나 협의 또는 의견청취절차를 거치지 아니하고 취업규칙을 작성·변경하였다고 하여 그 취업규칙의 효력이 부정된다고 할 수 없다.(대법원 1994.12.23. 선고 94누3001 판결) 따라서 취업규칙상의 근로조건을 종전보다 근로자에게 불이익하게 변경하는 경우가 아닌 한 근로자가 의견제시를 거부하거나 반대한다고 하더라도 적절한 절차를 거쳐 의견을 들었다면 의견청취의 효력은 인정된다.

나. 취업규칙을 근로자에게 불이익하게 변경하는 경우

취업규칙을 근로자에게 불리하게 변경하는 경우에는 해당 사업 또는 사업장에 근로자의 과반수로 조직된 노동조합이 있는 경우에는 그 노동조합, 근로자의 과반수로 조직된 노동조합이 없는 경우에는 근로자의 과반수의 동의를 받아야 한다.(근로기준법 제94조 제1항 후단) 따라서, 당해 사업장에 소속된 모든 근로자의 과반수가 가입하고 있는 노동조합이 있는 경우에는 우선적으로 그 노동조합의 의견을 들어야 하며, 사업장 내에 노동조합이 아예 조직되어 있지 않거나 조직되어 있더라도 조합원의 수가 사업장 내 모든 근로자의 과반수가 되지 않는 경우에는 근로자의 과반수의 의견을 들어야 한다. 회사에 근로자 과반수로 구성된 노동조합의 동의를 얻어 변경된 취업규칙은 개별적 동의절차를 거치지 않은 회사의 비조합원(노동조합의 가입대상에서 배제된 비조합원)에게도 적용된다.

3) 취업규칙의 변경신고

상시근로자 10인 이상인 사업(장)에서는 취업규칙의 작성뿐 아니라 변경하는 경우에도 사업장을 관할하는 지방관서의 근로감독과에 신고하여야 한다. 이를 위반하는 경우에는 500만원 이하의 과태료가 부과된다.(근로기준법 제116조)

3. 취업규칙의 불이익 변경

(1) 취업규칙 불이익 변경의 판단 기준(→사례: 28,30)

1) 취업규칙 불이익 변경의 개념

'취업규칙의 불이익 변경'이란 사업장에서 이미 정하여진 근로조건을 종전보다 저하시키거나 복무규율을 강화하는 것을 의미힌다. 따라서, 취업규칙의 불이익 변경에 해당하는지 여부는 그 변경으로 인하여 근로자의 '기득의 권리 또는 이익'이 침해되는지 여부에 따라 결정된다.

2) 불이익 변경의 판단기준

가. 원칙적인 판단기준

취업규칙의 불이익 변경에 해당하는지 여부는 그 변경으로 인하여 **근로자의 '기득의 권리 또는 이익'이 침해되는지 여부**에 따라 결정되는 바, 불이익변경인지 여부는 당사자의 주관적 평가에 의할 것이 아니라 **객관적으로 그리고 규범적으로** 판단되어야 하고,. 판단시점은 **취업규칙 개정이 이루어진 시점**을 기준으로 한다.(대법원 2000.09.29. 선고 99다45376 판결) **취업규칙 변경의 합리성의 유무는 취업규칙의 변경에 의하여 ① 근로자가 입게 되는 불이익의 정도, ② 취업규칙 변경 필요성의 내용과 정도, ③ 변경 후 내용의 상당성, ④ 대상 조치 등을 포함한 다른 근로조건의 개선 상황, ⑤ 노동조합 등과의 교섭 경위와 노동조합이나 다른 근로자의 대응, ⑥ 동종 사항에 관한 국내 일반적인 상황 등을 종합적으로 고려하여 판단하여야 할 것이다.**

나. 대가관계 혹은 연계성에 대한 판단

취업규칙의 변경이 특정 항목에 대해서만이 아니라 여러 항목들이 함께 이루어진 경우가 문제인데, 판례는 대가관계나 연계성이 있는 경우에는 함께 연계해서 유.불리를 판단해야 하는 것으로 보고 있다. 즉, 취업규칙상 어느 하나의 근로조건을 구성하는 여러 가지 사항을 한꺼번에 변경하는 경우는 물론, 여러 가지의 근로조건을 동시에 변경하는 경우에도 그 불이익변경 여부는 연계성이 있는 근로조건들을 종합적으로 평가하여 전체적으로 판단하여야 한다

다. 근로자 상호간의 이 · 불리에 따른 이익의 충돌(→사례: 28,30)

근로자 상호간의 이 · 불리에 따른 이익의 충돌, 즉, 취업규칙의 내용 변경이 일부 근로자에게는 유리하고 일부 근로자에게는 불리한 경우에는 **근로자에게 불이익한 것으로 취급하여 근로자들 전체의 의사에 따라 결정**하는 것이 타당하다. 즉, 취업규칙의 유.불리에 관한 판단은 근로자 전체를 대상으로 하여 획일적으로 판단하여야 하며, 일부 근로자에게 유리하고 일부 근로자에게 불리한 경우는 근로자 전체를 대상으로 하더라도 객관적으로 평가하기 어렵기 때문에 **항상 근로자에게 불이익항 것으로 취급하여 근로자 전체의 의사에 따라 결정**하여야 한다는 것이 판례의 입장이다.(대법원 1993. 5. 14. 선고 93다1893 판결)[1)]

---

1) 대법원은 위의 판례에서, 개정된 급여규정에 의하여 퇴직금 지급률이 하향 조정됨에 따라 장기근속을 희망하는 사람에게는 불리하게 되었으나 퇴직금 산정의 기초가 되는 월봉급액은 상당히 증액되어 장기근속을 희망하지 아니하는 사람에게는 오히려 유리하게 되었으므로 근로자에게 일방적으로 불이익하게 변경되었다고 단정할 수 없다고 하여 근로자 집단의 동의가 필요 없는 것으로 판단한 원심을 파기하였다. 즉, 대법원의 입장은 위와 같은 경우에는 **항상 근로자에게 붕이익하게 취급하여 근로자 전체의 의사에 따라 결정**하라는 것이다

4) 사회통념상 합리성 인정 여부(→사례: 28,30)

취업규칙의 변경을 통하여 근로자가 가지고 있는 기득의 권리나 이익을 박탈하여 불이익한 근로조건을 부과하는 것은 원칙적으로 허용되지 아니한다고 할 것이나, 당해 취업규칙의 변경이 그 필요성 및 내용의 양면에서 보아 그에 의하여 근로자가 입게 될 불이익의 정도를 고려하더라도 여전히 당해 조항의 법적 규범성을 시인할 수 있을 정도로 사회통념상 합리성이 있다고 인정되는 경우에는 종전 근로조건 또는 취업규칙의 적용을 받고 있던 근로자의 집단적 의사결정 방법에 의한 동의가 없다는 이유만으로 그 적용을 부정할 수는 없다는 것이 판례의 태도이다[2]. 판례에 따르면, **취업규칙의 변경에 사회통념상 합리성이 있다고 인정되려면 취업규칙을 변경할 당시의 상황을 토대로 ① 근로자가 입게 되는 불이익의 정도, ② 취업규칙 변경 필요성의 내용과 정도, ③ 변경 후 내용의 상당성, ④ 대상 조치 등을 포함한 다른 근로조건의 개선 상황, ⑤ 노동조합 등과의 교섭 경위와 노동조합이나 다른 근로자의 대응, ⑥ 동종 사항에 관한 국내 일반적인 상황 등을 종합적으로 고려하여 판단**한다. 다만, 사회통념상 합리성이 인정되는 경우는 사실상 근로자의 집단적 동의를 받도록 한 근로기준법의 규정이 배제되는 결과를 가져오므로, 판례는 근로자에게 침해되는 기득권이나 기득의 이익이 존재하지 않거나, 혹은 그것이 사회적으로 용인될 수 있는 경우에 한하여 매우 제한적인 범위에서 예외적으로 인정한다.(대법원 2001.01.28. 선고 2009다32362 판결 등)[3]

사례연습 28

취업규칙 불이익 변경의 판단 기준(근로자 상호간의 불이익 충돌) (2014년도 제1차 변호사시험 모의시험)

A社는 상시 근로자 수가 150명인 자동차부품 생산업체로 2008. 1. 1. 설립되었으며, 행정직 근로자 100명과 영업직 근로자 50명이 근무하고 있다. A社에는 행정직 근로자들만이 가입 할 수 있는 노동조합만이 설립되어 있으며, 그 조합원 수는 70명이다. 그리고 A社의 취업규칙의 모든 규정은 행정직 근로자는 물론 영업직 근로자에게도 적용된다. A社는 2012.12. 1. 취업규칙을 개정하여 기존의 누진제 퇴직금제도를 폐지하고 새로이 단수제 퇴직금제도를 도입하면서, 그 개정된 내용을 2013. 1. 1.부터 퇴사하는 모든 근로자의 전체 근속기간에 대하여 소급하여 적용하기로 하였다. 이와 함께 A社는 2012.12.1. 취업규칙개정에서 월봉급액을 인상하기로 하였다. 2012.12. 1. 취업규칙 변경으로 인하여 장기근속자 또는 장기근속희망자들에게는 블이익이 발생하였지만, 장기근속을 희망하지 않는 근로자에게는 오히려 유리하게 되었다. 2012.12.1. 취업규칙 변경을 추진하는 과정에서 A社의 노동조합 대표자는 이미 위 취업규칙 변경에 대하여 동의하였던 바가 있었고, 나아가 영업직 근로자들에 대하여는 개별적으로 의견 수렴절차를 거쳤으며, 영업직 근로자 전원이 취업규칙의 개정에 동의하였다. 그러나 A社는 위 취업규칙의 개정에 대하여 행정직 근로자들로부터는 별도의 의견수렴절차를 거치지 않았다.

A社의 2012. 12.1. 자 취업규칙 변경의 유효성에 대하여 설명함.

---

2) 초기의 판례는 사회통념상 합리성이 있는 경우는 애초에 불이익한 변경이 아닌 것으로 보아 동의 요건에 해당하지 않은 것으로 본 반면, 최근의 판례는 일단 불이익한 변경에 해당하기는 하나, 동의 절차를 거치지 않아도 유효한 예외적인 경우를 가리키는 의미로 변화한 것으로 평가된다.

3) 사회통념상 합리성 이론은 불이익 변경에 관한 명문 규정이 없는 일본 판례의 영향을 받아 우리나라 판례가 수용한 것이다. 그러나, 근로가준법 제97조 제1항 단서는 강행규정으로서 적어도 본 규정이 신설된 이후 불이익 변경의 문제는 오직 근로자들의 집단적 동의 유무에 따라 판단되어야 한다고 보는 것이 타당하다.,

1. 쟁점의 정리

사안에서 A社는 2012.12.01. 취업규칙을 개정하면서 기존의 누진제 퇴직금제도를 폐지하고 새로이 단수제 퇴직금제도를 도입하기로 하면서 이와 함께 월봉급액을 인상하기로 하였다. 이 경우 퇴직금과 월봉급액은 상호 연계성이 있는 근로조건으로서 종합적으로 판단되어야 할 것이지만, 사안의 경우에는 이로 인하여 장기근속자 또는 장기근속희망자들에게는 불이익이 발생하한 반면, 장기근속을 희망하지 않는 근로자에게는 오히려 유리하게 되었다. 따라서, 이와 같이 근로자 상호간의 이불리에 따른 이익이 충돌하는 경우, 이러한 취업규칙 변경의 유효성 을 김토하기 위해서는 먼저 이러한 취업규칙의 변경이 불이익 변경인지 여부를 판단하고, 만일 불이익 변경이라면 불이익 변경을 위한 근로기준법 제97조 제1항 단서의 요건을 충족하였는지 검토하여야 할 것이다.

2. 취업규칙의 불이익 변경과 근로기준법 제97조 제1항 단서

취업규칙을 작성 또는 변경하는 것은 원칙적으로 사용자의 권한에 속하는 것이지만, 근로기준법 제97조 제1항 단서는 '취업규칙을 근로자에게 불이익하게 변경하는 경우에는 근로자 과반수로 조직된 노동조합이 있는 경우에는 그 노동조합, 그렇지 않은 경우에는 근로자 과반수의 동의를 얻어야 한다.'고 규정하여 취업규칙의 불이익 변경에 대해서는 근로자 집단의 동의라는 추가적인 절차를 요구하고 있다.

3. 단수제 퇴직금제도를 도입하면서 월봉급액을 인상하기로 개정하는 개정이 취업규칙의 불이익 변경에 해당하는지 여부

(1) 불이익 변경의 의미

'취업규칙의 불이익 변경'이란 사업장에서 이미 정하여진 근로조건을 종전보다 저하시키거나 복무규율을 강화하는 것을 의미한다. 따라서, 취업규칙의 불이익 변경에 해당하는지 여부는 그 변경으로 인하여 근로자의 '기득의 권리 또는 이익'이 침해되는지 여부에 따라 결정된다.

(2) 판단시기

원칙적으로 불이익 변경인지 여부는 전체 근로자의 입장에서 판단하여야 하고, 판단시점은 취업규칙 개정시를 기준으로 한다. 판례도 '취업규칙의 일부인 퇴직금 규정의 개정이 근로자들에게 유리한지 불리한지 여부를 판단하기 위하여는 퇴직금 지급률의 변화와 함께 그와 대가관계나 연계성이 있는 기초임금의 변화도 고려하여 종합적으로 판단하여야 하지만, 그 판단의 기준 시점은 퇴직금 규정의 개정이 이루어진 시점이다.'라고 한다.(대법원 2000.09.29. 선고 99다45376 판결)

(3) 근로자 상호간의 이·불리에 따른 이익이 충돌

근로자 상호간의 불이익의 충돌, 즉 취업규칙의 내용 변경이 일부 근로자에게는 유리하고 일부 근로자에게는 불리한 경우에는 불이익한 변경으로 판단한다. 판례도 근로자 상호간의 이·불리에 따른 이익이 충돌되는 경우에는 그러한 개정은 근로자에게 불이익한 것으로 취급하여 근로자들 전체의 의사에 따라 결정하게 하는 것이 타당하다는 입장이다.(대법원 1993.05.14. 선고 93다1893 판결)

(4) 사안의 경우

사안에서 A社는 2012. 12.1. 취업규칙을 개정하여 기존의 누진제 퇴직금제도를 폐지하고 새로이 단수제 퇴직금제도를 도입하고 월봉급액을 인상하기로 하였는데, 그 결과 장기근속자 또는 장기근속희망자들에게는 불이익이 발생하였지만, 장기근속을 희망하지 않는 근로자에게는 오히려 유리한 변경이 되었다. 이와 같이 취업규칙의 변경이 일부 근로자에게는 유리하고 일부 근로자에게는 불리한 경우, 즉, 근로자 상호간의 이익이 충돌하는 경우에는 판례의 태도에 따라 불이익한 변경으로 취급하여 근로자들 전체의사에 따라 결정하는 것이 타당할 것이다.

4. 취업규칙의 불이익 변경의 동의의 주체

(1) 동의의 주체로서 근로자 집단의 의의

취업규칙의 작성변경은 사용자의 권한이므로 사용자는 그 의사에 따라서 취업규칙을 작성 · 변경할 수 있다. 다만 취업규칙을 불이익하게 변경하는 경우에는 종전 취업규칙의 적용을 받고 있던 근로자 집단의 집단적 의사결정방법에 의한 동의를 요한다.(근로기준법 제94조 제1항 단서)

(2) 동의의 주체

취업규칙의 불이익 변경에 있어서의 동의주체로서의 '근로자 과반수'라 함은 사업장에서 근무하는 근로기준법상의 근로자에서 근로기준법 제2조 제1항 제2호에서 정한 사용자 (사용자성을 가진자 포함)를 제외한 근로자의 과반수를 의미한다. 그리고, '근로자의 과반수로 조직된 노동조합'이라 함은 조합원 자격 유무와 관계없이 기존 취업규칙을 적용받고 있던 전체 근로자의 과반수로 조직된 노동조합을 의미한다.

(3) 사안의 경우

'근로자의 과반수로 조직된 노동조합'이라 함은 조합원 자격 유무와 관계없이 기존 취업규칙을 적용받고 있던 전체 근로자의 과반수로 조직된 노동조합을 의미하므로, 본 사안에서의 과반수 노동조합이란 취업규칙의 변경이 있던 2012. 12. 1. 당시 기존 취업규칙의 적용을 받던 행정직 근로자 100명과 영업직 근로자 50명을 합한 전체 근로자 150명의 과반수로 조직된 노동조합을 의미한다. 그런데, 사안에서의 A社의 노동조합은 행정직 근로자 70명을 구성원으로 하고 있으므로 동의의 주체가 될 수 없으므로, A社 노동조합의 대표자의 동의는 호력이 없다.

5. 취업규칙 불이익 변경에 대한 동의 방법

(1) 집단적 의사결정방법에 의한 과반수

취업규칙을 근로자에게 불리하게 변경하는 경우 사용자는 과반수 노동조합 혹은 근로자 과반수의 동의를 받아야 하는 바(근로기준법 제97조 제1항 단서), 근로자의 과반수로 조직된 노동조합이 없는 경우에는 집단적 의사결정방법에 의한 과반수를 필요로 한다. 여기서 '집단적 의사결정방법에 의한 과반수'란 근로자들의 '회의방식'에 의한 과반수의 동의'를 의미하는데, 이는 근로자가 동일 장소에 집합된 회의에서 사용자측의 개입이나 간섭이 없는 상태에서 근로자 개개인의 의견표명을 자유롭게 할 수 있는 적절한 방법으로 의사를 결정한 결과가 근로자의 과반수의 찬성이어야 한다.

(2) 사안의 경우

A社에는 과반수 노동조합이 존재하지 않으므로 집단적 의사결정방법에 의한 근로자 과반수의 동의를 필요로 한다. 그런데, A社는 전체 영업직 근로자 50명으로부터 개별적으로 의견 수렴절차를 거쳤을 뿐 전체 근로자 150명의 과반수의 동의를 받지 못하였을 뿐 아니라. 영업직 근로자 50명으로부터 개별적 동의를 취합한 것도 회의방법에 의한 집단적 의사결정방법에 따른 동의라고 할 수도 없다.

6. 사회통념상 합리성을 인정받을 수 있는 지의 여부

(1) 사회통념상 합리성 이론

당해 취업규칙의 변경이 그 필요성 및 내용의 양면에서 보아 그에 의하여 근로자가 입게 될 불이익의 정도를 고려하더라도 여전히 당해 조항의 법적 규범성을 시인할 수 있을 정도로 사회통념상 합리성이 있다고 인정되는 경우에는 종전 근로조건 또는 취업규칙의 적용을 받고 있던 근로자의 집단적 의사결정 방법에 의한 동의가 없다는 이유만으로 그 적용을 부정할 수는 없다는 것이 판례의 태도이다. 판례에 따르면, 취업규칙의 변경에 사회통념상 합리성이 있다고 인정되려면 취업규칙을 변경할 당시의 상황을 토대로 ① 근로자가 입게 되는 불이익의 정도, ② 취업규칙 변경 필요성의 내용과 정도, ③ 변경 후 내용의 상당성, ④ 대상 조치 등을 포함한 다른 근로조건의 개선 상황, ⑤ 노동조합 등과의 교섭 경위와 노동조합이나 다른 근로자의 대응, ⑥ 동종 사항에 관한 국내 일반적인 상황 등을 종합적으로 고려하여 판단한다. 다만, 사회통념상 합리성이 인정되는 경우는 사실상 근로자의 집단적 동의를 받도록 한 근로기준법의 규정이 배제되는 결과를 가져오므로, 판례는 근로자에게 침해되는 기득권이나 기득의 이익이 존재하지 않거나, 혹은 그것이 사회적으로 용인될 수 있는 경우에 한하여 매우 제한적인 범위에서 예외적으로 인정한다.(대법원 2001.01.28. 선고 2009다32362 판결 등)

(2) 사안의 경우

사안에서 취업규칙의 변경으로 근로자가 입게 되는 불이익의 정도, 취업규칙 변경 필요성의 내용과 정도 등을 고려할 때, 특히, 퇴직금을 소급하여 누진제에서 단수제로 변경하는 것은 명백하게 기존 근로자의 기득의 이익을 침해하는 것으로 평가되므로, 이러한 취업규칙의 변경은 사회통념상 합리성을 인정받기 어렵다.

7. 결론

A社의 취업규칙의 변경은 불이익 변경에 해당하는 바, A社의 노동조합은 과반수 노조가 아니므로 불이익 변경의 동의의 주체가 될 수 없으므로, A社 노동조합의 대표자의 동의는 효력이 없고, 따라서 취업규칙을 불이익하게 개정함에 있어 전체 근로자 과반수의 동의를 얻어야 함에도 그 절차를 거치지 아니하였으므로 변경된 취업규칙의 효력을 인정할 수 없고, 사회통념상합리성이 있다고 볼 수 없으므로, A社의 2012. 12.1. 취업규칙 개정의 유효성은 인정할 수 없다.

(쟁점) 의견청취

1. 의견청취의 의의

사용자는 취업규칙의 작성 또는 변경에 관하여 **해당 사업 또는 사업장에 근로자의 과반수로 조직된 노동조합**이 있는 경우에는 그 **노동조합**, 근로자의 과반수로 조직된 노동조합이 없는 경우에는 **근로자의 과반수의 의견**을 들어야 한다. 다만, 취업규칙을 근로자에게 **불리하게** 변경하는 경우에는 그 **동의**를 받아야 한다.(근로기준법 제94조 제1항)

2. 의견청취의 방법

사용자는 취업규칙의 작성 및 변경에 관하여 해당 사업 또는 사업장에 근로자의 과반수로 조직된 노동조합이 있는 경우에는 그 노동조합, 근로자의 과반수로 조직된 노동조합이 없는 경우에는 근로자의 과반수의 의견을 들어야 한다. **이러한 취업규칙의 제정 및 변경에 있어서의 의견청취 및 동의주체로서의 '근로자 과반수'라 함은 사업장에서 근무하는 근로기준법상의 근로자에서 근로기준법 제2조 제1항 제2호에서 정한 사용자** (사용자성을 가진 자 포함)**를 제외한 근로자의 과반수를 의미한다.** 그리고, '근로자의 과반수로 조직된 노동조합'이라 함은 조합원 자격 유무와 관계없이 기존 취업규칙을 적용받고 있던 전체 근로자의 과반수로 조직된 노동조합을 의미한다. 이 경우 **근로자 과반수로 조직된 노동조합은 법령이나 단체협약 또는 노동조합의 규약 등에 의하여 조합장의 대표권이 제한되었다고 볼 만한 특별한 사정이 없는 한, 노동조합 대표자의 의견을 들으면 된다.** 한편, 과반수 노동조합은 '단일 조합'을 의미하므로 2개 이상의 복수의 조합이 합하여 근로자 과반수 이상이 된다 하여도 과반수노조라 할 수 없다. 근로자의 의견청취는 근로자 과반수와의 합의나 동의를 요구하는 것이 아니며, 취업규칙에 관한 의견을 듣는 것으로 충분하다. 설령 근로자 측에서 반대의견을 개진하더라도 그 의견에 구속되는 것도 아니므로, 법령과 단체협약에 위반하지 않는 한 취업규칙의 효력이 인정되는 데에는 아무런 지장이 없다.

3. 의견 청취 위반의 효과

사용자가 의견청취를 하지 아니한 경우에 대하여, ① 근로기준법상 의견청취의무는 단속규정이므로 취업규칙의 작성·변경은 유효하다는 견해)와, ② 의견청취의무는 효력 규정이므로 이를 위반한 취업규칙의 작성·변경은 무효라는 견해가 있으나, 판례는 의견청취의무 그 자체는 훈시규정에 불과하고 효력규정이 아니므로 이를 거치지 않았다고 하여 그 취업규칙이 무효로 되지는 않는다는 입장이다.(대법원 1989.05.09. 선고 88다카4277 판결)

[참고] 판례는 노동조합 또는 근로자대표자의 의견청취의무를 규정한 같은 법 제97조 본문, 취업규칙의 게시 또는 비치에 의한 주지의무를 정한 같은 법 제13조 제1항의 규정들은 **단속법규에 불과**할 뿐 효력규정이라고는 볼 수 없으므로 이러한 근로기준법상 규정들에 위반한 취업규칙이라 할지라도, 이들 단속규정 위반에 따른 과태료의 부과는 별론으로 하고, **제정 또는 변경된 취업규칙 그 자체의 효력이 부정되지는 않는다**는 입장이다.(대법원 2004.02.12. 선고 2001다63599 판결)

(2) 취업규칙 불이익 변경에 대한 동의 방법(→사례: 29)

1) 취업규칙 불이익 변경 동의의 주체

'취업규칙을 근로자에게 불이익하게 변경하는 경우에는 근로자 과반수로 조직된 노동조합이 있는 경우에는 그 노동조합, 그렇지 않은 경우에는 근로자 과반수의 동의를 얻어야 한다.(근로기준법 제97조 제1항 단서) 이러한 취업규칙 불이익 변경에 있어서의 동의주체로서의 '근로자 과반수'라 함은 사업장에서 근무하는 근로기준법상의 근로자에서 근로기준법 제2조 제1항 제2호에서 정한 사용자 (사용자성을 가진자 포함)를 제외한 근로자의 과반수를 의미한다. 그리고, '근로자의 과반수로 조직된 노동조합'이라 함은 조합원 자격 유무와 관계없이 기존 취업규칙을 적용받고 있던 전체 근로자의 과반수로 조직된 노동조합을 의미한다.

2) 근로자의 과반수로 조직된 노동조합이 있는 경우: 단체협약 또는 대표자의 동의

근로자 과반수로 조직된 노동조합이 있는 회사에서 취업규칙을 근로자에게 불리하게 개정하는 경우에는 해당 노동조합의 동의를 얻어야 한다. 이 경우 근로자 과반수로 조직된 노동조합은 사용자의 취업규칙 변경안에 대하여 직접 동의하거나 단체협약 체결을 통하여 동의할 수 있으며, (대법원 1993.03.23. 선고 92다52115 판결 등) 법령이나 단체협약 또는 노동조합의 규약 등에 의하여 조합장의 대표권이 제한되었다고 볼 만한 특별한 사정이 없는 한, 노동조합 대표자의 서명이 있으면 해당 노동조합이 동의한 것으로 본다. (대법원 2000.09.29. 선고 99다45376 판결) 따라서, 근로자 과반수로 조직된 노동조합의 경우에는 근로자대표의 동의로 충분하고 별도로 노동조합 소속 근로자의 과반수의 동의를 얻어서 하여야 하는 것은 아니다.

3) 근로자의 과반수로 조직된 노동조합이 없는 경우: 집단적 의사결정방법에 의한 과반수

근로자의 과반수로 조직된 노동조합이 없는 경우에는 집단적 의사결정방법에 의한 과반수를 필요로 한다. 여기서 '집단적 의사결정방법에 의한 과반수'란 근로자들의 '회의방식'에 의한 과반수의 동의'를 의미하는데, 이는 근로자가 동일 장소에 집합된 회의에서 사용자측의 개입이나 간섭이 없는 상태에서 근로자 개개인의 의견 표명을 자유롭게 할 수 있는 적절한 방법으로 의사를 결정한 결과가 근로자의 과반수의 찬성이어야 한다. 그러나, 사용자측의 충분한 설명과 근로자 상호간의 의견 교환과정이 생략된 채 서면동의서에 동의를 받은 경우라든지 취업규칙 개정안을 회람케하고 개별적으로 찬성 반대의사를 표시하게 하여 개별의견을 취합하는 방식은 회의방식에의한 적법한 동의절차를 거쳤다고 보기 어렵다는 것이 판례이다.(대법원 2004.05.14. 선고 2002다23185 판결)

4) 근로자 개별적인 동의

사용자가 취업규칙을 근로자에게 불이익하게 변경하는 경우 근로자 과반수로 조직된 노동조합 또는 근로자 과반수의 동의가 있는 한 **근로자 개개인의 동의를 받을 필요가 없다.** 이는 취업규칙이 근로기준법 제97조 제1항 단서가 정한 불이익 변경의 동의 절차에 따라 과반수로 조직된 노동조합의 동의를 얻은 경우, 조합원 자격이 없는 근로자로서 취업규칙 불이익변경 과정에서 자신의 의견을 표명할 기회 조차 가질 수도 없었던 비조합원인 근로자에게도 변경된 취업규칙이 당연히 적용되는 경우에도 마찬가지이다. 그 결과, 근로자 과반수로 조직된 노동조합의 동의가 있은 경우에, **조합원 자격이 없는 근로자로서는 취업규칙 불이익변경 과정에서 자신의 의견을 표명할 기회 조차 가질 수도 없고, 과반수 조합 또한 이들의 의사**

를 반영하기 어렵다고 하더라도 과반수 노동조합의 동의 이외에 별도로 이들 비조합원의 동의 절차가 요구된다고 할 수는 없다. 또한, 과반수 노동조합이 없는 경우에, 설령 과반수 이상의 근로자들이 개별적으로 동의한다 하더라도, 집단적 동의방식이 아닌 개별 근로자의 동의를 취합하는 방식의 과반수 동의는 취업규칙 불이익 변경에 대한 근로자 과반수의 동의로 인정되지 아니한다.

5) 노사협의회의 근로자위원의 동의의 주체 여부

노사협의회는 근로자와 사용자 쌍방이 이해와 협조를 통하여 노사공동의 이익을 증진함으로써 산업평화를 도모할 것을 목적으로 하는 제도로서 노동조합과 그 제도의 취지가 다르므로 노사협의회의 근로자위원은 취업규칙 변경에 대한 의견청취 또는 동의권한이 없는 것이 원칙이다. **다만, 노사협의회를 구성하는 근로자위원을 선출함에 있어 그들에게 근로조건을 불이익하게 변경하는 경우에 근로자들을 대신하여 동의를 할 권한까지 포괄적으로 위임한 것으로 볼 만한 특별한 사정이 있는 경우에 한하여 근로자위원이 근로자들의 의견을 집약 취합하여 그들의 의사표시로 대리하여 동의권을 행사하였다면, 근로자위원들의 동의를 얻은 것을 근로자들 과반수의 동의를 얻은 것과 동일시할 수 있을 것이다.**(대법원 1994.06.24. 선고 92다28556 판결)[4)]

(쟁점) 취업규칙이 이원화(다원화)된 경우의 동의의 주체(→사례: 30)

1) 문제점

취업규칙이 이원화된 경우, 즉, 해당 사업 또는 사업장에 여러 근로자 집단이 있어 취업규칙의 불이익변경 시점에 어느 근로자 집단만 직접적인 불이익을 받고 다른 근로자 집단은 직접적인 불이익을 받지 않는 경우 취업규칙 불이익변경 주체가 불이익변경 시점에 직접적인 불이익 불이익을 받는 근로자집단에 한정되는지 문제된다.

2) 원칙: 변경된 취업규칙이 적용되어 불이익을 받는 근로자 집단

근로자 집단간에 근로조건이 다르고 별도의 취업규칙을 적용하는 경우에는 변경된 취업규칙이 적용되어 불이익을 받는 근로자 집단만이 동의주체가 되는 것이 원칙이다. 이를테면, 정규직 근로자와 단시간 근로자의 취업규칙으로 이원화된 사업장에서 오로지 단시간 근로자에게 적용되는 취업규칙만을 변경하는 경우에는 변경되는 취업규칙이 적용되어 불이익을 받는 대상인 단시간 근로자들의 동의만 받으면 된다.

3) 예외 : 전체근로자의 과반수를 대표하는 노동조합이나 전체근로자의 과반수

비록 취업규칙의 불이익변경 시점에는 **어느 특정 근로자 집단만이 직접적인 불이익을 받는 경우라도 다른 근로자 집단에도 변경된 취업규칙의 적용이 예상되는 경우에는**, 현재 적용 받는 일부 근로자 집단은 물론 장래 변경된 취업규칙 규정의 적용이 예상되는 근로자 집단을 포함한 전체 근로자 집단이 모두 일체로서 동의의 주체가 된다.(대법원 2009.05.28. 선고 2009두2238 판결)

---

4) 그런데, 이 판례의 취지가 현행법 체제에서도 계속 유지될 수 있을 지는 의문이다. 1980년 노사협의회법 제정 이전 시기까지 노사협의회는 노동조합의 부속기구로 존재했다.(당시 노조법 제5조 참조). 그러나, 현행 노사협의회법 시대의 노사협의회는 노동조합과 구별되어 그 역할이 분화되었기 때문이다.

사례연습 29

정년규정 신설과 불이익변경 (2017년도 제1차 변호사시험 모의시험)

A회사는 OO광역시에서 상시 50명의 근로자를 사용하여 주류제조업을 영위하는 회사이다.

A회사의 모든 근로자에게 적용되는 종전의 취업규칙에는 정년에 관한 규정이 없었기 때문에 근로자들은 만60세가 넘더라도 아무런 제한 없이 계속 근무할 수 있었다. 그런데 인사적체가 심화되는 등 문제점이 발생하자, A회사는 2014. 12. 1. 취업규칙을 개정(시행일 2015. 1. 1.)하여 만60세 정년규정을 신설하였다. A회사는 위의 취업규칙을 개정하면서 A회사 근로자의 과반수로 조직된 노동조합의 대표자의 동의를 얻었고, 대표자의 동의서를 첨부하여 고용노동부장관에게 취업규칙 변경을 신고하였다. 또한 이를 사내방송을 통해 널리 알리고, 모든 근로자가 자유롭게 열람할 수 있는 장소에도 게시하였다.

근로자 甲은 A회사에 근로계약기간의 정함이 없이 채용되어 사무직으로 근무하다가 2015. 3. 1. 자로 만60세가 되는 자이다. A회사는 甲에게 변경된 취업규칙을 적용하여 정년에 도달하였다는 점을 통지하고, 퇴직금 지급서류를 작성해 줄 것과 A회사가 甲에게 대차해준 주택자금비용과 의 퇴직금을 서로 상계하고 나머지만을 지급할 것임을 통지하였다.

근로자 甲은 2014. 12.1. 자로 변경된 취업규칙이 비조합원인 자신에게는 적용되지 않는다고 주장한다. 甲의 주장은 타당한가?

1. 쟁점의 정리

근로자 갑의 주장의 정당성과 관련하여 A회사가 새로운 정년규정을 신설한 것이 취업규칙의 불이익 변경에 해당하는지 여부 및 만약 불이익하다면 근로기준법 제94조 제1항에 따른 적절한 동의절차를 거쳤는지가 검토해야 할 것이다. 그리고 노동조합이 불이익 변경에 동의한 경우, 그 변경에 동의하지 않은 비조합원 甲에게도 변경된 취업규칙, 정년규정의 효력이 미치는지 문제된다.

2. 정년조항 개정이 취업규칙의 불이익 변경에 해당하는지 여부

(1) 불이익 변경의 의미

'취업규칙의 불이익 변경'이란 사업장에서 이미 정하여진 근로조건을 종전보다 저하시키거나 복무규율을 강화하는 것을 의미한다. 따라서, 취업규칙의 불이익 변경에 해당하는지 여부는 그 변경으로 인하여 근로자의 '기득의 권리 또는 이익'이 침해되는지 여부에 따라 결정된다.

(2) 정년조항의 신설과 불이익 변경

판례는 '취업규칙에 정년규정이 없던 운수회사에서 55세 정년규정을 신설한 경우, 그 운수회사의 근로자들은 정년제 규정이 신설되기 이전에는 55세를 넘더라도 아무런 제한 없이 계속 근무할 수 있었으나, 그 정년규정의 신설로 인하여 55세로 정년에 이르고, 회사의 심사에 의하여 일정한 경우에만 55세를 넘어서 근무할 수 있도록 되었다면 이와 같은 정년제 규정의 신설은 근로자가 가지고 있는 기득의 권리나 이익을 박탈하는 불이익한 근로조건을 부과하는 것에 해당한다.'라고 한다.(대법원 1997.05.16. 선고 96다2507 판결)

(3) 사안의 경우

사안에서 종전의 취업규칙에 정년규정이 없어 만 60세가 넘더라도 계속 근무할 수 있었는데, 정년규정이 신설되어 만 60세가 되는 사람들은 더 이상 근로할 수 없게 되는바, 이는 기득의 권리를 박탈하는 것으로 취업규칙의 불이익 변경에 해당한다.

3. 취업규칙의 불이익 변경의 동의의 주체

(1) 동의의 주체로서 근로자 집단의 의의

취업규칙의 작성변경은 사용자의 권한이므로 사용자는 그 의사에 따라서 취업규칙을 작성 · 변경할 수 있다. 다만 취업규칙을 불이익하게 변경하는 경우에는 종전 취업규칙의 적용을 받고 있던 근로자 집단의 집단적 의사결정방법에 의한 동의를 요한다.(근로기준법 제94조 제1항 단서)

(2) 동의의 주체

취업규칙의 불이익 변경에 있어서의 동의주체로서의 '근로자 과반수'라 함은 사업장에서 근무하는 근로기준법상의 근로자에서 근로기준법 제2조 제1항 제2호에서 정한 사용자(사용자성을 가진자 포함)를 제외한 근로자의 과반수를 의미한다. 그리고, '근로자의 과반수로 조직된 노동조합'이라 함은 조합원 자격 유무와 관계없이 기존 취업규칙을 적용받고 있던 전체 근로자의 과반수로 조직된 노동조합을 의미한다.

(3) 사안의 경우

A회사에는 근로자 과반수로 조직된 노동조합이 있고, A회사는 과반수로 조직된 노동조합의 대표자의 동의를 얻었으며, 대표자의 대표권이 제한되었다고 볼 만한 특별한 사정이 없으므로 그 동의는 적법하다. 따라서 취업규칙은 불이익 변경의 동의 절차를 준수하여 유효하게 변경되었다.

4. 취업규칙 불이익 변경의 효력과 근로자의 개별적인 동의 요부

(1) 문제점

취업규칙이 근로기준법 제97조 제1항 단서가 정한 불이익 변경의 동의 절차에 따라 과반수로 조직된 노동조합의 동의를 얻은 경우, 조합원 자격이 없는 근로자로서 취업규칙 불이익변경 과정에서 자신의 의견을 표명할 기회 조차 가질 수도 없었던 비조합원인 근로자에게도 변경된 취업규칙이 당연히 적용되는 것인지 문제된다.

(2) 판례

판례는 '정년퇴직 연령을 단축하는 내용으로 취업규칙의 기존 퇴직규정을 변경하고 이에 관하여 기존 퇴직규정의 적용을 받던 근로자의 과반수로 구성된 노동조합의 동의를 얻은 경우 위 변경 개정은 적법 · 유효하므로, 일정 직급 이상으로서 노동조합에 가입할 자격은 없지만 기존 퇴직규정의 적용을 받았던 근로자에게도 그의 개별적 동의 여부와 관계없이 당연히 적용된다.(대법원 2008.02.29. 선고 2007다85997 판결)고 판시하여 과반수 근로자로 조직된 노동조합이 동의한 경우 불이익한 취업규칙이라 하더라도 비조합원에게 당연히 적용된다고 보고 있다.

(3) 사안의 경우

사안에서 A회사의 과반수 근로자로 구성된 노동조합의 대표자가 동의하였으므로 조합원 자격이 없는 근로자 甲으로서는 취업규칙 불이익변경 과정에서 자신의 의견을 표명할 기회 조차 가질 수도 없고, 과반수 조합 또한 甲의 의사를 반영하기 어렵다고 하더라도 과반수 노동조합의 동의 이외에 별도로 이들 비조합원의 동의 절차가 요구된다고 할 수는 없다. 따라서, 근로자 과반수로 구성된 노동조합의 동의를 얻어 변경된 취업규칙은 개별적 동의 절차를 거치지 않은 비조합원 甲에게도 당연히 적용된다.

5. 결론

근로자들은 정년규정의 신설로 인하여 만 60세가 되는 사람들은 더 이상 근로할 수 없게 되는바, 이는 기들의 권리를 박탈하는 것으로 취업규칙의 불이익 변경에 해당된다. 그러나 A회사 근로자의 과반수로 조직된 노동조합 대표자의 동의를 얻었으므로 적법한 동의 절차를 거쳤으므로 유효하고, 따라서, 근로자 과반수로 구성된 노동조합의 동의를 얻어 유효하게 변경된 취업규칙은 개별적 동의의 절차를 거치지 않은 비조합원 甲에게도 당연히 적용된다.

(3) 취업규칙 불이익 변경의 효력(→사례: 30,31)

1) 의의

취업규칙의 내용이 근로자들의 동의를 얻어 불이익하게 변경된 경우에는 취업규칙의 불이익 변경에 반대한 근로자를 포함하는 모든 근로자들에게게 적용되는 것이 원칙이다., 이를테면 취업규칙의 불이익 변경이 근로자 과반수로 구성된 노동조합의 동의를 얻은 경우 위 변경은 노동조합원은 물론 노동조합에 가입할 자격은 없지만 기존 취업규칙의 적용을 받았던 근로자에게도 그의 개별적 동의 여부와 관계 없이 당연히 적용된다.(대법원 2008.02.29. 선고 2007다85997 판결), 다만, 취업규칙이 근로자들의 동의를 얻어 불이익하게 변경된 경우, 그 효력은 취업규칙변경에 대한 동의가 있기 전까지 소급하여 적용될 수는 없다, 사용자에 의한 취업규칙의 불이익 변경이 근로자들의 동의가 있기 전에 이루어졌다 하더라도 불이익하게 변경된 취업규칙의 효력은 근로자들의 동의가 있을 때 비로소 발생히기 때문이다. 한편, 근로자에게 불리한 내용으로 변경된 취업규칙이 **집단적 동의를 받았다고 하더라도 그보다 유리한 근로조건을 정한 기존의 개별 근로계약 부분에 우선하는 효력을 갖는다고 할 수 없다.**(대법원 2019. 11. 14. 선고 2018다200709 판결)(→ 제1장 (쟁점) 취업규칙과 근로계약간에 유리조건 우선의 원칙이 적용되는 지 여부)

2) 근로자의 동의를 얻지 못한 취업규칙 불이익 변경의 효력

취업규칙 불이익 변경에 관한 근로기준법 제94조 제1항은 강행규정으로 새겨야 하기 때문에 근로자들의 동의가 없는 취업규칙은 아무 효력이 없다고 보아야 한다. 그리고, 사용자가 불이익한 취업규칙의 변경에 대하여 근로자 집단의 동의를 얻어야 할 의무에 위반한 경우에는 근로기준법 제115조에 의해 5백만원 이하의 벌금 부과된다. 그런데, 대법원 전원합의체판결 다수견해는 불이익 변경절차를 거치지 않은 취업규칙도 여전히 그 효력이 있고, 단지 기득이익을 침해당하게 되는 기존의 근로자에 대하여는 종전의 취업규칙이 그대로 적용될 뿐이라는 입장이다. 즉,'**피고가 근로자 집단의 집단적 의사결정 방법에 의한 동의를 얻지 아니하고 취업규칙을 근로자에게 불이익하게 변경하였다고 하더라도 (불이익 동의를 얻지 않은) 취업규칙의 변경은 유효하여 현행의 법규적 효력을 가진 취업규칙은 (불이익 동의를 얻지 않고) 변경된 취업규칙이고, 다만 기득이익을 침해하게 되는 기존의 근로자에 대하여는 종전의 취업규칙이 적용될 뿐**이라 한다.(대법원[전합] 1992.12.22. 선고 91다45165 판결 참조), 따라서, 판례에 따르면 불이익 변경절차를 거치지 않은 취업규칙은 여전히 법규범을 가지는 취업규칙으로 유효하며, 단지 기득이익을 침해당하게 되는 기존의 근로자에 대하여는 종전의 취업규칙이 그대로 적용될 뿐이다.

> **관련판례** 대법원 1992.12.22. 선고 91다45165 판결 근로자의 동의를 얻지 못한 취업규칙의 효력
>
> 사용자가 취업규칙에서 정한 근로조건을 근로자에게 불리하게 변경함에 있어서 근로자의 동의를 얻지 않은 경우에 그 변경으로 기득이익이 침해되는 기존의 근로자에 대한 관계에서는 변경의 효력이 미치지 않게 되어 종전 취업규칙의 효력이 그대로 유지되지만, 변경 후에 변경된 취업규칙에 따른 근로조건을 수용하고 근로관계를 갖게 된 근로자에 대한 관계에서는 당연히 변경된 취업규칙이 적용되어야 하고, 기득이익의 침해라는 효력배제사유가 없는 변경 후의 취업근로자에 대해서까지 변경의 효력을 부인하여 종전 취업규칙이 적용되어야 한다고 볼 근거가 없다..

(쟁점) 신규 근로자(재입사자)에 대한 취업규칙의 적용(→사례: 30,31)

1. 문제점

사용자가 불이익한 취업규칙의 변경에 대하여 근로자 과반수의 동의를 받지 않고 변경된 취업규칙의 해당부분은 기존의 근로자에 대하여 효력이 없다는 것에 학설과 판례가 일치한다. 그런데, 그러한 취업규칙이 기존의 근로자의 경우와 마찬가지로 변경된 이후에 입사한 신규 근로자에게도 효력이 없는지 문제된다.

2. 절대적 무효설

근로기준법 제94조는 강행규정으로 새겨야 하기 때문에 근로자들의 동의가 없는 취업규칙은 아무런 효력이 없다고 보아야 할 것이고, 취업규칙의 변경이 효력이 없는 경우에는 기존 근로자에 대한 관계는 물론 신규 근로자에 대한 관계에서도 취업규칙의 규범력은 인정되지 않는다고 보아야 한다는 견해이다. 만일 그렇지 않다면 기존 근로자에게 적용되는 구 취업규칙과 신취업규칙이 병존하는 불합리한 결과가 되기 때문이라고 한다.

3. 상대적 무효설

취업규칙의 작성권한은 사용자에게 있으므로 사용자는 단체협약이나 강행규정에 위반되지 않는 한 취업규칙을 일방적으로 작성할 수 있고, 따라서 불이익하게 변경된 취업규칙이 설령 근로자 집단의 동의를 받지 못한 경우라 하더라도 여전히 변경된 취업규칙은 유효하고, 다만, 근로자의 동의 없이 불이익하게 변경된 취업규칙은 기존 근로자의 기득 권리내지 이익을 침해하지 못항 뿐이라는 견해이다.

3. 판례

종전의 대법원 판례와 대법원 전원합의체 판결의 소수의견에 따르면 취업규칙은 그 자체가 법규범으로서 그 효력발생요건을 결한 이상 변경 후 입사자에 대해서도 무효로 보아야 한다고 해석하여 절대적 무효설을 취하였다. 반면, 대법원전원합의체관결 다수의견에 따르면 사용자가 취업규칙에서 정한 근로조건을 근로자에게 불리하게 변경함에 있어서 근로자의 동의를 얻지 않은 경우에 그 변경으로 기득이익이 침해되는 기존의 근로자에 대한 관계에서는 그 변경의 효력이 미치지 않게 되어 종전 취업규칙의 효력이 그대로 유지 되지만, 그 변경 후에 변경된 취업규칙에 따른 근로조건을 수용하고 근로관계를 갖게 된 근로자에 대한 관계서는 당연히 변경된 취업규칙이 적용되어야 한다.(대법원 1992.12.22. 선고 91다45165 판결)고 하여 상대적 무효설을 따르고 있다.

4. 검토

취업규칙의 법적 성질을 법규범으로 보는 이상, 취업규칙의 불이익 변경에 대한 근로자 과반수의 동의가 없는 경우에는 그러한 취업규칙의 불이익 변경은 강행구정인 근로기준법 제94조 제1항에 위반되어 효력이 없는 것이고, 따라서 그러한 취업규칙의 불이익 변경은 그 자체가 법규범으로서 그 효력발생요건을 결한 것이므로, 이러한 **무효인 취업규칙은 기존의 근로자와 마찬가지로 변경된 이후에 입사한 신규 근로자에게도 효력이 없다.고 보아야 한다. 설령 신규 근로자가 변경된 취업규칙에 동의한다 하더라도 결론은 마찬가지이다..**

사례연습 30

취업규칙 불이익 변경에 대한 동의 방법 및 동의절차 위반의 효과 (변호사시험 2012년 기출문제)

A회사는 상시 100명의 직원(근로자)을 사용하여 교육서비스업을 영위하는 주식회사이다. 甲은 1985.1.1.에 5급 사무직 직원으로, 乙은 2008.7.1.에 2급 관리직 직원으로 A회사에 각각 입사하여 근무하고 있었다.

A회사는 직급별로 이원화되어 있던 정년을 일원화하기로 하고 2007.12.1. 자로 인사규정 중 정년조항(제10조)을 아래의 표와 같이 개정 · 시행하여 현재에 이르고 있다.

개정 전	개정 후
제10조(정년) ① 관리직(1급, 2급) 직원의 정년 은 60세로 한다. ② 사무직(3급, 4급, 5급) 직원의 정년은 53세로 한다.	제10조(정년) ① 모든 직원(1급부터 5급까지)의 정년은 56세로 한다. 해당 직원의 근로관계는 56세가 되는 해의 12월 31일에 종료한다. ② 제1항의 규정에도 불구하고 관리직(1급, 2급) 직원 중 회사에 공헌이 큰 자의 정년은 60세까지 연장할 수 있다.

A회사는 인사규정 개정에 앞서 2007.11.15.부터 같은 달 26.까지 위의 정년조항 개정 내용을 기재한 문서를 모든 직원에게 회람시킨 후, 이에 동의하는 직원은 회사가 나누어 준 '인사규정개정 동의서'에 서명하여 소속 부서장에게 제출하도록 하였다. 그 결과 관리직 직원(20명)과 사무직 직원(80명) 모두가 동의서를 작성 · 제출하였다.

인사규정 개정 당시 A회사 직원 중 노동조합에 가입한 자는 없었다. 2011년 4월과 5월에 각각 56세가 된 甲과 乙은 2011.11.1.에 A회사로부터 '귀하와 우리 회사와의 근로관계는 인사규정 제10조 제1항에 따라 2011.12.31.자로 종료됩니다.'라는 취지의 통지서를 받았다. 2011.11.1. 당시 甲과 乙은 모두 1급 관리직 직원이었다.

1. A회사는 '2007.12.1. 자 정년조항의 개정은 '취업규칙의 불이익변경'에 해당하지 않는다.'라고 주장한다. 이 주장이 정당한지 논하시오.

2. 만약 2007.12.1. 자 정년조항의 개정이 '취업규칙의 불이익변경'에 해당한다면, 甲과 乙이 정년에 도달하는 연령이 언제인지 근거를 들어 논하시오.

Ⅰ. 설문1의 해결

1. 쟁점의 정리

사안에서 A회사는 '2007.12.1. 자 정년조항의 개정은 '취업규칙의 불이익변경'에 해당하지 않는다.'라고 주장하는 바, 이러한 A사의 주장의 타당성과 관련하여, 먼저 본 사례의 정년조항이 취업규칙에 해당하는 지 여부를 살펴본 후, 만일 취업규칙에 해당한다면 새로운 정년조항을 신설하는 것도 취업규칙의 불이익 변경에 해당하는 지 검토하여야 한다. 특히, 2007. 12.1.자 정년조항 개정에 따라 사무직 직원의 경우 53세에서 56세로 정년이 연장된 반면 관리직 직원의 경우 60세에서 56세로 정년이 단축되어 관리직 직원에게는 불리하지만 사무직 직원에게는 유리하게 변경된 근로자 상호간의 불이익의 충돌의 경우를 취업규칙의 불이익변경으로 볼 수 있는지 여부를 검토하여야 할 것이다.

2. 정년조항이 취업규칙에 해당하는지 여부

(1) 취업규칙의 의의

'취업규칙'이란 사업장 내 '근로조건'과 '복무질서'를 통일적으로 처리하기 위하여 사용자가 일방적으로 작성한'규칙'을 말한다. 판례는 '취업규칙은 사용자가 근로자의 복무규율과 임금 등 당해 사업의 근로자 전체에 적용될 근로조건에 관한 준칙을 규정한 것'이라고 정의한다. 따라서, 명칭에 관계 없이 사업장의 모든 근로자에게 적용되는 근로조건 등을 포함하고 있다면 취업규칙이라고 해석한다.

(2) 사안의 경우

사안의 정년조항에 따라 관리직 직원과 사무직 직원의 정년이 단축되거나 연장되므로 근로계약의 내용을 이루는 중요한 근로조건이 된다. 따라서 A회사의 정년조항은 취업규칙에 해당한다.

3. 정년조항 개정이 취업규칙의 불이익 변경에 해당하는지 여부

(1) 불이익 변경의 의미

'취업규칙의 불이익 변경'이란 사업장에서 이미 정하여진 근로조건을 종전보다 저하시키거나 복무규율을 강화하는 것을 의미한다. 따라서, 취업규칙의 불이익 변경에 해당하는지 여부는 그 변경으로 인하여 근로자의 '기득의 권리 또는 이익'이 침해되는지 여부에 따라 결정된다.

(2) 정년조항의 신설과 불이익 변경

판례는 '취업규칙에 정년규정이 없던 운수회사에서 55세 정년규정을 신설한 경우, 그 운수회사의 근로자들은 정년제 규정이 신설되기 이전에는 55세를 넘더라도 아무런 제한 없이 계속 근무할 수 있었으나, 그 정년규정의 신설로 인하여 55세로 정년에 이르고, 회사의 심사에 의하여 일정한 경우에만 55세를 넘어서 근무할 수 있도록 되었다면 이와 같은 정년제 규정의 신설은 근로자가 가지고 있는 기득의 권리나 이익을 박탈하는 불이익한 근로조건을 부과하는 것에 해당한다.'라고 한다.(대법원 1997.05.16. 선고 96다2507 판결)

(3) 근로자 상호간의 불이익이 충돌

근로자 상호간의 불이익의 충돌, 즉 취업규칙의 내용 변경이 일부 근로자에게는 유리하고 일부 근로자에게는 불리한 경우에는 불이익한 변경으로 판단한다. 판례도 근로자 상호간의 이 · 불리에 따른 이익이 충돌되는 경우에는 그러한 개정은 근로자에게 불이익한 것으로 취급하여 근로자들 전체의 의사에 따라 결정하게 하는 것이 타당하다는 입장이다.(대법원 1993.05.14. 선고 93다1893 판결)

(4) 사안의 경우

사안의 경우, 관리직 근로자는 정년이 60세에서 56세로 변경되므로 불이익변경에 해당하지만, 사무직 근로자는 정년이 개정 전의 53세에서 56세로 변경되므로 오히려 유리한 변경에 해당한다. 이와 같이 정년조항 개정으로 관리직급 근로자의 정년은 단축되고, 사무직급 근로자의 정년은 연장되는 것과 같이 취업규칙의 내용 변경이 일부 근로자에게는 유리하고 일부 근로자에게는 불리한 경우에는 근로자 상호간의 이익이 충돌한 경우로 취급하여 근로자들 전체의사에 따라 결정하게 하는 것이 타당하다는 판례의 태도에 비추어 볼 때, 이는 취업규칙의 불이익한 변경에 해당한다.

4. 결론

정년 조항은 A회사 근로자의 근로계약의 내용을 이루는 근로조건이므로 취업규칙에 해당하고, 근로자 상호간의 이익이 충돌하는 경우는 불이익 변경이 된다는 점에서, 2007. 12.1. 정년조항의 개정은 '취업규칙의 불이익변경'에 해당하지 않는다는 A회사의 주장은 타당하지 않다.

II. 설문2의 해결

1. 쟁점의 정리

甲과 乙이 정년에 도달하는 연령이 언제인지를 판단하기 위해서는 먼저 인사규정의 불이익한 변경이 유효하게 이루어졌는지의 여부를 판단하여야 할 것이다. 취업규칙인 인사규정의 불이익 변경이 유효하게 변경하기 위하여는 근로기준법 제94조 제1`항 단서에 의한 집단적 동의를 필요로 하는 바, 이와 관련하여 ① 동의의 주체가 되는 근로자 집단범위와 관련하여 관리직과 사무직 근로자 모두의 동의를 받아야 하는지 문제되고 ② 동의방식과 관련하여 사안에서의 2007년 11월 15일부터 26일까지의 회람방식에 의한 동의가 근로기준법 제94조 제1항 단서의 유효한 동의 방식으로서 적법한지 문제된다. 또한, 만일 불이익 변경에 대한 유효한 동의를 받지 못한 경우라도 ① 사안에서의 취업규칙의 변경이 사회통념상 합리성을 인정받을 수 있는 지의 여부, 그리고 ② 사회통념상 합리성을 인정받지 못하는 경우라도 불이익한 개정 이후에 입사한 乙에 대해서는 개정된 취업규칙이 적용되는 지 여부의 검토도 필요하다.

2. 취업규칙의 불이익 변경에 있어서의 동의의 주체

(1) 동의의 주체

취업규칙을 근로자에게 불리하게 변경하는 경우 사용자는 과반수 노동조합 혹은 근로자 과반수의 동의를 받아야 한다.(근로기준법 제97조 제1항 단서) 이러한 취업규칙의 불이익 변경에 있어서의 동의주체로서의 '근로자 과반수'라 함은 사업장에서 근무하는 근로기준법상의 근로자에서 근로기준법 제2조 제1항 제2호에서 정한 사용자를 제외한 근로자의 과반수를 의미한다. 그리고 '근로자의 과반수로 조직된 노동조합'이라 함은 조합원 자격 유무와 관계없이 기존 취업규칙을 적용받고 있던 전체 근로자의 과반수로 조직된 노동조합을 의미한다.

(2) 취업규칙이 이원화된 경우의 동의의 주체

1) 문제점

취업규칙이 이원화된 경우, 즉, 해당 사업 또는 사업장에 여러 근로자 집단이 있어 취업규칙의 불이익변경 시점에 어느 근로자 집단만 직접적인 불이익을 받고 다른 근로자 집단은 직접적인 불이익을 받지 않는 경우 취업규칙 불이익변경 주체가 불이익변경 시점에 직접적인 불이익 불이익을 받는 근로자집단에 한정되는지 문제된다.

2) 판례

판례는 '여러 근로자 집단이 하나의 근로조건 체계 내에 있어 비록 취업규칙의 불이익변경시점에는 어느 근로자 집단만이 직접적인 불이익을 받더라도 다른 근로자 집단에게도 변경된 취업규칙의 적용이 예상되는 경우에는 일부 근로자 집단은 물론 장래 변경된 취업규칙 규정의 적용이 예상되는 근로자 집단을 포함한 근로자 집단이 동의주체가 되고, 그렇지 않고 근로조건이 이원화되어 있어 변경된 취업규칙이 적용되어 직접적으로 불이익을 받게 되는 근로자 집단이외에 변경된 취업규칙의 적용이 예상되는 근로자 집단이 없는 경우에는 변경된 취업규칙이 적용되어 불이익을 받는 근로자 집단만이 동의 주체가 된다'고 한다.(대법원 2009.05.28. 선고 2009두2238 판결)

(3) 사안의 경우

사안은 사무직과 관리직으로 이원화되어 있던 정년을 일원화하는 취업규칙의 변경으로서 사무직 근로자는 정년이 개정 전의 53세에서 56세로 변경되므로 불이익변경이 아니지만 관리직 근로자는 정년이 개정전 60세에서 56세로 변경되므로 불이익변경에 해당한다.(단, 법정정년 60세 위반 여부는 고려하지 않는다) 그런데, 사무직 근로자에게도 향후 관리직 직원으로 승진할 가능성이 있으므로 사무직 근로자도 장래 변경된 취업규칙 규정의 적용이 예상된다 할 것이므로, 직접적인 불이익의 대상인 관리직 직원은 물론 장래 변경된 취업규칙 규정의 적용이 예상되는 근로자 집단을 포함한 전체 근로자 집단이 동의의 주체가 된다.

3. 취업규칙 불이익 변경에 대한 동의 방법

(1) 집단적 의사결정방법에 의한 과반수

취업규칙을 근로자에게 불리하게 변경하는 경우 사용자는 과반수 노동조합 혹은 근로자 과반수의 동의를 받아야 하는 바(근로기준법 제97조 제1항 단서), 근로자의 과반수로 조직된 노동조합이 없는 경우에는 집단적 의사결정방법에 의한 과반수를 필요로 한다. 여기서 '집단적 의사결정방법에 의한 과반수'란 근로자들의 '회의방식'에 의한 과반수의 동의를 의미하는데, 이는 근로자가 동일 장소에 집합된 회의에서 사용자측의 개입이나 간섭이 없는 상태에서 근로자 개개인의 의견표명을 자유롭게 할 수 있는 적절한 방법으로 의사를 결정한 결과가 근로자의 과반수의 찬성이어야 한다. 그러나, 사용자측의 충분한 설명과 근로자 상호간의 충분한 설명과 의견 교환과정이 생략된 채 서면

동의서에 동의를 받은 경우라든지 취업규칙 개정안을 회람케하고 개별적으로 찬성 반대의사를 표시하게 하여 개별의견을 취합하는 방식은 회의방식에 의한 적법한 동의절차를 거쳤다고 보기 어렵다는 것이 판례이다.(대법원 2004.05.14. 선고 2002다23185 판결)

(2) 사안의 경우

불이익변경에 대한 근로자의 과반수 동의는 자유로운 의견교환을 통한 회의방식의 '집단적 의사결정방법에 의한 과반수'를 의미하는 데, 사안에서 A회사는 인사규정 개정에 앞서 2007. 11. 15.부터 같은 달 26.까지 정년조항 개정내용을 기재한 문서를 모든 직원에게 회람시키고 이에 동의하는 직원은 회사가 나누어 준 '인사규정 개정 동의서'에 서명하여 소속 부서장에게 제출하였는 바, 이러한 동의는 개별적 동의를 취합한 것에 불과하고 회의방법에 의한 동의가 있었다고 볼 수 없으므로, 집단적 의사결정방법에 의한 과반수의 동의로서의 효력을 인정할 수 없다.

4. 사회통념상 합리성을 인정받을 수 있는 지의 여부

(1) 사회통념상 합리성 이론

당해 취업규칙의 변경이 그 필요성 및 내용의 양면에서 보아 그에 의하여 근로자가 입게 될 불이익의 정도를 고려하더라도 여전히 당해 조항의 법적 규범성을 시인할 수 있을 정도로 사회통념상 합리성이 있다고 인정되는 경우에는 종전 근로조건 또는 취업규칙의 적용을 받고 있던 근로자의 집단적 의사결정 방법에 의한 동의가 없다는 이유만으로 그 적용을 부정할 수는 없다는 것이 판례의 태도이다. 판례에 따르면, 취업규칙의 변경에 사회통념상 합리성이 있다고 인정되려면 취업규칙을 변경할 당시의 상황을 토대로 ① 근로자가 입게 되는 불이익의 정도, ② 취업규칙 변경 필요성의 내용과 정도, ③ 변경 후 내용의 상당성, ④ 대상 조치 등을 포함한 다른 근로조건의 개선 상황, ⑤ 노동조합 등과의 교섭 경위와 노동조합이나 다른 근로자의 대응, ⑥ 동종 사항에 관한 국내 일반적인 상황 등을 종합적으로 고려하여 판단한다. 다만, 사회통념상 합리성이 인정되는 경우는 사실상 근로자의 집단적 동의를 받도록 한 근로기준법의 규정이 배제되는 결과를 가져오므로, 판례는 근로자에게 침해되는 기득권이나 기득의 이익이 존재하지 않거나, 혹은 그것이 사회적으로 용인될 수 있는 경우에 한하여 매우 제한적인 범위에서 예외적으로 인정한다.(대법원 2001.01.28. 선고 2009다32362 판결 등)

(2) 사안의 경우

사안에서 A회사가 직급별로 이원화된 정년규정을 일원화하기로 결정한 이후 사정, 근로자가 입게 되는 불이익의 정도, 취업규칙 변경 필요성의 내용과 정도 등을 고려할 때, 특히, 관리직(1급, 2급)의 경우에는 정년을 60세에서 56세로 변경하면서 회사에 공헌이 큰 자에 한하여 정년을 60세까지 연장할 수 있도록 일방적으로 결정한 것은 명백하게 기존 관리직 근로자의 기득권이나 기득의 이익을 침해하는 것으로 평가되므로, 이러한 취업규칙의 변경은 사회통념상 합리성을 인정받기 어렵다고 판단된다.

5. 신규 근로자(재입사자)에 대한 취업규칙의 적용 여부(동의절차 위반의 효과)

(1) 문제점

사용자가 불이익한 취업규칙의 변경에 대하여 근로자 과반수의 동의를 받지 않고 변경된 취업규칙의 해당부분은 기존의 근로자에 대하여 효력이 없다는 것에 학설과 판례가 일치한다. 또한, 이 경우에 취업규칙 불이익 변경에 대하여 개인적으로 동의한 근로자가 있다고 하더라도 불리하게 변경된 취업규칙이 그와 같이 동의를 한 근로자에게만 개별적으로 효력이 생기는 것도 아니다.(대법원 1997.07.26. 선고 77다355 판결) 그런데, 그러한 취업규칙이 기존의 근로자와 마찬가지로 변경된 이후에 입사한 신규 근로자에게도 효력이 없는지 여부가 문제된다.

(2) 학설

1) 절대적 무효설

근로기준법 제94조는 강행규정으로 새겨야 하기 때문에 근로자들의 동의가 없는 취업규칙은 아무런 효력이 없다고 보아야 할 것이고, 취업규칙의 변경이 효력이 없는 경우에는 기존 근로자에 대한 관계는 물론 신규 근로자에 대한 관계에서도 취업규칙의 규범력은 인정되지 않는다고 보아야 한다는 견해이다. 만일 그렇지 않다면 기존 근로자에게 적용되는 구 취업규칙과 신취업규칙이 병존하는 불합리한 결과가 되기 때문이라고 한다.

2) 상대적 무효설

취업규칙의 작성권한은 사용자에게 있으므로 사용자는 단체협약이나 강행규정에 위반되지 않는 한 취업규칙을 일방적으로 작성할 수 있으며, 그 결과 동의 없이 불이익하게 변경된 취업규칙은 기존 근로자의 기득 권리내지 이익에 대한 침해 문제를 발생시키므로 부득이하게 그 효력이 기존 근로자에게 미치지 않을 뿐 변경된 현행 취업규칙만이 유일한 취업규칙이므로 신·구 취업규칙의 병존문제는 발생하지 않으며 취업규칙의 근로조건 획일화 기능이 살실되는 것도 아니라는 견해이다.

(3) 판례

종전의 대법원 판례와 대법원 전원합의체 판결의 소수의견에 따르면 취업규칙은 그 자체가 법규범으로서 그 효력발생요건을 결한 이상 변경 후 입사자에 대해서도 무효로 보아야 한다고 해석하여 절대적 무효설을 취하였다. 반면, 대법원전원합의체관결 다수의견에 따르면 사용자가 취업규칙에서 정한 근로조건을 근로자에게 불리하게 변경함에 있어서 근로자의 동의를 얻지 않은 경우에 그 변경으로 기득이익이 침해되는 기존의 근로자에 대한 관계에서는 그 변경의 효력이 미치지 않게 되어 종전 취업규칙의 효력이 그대로 유지 되지만, 그 변경 후에 변경된 취업규칙에 따른 근로조건을 수용하고 근로관계를 갖게 된 근로자에 대한 관계서는 당연히 변경된 취업규칙이 적용되어야 한다.(대법원 1992.12.22. 선고 91다45165 판결)고 하여 상대적 무효설을 따르고 있다.

(4) 검토

취업규칙의 법적 성질을 법규범으로 보는 이상, 취업규칙의 불이익 변경에 대한 근로자 과반수의 동의가 없는 경우에는 그러한 취업규칙의 불이익 변경은 강행구정인 근로기준법 제94조 제1항에 위반되어 효력이 없는 것이고, 따라서 그러한 취업규칙의 불이익 변경은 그 자체가 법규범으로서 그 효력발생요건을 결한 것이므로, 이러한 무효인 취업규칙은 신규 근로자에 대하여도 마찬가지로 효력이 없다고 보아야 한다. 설령 신규 근로자가 변경된 취업규칙에 동의한다 하더라도 결론은 마찬가지이다.

(5) 사안의 경우

근로자 乙은 A회사의 정년조항이 개정된 이후에 입사하였지만, ① 절대적 효력설에 따르면 설령 신규 근로자가 변경된 취업규칙에 동의한다 하더라도 무효인 취업규칙은 신규 근로자에 대하여도 마찬가지로 효력이 인정되지 않으므로, 정된 정년조항은 근로자 乙에게도 적용될 수 없다. ② 그러나, 상대적 효력설인 대법원전원합의체판결의 다수의견에 의한다면 근로자 乙에 대해서는 개정된 정년조항이 적용될 수 있을 것이다.

6. 결론

① 개정된 정년조항에 대해 근로자들의 집단적 동의를 유효하게 받지 못하였으므로 개정된 정년조항을 적용할 수 없다. 따라서, 근로자 甲 및 乙 모두 기존 정년조항에 따라 정년에 도달하는 연령은 60세가 된다. ② 그러나, 대법원전원합의체판결 다수 의견의 입장인 상대적 효력설에 의한다면 근로자 甲은 기존 정년조 항이 적용되므로 정년에 도달하는 연령이 60세가 되지만, 근로자 乙은 정년조항 개정후 신규로 입사한 자로서 개정된 정년조항이 적용되어 정년에 도달하는 연령은 56세가 된다.

사례연습 31

신규근로자에 대한 취업규칙의 적용 여부 (2021년도 제1차 변호사시험 모의시험)

상시 근로자 수가 150명인 여과지 등을 제조·판매하는 A회사에서 현장직 3교대 형태의 품질검사원의 업무를 담당하던 근로자 甲에 대하여, A회사는 2020년 8월 16일 '검사진행 속도가 느리고(이 점은 甲도 인정하고 있다) 검사 결과를 현장에 늦게 전달하여 현장에서 불만을 제기한다'는 등의 이유를 들어 甲과 3차례에 걸쳐 면담을 실시하였다. 그 후 A회사는 甲으로 하여금 근무부서의 변경 없이 계속 품질검사원의 업무를 수행하되, 상주근무자(08:00부터 17:00까지 근무)인 근로자 乙과 맞교환하여 2020년 8월 21일부터 현장직 3교대 형태에서 현장직 상주 형태로 근무하도록 하는 배치전환의 인사발령(이하 '이 사건 배치전환'이라 함)을 하였다. A회사의 작업 공정상 품질검사원 중 3교대 근무를 하는 근로자와 상주 근무를 하는 근로자가 모두 필요한 상황이다.

이 사건 배치전환 후 甲에게 부여된 업무는 품질검사원의 기존 업무 외에 중요 거래처 성적서 작성, 고객관리, 시험성적서 발행, 고객요청 샘플발송 등인데, 이에 대해 甲은 검사의 난이도가 높고, 문서작업의 양이 막대하게 늘어나 그 적응에 어려움과 불편을 겪고 있다. 또한 甲은 배치전환 이전에 지급받던 급여보다 약 30%가 감소한 급여를 지급받게 되었는데, 이는 甲이 자발적으로 야간·휴일 근무 등을 하지 않기로 선택한 결과이다.

한편 A회사는 90명의 조합원이 가입되어 있는 노동조합이 설립되어 있는데, A회사는 2010년 12월 1일 취업규칙을 개정하여 기존의 누진제 퇴직금제도를 폐지하고 새로이 단수제 퇴직금제도를 도입하면서, 그 개정된 내용을 2011년 1월 1일부터 퇴사하는 모든 근로자의 전체 근속기간에 대하여 소급하여 적용하기로 하였다. 그러나 2010년 12월 1일 취업규칙 변경을 추진하는 과정에서 A회사의 노동조합 대표자는 그 변경에 동의하지 않았다.

1. 근로자 甲은 이 사건 배치전환명령은 정당하지 않다고 주장한다. 근로자 甲의 주장은 정당한가?
2. 2012년 3월 1일에 입사하여 2020년 12월 31일에 퇴사한 근로자 乙은 누진제 퇴직금제도가 적용된 퇴직금지급을 주장한다. 乙의 주장은 정당한가?

Ⅰ. 설문1의 해결 (→사례연습 59 배치전환)

Ⅱ. 설문2의 해결

1. 쟁점의 정리

근로자 갑의 주장의 정당성과 관련하여 A회사가 퇴직금 누진제도를 도입한 것이 취업규칙의 불이익 변경에 해당하는지 여부 및 만약 불이익하다면 근로기준법 제94조 제1항에 따른 적절한 동의절차를 거쳤는지가 검토해야 할 것이다. 그리고 과반수 노동조합의 동의를 받지 못한 경우라도 본 사안에서의 취업규칙의 변경이 사회통념상 합리성을 인정받을 수 있는 지의 여부, 그리고 사회통념상 합리성을 인정받지 못하는 경우라도 불이익한 개정 이후에 입사한 乙에 대해서는 개정된 취업규칙이 적용되는 지 여부의 검토도 필요하다.

1. 쟁점의 정리

근로자 갑의 주장의 정당성과 관련하여 A회사가 새로운 정년규정을 신설한 것이 취업규칙의 불이익 변경에 해당하는지 여부 및 만약 불이익하다면 근로기준법 제94조 제1항에 따른 적절한 동의절차를 거쳤는지가 검토해야 할 것이다. 그리고 노동조합이 불이익 변경에 동의한 경우, 그 변경에 동의하지 않은 비조합원 甲에게도 변경된 취업규칙, 정년규정의 효력이 미치는지 문제된다.

2. 단수제 퇴직금제도를 도입이 취업규칙의 불이익 변경에 해당하는지 여부

(1) 불이익 변경의 의미

(2) 사안의 경우

사안에서 기존의 누진제 퇴직금제도를 폐지하고 새로이 단수제 퇴직금제도를 도입하게 되면 근로자의 기존의 누진제의 이익을 침해하게 되는 것이므로 이는 취업규칙의 불이익 변경에 해당한다.

3. 취업규칙의 불이익 변경의 동의의 주체

(1) 동의의 주체로서 근로자 집단의 의의

(2) 동의의 주체

(3) 사안의 경우

A회사에는 근로자 과반수로 조직된 노동조합이 있는데, A회사는 과반수로 조직된 노동조합의 대표자의 동의를 얻어야 한다. 그런데, 사안에서 A회사는 과반수 노동조합 대표의 동의를 받지 못하였으므로 근로기준법 제94조 제1항에 따른 적절한 동의절차를 거치지 못하였다.

4. 사회통념상 합리성을 인정받을 수 있는 지의 여부

(1) 사회통념상 합리성 이론

(2) 사안의 경우

사안에서 사안에서 기존의 누진제 퇴직금제도를 폐지하고 새로이 단수제 퇴직금제도를 도입하게 되면 근로자의 기존의 누진제의 이익을 침해하게 되는 것으로 평가되므로, 이러한 취업규칙의 변경은 사회통념상 합리성을 인정받기 어렵다고 판단된다.

5. 신규 근로자에 대한 취업규칙의 적용 여부

(1) 문제점

사용자가 불이익한 취업규칙의 변경에 대하여 근로자 과반수의 동의를 받지 않고 변경된 취업규칙의 해당부분은 기존의 근로자에 대하여 효력이 없다는 것에 학설과 판례가 일치한다. 또한, 이 경우에 취업규칙 불이익 변경에 대하여 개인적으로 동의한 근로자가 있다고 하더라도 불리하게 변경된 취업규칙이 그와 같이 동의를 한 근로자에게만 개별적으로 효력이 생기는 것도 아니다.(대법원 1997.07.26. 선고 77다355 판결) 그런데, 그러한 취업규칙이 기존의 근로자와 마찬가지로 변경된 이후

에 입사한 신규 근로자에게도 효력이 없는지 여부가 문제된다.

(2) 학설

1) 절대적 무효설

2) 상대적 무효설

(3) 판례

종전의 대법원 판례와 대법원 전원합의체 판결의 소수의견에 따르면 취업규칙은 그 자체가 법규범으로서 그 효력발생요건을 결한 이상 변경 후 입사자에 대해서도 무효로 보아야 한다고 해석하여 절대적 무효설을 취하였다. 반면, 대법원전원합의체관결 다수의견에 따르면 사용자가 취업규칙에서 정한 근로조건을 근로자에게 불리하게 변경함에 있어서 근로자의 동의를 얻지 않은 경우에 그 변경으로 기득이익이 침해되는 기존의 근로자에 대한 관계에서는 그 변경의 효력이 미치지 않게 되어 종전 취업규칙의 효력이 그대로 유지 되지만, 그 변경 후에 변경된 취업규칙에 따른 근로조건을 수용하고 근로관계를 갖게 된 근로자에 대한 관계서는 당연히 변경된 취업규칙이 적용되어야 한다.(대법원 1992.12.22. 선고 91다45165 판결)고 하여 상대적 무효설을 따르고 있다.

(4) 검토

취업규칙의 법적 성질을 법규범으로 보는 이상, 취업규칙의 불이익 변경에 대한 근로자 과반수의 동의가 없는 경우에는 그러한 취업규칙의 불이익 변경은 강행구정인 근로기준법 제94조 제1항에 위반되어 효력이 없는 것이고, 따라서 그러한 취업규칙의 불이익 변경은 그 자체가 법규범으로서 그 효력발생요건을 결한 것이므로, 이러한 무효인 취업규칙은 신규 근로자에 대하여도 마찬가지로 효력이 없다고 보아야 한다. 설령 신규 근로자가 변경된 취업규칙에 동의한다 하더라도 결론은 마찬가지이다.

(5) 사안의 경우

근로자 乙은 A회사의 정년조항이 개정된 이후에 입사하였는 바, ① 절대적 효력설에 따르면 설령 신규 근로자가 변경된 취업규칙에 동의한다 하더라도 무효인 취업규칙은 신규 근로자에 대하여도 마찬가지로 효력이 인정되지 않으므로, 근로자 乙에게도 퇴직금 누진제 제도가 적용되어야 한다. ② 그러나, 상대적 효력설인 대법원전원합의체판결의 다수의견에 의한다면 근로자 乙에 대해서는 퇴직금 누진제 제도가 적용되지 않고 개정된 퇴직금 단수제도가 적용되어야 할 것이다.

6. 결론

① 개정된 퇴직금 누진제도에 대해 과반노조 대표자의 동의를 받지 못하였으므로 개정된 퇴직금 누진제도를 적용할 수 없다. 따라서근로자 乙에게도 퇴직금 누진제 제도가 적용되어야 한다. .
② 그러나, 대법원전원합의체관결 다수 의견의 입장인 상대적 효력설에 의한다면근로자 乙에 대해서는 퇴직금 누진제 제도가 적용되지 않고 개정된 퇴직금 단수제도가 적용되어야 할 것이다.

4. 취업규칙의 효력

(1) 취업규칙의 근로계약에 대한 규범적 효력(→사례: 03)

1) 원칙

취업규칙은 근로계약에 대하여 강행적 · 보충적 효력을 가진다.(근로기준법 제97조) 따라서, 근로계약의 내용 중 취업규칙에서 정한 근로조건보다 **불리하게** 정한 것은 **무효**이며(근로기준법 제97조 1문, **강행적 효력**), 이 경우 무효로 된 부분은 **취업규칙에 정한 기준**에 따른다.(제97조 2문, **보충적 효력**)

2) 예외(유리조건 우선의 원칙의 적용 여부(→ 제1장 (쟁점) 취업규칙과 근로계약간에 유리조건 우선의 원칙이 적용되는 지 여부)

취업규칙에 의한 집단적 근로조건의 변경의 효력과 관련하여 취업규칙과 근로계약간에 **유리조건 우선의 원칙**을 인정할 수 있는 지 문제되는 바, 판례는 **근로기준법 제4조**의 원칙 및 **근로기준법 제97조의 반대해석**을 통하여 취업규칙과 근로계약 사이에 **유리조건 우선의 원칙이 적용되고**, 따라서 **근로자에게 불리한 내용으로 변경된 취업규칙은 집단적 동의를 받았다고 하더라도** 그보다 유리한 근로조건을 정한 기존의 개별 근로계약 부분에 우선하는 효력을 갖는다고 할 수 없다는 입장이다.(대법원 2019.11.14. 선고 2018다200709 판결)

(2) 취업규칙과 법령·단체협약의 관계(→사례: 32)

1) 원칙

취업규칙은 **법령**이나 해당 사업 또는 사업장에 대하여 적용되는 **단체협약**과 어긋나서는 아니 된다.(근로기준법 제96조) 따라서, 법령이[5]나 단체협약에 반하는 취업규칙의 변경은 절차의 적법여부와 관계없이 효력이 없어 무효이며, 무효가 된 부분은 법령이나 단체협약의 내용에 의해 보충된다.

2) 단체협약과 유리조건우선의 원칙(→ 제1장 (쟁점) 단체협약과 근로계약간에 유리조건 우선의 원칙이 적용되는 지 여부

단체협약에 위반되는 취업규칙의 부분은 무효로 되며, 그 무효가 된 부분은 단체협약의 기준에 의하여 보충되는 바(노조법 제33조 제2항), 설령, 단체협약의 내용이 기존의 취업규칙의 근로조건보다 불이익한 경우에도 이는 마찬가지이다. 판례는, **협약자치의 원칙상** 노동조합은 사용자와 사이에 근로조건을 유리하게 변경하는 내용의 단체협약 뿐 아니라 불리하게 변경하는 내용의 단체협약도 체결할 수 있으므로, **근로조건을 불리하게 변경하는 내용의 단체협약이 현저히 합리성을 결하여 노동조합의 목적을 벗어난 것으 로 볼 수 있는 것과 같은 특별한 사정이 없는 한** 그러한 노사간의 합의를 무효라고 볼 수는 없다.'는 일관된 입장을 유지하고 있다.(대법원 1999.11.23. 선고 99다7572 판결, 2000.9.29. 선고 99다67536 판결 등)

---

5) 여기서 말하는 '법령'이란 형식적 의미의 법률이나 명령에 국한되지 않고, 헌법·형식적 의미의 법률·명령.규칙·조약·자치 법규를 총괄하는 넓은 의미로 이해된다. 다만, 임의법규는 당사자의 의사{취업규칙의 경우에는 사용자의 의사가 그에 준하는 것이 될 것이다)로 그 규정의 적용을 배제할 수 있으므로, 여기에서 말하는 법령이란 강행법규만을 의미하는 것이라고 해석된다.

사례연습 32

단체협약과 취업규칙과의 관계 (2015년도 제2차 변호사시험 모의시험)

A공공기관은 소속 근로자들로 조직된 B노동조합과 단체협약을 체결하면서 '쟁의기간 중에는 조합원에 대하여 어떠한 사유에 의해서도 징계 · 부서이동 등 제반 인사조치를 할 수 없다'는 조항을 두었다.

이 단체협약은 2013.2.28. 만료되었다. 이후부터 새로운 단체협약의 체결을 위한 수차례의 단체교섭이 있었으나 교섭이 결렬되자, B노동조합은 쟁의행위 찬반투표를 거치지 않고서 파업을 감행하였다. 그러나 조합원 甲을 포함한 B노동조합 임원들이 같은 해 4월부터 약 10개월간의 파업기간 중 불법행위를 주도하였다는 이유로 A공공기관은 파업기간 중인 2013. 10. 10.과 같은 해 12. 7. 취업규칙에 따라서 징계위원회를 소집하였다. 각 징계위원회는 甲 등을 포함한 노동조합 임원에 대해 징계해고를 결의하였다.

그런데 A회사와 B노동조합은 2014년 1월 말에 새로운 단체협약의 부속서에서 합의사항으로 'A는 파업사태와 관련하여 추가로 징계하지 않는다'라는 징계면책규정을 두었다. 그 후 교섭에 따라 새로운 단체협약이 체결되었고, 취업규칙에 따라 소집된 징계재심위원회는 을 포함한 노동조합 임원들에 대한 징계수위를 경감하는 정직처분을 결의하였다.(징계위원회, 징계재심위원회의 구성, 노동조합 임원의 징계 등에 관한 노동조합의 동의권 등은 문제되지 않는 것으로 한다.)

甲은 자신에 대한 정직처분이 2014년 1월 말에 체결된 단체협약 부속서에 위반하였다고 주장한다.甲의 주장은 타당한가?

1. 쟁점의 정리

사안에서 취업규칙에 따라 소집된 징계재심위의 정직처분의 타당성을 검토하기 위해서는 먼저 2014년 1월 말 A와 B의 단체협약 부속합의서의 내용도 단체협약으로 볼 수 있는지가 검토해야 할 것이고, 만일 부속합의서가 단체협약으로서의 효력이 있다고 본다면 단체협약과 취업규칙의 관계와 관련하여 취업규칙에 의한 정직처분이 단체협약의 징계면책 규정에 반하는 것으로서 무효로 보아야 하는지 살펴보아야 할 것이다.

2. 단체협약 부속합의서를 단체협약으로 볼 수 있는지 여부

(1) 단체협약의 의의

'단체협약'이란 노동조합과 사용자 또는 사용자단체가 조합원들의 근로조건 기타 대우에 관한 사항에 관하여 서면형태로 문서화하고 협약당사자들이 서명, 날인한 문서를 말한다. 단체협약에는 임금, 근로시간 기타 근로자의 대우에 관한 사항, 조합원의 범위, 조합활동을 위한 절차와 요건, 단체교섭절차, 쟁의행위에 관한 사항 등이 포함되며, 단체협약으로 정하여진 사항은 근로자 개개인의 근로조건에 관한 개별적인 근로관계 및 노동조합 등 근로자단체와 사용자측의 집단적 근로관계에 대한 내용을 형성하고 규율한다. 서면으로 작성된 이상, 서면의 형식은 어떻든 관계없으므로, 이를테면, 단체협약이라는 제목이 아닌 합의서, 각서, 실무협의서, 임금협정, 등도 무방하며, 반드시 정식의 단체교섭절차를 거쳐서 이루어져야 하는 것은 아니므로, 이를테면 노사협의회 협의를 거쳤어도 무방하다는 것이 판례의 태도이다.(대법원 2005.03.11. 선고 2003다27429 판결)

(2) 사안의 경우

사안에서 A와 B가 2014년 1월 말에 단체협약의 부속서에 합의 사항으로 추가 징계를 금지하는 면책규정을 둔 것은 조합원들의 근로조건 기타 대우에 관한 사항에 관하여 서면형태로 문서화하고 협약당사자들이 서명, 날인한 문서로서 단체협약으로서의 효력을 가진다.

3. 단체협약과 취업규칙과의 관계

(1) 단체협약의 규범적 효력

1) 규범적 효력의 의의

'규범적 효력'이란 단체협약이 조합원 근로자와 사용자 사이의 근로계약 혹은 사용자의 취업규칙의 내용 중에서 단체협약에서 정한 규범적 부분에 위반되는 사항을 무효로 만드는 단체협약의 효력을 의미한다. 노조법 제33조 제1항은 '단체협약에 정한 근로조건 기타 근로자의 대우에 관한 기준에 위반하는 취업규칙 또는 근로계약의 부분은 무효로 한다.'고 규정하고, 제2항은 '근로계약에 규정되지 아니한 사항 또는 제1항의 규정에 의하여 무효로 된 부분은 단체협약에 정한 기준에 의한다.'고 하여 단체협약의 규범적 효력을 명시하고 있다.

2) 규범적 효력의 근거

가. 견해의 대립

단체협약이 조합원 근로자와 사용자 사이의 근로계약 혹은 사용자의 취업규칙의 내용 중에서 단체협약에서 정한 규범적 부분에 위반되는 사항을 무효로 만드는 단체협약의 규범적 효력을 규정한 노조법 제33조가 창설석 규정인지 혹은 단순한 확인적 선언적 규정에 지나지 않는지에 대해서 견해의 대립이 있다.

나. 계약설(수권설)

단체협약의 규범적 효력에 대한 계약설(수권설)에 의하면, 단체협약은 본질적으로는 노동조합과 사용자 사이에 성립되는 단체계약 또는 일종의 무명계약일 뿐이고 이러한 계약에 규범적 효력이 인정되기 위해서는 법률에 별도의 수권규정이 있어야 한다고 주장한다. 따라서 위 견해에 의하면 노조법 제33조를 단체협약에 규범적 효력을 인정하는 근거가 되는 창설적 효력을 가지는 법률규정으로 이해한다.

다. 법규범설

법규범설에 의하면, 단체협약은 그 자체가 법규범으로서 근로자와 사용자간의 개별약정에 우선하는 집단적인 규범으로서의 강행성 · 보충성의 성질을 가진다. 따라서 위 견해에 의하면 노조법 제33조는 단체협약에 규범적 효력이 인정된다는 당연한 내용을 법률규정으로 확인하는 선언적 규정으로 이해하고 있다.

3) 규범적 효력의 내용

가. 강행적 효력

단체협약에 정한 근로조건 기타 근로자의 대우에 관한 기준에 위반하는 취업규칙 또는 근로계약의 부분은 무효가 되는 바(노조법 제33조 제1항), 이를 단체협약의 '강행적 효력'이라 한다.

나. 보충적 효력

단체협약의 강행적 효력에 의하여 무효로 된 부분은 단체협약에 정한 기준에 의하는 바(노조법 제33조 제2항), 이를 단체협약의 보충적 효력이라 한다. '단체협약에서 정한 기준'에 따른다는 것은 그 기준이 근로계약의 당사자인 사용자와 근로자사이에 직접 적용됨을 의미한다.

(2) 사안의 경우

A와 B가 2014년 1월 말에 단체협약의 부속서에 합의 사항으로 추가징계를 금지하는 면책규정은 단체협약이자 조합원의 근로조건과 관련된 부분으로서 규범적부분에 해당하므로 규범적 효력에 따라 취업규칙의 정직에 관한 조항에 우선적으로 적용된다. 따라서, 단체협약의 징계면책 합의조항은 취업규칙의 징계재심규정보다 우선적으로 적용되므로, 취업규칙에 근거한 징계재심위의 재심결의는 새로운 단체협약에 반하여 무효이다.

4. 결론

甲에 대한 정직처분은 2014년 1월 말에 체결된 단체협약 부속서에 위반하여 무효이다. 따라서 甲의 주장은 타당하다.

(3) 취업규칙의 주지의무 및 주지의무에 위반한 취업규칙의 효력

1) 취업규칙의 주지의무

사용자는 취업규칙 등을 근로자가 자유롭게 열람할 수 있는 장소에 항상 게시하거나 갖추어 두어 근로자에게 널리 알려야 하며(근로기준법 제14조 제1항) 사용자가 취업규칙을 근로자에게 주지시키지 않을 경우에는 5백만원 이하의 과태료가 부과된다.(근로기준법 제116호 제2호) 주지의무의 이행방법과 관련해서는 특별한 제한이 없으므로, 이를테면, 근로자가 취업규칙을 언제든지 쉽게 열람할 수 있는 자유로운 접근권이 보장된다면 사내 전산망에 게시한 경우도 주지의무를 이행하였다고 볼 수 있을 것이다.

2) 주지의무에 위반한 취업규칙의 효력

취업규칙의 법규범적 효력과 관련하여 사용자가 취업규칙의 주지의무를 위반한 경우에도 취업규칙의 효력이 발생하는 지 문제된다.

가. 학설

① 근로기준법 제14조 제1항은 취업규칙의 법규범적 효력을 부여하기 위한 전제로서 **강행규정**으로 보아야 할 것이므로, 주지의무를 위반한 취업규칙은 효력이 없다는 견해와 ② 근로기준법 제14조 제1항 은 **단속법규**에 불과할 뿐 효력규정이라고는 볼 수 없으므로 사용자가 이를 준수하지 않았다고 하더라도 그로 인하여 바로 취업규칙의 작성 또는 변경이 무효로 되는 것은 아니라는 견해의 대립이 있다.

나. 판례

판례는 취업규칙의 작성권한은 사용자에게 있다는 전제하에, 취업규칙의 작성 및 변경에 관하여 행정관청에의 신고의무를 규정한 근로기준법 제96조, 노동조합 또는 근로자대표자의 의견청취의무를 규정한 같은 법 제97조 본문, 취업규칙의 게시 또는 비치에 의한 주지의무를 정한 같은 법 제14조 제1항의 규정들은 **단속법규**에 불과할 뿐 효력규정이라고는 볼 수 없으므로 이러한 근로기준법상 규정들에 위반한 취업규칙이라 할지라도, 이들 단속규정위반에 따른 과태료의 부과는 별론으로 하고, 제정 또는 변경된 취업규칙 그 자체의 효력이 부정되지는 않는다는 입장이다.(대법원 2004.02.12. 선고 2001다63599 판결)

다. 검토

취업규칙은 사용자가 정하는 기업 내의 규범이므로 사용자가 취업규칙을 신설 또는 변경하는 조항을 정하였다 하더라도 그로 인하여 당연히 사용자가 정한 시기에 취업규칙이 그 효력을 발생하는 것은 아니고, 적어도 근로자들이 규범인 취업규칙을 인식할 수 있어야 비로소 취업규칙의 규범적 효력을 인정할 수 있다는 점에서, **취업규칙의 효력과 취업규칙의 법규적 효력을 별도로 판단하는 판례의 태도가 타당하다.** 따라서, 근로기준법 제14조 제1항에 위반한 취업규칙이라 할지라도 취업규칙 그 자체의 효력이 부정할 수는 없을 것이고, 다만, 제정 또는 변경된 취업규칙 그 자체의 효력과는 별개의 문제로 제정 또는 변경된 취업규칙의 규범적 효력을 인정하려면 적어도 취업규칙을 준수할 대상인 근로자가 취업규의 내용이 무엇인지는 인식하고 있어야 할 것이므로, 취업규칙의 규범적 효력은 근로자에게 취업규칙의 내용을 주지시킨 시점에 발생한다고 보아야 할 것이다.

(4) 변경된 취업규칙의 사후적 추인(사후 동의)(→사례: 33)

1) 의의

취업규칙의 불이익 변경에 대한 근로자의 동의는 원칙적으로 취업규칙 시행 전에 이루어져야 하지만, 불이익 변경 당시에는 근로자의 동의 없이 시행하다가 사후에 과반수 노동조합 또는 과반수 근로자가 불이익 변경에 동의하는 **사후동의도 허용된다**.(대법원 2005.03.11. 선고 2003다27429 판결) 이러한 취업규칙의 사후 동의는 원칙적으로 노동조합 등 근로자 측이 사후에 동의할 당시 시행중인 취업규칙이 과거에 근로자의 동의 없이 불이하게 변경되어 무효라는 사정을 알고 있는 상태에서 소급적으로 불이익 변경을 추인할 것에 동의하여야만 그 사후동의가 유효한 것으로 인정될 수 있고, 노동조합이 그 때까지 시행 중이던 취업규칙이 무효인 사정을 모른 채 유효하다고 여기고 있었거나, 단순히 종전의 취업규칙의 개정에 관하여 이의를 하지 않았다는 사정만으로 취업규칙의 불이익 변경을 유효하게 추인한 것으로 볼 수는 없다. (대법원 1995.07.11. 선고 93다26168 판결)

2) 단체협약에 의한 변경된 취업규칙에 대한 소급추인의 범위

가. 인적범위

단체협약에 의한 변경된 취업규칙의 사후 동의의 효력을 인정하는 경우에도, 사후동의는 그 동의의 효력이 발생한 이후에 그 사업장에서 종사하면서 취업규칙의 적용을 받는 근로자에게 적용되고, 변경시점부터 사후동의하기 이전 기간 중에 이미 퇴직한 근로자에게는 원칙적으로 그 동의의 효력이 생길 여지가 없다.(대법원 1993.06.11. 선고 92다19316 판결)

다. 물적범위

단체협약에 의한 변경된 취업규칙의 사후 동의의 효력을 인정하는 경우에도, 구체적으로 그 지급청구권이 발생한 임금(상여금 포함)이나 퇴직금 등은 이미 근로자의 사적 재산영역으로 옮겨져근로자의 처분에 맡겨진 것이기 때문에 노동조합이 근로자들로부터 개별적인 동의나 수권을 받지 않는 이상, 사용자와 단체협약만으로 소급적으로 이에 대한 포기나 지급유예와 같은 처분행위를 할 수 없다 (대법원 2000.9.10. 선고 99다67536 판결)

2) 퇴직금 결정기준을 소급 동의하는 단체협약의 효력

단체협약에 의한 변경된 취업규칙의 사후 동의의 효력을 인정하는 경우와 관련하여 실무적으로 빈번하게 문제되는 것이 퇴직금 지급률을 누진제에서 단수제로 하향 조정하는 내용의 불리하게 개정된 퇴직금 지급규정이 근로자들의 동의를 얻지 못하고 있다가 사후에 단체협약 체결과정에서 이미 불리하게 개정된 퇴직금 규정을 소급하여 승인하는 형태로 단체협약을 체결하는 경우인데, 판례는 퇴직금 지급률을 정한 취업규칙을 근속기간에 따라 누진되는 누진제에서 그 누진율을 인하하거나 단수제로 불이익하게 변경하는 것에 대하여 소급적으로 동의하더라도 이는 유효하다고한다.(대법원 1992.2.25 선고 91 25055 판결, 대법원 1992.7.24 선고 91다34073 판결 등) 따라서, 퇴직금 지급률의 변경에 대한 소급적인 추인을 하는 경우에 있어서도 이로 인하여 기득 이익을 침해하게 되는 기존의 근로자로부터 개별적인 동의를 받지 않아도 될 뿐 아니라, 기존의 근로자에 대하여 종전의 퇴직금 지급률이 적용되어야 함을 알았는지 여부에 관계없이 변경된 퇴직금 지급률이 적용된다고 한다. 반면에, 학설의 일반적인 경향은 퇴직금 지급규정의 소급적 불이익변경은 근로자의 기득 이익이 침해되는 결과가 발생하므로 개별 근로자로부터 동의를 받지 않는 한 허용되지 않는다는 입장이다.

(쟁점) 퇴직금 결정기준을 소급 동의하는 단체협약의 효력(→사례: 33)

1. 문제점

조합원의 기득의 권리 또는 이익의 포기를 정하는 단체협약 조항은 효력이 없는 바, 노동조합이 사용자측과 퇴직금 결정기준을 소급 동의하거나 승인하는 내용의 단체협약을 체결한 경우에 그러한 단체협약이 유효한지 문제된다.

2. 학 설

(1) 유효설

퇴직금 산정의 기초액이나 지급률을 종전보다 불리하게 변경하는 것은 기득의 이득을 포기하게 하는 것이 아니라 **누진제 퇴직금에 대한 기대이익을 감축한 것에 불과**하므로 유효하다는 견해이다.

(2) 무효설

퇴직금의 법적 성격은 '임금'이라 할 것이므로, 단체협약에 의하여 퇴직금 산정의 기초액 또는 지급률을 종전보다 불리하게 변경하는 것은 **조합원의 기득의 이익을 포기하게 하는 것**이므로 허용되지 않는다는 견해이다.

3. 판례

이미 구체적으로 그 지급청구권이 발생한 임금이나 퇴직금은 근로자의 사적 영역에 옮겨져 근로자의 처분에 맡겨진 것이어서 근로자에게 이미 지급한 임금을 단체협약으로 반환하도록 하는 것은 그에 관하여 **근로자들의 개별적인 동의나 수권**이 없는 한 효력이 없는 것이지만, 단체협약은 노동조합이 사용자 또는 사용자 단체와 근로조건 기타 노사관계에서 발생하는 사항에 관하여 체결하는 협정으로서, **노동조합이 사용자측과 기존의 임금, 근로시간, 퇴직금 등 근로조건을 결정하는 기준에 관하여 소급적으로 동의하거나 이를 승인하는 내용의 단체협약을 체결한 경우**에 그 동의나 승인의 효력은 단체협약이 시행된 이후에 그 사업체에 종사하며 그 협약의 적용을 받게 될 노동조합원이나 근로자들에 대하여 생긴다고 할 것이므로, 노동조합이 사용자측과 사이에 변경된 퇴직금 지급률을 따르기로 하는 내용의 단체협약을 체결한 경우에는 **기득이익을 침해하게 되는 기존의 근로자에 대하여 종전의 퇴직금 지급률이 적용되어야 함을 알았는지 여부에 관계없이** 원칙적으로 그 협약의 적용을 받게 되는 기존의 근로자에 대하여도 변경된 퇴직금 지급률이 적용되어야 할 것이다.(대법원 1997.08.22. 선고 96다6967 판결)

4. 검토

퇴직금 청구권은 퇴직 시에 비로소 구체적으로 발생하는 권리는 점에서, 적어도 법리상으로는 아직 구체적으로 발생하지 않은 퇴직금 청구권의 기초가 되는 사실관계(퇴즉금 지급률)를 소급적으로 변경하는 합의가 부정될 이유는 없다고 판단된다. **따라서 노동조합이 사용자측과 퇴직금의 결정기준을 소급 동의하는 단체협약은 효력이 있다.**

사례연습 33

퇴직금 결정기준을 소급 동의하는 단체협약의 효력 (2020년도 제2차 변호사시험 모의시험)

상시 근로자 500명을 사용하여 자동차 부품을 제조하는 A회사에는 기업별 노동조합인 B노동조합이 설립되어 있고, 조합원은 350명이다. 그런데 A회사는 2010. 1. 1. B노동조합의 동의 없이 직원보수규정을 개정하여 퇴직금 지급률을 인하하였다. B노동조합은 A회사와 2019. 12. 1. 단체협약을 체결하여 그 때부터 시행하였다. 이 단체협약에는 "퇴직금 지급률은 A회사의 규정에 따른다."는 조항을 두고 있다.

甲은 1990. 1. 1. A회사에 입사하여 2020. 5. 31.에 퇴직하였는데, A회사는 2010. 1. 1. 개정된 직원보수규정에 따라 계산된 퇴직금을 甲에게 지급하였다.

甲은 B노동조합이 2010. 1. 1. 직원보수규정 개정 당시 퇴직금 지급률 인하에 대해 동의하지 않았으므로 개정 전 규정에 따라 산정된 퇴직금을 지급해야 한다고 주장한다. 甲의 주장은 타당한가?

1. 쟁점의 정리

근로자 갑의 주장의 정당성과 관련하여 A회사가 새로운 정년규정을 신설한 것이 취업규칙의 불이익 변경에 해당하는지 여부 및 만약 불이익하다면 근로기준법 제94조 제1항에 따른 적절한 동의절차를 거쳤는지가 검토해야 할 것이다. 그리고 노동조합이 불이익 변경에 동의한 경우, 그 변경에 동의하지 않은 비조합원 甲에게도 변경된 취업규칙, 정년규정의 효력이 미치는지 문제된다.

2. 직원보수교정의 퇴직금 지급률을 낮추는 것이 취업규칙의 불이익 변경에 해당하는 지 여부

(1) 직원보수규정이 취업규칙에 해당하는지 여부

1) 취업규칙의 의의

'취업규칙'이란 사업장 내 '근로조건'과 '복무질서'를 통일적으로 처리하기 위하여 사용자가 일방적으로 작성한'규칙'을 말한다. 판례는 '취업규칙은 사용자가 근로자의 복무규율과 임금 등 당해 사업의 근로자 전체에 적용될 근로조건에 관한 준칙을 규정한 것'이라고 정의한다. 따라서, 명칭에 관계 없이 사업장의 모든 근로자에게 적용되는 근로조건 등을 포함하고 있다면 취업규칙이라고 해석한다.

2) 사안의 경우

사안의 직원보수규정 따라 직원의 퇴직금의 지급률이 인하되는 바, 퇴직금은 근로계약의 내용을 이루는 중요한 근로조건이라 할 것이고, 따라서 근로자의 근로조건을 획일적으로 정한 이 사건 지원보수규정 취업규칙에 해당한다.

(2) 퇴직금조항 개정이 취업규칙의 불이익 변경에 해당하는지 여부

1) 불이익 변경의 의미

'취업규칙의 불이익 변경'이란 사업장에서 이미 정하여진 근로조건을 종전보다 저하시키거나 복무규율을 강화하는 것을 의미한다. 따라서, 취업규칙의 불이익 변경에 해당하는지 여부는 그 변경으로 인하여 근로자의 '기득의 권리 또는 이익'이 침해되는지 여부에 따라 결정된다.

2) 사안의 경우

사안의 경우, 직원보수규정을 개정하여 퇴직금 지급률을 인하하는 경우에는 퇴직금 조항을 개정한 이후 근로자의 퇴직금이라는 기득의 권리 또는 이익이 감서하므로, 이는 취업규칙의 불이익한 변경에 해당한다.

(3) 소결

본 사안의 직원보수규정은 A회사 근로자의 근로계약의 내용을 이루는 근로조건이므로 취업규칙에 해당하고, 지급보수규정의 퇴직금 지급률을 낮추는 것은 '취업규칙의 불이익변경'에 해당한하지 않는다는 A회사의 주장은 타당하지 않다.

3. 퇴직금 결정기준을 소급 동의하는 단체협약의 효력

(1) 문제점

조합원이 이미 취득한 권리에 대하여는 노동조합의 규제권한이 미치지 않으므로, 조합원의 기득의 권리 또는 이익의 포기를 정하는 단체협약 조항은 효력이 없는 바, 노동조합이 사용자측과 퇴직금 결정기준을 소급 동의하거나 승인하는 내용의 단체협약을 체결한 경우에 그러한 단체협약이 유효한지 문제된다.

(2) 학설

1) 무효설

퇴직금의 법적 성격은 '임금'이라 할 것이므로, 단체협약에 의하여 퇴직금 산정의 기초액 또는 지급률을 종전보다 불리하게 변경하는 것은 조합원의 기득의 이익을 포기하게 하는 것이므로 허용되지 않는다는 견해이다.

2) 유효설

.퇴직금 누진제의 경우 그 산정의 기초액이나 지급률을 종전보다 불리하게 변경하는 것은 이미 발생한 퇴직금 청구권을 포기하게 하는 것이 아니라 누진제 퇴직금에 대한 기대이익을 감축한 것에 불과하므로 유효하다는 견해이다

(3) 판례

단체협약은 노동조합이 사용자 또는 사용자 단체와 근로조건 기타 노사관계에서 발생하는 사항에 관하여 체결하는 협정으로서, 노동조합이 사용자측과 기존의 임금, 근로시간, 퇴직금 등 근로조건을 결정하는 기준에 관하여 소급적으로 동의하거나 이를 승인하는 내용의 단체협약을 체결한 경우에 그 동의나 승인의 효력은 단체협약이 시행된 이후에 그 사업체에 종사하며 그 협약의 적용을 받게 될 노동조합원이나 근로자들에 대하여 생긴다고 할 것이므로, 노동조합이 사용자측과 사이에 변경된 퇴직금 지급률을 따르기로 하는 내용의 단체협약을 체결한 경우에는 기득이익을 침해하게 되는 기존의 근로자에 대하여 종전의 퇴직금 지급률이 적용되어야 함을 알았는지 여부에 관계없이 원칙적으로 그 협약의 적용을 받게 되는 기존의 근로자에 대하여도 변경된 퇴직금 지급률이 적용되어야 할 것이다.(대법원 1997.8.22. 선고 96다6967 판결)

(4) 검토

퇴직금 청구권은 퇴직 시에 비로소 구체적으로 발생하는 권리는 점에서,(대법원 1991.6.28. 선고 90다14560 판결, 대법원2003.5.16. 선고 2003다54977 판결 등) 적어도 법리상으로는 아직 구체적으로 발생하지 않은 퇴직금 청구권의 기초가 되는 사실관계(퇴즉금 지급률)를 변경하는 합의가 부정될 이유는 없다고 판단된다. 따라서 노동조합이 사용자측과 퇴직금의 결정기준을 소급 동의하는 단체협약은 효력이 있다.

(5) 사안의 경우

B노조가 "퇴직금 지급률은 A회사의 규정에 따른다"는 내용의 단협을 체결함으로써 위 단협의 적용을 받게 되는 취업규칙 변경 전의 기존 근로자에 대하여도 단협 체결 당시의 법규적 효력을 가지는 개정 규정의 퇴직금 지급률을 적용하는 것에 대하여 소급적으로 동의한 것이라고 보아야 한다. 따라서, 단체협약 체결 당시 기존의 근로자에 대하여 개정 규정의 퇴직금 지급률이 적용되지 아니함을 알았는지 여부에 관계없이 위 단체협약이 시행된 이후에 퇴직하는 甲에 대한 퇴직금을 산정함에 있어서는 개정 규정을 적용하여야 할 것이다.

5. 결론

퇴정 전 규정에 따라 산정된 퇴직금을 지급해야 한다는 甲의 주장은 타당하지 않다.

5. 기숙사

(1) 의의

'기숙사'란 근로자가 계속적으로 기거하면서, 침식의 공동생활을 하는 시설을 말한다. 사용자는 근로자에게 숙식을 제공함으로써 안정적인 취업생활을 보장하는 한편 인력을 확보하고 노무관리의 편의를 기하기 위해서 기숙사를 운영하는데, 동시에 이 제도는 악용되는 경우 여러 가지 폐해를 가져오기 때문에, 근로가준법은 헌법상 보장된 사생활의 자유를 보장하는 동시에 근로자의 건강·안전·위생을 확보하기 위하여 기숙사 제도와 관련하여 사용자에게 일정한 규제를 가하고 있다.

(2) 법의 적용

근로기준법 제10장 기숙사 규정(98조부터 100조까지)은 사업 또는 사업장의 부속 기숙사에 한하여 적용된다.여기서 '사업장의 부속 기숙사'라 함은 상당수의 근로자가 숙박하며 공동생활의 실체를 갖춘 시설로서 사용자의 사업경영상의 필요에 의하여 설치된 것을 의미한다. 따라서 아파트식 개별 사택처럼 근로자가 각각 독립적으로 생활을 하는 장소, 소수의 근로자가 사업주와 동거하는 것은 부속 기숙사로 볼 수 없다

(3) 기숙사 생활의 자유와 자치 보호

사용자는 사업 또는 사업장의 부속 기숙사에 기숙하는 근로자의 사생활의 자유를 침해하지 못하고(근로기준법제98조 제1항), 기숙사 생활의 자치에 필요한 임원 선거에 간섭하지 못한다(근로기준법 제98조 제2항)

(4) 기숙사규칙의 작성 및 변경

사용자는 기숙사규칙을 작성 또는 변경할 경우 기숙사에 기숙하는 근로자의 과반수를 대표하는 자의 동의를 얻어야 하는 바, 취업규칙과 달리 근로자에게 불리하게 기숙사규칙을 변경하는 경우에 한정되지 않고 처음 작성할 때에도 근로자의 동의를 얻어야 한다.(근로기준법 제99조 제2항) 시행령은 기숙사에 기숙하는 근로자의 과반수가 18세 미만일 때 사용자로 하여금 기숙사 규칙안을 7일 이상 기숙사의 보기 쉬운 장소에 게시하거나 갖추어 두어 알린 후에 근로자대표의 동의를받도록 하고 있다(근로기준법 시행령 제54조).

(5) 기숙사규칙의 준수·주지 등

사용자와 기숙사에 기숙하는 근로자는 기숙사규칙을 지켜야 한다(근로기준법 제99조 제3항). 기숙사규칙은 사용자의 시설관리권뿐 아니라 근로자의 사생활 보호 목적도 있으므로 근로자뿐 아니라 사용자도 이를 지키게 하고 있다. 사용자는 대통령령 중 기숙사에 관한 규정과 함께 기숙사규칙을 기숙사에 게시하거나 갖추어두어 기숙하는 근로자에게 널리 알려야 한다(근로기준법 제14조 제2항). 취업규칙과는 달리, 기숙사규칙은 작성하거나 변경한 기숙사규칙을 고용노동부장관에게 신고할 필요가 없다.

(6) 위반시 제재

근로기준법 제99조를 위반하여 기숙사규칙을 작성하지 않은 자, 기숙사규칙을 작성하거나 변경하면서 기숙 근로자를 대표하는 자에게서 동의를 얻지 않은 자 , 기숙사규칙을 지커지 않은 자에게는 500만원 이하의 과태료를 부과한다(근로기준법 제116조 제1 제항2호).

6. 직장 내 괴롭힘 금지

(1) 의의

'직장 내 괴롭힘'이라 함은 사용자 또는 근로자가 직장에서의 지위 또는 관계 등의 우위를 이용하여 업무상 적정범위를 넘어 다른 근로자에게 신체적 · 정신적 고통을 주거나 근무환경을 악화시키는 행위를 의미한다(근로기준법 제76조의2). 직장 내 괴롭힘의 금지의 근거는 사용자의 근로자에 대한 배려의무로부터 찾아야 한다. 다시 말하면, 근로기준법 제76조의 2는 이러한 사용자의 근로자에 대한 배려의무를 구체화한 것으로 보아야 할 것이다. 산업재해보상보험법 제37조 제1항 제2호는 근로기준법 제76조의 2에 따른 직장 내 괴롭힘, 고객의 폭언으로 인한 업무상 정신적 스트레스가 원인이 되어 발생한 질병을 업무상 재해로 인정하고 있다.

(2) 직장 내괴롭힘 금지의 대상(수범자)

근로기준법 제76조의 2가 규정하는 직장 내 괴롭힘 금지의 대상은 사용자 또는 근로자이다. 회사의 고객이나 거래 상대방 또는 원청업체 직원 등은 원칙적으로 직장 괴롭힘의 금지의 수범대상에 해당하지 않는다.

(3) 취업규칙 등의 정비

상시 10명 이상의 근로자를 사용하는 사용자는 직장 내 괴롭힘의 예방 및 발생 시 조치 등에 관한 사항을 취업규칙에 기재하고 작성 · 변경한 취업규칙을 사업장 관할 지방노동관서에 신고하여야 한다.(근로기준법 제92조 제1항: 위반시 500만원 이하의 과태료 부과(근로기준법 제116조))

(4) 직장 내 괴롭힘 발생시 조치

① 누구든지 직장 내 괴롭힘 발생 사실을 알게 된 경우 그 사실을 사용자에게 신고할 수 있다(근로기준법 제76조의3 제1항). ② 사용자는 직장 내 괴롭힘 신고를 접수하거나 발생 사실을 인지한 경우에는 지체 없이 그 사실 확인을 위한 조사를 실시하여야 한다. 또한, 사용자는 조사기간 동안 직장 내 괴롭힘과 관련하여 피해를 입은 근로자 또는 피해를 입었다고 주장하는 근로자를 보호하기 위하여 필요한 경우 해당 피해근로자 등에 대하여 근무장소의 변경, 유급휴가의 명령 등 적절한 조치를 하여야 한다. 이 경우 사용자는 피해근로자 등의 의사에 반하는 조치를 하여서는 안 된다(근로기준법 제76조의3 제2항 · 제3항).③ 사용자는 조사결과 직장 내 괴롭힘 발생사실이 확인된 때에는 피해근로자가 요청하면 근무장소의 변경, 배치전환, 유급휴가의 명령 등 적절한 조치를 취하여야 하며(근로기준법 제76조의2 제4항), 지체 없이 행위자에 대하여 징계, 근무장소의 변경 등 필요한 조치를 하여야 한다. 이 경우 사용자는 징계 등의 조치를 하기 전에 그 조치에 대하여 피해근로자의 의견을 들어야 한다(근로기준법 제76조의2 제5항).

(5) 불이익 처우 금지

사용자는 직장 내 괴롭힘 발생 사실을 신고한 근로자 및 피해근로자 등에게 해고나 그 밖의 불리한 처우를 하여서는 안 된다(근로기준법 제76조의2 제6항). 만일 신고한 근로자 및 피해근로자 등에게 해고 등의 불이익한 처우를 한 경우(근로기준법 제76조의3제6항을 위반한 자)에는 3년 이하의 징역 또는 3천만원 이하의 벌금에 처한다. (근로기준법 제109조 제1항)

제4장 임금

우리나라의 임금체계는 **근로기준법상 임금, 평균임금, 통상임금**으로 구성된다. 먼저, '**근로기준법상 임금**'이란 '근로자가 사용자의 지휘 · 명령 아래에서 제공한 근로에 대한 대가로서 사용자로부터 받는 일체의 금품'을 의미하는 바, 근로자가 사용자에게 제공한 근로에 대한 대가인 '임금채권'은 담보가 없는 일반채권이지만, 근로기준법상 임금은 일반적인 금전채권과 달리 국가로부터 강력한 보호를 받는다. 만일 근로자가 사용자로부터 받는 금품이 근로기준법상 임금이 아니라면, 그것은 일반 민사채권에 불과하므로 근로기준법에 따른 보호를 받지 못한다. 따라서 그러한 일반 민사채권은 임금지급우선변제특권이 없고, 임금지급에 대한 특칙(근로기준법 제47조: 임금지급의 4대 원칙)이 적용되지 않을 뿐 아니라, 퇴직 후 14일 내 청산 대상도 아니며 이를 지급하지 않더라도 사용자는 형사처벌(행정벌)을 받지 않는다. 따라서 근로자가 사용자로부터 받는 금품이 임금인지의 아니면 기타금품에 불과한 지의 여부를 구별하는 것은 대단히 중요한 일이다. 이러한 '**근로기준법상 임금**의 핵심 표지는 '**근로의 대가**'인데, 사용자가 지급하는 금품이 **근로의 대가인지 여부는, 임금의 명칭이 무엇인지 여부와 관계 없이, 사용자의 임금 지급 의무의 발생이 근로자의 근로제공과 직접적으로 혹은 밀접하게 관련되었으며, 근로자에게 계속적 · 정기적으로 지급되는지의 여부에 따라 결정된다.** 한편, 우리나라에서는 '근로기준법상 임금'외에 '통상임금'과 '평균임금'이라는 개념도 사용하고 있다고 하였는데, 이들 '**통상임금'이나 '평균임금'이라는 용어는** 비록 '임금'이라는 명칭을 사용하고 있기는 하지만 '근로기준법상 임금'과는 전혀 그 성질의 다른 **일종의 도구적 '단위개념**'에 불과하다. 즉, 통상임금은 '시급'으로 그리고 평균임금은 '일급으'로 산정되어 근로자에게 지급하는 '각종 법정수당이나 퇴직금' 등을 산출하기 위한 기준으로 사용되는 것이다. 그런데, '**평균임금**'에 포함되는 금품의 범위는 '근로기준법상 임금'에 포함되는 금품의 범위와 사실상 동일한 반면에, '**통상임금**'에 포함되는 금품의 범위는 사용자가 근로자에게 지급하는 '근로기준법상 임금' 중에서 오로지 '소정근로의 대가로 정기적 · 일률적 · 고정적으로 지급하기로 사전에 약정된 금품'에 한정된다. 수험적으로는 근로기준법상 임금이 단독으로 출제되기보다는 평균임금이나 통상임금과 관련된 문제의 전제개념으로 다루어 진다. 이를 달리 표현하면, 평균임금 문제이든 통상임금 문제이든 항상 '근로기준법상 임금'개념을 전제로 한다고 하겠다.

1. **근로기준법상 임금** : 사용자가 근로의 대가로 근로자에게 임금, 봉급, 그밖에 어떠한 명칭으로든 지급하는 일체의 '금품'을 의미한다. 근로기준법상 임금은 평균임금과 통상임금의 전제가 되는 개념이다.
2. **평균임금** : 일정 기간 (직전 3개월) 동안에 이미 지급된 임금을 합산한 총액을 분자로 그리고 그 일정 기간을 분모로 하여 산출한 '일당'을 의미한다. (1일 평균 임금)= 퇴직금 등을 계산하는 기초 임금(일급으로 산정하는 것이 원칙이다) 따라서, 평균임금은 이미 지급된 과거 임금을 의미하며, 평균임금을 직전 3개월로 산정하는 취지(현재 수준의 생활보장)가 평균임금의 핵심이다.
3. **통상임금** : 임금을 시간당 단가로 표현한 것으로서 사용자로부터 받은 임금 중에서 소정근로에 대하여 정기적 · 일률적 · 고정적으로 받기로 사전에 확정된 임금을 의미한다.(통상임금은 소정근로시간을 초과하는 가산임금 등을 산정하는 기준임이므로 '시급'으로 산정하는 것이 원칙이다) 통상임금은 앞으로 지급될 '미래의 임금(각종 수당)'을 산정하기 위한 개념으로서, 평균임금의 핵심은 '소정근로' 및 '정기성 · 일률성 · 고정성'의 개념을 이해된다.

1. 근로기준법상 임금

(1) 임금의 법적 성격

1) 임금 일원설

가. 노동대가설

근로계약을 근로와 임금의 등가적 교환계약으로 파악하여, 근로자가 사용자의 지휘·명령하에서 **구체적이고 현실적**으로 제공한 '**근로의 대가**'가 임금이라고 보는 견해이다. 노동대가설에 따를 때에는 근로자가 현실적으로 근로를 제공하지 않았음에도 지급받는 '휴업수당' 등의 **임금성은 부정**되는 결과가 되기 때문에, 이를 설명하기 위하여 노동력대가설이 주장되었다.

나. 노동력대가설

노동력대가설은 근로계약이란 근로자의 **노동력(근로자의 시간)의 처분권한**을 사용자에게 부여하는 계약으로 파악한다. 따라서, 임금은 근로자의 구체적인 근로의 대가가 아니라 근로자가 자신의 노동력을 일정 시간 사용자의 처분에 맡기는 것에 대한 대가인 것이다. 노동력 대가설에 따를 때, 근로자가 현실적으로 근로를 제공하지 않았음에도 지급받는 '**휴업수당' 등의 임금성도 긍정**될 수 있다.

2) 임금이분설

임금이분설은 임금을 고정적 부분에 대한 '**보장적 임금**'과 변동적 부분에 대한 '**교환적 임금**'으로 구분하여, 보장적 임금은 종업원이라는 지위에 대하여 지급되는 생활보장의 의미가 포함된 것으로서, 가족수당, 통근수당, 학력·근속·연령에 따라 정하는 전통적 연공서열형 임금 등이 이에 해당하며, 교환적 임금은 근로자의 실제 근로 제공에 대하여 지급되는 것으로서 정근수당, 근무성과급, 직무급, 직능급, 특수작업수당 등이 이에 해당한다고 한다. 이 견해는 노동력대가설에서 발전된 이론으로서, 1965 년 明治生命사건에서 일본 최고재판소가 처음으로 채택한 이론이다. 임금이분설에 따르면 파업기간 중에도 근로의 대가인 '**교환적 임금**'은 발생하지 않더라도 종업원이라는 지위에 대하여 지급되는 '**보장적 임금**'은 지급되어야 한다.

3) 판례

과거 판례는 대법원 1992.03.27. 선고 91다36307 판결 등에서 임금이분설을 채택하기도 하였으나, 전원합의체 판결은 '현행 실정법하에서는 모든 임금은 근로의 대가로서 근로자가 사용자의 지휘를 받으며 근로를 제공하는 것에 대한 보수를 의미하므로, 현실의 근로 제공을 전제로 하지 않고 단순히 근로자로서의 지위에 기하여 발생한다는 이른바 **생활보장적 임금이란 있을 수 없다**'고 하여 기존의 태도로부터 견해를 바꾸어 임금 이분설을 폐기하였다.(대법원[전합] 1995.12.21. 선고 94다26721 판결) 그 결과, 판례는 임금을 더 이상 이원적으로 파악하지 않고 **근로기준법에 따라** '**근로의 대가**'로 **일원적으로 판단**하고 있다. '

(2) 근로기준법상 임금의 의의

1) 근로기준법상 임금의 개념

'근로기준법상 임금'이란 사용자가 **근로의 대가**로 근로자에게 임금, 봉급, 그밖에 어떠한 명칭으로든지 지급하는 일체의 '금품'을 의미한다.(근로기준법 제2조 제1항 제5호) 따라서, 사용자가 근로자에게 '근로의 대가'로 지급하는 금품으로서 근로계약이나 취업규칙 등에 지급할 금액과 방법 등이 정하여진 경우는 물론, **관례적으로 회사의 모든 근로자에게 '근로의 대가'로서 지급되어 온 것이라면, 그 명칭 여하를 불문하고 모두가 '근로기준법상 임금'에 해당한다.**

2) 근로기준법 제2조 제1항 제5호의 분설

근로기준법 제2조 제1항 제5호의 분설가 규정한 '근로기준법상 임금'을 분설하면 다음과 같다.

가. '사용자가 직접 지급'할 것

임금의 '지급주체'는 근로계약의 당사자로서 임금을 지급할 의무가 있는 사용자이다. 따라서, 임금지급 의무가 없는 고객 등이 직접 근로자에게 호의 또는 감사의 표시로 주는 팁이나 봉사료 등은 그것이 비록 업무(근로)와 관련된다고 하더라도 임금이 아니다. 반면에, 사용자가 봉사료(팁)를 일괄적으로 징수하여 근로자에게 분배하는 경우와 같이 사용자의 영역에 일단 귀속되었다가 재분배되는 경우에는 '임금'에 해당한다.

나. '근로의 대가'일 것

사용자가 지급하는 금품이 '근로의 대가'인지 여부는, 그 명칭이 무엇인지 여부와 관계없이, **근로자의 근로제공과 직접적으로 혹은 밀접하게 관련**되었으며, **근로자에게 계속적 · 정기적으로 지급**되는 지의 여부에 따라 결정된다.

다. '근로자'일 것

근로의 대가인 임금을 받는 상대방은 근로자라야 할 것이며, 여기에서의 근로자는 **근로기준법 제 2조 제1항 1호**에서 정의하는 '직업의 종류와 관계없이 임금을 목적으로 사업이나 사업장에 근로를 제공하는 자'를 의미한다.

라. '일체의 금품'일 것

근로기준법에서는 '임금'을 그 밖에 어떠한 명칭으로든지 지급하는 **일체의 '금품'**이라고 규정하고 있다. 따라서'임금'이란 월급이나 수당과 같은 금전(돈)만을 의미하는 것이 아니라 '사용자'가 근로의 대가로 '근로자'에게 지급한 일체의 '금품' 즉, '금전과 물품'을 의미한다. 나아가 '금품'에는 '금전이나 물건'뿐 아니라 '이익'도 포함되므로, 이를테면 근로자가 회사 사택을 사용하는 경우에 그 사택을 사용하는 '이익'도 금전으로 평가하여 '임금'에 포함시킬 수 있다.

(3) 근로기준법상 임금(근로의 대가)의 판단(→사례: 34,35,36,37)

1) 근로기준법상 임금의 요건

'근로기준법 제2조 제1항 제5호에서 규정하고 있는 임금은 사용자가 **근로의 대가**로 근로자에게 지급하는 일체의 금원으로서, 근로자에게 **계속적 · 정기적**으로 지급하고 그 지급에 관하여 사용자가 단체협약 취업규칙, 급여규정, 근로계약, 노동관행 등에 따라 **지급의무**를 부담하는 것을 의미한다'는 것이 대법원의 태도이다.(대법원 1995.12.21. 선고 94다26721 판결) 따라서, 판례의 태도에 따를 때, 근로자가 사용자로부터 받는 금품이 '임금'으로 인정받기 위해서는 ① 근로의 제공과 관련하여 사용자에게 지급의무가 있을 것, 즉, '**근로의 대가**일 것,(은혜적으로 지급하는 것과 대비된다)과 ② '근로자에게 계속적 · 정기적으로 지급될 것, 즉, '**계속성과 정기성**'이 있을 것(우발적이거나, 특수하고도 우연한 사정으로 지급되었거나 실비변상적으로 지급되었다는 것과 대비된다),'이라는 **두 가지 요소를 만족**해야 한다.

2) 근로의 대가와 지급의무

'근로기준법상 임금'이란 사용자가 **근로의 대가**로 근로자에게 임금, 봉급, 그밖에 어떠한 명칭으로든지 지급하는 일체의 '금품'을 의미하는 것이므로(근로기준법 제2조 제1항 제5호), 근로자는 근로의 대가인 임금을 지급받을 권리가 인정되고, 이에 대응하여 사용자에게는 근로의 대가인 임금을 지급할 의무, 즉 **지급의무**가가 인정된다. 그리고 사용자에게 근로의 대상성이 있는 금품에 대하여 그 지급의무가 있다는 것은 그 지급 여부를 사용자가 임의적으로 결정할 수 없다는 것을 의미하는 것이고, 그 **'지급의무'의 발생 근거는 단체협약, 취업규칙, 근로계약은 물론, 사용자의 방침이나 회사의 관행에 따라 계속적으로 이루어져 노사간에 그 지급이 당연한 것으로 여겨질 정도의 관례가 형성된 '노동관행'이라도 무방하다.**(대법원 2003.04.22. 선고 2003다10650 판결 등)

3) 임금과 기타금품의 구별

사용자가 근로자에게 지급하는 금품이 **근로기준법상 임금**에 해당하는 지 혹은 **기타 금품**인지 구별할 수 있는 기준은 그 금품을 **'근로의 대가'**로 인정할 수 있는 지 여부이다. **즉, 사용자가 근로자에게 '근로의 대가'로 지급하는 금품으로서 근로계약이나 취업규칙 등에 지급할 금액과 방법 등이 정하여진 경우는 물론, 관례적으로 회사의 모든 근로자에게 '근로의 대가'로서 지급되어 온 것이라면, 그 명칭 여하를 불문하고 모두가 '근로기준법상 임금'에 해당한다.** 판례는 '근로기준법 제2조 제1항 제5호에서 규정하고 있는 임금은 사용자가 근로의 대가로 근로자에게 지급하는 일체의 금원으로서, 근로자에게 계속적 · 정기적으로 지급하고, 그 지급에 관하여 사용자가 단체협약 취업규칙, 급여규정, 근로계약, 노동관행 등에 따라 지급의무를 부담하는 것을 의미한다'고 한다.(대법원 2003.4.22. 선고2003다10650 판결 등) 따라서, **(i) 취업규칙 등에 지급조건, 금액, 지급시기가 정해져 있거나 전 근로자에게 관례적으로 지급하여 사회통념상 근로자가 당연히 지급 받을 수 있다는 기대를 갖게 되는 경우에는 근로기준법상 임금에 해당할 것이지만,** (ii) 관례적으로 지급한 사례가 없고, 기업이윤에 따라 일시적, 불확정적으로 사용자의 재량이나 호의에 의해 지급하는 경우에는 근로기준법상 임금에 해당하지 않을 것이다

(쟁점) 복지포인트의 임금성(→사례: 34)

1. 문제점

복지포인트는 주로 관련 지침에서 운영 목적을 정하고 그 목적에 부합하게 사용되도록 **사용 용도, 기간, 방법 등이 제한되어 있는 금품**을 의미하는 바, 이러한 복지포인트의 임금성을 인정할 수 있는 지 문제된다.

2. 복지포인트의 근로기준법상 임금성

(1) 학설

1) 부정설

복지포인트는 복리후생운영지침에서 운영 목적을 정하고, 그 목적에 부합하게 사용되도록 사용 용도, 기간, 방법 등이 제한되어 있는 **복리후생적 금품**으로서, 미사용 포인트는 이월 및 환급이 되지 않는 점에서, 복지포인트에 대한 처분 권한도 근로자에게 최종적으로 귀속됐다고 볼 수 없으므로, 복지포인트는 근로의 대가로서의 사용자에게 지급의무가 인정되는 임금이 아니라는 견해이다.

2) 긍정설

복지포인트는 취업규칙, 단체협약 등에서 지급할 구체적인 금액과 방법 등이 정해져 **근로자에게 계속적 · 정기적으로 지급하고 있는 금품**이므로 그 명칭 여하를 불문하고 근로기준법상 임금에 해당한다는 견해이다. 비록 복지포인트의 용도의 제한이 있지만, 적어도 그 제한된 범위에서는 근로자가 마치 현금과 같이 사용 자유롭게 사용할 뿐만 아니라, 미사용 포인트가 소멸하는 것은 결국 사후적 활용의 문제에 불과하다는 것이 긍정설의 주장이다.

(2) 판례

① 선택적 복지제도의 근거 법령인 근로자복지법에 비추어 이 사건 복지포인트를 임금에서 제외하는 것이 타당한 규범 해석이고, ② 선택적 복지제도의 연혁과 그 도입 경위에 비추어 이 사건 복지포인트를 임금이라고 할 수 없다. ③ 또한, 복지포인트는 사용용도가 제한되어 있고 통상 1년 내 사용하지 않으면 이월되지 않고 소멸하며 양도 가능성이 없는데 이는 임금이라고 보기에는 적절하지 않은 특성인 점 ④ 이 사건 복지포인트는 근로자의 근로 제공과 무관하게 매년 초에 일괄하여 배정되는데 우리 노사 현실에서 이러한 형태의 임금은 쉽사리 찾아보기 어렵다는 점,⑤ 복지포인트를 보수나 임금으로 명시하지 않고 있어서 이 사건 복지포인트가 임금이 아님을 근로관계 당사자도 인식하고 있다고 할 수 있는 점을 종합해 보더라도 **이 사건 복지포인트를 근로 제공의 대가로 볼 수 없다는** 것이 대법원의 입장이다

(3) 검토

복지포인트는 그 도입 및 운영에 있어서는 기업별 특성에 따라 다양하게 운영되고 있음을 고려할 때, 복지포인트가 임금에 해당하는지 여부는 일률적으로 판단하기에는 적절하지 않다고 판단된다. 따라서, **복지포인트의 임금성은 선택적 복지제도 설정의 취지, 도입 경위, 제도 운영의 실태, 금전 대체 가능성 등을 종합적으로 고려하여 판단하여야 할 것이다.**

사례연습 34

복지포인트의 임금성(대법원 2019. 8. 22. 선고 2016다48785 판결: 출제유력)

A병원은 서울특별시가 진료사업 등을 목적으로 설립한 특수법인이다. 그리고 갑 등은 A병원에 고용되어 간호사, 물리치료사, 방사선사, 임상병리사 등의 업무에 종사하고 있는 근로자들이다. A병원은 '운영지침'에 따라 갑 등들에게 일정한 복지포인트를 매년 부여하여 왔다. A병원은 재직자에 대하여 전년도 말일을 기준으로 당해 연도 1월 1일에 전 직원에게 일률적으로 부여하는 공통포인트와 근속연수에 따라 차등 부여하는 근속포인트를 배정하여 1월(상반기)과 7월(하반기)에 균등 분할 지급하였다. 휴직자, 중도퇴직자에 대하여는 당해 연도 근무기간에 따라 일할 계산하여 배정·지급하였고, 신규 입사자에 대하여는 2012년까지 상반기 입사자는 7월에 배정액 반액을 지급하고, 하반기 입사자는 익년 1월에 지급하였으며, 2013년부터는 12월 입사자를 제외하고는 근무기간을 일할 계산하여 배정·지급하였다. 갑 등은 직원전용 온라인 쇼핑사이트인 인터넷복리후생관에서 물품 등을 구매하면서 배정받은 복지포인트를 바로 사용하거나, 또는 복지카드를 이용하여 인터넷복리후생관.복지가맹업체 등에서 물품 등을 우선 구매한 후 복지포인트 사용 신청을 함으로써 그 복지포인트 상당액의 돈을 환급받았다. 다만 이 사건 복지포인트는 매년 12월 20일까지 사용하지 못한 경우 소멸하였고, 사용항목이 제한되어 있었으며, 타인에게 양도할 수는 없었다. 이 사건에서 A병원은 복지포인트가 통상임금에서 제외됨을 전제로 연장근로수당 등을 계산하여 원고들에게 지급하여 왔는데, 갑 등 근로자들은 복지포인트가 통상임금에 해당한다고 주장하면서 복지포인트를 통상임금에 포함하여 다시 계산한 연장근로수당 등과 기지급 된 연장근로수당 등의 차액을 지급하라고 주장하고 있다. 이러한 갑 등 근로자들의 주장은 적법한가?

1. 쟁점의 정리

사안에서 갑 등은 복지포인트를 통상임금에 포함하여 다시 계산한 연장근로수당 등과 기지급 된 연장근로수당 등의 차액을 지급하라고 주장하고 있는 바, 이러한 갑 등의 주장의 적법성을 판단하기 위해서는 먼저 복지포인트가 근로기준법상 임금에 해당하는 지 여부를 검토한 후, 평균임금의 개념 및 평균임금의 산정기준을 살펴본 후, 개인의 업무 실적에 따른 성과급과 현물로 지급한 중식대가 평균임금에 포함되는 지의 여부와 관련하여 이들의 근로기준법상 임금 해당성을 각각 검토하여야 할 것이다.

3. 복지포인트의 근로기준법상 임금 해당여부

(1) 근로기준법상 임금의 개념

'근로기준법상 임금'이란 사용자가 근로의 대가로 근로자에게 임금, 봉급, 그밖에 어떠한 명칭으로든지 지급하는 일체의 '금품'을 의미한다.(근로기준법 제2조 제1항 제5호) 따라서, 사용자가 근로자에게 '근로의 대가'로 지급하는 금품으로서 근로계약이나 취업규칙 등에 지급할 금액과 방법 등이 정하여진 경우는 물론, 관례적으로 회사의 모든 근로자에게 '근로의 대가'로서 지급되어 온 것이라면, 그 명칭 여하를 불문하고 모두가 '근로기준법상 임금'에 해당한다.

(1) 복지포인트의 근로기준법상 임금성

1) 학설

가. 부정설

복지포인트는 복리후생운영지침에서 운영 목적을 정하고, 그 목적에 부합하게 사용되도록 사용용도, 기간, 방법 등이 제한되어 있는 복리후생적 금품으로서, 미사용 포인트는 이월 및 환급이 되지 않는 점에서, 복지포인트에 대한 처분 권한도 근로자에게 최종적으로 귀속됐다고 볼 수 없으므로, 복지포인트는 근로의 대가로서의 사용자에게 지급의무가 인정되는 임금이 아니라는 견해이다.

나. 긍정설

복지포인트는 취업규칙, 단체협약 등에서 지급할 구체적인 금액과 방법 등이 정해져 근로자에게 계속적 · 정기적으로 지급하고 있는 금품이므로 그 명칭 여하를 불문하고 근로기준법상 임금에 해당한다는 견해이다. 비록 복지포인트의 용도의 제한이 있지만, 적어도 그 제한된 범위에서는 근로자가 마치 현금과 같이 사용 자유롭게 사용할 뿐만 아니라, 미사용 포인트가 소멸하는 것은 결국 사후적 활용의 문제에 불과하다는 것이 긍정설의 주장이다.

(2) 판례

① 선택적 복지제도의 근거 법령인 근로자복지법에 비추어 이 사건 복지포인트를 임금에서 제외하는 것이 타당한 규범 해석이고, ② 선택적 복지제도의 연혁과 그 도입 경위에 비추어 이 사건 복지포인트를 임금이라고 할 수 없다. ③ 또한, 복지포인트는 사용용도가 제한되어 있고 통상 1년 내 사용하지 않으면 이월되지 않고 소멸하며 양도 가능성이 없는데 이는 임금이라고 보기에는 적절하지 않은 특성인 점 ④ 이 사건 복지포인트는 근로자의 근로 제공과 무관하게 매년 초에 일괄하여 배정되는데 우리 노사 현실에서 이러한 형태의 임금은 쉽사리 찾아보기 어렵다는 점,⑤ 복지포인트를 보수나 임금으로 명시하지 않고 있어서 이 사건 복지포인트가 임금이 아님을 근로관계 당사자도 인식하고 있다고 할 수 있는 점을 종합해 보더라도 이 사건 복지포인트를 근로 제공의 대가로 볼 수 없다는 것이 대법원의 입장이다

(3) 검토

복지포인트는 그 도입 및 운영에 있어서는 기업별 특성에 따라 다양하게 운영되고 있음을 고려할 때, 복지포인트가 임금에 해당하는지 여부는 일률적으로 판단하기에는 적절하지 않다고 판단된다. 따라서, 복지포인트의 임금성은 선택적 복지제도 설정의 취지, 도입 경위, 제도 운영의 실태, 금전대체 가능성 등을 종합적으로 고려하여 판단하여야 할 것이다.

4. 복지포인트의 통상임금 해당여부

(1) 통상임금의 의의

통상임금이란 '근로자에게 정기적이고 일률적으로 소정근로에 대하여 지급하기로 정한 시간급 · 일급 · 주급 · 월급 또는 총근로에 대한 도급금액'을 말하는 바(근로기준법 시행령 제6조 제1항), 대법원은 '통상임금이란 근로자가 소정근로시간에 통상적으로 제공하는 근로인 소정근로의 대가로 지급하기로 약정한 금품으로서 정기적 · 일률적 · 고정적으로 지급되는 임금'이라고 정의하면서, '어떠한 임금이 통상임금에 속

하는지 여부는 그 임금이 소정근로의 대가로 근로자에게 지급되는 금품으로서 정기적 · 일률적 · 고정적으로 지급되는 것인지를 기준으로 그 객관적인 성질에 따라 판단하여야 하고, 임금의 명칭이나 그 지급주기의 장단 등 형식적 기준에 의해 정할 것이 아니다.'라고 한다.(대법원 2013.12.18. 선고 2012다89399 판결)

(2) 통상임금의 판단기준

1) 소정근로의 대가

판례는 '소정근로의 대가'라 함은 근로자가 소정근로시간에 통상적으로 제공하기로 정한 근로에 관하여 사용자와 근로자가 지급하기로 약정한 금품이라고 하면서, '근로자가 소정근로시간을 초과하여 근로를 제공하거나 근로계약에서 제공하기로 정한 근로 외의 근로를 특별히 제공함으로써 사용자로부터 추가로 지급받는 임금이나 소정근로시간의 근로와는 관련 없이 지급받는 임금은 소정근로의 대가라 할 수 없으므로 통상임금에 속하지 아니한다.'고 판시하였다.(대법원 2013.12.18. 선고 2012다89399 판결)

2) 정기성

'정기성'이란 임금을 '정기적'으로, 즉 사전에 미리 정해진 일정한 기간마다 '주기적 · 규칙적'으로 지급하는 것을 의미한다. 정기성이란 1임금지급기간에 임금을 지급하는 것을 말하므로, 소정근로에 대한 대가가 정기적이라고 할 수 있으려면 시간급, 일급, 주급, 월급이어야 하고, 1회적이거나 비정기적으로 지급되는 금품들은 통상임금에는 포함되지 않는다. 다만, 통상임금에 속하기 위한 성질을 갖춘 임금이 1개월을 넘는 기간마다 정기적으로 지급되는 경우, 이는 노사간의 합의 등에 따라 근로자가 소정근로시간에 통상적으로 제공하는 근로의 대가가 1개월을 넘는 기간마다 분할지급되고 있는 것일 뿐, 그러한 사정 때문에 갑자기 그 임금이 소정근로의 대가로서의 성질을 상실하거나 정기성을 상실하게 되는 것이 아니하다. 따라서 정기상여금과 같이 일정한 주기로 지급되는 임금의 경우 단지 그 지급주기가 1개월을 넘는 다는 사정만으로 그 임금이 통상임금에서 제외된다고 할 수는 없다.

3) 일률성

통상임금은 '일률적'이라야 한다는 의미는 당해 사업 · 사업장의 모든 근로자가 그 임금의 지급대상으로 정해져 있다는 것을 의미한다. 모든 근로자에게 지급되고 있는 이상 직급에 따라 그 구체적인 지급액이 차이가 있더라도 통상임금에 포함시키는 데에 아무런 지장이 없다. 판례는 '일률적'으로 지급되는 것에는 사업 또는 사업장의 '모든 근로자'에게 지급되는 것뿐만 아니라 '일정한 조건 또는 기준에 달하는 모든 근로자에게 지급되는 것도 포함된다.'(대법원 2013.12.18. 선고 2012다89399 판결)는 입장이다.

4) 고정성

어떤 임금이 통상임금에 속하기 위해서는 그것이 고정적으로 지급되어야 한다. '고정성'이라 함은 '근로자가 제공한 근로에 대하여 그 업적, 성과 기타의 추가적인 조건과 관계없이 당연히 지급될 것이 확정되어 있는 성질'을 말한다. 매 근무일마다 일정액의 임금을 지급하기로 정함으로써 근무일수에 따라 일할계산하여 임금이 지급되는 경우에는 실제 근무일수에 따라 그 지급액이 달라지기는 하지만, 근로자가 임의의 날에 소정근로를 제공하기만 하면 그에 대하여 일정액을 지급받을 것이 확정되어 있으므로, 이러한 임금은 고정적 임금에 해당한다. 근로자가 특정 시점 전에 퇴직하더라도 그 근무일수에 비례한 만큼의 임금이 지급되는 경우에는 앞서 본 매 근무일마다 지급되는 임금과 실질적인 차이가 없으므로, 근무일수에 비례하여 지급되는 한도에서는 고정성이 부정되지 않는다.

(3) 사안의 경우

사안의 복지포인트는 전 직원에게 매년 1월(상반기)과 7월(하반기) 일률적으로 부여할 뿐 아니라 근속연수에 따라 차등 부여하고 있는 바, 특히 근속년도는 소정근로제공과 밀접한 관련이 있다는 점에서 소정근로에 대한 대가로 볼 수 있으며, 매년 2회 사전에 미리 정해진 일정한 기간마다 '주기적 · 규칙적'으로 지급되고 있으므로 정기성도 만족한다. 또한 모든 근로자에게 지급되고 있는 이상 구체적에 금액에 있어서 근속년도에 따라 지급액이 차이가 있더라도 이는 일률성이 인정되는 데에 어떤 장애가 되지 못한다. 다만, '고정성'과 관련하여, 복지포인트는 아무런 조건 없이 무조건 지급된 급여가 아니라, 기업의 복리후생 제도의 취지에 부합하는 사용과 이에 대한 사용자의 승인을 그 지급조건으로 하는 금품이라는 점에서 '고정성'이 인정되기 어렵다. 즉, 복지포인트는 설정된 별도의 조건이 성취되지 않는 한 그 지급이 사전 확정적으로 예정된 것이라고 볼 수 없으므로 '고정성'이 인정될 수 없다고 평가된다.

5. 결론

복지포인트는 별도의 조건이 성취되지 않는 한 그 금전의 지급이 사전 확정적으로 예정된 것이라고 볼 수 없으므로 '고정성'이 인정될 수 없어 통상임금에 해당하지 않는다. 따라서, 갑 등 근로자들의 주장은 적법하지 않다.

(쟁점) 상여금의 임금성(→사례: 35,36,37)

1. 문제점

상여금은 다양한 의미로 사용되고 있는 바, 상여금이 근로의 대가로서 사용자에게 **지급의무가 인정되는 임금**인지, 혹은 사용자가 단순히 근로자의 장기근속을 장려하거나 근로자의 특정한 공로 등을 보상하기 위하여 지급하는 **은혜적 금품**에 불과한지 문제된다.

2. 상여금의 임금 해당여부

판례는 '근로기준법 제2조 제1항 제5호에서 규정하고 있는 임금은 사용자가 근로의 대가로 근로자에게 지급하는 일체의 금원으로서, 근로자에게 계속적 · 정기적으로 지급하고, 그 지급에 관하여 사용자가 단체협약 취업규칙, 급여규정, 근로계약, 노동관행 등에 따라 지급의무를 부담하는 것을 의미한다'고 한다. 따라서, (i) **취업규칙 등에 지급조건, 금액, 지급시기가 정해져 있거나 전 근로자에게 관례적으로 지급하여 사회통념상 근로자가 당연히 지급 받을 수 있다는 기대를 갖게 되는 경우에는 근로기준법상 임금에 해당할 것이지만,** (ii) 관례적으로 지급한 사례가 없고, 기업이윤에 따라 일시적, 불확정적으로 사용자의 재량이나 호의에 의해 지급하는 경우에는 근로기준법상 임금에 해당하지 않을 것이다.

3. 구체적 검토

(1) 본래적 의미의 상여금

① **본래적 의미의 상여금**, 즉 근로자의 장기근속을 장려하거나 근로자의 특정한 공로 등을 보상하기 위하여 사용자가 지급의무가 없음에도 불구하고 **호의적 혹은 은혜적**으로 근로자에게 지급하는 금품이라면 이는 근로의 대가로 볼 수 없으므로 근로기준법상 임금에 해당하지 않을 것이며, 또한, ② 경영목표를 정하고 목표를 달성하는 경우 일정액 또는 일정비율의 성과급을 지급하기로 한 경우와 같은 **이익분배 성격의 경영성과금**도 그 지급여부가 사전에 확정된 것이 아니라 **경영실적 평가결과에 따라 비로소 결정**되어질 뿐 아니라, **그 지급사유의 발생도 불확정적이고 일시적**이므로 원칙적으로 근로기준법상 임금으로 볼 수 없다.

(2) 임금성이 인정되는 상여금

반면에, (i) **취업규칙 등에 지급조건, 금액, 지급시기가 정해져 있거나 전 근로자에게 관례적으로 지급하여 사회통념상 근로자가 당연히 지급 받을 수 있다는 기대를 갖게 되는 경우로서 사용자에게 지급의무가 인정되는 금품**(예 정기 상여금, 실적급)은 '근로의 대가'로 평가될 수 있으므로, 근로기준법상 임금으로 인정될 수 있을 것이다. 그리고, 이러한 사용자의 **'지급의무'의 발생 근거**는 단체협약, 취업규칙, 근로계약은 물론, 사용자의 방침이나 회사의 관행에 따라 계속적으로 이루어져 노사간에 그 지급이 당연한 것으로 여겨질 정도의 관례가 형성된 '노동관행'이라도 무방하다.(대법원 2003.04.22. 선고 2003다10650 판결 등)

(쟁점) 성과급의 임금성(→사례: 35,36,37)

1. 문제점

'근로기준법상 임금'이란 사용자가 **근로의 대가**로 근로자에게 임금, 봉급, 그밖에 어떠한 명칭으로든지 지급하는 일체의 '금품'을 의미하는 바(근로기준법 제2조 제1항 제5호), 회사내지 부서 단위 혹은 개인의 업무 실적에 따라 지급되는 성과급(인센티브)가 사용자에게 지급의무가 인정되는 근로대가로서의 임금에 해당하는 지 혹은 사용자에게 지급의무가 인정되지 않는 이익배분의 일종에 불과한 지 문제된다.,

2. 집단적 경영성과에 따른 집단 성과급(인센티브)

(1) 원칙(임금성 부정)

회사 단위 또는 부서 단위의 집단적 인센티브의 경우에는 근로의 대가라기보다 '이익분배'의 성격을 지닌 금품이므로 임금성이 부정된다. 따라서, 경영성과금이 처음 도입되어 앞으로 계속 지급될지 여부가 불명확한 경우는 물론, 경영성과금이 반복적으로 매년 지급돼 온 경우라 하더라도, 매년 노사합의로 구체적 지급조건이 변동되며 그 해의 생산실적에 따라 지급여부나 지급률 등이 달라지는 등 지급사유의 발생이 불확정적인 경영성과금이라면, 이는 근로의 대가로 볼 수 없다.(대법원 2004.04.28. 선고 2001다31233 등)

(2) 예외(임금성 긍정)

반면에,① 명칭만 경영성과급일 뿐이고 **지급액, 지급시기 등이 일정하고 모든 근로자에게 정기적, 계속적, 일률적으로 지급되어 왔다면**, 그러한 경영성과급의 실질은 경영성과급이 아니라 고정 상여금에 불과한 것으로 보아야 하므로 **근로기준법상 임금에 해당**한다. ② 또한, 특별상여금으로서 1회에 한하기로 약정하였다고 하더라도, 이후 **회사의 경영실적의 변동이나 근로자들의 업무성적과 관계없이** 근로자들에게 **정기적 · 계속적 · 일률적**으로 특별생산격려금을 지급하여 왔다면, 이는 **근로계약이나 노동관행 등에 의하여 사용자에게 그 '지급의무'가 지워져 있는 것으로서 평가될 수 있으므로 임금에 해당**할 수 있다.(대법원 2011.03.10. 선고 2010다77514 판결 등) ③ 한편, **공공기업의 경영평가성과급**의 경우에는 설령 경영평가성과급의 최저지급률과 최저지급액이 정해져있지 않아 **경영실적 평가결과에 따라서는 경영평가성과급을 지급받지 못할 수 있었다고 하더라도** 성과급이 전체 급여에서 차지하는 **비중,** 지급 실태와 **평균임금 제도의 취지** 등에 비추어 볼 때 **근로의 대가로 지급된 임금**으로 보아야 한다는 것이 최근 판례의 입장이다.(대법원 2018.12.13. 선고 2018다231536 판결)

2. 개인의 업무 실적에 따른 개인 성과급(인센티브, 능률급여 등)

근로자 개인의 업무실적에 따라 지급되는 성과급(인센티브, 능률급여 등)의 발생이 **근로제공과 직접적으로 관련되거나 그것과 밀접하게 관련된 것**으로 볼 수 있으며, 사용자에게 단체협약 등에 의한 **지급의무**가 지워진 것이라면 근로기준법상 임금에 해당하며, 이는 평균임금에 산정되는 임금에 포함된다. 판례도 동일한 취지에서 '자동차 판매원의 실적에 따른 인센티브, 병원의사가 지급받는 진료 포상비 등의 임금성을 긍정하면서 위 인센티브는 퇴직금산정의 기초가 되는 평균임금에 해당한다.'라고 판시한 바 있다.(대법원 2011.07.14. 선고 2011다23149 판결 등)

사례연습 35

경영성과금의 임금성(대법원 2005. 9. 9. 선고 2004다41217 판결: 출제유력)

A사는 경영성과의 분배을 목적으로 성과금을 도입되하였는데, 성과금 상한은 경영성과에 따라 정해지고, 성과금의 지급률은 회사의 매출신장률, 안전활동, 제안활동을 통한 생산성 향상률에 따라 정해지고, 무쟁의 역시 지급 여부 및 지급률의 하한선 결정의 조건의 하나로 되어 왔다. A사는 노동조합과 사이의 합의시 1999년도까지는(1998년 제외) '설정한 생산목표 달성률'을 기준으로 지급률을 합의하여 성과금을 지급하여 오다가, 2000년에 이르러서 생산목표 달성 여부에 관계없이 확정성과금이 일정하게 지급되었는데 이는 위 기간동안 무분규 조건이 달성됨에 따라 피고회사가 최저지급률 보장 약속을 지켰기 때문이다. A사 노동조합도 성과금이 임시적인 것임을 인정하고 고정급으로 지급해 줄 것을 A사에 계속 요구하여 왔으나 합의에 이르지는 못하였다.

A사를 퇴사한 甲 등 근로자는 경영평가 성과급이 임금에 해당하는데도 A사가 이를 제외하고 평균임금을 계산하여 퇴직금을 적게 지급했다고 주장하고 있다. 이러한 근로자 甲 등의 주장이 정당한지 논하시오

1. 쟁점의 정리

사안에서 甲등의 회사가 퇴직금을 지급하면서 경영성과급을 제외하고 평균임금을 계산하여 퇴직금을 적게 지급하였다고 주장하고 있는 바, 이러한 A회사의 평균임금 산정의 적법성을 판단하기 위해서는 먼저 평균임금의 개념 및 평균임금의 산정기준을 살펴본 후, 사안에서의 경영성과급이 평균임금에 포함되는 지의 여부와 관련하여 경영성과금의 임금 해당성을 각각 검토하여야 할 것이다.

2. 평균임금의 산정

(1) 평균임금의 의의

'평균임금'이란 이를 산정하여야 할 사유가 발생한 날 이전 3개월 동안에 그 근로자에게 지급된 임금의 총액을 그 기간의 총일수로 나눈 금액을 하는 바(근로준법 제2조 제6항), 평균임금을 '사유가 발생한 날의 직전 3개월'이라는 가장 '최근'의 임금수준을 기초로 계산하는 이유는 근로자의 '현재의 생활수준'에 가장 근접한 임금수준을 반영하기 위함이다.

(2) 평균임금에 산입되는 임금

평균임금 산정의 기초가 되는 임금총액에는 사용자가 근로의 대가로 근로자에게 지급하는 일체의 금품으로서 근로자에게 계속적 · 정기적으로 지급되고 그 지급에 관하여 단체협약 · 취업규칙, 노사관행 등에 의하여 사용자에게 지급의무가 지워져 있으면, 그 명칭 여하를 불문하고 모두 포함된다. 통화 이외의 '현물'로 지급되는 부분이 근로의 대가로서 취업규칙 · 단체협약 등에 사용자의 지급의무가 명시되어 있으며, 통화로 환가가 가능하다면, 현금이 아닌 '현물'로 지급되는 경우라도 평균임금 산정에 포함되는 임금의 범위에 해당할 수 있다는 것이 판례의 태도이다.

3. 경영성과급의 임금성

(1) 근로기준법상 임금

'근로기준법상 임금'이란 사용자가 근로의 대가로 근로자에게 임금, 봉급, 그밖에 어떠한 명칭으로든지 지급하는 일체의 '금품'을 의미한다.(근로기준법 제2조 제1항 제5호) 따라서, 사용자가 근로자에게 '근로의 대가'로 지급하는 금품으로서 근로계약이나 취업규칙 등에 지급할 금액과 방법 등이 정하여진 경우는 물론, 관례적으로 회사의 모든 근로자에게 '근로의 대가'로서 지급되어 온 것이라면, 그 명칭 여하를 불문하고 모두가 '근로기준법상 임금'에 해당한다.

(2) 집단적 경영성과에 따른 집단 성과급(인센티브)의 임금성

1) 원칙(임금성 부정)

회사 단위 또는 부서 단위의 집단적 인센티브의 경우에는 근로의 대가라기보다 '이익분배'의 성격을 지닌 금품이므로 임금성이 부정된다. 따라서, 경영성과금이 처음 도입되어 앞으로 계속 지급될지 여부가 불명확한 경우는 물론, 경영성과금이 반복적으로 매년 지급돼 온 경우라 하더라도, 매년 노사 합의로 구체적 지급조건이 변동되며 그 해의 생산실적에 따라 지급여부나 지급률 등이 달라지는 등 지급사유의 발생이 불확정적인 경영성과금이라면, 이는 근로의 대가로 볼 수 없다.(대법원 2004.04.28. 선고 2001다31233 등)

2) 예외(임금성 긍정)

반면에, ① 명칭만 경영성과급일 뿐이고 지급액, 지급시기 등이 일정하고 모든 근로자에게 정기적, 계속적, 일률적으로 지급되어 왔다면, 그러한 경영성과급의 실질은 경영성과급이 아니라 고정상여금에 불과한 것으로 보아야 하므로 근로기준법상 임금에 해당한다. ② 또한, 특별상여금으로서 1회에 한하기로 약정하였다고 하더라도, 이후 회사의 경영실적의 변동이나 근로자들의 업무성적과 관계없이 근로자들에게 정기적 · 계속적 · 일률적으로 특별생산격려금을 지급하여 왔다면, 이는 근로계약이나 노동관행 등에 의하여 사용자에게 그 '지급의무'가 지워져 있는 것으로서 평가될 수 있으므로 임금에 해당할 수 있다.(대법원 2011.03.10. 선고 2010다77514 판결 등)

(3) 사안의 경우

사안의 경영성과급은 이익분배를 목적으로 도입하였으며, 성과금 상한도 경영성과에 따라 정해지고, 성과금의 지급률은 회사의 매출신장률, 안전활동, 제안활동을 통한 생산성 향상률에 따라 정해질뿐 아니라, 무쟁의 역시 지급 여부 및 지급률의 하한선 결정의 조건의 하나로 되어 있음을 알 수 있는데, 사안의 경영성과급이 반복적으로 매년 지급되어왔으며, 특히 2000년에 이르러서 생산목표 달성 여부에 관계없이 확정성과금이 일정하게 지급되었다 하더라도 이는 위 기간동안 무분규 조건이 달성됨에 따라 피고회사가 최저지급률 보장 약속을 지켰기 때문인 것이고, 노동조합도 성과금이 임시적인 것임을 인정하고 고정급으로 지급해 줄 것을 A사에 계속 요구하여 왔다는 점 등을 고려할 때, 본 사안의 경영성과급은 등 지급사유의 발생이 불확정적인 경영성과급이라면, 이는 근로의 대가로 볼 수 없다.

4. 결론

A회사가 甲등의 회사가 퇴직금을 지급하면서 경영성과급을 제외하고 평균임금을 계산하여 퇴직금을 지급한 것은 타당하므로 甲 등의 주장은 정당하지 않다.

사례연습 36

성과급(인센티브, 능률급여 등)의 임금성(변호사시험 2018년 기출문제)

A회사는 외제승용차를 수입 판매하는 회사이고, 아래와 같은 '보수규정'에 따라 영업직 근로자들에게 보수를 지급하여 왔다. A회사에는 영업직 근로자를 조합원으로 하는 A노동조합(기업별 노동조합)이 조직되어 있다. A노동조합의 조합원인 근로자 은 A회사의 영업직 사원으로 입사하여 약 10년간 근무하여 오다가 개인적 사정을 이유로 2017.11.30.자로 사직하였다.

[보수규정)

제33조(영업직 사원의 급여)

① 영업직 사원의 월 급여는 정액의 기본급과 영업실적에 따라 지급되는 성과급으로 구성한다.

② 기본급은 사원의 근속연수에 따라 차등 지급하며 지급액은 〈별표1〉의 내용에 따른다.

③ 성과급은 매월 급여산정기간 동안 사원이 판매한 자동차의 수에 비례하여 지급한다.

④ 전항의 성과급 액수는 차량 1대를 판매할 경우 발생하는 순이익의 10%로 한다.

제34조(중식)

① 회사는 영업직 사원에게 근무일 1일에 대하여 5,000원 상당의 중식을 제공할 수 있다.

② 전항의 중식은 구내식당에서 제공하며, 중식을 먹지 않는 사원에게 별도의 중식비를 지급하지 아니한다.

A회사는 甲의 퇴직금을 산정 · 지급하면서 '보수규정' 제33조의 성과급과 제34조의 중식에 상응하는 금액(5,000원)을 퇴직금 산정의 기초가 되는 평균임금에서 제외하였다.
이러한 A회사의 행위는 적법한가?

1. 쟁점의 정리

사안에서 A회사는 甲의 퇴직금을 산정 · 지급하면서 '보수규정' 제33조의 성과급과 제34조의 중식에 상응하는 금액(5,000원)을 퇴직금 산정의 기초가 되는 평균임금에서 제외하였는 바, 이러한 A회사의 평균임금 산정의 적법성을 판단하기 위해서는 먼저 평균임금의 개념 및 평균임금의 산정기준을 살펴본 후, 개인의 업무 실적에 따른 성과급과 현물로 지급한 중식대가 평균임금에 포함되는지의 여부와 관련하여 이들의 근로기준법상 임금 해당성을 각각 검토하여야 할 것이다.

2. 평균임금의 산정

(1) 평균임금의 의의

(2) 평균임금에 산입되는 임금

3. 성과급과 식대의 임금성

(1) 근로기준법상 임금

'근로기준법상 임금'이란 사용자가 근로의 대가로 근로자에게 임금, 봉급, 그밖에 어떠한 명칭으로든지 지급하는 일체의 '금품'을 의미한다.(근로기준법 제2조 제1항 제5호) 따라서, 사용자가 근로자에게 '근로의 대가'로 지급하는 금품으로서 근로계약이나 취업규칙 등에 지급할 금액과 방법 등이 정하여진 경우는 물론, 관례적으로 회사의 모든 근로자에게 '근로의 대가'로서 지급되어 온 것이라면, 그 명칭 여하를 불문하고 모두가 '근로기준법상 임금'에 해당한다.

(2) 개인의 업무 실적에 따른 개인 성과급의 임금성

근로자 개인의 업무실적에 따라 지급되는 인센티브(성과급)의 발생이 근로제공과 직접적으로 관련되거나 그것과 밀접하게 관련된 것으로 볼 수 있으며, 사용자에게 단체협약 등에 의한 지급의무가 지워진 것이라면 근로기준법상 임금에 해당하며, 이는 평균임금에 산정되는 임금에 포함된다. 판례도 동일한 취지에서 자동차 판매원의 실적에 따른 인센티브,(대법원 2011.07.14. 선고 2011다23149 판결) 병원의사가 지급받는 진료 포상비(대법원 2011.03.10. 선고 2010다77514 판결) 등의 임금성을 긍정한 바 있다.

(3) 식대 보조비 등 현물급여의 임금성

통화 이외의 현물로 지급되는 부분이 ① 근로의 대가로서 ② 취업규칙 · 단체협약(또는 관행에 의해 근로조건으로 인정되는 경우 등 포함) 규정에 사용자의 지급의무가 명시되어 있으며 ③ 통화로 환가가 가능하다면, 식대보조비, 연료보조비, 유류티켓, 상품권 등 현금이 아닌 '현물'로 지급되는 경우라도 평균임금 산정에 포함되는 임금에 해당 할 수 있는 바(대법원 1990.12.07. 선고 90다카19647 판결), '식대'의 지급이 단체협약이나 취업규칙 등에 의거 사용자에게 지급의무가 있는 경우로서, 식대가 모든 근로자에게 계속적 · 정기적 · 일률적으로(근로자가 식사를 하건 하지 않건) 매월 일정액이 지급된다면 이는 임금이다. 식대를 금전이 아니라 식권으로 지급받은 경우에도 이를 금전으로 환가하여 평가할 수만 있다면 이는 근로기준법상 임금이다. 그러나 식사를 하는 경우에만 식대를 지급한다든지, 출근한 자에게만 식사를 현물로 주고 출근하더라도 먹지 않거나 결근한 자에게 달리 보상이 없는 경우와 같이 모든 근로자에게 계속적 · 정기적 · 일률적으로 지급된 것이 아니라면 이는 단순한 호의내지 실비변상으로 보아야 하므로 근로기준법상 임금에 해당하지 않는다.

4. 사안의 검토

(1) 개인의 업무 실적에 따른 성과급의 임금성 인정 여부

근로자 개인의 업무실적에 따라 지급되는 성과급으로서 그 발생이 근로제공과 직접적으로 관련되거나 그것과 밀접하게 관련된 것으로 볼 수 있으며, 사용자에게 단체협약 등에 의한 지급의무가 지워진 것이라면 근로기준법상 임금에 해당할 것인 바, ① A회사는 외제승용차를 수입 · 판매하는 회사이므로, 영업사원들이 차량판매를 위하여 하는 영업활동은 A회사에 대하여 제공하는 근로의 일부라 볼 수 있으므로 성과급의 발생이 근로제공과 직접적으로 관련되거나 그것과 밀접하게 관련된 것으로 볼 수 있으며, ② (i) A회사 보수규정 제33조에 제1항에서 「영업직 사원의 월급여는 정액의 기본급과 영업실적에 따라 지급되는 성과급으로 구성한다.」고 규정하고 있고, 동조 제2항 및 제3항에서 「성과급은 매월 급여산정기간 동안 사원이 판매한 자동차의 수에 비례하여 지급하고, 성과

급액수는 차량 1대를 판매할 경우 발생하는 순이익의 10%로 한다.」 고 규정하고 있으며, (ii) 성과금은 매월 급여산정기간 동안 판매한 자동차 수에 비례하여 지급되므로 정기적 · 계속적으로 지급되고 있는 것으로서 사용자에게 지급의무가 인정되고 그 지급이 개인 근로자의 특수하고 우연한 사정에 의하여 좌우되는 우발적 · 일시적 급여라고 할 수도 없으며, (iii) 또한 A회사는 근로자 甲이 차량 1대를 판매하면 순이익의 10%를 지급할 의무가 있으므로 이를 은혜적으로 지급하는 것이라고 볼 수 없다 할 것이다. 따라서, 사안에서의 '성과급'은 임금성이 인정되므로 퇴직금 계산의 기초가 되는 임금총액에 포함된다.

(2) 중식대의 임금성 인정 여부

A회사 보수규정 제34조에 제1항에서 '회사는 영업직 사원에게 근무일 1일에 대하여 5,000원 상당의 중식을 제공할 수 있다.' 라고 하여 중식 제공과 관련하여 의무규정이 아닌 임의규정 형식으로 규정하고 있고, 동조 제2항에서는 '중식은 구내식당에서 제공하며, 중식을 먹지 않는 사원에게 별도의 중식비를 지급하지 아니한다.' 고 규정하여 점심시간에 구내식당에서 식사를 하지 않는 경우 별도의 중식비를 지급해야할 의무가 없음을 명백히 하고 있다. 따라서, A회사가 제공하는 중식은 근로자들의 후생복지를 위해 임의적 은혜적으로 지급하는 것이라고 판단된다.

5. 결론

A회사가 甲의 퇴직금을 산정 · 지급하면서 '보수규정' 제33조의 성과급과 제34조의 성과금을 퇴직금 산정의 기초가 되는 평균임금에서 제외하는 것은 부당하지만, 중식에 상응하는 금액(5,000원)을 제외한 것은 타당하다.

사례연습 37

공기업 경영성과급의 임금성(대법원 2018. 10. 12. 선고 2015두36157 판결: 출제유력)

기획재정부는 매년 공기업.준정부기관 예산편성지침으로 공공기관이 경영평가성과급을 각 기관의 예산으로 편성하도록 하고, 또한 매년 공기업.준정부기관 예산집행지침을 통해 위 후속조치에 따른 성과급의 지급기준 등을 제시하는데, 이 지침들에서 정한 지급기준에 어긋나지 않는 범위에서 공기업 등의 공공기관은 기관의 규정 등을 통해 지급의 기준과 방법 그리고 시기 등을 구체적으로 정하고 있다. 기획재정부는 공공기관에 대한 경영평가의 후속조치로 경영평가성과급을 지급할 때, 2011년까지는 경영평가 결과가 D등급 이하인 공공기관에 대해서 상위등급의 공공기관보다 성과급 지급률을 낮게 정하여 지급하도록 하였으나 2012년에는 원칙적으로 D등급 이하의 공공기관에 대해서는 성과급을 지급하지 않는 것으로 변경하였다. 그리고, A공사는 정부가 2012년도 공기업 .준정부기관 예산편성지침에서 경영평가성과급을 평균임금에서 제외하기로 정하자 이에 따라 평균임금 계산시에는 경영평가성과급을 제외하고 산정하도록 내무 보수규정을 개정하였다. 관리직 사원인 甲의 월급은 정액의 기본급과 성과상여금으로 구성되는데, 기본급과 성과상여금의 평균 구성 비율은 7:3으로서 성과상여금이 전체 급여에 포함되는 비율은 약 30%이다.

[보수규정]

제32조(급여의 구성)

① 관리직 사원의 월 급여는 정액의 기본급과 성과상여금으로 구성한다.

② 성과상여금 중 150%는 2월 첫 영업일에 지급하며, 잔여 성과상여금은 정부산하기관 관리기본법 제11조의 규정에 의한 경영평가 결과가 공표된 날로부터 30일 이내에 전년도 성과에 따라 차등 지급한다.

③ 잔여 성과상여금의 지급대상 및 기준 등 구체적 사항은 경영계획 및 평가규정 제19조의 규정에 의한 내부경영평가 편람에 따른다

근로자 갑은 A공사에 입사하여 근무하던 중 업무상 재해로 사망하여 근로복지공단이 갑의 유족인 을에게 유족급여 및 장의비를 지급하였는데, A공사가 근로복지공단을 상대로 평균임금을 산정할 때 성과상여금 등을 누락하였다면서 평균임금 정정 및 보험급여차액 지급을 청구하자 A공사는 이 사건의 성과상여금(경영평가성과급)은 최저지급률과 최저지급액이 정해져있지 않아 경영실적 평가결과에 따라서는 성과상여금(경영평가성과급)을 지급받지 못할 수 있으므로 평균임금에 포함될 수 없다고 주장하고 있다. 이러한 A공사의 주장이 정당한지 논하시오.

1. 쟁점의 정리

사안에서 A공사의 주장의 정당성을 검토하기 위해서는 먼저 평균임금의 개념 및 평균임금의 산정기준을 살펴본 후, 사안에서의 경영성과급이 평균임금에 포함되는 지의 여부와 관련하여 경영성과금의 임금 해당성을 각각 검토하여야 할 것이다, 특히, 사안에서 A공사는 이 사건의 성과상여금(경영평가성과급)은 최저지급률과 최저지급액이 정해져있지 않아 경영실적 평가결과에 따라서는 성

과상여금(경영평가성과급)을 지급받지 못할 수 있으므로 평균임금에 포함될 수 없다고 주장하고 있는 바, 이러한 A공사의 주장의 취지는 성과상여금의 지급사유의 발생이 불확정적이므로 근로기준법상 임금에 해당하지 않는다는 주장으로 보이는 바, 과연 성과상여금의 지급사유의 발생이 불확정적이라는 사유만으로 언제나 사용자에게 지급의무가 발생하지 않으므로 임금에 해당하지 않는 것으로 볼 수 있는 지 여부를 검토하도록 하겠다.

2. 평균임금의 산정

(1) 평균임금의 의의

(2) 평균임금에 산입되는 임금

3. 경영성과급의 임금성

(1) 근로기준법상 임금

'근로기준법상 임금'이란 사용자가 근로의 대가로 근로자에게 임금, 봉급, 그밖에 어떠한 명칭으로든지 지급하는 일체의 '금품'을 의미한다.(근로기준법 제2조 제1항 제5호) 따라서, 사용자가 근로자에게 '근로의 대가'로 지급하는 금품으로서 근로계약이나 취업규칙 등에 지급할 금액과 방법 등이 정하여진 경우는 물론, 관례적으로 회사의 모든 근로자에게 '근로의 대가'로서 지급되어 온 것이라면, 그 명칭 여하를 불문하고 모두가 '근로기준법상 임금'에 해당한다.

(2) 집단적 경영성과에 따른 집단 성과급(인센티브)의 임금성

1) 원칙(임금성 부정)

회사 단위 또는 부서 단위의 집단적 인센티브의 경우에는 근로의 대가라기보다 '이익분배'의 성격을 지닌 금품이므로 임금성이 부정된다. 따라서, 경영성과금이 처음 도입되어 앞으로 계속 지급될지 여부가 불명확한 경우는 물론, 경영성과금이 반복적으로 매년 지급돼 온 경우라 하더라도, 매년 노사 합의로 구체적 지급조건이 변동되며 그 해의 생산실적에 따라 지급여부나 지급률 등이 달라지는 등 지급사유의 발생이 불확정적인 경영성과급이라면, 이는 근로의 대가로 볼 수 없다.(대법원 2004.04.28. 선고 2001다31233 등)

2) 예외(임금성 긍정)

반면에, ① 명칭만 경영성과급일 뿐이고 지급액, 지급시기 등이 일정하고 모든 근로자에게 정기적, 계속적, 일률적으로 지급되어 왔다면, 그러한 경영성과급의 실질은 경영성과급이 아니라 고정상여금에 불과한 것으로 보아야 하므로 근로기준법상 임금에 해당한다. ② 또한, 특별상여금으로서 1회에 한하기로 약정하였다고 하더라도, 이후 회사의 경영실적의 변동이나 근로자들의 업무성적과 관계없이 근로자들에게 정기적 · 계속적 · 일률적으로 특별생산격려금을 지급하여 왔다면, 이는 근로계약이나 노동관행 등에 의하여 사용자에게 그 '지급의무'가 지워져 있는 것으로서 평가될 수 있으므로 임금에 해당할 수 있다.(대법원 2011.03.10. 선고 2010다77514 판결 등)

(3) 사안의 경우

사안의 경영성과급은 기획재정부의 공공기간에 대한 예산집행지침에 의하여 사전에 그 지급액, 지급시기 등이 이미 정해져 있고, 설령 최저지급률과 최저지급액이 정해져있지 않아 경영실적 평가결과에 따라서는 성과상여금(경영평가성과급)을 지급받지 못할 수 있다 하더라도 이는 우연한 사정에 불과하고, 경영실적 평가결과에 따라 그 지급 여부나 지급률이 달라질 수 있다고 하더라도 그러한 이유만으로 경영평가성과급이 근로의 대가로 지급된 것이 아니라고 볼 수 없다는 것이 대법원의 입장이다. 특히, 사안에서 근로자 甲의 급여 구성을 보면 전체 급여에서 성과 상여금이 차지하는 비율이 평균 30%인 것을 알 수 있는데, 그렇다면 근로자의 '현재의 생활수준'에 가장 근접한 임금수준을 반영하기 위한 평균임금 제도의 취지에 비추어 사안의 경영성과금은 평균임금에 포함된다고 보아야 할 것이다.

4. 결론

사안의 경영성과금은 기획재정부의 공공기간에 대한 예산집행지침에 의하여 사전에 그 지급액, 지급시기 등이 이미 정해졌으므로 지급사유가 불확정적인 경영성과급이라 볼 수 없을 뿐 아니라, 전 근로자에게 매년 지급하여 사회통념상 근로자가 당연히 지급 받을 수 있다는 기대를 갖게 되었다. 설령 2012년부터는 공공기관 경영평가성과급의 최저지급률과 최저지급액이 정해져 있지 않아 소속 기관의 경영실적 평가결과에 따라서는 경영평가성과급을 지급받지 못할 수도 있다고 하더라도, 이는 당해년도의 우연한 사정에 불과하다고 보아야 하고, 사안의 경영성과급이 전체 급여에서 차지하는 비중, 지급 실태와 평균임금 제도의 취지 등에 비추어 볼 때 근로의 대가로 지급된 임금으로 보아야 한다. 따라서, A공사의 주장은 정당하지 않다.

관련판례 대법원 2018. 10. 12. 선고 2015두36157 판결 공기업 경영성과금의 임금성

1. 평균임금 산정의 기초가 되는 임금은 사용자가 근로의 대가로 근로자에게 지급하는 금품으로서, 근로자에게 계속적·정기적으로 지급되고 단체협약, 취업규칙, 급여규정, 근로계약, 노동관행 등에 의하여 사용자에게 그 지급의무가 지워져 있는 것을 말한다(대법원 2001. 10. 23. 선고 2001다53950 판결 등 참조). 경영평가성과급이 계속적·정기적으로 지급되고 지급대상, 지급조건 등이 확정되어 있어 사용자에게 지급의무가 있다면, 이는 근로의 대가로 지급되는 임금의 성질을 가지므로 평균임금 산정의 기초가 되는 임금에 포함된다고 보아야 한다. **경영실적 평가결과에 따라 그 지급 여부나 지급률이 달라질 수 있다고 하더라도 그러한 이유만으로 경영평가성과급이 근로의 대가로 지급된 것이 아니라고 볼 수 없다.**

2. 경영실적 평가결과에 따라, 공공기관의 운영에 관한 법률 시행 이후에는 공공기관의 운영에 관한 법률에 의한 경영2. 실적 평가결과에 따라 한국감정원에 적용되는 성과급 지급률을 정하였고, 이에 한국감정원은 매년 정부가 정한 성과급 지급률을 기초로 보수규정과 내부경영평가편람에서 정한 기준과 계산방식에 따라 소속 직원들에게 잔여 성과상여금을 지급하였으며, 갑이 업무상 재해로 사망한 이후 퇴직금을 지급할 때에도 위와 같이 지급한 성과상여금을 모두 포함하여 평균임금을 산정한 점 등에 비추어, 한국감정원이 갑에게 지급한 잔여 성과상여금은 계속적·정기적으로 지급되고, 지급대상과 지급조건 등이 확정되어 있어 사용자에게 지급의무가 지워져 있으므로 근로의 대가로 지급되는 임금의 성질을 가진다고 보아야 하므로, 잔여 성과상여금이 평균임금 산정의 기초가 되는 임금 총액에 포함된다고 본 원심판단이 정당하다고 한 사례.

2. 평균임금

(1) 평균임금의 의의

1) 평균임금의 개념

'평균임금'이란 이를 산정하여야 할 사유가 발생한 날 이전 **3개월** 동안에 그 근로자에게 **지급된** 임금의 총액을 **그 기간의 총일수**로 나눈 금액을 말한다.(근로준법 제2조 제1항 제6호) 즉, '평균임금'은 근로자의 퇴직과 같은 특정한 사유가 발생한 날의 전일을 기준으로 (초일 불산입) 그 직전의 3개월 동안에 받은 임금의 총액을 분모로 하고 3개월간의 총일수를 분자로 나누어서 '일급'으로 산출한다.

평균임금을 '사유가 발생한 날의 직전 3개월'이라는 가장 '최근'의 임금수준을 기초로 계산하는 이유는 근로자의 '**현재의 생활수준**'에 가장 근접한 임금수준을 반영하기 위해서이므로, **어떤 특별한 사정으로 인하여 평균임금으로 산출한 금액이 통상임금으로 산출한 금액보다 적게 되는 경우에는 통상임금을 평균임금으로 한다.(근로기준법 제2조 제2항)** 즉, 통상임금이 평균임금의 최저한도인 것이다. 그런데 그와 같이 통상임금을 평균임금의 최저수준으로 하는 것이 **현저하게 불합리한 경우**라면, 근로자의 **통상적인 생활임금을 사실대로 반영할 수 있는 합리적이고 타당한 다른 방법**으로 그 평균임금을 **따로** 산정한다.(대법원 2009.05.28. 선고 2006다17287 판결)

2) 평균임금으로 산정하는 것

산정사유	지급액	근거
퇴직금	계속근로연수 1년에 대하여 평균임금의 30일분 이상	근퇴법 제8조
휴업수당	평균임금의 70% 이상(이 금액이 통상임금을 초과하는 경우 통상임금으로 지급)	근로기준법 제46조
연차유급휴가수당	평균임금 100% 또는 통상임금 100%	근로기준법 제60조
재해보상	재해보상 유형에 따라 다름	근로기준법 제78조~제85
감급액	1회의 액이 평균임금의 1일분의 1 /2을 초과하지 못함	근로기준법 제95조
실업급여(구직급여, 조기재취업수당)	수급자격자의 기초일액(이직 당시 평균임금)의 50%	고보법 제40조, 제64조

3) 통상임금과 평균임금의 관계

'**통상임금**'은 사용자가 근로계약을 체결하면서 장래에 근로자가 통상적으로 제공할 근로에 대한 대가로 '지급할'것을 **사전적으로 약정한 임금**이라는 점에서 사용자가 근로자에게 실제로 이미 '**지급한**' 평균적 임금을 **사후적으로 산정한 '평균임금'과 개념적으로 구별**된다. 한편, 통상임금은 **평균임금의 최저수준으로 작용하며**(근로기준법 제2조 제2항), 통상임금과 평균임금은 연쇄작용을 일으키기도 한다. 즉,통상임금이 높아지면 각종 수당도 그에 비례해서 올라가는 것이며, 각종 수당이 올라가면 매달 지급되는 임금의 총액이 높아지므로 결국 사용자가 근로자에게 지급한 임금이 높아져서 '평균임금'의 상승을 불러온다.

(2) 평균임금의 산정방법 및 평균임금의 조정·증감

1) 평균임금의 산정방법(→사례: 38)

평균임금은 근로기준법 제2조 제1항 제6호가 규정한 평균임금의 정의에 따라 평균임금을 산정하여야 할 사유가 발생한 날 이전 3개월 동안에 그 근로자에게 지급된 임금의 총액을 그 기간의 총일수로 나눈 금액으로 산정한다.

$$평균임금 = \frac{사유발생일\ 이전\ 3개월\ 동안\ 지급된\ 임금\ 총액}{사유발생일\ 이전\ 3개월\ 동안의} = 3개월\ 평균한\ ‘일당’$$

계산식의 분모 : 사유발생일 이전 ‘3개월 동안의 총일수’.(초일불산입)
여기에서 ‘3개월’은 ‘근로자가 실제로 근무한 날’이 아니라 ‘달력상의 일자’를 의미한다.
계산식의 분자 : 사유발생일 이전 ‘3개월 동안 지급된 임금 총액’.
여기에서 ‘3개월’은 ‘역월(달력 일수)’을 의미하며, ‘임금총액’에 포함되는 임금의 범위는 ‘근로기준법상 임금’에 포함되는 금품의 범위와 거의 동일하다.

① 산정하여야 할 사유가 발생한 날
‘산정하여야 할 사유가 발생한 날’이라 함은 법률의 규정에 의하여 평균임금을 산정할 것이 예정된 날을 의미한다. 퇴직금, 휴업수당, 연차유급휴가수당, 재해보상, 감급액, 실업급여 등은 평균임금을 기준으로 산정한다.
② 이전의 3개월
여기에서 ‘3개월’은 ‘근로자가 실제로 근무한 날’(소정근로일수)이 아니라 휴일이나 휴무일을 포함하는 ‘달력상의 일자’를 의미하며, 그 기산일은 평균임금의 산정사유가 발생한 날을 의미한다. 단, 초일은 불산입 한다. 따라서, 기산일이 속한 달이 무슨 달이냐에 따라 ‘3개월간 총일수'는 89일에서 92일까지로 달라질 수 있다.

2) 평균임금의 조정·증감

‘평균임금의 조정 또는 증감 제도’란 근로자의 요양기간이 길어지는 경우에도 재해보상을 위한 평균임금을 산정을 ‘사유 발생일’을 기준으로 하게 되면 **재해보상금 또는 보험급여의 실질적 가치**를 제대로 반영하지 못하는 불합리할 수 있기 때문에 이를 시정하기 위하여 마련된 제도이다. 휴업보상금(근로기준법 제79조), 장해보상금(근로기준법 제80조) 및 유족보상금(근로기준법 제82조), 장의비(근로기준법 제83조), 일시보상금(근로기준법 제84조) 등을 산정할 때 적용할 평균임금은 그 근로자가 소속한 사업 또는 사업장에서 같은 직종의 근로자에게 지급된 **통상임금의 1명당 1개월 평균액**(이하 ‘평균액'이라 함)이 그 부상 또는 질병이 발생한 달에 지급된 **평균액보다 100분의 5이상 변동**된 경우에는 그 변동비율에 따라 인상되거나 인하된 금액으로 하되, 그 변동 사유가 **발생한 달의 다음 달**부터 적용한다(근로기준법 시행령 제5조제1항 본문).

평균임금을 조정하는 경우 그 근로자가 소속한 사업 또는 사업장이 **폐지된 때**에는 그 근로자가 업무상 부상 또는 질병이 발생한 당시에 그 사업 또는 사업장과 같은 **종류, 같은 규모의 사업 또는 사업장**을 기준으로 하며,(「근로기준법 시행령」 제5조제2항) 평균임금을 조정하는 경우 그 근로자의 직종과 같은 직종의 근로자가 없는 때에는 **그 직종과 유사한 직종의 근로자**를 기준으로 한다.

사례연습 38

퇴직금액의 산정(출제유력)

A회사의 근로자 甲은 2016.1.1.에 입사하여 근무 중 2019. 2.16. 퇴사하였다. 갑의 임금은 월 200만원이고 상여금은 400% (상여금은 평균임금에 포함되지만 통상임금에는 포함되지 않는 상여금임을 전제함)이고, 평균임금 산정을 위한 갑의 재직기간은 1,079일이고 퇴직하는 날 이전 3개월 총일수는 91일, 퇴직하는 날 3개월 기본급 총액은 600만원이고, 갑의 1일 소정근로시간은 8시간, 월소정근로시간은 174시간, 월유급휴일시간은 35시간이라고 할 때, 甲에게 지급될 퇴직금에 대하여 논하고 A회사가 甲에게 지급하여야 하는 퇴직금액을 구체적으로 산정하시오.(퇴직금의 금액 산정이외의 다른 퇴직금 지급요건은 논의하지 않는다)

1. 쟁점의 정리

법정퇴직금은 근로자의 계속근로연수 1년에 대하여 퇴직당시의 평균임금 30일분 이상을 지급하여야 한하는 바(근퇴법 제8조 제1항), 이 경우 평균임금은 근로기준법 제2조 제1항 제6호에 따라 산정한다. 단, 근로기준법 제2조 제1항 제6호에 따라 산출한 금액이 통상임금으로 산출한 금액보다 적게 되는 경우에는 통상임금을 평균임금으로 한다.(근로기준법 제2조 제2항) 따라서, 甲에제 지급할 퇴직금액을 구체적으로 산정하기 위해서는 평균임금과 통상임금을 모두 산정한 후, 둘 중 높은 금액을 퇴직금 산정의 기초로 삼아야 할 것이다.

2. 퇴직금의 의의 및 퇴직금 지급의무의 발생 시기

(1) 퇴직금의 의의

'퇴직금'이란 근로자가 일정 기간을 근속하고 근로관계가 종료할 때에 사용자가 근로자에게 지급하는 금전급여를 의미한다. 판례는 '퇴직금'은 사용자가 근로자의 근로 제공에 대한 임금 일부를 지급하지 아니하고 축적하였다가 이를 기본적 재원으로 하여 근로자가 1년 이상 근무하고 퇴직할 때 일시금으로 지급하는 것으로서, 본질적으로 후불적 임금의 성질을 지니는 것'으로 정의하고 있다.

(2) 퇴직금 지급액

법정퇴직금은 근로자의 계속근로연수 1년에 대하여 퇴직당시의 평균임금 30일분 이상을 지급하여야 한다.(근퇴법 제8조 제1항) 퇴직금은 반드시 퇴직 당시의 평균임금을 기준으로 산정하여야 한고, 이 경우 평균임금은 근로기준법 제2조 제1항 제6호에 따라 산정한다.

3. 평균임금의 산정

(1) 평균임금 산정의 의의

'평균임금'이란 이를 산정하여야 할 사유가 발생한 날 이전 3개월 동안에 그 근로자에게 지급된 임금의 총액을 그 기간의 총일수로 나눈 금액을 한다.(근로준법 제2조 제1항 제6호) 평균임금을 '사유가 발생한 날의 직전 3개월'이라는 가장 '최근'의 임금수준을 기초로 계산하는 이유는 근로자의 '현재의 생활수준'에 가장 근접한 임금수준을 반영하기 위해서이므로, 어떤 특별한 사정으로 인하여 평균임금으로 산출한 금액이 통상임금으로 산출한 금액보다 적게 되는 경우에는 통상임금을 평균임금으로 한다.(근로기준법 제2조 제2항) 즉, 통상임금이 평균임금의 최저한도인 것이다. 그런데 그와 같이 통상임금을 평균임금의 최저수준으로 하는 것이 현저하게 불합리한 경우라면, 근로자의 통상적인 생활임금을 사실대로 반영할 수 있는 합리적이고 타당한 다른 방법으로 그 평균임금을 따로 산정한다는 것이 판례이다.

(2) 평균임금에 산입되는 임금

평균임금 산정의 기초가 되는 입금총액에는 사용자가 근로의 대가로 근로자에게 지급하는 일체의 금품으로서 근로자에게 계속적 · 정기적으로 지급되고 그 지급에 관하여 단체협약 · 취업규칙, 노사관행 등에 의하여 사용자에게 지급의무가 지워져 있으면, 그 명칭 여하를 불문하고 모두 포함된다. 통화 이외의 '현물'로 지급되는 부분이 근로의 대가로서 취업규칙 · 단체협약 등에 사용자의 지급의무가 명시되어 있으며, 통화로 환가가 가능하다면, 현금이 아닌 '현물'로 지급되는 경우라도 평균임금 산정에 포함되는 임금의 범위에 해당할 수 있다는 것이 판례의 태도이다.

(3) 평균임금의 구체적인 산정

1) 평균임금의 산정방법

근로기준법 제2조 제1항 제6호가 규정한 평균임금의 정의에 따라 평균임금은, 평균임금을 산정하여야 할 사유가 발생한 날 이전 3개월 동안에 그 근로자에게 지급된 임금의 총액을 그 기간의 총일수로 나눈 금액으로 산정한다. 즉, '평균임금'은 근로자의 퇴직과 같은 특정한 사유가 발생한 날의 전일을 기준으로 (초일 불산입) 그 직전의 3개월 동안에 받은 임금의 총액을 분모로 하고 3개월간의 총일수를 분자로 나누어서 '일급'으로 산출한다.

2) 평균임금 계산식의 분모

평균임금 계산의 분모는 평균임금을 산정할 사유가 발생한 날 이전 3개월 동안의 달력상 총일수이다. (근로기준법 제2조 제1항 제6호) 단, 발생한 당일인 초일은 산입하지 않는다. 본 사안에서의 평균임금을 산정할 사유가 발생한 날 이전 3개월 동안의 총일수는 '91일'이다.

3) 평균임금 계산식의 분자

평균임금 계산의 분자는 평균임금을 산정할 사유가 발생한 날 이전 3개월 동안 지급된 임금 총액이다.(근로기준법 제2조 제1항 제6호) 사안에서 임금은 월 200만원이고 상여금은 400%이므로 상여금의 총액은 800만원(200만원x4=800만원)이다. 그런데, 매월 정기적으로 지급되는 임금이 아닌 경우에는 사유 발생일 전 12개월 동안 지급받은 전액을 12개월로 나누어 1개월 평균액을 산정하여 3개월분을 평균임금의 계산에 포함켜야 한다. 따라서, 평균임금에 포함되는 상여금은 200만원이다.(800만원÷12x3=200만원) 따라서, 임금을 산정할 사유가 발생한 날 이전 3개월 동안 지급된 임금 총액은 월기본급 3월분인 600만원(200만원x3=600만원)과 상여금 200만원의 합산금액인 800만원이다.

4) 소결

위의 문모와 분자에 의한 분수식의 결과 甲의 1일 평균임금액은 87,912원이다.(분자 800만원/ 분모 91일)

4. 통상임금의 산정

(1) 통상임금의 의의

'통상임금이란 '근로자에게 정기적이고 일률적으로 소정근로에 대하여 지급하기로 정한 시간급·일급·주급·월급 또는 총근로에 대한 도급금액'을 말하는 바(근로기준법 시행령 제6조 제1항), 대법원은 '통상임금이란 근로자가 소정근로시간에 통상적으로 제공하는 근로인 소정근로의 대가로 지급하기로 약정한 금품으로서 정기적·일률적·고정적으로 지급되는 임금'이라고 정의하면서, '어떠한 임금이 통상임금에 속하는지 여부는 그 임금이 소정근로의 대가로 근로자에게 지급되는 금품으로서 정기적·일률적·고정적으로 지급되는 것인지를 기준으로 그 객관적인 성질에 따라 판단하여야 하고, 임금의 명칭이나 그 지급주기의 장단 등 형식적 기준에 의해 정할 것이 아니다.'라고 한다. (대법원 2013.12.18. 선고 2012다89399 판결)

(2) 통상임금과 평균임금의 관계

'통상임금'은 사용자가 근로계약을 체결하면서 장래에 근로자가 통상적으로 제공할 근로에 대한 대가로 '지급할'것을 사전적으로 약정한 임금이라는 점에서 사용자가 근로자에게 실제로 이미 '지급한' 평균적 임금을 사후적으로 산정한 '평균임금'과 개념적으로 구별되지만, 근로자의 '현재의 생활수준'에 가장 근접한 임금수준의 반영'이라는 평균임금의 취지상, 통상임금을 평균임금의 최저수준으로 의제한다.(근로기준법 제2조 제2항),

(3) 통상임금의 산정

1) 통상임금의 산정방법

'통상임금이란 '근로자에게 정기적이고 일률적으로 소정근로에 대하여 지급하기로 정한 시간급·일급·주급·월급 또는 총근로에 대한 도급금액'을 말하는 바(근로기준법 시행령 제6조 제1항), 통상임금은 시간급으로 산출하는 것이 원칙이므로 통상임금에 포함되는 임금의 총액(통상임금산정기초금액)을 통상임금산정기준시간으로 나누어 통상시급으로 산출한다.

2) 통상임금 계산식의 분모(통상임금산정기초금액)

통상임금 계산의 분모는 근로자에게 정기적이고 일률적으로 소정근로에 대하여 지급하기로 정한 시간급·일급·주급·월급'을 말하는 바(근로기준법 시행령 제6조 제1항), 사안에서 甲은 월급제 근로자이고 甲의 월급(기본급)은 200만원이다. 담, 사안의 정기상여금은 통상임금에는 포함되지 않는 것으로 전제로 하므로 통상임금산정기초금액에는 월급(기본급)만 포함시켜야 한다

2) 평균임금 계산식의 분자통상임금산정기준시간)

통상임금 계산의 분자는 근로자에게 유급으로 처리되는 근로시간의 합인 통상임금산정기준시간을 의미한다. 즉, 통상임금산정기준시간은 소정근로시간과 유급처리되는 시간을 합산한 시간을 의미하므로, 사안에서의 통상임금산정기준시간은 209시간이다.(소정근로시간 174시간 + 유급휴일 시간수 35시간)

3) 소결

위의 문모와 분자에 의한 분수식의 결과 甲의 통상시급은 9,569원이고, 甲의 1일 소정 근로시간

은 8시간이므로 갑의 1일 통상임금은 76,555원(통상 시급 9,569원 x 8시간)이다.

5. 결론

甲의 1일 평균임금은 87,912원이고, 1일 통상임금은 76,555 원으로서 평균임금이 통상임금보다 상회하므로, 甲의 퇴직금은 평균임금으로 산정할 것인데, 법정퇴직금은 근로자의 계속근로연수 1년에 대하여 퇴직당시의 평균임금 30일분 이상을 지급하여야 한다.(근퇴법 제8조 제1항)

따라서, 甲에게 지급하여야 하는 법정퇴직금은 7,764,986원 이상이다. (1일 평균임금 87,912원 x 30일 x 재직기간 1077일 ÷ 365)

관련판례 대법원 2021.11.11. 선고 2020다273939 판결 AS 설치기사의 판매 수수료

원심은 피고로부터 지급받은 설치·AS수수료는 평균임금 산정의 기초가 되는 임금이라고 보면서도, **판매수수료는 평균임금 산정의 기초가 되지 않는다고 판단하였다.** 그러나 판매수수료 역시 평균임금 산정의 기초가 되는 임금에 해당한다고 봄이 타당하다. 그 이유는 다음과 같다.

1) 판매업무는 설치·AS업무와 함께 이 사건 위탁계약에서 정한 엔지니어의 주요한 의무 중 하나이고, 제품의 판매는 피고의 사업 중 핵심 부분이다. 피고는 2008년 엔지니어들에게 기존 설치·AS업무에 추가로 판매업무를 맡긴 이래 엔지니어들의 판매 업무를 강화하여 왔다. 피고는 광역, 권역, 사무소, 팀별 판매 매출 목표를 설정하고, SM을 통하여 원고 고○률 등의 **실적을 지속적으로 관리**하였으며, 제품 홍보 활동을 **실시하도록 지시**하였다. SM 및 매니저들은 피고로부터 할당받은 매출 목표를 바탕으로 엔지니어별로 매출 목표를 설정하여 관리하였고, 원고 고○률 등은 실적이 부진한 경우 질책을 받거나 당일 업무를 마치고 사무소로 복귀하여 **교육을 받기도 하였으며**, 휴일에 출근하거나 당직 근무를 서는 등의 **불이익을 받았다**.

2) 비록 판매업무는 설치·AS업무와 달리 원고 고○률 등이 피고로부터 판촉활동을 할 고객을 할당받는 것은 아니지만, 이는 판매업무의 특성상 발생하는 차이일 뿐이다.

3) 이와 같이 원고 고○률 등이 피고를 위해 하는 판매활동 역시 설치·AS업무와 마찬가지로 주로 SM을 통한 피고의 상당한 지휘·감독 하에 이루어지는 근로제공의 성격을 가지며, 따라서 원고 고○률 등이 그 대가로 지급받는 판매수수료는 피고에 대한 근로의 대가에 해당한다.

4) 이 사건 위탁계약에서는 피고가 정한 수수료 지급기준에 따라 정산한 설치·AS수수료와 함께 판매수수료를 매월 원고 고○률 등에게 지급하기로 되어 있다. 따라서 원고 고○률 등이 판매실적을 올린 경우 피고는 이 사건 위탁계약에 따라 일정한 판매수수료를 지급하여야만 하였다. 판매수수료는 설치·AS수수료와 함께 고정적 급여 없이 월별 실적에 따라서만 지급되었는데, 판매업무를 담당한 원고 고○률 등의 경우 이 사건 위탁계약 기간 중 거의 매월 판매수수료를 지급받았다. 이러한 점에 비추어 보면, **판매수수료는 피고가 원고 고○률 등에게 계속적·정기적으로 지급하고, 이 사건 위탁계약에 의해 그 지급의무를 부담하는 금품에 해당한다.**[1)]

---

1) 원심은 판매수수료가 평균임금 산정의 기초가 되는 임금에 포함되면 원고 등이 퇴직 전 일정 기간 동안 집중적으로 판매실적을 올리는 방법으로 의도적으로 현저하게 퇴직금을 높이는 것이 가능하여 **생활임금을 사실대로 산정하려는 평균임금의 기본원리에 반할 수 있다**고 지적하였지만, 근로자가 그러한 의도적인 행위를 하기 직전 3개월 동안의 임금을 기준으로 하여 근로기준법이 정하는 방식에 따라 평균임금을 산정하면 되는 것이므로(대법원 2009.10.15. 선고 2007다72519 판결 참조) **판매수수료를 평균임금 산정의 기초가 되는 임금으로 인정하는 데에 방해가 되는 것은 아니다.**

(3) 평균임금에 산입되는 임금과 제외되는 임금(→사례: 35.36,38,39,40)

1) 평균임금에 산입되는 임금

평균임금 산정의 기초가 되는 임금 총액에는 **사용자가 근로의 대가로 근로자에게 지급하는 일체의 금품**으로서 근로자에게 계속적·정기적으로 지급되고 그 지급에 관하여 단체협약·취업규칙 등에 의하여 사용자에게 지급의무가 지워져 있으면, **그 명칭 여하를 불문하고 모두 포함된다.**

2) 평균임금의 계산에서 제외되는 임금

평균임금의 산정을 위한 임금의 총액을 계산할 때에는 '① **임시로 지급된 임금 및 수당**'과 ② '**통화 외의 것으로 지급된 임금**'은 평균임금 산정을 위한 임금총액에 산입하지 않는다.(근로기준법 시행령 제2조)

가. '임시로 지급된 임금 및 수당'

'임시로 지급된 임금 및 수당'이란 일시적·돌발적 사유로 지급됨으로써 그 지급사유의 발생이 불확정적인 것을 의미한다. 이를테면, 풍수해에 대한 재해수당, 돌발적인 물가상승으로 인한 인플레이션 수당이라든지 사업장의 매각사정 등을 이유로 모든 근로자에게 일시적으로 지급하는 매각 위로금, 임시적 성과급 등은 일시적·돌발적 사유로 지급된 금품으로서 평균임금 산정에 포함되지 않는다.

나. '통화 외의 것으로 지급된 임금'

'통화 외의 것으로 지급된 임금'이란 통화 이외의 현물 등으로 지급되는 임금을 의미한다. 다만, 통화 외의 것으로 지급된 임금으로서 고용노동부장관이 노동부예규 제30호에서 정하는 것은 평균임금에 포함된다는 것이 행정해석의 태도이다.

3) 통화 이외의 '현물'로 지급되는 임금의 평균임금 해당여부(→쟁점사례)

평균임금의 산정을 위한 임금의 총액을 계산할 때에는 '① 임시로 지급된 임금 및 수당'과 '② 통화 외의 것으로 지급된 임금'은 평균임금 산정을 위한 임금총액에 산입하지 않는 바(근로기준법 시행령 제2조), '**통화 외의 것으로 지급된 임금**'이란 통화 이외의 **현물 등으로 지급되는 임금**을 의미한다. 다만, 통화 외의 것으로 지급된 임금으로서 고용노동부장관이 노동부예규 제30호에서 정하는 것은 평균임금에 포함된다는 것이 행정해석의 태도이다. 여기서, '**통화 이와의 것으로 지급된 임금으로서 평균임금에 포함되는 임금**'(**노동부 예규 제30호)은** '법령, 단체협약 또는 취업규칙의 규정에 의하여 지급되는 현물급여(예 급식 등)로서 모든 근로자에게 일률적으로 지급되며, 통화로 환가할 수 있는 것'이어야 한다. 판례도 통화 이외의 현물로 지급되는 부분이 ① **근로의 대가로서** ② **취업규칙·단체협약(또는 관행에 의해 근로조건으로 인정되는 경우 등 포함) 규정에 사용자의 지급의무가 명시되어 있으며** ③ **통화로 환가가 가능**하다면, 연료보조비, 유류티켓, 상품권 등 현금이 아닌 '현물'로 지급되는 경우라도 평균임금 산정에 포함되는 임금에 해당 할 수 있다고 한다.(대법원 1990.12.07. 선고 90다카19647 판결)[2)]

---

2) 따라서 임금지급의 원칙 (근로기준법 제43조)에서 인정하는 '통화지급의 원칙'의 예외사유인 '법령 및 단체협약'에 의한 예외보다 그 인정범위가 훨씬 넓다. 이는 평균임금의 산정과 임금지급의 원칙의규범의 보호목적이 상이하기 때문이다.

[정리] 평균임금에 산입되는 임금 및 통화 이외의 '현물'로 지급되는 임금의 평균임금 해당여부

평균임금 산정의 기초가 되는 임금 총액에는 사용자가 근로의 대가로 근로자에게 지급하는 일체의 금품으로서 근로자에게 계속적 · 정기적으로 지급되고 그 지급에 관하여 단체협약 · 취업규칙 등에 의하여 사용자에게 지급의무가 지워져 있으면, 그 명칭 여하를 불문하고 모두 포함된다. 통화 이외의 '현물'로 지급되는 부분이 근로의 대가로서 취업규칙 · 단체협약규정 등에 사용자의 지급의무가 명시되어 있으며, 통화로 환가가 가능하다면, 현금이 아닌 '현물'로 지급되는 경우라도 평균임금 산정에 포함되는 임금의 범위에 해당할 수 있다는 것이 판례의 태도이다.

쟁점사례

통화 외의 것으로 지급된 임금의 평균임금 포함여부(행정고시 2018년 기출문제)

상시 200명의 근로자를 고용하여 다이아몬드 가공 공구를 제작하는 E회사는 소속 근로자에게 현금으로 매1개월마다 임금을 지급하였다. 이와 별도로 E회사는 사규에 따라 근로자에게 근로의 대가로서 매월 정기적으로 식대보조비와 연료보조비를 각각 현물로 지급하였다.

태국 국적의 근로자 乙은 2015년 9월 1일 E회사에 입사하여 설비의 관리를 담당해 왔다. 이후 乙은 2017년 3월 20일 사직하면서 E회사에 퇴직금 지급을 요구하였다. 이때 乙이 요구한 퇴직금은 식대보조비와 연료보조비를 포함하여 산정된 것이었다.

E회사는 (가) 乙이 외국인이므로 근로기준법이 적용되지 아니하고, (나) 퇴직금 산정에 현물로 지급된 식대보조비와 연료보조비가 포함되어서는 안 된다는 점을 들어 乙의 퇴직금지급 요구를 거부하였다. E회사가 제시한 사유 (가), (나)는 정당한가?

1. 국제사법 제28조에 의하여 근로계약의 경우에는 사용자가 근로자를 고용한 영업소가 있는 국가의 법에 의한다. (→ (2) 근로기준법의 속지주의 원칙, 1) 섭외사건에서의 준거법의 선택) 따라서 대한민국 내에서 근로자를 고용한 경우에는 그 근로자의 국적 여하를 불문하고 대한민국의 근로기준법 등의 노동 관련 법령이 적용되고, 乙은 근로기준법상 근로자에 해당하므로 乙이에게는 당연히 근로기준법이 적용된다. 따라서, 乙이 외국인이므로 근로기준법이 적용되지 아니하다는 E회사의 주장은 타당하지 않다.

2. **통화 이외의 현물로 지급되는 부분**이 ① 근로의 대가로서 ② 취업규칙 · 단체협약(또는 관행에 의해 근로조건으로 인정되는 경우 등 포함) 규정에 사용자의 지급의무가 명시되어 있으며 ③ 통화로 환가가 가능하다면, 연료보조비, 유류티켓, 상품권 등 현금이 아닌 '현물'로 지급되는 경우라도 평균임금 산정에 포함되는 임금에 해당 할 수 있으므로(대법원 1990.12.07. 선고 90다카19647 판결) 본 사례에서 현물로 지급된 식대보조비와 연료보조비는 근로기준법상 임금으로서, 이는 퇴직금 산정에도 포함되는 금품에 해당한다.

또한, 사안에서 乙은 하나의 사업장에서 1년 이상 근로하였으므로 乙의 1주간 소정 근로시간이 15시간 이상이라면 퇴직금을 받을 권리가 있으므로 乙의 퇴직금지급 요구를 거부하는 회사의 주장은 정당하지 않다.

사례연습 39

평균임금에 산입되는 임금(변호사시험 2018년 기출문제)

A회사는 외제승용차를 수입 판매하는 회사이고, 아래와 같은 '보수규정'에 따라 영업직 근로자들에게 보수를 지급하여 왔다. A회사에는 영업직 근로자를 조합원으로 하는 A노동조합(기업별 노동조합)이 조직되어 있다. A노동조합의 조합원인 근로자 은 A회사의 영업직 사원으로 입사하여 약 10년간 근무하여 오다가 개인적 사정을 이유로 2017.11.30.자로 사직하였다.

> [보수규정]
>
> 제33조(영업직 사원의 급여)
>
> ① 영업직 사원의 월 급여는 정액의 기본급과 영업실적에 따라 지급되는 성과급으로 구성한다.
>
> ② 기본급은 사원의 근속연수에 따라 차등 지급하며 지급액은 〈별표1〉의 내용에 따른다.
>
> ③ 성과급은 매월 급여산정기간 동안 사원이 판매한 자동차의 수에 비례하여 지급한다.
>
> ④ 전항의 성과급 액수는 차량 1대를 판매할 경우 발생하는 순이익의 10%로 한다.
>
> 제34조(중식)
>
> ① 회사는 영업직 사원에게 근무일 1일에 대하여 5,000원 상당의 중식을 제공할 수 있다.
>
> ② 전항의 중식은 구내식당에서 제공하며, 중식을 먹지 않는 사원에게 별도의 중식비를 지급하지 아니한다.

(질문1) A회사는 甲의 퇴직금을 산정 · 지급하면서 '보수규정' 제33조의 성과급과 제34조의 중 식에 상응하는 금액(5,000원)을 퇴직금 산정의 기초가 되는 평균임금에서 제외하였다. 이러한 A회사의 행위는 적법한가?

(질문2) 甲은 A노동조합이 2017. 10. 1.부터 같은 해 10. 31.까지 실시한 정당한 파업에 참여하였고, A회사는 甲의 퇴직금을 계산할 때 위 파업기간과 그 기간 중의 임금을 포함하여 평균임금을 산정하였다. 이러한 A회사의 평균임금 산정 방식은 적법한가?

Ⅰ. 설문1의 해결

1. 쟁점의 정리

사안에서 A회사는 甲의 퇴직금을 산정 · 지급하면서 '보수규정' 제33조의 성과급과 제34조의 중식에 상응하는 금액(5,000원)을 퇴직금 산정의 기초가 되는 평균임금에서 제외하였는 바, 이러한 A회사의 평균임금 산정의 적법성을 판단하기 위해서는 먼저 평균임금의 개념 및 평균임금의 산정기준을 살펴본 후, 개인의 업무 실적에 따른 성과급과 현물로 지급한 중식대가 평균임금에 포함되는지의 여부와 관련하여 이들의 근로기준법상 임금 해당성을 각각 검토하여야 할 것이다.

2. 평균임금의 산정

(1) 평균임금의 의의

'평균임금'이란 이를 산정하여야 할 사유가 발생한 날 이전 3개월 동안에 그 근로자에게 지급된 임금의 총액을 그 기간의 총일수로 나눈 금액을 하는 바(근로준법 제2조 제1항 제6호), 평균임금을 '사유가 발생한 날의 직전 3개월'이라는 가장 '최근'의 임금수준을 기초로 계산하는 이유는 근로자의 '현재의 생활수준'에 가장 근접한 임금수준을 반영하기 위함이다.

(2) 평균임금에 산입되는 임금

평균임금 산정의 기초가 되는 입금총액에는 사용자가 근로의 대가로 근로자에게 지급하는 일체의 금품으로서 근로자에게 계속적 · 정기적으로 지급되고 그 지급에 관하여 단체협약 · 취업규칙, 노사관행 등에 의하여 사용자에게 지급의무가 지워져 있으면, 그 명칭 여하를 불문하고 모두 포함된다. 통화 이외의 '현물'로 지급되는 부분이 근로의 대가로서 취업규칙 · 단체협약 등에 사용자의 지급의무가 명시되어 있으며, 통화로 환가가 가능하다면, 현금이 아닌 '현물'로 지급되는 경우라도 평균임금 산정에 포함되는 임금의 범위에 해당할 수 있다는 것이 판례의 태도이다.

(3) 개별적 판단

1) 개인의 업무 실적에 따른 개인 성과급의 임금성

근로자 개인의 업무실적에 따라 지급되는 인센티브(성과급)의 발생이 근로제공과 직접적으로 관련되거나 그것과 밀접하게 관련된 것으로 볼 수 있으며, 사용자에게 단체협약 등에 의한 지급의무가 지워진 것이라면 근로기준법상 임금에 해당하며, 이는 평균임금에 산정되는 임금에 포함된다. 판례도 동일한 취지에서 자동차 판매원의 실적에 따른 인센티브,(대법원 2011.07.14. 선고 2011다23149 판결) 병원의사가 지급받는 진료 포상비(대법원 2011.03.10. 선고 2010다77514 판결) 등의 임금성을 긍정한 바 있다.

2) 식대 보조비 등 현물급여의 임금성

통화 이외의 현물로 지급되는 부분이 ① 근로의 대가로서 ② 취업규칙 · 단체협약(또는 관행에 의해 근로조건으로 인정되는 경우 등 포함) 규정에 사용자의 지급의무가 명시되어 있으며 ③ 통화로 환가가 가능하다면, 식대보조비, 연료보조비, 유류티켓, 상품권 등 현금이 아닌 '현물'로 지급되는 경우라도 평균임금 산정에 포함되는 임금에 해당 할 수 있는 바(대법원 1990.12.07. 선고 90다카19647 판결), '식대'의 지급이 단체협약이나 취업규칙 등에 의거 사용자에게 지급의무가 있는 경우로서, 식대가 모든 근로자에게 계속적 · 정기적 · 일률적으로(근로자가 식사를 하건 하지 않건) 매월 일정액이 지급된다면 이는 임금이다. 식대를 금전이 아니라 식권으로 지급받은 경우에도 이를 금전으로 환가하여 평가할 수만 있다면 이는 근로기준법상 임금이다. 그러나 식사를 하는 경우에만 식대를 지급한다든지, 출근한 자에게만 식사를 현물로 주고 출근하더라도 먹지 않거나 결근한 자에게 달리 보상이 없는 경우와 같이 모든 근로자에게 계속적 · 정기적 · 일률적으로 지급된 것이 아니라면 이는 단순한 호의내지 실비변상으로 보아야 하므로 근로기준법상 임금에 해당하지 않는다.

3. 사안의 검토

(1) 개인의 업무 실적에 따른 성과급의 임금성 인정 여부

근로자 개인의 업무실적에 따라 지급되는 성과급으로서 그 발생이 근로제공과 직접적으로 관련되거나 그것과 밀접하게 관련된 것으로 볼 수 있으며, 사용자에게 단체협약 등에 의한 지급의무가 지워진 것이라면 근로기준법상 임금에 해당할 것인 바, ① A회사는 외제승용차를 수입·판매하는 회사이므로, 영업사원들이 차량판매를 위하여 하는 영업활동은 A회사에 대하여 제공하는 근로의 일부라 볼 수 있으므로 성과급의 발생이 근로제공과 직접적으로 관련되거나 그것과 밀접하게 관련된 것으로 볼 수 있으며, ② (i) A회사 보수규정 제33조에 제1항에서 「영업직 사원의 월급여는 정액의 기본급과 영업실적에 따라 지급되는 성과급으로 구성한다.」고 규정하고 있고, 동조 제2항 및 제3항에서 「성과급은 매월 급여산정기간 동안 사원이 판매한 자동차의 수에 비례하여 지급하고, 성과급액수는 차량 1대를 판매할 경우 발생하는 순이익의 10%로 한다.」 고 규정하고 있으며, (ii) 성과급은 매월 급여산정기간 동안 판매한 자동차 수에 비례하여 지급되므로 정기적·계속적으로 지급되고 있는 것으로서 사용자에게 지급의무가 인정되고 그 지급이 개인 근로자의 특수하고 우연한 사정에 의하여 좌우되는 우발적·일시적 급여라고 할 수도 없으며, (iii) 또한 A회사는 근로자 甲이 차량 1대를 판매하면 순이익의 10%를 지급할 의무가 있으므로 이를 은혜적으로 지급하는 것이라고 볼 수 없다 할 것이다. 따라서, 사안에서의 '성과급'은 임금성이 인정되므로 퇴직금 계산의 기초가 되는 임금총액에 포함된다.

(2) 중식대의 임금성 인정 여부

A회사 보수규정 제34조에 제1항에서 '회사는 영업직 사원에게 근무일 1일에 대하여 5,000원 상당의 중식을 제공할 수 있다.'라고 하여 중식 제공과 관련하여 의무규정이 아닌 임의규정 형식으로 규정하고 있고, 동조 제2항에서는 '중식은 구내식당에서 제공하며, 중식을 먹지 않는 사원에게 별도의 중식비를 지급하지 아니한다.'고 규정하여 점심시간에 구내식당에서 식사를 하지 않는 경우 별도의 중식비를 지급해야할 의무가 없음을 명백히 하고 있다. 따라서, A회사가 제공하는 중식은 근로자들의 후생복지를 위해 임의적 은혜적으로 지급하는 것이라고 판단된다.3)

4. 결론

A회사가 甲의 퇴직금을 산정·지급하면서 '보수규정' 제33조의 성과급과 제34조의 성과금을 퇴직금 산정의 기초가 되는 평균임금에서 제외하는 것은 부당하지만, 중식에 상응하는 금액(5,000원)을 제외한 것은 타당하다.

II. 설문2의 해결

1. 쟁점의 정리

사안에서 A회사는 甲의 퇴직금을 산정하면서 파업기간과 그 기간 중의 임금을 포함하여 평균임금을 산정하였는 바, 평균임금을 산정하는 경우에 정당한 쟁의행위기간과 그 기간중의 임금을 포함하는 것이 적법한지의 여부가 평균임금의 계산에서 제외되는 기간과 임금의 범위와과 관련하여 문제된다.

2. 평균임금의 계산에서 제외되는 기간과 임금

평균임금은 평균임금을 산정하여야 할 사유가 발생한 날 이전 3개월 동안에 그 근로자에게 지급된 임금의 총액을 그 기간의 총일수로 나눈 금액으로 산정한다.(근로기준법 제2조 제1항 제6호) 다만, 평균임금을 산정하기 위한 3개월의 기간 중에 근로기준법 시행령 제2조 제1항 각호의 어느 하나에 해당하는 기간이 있는 경우에는 그 기간과 그 기간중에 지급된 임금은 평균임금 산정기준이 되는 기간과 임금의 총액에서 각각 제외하는 바, 근로기준법 시행령 제2조 제1항 제6호는 '노조법 제2조 제6호에 따른 쟁의행위기간'을 규정하고 있다.

3. '근로기준법 시행령 제2조 제1항 제6호'의 의미

근로자의 정당한 권리행사 또는 근로자에게 책임을 돌리기에 적절하지 않은 사유로 근로자가 평균임금 산정에서 불이익을 입지 않도록 특별히 배려한 근로기준법 시행령 제2조의 취지 및 성격을 고려할 때, '노동조합 및 노조법 제2조 제6호의 규정에 의한 기간'이란 헌법과 노동조합법에 의하여 보장되는 적법한 쟁의행위로서의 주체, 목적, 절차, 수단과 방법에 관한 요건을 충족한 쟁의행위 기간만을 의미한다는 것이 판례의 태도이다. 따라서, 근로자의 쟁의행위의 경우에 근로기준법 시행령 제2조가 적용되어 총일수에서 제외되는 기간은 헌법과 노조법에 의하여 보장되는 적법한 쟁의행위로서의 요건을 충족한 쟁의행위기간만을 의미하며, 불법쟁의행위 기간의 일수와 그 기간 중에 지급받은 임금액은 평균임금 산정기초에서 제외하지 않는다.(대법원 2009.05.28. 선고 2006다17287 판결)

4. 결론

근로자 甲의 퇴직금 산정시 필요한 평균임금은 퇴직전 3개월동안 지급된 임금의 총액을 3개월동안의 총일수로 나누어 산출하여야한다. 그런데, 근로자 甲은 A노동조합이 2017. 10.1.부터 같은 해 10.31.까지 실시한 정당한 파업에 참여하였다. 따라서, A회사는 근로자 甲의 퇴직금 계산과 관련된 평균임금 산정시 근로기준법시행령 제2조 제1항 제6호를 적용하여 위 파업기간과 그 기간 중의 임금을 평균임금 산정기준이 되는 기간과 임금의 총액에서 각각 빼야 한다. 그럼에도 A회사는 甲의 퇴직금을 계산할 때 위 파업기간과 그 기간 중의 임금을 포함하여 평균임금을 산정하였는 바, 이는 근로기준법시행령 제2조 제1항 제6호에 위반되므로 이러한 A회사의 평균임금 산정방식은 부적법하다.

---

3) 대법원도 현물로 지급되는 중식대 상당의 금액은 근로자의 후생복지를 위해 제공되는 것으로서 근로의 대가인 임금이라고 볼 수 없다고 보았다.(대법원 2005.09.09. 선고 2004다41217 판결)

(4) 평균임금에 산입되는 임금의 구체적인 범위

1) 의의

평균임금 산정의 기초가 되는 임금 총액에는 **사용자가 근로의 대가로 근로자에게 지급하는 일체의 금품**으로서 근로자에게 계속적 · 정기적으로 지급되고 그 지급에 관하여 단체협약 · 취업규칙 등에 의하여 사용자에게 지급의무가 지워져 있으면, 그 명칭 여하를 불문하고 모두 포함된다. 따라서, 평균임금 산정 사유발생일 이전 3개월 동안 지급된 '임금 총액'에 포함되는 임금의 범위와 '근로기준법상 임금'에 포함되는 금품의 범위는 사실상 거의 동일하다고 보아도 무방하다. 그리고, 이러한 근로기준법상 임금에는 근로자에게 실제로 지급한 임금뿐 아니라 평균임금 산정 사유가 발생한 날을 기준으로 하여 당연히 지급되었어야 하는 임금 중 실제로 지급되지 않은 임금(예 체불된 임금)도 포함된다.(대법원 1994.04.11. 선고 87다카2901 판결)

2) 평균임금에 산정할 대상에 대한 합의

퇴직금 산정에 관하여, 노사 간 별도 합의로 평균임금에 산정할 대상을 제외하거나 포함하는 경우라도, 결과적으로 산정된 퇴직금액이 법에서 정한 퇴직금의 하한을 상회하는 금액이라면, 그러한 합의는 유효하다.(대법원 2006.05.26. 선고 2003다54322,54339 판결 등) 반면에, 공적 보험인 산재 보험급여액 산정을 위한 평균임금 산정에서는 현실로 지급되거나 지급될 임금만을 포함하지, 노사합의로 평균임금에 산정할 대상을 제외하거나 포함하는 것은 허용되지 않는다. (대법원 2003.06.27. 선고 2003두2151 판결)

3) 상여금(성과급) 등의 평균임금 삽입

상여금[4]과 같이 매월 정기적으로 지급되는 임금이 아닌 경우에는 사유 발생일 3개월 전에 지급되었는지의 여부와 무관하게 사유 발생일 전 12개월 동안 지급받은 전액을 12개월로 나누어 1개월 평균액을 산정하여 3개월분을 평균임금의 계산에 포함시킨다. 1년에 1~2회 정도 정기적으로 지급되는 것과 같이 1월을 초과하는 간격을 두고 지급되는 정근수당 등도 1년분을 분할계산하여 3개월분을 평균임금에 포함시킨다. 또한, 분기별로 지급되는 성과급도 사유 발생일 전 12개월 동안 지급받은 전액을 12개월로 나누어 1개월 평균액을 산정하여 3개월분을 평균임금의 계산에 포함시킨다.

예 1년 동안의 성과급(상여금) 총액이 240만원인 경우 : 240만원의 3/12 = 60만원을 평균임금에 포함시킴.

4) 미사용 연차유급휴가수당의 평균임금 산입

근로자가 퇴직하는 경우에 발생하는 미사용연차휴가 수당은 ① 퇴직하기 전에 이미 발생한 연차휴가 미사용수당과 ② 퇴직으로 인하여 비로소 지급사유가 발생한 '미사용 연차유급휴가수당이 있는데, **퇴직하기 전에 이미 발생한 연차휴가 미사용수당만이 평균임금 산정에 포함되며,** 퇴직으로 인하여 비로소 지급사유가 발생한 '미사용 연차유급휴가수당은 평균임금 산정에 포함되지 않는다. 미사용 연차휴가 수당도 성과급(상여금)과 마찬가지로 12개월로 나누어 1개월 평균액을 산정하여 3개월분을 평균임금의 계산에 포함시킨다.

---

4) 지급조건, 금액, 시기 등이 사전에 미리 정해진 상여금으로서 근로기준법상 임금에 해당하는 상여금을 의미한다.

(5) 특수한 기간

1) 근로기준법 시행령 제2조 등의 기간

가. 제외되는 기간(근로기준법 시행령 제2조 등)

① **수습사용중인 기간**, ② **사용자의 귀책사유로 휴업한 기간**, ③ **출산전 후 휴가기간 , 육아휴직 기간**, ④ **업무상 부상 또는 질병요양을 위해 휴업한 기간**, ⑤ 업무외 부상 또는 질병기타의 사유로 인하여 사용자의 승인을 얻어 휴직한 기간, ⑥ **적법한 쟁의 행위기간**, ⑦ 병역법, 향토예비군 설치법, 민방위 기본법에 따른 의무이행을 위해 휴직하거나 근로하지 못한 기간 , ⑧ **육아기 근로시간단축기간**(고평법 제19조의3조 제4항), ⑨ **노동조합 전임기간**(노조전임자는 동일직급 및 동일호봉 근로자의 평균임금(대법원 1998.04.24. 선고 97다54727 판결)), ⑩ **부당해고 기간, 부당 대기발령기간, 부당 감봉기간**(서울고법 1992.04.10. 선고 91나33621 판결)

근로자의 출산전후 휴가라든지 산재와 같이 근로자에게 책임이 없는 사유로 장기간 결석하는 경우에도 평균임금이 낮아지는 결과가 발생하는 것은 부당하기 때문에, **근로기준법 시행령 2조 제1항이 열거한 특정 사유에 해당하는 기간**이 있는 경우에는 **그 '기간'과 그 기간 중에 지불된 '임금'은 평균임금산정이 되는 기간과 임금의 총액에서 제외**하고 나머지의 기간과 나머지 기간 동안에 지급된 임금의 총액을 기준으로 평균임금을 산정한다.이 때 평균임금의 계산에서 제외되는 기간(근로기준법 시행령 제2조)이 3개월 이상인 경우에는 제외되는 기간의 최초일을 평균임금의 산정사유가 발생한 날로 보아 평균임금을 산정한다.(평균임금 산정 특례 고시 제1조) 즉, 제외되는 기간이 3개월 이상인 경우에는, 제외 기간 최초일을 기산일로 하여 그 사유 발생일 이전 3개월 동안의 총일수를 기준으로 한다.

근로기준법 시행령 제2조 제1항의 사유는 **제한적인 열거규정**으로 해석되기 때문에 동 규정에 명시되지 않는 기간은 원칙적으로 평균임금의 산정제외기간에 해당하지 않는다. 다만, 근로기준법 시행령 제2조 제1항이 열거한 경우 이외에도 다른 법률(예 고평법 제19조의3조 제4항)에서 정한 경우 및 판례가 평균임금 선정 제외기간으로 인정한 일정한 경우 (예 부당해고 기간, 부당 대기발령기간, 부당 감봉기간 등)도 평균임금의 산정제외기간에 포함된다

나. 제외되지 않는 기간

① **근로자의 개인 사정으로 결근한 기간**(개인사유로 인한 휴업기간)
② **근로자의 귀책사유로 인한** 직위해제기간, 대기발령기간, 감봉기간 등 징계 기간
③ **개인적인 범죄**로 구속 기소되어 직위 해제되었던 기간(대법원 1994.04.12. 선고 92다20309 판결)
④ **불법쟁의행위 기간**(대법원 2009.05.28. 선고 2006다17287 판결)

근로자의 개인 사정으로 결근한 기간(개인사유로 인한 휴업기간)은 물론, 근로자 개인적인 범죄로 구속 기소되어 직위 해제되었던 기간은 근로기준법시행령 제2조 제1항 소정의 어느 기간에도 해당하지 않으므로 그 기간의 일수와 그 기간 중에 지급받은 임금액은 평균임금 산정기초에서 제외될 수 없고, **만일 그 기간과 임금을 포함시킴으로 인하여 평균임금 액수가 낮아져 평균임금이 통상 임금을 하회하게 되는 경우에는 근로기준법 제2조 제2항에 의해 통상임금을 평균임금으로 하여야 한다.**(대법원 1994.04.12. 선고 92다20309 판결) 근로자의 귀책사유에 의한 대기발령기간, 감봉기간 등 징계 기간 등도 마찬가지이다.

2) 쟁의행위기간 및 노조전임자의 평균임금 산정

가. 쟁의행위기간의 평균임금 산정

근로자의 '노조법 제2조제6호에 따른 쟁의행위기간'과 그 기간 중에 지불된 '임금'은 평균임금산정이 되는 기간과 임금의 총액에서 제외하고 나머지의 기간과 나머지 기간 동안에 지급된 임금의 총액을 기준으로 평균임금을 산정한다.(근로기준법 시행령 제2조 제1항 제6호) 근로자의 정당한 권리행사 또는 근로자에게 책임이 있다고 보기 어려운 사유로 근로자가 평균임금 산정에서 불이익을 입지 않도록 특별히 배려한 근로기준법 시행령 제2조 제1항의 취지와 성격을 고려할 때, 헌법과 노동조합법에 따라 보장되는 적법한 쟁의행위의 주체, 목적, 절차, 수단과 방법에 관한 요건을 충족한 적법한 쟁의행위기간은 제6호의 '노동조합법 제2조 제6호에 따른 쟁의행위기간'을 가리킨다고 할 수 있다. 따라서 위와 같은 요건을 충족하지 못하는 위법한 쟁의행위기간 · 평균임금 산정기초에서 제외하지 않는다.(대법원 2009.05.28. 선고 2006다17287 판결)

나. 직장폐쇄기간중의 평균임금 산정

근로기준법 제2조 제1항 제6호의 평균임금 개념과 산정 방식, 근로기준법 시행령 제2조 제1항의 취지와 성격, 근로자의 위법한 쟁의행위 참가기간의 근로기준법 시행령 제2조 제1항 제6호 기간 해당 여부, 직장폐쇄와 사용자의 임금지급의무의 관계 등을 종합하여 고려할 때, ① 근로기준법 시행령 제2조 제1항의 입법 취지와 목적을 감안하면, 사용자가 쟁의행위로 적법한 직장폐쇄를 한 결과 근로자에 대해 임금지급의무를 부담하지 않는 기간은 원칙적으로 같은 조항 제6호의 기간에 해당한다. 다만 이러한 직장폐쇄기간이 근로자들의 위법한 쟁의행위 참가기간과 겹치는 경우라면 근로기준법 시행령 제2조 제1항 제6호의 기간에 포함될 수 없다. ② 위법한 직장폐쇄로 사용자가 여전히 임금지급의무를 부담하는 경우라면, 근로자의 이익을 보호하기 위해 그 기간을 평균임금 산정기간에서 제외할 필요성을 인정하기 어려우므로 근로기준법 시행령 제2조 제1항 제6호에 해당하는 기간이라고 할 수 없다.

다. 노조전임자의 평균임금 산정

노조전임자는 근로의무가 면제되어 휴직자와 유사한 지위에 있으므로, 설령 사용자가 단체협약에 의하여 일정한 금품을 지급하더라도 이를 근로의 대가인 임금이라 할 수 없으므로 노조전임자의 평균임금은 노조 전임자와 동일 직급 · 호봉의 근로자들의 평균임금을 기준으로 산정한다는 것이 판례의 입장이다.(대법원 1998.04.24. 선고 97다54727 판결) 한편, 근로시간면제제도가 도입된 이후 근로시간 면제자에 대한 급여는 해당 사업장에서 근로의 대가로 보아야 하므로, 동종, 유사업무에서 일하는 유사한 직급이나 호봉의 일반 근로자의 급여수준과 비교할 때 과다하게 책정되지 않는 한 근로시간면제자에게 지급된 급여의 성격은 임금으로 봄이 타당하다는 것이 판례의 태도이다.(대법원 2018.04.26. 선고 2012다8239 판결) 따라서, 근로시간면제자의 퇴직금과 관련한 평균임금을 산정할 경우에는 특별한 사정이 없는 한 근로시간 면제자가 단체협약 등에 따라 지급받는 급여를 기준으로 하되, 다만, 과도하게 책정되어 임금으로서 성격을 가지고 있지 않은 초과 급여 부분은 제외하여야 할 것이다.

관련판례 대법원 2019.6.13. 선고 2015다65561 판결 쟁의행위기간과 직장폐쇄기간의 평균임금 산정

[1] 근로기준법 제2조 제1항 제6호는 '평균임금이란 이를 산정하여야 할 **사유가 발생한 날 이전 3개월** 동안에 그 근로자에게 지급된 임금의 총액을 그 기간의 총일수로 나눈 금액을 말한다.'라고 평균임금 산정 원칙을 명시하고 있다. 일반적으로 위와 같은 산정 방법이 사유 발생 당시 **근로자의 통상적인 생활임금**을 가장 정확하게 반영하기 때문이다. 그러나 위와 같은 산정 원칙을 모든 경우에 획일적으로 적용하면 근로자의 통상적인 생활임금을 사실대로 반영하지 못하거나 근로자에게 가혹한 결과를 초래할 수 있다.

근로기준법 시행령 제2조 제1항은 평균임금 산정 원칙에 대한 예외 규정이다. 이에 따라 평균임금 산정기간 중에 노동조합 및 노동관계조정법(이하 '노동조합법'이라 한다) 제2조 제6호에 따른 **쟁의행위기간**(제6호) **등**이 있는 경우에는 그 기간과 그 기간 중에 지불된 임금은 평균임금 산정기준이 되는 **기간과 임금**의 총액에서 **각각 공제**된다. 이는 **근로자의 임금 감소가 예상되는 기간 중 특별히 근로자의 권리행사 보장이 필요하거나 근로자에게 책임이 있다고 보기 어려운 경우에 한하여 예외적으로 평균임금 산정기간에서 제외하도록 함으로써, 평균임금 산정에 관한 원칙과 근로자 이익 보호 사이의 조화를 실현하고자 한 것이다.**

근로자의 정당한 권리행사 또는 근로자에게 책임이 있다고 보기 어려운 사유로 근로자가 평균임금 산정에서 불이익을 입지 않도록 특별히 배려한 **근로기준법 시행령 제2조 제1항의 취지와 성격**을 고려할 때, 헌법과 노동조합법에 따라 보장되는 **적법한 쟁의행위**의 주체, 목적, 절차, 수단과 방법에 관한 요건을 **충족한 쟁의행위기간**은 제6호의 '**노동조합법 제2조 제6호에 따른 쟁의행위기간**'을 가리킨다고 할 수 있다. 위와 같은 요건을 충족하지 못하는 위법한 쟁의행위기간은 이에 포함되지 않는다.

[2] 노동조합 및 노동관계조정법 제46조에서 정하는 사용자의 직장폐쇄는 사용자와 근로자의 교섭태도와 교섭과정, 근로자의 쟁의행위의 목적과 방법, 그로 인하여 사용자가 받는 타격의 정도 등 구체적인 사정에 비추어 근로자의 쟁의행위에 대한 방어수단으로서 상당성이 있어야만 사용자의 정당한 쟁의행위로 인정될 수 있다. 노동조합의 쟁의행위에 대한 방어적인 목적을 벗어나 적극적으로 노동조합의 조직력을 약화시키기 위한 목적이 있는 선제적, 공격적 직장폐쇄에 해당하는 경우에는 정당성이 인정되지 않는다. 직장폐쇄가 정당한 쟁의행위로 평가받지 못하는 경우에는 사용자는 원칙적으로 직장폐쇄기간 동안 대상 근로자에 대한 임금지급의무를 면할 수 없다.

[3] **근로기준법 제2조 제1항 제6호의 평균임금 개념과 산정 방식, 근로기준법 시행령 제2조 제1항의 취지와 성격, 근로자의 위법한 쟁의행위 참가기간의 근로기준법 시행령 제2조 제1항 제6호 기간 해당 여부, 직장폐쇄와 사용자의 임금지급의무의 관계 등을 종합**하여 다음과 같은 결론을 도출할 수 있다.

첫째, 근로기준법 시행령 제2조 제1항의 입법 취지와 목적을 감안하면, **사용자가** 쟁의행위로 **적법한 직장폐쇄를 한 결과 근로자에 대해 임금지급의무를 부담하지 않는 기간은 원칙적으로 같은 조항 제6호의 기간에 해당한다.** 다만 이러한 직장폐쇄기간이 근로자들의 **위법한 쟁의행위 참가기간과 겹치는 경우**라면 **근로기준법 시행령 제2조 제1항 제6호의 기간에 포함될 수 없다.**

둘째, **위법한 직장폐쇄**로 사용자가 여전히 임금지급의무를 부담하는 경우라면, 근로자의 이익을 보호하기 위해 그 기간을 평균임금 산정기간에서 제외할 필요성을 인정하기 어려우므로 **근로기준법 시행령 제2조 제1항 제6호에 해당하는 기간이라고 할 수 없다.**

이와 달리 직장폐쇄의 적법성, 이로 인한 사용자의 임금지급의무 존부 등을 고려하지 않은 채 일률적으로 사용자의 직장폐쇄기간이 근로기준법 시행령 제2조 제1항 제6호에서 말하는 '노동조합 및 노동관계조정법 제2조 제6호에 따른 쟁의행위기간'에 해당한다고 할 수 없다.

(6) 특수한 경우의 평균임금

(근로기준법 제2조 제1항 제6호) + (근로기준법 제2조 제2항) → (대법원 2009.05.28. 선고 2006다17287 판결) : 시행령 제2조 제1항/ 시행령 제4조

1) 일반적인 평균임금의 산정(→사례: 39)

평균임금'이란 이를 산정하여야 할 사유가 발생한 날 이전 3개월 동안에 그 근로자에게 지급된 임금의 총액을 그기간의 총일수로 나눈 금액을 말한다.(근로기준법 제2조 제1항 제6호) 평균임금을 '사유가 발생한 날의 직전 3개월'이라는 가장 '최근'의 임금수준을 기초로 계산하는 이유는 근로자의 '현재의 생활수준'에 가장 근접한 임금수준을 반영하기 위해서이다. 따라서, 어떤 특별한 사정으로 인하여 평균임금으로 산출한 금액이 통상임금으로 산출한 금액보다 적게 되는 경우에는 통상임금을 평균임금으로 한다.(근로기준법 제2조 제2항) 즉, 통상임금이 평균임금의 최저한도인 것이다. **그런데 그와 같이 통상임금을 평균임금의 최저수준으로 하는 것이 현저하게 불합리한 경우라면, 근로자의 통상적인 생활임금을 사실대로 반영할 수 있는 합리적이고 타당한 다른 방법으로 그 평균임금을 따로 산정한다.**(대법원 2009.05.28. 선고 2006다17287 판결)→시행령 제2조 제1항/ 시행령 제4조

관련 문제 _ 평균임금의 최저한도 보장

평균임금이 통상임금보다 저액인 경우에는 그 근로자의 **통상임금을 평균임금으로 한다.**(근로기준법 제2조 제2항) 이는 평균임금의 산정 기간 중에 근로자의 귀책사유로 근로를 제공하지 못하거나 정상적으로 근로하지 못한 기간(예컨대 결근, 정직 등)이 많은 경우 그 지급받은 임금총액이 통상의 경우보다 낮아질 수 있으므로 평균임금의 최저한도를 보장함으로써 근로자를 보호하기 위한 것이다. 그런데, 근로기준법 제2조 제2항에 의하여 통상임금을 평균임금으로 하는 경우에 있어서, 하여 퇴직금을 산정해야 하는데, 이를테면, 근로자의 급여가 대부분 실적급으로 되어 있어 실적급을 제외한 통상임금으로 평균임금을 산정하게 통상임금이 평균임금의 3분의 1에도 미치지 못하기 때문에, 근로기준법 제2조 제2항이 규정한 평균임금 산정방법을 그대로 적용하는 것이 **불합리한 경우**라면, **근로자의 통상적인 생활임금을 사실대로 반영할 수 있는 합리적이고 타당한 다른 방법으로 그 평균임금을 따로 산정해야 할 것이다.** (대법원 2009.05.28. 선고 2006다17287 판결)

관련 문제 _ 수습기간 중의 평균임금 산정

근로자의 '수습기간'과 그 기간 중에 지불된 '임금'은 평균임금산정이 되는 기간과 임금의 총액에서 제외하고 나머지의 기간과 나머지 기간 동안에 지급된 임금의 총액을 기준으로 평균임금을 산정한다.(근로기준법 시행령 제2조 제1항 제1호) 그런데, 근로자의 수습의 경우에 근로기준법 시행령 제2조가 적용되어 총일수에서 제외되는 것은 **수습기간과 정상적인 급여를 받은 기간이 혼재되는 경우에 한하며,** 근로자가 수습받기로 하고 채용되어 근무하다가 수습기간이 끝나기 전에 평균임금 산정사유가 발생한 경우와 같이 오로지 수습기간만 존재하고 정상적인 급여를 받은 기간이 전혀 없었던 경우에는 근로기준법 시행령 제2조가 적용될 여지가 없으므로, **수습기간을 평균임금 산정되는 기간에서 제외하지 아니하고** 수습기간 중에 수습사원으로서 받는 임금을 기준으로 평균임금을 산정하는 것이 평균임금 제도의 취지에 비추어 타당하다는 것이 판례의 태도이다.(대법원 2014.09.04. 선고 2018두1232 판결)

2) 특수한 경우의 평균임금의 산정(근로기준법 시행령 제4조)(→사례: 40)

> **근로기준법 시행령 제4조(특별한 경우의 평균임금)** 법 제2조 제1항 제6호, 이 영 제2조 및 제3조에 따라 평균임금을 산정할 수 없는 경우에는 고용노동부장관이 정하는 바에 따른다.

가. 의의

근로기준법에서 정한 방법에 의하여 평균임금을 산정할 수 없는 특수한 경우에는 고용노동부장관이 정한 '평균임금산정 특례 고시'에서 정한 방법('방법'이지 '금액'이 아님을 주의할 것)에 따르는데(근로기준법 시행령 제4조), '평균임금산정 특례 고시'가 예시한 '특수한 경우'의 평균임금 산정방법은 제한적이기 때문에, 특례 고시가 적용되지 못하는 특수한 경우도 적지 않다. 이러한 **'특수한 경우'라 함은 평균임금의 산정이 기술상 불가능한 경우만을 가르키는 것이 아니고,** 설령 평균임금의 산정이 기술상 가능한 경우라 하더라도 **그 결과가 근로자의 전체 근로기간, 임금액의 변동 정도 등을 비롯한 제반사정을 종합적으로 고려할 때 지나치게 많거나 적게 산정되는 등 현저하게 부적당하여 근로기준법에서 정한 평균임금 산정방법을 그대로 적용하는 것이 불합리한 경우라면,** 근로자의 통상적인 생활임금을 사실대로 반영할 수 있는 합리적이고 타당한 다른 방법으로 그 평균임금을 따로 산정한해야 한다는 것이 판례의 태도이다.(대법원 2009.05.28. 선고 2006다17287 판결)

나. 평균임금이 지나치게 높은 경우

근로자의 의도적인 행위로 현저하게 많이 지급된 임금 항목이 있는 경우 통상의 생활임금을 사실대로 반영한다는 평균임금의 취지에 맞게 근로자가 그러한 의도적인 행위를 하기 직전 3개월 동안의 임금을 기준으로 하여 근로기준법이 정하는 방식에 따라 평균임금을 산정함이 타당하다.(대법원 2009.10.15. 선고 2007다72519 판결), 즉, 그러한 의도적인 행위를 한 기간을 제외하고 그 이전 3개월의 수입을 기준으로 평균임금을 산정할 것이다.

(예) 택시기사인 근로자가 퇴지금을 더 받기 위하여 퇴직전 5개월간 평소보다 월등히 높은 수입금을 납부한 경우, 사납금 초과 수입금 부분에 대하여는 의도적인 행위를 하기 직전 3개월 동안의 임금을 기준으로 평균임금을 산정하는 것이 적절하다(대법원 2009.10.15. 선고 2007다72519 판결).

다. 평균임금이 지나치게 낮은 경우

마찬가지로, 평균임금을 산정한 결과가 현저하게 낮아 이를 기초로 퇴직금을 산정하는 것이 부적당한 경우에는 평균임금제도의 취지에 비추어 그러한 사유가 발생하기 이전 3개월간의 임금을 기준으로 산정함이 타당하다.(대법원 1999.11.12. 선고 98다49357 판결)

(예) 구속으로 인한 휴직의 경우

개인적인 범죄로 구속기소되어 직위해제되었던 기간과 임금을 포함시킴으로 인하여 평균임금 액수가 낮아져 평균임금이 통상임금을 하회하게 되는 경우에는 같은 법 제2조 제2항에 따라 통상임금을 평균임금으로 하여 퇴직금을 계산하여야 한다.(대법원 1994.04.12. 선고 92다20309 판결) 그런데, 통상임금이 퇴직 전 3개월간 지급된 임금을 기초로 산정한 평균임금보다 현저하게 적은 경우에는 휴직 전 3개월간의 임금을 기준으로 평균임금을 산정하여야 한다.'.
(대법원 1999.11.12. 선고 98다49357 판결)

사례연습 40

퇴직금(평균임금)의 산정(2014년도 제2차 변호사시험 모의시험)

근로자 甲은 2004.7. 1. A회사에 영업직 사원으로 입사하여 근무하던 중, 2012.7. 1.부터 7.15.까지 15일간 불법파업을 주도하였고, 이 사실로 인해 같은 해 9. 15.부터 11. 14.까지 2개월간 정직 처분을 받았다. 2013년도 연차휴가와 관련하여, A회사는 '8할 이상 출근한 사원에게는 15일의 연차유급휴가를 준다.'라는 취업규칙 제20조 제1항 및 '제1항의 출근율 계산에서 결근, 휴직 또는 정직 등 근로자 본인의 귀책사유로 근무하지 못한 날은 결근으로 본다.'라는 같은 조 제6항에 따라 정직 기간을 결근으로 처리하였다.

한편, 근로자 甲은 2013.8.15. 간통죄로 구속 수감되자 그 때부터 같은 해 9. 14.까지는 무급휴가를 신청하고, 같은 해 9. 15.부터는 휴직을 하였다가 2014. 1. 15. 퇴직하였다, A회사의 취업규칙 제30조 제1항에서는 영업직 사원의 퇴직금에 대하여 '퇴직금은 평균 월급여에 근속년수를 곱한 금액으로 산출하되, 평균 월급여는 퇴직 전 3개월간 지급된 월급여를 3등분한 금액으로 산정한다.'라고 규정하고 있다. 또한, 같은 조 제2항에서는 '영업직 사원의 월급여는 정액의 기본급여(150만원)와 영업실적에 따라 지급되는 능률급여로 구성된다.'라고 규정하고 있다. 근로자 甲은 2013.8.15. 이전에는 통상적으로 매월 350~400만원의 월급여를 지급받았고 그 중 200~ 250만원은 능률급여였다. 그러나 근로자 은 2013. 8.15. 이후에는 영업실적이 없었기 때문에 능률급여를 전혀 받지 못하였다. A회사의 근로자 甲의 퇴직금을 산정함에 있어 평균 월급여를 150만원으로 계산하였다.

A회사가 근로자 甲의 퇴직금을 산정함에 있어 능률급여를 제외하고 기본급여(150만원)만으로 계산한 것은 노동법적으로 타당한가?

1. 쟁점의 정리

사안에서 근로자 갑은 간통죄로 인한 구속 수감이라는 근로자 본인의 귀책사유로 인하여 무급휴가를 사용한 후, 다시 휴직을 하다가 퇴직하게 되었고, 이러한 사정으로 인하여 퇴직 전 3개월 이상의 기간 동안 영업실적이 없어 갑은 능률급여를 전혀 받지 못하게 되었다. 그러자 A회사는 능률급여를 제외한 기본급여 150만원만으로 甲의 평균 월급여를 계산하였는데, 이와 같이 갑이 평소 받던 통상적인 월급여 금액에 비하여 현저하게 적은 금액인 150만원을 기준으로 퇴직금을 산정한 것이 노동법적으로 타당한지 여부와 관련하여 ① 먼저 법정퇴직금제도 및 법정퇴직금을 위한 평균임금의 산정에 대하여 살펴본 후, ② 능률급여가 평균임금의 산정대상인지 여부, ③ 근로자의 개인적 범죄에 의한 휴직기관이 평균임금산정기간에 포함되는지 여부 등을 검토하도록 한다.

2. 법정 퇴직금의 보장

퇴직금제도를 설정하려는 사용자는 계속근로기간 1년에 대하여 30일분 이상의 평균임금을 퇴직금으로 퇴직 근로자에게 지급할 수 있는 제도를 설정하여야 하므로(근로자퇴직급여보장법 제8조 제1항) 사용자는 근로자의 계속근로연수 1년에 대하여 퇴직당시의 평균임금 30일분 이상을 법정 퇴직금으로 지급하여야 한다.(근퇴법 제8조 제1항) 법정 기준에 미달하는지 여부에 대한 판단은 해당 근로조건을 전체적으로 판단하여 법 소정의 최저기준과 비교하여 판단하여야 한다.(대법원 1994.05.24. 선고 93다46841 판결)

3. 법정퇴직금을 위한 평균임금의 산정

(1) 평균임금의 의의

(2) 능률급여가 평균임금 산정에 포함되는 지 여부

1) 평균임금의 산정기초

평균임금 산정의 기초가 되는 임금총액에는 사용자가 근로의 대가로 근로자에게 지급하는 일체의 금품으로서 근로자에게 계속적 · 정기적으로 지급되고 그 지급에 관하여 단체협약 · 취업규칙 등에 의하여 사용자에게 지급의무가 지워져 있으면, 그 명칭 여하를 불문하고 모두 포함된다.

2) 성과급(인센티브)의 경우

근로자 개인의 업무실적에 따라 지급되는 성과급(인센티브)의 발생이 근로제공과 직접적으로 관련되거나 그것과 밀접하게 관련된 것으로 볼 수 있으며, 사용자에게 단체협약 등에 의한 지급의무가 지워진 것이라면 근로기준법상 임금에 해당하며, 이는 평균임금에 산정되는 임금에 포함된다. 판례도 동일한 취지에서 '자동차 판매원의 실적에 따른 인센티브, 병원의사가 지급받는 진료 포상비 등의 임금성을 긍정하면서 위 인센티브는 퇴직금산정의 기초가 되는 평균임금에 해당한다.'라고 판시한 바 있다.(대법원 2011.07.14. 선고 2011다23149 판결 등)

3) 사안의 경우

① A회사는 외제승용차를 수입 · 판매하는 회사이므로, 영업사원들이 차량판매를 위하여 하는 영업활동은 A회사에 대하여 제공하는 근로의 일부라 볼 수 있으므로 능률급여(성과급)의 발생이 근로제공과 직접적으로 관련되거나 그것과 밀접하게 관련된 것으로 볼 수 있으며, ② A회사의 취업규칙 제30조 제1항은 영업직 사원의 퇴직금에 대하여 '퇴직금은 평균 월급여에 근속년수를 곱한 금액으로 산출하되, 평균 월급여는 퇴직 전 3개월간 지급된 월급여를 3등분한 금액으로 산정한다.'라고 규정하면서, 같은 조 제2항에서는 '영업직 사원의 월급여는 정액의 기본급여(150만원)와 영업실적에 따라 지급되는 능률급여로 구성된다.'라고 규정하고 있다는 점에서 본 사안에서의 능률급은 정기적 · 계속적으로 지급되는 것으로서 사용자에게 지급의무가 인정되고 그 지급이 개인 근로자의 특수하고 우연한 사정에 의하여 좌우되는 우발적 · 일시적 급여라고 할 수 없다. 따라서, 사안에서의 '능률급여'은 근로기준법상 임금성이 인정되므로 능률급여는 퇴직금 계산의 기초가 되는 임금총액에 포함된다.

(3) 구속으로 인한 휴직기간과 평균임금

1) 특별한 평균임금의 산정

평균임금이 그 근로자의 통상임금보다 적으면 그 통상임금액을 평균임금으로 하고(근로기준법 제2조 제2항), 특별한 사정으로 평균임금을 산정할 수 없는 경우에는 고용노동부장관이 정하는 바에 따르는데(근로기준법 시행령 제4조), 이는 평균임금의 산정 기간 중에 근로자의 귀책사유로 근로를 제공하지 못하거나 정상적으로 근로하지 못한 기간이 많은 경우에는 그 기간 동안 지급받은 임금총액이 통상의 경우보다 지나치게 낮아질 수 있기 때문에 평균임금의 최저한도를 보장함으로써 근로자를 보호하기 위함이다.

2) 통상임금을 평균임금으로 하는 것도 여전히 불합리한 특별한 경우

근로기준법에서 정한 방법에 의하여 평균임금을 산정할 수 없는 특수한 경우에는 고용노동부장관이 정한 '평균임금산정 특례 고시'에서 정한 방법 따른다.(근로기준법 시행령 제4조) 그런데, '평균임금산정 특례 고시'가 예시한 '특수한 경우'라 함은 평균임금의 산정이 기술상 불가능한 경우만을 가리키는 것이 아니고, 설령 평균임금의 산정이 기술상 가능한 경우라 하더라도 그 결과가 근로자의 전체 근로기간, 임금액의 변동정도 등을 비롯한 제반사정을 종합적으로 고려할 때 지나치게 많거나 적게 산정되는 등 현저하게 부적당하여 근로기준법에서 정한 평균임금산정방법을 그대로 적용하는 것이 불합리한 경우라면, 근로자의 통상적인 생활임금을 사실대로 반영할 수 있는 합리적이고 타당한 다른 방법으로 그 평균임금을 따로 산정해야 한다는 것이 판례의 태도이다.(대법원 1999.11.12. 선고 98다49357 판결)

3) 구속으로 인한 휴직의 경우

개인적인 범죄로 구속기소되어 직위해제되었던 기간은 근로기준법시행령 제2조 소정의 어느 기간에도 해당하지 않으므로 그 기간의 일수와 그 기간 중에 지급받은 임금액은 근로기준법 제2조 제1항 본문에 따른 평균임금 산정기초에서 제외될 수 없고, 만일 그 기간과 임금을 포함시킴으로 인하여 평균임금 액수가 낮아져 평균임금이 통상임금을 하회하게 되는 경우에는 같은 법 제2조 제2항에 따라 통상임금을 평균임금으로 하여 퇴직금을 계산하여야 한다.(대법원 1994.04.12. 선고 92다20309 판결) 그러나, 평균임금제도의 취지에 비추어 근로기준법 제2조 제2항에 따라 통상임금을 평균임금의 최저수준으로 의제하는 것이 현저하게 불합리한 경우라면, 근로자의 통상적인 생활임금을 사실대로 반영할 수 있는 합리적이고 타당한 다른 방법으로 그 평균임금을 따로 산정해야 하는 바, 판례는 '근로자가 구속되어 3개월 이상 휴직하였다가 퇴직함으로써 퇴직 전 3개월간 지급된 임금을 기초로 산정한 평균임금이 통상의 경우보다 현저하게 적은 경우, 휴직 전 3개월간의 임금을 기준으로 평균임금을 산정하여야 한다.'는 입장이다.(대법원 1999.11.12. 선고 98다49357 판결)

4. 결론

사안에서의 '능률급여'은 근로기준법상 임금성이 인정되고, 따라서 능률급여는 퇴직금 계산의 기초가 되는 임금총액에 포함된다. 甲은 구속 수감되기 전에는 통상적으로 기본급여와 능률급여를 더한 금액(매월 350~400만원)을 지급받았고 그 중 200~ 250만원은 능률급여였는데, 甲은 구속 수감된 2013. 8.15. 이후에는 영업실적이 없었기 때문에 능률급여를 전혀 받지 못하였는데, 이는 특별한 사유로 인하여 통상의 경우보다 현저하게 평균임금이 적어지게 되는 경우에 해당하므로, 구속기간 이전의 3개월을 평균임금을 산정하는 기간으로 보는 것이 타당하다. 따라서 A회사가 甲의 퇴직금을 산정함에 있어 기본급여만으로 평균임금을 산정한 것은 노동법적으로 타당하지 않다.

3. 통상임금

(1) 총설

1) 통상임금의 의의

통상임금이란 '근로자에게 **정기적이고 일률적**으로 **소정근로**에 대하여 지급하기로 정한 시간급·일급·주급·월급 또는 총근로에 대한 도급금액'을 말하는 바(근로기준법 시행령 제6조 제1항), 대법원은 '통상임금이란 근로자가 소정근로시간에 통상적으로 제공하는 근로인 소정근로의 대가로 지급하기로 약정한 금품으로서 정기적·일률적·고정적으로 지급되는 임금'이라고 정의하면서, **'어떠한 임금이 통상임금에 속하는지 여부는 그 임금이 소정근로의 대가로 근로자에게 지급되는 금품으로서 정기적·일률적·고정적으로 지급되는 것인지를 기준으로 그 객관적인 성질에 따라 판단하여야 하고, 임금의 명칭이나 그 지급주기의 장단 등 형식적 기준에 의해 정할 것이 아니다.'라고 한다.** (대법원 2013.12.18. 선고 2012다89399 판결)

2. 통상임금의 기능

통상임금은 평균임금의 최저수준으로 작용하므로(근로기준법 제2조 제2항), 통상임금은 실제 근로시간이나 근무실적 등에 따라 증감·변동될 수 있는 평균임금의 최저한을 보장하는 기능을 한다. 또한, 근로기준법은 연장·야간·휴일 근로에 대한 가산임금, 해고예고수당 및 연차휴가수당 등을 산정하는 기준임금으로서 '통상임금'을 규정하고 있는 바, 통상임금에 부여하는 기능 중 가장 주목되는 것은 그것이 **연장·야간·휴일 근로에 대한 가산임금** 등을 **산정하는 기준임금**으로 기능한다는 점이다.(대법원 2021. 8. 19. 선고 2017다56226 판결)

▌ 통상임금으로 산정하는 것

산정사유	지급액	근거
해고예고수당	30일분 이상의 통상임금	근로기준법 제26조
연장·야간·휴일근로수당	통상임금의 5096 이상 가산	근로기준법 제56조
연차유급휴가수당	연차유급휴가수당(통상임금 또는 평균임금) 및 연차유급	근로기준법 제60조
출산휴가수당	최초 60일분(사업주가 지급) (우선지원대상기업이 아닌 기업)	근로기준법 제74조

3) 복지포인트의 통상임금 해당여부 (→사례: 34)

복지포인트는 복리후생운영지침 등에서는 운영 목적을 정하고, 그 목적에 부합하게 사용되도록 사용 용도, 기간, 방법 등이 제한되어 있는 복리후생적 금품(**임금성은 복지제도 설정의 취지, 도입 경위, 제도 운영의 실태, 금전 대체 가능성 등을 종합적으로 고려**)으로서, 아무런 조건 없이 무조건 지급된 급여가 아니라, 기업의 복리후생 제도의 취지에 부합하는 사용과 이에 대한 사용자의 승인을 그 **지급조건**으로 하는 금품이라는 점에서 **'고정성'이 인정되기 어렵다**. 즉, 복지포인트는 설정된 별도의 조건이 성취되지 않는 한 그 지급이 **사전 확정적으로 예정된 것이라고 볼 수 없으므로 '고정성'이 인정될 수 없다**고 평가된다.

(2) 통상임금에 대한 판례법리(→사례: 34,41,42,43,44,45)

1) 기본법리

대법원은 '통상임금이란 근로자가 소정근로시간에 통상적으로 제공하는 근로인 소정근로의 대가로 지급하기로 약정한 금품으로서 정기적 · 일률적 · 고정적으로 지급되는 임금'이라고 정의하면서, **'어떠한 임금이 통상임금에 속하는지 여부는 그 임금이 소정근로의 대가로 근로자에게 지급되는 금품으로서 정기적 · 일률적 · 고정적으로 지급되는 것인지를 기준으로 그 객관적인 성질에 따라 판단하여야 하고, 임금의 명칭이나 그 지급주기의 장단 등 형식적 기준에 의해 정할 것이 아니다.'라고 한다.** (대법원 2013.12.18. 선고 2012다89399 판결)

가. 소정근로의 대가

판례는 '소정근로의 대가'라 함은 근로자가 **소정근로시간에 통상적으로 제공하기로 정한 근로**에 관하여 사용자와 근로자가 지급하기로 **약정한** 금품이라고 하면서, '근로자가 소정근로시간을 초과하여 근로를 제공하거나 근로계약에서 제공하기로 정한 근로 외의 근로를 특별히 제공함으로써 사용자로부터 추가로 지급받는 임금이나 소정근로시간의 근로와는 관련 없이 지급받는 임금은 소정근로의 대가라 할 수 없으므로 통상임금에 속하지 아니한다.'고 판시하였다.(대법원 2013.12.18. 선고 2012다89399 판결)

나. 정기성

'정기성'이란 임금을 '정기적'으로, 즉 사전에 미리 정해진 일정한 기간마다 '주기적 · 규칙적'으로 지급하는 것을 의미한다. 정기성이란 **1임금지급기간**에 **임금**을 지급하는 것을 말하므로, 소정근로에 대한 대가가 정기적이라고 할 수 있으려면 시간급, 일급, 주급, 월급이어야 하고, 1회적이거나 비정기적으로 지급되는 금품들은 통상임금에는 포함되지 않는다. 다만, 통상임금에 속하기 위한 성질을 갖춘 임금이 **1개월을 넘는 기간마다 정기적으로 지급되는 경우**, 이는 노사간의 합의 등에 따라 근로자가 소정근로시간에 통상적으로 제공하는 근로의 대가가 **1개월을 넘는 기간마다 분할지급되고 있는 것일 뿐**, 그러한 사정 때문에 갑자기 **그 임금이 소정근로의 대가로서의 성질을 상실하거나 정기성을 상실하게 되는 것이 아니다.**(대법원 2013.12.18. 선고 2012다89399 판결)

다. 일률성

통상임금은 '일률적'이라야 한다는 의미는 당해 사업 · 사업장의 모든 근로자가 그 임금의 지급대상으로 정해져 있다는 것을 의미한다. 모든 근로자에게 지급되고 있는 이상 직급에 따라 그 구체적인 지급액이 차이가 있더라도 통상임금에 포함시키는 데에 아무런 지장이 없다. 판례는 '일률적'으로 지급되는 것에는 '모든 근로자'에게 지급되는 것뿐만 아니라 **'소정근로의 가치와 관련된 '일정한 조건'을 충족하는 '모든' 근로자에게 지급되는 경우**에도 '일률성'은 만족된다.'는 입장이다. 여기에서, '일정한 조건 또는 기준'이란 작업내용이나 기술, 경력 등과 같이 소정근로의 가치 평가와 관련된 조건이어야 한다. 즉, '일률성'이 인정되기 위한 '일정한 조건 또는 기준'이란 시시때때로 변동되지 않는 소정근로의 가치 평가와 관련된 조건이나 기준을 의미한다'는 입장이다. 나아가, 임금을 '모든' 근로자를 '대상'으로 지급하는 경우뿐 아니라, **단체협약이나 취업규칙 등에 휴직자나 복직자 또는 징계대상자 등에 대하여 특정 임금에 대한 지급**

제한사유를 규정하고 있다 하더라도, **이는 해당 근로자의 개인적인 특수성을 고려하여 그 임금 지급을 제한하고 있는 것에 불과하므로, 그러한 사정을 들어 정상적인 근로관계를 유지하는 근로자에 대하여 그 임금 지급의 일률성을 부정할 것은 아니다.**

> **관련판례** 대법원[전합] 2013.12.18. 선고 2012다89399 판결 일률성의 의미
> 어떤 임금이 통상임금에 속하기 위해서는 그것이 일률적으로 지급되는 성질을 갖추어야 한다. 일률적으로 지급되는 것에는 '모든 근로자'에게 지급되는 것뿐만 아니라 일정한 조건 또는 기준에 달한 모든 근로자에게 지급되는 것도 포함된다. 여기서 일정한 조건이란 고정적이고 평균적인 임금 산출하려는 통상임금의 개념에 비추어 볼 때 고정적인 조건이어야 한다. 일정 범위의 모든 근로에게 지급된 임금이 일률성을 갖추고 있는지 판단하는 잣대인 '일정한 조건 또는 기준'은 통상임금이 소정근로의 가치를 평가한 개념이라는 점을 고려할 때, 작업내용이나 기술, 경력 등과 같이 소정근로의 가치 평가와 관련된 조건이라야 한다.

4. 고정성

통상임금 특유의 징표로서 판례가 요구하고 있는 '고정성'이란 근로자가 연장근로 등을 시작할 당시에 지급여부나 지급액이 추가적인 조건과 관계없이 이미 사전에 고정적으로 '확정'되어 있음을 의미한다. **판례는 '고정적인 임금이란 그 명칭 여하를 불문하고 임의의 날에 소정근로시간을 근무한 근로자가 그 다음 날 퇴직한다 하더라도 그 하루의 근로에 대한 대가로 당연하고도 확정적으로 지급받게 되는 최소한의 임금을 말하므로, 근로자가 임의의 날에 소정근로를 제공하면 추가적인 조건의 충족 여부와 관계없이 당연히 지급될 것이 예정되어 지급 여부나 지급액이 사전에 확정된 임금은 고정성을 갖춘 것으로 볼 수 있다'고 한다.(대법원 2013.12.18. 선고 2012다89399 판결) 즉**, 연장근로를 시작할 당시에 임금의 지급 여부가 사전에 이미 확정되어 있어야 하므로(사전 확정성), 임금의 지급 여부가 근로자의 업적, 성과 기타 '추가적인 조건'에 따라 달라지게 된다고 평가되는 경우에는 '고정성'을 인정할 수 없다. 여기에서의 '추가적인 조건'이란 '초과 근무를 제공하는 시점에서 성취여부가 불분명한 일체의 조건을 의미한다. 가장 대표적인 '조건'은 '재직자 조건'이다. 이를테면, '입사 1년 이상 근속하여 재직하고 있는 근로자에 한하여 지급하는 상여금'이나 '만근을 해야 지급하는 만근수당'과 같이 일정한 조건 ('입사 1년 이상 근속' 내지 '재직자'라는 조건 혹은 '만근'이라는 조건)이 성취되어야 지급되는 경우에는 '고정성'이 없으므로 통상임금으로 인정될 수 없다. 그러나, 이 경우에도 지급액 중 일정 부분은 추가적인 조건성취 여부와 무관하게 모든 근로자에게 지급될 것이 이미 확정되어 있다고 평가될 수 있다면, 그 일정 부분 만큼은 고정성이 인정된다는 것이 판례의 태도이다.

> **관련판례** 대법원 2013.12.18. 선고 2012다89399 판결 고정성의 의미
> 어떤 임금이 통상임금에 속하기 위해서는 그것이 고정적으로 지급되어야 한다. **'고정성'이라 함은 근로자가 제공한 근로에 대하여 업적·성과 기타의 주가적인 조건과 관계없이 당연히 지급될 것이 확정되어 있는 성질을 말하고, 고정적인 임금은 임금의 명칭 여하를 불문하고 임의의 날에 소정근로시간을 근무한 근로자가 그 다음 날 퇴직한다 하더라도 그 하루의 근로에 대한 대가로 당연하고도 확정적으로 지급받게 되는 최소한의 임금이라고 정의할 수 있다. 고정성을 갖춘 임금은 근로자가 임의의 날에 소정근로를 제공하면 추가적인 조건의 충족 여부와 관계없이 당연히 지급될 것이 예정된 임금이므로, 지급 여부나 지급액이 사전에 확정된 것이라 할 수 있다.** 이와 달리 근로자가 소정근로를 제공하더라도 추가적인 조건을 충족하여야 지급되는 임금이나 조건 충족 여부에 따라 지급액이 변동되는 임금 부분은 고정성을 갖춘 것이라고 할 수 없다.

(3) 고정성의 판단 방법

1) 근속기간에 연동하는 임금

근속기간은 **숙련도**와 밀접한 관계가 있고 **소정근로의 가치평가와 관련**이 있는 일정한 조건 또는 기준으로 볼 수 있으므로 **일률성이 긍정**되고, 근속기간은 조건이라기 보다는 기왕에 확정된 사실에 불과하므로 고정성도 인정되므로, 임금지급여부, 지급액이 근속기간에 연동되는 경우 통상임금의 장애가 되지 않는다.

구분	해당 여부	근거
• 지급여부나 지급금액이 근속기간에 따라 달라지는 경우 예 몇년 이상 근속해야 지급하거나 근속기간에 따라 임금계산방법이 다르거나 지급액이 달라지는 근속수당 등	O	일률성 인정 → '근속기간'은 일률성 요건 중 '근로와 관련된 일정한 조건 또는 기준'에 해당함 고정성 인정 → 초과근로를 제공하는 시점에 그 근로자의 근속기간이 얼마나 되는지는 이미 확정되어 있는 '사실'에 불과할 뿐 조건이 아님

2) 특정시점에 재직 중인 근로자에게만 지급하는 임금[5](→사례: 41,45)

재직중인 근로자에게만 지급: 지급조건이 성취될지 불확실한바 **고정성이 탈락**된다. 다만 예외적으로 상여금 지급기간 중 퇴직한 경우 근무일수에 따라 일할 계산하여 지급하는 경우에는 매 근무일마다 지급되는 임금과 실질적인 차이가 없어 고정성을 긍정할 수 있다.

구분	해당 여부	근거
소정근로를 했는지 여부와 관계없이 지급일 기타 특정 시점에 재직 중인 근로자에게만 지급하기로 정해져 있는 임금	X	고정성 부정 → 초과근로를 제공하는 시점에서 보았을 때 당해 근로자가 그 특정 시점에 재직하고 있을지 여부가 불확실함
특정 시점에 퇴직하는 경우, 그 근무일수에 따라 달라지는 임금 예 퇴직시 **일할계산**하여 지급하기로한 임금	O	고정성 인정 → 특정 시점 전에 퇴직하더라도 **근무일수에 비례하여** 임금이 일할지급되는 한도에서는 고정성이 인정됨

관련 문제_특정시점 재직자 조건 정기상여금 (→ 5. 임금지급방법 '(4) 월1회 정기지급의 원칙' 참조)

최근 고등법원은 '사용자가 정기상여금에 일방적으로 재직자 조건을 부가해 지급일 전에 퇴직하는 노동자에 대해 이미 제공한 노동에 상응하는 부분까지도 지급하지 않는 것은 **기발생 임금에 대한 일방적인 부지급을 선언하는 것으로서 근로기준법 위반**이므로 그 유효성을 인정할 수 없다'고 판시함(서울고법 2018.12.18. 선고 2017나2025282 판결)

---

5) 최근의 판례는 **특정시점에 재직 중인 근로자에게만 지급하는 경영관행**이 있더라도, 그러한 관행을 이유로 해당 임금 항목의 통상임금성을 배척함에는 특히 신중해야 한다는 입장이다.(→ **(사례연습 43)**

3) 근무일수에 연동하는 임금(→사례: 45)

근무일수에 연동되는 임금은 일정근무일수를 충족이라는 추가적 조건성취를 해야 비로소 지급되는 것인바, **조건의 성취여부는 확정되지 않은 불확실한 조건**이므로 **고정성이 탈락하여** 통상임금성이 부정된다.

구분	해당 여부	근거
매 근무일마다 일정액을 지급하기로 한 임금 예 근무일수에 따라 **일할계산해서 지급**되는 임금	O	고정성인정 → 근로자가 임의의 날에 소정근로를 제공하기만 하면 그에 대하여 일정액을 지급받을 것이 사전에 확정되어 있음.
일정 근무일수를 채워야만 지급되는 임금 예 월 15일 이상 근무해야만 지급되는 임금	X	고정성 부정 → 소정근로 제공 외에 '일정 근무일의 충족'이라는 추가적 조건을 성취하여야 하므로 연장·야간·휴일 근로를 제공하는 시점에 금액을 확정할 수 없기에 고정성이 부정됨
일정 근무일수에 따라 계산방법 또는 지급액이 달라지는 임금 예 15일 이상 근무자에게만 300,000원을 지급하고, 15일 미만 근무자에 대해서는 1일 10,000원 지급	△	고정성 일부 인정(가능) → 소정근로를 제공하면 적어도 일정액 이상의 임금이 지급될 것이 확정되어 있는 최소한도의 범위에서는 고정성을 인정함. 예 에서는 15일 미만 근무해도 최소한 일정액(1일 10,000원)을 지급하므로 그 일정액에 한해서는 고정액이 인정됨

관련판례 대법원 2020. 8. 20. 선고 2019다14110, 2019다14127(병합) 일용근로자의 통상수당

일급제 근로자의 만근수당의 경우, 일급제 근로자는 임의의 날에 근로를 제공하더라도 '해당 월에 15일 이상 만근'이라는 추가적인 조건을 성취하지 못하는 경우 통상수당을 전혀 지급받지 못한다. 또한, 해당 근로자의 근로제공 시점에서는 이와 같은 추가적인 조건의 성취 여부가 확정되지 않았으므로, 일급제 근로자의 통상수당은 고정성을 갖추지 않은 것으로 보아야 한다. **따라서 일급제 근로자의 통상수당은 명칭과 달리 통상임금에 해당하지 않는다**

4) 특수한 기술, 경력 등을 조건으로 하는 임금

특수한 기술, 경력 등을 조건으로 하는 임금기술, 경력 등의 조건으로 지급은 근로제공시점에 기술, 경력 구비하고 있는 것과 같이 기왕에 확정된 사실에 따라 임금을 지급하는 경우에는 고정성을 긍정할 수 있다.

구분	해당 여부	근거
특수한 기술의 보유나 특정한 경력의 구비 등이 지급의 조건으로 부가되어 있는 경우 예 특정 자격증 또는 기술을 보유한 경우 지급하는 수당	O	고정성인정 → 초과근로를 제공하는 시점에서 보았을 때, 특수한 기술의 보유나 특정한 경력의 구비 여부는 기왕에 확정된 '사실'이지 조건이 아님임.

5) 근무실적에 연동하는 임금(→사례: 42,43)

근무실적에 연동하는 임금은 근무실적(성과)평가를 거쳐 지급여부, 지급액이 정해지는 임금이므로, **고정성이 탈락**하게 된다. 다만 예외적으로 최하등급의 경우에도 일정액을 지급하는 경우 즉, 최소한도의 지급이 확정되어 있는 경우에는 그 최소한의 지급부분 만큼은 고정성이 인정된다.

구분	해당 여부	근거
근무실적을 평가하여 이를 토대로 지급여부나 지급액이 정해지는 임금 예 S등급 300만원, A등급 200만원, B등급 0원인 경우	X	고정성부정 → B등급을 받을 경우 성과급이 없으므로 고정성이 인정될 여지가 없음
근무실적에 관하여 **최하등급을 받더라도 지급받을 수 있는 그 최소한도의 임금** 예 S등급 300만원, A등급 200만원, B등급 100만원인 경우	△	**고정성 인정(→사례:,42)** → 최소 100만원은 보장되므로 100만원은 통상임금에 해당하고 나머지는 아님
• 근로자의 **전년도 업무실적**에 따라 당해연도에 **지급여부나 지급액을 정하는 임금** 예 성과연봉(**업적연봉**)	O	**고정성 인정→사례:,43)** → **초과근무를 제공하는 시점인 당해연도에는 그 성과급의 지급여부나 지급액이 확정**되어 있으므로 고정섬 인정됨.

관련판례 대법원 2015.11.27. 선고 2012다10980판결 전년도 업무실적에 따라 결정된 업적연봉

근로자의 전년도 근무실적에 따라 해당 연도에 특정 임금의 지급 여부나 급액을 정하는 경우 **해당 연도에는 그 임금의 지급 여부나 지급액이 확정적이므로,** 해당 연도에 있어 그 임금은 고정적인 임금에 해당하는 것으로 보아야 한다. **그러나 보통 전년도에 지급할 것을 그 지급 시기만 늦춘 것에 불과하다고 볼 만한 특별한 사정이 있는 경우에는** 고정성을 인정할 수 없다. 다만 이러한 경우에도 근무실적에 관하여 최하등급을 받더라도 일정액을 최소한도로 보장하여 지급하기로 한 경우에는 그 한도 내에서 고정적인 임금으로 볼 수 있다.

관련판례 대법원 2021.9.30. 선고 2019다288898판결 야간교대수당의 통상임금성

야간교대수당은 4조 3교대에 속한 근로자 중에서 해당 월에 심야조 근무를 한 근로자에게, 4조 3교대 근무 전체가 아닌, 그중 심야조 근무에 대한 대가로 지급된 것이다. 심야조 근무는 피고와 이 사건 노조가 단체협약에서 4조 3교대조의 근무형태를 정하고 그에 따라 소정근로시간의 일부 시간대에 제공되는 노무일 뿐이고 소정근로시간을 초과하여 제공되는 것이 아니다. 피고는 해당 월에 심야조 근무를 1회라도 한 근로자 전원에게 야간교대수당을 지급하였고, 그 지급에 야간근로시간 수가 일정 시수에 도달할 것을 요구하거나 야간근로시간 수에 비례하여 지급금액을 달리하지 않았으며, **심야조 근무 횟수와 무관하게 매월 50,000원의 고정금액을 지급하였다.** 결국 피고와 이 사건 노조는 이와 같은 심야조 근무에 따른 근로의 가치를 금전적으로 평가하여 이 사건 단체협약으로써 야간교대수당을 미리 확정하여 두었다고 보이므로, 야간교대수당은 소정근로의 대가로서의 성질을 갖추고 있다고 봄이 타당하다. 심야조의 근로시간이 야간이라는 사정만으로 이와 달리 볼 수 없다.다.

(쟁점) 통상임금(통상시급)의 산정(→사례: 38)

통상임금은 소정근로시간에 대한 '**시간급**'**으로 산출**하는 것이 원칙이므로 **'통상임금산정기초임금액'**[6])을 시간급(통상시급)으로 환산하여야 한다.

1. 시간급

임금을 '시간급'으로 정한 경우에는 시간급으로 정한 임금 그 자체가 통상시급이다. 이를테면 근로자 시간당 7,000원을 받기로 하였다면 7,000원 그 자체가 통상시급(통상임금)이다.

2. 일급

임금을 '일급'으로 정한 경우에는 그 일급 금액을 1일의 소정 근로시간으로 나눈 금액이 통상시급이다. 즉, 통상임금을 산출하는 산정방법에 가산율을 고려하지 않고 '실제 근로시간'을 토대로 통상임금을 산정하여야 한다.

(예) 법정수당을 포함하여 1일 10시간 근로에 100,000원 받는 일용직 근로자의 통상 시급
10시간 = 소정 근로시간 8시간 (50 % 가산 수당 포함하지 않아야 함)
따라서, 가산율을 고려하지 않고[7]) 실제근로시간으로 계산: 100,000 / 10 = 10,00원 (통상시급)

3. 주급

임금을 주급으로 정한 경우에는 그 주급을 해당 주의 통상임금산정기준시간으로 나눈 금액이 통상시급이다. '통상임금산정기준시간'은 해당 주의 소정근로시간과 소정근로시간 외에 유급처리되는 시간(예 주휴수당)을 합산한 시간을 의미한다. 즉, 통상임금산정기준시간 = (1주 소정근로시간수 + 주휴수당 산정기준시간')을 의미하므로, 이를테면, 근로자의 1주의 소정근로시간이 40시간인 경우의 통상임금산정기준시간은 48시간(1주 소정근로시간(40시간) + 주휴수당 산정기준시간'(8시간) = 48시간)이다. 따라서, 이를테면, 주급을 50만원으로 약정한 경우에는 50만원을 48시간으로 나눈 금액을 반올림한 10,417원(50만원÷ 48=10.416.666)이 통상시급(통상임금)이다.

4. 월급

임금을 월급으로 정한 경우에는 그 월급을 '월통상임금산정기준시간수'로 나눈 금액이 통상시급(통상임금)이다. 이러한 월급 금액에 대한 통상시급은 주급 금액의 통상시급을 산정하는 방식과 마찬가지로 계산한다. 다만, 이 경우에는 주5일 근무시 토요일을 어떻게 취급하는 지에 따라서 그 결과가 달라진다. 만일 주40시간 근무제에서 토요일을 '무급'으로 하는 경우의 월급 근로자의 월통상근로시간수는 '209H/월'로 계산하며, 토요일 8시간을 유급인 경우에는 243H/월 (토요일 4시간 유급 : 226H/월)로 계산한다.

---

6) '**통상임금산정 기초임금액**'이란 '소정근로'에 대한 대가로 지급할 것을 약정한 금품으로서 정기적·일률적·고정적으로 지급되는 임금을 합한 금액을 의미한다.
7) 판례 변경전의 계산(가산율 고려): 10시간 = 소정 근로시간 8시간 + 연장 근로시간 2시간 (50 % 가산 수당 포함) 따라서, 10시간은 8+3(3=2+1)=11시간이므로 100,000 / 11 = 9,090원 (통상시급)

사례연습 41

정기상여금의 통상임금성(2020년도 제1차 변호사시험 모의시험)

A회사는 자동차 부품을 생산하는 회사로 200명의 근로자를 사용하고 있다. A회사는 모든 직원에게 적용되는 취업규칙에 따라 정기상여금, 명절상여금 및 연장근로수당을 지급해왔다. A회사의 취업규칙 제56조에는 다음과 같이 정하고 있다.

① 정기상여금: 짝수 달 마다 직원 모두를 대상으로 임금 지급일에 기본급의 100%를 지급한다. 지급 대상기간 중에 휴직자 또는 복직한 자에게는 미리 정해 놓은 비율을 적용하여 감액한 금액을 각각 지급한다. 지급 대상기간 중에 퇴직한 자에게는 근무일수에 따라 일할 계산하여 지급한다.

② 명절상여금: 설 및 추석 명절의 3일 전에 기본급의 50%를 지급한다. 지급일 현재 재직 중인 직원 전원에게 명절상여금을 지급하되, 지급일 현재 퇴직한 자에게는 지급하지 않는다.

③ 연장근로수당: 통상임금의 50%를 추가하여 지급한다. 통상임금에는 기본급, 직책수당 등은 포함되나, 정기상여금, 명절상여금 등은 포함되지 않는다.

1. A회사의 정기상여금은 「근로기준법」에 따른 통상임금에 해당하는가?
2. A회사의 명절상여금은 「근로기준법」에 따른 통상임금에 해당하는가?

Ⅰ. 설문 1의 해결(50점)

1. 쟁점의 정리

통상임금은 근로를 시작할 당시에 그 지급여부나 지급액이 추가적인 조건과 관계없이 사전에 이미 고정적으로 '확정'되어 있어야 한다. 그런데, 사안에서의 A회사의 정기상여금은 지급 대상기간 중에 휴직자 또는 복직한 자에게는 미리 정해 놓은 비율을 적용하여 감액한 금액을 각각 지급하면서, 지급 대상기간 중에 퇴직한 자에게는 근무일수에 따라 일할 계산하여 지급한고 있는 바, 이러한 정기 상여금이 그 지급여부나 지급액이 사전에 이미 고정적으로 '확정'되어 있다고 볼 수 있는 지 문제된다. 이하에서는 통상임금의 의의와 판단기준을 살펴보고 사안에서의 정기상여금 및 명절상여금이 통상임금에 해당하는지를 검토하도록 한다.

2. 통상임금의 의의 및 판단기준

(1) 통상임금의 의의

통상임금이란 '근로자에게 정기적이고 일률적으로 소정근로에 대하여 지급하기로 정한 시간급 · 일급 · 주급 · 월급 또는 총근로에 대한 도급금액'을 말하는 바(근로기준법 시행령 제6조 제1항), 대법원은 '통상임금이란 근로자가 소정근로시간에 통상적으로 제공하는 근로인 소정근로의 대가로 지급하기로 약정한 금품으로서 정기적 · 일률적 · 고정적으로 지급되는 임금'이라고 정의하면서, '어떠한 임금이 통상임금에 속하는지 여부는 그 임금이 소정근로의 대가로 근로자에게 지급되는 금품으로서 정기적 · 일률적 · 고정적으로 지급되는 것인지를 기준으로 그 객관적인 성질에 따라 판단하여야 하고, 임금의 명칭이나 그 지급주기의 장단 등 형식적 기준에 의해 정할 것이 아니다.'라고 한다.(대법원 2013.12.18. 선고 2012다89399 판결)

(2) 통상임금의 판단기준

1) 소정근로의 대가

판례는 '소정근로의 대가'라 함은 근로자가 소정근로시간에 통상적으로 제공하기로 정한 근로에 관하여 사용자와 근로자가 지급하기로 약정한 금품이라고 하면서, '근로자가 소정근로시간을 초과하여 근로를 제공하거나 근로계약에서 제공하기로 정한 근로 외의 근로를 특별히 제공함으로써 사용자로부터 추가로 지급받는 임금이나 소정근로시간의 근로와는 관련 없이 지급받는 임금은 소정근로의 대가라 할 수 없으므로 통상임금에 속하지 아니한다.'고 판시하였다.(대법원 2013.12.18. 선고 2012다89399 판결)

2) 정기성

'정기성'이란 임금을 '정기적'으로, 즉 사전에 미리 정해진 일정한 기간마다 '주기적·규칙적'으로 지급하는 것을 의미한다. 정기성이란 1임금지급기간에 임금을 지급하는 것을 말하므로, 소정근로에 대한 대가가 정기적이라고 할 수 있으려면 시간급, 일급, 주급, 월급이어야 하고, 1회적이거나 비정기적으로 지급되는 금품들은 통상임금에는 포함되지 않는다. 다만, 통상임금에 속하기 위한 성질을 갖춘 임금이 1개월을 넘는 기간마다 정기적으로 지급되는 경우, 이는 노사간의 합의 등에 따라 근로자가 소정근로시간에 통상적으로 제공하는 근로의 대가가 1개월을 넘는 기간마다 분할지급되고 있는 것일 뿐, 그러한 사정 때문에 갑자기 그 임금이 소정근로의 대가로서의 성질을 상실하거나 정기성을 상실하게 되는 것이 아니하다. 따라서 정기상여금과 같이 일정한 주기로 지급되는 임금의 경우 단지 그 지급주기가 1개월을 넘는 다는 사정만으로 그 임금이 통상임금에서 제외된다고 할 수는 없다.

3) 일률성

통상임금은 '일률적'이라야 한다는 의미는 당해 사업·사업장의 모든 근로자가 그 임금의 지급대상으로 정해져 있다는 것을 의미한다. 모든 근로자에게 지급되고 있는 이상 직급에 따라 그 구체적인 지급액이 차이가 있더라도 통상임금에 포함시키는 데에 아무런 지장이 없다. 판례는 '일률적'으로 지급되는 것에는 사업 또는 사업장의 '모든 근로자'에게 지급되는 것뿐만 아니라 '일정한 조건 또는 기준에 달하는 모든 근로자에게 지급되는 것도 포함된다.'(대법원 2013.12.18. 선고 2012다89399 판결)는 입장이다.

4) 고정성

어떤 임금이 통상임금에 속하기 위해서는 그것이 고정적으로 지급되어야 한다. '고정성'이라 함은 '근로자가 제공한 근로에 대하여 그 업적, 성과 기타의 추가적인 조건과 관계없이 당연히 지급될 것이 확정되어 있는 성질'을 말한다. 매 근무일마다 일정액의 임금을 지급하기로 정함으로써 근무일수에 따라 일할계산하여 임금이 지급되는 경우에는 실제 근무일수에 따라 그 지급액이 달라지기는 하지만, 근로자가 임의의 날에 소정근로를 제공하기만 하면 그에 대하여 일정액을 지급받을 것이 확정되어 있으므로, 이러한 임금은 고정적 임금에 해당한다. 근로자가 특정 시점 전에 퇴직하더라도 그 근무일수에 비례한 만큼의 임금이 지급되는 경우에는 앞서 본 매 근무일마다 지급되는 임금과 실질적인 차이가 없으므로, 근무일수에 비례하여 지급되는 한도에서는 고정성이 부정되지 않는다.

(3) 취업규칙 등에 휴직자나 복직자 등에 대하여 지급 제한사유를 규정하고 있는 경우

단체협약이나 취업규칙 등에 휴직자나 복직자 또는 징계대상자 등에 대하여 특정 임금에 대한 지급 제한사유를 규정하고 있다 하더라도, 이는 해당 근로자의 개인적인 특수성을 고려하여 그 임금 지급을 제한하고 있는 것에 불과하므로, 그러한 사정을 들어 정상적인 근로관계를 유지하는 근로자에 대하여 그 임금 지급의 일률성을 부정할 것은 아니다.

3. 사안의 경우

1) 소정근로의 대가

짝수 달 마다 직원 모두를 대상으로 지급되고 있는 A회사의 정기상여금은 근로자가 소정근로시간에 통상적으로 제공하기로 정한 근로에 관하여 사용자와 근로자가 지급하기로 약정한 금품인 소정근로의 대가이다.

2) 정기성

A회사의 정기상여금은 1임금 지급기 마다 지급되지는 않지만 단지 그 지급주기가 1개월을 넘는다는 사정만으로 정기성을 상실하지 않는 바 사안의 정기상여금은 짝수 달마다 기준임금의 100%씩 지급되고 있으므로 '정기성'을 갖추고 있다.

3) 일률성

A회사의 정기상여금은 직원 모두를 대상으로 지급되므로 일률성이 인정된다. 비록 사안에서 휴직자 및 복직자에게 대해 감액한 금액을 지급하지만, 이는 해당 근로자의 개인적인 특수성을 고려하여 그 임금 지급을 제한하고 있는 것에 불과하므로, 그러한 사정을 들어 정상적인 근로관계를 유지하는 근로자에 대하여 그 임금 지급의 일률성이 부정되지 않는다.

4) 고정성

A회사의 정기상여금은 추가적인 조건과 관계없이 당연히 지급될 뿐 아니라, 특히, 지급 대상기간 중에 퇴직한 근로자에 대해서는 근무일수에 따라 일할계산하여 지급한다는 점에서, 사안의 정기상여금은 '고정성'까지 갖추었다고 할 것이다.

4. 결론

A회사의 정기상여금은 정기성·일률성·고정성이 인정되어 근로기준법에 따른 통상임금에 해당한다.

II. 설문 2의 해결(30점)

1. 쟁점의 정리

통상임금은 근로를 시작할 당시에 그 지급여부나 지급액이 추가적인 조건과 관계없이 사전에 이미 고정적으로 '확정'되어 있어야 한다. 그런데, 사안에서의 명절 상여금은 지급일 현재 재직 중인 직원에게만 지급하되, 지급일 현재 퇴직한 자에게는 지급하지 않는 바, 이러한 정기 상여금이 그 지급여부나 지급액이 사전에 이미 고정적으로 '확정'되어 있다고 볼 수 있는 지 문제된다. 이하에서는 통상임금의 의의와 판단기준을 살펴보고 사안에서의 정기상여금 및 명절상여금이 통상임금에 해당하는지를 검토하도록 한다.

2. 통상임금의 의의 및 판단기준

(1) 통상임금의 의의

(2) 통상임금의 판단기준

1) 소정근로의 대가

2) 정기성

3) 일률성

4) 고정성

어떤 임금이 통상임금에 속하기 위해서는 그것이 고정적으로 지급되어야 한다. '고정성'이라 함은 '근로자가 제공한 근로에 대하여 그 업적, 성과 기타의 추가적인 조건과 관계없이 당연히 지급될 것이 확정되어 있는 성질'을 말한다. 고정성을 갖춘 임금은 근로자가 임의의 날에 소정근로를 제공하면 추가적인 조건의 충족 여부와 관계없이 당연히 지급될 것이 예정된 임금이므로, 그 지급 여부나 지급액이 사전에 확정된 것이라 할 수 있다. 이와 달리 근로자가 소정근로를 제공하더라도 추가적인 조건을 충족하여야 지급되는 임금이나 그 조건 충족 여부에 따라 지급액이 변동되는 임금 부분은 고정성을 갖춘 것이라고 할 수 없다.

(3) 재직 중인 근로자에게만 지급하기로 정하여진 경우

근로자가 소정근로를 했는지 여부와 관계없이 지급일 기타 특정 시점에 재직 중인 근로자에게만 지급하기로 정해져 있는 임금은 그 특정 시점에 재직 중일 것이 임금을 지급받을 수 있는 자격요건이 된다 할 것이고, 그와 같은 조건으로 지급되는 임금이라면 근로자가 임의의 날에 근로를 제공하더라도 그 특정 시점이 도래하기 전에 퇴직하면 당해 임금을 전혀 지급받지 못하여 근로자가 임의의 날에 연장·야간·휴일 근로를 제공하는 시점에서 그 지급조건이 성취될지 여부는 불확실하므로, 고정성을 결여한 것으로 보아야 한다.

3. 사안의 경우

설 및 추석 명절의 3일 전에 급되고 있는 A회사의 명절상여금은 근로자가 소정근로시간에 통상적으로 제공하기로 정한 근로에 관하여 사용자와 근로자가 지급하기로 약정한 금품인 소정근로의 대가의 성질을 가지는 것이라고 단정하기 어렵다. 또한, '일률적'으로 지급되는 것에는 단순히 '모든 근로자'에게 지급되는 경우를 의미하는 것이 아니라 '소정근로'의 가치와 관련된 '일정한 조건'을 충족하는 모든 근로자에게 지급되는 경우에를 의미한다는 점에서, 명절상여금은 이른바 '소정근로'에 대한 대가의 성질을 가지는 것이라고 보기 어려울 뿐 아니라 근로자가 임의의 날에 근로를 제공하더라도 지급일이 도래하기 전에 퇴직하면 명절상여금을 전혀 지급받지 못하여 근로자가 임의의 날에 연장근로를 제공하는 시점에서 그 지급조건이 성취될지 여부는 불확실하므로, 고정성도 결여된다고 평가된다.

3. 결론

A회사의 명절상여금은 정기성·일률성·고정성이 부정되어 근로기준법에 따른 통상임금에 해당하지 않는다.

사례연습 42

성과상여금의 통상임금성(2015년도 제3차 변호사시험 모의시험)

A회사는 상시 근로자 약 800명을 사용하여 사무용품을 제조, 판매하는 주식회사이다. A회사는 취업규칙 및 단체협약에 근거하여 생산직을 제외한 사무직과 영업직에 종사하는 근로자들에게 다음과 같은 내용의 성과상여금제도를 적용하여 오고 있다.

(1) 매분기마다 직군 직급별로 근무성적을 A, B, C, D, E 5개 등급으로 상대평가하여 등급별 성과상여금을 3월, 6월, 9월, 12월의 임금 지급일에 지급한다.
(2) 각 등급의 인원 비율은 직군 직급별 인원수를 기준으로 A등급 10%, B등급 20%, C등급 40%, D등급 20%, E등급 10%로 한다.
(3) 등급별 성과상여금액은 A등급 기본급의 100%, B등급 기본급의 70%, C등급 기본급의 50%, D등급 기본금의 30%, E등급 기본급의 10%로 한다.
(4) 해당 분기 근무성적 평가 이전에 퇴직하는 중도 퇴직자에 대하여는 E등급에 해당하는 성과상여금을 지급한다.

A회사의 성과상여금이 통상임금에 해당하는지를 논하시오.

1. 쟁점의 정리

통상임금은 근로를 시작할 당시에 그 지급여부나 지급액이 추가적인 조건과 관계없이 사전에 이미 고정적으로 '확정'되어 있어야 한다. 그런데, 사안에서의 A회사의 성과상여금은 근무성적의 상대평가에 따라 등급별로 차등 지급되고 있으므로 그 지급여부나 지급액이 사전에 이미 고정적으로 '확정'되어 있다고 볼 수 없음에도 통상임금에 해당할 수 있는지 문제된다. 이하에서는 통상임금의 의의와 판단기준을 살펴보고 사안에서의 성과상여금이 통상임금에 해당하는지를 통상임금의 요건 및 통상임금의 기능과의 관련성하에서 검토하도록 한다.

2. 통상임금의 의의 및 판단기준

(1) 통상임금의 의의

(2) 통상임금의 판단기준

1) 소정근로의 대가

2) 정기성

3) 일률성

4) 고정성

(3) 근무실적에 따라 지급하는 경우

근무실적에 따라 지급하는 경우에는 근무실적(성과)평가를 거쳐 지급여부, 지급액이 정해지는 임금이므로 '고정성'이 탈락하게 되므로 원칙적으로 통상임금에 해당하지 않는다. 다만, 예외적으로 최하등급의 경우에도 일정액을 지급하는 경우, 즉 최소한도의 지급이 확정되어 있는 경우에는 그 최소한의 지급부분 만큼은 고정성이 인정된다는 것이 판례의 태도이다.

(4) 사안의 경우

1) 소정근로의 대가

근무성적의 상대평가에 따라 등급별로 차등 지급되고 있는 A회사의 성과상여금은 근로자가 소정근로시간에 통상적으로 제공하기로 정한 근로에 관하여 사용자와 근로자가 지급하기로 약정한 금품인 소정근로의 대가이다.

2) 정기성

A회사의 성과상여금은 1임금 지급기 마다 지급되지는 않지만 매분기별로 3월, 6월, 9월, 12월의 임금 지급일에 지급되고 있으므로 '정기성'을 갖추고 있다.

3) 일률성

A회사의 성과상여금은 중도 퇴직자를 포함하여 사무직과 영업직에 종사하는 모든 근로자들에게 지급되므로 '일률성'도 갖추고 있다.

4) 고정성

A회사의 성과상여금은 비록 근무실적에 따라 차등지급되기는 하지만 최하등급의 경우도 기본급의 10%라는 최소한도의 임금은 지급이 보장되므로 적어도 기본급의 10%에 해당하는 성과상여금은 '고정성'까지 갖추었다고 할 수 있다.

3. 사안의 해결

A회사의 성과상여금 중에서 기본급의 10%에 해당하는 성과상여금은 정기성, 일률성, 고정성을 갖추고 있으므로 통상임금에 해당한다.

사례연습 43

업적 연봉의 통상임금성(대법원 2015. 11. 27. 선고 2012다10980 판결: 출제유력)

A 회사는 기존의 호봉제를 연봉제로 전환하면서 월 기본급의 700% 및 전년도 인사평가 등급에 따라 결정된 인상분을 합한 금액을 해당 연도의 업적연봉으로 정하여 이를 12개월로 나누어 매월 지급했는데, 그 중 월 기본급의 700%는 전년도 인사평가 결과와 관계없이 고정된 금액이며, 나머지 인상분만 전년도 인사평가 등급에 의하여 A 등급 100%, B등급 75%, C 등급 50%, D 등급 25%, E 등급 0%로 결정되었다. 또한 A 회사는 신규 입사 근로자에 대하여도 월 기본급의 700%인 업적연봉을 지급하였으며(전년도 인사평가 결과가 없었기 때문임), 인사평가 당시를 기준으로 근무기간이 3개월 미만인 근로자는 인사평가 대상에서 제외되어 업적연봉이 인상되지 않으며, 한편 업무 외의 상병으로 인한 휴직자에게는 업적연봉이 지급되지 아니하였다. A회사의 업적연봉이 통상임금에 해당하는지를 논하시오.

1. 쟁점의 정리

통상임금은 근로를 시작할 당시에 그 지급여부나 지급액이 추가적인 조건과 관계없이 사전에 이미 고정적으로 '확정'되어 있어야 한다. 그런데, 사안에서 A회사의 업적 연봉 중 기본급의 700%에 해당하는 금액은 이미 고정된 금액이므로 통상임금에 해당함은 의문의 여지가 없다. 그런데, 고정적인 700% 외에 인사평가에 따라 결정된 인상분의 경우에는 인사평가 등급표에 따르면 F 등급은 0%인데, 이와 같이 인사평가에 따라 등급별로 차등 지급되고 있는 인상분이 그 지급여부나 지급액이 사전에 이미 고정적으로 '확정'되어 있는 통상임금에 해당할 수 있는지 문제된다. 이하에서는 통상임금의 의의와 판단기준을 살펴보고 사안에서의 성과상여금이 통상임금에 해당하는지를 통상임금의 요건 및 통상임금의 기능과의 관련성하에서 검토하도록 한다.

2. 통상임금의 의의 및 판단기준

(1) 통상임금의 의의

(2) 통상임금의 판단기준

1) 소정근로의 대가

2) 정기성

3) 일률성

4) 고정성

(3) 인사평가에 따라 지급하는 경우

근무실적이나 인사평가에 따라 지급하는 경우에는 근무실적(성과)평가를 거쳐 지급여부, 지급액이 정해지는 임금이므로 '고정성'이 탈락하게 되므로 원칙적으로 통상임금에 해당하지 않는다. 다만, 예외적으로 최하등급의 경우에도 일정액을 지급하는 경우, 즉 최소한도의 지급이 확정되어 있는 경우에는 그 최소한의 지급부분 만큼은 고정성이 인정된다는 것이 판례의 태도이다.

(4) 사안의 경우

1) 소정근로의 대가

인사평가에 따라 등급별로 차등 지급되고 있는 A회사의 업정연봉은 근로자가 소정근로시간에 통상적으로 제공하기로 정한 근로에 관하여 사용자와 근로자가 지급하기로 약정한 금품인 소정근로의 대가이다.

2) 정기성

A회사의 업적연봉은 전년도 인사평가 등급에 따라 결정된 금액을 해당 연도의 업적연봉으로 정하여 이를 12개월로 나누어 매월 지급되고 있으므로 '정기성'을 갖추고 있다.

3) 일률성

A회사의 업적연봉은 신규 입사자를 포함하여 A회사에 종사하는 모든 근로자들에게 지급되므로 '일률성'도 갖추고 있다.

4) 고정성

사안에서, A 회사는 근로자의 전년도 근무실적에 따라 이미 결정된 특정한 금액을 해당연도의 업적연봉으로 정하고, 그 정해진 업적연봉을 12개월로 나누어 지급하였으므로, 해당 업적연봉 전체가 고정성이 있다고 판단된다. 따라서, 업적연봉 중 중 기본급의 700%에 해당하는 금액은 물론이고 A회사의 인사평가에 결과에 따라 결정된 인상분도 역시 고정된 금액으로 보아야 한다.

3. 사안의 해결

A회사의 업적연봉은 정기성, 일률성, 고정성을 갖추고 있으므로 통상임금에 해당한다.

사례연습 44

소급하여 인상된 기본급의 통상임금성(대법원 2021. 8. 19. 선고 2017다56226 판결: 출제유력)

A회사는 전국금속노동조합 OO지회인 B노조와 사이에 매년 임금협상을 하면서 기본급 등에 관한 임금인상 합의가 4월 1일을 지나서 이루어지는 경우 임금인상 합의와 함께 그 인상된 기본급을 4월 1일(이하 '소급기준일'이라 한다)로 소급하여 적용하기로 약정해 왔다. A회사는 매년 위 합의에 따라 소급기준일부터 합의가 이루어진 때까지 소정근로를 제공한 근로자들에게 그 기간에 해당하는 임금인상분(이하 소급지급된 임금 중 기본급 및 상여금에 해당하는 부분을 '임금인상 소급분'이라 한다)을 임금협상 타결 이후의 급여 지급일에 일괄 지급하여 왔다. 한편 A회사는 위 합의에 따라 임금인상 합의가 이루어지기 전에 퇴직한 근로자들에게는 임금인상 소급분을 지급하지 않았다.

2013년 노사간의 장기간 협상 끝에 기본급 10 % 인상할 것을 2013년 5월 31일 합의하였고, A회사는 합의에 따라 소급기준일인 2013년 1월 1일부터 합의가 이루어진 2013년 5월 31일까지 소정근로를 제공한 근로자들에게 임금인상 소급분을 지급하였는데, 기본급의 10%만 지급하였다. 이에 B노조는 기본급 외의 연장, 야간, 휴일 근로수당도 소급인상된 기본급을 기준으로 재산정하여 지급할 것을 주장하고 있다. 이러한 B 노조의 주장은 정당한 지 논증하시오.

1. 쟁점의 정리

통상임금은 근로를 시작할 당시에 그 지급여부나 지급액이 추가적인 조건과 관계없이 사전에 이미 고정적으로 '확정'되어 있어야 한다. 그런데, A회사는 임금 협상의 결과에 따라 사후적으로 소급하여 기본급을 재산정한다는 점에서, 본 사안에서의 기본급이 연장 근로 등을 할 시점에 추가적인 조건과 관계없이 당연히 지급될 것이 이미 확정되어 이른바 '고정성'이 인정될 수 있는 지 문제된다. 이하에서는 통상임금의 의의와 판단기준을 살펴보고 사안에서의 소급하여 인상된 기본급이 통상임금에 해당하는지를 여부를 **통상임금의 기능 및 요건과의 유기적 관계하에서** 검토하도록 한다.

2. 통상임금의 의의 및 판단기준

(1) 통상임금의 의의

(2) 통상임금의 기능

통상임금은 평균임금의 최저수준으로 작용하므로(근로기준법 제2조 제2항), 통상임금은 실제 근로시간이나 근무실적 등에 따라 증감·변동될 수 있는 평균임금의 최저한을 보장하는 기능을 한다. 또한, 근로기준법은 연장·야간·휴일 근로에 대한 가산임금, 해고예고수당 및 연차휴가수당 등을 산정하는 기준임금으로서 '통상임금'을 규정하고 있는 바, 통상임금에 부여하는 기능 중 가장 주목되는 것은 그것이 연장·야간·휴일 근로에 대한 가산임금 등을 산정하는 기준임금으로 기능한다는 점이다.

(3) 통상임금의 판단기준

1) 소정근로의 대가

2) 정기성

3) 일률성

4) 고정성

3. 사안의 경우

1) 소정근로대가성, 정기성, 일률성

A회사의 기본급은 근로자가 소정근로시간에 통상적으로 제공하기로 정한 근로에 관하여 사용자와 근로자가 지급하기로 약정한 금품인 소정근로의 대가로서, 1임금 지급기일마다 정기적으로 , 직원 모두를 대상으로 일률적으로 지급되고 있으므로, 소정근로대가성, 정기성, 일률성의 요건은 당연히 만족하고 있다.

2) 고정성 인정여부

사안에서, A회사는 임금 협상의 결과에 따라 사후적으로 소급하여 기본급을 재산정한다는 점에서, 기본급이 연장 근로 등을 할 시점에 추가적인 조건과 관계없이 당연히 지급될 것이 이미 확정되어 '고정성'이 인정될 수 있는 지 문제되지만, 지급기준일 이후 임금인상 합의 전까지 근로자들이 소정근로를 제공할 당시에는 임금의 인상 여부나 폭이 구체적으로 정해지지 않았더라도, 근로자들은 매년 반복된 합의에 따라 임금이 인상되면 소급기준일 이후의 임금인상 소급분이 지급되리라고 기대할 수 있었고, 노사간 소급적용 합의의 효력에 의해 소급기준일 이후 소정근로에 대한 대가가 인상된 기본급을 기준으로 확정되었다고 볼 수 있다는 점에서 고정성이 인정된다 할 것이다. 즉 위와 같은 노사합의는 소정근로에 대한 추가적인 가치 평가 시점만을 부득이 근로의 제공 이후로 미룬 것으로서, 그에 의한 임금인상 소급분은 근로자가 업적이나 성과의 달성 등과 같은 추가 조건을 충족해야만 지급되는 것이 아니라 소정근로의 제공에 대한 보상으로 당연히 지급될 성질의 것이므로 고정성을 갖추고 있다고 보아야 한다.

3) 통상임금의 기능과의 관련성

통상임금의 주요 기능은 연장·야간·휴일 근로에 대한 가산임금 등을 산정하는 기준임금으로 기능한다는 점인 바, 사후적으로 기본급을 소급하여 인상하였지만 소급분을 통상임금에 포함하지 않는다면, 결국 소정근로에 대한 임금과 연장근로에 대한 임금이 동일하게 되거나 심지어 소정근로에 대한 임금이 연장근로에 대한 임금보다 오히려 더 적게 될 수도 있는데, 이는 통상임금이 그 기능을 다하지 못하게 되는 부당한 결론이라고 할 수 있다

4. 결론

통상임금의 기능과 통상임금의 요건의 유기적 관계하에서 판단하건대, 소급하여 인상된 A회사의 기본급은 정기성·일률성·고정성이 인정되어 근로기준법에 따른 통상임금에 해당한다 따라서, 기본급 외의 연장, 야간, 휴일 근로수당도 소급인상된 기본급을 기준으로 재산정하여 지급할 것을 주장하는 B노조의 주장은 정당하다.

사례연습 45

경영관행에 의한 재직자조건과 통상임금(대법원 2021. 12. 16. 선고 2016다7975 판결 : 출제유력)

B사는 소속 근로자에게 상여금을 지급해 왔는데, B사의 단체협약에서는 B사가 조합원에게 상여금을 지급한다고 정하고, 지급률과 지급시기 등 세부사항은 따로 정하도록 하였다. B사의 2012년 급여세칙은 상여금에 관하여 다음과 같이 정하고 있다.

[급여세칙]

제25조(상여금)

① 상여금의 연간 지급률은 800%로 하되, 2월, 4월, 6월, 8월, 10월, 12월말에 100%씩 합계 600%의 기간상여를, 설날과 추석에 각각 50%의 명절상여를, 12월말에 100%의 연간상여를 지급한다.

② 상여금 적용일수는, 기간상여가 지급월 전월 2개월, 연간상여가 전년도 12월부터 당해연도 11월까지, 명절상여는 이전 명절상여 지급일 이후부터 다음 지급일까지이다. 퇴직자에 대한 상여금은 적용대상 기간 동안 근무분에 대해서 일할 계산하여 지급한다.

다만 위 급여세칙이 정하는 명절상여는 2011년에 신설되어 지급되기 시작한 것으로서, 그 이전까지 상여금은 명절상여 100%를 제외한 700%였다. 그리고,명절상여의 경우에는 지금까지 재직 근로자에게만 지급하였고 퇴직근로자에게는 지급한 바 없으며, 그동안 아무도 이에 대하여 이의를 제기한 바 없다.다만, B사가 퇴직한 근로자에게 명절상여를 지급하지 않는다는 사정을 정삭으로 공지하거나 공식화한 바는 없다. B사는 직원들에게 급여세칙상의 상여금을 통상임금에 포함시켜서 계산한 연장근로수당, 야간근로수당 등 법정수당을 지급하였지만, 관행적으로 재직자에게만 지급하여 온 명정살여금은 통상임금에 포함되지 않는 것으로 보고 이를 제외하였다.

B사 근로자 을은 급여세칙상 명절상여도 통상임금에 포함시켜 계산한 연장근로수당, 야간근로수당 등 법정수당을 지급하여야 한다고 주장하고 있다. 이러한 을의 주장은 타당한가?

1. 쟁점의 정리

사안에서 B사는 급여세칙상의 명절상여도 통상임금에 포함시켜 계산한 연장근로수당, 야간근로수당 등 법정수당을 지급하여야 한다고 주장하고 있는 바, 이러한 을의 주장이 타당한 지를 검토하기 위해서는 먼저 일할 계산하여 지급하는 데,급여세칙상의 명절상여금이 통상임금에 해당하는 지 살펴보아야 할 것이다. 그런데, B사는 임금세칙에도 불구하고 명절상여금의 경우에는 급여세칙과 달리 재직 근로자에게만 지급하여 왔고 퇴직근로자에게는 지급한 바 없을뿐 아니라, 그동안 아무도 이에 대하여 이의를 제기한 바 없다고 하는 바, 이와 같이 급여세칙과 다른 경영관행이 법원으로서의 규범력이 인정될 수 있는 지를 살펴보아야 할 것이다.

2. 명절상여금의 통상임금 해당여부

(1) 통상임금의 의의

(2) 통상임금의 판단기준

1) 소정근로의 대가

2) 정기성

3) 일률성

4) 고정성

(3) 사안의 경우

1) 소정근로대가성, 정기성, 일률성

사안의 명절상여는 적용대상 기간 동안의 근무분에 대하여 일할계산하여 지급하도록 되어 있는바, 이와 같이 근로자가 특정 시점 전에 퇴직하더라도 그 근무일수에 비례한 만큼의 임금이 지급되는 경우에는 매 근무일마다 지급되는 임금과 실질적인 차이가 없으므로 고정성이 인정된다.따라서 사안의 명절 상여금은 일할계산하여 지급하도록 되어 있는 한에 있어서는 통상임금에 해당한다.

(3) 재직 중인 근로자에게만 지급하기로 정하여진 경우

근로자가 소정근로를 했는지 여부와 관계없이 지급일 기타 특정 시점에 재직 중인 근로자에게만 지급하기로 정해져 있는 임금은 그 특정 시점에 재직 중일 것이 임금을 지급받을 수 있는 자격요건이 된다 할 것이고, 그와 같은 조건으로 지급되는 임금이라면 근로자가 임의의 날에 근로를 제공하더라도 그 특정 시점이 도래하기 전에 퇴직하면 당해 임금을 전혀 지급받지 못하여 근로자가 임의의 날에 연장·야간·휴일 근로를 제공하는 시점에서 그 지급조건이 성취될지 여부는 불확실하므로, 고정성을 결여한 것으로 보아야 한다.

(4) 경영관행상 재직 중인 근로자에게만 지급하기로 정하여진 경우

1) 법원으로서의 경영관행

어느 사업체 내에서 근로조건 등과 관련하여 일정한 관행이 노사 간에 아무런 이의 없이 오랫동안 반복적으로 행하여 짐으로써 그 노사 간에 그러한 관행이 당연한 것으로 받아들여져 기업사회에서 일반적으로 근로관계를 규율하는 규범적인 사실로서 명확히 승인되거나, 기업의 구성원이 일반적으로 아무런 이의도 제기하지 아니한 채 당연한 것으로 받아들여 기업 내에서 '사실상의 제도'로서 확립되어 하나의 묵시적 규범으로 인식되어 정착되기에 이르러야 한다는 것이 판례의 태도이다.(대법원 1993.1.26. 선고 92다11695 판결 등)

2) 사안의 경우

본 사안의 경우와 같이 어느 기업의 단체협약이나 취업규칙 등에 기업의 관행과 다른 내용을 명시적으로 정하고 있다면, 경영상 관행을 이유로 단체협약이나 취업규칙상의 명문의 규정을 배척함에는 특히 신중해야 할 것인바(대법원의 입장이다.(대법원 2021. 12. 16. 선고 2016다7975 판결), 특히 본 사안의 경우와 같이 그 경영관행의 내용이 근로자에게 불리하게 형성된 경우에는 더욱 그러하다. 대법원은'단체협약과 같은 처분문서를 해석할 때 명문의 규정을 근로자에게 불리하게 변형

해석할 수 없다(2011. 10. 13. 선고 2009다102452 판결).'는 법리를 정립하고 있는 바, 본 사안의 취업규칙(임금세칙)은 단체협약과 함께 근로계약의 내용을 이루고 있다는 점에서 볼 때, 명문의 취업규칙을 근로자에게 불리하게 변형 해석할 수는 없을 것이다. 더군다나, 명문의 규정에 반하여 관행적으로 명절상여금을 일할지급하지 아니하는 사용자의 의무 불이행에 규범성을 부여하여 근로자에게 불리하게 해석할 수는 없는 일이다. 따라서, 본 사안의 관행은 규범력이 인정되는 법원으로 볼 수 없다고 해야 한다.

4. 결론

B사의 관행은 규범력이 인정되는 법원으로 볼 수 없으므로, 임금세칙에 따라 일할계산하여 지급될 것으로 되어 있는 본 사안의 명절상여금은 통상임금의 범위에 산정하는 것이 타당하다. 따라서, 단체협약의 급여세칙상 명절상여도 통상임금에 포함시켜 계산한 연장근로수당, 야간근로수당 등 법정수당을 지급하여야 한다고 주장하는 근로자 을의 주장은 타당하다.

관련판례 대법원 2021. 8. 19. 선고 2017다56226 판결 소급하여 인상된 기본급의 통상임금성

1. 근로기준법은 사용자로 하여금 연장·야간·휴일 근로에 대하여 통상임금의 50% 이상을 가산하여 지급하도록 규정하는데 연장근로 등은 법정근로시간 내에서 행하여지는 근로보다 근로자에게 더 큰 피로와 긴장을 주고 근로자가 누릴 수 있는 생활상의 자유시간을 제한하므로 이에 상응하는 금전적 보상을 해주려는 데에 그 취지가 있다. 만약 소정근로시간에 대해 시간당 임금이 10,000원이라고 가정하면 1시간 연장근로 시 그에 대하여 15,000원을 지급받게 된다. **사후적으로 시간당 임금을 15,000원으로 소급 인상하였음에도 소급인상분을 통상임금에 포함하지 않는다면** 연장근로 1시간에 대한 임금은 여전히 15,000원으로 연장근로에 대한 임금이 소정근로에 대한 임금과 동일하게 되는데 이러한 결과는 **통상임금의 기능적 목적에 반하는 것이 된다.** 앞의 사안에서 사후적으로 시간당 임금을 10,000원에서 17,000원으로 소급하여 인상하였다고 가정하면 임금인상 소급분을 통상임금에 포함하지 않는 경우 소정근로에 대한 임금보다 연장근로에 대한 임금이 오히려 더 적게 되는데 이는 통상임금이 그 기능을 다하지 못하게 되는 부당한 결론이라고 할 수 있다.

2. 소급기준일 이후 임금인상 합의 전까지 근로자들이 소정근로를 제공할 당시에는 임금의 인상 여부나 폭이 구체적으로 정해지지 않았더라도, 근로자들은 매년 반복된 합의에 따라 임금이 인상되면 소급기준일 이후의 임금 인상 소급분이 지급되리라고 기대할 수 있었고, 노사간 소급적용 합의의 효력에 의해 소급기준일 이후 소정근로에 대한 대가가 인상된 기본급을 기준으로 확정되었다고 볼 수 있다. 즉 위와 같은 노사합의는 소정근로에 대한 추가적인 가치 평가 시점만을 부득이 근로의 제공 이후로 미룬 것으로, **그에 의한 이 사건 임금인상 소급분은 근로자가 업적이나 성과의 달성 등 추가 조건을 충족해야만 지급되는 것이 아니라 소정근로의 제공에 대한 보상으로 당연히 지급될 성질의 것이므로 고정성을 갖추고 있다고 보아야 한다.**

(4) 통상임금 범위를 제한하는 노사합의의 효력

1) 강행규정에 위배되는 노사 합의의 효력

가. 원칙

근로기준법은 강행규정이므로 **성질상 근로기준법상의 통상임금에 속해야 하는 임금**을 통상임금에서 제외하기로 노사간에 합의했다 하더라도 그러한 합의는 효력이 없다. 따라서 노사합의에 따라 추가수당을 계산한 금액이 근로기준법에서 정한 기준에 미달할 때에는 그 미달하는 범위 내에서 노사합의는 무효이며, 그 무효인 부분은 근로기준법이 정하는 기준에 따른다(근로기준법 제15조). **나아가, 단체협약 등 노사합의의 내용이 근로기준법의 강행규정을 위반해 무효인 경우에 그 무효를 주장하는 것은 신의칙에 위배된다고 볼 수 없음이 원칙이다.** 즉, 강행규정의 입법취지를 관철하기 위하여 강행규정에 위반한 법률행위를 한 사람이 강행법규의 위반을 이유로 그 행위의 무효를 주장하는 것은 신의칙에 반하지 않는다.(대법원 2007.07.27. 선고 2005다22671 판결 등)

나. 예외

예외적으로 강행규정보다 **신의칙을 우선할 특별한 사정이 있는 경우**에는 당사자가 스스로 한 합의가 무효임을 주장하는 것이 신의칙에 위배되어 허용되지 않을 수 있다. 이를테면, '정기상여금'이 통상임금의 요건을 갖추었음에도 그 동안 정기상여금을 통상임금에서 제외하기로 하는 노사합의가 일반적인 관행으로 되어있음에도 불구하고 근로자측이 그러한 노사합의가 강행규정에 위반하여 무효임을 주장하면서 정기상여금을 통상임금에 가산하고 이를 기초로 과거의 법정수당에 대해서도 추가적 임금을 지급할 것을 요구하는 경우에, 그로 말미암아 사용자에게 예측하지 못한 새로운 재정적 부담을 지워 중대한 경영상의 어려움을 초래하거나 기업의 존립을 위태롭게 한다면, 이는 종국적으로 근로자 측에까지 그 피해가 미치게 되어 노사 어느 쪽에도 도움이 되지 않는 결과를 가져오므로 정의와 형평의 관념에 비추어 신의에 현저히 반하고 도저히 용인될 수 없음이 분명하므로, **이와 같은 경우 근로자 측의 추가 법정수당 청구는 신의칙에 위배되어 허용되지 않을 수 있다.**(대법원 2013.12.18. 선고 2012다89399 판결)

관련판례 대법원 2013.12.18. 선고 2012다89399 판결 강행규정에 위배되는 노사합의의 효력

1. 통상임금은 근로조건의 기준을 마련하기 위하여 법이 정한 도구개념이므로, 사용자와 근로자가 통상임금의 의미나 범위 등에 관하여 단체협약 등에 의해 따로 합의할 수 있는 성질의 것이 아니다. **따라서 성질상 근로기준법상의 통상임금에 속하는 임금을 통상임금에서 제외하기로 노사 간에 합의하였다 하더라도 그 합의는 효력이 없다.** 연장·야간·휴일 근로에 대하여 통상임금의 50% 이상을 가산하여 지급하도록 한 근로기준법의 규정은 각 해당 근로에 대한 임금산정의 최저기준을 정한 것이므로, 통상임금의 성질을 가지는 임금을 일부 제외한 채 연장·야간·휴일 근로에 대한 가산임금을 산정하도록 **노사 간에 합의한 경우 그 노사합의에 따라 계산한 금액이 근로기준법에서 정한 위 기준에 미달할 때에는 그 미달하는 범위 내에서 노사합의는 무효이고, 무효로 된 부분은 근로기준법이 정하는 기준에 따라야 한다.**

2. 단체협약 등 노사합의의 내용이 근로기준법의 강행규정을 위반하여 무효인 경우에, 무효를 주장하는 것이 신의칙에 위배되는 권리의 행사라는 이유로 이를 배척한다면 강행규정으로 정한 입법 취지를 몰각시키는 결과가 될 것이므로, 그러한 주장이 신의칙에 위배된다고 볼 수 없음이 원칙이다. **그러나 노사합의의 내용이 근로기준법의 강행규정을 위반한다고 하여 노사합의의 무효 주장에 대하여 예외 없이 신의칙의 적용이 배제되는 것은 아니다. 신의칙을 적용하기 위한 일반적인 요건을 갖춤은 물론 근로기준법의 강행규정성에도 불구하고 신의칙을 우선하여 적용하는 것을 수긍할 만한 특별한 사정이 있는 예외적인 경우에 한하여 노사합의의 무효를 주장하는 것은 신의칙에 위배되어 허용될 수 없다.**

2) 법정 수당 청구의 신의칙 위반 요건(대법원 2013.12.18. 선고 2012다89399 판결)

① 신의칙을 적용하기 위한 일반적인 요건을 갖출 것

② 임금협상 과정을 거친 노사합의과정에서 **정기상여금**은 그 자체로 통상임금에 해당하지 않는다고 **오인**한 나머지 정기상여금을 통상임금 산정 기준에서 제외하기로 합의하고 이를 전제로 임금수준을 정하였을 것

③ 근로자측이 **임금협상 당시에 생각하지 못한 사유**를 들어 정기상여금을 통상임금에 가산하고 이를 토대로 추가적인 법정수당의 지급을 구할 것

④ 근로자측이 노사가 합의한 임금수준을 훨씬 초과하는 예상외의 이익을 추구할 것

⑤ **그로 말미암아 사용자측에게 예측하지 못한 새로운 재정적 부담을 지워 '중대한 경영상의 어려움'이 초래하거나 '기업의 존립을 위태'롭게 할 것**

3) 신의칙의 적용의 제한

전원합의체 판결 이후, 그동안 하급심 판례들은 신의칙의 적용을 상당히 제한하는 태도를 보이고 있었는데,(서울중앙지방법원 2017.08.31. 선고 2011가합105381 판결 등), 2019.2.14. 대법원도 명시적으로 '근로자의 추가 법정수당 청구가 사용자에게 중대한 경영상의 어려움을 초래하거나 기업의 존립을 위태롭게 해 **신의칙**(신의성실의 원칙)**에 위반되는지는 신중하고 엄격하게 판단해야 한다**'고 판시하면서 '기업을 경영하는 주체는 사용자이고 기업의 경영 상황은 기업내·외부의 여러 경제적·사회적 사정에 따라 수시로 변할 수 있다'며 '중대한 경영상의 어려움을 초래하거나 기업 존립을 위태롭게 한다는 이유로 (원고 측 청구를) 배척한다면 기업 경영에 따른 위험을 사실상 근로자에게 전가하는 결과가 초래될 수 있다'고 판단했다,(대법원 2019.02.14. 선고 2015다217287 판결)

> 관련판례 대법원 2019.02.14. 선고 2015다217287 판결 신의칙의 적용의 제한
>
> 근로관계를 규율하는 강행규정보다 신의칙을 우선하여 적용할 것인지를 판단할 때에는 근로조건의 최저기준을 정하여 근로자의 기본적 생활을 보장 · 향상시키고자 하는 근로기준법 등의 입법 취지를 충분히 고려할 필요가 있다. 기업을 경영하는 주체는 사용자이고 기업의 경영상황은 기업 내 · 외부의 여러 경제적 ·사회적 사정에 따라 수시로 변할 수 있다. 통상임금 재산정에 따른 근로자의 추가 법정수당 청구를 중대한 경영상의 어려움을 초래하거나 기업 존립을 위태롭게 한다는 이유로 배척한다면, 기업경영에 따른 위험을 사실상 근로자에게 전가하는 결과가 초래될 수 있다. **따라서 근로자의 추가 법정수당 청구가 사용자에게 중대한 경영상의 어려움을 초래하거나 기업의 존립을 위태롭게 하여 신의칙에 위배되는지는 신중하고 엄격하게 판단해야 한다**

4) '경영상태'의 판단 시점

나아가, 최근에 대법원은 '사용자가 부담할 것으로 예상되는 추가 법정수당액이 사용자에게 중대한 경영상의 어려움을 초래하는지 여부는 **사실심 변론종결시라**는 특정 시점에 국한한 피고의 경영상태만을 기준으로 볼 것이 아니라 **기업운영을 둘러싼 여러 사정을 종합적으로 고려해서 판단**해야 한다(대법원 2021. 12. 16. 선고 2016다7975 판결)'고 판시하여 통상임금 소송에서의 기업의 신의칙 항변을 더욱 엄격하게 제한하고 있다고 평가된다[8].

---

8) 이 사건의 1심은 경영상 어려움에 대한 판단은 사실심 변론종결시가 아니라고 보았는데, 2심은 사실심 변론종결시를 기준으로 판단하고 경영상 어려움이 인정된다고 하였는데, 대법원이 2심 판결을 파기한 것이다.

관련판례 대법원 2021. 12. 16. 선고 2016다7975 판결　'경영상태'의 판단 시점

사실심 변론종결 당시를 기준으로 보면 통상임금 재산정에 따른 추가 법정수당 지급으로 피고에게 경영상 어려움이 가중될 여지가 있다. 통상임금 재산정 결과 피고 소속 근로자의 통상임금 상승률과 실질임금 인상률도 상당할 것으로 보인다. **그러나 피고가 부담할 것으로 예상되는 추가 법정수당액이 피고에게 중대한 경영상의 어려움을 초래하는지 여부는 사실심 변론종결시라는 특정 시점에 국한한 피고의 경영상태만을 기준으로 볼 것이 아니라** 기업운영을 둘러싼 여러 사정을 종합적으로 고려해서 판단해야 하는데, 추가 법정수당의 규모(소멸시효가 완성한 부분을 제외하고 휴일근로수당 중복할증을 하지 않은 것을 전제로 한다), 추가 법정수당의 연도별 총인건비와 당기순이익 대비 비율, 피고의 사업 규모와 그동안의 매출, 영업이익, 당기순이익 등 손익의 추이 또는 경영성과의 누적 상태 등에 비추어 보면, 추가 법정수당의 지급으로 피고에게 중대한 경영상 위기가 초래된다거나 기업의 존립 자체가 위태롭게 된다고 인정하기 어렵다

강행규정에 위배되는 노사 합의의 효력(사례 예시)

1. 문제점

A회사의 주장과 관련하여 먼저, A회사와 노동조합간에 통상임금에 해당하는 임금을 통상임금에서 제외시키는 합의가 과연 유효한가가 문제된다. 그리고 이러한 합의가 무효라면 노동조합측이 통상임금의 청구를 하는 것이 신의칙에 반하여 그 청구가 부정될 수 있을 것인지 문제된다.

2. 통상임금에 관한 노사합의의 효력

(1) 판례의 태도(대법원 2013.12.18. 선고 2012다89399 판결)

(2) 사안의 경우

사안에서 정기상여금은 통상임금에 해당하고, 따라서 정기상여금을 통상임금에서 제외시키기로 한 노사합의는 근로기준법의 강행규정에 위배되어 무효라고 할 것이다. 따라서, 사용자는 근로기준법에 미달하는 부분에 관하여 임금을 지급할 의무가 있다.

3. A회사의 신의칙 위반 주장 항변의 인용 가능성

(1) 판례의 태도(대법원 2013.12.18. 선고 2012다89399 판결)

(2) 법정 수당 청구의 신의칙 위반 요건

(3) 사안의 경우

사안의 A 회사와 노동조합의 합의는 근로기준법의 강행규정에 위반되어 무효이므로 이에 근거하여 근로자 甲은 추가임금을 청구할 수 있을 것이지만, 신의칙을 우선하여 적용하는 것을 수긍할 만한 특별한 사정이 있는 경우에는 예외적으로 노사합의의 무효를 주장할 수 있을 것인 바, 본 사안의 경우에는 ① 정기상여금이 통상임금에 포함되지 않는다는 것을 전제로 하여 노사간에 협상과정을 거쳐서 임금수준을 정하였고 ② 통상임금에서 제외되었던 정기상여금을 통상임금에 포함시켜 추가청구를 용인하게 되면 근로자측은 합의된 임금수준을 훨씬 초과하는 예상외의 이익을 추구한 것으로 평가되며, ③ 그로인해 A회사는 중대한 경영상의 어려움을 초래하거나 기업의 존립이 위태롭게 된다. 따라서 근로자 본 사안에서의 추가임금 청구는 신의칙 위반에 해당한다.

4. 결론

사안에서는 근로자 甲의 추가임금청구는 부정될 것이므로, 결국 A회사가 .신의칙을 근거로 추가임금의 지급을 거절한 것은 타당하다.

4. 포괄임금제 근로계약과 연봉제 계약

(1) 포괄임금제 근로계약(→사례: 46,47)

1) 문제점

근로기준법 제17조는 '사용자는 근로계약을 체결할 때에 근로자에게 임금, 소정근로시간 기타 사항을 서면으로 명시할 것을 규정하고 있는 바, 위 조항에서 말하는 임금은 소정근로시간의 대가인 통상임금을 의미하며, 근로자가 연장·야간. 휴일 근로를 하는 경우에는 근로기준법 제56조에 따라 이에 대한 가산임금을 지급하여야 한다. 따라서, 전통적인 임금체제에서는 먼저 소정근로의 대가인 '기본급'을 결정하고, 결정된 기본임금을 기초로 통상임금(시간급)을 산출하여 이를 기초로 연장, 휴일, 야간근로수당 등 법정수당을 산정하여 지급하는 것이 원칙이다. **그런데, 일정한 경우에 '기본임금'을 별도로 정하지 아니하고 연장이나 야간 및 휴일근로 수당 등 각종 수당을 모두 포괄적으로 합한 일정액을 '월급' 혹은 '일당'으로 지급하기도 하는 계약을 체결하는 것이 근로기준법상 가산임금지급 규정 및 근로시간에 따른 임금지급의 원칙에 위반되는 것이 아닌지, 만일 그러한 포괄임금제 계약이 유효하다면 어떠한 요건하에서 유효한 지 문제된다.**

2) 포괄임금제 계약의 개념

이른바 포괄임금제라 함은 '기본임금을 미리 산정하지 아니한채 각종 수당을 합한 금액을 월급여액이나 일당임금으로 정하거나 기본임금을 정하고 매월 일정액을 각종 수당으로 지급하는 내용'의 임금산정 방식을 말하는 바(대법원 2009.12.10. 선고 2008다57852 판결), 이러한 '포괄임금제'는 **사업장의 근무형태나 업무의 성질 등의 특수성에 비추어 '근로시간'을 산정하기가 어려운 종류의업무 혹은 이와 유사한 업무에 한하여 예외적으로 허용된다.**

3) 성립요건

포괄임금제가 성립하기 위해서는 포괄임금제에 대한 사용자와 근로자의 '**합의**'가 있어야 하므로, 근로계약서에 반드시 포괄임금제 계약에 대한 근로자의 '**동의**'을 받아야 한다. 다만, 판례 및 행정해석은 포괄임금제 계약에 대한 '묵시적 합의'도 인정하므로, 이를테면, 입사 시 근로조건을 명시한 계약을 작성하면서 하면서 기본급과 수당의 구분 없이 포괄월정액으로 지급하기로 하고 수년간에 걸쳐 이를 이의 없이 수령해 왔다면 묵시적으로 포괄임금제를 합의한 것으로 볼 수 있다고 한다.(대법원 1984.01.24. 선고 83도2068 판결)

4) 유효요건

가. 업무특성상 근로시간의 산정이 어려운 경우일 것

'포괄임금제'는 사업장의 근무형태나 업무의 성질 등의 특수성에 비추어 '근로시간'을 산정하기가 어려운 종류의 업무혹은 이와 유사한 업무에 한하여 예외적으로 허용된다. 최근 판례는 '감시 단속적 근로 등과 같이 근로시간의 산정이 어려운 경우가 아니라면 달리 근로기준법상의 근로시간에 관한 규정을 그대로 적용할 수 없다고 볼 만한 특별한 사정이 없는 한 근로기준법상의 근로시간에 따른 임금지급의 원칙이 적용되어야 할 것이므로 이러한 경우에도 근로시간 수에 상관없이 일정액을 법정수당으로 지급하는 내용의 포괄임금제 방식의 임금 지급계약을 체결하는 것은 그것이 근로기준법이 정한 근로시간에 관한 규제를 위반하는 이상 허용될 수 없다'고 하여 근로기준법상 법정수당 지급을 회피하기 위한 목적의 포괄임금제 방식의 임금지급계약의 유효성을 부정하였다.(대법원 2009.12.10. 선고 2008다57852 판결, 대법원 2012.03.29. 선고 2010다91046 판결 등)

특히, 최근에는 '근로형태나 업무의 성격상 연장·야간·휴일근로가 당연히 예상된다고 하더라도 기본급과는 별도로 연장·야간. 휴일근로수당 등을 세부항목으로 명백히 나누어 지급하도록 단체협약이나 취업규칙, 급여규정 등에 정하고 있는 경우는 포괄임금제에 해당하지 아니한다'고 하여 포괄임금제 성립요건을 엄격하게 판단하고 있으며(대법원 2009.12.10. 선고 2008다57852 판결), 나아가 임금협정서에 '포괄임금 방식으로 지급한다.'는 기재가 있더라도, 실무에서 다르게 지급하고 있다면 포괄임금제가 성립했다고 보기 어렵다고 판단한 바 있다.(대법원 2020.02.06. 선고 2015다233579 판결)

나. 근로자에게 불이익이 없고 제반사정에 비추어 정당성이 인정될 것

판례는 '단체협약이나 취업규칙에 비추어 근로자에게 불이익이 없고, 제반 사정에 비추어정당하다고 인정될 때에는 그 계약은 유효하다'라고 판시하고 있는 바(대법원 1997.04.25. 선고 95다4056 판결)이에 따르면 포괄임금제로 인하여 근로자에게 불이익이 발생되는 경우에는 그 유효성이 인정될 수 없다.

5) 결론

포괄임금제약정이 유효하기 위해서는 근로시간, 업무의 성질, 근무형태 등을 고려할 때 근로시간의 산정이 어려운 경우라야 하며, 임금 산정에 있어서 근로자에게 불이익이 없어야 한다. **따라서, 포괄임금제에 대한 근로자의 승낙이 있는 경우라도 사업장의 근무형태나 업무의 성질 등의 특수성에 비추어 '근로시간'을 산정하기가 어려운 등의 특별한 사정이 없고 근로자의 근무시간을 명확하게 산정할 수 있는 경우라면, 그러한 포괄임금제 계약은 근로기준법의 강행규정에 반하는 계약으로서 효력이 없고**, 판례는 '근로기준법 제15조에서는 근로기준법에 정한 기준에 미치지 못하는 근로조건을 정한 근로계약은 그 부분에 한하여 무효로 하면서(**근로기준법의 강행성**) 그 무효로 된 부분은 근로기준법이 정한 기준에 의하도록 정하고 있으므로(**근로기준법의 보충성**), 사용자는 근로기준법의 강행성과 보충성 원칙에 의해 근로자에게 그 미달되는 법정수당을 지급할 의무가 있다.'고 한다.(대법원 2010.05.13. 선고 2008다6052 판결)

관련판례 대법원 2020.02.06. 선고 2015다233579(본소), 2015다233586(반소) 판결

포괄임금제에 관한 약정이 성립하였는지는 근로시간, 근로형태와 업무의 성질, 임금 산정의 단위, 단체협약과 취업규칙의 내용, 동종 사업장의 실태 등 여러 사정을 전체적·종합적으로 고려하여 구체적으로 판단하여야 한다. 비록 개별 사안에서 근로형태나 업무의 성격상 연장·야간·휴일근로가 당연히 예상된다고 하더라도 기본급과는 별도로 연장·야간·휴일근로수당 등을 세부항목으로 나누어 지급하도록 단체협약이나 취업규칙, 급여규정 등에 정하고 있는 경우에는 포괄임금제에 해당하지 아니한다. 그리고 단체협약 등에 일정 근로시간을 초과한 연장근로시간에 대한 합의가 있다거나 기본급에 수당을 포함한 금액을 기준으로 임금인상률을 정하였다는 사정 등을 들어 바로 위와 같은 포괄임금제에 관한 합의가 있다고 섣불리 단정할 수는 없다..

(쟁점) 포괄임금 산정의 대상

1. 연장 · 야간 · 휴일 근로에 대한 임금 및 가산수당

연장 · 야간 · 휴일 근로에 대한 임금 및 가산수당은 포괄산정의 대상이 될 수 있다. 그리고, 이러한 시간외 근로 (연장, 야간, 휴일 근로)는 반드시 법정 요건을 지켜야 하므로, 근로자와 연장근로 할 것을 합의해야 하며, 합의가 있는 경우에도 1주 12시간을 초과하는 시간외 근로는 허용되지 아니한다.

2. 주휴수당

주휴수당은 근로기준법에서 정한 기간을 근로하였을 때 비로소 발생하는 것이지만, 당사자 사이에 그러한 소정기간의 근로를 전제로 주휴수당을 일당임금이나 매월 일정액에 포함하여 지급하는 것이 불가능하지 않으므로, 주휴수당을 포괄임금에 산입할 수 있다.

3. 연차유급휴가수당

연차휴가청구권이 소멸되지 않은 상태에서 사용자가 연차유급휴가근로수당을 미리 연봉제에 의하여 지급하는 것은 연차휴가제도의 취지에 반할 소지가 있기 때문에 연차유급휴가수당은 성질상 포괄산정의 대상이 되기 어렵겠지만, **그것이 연차휴가의 사전매수로 해석 되지 않는 이상, 즉, 근로자의 연차휴가 사용권이 박탈되지 않는다는 전제에서, 실제 발생된 일수에 따라 시간급통상임금으로 환산한 수당을 포괄임금에 산입하여 지급**하고, 연도 중에 근로자가 요청할 경우 실제휴가를 부여하다가 연도 말에 가서 그 동안 사용한 휴가일수와 지급된 수당을 정산하는 것은 무방하다.

4. 산전후휴가

모성보호를 위해 산전후휴가를 금전으로 보상하여 포괄임금으로 처리하는 것은 제도 자체를 부정하는 것으로서 법위반이므로 허용되지 않는다.

5. 퇴직금

퇴직금이란 퇴직이라는 근로관계의 종료를 요건으로 하여 비로소 발생하는 것이어서 근로계약이 존속하는 동안에는 원칙으로 퇴직금 지급의 무는 발생할 여지가 없는 것이고, 퇴직금의 중간 정산은 원칙적으로 인정되지 않으므로 퇴직금은 포괄산정의 대상이 되지 않는다. 따라서, 연봉계약에서 퇴직금을 미리 연봉 속에 포함시켜 지급하는 이른바 '퇴직금 중간정산'약정을 하였다 하더라도 이는 근로자퇴직급여법에 위반되어 무효이다.

관련판례 대법원 1998. 3. 24. 선고 96다24699 판결 연차유급휴가수당의 포괄임금제 포함여부

주휴수당이나 연월차휴가수당이 구 근로기준법에서 정한 기간을 근로하였을 때 비로소 발생하는 것이라 할지라도 당사자 사이에 미리 그러한 소정기간의 근로를 전제로 하여 주휴수당이나 연월차휴가수당을 일당임금이나 매월 일정액에 포함하여 지급하는 것이 불가능한 것이 아니며, 포괄임금제란 각종 수당의 지급방법에 관한 것으로서 근로자의 연월차휴가권의 행사 여부와는 관계가 없으므로 포괄임금제가 근로자의 연월차휴가권을 박탈하는 것이라고 할 수 없다.

사례연습 46

포괄임금제 계약(2021년도 번호사시험 기출문제)

甲은 상시 근로자 100명을 고용하여 대중음식점을 운영하는 A회사에 근무하는 조리사이다. 甲은 취업규칙상 정해진 출퇴근 시간이 있음에도 불구하고 A회사의 지시에 따라 연장근로를 수시로 수행하였는데, 甲이 실제로 근무한 시간을 계산함에는 아무런 어려움이 없었다. 甲이 실제 근무한 연장근로시간을 기초로「근로기준법」에 따라 계산한 연장근로수당은 근로계약서에 약정된 정액의 연장근로수당을 초과하였지만, A회사는 甲에게 근로계약서에 약정된 정액의 연장근로수당만 매월 지급하였다.

임금 및 근로시간에 관한 甲의 근로계약서 내용은 다음과 같다.

> 1. 기본급: 매월 4,000,000원 지급
> 2. 연장근로: 회사의 업무상 필요에 따라 1주 12시간 이내 수행
> 3. 연장근로수당: 실근무시간과 무관하게 포괄적으로 계산하여 매월 정액 800,000원 지급

甲은 근로계약서상 연장근로수당에 관한 포괄임금제 약정이「근로기준법」을 위반하여 무효이므로, 실제 근무한 시간으로「근로기준법」에 따라 계산된 연장근로수당과 자신이 받은 정액의 연장근로수당 사이의 차액을 A회사가 지급할 의무가 있다고 주장한다. 甲의 주장은 타당한가?

1. 쟁점의 정리

사안에서 실제로 근무한 시간을 계산함에는 아무런 어려움이 없었음에도 불구하고 근로자 甲이 A회사와 체결한 근로계약서 중 '실근로시간과 무관하게 포괄적으로 계산하여 매월 정액을 지급한다'는 규정이 이른바 포괄임금제 약정에 해당하는 지 먼저 살펴보고, 만일 포괄임금제 계약에 해당한다면 乙의 업무는 근로시간 산정에 별다른 어려움이 없음에도 이러한 포괄임금제 규정이 근로기준법에 위반되는지, 만일 근로기준법에 위반된다면 구체적으로 어떤 근로기준법의 조항에 위반되는지 검토하여야 할 것이다. 또한, 만일 포괄임금제 약정이 근로기준법을 위반하여 위반이라면, A회사는 甲이 실제로 근무한 시간으로 「근로기준법」에 따라 계산된 연장근로수당과 자신이 받은 정액의 연장근로수당 사이의 차액을 A회사가 지급할 의무가 있는지 살펴보도록 하겠다.

2. 포괄임금제 규정의 효력

(1) 문제점

근로기준법 제17조는 '사용자는 근로계약을 체결할 때에 근로자에게 임금, 소정근로시간 기타 사항을 서면으로 명시할 것을 규정하고 있는 바, 위 조항에서 말하는 임금은 소정근로시간의 대가인 통상임금을 의미하며, 근로자가 연장 · 야간. 휴일 근로를 하는 경우에는 근로기준법 제56조에 따라 이에 대한 가산임금을 지급하여야 한다. 따라서, 전통적인 임금체제에서는 먼저 소정근로의 대가인 '기본급'을 결정하고, 결정된 기본임금을 기초로 통상임금(시간급)을 산출하여 이를 기초로 연장, 휴일, 야간근로수당 등 법정수당을 산정하여 지급하는 것이 원칙이다. 그런데, 일정한 경우에

'기본임금'을 별도로 정하지 아니하고 연장이나 야간 및 휴일근로 수당 등 각종 수당을 모두 포괄적으로 합한 일정액을 '월급' 혹은 '일당'으로 지급하기도 하는 계약을 체결하는 것이 근로기준법상 가산임금지급 규정 및 근로시간에 따른 임금지급의 원칙에 위반되는 것이 아닌지, 만일 그러한 포괄임금제 계약이 유효하다면 어떠한 요건하에서 유효한 지 문제된다.

(2) 포괄임금제 계약의 개념

이른바 '포괄임금제'라 함은 기본임금을 미리 산정하지 아니한채 각종 수당을 합한 금액을 월급 여액이나 일당임금으로 정하거나 기본임금을 정하고 매월 일정액을 각송 수당으로 지급하는 내용의 임금산정방식을 말하는 바(대법원 2009.12.10. 선고 2008다57852 판결), 이러한 '포괄임금제'는 사업장의 근무형태나 업무의 성질 등의 특수성에 비추어 '근로시간'을 산정하기가 어려운 종류의 업무 혹은 이와 유사한 업무에 한하여 예외적으로 허용된다.

(2) 성립요건

포괄임금제가 성립하기 위해서는 포괄임금제에 대한 사용자와 근로자의 '합의'가 있어야 하므로, 근로계약서에 반드시 포괄임금제 계약에 대한 근로자의 '동의'을 받아야 한다. 다만, 판례및 행정해석은 포괄임금제 계약에 대한 '묵시적 합의'도 인정하므로, 이를테면, 입사 시 근로조건을 명시한 계약을 작성하면서 하면서 기본급과 수당의 구분 없이 포괄월정액으로 지급하기로 하고 수년간에 걸쳐 이를 이의 없이 수령해 왔다면 묵시적으로 포괄임금제를 합의한 것으로 볼 수 있다고 한다.(대법원 1984.01.24. 선고 83도2068 판결)

(3) 유효요건

1) 업무특성상 근로시간의 산정이 어려운 경우일 것

포괄임금제는 사업장의 근무형태나 업무의 성질 등의 특수성에 비추어 '근로시간'을 산정하기가 어려운 사정이 있는 경우에 예외적으로 인정되는 임금 지급 형태이다 최근 판례는 '감시 단속적 근로 등과 같이 근로시간의 산정이 어려운 경우가 아니라면 달리 근로기준법상의 근로시간에 관한 규정을 그대로 적용할 수 없다고 볼 만한 특별한 사정이 없는 한 근로기준법상의 근로시간에 따른 임금지급의 원칙이 적용되어야 할 것이므로 이러한 경우에도 근로시간 수에 상관없이 일정액을 법정수당으로 지급하는 내용의 포괄임금제 방식의 임금 지급계약을 체결하는 것은 그것이 근로기준법이 정한 근로시간에 관한 규제를 위반하는 이상 허용될 수 없다'고 하여 근로기준법상 법정수당 지급을 회피하기 위한 목적의 포괄임금제 방식의 임금지급계약의 유효성을 부정하였다.(대법원 2009.12.10. 선고 2008다57852 판결, 대법원 2012.03.29. 선고 2010다91046 판결 등)

2) 근로자에게 불이익이 없고 제반사정에 비추어 정당성이 인정될 것

판례는 '단체협약이나 취업규칙에 비추어 근로자에게 불이익이 없고, 제반 사정에 비추어정당하다고 인정될 때에는 그 계약은 유효하다'라고 판시하고 있는 바(대법원 1997.04.25. 선고 95다4056 판결), 포괄임금제는 근로자에게 불이익이 없고 제반사정에 비추어 정당성이 인정되어야 그 유효성이 인정될 수 있다. 따라서 포괄임금제는 근로시간, 업무의 성질, 근무형태 등을 고려할 때 근로

시간의 산정이 어려운 경우라야 하며, 임금 산정에 있어서 근로자에게 불이익이 없어야 한다.

(4) 효과

포괄임금제약정이 유효하기 위해서는 근로시간, 업무의 성질, 근무형태 등을 고려할 때 근로시간의 산정이 어려운 경우라야 하며, 임금 산정에 있어서 근로자에게 불이익이 없어야 한다. 따라서, 포괄임금제에 대한 근로자의 승낙이 있는 경우라도 사업장의 근무형태나 업무의 성질 등의 특수성에 비추어 '근로시간'을 산정하기가 어려운 등의 특별한 사정이 없고 근로자의 근무시간을 명확하게 산정할 수 있는 경우라면, 그러한 포괄임금제 계약은 근로기준법의 강행규정에 반하는 계약으로서 효력이 없고, 판례는 '근로기준법 제15조에서는 근로기준법에 정한 기준에 미치지 못하는 근로조건을 정한 근로계약은 그 부분에 한하여 무효로 하면서(근로기준법의 강행성) 그 무효로 된 부분은 근로기준법이 정한 기준에 의하도록 정하고 있으므로(근로기준법의 보충성), 사용자는 근로기준법의 강행성과 보충성 원칙에 의해 근로자에게 그 미달되는 법정수당을 지급할 의무가 있다.'고 한다.(대법원 2010.05.13. 선고 2008다6052 판결)

3. 사안의 해결

사안에서 甲은 실제로 근무한 시간을 계산함에는 아무런 어려움이 없었을 뿐 아니라, 근로계약서에는 기본급과는 별도로 연장근로수당을 세부항목으로 명백히 나누어 지급하도록 명시되어 있다는는 이러한 경우에도 포괄임금제 계약을 체결하는 것은 근로기준법이 정한 근로시간에 관한 규제를 정한 근로기준법 제17조 및 근로기준법 제56조에 위반하는 것으로서 무효이다. 또한, 포괄임금에 포함된 정액의 법정수당이 근로기준법이 정한 기준에 따라 산정된 법정수당에 미달하는 때에는 그에 해당하는 포괄임금제에 의한 임금 지급계약 부분은 근로자에게 불이익하여 무효라 할 것이고, 사용자는 근로기준법의 강행성과 보충성 원칙에 의해 근로자에게 그 미달되는 법정수당을 지급할 의무가 있다. 따라서 사안에서 '시간외근무수당'이 실제 근로기준법상의 가산임금규정에 의해 산정한 금액에 미치지 못한다면 A회사는 乙에게 그 차액에 해당하는 금원을 지급할 의무가 있으므로 근로자 甲의 주장은 타당하다.

관련 문제_ 순수한 의미의 포괄임금제와 포괄역산형 포괄임금제와의 구별

우리나라 대부분의 사업장에서는 본래적 의미의 포괄임금제, 즉, 사업장의 근무형태나 업무의 성질 등의 특수성에 비추어 '근로시간'을 산정하기가 어려운 사정이 있는 경우에 예외적으로 인정되는 포괄임금제가 아니라, 근로시간을 산정하는 것이 어려운 사정이 없음에도 단지 임금 계산의 편의 등을 위하여 체결하는 이른바 '포괄역산형태'의 포괄임금제를 체결하는 경우가 대부분이다. 따라서, 이러한 **'포괄역산'형태'의 포괄임금제**와 본래적 의미의 포괄임금제는 구별하여야 할 것이다. 왜냐하면, '포괄역산'형태의 포괄임금제 계약'을 체결한 경우에는, 원래적 의미의 포괄임금제 계약을 체결한 경우와 달리, 근로자가 연장, 야간, 휴일 근로에 대한 추가 임금을 청구하는 것이 가능하기 때문이다. 행정해석은 이러한 '**포괄역산형 포괄임금제**'를 무효로 보고 있지는 않으며, 다만 포괄임금제 계약이 근로자에게 불이익한 부분이 있다면 임금의 추가지급 등을 통해 법위반 사실을 시정해야 한다는 입장이다.(근로기준과-3172, 2005.6.13.)

사례연습 47

포괄임금제 계약(2015년도 제1차 변호사시험 모의시험)

근로자 乙과 A회사가 체결한 근로계약서 중에는 임금은 기본급으로 월 1,500,000원을 지급하되, 실제 근로한 연장근로시간을 정할 필요가 없이 급여와 보수규정에 따라 결정된 등급을 기준으로 정액의 '시간외근무수당'을 지급하기로 한다는 규정이 있다. 乙은 위 근로계약과 취업규칙에 따라 매월 기본급과 정액으로 지급되는 시간외근무수당을 지급받고 근무하였다. 24시간을 교대제로 근무하는 乙의 업무는 근로시간 산정에 별다른 어려움이 없다. 乙은 근무시간 중 8시간은 정상적인 근무시간이지만, 이를 제외한 나머지 16시간은 연장초과근로라고 주장한다. 그리하여 근로기준법상의 가산임금을 고려한 '시간외근무수당'을 산정했을 때의 금액이 A회사가 정액으로 지급하는 시간외근무수당과 비교하면 많기 때문에 A회사는 乙에게 그 차액에 해당하는 금원을 지급할 의무가 있다고 乙이 주장한다.

위 사안에서 '시간외근무수당'이 실제 근로기준법상의 가산임금 규정에 산정한 금액에 미치지 못한다고 할 때 근로자 乙의 주장은 타당한가?

1. 쟁점의 정리

사안에서 근로자 乙과 A회사가 체결한 근로계약서 중 '실제 근로한 연장근로시간을 정할 필요가 없이 급여와 보수규정에 따라 결정된 등급을 기준으로 정액의 '시간외근무수당'을 지급하기로 한다.'는 근로계약상의 규정은 이른바 포괄임금제 약정에 해당하는 바, 乙의 업무는 근로시간 산정에 별다른 어려움이 없음에도 이러한 포괄임금제 규정이 유효한지 여부가 문제되고, 또한, 이러한 포괄임금제 약정에도 불구하고 A회사에게 추가적인 연장근로수당의 지급의무가 있는지 여부를 검토해야 할 것이다.

2. 포괄임금제 규정의 효력

(1) 포괄임금제 계약의 의의

이른바 '포괄임금제'라 함은 기본임금을 미리 산정하지 아니한채 각종 수당을 합한 금액을 월급여액이나 일당임금으로 정하거나 기본임금을 정하고 매월 일정액을 각종 수당으로 지급하는 내용의 임금산정방식을 말하는 바(대법원 2009.12.10. 선고 2008다57852 판결), 이러한 '포괄임금제'는 사업장의 근무형태나 업무의 성질 등의 특수성에 비추어 '근로시간'을 산정하기가 어려운 종류의 업무 혹은 이와 유사한 업무에 한하여 예외적으로 허용된다.

(2) 성립요건

포괄임금제가 성립하기 위해서는 포괄임금제에 대한 사용자와 근로자의 '합의'가 있어야 하므로, 근로계약서에 반드시 포괄임금제 계약에 대한 근로자의 '동의'를 받아야 한다. 다만, 판례및 행정해석은 포괄임금제 계약에 대한 '묵시적 합의'도 인정한다.

(3) 유효요건

1) 업무특성상 근로시간의 산정이 어려운 경우일 것

포괄임금제는 사업장의 근무형태나 업무의 성질 등의 특수성에 비추어 '근로시간'을 산정하기가 어려운 사정이 있는 경우에 예외적으로 인정되는 임금 지급 형태이다 최근 판례는 '감시 단속적 근로 등과 같이 근로시간의 산정이 어려운 경우가 아니라면 달리 근로기준법상의 근로시간에 관한 규정을 그대로 적용할 수 없다고 볼 만한 특별한 사정이 없는 한 근로기준법상의 근로시간에 따른 임금지급의 원칙이 적용되어야 할 것이므로 이러한 경우에도 근로시간 수에 상관없이 일정액을 법정수당으로 지급하는 내용의 포괄임금제 방식의 임금 지급계약을 체결하는 것은 그것이 근로기준법이 정한 근로시간에 관한 규제를 위반하는 이상 허용될 수 없다'고 하여 근로기준법상 법정수당 지급을 회피하기 위한 목적의 포괄임금제 방식의 임금지급계약의 유효성을 부정하였다.(대법원 2009. 12.10. 선고 2008다57852 판결, 대법원 2012.03.29. 선고 2010다91046 판결 등)

2) 근로자에게 불이익이 없고 제반사정에 비추어 정당성이 인정될 것

판례는 '단체협약이나 취업규칙에 비추어 근로자에게 불이익이 없고, 제반 사정에 비추어정당하다고 인정될 때에는 그 계약은 유효하다'라고 판시하고 있는 바(대법원 1997.04.25. 선고 95다4056 판결), 포괄임금제는 근로자에게 불이익이 없고 제반사정에 비추어 정당성이 인정되어야 그 유효성이 인정될 수 있다. 따라서 포괄임금제는 근로시간, 업무의 성질, 근무형태 등을 고려할 때 근로시간의 산정이 어려운 경우라야 하며, 임금 산정에 있어서 근로자에게 불이익이 없어야 한다.

(4) 효과

포괄임금제 계약이 적법하게 체결된 경우에는 포괄임금으로 지급받은 임금에 근로기준법의 규정에 의한 연장, 야간, 휴일 근로수당 등 법정수당이 모두 포함된 것이므로 취급되므로 근로자는 추가수당 등을 청구 할 수 없다. 반면에, 포괄임금제에 대한 근로자의 승낙이 있는 경우라도 사업장의 근무형태나 업무의 성질 등의 특수성에 비추어 '근로시간'을 산정하기가 어려운 등의 특별한 사정이 없고 근로자의 근무시간을 명확하게 산정할 수 있는 경우라면, 그러한 포괄임금제 계약은 근로기준법의 강행규정에 반하는 계약으로서 효력이 없으므로, 근로자는 그러한 포괄산정임금계약의 무효를 주장할 수 있음은 물론 사용자에 대하여 자신이 실제로 일한 연장근로시간 등에 상응하는 임금을 보전 받을 수 있을 것이다.

3. 사안의 해결

사안에서 24시간을 교대제로 근무하는 乙의 업무는 근로시간 산정에 별다른 어려움이 없으므로 근로기준법상의 근로시간에 따른 임금지급의 원칙이 적용되어야 할 것이므로, 이러한 경우에도 포괄임금제 계약을 체결하는 것은 근로기준법이 정한 근로시간에 관한 규제를 위반하는 것으로서 무효이다. 따라서, 포괄임금에 포함된 정액의 법정수당이 근로기준법이 정한 기준에 따라 산정된 법정수당에 미달하는 때에는 그에 해당하는 포괄임금제에 의한 임금 지급계약 부분은 근로자에게 불이익하여 무효라 할 것이므로, 사용자는 근로기준법의 강행성과 보충성 원칙에 의해 근로자에게 그 미달되는 법정수당을 지급할 의무가 있다. 따라서 사안에서 '시간외근무수당'이 실제 근로기준법상의 가산임금규정에 의해 산정한 금액에 미치지 못한다면 A회사는 乙에게 그 차액에 해당하는 금원을 지급할 의무가 있으므로 근로자 乙의 주장은 타당하다.

(2) 연봉제 계약

1) 연봉제 근로계약의 의의

'연봉제'란 개인의 능력, 실적 등을 평가하여 이를 일정 기간 단위 (보통은 1년 단위)로 임금액을 결정하는 '실적' 중심의 임금지급 형태를 말한다. '연봉제'는 근로자의 '성과'를 객관적인 지표로 환산하여 연봉을 결정하는 성과주의 임금제도라는 점에서, '근로자의 임금 = 근로의 시간당 단가(통상임금) × 근로시간'이라는 통상임금(시간급)에 기반한 일반적인 임금결정체제와 본질적으로 구별된다

2) 근로계약과 연봉계약의 구별

'근로계약'과 '연봉계약'은 서로 다른 개념이다. 연봉계약은 근로계약의 내용 중에서 '임금(연봉)'에 대한 근로조건만을 매년 새롭게 합의하는 것이므로, 연봉계약은 근로계약과 별도의 부속계약의 하나로 체결되는 것이 일반적이다. 연봉제라고 하여 임금을 매년 1회 지급하거나 분기 또는 반기별로 지급하는 것은 임금의 정기지급의 원칙에 위반되므로 임금은 매월 1회 이상 일정한 날짜를 정하여 지급하여야 한다. (근로기준법 제43조 제2항) 또한, '임금'은 근로조건의 서면명시 사항의 하나이므로, 연봉제를 실시하는 경우에도 근로기준법 제17조에 따라 1년 단위로 결정되는 임금(연봉)의 구성 및 지급방법을 서면으로 명시하여 매년 연봉계약서를 작성하여 근로자에게 교부해야 하야 한다. 이러한 **연봉계약은 임금 지급형태의 하나일 뿐** 근로계약의 존속 기간이나 근로계약 그 자체의 존속 여부와는 무관하다. 따라서, 기간의 정함이 없는 근로계약을 체결한 근로자에 대해 연봉제를 이유로 1년 단위의 기간의 정함이 있는 근로계약으로 변경할 것을 요구하는 것 등은 허용되지 않는다.

2) 연봉계약기간의 종료와 묵시적 갱신

연봉제 계약 등에서 정한 연봉기간이 종료하였음에도 불구하고 새로운 연봉에 대한 합의가 이루어지지 않는 등의 이유로 기존의 연봉기간이 경과하면, 민법 제662조 제3항에 따라 기존의 연봉계약과 동일한 조건으로 묵시적 갱신이 되고, 이와 같이 묵시의 갱신이 이루 경우에 당사자는 근로기간의 약정이 없는 때와 마찬가지로 언제든지 계약 해지의 통고를 할 수 있는 바(민법 제662조 제1항), 이 경우에 상대방이 **해지의 통고를 받은 날로부터 1월이 경과하면** 해지의 효력이 발생한다.(민법 제662조 제2항) 단, **사용자에게는 민법 제660조 제3항이 아닌 근로기준법 제23조 제1항 이하의 규정이 적용된다.**(→'근로계약의 묵시적 갱신'참조)

관련판례 대법원 2022. 1. 13. 선고 2020다232136 판결) 호봉제에서 연봉제로의 전환

원고가 기존의 호봉제가 시행되던 1994. 3. 1. 피고의 조교수로 신규 임용된 이래 원고와 피고 사이의 근로관계가 계속되어 왔을 뿐 원고와 피고는 △△대학교 급여규정 등이 규정한 바에 따라 급여를 지급받기로 하는 외에 별도로 임용계약서를 작성하거나 임금 등 근로조건에 관하여 약정을 체결하지 않았으므로, **적어도 2017. 8. 16. 연봉제 임금체계에 대하여 근로자 과반수의 동의를 얻은 후에는 원고에게 취업규칙상 변경된 연봉제 규정이 적용**된다고 봄이 타당하다. 그런데도 원심은 그 판시와 같은 이유만으로, 원고와 피고 사이에 임금을 기존의 호봉제에 의하여 정하기로 하는 내용의 근로계약이 성립되었음을 전제로 2017. 8. 16. 자 연봉제 변경 동의일 이후부터 2018. 2.까지 사이의 원고의 급여액 산정에 연봉제 급여지급규정은 적용될 수 없다고 판단하여 위 기간 동안 원고의 청구를 일부 인용하였다. 이러한 원심의 판단에는 취업규칙과 개별 근로계약의 우열관계, 취업규칙의 불이익변경에 관한 법리 등을 오해하여 판결에 영향을 미친 잘못이 있다. 이 점을 지적하는 취지의 상고이유 주장은 이유 있다.

(쟁점) 연봉제의 도입

1. 근로계약을 통한 개별적인 연봉제의 도입

사용자와 근로자의 개별적인 연봉계약의 체결을 통하여 연봉제를 도입할 수 있다. 다만, 취업규칙이 있는 사업장의 경우에는 취업규칙보다 불리한 내용의 근로계약은 인정되지 아니한다.(근로기준법 제97조) 반면에, 연봉계약의 내용이 단체협약이나 취업규칙보다 유리한 내용이라면 당연히 그러한 연봉계약의 내용은 그대로 효력이 있다.

2. 취업규칙의 변경을 통한 연봉제의 실시(호봉제에서 연봉제로의 전환)

회사가 도입하고자 하는 연봉제가 기존의 임금제도에 비해 근로자에게 유리한 경우에는 당해 사업(장)에 근로자의 과반수로 조직된 노동조합이 있는 경우에는 그 노동조합, 없는 경우에는 근로자의 과반수의 의견을 들으면 족하지만, 취업규칙이 **불이익하게 변경**되는 경우에는 **근로자 대표의 과반수의 동의**를 얻어야 한다. ① **불이익한 변경여부와 관련**하여, 연봉제의 내용에 근로조건의 개선과 저하가 혼재된 경우에는 근로조건의 성격을 종합적으로 고려하여 불이익 여부를 판단할 것이고, **근로자 상호간의 이·불리에 따른 이익이 충동하는 경우에는 근로자에게 불이익한 것으로 취급하여 근로자들 전체의 의사에 따라 결정**하여야 할 것이다. ② **과반수의 동의와 관련**하여, 특정 직급 이상을 대상으로 연봉제를 도입할 경우에 **그 특정 직급 이하의 직급자 또는 조합원도 승진을 통하여 향후 변경된 연봉제도의 적용을 받을 수 있는 경우**라면, 취업규칙의 동의의 주체는 해당 특정 직급이상인 자들을 포함하는 **전체근로자의 과반수를 대표하는 노동조합이나 전체근로자의 과반수**라는 것이 판례의 태도이다.

한편, 근로자에게 불리한 내용으로 변경된 취업규칙은 집단적 동의를 받았다고 하더라도 그보다 유리한 근로조건을 정한 기존의 개별 근로계약 부분에 우선하는 효력을 갖는다고 할 수 없다.(대법원 2019. 11. 14. 선고 2018다200709 판결) 따라서,기존의 호봉제에서 연봉제로 변경하는 경우. ① 근로자가 기존의 급여규정이 정한 외에 급여규정보다 유리한 별도의 약정을 체결하였다면, 연봉제 임금체계에 대하여 근로자 과반수의 동의를 얻은 후에도 해당 근로자에게는 취업규칙상 변경된 연봉제 규정이 적용되지 않을 것이다. ② 반면에, **근로자가 기존의 호봉제가 시행되던 때 채용(임용)된 이해 취업규칙이 전하는 급여규정이 정한 외에 별도로 계약서를 작성하거나 임금 등 근로조건에 관하여 약정을 체결하지 않았다면**, 연봉제 임금체계에 대하여 근로자 과반수의 동의를 얻은 후에는 갑에게 취업규칙상 변경된 연봉제 규정이 적용된다고 봄이 타당하다.(대법원 2022. 1. 13. 선고 2020다232136 판결)

3. 단체협약을 통한 연봉제의 도입

노동조합이 있는 사업(장)의 경우에 단체협약의 변경을 통한 연봉제의 도입이 가능하나, 단체협약은 원칙적으로 노동조합원인 근로자에 한하여 적용되기 때문에 **비조합원인** 근로자에게도 연봉제를 적용하기 위해서는 별도의 취업규칙 변경절차가 동반되어야 한다. 다만, 노동조합이 근로자의 과반수로 조직되어 있는 경우에는, **과반수 노조의 동의**만으로도 취업규칙을 변경할 수 있으며, 연봉제는 단체협약의 규범적인 부분이므로 **노조법 제35조 내지 제36조의 효력확장제도**가 적용될 수도 있다.

5. 임금지급방법(임금지급의 4대 원칙)

근로기준법 제43조(임금 지급) ① 임금은 **통화(通貨)**로 직접 근로자에게 그 **전액**을 지급하여야 한다. 다만, 법령 또는 단체협약에 특별한 규정이 있는 경우에는 **임금의 일부를 공제하거나 통화 이외의 것으로 지급할 수 있다.**
② 임금은 **매월 1회** 이상 일정한 날짜를 **정하여 지급**하여야 한다. 다만, 임시로 지급하는 임금, 수당, 그 밖에 이에 준하는 것 또는 대통령령으로 정하는 임금에 대하여는 그러하지 아니하다.

임금은 근로자의 생계수단으로서 생활의 원천이므로, 근로자의 안정적인 생활을 보장하기 위하여 근로기준법 제43조는 임금지급의 원칙으로서 이른바, '임금지급의 4대원칙'을 규정하고 있다. 이에 의하면, 임금은 **통화**로 **직접** 근로자에게 그 **전액**을 지급하여야 하고(제1항), **매월 1회 이상** 일정한 날짜를 정하여 지급하여야 하는 바(제2항), **이는 사용자로 하여금 매월 일정하게 정해진 기일에 근로자에게 근로의 대가 전부를 직접 지급하게 강제함으로써 근로자의 생활안정을 도모하려는 데에 그 입법 취지**가 있다(대법원 2017. 7. 11. 선고 2013도7896 판결 등). 한편, 근로기준법 제43를 위반한 자는 3년 이하의 징역 또는 3천만원 이하의 벌금에 처한다. 단, 본죄는 **반의사불벌죄**이므로 피해자인 근로자의 명시적인 의사에 반하여 처벌할 수 없다.

(1) 통화지급의 원칙(→사례: 48)

1) 통화지급의 원칙의 의의

임금은 법령, 단체협약에 특별한 규정이 있는 경우를 제외하고는 강제통용력이 있는 통화로 지급하여야 한다.(근로기준법 제43조 제1항) 여기서 통화란 국내법에 의하여 강제통용력이 있는 화폐를 의미한다. 이를테면, 유로(EURO)화 등 외화는 국내에서 강제통용력이 있는 통화가 아니므로 유로화로 임금을 지급하는 것은 통화지급의 원칙에 위배되는 것으로 보아야 한다[9] 임금 통화지급의 원칙은 현물 급여를 금지함으로써 근로자의 안정적인 생활을 보장하기 위함이다.

구체적인 예

① 은행구좌 입금

임금을 구좌로 입금하는 경우에는 근로자의 동의를 얻어야 하며, 근로자가 지정하는 은행 그 밖의 금융기관에 본인명의 구좌에 입금해야 한다.

② 보증수표, 당좌수표

은행에 의해 지급이 보증되는 보증수표는 강제통용력을 가지므로 합당할 것이나, 은행에 의해 지급이 보증되지 않는 당좌수표로 임금을 지급하는 것은 통화불원칙에 위배된다.

③ 주식, 어음

상여금 등을 주식이나 어음으로 지급하는 것도 통화불원칙에 위배된다고 봄이 상당하다.

---

9) 다만, 유로(EURO)화 등을 기준으로 임금을 책정하고 이를 임금지급 시점의 환율에 의하여 원화로 환가지급하기로 정한 경우에는 근로기준법 위반의 문제는 발생되지 않을 수 있다는 것이 행정해석의 입장이다.(임금정책과 68207-552,2002.7.29)

2) 법령 및 단체협약에 의한 예외

통화지급의 원칙의 경우에는 법령이나 단체협약에 의한 예외가 인정된다. 따라서, 단체협약에서 임금을 현물, 주식, 상품교환권 등으로 지급하기로 한 경우에는 조합원들의 개별적 동의와 상관없이 이러한 현물에 의한 임금의 지급이 허용된다. 그러나, 근로자 과반수를 대표하는 자와 사용자가 체결한 서면합의나 노사협의회의 합의는 단체협약이 아니므로 이를 근거로 통화가 아닌 다른 것으로 임금을 지급할 수 없다. 법률이나 단체협약 외의 개별 근로계약이나 취업규칙 등에 의한 예외는 인정되지 않는다.

(쟁점) 임금지급에 갈음하는 채권양도 합의(→사례: 48)

1. 문제점

사용자가 근로자의 임금 지급에 갈음하여 사용자가 제3자에 대하여 가지는 채권을 근로자에게 양도하기로 근로자와 합의한 경우, 그러한 약정의 효력이 근로기준법 제43조 제1항에 위배되는지 문제된다.

2. 판례

판례는 사용자가 근로자의 임금지급에 갈음하여 사용자가 제3자에 대하여 가지는 채권을 근로자에게 양도하기로 한 약정은 그 전부가 무효임이 원칙이다. 다만 당사자 쌍방이 위와 같은 무효를 알았더라면 임금의 지급에 갈음하는 것이 아니라 그 지급을 위하여 채권을 양도하는 것을 의욕하였으리라고 인정될 때에는 무효행위 전환의 법리 민법(제138조)[10]에 따라 그 채권양도 약정은 임금의 지급을 위하여 한 것으로서 효력을 가질 수 있다는 입장이다.(대법원 2012.03.29. 선고2011다101308판결)

4. 검토

임금을 반드시 통화로 지급하도록 하는 근로기준법 제43조는 임금을 통화 이외의 것으로 지급하지 못하도록 함으로써 근로자의 안정적인 생활을 보장하기 위한 강행규정이므로 본조에 위반되는 임금지급의 합의는 무효이다. 따라서, 사용자가 근로자의 임금 지급에 갈음하여 사용자가 제3자에 대하여 가지는 채권을 근로자에게 양도하기로 근로자와 합의한 경우, 그러한 합의는 근로기준법 제43조 제1항에 위배되어 무효이다. **다만, 위와 같은 약정을 한 당사자의 의사가 임금의 지급을 갈음한 것이 아니라 단순히 임금의 위한 것이라거나, 혹은 당사자 쌍방이 위와 같은 무효를 알았더라면 임금의 지급에 갈음하는 것이 아니라 그 지급을 위하여 채권을 양도하는 것을 의욕하였으리라는 가상적 의사가 인정될 때에는** 무효행위 전환의 법리 민법(제138조)에 따라 그 채권양도 약정은 임금의 지급을 위하여 한 것으로서 효력을 가질 수는 있을 것이다.

---

10) '무효행위의 전환'이란 무효인 법률행위가 다른 법률행위의 요건을 갖추고 있을 경우에 당사자가 무효를 알았더라면 그 다른법률행위를 하는 것을 의욕 하였으리라 인정될 경우에 그 다른 법률행위로서의 효력을 발생시키는 것을 말한다(민법 제138조). 예컨대 발행어음의 법정요건이 흠결되어 있거나 비밀증서유언으로서 무효인 유언을 각각 내용이나 방식을 보충하여 차용증서나 자필증서유언으로 효력을 인정하는 것이다. 무효행위의 전환은 당사자의 의도를 최대한 충족시키면서 사적 자치의원칙에 기초하고 있는 것이므로 공서양속에 반하는 무효인 경우와 같이 일방적인 의사가 제약되는 행위까지 무효행위의 전환이 인정되는 것은 아니다.

사례연습 48

임금지급에 갈음하는 채권양도 합의(대법원 2012.03.29. 선고 2011다101308 판결)

A회사는 갑작스러운 불황으로 인한 유동성 부족으로 인하여 근로자 甲에게 임금을 지급하지 못할 상황이 되자, A회사가 매출처 B 회사로부터 받을 미수채권 500만을 영업사원 甲에게 양도하고, 이를 B회사에게 내용증명으로 통지하여 B회사는 이를 수령하였다. 매출채권의 지급기일에 매출채권을 양도받은 채권에 대하여 그 지급을 청구하면 B회사는 甲에게 매출채권을 지급할 의무가 있는지를 설명하시오

1. 쟁점의 정리

사안에서 A회사는 B회사로부터 받을 매출채권 500만원을 근로자 甲에게 양도하였는 바, 먼저 A회사가 제3자인 B회사에 대하여 가지는 채권을 근로자에게 양도하기로 근로자와 합의한 경우 통화지급의 원칙과 관련하여 이러한 매출채권의 양도를 임금의 지급으로 갈음할 수 있는 지 검토해야 할 것이고, 만일 매출채권의 양도가 임금의 통화지급의 원칙에 위배되는 경우, 위와 같은 매출채권의 양도가 임금의 지급을 위한 채권양도로 해석될 수 있는 지 살펴보아야 할 것이다.

2. 통화지급의 원칙

(1) 의의

임금은 법령, 단체협약에 특별한 규정이 있는 경우를 제외하고는 강제통용력이 있는 통화로 지급하여야 한다.(근로기준법 제43조 제1항) 여기서 통화란 국내법에 의하여 강제통용력이 있는 화폐를 의미한다. 임금 통화지급의 원칙은 현물 급여를 금지함으로써 근로자의 안정적인 생활을 보장하기 위함이다.

(2) 법령 및 단체협약에 의한 예외

통화지급의 원칙의 경우에는 법령이나 단체협약에 의한 예외가 인정된다. 따라서, 단체협약에서 임금을 현물, 주식, 상품교환권 등으로 지급하기로 한 경우에는 조합원들의 개별적 동의와 상관없이 이러한 현물에 의한 임금의 지급이 허용된다. 그러나 근로자 과반수를 대표하는 자와 사용자가 체결한 서면합의나 노사협의회의 합의는 단체협약이 아니므로 이를 근거로 통화가 아닌 다른 것으로 임금을 지급할 수 없다. 법률이나 단체협약 외의 개별 근로계약이나 취업규칙 등에 의한 예외는 인정되지 않는다.

3. 임금지급에 갈음하는 채권양도 합의

(1) 문제점

임금은 법령, 단체협약에 특별한 규정이 있는 경우를 제외하고는 강제통용력이 있는 통화로 지급하여야 하는바(근로기준법 제43조 제1항) 사용자가 근로자의 임금 지급에 갈음하여 사용자가 제3자에 대하여 가지는 채권을 근로자에게 양도하기로 근로자와 합의한 경우, 그러한 약정의 효력이 근로기준법 제43조 제1항에 위배되는 지 문제된다.

(2) 판례

판례는 사용자가 근로자의 임금지급에 갈음하여 사용자가 제3자에 대하여 가지는 채권을 근로자에게 양도하기로 한 약정은 그 전부가 무효임이 원칙이다. 다만 당사자 쌍방이 위와 같은 무효를 알았더라면 임금의 지급에 갈음하는 것이 아니라 그 지급을 위하여 채권을 양도하는 것을 의욕 하였으리라고 인정될 때에는 무효행위 전환의 법리(민법 제138조)에 따라 그 채권양도 약정은 임금의 지급을 위하여 한 것으로서 효력을 가질 수 있다는 입장이다.

(3) 검토

임금은 법령, 단체협약에 특별한 규정이 있는 경우를 제외하고는 강제통용력이 있는 통화로 지급하여야 하는바(근로기준법 제43조 제1항), 여기서 통화란 국내법에 의하여 강제통용력이 있는 화폐를 의미한다. 따라서 사용자가 근로자의 임금 지급에 갈음하여 사용자가 제3자에 대하여 가지는 채권을 근로자에게 양도하기로 근로자와 합의한 경우, 그러한 합의는 근로기준법 제43조 제1항에 위배되어 무효이다. 다만, 위와 같은 약정을 한 당사자의 의사가 임금의 지급을 갈음한 것이 아니라 단순히 그 지급을 위하여 채권을 양도하는 것을 의욕하였으리라는 가상적 의사가 인정될 때에는 무효행위 전환의 법리 민법(제138조)에 따라 그 채권양도약정은 임금의 지급을 위하여 한 것으로서 효력을 가질 수는 있을 것이다.

4. 사안의 해결

A회사가 매출처 B 회사로부터 받을 미수채권 500만을 영업사원 甲에게 양도하기로 합의한 경우, 만일 그러한 합의가 임금의 지급을 갈음한 것이라면 이는 근로기준법 제43조 제1항에 위배되어 무효이다. 다만, 위와 같은 약정을 한 당사자의 의사가 임금의 지급을 갈음한 것이 아니라 단순히 그 지급을 위하여 채권을 양도한 것이라면 그 채권양도약정은 임금의 지급을 위하여 한 것으로서 효력을 가질 수는 있을 것이므로, 근로자가 매출채권의 지급기일에 매출채권을 양도받은 채권에 대하여 그 지급을 청구하면 B회사는 甲에게 매출채권을 지급할 의무가 있다.

(2) 직접지급의 원칙(→사례: 49)

1) 의의

'임금'은 반드시 근로자에게 '**직접**' 지급되어야 한다.(근로기준법 제43조 제1항) 따라서 사용자가 근로자 아닌 제3자에게 임금을 지급하는 것은 원칙적으로 효력이 없다. 이 직접지급의 원칙에 대해서는 법령이나 단체협약에 의한 예외도 인정되지 않을 뿐 아니라, 대리에 의한 임금수령도 허용되지 않는다는 점에서, 이는 **민법상 대리제도에 대한 중대한 예외**이기도 하다[11]. 미성년자의 경우에도 미성년인 근로자가 독자적으로 임금을 청구할 수 있으므로 (근로기준법 제68조), 친권자 또는 후견인이 미성년자의 임금을 대리하여 청구할 수 없다.

2) 근로자가 임금 채권을 다른 사람에게 양도 (채권양도)한 경우(→사례: 49)

'임금 직접지급의 원칙'은 임금채권 양도의 경우에도 그대로 적용되므로, 근로자가 임금채권을 제3자에게 양도한 경우에 임금채권의 양도 그 자체는 유효하다 하더라도 **임금지급에 관해서는 직접지급의 원칙이 지배하므로 양수인이 사용자에게 그 지급을 요구하더라도 사용자는 그 임금을 근로자에게 직접 지급하여야 한다**는 것이 판례이다.(대법원 1988.12.13. 선고 87다카2803 판결) 나아가 임금채권의 양수인이나 임금채권의 추심을 위임받은 자 등은 사용자의 집행재산에 대하여 배당을 요구할 수도 없다.(대법원 1994.05.10. 선고 94다6918 판결, 대법원 1996.03.22. 선고 95다2630 판결) 따라서, 사용자는 임금 채권이 양도된 경우에도 임금은 반드시 근로자 본인에게 직접 지급하여야 하며, 임금채권을 양도 받은 채권자에게 임금을 지급하는 경우에 사용자는 근로기준법 제43조 제1항 위반으로 처벌받는다.(근로기준법 제109조 위반, 3년 이하의 징역 또는 3천만원 이하의 벌금) 이때 채권양도인에 해당하는 근로자의 지위는 양수인(채권자)의 사자 내지 대리인으로 볼 수 있을 것이며, 만일 근로자(채권양도인)가 채권양도된 임금을 사용자로부터 직접 받아 양수인(채권자)에게 지급하지 않은 경우에는 형법상 횡령죄가 성립할 수 있다

3) 민사집행법 등에 의한 예외

민사집행법 및 국세 징수법 등에 의한 임금의 압류는 직접·전액지급의 원칙의 예외가 된다. 따라서, 임금채권이 압류된 경우 사용자가 임금채권자에게 해당 임금을 지급하는 것은 직접지급의 원칙에 반하지 않는다. 다만, 임금압류의 경우에는 민사집행법 제246조 제1항 4호에 따라 압류가 허용되는 임금채권 범위 안에서만 압류가 가능하다. 또한, 근로자가 질병 등으로 임금을 직접 수령하기 어려운 사정이 있는 경우에 근로자의 배우자와 같은 근로자의 가족이 사자(심부름꾼)로서 본인의 인감 등을 지참하고 본인의 이름으로 임금을 수령하는 경우는 직접불의 원칙에 위배되지 않으며, 선원인 근로자는 해상근로의 특성으로 직접지급의 예외가 허용되기도 한다. 근로자가 사망하는 경우에는 근로자의 지위가 상속인에게 포괄적으로 이전되므로 직접지급의 원칙이 적용될 여지가 없을 것이다.

---

11) 실무에서는 직업소개소 사업자가 회사로부터 임금을 직접 받아 소개비를 공제하고 근로자에게 임금을 지급하는 경우가 있는데, 이는 명백하게 직접불 원칙에 위반된다. 마찬가지로, 근로자의 배우자 명의의 예금 통장에 임금을 지급하는 경우가 있는데, 이것 역시 직접불 원칙 위배이므로 임금의 지급으로서 효력이 없다. 이런 경우에 사용자는 이미 임금을 지급한 배우자나 등의 제3자에 대하여 '부당이득금의 반환'을 청구하여야 한다.

(쟁점) 임금채권이 양도된 경우 양수인의 임금 지급 청구의 허용 여부(→사례: 49)

1. 문제점

법률상 임금채권의 양도를 금지하는 규정은 없으므로, 임금채권도 유효하게 양도될 수 있는 바, 임금채권이 유효하게 양도되는 경우에 사용자는 근로자에게 지급할 임금을 양수한 채권자에게 임금을 지급할 의무가 있는 지 여부가 **근로기준법 제43조의 취지에 비추어** 문제된다

2. 학설

임금채권이 양도되는 경우 양도 이후에는 양수인이 수취권을 갖는다는 견해도 있지만, 일반적인 견해는 실체상의 권리는 일단 양수인(채권자)에게 이전하지만 임금 직접 지급의 원칙상 양수인이 사용자에게 임금을 직접 청구할 수는 없다고 보고 있다. 다만, 이와 같은 근로자와 양수인, 사용자의 법률관계를 어떻게 구성할 것인가에 관하여는, ① 실체상의 권리는 양수인에게 넘어가지만 수취권능은 여전히 근로자에게 있여전히 남아 있다는 견해, ② 채권양도가 무효는 아니나 적어도 사용자에 대한 관계에서는 양도의 효과가 발생하지 아니한다는 견해 등이 있다.

3. 판례(대법원[전합] 1988.12.13. 선고 87다카2803 판결)

(1) 전원합의체 판결의 다수 의견

전원합체 판결의 다수 의견은 임금의 **직접지급규정의 취지**가 임금이 확실하게 근로자 본인의 수중에 들어가게 하여 그의 자유로운 처분에 맡기고 나아가 근로자의 생활을 보호하고자 하는데 있는 점에 비추어 보면 '근로자가 그 임금채권을 양도한 경우라 할지라도 그 임금의 지급에 관하여는 같은 원칙이 적용되어 사용자는 직접 근로자에게 임금을 지급하지 아니하면 안되는 것이고 **그 결과 비록 양수인이라고 할지라도 스스로 사용자에 대하여 임금의 지급을 청구할 수는 없다.**'는 입장이다.

(2) 전원합의체 판결의 소수 의견

전원합체 판결의 소수 의견은 '**근로자의 임금채권이 자유롭게 양도할 수 있는 성질의 것**이라면 그 임금채권의 양도에 의하여 임금채권의 채권자는 바로 근로자로부터 제3자로 변경되고 이때 그 임금채권은 사용자와 근로자와의 관계를 떠나서 사용자와 그 양수인과의 관계로 옮겨지게 됨으로써 양수인은 사용자에게 직접 그 지급을 구할 수 있다'고 한다.

4. 검토

임금직접불의 원칙은 임금을 확실하게 본인이 직접 수령하게 하여 근로자의 생활을 보호하고자 하는 데 취지가 있는 바. 만일 대법원 전원합의체 판결의 소수의견과 같이 해석한다면 위 규정취지가 무색해지는 문제가 있다. 따라서, 근로자가 임금채권을 제3자에게 양도한 경우에 임금채권의 양도 그 자체는 유효하다 하더라도 **근로기준법상 '임금 직접지급의 원칙'과 임금채권 양도의 민사상 채권적 효력은 구별되**어야 할 것이므로, 양수인이 사용자에게 임금을 직접 청구하는 것은 근로기준법의 직접지급의 원칙에 반하여 허용되지 않는다고 보아야 한다.

사례연습 49

직접지급의 원칙과 임금채권의 양도 (2015년도 제3차 변호사시험 모의시험)

甲은 A회사의 영업직 근로자로 근무하다가 퇴직함에 따라 A회사에 대하여 금 15,000,000원의 퇴직금 권을 갖게 되었다. 그 중 1/2에 해당하는 금액은 甲의 채권자인 乙은행의 신청으로 채권압류 및 전부명령이 발하여졌고, 나머지 1/2에 해당하는 금액에 대하여는 甲이 乙은행에게 이를 양도하고 그 사실을 A회사에게 통지하였다. 乙은행은 A회사에게 양수 퇴직금의 지급을 요구하였으나 A회사는 그 지급을 거절하고 甲에게 나머지 퇴직금을 지급하였다.

A회사가 乙은행의 지급 요구를 거절하고 甲에게 나머지 퇴직금을 지급한 행위가 정당한지를 논하시오.

1. 쟁점의 정리

사안에서 甲은 퇴직금 채권 중 1/2을 乙은행에게 양도하였는 바, 먼저 퇴직금이 임금에 해당하는 지의 여부, 그리고 퇴직금이 임금에 해당한다면 이러한 근로자의 임금채권을 양도한 것이 유효한지 여부가 문제된다. 만일 임금채권의 양도의 효력이 인정되는 경우, 채권양도가 있게 되면 그 성질상 채권의 귀속주체가 변경되고 추심권도 양수인에 이전하므로 乙은행이 A회사에게 양수 퇴직금의 지급을 요구하였지만 A회사는 그 지급을 거절하고 甲에게 나머지 퇴직금을 지급하였는데, 직접불의 원칙과 관련하여 이러한 A회사의 甲에 대한 임금의 지급이 적법한 지 검토하도록 한다.

2. 퇴직금의 법적 성격

퇴직금이란 근로자가 일정기간을 근속하고 퇴직하는 경우 근로관계의 종료를 사유로 하여 사용자가 지급하는 일시 지급금을 의미한다. 판례는 '퇴직금'은 사용자가 근로자의 근로 제공에 대한 임금 일부를 지급하지 아니하고 축적하였다가 이를 기본적 재원으로 하여 근로자가 1년 이상 근무하고 퇴직할 때 일시금으로 지급하는 것으로서, 본질적으로 후불적 '임금'의 성질을 지니는 것으로 보고 있다.

3. 임금채권의 양도가능성

임금채권은 근로자의 자유로운 처분권에 속한 재산권으로서 성질상 양도가 제한되는 일신전속적 성질을 가진 것도 아니고 법령상의 양도제한이 있는 것도 아니므로 양도가능성을 부정할 것은 아니다. 판례도 '근로자의 임금채권은 그 양도를 금지하는 법률의 규정이 없으므로 이를 양도할 수 있다.'고 하여 양도가능성을 인정한다.(대법원[전합] 1988.12.13. 선고 87다카2803 판결)

4. 근로자의 임금채권이 양도된 경우 양수인의 임금 지급 청구의 허용 여부

(1) 문제점

임금채권의 양도의 효력이 인정되는 경우, 채권양도가 있게 되면 그 성질상 채권의 귀속주체가 변경되고 추심권도 양수인에 이전하는 것이 원칙이다. 그러나 이러한 원칙을 관철할 경우 임금을 확실히 근로자의 수중에 들어가게 하여 근로자의 생활을 보장하려는 근로기준법 제43조의 취지와 충돌하게 되는 바, 사용자는 근로자에게 지급할 임금을 양수한 채권자에게 임금을 지급할 의무가 있는 지 문제된다.

(2) 학설

임금채권이 양도되는 경우 양도 이후에는 양수인이 수취권을 갖는다는 견해도 있지만, 일반적인 견해는 실체상의 권리는 일단 양수인(채권자)에게 이전하지만 임금 직접 지급의 원칙상 양수인이 사용자에게 임금을 직접 청구할 수는 없다고 보고 있다. 다만, 이와 같은 근로자와 양수인, 사용자의 법률관계를 어떻게 구성할 것인가에 관하여는, ① 실체상의 권리는 양수인에게 넘어가지만 수취 권능은 여전히 근로자에게 있고, 실체상의 채권과 수취 권능은 분리되어 각각 채권자와 근로자에게 귀속된다는 견해, ② 채권양도가 무효는 아니나 적어도 사용자에 대한 관계에서는 양도의 효과가 발생하지 아니한다는 견해 등이 있다.

(3) 판례(대법원[전합] 1988.12.13. 선고 87다카2803 판결)

1) 전원합체 판결의 다수 의견

전원합체 판결의 다수 의견은 임금의 직접지급규정의 취지가 임금이 확실하게 근로자 본인의 수중에 들어가게 하여 그의 자유로운 처분에 맡기고 나아가 근로자의 생활을 보호하고자 하는데 있는 점에 비추어 보면 '근로자가 그 임금채권을 양도한 경우라 할지라도 그 임금의 지급에 관하여는 같은 원칙이 적용되어 사용자는 직접 근로자에게 임금을 지급하지 아니하면 안되는 것이고 그 결과 비록 양수인이라고 할지라도 스스로 사용자에 대하여 임금의 지급을 청구할 수는 없다.'는 입장이다.

2) 전원합체 판결의 소수 의견

전원합체 판결의 소수 의견은 '근로자의 임금채권이 자유롭게 양도할 수 있는 성질의 것이라면 그 임금채권의 양도에 의하여 임금채권의 채권자는 바로 근로자로부터 제3자로 변경되고 이때 그 임금채권은 사용자와 근로자와의 관계를 떠나서 사용자와 그 양수인과의 관계로 옮겨지게 됨으로써 양수인은 사용자에게 직접 그 지급을 구할 수 있다'고 한다.

(4) 검토

임금 직접불의 원칙은 임금을 확실하게 본인이 직접 수령하게 하여 근로자의 생활을 보호하고자 하는데 취지가 있는 바. 만일 대법원 전원합의체 판결의 소수의견과 같이 해석한다면 위 규정취지가 무색해지는 문제가 있다. 따라서, 근로자가 임금채권을 제3자에게 양도한 경우에 임금채권의 양도 그 자체는 유효하다 하더라도 근로기준법상 '임금 직접지급의 원칙'과 임금채권 양도의 민사상 채권적 효력은 구별되어야 하므로 채권이 양도됨으로써 양도된 임금에 대한 실체법상의 권리는 양수인에게 있는 경우라 하더라도 양수인이 사용자에게 임금을 직접 청구하는 것은 근로기준법의 직접지급의 원칙에 반하므로 허용되지 않는다고 보아야 한다.

5. 사안의 해결

사안의 경우 근로자 甲의 퇴직금채권의 양도는 유효하지만 A회사는 임금직접불의 원칙상 양수인 乙은행에게 잔여 퇴직금을 지급할 수는 없고 甲에게 직접 지급해야 한다. 따라서 A회사가 乙은행의 지급 요구를 거절하고 甲에게 나머지 퇴직금을 지급한 행위는 정당하다.

(3) 전액지급의 원칙(→사례: 50,51)

1. 의의

사용자는 근로자에게 임금의 '전액'을 지급하여야 한다.(근로기준법 제43조 제1항) 따라서, 사용자가 임금의 일부를 임의로 '공제'하고 지급하는 것은 법령 또는 단체협약에 특별한 규정이 있는 경우를 제외하고는 절대로 허용되지 않는다. 임금의 전액 지급의 원칙은 근로자의 안정적인 생활을 보장함과 아울러 사용자가 임금의 일부를 유보함으로써 근로자의 퇴직의 자유를 부당하게 구속할 위험으로부터 근로자를 보호하기 위한 것이다.

2. 법령 및 단체협약에 의한 예외

임금 전액불 지급의 원칙의 경우에는 **법령이나 단체협약**에 의한 예외가 인정된다. . 따라서, 취업규칙, 근로계약 등에 의한 임금의 공제는 인정되지 않는다. 법령에 의한 당연공제가 인정되는 것은 갑종근로소득세, 방위세, 건강보험료, 국민연금료, 고용보험료 등이며, '단체협약'에 의하여 노동조합비(check-off system), 소비조합 구매대금, 대부금 등이 공제될 수 있다. 그러나, 노동조합이 아닌 공제회 및 기타 단체의 납부금 등의 공제는 허용되지 않는다.

3. 임금채권의 상계 금지

가. 원칙

사용자가 근로자에게 정당하게 받을 채권이 있는 경우라 하더라도 사용자가 임금채권을 수동채권으로 하고 자신의 근로자에 대한 채권을 자동채권으로 하여 상계하는 것은 허용되지 않는다.[12)](그러나, 사용자가 아닌 근로자가 상계하는 것은 당연히 가능하다)

나. 예외(조정적 상계)(→(쟁점) 조정적 상계)

판례는 '**부당이득반환채권**(민법 제741조)'을 자동채권으로 한 이른바 '조정적 상계'에 대해서는 그 예외를 인정하고 있다. **즉, 임금을 초과 지급한 시기와 사용자의 상계권 행사의 시기가 임금의 정산, 조정의 실질을 잃지 않을 만큼 근접하여 있고, 나아가 사용자가 상계의 금액과 방법을 미리 예고하는 등으로 근로자의 경제생활의 안정을 해할 염려가 없는 때에 한하여 조정적 상계는 인정된다.**(대법원 1995.12.21. 선고 94다26721 판결)[13)]

다. 상계계약(상계합의)

전액지급의 원칙은 근로자가 스스로 임금채권을 상계하는 '상계계약(상계합의)'을 금지하지 않으므로 사용자가 상계계약에 따라 임금을 공제하고 지불하는 것은 전액불 원칙에 위반되지 않는다. 다만, 임금 전액지급 원칙의 취지에 비추어 볼 때, 사용자가 근로자의 동의를 얻어 근로자의 임금채권에 대하여 상계하는 경우 그 동의가 근로자의 자유로운 의사에 기한 것이라는 판단은 엄격하고 신중하게 이루어져야 한다는 것이 판례의 입장이다. (대법원 2001.10.23. 선고 2001다25184 판결)

---

12) 다만, 사용자가 근로자의 임금채권에 대하여 압류 및 전부명령을 받으면 전부명령의 효력에 따라 상계를 허용하는 것과 마찬가지의 결과가 되는데, 이러한 전부명령은 민사집행법 제246조 제1항 4호에 따라 압류가 허용되는 임금채권 범위 안에서만 가능하다.

13) 따라서, 사용자가 급여를 잘못 계산하거나 지각ㆍ결근일에 대한 임금 공제의 경우에 사용자가 근로자에게 초과 지급한 임금에 대한 부당이득 반환청구권을 자동채권으로 하여 이후 발생하는 임금채권과 상계하는 조정적 상계가 허용된다.

(쟁점) 조정적 상계(→사례: 89)

1. 의의

사용자가 근로자에게 정당하게 받을 채권이 있는 경우라 하더라도 사용자가 임금채권을 수동채권으로 하고 자신의 근로자에 대한 채권을 자동채권으로 하여 상계하는 것은 허용되지 않으니(근로기준법 제43조 제1항), 판례는 '부당이득반환채권(민법 제741조)'을 자동채권으로 하는 상계를 의미하는 이른바 (조정적 상계에 대해서는 그 예외를 인정하고 있다.

2. 조정적 상계의 요건

판례는 조정적 상계는 매우 엄격한 요건하에서 그리고 제한된 범위에서 인정하여, **임금을 초과 지급한 시기와 사용자의 상계권 행사의 시기가 임금의 정산, 조정의 실질을 잃지 않을 만큼 근접하여 있고, 나아가 사용자가 상계의 금액과 방법을 미리 예고하는 등으로 근로자의 경제생활의 안정을 해할 염려가 없는 때에 한하여 조정적 상계가 인정**된다는 입장이다.(대법원 1995.12.21. 선고 94다26721 판결)

3. 조정적 상계가 허용되는 경우

(1) 임금채권 오지급에 따른 임금채권의 부당이득반환의 경우

사용자가 급여를 잘못 계산하거나 지각 · 결근일에 대한 임금 공제의 경우에 사용자가 근로자에게 초과 지급한 임금에 대한 부당이득 반환청구권을 자동채권으로 하여 이후 발생하는 임금채권과 상계하는 조정적 상계가 허용된다.

(2) 무효인 퇴직금 분할지급약정에 따른 부당이득 반환의 경우

대법원은 이른바 '퇴직금 분할지급약정'에 따라 월급이나 일당과 함께 지급된 돈은 임금에 해당하지 않고 근로자가 사용자에게 반환하여야 할 부당이득의 대상이 된다는 전제하에 사용자가 부당이득반환채권을 자동채권으로 하여 근로자의 퇴직금 채권과 상계하는 것도 조정적 상계로서 가능하다고 한다.(대법원 2010.05.20. 선고 2007다90760 판결)

4. 무효인 퇴직금 분할지급약정과 부당이득 반환의 조정적 상계

'퇴직금분할약정'이란 본래 근로자의 퇴직 이후 지급하여야 할 퇴직금을 미리 월급 또는 일당을 지급할 때마다 양 당사자가 정한 일정한 금액으로 미리 지급하기로 하는 약정을 의미하는 바, 대법원은 이른바 '퇴직금 분할 지급 약정'에 따라 월급이나 일당과 함께 퇴직금으로 지급된 돈은 임금에 해당하지 않고, 근로자가 사용자에게 반환해야 할 부당이득의 대상이 된다고 하면서, 이 경우 사용자가 이 부당이득반환채권을 자동채권으로 하여 **근로자의 퇴직금채권과 상계하는 것도 조정적 상계**로서 가능하다고 보고 있다.(→ 2. **퇴직급여제도** 7) **퇴직금 중간정산제도**, (쟁점) **퇴직금 분할 약정**)

사례연습 50

전액지급의 원칙과 합의상계의 효력(대법원 2001.10.13. 선고 2001다25184 판결: 출제유력)

A사에 근무하는 근로자 甲은 주택임대차 보증금에 충당할 목적으로 500만원을 대출받았다. A사와 근로자 甲은 대출금 지급 이후 5년 동안 연이율 2%의 이자를 매월 회사에 납부하되 5년이 경과하는 시점에 일시금으로 상환하기로 하고, 만약 이 기간 내에 퇴직하게 될 경우 대출금 전액을 즉시 상환하며 상환하지 못할 경우 미지급 임금 및 퇴직금과 상계할 수 있다는 내용의 대출계약을 2010년 3월 체결하였다.

이후 甲은 2013년 2월 10일 회사를 퇴직하고 B회사로 이직하면서 A회사에 대하여 3개월간의 미지급 임금 700만원의 지급을 청구하자 A회사는 미지급 임금 700만원을 甲이 상환하지 않은 대출금 500만 원과 상계하고 남은 200만 원만을 근로자 甲의 통장에 입금했다.

이에 근로자 甲은 자신의 동의를 받지 않고 A회사가 일방적으로 상계한 것은 적법하지 않다고 주장하면서 미지급 임금 차액인 500만 원 전액을 입금해줄 것을 요구하고 있다.

A사가 근로자 甲에 대한 대출금채권을 자동채권으로 A회사에 대한 근로자 甲의 임금채권과 상계한 것은 적법한가?

1. 쟁점의 정리

사안에서 A사는 2010년 3월 체결한 대출계약을 근거로 A사가 근로자 甲에 대하여 가지고 있는 대출금채권 500만원을 자동채권으로 하여 수동채권인 근로자 甲의 임금채권을 상계하고 남은 200만 원만을 근로자 甲의 통장에 입금하였는 바, 이러한 A회사의 근로자 甲의 임금채권에 대한 상계가 적법한 지의 여부가 근로기준법상 임금전액지급 원칙과 관련하여 문제된다.

2. 임금전액지급 원칙과 임금채권의 상계 금지

(1) 전액지급의 원칙

사용자는 근로자에게 임금의 '전액'을 지급하여야 하며(근로기준법 제43조 제1항) 이 규정을 위반한 자는 3년 이하의 징역이나 3천만 원 이하의 벌금에 처하도록 하고 있다.(근로기준법 제109조) 따라서 사용자가 임금의 일부를 임의로 '공제'하고 지급하는 것은 법령 또는 단체협약에 특별한 규정이 있는 경우를 제외하고는 허용되지 않는다. 이는 사용자가 일방적으로 임금을 공제하는 것을 금지하여 근로자에게 임금 전액을 확실하게 지급받게 하고자 함이다.

(2) 임금채권의 상계 금지

전액지급 원칙의 취지상, 사용자가 근로자에게 정당하게 받을 채권이 있는 경우라 하더라도 사용자가 임금채권을 수동채권으로 하고 자신의 근로자에 대한 채권을 자동채권으로 하여 상계하는 것은 허용되지 않는다. 설령 사용자가 근로자에 대한 채권 또는 채무불이행이나 불법행위로 인한 손해배상청구권을 가지고 있더라도 임금채권과 상계할 수 없다.

3. 임금채권의 합의 상계 가능성

(1) 문제점

사용자가 임금채권을 수동채권으로 하고 자신의 근로자에 대한 채권을 자동채권으로 하여 상계하는 것은 허용되지 않지만, 근로자가 스스로 임금채권을 상계하는 '상계계약(상계합의)'은 허용되는지, 만일 상계 합의가 허용된다면 어느 한계에서 가능한 지 문제된다.

(2) 학설

근로자 스스로 상계를 하거나 혹은 사용자와 근로자 간의 합의를 통한 상계가 허용되는가에 대하여는 자유의사설과 상계합의 무효설이 대립하고 있는 바, ① 자유의사설에 의하면 사용자의 일방적인 상계는 금지되지만 근로자가 자유로운 의사에 기하여 상계에 동의한 경우에는 그 동의가 근로자의 자유로운 의사에 기한 것이라고 인정할 만한 합리적인 이유가 객관적으로 존재할 때 임금전액지급의 원칙에 위반된다고 볼 수 없다고 한다. ② 이에 반해 상계합의무효설은 근로기준법상 임금규정은 강행규정이므로 근로자의 동의를 얻었다 하더라도 상계합의는 언제나 무효라는 입장이다.

(3) 판례

판례는 '사용자가 근로자에 대하여 가지는 채권을 가지고 일방적으로 근로자의 임금채권을 상계하는 것은 금지된다고 할 것이지만, 사용자가 근로자의 동의를 얻어 근로자의 임금채권에 대하여 상계하는 경우에 그 동의가 근로자의 자유로운 의사에 터 잡아 이루어진 것이라고 인정할 만한 합리적인 이유가 객관적으로 존재하는 때에는 근로기준법에 위반하지 아니한다고 보아야 할 것이고, 다만 임금 전액지급의 원칙의 취지에 비추어 볼 때 그 동의가 근로자의 자유로운 의사에 기한 것이라는 판단은 엄격하고 신중하게 이루어져야 한다'고 하여 원칙적으로 근로자가 자발적으로 사용자와 합의하는 상계계약은 가능하다는 입장이다.(대법원 2001.10.23. 선고 2001다25184 판결)

(4) 검토

사적자치의 원칙상 근로자의 진정한 자유의사에 기한 상계나 상계합의의 효력까지 부정할 필요는 없다는 점에서 원칙적으로 자유의사설이 타당하다고 판단된다. 다만, 임금 전액지급의 원칙의 취지에 비추어 볼 때 그 동의가 근로자의 자유로운 의사에 기한 것이라는 판단은 엄격하고 신중하게 이루어져야 할 것이므로 상계계약을 체결할 때 근로자의 자유로운 의사에 기한 동의가 있었다고 인정할 만한 이유가 객관적으로 존재하여야 할 것이다.

4. 사안의 해결

근로자 甲은 자신이 상계에 동의하지 않았는데, A회사가 일방적으로 상계처리를 했다고 주장하고 있다. 그러나 사례를 보면 근로자 甲은 자신의 주택임대차 보증금에 충당할 목적으로 먼저 A회사에 대출을 요청했고, 대출계약 체결시에 상환기간이 도래하기 전에 퇴직하게 될 경우에는 대출금 전액을 즉시 상환하되 상환하지 못할 경우 미지급 임금 및 퇴직금과 상계할 수 있다는 내용이 명시되어 있다는 점에서, 상계계약을 체결할 때 근로자의 자유로운 의사에 기한 동의가 있었다고 인정할 만한 이유가 객관적으로 존재한다고 볼 수 있다.따라서 위 사례에서 근로자 甲이 대출계약을 체결하면서 상계합의를 한 것은 근로자 甲의 자유로운 의사에 터 잡아 이루어진 것으로서 유효하다고 보는 것이 타당할 것이므로, A사가 근로자 甲에 대한 대출금채권을 자동채권으로 A회사에 대한 근로자 甲의 임금채권과 상계한 것은 적법하다.

(4) 월1회 정기지급의 원칙(→사례: 51)

1) 월1회 정기지급의 원칙(임금정기일지급의 원칙)의 의의

임금은 매월 1회 이상 일정한 기일(급여지급일)을 정하여 지급되어야 한다.(근로기준법 제43조 제1항) 임금의 월1회 정기지급의 원칙은 사용자로 하여금 **월1회 이상 정해진 기일에 임금을 지급할 것을 강제**함으로써 임금에 의존하는 **근로자의 생활상의 안정**을 위한 것이다. 따라서, 정해진 임금지급기일에 임금을 지급하지 않은 이상, 그 후에 임금의 일부 또는 전부를 지급했어도 본조 위반에 따라 처벌될 수 있다.

다만, 임시로 지급되는 임금, 수당 그 밖에 이에 준하는 것 또는 대통령령으로써 정하는 임금에 대해서는 이 원칙이 배제되므로 매월 1회 이상 일정한 기일에 지급되지 않아도 된다.(근로기준법 제43조 제2항 단서)[14]

2) 위반의 효과

근로기준법 제43조(임금 지급)를 위반한 자는 3년 이하의 징역 또는 3천만원 이하의 벌금에 처한다. 단, 본죄는 **반의사불벌죄**이므로 피해자의 명시적인 의사에 반하여 처벌할 수 없다.

3) 월1회 정기지급의 원칙과 정기상여금의 재직일 재직 조건의 관계

수개월마다 1회씩 정기적으로 지급되는 '정기상여금', 즉, 기본급에 고정된 일정한 지급률을 곱하여 산정된 고정급 형태의 정기상여금은 실질적으로는 월소정근로에 대응하는 기본급을 수개월 누적하여 후불함에 다름 아닌 것으로 보아야 할 것이므로, 이러한 정기상여금은 월1회 정기지급의 원칙의 예외로서 근로기준법 **시행령 제23조에 제3호에 열거된 1개월을 초과하는 기간에 걸친 사유에 따라 산정되는 '상여금'에 포함되지 않는 것으로 보아야 한다.** 판례도 '상여금이 정기적으로 지급되고 그 지급액이 확정되어 있다면 이는 근로기준법 제43조 제2항 단서 및 동법시행령 제23조에 규정된 임시지급의 임금과 같이 볼 수 없고 정기일지급 임금의 성질을 띤 것이라고 보아야 하므로, 상여금지급기간 만료전에 퇴직한 근로자라도 특단의 사정이 없는 한 이미 근무한 기간에 해당하는 상여금은 근로의 대가로서 청구할 수 있다'고 판시한 바 있다.(대법원 1981.11.24. 선고 81다카174 판결) 따라서, 이와 같이 소정근로의 대가로 지급되는 성질을 지니고 있음이 분명한 정기상여금은 그 지급일 전에 근로자가 퇴직하더라도 상여금 산정기간중 **근로자가 실제로 근무한 일수에 비례한 만큼의 상여금은 지급**되어야 하는 것이다. 이는 사업장의 단체협약 등에 일할지급에 관한 명문의 규정이 있든 없든 무관할 뿐 아니라, 설령 고정급 형태의 정기상여금에 부가된 지급일 재직 조건의 취지가 정기상여금의 전액을 지급하지 않는다는 것이라 하더라도 마찬가지라 할 것이므로, **지급일 재직 조건을 이유로 정기상여금을 전혀 지급하지 않는 약정은 임금정기일지급의 원칙 등의 강행규정에 위반되어 효력이 없다**고 보아야 한다[15]. 따라서, 근로기준법시행령 제23조 제3호에서 임금정기일지급원칙의 예외로 규정하는 '상여금'은 1개월을 초과하는 기간에 걸쳐 기업의 경영실적, 근무성적 등의 사유에 따라 산정하여 지급되는 것으로서 그 지급금액이 가변적인 금원만을 의미한다

---

14) ① 1개월을 초과하는 기간의 출근 성적에 따라 지급하는 정근수당, ② 1개월을 초과하는 일정 기간을 계속 하여 근무한 경우에 지급되는 근속수당, ③ 1개월을 초과하는 기간에 걸친 사유에 따라 산정되는 장려금, 능률수당 또는 **상여금**, ④ 그 밖에 부정기적으로 지급되는 모든 수당(동법 시행령 제23조)

15) 반면에, 대법원은 지급일 재직 조건 상여금은 소정근로의 대가를 성질을 가지는 것이라고 보기 어렵다는 입장이다.(대법원 2017.9.26. 선고 2017다232020판결 등)(→**통상임금 (관련문제 특정재직자 조건 정기상여금)**)

(5) 임금지급방법 관련 논점

1) 임금의 포기(임금의 반납, 삭감)

가. 의의

임금은 근로계약, 취업규칙, 단체협약 등을 통하여 사용자와 근로자가 자율적으로 결정하는 것으로서, 노사가 자유의사에 따른 합의로 임금을 반납, 삭감, 동결하는 것은 원칙적으로 임금 **임금전액지급의 원칙에 반하는 것은 아니다**. '임금의 포기'에는 이미 구체적으로 발생한 임금채권의 일부를 근로자가 스스로 포기하는 '임금의 반납'과, 장래의 일정 시점 이후부터 종전보다 임금을 낮추어 지급하는 것을 의미하는 '임금의 삭감'이 포함된다. 이러한 임금의 포기에 관한 약정은 문언의 기재 내용대로 엄격하게 해석하는 것이 원칙이라 할 것이나, **그 임금 포기를 한 경위나 목적 등 여러 사경에 따라 합목적적으로 해석하는 것이 오히려 근로자들의 의사나 이해에 합치되는 경우에는** 합목적적으로 해석하여야 한다는 것이 판례의 태도이다.(대법원 2002.11.08. 선고 2002다35867 판결)

나. 임금의 반납

'임금의 반납'이란 **이미 구체적으로 발생한 임금채권**의 일부를 근로자가 **스스로** 포기하고 회사에 **반납**하는 것을 의미한다. 임금의 반납은 임금의 전액 지급 원칙과 관련하여 그 유효성 여부가 문제되기도 하지만, 근로자들이 임금채권의 전부나 일부를 한시적으로 **자진 반납의 형식으로 포기하는 것은 유효**하다고 보아야 할 것이다.(대법원 2003.4.16. 선고2002나20291판결) 다만, 이미 구체적으로 발생한 임금채권은 근로자의 사적 재산이므로 이를 포기하기위해서는 해당 **근로자의 개별적인 동의**가 필요하므로, 근로자의 자발적인 동의 없이 회사가 일방적으로 임금을 지급하지 않는 경우, 이는 근로기준법이 정한 임금 전액불 원칙에 위반되어 임금체불이 된다.(근로기준법 제43조 제1항) 설령 집단적 의사결정방식(노조 또는 근로자대표)에 의한 합의가 있었다 하더라도 **개별 근로자의 동의**가 반드시 필요하므로, 개별 근로자가동의하지 않는 한 이미 발생한 근로자의 임금에 대한 집단적 합의는 무효이다대.(법원 1999.6.11. 선고 98다22185 판결, 근로기준과 68207-843, 1999.12.13.) 한편, 임금채권의 반납은 단독행위이므로 원칙적으로 사용자가 이를 다시 돌려 줄 의무를 부담하지 않으며, 근로자가 임금반납액에 대한 반환청구권은 없다 하더라도 **반납한 임금은 기왕의 근로에 대한 임금채권이므로 평균임금 산정시 포함된다**.(대법원 2001.4.10. 선고 99다39531판결)

다. 임금의 삭감

'임금의 삭감'이란 장래의 일정 시점이후부터 종전보다 임금을 낮추어 지급하는 것이므로, 법리적으로는 장래의 '**근로조건'을 변경**하는 것을 의미한다. 근로조건을 변경할 때에는 **반드시 개별 근로자의 동의를 받아야 하는 것은 아니다**. 따라서, 임금의 반납의 경우와 달리, 임금의 삭감은 집단적 의사 결정방식 (노조 또는 근로자대표)에 의해 합의가 있었다면 **반드시 개별 근로자의 동의가 필요한 것은 아니다.** 따라서, 단체협약이 적용되는 경우에는 단체협약의 갱신만으로 임금의 삭감이 가능하며(단체협약의 경우에는 유리조건 우선의 원칙이 적용되지 않기 때문이다.) 단체협약이 없거나 단체협약 비적용자에 대해서는 취업규칙 변경절차를 거쳐 임금을 삭감할 수 있다.(그러나, 취업규칙의 불이익 변경의 경우에는 유리조건 우선의 원칙이 적용되므로, 불리하게 변경된 취업규칙은 그보다 유리한 근로조건을 종헌 기존의 근로자의 개별 근로계약 부분에 우선하는 효력을 가지지 않는다(대법원 2019. 11. 14. 선고 2018다200709 판결)

2) 감급의 제한과 임금의 공제

가. 감급의 제한

'감급'이란, 직장 규율을 위반한 근로자에 대하여 임금의 일부를 공제하고 지급하는 불이익한 처분, 즉, 금전적 제재를 수반하는 '징계' 처분을 의미하므로 이는 임금 전액지급의 원칙에 반하는 것은 아니다. 다만, 사용자의 근로자에 대한 제재(징계)의 성질을 가지는 감급 처분은 **근로기준법 제95조에 따른 엄격한 제한**을 받는다. 즉, 취업규칙에서 근로자에 대해 감급의 제재를 정할 경우에 그 감액은 1회의 금액이 평균임금 1일분의 2분의 1을, 총액이 1임금지급기 임금총액의 10분의 1을 초과하지 못한다.(근로기준법 제95조)[16)]

감급(감봉) 제한의 구체적인 예

1일 평균임금이 100,000원이고 1임금지급기가 월급형태이며, 월평균임금이 3,000,000원인 근로자에 대해서는 ① 월평균 임금 총액의 10분의1인 300,000원을 초과하지 않는 범위에서 감급이 가능하며, ② 감급 1회의 감액은 100,000원의 반액인 50,000원을 초과할 수 없으므로, 결론적으로 최대 가능한 감급 기간은 6개월이다 (50,000월 × 6개월 = 300,000원).

또한, 취업규칙에서 감봉의 징계를 하는 경우 상여금을 전혀 지급하지 않기로 규정한 취업규칙의 내용은 근로기준법 제96조의 감액의 한계를 초과하여 감액을 허용하는 것으로서 무효이다(.서울지법 1995.4.18. 선고 1995나3342판결)

나. 감금과 강임(호봉 삭감)의 구별

단체협약 및 취업규칙 규정이 강임에 따라 직무가 변경되고 이에 수반하여 임금이 감액되는 경우라면 근로자의 직무가 변경됨에 따라 수반되는 당연한 결과이므로 근로기준법상 감봉액 제한 규정이 적용되지 않으며(근로개선정책과-3035, 2011.9.19.,근로기준과 01254-1987, 1992.12.9) 연봉제 시행에 따른 인사고과에 의거 종전보다 감액된 금액으로 임금이 결정된다 하더라도 이는 임금의 결정에 관한 것으로서 감급의 제재로 볼 수 없다.(서울고법 2006.8.18. 선고 2005나109761 판결) 또한, 호봉 삭감은 장래에 발생될 임금을 삭감하는 것으로 현재의 임금을 삭감하는 감급과 구별이 되는 것으로 호봉삭감은 근로기준법 저95조의 감급의 제한을 받지 않는다.(울산지법 2013.8,16. 선고 2012가단562판결)

다. 임금의 공제

임금은 전액을 근로자에게 지급하여야 하며 사용자가 임금의 일부를 임의로 공제하고 지급하는 것은 '임금 전액불 원칙'에 위반되므로, 법령 또는 단체협약에 특별한 규정이 있는 경우를 제외하고는 허용되지 않는다.(근로기준법제43조) 다만, 근로자가 지각이나 조퇴 혹은 결근하는 경우에 그에 해당하는 임금을 시간에 비례하여 공제하는 것은 '**무노동무임금의 원칙**'에 따라 당연히 허용되므로 **임금전액불 지급 원칙의 문제는 발생할 여지가 없다**. 다만, 지각, 조퇴, 외출 등의 사유로 소정근로일의 근로시간의 전부를 근로하지 못하였더라도 소정 근로일을 단위로 일단 그 날에 출근하여 근로를 제공하였다면 이를 결근으로 처리할 수는 없으므로 단체협약이나 취업규칙 등에 지각, 조퇴, 외출을 몇 회 이상하면 결근 1일로 취급한다고

---

16) 여기에서의 '임금'은 '평균임금'이므로 임금성이 인정되는 한 근로기준법상 임금은 거의 모두 포함되며, '1임금지급기'란 사용자와 근로자가 약정한 임급 지급기를 의미하므로, 예를 들면 주급의 경우에는 1주, 월급의 경우에 1월이 될 것이다.

규정하고 이를 이유로 주휴일, 연차유급휴가 등에 영향을 미치게 하는 것은 허용되지 않는다[17].

한편, 이러한 무노동무임금의 결과인 '임금의 공제와 징계의 제재로서의 '감급;은 각각 별개의 제도이므로, 근로자의 감봉기간 동안에 근로자가 지각이나 조퇴 혹은 결근하여 그에 해당하는 임금을 시간에 비례하여 임금을 공제하는 것은 법위반의 여지가 없으므로, **감급의 제한과 임금의 공제를 중복 적용하는 것은 적법하다.** 또한, 사용자는 쟁위행위에 참가한 근로자들에 대하여 무노동무임금의 원칙상 쟁위행위기간 중의 임금을 공제할 수 있다. 한편, 사용자는 임금을 지급하는 때에는 근로자에게 임금의 구성항목·계산방법, **법령 또는 단체협약에 따라 임금의 일부를 공제한 경우**의 내역 등 대통령령으로 정하는 사항을 적은 **임금명세서**를 서면으로 교부하여야 한다.(근로기준법 제48조 제2항)

3) 보조금 등의 수령을 부관으로 하는 임금지급약정(→사례: 51)

근로계약을 체결하면서 보조금 등의 지급을 부관으로 붙인 경우, 근로계약에 부착된 부관, 이를테면, '갑이 보조금을 지급받으면'이라는 사유는, 갑이 보조금을 지급받지 못하면 을에게 약정 임금을 지급하지 않아도 된다는 정지조건이라기보다는 갑의 보조금 수령이라는 사유가 발생하는 때는 물론이고 상당한 기간 내에 그 사유가 발생하지 않은 때에도 약정 임금을 지급해야 한다는 불확정기한으로 봄이 타당하다. 또한, 그러한 부관은 **근로기준법 제43조의 취지에 위반한 약정**으로서 근로계약의 내용 중 그 부관이 붙은 부분은 무효이므로(근로기준법 제15조), 사용자는 부관으로 유보한 부분(보조금 수령 부분)을 포함하여 근로계약에서 약정한 임금 전부를 지급하여야 한다.(대법원 2020. 12. 24. 선고 2019다293098 판결)

관련판례 대법원 2020. 12. 24. 선고 2019다293098 판결 보조금 수령을 부관으로 하는 임금지급약정

1. 부관이 붙은 법률행위의 경우에, 부관에 표시된 사실이 발생하지 아니하면 채무를 이행하지 아니하여도 된다고 보는 것이 타당한 경우에는 조건으로 보아야 하고, **표시된 사실이 발생한 때에는 물론이고 반대로 발생하지 아니하는 것이 확정된 때에도 채무를 이행하여야 한다고 보는 것이 타당한 경우에는 표시된 사실의 발생 여부가 확정되는 것을 불확정기한으로 정한 것으로 보아야 한다.** 그리고 **이미 부담하고 있는 채무의 변제**에 관하여 일정한 사실이 부관으로 붙여진 경우에는, 특별한 사정이 없는 한 그것은 **변제기를 유예한 것**으로서 그 사실이 발생한 때 또는 발생하지 아니하는 것으로 확정된 때에 기한이 도래한다.
2. 지방문화원진흥법에 따라 설립된 갑 법인이 관할 지방자치단체로부터 받아 오던 보조금의 지급이 중단된 후 을을 사무국장으로 채용하면서 '월급을 350만 원으로 하되 당분간은 월 100만 원만 지급하고 추후 보조금을 다시 지급받으면 그때 밀린 급여 또는 나머지 월 250만 원을 지급하겠다.'는 취지로 설명하였고, 그 후 을에게 임금으로 매월 100만 원을 지급한 사안에서, '갑 법인이 보조금을 지급받으면'이라는 사유는, 갑 법인이 보조금을 지급받지 못하면 을에게 약정 임금을 지급하지 않아도 된다는 정지조건이라기보다는 갑 법인의 보조금 수령이라는 사유가 발생하는 때는 물론이고 상당한 기간 내에 그 사유가 발생하지 않은 때에도 약정 임금을 지급해야 한다는 **불확정기한으로 봄이 타당**한데, 갑 법인과 을의 근로계약 중 월 250만 원의 임금지급약정에 부가된 '갑 법인의 보조금 수령'이라는 불확정기한은 근로기준법 제43조의 입법 취지에 반하여 허용될 수 없다고 봄이 타당하므로, '갑 법인의 보조금 수령'이라는 불확정기한은 무효이고, 나머지 월 250만 원의 임금지급약정은 유효한데도, 이와 달리 본 원심판단에 법리오해 등의 잘못이 있다고 한 사례.

---

17) 주휴일은 1주 소정근로를 개근하는 경우에 한하여 발생되는 유급휴일이며 연차유급휴가는 1년간의 소정 근로일을 80%이상을 출근하여야 당해 연도의 정상 연차가 발생하는데 지각 및 조퇴 3회를 결근 1일로 취급하여 주휴일 부여 및 연차휴가 산정에 불이익을 주는 것은 부당하기 때문이다

사례연습 51

보조금 수령을 부관으로 하는 임금지급약정(대법원 2020. 12. 24. 선고 2019다293098 판결: 출제유력)

A재단은 지방문화원진흥법에 따라 설립된 법인으로서 관할 지방자치단체인 서울 특별시 강북구로부터 보조금을 받아 왔고, 그 보조금 항목 중에는 A재단 직원 인건비가 포함되어 있다. 그런데 강북구는 2015. 7.경 A재단의 대표자 선정 절차에 문제가 있다는 등의 이유로 A재단에 대한 보조금 교부를 중단하였다. A재단의 원장이었던 갑은 2015. 10.경 을에게 A재단의 사무국장으로 근무할 것을 제의하면서 급여는 전임 사무국장의 급여에 준하여 (전임 사무국장의 기본급은 월 355만원이었음) 월 기본급 350만원을 제시하면서 "A재단의 사무국장 급여 250만 원은 나라에서 나온다. 강북구청과의 문제가 끝나면 사무국장 급여 예산이 바로 집행된다. 지금은 당장 급여를 지급할 수 없다. 그러나 조금만 참으면 문화원 자금 사정이 나아지니 그 때 밀린 급여를 지급하겠다. 당분간은 사무국장으로 일을 할 수 있도록 교통비 또는 국장활동비 명목으로 월100만 원만 지급하겠다."라는 취지로 말하였고 을은 갑의 제안을 받아들였다. 그러나, 갑이 '보조금을 받지 못하면 을에게 월 250만 원의 임금을 지급하지 않아도 좋다'는 취지의 의사를 표시하였다고 볼 만한 뚜렷한 사정은 없었다. 이에 갑은 2015. 10. 5. 을을 A재단의 사무국장으로 임명하였고, 그 때부터 2017. 7. 31.까지 을에게 임금으로 매월 100만 원(다만 2015. 11.경까지는 매월 50만 원)을 지급하였다. 한편 갑은 보조금을 다시 지급받으면 을에게 나머지 월 250만 원의 임금을 지급하겠다고 하였으나, 갑이 을에게 그 돈을 실제 지급한 바 없다. 을이 밀린 임금을 요구하자 갑은 강북구로부터 보조금을 지급받은 바 없으므로 자신은 을에게 임금을 지급할 의무가 없다고 주장한다. 이러한 갑 의 주장은 정당한가?

1. 쟁점의 정리

사안에서, 갑의 주장의 정당성과 관련하여 갑이 2015.10경 을에게 '급여는 전임자의 월급에 준하는 기본급 350만원으로 하되, 당분간은 월 100만원만 지급하고 추후 보조금을 다시 지급받으면 그때 밀린 급여 또는 나머지 월 250만원을 지급하겠다.'는 부관부 법률행위를 조건부 법률행위로 볼 것인지 불확정 기한부 법률행위로 볼 것인지 문제된다. 또한, 이러한 부관의 효력과 관련하여 위의 부관이 임금지급의 방법을 정하는 근로기준법 제43조에 위반되는 지 검토해야 할 것이고, 만일 근로기준법 제43조에 위반된다면, 본 사건 근로계약중에 근로기준법 제43조에 위반된 부분이 근로기준법의 강행성을 규정하고 있는 근로기준법 제15에 의하여 무효가 되는지 여부도 검토하여야 할 것이다.

2. 본 사안의 부관부 법률행위의 해석

(1) 문제점

사안에서, 갑이 을에게 '보조금을 다시 지급받으면 을에게 나머지 월 250만 원의 임금을 지급하겠다'는 의미는 결국 부관부 법률행위의 법적성질을 조건부법률행위로 볼 것인지 혹은 불확정기한부 법률행위로 볼 것인지의 문제가 될 것인데, 이는 '갑이 을을 채용할 때 '갑이 보조금을 지급받으면'이라는 의미를 '보조금을 지급받으면 그 때 밀린 급여 또는 나머지 월 250만 원을 지급하겠다'

는 불확정 기한으로 보아야 하는지, 혹은 '갑이 보조금을 받지 못하면 을에게 월 250만 원의 임금을 지급하지 않아도 좋다'는 의미의 조건부의 의사를 표시하였다고 부아야 하는 지의 문제로 귀착될 것이다.

(2) 부관부 법률행위의 해석

부관이 붙은 법률행위의 경우에, 부관에 표시된 사실이 발생하지 아니하면 채무를 이행하지 아니하여도 된다고 보는 것이 타당한 경우에는 조건으로 보아야 하고, 표시된 사실이 발생한 때에는 물론이고 반대로 발생하지 아니하는 것이 확정된 때에도 그 채무를 이행하여야 한다고 보는 것이 타당한 경우에는 표시된 사실의 발생 여부가 확정되는 것을 불확정기한으로 정한 것으로 보아야 한다. 그리고 이미 부담하고 있는 채무의 변제에 관하여 일정한 사실이 부관으로 붙여진 경우에는, 특별한 사정이 없는 한 그것은 변제기를 유예한 것으로서 그 사실이 발생한 때 또는 발생하지 아니하는 것으로 확정된 때에 기한이 도래한다(대법원 2015. 10. 15. 선고 2014다53158 판결 등 참조).

(3) 법률행위의 해석방법

법률행위의 해석은 당사자가 그 표시행위에 부여한 객관적인 의미를 명백하게 확정하는 것으로서, 당사자 사이에 법률행위의 해석을 둘러싸고 이견이 있어 법률행위의 해석이 문제되는 경우에는 문언의 내용, 계약이 이루어지게 된 동기와 경위, 당사자가 계약으로 달성하려고 하는 목적과 진정한 의사, 거래의 관행 등을 종합적으로 고찰하여 논리와 경험의 법칙, 그리고 사회일반의 상식과 거래의 통념에 따라 계약내용을 합리적으로 해석해야 한다(대법원 1996.7.30. 선고 95다29130 판결 등 참조).

(4) 소결

사안에서, 을이 갑의 사무국장으로서 갑에게 근로를 제공한 이상 갑에 대해 임금 채권을 가지는데, 갑이 을을 채용할 때 을에게 '보조금을 다시 지급받으면 그 때 밀린 급여 또는 나머지 월 250만 원을 지급하겠다'는 취지로 설명했던 반면, 을이 '갑이 보조금을 받지 못하면 을에게 월 250만 원의 임금을 지급하지 않아도 좋다'는 취지의 의사를 표시하였다고 볼 만한 뚜렷한 사정이 없다. 또한 강북구가 갑에게 보조금 교부를 중단한 사유가 갑의 대표자 선정 절차의 문제에서 비롯된 것으로 보이므로, 갑이 보조금을 받을 수 있는지 여부는 주로 갑의 성의나 노력에 의해 좌우된다고 할 수 있다. 따라서, 사안의 부관부 법률행위를 법률행위의 내용, 당사자의 진정한 의사 등을 고려하여 합리적으로 해석할 할 때, '갑이 보조금을 지급받으면'이라는 사유는, 갑이 보조금을 지급받지 못하면 을에게 약정 임금을 지급하지 않아도 된다는 정지조건이라기보다는 갑의 보조금 수령이라는 사유가 발생하는 때는 물론이고 상당한 기간 내에 그 사유가 발생하지 않은 때에도 약정 임금을 지급해야 한다는 불확정기한으로 봄이 타당하다.

3. 본 사안의 부관의 효력

(1) 근로기준법 제43조 위반여부

1) 근로기준법 제43조의 취지

임금은 근로자의 생계수단으로서 생활의 원천이므로, 근로자의 안정적인 생활을 보장하기 위하여 근로기준법 제43조는 임금지급의 원칙으로서 이른바,'임금지급의 4대원칙'을 규정하고 있다. 이에 의하면, 임금은 통화로 직접 근로자에게 그 전액을 지급하여야 하고(제1항), 매월 1회 이상 일정한 날짜를 정하여 지급하여야 하는 바(제2항), 이는 사용자로 하여금 매월 일정하게 정해진 기일에 근로자에게 근로의 대가 전부를 직접 지급하게 강제함으로써 근로자의 생활안정을 도모하려는 데에 그 입법 취지가 있다(대법원 2017. 7. 11. 선고 2013도7896 판결 등).

2) 사안의 경우

가. 전액지급 원칙의 위반

사안에서 갑은 임금의 일부인 100만원만 지급함으로서 '사용자는 근로자에게 임금의 '전액'을 지급하여야 한다'(근로기준법 제43조 제1항)는 전액지급의 원칙의 취지에 반하는 것으로 볼 수 있다. 왜냐하면, 임금은 근로자의 생계수단으로서 생활의 원천이므로, 근로자의 안정적인 생활을 보장하기 위하여 근로기준법 제43조에서 임금전액지급의 원칙을 규정한 것인데, 본사안에서 갑은 비록 월급을 직접 공제하거나 상계하지는 아니하였지만, 실질적으로는 매달 월급에서 250만원을 공제하고 지급한 것과 마찬가지의 결과를 초래하였다고 보아야 하기 때문이다.

나. 월1회 일 정기일분의 원칙 위반

임금은 매월 1회 이상 일정한 기일(급여지급일)을 정하여 지급되어야 하는 바(근로기준법 제43조 제1항) 임금은 일정한 기일에 매월 1회 이상 지급되어야 한다. 따라서, 본 사안에서 갑이 임금지급기일에 임금을 지급하지 아니한 이상, 설령 갑이 임금의 일부인 월 50만원내지 100만원을 지급했어도 여전히 월1회 일 정기일분의 원칙에 위반되는 것으로 보아야 한다.

(2) 근로기준법 제15조 위반여부

1) 근로기준법 제15조의 취지

근로기준법 제15조는 '근로자와 사용자가 근로기준법의 규정에 위반하는 내용에 합의를 하였더라도 근로조건이 정한 최저기준에 미달하는 계약부분은 당연히 무효가 되고, 무효가 되는 부분은 근로기준법에 정한 기준에 따른다'고 하여 근로조건기준법의 강행성을 규정하고 있다. 이는 근로조건을 계약의 당사자인 사용자와 근로자의 합의에 맡기지 않고 근로조건의 결정의 기준을 법률(근로기준법)로 제한한다는 의미로서, 이는 결국 민법의 지도이념인 계약 자유의 원칙에 대한 헌법적 한계를 설정한 것이라고 할 수 있다.

2) 사안의 경우

근로기준법 제15조 제1항은 근로기준법에서 정하는 기준에 미치지 못하는 근로조건을 정한 근로계약은 그 부분에 한하여 무효로 한다고 정하고 있는 바. 본 사안의 근로계약의 부관, 즉 월 250만원의 임금지급약정에 부가된 '갑의 보조금 수령'이라는 불확정기한은 근로기준법 제43조의 입법 취지에 반하여 허용될 수 없다고 봄이 타당하므로, '갑의 보조금 수령'이라는 불확정기한은 무효이고, 나머지 월 250만 원의 임금지급약정은 유효하다.

(3) 소결

사안에서 갑이 근로계약에 붙인 부관은 근로기준법 43조의 취지에 반하여 무효이므로, 따라서 갑의 근로계약의 내용 중 근로기준법 제43조에 위반되는 부관은 그 부분에 한하여 무효가 되므로, 나머지 월 250만 원의 임금지급약정은 유효하다.

4. 사례의 해결

본 사례의 부관은 갑의 보조금 수령이라는 사유가 발생하는 때는 물론이고 상당한 기간 내에 그 사유가 발생하지 않은 때에도 약정 임금을 지급해야 한다는 불확정기한으로 봄이 타당하고, 나아가 이러한 부관은 근로기준법 제43조의 취지에 위배되는 부관으로서, 결국 근로기준법 제15조에 따라 이 사례에서의 '갑의 보조금 수령'이라는 불확정기한은 무효이 될 것이고, 나머지 월 250만 원의 임금지급약정은 여전히 유효하므로, 자신은 을에게 임금을 지급할 의무가 없다고 주장하는 갑의 주장은 정당하지 않다.

6. 임금채권의 보호 등

(1) 임금수준의 보호

1) 서설

임금은 근로자의 생활기반의 원천이 되는 중요한 근로조건 중의 하나이다. 따라서, 경제적 사회적 약자인 근로자의 생활기반이 파괴되는 것을 방지하기 위하여 헌법 제32조 제1항 제2문은 '국가는 적정임금의 보장에 노력하여야 하며, 법률이 정하는 바에 의하여 최저임금제를 시행하여야 한다.'라고 하여 적정임금의 보장과 최저임금제의 시행을 직접 규정하고 있다. 현행법은 임금액을 보호하기 위한 제도로서 최저임금법에 의한 최저임금제도외에도 근로기준법상 도급근로자의 임금액 보호 및 휴업수당 등을 두고 있다.

2) 최저임금제의 실시

국가는 헌법 제32조 제1항의 위임에 따라, **국민의 적정한 임금을 보장**하기 위하여 '**최저임금제도**'를 실시하고 있다. '최저임금제도'는 근로자들의 임금의 최저수준을 보장하여 근로자의 생활안정과 노동력의 질적 향상을 꾀함으로써 국민경제의 건전한 발전에 이바지하는 것을 목적으로 한다.(최저임금법 제1조) 따라서 사용자는 최저임금의 적용을 받는 근로자에 대하여 최저임금액 이상의 임금을 지급하여야 하며(최저임금법 제6조 제1항), 사용자는 최저임금을 이유로 종전의 임금 수준을 저하시켜서는 아니된다(최저임금법 제6조 제2항). 최저임금액에 미달하는 임금을 정한 근로계약은 그 부분에 한하여 무효로 하며, 무효로 된 부분은 최저임금법에 의하여 정한 최저임금액과 동일한 임금을 지급하기로 정한 것으로 본다.(최저임금법 제6조 제3항)

3) 근로조건 기준 법정주의(→1. 근로기준법의 주요원칙 (1) 근로조건 기준 법정주의)

헌법은 제34조 제1항에서 모든 국민에게 인간다운 생활을 할 권리를 보장하고 있고, 제32조 제1항에서는 '근로의 권리'를 보장하고 있으며, 나아가 제32조 제3항에서는 근로조건의 기준은 인간의 존엄성을 보장하도록 법률로 정한다고 규정하여 '**근로조건 기준 법정주의**'를 선언하고 있다. '근로조건 기준 법정주의'란 근로계약 당사자인 근로자와 사용자의 자유로운 합의에 맡겨야 할 근로조건의 결정에 관하여 법률로써 최저한의 제한을 설정한다는 의미이다.

4) 도급사업의 최저임금 보호

도급으로 사업을 행하는 경우에 수급인이 도급인의 책임있는 사유로 근로자에게 최저임금액에 미달하는 임금을 지급한 때에는 도급인은 해당 하수급인과 연대하여 책임을 진다.(최저임금법 제6조 제7항) 도급인의 책임 있는 사유란 ① 도급인이 도급계약의 체결당시 인건비 단가를 최저임금액에 미치지 못하는 금액으로 결정하는 행위, ② 도급인이 도급계약 기간중 인건비 단가를 최저임금액에 미치지 못하는 금액으로 인하한 행위를 말한다.(최저임금법 제6조 제8항)

5) 휴업수당(→ (8)휴업수당)

'휴업'이란 근로자에게 근로제공의 능력과 의사가 있음에도 불구하고 사용자측의 귀책사유로 인하여 근로를 제공할 수 없는 '상태'를 의미한다. 민법 第538조 제1항에 대한 특칙으로서 근로기준법은 근로자에게 귀책사유도 없고 사용자에게 불가항력적 사유가 없음에도 불구하고 근로를 제공할 수 없게 된 경우에 근로자를 임금상실의 위험으로부터 보호하여 그 생활안정을 도모하기 위하여, 상시 5인 이상의 근로자를 사용하는 사업 · 사업장에서 **사용자의 귀책사유로 휴업하는 경우에 사용자는 휴업기간 동안 그 근로자에게 평균임금의 100분의 70 이상의 수당을 지급해야 하도록 규정하고 있다.**(근로기준법 제46조 제1항) 다만, 평균임금의 100분의 70에 해당하는 금액이 통상임금을 초과하는 경우에는 통상임금을 휴업수당으로 지급할 수 있다. 한편, 사용자가 부득이한 사유로 사업을 계속하는 것이 불가능하여 노동위원회의 승인을 받은 경우에는 위의 기준에 미치는 못하는 휴업수당을 지급할 수 있다. (근로기준법 제46조 제2항)

6) 감급액의 제한((→VII.징계 (2) 징계의 종류 3)감급)

취업규칙에서 근로자에 대해 감급의 제재를 정할 경우에 그 감액은 1회의 금액이 평균임금 1일분의 2분의 1을, 총액이 1임금지급기 임금총액의 10분의 1을 초과하지 못한다.(근로기준법 제95조)

(쟁점) 도급 근로자의 임금 보장

1.의의

도급제 아래에서 근로자는 근로시간과 상관없이 일의 완성 여부에 따라 임금을 지급받게 되는 것이 원칙이다. 그러나 이를 관철하는 경우 사용자의 귀책사유로 일의 완성이 지연되는 경우 근로자는 자신의 잘못 없이 급여를 지급받지 못하여 생계를 위협받을 우려가 었다. 이에 근로기준법 제47조는 '사용자는 도급이나 그 밖에 이에 준하는 제도로 사용하는 근로자에게 근로시간에 따라 일정액의 임금을 보장하여야 한다'고 규정하여 도급 근로자의 임금을 보호하고 있다.

2. 적용대상

근로기준법상 근로자에 해당하는 한 근로시간에 따라 일정액의 임금을 보장받을 근로자는 도급제로 근무하는 근로자뿐 아니라 성과급, 능률급제 등 도급제와 유사한 형태의 근로자를 모두 포함한다.

3. 보장액의 수준

근로기준법은 일정액의 임금을 보장하여야 한다고 규정하면서 별도의 객관적인 기준을 제시하지 않고 있다. 따라서, 근로계약, 취업규칙, 단체협약 등에 정한 것이 있으면 이에 따를 것이고, 특별한 규정이 없는 경우 ① 일반 근로자에게 보장되는 임금수준을 보장해야 한다는 견해, ② 최저임금 수준 이상을 보장하여야 한다는 견해, ③ 근로기준법 제46조가 규정하는 휴업수당 상당액인 평균임금의 70% 이상을 보장해야 한다는 견해, ④ 이 제도의 취지에 비추어 임금을 보장하여 야 하는 사유, 즉 근로자가 책임질 성질의 것이 아닌 사유가 발생하지 않았다면 지급받을 수 있었던 액수를 지급하여야 한다는 견해 등이 있다.

4. 위반의 효과

근로기준법 제47조(도급 근로자)를 위반한 자는 500만원 이하의 벌금에 처한다.(근로기준법 114조)

(2) 임금체불죄와 반의사불벌죄 등

1) 임금체불죄의 개념

근로기준법 제36조 위반죄를 '금품청산의무위반죄', 같은 법 제43조 위반죄를 '임금지급의무 위반죄'라고 하고, 양자를 통칭하여 '**임금체불죄**'라 한다[18] 근로기준법 제109조 제1항은 임금체불죄를 범하는 사용자에게 3년 이하의 징역 또는 3천만원 이하의 벌금에 해당하는 형벌로 부과하도록 규정하고 있다.

2) 반의사불벌죄

반의사불벌죄(근로기준법 제109조 제2항) = 임금지급 관련규정 1. 금품청산(제36조) 2. 임금지불(제43조) : 임금지급의 방법(임금지급의 4대 원칙) 3. 도급사업에 대한 임금지급(제44조) 4. 건설업에 있어서의 임금지급의 연대책임(제44조의2) 5. 휴업수당(제46조) 6. 연장 · 야간 및 휴일근로(계56조) : 가산임금 ※ 반의사불벌죄가 아닌 것 : ① 공사도급의 임금특례(제44조의3) ② 비상시지급(제45조) ③ 도급근로자의 임금보장(제47조) ④ 임금채권의 우선변제(제38조)

임금체불죄는 이른바 '**반의사불벌죄**[19]'이므로 근로자의 의사가 절대적으로 중요하다. 이러한 반의사불벌죄는 '검사 기소독점주의'(법원에 대하여 형사사건의 심판을 청구하는 기소는 오로지 검사만이 행한다는 원칙)에 대한 예외로서, 사용자의 임금체불의 죄질이 아무리 나쁘더라도 **근로자의 명시적인 의사에 반하여 사용자를 처벌할 수 없다**. 단, 피해자(근로자)의 명시한 처벌불원의 의사표시는 **1심판결 전 까지** 해야 하며, 일단 처벌 불원의 의사표시를 한 후에는 이를 번복할 수 없으므로 재진정 또는 재고소 할 수 없다.

3) 체불사업주 명단공개 등

고용노동부장관은 임금 등을 지급하지 아니한 사업주(법인인 경우에는 그 대표자를 포함)가 명단 공개 기준일 이전 3년 이내 임금등을 체불하여 2회 이상 유죄가 확정된 자로서 **명단 공개 기준일 이전 1년 이내 임금등의 체불총액이 3천만원 이상인 경우**에는 그 인적사항 등을 공개할 수 있다. 다만, 체불사업주의 사망 · 폐업으로 명단 공개의 실효성이 없는 경우 등의 사유가 있는 경우에는 그러하지 아니하다.(근로기준법 제43조의2) 또한, 고용노동부장관은 종합신용정보집중기관이 임금등 체불자료 제공일 이전 3년 이내 임금등을 체불하여 2회 이상 유죄가 확정된 자로서 **임금등 체불자료 제공일 이전 1년 이내 임금 등의 체불총액이 2천만원 이상인 체불사업주의 인적사항과 체불액 등에 관한 자료를 요구**할 때에는 임금등의 체불을 예방하기 위하여 필요하다고 인정하는 경우에 그 자료를 제공할 수 있다.(근로기준법 제44조의3). 다만, 체불사업주의 사망 · 폐업으로 임금등 체불자료 제공의 실효성이 없는 경우 등 대통령령으로 정하는 사유가 있는 경우에는 그러하지 아니하다.

---

18) .사용자가 재직 중인 근로자에게 임금을 체불하는 경우(근로기준법 제43조)에는 민법 제379조 혹은 상법 제54조에 따라 **연5% 또는 연6%의 법정이자**가 적용되나, 근로관계가 종료하는 경우에는 임금 및 퇴직금의 경우에는 14일이 지난 그 다음날부터 **연 100분의 20의 지연이자**가 가산된다.(근로기준법 제37조)

19) '**반의사 불법죄**'란 국가기관이 수사와 공판을 독자적으로 진행할 수 있지만 피해자가 처벌을 원하지 않는다는 명시적인 의사표시를 하는 경우에는 **그 의사에 반하여 형사소추를 할 수 없는 범죄**를 말한다.

(쟁점) 임금체불죄의 면책

1. 의의

사용자의 임금체불죄는 사용자가 경영부진으로 인한 자금사정 등으로 지급기일내에 임금, 퇴직금 들을 지급할수 없었던 불가피한 사정뿐 아니라 기타의 사정으로 사용자의 임금 부지급의 고의가 없거나 비난 가능성이 없는 경우에는 그 죄가 성립하지 않는다.(대법원 1998.06.26. 선고 98도1260 판결)

2. 구성요건해당성의 배제

임금체불의 고의가 없는 경우에는 형사처벌이 면책될 수 있다.(대법원 2007.03.29. 선고 2007도97 판결) 즉, 근로자들의 근로관계를 둘러싼 여러 상황 등을 종합하여 볼 때, 사용자가 근로자들에 대한 각 퇴직금 지급의무의 존부에 관하여 다툴 만한 근거가 있다고 볼 수 있는 경우에는 사용자에게 법 제31조, 제9조 위반죄의 고의가 있었다고 단정하기는 어려우며(대법원 2011.10.13. 선고 2009도8248 판결) 사후적으로 사용자의 민사상 지급책임이 인정된다고 하여 곧바로 사용자에 대한 근로기준법 제31조, 제9조 위반죄의 고의가 인정된다고 단정해서는 안된다는 것이 판례이다.(대법원 2007.06.28. 선고 2007도1539 판결 등)

3. 책임조각

사용자가 경영부진으로 인한 자금사정 등으로 지급기일내에 임금, 퇴직금 들을 지급할수 없었던 불가피한 사정이 인정되는 경우에는 책임이 조각될 수 있다. 다만, 단순히 사용자가 경영부진 등으로 자금압박을 받아 이를 지급할 수 없었다는 것만으로는 그 책임을 면할 수 없고, 경영부진으로 인한 자금사정의 악화가 사용자의 책임에 의한 것이 아니라야 한다.[20]임금이나 퇴직금을 기일 안에 지급할 수 없었던 '불가피한 사정'이 인정되기 위해서는 **사용자가 모든 성의와 전력을 다하였어도 설령 사용자의 경영부진으로 인한 악화금의 체불을 방지할 수 없다는 것이 사회통념상 긍정될 정도가 되어 더 이상의 적법한 행위를 기대할 수 없는 특수한 사정이 있어야 한다.**(대법원 1988.05.10. 선고 87도2098 판결) 나아가, 사용자가 퇴직 근로자 등의 생활안정을 도모하기 위하여 임금이나 퇴직금 등을 조기에 청산하기 위하여 최대한 노력을 기울이거나 장래의 변제 계획을 분명하게 제시하고 이에 관하여 근로자측과 성실한 협의를 하는 등 **퇴직 근로자 등의 입장에서 상당한 정도의 노력을 행하였는 지 여부도 종합적으로 고려한다.**(대법원 1984.04.10. 선고 83도1850 판결)

4. 공소시효

임금 등을 체불한 사용자에 대한 처벌 규정의 공소시효는 2007. 12. 21 형사소송법 제249조 개정으로 인해 5년으로 연장 (2007. 12. 21 이전 금품 체불이 발생한 사건은 3년)되었다. 임금체불죄의 공소시효의 기산점은 범죄 행위가 종료한 때(형사소송법 제252조)로서 임금 정기지급일 또는 퇴직일로부터 14일이 경과한 때를 의미한다. 다만, **국외 도피는 공소시효 정지 사유**가 된다.(형사소송법 제253조)

---

20) 예를 들면, IMF와 같은 국제 금융 위기라든지 원청회사의 부도 등으로 인하여 회사의 자금이 악화된 것과 같이 경영자가 도저히 피할 수 없는 불가항력적인 사정에 의한 자금사정의 악화를 의미한다.

(3) 임금채권의 우선변제(→사례: 52)

1) 임금채권 우선변제 제도의 의의

국가는 근로자가 사용자로부터 받는 '근로기준법상 임금'을 강력하게 보호하고 있는데[21], 그 대표적인 것이 임금채권의 우선변제권 및 임금채권의 최우선변제권이다. 임금채권우선변제제도는 임금등을 지급받지 못하고 퇴직한 근로자 등에게 그 지급을 보장하는 조치를 마련함으로써 근로자의 생활안정에 이바지하는 것을 목적으로 한다. 그 결과, 임금채권은 물권인 질권, 저당권을 제외하고는 다른 일반 채권보다 우선적으로 배당받게 되므로, 동일한 사인들간의 일반채권보다 강력한 보호 받게 된다는 점에서 **임금채권 우선변제제도는 채권평등주의의 중대한 예외일 뿐아니라, 나아가 임금채권최우선변제권의 경우 일정 금액은 심지어 저당권자 등 물권자보다 우선한다는 점에서, 이는 결국 재산권(물권)의 상대화를 의미한다.**

2) 임금채권 우선변제권 및 최우선변제권

우선변제순위
① 최종 3월분의 임금, 최종 3년간의 퇴직금, 재해보상금 **(최우선변제권)**
② 질권, 저당권에 우선하는 조세, 공과금 등 저당목적물에 부과된 국세(당해세)
③ 질권, 저당권에 의하여 담보된 채권(주로 금융기관의 대출금)
④ 임금 기타 근로관계로 인한 채권 **(우선변제권)**
⑤ 일반 조세 공과금(국세 기본법 제31조 제2항)
⑥ 기타 채권 (일반채권)

가. 임금채권 우선변제권

임금채권 우선변제권'이란 사용자가 도산 또는 파산하거나 사용자의 재산이 다른 채권자에 의해 압류되었을 경우에, **사용자의 총재산에 대하여 근로자의 임금채권을 다른 채권 또는 조세 · 공과금보다 우선하여 변제를 받을 수 있는 권리를 의미한다.** 즉, 임금, 재해보상금, 그 밖에 근로 관계로 인한 채권은 '사용자의 총재산'에 대하여 질권 · 저당권 또는 '동산 · 채권 등의 담보에 관한 법률'에 따른 담보권에 따라 담보된 채권 외에는 **조세 · 공과금 및 다른 채권에 우선하여 변제되어야 한다.** 다만, 질권 · 저당권 또는 동산 · 채권 등의 담보에 관한 법률에 따른 담보권에 우선하는 조세 · 공과금에 대하여는 그러하지 아니하다.(근로기준법 제38조 제1항) . 그리고, 임금채권을 대신하여 변제한 경우는, 일반채권의 경우와 마찬가지로, 임금 채권이 동일성을 가지고 변제자에게 당연히 이전한다. 따라서, 우선변제권이 있는 임금채권을 대신 변제한 자는 채무자인 사용자에 대하여 임금채권자가 되어 사용자의 총재산에 대해 강제집행 혹은 임의경매 등이 진행되는 경우에 배당요구의 종기까지 배당요구를 하여 그 배당절차에서 일반채권보다 우선하여 변제받을 수 있다.(대법원 1996.02.23. 선고 94다21160 판결)

---

21) **근로자의 임금채권은 일반채권에 불과하므로 담보물권인 저당권 또는 질권에 우선할 수 없는 것이 원칙이다. 그러나** 임금은 근로자와 그 부양가족의 생존의 기초로서의 의미를 지니기 때문에 **거의 모든 국가는** 임금채권보장제도를 두어 근로자의 체불임금에 대하여 일정한 요건하에서 우선적으로 지급보장을 하고 있다.

나. 임금채권 최우선변제권

임금채권 우선변제권에도 불구하고 최종 3개월분의 임금, 재해보상금, 최종 3년간의 퇴직금은 '사용자의 총재산'에 대하여는 질권 · 저당권 권 · 저당권 또는 '동산 · 채권 등의 담보에 관한 법률'에 따른 담보권에 따라 담보된 채권, 조세 · 공과금 및 다른 채권에 우선하여 변제된다.(근로기준법 제38조 제2항) 그 결과 물권자의 재산은 일정부분에서 상대화되는 결과를 가져온다.

3) 사용자의 총재산

가. 임금채권 최우선변제권

'사용자'란 '사업주'('개인기업'은 사업주 개인, '법인'은 법인 그 자체)를 의미한다.[22] 사용자의 총재산에는 사용자가 소유한 각종 동산 · 부동산은 물론 물권, 채권, 각종 무채재산권, 광업권, 어업권을 포함하고 사용자가 제 3자에게 가지고 있던 채권도 포함된다. 그러나 사용자가 제 3자에게 이미 처분한 재산은 포함되지 않는다.(대법원 1994.12.27. 선고 94다19242 판결) 또한 **사용자가 취득하기 이전에 그 재산에 대해 이미 설정된 담보권에 대하여는 우선변제권이 적용되지 않는다.** 반면에, 사용자가 사용자 지위를 취득하기 전에 자신의 총재산에 대해 설정한 질권 또는 저당권 등에 따라 담보된 채권에 대하여도 우선하여 변제받을 수 있는지가 의문인 바, 판례는 법문의 취지상 달리 제한하는 규정이 없으므로 사용자의 총재산에 대하여 사용자가 사용자 지위를 취득하기 전에 설정한 질권 또는 저당권 등에 따라 담보된 채권에도 우선하여 변제되어야 한다는 입장이다.(대법원 2011.12.08. 선고 2011다68777 판결)

나. 직상 수급인의 총재산

사업이 수차의 도급에 의해 행해지는 경우에 하수급인이 직상수급인의 귀책사유로 근로자의 임금을 지급하지못하게 되는 경우에는 근로기준법 제44조에 따라 직상수급인이 하수급인과 연대책임을 지게 된다. 그러나, 근로기준법 제44조는 직상수급인과 하수급인의 임금지급 '책임'만 연대하여 책임지도록 한 규정이지 **직상수급인을 하수급인이 고용한 근로자의 사용자로 의제하는 규정은 아니므로** 직상수급인을 임금채권 우선변제권이 인정되는 **사용자라고 할 수 없다**. 다만, 직상수급인과 하수급인의 근로자사이에 묵시적인 근로계약의 성립을 인정할 수 있는 건설노무도급관계와 같은 특별한 사정이 존재하는 경우에는 직상수급인 소유의 재산은 사용자의 총재산에 해당할수 있다.(대법원 1999.02.05. 선고 97다48388 판결)

4) 우선변제권의 행사방법

판결이유 중에 배당요구채권이 우선변제권 있는 **임금채권이라는 판단이 있는 법원의 확정판결이나 노동관서에서 발급한 체불임금확인서**를 근거로 사용자의 재산에 대하여 강제집행을 신청한 후, 그 재산을 압류하여 경매를 통해 환가한 경락금에서 임금체권을 우선변제받을 수 있다. 다만, 사용자의 다른 담보채권자가 임의경매를 신청한 경우에는 임금채권 최우선변제청구권이 있는 채권자인 근로자라 하더라도 민사절차에 의한 집행절차에서 임금채권 우선변제를 받기 위해서는 집행법원에 **배당요구의 종기일**까지 배당요구를 하여야 한다.(대법원 1996.12.20. 선고 95다28304 판결)

---

22) 따라서, 개인기업의 경우에는 사용자의 개인재산도 포함되지만, 법인기업의 경우에는 '법인'명의의 재산만 포함되며 법인 대표이사의 개인재산은 포함되지 않는다.

사례연습 52

임금채권우선변제권 및 임금채권최우선변제권(대법원 2004.05.27. 선고 2002다65905 판결: 출제유력)

甲 은 乙을 비롯한 종업원 10명을 10개월간 고용하여 A사를 경영하다가 2020. 1. 1. 폐업하였고 동시에 乙 등과의 근로계약도 종료되었다. 폐업 당시 甲의 재산으로는 경기도 소재 X토지가 유일하였고, 위 토지에는 이미 2019. 1.1.자로 丙을 저당권자로 하는 피담보채권 6천만원의 저당권설정등기가 마쳐져 있었다. 乙이 폐업하자 丙의 임의경매신청으로 위 토지는 매각되었고, 배당할 금액은 1억원이 되었다. 한편, 경매절차에서는 서울시가 공과금 (국세 기본법 제31조 제2항의 일반 조세 · 공과금) 1,000만원의 배당을 신청하였다. Z 등의 임금은 채용시부터 폐업시까지 매월 각 100만원이었고, Z 등은 근무기간 동안 임금을 전혀 지급받지 못하였다. A사에서 근무하다 도산으로 퇴직한 근로자가 체불된 임금을 변제받을 수 있는 근거 및 내용을 설명하시오. 또한, 위 경매절차에 참여한 Z을 비롯한 종업원 10명이 배당받을 수 있는 총금액은 얼마인가?.(단, 임금체권보장법의 내용은 제외한다)

1. 쟁점의 정리

국가는 근로자가 사용자로부터 받는 '근로기준법상 임금'을 강력하게 보호하고 있는데, 그 대표적인 것이 근로기준법 제38조가 규정히고 있는 임금채권의 우선변제권 및 임금채권의 최우선변제권이다. 따라서, 사안과 같이, A사에서 근로하던 근로자 乙 등이 근무기간 동안 임금을 전혀 받지 못한 채로 A사의 폐업으로 근로계약이 종료되는 경우, 乙 등의 임금은 근로기준법 제38조의 임금채권우선변제권에 의하여 변제받을 수 있을 것이다. 따라서, 이하에서는 乙등의 체불임금의 보호화 관련하여 임금체권 우선변제제도에 대하여 살펴보고, 경매절차에 참가한 乙등이 배당받을 수 있는 금액을 구체적으로 산정해 보도록 하겠다.

2. 乙 등의 체불임금의 보호

(1) 임금채권 우선변제제도의 의의

'임금채권 우선변제권'이란 사용자가 도산 또는 파산하거나 사용자의 재산이 다른 채권자에 의해 압류되었을 경우에, 사용자의 총재산에 대하여 근로자의 임금채권을 다른 채권 또는 조세 · 공과금보다 우선하여 변제를 받게 함으로써 근로자의 임금채권을 보호하기 위한 사회 정책적 제도를 의미한다. 임금채권우선변제제도는 임금등을 지급받지 못하고 퇴직한 근로자 등에게 그 지급을 보장하는 조치를 마련함으로써 근로자의 생활안정에 이바지하는 것을 목적으로 한다.

(2) 임금채권 우선변제권 및 최우선변제권

1) 임금채권 우선변제권

임금, 재해보상금, 그 밖에 근로 관계로 인한 채권은 '사용자의 총재산'에 대하여 질권 · 저당권 또는 '동산 · 채권 등의 담보에 관한 법률'에 따른 담보권에 따라 담보된 채권 외에는 조세 · 공과금 및 다른 채권에 우선하여 변제되어야 한다. 다만, 질권 · 저당권 또는 동산 · 채권 등의 담보에 관한 법률에 따른 담보권에 우선하는 조세·공과금에 대하여는 그러하지 아니하다.(근로기준법 제38조 제1항) 즉, 임금채권은 물권인 질권, 저당권을 제외하고는 다른 일반 채권보다 우선적으로 배당받게 되므로, 동일한 사인들간의 일반채권보다 강력한 보호 받게 된다는 점에서, 임금채권 우선변제제도는 채권평등주의의 중대한 예외인 것이다.

2) 임금채권 최우선변제권

임금채권 우선변제권에도 불구하고 최종 3개월분의 임금, 재해보상금, 최종 3년간의 퇴직금은 '사용자의 총재산'에 대하여는 질권·저당권 권·저당권 또는 '동산·채권 등의 담보에 관한 법률'에 따른 담보권에 따라 담보된 채권, 조세·공과금 및 다른 채권에 우선하여 변제된다.(근로기준법 제38조 제2항)

(3) 乙 등의 임금 및 퇴직금 체권의 변제순위와 내용

사안에서 ① 임금채권 최우선변제권과 관련하여 乙 등 10개월분 체불임금 중에서 최종 3개월분의 임금은 사용자인 甲의 총재산에 대하여 최우선변제를 받을 수 있다. 최종 3년간 퇴직금도 최우선변제권의 대상이지만, 사안에서 乙등은 1년 이상 근속하지 못하였으므로 퇴직금은 발생하지 아니하므로, 우선변제권이 발생할 여지가 없다. 따라라서 乙 등은 X토지의 환가대금으로부터 저당권자인 丙에 우선하여 최종 3개월분 임금을 변제받을 수 있다. 결국 X부동산의 경매 대금으로부터 乙을 비롯한 A사의 근로자들의 최우선변제분이 1순위로서 변제 받게 될고, 만약 최우선변제되는 부분이 경매대금을 초과하는 경우에는 근로자들은 최우선변제분에 대한 각자의 채권액의 비율에 따라 경매 대금으로부터 변제받는 결과가 될 것이며, 담보물권자인 丙을 비롯한 후순위채권자들은 변제받을 수 없게 된 ② 임금채권 우선변제권과 관련하여, A사의 근로자들의 최우선변제부분을 충당하고 남은 경매대금에 대하여는 저당권자인 丙이 피담보채권의 범위에서 변제받게 된다. 그리고, 丙이 배당받고도 남는 부분이 있는 경우에 乙을 비롯한 A사의 근로자들은 최우선변제부분을 제외한 그 밖의 임금채권과 퇴직금을 일반공과금 등 일반체권보다 우선하여 변제받을 수 있다.

3. 乙 등 종업원 10명이 배당받을 수 있는 총금액금

사안에서 근로자 乙을 포함한 10명의 미지급임금은 1억원(1인당 천만원씩 10명 =1억원)이고 이 가운데 최종 3개월분 임금인 3,000만원(1인당 300만원씩 10명 =3천만)은 1순위(임금채권 최우선변제권)이며, 나머지 7,000만원은 4순위(임금체권 우선변제권)이다. 한편 丙의 피담보채권은 6천만원으로 저당권에 의해 담보된 채권이므로 3순위이며, 서울시의 공과금 1,000만원은 4순위이다. 따라서 乙 등은 먼저 최우선변제권을 행사하여 3천만원을 배당받고 저당권자인 丙은 6,000만원 전액을 배당받은 후 남은 금액 1천만원은 근로자 乙 등이 모두 4순위 우선변제권으로 배당받으므로 5순위인 서울시는 전혀 배당을 받지 못한다. 따라서, 근로자 乙인등이 배당받을 수 있는 총 금액은 4,000만원이다.

4. 결론

A사의 도산으로 퇴직한 乙등의 근로자들은 근로기준법 제38조에 따라 임금채권 우선변제권 및 최우선변제권을 행사하여 체불된 체불된 임금과 퇴직금을 변제받을 수 있으며, 乙을 비롯한 종업원 10명이 배당받을 수 있는 총금액은 4,000만원이다.

(4) 도급사업에서의 임금지급 연대책임제도

1) 의의

사업이 **한 차례 이상**의 도급에 따라 행하여지는 경우에 하수급인(도급이 한 차례에 걸쳐 행하여진 경우에는 수급인을 말한다)이 직상수급인(도급이 한 차례에 걸쳐 행하여진 경우에는 도급인을 말한다)의 귀책사유로 근로자에게 임금을 지급하지 못하면, 그 직상수급인은 그 수급인과 연대하여 책임을 지며, 직상수급인의 귀책사유가 그 상위 수급인의 귀책사유에 의하여 발생한 경우에는 그 상위 수급인도 연대하여 책임을 진다.(근로기준법 제44조 제1항) 본 제도는 도급사업에 있어서의 하수급인의 영세성으로 인하여 하수급인의 근로자에 대한 임금 지급이 원수급인에게 의존적인 경우가 많기 때문에, 이러한 도급사업의 특수성을 고려하여 근로자의 임금채권의 실효성을 확보하기 위기 위해 일정한 요건 (**직상 수급인의 귀책사유**)하에 원수급인이 하수급인과 함께 하수급인이 고용한 근로자에 대한 임금을 연대하여 책임지도록 하고 있는 것이다.

2) 요건

가. 사업이 한 차례 이상의 도급

사업이 한 차례 이상의 도급에 따라 행하여지는 경우라야 한다.[23]

나. 하수급인의 체불과 직상수급인의 귀책사유

하수급인(도급이 한 차례에 걸쳐 행하여진 경우에는 수급인을 말한다)이 직상수급인(도급이 한 차례에 걸쳐 행하여진 경우에는 도급인을 말한다)의 **귀책사유로** 근로자에게 임금을 지급하지 못하였어야 한다.

'직상 수급인의 '귀책사유'는 대통령령으로 정하도록 위임되어 있는 바, **직상수급인의 귀책사유의 범위는 ① 정당한 사유 없이 도급계약에서 정한 도급 금액 지급일에 도급 금액을 지급하지 아니한 경우, ② 정당한 사유 없이 도급계약에서 정한 원자재 공급을 늦게 하거나 공급을 하지 아니한 경우, ③ 정당한 사유없이 도급계약의 조건을 이행하지 아니하여 하수급인이 도급사업을 정상정으로 수행하지 못한 경우**의 세가지로 법정화되어 있다.(근로기준법 시행령 제24조)

3. 효과

하수급인의 임금 체불에 대하여 **귀책사유가 있는** 직상수급인은 하수급인이 근로자에게 임금채무를 이행하지 않는 경우에 **하수급인과 연대하여** 근로자에게 임금을 지급할 책임을 진다.(근로기준법 제44조 제1항) 따라서 근로자는 계약 당사자인 하수급인에게는 물론 직상 수급인에게도 동시에 또는 순차로 임금지급을 청구할 수 있다. 직상 수급인이 연대책임을 면하기 위해서는 자신에게 정당한 사유가 있음을 증명하여야 하고, 직상 수급인이 임금을 지급한 경우에는 하수급인에 대하여 지급한 임금 상당액을 구상할 수 있다. 또한. 근로기준법 제44조를 위반한 자는 **3년 이하의 징역 또는 3천만원 이하의 벌금**에 처한다. 본죄는 **반의사불법죄**이므로, 위반자 자에 대하여는 피해자의 명시적인 의사와 다르게 공소를 제기할 수 없다.(근로기준법 제109조)

---

23) .기존의 근로기준법 제44조 제1항의 법문에는 '여러 차례의 도급' 이라 되어 있었지만, 대법원은 1차 도급의 경우에도 수급인의 임금지불능력이 도급인에게 의존하고 있으므로, '도급인'을 직상수급인으로 해석하는 것이 타당하고 해석하여 왔는데(대법원 1990.10.12. 선고 90도1794 판결), 그러한 대법원의 해석이 2020.2.1.개정으로 입법화되었다.

(5) 건설업에서의 임금지급 연대책임제도(→사례: 53)

1) 법규정

건설업에서 사업이 2차례 이상 건설산업기본법에 따른 공사도급이 이루어진 경우에 같은 법 상의 **건설업자가 아닌 하수급인이** 그가 사용한 근로자에게 임금(해당 건설공사에서 발생한 임금으로 한정한다)을 지급하지 못한 경우에는 **그 직상 수급인은 하수급인과 연대하여 하수급인이 사용한 근로자의 임금을 지급할 책임을 진다.**(근로기준법 제44조의2)

2) 취지

건설업에서의 임금지급 연대책임제도는 직상수급인의 **귀책사유여부** 또는 **하수급인에게 대금을 지급하였는 지 여부와 관계없이** 직상수급인의 임금 지급의 **연대책임**을 인정한다는 점에서, 직상 수급인의 귀책사유를 반드시 필요로 하는 **도급사업에서의 직상수급인의 임금지급 연대책임**(근로기준법 제44조)**에 대한 특례**이다.이는 직상 수급인이 건설업 등록이 되어 있지 않아 건설공사를 위한 자금력 등이 확인되지 않는 자에게 건설공사를 하도급하는 위법행위를 함으로써 하수급인의 임금지급의무 불이행에 관한 **추상적 위험**을 야기한 잘못에 대하여, 실제로 하수급인이 임금지급의무를 이행하지 않아 이러한 위험이 **현실화**되었을 때 그 책임을 묻는 취지이다.(대법원 2021.07.08. 선고 2020다296321 판결)

3) 배제 합의의 효력

"근로기준법 제109조 제1항은 근로기준법 제44조의2를 위반하여 임금지급의무를 불이행한 직상 수급인에 대해 형사처벌을 하도록 정하고 있는바, **이와 같은 입법 취지, 규정 내용과 형식 등을 종합하여 보면** 근로기준법 제44조의2는 개인의 의사에 의하여 그 적용을 배제할 수 없는 **강행규정**으로 봄이 타당하고 따라서 이를 **배제하거나 잠탈하는 약정을 하였더라도 그 약정은 효력이 없다**(대법원 2021.07.08. 선고 2020다296321 판결)

4) 요건

① '**건설업**'일 것 ② 사업이 **2차례 이상** 공사도급이 이루어질 것 ③ 건설면허가 있는 **건설업자가 아닌 시공참여자인 하수급인**이 그가 사용한 근로자에게 **임금**(해당 건설공사에서 발생한 임금으로 한정한다)**을 지급하지 못한 경우**일 것을 요건으로 한다.(**직상 수급인의 귀책사유는 그 요건이 아니다**)

5) 효과

건설 면허가 있는 건설업자인 직상수급인은 **귀책사유 불문하고** 건설면허가 없는 시공참여자인 하수급인 (십장, 오자지 등)과 **연대하여** 하수급인이 사용한 근로자의 **임금을 지급할 책임을 부담한다.**(근로기준법 제44조의3) 직상 수급인은 하수급인과 연대하여 책임을 지므로 하수급인이 임금체불을 청산한 경우 그 범위에서 직상 수급인은 책임을 면하며, 또한 직상 수급인이 이행하면 그 범위에서 하수급인도 체불임금 책임을 면한다.

6) 벌칙

근로기준법 제44조의2에 따라 건설업의 공사도급에서 하수급인의 근로자에 대한 임금지급 연대책임을 지는 직상수급인이 해당 건설공사에서 발생한 하수급인의 체불임금을 지급하지 않으면 **3년 이하 징역 또는 3천만원 이하 벌금**에 처한다.(법 제109조 1항) 본 죄는 근로기준법 제44조 위반죄와 마찬가지로 피해자의 명시적인 의사와 다르게 공소를 제기할 수 없는 **반의사불벌죄**이다.(법 제109조 2항)

사례연습 53

건설업에서의 임금지급 연대책임제도(대법원 2021. 6. 10. 선고 2021다217370 판결 : 출제유력)

A사는 석공 · 토목공 사업 등을 하는 B사에게 신축공사 하는 석조공사를 하도급주었고, B는 다시 C사에게 재하도급 주었다. C사는 「건설산업기본법」 제2조 제7호에 따른 건설사업자가 아니다. 미등록 건설사업자인 C는 甲을 고용하였는데, 甲은 C에게 '임금 수령 권한을 위임한다'는 위임장을 제출하였다. 한편, B는 C에게 근로자의 임금을 포함하여 2019.2.까지의 공사대금(하도급 대금)을 모두 지급하였다. 그런데, 甲은 2018.11.20.경부터 2019.1.31.경까지 위 공사 현장에서 노무를 제공하였으나, 2018. 12.부터 2019.1.까지의 임금 합계 3,831,000원을 받지 못하여 직상 수급인인 B에게 지급받지 못한 임금을 청구하자, 직상수급인 B는 甲이 하수급인 C에게 임금 수령권한을 위임하였을 뿐 아니라, B는 이미 2019.2 까지의 공사대금(하도급대금)을 모두 C에게 지급하였으므로 자신에게는 갑에게 임금을 지급할 책임이 없다고 주장하고 있다. 이러한 B의 주장은 적법한가?

1. 쟁점의 정리

직상수급인 B는 건설업에서의 임금지급의 연대책임을 규정한 근로기준법 제44조의 2에 따라 하수급인의 임금지급에 대하여 연대책임을 부단하게 될 것인데, 사안에서 직상수급인 B는 근로자 갑의 임금 지급 청구에 대하여 자신은 이미 을과 근로계약을 체결한 C에게 공사대금을 모두 지급하였으므로 갑에 대하여 하수급인 C와 연대하여 임금을 지급할 의무가 없다고 주장함과 아울러 근로자가 하수급인 C에게 임금 수령 권한을 위임하였으므로, 근로기준법 제44조의 2가 배제된다고 주장하고 있다. 이러한 B의 주장의 적법성을 검토하기 위해서는 먼저 직상수급인에게 하수급인에 대한 임금지급의 연대책임을 규정한 근로기준법 제44조의 취지, 요건, 효과 등에 대하여 살펴보아야 할 것이고 특히 본조의 배제 특약의 효력과 관련해서는 동조의 법적성격이 강행규정인지의 여부도 검토해야 할 것이다

2. 직상수급인 B의 임금지급 책임

(1) 문제점

사안에서 B는 C에게 2019.2 까지의 공사대금(하도급대금)을 모두 지급하였는데, 이와 같이 甲에 대한 임금 미지급에 귀책사유가 없는 직상수급인 B가 여전히 근로자 갑에 대하여 임금지급에 있어서 연대책임을 부담하는 지 문제된다.

(2) 법규정(근로기준법 제44조의2)

건설업에서 사업이 2차례 이상 건설산업기본법에 따른 공사도급이 이루어진 경우에 같은 법 상의 건설업자가 아닌 하수급인이 그가 사용한 근로자에게 임금(해당 건설공사에서 발생한 임금으로 한정한다)을 지급하지 못한 경우에는 그 직상 수급인은 하수급인과 연대하여 하수급인이 사용한 근로자의 임금을 지급할 책임을 진다.(근로기준법 제44조의2)

(2) 취지

건설업에서의 임금지급 연대책임제도는 직상수급인의 귀책사유여부 또는 하수급인에게 대금을 지급하였는 지 여부와 관계없이 직상수급인의 임금 지급의 연대책임을 인정한다는 점에서, 직상 수급인

의 귀책사유를 반드시 필요로 하는 도급사업에서의 직상수급인의 임금지급 연대책임(근로기준법 제44조)에 대한 특례이다. 이는 직상 수급인이 건설업 등록이 되어 있지 않아 건설공사를 위한 자금력 등이 확인되지 않는 자에게 건설공사를 하도급하는 위법행위를 함으로써 하수급인의 임금지급의무 불이행에 관한 추상적 위험을 야기한 잘못에 대하여, 실제로 하수급인이 임금지급의무를 이행하지 않아 이러한 위험이 현실화되었을 때 그 책임을 묻는 취지라는 것이 대법원의 입장이다.(대법원 2021.07.08. 선고 2020다296321 판결)

(4) 요건

① '건설업'일 것 ② 사업이 2차례 이상 공사도급이 이루어질 것 ③ 건설면허가 있는 건설업자가 아닌 시공참여자인 하수급인이 그가 사용한 근로자에게 임금(해당 건설공사에서 발생한 임금으로 한정한다)을 지급하지 못한 경우일 것을 요건으로 한다.

(5) 효과

건설 면허가 있는 건설업자인 직상수급인은 귀책사유 불문하고 건설면허가 없는 시공참여자인 하수급인과 연대하여 하수급인이 사용한 근로자의 임금을 지급할 책임을 부담한다.(근로기준법 제44조의3) 직상 수급인은 하수급인과 연대하여 책임을 부담하므로 하수급인이 임금체불을 청산한 경우에는 그 범위에서 직상수급인은 그 책임을 면하며, 또한 직상수급인이 이행하면 그 범위에서 하수급인도 체불임금 책임을 면한다.

(6) 사안의 경우

사안에서 직상수급인 B는 건설업 등록이 되어 있지 않아 건설공사를 위한 자금력 등이 확인되지 않는 C에게 건설공사를 하도급하는 위법행위를 함으로써 하수급인의 임금지급의무 불이행에 관한 추상적 위험을 야기하였고, 실제로 하수급인 C가 근로자 갑에게 임금지급의무를 이행하지 않아 이러한 위험이 현실화되었다 할 것이므로, 설령 B가 하수급인 C에게 공사대금을 모두 지급하였다 하더라도, 자신의 귀책사유와 무관하게 하수급인 C와 연대하여 근로자 갑에게 임금을 지급할 책임을 부담한다.

3. B의 임금지급 책임 면제 여부

(1) 문제점

사안에서 직상수급원 B는 설령 자신이 임금지급의 연대책임을 부담하는 경우라 하더라도, 근로자 갑이 하수급인 C에게 임금 수령 권한을 위임하였으므로, 그러한 한도에서 자신의 임금지급에 관한 연대책임이 면제될 수 있다고 주장하는 바, 이는 결국 근로기준법 제44조의 2가 당사자들의 합의에 의하여 배제될 수 있는 지의 문제, 즉 근로기준법 제44조의2의 법적성격을 강행규정으로 보는 지의 문제이다.

(2) 판례의 태도

근로기준법 제109조 제1항은 근로기준법 제44조의2를 위반하여 임금지급의무를 불이행한 직상수급인에 대해 형사처벌을 하도록 정하고 있는바, 이와 같은 입법 취지, 규정 내용과 형식 등을 종합하여 보면 근로기준법 제44조의2는 개인의 의사에의하여 그 적용을 배제할 수 없는 강행규정으로 봄이 타당하고 따라서 이를 배제하거나 잠탈하는 약정을 하였더라도 그 약정은 효력이 없다(대법원 2021.07.08. 선고 2020다296321 판결)는 것이 판례의 입장이다.

(3) 사안의 경우

건설하도급 관계에서 발생하는 임금지급방식을 개선하여 건설근로자의 권리를 보장할 수 있도록 하는 입법취지, 규정 내용과 형식 등을 종합하여 보면 근로기준법 제44조의2는 개인의 의사에 의하여 그 적용을 배제할 수 없는 강행규정으로 봄이 타당하고, 따라서 이를 배제하거나 잠탈하는 약정을 하였더라도 그 약정은 효력이 없다 할 것이므로, 설령 근로자 갑이 하수급인 C에게 임금 수령 권한을 위임하였다 하더라도 그러한 약정은 강행규정인 근로기준법 제44조의2를 잠탈하거나 배제하여는 합의에 불과하므로 그 효력이 없다.

4. 결론

자신은 이미 을과 근로계약을 체결한 C에게 공사대금을 모두 지급하였으므로 갑에 대하여 하수급인 C와 연대하여 임금을 지급할 의무가 없으며, 나아가 근로자가 하수급인 C에게 임금 수령 권한을 위임하였으므로 자신은 근로자 갑에 대하여 임금지급책임이 없다는 B의 주장은 적법하지 않다.

관련판례 **대법원 2015. 11. 12. 선고 2013도8417 판결 건설업 연대책임과 반의사불벌죄의 효력 범위**

근로기준법 제44조의2, 제109조는 건설업에서 2차례 이상 도급이 이루어진 경우 건설산업기본법 규정에 따른 건설업자가 아닌 하수급인이 그가 사용한 근로자에게 임금을 지급하지 못할 경우 하수급인의 직상 수급인은 하수급인과 연대하여 하수급인이 사용한 근로자의 임금을 지급할 책임을 지도록 하면서 이를 위반한 직상 수급인을 처벌하되, **근로자의 명시적인 의사와 다르게 공소를 제기할 수 없도록 규정**하고 있다. 이는 직상 수급인이 건설업 등록이 되어 있지 않아 건설공사를 위한 자금력 등이 확인되지 않는 사람에게 건설공사를 하도급하는 위법행위를 함으로써 하수급인의 임금지급의무 불이행에 관한 추상적 위험을 야기한 잘못에 대하여, 실제로 하수급인이 임금지급의무를 이행하지 않아 이러한 위험이 현실화되었을 때 책임을 묻는 취지이다.

그런데 직상 수급인은 자신에게 직접적인 귀책사유가 없더라도 하수급인의 임금 미지급으로 말미암아 책임을 부담하고, 하수급인이 임금지급의무를 이행하는 경우에는 함께 책임을 면하게 되어, 결국 하수급인의 행위에 따라 책임 유무나 범위가 좌우될 수밖에 없는 점, 하수급인의 임금 미지급 사실을 미처 알지 못하는 등의 사유로 직상 수급인이 하수급인과 근로자의 합의 과정에 참여할 기회를 얻지 못한 결과 정작 하수급인은 근로자의 의사표시로 처벌을 면할 수 있으나 직상 수급인에 대하여는 처벌을 희망하지 아니하는 의사표시가 명시적으로 이루어지지 않게 될 가능성도 적지 아니한 점, 나아가 하수급인에게서 임금을 지급받거나 하수급인의 채무를 면제해 준 근로자가 굳이 직상 수급인만 따로 처벌받기를 원하는 경우는 매우 드문 점 등을 고려할 때, **하수급인의 처벌을 희망하지 아니하는 근로자의 의사표시가 있을 경우에는,** 근로자가 직상 수급인에게 임금을 직접 청구한 적이 있는지, 하수급인이 직상 수급인에게 임금 미지급 사실을 알린 적이 있는지, 하수급인과 근로자의 합의 과정에 직상 수급인이 참여할 기회가 있었는지, 근로자가 합의 대상에서 직상 수급인을 명시적으로 제외하고 있는지, 변제나 면제 등을 통하여 하수급인의 책임이 소멸하였는지 등의 여러 사정을 참작하여 **여기에 직상 수급인의 처벌을 희망하지 아니하는 의사표시도 포함되어 있다고 볼 수 있는지를 살펴보아야 하고,** 직상 수급인을 배제한 채 오로지 하수급인에 대하여만 처벌을 희망하지 아니하는 의사를 표시한 것으로 쉽사리 단정할 것은 아니다[24].

---

24) 즉, 반의사 불벌죄인 본조의 처벌에 있어서는 하수급인의 처벌을 희망하지 아니하는 근로자의 의사표시에 직상 수급인에 대한 처벌을 희망하지 않는 의사표시가 포함되어 있는 지를 살펴보라는 의미이다.

관련판례 대법원 2021. 11. 11. 선고 2021다255051 판결[25] 건설업 연대책임의 상대방

[1] 인력공급업체가 직업안정법상 유료직업소개사업으로서 근로자를 공급받는 업체와 해당 근로자 사이에 고용계약이 성립되도록 알선하는 형태로 인력공급을 한 경우, 해당 근로자의 사용자는 인력을 공급받는 업체인지 여부(원칙적 적극) 및 일용직 인력공급의 경우, 외형상으로 인력공급업체가 임금을 지급하거나 해당 근로자들을 지휘·감독한 것으로 보이는 사정이 있다는 이유로 근로자들의 사용자를 인력공급업체라고 단정할 수 있는지 여부(소극)

[2] 갑 주식회사가 하도급받은 공사 일부를 미등록 건설사업자인 을에게 재하도급을 주었고, 인력공급업체를 운영하는 병 주식회사는 을과 인력공급계약을 체결하여 공사 현장에 근로자들을 공급하였는데, 병 회사는 공사 현장에 투입된 근로자들의 임금에서 알선수수료를 공제한 금원을 근로자들에게 먼저 지급하였고, 그 후 갑 회사를 상대로 을이 지급하지 않은 임금의 지급을 구한 사안에서, **위 근로자들의 사용자는 을이라고 봄이 타당하므로 갑 회사는 근로기준법 제44조의2 제1항에 따라 을과 연대하여 근로자들의 임금을 지급할 책임을 진다고 한 사례**

1 .인력공급업체가 직업안정법상 유료직업소개사업으로서 근로자를 공급받는 업체와 해당 근로자 사이에 고용계약이 성립되도록 알선하는 형태로 인력공급을 한 것이라면, 특별한 사정이 없는 한 **해당 근로자의 사용자는 인력을 공급받는 업체**로 봄이 타당하다. 특히 일용직 인력공급의 경우 그 특성상 외형상으로는 인력공급업체가 임금을 지급하거나 해당 근로자들을 지휘·감독한 것으로 보이는 사정이 있다고 하더라도 이는 실질적으로 업무의 편의 등을 위해 인력공급업체와 인력을 공급받는 업체 사이의 명시적·묵시적 동의하에 구상을 전제로 한 임금의 대위지급이거나, 임금 지급과 관련한 근거 자료 확보 등을 위해 근로자들의 현장 근로상황을 파악하는 모습에 불과할 수 있으므로, 이를 근거로 섣불리 근로자들의 사용자를 인력공급업체라고 단정하여서는 안 된다.

2. 갑 주식회사가 하도급받은 공사 일부를 미등록 건설사업자인 을에게 재하도급을 주었고, 인력공급업체를 운영하는 병 주식회사는 을과 인력공급계약을 체결하여 공사 현장에 근로자들을 공급하였는데, 병 회사는 공사 현장에 투입된 근로자들의 임금에서 알선수수료를 공제한 금원을 근로자들에게 먼저 지급하였고, 그 후 갑 회사를 상대로 을이 지급하지 않은 임금의 지급을 구한 사안에서, 병 회사가 공급한 근로자들은 형식상으로만 병 회사의 직원으로 되어 있을 뿐 독자적으로 공사를 하도급받아 관리하는 을로부터 지휘·명령을 받아 공사업무를 수행한 것으로 보이고, **근로자들은 종속적인 관계에서 을에게 근로를 제공하였다고 볼 수 있으므로** 위 근로자들의 사용자는 을이라고 봄이 타당하고, 한편 병 회사의 임금 지급은 대위지급[26]에 불과하다고 보여 병 회사를 사용자라고 볼 근거가 되기 어려우므로, **갑 회사는 근로기준법 제44조의2 제1항에 따라 하수급인인 을의 직상 수급인으로서 을과 연대하여 근로자들의 임금을 지급할 책임**을 지는데도, 이와 달리 본 원심판단에 법리오해 등의 잘못이 있다.

---

25) 본 사안은 인력공급업체인 원고(선우개발)가 A에게 공사 인력을 공급하면서 해당 근로자들에게 임금을 선지급하고 A를 통해 근로상황을 확인하였는데 A가 무자력이라는 사정이 밝혀져 **근로기준법 제44조의2 제1항에 기하여 A의 직상수급인인 피고회사(일성토건)를 상대로 선지급한 임금에 대해 구상청구를 한 사안**이다. 원심은 원고가 임금을 선지급한 사정과 A를 통해 근로상황을 감독한 것으로 보이는 사정 등을 이유로 근로자들의 사용자는 인력공급업체인 원고로 보아야 한다고 판단하여 원고의 청구를 기각하였지만, 대법원은 인력공급업체가 유료직업소개사업으로서 인력공급을 한 것이라면 원칙적으로 해당 근로자의 사용자는 인력을 공급받는 업체로 보아야 하고, 섣불리 사용자를 인력공급업체라고 단정하여서는 안된다는 이유로 원심을 파기환송한 사안이다. 따라서, 이 사안에서 **건설업의 연대책임을 부담하는 주체**는 인력공급업체가 아니라 **인력공급을 받은 업체**이다. 본 **사안은 건설업의 연대책임과 결합하여 사례화하여 출제될 가능성이 높다고 보여진다.**

26) 그러나, 이와 같이 유료직업소개사업자가 알선 수수료를 공제하고 근로자에게 임금을 직접 지급하는 것은 근로기준법 제43조의 **임금 직접 지급원칙 및 임금 전액지급원칙에 반하는 것이다. 다만, 본 사안의 경우에는 특이하게도 유료직업소개사업자가 임금을 (알선 수수료를 공제하고) 하수급인의 근로자들에게 선지급하였다는 특이성이 반영된 것으로 보인다.**

(6) 비상시 지급

1) 취지

임금은 임금정기지급의 원칙상 통상적으로 지급기일을 따로 정하고 있으므로 근로 제공이 이미 이루어진 부분의 임금에 대하여도 정해진 지급기일까지는 근로자는 임금을 청구할 수 없음이 원칙이다. 하지만 임금이 유일한 생계수단인 근로자에게 긴급하게 자금이 필요한 사정이 발생한 경우에는 임금지급기일 이전에 임금 지급이 이루어져야 할 필요가 있다. 그리하여 근로기준법 제45조는 일정한 사유가 발생한 경우에는 임금지급기일 이전이더라도 사용자로 하여금 근로자가 이미 제공한 근로에 대한 임금을 미리 지급하게 함으로써 근로자의 생활 안정을 도모하고 있다.

2) 비상시 지급의 요건

가. 비상한 사유의 발생

비상시 지급이 인정되는 사유는 근로자 또는 그의 수입에 의하여 생계를 유지하는 자가 다음의 어느 하나에 해당하는 경우로 한정된다.(시행령 25조)

① **출산하거나 질병 또는 재해를 입은 경우**

② **혼인 또는 사망한 경우**

③ **부득이한 사유로 인하여 1주일 이상 귀향하게 되는 경우**

여기서 근로자의 수입으로 생계를 유지하는 자란 근로자가 부양의무를 지고 있는 사람을 가리키는 것으로서, 친족으로 한정되지 않고 동거인도 포함한다. 질병은 업무상 질병이든 업무 외 질병이든 따지지 않고 모두 대상이 되고, 재해는 천재지변 등의 자연재난뿐만 아니라 사회재난도 포함한다.

나. 근로자의 청구

비상시 지급은 근로자의 청구가 있는 때에 비로소 사용자에게 그 지급의무가 발생한다. 근로자의 청구가 있었던 때로부터 며칠 이내에 지급하여야 하는지에 대해서는 명문의 규정이 없으나, 비상시 지급이라고 하는 성질상 그 청구의 취지에 따라 지체없이 지급해야 하는 것으로 해석하여야 한다.

3) 비상시 지급의 효과

비상시 지급의 사유가 있는 경우에는 사용자는 임금지급기일 이전이라도 근로자에게 임금을 지급하여야 한다. 따라서 이는 임금 정기 지급 원칙에 대한 특례라고 할수 있다. 이때 사용자가 지급해야 하는 임금은 근로자가 이미 제공한 근로에 대한 임금이다. 따라서 근로자가 비상시 지급일까지 아직 제공하지 아니한 장래의 근로에 대한 임금은 포함되지 않는다.

4) 벌칙 등

근로자가 비상시 지급을 청구한 경우 그 지급시사유가 존재함에도 불구하고 사용자가 지급을 거절하면 **1천만원 이하 벌금**에 처한다.(법 113조) 또한 근로자는 사용자가 근로기준법 제45조를 위반함으로써 발생한 손해(예컨대 응급수술을 제때에 하지 못함으로써 치료비용이 증가된 경우)에 대하여 민사상 손해배상책임을 물을 수 있다.

(7) 임금채권의 시효

1) 의의

근로기준법상 임금채권의 소멸시효는 3년이다.(근로기준법 제49조) 퇴직금의 소멸시효도 3년이다.(근퇴법 제10조) 따라서, 따라서 임금채권이 발생한 날부터 3년이 경과되면 근로자는 사용자에게 그 임금 의 지급을 청구하지 못한다. 여기서 말하는 임금채권에는 근로기준법 제2조 제1항 제5호의 정의에 따른 임금이 모두 해당되므로, 임금채권의 범위에는 평소에 사용자로부터 받는 임금 청구권을 비롯하여 휴업수당청구권, 퇴직금 지급청구권 등은 물론 임금의 성질을 지니는 식비, 가족수당, 월동수당, 상여금에 대한 청구권 등이 모두 포함된다.

2) 소멸시효 기산일

임금채권의 소멸시효는 다른 일반 채권과 마찬가지로 **그 권리를 행사할 수 있는 때**로부터 진행한다.(민법 제166조 제1항) 따라서, 임금채권 3년의 소멸시효의 **기산점**은 사용자가 **근로자에게 임금을 지급할 의무가 확정된 날의 다음날**이므로, 정기적으로 지급되는 임금은 사전에 정해진 임금지급일의 다음 날이 소멸시효의 기산일로 된다. **연차휴가수당청구권**은 근로자가 시기지정권을 행사한 경우에는 그 연차휴가를 주기 직전 또는 직후의 임금지급일의 다음 날이 소멸시효 기산일로 되며, 근로자가 시기지정권을 행사하지 아니한 채 시기지정권이 소멸된 경우에는 그에 따라 휴가 불실시가 확정된 다음 날이 소멸시효 기산일로 된다. **연차휴가근로수당청구권**의 경우에는 근로자가 연차휴가일에 근로를 제공함으로써 그 대가인 연차휴가근로수당을 지급받아야 할 임금지급일의 다음 날이 소멸시효 기간일이되며, **연차휴가미사용수당청구권**은 '연차휴가미사용수당 청구권이 발생한 날'의 다음날이다. 퇴직금채권의 소멸시효 기산일에 관하여는 퇴직한 다음 날이라는 것이 대법원의 입장이며, 근로자가 사직서를 제출한 경우에는 사직서를 제출한 다음날, 사용자에게 해고를 당한 경우에는 퇴직의 효력이 발생한 날의 다음날이다.

3) 소멸시효 중단사유

임금채권도 일반 채권과 마찬가지로 **청구, 압류 또는 가압류, 가처분, 승인**에 의하여 소멸시효가 중단된다. 민법 제168조). 따라서 해고무효확인의 소를 제기한 경우에도 임금채권의 소멸시효가 중단되고(대법원 1994. 1.11. 선고 93다30939 판결) 부당노동행위로 해고당한 근로자가 부당노동행위 구제신청구제신청을 한 후 이에 관한 행정소송에서 권리관계를 다투는 것도 소멸시효 중단사유인 '재판상 청구'에 해당하므로 임금채권의 소멸시효는 중단된다는 것이 대법원의 입장이다.(대법원 2012.2.9. 선고2011다20034 판결)

4) 소멸시효 완성 주장과 신의칙 위반

채무자의 소멸시효에 기한 항변권의 행사도 민법상 신의성실 원칙과 권리남용 금지 원칙의 지배를 받는다. 따라서 채무자인 사용자가 시효 완성 전에 채권자인 근로자의 권리 행사나 시효 중단을 불가능 또는 현저히 곤란하게 하였거나, 그러한 조치가 불필요하다고 믿게 하는 행동을 하였거나, 채권자 보호의 필요성이 크고 같은 조건의 다른 채권자가 채무의 변제를 수령하는 등의 사정이 있어 채무 이행의 거절을 인정함이 현저히 부당하거나 불공평하게 되는 등의 특별한 사정이 있는 경우에는 채무자가 소멸시효의 완성을 주장하는 것은 신의성실의 원칙에 반하여 권리남용으로서 허용될 수 없다.(대법원 2002.10.25. 선고 2002다32332 판결 등)

(8) 휴업수당(→사례: 54)

1) 휴업의 의미

'휴업'이란 근로자에게 근로제공의 능력과 의사가 있음에도 불구하고 사용자측의 귀책사유로 인하여 근로를 제공할 수 없는 '상태'를 의미하는 바. 판례는 **여기서의 휴업에는 1일의 일부분을 휴업한 경우는 물론, 개개의 근로자의 취업이 거부되거나 또는 불가능하게 된 경우가 포함되는 광의의 개념으**로 보고 있다.(대법원 1991.12.13. 선고 90다18999 판결 등) **민법 제538조 제1항에 대한 특칙**으로서 근로기준법은 근로자에게 귀책사유도 없고 사용자에게 불가항력적 사유가 없음에도 불구하고 근로를 제공할 수 없게 된 경우에 근로자를 임금상실의 위험으로부터 보호하여 그 생활안정을 도모하기 위하여, **상시 5인 이상의 근로자를 사용하는 사업 · 사업장에서 사용자의 귀책사유로 휴업하는 경우에 사용자는 휴업기간 동안 그 근로자에게 평균임금의 100분의 70 이상의 수당을 지급해야 하도록 규정하**고 있다.(근로기준법 제46조 제1항) 다만, 평균임금의 100분의 70에 해당하는 금액이 통상임금을 초과하는 경우에는 통상임금을 휴업수당으로 지급할 수 있다. 한편, **사용자가 부득이한 사유로 사업을 계속하는 것이 불가능하여 노동위원회의 승인을 받은 경우에는 위의 기준에 미치는 못하는 휴업수당을 지급할 수 있다. (근로기준법 제46조 제2항)**

2) 휴업수당의 법적 성질

휴업수당은 구체적 근로에 대한 대가가 아니므로 임금으로 볼 수 없다는 견해도 있으나, **노동력 대가설의 입장에서 판단할 때는 근로기준법 제2조 제1항 제5호의 임금에 해당될 것이다**[27]. 판례는 '휴업수당은 비록 현실적 근로를 제공하지 않았다는 점에서는 근로 제공과의 밀접도가 약하기는 하지만, 근로자가 근로 제공의 의사가 있는데도 자신의 의사와 무관하게 근로를 제공하지 못하게 된 데 대한 대상으로 지급하는 것이라는 점에서 임금의 일종으로 보아야 하므로 휴업수당청구권은 채무자회생법에서 정한 공익채권에 해당한다'고 판시한 바 있다.(대법원 2013.10.11. 선고 2012다12870 판결)

3) 사용자의 귀책사유

근로기준법 제46조 휴업수당에 있어서의 사용자의 '**귀책사유**'에 대해서는 견해의 대립이 있는 바, ① 사용자에 의한 휴업의 원인이 사업의 외부에서 일어났을지라도 사용자가 일상적으로 필요하다고 인정되는 예방조치를 다하였지만 이를 방지할 수 없었던 경우에만 비로소 불가항력을 주장할 수 있다고 보는 '**불가항력설**'도 주장되고 있지만, ② 근로기준법의 취지에 비추어 볼 때 사용자의 고의 과실이 없어 민법상 임금청구권이 부정되는 경영장애라 하더라도 천재지변 등 불가항력에 기인한 것이 아닌 한 사용자의 세력범위(지배권)에서 발생한 경우에도 휴업수당제도에서의 사용자의 귀책사유로 인정된다는 **세력범위설(지배영역설)**이 타당하다. 반면에, 천재지변, 재난 등과 같이 사용자에게 책임을 물을 수 없는 불가항력적인 사정으로 말미암아 사업을 하지 않은 경우는 사용자의 귀책사유로 볼 수 없으므로 휴업수당을 지급할 의무가 발생하지 않는다. 따라서, **천재지변 등으로 정상적인 근무가 불가능한 경우에는 노동위원회 승인여부와 관계없이 근로기준법상의 휴업수당 지급대상이 아니다.**

---

27) 휴업수당을 근로기준법상 임금의 일종으로 보는 경우에는 그 지급방법에 대해 임금지급규정의 적용을 받으므로 특별한 약정이 없는 한 통화로 직접 근로자에게 전액을 매월 1회 이상 일정한 기일에 지급해야 하며, 소멸시효는 3년이 될 것이다.

관련 문제 _ 사용자의 귀책사유의 범위

1. 문제점

근로기준법은 사용자의 귀책사유 범위를 민법보다 넓게 인정하되 임금 전액이 아닌 평균임금의 100분의 70 이상을 인정하고 있는 바, 이때 휴업수당 지급요건으로서의 '사용자의 귀책사유' 범위에 대한 견해의 대립이 있다.

2. 세력범위설(지배영역설)

사용자의 고의 과실이 있어 민법상 임금 청구권이 인정되는 경영장애는 물론이고, 사용자의 고의 과실이 없어 민법상 임금청구권이 부정되는 경영장애지만 천재지변 등 불가항력에 기인한 것은 아니고 사용자의 세력범위(지배권)에서 발생한 경우도 휴업수당제도의 경우에는 사용자의 귀책사유로 인정된다는 견해이다.

3. 불가항력설

사용자에 의한 휴업의 원인이 사업의 외부에서 일어났을지라도 사용자가 일상적으로 필요

하다고 인정되는 예방조치를 다하였지만 이를 방지할 수 없었던 경우에만 비로소 불가항력을 주장할 수 있다고 보는 견해이다.

관련 문제 _ 휴업수당의 귀책사유와 민법상의 귀책사유(민법상의 임금지급청구와 휴업수당)

사용자의 귀책사유에 따른 휴업에 대하여 사용자의 고의 · 과실이 있으면 ① 근기법 46조의 휴업수당청구권, ② 민법 538조 1항의 임금청구권도 발생하며 양자는 경합관계에 서게 된다. 휴업수당을 지급받은 경우에는 그 금액만큼 민법에 따라 청구할 수 있는 임금액은 줄어들고, 민법에 따라 임금 전액(민법상 청구할 수 있는 '임금 전부'는 "계속 근로하였을 경우에 받을 수 있는 임금 전부"를 의미하므로 근기법상 평균임금에 해당하는 금액이 될 것이다)을 지급받은 경우에는 휴업수당은 별도로 청구할 수 없다.

관련 문제 _ 쟁의행위와 휴업수당(휴업수당을 지급하여야 하는 경우)

1. 위법한 직장폐쇄

위법한 직장폐쇄의 경우에는 휴업수당지급의무와 민사상 손해배상액으로서 임금전액지급 책임이 경합한다. 따라서, 사용자가 휴업수당을 지급하였다면 근로자는 민사소송으로 임금전액과 휴업수당과의 차액의 지급을 요구할 수도 있다.

2. 부분조업이 가능한 경우

쟁의행위 기간중이지만 사용자의 결정에 따라 부분적이라도 비조합원(근로 희망자)에 의한 조업이 가능하였다면 쟁의행위로 인한 조업의 중단은 사용자의 결정에 따른 결과로서 사용자의 영역내에서 발생한 경영상의 장해에 해당한다고 보아야 할 것이므로 이는 비록 '채권자의 책임있는 사유로 채무를 이행할 수 없게 된 때(민법 제538조 제1항)'에는 해당하지 않을지라도 근로기준법 제46조 제1항의 '사용자의 귀책사유'에는 해당하는 것으로 보아야 할 것이므로 사용자는 근로자에게 휴업수당을 지급하여야 한다. 다만, 이러한 경우는 근로기준법 제46조 제2항의 부득이한 사유로 사업을 계속하는 것이 불가능한 경우에 해당하므로 사용자가 노동위원회의 승인을 받은 경우에는 기준에 미치는 못하는 휴업수당을 지급할 수도 있을 것이다 노동위원회는 불법파업으로 정상조업이 불가능한 사안에 대하여 임금 전액 감액(전액면제)을 승인받았으며, 대법원도 이러한 노동위원회의 승인이 정당하다고 하였다.(대법원 2000.11.24. 선고 99두4280 판결)

4) 휴업수당의 지급

가. 휴업수당의 지급기준

사용자의 귀책사유로 휴업하는 경우에 사용자는 휴업기간 동안 그 근로자에게 **평균임금의 100분의 70 이상의 수당을 지급**하여야 한다. 다만, 평균임금의 100분의 70에 상당하는 금액이 통상임금을 초과하는 경우에는 **통상임금을 평균임금으로 지급**할 수 있다.(근로기준법 제46조 제1항)

나. 휴업수당의 중간수입공제

민법상의 원칙에 따르면 해당 기간에 발생하는 중간수입 전액을 이익공제해야 할 것이나, 판례는 휴업수당을 초과하는 범위만 공제한다는 태도를 보이고 있다. 즉, 근로기준법 제46조제1항 본문 (평균임금의 100분의 70 이상의 휴업수당의 지급)은 강행규정으로서 **중간수입공제의 한계**가 되므로, 휴업수당을 초과하는 금액을 한도로 중간수입을 공제한다는 것이 판례의 태도이다. 이를 쉽게 설명하자면, 중간수입이 있으면 공제하되, 최소한 휴업수당에 해당하는 금액은 지급해야 한다는 의미이다.

예 A사의 근로자의 평균임금이 100만원인 경우

① **휴업기간 중 B사 중간수입이 60만원인 경우** : 중간수입 60만원이 휴업수당 70만원(평균임금의 70%)에 미달하므로 공제할 것이 없으므로 휴업한 회사는 휴업수당 70만원을 그대로 지급해야 한다.

② **휴업기간 중 B사 중간수입이 80만원인 경우**: 중간수입 80만원이 휴업수당 70만원을 초과하므로 휴업수당 70만원에서 초과하는 10만원을 공제한 60만원 (70-10=60만원)을 지급하면 된다.

③ **휴업기간 중 B사 중간수입이 120만원인 경우**: 휴업수당인 70만원을 초과하는 부분만 공제되므로 120만원 - 70만원 = 50만원만을 휴업수당 70만원에서 공제하므로 휴업수당 50만원 - 중간공제 50만원 = 20만원을 근로자에게 지급하면 된다.

5) 휴업수당 미지급의 효과

가. 벌칙의 적용

사용자가 휴업수당을 기일 내에 근로자에게 지급하지 않으면 근로기준법 제46조 위반으로 근로기준법 제109조에 따라 사용자는 **3년 이하의 징역 또는 3,000만원 이하의 벌금**에 처한다. 단, 본 죄는 **반의사불벌죄**이므로 근로기준법 46조 위반자에 대하여는 피해자의 명시한 의사에 반하여 공소를제기할 수 없다.(근로기준법 109조 2항)

나. 민사상 책임

사용자의 휴업이 민법 제538조의 채권자 귀책사유로 인한 이행불능에 해당하는 경우, 근로자는 사용자에게 임금 전액을 청구할 수 있을 것인 바, 민법상 채무불이행에 따른 임금 청구권과 근로기준법상 휴업수당 청구권은 **청구권 경합의 관계**에 있다. 따라서, 근로자가 휴업수당을 지급받은 경우에는 그 금액만큼 민법에 따라 청구할 수 있는 임금액은 줄어들고, 민법에 따라 임금 전액을 지급받은 경우에는 휴업수당은 별도로 청구할 수 없을 것이다.

(쟁점) 휴업수당의 감액(→사례: 54)

1. 휴업수당 감액의 의미

사용자에게 귀책사유가 있더라도 **부득이한 사유**로 사업을 계속하는 것이 **불가능**하여 **노동위원회의 승인**을 받은 경우에 사용자는 평균임금의 100분의 70 또는 통상임금 **미만**의 휴업수당을 지급할 수 있다.(근로기준법 제46조 제2항) 지방노동위원회의 휴업수당 지급 예외 승인 결정은 수당지급 채권의 발생 여부에 직접 영향을 미치는 것으로서 승인 신청자는 당해 사용자가 되고 그 결정에 대한 재심 신청 당사자는 당해 근로자 또는 사용자이다. 노동조합은 승인결정이나 재심판정에 사실상 이해관계가 있거나, 노동위원회법 제23조 제1항 소정의 관계인에 해당하더라도 재심신청인 자격이 인정되지 않는다.(대법원 1993.11.09. 선고 93누1671 판결)

2. 휴업수당 감액의 요건

휴업수당 감액의 요건으로서는 첫째 **부득이한 사유**로 사업을 계속하는 것이 **불가능**하여야 하고, 둘째 **노동위원회의 승인**을 받아야 한다.

(1) 부득이한 사유가 있을 것

'**부득이한 사유**'를 어떻게 파악할 것인지에 관하여 ① 천재지변 등 불가항력적인 사유를 가리킨다는 견해가 있으나, ② 근로기준법 46조 2항에서 '제1항에도 불구하고'라고 하여 사용자의 귀책사유로 휴업하는 경우를 전제로 한 점, 불가항력적인 사유라면 사용자의 귀책사유가 없어서 휴업수당청구권이 발생하지 않는다고 보는 것이 상당한 점을 고려할 때, '당해 사업의 외부의 사정(기업외적인 사정)에 기인한 사유 등으로 인하여 **사회통념상 사업을 계속하는 것이 불가능**하여 사용자에게 휴업수당을 전액 지급하게 하는 것이 타당하지 아니하다고 인정되는 사유'라고 봄이 타당하다. '기업외적인 사정'이 **"부득이한 사유"에 해당하는가 여부는 ① 경영 영역에서 발생하여사용자에게 휴업수당의 부담을 부과하는 것이 타당한지 여부, ② 근로자에게 최저한도의 생활을 보장할 필요성을 고려하여 구체적인 사실관계에 따라 판단하여야 할 것이며, ③ 부득이한 사유에 대한 증명책임은 사용자가 부담한다.**

(2) 노동위원회의 승인을 받을 것

노동위원회의 승인이 있으면 근로기준법 제46조 제1항의 기준 (평균임금의 100분의 70 이상)에 미치지 않는 휴업수당을 지급할 수 있다.(근로기준법 제46조 제2항) 노동위원회의 승인 대상은 '**부득이한 사유로 사업계속이 불가능한 지 여부**'로 **한정**되고, **감액의 정도**는 승인의 대상이 아니다. **감액의 정도**와 관련하여 근로기준법 제46조 제2항에는 '근로기준법 제46조 제1항의 기준에 미치지 않는 휴업수당을 지급할 수 있다'고만 되어 있을 뿐이므로 '지급하지 아니할 수 있다'는 휴업수당의 '면제'는 달리 규정된 바 없으므로 휴업수당의 완전한 면제는 허용되지 않는다는 견해도 있지만, 판례는 휴업지불의 하한이 별도로 정해져 있지 않은 이상 사정에 따라서는 휴업지불을 전혀 하지 않는 것도 가능하다는 입장이다.(대법원 2000.11.24. 선고 99두4280 판결) 따라서, 노동위원회의 승인을 받으면 휴업수당의 감경은 물론 면제도 가능하다.

(쟁점) 휴업수당(요약)(→사례: 54)

1. 휴업 및 휴업수당의 의의

'휴업'이란 근로자에게 근로제공의 능력과 의사가 있음에도 불구하고 사용자측의 귀책사유로 인하여 근로를 제공할 수 없는 '상태'를 의미하는 바. 판례는 여기서의 휴업에는 1일의 일부분을 휴업한 경우는 물론, 개개의 근로자의 취업이 거부되거나 또는 불가능하게 된 경우가 포함되는 광의의 개념으로 보고 있다.(대법원 1991.12.13. 선고 90다18999 판결 등) **상시 5인 이상의 근로자를 사용하는 사업 · 사업장에서 사용자의 귀책사유로 휴업하는 경우에 사용자는 휴업기간 동안 그 근로자에게 평균임금의 100분의 70 이상의 수당을 지급하여야 한다. 다만, 평균임금의 100분의 70에 해당하는 금액이 통상임금을 초과하는 경우에는 통상임금을 휴업수당으로 지급할 수 있다.** (근로기준법 제46조 제1항) 한편, 사용자가 부득이한 사유로 사업을 계속하는 것이 불가능하여 노동위원회의 승인을 받은 경우에는 위의 기준에 미치는 못하는 휴업수당을 지급할 수 있다. (근로기준법 제46조 제2항)(→(사례연습) 휴업수당 감액의 신청)

2. 휴업수당의 법적 성질(휴업수당의 임금성)

휴업수당은 구체적 근로에 대한 대가가 아니므로 임금으로 볼 수 없다는 견해도 있으나, 판례는 '휴업수당은 비록 현실적 근로를 제공하지 않았다는 점에서는 근로 제공과의 밀접도가 약하기는 하지만, **근로자가 근로 제공의 의사가 있는데도 자신의 의사와 무관하게 근로를 제공하지 못하게 된 데 대한 대상으로 지급하는 것이라는 점에서 임금의 일종**으로 보아야 하므로 휴업수당청구권은 채무자회생법에서 정한 공익채권에 해당한다'고 판시한 바 있다.(대법원 2013.10.11. 선고 2012다12870 판결)

3. 사용자의 귀책사유

근로기준법 제46조 휴업수당에 있어서의 사용자의 '**귀책사유**'에 대해서는 견해의 대립이 있는 바, ①사용자에 의한 휴업의 원인이 사업의 외부에서 일어났을지라도 사용자가 일상적으로 필요하다고 인정되는 예방조치를 다하였지만 이를 방지할 수 없었던 경우에만 비로소 불가항력을 주장할 수 있다고 보는 '**불가항력설**'도 주장되고 있지만, ② 근로기준법의 취지에 비추어 볼 때 사용자의 고의 과실이 없어 민법상 임금청구권이 부정되는 경영장애라 하더라도 천재지변 등 불가항력에 기인한 것이 아닌 한 사용자의 세력범위(지배권)에서 발생한 경우에도 휴업수당제도에서의 사용자의 귀책사유로 인정된다는 **세력범위설**(지배영역설)이 타당하다.

반면에, **천재지변, 재난 등과 같이 사용자에게 책임을 물을 수 없는 불가항력적인 사정**으로 말미암아 사업을 하지 않은 경우는 **사용자의 귀책사유로 볼 수 없으므로** 휴업수당을 지급할 의무가 발생하지 않는다. 따라서, 천재지변 등으로 정상적인 근무가 불가능한 경우에는 노동위원회 승인여부와 관계없이 근로기준법상의 휴업수당 지급대상이 아니다.

4. 위반의 효과

사용자가 휴업수당을 기일 내에 근로자에게 지급하지 않으면 근로기준법 제46조 위반으로 근로기준법 제109조에 따라 사용자는 3년 이하의 징역 또는 3,000만원 이하의 벌금에 처한다. 단, 본 죄는 **반의사불벌죄**이므로 근로기준법 46조 위반자에 대하여는 피해자의 명시한 의사에 반하여 공소를 제기할 수 없다.(근로기준법 109조 2항)

사례연습 54

휴업수당의 범위 및 휴업수당의 감액(대법원 2000.11.24. 선고 99두4280 판결)

A회사는 갑작스러운 수입원자재 조달의 어려움으로 인해 2개월 동안 생산을 전면 중단하고 휴업(1차 휴업)을 실시한 후 다시 생산을 시작하려 하였는데, 태풍으로 인해 산사태가 일어나서 진입도로가 막히고 공장건물이 파손되는 일이 발생하여 또 다시 1개월 동안 생산을 전면 중단하고 휴업(2차 휴업)을 실시하였다. 근로자 甲은 통상임금에 해당하는 기본급여 130만원과 연장 · 야간 · 휴일 근로 등에 따른 가산수당을 합하여 월 평균임금 200만원 수령해 왔는데 휴업기간 동안 A회사는 임금을 전혀 지급하지 아니하였다. 근로자 甲은 자신의 귀책사유 없이 3개월의 휴업기간 동안 근로를 제공하지 못하였으므로 A회사에게 3개월 동안 근로를 제공하였으면 지급받았을 총 600만원의 임금지급 의무가 있다고 주장하고 있다.

한편, A회사는 A회사 노동조합 조합원들의 계속적인 파업으로 인하여 정상적인 조업이 불가능하다고 보아 1997. 1. 10. 17:00를 기하여 휴업조치를 하고, 1.13. 위 휴업이 '부득이한 사유로 사업 계속이 불가능한 경우'에 해당한다고 하여 경상남도 지방노동위원회에 등의 근로자들을 포함한 근로자 300명에 대한 휴업수당 전액에 대하여 감액지급 승인신청을 하였다. 노동조합의 불법파업에 대하여 A회사는 수 차례에 걸쳐 여러 방법으로 불법파업의 중지 및 정상조업을 설득하였으나 노동조합 및 조합원들이 전국민주노동조합총연맹의 지침에 따라 파업을 실행하고 그 수위를 조절하는 등으로 정상조업이 어려운 형편이었고, 1997. 1. 8.부터는 부분 조업이 이루어졌으나 불량률 때문에 사실상 정상적인 조업이라 하기 어려웠으며, 1997. 1.15.을 기하여 본격적인 전체 파업이 예정되어 있었다.

1. 근로자 甲의 주장은 타당한가?
2. 회사는 부득이한 사유로 사업계속이 불가능한 경우로서 노동위원회에 휴업수당지급 예외 승인신청을 하는 경우에 A회사의 휴업수당 감액 신청은 요건을 갖춘 것으로 볼 수 있는가? 만약 휴업수당 지급예외 신청이 승인된 경우, 휴업수당은 어느 수준에서 지급하여야 하는가?

Ⅰ. 설문 1의 해결

1. 쟁점의 정리

사안에서 근로자 甲은 자신의 귀책사유 없이 3개월의 휴업기간 동안 근로를 제공하지 못하였으므로 A회사에게 3개월 동안 근로를 제공하였으면 지급받았을 총 600만원의 임금지급 의무가 있다고 주장하는 바, 먼저 민법 제538조 제1항에 의해서 그 반대급부인 임금을 청구할 수 있는지 여부를 살펴본 후, 만일 민법상 사용자의 귀책사유가 인정되지 않아 근로자가 임금을 받지 못하는 경우에는 근로기준법 제46조 제1항에 의해서 휴업수당을 청구할 수 있는지 여부를 검토해 보도록 한다.

2. 민법 제538조 제1항에 의한 임금청구 가능 여부

(1) 문제점

민법 제538조 제1항에서 '쌍무계약의 당사자 일방의 채무가 채권자의 책임 있는 사유로 이행할 수 없게 된 때에는 채무자는 상대방의 이행을 청구할 수 있다.'고 규정하고 있다. 따라서, 쌍무계약인 근로계약의 일방 당사자인 근로자가 사용자의 책임 있는 사유로 근로제공을 할 수 없는 경우에는 근로제공의 반대급부인 임금의 지급을 청구할 수 있게 된다. 사안에서 갑작스런 수입원자재 조달의 어려움으로 휴업(1차 휴업)한 것과 태풍으로 인해 휴업(2차 휴업)한 것이 사용자의 책임 있는 사유에 해당한다면 근로자 甲은 휴직기간동안 근로를 제공하였으면 받을 수 있었던 임금 전액을 청구할 수 있게 될 것이다.

(2) 민법 제538조 제1항의 채권자의 책임있는 사유의 의미

판례는 법 제538조 제1항의 '채권자의 책임있는 사유'라 함은 채권자의 어떤 작위나 부작위가 채무자의 이행의 실현을 방해하고 그 작위나 부작위는 채권자가 이를 피할 수 있었다는 섬에서 신의칙상 비난받을 수 있는 경우를 의미한다고 한다.(대법원 2014.11.27. 선고 2013다94701 판결) 따라서, 채권자의 책임 있는 사유란 채권자에게 고의·과실이 있는 경우를 의미한다고 할 것이다.

(3) 사안의 경우

A회사는 갑작스러운 수입원자재 조달의 어려움으로 인해 2개월 동안 휴업(1차 휴업)을 실시하였고, 태풍으로 인해 공장건물이 파손되어 1개월 동안 휴업(2차 휴업)을 또다시 실시하는 바, ① 수입원자재 조달의 어려움이 충분히 예측가능한 상황에서 이에 대한 대비책 등을 마련하지 아니한 채 방치하여 두다가 의도적으로 휴업을 행하였다든지 아니면 미리 충분한 대처를 할 수 있어 이를 피할 수 있었음에도 이에 대한 대비책을 태만히 하여 휴업을 실시한 경우 등 사용자에게 고의·과실이 있었다고 볼 만한 특별한 사실관계는 보이지 않는다. ② 또한, 천재지변인 태풍으로 인해 산사태가 발생하고 이로인해 공장건물이 파손되어 조업이 불가능하게 된 것을 사용자에게 고의·과실이 있는 경우라고 볼 수는 없다. 따라서, 갑작스런 수입원자재 조달의 어려움으로 인한 1차 휴업과 태풍으로 인한 2차 휴업은 모두 민법 제538조 제1항의 채권자의 책임있는 사유에 의해 발생한 것이라고 할 수 없다. 따라서, 근로자 甲은 민법 제538조 제1항을 이유로 반대급부인 3개월분 임금 600만원을 청구할 수는 없다.

3. 근로기준법 제46조 제1항에 의한 휴업수당 청구 가능 여부

(1) 휴업수당의 임금성

휴업수당은 구체적 근로에 대한 대가가 아니므로 임금으로 볼 수 없다는 견해도 있으나, 노동력 대가설)의 입장에서 판단할 때는 근로기준법 제2조 제1항 제5호의 임금에 해당될 것이다. 판례는 '휴업수당은 비록 현실적 근로를 제공하지 않았다는 점에서는 근로 제공과의 밀접도가 약하기는 하지만, 근로자가 근로 제공의 의사가 있는데도 자신의 의사와 무관하게 근로를 제공하지 못하게 된 데 대한 대상으로 지급하는 것이라는 점에서 임금의 일종으로 보아야 하므로 휴업수당청구권은 채무자회생법에서 정한 공익채권에 해당한다.'고 판시한 바 있다.(대법원 2013.10.11. 선고 2012다12870 판결)

(2) 사용자의 귀책사유

근로기준법 제46조 휴업수당에 있어서의 사용자의 '귀책사유'는 민법 제538조에 대한 특칙으로서, 민법 제537조, 민법 제538조에서의 일반적인 '고의 또는 과실'과 달리 사용자의 영역내에서 발

생한 경영 장애 등과 같이 '사용자의 영역'에 속하는 포괄적인 사유(예 사업장의 소실, 기계의 파손, 원자재의 부족, 주문량의 감소, 배급유통기구의 차질, 등)도 포함된다. 반면에, 천재지변, 재난 등과 같이 사용자에게 책임을 물을 수 없는 불가항력적인 사정으로 말미암아 사업을 하지 않은 경우는 사용자의 귀책사유로 볼 수 없으므로 휴업수당을 지급할 의무가 발생하지 않는다. 따라서, 천재지변 등으로 정상적인 근무가 불가능한 경우에는 노동위원회 승인여부와 관계없이 근로기준법상의 휴업수당 지급대상이 아니다.

(3) 휴업수당의 범위

근로기준법 제46조 제1항에 본문에 의하면 사용자는 휴업기간 동안 그 근로자에게 평균임금의 100분의 70 이상의 수당을 지급하여야 한다. 다만, 단서에서 평균임금의 100분의 70에 해당하는 금액이 통상임금을 초과하는 경우에는 통상임금을 휴업수당으로 지급할 수 있다고 규정하고 있고, 동법 제46조 제2항에서는 부득이한 사유로 사업을 계속하는 것이 불가능하여 노동위원회의 승인을 받은 경우에는 제1항의 기준에 못 미치는 휴업수당을 지급할 수 있다고 규정하고 있다.

(4) 사안의 경우

1) 근로자 甲이 휴업수당을 청구할 수 있는지 여부

가. 1차 휴업

근로기준법 제46조에서 휴업수당청구권을 별도로 규정한 것은 민법상 고의 · 과실보다 넓게 사용자의 귀책사유를 인정하여 근로자의 생활을 보호하기 위해 규정된 것이다. 갑작스런 수입원자재 조달의 어려움으로 인해 휴업한 것은 사용자의 세력범위에서 발생한 경우에 해당하는 것으로서 근로기준법 제46조의 사용자의 귀책사유에 기인하여 휴업한 것으로 볼 수 있다고 할 것이다.따라서, 근로자 甲은 1차 휴업과 관련하여 사용자인 A회사에게 휴업수당을 청구할 수 있다.

나. 2차 휴업

2차 휴업은 태풍으로 인해 산사태가 일어나서 진입도로가 막히고 공장건물이 파손되어 발생한 것이다. 태풍과 같은 천재지변은 사용자의 세력범위(지배권)에서 발생한 것이 아니므로 사용자의 귀책사유에 해당되지 않는다. 따라서, 2차 휴업은 사용자인 A회사의 귀책사유로 발생한 것이 아니므로 근로자 甲은 2차 휴업과 관련하여 사용자인 A회사에게 휴업수당을 청구할 수 없다.

2) 1차 휴업과 관련하여 근로자 甲이 청구할 수 있는 휴업수당의 범위

근로자 甲의 월 통상임금은 130만원이고, 월 평균임금은 200만원이다. 따라서, A회사는 월 평균임금 200만원의 70%인 140만원 이상을 휴업수당으로 지급해야 한다. 다만, A회사는 위월 140만원이 월 통상임금인 130만원을 초과하므로 월 통산일금인 130만원을 휴업수당으로 지급할 수 있다. 또한, 사안은 부득이한 사유로 사업을 계속하는 것이 불가능한 경우는 아니므로 근로기준법 제46조 제2항이 적용될 여지는 없다. 결국, 근로자 甲은 근로기준법 제46조제1항 본문에 의해서 월 140만원의 2개월분인 280만원을 휴업수당으로 청구할 수 있지만, A회사는 근로기준법 제46조 제1항 단서에 의해서 통상임금인 월 130만원의 2개월분인 260만원을 지급할 수도 있다.

4. 결론

근로자 甲은 휴업기간 3개월 동안 근로를 제공하였으면 지급받았을 총 600만원에 대해서 A회사에게 임금지급의 무가 있다고 주장하나 민법 제538조 제1항이 적용될 수 없으므로 이러한 甲의 주장은 타당하지 않다. 다만, A회사는 1차 휴업과 관련해서는 휴업수당을 지급할 의무가 있다.

II. 설문 2의 해결

1. 쟁점의 정리

사안에서 A회사는 노동조합 조합원들의 계속적인 파업으로 인하여 정상적인 조업이 불가능하다고 보아 1997. 1. 10. 17:00를 기하여 휴업조치를 하고, 1.13. 위 휴업이 '부득이한 사유'로 사업계속이 불가능한 경우에 해당한다고 하여 경상남도 A회사는 휴업수당을 지급 예외를 승인 신청한 바, ① A회사에서 노동조합 파업으로 정상조업이 이뤄지지 않고, 전체 파업이 예정되어 있는 사정이 휴업수당 감액요건인 부득이한 사유로 조업계속이 불가능한 경우에 해당하는지 여부가 문제되며, ② 감액요건에 해당한다면 휴업수당 감액 가능 금액은 어느 범위까지 가능한지 검토해야 할 것이다.

2. 휴업수당 감액 신청의 승인 여부

(1) 휴업수당 감액의 의미

사용자에게 귀책사유가 있더라도 부득이한 사유로 사업을 계속하는 것이 불가능하여 노동위원회의 승인을 받은 경우에 사용자는 평균임금의 100분의 70 또는 통상임금 미만의 휴업수당을 지급할 수 있다.(근로기준법 제46조 제2항)지방노동위원회의 휴업수당 지급 예외 승인 결정은 수당지급 채권의 발생 여부에 직접 영향을 미치는 것으로서 승인 신청자는 당해 사용자가 되고 그 결정에 대한 재심신청 당사자는 당해 근로자 또는 사용자이다.

(2) 휴업수당 감액의 요건

휴업수당 감액의 요건으로서는 첫째 부득이한 사유로 사업을 계속하는 것이 불가능하여야 하고, 둘째 노동위원회의 승인을 받아야 한다.

1) 부득이한 사유가 있을 것

'부득이한 사유'란 원청의 부도 등으로 인하여 자금을 회수하지 못하여 회사가 경영난에 빠졌다든지 기타 이에 준하는 '당해 사업 외부의 사정에 기인한 사유로 인하여 사회통념상 사업을 계속하는 것이 불가능하여 사용자에게 휴업수당을 전액 지급하게 하는 것이 타당하지 아니하다고 인정되는 경우로 해석된다.(근로기준과 68207-598. 20002.28)

2) 노동위원회의 승인을 받을 것

노동위원회의 승인이 있으면 근로기준법 제46조 제1항의 기준 (평균임금의 100분의 70 이상)에 미치지 않는 휴업수당을 지급할 수 있다.(근로기준법 제46조 제2항) 노동위원회의 승인 대상은 '부득이한 사유로 사업계속이 불가능한 지 여부'로 한정되고, 감액의 정도는 승인의 대상이 아니다. 감액의 정도와 관련하여 근로기준법 제46조 제2항에는 '근로기준법 제46조 제1항의 기준에 미치지 않는 휴업수당을 지급할 수 있다'고만 되어 있을 뿐이므로 '지급하지 아니할 수 있다'는 휴업수당의 '면제'는 달리 규정된 바 없으므로 휴업수당의 완전한 면제는 허용되지 않는다는 견해도 있지만, 판례는 휴업지불의 하한이 별도로 정해져 있지 않은 이상 사정에 따라서는 휴업지불을 전혀 하지 않는 것도 가능하다는 입장이다.(대법원 2000.11.24. 선고 99두4280 판결)

(3) 사안의 경우

A회사 노동조합의 파업으로 인하여 휴업수당을 지급하여야 한다고 하더라도, 일부 공장 외에도 본격적인 전체파업이 예정돼 있었으며 타 공장의 파업으로 물품을 받는 공장의 정상조업이 불가능했다면, 그 지급의 예외로서 부득이한 사유로 인한 사업계속이 불가능한 경우에 해당한다고 할 것이다. 감액의 정도는 노동위원회 승인대상이 아니라 A회사의 자유재량에 맡겨져 있는 점, 하한선이 정해져 있지 않은 점 등을 고려할 때, 일체 지급하지 않는 것도 가능하다 할 것이다. 따라서, A회사가 휴업수당 전액에 대해서 감액지급 신청을 하였지만, 감액의 범위에 대해서는 노동위원회승인대상은 아니고, 감액이 승인된다면 전액을 지급하지 않는 것도 가능하다.

3. 결론

A회사는 A회사 노동조합의 파업으로 인하여 휴업에 돌입하였던 바, 노동조합의 전체파업이 예정돼 있었으며 타 공장의 정상조업까지 불가능했다면 부득이한 사유로 사업계속이 불가능한 경우에 해당한다. A회의 휴업수당 감액 신청 요건은 갖춘 것으로 볼 수 있다. 휴업수당은 휴업수당 전액을 지급하지 않는 것도 가능하다.

제5장 근로시간과 휴게시간, 휴일 및 휴가

1. 근로시간과 휴게시간

(1) 근로시간

1) 근로시간의 개념

'근로시간'이란 '근로자가 사용자의 지휘·감독아래에서 근로를 제공하는 시간'을 의미하는 바, **이는 근로자가 '현실적'으로 근로를 제공하는 시간을 의미하는 것이 아니라 근로자가 사용자에게 근로를 제공할 수 있는 '상태'를 의미한다.** 따라서 근로자가 작업시간 도중에 현실적으로 작업에 종사하지 않는 '대기시간'이나 '휴식시간'이라 하더라도 근로자의 자유로운 이용이 보장된 것이 아니고 실질적으로 사용자의 지휘·감독 하에 놓여 있는 시간이라고 평가되는 경우에는 '근로시간'으로 보아야 한다. 구체적으로 '근로시간'은 근로자가 사용자에게 근로를 제공하기 시작한 시각(기산점)부터 그 제공을 종료한 시각(종료점)까지의 총시간에서 휴게시간을 공제하여 산출된 '**실근로시간**'을 의미한다.

2) 근로시간의 판단

근로계약에서 정한 휴식시간이나 수면시간이 근로시간에 속하는지 휴게시간에 속하는지는 특정 업종이나 업무의 종류에 따라 일률적으로 판단할 것이 아니고, **이는 근로계약의 내용이나 해당 사업장에 적용되는 취업규칙과 단체협약의 규정, 근로자가 제공하는 업무의 내용과 해당 사업장에서의 구체적 업무 방식, 휴게 중인 근로자에 대한 사용자의 간섭이나 감독 여부, 자유롭게 이용할 수 있는 휴게 장소의 구비 여부, 그 밖에 근로자의 실질적 휴식을 방해하거나 사용자의 지휘·감독을 인정할 만한 사정이 있는지와 그 정도 등 여러 사정을 종합하여 개별 사안에 따라 구체적으로 판단하여야 한다.** (대법원 2017. 12. 5. 선고 2014다74254)

2) 당직시간(숙·일직 시간)

일반적으로 숙·일직시간은 그 자체의 노동의 밀도가 낮고 감시·단속적 노동인 경우가 대부분이어서 이러한 숙·일직시간의 업무에 대해서는 정상근무에 준하는 임금을 지급할 필요가 없고, 야간·연장·휴일근로수당 등이 지급되어야 하는 것도 아니라는 특징이 있으나, 이러한 감시·단속적인 숙·일직이 아니고 숙·일직시 그 업무의 내용이 본래의 업무가 연장된 경우는 물론이고 **그 내용과 질이 통상의 근로와 마찬가지로 평가되는 경우**에는 그러한 초과근무에 대하여는 야간·연장·휴일근로수당 등을 지급하여야 한다. (대법원 2021. 11. 11. 선고 2021다257903 판결)

(2) 휴게시간(→사례: 55)

1) 휴게시간의 개념

사용자는 근로시간이 4시간인 경우에는 30분 이상, 8시간인 경우에는 1시간 이상의 휴게시간을 근로시간 도중에 주어야 한다.근로기준법 제54조 제1항),[1] '휴게시간'이란 근로자가 사용자의 지휘·감독으로부터 벗어나 근로제공의무로부터 벗어나는 시간을 말한다. 따라서 작업시간 도중에 실제로 작업에 종사하지 않은 대기시간이나 휴식·수면시간 등은 여전히 사용자의 지휘·감독 하에 놓여있는 시간이므로 이는 휴게시간이 아니라 근로시간에 포함된다. 근로기준법 제50조 제3항은 '근로시간을 산정함에 있어 작업을 위하여 근로자가 사용자의 지휘·감독 아래에 있는 대기시간 등은 근로시간으로 본다.'고 하여 **대기시간이 근로시간임을 명문화**하였으며, 판례도 대기시간이 근로자의 자유로운 이용이 보장된 것이 아니라 **실질적으로 사용자의 지휘감독아래 놓인 시간이라면 당연히 근로시간에 포함시켜 시간외 근로수당 등을 산출하는 것이 타당하다**는 입장이다.(대법원 1993.05.27. 선고 92다24509 판결) 따라서, 휴게시간으로 인정되기 위해서는 반드시 휴게시간에 대한 근로자의 자유로운 사용 처분권이 인정되어야 하며, 휴게시간 중에 공의 직무를 행사는 것과 같은 특정한 행위를 할 것을 근로자에게 강요하는 것은 위법하다.

2) 휴게시간의 제한

휴게시간에는 사용자의 간섭이 배제되어야 하며 근로자에게 자유로운 처분권이 인정되어야 한다 할지라도, **근로자의 휴게시간이 사용자에 의한 합리적 제한마저 불가능한 불가능한 것은 아니다**. 따라서, 정당한 이유가 인정된다면 근로자의 휴게시간의 사용에 대한 최소한의 장소적 제한, 이를테면 휴게시간 중에 외출을 제한한다든지 외출할 경우에는 반드시 사용자나 관리인에게 승인을 받게 한다든지 하는 등의 제한을 두는 것은 가능하다. 나아가 합리적인 범위 내에서라면 직장 질서의 유지를 위하여 휴게시간 중에 정치활동이나 조합활동 등을 금지하는 것도 가능하다.

4) 휴게시간을 짧게 분할하여 부여하는 경우

휴게시간은 근로시간 도중에만 부여한다면 반드시 특정 시간대를 고정하여 부여할 필요는 없으며, 사용자의 지휘감독에서 벗어나 자유롭게 사용할 수만 있다면 합리적인 범위에서 휴게시간을 짧게 분할하여 부여하는 것도 가능할 것이지만, 이는 개별적으로 판단할 사항이다, ① 학원강사의 경우 **10분의 휴게시간이 근로시간 근무시간(강의)과 명백히 구분이 되고, 근로자가 사전 휴게시간임을 알고 있고, 사용자의 지휘 감독에서 벗어나 자유로이 사용할 수 있다면 휴게시간**으로 볼 수 있을 것이나, 다음 강의를 위한 준비시간이고 이를 소홀히 하여 제재가 가해지는 등 사용자의 지휘,감독하에서 벗어난 것으로 볼 수 없다면 이는 근로시간으로 보아야 할 것이다(근로기준과 68207, 2002.8.9). ② 반면에, 생산업종 근로자의 경우, **공장규모, 작업 특성상 많은 인원이 한꺼번에 휴게시간을 자유롭게 이용하는 것에는 한계가 있고, 10~15분의 휴게시간은 생리현상을 해결하는 최소한의 시간으로서 다음 근로를 위한 대기시간 또는 준비시간으로 보아야 하므로 이는 후게시간이 아닌 근로시간의 일부**로 보아야 할 것이다(대법원 2020. 8. 20. 선고 2019다14110, 2019다14127(병합)

---

1) 휴게시간은 반드시 **근로시간 도중에 부여**하여야 하는 것이므로, 근로시간 도중이 아닌 업무의 시작 전 또는 업무가 끝난 후에 부여하는 것은, 근로시간 부여 방법을 변경할 수 있는 59조 특례 사업장의 근로자가 아닌 한, **근로기준법에 위반될 소지가 있다.**

사례연습 55

휴게시간(행정고시 2017년 기출문제)

乙은 광고업체인 B회사에서 1일 8시간을 근무하는 근로자이다. 다음 물음에 답하시오. (각 문항은 독립적임)

(1) B회사가 근로자대표와 서면 합의하여 휴게시간을 1일 30분으로 정하였다면, 이는 적법한가?

(2) B회사가 휴게시간에 乙에게 방문객의 응접이나 전화 당번을 맡겼다면, 이는 근로시간에 포함되는가?

(3) B회사가 휴게시간 외출허가제를 둔다면, 이는 적법한가?

1. 휴게시간의 의의

'휴게시간'이란 근로자가 사용자의 지휘·감독으로부터 벗어나 근로제공의무로부터 벗어나는 시간을 말한다. 따라서 작업시간 도중에 실제로 작업에 종사하지 않은 대기시간이나 휴식·수면시간 등은 여전히 사용자의 지휘·감독 하에 놓여있는 시간이므로 이는 휴게시간이 아니라 근로시간에 포함된다. 휴게시간으로 인정되기 위해서는 반드시 휴게시간에 대한 근로자의 자유로운 사용 처분권이 인정되어야 하며, 휴게시간 특정한 행위를 하거나 공의 직무를 행사할 것을 근로자에게 강요해서는 아니 된다. 휴게시간은 반드시 근로시간 도중에 부여하여야 하는

것이므로, 근로시간 도중이 아닌 업무의 시작 전 또는 업무가 끝난 후에 부여하는 것은 근로기준법에 위반될 소지가 있다.

2. 휴게시간의 부여

사용자는 근로시간이 4시간인 경우에는 30분 이상, 8시간인 경우에는 1시간 이상의 휴게시간을 근로시간 도중에 주어야 한다.(근로기준법 제54조 제1항)

근로기준법 제15조는 '이 법에서 정하는 기준에 미치지 못하는 근로조건을 정한 근로계약은 그 부분에 한하여 무효로 한다'라고 규정하고 있는바, 근로기준법이은 강행규정이고 근로기준법이 정한 기준은 최저기준이므로 노사간에 합의로 근로기준이 정한 휴게시간보다 적은 휴게시간을 부여하기로 하였더라도 이는 강행규정에 위반되는 합의로서 그 효력이 없다.

3. 휴게시간의 제한

휴게시간에는 사용자의 간섭이 배제되어야 하며 근로자에게 자유로운 처분권이 인정되어야 한다 할지라도, 근로자의 휴게시간이 사용자에 의한 합리적 제한마저 불가능한 절대적 권리는 아니다. 따라서, 정당한 이유가 인정된다면 근로자의 휴게시간의 사용에 대한 최소한의 장소적 제한, 이를테면 휴게시간 중에 외출을 제한한다든지 외출할 경우에는 반드시 사용자나 관리인에게 승인을 받게 한다든지 하는 등의 제한을 두는 것은 가능하다. 나아가 직장 질서의 유지를 위하여 휴게시간의 제한에 관하여 취업규칙 등에 규정하고 이를 위반한 경우에는 징계사유로 삼더라도 그 정당성이 인정될 수 있다.(대법원 1992.06.23. 선고 92누4253 판결)

4. 사안의 해결

(1) B회사가 근로자대표와 서면 합의하여 휴게시간을 1일 30분으로 정하였더라도, 이는 강행규정에 위반되는 합의로서 그 효력이 없으므로 적법하지 않다.

(2) '휴게시간'이란 근로자가 사용자의 지휘·감독으로부터 벗어나 근로제공의무로부터 벗어나는 시간을 말한다. 따라서 휴게시간에 乙에게 방문객의 응접이나 전화 당번을 맡겼다면, 이는 여전히 사용자의 지휘·감독 하에 놓여있는 시간이므로 휴게시간이 아니라 근로시간에 포함된다.

(3) 근로자의 휴게시간이 사용자에 의한 합리적 제한은 가능하므로, 정당한 이유가 인정된다면 근로자의 휴게시간의 사용에 대한 최소한의 장소적 제한, 이를테면 휴게시간 중에 외출을 제한한다든지 외출할 경우에는 반드시 사용자나 관리인에게 승인을 받게 한다든지 하는 등의 제한을 두는 것은 가능하다. 따라서, B회사가 휴게시간 외출허가제를 두더라도 정당한 이유가 인정된다면 이는 적법하다.

관련 문제 _ 장시간의 휴게시간

근로기준법은 최저 휴게시간만 규정하고 있을 뿐이며 최장시간에 관한 규율은 없다. 따라서 사적자치주의 원칙상 당사자가 합의만 한다면 근로자에게 장시간의 휴게시간을 주는 것이 법에 위반되지 않는다. 따라서, 업무시간 중간에 장시간의 휴게시간을 주더라도 ① **근로자가 그러한 장시간 휴식시간에 대하여 자유로운 의사 하에 동의하였으며, ② 휴게시간을 장시간으로 부여할 합리성과 필요성이 인정되며, ③ 휴게시간에 대한 근로자의 자유로운 사용·처분권이 보장된다면, 그러한 장시간의 휴게시간은 원칙적으로 유효하다**. 그러나, 근로기준법 제54조의 법취지에 비추어 볼 때, 이러한 장시간의 휴식시간을 부여하는 것이 항상 그리고 무조건 유효하다고 보아서는 안 될 것이다(왜냐하면 우리나라에서는 근로자의 휴게시간에 대해서 임금을 지급하지 않기 때문이다). 장시간의 휴식시간을 근로기준법이 보장한 휴가로 인정하기 위해서는 작업의 성질 또는 근로조건 등에 비추어 사회통념상 필요성과 타당성이 있는 객관적인 사유가 인정되어야하기 때문이다. (아직 판례 없음)

관련 문제 _ 휴게시간의 특례와 적용 제외

근로기준법 제59조(근로시간 및 휴게시간의 특례)[2]에 규정된 사업과 근로자에 대해서는 휴게시간의 부여방법[3]의 변경이 가능하고, **근로기준법 제63조(근로시간, 휴게와 휴일의 적용제외)**에서 열거한 근로자에게는 근로기준법 제4장과 제5장에서 정한 근로시간, 휴게와 휴일에 관한 규정의 적용이 배제되므로 휴게시간의 규정 그 자체가 적용되지 않는다.. (→**5. 근로시간 및 휴게시간 특례제도 및 근로시간, 휴게·휴일 적용제외 근로자**)

---

2) 근로기준법 제59조의 특례 제도는 업종별 특례이므로 특례제도가 사업장에 도입되기만 한다면, 근로자가 사업장에서 실질적으로 어떠한 업무를 수행하느냐를 따지지 않고 본 특례가 적용된다

3) **'휴게시간의 부여방법'이란** 사용자는 근로시간이 4시간인 경우에는 30분 이상, 8시간인 경우에는 1시간 이상의 **휴게시간을 근로시간 도중에 주어야 한다는 .근로기준법 제54조 제1항을 의미**한다. 따라서, 59조 특례업종의 경우에는 근로시간을 근로시간 도중이 아니라 근로시간의 종료 후에 부여하더라도 동법 위반이 아니다. 그러나, 59조 특례업종은 63조 근로자와 달리 근로시간과 휴게시간 등의 '배제'가 아니라 '변경'이므로 근로시간이 4시간인 경우에는 30분 이상, 8시간인 경우에는 1시간 이상의 휴기시간은 반드시 부여하여야 한다.

2. 법정근로시간제도

(1) 법정근로시간과 소정근로시간

1) 법정근로시간

가. 의의

법정근로시간'이란 '법'으로 정한 **'기준 근로시간'**을 의미하는 바, 현행 노동법상 법정근로시간의 규제 방식은 **원칙과 예외**의 규율방식을 취하고 있다. 즉, **원칙으로서 1일 8시간 및 1주 40시간이라는 기본 법정 근로시간의 상한을, 그리고 그에 대한 예외로서 근로자와의 합의하에 1주 12시간의 연장근로시간을 규정하고 있다.**

나. 1주 40시간, 1일 8시간

(i) 1일 8시간

'1일'이라 함은 통상적으로 **0시부터 24시까지를** 의미한다. 그러나 24시를 지나 역일상 이틀에 걸쳐 계속하여 근로하는 경우에는 '1근무일'로 취급하여 업무의 시작 시각이 속하는 날의 근로의 연속으로 본다.

(ii) 1주 40시간

'1주'란 **휴일을 포함한** 7일을 의미한다.(**근로기준법 제2조 제1항 제7호**) 또한, '1주'라 함은 반드시 일요일부터 토요일까지를 의미하지는 않으며, 취업규칙 등에서 별도로 정하면 그에 따른다. 즉, 1주란 '7일간'을 의미하므로 일요일부터 기산하여 7일간 (일요일~토요일) 혹은 특정한 요일을 시기로 하여 7일간 (화요일 ~ 월요일)으로 하는 등 사업장에서 임의로 정할 수 있다.

2) 소정근로시간

가. 의의

소정(所定)근로시간"이란 법정 근로시간의 범위에서 근로자와 사용자 사이에 정한 근로시간을 말한다.(근로기준법 제2조.제8호) 사용자와 근로자가 근로계약으로 정하는 계약상의 근로시간인 '소정근로시간'은 법정근로시간을 초과하지 않아야 하므로, 법정근로시간을 초과하는 사용자와 근로자의 소정근로시간에 대한 약정은 초과된 부분에 한하여 무효이며, 1주 12시간을 초과하는 연장근로의 합의 역시 효력이 없다.

나. 법내 초과근로와 법외 초과근로

'소정근로시간'은 법정근로시간(1일 8시간, 1주 40시간)을 초과하지 않는 범위에서 당사자의 합의로 정하는 근로시간이다. 따라서, 소정근로시간은 ① 법정근로시간과 동일하게 정하는 경우 ② 법정근로시간 이하로 정하는 경우가 있는데, '초과근로'도 법정근로시간의 한도(1주 40시간)를 넘느냐의 여부에 따라 '법내초과근로'와 '법외초과근로'로 나눌 수 있다. 전자 (법내 초과근로)의 경우에는 '초과근로수당'을 추가로 지급할 필요가 없으나, 후자(법외 초과근로)의 경우에는 '초과근로수당'을 추가로 지급해야 한다.(근로기준법 제56조 제1항). 다만, 단시간 근로자의 경우에는 법정근로시간의 범위내에서 이루어지는 연장근로인 이른바 법내 초과근로의 경우에도 가산임금을 지급하여야 한다.(기단법 제16조 제1호)(→ **VIII 비정규직 근로자 등 기타법률, 6..단시간근로자**)

(2) 연장근로와 일간휴식제도의 도입

1) 의의

'소정근로시간을 '초과'한 근로시간을 '초과근로시간' 혹은 '연장근로시간'이라고 하는데, 당사자 간에 합의하면 1주간에 **12시간**을 한도로 근로시간을 연장할 수 있으므로 1주 최대 근로시간은 **52시간**이다.(근로기준법 제53조) 특히, 2018년 개정 근로기준법 제2조 제1항 제7호는 '1주'가 '**휴일을 포함**한 7일'이라는 점을 명시함으로써 휴일에 제공하는 근로도 1주 12시간의 연장근로의 한도에 포함됨을 명확히 하였다. 다만, 근로기준법 제53조에서는 1주 단위의 최대 연장근로시간(1주 12시간)만 규정되었을 뿐, 1일 단위의 연장근로시간은 규정되어 있지 않다.

2) 연장근로의 합의

연장근로에 대한 당사자 간 합의는 개별적 합의가 원칙이지만, 근로계약서 작성시 연장근로 할 것을 미리 사전적, 포괄적으로 정하는 것도 가능하다. 나아가, **집단적 방식에 의한** 연장근로의 **합의**도 가능한데, 다만, 이러한 집단적 방식에 의한 연장근로의 합의는 개별 근로자의 선택권을 박탈하지 않는 범위에서 허용되어야 한다.(대법원 1993.12.21. 선고 93누5796 판결)

3) 연장근로의 최대 한도

가. 18세 이상 남녀 근로자의 연장근로시간(근로기준법 제53조)

18세 이상 남녀 근로자의 경우에는 **1주간 12시간**을 한도로 연장근로가 인정되므로, 18세 이상 근로자가 1주일 동안 최대로 일할 수 있는 근로시간은 52시간(40시간+12시간)이다.

나. 15세 이상 18세 미만자(15세 미만으로 취직인허증을 발급받은 자 포함)

15세 이상 18세 미만 연소자는 **1일 7시간, 1주 35시간**을 초과하지 못한다. 다만, 당사자의 합의로 1일에 1시간, 주 5시간을 한도로 연장근로 할 수 있다.

다. 임신 중인 여성 근로자 금지(근로기준법 제74조)

임신 중인 여성근로자의 연장근로는 **절대로 금지**될 뿐 아니라, 오히려 1일 2시간의 근로시간 단축 청구권이 인정되고 있다.(근로기준법 제74조 제7항)

라. 산후 1년이 경과하지 아니한 여성근로자(근로기준법 제71조)

산후 1년이 경과하지 아니한 여성근로자는 **1일 2시간, 1주일 6시간, 1년에 150시간**까지만 연장근로가 허용된다. 1일, 1주일, 1년의 제한은 각각 독립적으로 적용되므로, 이를테면, 1일 2시간 1주 5일 근로하는 것은 1주 10시간 근로로서 1주 6시간을 초과하므로 허용되지 않는다.

마. 잠수·잠함 고기압 작업자 (산업안전보건법 제46조)

잠수, 잠함 고기압작업과 같은 유해, 위험사업에 대하여는 업무의 특성상 연장근로가 절대로 인정되지 않는다. 따라서, 이들 작업자는 휴게시간을 제외하고 **1일 6시간, 1주 34시간**을 초과하여 근로를 할 수 없다

4) 연장근로가산수당

상시 5인 이상의 근로자를 사용하는 사업 또는 사업장의 경우에는 연장근로시간에 대하여 시간급 통상임금의 100분의 50이상을 가산하여 지급해야 한다.(근로기준법 제56조 제1항).

관련 문제 _ 법내 초과근로와 법외 초과근로

1. 법정근로시간과 동일하게 소정근로시간을 정하는 경우

소정근로시간을 법정근로시간과 동일하게 정하는 경우에는 소정근로시간 이상 근로하는 초과시간에 대해서는 '소정근로시간 이상 근로하는 초과근로시간에 대해서는 항상 초과근로가산수당을 추가로 지급하여야 한다.

2. 법정근로시간 미만으로 소정근로시간을 정하는 경우

소정근로시간을 법정근로시간 미만으로 정하는 경우에는 초과근로시간이 **법내** 초과근로와 **법외** 초과근로로 나누어진다. 전자 (법내 초과근로)의 경우에는 '초과근로수당'을 추가로 지급할 필요가 없으나, **후자**(법외 초과근로)의 **경우에는 '초과근로수당'을 추가로 지급해야 한다.**

3. 단시간 근로자의 경우

단시간 근로자'의 경우에는 법정근로시간의 한도를 넘었는가의 여부를 묻지 않고, 즉, **법내 초과근로와 법외 초과근로를 가리지 않고** '소정근로시간'을 넘어서 근로하는 경우에는 항상 추가로 '초과근로수당'을 지급해야 할 뿐 아니라, 단시간 근로자의 최대 연장근로시간은 **1주 최대 12시간**이다.[4]

5) 일간 휴식제의 도입

가. 근로기준법 제59조의 특례업종과 일간휴식제

근로기준법 제53조에서는 1주 단위의 최대 연장근로시간(1주 12시간)만 규정되었을 뿐, 1일 단위의 최대 연장근로시간은 규정되어 있지 않을 뿐 아니라, 기존의 근로기준법 제59조의 특례업종의 경우에는 초과 연장근로의 상한선이 설정되어 있지 않았기 때문에 **근로자의 피로가 누적되어 오히려 공중의 안전을 저해하는 문제**가 발생할 수 있으므로 특례업종의 연장근로시간의 상한을 설정할 필요가 있다는 문제의 제기가 있었다. 이에 2018년 개정 근로기준법은 **근무일 사이에 11시간 이상의 연속 휴식시간**을 보장하는 **'일간 휴식제도'**를 도입하였다(근로기준법 제59조 제2항). 단, 특례업종에 해당되더라도, 특례를 도입하지 않으면 일간 휴식제도는 적용되지 않는다.

나. 탄력적 근로시간제 및 선택적 근로시간제에서의 일간 휴식제

근로자대표와의 서면 합의에 따라 **3개월을 초과**하는 탄력적 근로시간제를 실시하거나, 선택적 근로시간제에서 신상품 또는 신기술의 연구개발 업무의 경우 **1개월을 초과하는 정산기간**을 정하는 경우, 사용자는 근로일 종료 후 다음 근로일 개시 전까지 근로자에게 연속하여 11시간 이상의 휴식 시간을 주어야 한다. **다만, 천재지변 등 대통령령**으로 정하는 불가피한 경우에는 **근로자대표와의 서면 합의**가 있으면 이에 따른다.(근로기준법 제51조의2 제2항, 근로기준법 제52조 제1항)

---

4) 그런데, 여기에서의 '단시간 근로자'는 기**간제법 제2조가 정의하는 '단시간근로자**'를 의미하므로, 이를테면, 사업장에 단시간근로자와 동일한 업무를 하는 비교대상자로서의 정규근로자가 존재하지 않는 경우에는, 근로기준법 제2조 제1항 제9호의 단시간 근로자는 존재하지 아니하는 경우이므로 통상임금의 10분의 50이상을 가산하여 지급하지 않아도 무방하다.

6) 인가연장근로

가. 인가 연장근로의 의미

특별한 사정이 있는 경우에, 사용자는 근로자의 **개별적인 동의**와 고용부장관의 **인가**를 얻어 1주 12시간의 **연장근로의 한도를 초과**하여 연장근로시킬 수 있다.(근로기준법 제 53조제 1항, 제4항, 시행규칙 제9조) 연장근로 상한에 대해서는 법으로 정한 바 없으므로 사회통념상 필요한 만큼 연장근로를 할 수 있다고 보아야 할 것이다.

나. 특별한 사정의 의미

'특별한 사정'이란, 당해 사업 또는 사업장에서 자연재해, 재난관리법상의 재난 또는 이에 준하는 사고가 발생하여 이의 수습을 위하여 연장근로가 불가피한 경우 또는 **통상적인 경우에 비해 업무량이 대폭적으로 증가한 경우로서 이를 단기간 내에 처리하지 않으면 사업에 중대한 지장을 초래하거나 손해가 발생하는 경우**,「소재 · 부품 · 장비산업 경쟁력강화를 위한 특별조치법」 제2조제1호 및 제2호에 따른 **소재 · 부품 및 장비의 연구개발** 등 연구개발을 하는 경우로서 고용노동부장관이 국가경쟁력 강화 및 국민경제 발전을 위해 필요하다고 인정하는 경우 등에 한한다.(근로기준법 시행규칙 제9조)

다. 연장근로 인가 절차

사용자가 긴급한 필요에 의해 근로시간을 연장하고자 하거나 연장한 경우에는 **근로시간연장인가 신청서**에 개별근로자의 동의서 사본을 첨부하여 관할지방노동관서의 장에게 제출하여야 한다. 사태가 급박하여 고용부장관의 인가를 받을 시간이 없는 경우는 사후에 **지체 없이 승인**을 받아야 한다.

라. 대휴명령 등

고용노동부장관은 급박한 사태의 근로시간의 연장이 부적당하다고 판단되면 연장시간에 상당하는 **휴게시간이나 휴일**을 부여하도록 명령할 수 있다.(근로기준법 제53조 제4항) 또한, 사용자는 따라 연장 근로를 하는 근로자의 건강 보호를 위하여 건강검진 실시 또는 휴식시간 부여 등 고용노동부장관이 정하는 바에 따라 적절한 조치를 하여야 한다.(근로기준법 제53조 제7항)

마. 위반의 효과

사용자가 근로자의 동의 없이 연장근로를 시킨 경우, 근로자의 동의를 받았지만 고용노동부장관의 인가를 받지 않고 특별연장근로를 시킨 경우에는 **2년 이하 징역 또는 2천만원 이하 벌금**에 처한다.(근로기준법 제110조 제1호) 사태가 급박하여 고용노동부장관의 인가를 받을 시간이 없어 일단 특별연장근로를 실시한 사용자가 사후에 지체 없이 고용노동부장관의 승인을 받지 아니하면 500 만원 이하 벌금에 처한다.(법 114조 1호) 고용노동부장관의 대휴 명령을 따르지 아니한 사용자는 2년 이하 징역 또는 2천만원 이하 벌금에 처한다.(법 제110조 제2호)

[비교] **인가연장근로는** '상시 30명 미만의 근로자를 사용하는 사용자가 **근로자대표와 서면 합의**로 1주 12시간 연장된 근로시간에 더하여 1주 간에 8시간을 초과하지 아니하는 범위에서 근로시간을 연장할 수 있는 **근로기준법 제53조 제3항의 특별연장근로와 구별**하여야 한다.(2022.12.31.까지 한시적으로 유효)

(3) 야간근로 및 휴일근로

1) 의의

'야간근로'란 **오후 10시부터 익일 오전 6시**까지의 근로를 의미하며(근로기즌법 제56조 제3항), 휴일근로는 근로제공의무가 없는 '휴일'에 하는 근로를 의미한다.(휴무일은 휴일이 아님을 주의하라) 근로기준법은 원칙적으로 근로자의 야간근로와 휴일근로를 금지하고 있다. 즉, 사용자는 **임산부**와 **18세 미만자**를 야간과 휴일에 근로시키지 못한다.(근로기준법 70조 제2항) 다만, ① 18세 미만자의 **동의**가 있는 경우, ② 산후 I 년이 지나지 아니한 여성의 **동의**가 있는 경우, ③ 임신 중의 여성이 **명시적으로 청구**하는 경우에는 고용노동부장관의 **인가**를 받아 야간근로와 휴일근로를 시킬 수 있다. 이 경우 사용자는 고용노동부장관의 인가를 받기 전에 근로자의 건강 및 모성 보호를 위하여 그 시행 여부와 방법 등에 관하여 그 사업 또는 사업장의 **근로자대표와 성실하게 협의**하여야 한다.(근로기준법 제70조 제3항) 한편, 18세 이상의 여성은 근로자 **본인의 동의**만 있으면 인가를 받을 필요 없이 야간 · 휴일 근로를 할 수 있으며, 18세 이상의 남성은 야간·휴일 근로에 대한 별도의 동의는 필요로 하지 않는다.

2) 야간 · 휴일근로에 대한 근로자의 '동의'

야간 · 휴일근로를 위하여 필요한 근로자의 '동의'는 연장근로의 경우에 요구되는 '합의'와는 달리, 근로자의 개별 동의가 아닌 노동조합이나 근로자 대표에 의한 **야간 · 휴일근로**에 대한 **집단적 방식**에 의한 동의는 **효력이 없다.**

3) 야간근로 및 휴일근로 가산수당(→(쟁점) 약정휴일의 가산수당)

5인 이상 근로자를 사용하는 사용자는 야간근로와 휴일근로에 대해서는 **통상임금의 100분의 50 이상을 가산**하여 임금을 지급해야한다.(근로기준법 제56조 제2항, 제3항) **다만, 8시간 초과의 휴일근로에 대해는 통상임금의 100분의 100을 지급**하여야 한다.(근로기준법 제56조 제2항). 근로기준법 제56조항에 따라 사용자에게 가산임금을 지급할 의무가 발생하는 '**휴일근로**'는 근로기준법 제55조 소정의 주휴일 근로나 공휴일, 대체공휴일의 근로뿐만 아니라 그 외의 법령과 단체협약 및 취업규칙 등에서 근로의무가 없는 날(약정휴일)로 정하여진 휴일의 근로를 포함한다.(대법원 1991.05.14. 선고 90다14089 판결)

4) 당직근무가 야간·휴일 근로수당을 지급하는 근로기준법상 통상근로에 해당하는 여부

일반적인 숙·일직 근무가 주로 정기적 순찰, 전화와 문서의 수수, 기타 비상사태 발생 등에 대비한 시설 내 대기 등 업무를 내용으로 하고 있는 것과 달리 숙일직시 행한 업무의 내용이 본래의 업무가 연장된 경우이거나 그 내용과 질이 통상의 근로와 마찬가지로 평가되는 경우라면, 그러한 초과근무에 대하여는 **야간 · 연장 · 휴일근로수당 등을 지급**하여야 한다(대법원 2021. 11. 11. 선고 2021다257903 판결 등)

5) 벌 칙

사용자가 연장 · 야간 · 휴일근로를 한 근로자에 대하여 근로기준법 제56조 소정의 가산임금을 지급하지 아니한 경우에는 **3년 이하 징역 또는 3천만원 이하 벌금**에 처한다.(법 109조 1항), 이 죄는 피해자의 명시적 의사와 다르게 공소를 제기할 수 없는 **반의사불벌죄**이다.(법 109조 2항)

(쟁점) 약정휴일의 가산수당

1. 문제점

'약정휴일'이란 근로계약 · 단체협약 · 취업규칙 등의 '**약정'으로 정한 휴일**로서 '약정휴일'을 '유급'휴일로 할지 혹은 '무급'휴일로 할지의 여부 등은 약정을 한 당사자인 사용자와 근로자가 정하는 바, 약정휴일이 유급이든 무급이든 법정휴일과 마찬가지로 반드시 가산수당을 지급하여야 하는 지 문제된다.

2. 학설

(1) 긍정설

근로기준법 제56조가 가산수당의 대상을 규정하면서 연장근로에 대하여는 '제53조 · 제59조 및 제69조단서에 따라 연장된 시간의 근로'로, 야간근로에 대하여는 '오후 10시부터 오전 6시까지 사이의 근로'로 제한하면서 휴일에 대하여는 아무런 제한을 두고 있지 않은 점 등을 고려할 때 유급이든 무급이든 약정휴일에 대하여도 법정휴일의 경우와 마찬가지로 가산수당을 지급해야 한다는 견해이다.

(2) 부정설

약정휴일이 법적으로는 소정근로일로 해도 되는 날을 휴일로 정한 날이라는 점, 휴일근로임금 즉, 약정휴일에 있어 휴일근로가산수당의 지급은 자율결정영역이라 할 것이고 통상임금의 100%만 받고 일하겠다는 근로자의 의사를 무시할 수 없다는 점 등에 비추어 볼 때 약정휴일의 가산수당을 지급할지의 여부는 자율적으로 결정할 수 있다는 견해이다.

3. 판례

주휴일이 아닌 법정공휴일이라도 단체협약이나 취업규칙에 의하여 휴일로 정하여져 있어서, 근로자가 근로할 의무가 없는 것으로 사용자와 근로자 모두에게 인식되어 있는 날에, 사용자의 필요에 따라 부득이 근로를 하게 된 경우에는, 근로자가 근로할 의무가 있는 날에 근로를 한 경우보다는 더 큰 댓가가 지급되어야 보상된다는 점을 고려한 것이라고 해석되므로 당사자가 약정휴일을 합의하면서 약정휴일 그 자체를 유급으로 할지 무급으로 할지의 여부는 당사자가 합의하는 바에 따르지만, 약정휴일에 근로를 하게 되는 경우의 '가산임금'은 **당사자의 합의와 무관하게** 반드시 추가로 지급하여야 하는 것으로 해석하는 것이 타당하다는 입장이다.(대법원 1991.05.14. 선고 90다14089 판결)

4. 검토

'약정휴일'을 '유급'휴일로 할지 혹은 '무급'휴일로 할지의 여부 등은 약정을 한 당사자인 사용자와 근로자가 자율적으로 정하는 것이지만, 휴일에 근로하는 경우에 가산수당을 지급하기로 정한 근로기준법 제56조의 취지에 비추어 볼 때 약정휴일이 유급이든 무급이든 법정휴일과 마찬가지로 가산수당을 지급하는 것이 타당하다.

3. 근로시간 유연화 제도

1일 8시간, 1주 40시간의 정형화된 법정근로시간제도는 산업현장의 현실을 적절히 반영해 주지 못할 뿐 아니라, 사업 혹은 사업장의 특성상 이러한 전통적인 근로시간제도를 그대로 적용하는 것이 불합리할 수도 있다. 또한, 최근에는 여성 근로자들의 일과 가정의 양립을 위하여 출 · 퇴근시간을 근로자의 자율에 맡김으로써 업무 효율을 증대시킬 필요성 등이 증대하고 있다. 탄력적 · 선택적 근로시간제는 이러한 산업현장의 현실적 필요를 법적인 제도로 수용하여 법정근로시간제도를 유연적으로 변형하여 운영하는 제도이다.

(1) 탄력적 근로시간제

1) 의의

탄력적 근로시간제라 함은 일정 **단위기간** 내의 소정근로시간을 평균하여 **1주의 근로시간이 40시간을 초과하지 않는 경우**에는 단위기간 내의 특정일 이나 특정 주에 대하여 법정근로시간(1일 8시간, 1주 40시간)을 초과하더라도 그 초과된 부분을 연장근로로 보지 않기 때문에, 그에 대한 **연장근로 가산임금이 발생하지 않는 제도**를 의미한다.(근로기준법 제51조) 탄력적 근로시간제는 취업규칙이나 이에 준하는 것으로 정하거나 사용자와 근로자대표와의 서면합의만 갖추면 **개별근로자의 동의가 없어도 실시**할 수 있다.

2) 탄력적 근로시간 제도의 도입

가. 탄력적 근로시간제의 적용 근로자

탄력적 근로시간제에는 **18세 미만의 자와 임심 중인 여성 근로자**에 대하여는 적용되지 않는다.(근로기준법 제51조 제3항) 산후 1년이 지나지 않은 여성의 경우에는 탄력적 근로시간제의 적용이 가능하나 1주 6시간 (1일 2시간, 1년 150시간)을 초과하는 연장근로를 시킬 수 없다.

나. 임금보전방안의 강구

탄력적 근로시간제를 도입하여도 연장근로, 야간근로 및 휴일근로에 대한 수당은 그대로 지급되어야 하며, 특히, 사용자는 3개월 이내의 탄력적 근로시간제를 도입할 경우에는 기존 임금수준이 저하되지 않도록 임금보전방안을 강구해야 하고,(근로기준법 제51조 제4항) **3개월을 초과하는 탄력적 근로시간제를 도입할 경우에는 기존 임금수준이 저하되지 아니하도록 임금항목을 조정 또는 신설하거나 가산임금의 지급 등의 임금보전방안을 마련하여 고용노동부장관에게 신고하여야 한다.**(근로기준법 제51조의2 제4항)

다. 탄력적 근로시간제하의 연장근로에 대한 시간외 근로수당

탄력적 근로시간제를 시행하더라도 노사 합의 등이 있는 경우에는 1주에 12시간까지 연장근로가 가능하고, 연장근로에 대해서는 시간외 근로수당으로 제56조제1항에 따른 **가산임금**을 지급하여야 한다. 특히, 사용자는 제51조 및 제51조의2에 따른 **단위기간 중 근로자가 근로한 기간이 그 단위기간보다 짧은 경우**에는 그 단위기간 중 해당 근로자가 근로한 기간을 평균하여 **1주간에 40시간을 초과하여 근로한 시간 전부**에 대하여 제56조제1항에 따른 **가산임금을 지급**하여야 한다(근로기준법 제51조의3).

라. 취업규칙의 변경

근로시간에 관한 사항은 취업규칙의 **필요적 기재사항**이므로(근로기준법 제93조), 취업규칙 작성의무가 있는 10인 이상 사업장에서 탄력적 근로시간제를 도입하기 위해서는 취업규칙의 변경을 수반해야 한다. 이와 관련하여 탄력적 근로시간제의 도입이 취업규칙의 불이익 변경인지에 문제되는 바 ① 탄력적 근로시간제를 도입할 경우에 기존 임금수준이 저하되지 않도록 임금보전방안을 강구해야 한는 점에서.(근로기준법 제51조 제4항) 취업규칙의 불이익 변경이라고 보기 어렵다는 견해도 있지만, ② **이는 해당 사업장의 업무의 성질, 근무의 형태 등 제반사정을 객관적으로 종합적으로 고려하여 취업규칙의 불이익 변경에 해당하는 지 여부를 판단하여야 할 것으로 판단된다.** 탄력적 근로시간제의 도입이 취업규칙의 불이익 변경에 해당하는 경우에는 **근로자 과반수의 동의**를 얻어야 한다.(근로기준법 제94조 제1항 단서)

마. 변경된 근로조건의 명시 및 교부

취업규칙 작성의무가 있는 10인 이상 사업장에서 탄력적 근로시간제를 도입하는 경우에는 취업규칙의 변경이 수반되어야 하고, 탄력적 근로시간의 도입은 **취업규칙의 변경에 따른 근로조건 (근로시간)의 변경**을 의미하므로, 사용자는 **근로자의 요구가 있으면** 변경된 근로조건을 근로자에게 서면으로 교부하여야 한다. (근로기준법 제17조 제2항)

(사례) A병원은 근로자대표와의 합의를 통하여 단위기간을 '매분기 초일부터 매분기 말일까지 3개월'로 정하고 있다. 그런데, A병원의 시설팀 근로자에 대해서는기존과 마찬가지로 1개월 교대근무제 방식의 근무 스케쥴표를 공지하였으며, A병원과 근로자 대표사이에는 단위기간 축소에 관한 별도의 합의는 없었다. 시설팀에서 근무하는 갑 등은 A병원에 대하여 자신들에게는 3개월 단위의 탄력적 근로제가 적용되지 않으므로 단위기간과 무관하게 1일 혹은 1주 근로시간이 법정근로시간을 초과하는 근로시간에 대해서는 연장근로수당을 지급할 것을 청구하고 있다. 이에 대하여 A병원은 1개월 단위기간이 3개월 단위기간보다 근로자들에게 더 유리하므로 당연히 시설팀 근로자에게도 1개월 단위 탄력적 근로시간제가 적용되어야 한다고 주장하고 있다. 이러한 A병원의 주장은 정당한가?

판례(사안의 해결)

3개월 단위의 탄력적 근로시간제도를 도입하려면 근로자대표와 사용자의 서면합의가 필요하고, 서면합의의 내용은 ① 3개월 이내의 단위기간 ② 근로일 및 근로일별 근로시간 ③ 대상근로자의 범위 ④ 유효기간이다. (근로기준 법제 51조 제2항) 따라서, 3개월 단위 탄력적 근로시간제를 운용하기 위해서는 단위 기간의 탄력근로시간제의 항목(근로자의 범위, 단위기간, 단위기간의 근로일, 근로일별 근로시간)을 명시하여야 하고, 단위 기간 등을 축소하여 운용하기 위해서는 탄력적 근로시간제 합의에서 이를 서면으로 명시하여야 한다. 그런데, **사안에서는 단위시간 축소에 관한 변경 합의가 없으므로 시설팀 근로자들에게는 탄력적 근로시간제의 적용이 없었다고 봄이 상당하고,** 단지 근로자측에 유리하다는 이유만으로 기존 합의 내용이 일부 변경되어 근로자들에게 적용된 것이라고 볼 수 없다. **(대법원 2021. 11. 11. 선고 2021다257903 판결)** 따라서 A병원의 주장은 정당하지 않다.

1) 2주단위(3월이내)의 탄력적 근로시간제

가. 의의

사용자는 2주 이내 혹은 3개월 이내의 일정한 단위기간을 평균하여 1주 간의 근로시간이 법정근로시간을 초과하지 아니하는 범위에서 특정한 주에 제50조제1항의 근로시간을, 특정한 날에 제50조제2항의 근로시간을 초과하여 근로하게 할 수 있다.(근로기준법 제51조제1항, 제2항)

나. 요건

(i) 2주단위 이내의 탄력적 근로시간제의 요건

2주 이내의 탄력적 근로시간제는 2주간의 근로시간을 평균하여 **1주의 평균근로시간이 40시간**을 초과하지 아니하고, **특정주의 최장근로시간이 48시간**을 초과하지 아니하여야 하는 바, 이 제도를 시행하기 위해서는 **취업규칙**(**취업규칙에 준하는 것 포함**)에서 관련 사항을 미리 정하여야 한다.(근로기준 법제 51조 제1항)

(ii) 3월 이내의 탄력적 근로시간제의 요건

3개월 이내의 탄력적 근로시간제는 3개월 이내의 단위기간을 평균하여 1주간의 근로시간이 40시간을, 특정주의 근로시간이 52시간을, 특정일의 근로시간이 12시간을 초과하지 아니하하는 바, 이 제도를 시행하기 위해서는 **근로자대표와 서면합**의 하여야 한다. 여기서 ① 근로자대표라 함은 그 사업 또는 사업장에 근로자과반수로 조직된 노동조합이 있는 경우는 그 노동조합의 대표자, 근로자과반수로 조직된 노동조합이 없는 경우는 전체 인원 가운데서 **근로기준법상 사용자에 해당하는 인원을 제외**한 근로자에 해당하는 자의 과반수를 대표하는 자를 의미하며(**노사협의회 근로자위원**과 탄력적 근로시간제를 합의를 할 수도 있다[5]), ② 서면 합의의의 내용은 (i) **3개월 이내의 단위기간** (ii) **근로일 및 근로일별 근로시간** (iii) **대상근로자의 범위**, (iv) **유효기간**이다(근로기준 법제 51조 제2항).

다. 효과

(i) 2주단위 이내의 탄력적 근로시간제의 효과

2주단위 탄력적 근로시간제의 요건을 갖추면 1주 48시간 범위 내에서 근로를 시키더라도 연장근로수당의 문제는 발생하지 않는다. 다만, 1주 48시간을 초과하여 근로하는 경우에는 연장근로에 대한 당사자의 약정(연장근로에 대한 노사간의 합의)이 있어야 하며, 야간 · 휴일근로에 대해서는 가산임금이 지급되어야 한다.(근로기준 법제 51조 제1항)

(ii) 3월단위 이내의 탄력적 근로시간제의 효과.

3개월 단위의 탄력적 근로시간제를 도입하는 경우에는 1일 8시간, 1주 40시간을 1주 52시간, 1일 12시간 한도내에서는 가산임금을 지급하지 아니하여도 된다. 3개월 탄력적 근로시간제하에서도 1주 52시간을 초과하거나 1일 12시간을 초과하는 시간에 대해서는 근로자와 연장근로에 대한 합의를 하고 연장근로가산수당을 지급하여야 한다.(근로기준 법제 51조 제2항)

---

5) 원고들은, 피고가 근로자대표가 아닌 노사협의회 근로자위원과 탄력적 근로시간제를 합의하였으므로 무효라고 주장하나, **근로자참여 및 협력증진에 관한 법률에 따라 선출된 근로자위원이 있는 경우 그 근로자위원이 근로자대표로**서 탄력적 근로시간제의 도입과 관련하여 사용자측과 합의를 할 수 있다고 봄이 상당하므로, 원고의 위 주장은 이유 없다.(대법원 2021. 11. 11. 선고 2021다257903 판결))

2) 3개월을 초과하는 탄력적 근로시간제

가. 의의

사용자는 **근로자대표와의 서면 합의**에 따라 **3개월을 초과하고 6개월 이내의 단위기간을 평균하여 1주 간의 근로시간이 40시간을 초과하지 아니하는 범위**에서 특정주에 40시간, 특정일에 8시간을 초과하여 근로하게 할 수 있다.(근로기준법 제51조의2 제1항) 이 경우 사용자는 근로일 종료 후 다음 근로일 개시 전까지 근로자에게 **연속하여 11시간 이상의 휴식 시간**을 주어야 한다. 다만, 천재지변 등 대통령령으로 정하는 불가피한 경우에는 근로자대표와의 **서면 합의**가 있으면 이에 따른다.(근로기준법 제51조의2 제2항)

나. 요건

(i) 근로자대표와의 서면합의

3개월을 초과하는 탄력적 근로시간제를 도입하려면 **근로자대표와의 서면합의**가 있어야 한다. 따라서 근로자의 과반수로 조직된 노동조합이 있는 경우에는 그 노동조합(근로자의 과반수로 조직된 노동조합이 없는 경우에는 근로자의 과반수를 대표하는 자) 대표와 서면합의 하여야 하며,서면합의의 내용은 ① **3개월 이내의 단위기간** ② **단위기간의 주별 근로시간** ③ **대상근로자의 범위** ④ **유효기간**이다.(근로기준 법제 51조의2 제1항) 사업장에 노사협의회가 설치되어 있다면 노사협의회의 근로자 위원도 근로자대표로 볼 수 있다.

(ii) 특정주 최대 52시간 · 특정일 최대 12시간 이내

3개월 이내의 단위기간을 평균하여 1주간의 근로시간이 40시간을, 특정주의 근로시간이 52시간을 초과하여 근로시킬 수 없으며, 특정일의 근로시간이 12시간을 초과할 수 없다.

(iii) 일간 휴식제의 부여

사용자는 **근로일 종료 후 다음 근로일 개시 전까지 근로자에게 연속하여 11시간 이상의 휴식 시간**을 주어야 한다. **다만, 천재지변 등 대통령령**으로 정하는 불가피한 경우에는 **근로자대표와의 서면 합의**가 있으면 이에 따른다.(근로기준법 제51조의2 제2항, 근로기준법 제52조 제1항)

(iv) 근로일별 근로시간의 통보 및 단위기간의 주별 근로시간의 변경

사용자는 단위기간의 각 주의 근로일이 시작되기 **2주 전**까지 근로자에게 **해당 주의 근로일별 근로시간**을 통보하여야 한다.(근로기준법 제51조의2 제4항) 또한, 사용자는 **근로자대표와의 서면 합의 당시에는 예측하지 못한 천재지변, 기계 고장, 업무량 급증 등 불가피한 사유가 발생**한 때에는 단위기간 내에서 평균하여 1주간의 근로시간이 유지되는 범위에서 근로자대표와의 협의를 거쳐 단위기간의 주별 근로시간의을 변경할 수 있다. 이 경우 해당 근로자에게 **변경된 근로일이 개시되기 전**에 변경된 근로일별 근로시간을 통보하여야 한다. (근로기준법 제51조의2 제5항)

라. 효과

3개월을 초과하는 단위의 탄력적 근로시간제를 도입하는 경우에는 1일 8시간. 1주 40시간을 1주 52시간, 1일 12시간 한도내에서는 가산임금을 지급하지 아니하여도 된다. 다만, **단위기간 중 근로자가 근로한 기간이 그 단위기간보다 짧은 경우**에는 그 단위기간 중 해당 근로자가 근로한 기간을 평균하여 1주간에 40시간을 초과하여 근로한 시간 전부에 대하여 **가산임금을 지급**하여야 한다. (근로기준법 제51조의3)

(2) 선택적 근로시간제

1) 선택적 근로시간제의 의의

'선택적 근로시간제'란 근로자가 **1개월 이내**로 일정기간(정산기간)의 **총근로시간**을 정한 다음, 그 범위 내에서 근로자가 각일의 자신의 근로시간을 자유롭게 정하는 제도를 의미한다.(근로기준법 제52조) 선택적 근로시간제에서는 일정기간(정산기간)을 평균하여 1주간의 근로시간이 40시간을 초과하지 않는 범위 내라면, 근로자가 **특정일이나 특정주의 법정근로시간** (1일 8시간, 1주 40시간)을 **초과하여 근무하더라도 연장근로수당을 지급하지 않는다**. 따라서, 업무의 성질, 근무실태 등에 의하여 근로자에게 출·퇴근시간을 선택할 여지를 주지 못하는 경우에는 선택적 근로시간제를 실시할 수 없다.

2) 선택적 근로시간제의 요건

가. 취업규칙 또는 이에 준하는 것의 정함

취업규칙 또는 이에 준하는 규정에 따라 업무의 시작 및 종료시각을 근로자의 결정에 맡기기로 하는 것을 정하여야 한다. 즉, 선택적 근로시간의 도입은 근로조건인 근로시간의 변경을 의미하므로, 이를 사업장에 도입하기 위해서는 먼저 취업규칙 또는 이에 준하는 규정을 새로 작성하거나 변경하여 업무의 시작 및 종료 시각을 근로자의 결정에 맡기는 선택적 근로시간제를 실시한다는 취지와 함께 이 제도의 적용을 받는 근로자의 범위를 규정하여야 한다. 따라서, 취업규칙의 불이익한 변경에 해당하는 경우에는 근로자의 과반수로 조직된 노동조합이 있는 경우 그 노동조합, 그리고 근로자의 과반수로 조직된 노동조합이 없는 경우에는 근로자의 과반수의 의견을 들어야 할 것이다. 다만, 탄력적 근로시간제와 달리, 선택적 근로시간제의 경우에는 근로자에게 출퇴근시간에 대한 자율권을 부여한다는 점애서, 취업규칙 변경이 사회통념상 합리성이 있다고 인정되는 경우에는 취업규칙의 불이익한 변경으로 볼 수 없을 것이므로 근로자 과반수의 동의가 필요 없는 경우도 있을 수 있을 것이다.

나. 근로자대표와의 서면합의

선택적 근로시간제를 도입하려면 **근로자대표와의 서면합의**가 있어야 한다. 따라서 근로자의 과반수로 조직된 노동조합이 있는 경우에는 그 노동조합(근로자의 과반수로 조직된 노동조합이 없는 경우에는 근로자의 과반수를 대표하는 자) 대표와 서면합의 하여야 하며, 사업장에 노사협의회가 설치되어 있다면 노사협의회의 근로자 위원도 근로자대표로 볼 수 있다. **서면합의의 내용**은 ① **대상근로자의 범위**, ② **정산기간**(1월 이내) **및 그 기간에 있어 총 근로시간**, ③ **반드시 근로하여야 할 시간대**(의무적 근로시간대)**를 정한 경우에는 그 시작 및 종료시각**, ④ **근로자가 그의 결정에 따라 근로할 수 있는 시간대**(선택적 근로시간대)**를 정하는 경우에는 그 시작 및 종료시각**, ⑤ **유급휴가 부여 등의 기준이 되는 표준근로시간**이다.(근로기준법 제52조 제1항)

3) 효과

선택적 근로시간제에서는 '**정산기간**'을 **평균하여 1주간의 근로시간이 40시간을 초과하지 않는 범위** 내라면 근로자가 특정일이나 특정주의 법정근로시간 (1일 8시간, 1주 40시간)을 초과하여 근무하더라도 연장근로수당을 지급하지 않는다. 그러나, 정산한 결과 실근로시간이 총근로시간을 초과하여 근로한 경우에는 그에 따른 가산임금을 지급해야 할 것이다.

4) 1개월을 초과하는 정산기간

신상품 또는 신기술의 연구개발 업무의 경우에는 **정산기간 3개월로** 하는 바.(근로기준법 제52조 제1항) 1개월을 초과하는 정산기간을 정하는 경우에는 ① 근로일 종료 후 다음 근로일 시작 전까지 **근로자에게 연속하여 11시간 이상의 휴식 시간**을 주어야 하고 (다만, 천재지변 등 대통령령으로 정하는 불가피한 경우에는 근로자대표와의 서면 합의가 있으면 이에 따른다) ② **매 1개월마다 평균하여 1주간의 근로시간이 제50조제1항의 근로시간을 초과한 시간**에 대해서는 통상임금의 100분의 50 이상을 가산하여 근로자에게 지급하여야 한다.(근로기준법 제52조 제2항)

5) 변경된 근로조건의 명시 및 교부

취업규칙 작성의무가 없는 10인 이상 사업장에서 선택적근로시간제를 도입하는 경우에는 취업규칙의 변경이 수반되어야 하고, 선택적 근로시간의 도입은 **취업규칙의 변경에 따른 근로조건 (근로시간)의 변경**을 의미하므로, 사용자는 **근로자의 요구**가 있으면 변경된 근로조건을 근로자에게 **서면으로 교부**하여야 한다. (근로기준법 제17조 제2항)

(쟁점) 재량근로시간제 및 탄력적 근로시간제와의 구별

1. 재량근로시간제와의 구별

선택적 근로시간제는 근로자에게 '근로시간' 그 자체에 대한 처분권(재량권)을 부여한 것이 아니라, 근로자에게 업무의 시작 및 종료 시각을 결정할 수 있는 자율권을 부여한 것에 불과하다는 점에서, **'업무의 성질'**에 비추어 **업무의 수행방법이 근로자의 '재량'**에 맡겨져 있는 경우에 '실근로시간과 관계없이' 사용자와 근로자대표가 서면으로 합의한 시간을 근로시간으로 간주하는 '재량근로시간제'와 구별된다. 또한, 선택적 근로시간제는 정산기간을 정하여 실근로시간을 '정산'한다는 개념이 존재하지만, 재량근로시간제는 '실근로시간'과 상관없이 사용자와 근로자대표가 서면으로 합의한 시간을 근로시간으로 인정(간주)하는 근로시간 계산의 특례이므로 근로시간의 '정산'이라는 개념을 인정할 수 없다는 점에서도 선택적 근로시간제와 재량근로시간제는 구별된다.

2. 탄력적근로시간제와의 구별

선택적 근로시간제와 탄력적 근로시간제는 모두 일정 기간을 평균하여 1주간의 근로시간이 40시간을 초과하지 않는 범위 내라면, 근로자가 특정일이나 특정주의 법정근로시간 (1일 8시간, 1주 40시간)을 초과하여 근무하더라도 연장근로수당을 지급하지 않는다는 점에서는 동일하지만, 선택적 근로시간제는 근로자의 시간표를 사용자가 아닌 근로자가 자율적으로 결정하는 반면, 탄력적 근로시간제에서는 근로자의 시간표를 사용자가 결정하는 탄력적 근로시간제와도 구별된다 선택적 근로시간제에서는 탄력적 근로시간제와는 달리 1주 또는 1일의 근로시간의 상한을 별도로 정하지 않았는데, 이는 근로자의 근로시간에 대한 자율적 선택권을 확대하기 위함인 것으로 해석된다. 마찬가지로 선택적 근로시간제는 특정한 날 또는 특정한 주에 얼마의 시간을 근로 할 것인가를 근로자의 선택에 자유롭게 맡기고 있는 제도이기 때문에 탄력적 근로시간제와 달리 1일 또는 1주 상한시간의 제한도 적용되지 않는다고 보아야 한다.

4. 근로시간 계산의 특례(간주근로시간제)

(1) 총설

1) 의의

우리나라의 임금체제는 통상임금을 기초로 하는 '시간급' 임금체제에 기반하고 있으므로, 근로자의 임금은 '근로자의 실근로시간'에 비례하여 결정되는 것이 원칙이다. 그런데, 근로자의 '실근로시간'을 산정하는 것이 항상 가능하거나 적절한 것은 아니기 때문에, 근로기준법 제58조는 실근로시간 산정의 특칙으로서 '**근로시간 산정을 위한 특례** (간주근로시간제)'를 인정하고 있다. 이러한 간주근로시간제는 근로자의 업무의 성질 및 업무 수행 방법의 특이성으로 인하여 통상의 방법으로 실근로시간을 산정(계산)하는 것이 어렵거나 적절하지 않은 사정이 있는 경우에 법이 인정하는 '근로시간' 산정에 관한 특례라는 점에서, 근로시간을 산정(계산)하는 데에 특별히 어려운 사정은 없지만 사업 혹은 사업장의 특성을 고려하여 법정근로시간의 형태를 유연적으로 변화시키는 탄력적, 선택적 근로시간제와 구별된다.

2) 외근간주근로시간제

'외근 간주근로시간제'라 함은 근로자가 출장이나 그 밖의 사유로 근로시간의 전부 또는 일부를 사업장 밖에서 근로하여 실근로시간을 산정하기 어려운 경우에 소정근로시간 혹은 통상 필요한 시간 혹은 노사가 합의한 시간을 **근로한 것으로 '간주'**하는 근로시간제를 의미한다.(근로기준법 제58조 제1항, 제2항) '외근 간주근로시간제'는 영업사원이나 언론사의 취재기자 등과 같이 근로시간의 전부 또는 일부를 사업장의 밖에서 근로할 뿐 아니라, 근로시간에 대한 근로자의 재량이 인정되는 업무에 대하여 적용하는 것이 적합하다. 반면에, 사업장 밖에서 근로하는 경우라 하더라도 사용자의 구체적 지휘 · 감독이 미치고 있으며, 근로자의 근로시간에 대한 자율적인 결정이 인정될 여지가 없다고 평가되는 경우라면 외근간주근로시간제가 적용될 수 없다. 간주근로시간제란 실제 근로시간과 관계없이 근로시간을 계산하는 특례를 인정하는 것으로서, 소정근로시간 혹은 통상 필요한 시간 혹은 노사가 합의한 시간을 근로한 것으로 '간주' 한다.

3) 재량간주근로시간제

'업무의 성질'에 비추어 업무의 수행방법이 **근로자의 '재량'**에 맡겨져 있는 업무의 경우, 실근로시간에 상관없이 사용자와 **근로자대표가 서면으로 합의**한 시간을 근로시간으로 인정하는 근로시간 계산의 특례제도를 의미한다. 원래, 근로시간에 대한 처분권은 사용자에게 있는 것인데, 고도의 전문적인 업무 혹은 창의적 업무를 수행하는 근로자로서 업무 수행에 재량의 여지가 큰 업무의 경우에는 사용자가 근로시간에 대한 처분권, 즉, 근로시간에 대한 재량권을 근로자에게 부여한 결과 **근로자가 자신의 재량 하에 근로시간을 자율적으로 결정**하는 것이 재량간주근로시간제이다. 재량간주근로시간제가 근로자대표와 서면 합의한 경우에는 실근로시간에 상관없이 사용자와 근로자대표가 서면으로 합의한 시간을 근로시간으로 본다.(근로기준법 제58조)

(2) 외근간주근로시간제

1) 외근간주근로시간제의 개념

'외근간주근로시간제'라 함은 근로자가 출장이나 그 밖의 사유로 **근로시간의 전부 또는 일부를 사업장 밖에서 근로**하여 실근로시간을 산정하기 어려운 경우에 **소정근로시간** 혹은 **통상 필요한 시간** 혹은 노사가 **합의한 시간**을 근로한 것으로 '**간주**'하는 근로시간제를 의미한다.(근로기준법 제58조 제1항, 제2항) 따라서, '외근 간주근로시간제'는 영업사원이나 언론사의 취재기자 등과 같이 근로시간의 전부 또는 일부를 사업장의 밖에서 근로할 뿐 아니라, 근로시간에 대한 근로자의 재량이 인정되는 업무에 대하여 적용하는 것이 적합하다. 반면에, 사업장 밖에서 근로하는 경우라 하더라도 사용자의 구체적 지휘·감독이 미치는 경우이거나, 근로자에게 근로시간에 대한 자율적인 결정이 인정될 여지가 없다고 평가되는 경우라면 외근간주근로시간제가 적용될 수 없다.

2) 외근간주근로시간제 요건

외근 간주시간근로제의 요건인 '사업장 밖의 근로'는 '**근로의 장소적 측면**'과 '**근로수행의 형태적 측면**'을 종합적으로 고려하여 판단해야 한다.

가. 근로의 장소적 측면 : 사업장 밖의 근로일 것

'근로의 장소적 측면'에서는 **사업장에서의 장소적 이탈을 전제로 하여 근로자가 자신의 본래 소속 사업장의 근로시간 관리로부터 벗어나 있는 상황**을 말한다. 여기에는 근로시간을 전부 사업장 밖에서 근로하는 경우는 물론 일부만 사업장 밖에서 근로하는 경우도 포함된다.

나. 근로수행의 형태적 측면: 실근로시간을 산정하기 어려울 것

'근로수행의 형태적 측면'에서는 **근로자가 사용자의 관리조직으로부터의 구체적인 지휘감독을 받지 않고 자율적으로 근로를 수행**하는 것을 말한다. 따라서, 근로자가 사업장 밖에서 업무를 수행하더라도 사전에 사용자가 부여한 일정표에 따라 근로를 제공한다든지, 통신기기 등에 의하여 수시로 사용자의 지시를 받으면서 업무하는 경우와 같이 실질적으로 사용자의 구체적인 지휘감독하에 근로를 수행하는 경우라면, 근로시간이나 휴게시간의 배분에 대한 근로자의 자율적인 결정이 인정될 여지가 없을 것이므로, 외근 간주 근로시간제가 적용될 수 없다.

3) 외근간주시간제의 효과

간주근로시간제란 실제 근로시간과 관계없이 근로시간을 **계산하는 특례**를 인정하는 것으로서, 소정근로시간 혹은 통상 필요한 시간 혹은 노사가 합의한 시간을 근로한 것으로 '간주'한다. 따라서, 설령 외근간주근로시간제에서 결정된 간주근로시간보다 실근로시간이 짧은 것으로 판명되더라도 사용자는 간주근로시간을 기준으로 임금을 지급하여야 하고, 반대로 근로자가 간주근로시간을 초과하여 근로한 사실을 증명하더라도 사용자는 그 초과근로에 대하여는 임금을 지급할 의무가 없다. **그러나, 외근간주근로시간제의 요건을 갖추지 못한 경우에는 근로자가 실제로 근로한 시간을 기초로 임금 등을 지급**하여야 할 것이다.

(3) 재량간주근로시간제

1) 재량간주근로시간제의 의의

'업무의 성질'에 비추어 업무의 수행방법이 근로자의 '재량'에 맡겨져 있는 업무로서 대통령령으로 정하는 업무는 사용자가 근로자대표와 서면 합의로 정한 시간을 근로한 것으로 본다.(근로기준법 제58조 제1항) 즉, 실근로시간에 상관없이 사용자와 근로자대표가 서면으로 합의한 시간을 근로시간으로 인정하는 근로시간 계산의 특례제도를 의미한다.

2) 재량근로시간제의 요건

가. 업무의 성질: 재량업무

재량근로시간제의 특례가 인정되기 위해서는 '재량업무'에 해당해야 한다. 재량업무가 무엇인 지에 관하여 근로기준법 제58조 제3항은 '업무의 성질에 비추어 업무 수행 방법을 근로자의 재량에 위임할 필요가 있는 업무'라고 규정하고 있다.

나. 대통령령에 정한 업무에 해당할 것

'법은 재량업무의 유형을 대통령령으로 정하도록 하고 있는 바, 근로자가 수행하는 업무가 아무리 재량성이 있더라도 대통령령(시행령 제31조)이 정한 업무에 해당하지 않으면 재량간주근로시간제도를 도입할 수 없다.

> 시행령 제31조(재량근로의 대상업무) 법 제58조제3항 전단에서 '대통령령으로 정하는 업무'란 다음 각 호의 어느 하나에 해당하는 업무를 말한다.
> 1. 신상품 또는 신기술의 연구개발이나 인문사회과학 또는 자연과학분야의 연구 업무
> 2. 정보처리시스템의 설계 또는 분석 업무
> 3. 신문, 방송 또는 출판 사업에서의 기사의 취재, 편성 또는 편집 업무
> 4. 의복·실내장식·공업제품·광고 등의 디자인 또는 고안 업무
> 5. 방송 프로그램·영화 등의 제작 사업에서의 프로듀서나 감독 업무
> 6. 그 밖에 고용노동부장관이 정하는 업무(회계, 법률사건, 납세, 노무, 노무관리, 특허, 감정평가, 금융투자분석, 투자자산운용 등의 사무에 있어 타인의 위임·위촉을 받아 상담·조언·감정 또는 대행을 하는 업무)

다. 근로자 대표와의 서면합의

재량근로 특례가 적용되기 위해서는 사용자와 근로자대표 사이에 서면 합의가 있어야 한다. **서면합의의 내용은 ① 대상 업무, ② 사용자가 업무의 수행 수단 및 시간 배분 등에 관하여 근로자에게 구체적인 지시를 하지 아니한다는 내용, ③ 근로시간의 산정은 서면 합의로 정하는 바에 따른다는 내용이**다.(근로기준법 제58조 제3항)

3) 재량간주근로시간제의 효과

근로자대표와 서면 합의한 경우에는 실근로시간에 상관없이 사용자와 근로자대표가 서면으로 합의한 시간을 근로시간으로 본다.(근로기준법 제58조) 따라서, 설령 재량간주근로시간제에서 결정된 간주근로시간보다 실근로시간이 짧은 것으로 판명되더라도 사용자는 간주근로시간을 기준으로 임금을 지급하여야 한고, 그 반대의 경우도 마찬가지다.

(쟁점) 근로기준법상 근로자 대표

1. 근로자 대표의 의미

근로기준법상 근로자 대표라 함은 당해 사업 또는 사업장에 근로자의 과반수로 조직된 노동조합이 있는 경우에는 그 노동조합, 근로자의 과반수로 조직된 노동조합이 없는 경우에는 근로자의 과반수를 대표하는 자를 의미한다(근로기준법 제24조 제3항)[6].

2. 근로자 대표를 선출하는 근로자의 범위

근로자 대표를 선출함에 있어서의 근로자는 사업장에서 근무하는 근로기준법상의 근로자에서 근로기준법 제2조 제1항 제2호에서 정한 사용자에 해당하는 ①**사업주**,②**사업경영담당자**, ③**그 밖에 근로자에 관한 사항에 대하여 사업주를 위하여 행위하는 자를 제외**한다. 따라서, 근로자대표를 선출하는 근로자의 범위는 근로기준법상의 근로자(법 제2조 제1항 제1호)에서 근로기준법상의 사용자(법 제2조 제1항 제2호)를 제외한 근로자를 의미하게 될 것이다.

3. 근로자 대표의 선정단위

근로자 대표는 당해 사업 또는 사업장 단위로 선정되어야 한다. 따라서 하나의 사업이 수개의 사업장으로 구성되어 있는 경우, 근로시간제도를 사업단위로 도입하고자 하면 근로자 대표는 사업단위로 선정하고, 또는 일부 사업장에만 도입하고자 하면 사업장 단위로 선정할 수 있다. 동일사업 또는 사업장 내의 일부 부서에만 적용하고자 하더라도 근로자대표는 반드시 사업 또는 사업장 단위로 선정하여야 하며, 근로자 대표를 선정하는 범위는 반드시 노동조합의 조직범위, 노사협의회의 구성단위와 일치할 필요는 없다.

4. 근로자 대표 선출방법

(1) 근로자 과반수로 조직된 노동조합이 있는 경우

노동조합이 근로자 과반수로 조직된 있는 경우에는 노동조합의 대표자 또는 노동조합으로부터 대표권을 위임 받은 자가 근로자 대표가 된다. 그리고, '근로자 과반수로 조직된 노동조합'에서 과반수란, 노동조합의 조직대상이 아닌 근로자를 포함하는 사업(장) 전체 근로자의 과반수를 의미한다.

(2) 노동조합이 근로자 과반수를 차지하지 못하고 있는 경우

노동조합이 근로자의 과반수를 조직하지 못하고 있는 경우에는 근로자의 과반수를 대표하는 자를 따로 선출하여야 한다. 그런데, 노동관계법령에서는 과반수 근로자대표의 선출과 관련하여 아무런 규정을 두고 있지 않지만, **제도의 취지상 근로자대표는 사용자의 간섭이 배제된 상체에서 민주적 선출방법으로 선출되어야** 할 것이다.

---

6) 근로기준법은 사용자가 탄력적 근로시간제. 선택적 근로시간제, 간주 근로시간제, 재량근로시간제 등과 같은 비정형적 근로시간제도와 근로시간, 휴게시간 특례 제도를 사업장에 도입하거나, 연차휴가의 대체, 선택적 보상 휴가제도의 도입 등 휴가 제도를 변경하기 위해서는 **근로자 대표와의 서면합의**를 할 것을 그 요건으로 하고 있으며, 연소자, 임산부에게 야간 및 휴일근로를 시키거나 경영상 해고를 실시하는 경우에는 **근로자 대표와 성실하게 협의**할 것을 요구하고 있다.

5. 근로시간 및 휴게시간 특례제도 및 근로시간, 휴게 · 휴일 적용 제외 근로자

(1) 근로시간 및 휴게시간 특례제도(법 제59조)

1) 근로시간 및 휴게시간 특례제도 및 일간휴식제

'사업의 특성'에 비추어 **공익적 성격**을 갖춘 일부 업종에 대해 일반 공중의 생활 불편과 지장을 감소시키기 위하여 연장근로시간의 제한인 1주 12시간을 **초과하여 근로**하게 하거나 **휴게시간을 변경**할 수 있다.(근로기준법 제59조 제1항) 한편, 사용자는 근로일 종료 후 다음 근로일 개시 전까지 근로자에게 **연속하여 11시간 이상**의 휴식 시간을 주어야 한다.(근로기준법 제59조 제2항)[7]

2) 특례 업종 적용 요건

가. 근로기준법 제59조에서 열거하고 있는 사업일 것

근로기준법 제59조에서 열거하고 있는 사업, 즉, 각종 운수업 및 보건업은 **제한적 열거 규정**이며, 복합 업종의 경우에는 근로자의 수가 많은 업종을 기준으로 특례 업종 해당 여부를 판단한다[8].

나. 근로자 대표와 서면 합의를 할 것

근로기준법 제59조의 특례제도를 도입하기 위해서는 근로자대표와 사용자의 서면합의가 필요하다, 근로자대표라 함은 그 사업 또는 사업장에 근로자과반수로 조직된 노동조합이 있는 경우는 그 노동조합의 대표자, 근로자과반수로 조직된 노동조합이 없는 경우는 근로자 과반수를 대표하는 자를 의미한다.

3) 특례규정의 효과

근로기준법 제59조의 특례 사업장으로서 근로자 대표와의 서면합의로 **연장 근로의 제한을 배제**시킬 수 있으며, 근로기준법 제54조에 따른 **휴게시간의 부여방법** (4시간 근로에 30분 이상, 8시간 근로에 1시간 이상 휴게시간 부여)도 **변경**할 수 있다. 다만,연장근로에 대한 가산수당, 야간근로수당, 주휴일, 연차휴가 등 다른 근로기준법 조항은 그대로 적용하여야 한다.

4) 벌칙

사용자가 근로기준법 제59조의 요건을 갖추지 않고 근로자에게 1주 12시간을 초과하여 연장근로를 하게 하거나 근로기준법 제54조에 따른 휴게시간을 변경한 경우에는 연장근로의 제한에 관한 근로기준법 제53조 제1항 또는 휴게에 관한 제54조를 위반한 것이 되어, **2년 이하 징역 또는 2천만원 이하 벌금**에 처한다.(근로기준법 제110조 제1호)

---

7) 기존의 특례규정에는 초과 연장근로의 상한선이 설정되어 있지 않다는 문제점을 보완하기 위하여 2018년 개정 근로기준법은 근무일 사이에 11시간 이상의 연속 휴식시간을 보장하는 '**일간 휴식제도**'를 도입하였다. **단, 특례업종에 해당되더라도, 특례를 도입하지 않으면 일간 휴식제도는 적용되지 않는다.**

8) 제59조 특례는 '업종'에 대한 특례이므로 해당업종에 종사하는 근로자라면 업무내용과 무관하게 본조의 특례가 적용된다. 본 59조는 근로시간 및 휴게시간의 특례에 불과하지 근로기준법 제63조와 같이 근로시간 및 휴게,휴일의 '배제'가 아니기 때문에 63조가 적용되는 근로자들과 같은 큰 불이익은 없기 때문이다. 따라서, **59조의 특례의 적용범위와 달리 63조 근로자의 경우에는 그 적용단위의 문제가 중요하다.**(→(2) 63조 근로자의 3)근로기준법 '제63조 제1호의 적용단위'를 참조하라)

(2) 근로시간, 휴게 · 휴일 적용 제외 근로자(법제63조)

1) 근로기준법 제63조의 근로시간, 휴게, 휴일 적용 제외의 취지

근로기준법 제63조는 **근로자가 수행하는 업무의 특수성**으로 인해 근로시간 규제에 관한 근로기준법의 제 규정을 그대로 적용하는 것이 곤란하다고 여겨지는 특정 근로자에 대해서는 근로기준법 제4장과 제5장에서 정한 근로시간, 휴게와 휴일에 관한 규정의 적용을 배제하는 특칙을 두고 있다. 그러나, 근로기준법 제63조의 적용제외 근로자들에게도 **'야간근로 가산 수당' 및 '법정휴가'는 적용된다.**

2) 근로기준법 제63조에 규정된 근로자[9)]

가. 농림 · 수산업 · 축산업 등 제1차 산업 종사자(제63조 제1호, 제2호)

① 토지의 경작 · 개간, 식물의 채식(栽植) · 재배 · 채취 사업, 그 밖의 농림 산업(제1호)과 ②동물의 사육, 수산 동식물의 채포(採補) · 양식 사업, 그 밖의 축산, 양잠, 수산 사업(제2호)의 근로자를 의미한다.

나. 고용노동부장관으로부터 근로시간 등의 적용제외 승인을 받은 감시 · 단속적 근로자(제63조 제3호)

감시적 근로자란 비교적 육체 · 정신적 피로가 적은 감시업무를 주된 업무를 하는 근로자를 의미하며, 단속적 근로자란 근로가 간헐적 · 단속적으로 이루어져 실제 근로시간보다 휴게시간이나 대기시간이 현저하게 많은 근로자를 의미하는 바, 감사적, 단속적 단속적 근로자로서 고용노동부장관의 승인을 받은 자에 한하여 법제63조의 적용을 받는다.[10)]

다. 관리 · 감독 · 기밀 취급자(제63조 제4호)

① 감독 · 관리 업무에 있는 자'란 형식적인 직책과 관계 없이 사용자에 준하는 지위에서 근로자의 근로 조건 기타 노무 관리에 있어서의 결정 권한을 보유한 자를 의미하고, ② 기밀을 취급하는 업무자(기밀 취급자)란 회사의 기밀을 취급할 정도로 그 직무가 경영자 또는 감독 · 관리적 지위에 있는 자의 활동과 불가분의 관계가 있는 자를 의미한다.

3) 근로기준법 제63조 제1호의 적용단위

근로기준법 제63조 제1호 규정에서 말하는 '그 밖의 농림 사업'은 같은 호에 규정된 '토지의 경작.개간, 식물의 재식.재배.채취 사업'과 유사한 사업으로서 제1차 산업인 농업.임업 및 이와 직접 관련된 사업을 의미한다고 보아야 한다. 만약 사용자가 농업.임업을 주된 사업으로 영위하면서 이와 구별되는 다른 사업도 함께 영위하는 경우라면, **그 사업장소가 주된 사업장소와 분리되어 있는지, 근로자에 대한 지휘.감독이 주된 사업과 분리되어 이루어지는지, 각각의 사업이 이루어지는 방식 등을 종합적으로 고려하여 그 사업이 '그 밖의 농림 사업'에 해당하는지 여부를 판단하여야 한다.**(대법원 2020. 2. 6. 선고 2018다241083 판결)

---

9) 단, 취업규칙 등에서 근로기준법 제63조의 적용제외 근로자들의 연장근로(연장야간근로)에 대하여 그 수당을 지급하기로 하는 취지의 규정을 둔 경우에, 근로기준법 제63조 제1호와 제2호의 근로자들은 근로기준법 제63조과 무관하게 취업규칙에서 정한 바에 따라 시간외 근로수당 등을 지급하여야 하지만, **제3호의 감시 · 단속적 근로자로서 고용노동부장관의 승인을 받은 경우**에는 취업규칙에 근거하여 시간외 근로수당 등을 청구할 수 없다는 것이 대법원의 입장이다.(대법원 1996.11.22. 선고 96다30571 판결)

10) 따라서, 감시적 단속적 근로자라도 고용노동부장광의 승인을 받지 않으면 근로기준법 제63조의 적용대상이 아니므로 일반 근로자와 동일하게 취급된다. 즉, 근로시간, 휴게 휴일의 규정이 배제되지 않는다.

6. 휴일 및 휴가

(1) 휴일

1) 휴일의 개념

'휴일'이란 애초에 근로자의 '근로제공 의무가 없는 날, 다시 말하면, 근로자가 근로할 것으로 정한 '소정근로일(근로일)'이 아닌 '비소정근로일(비근로일)'을 의미한다. 비소정근로일인 휴일은 근로를 하지 않는 날이므로 임금이 지급되지 않아야 하지만, 법률 또는 노사간 합의에 의하여 휴일을 무급이 아닌 '유급'으로 정할 수도 있으니, 이런 휴일을 '**유급휴일**'이라고 한다. 따라서, '유급휴일'이란 근로자가 출근하지 않아도 통상적으로 근로한 것과 동일하게 임금을 지급받는 휴일을 의미한다. 대표적인 유급휴일은 근로자가 1주일에 1회씩 쉬는 '주휴일'이다. 주휴일은 소정근로일이 아니므로 근로자는 근로할 의무가 없지만, 근로자가 근로하지 않아도 근로한 것과 동일한 1일 소정근로시간에 대한 임금(주휴수당)을 지급받는다. 이러한 '휴일'은 '휴가'와 함께 근로자의 휴식권 및 건강권을 보장하기 위하여 인정되는 제도로서 근로계약 및 취업규칙의 필수적 기재사항의 하나이다.(근로기준법 제17조)

2) 휴일의 종류

가. 법정 휴일

'법정휴일'은 근로기준법상 규정되어 있는 '**주휴일**'(근로기준법 제55조)과 근로자의 날에 관한 법률에 의한 '**근로자의 날**'이 있다. 2022년 1월 1일부터 5인 이상 사업장의 경우 **국경일이나 공휴일(대체공휴일 포함)이** 민간 기업의 경우에도 법정유급휴일로 지정되었다.

나. 약정휴일

'약정휴일'이란 근로계약 · 단체협약 · 취업규칙 등의 '약정'으로 정한 휴일을 의미한다. 법정휴일인 주휴일과 근로자의 날은 반드시 '유급휴일'이어야 하지만, '약정휴일'을 '유급'휴일로 할지 혹은 '무급'휴일로 할지의 여부는 약정을 한 당사자인 사용자와 근로자가 정하는 바에 따른다.

3) 휴일의 부여 대상

'근로기준법상 근로자'라면 근로형태를 불문하고 모두 유급휴일(주휴일, 공휴일, 근로자의 날)을 부여 받을 권리가 있다. 단,① **1주일의 소정근로일을 개근하지 못한 근로자, ② 4주간을 평균하여 주 15시간 미만인 단시간 근로자 ③ 근로기준법 제2조에서 정한 근로기준법상 근로자에 해당하지 않는 자, ④ 근로기준법 제63조상의 근로자 ⑤ 노조 전임 간부**에게는 '휴일(주휴일, 공휴일)'에 관한 규정의 적용이 배제된다.

4) 공휴일 및 공휴일의 대체

상시 5인 이상 근로자를 사용하는 사업 또는 사용자는 근로자에게 대통령령으로 정하는 휴일(공휴일과 대체공휴일)을 **유급**으로 보장하여야 한다. 다만, **근로자대표와 서면으로 합의**한 경우 특정한 근로일로 **대체**할 수 있다(근로기준법 제55조 제2항, 시행령 제30조 제2항)(→**다.주휴일의 대체**)

5) 주휴일

가. 주휴일의 개념

1인 이상의 근로자를 사용하는 사업(장)의 사용자는 1주일의 소정근로일을 개근한 근로자에게 1주일 평균 1회 이상의 유급휴일, 즉 '**주휴일**'을 주어야 한다.(근로기준법 제55조). '주휴일'은 1주일에 평균 한번 꼴로 부여되는 휴일이라는 의미에서 붙은 명칭이다. 주휴일은 '1주일에 평균 1회 이상' 부여하면 되므로 반드시 1주일 간격으로 특정한 요일에 주휴일을 주지 않아도 되는 것으로 해석된다.

나. 소정근로일의 개근

근로기준법 시행령 제32조는 1주간의 소정근로일수를 개근한 근로자에 한하여 주휴일(유급휴일)을 부여하도록 규정되어 있는 바, 여기에서 '개근'이란 근로제공 의무가 있는 날 즉, '소정근로일'에 '결근'하지 않는 것을 의미한다[11) 한편, 휴일, 연차휴가, 업무상 재해는 결근으로 취급하지 않으므로 주중에 이들 사유가 발생하여도 주휴일은 여전히 발생하는 것이지만, 이들 사유로 1주 소정근로일 '**전부**'를 출근하지 않은 경우에는 '개근'을 조건으로 하는 유급주휴는 발생할 여지가 없다는 것이 행정해석의 태도이나, 이는 의문이다.

다. 휴일의 대체

휴일의 대체란 **근로자대표와 서면합의**로 휴일을 특정한 근로일로 대체하는 것을 의미한다. 그 결과, 대체된 휴일은 더 이상 휴일이 아니므로 대체된 휴일에 근무하더라도 휴일 근로 가산수당이 발생하지 않는다. **공휴일의 대체는 명문의 규정(근로기준법 제55조 제2항)으로 인정되지만,** 주휴일의 대체는 판례에 의하여 인정되고 있다.(대법원 2008. 11. 13. 선고 2007다590 판결) 한편, 특정한 날을 기념하는 '근로자의 날'의 대체는 인정될 여지가 없다.

6) 주휴수당

가. 주휴수당의 의미

'주휴수당'이란 근로자가 **1주일 동안의 소정 근로일수를 개근**하면 부여되는 **유급휴일**(주휴일)에 대한 **수당**을 말한다.[12]. 주휴일'은 근로자가 1주일의 소정근로일을 개근할 것을 조건으로 하는 일종의 '조건부 휴일'이므로, 1주일을 개근하지 못한 근로자에게는 주휴일이 발생하지 않는다.[13] 반면에, 사용자의 귀책사유로 1주간의 소정근로일 전부를 휴업한 경우에는 그 소정근로일에 개근시 부여하는 유급 주휴일도 휴업기간에 포함하여 휴업수당을 산정하여야 한다.

나. 주휴수당 제외 근로자

1주 소정근로시간이 15시간 미만인 근로자 및 근로기준법 제63조상의 근로자의 경우에는 **휴일에 관한 규정이 적용되지 않으므로 휴일(공휴일, 주휴일)을 부여하지 않아도 무방하므로 주휴수당도 발생하지 않는다.**

---

11) 따라서 근로자가 지각, 조퇴, 외출 등의 사유로 소정근로일의 근로시간 전부를 근로하지 못하였다 하더라도 소정근로일을 단위로 그날에 출근하여 근로를 제공하였다면 개근한 것으로 처리하여야 한다

12) 따라서, 1일 8시간, 주 40시간 사업장에서는 월급여액에 1개월 동안의 유급주휴일에 상응하는 35시간분의 주휴수당 (1일 8시간 × 4.345주)이 기본급에 포함되어 있는 것이 일반적이다.

13) 따라서, 주중에 1일 결근한 월급 근로자의 경우에는 결근한 당일분과 1일분의 유급휴일수당이 발생하지 않으므로, 결국 2일분의 임금이 공제될 수 있다.

6) 야간 · 휴일근로의 제한

가. 의의

사용자는 **임산부와 18세 미만자**를 야간과 휴일에 근로시키지 못한다.(근로기준법 제70조 제2항) 임산부란 '임신 중의 여성'과 '산후 1년이 지나지 아니한 여성'을 말한다.(근로기준법 제65조 제1항) 다만, ① 18세 미만자의 **동의**가 있는 경우, ② 산후 1년이 지나지 아니한 여성의 **동의**가 있는 경우, ③ **임신 중의 여성**이 **명시적으로 청구**하는 경우에는 **고용노동부장관의 인가**를 받아 야간근로와 휴일근로를 시킬 수 있다. 이 경우 사용자는 고용노동부장관의 인가를 받기 전에 근로자의 건강 및 모성 보호를 위하여 그 시행 여부와 방법 등에 관하여 그 사업 또는 사업장의 **근로자대표**와 성실하게 **협의**하여야 한다.(근로기준법 제70조 제3 항) 18세 이상의 여성은 근로자 본인의 동의만 있으면 인가를 받을 필요 없이 야간 · 휴일 근로를 할 수 있다. 한편, 18세 이상 남성 근로자의 경우에는 별도로 야간 · 휴일 근로에 대하여 동의 받을 것이 규정되어 있지 않으므로, 연장 근로에 대한 합의만 있다면 별도로 야간 · 휴일근로에 대한 동의를 받을 필요는 없다.

야간 · 휴일근로를 위하여 필요한 근로자의 '**동의**'는 연장근로의 경우에 요구되는 '합의'와는 달리, 근로자 대표에 의한 집단적 방식에 의한 동의는 불가능하고 오로지 근로자 개인의 개별적 동의만 가능하다.

나. 가산임금의 지급

사용자는 근로자에게 야간근로, 휴일근로를 시킨 경우에는 해당 야간 · 휴일근로시간에 대한 임금으로 **통상임금의 100분의 50 이상**을 야간근로수당, 휴일근로수당으로 각각 가산하여 지급하여야 하는 바(근로기준법 제56조 제1항),(단, **8시간 초과의 휴일근로**에 대해는 통상임금의 100%를 지급) 야간 · 휴일근로는 통상의 근로보다 근로자에게 더 큰 피로와 긴장을 가져다주고, 근로자가 누릴 수 있는 **생활상 자유시간을 제한**하므로 이에 상응하는 경제적 보상을 받게 해 주려는 데에 그 취지가 있다.(대법원 2013.11.28. 선고 2011다39946 판결)[14)]

다. 휴일연장근로의 할증률 및 휴일 근로수당의 산정직금의 감급

2018년 근로기준법 개정 전에는 휴일연장근로에 대하여 휴일근로수당만 지급하여야 하는지(통상임금 50% 지급), 아니면 연장근로수당과 휴일근로수당을 중복 지급하여야 하는지(통상임금 100% 지급)와 관련하여 의견이 분분했다. 2018년 개정 근로기준법은 8시간 이내의 휴일근로에 대해는 통상임금의 50%, 8시간 초과의 휴일근로에 대해는 통상임금의 100%를 지급하도록 명시함으로써 위와 같은 할증률 논쟁을 입법적으로 해결했다. 대법원 또한 2018년 6월 21일 선고된 전원합의체 판결에서, '**사용자는 8시간 이하의 휴일연장근로에 대해 휴일근로수당만을 지급할 의무가 있다**'라고 판시함으로써 개정 전 근로기준법하에서 발생한 휴일연장근로에 대해서도 휴일근로수당인 통상임금의 50%만 지급하면 된다는 입장을 확인하였다.(대법원[전합] 2018.06.21. 선고 2011다112391 판결) 따라서 휴일근로가산수당과 관련하여 '8시간 이내의 경우에 통상임금의 **100분의 50 이상**' 지급하는 것은 '일반 휴일가산임금'으로, '8시간을 초과한 경우에는 통상임금의 **100분의 100**'이상을 지급하는 것은 '할증 휴일근로 가산임금'으로 해석하여야 할 것이다.

---

14) 따라서, 임금인상 소급분을 통상임금에 포함하지 않은 결과 소정근로에 대한 임금과 연장근로에 대한 임금이 동일하게 되거나 오히려 연장근로에 대한 임금이 더 적게 되 경우에는 통상임금이 그 기능을 다하지 못하게 되는 부당한 결론이라는 대법원의 판례가 있다.(대법원 2021.8.19. 선고 2017다56226 판결)

(2) 휴가

1) 총설

가. 휴가의 의의

'휴가'는 '근로의무가 있는 날', 즉, 근로를 제공하기로 정한 '소정근로일'이지만, 법률의 규정이나 취업규칙, 단체협약 혹은 사용자의 지시나 근로자의 청구에 의하여 근로의무가 '면제'된 날을 의미한다. 휴가로 정한 날은 원래 근로의무가 있는 '소정근로일'이라는 점에서, 애초에 근로의무가 없는 날 (비소정근로일)인 휴일과 구별된다. 따라서, 휴일은 비소정근로일이므로 근로자가 자유롭게 사용할 수 있지만, 휴가는 소정근로일이므로 근로자가 휴가(예 연차휴가)를 사용하기 위해서는 사전에 사용자에게 신청을 하고 사용자로부터 휴가를 부여받아야 하는 것이다. **'휴가'는 '휴일'과 함께 근로자의 휴식권 및 건강권을 보장하기 위하여 인정되는 제도로서 근로계약 및 취업규칙의 필수적 기재사항이다. 따라서, 사용자는 근로계약체결시 이를 명시하고 근로자에게 주지시킬 의무가 있다.**(근로기준법 제17조)

나. 휴가와 휴일의 구별

휴가는 근로의무가 있는 소정근로일의 근로를 면제해 주는 것이므로, 유급휴가의 경우에는 애초에 근로를 제공하기로 정한 휴가 당일의 소정근로시간에 해당하는 임금만을 지급하고 쉬도록 하는 것이 원칙이다. 또한, 휴가는 그 본질이 '소정근로일'이므로, '비소정근로일'인 휴일과 달리, 휴가일(예 연차휴가일)에 근무한다 하여도 이는 휴일이나 연장 근로가 아닌 소정근로에 불과하므로 (연차)휴가근로수당은 50% 가산하여 지급하지 않는다. 휴일과 휴가는 적용 영역 그 자체가 다르므로 휴일과 휴가는 중복될 수 없다. 따라서, 유급휴가기간 중에 휴일(주휴일)이 있으면 유급휴가 일수에서 휴일(주휴일) 일수는 제외하여야 한다.

다. 휴가의 종류

휴가는 법으로 규정된 '**법정휴가**'와 노사가 근로계약 · 단체협약 · 취업규칙 등으로 정한 '**약정휴가**'로 나뉜다.

(i) 법정휴가

'법정휴가'는 연차유급휴가, 생리휴가, 산전후휴가, 배우자 출산휴가, 난임치료 휴가의 5종류 뿐이므로, 이들 법정휴가 외에는 모두 약정휴가이다. 사용자는 법정휴가를 의무적으로 부여하되, 그 기간은 반드시 유급으로 하여야 한다. 다만, '생리휴가'는 무급휴가이며 난임치료휴가는 최초3일 중 최초의 1일은 유급으로 한다. 법정휴가는 법에 의하여 강제된 휴가이므로 노사가 법정휴가를 배제하거나 제한하기로 하는 약정은 강행법규인 근로기준법에 위반되어 무효이다.

(ii) 약정휴가

'약정휴가'는 노사가 **약정으로** 일정기간에 대해 근로제공의무가 없는 날로 정한 날이다. 따라서, 약정휴가의 부여조건, 부여일수, 부여방법, 임금지급 여부 등에 대해서는 전적으로 당사자의 약정에 따른다.

2) 유급휴가의 대체

근로기준법 제62조(유급휴가의 대체) 사용자는 **근로자대표와의 서면 합의**에 따라 제60조에 따른 연차 유급휴가일을 갈음하여 특정한 근로일에 근로자를 휴무시킬 수 있다.

가. 의의

사용자가 **근로자대표와 '서면합의'**에 의하여 유급휴가일에 갈음하여 특정 근로일에 근로자를 휴무시키는 것을 '휴가의 대체라고 한다.(근로기준법 제62조) 여기서 '특정 근로일'이라 함은 근로의무가 있는 소정근로일 중의 특정일을 의미한다.

나. 요건

유급휴가를 대체하기 위해서는 **근로자대표와의 서면합의**가 필요하다. 근로자대표는 근로자 과반수로 조직된 노동조합이 있으면 그 노동조합, 근로자 과반수로 조직된 노동조합이 없으면 근로자의 과반수를 대표하는 자를 의미한다.

다. 효과

근로자대표와의 서면합의에 따라 연차 유급휴가일을 갈음하여 특정한 근로일에 근로자를 휴무시킬 수 있다. 즉, 근로자로 부터 개별적인 동의를 받을 필요 없이 사업장의 연차휴가를 특정 근무일(소정근로일)로 대체할 수 있게 되며, 근로자는 대체일에 대해 연차유급휴가수당 청구권을 가지게 된다. 그러나, 특별한 근거 규정 없이 근로자의 의사에 반해서 일방적으로 유급휴가를 대체하는 것은 허용되지 않으므로, 이를 테면, 근로자의 결근일을 일방적으로 연차휴가로 대체시킨다든지 하는 것은 근로자의 장래의 연차유급휴가청구권 행사를 침해하는 것으로서 허용되지 않는다

▌ 휴일의 대체, 휴가의 대체, 보상휴가제의 비교

	의의	요건	효과
주휴일의 대체[15] (법적 근거 없음)	주휴일을 특정한 '소정근로일'과 교체	① 단체협약, 취업규칙, 근로계약 등에 근거가 있을 것 ② 24시간 이전에 예고	원래의 주휴일에 근로하는 경우에도 휴일가산수당을 지급하지 않음
유급휴가의 대체 (근기법 제62조)	유급휴가일에 갈음하여 특정 근로일에 휴무	근로자대표와 '서면합의	법정휴가를 특정 근로일로 대체
보상휴가제 (근기법 제56조)	연장 · 야간 · 휴일근로에 대한 임금을 갈음하여 휴가를 부여	근로자대표와 '서면합의	연장 · 야간 · 휴일근로에 수당과 동일한 가치의 보상휴가를 부여

15) 개정 근로기준법 제55조 제1항은 공휴일의 대체를 명문화하였으나 주휴일의 대체는 법적 근거가 없이 판례가 인정하고 있다. 판례(대법원 2000.9.22.판결99다7367 판결 등)는 근로자 개인의 동의에 의한 휴일의 대체는 물론 집단적 동의 방식에 의한 휴일의 대체도 인정하나, 이러한 판례의 태도는 의문이다.

3) 보상휴가제

가. 보상휴가제의 개념

사용자는 근로자대표와의 서면 합의에 따라 제56조에 따른 연장근로 · 야간근로 및 휴일근로에 대하여 임금을 지급하는 것을 갈음하여 휴가를 줄 수 있는 바(근로기준법 제57조), 이를 보상휴가제라고 한다. 즉, 연장근로, 야간근로 및 휴일근로에 대하여는 가산임금을 지급받는 것에 갈음하여 연장 · 야간 · 휴일근로 시간을 적치해 두었다가 '1일'단위 또는 '시간'단위로 휴가를 사용하는 제도를 말하는 것이다. 사용자의 측면에서 보상휴가제는 가산임금에 대한 경제적 부담을 경감시킬 수 있는 장점이 있으며, 근로자의 측면에서는 임금과 휴가에 대한 선택의 폭을 넓혀 준다는 장점이 있다.

나. 보상휴가제의 요건(근로자대표와의 서면합의)

보상휴가제를 도입하기 위해서는 **근로자대표와의 서면합의**가 있어야 한다. 근로자대표란 근로자 과반수로 조직된 노동조합이 있으면 그 노동조합, 근로자 과반수로 조직된 노동조합이 없으면 근로자의 과반수를 대표하는 자를 의미한다. 서면합의는 노사당사자가 서명한 문서의 형태로 작성되어야 한다.

다. 보상휴가의 부여

보상휴가제는 연장 · 야간 · 휴일근로 수당을 대신하여 휴가를 부여하는 제도이므로 부여되는 휴가 역시 연장 · 야간 · 휴일근로 수당과 '**동일**'**한 가**치라야 한다. 보상휴가제의 적용부분을 연장근로 등에 대한 가산수당을 포함한 전체임금으로 할지, 가산수당 부분만으로 할지는 노사 서면합의로 정한 바에 따른다. 1년간의 연장 · 야간 · 휴일 근로시간을 계산하여 (마치 연차휴가를 부여하는 것과 유사하게) 다음 연도에 보상휴가를 부여하고 미사용분에 대하여 그 다음 연도에 금전 보상하는 내용의 노사합의도 유효하다.

라. 임금청구권 및 소멸시효

보상휴가제는 임금지급 대신에 휴가를 부여하는 제도이므로 근로자가 휴가를 사용하지 않은 경우에는 당연히 그에 해당하는 임금이 지급되어야 한다. 그런데, 보상휴가는 연차유급휴가와는 달리 사용자가 휴가사용 촉진조치를 통해 임금지급의무를 면제받을 수 없으며, 별도의 합의가 없는 한 연차휴가와 마찬가지로 **소멸시효는 1년**으로 보아야 할 것이다.

마. 미사용 보상휴가수당청구권

보상휴가는 휴가발생일로부터 1년간 사용할 수 있는 것이므로, 근로자가 휴가 발생일로부터 1년 동안 휴가를 사용하지 못하면 보상휴가청구권은 소멸하므로 근로자는 더 이상 보상휴가는 청구할 수 없고, 그 대신 **소멸시효는** 3년인 '**미사용 보상휴가수당청구권**'이 발생한다. 보상휴가를 전부 사용하지 못하고 퇴직할 경우에는 퇴직한 날로부터 14일 이내에 남아 있는 휴가분에 대한 임금 (보상휴가에 상응하는 가산임금을)을 지급해야 하며, 이에 따른 소멸시효는 퇴직일로부터 기산하는 것이 타당할 것이다.

7. 연차유급휴가

(1) 총설

1) 연차유급휴가제도의 개념

'연차유급휴가'는 근로자의 휴식권을 확보하기 위하여 근로기준법이 정한 대표적인 휴가제도이다. 사용자는 **년간 80퍼센트 이상 출근한 근로자**에게 15일의 **유급휴가**를 주어야 하며, **계속하여 근로한 기간이 1년 미만인 근로자 또는 1년간 80퍼센트 미만 출근한 근로자**에게 **1개월** 개근 시 1일의 유급휴가를 주어야 한다. (근로기준법 제60조 제1항, 제2항)

2) 연차유급휴가제도의 법적 성격

현행 연차휴가제도의 법적 성질은 기왕의 근로에 대한 보상을 의미하는 **'근로보상설'로** 보는 것이 다수설이다.[16]

3) 연차유급휴가 대상인 근로자

연차유급휴가는 **상시 근로자의 수가 5인 이상**의 사업 또는 사업장[17]에서 근무하는 소정근로시간 1주 **15시간 이상인** 근로자가 근로기준법 제60조의 요건을 충족하면 법률상 당연히 발생된다[18].

4) 계속근로기간 및 산정기산일과 종료일

가. 계속근로기간의 개념

'계속근로기간'이라 함은 근로계약 체결시부터 근로계약 종료시까지의 '근로계약 존속기간'으로서 근로자가 회사에 적을 둔 재직기간을 의미한다. 계속근로기간은 근로자의 회사 출근여부와 무관하므로 근로자가 회사에 적을 둔 상태라면 휴직한 기간이나 휴업한 기간 등도 모두 계속근로기간에 포함된다.

나. 산정기산일과 종료일

① 정산기간 : 연차유급휴가는 입사일로부터 매 1년 단위로 산정하는 것이 원칙이다. 민법상 초일불산입원칙에도 불구하고, 근로기준법에 규정된 계속근로년수의 기산일은 출근의무가 있는 첫 출근일부터 기산한다.

② 종료일: 연차휴가의 종료일은 근로관계의 자동소멸(근로자의 사망, 폐업, 파산 등), 임의퇴직, 합의퇴직, 정년퇴직, 경영상 해고, 징계해고 등에 의해 근로계약이 종료되는 날(근로를 현실적으로 마지막으로 제공한 날의 다음날)을 의미한다.

---

16) 연차휴가의 법적 성질을 근로보상으로 보는 경우에는 근로제공을 연차휴가의 요건이 될 것이고, 미사용연차유급휴가의 법적 성격은 '임금'으로 보게 될 것이다
휴가 부여는 사후적으로 유급으로 주어지게 될뿐더러 연차휴가를 사용하지 않은 경우 수당으로 보상해 주어야 할 것이고, 휴가사용은 근로자 개인의 선택이 원칙이 된다 할 것이다.

17) 연차유급휴가를 적용함에 있어서의 상시근로자수를 산정하는 경우에는 산정사유발생일 전 **1년 동안** 월단위로근로자수를 산정 한 결과 **1월도 빠지지 않고** 계속하여 5명 이상의 근로자를 사용하는 사업 또는 사업장에만 적용한다.(근로기준법 시행령 제7조의2 제3항)

18) 따라서, 정근로시간 **1주 15시간 미만**인 이른바 '초단시간 근로자'에게는 연차유급휴가를 부여하지 않아도 된다.(실근로시간이 아니라 '소정근로시간'이 15시간임을 유의하라)

(2) 연차유급휴가일수의 산정

1) 연차유급휴가일수의 산정

연차유급휴가는 **1년의 계속근로가 전제**되어야 발생한다.[19] 즉, 근로자의 1년의 계속근로를 전제로, 출근율이 80% 이상인 경우, 즉 1년간의 **소정근로일의 80% 이상** 출근하는 경우에는 당해 연도의 **정상연차** 개수에 해당하는 연차휴가가 주어지고, 출근율이 80% 미만인 경우, 즉, 1년긴의 **소정근로일의 80% 미만** 출근하는 경우에는 **1개월 개근 시마다 1일씩** 연차(월차형 연차휴가)가 발생한다. 여기에서, 당해 연도의 **정상연차**를 확정하기 위한 '**출근율 80%**'는 1년간의 역수(365일)의 80%가 아니라 '**소정근로일수**[20]'의 80%를 의미한다.

2) 연차유급휴가일수의 확정(→사례: 57)

가. 근속 1년 미만 근로자 (정상연차는 발생할 여지가 없음)

근속 1년 미만 근로자는 1월 개근할 때마다 1일씩 1년간 **총 11일**의 연차휴가가 발생한다.

나. 근속 1년 이상 근로자의 '정상연차'

'**정상연차**'란 1년 소정근로일의 **80%이상** 출근한 근로자에게 부여되는 **법정 연차일수**를 의미한다. 근속 1년 이상 근로자의 '정상연차'는 **기본휴가** 15일부터 시작하여 계속근로 **3년차부터** 매2년마다 기본 휴가 15일에 **1일을 가산**한 유급휴가를 주어야 하며, 총 휴가일수는 **최대 25 일**을 한도로 한다. 단, 연차휴가를 사용할 권리는 **1년의 근로를 마친 다음날** 발생하므로, 만 1년을 근무하고 퇴사하는 근로자의 연차휴가일수는 26일(11일+15일)이 아니라 **최대 11일**이다.(대법원 2021.10.14. 선고 2021다227100 판결)

> ① **기본휴가**(15일): 기본 연차유급 휴가는 15일이다. 즉, 1년 이상 계속 근속한 근로자로서 소정근로일수 8할 이상 출근하면 그 다음해에 처음으로 발생하는 최초의 정상 연차의 수는 15일이다.
>
> ② **가산휴가**: 사용자는 계속근로 3년차부터 매2년마다 기본 휴가 15일에 1일을 가산한 유급휴가를 주어야 하며, 총 휴가일수는 **최대 25일**을 그 한도로 한다.
>
> ③ **연차유급휴가 산정 공식** : (N - 1) ÷ 2 (N = 재직 년수)
> 예 10년을 재직한 근로자의 연차 일수는?
> (10-1) ÷ 2 = 4 (소수점 이하는 무조건 절사) 따라서 연차 일수: 기본 휴가 15 + 4 = 19일

> **(예) '정상연차 20일'인 근로자 A, B가 다음과 같이 출근(개근)하였을 경우의 출근율과 연차 일수는?**
> A : 2개월 중 9개월 출근,
> B: 12개월 중 10개월 출근
>
> ① **A의 출근율과 연차일수**::12개월 중 9개월 출근하였으므로 출근율은 9/12×100 = **75%**로서 80% 미만이므로 **9일**(1개월 개근 시마다 1일씩 연차가 발생하기 때문인데 A는 9개월만 개근하였기 때문이다.)의 휴가 발생한다.
>
> ② **B의 출근율과 연차일수**: 12개월 중 10개월 출근하여으므로 10/12×100 = **83.3%이**므로 출근율이 80%가 넘으므로 **20일**의 정상연차 일수를 모두 부여 받는다.

---

19) 따라서 1년 미만의 근로자에게 부여하는 연차유급휴가는 부득이한 예외로 보아야 한다.
20) 소정근로일수 = 365일 (1년) - (①법정휴일, ② 약정 휴일/휴무일}.

(3) 결근 사유에 따른 연차유급휴가의 산정(→사례: 56)

① 개인(귀책)사유로 결근한 날 또는 기간(결근 처리=결근 간주)

① 사용자의 승인을 받지 못한 **업무 외 사유에 의한 병가(개인질병)** ② 휴직기간(개인사유) ③ 구속수감기간(개인사유) ④ **정직, 직위해제 등 징계 기간**

위의 사유에 해당하는 날 또는 기간은 **소정근로일수에 포함시키되, 출근일수에서 제외(결근처리)**한다. 그 결과, 출근률이 80%로 이상이면 정상연차를, 80% 미만이면 1월 개근당 1일의 연차휴가를 부여한다.

② (결근했으나) 법령상 또는 그 성질상 출근한 것으로 보아야 하는 날 또는 기간(출근 처리=출근 간주)

① **업무상의 상병으로 휴업한 기간 및 임산부의 보호로 휴업한 기간 (근로기준법 제60조제6항): 산재기간, 출산전후휴가 기간 등,** ② 예비군훈련기간 (향토예비군설치법 제10조), ③ 공민권행사를 위한 휴무일 (공직선거법 제6조제2항), ④ 연차유급휴가 및 생리휴가⑤ **남녀고용평등법에 의한 육아휴직기간, 가족돌봄휴직기간,** ⑥ 기타 이상의 날 또는 기간에 준하여 해석할 수 있는 날 또는 기간 : **위법한 직장폐쇄기간, 부당해고기간(법원의 태도)** 등

위의 사유에 해당하는 날 또는 기간은 **소정근로일수에 포함시키되, 출근일수에 포함(출근처리)**한다. 그 결과, 출근률이 80%로 이상이면 정상연차를, 80% 미만이면 1월 개근당 1일의 연차휴가를 부여한다.

② (결근했으나) 특별한 사유로 근로제공의무가 정지되는 날 또는 기간(비례계산)

① 사용자의 승인을 받은 **업무 외 부상 · 질병 휴직**(임금근로시간과-1736, 2021.8.4.) ② **정당한 쟁의행위기간**(대법원 2013. 12. 26. 선고 2011다4629 판결, 임금근로시간과-906, 2021.4.16. 등) ③ 노조전임자의 전임기간 (대법원 2019.02.14. 선고 2015다66052 판결)[21]

위의 사유에 해당하는 기간은 **소정근로일수에서 제외**하고 나머지 소정근로일수(**실질 소정근로일수**)를 기준으로 근로자의 출근율을 산정하여 연차유급휴가 취득 요건의 충족 여부를 판단하되, 그 요건이 충족되는 경우에는 본래 평상적인 근로관계에서 80% 출근율을 충족할 경우 산출되었을 **연차유급휴가 일수(정상연차유급휴가일수)에 대하여 '연간 소정근로일수에서 쟁위행위기간이 차지하는 일수를 제외한 나머지 일수(실질 소정근로일수)'를 연간 소정근로일수로 나눈 비율을 곱하여 산출된 연차유급휴가일수**를 근로자에게 부여한다.(대법원 2013. 12. 26. 선고 2011다4629 판결)

(예 1) 연간 소정근로알수 250, 적법한 쟁의행위기간 100일, 정상연차유급휴가일수:15일

① 실질 소정근로일수의 산정: 연간 소정근로일수(250) - 적법한 쟁의행위기간(100) = 150일

② 실질 소정 실제근로일수(150일)를 연간소정근로일수(250)일로 나눈 비율=150÷250=0.6(60%)

③ '정상연차유급일수(15일)에 대하여 실질 소정근로일수'를 '연간 소정근로일수'로 나눈 **비율(0.6)을 곱한다.**

(∴) 15 X 0.6 = 9일의 연차휴가가 발생한다.

(예 2) 연간 소정근로알수 250, 적법한 쟁의행위기간 50일, 정상연차유급휴가일수:15일

= 200÷250 = 0.8(80%) → **따라서 12일(0.8X15)의 연차휴가가 발생한다.**

cf) 비례계산(판례)하지 않으면 출근율이 80% 이상이므로 정상연차유급휴가일 15일을 부여받는다.

---

21) 단, 전임기간이 **연 총근로일수 전부를** 차지하는 경우라면 단체협약 등에서 달리 정하고 있지 않는 노조전임기간중에는 연차휴가에 관한 권리는 발생하지 않는다.(대법원 2019.02.14. 선고 2015다66052 판결)

(쟁점) 정직기간을 결근으로 간주한 취업규칙의 효력(→사례: 56)

1. 문제점

근로기준법 제60조 제1항에 따르면 사용자는 1년간 80퍼센트 이상 출근한 근로자에게 15일의 유급휴가를 주어야 한다. 또한 동조 제6항에 따르면 연차유급휴가 부여를 위한 출근율 계산과 관련하여 근로자가 업무상의 부상 또는 질병으로 휴업한 기간 및 임신 중의 여성이 근로기준법 제74조 제1항부터 제3항까지의 규정에 따른 출산전후휴가, 유산휴가 및 사산휴가로 휴업한 기간은 출근한 것으로 간주된다. 그런데, 취업규칙에서 연차유급휴가 부여를 위한 출근율 계산 시 정직기간은 소정근로일수에 포함시키되, 결근 처리하도록 규정한 경우, **근로자는 이미 정직기간 중에 임금을 지급받지 못하는 불이익을 받았는데**, 나아가 연차휴가 부여에서도 불이익을 받는 것이 정당한 지 문제된다..

2. 학설

1) **소정근로일에서 제외하고 비례적으로 삭감**하여야 한다는 입장

정직기간 동안에 **근로관계는 정지**하는 것임에도 징계의 일종인 정직 등의 기간에 대하여 정직기간 전체를 결근으로 처리한다면 징계에 따른 불이익에 더하여 연차유급휴가의 부여에 있어서도 불이익을 주는 것으로서, 이는 근로자에게 **지나치게 가혹**하므로 정직기간은 **소정근로일에서 제외**하고 출근율을 산정하되, 연차유급휴가일수의 산정에 있어서는 **비례적으로 삭감**해야 한다는 견해이다.

2) **결근한 것으로 간주**하는 입장

정직기간은 **근로자에게 귀책사유가 있는 기간**으로 보아야 할 것이므로 정직기간은 **소정근로일수에 포함시키되 결근처리**하는 것이 근로기준법 제60조에 반하는 것은 아니라는 입장이다.

3. 판례

판례는 '정직이나 직위해제 등의 징계를 받은 근로자는 징계기간 중 근로자의 신분을 보유하면서도 근로의무가 면제되므로, 사용자는 취업규칙에서 근로자의 정직 또는 직위해제 기간을 소정 근로일수에 포함시키되 그 기간 중 근로의무가 면제되었다는 점을 참작하여 연차유급휴가 부여에 필요한 출근일수에는 포함되지 않는 것으로 규정할 수도 있고, 이러한 취업규칙의 규정이 근로기준법에 반하여 근로자에게 불리한 것이라고 보기는 어렵다.'는 입장이다.(대법원 2008.10.09. 선고 2008다41666 판결)

4. 결론

정직기간도 근로자 본인의 귀책사유로 근무하지 않은 기간으로 볼 수 있으므로, 연차휴가일수의 산정과 관련하여 취업규칙에 따라 **정직기간을 결근으로 처리한 것은 적법**하다고 판단되므로, 근로기준법 제60조에 반하지 않는다고 판단된다.

사례연습 56

특별한 사유에 따른 연차유급휴가의 산정 (2021년도 변호사시험 기출문제)

한편 乙과 丙은 2019. 1. 1. 입사하여 A회사에 근무하는 근로자이다. 乙은 2020년 1년 중 3개월간의 정직처분을 받고 해당 기간 동안 근무하지 않았다(정직처분은 정당하다고 전제함). 또한 丙은 업무상 질병을 인정받아 2020년 1년 중 4개월간 휴업하였다. 乙과 丙은 이를 제외한 나머지 소정의 근로일에는 모두 출근하였다. 2021년이 되어 A회사는, 乙과 丙이 2020년 1년 동안 80% 이상 출근한 경우가 아니므로 乙과 丙에게 2021년에 「근로기준법」에 규정된 15일의 연차 유급휴가를 줄 수 없다고 통지하였다. 연차 유급휴가 일수의 산정에 대하여 A회사의 취업규칙은 "정직 기간은 소정근로일수에 포함시키되, 출근일수에서 제외한다."라고 규정하고 있지만, 업무상 질병으로 인한 휴업 기간에 대하여는 규정하고 있지 않다.

乙과 丙에게 15일의 연차 유급휴가를 줄 수 없다는 A회사의 주장은「근로기준법」상 적법한가? 乙과 丙의 경우를 각각 검토하여 서술하시오. (40점)

Ⅰ. 설문1의 해결

1. 쟁점의 정리

근로기준법 제60조 제1항에 따르면 사용자는 1년간 80퍼센트 이상 출근한 근로자에게 15일의 유급휴가를 주어야 한다. 또한 동조 제6항에 따르면 연차유급휴가 부여를 위한 출근율 계산과 관련하여 근로자가 업무상의 부상 또는 질병으로 휴업한 기간 및 임신 중의 여성이 근로기준법 제74조 제1항부터 제3항까지의 규정에 따른 출산전후휴가, 유산휴가 및 사산휴가로 휴업한 기간은 출근한 것으로 간주된다. 그런데, 사안에서 ① 乙은 3개월간의 정직처분을 받았고 연차유급휴가와 관련하여 취업규칙 규정에 따라 위 정직기간은 결근으로 처리되었는데, 이와 같이 연차유급휴가 부여를 위한 출근율 계산 시 정직기간의 결근 처리에 관하여 규정하고 있는 A회사의 취업규칙에 근거한 결근처리가 근로기준법 제60조와 관련하여 법적으로 유효하게 인정될 수 있는지 문제되고, ② 丙은 업무상 질병으로 4개월간 휴직하였는데, A회사의 취업규칙에는 아무런 근거가 없음에도 결근 처리하고 연차휴가를 부여하지 않았은 것이 근로기준법 제60조와 관련하여 법적으로 유효하게 인정될 수 있는지 문제된다.

2. 연차유급휴가

(1) 연차유급휴가제도의 의의

'연차유급휴가'는 근로자의 휴식권을 확보하기 위하여 근로기준법이 정한 대표적인 휴가제도이다. 사용자는 연간 80퍼센트 이상 출근한 근로자에게 15일의 유급휴가를 주어야 하며, 계속하여 근로한 기간이 1년 미만인 근로자 또는 1년간 80퍼센트 미만 출근한 근로자에게 1개월 개근시 1일의 유급휴가를 주어야 한다.(근로기준법 제60조 제1항, 제2항)

(2) 특별한 결근 사유에 따른 연차유급휴가의 산정

근로자가 결근한 사유가 근로자 개인의 귀책사유에 기인한 것이 아님에도 근로자가 연차휴가일수의 산정에서 불이익을 받는 것은 불합리하다. 따라서, 연차휴가일수 산정은 근로자의 결근 등이 누구의 귀책사유에 기인한 것인지를 살펴서 ① 법령상 또는 그 성질상 출근한 것으로 보아야 하는 날 또는 기간은 소정근로일수에 포함시키되, 출근일수에 포함시켜서 출근한 것으로 간주하고, ② 특별한 사유로 근로제공의무가 정지되는 날 또는 기간은 연간 80퍼센트의 출근률 계산시 이를 제외한 나머지 '실질 소정근로일수'에 대한 출근율에 따라 산출된 일수에 당해 사업장의 연간 총소정근로일수에 대한 나머지 소정근로일수(실질 소정근로일수) 비율을 곱하여 산정한다.

3. 정직을 결근으로 간주한 취업규칙

(1) 문제점

취업규칙에서 연차유급휴가 부여를 위한 출근율 계산 시 정직기간은 소정근로일수에 포함시키되, 결근 처리하도록 규정한 경우, 근로자는 이미 정직기간 중에 임금을 지급받지 못하는 불이익을 받았는데, 나아가 연차휴가 부여에서도 불이익을 받는 것이 정당한 지 문제된다.

(2) 학설

1) 소정근로일에서 제외하고 비례적으로 삭감하여야 한다는 입장

정직기간 동안에 근로관계는 정지하는 것임에도 징계의 일종인 정직 등의 기간에 대하여 정직기간 전체를 결근으로 처리한다면 징계에 따른 불이익에 더하여 연차유급휴가의 부여에 있어서도 불이익을 주는 것으로서, 이는 근로자에게 지나치게 가혹하므로 정직기간은 소정근로일에서 제외하고 출근율을 산정하되, 연차유급휴가일수의 산정에 있어서는 비례적으로 삭감해야 한다는 견해이다.

2) 결근한 것으로 간주하는 입장

정직기간은 근로자에게 귀책사유가 있는 기간으로 보아야 할 것이므로 정직기간은 소정근로일수에 포함시키되 결근처리하는 것이 근로기준법 제60조에 반하는 것은 아니라는 입장이다..

(3) 판례

판례는 '정직이나 직위해제 등의 징계를 받은 근로자는 징계기간 중 근로자의 신분을 보유하면서도 근로의무가 면제되므로, 사용자는 취업규칙에서 근로자의 정직 또는 직위해제 기간을 소정 근로일수에 포함시키되 그 기간 중 근로의무가 면제되었다는 점을 참작하여 연차유급휴가 부여에 필요한 출근일수에는 포함되지 않는 것으로 규정할 수도 있고, 이러한 취업규칙의 규정이 근로기준법에 반하여 근로자에게 불리한 것이라고 보기는 어렵다.'는 입장이다.(대법원 2008.10.09. 선고 2008다41666 판결)

(4) 검토

정직기간도 근로자 본인의 귀책사유로 근무하지 않은 기간으로 볼 수 있으므로, 연차휴가일수의 산정과 관련하여 취업규칙에 따라 乙의 정직기간을 결근으로 처리한 것은 적법하다고 판단되므로, 근로기준법 제60조에 반하지 않는다고 판단된다.

(5) 사안의 경우

근로기준법에 따르면 근로자가 업무상의 부상 또는 질병으로 휴업한 기간과 산전후휴가 또는 유사산휴가를 사용한 기간을 연차휴가의 출근율 산정에 관해서는 출근한 것으로 간주하고(동법 제60조 제6항), 이들 기간에 현실적으로 출근하지 않았더라도 연차휴가에 불리하게 대우해서는 안 된다는 것을 명시하고 있다. 하지만 그 외의 경우에 대하여는 명시하고 있지 않으므로 당해 취업규칙이 근로기준법 제60조에 어긋나는 것으로 볼 수 없고, 연차휴가의 취지와 근로자의 귀책사유에 의한 징계인 점을 고려할 때 정직기간을 결근으로 처리한 것은 부당하다고 할 수 없다.

3. 업무상 재해로 인한 기간을 결근으로 간주한 취업규칙

(1) 법규정

근로기준법 제60조 제1항에 따르면 사용자는 1년간 80퍼센트 이상 출근한 근로자에게 15일의 유급휴가를 주어야 한다. 또한 동조 제6항에 따르면 연차유급휴가 부여를 위한 출근율 계산과 관련하여 근로자가 업무상의 부상 또는 질병으로 휴업한 기간 및 임신 중의 여성이 근로기준법 제74조 제1항부터 제3항까지의 규정에 따른 출산전후휴가, 유산휴가 및 사산휴가로 휴업한 기간은 출근한 것으로 간주된다.

(2) 강행법규에 반하는 취업규칙의 효력

취업규칙은 법령이나 해당 사업 또는 사업장에 대하여 적용되는 단체협약과 어긋나서는 아니 된다.(근로기준법 제96조) 따라서, 법령이나 단체협약에 반하는 취업규칙의 변경은 절차의 적법여부와 관계없이 효력이 없어 무효이며, 무효가 된 부분은 법령이나 단체협약의 내용에 의해 보충된다.

(3) 사안의 경우

사안에서의 A사의 취업규칙은 강행규정인 근로기준법 제60조에 위반되어 효력이 없고, 따라서 업무상 질병으로 4개월간 휴직한 丙을 결근 처리하고 연차휴가를 부여하지 않은 것은 근로기준법 제60조에 위반되는 위법한 행위이다.

4. 결론

① 정직 등 근로자 본인의 귀책사유로 근무하지 못한 날을 결근으로 본다고 규정하고 있는 A회사의 취업규칙은 근로기준법 제60조에 반하여 근로자에게 불리한 것이라고 볼 수 없고, 따라서 A회사가 취업규칙에 따라 乙의 정직기간을 결근으로 처리한 것은 적법하다. ② 반면에, 업무상 질병으로 4개월간 휴직한 丙을 결근 처리하고 연차휴가를 부여하지 않은 것은 근로기준법 제60조에 위반되는 위법한 행위이다.

유사문제

정직기간과 연차유급휴가(2014년 제2차 변호사시험 모의시험)

근로자 甲은 2004.7. 1. A의 회사에 영업직 사원으로 입사하여 근무하던 중, 2012.7. 1.부터 7.15.까지 15일간 불법파업을 주도하였고, 이 사실로 인해 같은 해 9. 15.부터 11. 14.까지 2개월간 정직 처분을 받았다. 2013년도 연차휴가와 관련하여, A회사는 '8할 이상 출근한 사원에게는 15일의 연차유급휴가를 준다.'라는 취업규칙 제20조 제1항 및 '제1항의 출근율 계산에서 결근, 휴직 또는 정직 등 근로자 본인의 귀책사유로 근무하지 못한 날은 결근으로 본다.'라는 같은 조 제6항에 따라 정직 기간을 결근으로 처리하였다.

A회사가 2013년도 연차휴가와 관련하여 근로자 甲의 정직기간을 결근으로 처리한 것은 「근로기준법」상 타당한가?

1. 쟁점의 정리

사안에서 甲은 불법파업 주도로 인하여 2개월의 정직처분을 받았고 연차유급휴가와 관련하여 취업규칙 규정에 따라 위 정직기간은 결근으로 처리되었는 바, 이와 같이 연차유급휴가 부여를 위한 출근율 계산 시 정직기간의 결근 처리에 관하여 규정하고 있는 A회사 취업규칙 제20조 제6항에 근거한 결근처리가 근로기준법 제60조에 따라 법적으로 유효하게 인정될 수 있는지 여부가 문제된다.

2. 사안의 경우

근로기준법에 따르면 근로자가 업무상의 부상 또는 질병으로 휴업한 기간과 산전후휴가 또는 유사산휴가를 사용한 기간을 연차휴가의 출근율 산정에 관해서는 출근한 것으로 간주하고(동법 제60조 제6항), 이들 기간에 현실적으로 출근하지 않았더라도 연차휴가에 불리하게 대우해서는 안 된다는 것을 명시하고 있다. 하지만 그 외의 경우에 대하여는 명시하고 있지 않으므로 당해 취업규칙이 근로기준법 제60조에 어긋나는 것으로 볼 수 없고, 연차휴가의 취지와 근로자의 귀책사유에 의한 징계인 점을 고려할 때 정직기간을 결근으로 처리한 것은 부당하다고 할 수 없다.

3. 결론

A회사는 '8할 이상 출근한 사원에게는 15일의 연차유급휴가를 준다.'라는 취업규칙 제20조 제1항 및 '제1항의 출근율 계산에서 결근, 휴직 또는 정직 등 근로자 본인의 귀책사유로 근무하지 못한 날은 결근으로 본다.'라는 같은 조 제6항에 따라 불법파업 주도로 인한 甲의 2개월 정직기간을 결근으로 처리하였다. 이 경우 앞서 살펴본 대법원 판례의 입장에 따라 해석한다면 결근, 휴직 또는 정직등 근로자 본인의 귀책사유로 근무하지 못한 날을 결근으로 본다고 규정하고 있는 A회사의 취업규칙 제 20조 제6항은 근로기준법 제60조에 반하여 근로자에게 불리한 것이라고 볼 수 없고, 따라서 A회사가 근로자 甲의 불법파업주도로 인한 징계로 2개월간 정직 처분을 하고, 연차휴가일수의 산정과 관련하여 취업규칙에 따라 해당기간을 결근으로 처리한 것은 적법하다.

(쟁점) 쟁의행위(파업) 기간 중의 연차유급휴가(→사례: 57)

1) 문제점

근로자가 정당하게 헌법상 보장되는 권리를 행사하는 정당한 쟁의행위기간을 출근으로 간주하는 법률의 규정이 존재하지 아니하는 바, 연차유급휴가를 부여하는 데에 있어서 **정당한 쟁의행위기간**을 어떻게 처리하여야 하는 것인지 문제된다.

2) 학설

1) **소정근로일에서 제외**하여야 한다는 입장

정당한 쟁의행위 기간동안에 근로관계는 정지하는 것이므로 근로제공의 의무가 없는 날인 주휴일, 근로자의 날 등과 마찬가지 정당한 쟁의행위기간 전체를 출근이나 개근의 계산에서 제외되는 기간으로 파악하는 입장이다.

2) **출근한 것으로 간주**하는 입장

정당한 쟁의행위는 헌법과 법률이 보장하는 권리를 행사한 것이므로 연차유급휴가에 관하여 근로자에게 불이익을 주는 것은 불합리하므로, 해당 기간은 출근한 것으로 보아야 한다는 견해이다.

3) **비례적으로 삭감**하는 입장

정당한 쟁의행위 기간에 대해서는 근로자에게 불이익을 줄 수도 없으며, 일방적으로 사용자에게 불이익을 감수하도록 강요할 수도 없으므로, 소정근로일에서 제외하고 출근율을 산정하되, 연차유급휴가일수의 산정에 있어서는 비례적으로 삭감해야 한다는 견해이다.

3) 판례

근로자가 정당한 쟁의행위를 하여 현실적으로 근로를 제공하지 않은 경우, 쟁의행위는 헌법이나 법률에 의하여 보장된 근로자의 정당한 권리행사이고 그 권리행사에 의하여 쟁의행위 동안 근로관계가 정지됨으로써 근로자는 근로의무가 없으며, 쟁의행위를 이유로 근로자에게 불리하게 대우하는 것은 법률상 금지되므로, 근로자가 쟁의행위 기간 동안 근로를 제공하지 아니하였다고 하여 이를 두고 근로자가 결근한 것으로 볼 수는 없지만, **법령 어디에도 그 기간을 출근한 것으로 간주하는 규정을 두고 있지는 않으므로,** 이러한 경우에는 연차유급휴가제도의 취지 등을 고려는 한편 연차유급휴가는 1년간의 근로에 대한 대가로서의 성질을 갖고 있어 현실적인 근로의 제공이 없었던 쟁의행위기간에는 원칙적으로 근로에 대한 대가를 부여할 필요가 없다는 점 등을 고려할 때, **연간 소정근로일수에서 쟁위행위기간이 차지하는 일수를 제외한 나머지 일수를 기준으로** 근로자의 출근율을 산정하여 연차유급휴가 취득요건의 충족여부를 판단하되, 그 요건이 충족되는 경우에는 본래 평상적인 근로관계에서 80% 출근율을 충족할 경우 산출되었을 연차유급휴가 일수(정상연차유급휴가일수)**에 대하여 '연간 소정근로일수에서 쟁위행위기간이 차지하는 일수를 제외한 나머지 일수'를 연간 소정근로일수로 나눈 비율을 곱하여 산출된 연차유급휴가일수**를 근로자에게 부여함이 합리적이라는 것이 판례의 태도이다.(대법원 2013. 12. 26. 선고 2011다4629 판결)

4) 검토

헌법 제33조 제1항의 헌법적 의미를 고려할 때 정당한 쟁의행위로 인한 파업기간을 단순 제외하여 연차유급휴가 취득요건 충족여부를 판단할 것이 아니라 연간 소정근로일수에서 쟁위행위기간이 차지하는 일수를 제외하되, **'실질 소정근로일수'('연간 소정근로일수'-쟁의행위참가기간)가 '연간 소정근로일수'에 차지하는 비율에 상응해 연차유급휴가일수를 비례하여 삭감**하는 판례의 산정방식이 타당하다.

관련판례 대법원 2013. 12. 26. 선고 2011다4629 판결 쟁의행위기간 중의 연차유급휴가

[1] 근로기준법 제60조 제1항은 연차유급휴가에 관하여 '사용자는 1년간 8할 이상 출근한 근로자에게 15일의 유급휴가를 주어야 한다'고 규정하고 있는데, 이는 근로자에게 일정 기간 근로의무를 면제함으로써 정신적·육체적 휴양의 기회를 제공하고 문화적 생활의 향상을 기하려는 데 취지가 있다. 이러한 연차유급휴가는 근로자가 사용자에게 근로를 제공하는 관계에 있다는 사정만으로 당연히 보장받을 수 있는 것이 아니라, 1년간 8할 이상 출근하였을 때 비로소 부여받을 수 있는 것이므로 다른 특별한 정함이 없는 이상 이는 1년간의 근로에 대한 대가라고 볼 수 있고, 근로자가 연차유급휴가를 사용하지 못하게 됨에 따라 사용자에게 청구할 수 있는 연차휴가수당은 임금이라고 할 것이다. 여기서 근로자가 1년간 8할 이상 출근하였는지는 1년간의 총 역일(曆日)에서 법령, 단체협약, 취업규칙 등에 의하여 근로의무가 없는 날로 정하여진 날을 제외한 나머지 일수, 즉 연간 근로의무가 있는 일수(이하 '연간 소정근로일수'라고 한다)를 기준으로 그중 근로자가 현실적으로 근로를 제공한 날이 얼마인지를 비율적으로 따져 판단하여야 하고, 연간 소정근로일수는 본래 사용자와 근로자 사이에 평상적인 근로관계, 즉 근로자가 사용자에게 근로를 제공하여 왔고 또한 계속적인 근로제공이 예정되어 있는 상태를 전제로 한 것이다.

[2] 근로자가 정당한 쟁의행위를 하거나 '남녀고용평등과 일·가정 양립 지원에 관한 법률'(이하 '남녀고용평등법'이라 한다)에 의한 육아휴직[22](이하 양자를 가리켜 '쟁의행위 등'이라 한다)을 하여 현실적으로 근로를 제공하지 아니한 경우, 쟁의행위 등은 헌법이나 법률에 의하여 보장된 근로자의 정당한 권리행사이고 그 권리행사에 의하여 쟁의행위 등 기간 동안 근로관계가 정지됨으로써 근로자는 근로의무가 없으며, 쟁의행위 등을 이유로 근로자를 부당하거나 불리하게 처우하는 것이 법률상 금지되어 있으므로(노동조합 및 노동관계조정법 제3조, 제4조, 제81조 제1항 제5호, 남녀고용평등법 제19조 제3항), 근로자가 본래 연간 소정근로일수에 포함되었던 쟁의행위 등 기간 동안 근로를 제공하지 아니하였다 하더라도 이를 두고 근로자가 결근한 것으로 볼 수는 없다. 그런데 다른 한편 그 기간 동안 근로자가 현실적으로 근로를 제공한 바가 없고, 근로기준법, 노동조합 및 노동관계조정법, 남녀고용평등법 등 관련 법령에서 그 기간 동안 근로자가 '출근한 것으로 본다'는 규정을 두고 있지도 아니하므로, 이를 두고 근로자가 출근한 것으로 의제할 수도 없다. 따라서 이러한 경우에는 헌법과 관련 법률에 따라 쟁의행위 등 근로자의 정당한 권리행사를 보장하고, 아울러 근로자에게 정신적·육체적 휴양의 기회를 제공하고 문화적 생활의 향상을 기하려는 연차유급휴가 제도의 취지를 살리는 한편, 연차유급휴가가 1년간의 근로에 대한 대가로서의 성질을 갖고 있고 현실적인 근로의 제공이 없었던 쟁의행위 등 기간에는 원칙적으로 근로에 대한 대가를 부여할 의무가 없는 점 등을 종합적으로 고려할 때, 연간 소정근로일수에서 쟁의행위 등 기간이 차지하는 일수를 제외한 나머지 일수를 기준으로 근로자의 출근율을 산정하여 연차유급휴가 취득 요건의 충족 여부를 판단하되, **그 요건이 충족된 경우에는 본래 평상적인 근로관계에서 8할의 출근율을 충족할 경우 산출되었을 연차유급휴가일수에 대하여 '연간 소정근로일수에서 쟁의행위 등 기간이 차지하는 일수를 제외한 나머지 일수'를 '연간 소정근로일수'로 나눈 비율을 곱하여 산출된 연차유급휴가일수를 근로자에게 부여**함이 합리적이다.

22) 판례 선고일 당시에 육아휴직은 출근간주되지 않고 정당한 쟁의행위와 동일하게 취급되었다.

사례연습 57

쟁의행위(파업) 기간종의 연차유급휴가일수 (공인노무사 제25회 기출문제)

A회사는 근로자 500명을 고용하고 있으며 전자제품의 제조?판매를 주된 업무로 하고 있다. A회사에서는 기업별 노동조합인 B노동조합(이하 B노조)이 유일한 노동조합이고, A회사 근로자 400명이 가입되어 있다. B노조는 2015. 5. 1.부터 같은 해 8. 31.까지 업무를 전면적으로 거부하는 파업을 벌였다. A회사의 연간 소정 근로일수는 240일이고, B노조의 파업기간은 이 소정근로일수 중 80일에 해당한다. B노조의 파업은 위법하지 않았고, A회사도 이에 대해서는 별도로 문제를 제기한 바가 없다. 한편 2008. 1. 1.에 입사한 근로자 甲은 생산1부 평사원으로 계속 근무해 왔다. 甲은 입사 이후 곧바로 B노조에 가입하였으며 2015년에는 B노조의 대의원으로 선출되어 파업 전 기간에 걸쳐 B노조의 파업에 참여하였다.

甲은 파업기간에 파업에 참여한 것 이외에는 2015년 회사에 결근한 적이 없었다. 그리고 A회사의 취업규칙과 단체협약에서는 연차 유급휴가는 근로기준법에 의한다고 규정되어 있다. 2016. 2. 甲은 개인적인 일로 A회사에 연차 유급휴가 8일을 신청하였다. 그러나 A회사는 甲이 파업 전 기간에 걸쳐 파업에 참여한 결과로 2015년에 甲이 출근한 일수가 소정근로일수의 80퍼센트가 되지 않아 근로기준법상 전년도에 80퍼센트 이상 출근한 경우에 부여되는 연차 유급휴가를 사용할 수 없다고 주장하였다. A회사의 이러한 주장의 정당성에 대하여 논하시오.

Ⅰ. 쟁점의 정리

사안에서 A회사는 甲이 파업 전 기간에 걸쳐 파업에 참여한 결과로 2015년에 甲이 출근한 일수가 소정근로일수의 80퍼센트가 되지 않아 근로기준법상 부여되는 연차 유급휴가를 사용할 수 없다고 주장하는 바, A회사의 이러한 주장의 정당성과 관련하여 먼저 연차유급휴가의 개념 및 특별한 결근 사유에 따른 연차유급휴가의 산정을 살펴보고, 특히 합법적 쟁의행위(파업) 기간 중의 연차유급휴가일수의 산정에 관한 학설 및 판례의 논리를 정리해 보도록 한다.

2. 연차유급휴가의 의의

(1) 연차유급휴가제도의 개념

'연차유급휴가'는 근로자의 휴식권을 확보하기 위하여 근로기준법이 정한 대표적인 휴가제도이다. 사용자는 연간 80퍼센트 이상 출근한 근로자에게 15일의 유급휴가를 주어야 하며, 계속하여 근로한 기간이 1년 미만인 근로자 또는 1년간 80퍼센트 미만 출근한 근로자에게 1개월 개근시 1일의 유급휴가를 주어야 한다.(근로기준법 제60조 제1항, 제2항)

(2) 연차유급휴가의 법적 성질

연차유급휴가의 법적 성질을 근로자의 청구에 대하여 사용자가 이를 승낙하여야만 취득할 수 있는 것으로 보는 청구권설, 근로자의 일방적인 의사표시에 의해서 성립한다는 형성권설, 그 요건을 갖추면 당연히 성립하는 것이고 다만 근로자는 그 시기를 지정하는 것에 그친다는 시기지정권설 등이 있다. 시기지정권설이 통설 · 판례이다.

2. 연차유급휴가 취득요건과 산정방식

(1) 근로기준법 제60조

근로기준법 제60조 제1항은 '사용자는 1년간 80퍼센트 이상 출근한 근로자에게 15일의 유급휴가를 주어야 한다'고 규정하고 있고, 제4항에서 '사용자는 3년 이상 계속하여 근로한 근로자에게는 제1항에 따른 휴가에 최초 1년을 초과하는 계속 근로 연수 매 2년에 대하여 1일을 가산한 유급휴가를 주어야 한다. 이 경우 가산휴가를 포함한 총 휴가 일수는 25일을 한도로 한다.'라고 연차유급휴가 취득요건에 관하여 규정하고 있다.

(2) 특별한 결근 사유에 따른 연차유급휴가의 산정

근로자가 결근한 사유가 근로자 개인의 귀책사유에 기인한 것이 아님에도 근로자가 연차유급휴가 일수의 산정에서 불이익을 받는 것은 불합리하다. 따라서, 연차유급휴가일수 산정은 근로자의 결근 등이 누구의 귀책사유에 기인한 것인지를 살펴서 ① 법령상 또는 그 성질상 출근한 것으로 보아야 하는 날 또는 기간은 출근한 것으로 간주하고, ② 특별한 사유로 근로제공의무가 정지되는 날 또는 기간은 연간 80퍼센트의 출근률 계산시 이를 제외한 나머지 소정근로일수에 대한 출근율에 따라 산출된 일수에 당해 사업장의 연간 총소정근로일수에 대한 나머지 소정근로일수 비율을 곱하여 산정한다.

3. 합법적 쟁의행위(파업) 기간 중의 연차유급휴가일수의 산정

(1) 문제점

근로제공의무가 면제되는 정당한 쟁의행위기간을 출근으로 간주하는 법률의 규정이 존재하지 아니하며, 연차유급휴가를 부여하는 데에 있어서 정당한 쟁의행위기간을 어떻게 처리하여야 하는 것인지 문제된다.

2) 학설

1) 소정근로일에서 제외하여야 한다는 입장

정당한 쟁의행위 기간동안에는 근로관계가 정지하는 것이므로 근로제공의 의무가 없는 날인 주휴일, 근로자의 날 등과 마찬가지로 출근이나 개근의 계산에서 제외되는 기간으로 파악하는 입장이다.

2) 출근한 것으로 간주하는 입장

정당한 쟁의행위는 헌법과 법률이 보장하는 권리를 행사한 것이므로 연차유급휴가에 관하여 근로자에게 불이익을 주는 것은 불합리하므로, 해당 기간은 출근한 것으로 보아야 한다는 견해이다.

3) 비례적으로 삭감하는 입장

정당한 쟁의행위 기간에 대해서는 근로자에게 일방적으로 불이익을 줄 수도 없으며, 사용자에게 일방적으로 불이익을 감수하도록 강요할 수도 없으므로, 소정근로일에서 제외하고 출근율을 산정하되, 연차유급휴가일수의 산정에 있어서는 비례적으로 삭감해야 한다는 견해이다.

(3) 판례

근로자가 정당한 쟁의행위를 하여 현실적으로 근로를 제공하지 않은 경우, 쟁의행위는 헌법이나 법률에 의하여 보장된 근로자의 정당한 권리행사이고 그 권리행사에 의하여 쟁의행위동안 근로관계가 정지됨으로써 근로자는 근로의무가 없으며, 쟁의행위를 이유로 근로자에게 불리하게 대우하는 것은 법률상 금지되므로, 근로자가 쟁의행위 기간 동안 근로를 제공하지 아니하였다고 하여 이를 두고 근로자가 결근한 것으로 볼 수는 없지만, 법령 어디에도 그 기간을 출근한 것으로 간주하는 규정을 두고 있지는 않으므로, 이러한 경우에는 연차유급휴가제도의 취지 등을 고려는 한편 연차유급휴가는 1년간의 근로에 대한 대가로서의 성질을 갖고 있어 현실적인 근로의 제공이 없었던 쟁의행위기간에는 원칙적으로 근로에 대한 대가를 부여할 필요가 없다는 점 등을 고려할 때, 연간 소정근로일수에서 쟁위행위기간이 차지하는 일수를 제외한 나머지 일수를 기준으로 근로자의 출근율을 산정하여 연차유급휴가 취득요건의 충족여부를 판단하되, 그 요건이 충족되는 경우에는 본래 평상적인 근로관계에서 80% 출근율을 충족할 경우 산출되었을 연차유급휴가 일수에 대하여 '연간 소정근로일수에서 쟁위행위기간이 차지하는 일수를 제외한 나머지 일수'를 연간 소정근로일수로 나눈 비율을 곱하여 산출된 연차유급휴가일수를 근로자에게 부여함이 합리적이라는 것이 판례의 태도이다.(대법원 2013. 12. 26. 선고 2011다4629 판결)

(4) 검토

헌법 제33조 제1항의 헌법적 의미를 고려할 때 정당한 쟁의행위로 인한 파업기간을 단순 제외하여 연차유급휴가 취득요건 충족여부를 판단할 것이 아니라 연간 소정근로일수에서 쟁위행위기간이 차지하는 일수를 제외하되, '실질 소정근로일수'('연간 소정근로일수'-쟁의행위참가기간)가 '연간 소정근로일수'에 차지하는 비율에 상응해 연차유급휴가일수를 비례하여 계산하는 판례의 산정방식이 타당하다

4. 사안의 판단

먼저 정상연차유급휴가일수를 구하면 甲은 2008년 1월 1일에 입사하였으므로 갑의 정상연차휴가일수는 18일(15일+ 3일의 가산휴가)이다. 따라서, 비례삭감설에 따르면 甲의 연차유급휴가일수는 (240-30)/240)=0,875 → 17일 x 0.875 = 14.875이므로 갑에게는 '14일과 1일 소정근로시간의 87.5%시간'에 해당하는 연차유급휴가가 발생한다[23].

---

23) 기존 행정해석은 연차휴가 산정기간에 적법한 쟁의행위기간 등이 포함된 경우라 하더라도 제60조제2항에 따른 연차휴가는 1일(日) 단위로 부여 및 사용이 원칙이므로 비례하여 부여할 수 없다는 입장이었다.(근로기준정책과-8676, 2018.12.28. 등)따라서 기존 행정해석은 근로기준법 제60조 제2항에 따라 1년 미만 근로자 또는 1년간 80퍼센트 미만 출근한 근로자에게 1개월 개근 시 1일의 유급휴가가 부여되는 경우에는 항상 연차유급휴가 1일을 부여하여야지 시간 단위로 연차유급휴가를 부여할 수는 없다고 보았다, 그러나, 연차휴가를 반드시 '일' 단위로 주어야 한다는 명문의 규정이 있는 것이 아니고, 실무상으로도 시간단위 연차사용이 활발하게 이뤄지고 있는 것이 현실이라는 점 등에 따라 **행정해석도 연차휴가를 시간 단위로 부여하는 것이 가능한 것으로 변경되었다.**(임금근로시간과-1736, 2021.8.4.)

(쟁점) 사용자의 직장폐쇄기간중의 연차유급휴가

1. 적법한 직장폐쇄기간

사용자의 **적법한 직장폐쇄**로 인하여 근로자가 출근하지 못한 기간은 근로제공이 중단되는 기간에 해당하므로 연차유급휴가일수 산정을 위한 **연간소정근로일수에서 제외**시키는 것이 원칙이다.

다만 노동조합의 쟁의행위에 대한 방어수단으로서 사용자의 적법한 직장폐쇄가 이루어진 경우, 이러한 적법한 직장폐쇄 중 **근로자가 위법한 쟁의행위에 참가한 기간**은 근로자의 귀책으로 근로를 제공하지 않은 기간에 해당하므로, **연간 소정근로일수에 포함시키되 결근한 것으로 처리**하여야 할 것이이다.

2. 위법한 직장폐쇄기간

사용자의 위법한 직장폐쇄로 인하여 근로자가 출근하지 못한 기간을 근로자에 대하여 불리하게 고려할 수는 없으므로 원칙적으로 그 기간은 연간 소정근로일수 및 출근일수에 모두 산입되는 것으로 보는 것이 타당하다. 다만 위법한 직장폐쇄 중 근로자가 쟁의행위에 참가하였거나 쟁의행위 중 위법한 직장폐쇄 가이루어진 경우에 만일 위법한 직장폐쇄가 없었어도 해당 근로자가 쟁의행위에 참가하여 근로를 제공하지 않았을 것이 명백하다면, 이러한 쟁의행위가 **적법한지 여부**를 살펴 **적법한 경우**에는 **그 기간을 연간 소정근로일수에서 제외**하고 **위법한 경우**에는 연간 소정근로일수에 **포함시키되 결근한 것으로 처리**하여야 할 것이다. 이처럼 위법한 직장폐쇄가 없었다고 하더라도 쟁의행위에 참가하여 근로를 제공하지 않았을 것임이 명백한지는 **쟁의행위에 이른 경위 및 원인, 직장폐쇄 사유와의 관계, 해당 근로자의 쟁의행위에서의 지위 및 역할, 실제 이루어진 쟁의행위에 참가한 근로자의 수 등 제반 사정을 참작하여 신중하게 판단하여야 하고, 그 증명책임은 사용자에게 있다.**(대법원 2019.02.14. 선고 2015다66052 판결)

관련판례 대법원 2019.02.14. 선고 2015다66052 판결

사용자의 적법한 직장폐쇄로 인하여 근로자가 출근하지 못한 기간은 원칙적으로 연차휴가일수 산정을 위한 연간 소정근로일수에서 제외되어야 한다. 다만 노동조합의 쟁의행위에 대한 방어수단으로서 사용자의 적법한 직장폐쇄가 이루어진 경우, 이러한 적법한 직장폐쇄 중 근로자가 위법한 쟁의행위에 참가한 기간은 근로자의 귀책으로 근로를 제공하지 않은 기간에 해당하므로, 연간 소정근로일수에 포함시키되 결근한 것으로 처리하여야 한다.

이와 달리 사용자의 위법한 직장폐쇄로 인하여 근로자가 출근하지 못한 기간을 근로자에 대하여 불리하게 고려할 수는 없으므로 원칙적으로 그 기간은 연간 소정근로일수 및 출근일수에 모두 산입되는 것으로 보는 것이 타당하다. 다만 위법한 직장폐쇄 중 **근로자가 쟁의행위에 참가하였거나** 쟁의행위 중 위법한 직장폐쇄가 이루어진 경우에 만일 위법한 직장폐쇄가 없었어도 해당 근로자가 쟁의행위에 참가하여 근로를 제공하지 않았을 것이 명백하다면, **이러한 쟁의행위가 적법한지 여부를 살펴** 적법한 경우에는 그 기간을 연간 소정근로일수에서 제외하고, **위법한 경우에는 연간 소정근로일수에 포함시키되 결근한 것으로 처리**하여야 한다. 이처럼 위법한 직장폐쇄가 없었다고 하더라도 쟁의행위에 참가하여 근로를 제공하지 않았을 것임이 명백한지는 **쟁의행위에 이른 경위 및 원인, 직장폐쇄 사유와의 관계, 해당 근로자의 쟁의행위에서의 지위 및 역할, 실제 이루어진 쟁의행위에 참가한 근로자의 수 등 제반 사정을 참작하여 신중하게 판단하여야 하고, 그 증명책임은 사용자에게 있다.**

(4) 연차유급휴가의 사용

1) 의의

사용자는 년간 80퍼센트 이상 출근한 근로자에게 15일의 유급휴가를 주어야 하며, 계속하여 근로한 기간이 1년 미만인 근로자 또는 1년간 80퍼센트 미만 출근한 근로자에게 1개월 개근 시 1일의 유급휴가를 주어야 하는 바(근로기준법 제60조 제1항, 제2항),연차유급휴가를 사용할 권리는 그 전년도 1년간의 근로를 마친 다음날에 발생한다.(대법원 2018.6.28. 선고 2016다48209 판결). 따라서, **법 제60조에서 정한 여건을 갖추면, 법률상 당연히 연차유급휴가 청구권이 발생하는 것이고, 이는 근로자가 청구한 때 비로소 발생하는 것은 아니다.** 그러나, 근로기준법 제60조에 따라 근로자에게 연차유급휴가청구권이 발생한 경우라 할지라도 **이를 구체화시키려면 근로자가 시기지정권을 행사하여 연차유급휴가일을 특정해야하고,** 동시에 이러한 근로자의 연차유급휴가 시기지정권에 대응하여 **사용자에게는 연차유급휴가 '시기변경권'**이 인정된다.(근로기준법 제60조 제5항 단서)

연차휴가 청구권의 소멸시효는 1년이므로, 연차휴가는 1년간(계속하여 근로한 기간이 1년 미만인 근로자의 유급휴가는 최초 1년의 근로가 끝날때까지의 기간) 사용하지 않니하면 소멸된다. 다만,사용자의 귀책사유로 서용하지 못한 경우에는 그러하지 아니하다.(근로기준법 제60조 제7항)

2) 원칙 : 근로자 본인이 원할 때 - 시기지정권 (근로자)

근로자에게 연차유급휴가청구권이 발생하였어도 이를 구체적으로 사용하기 위해서는 **'시기지정권'**을 행사하여 휴가사용 시기를 **'특정'**하여야 한다. 따라서, 근로자가 연차휴가를 미리 지정하지 않고 단순히 휴가일수가 남아 있다는 이유로 결근하거나 결근 후 그 날을 휴가로 처리해 줄 것을 요구한다면 이는 **시기지정권의 남용으**로서 무단결근 처리될 수 있으며, 나아가, 근로자의 부당한 시기지정권의 행사는 징계(해고)의 사유가 될 수도 있다

근로자의 부당한 시기지정권 사용의 예: 근로자가 회사측에 사전 통보 없이 연차유급휴가를 사용하는 경우, 분담된 업무 수행시간(배차지시 등)에 임박하여 일방적으로 회사에 연차유급휴가 사용을 통보하는 경우 등

3) 예외 : 회사의 사업 운영에 막대한 지장이 있는 경우 - 시기변경권 (사용자)

근로자의 연차유급휴가 사용이 회사의 사업 운영에 막대한 지장이 있는 경우에 사용자는 예외적으로 시기변경권을 사용할 수 있지만(근로기준법 제60조 제5항 단서) ,**이러한 사용자의 시기변경권은 근로자의 불이익이 최소한에 그치는 한도에서 행사되어야 한다.** 사용자가 시기변경권을 사용할 수 있는 '회사의 사업 운영에 막대한 지장이 있는 경우'란 근로자가 지정한 시기에 휴가를 사용하는 것이 회사의 업무능률이나 성과가 평상시보다 현저하게 저하되어 상당한 영업상의 구체적 불이익 등이 초래될 것으로 염려되거나 그러한 개연성이 인정되는 경우를 의미한다. **시기지변경권의 적정성 판단 기준은 기업의 규모, 업무량의 현황, 근로자의 업무의 성질, 다른 근로자의 시기 지정과의 관계, 사용자의 대체 근무자 확보여부 등 제반 사정을 종합적으로 고려하여 판단한다.** 그리고, 사업운영에 막대한 지장이 있다는 것에 대한 **증명책임은 사용자**에게 있다.

사용자의 시기변경권(시기지정권)의 남용의 예: 업무대체자가 없음을 이유로 연차유급휴가 부여하지 않는 경우, 근로의무 없는 휴일/ 비번일에 연차유급휴가를 부여하는 경우, 해고예고기간 중의 강제사용조치, 등

(5) 미사용연차유급휴가수당의 발생

1) 미사용연차유급휴가수당의 의의

연차유급휴가는 '유급휴가'이므로 근로자가 연차유급휴가권을 취득한 후 **1년 동안**(계속하여 근로한 기간이 1년 미만인 근로자의 유급휴가는 최초 1년의 근로가 끝날 때까지의 기간을 말한다) 휴가를 쓰지 않고 계속 근로하였거나 그 1년의 도중에 근로관계가 종료된 경우에는, **그 연차유급휴가청구권은 소멸하므로** 근로자는 더 이상 연차유급휴가는 청구할 수 없고, 그 대신 '**미사용연차유급휴가수당 청구권**'이 발생한다.

2) 연차유급휴가수당 청구권과의 구별

근로자가 적법하게 시기지정권을 행사하여 연차유급휴가를 사용하게 되면, 사용자는 그 **휴가기간에 대하여** 취업규칙 등에서 정하는 바에 따라 **통상임금 또는 평균임금**을 지급하여야 하는 바.(근로기준법 제60조 제5항 본문) 이와 같이 **연차유급휴가기간 동안** 근로자의 근로 제공이 없더라도 유급으로 지급하는 임금을 '**연차유급휴가수당**'이라고 한다. 연차유급휴가수당을 산출하기 위한 통상임금 또는 평균임금은 근로자가 연차유급휴가수당 청구권을 행사할 수 있는 시점을 기준으로 산정하야 하는 바, 근로자가 시기지정권을 행사하여 연차유급휴가일이 특정된 경우에는 그 **특정된 휴가일**의 통상임금 또는 평균임금을 기준으로 연차유급휴가수당을 산정하여야 한다.

3) 미사용연차유급휴가수당 청구권의 내용

가. 발생시기

미사용연차유급휴가수당의 발생시기는 연차유급휴가권을 취득하여 연차유급휴가를 사용할 수 있는 **연차유급휴가 청구권이 소멸한 날의 다음날**에 발생한다. 이러한 연차유급휴가수당을 청구할 권리는 연차유급휴가를 사용하기 전에 퇴직 등의 사유로 근로관계가 종료되더라도 그대로 유지된다.

나. 수당산정

미사용연차휴가수당의 산정은 **연차유급휴가청구권이 소멸한 달** (미사용 연차수당이 발생한 해의 직전 년도의 마지막 달인 12월)의 **통상임금 또는 평균임금**을 기준으로 한다.

4) 소멸시효

미사용 연차수당 청구권의 **소멸시효는 3년**인 바, 미사용 연차수당 청구권의 소멸시효는 연차유급휴가권을 취득한 날(연차유급휴가 발생일)로부터 1년이 경과하여 **그 휴가불실시가 확정된 날**(계속하여 근로한 기간이 1년 미만인 근로자의 유급휴가는 최초 1년의 근로가 끝나는 날)**의 다음날**에부터 개시된다.

5) 사용자의 미사용연차유급휴가수당 지급의 면제

사용자는 **연차유급휴가사용촉진조치**(근로기준법 제61조)를 통하여 연유급휴가의 이월을 중단시키고 연차유급휴가미지급수당의 지급을 면제받을 수 있다.(→(7) **연차유급휴가 사용촉진제도**)

6) 미사용연차유급휴가수당의 평균임금 산입여부(→(쟁점) 미사용연차유급휴가수당의 평균임금 산입여부)

(쟁점) 미사용연차유급휴가수당의 평균임금 산입여부

미사용연차유급휴가수당은 평균임금 또는 통상임금으로 지급하는 바(근로기준법 제602조 제5항), 연차유급연차유급휴가수당을 청구할 권리는 연차유급휴가를 사용하기 전에 퇴직 등의 사유로 근로관계가 종료되더라도 그대로 유지되므로, 근로자가 퇴직하는 경우에는 다음과 같은 **A(퇴사하는 연도의 1. 1 이미 금전채권으로 변경된 미사용연차유급수당청구권)**와 **B(퇴사로 인하여 비로소 발생하는 미사용연차유급휴가수당)**의 두 가지의 미사용연차유급수당 청구권이 발생된다.

(예) 근로자가 2017.7.1.에 퇴사하는 경우에 평균임금의 범위에 산입되는 미사용 연차유급휴가수당

① 2017.1.1.에 이미 발생한 미사용 연차유급휴가수당(A)

A는 2015년의 출근률에 의하여 2016.1.1.**에 발생한 연차유급휴가청구권(소멸시효 1년인 연차유급휴가청구권)이 소멸시효 1년을 경과하여 2017.1.1. 소멸시효 3년인 미사용연차유급휴가수당(현금)으로 변경된 것**이므로, 근로자는 2017년 1.1부터 3년간 사용자에게 금전인 미사용연차유급휴가수당을 지급할 것을 청구할 수 있다. 따라서, 근로자가 2017.1.1. 이후에 퇴사하는 경우(예: 2017.7.1.)에는 A를 평균임금에 포함[24]시킨다.

② 2017.7.1.에 비로소 발생하는 미사용 연차유급휴가 수당(B)

근로자에게는 2016년의 출근률에 의하여 2017.1.1.에 **소멸시효 1년인 연차휴가 청구권**이 발생하게 되는데, 이것은 연차휴가청구권이므로 근로자가 2017년에 퇴사하게 되면 더 이상 연차휴가를 사용할 수 없으므로 근로자가 퇴직하는 시점인 2017.7.1에 행사할 수 있었던 '연차유급휴가 청구권'은 근로자의 퇴사와 동시에 비로소 금전채권인 '미사용연차수당 청구권(B)'으로 전환된다. 그런데, B는 평균임금을 산정할 사유(퇴직)가 발생한 날 이전에 근로자에게 이미 지급한 임금에 해당하지 않으므로 평균임금에 포함되지 않는다.

(결론)위의 예에서 퇴직하기 직직년도(2015년)의 출근률에 의하여 퇴직하기 직전년도(2016년) 1월 1일에 이미 연차유급휴가청구권이 발생하였으나 그 해(퇴직하기 직전 년도인 2016년)에 연차유급휴가를 사용하지 못하였기 때문에 **소멸된 연차유급휴가청구권 대신 발생한 소멸시효 3년의 '미사용연차유급휴가수당'**(A)에 한하여 근로기준법상 임금에 해당하므로 **평균임금의 산입 범위에 포함**되며, 근로자가 퇴직할 시점(2017년)에 행사할 수 있었던 '연차유급휴가 청구권'이 근로자의 퇴사로 인하여 비로소 금전채권으로 전환된 '미사용 연차유급휴가수당(B)'은 '평균임금을 산정할 사유(퇴직)가 발생한 날 이전에 근로자에게 이미 지급한 임금'에 해당하지 않으므로 평균임금에 포함되지 않으며, 이는 단순한 '**기타금품**'에 해당될 뿐이다.(대법원 2005.09.09. 선고 2004다41217 판결)

24) 평균임금 산정시 연차유급휴가수당은 상여금과 마찬가지로 퇴직 당 년도에 이미 지급된 금액을 3/12로 계산하여 3개월분에 해당하는 금원을 평균임금 산정기준임금(즉, 평균임금식의 분자)에 포함시킨다.

(6) 연차유급휴가 사전매수(연차유급휴가 수당의 분할지급)

1) 연차유급휴가의 '사전매수'의 개념

'휴가의 사전매수''란 근로자가 연차휴가사용시기 지정권을 사용하기 전에 사용자가 **미리** 금전으로 유급 휴가수당을 **보상**하는 것을 말한다.

2) 연차유급휴가의 '사전매수계약'의 효력

연차유급휴가를 사전적으로 금전보상하는 이른바 '사전매수계약'은 연차유급휴가를 사실상 사용하지 못하도록 하는 경우에는 **무효이다.** 이러한 노사간의 합의를 인정한다면 근로기준법상의 연차유급휴가제도를 형해화시킬 우려가 있기 때문이다. 판례도 '연차유급휴가권이 유효하게 존속하는 동안의 **연차유급휴가의 환가**는 근로기준법에 반하여 허용될 수는 없다'는 입장이다.(대법원 1995.6.29. 선고 94다18553 판결) 따라서 일당이나 연봉에 연차유급휴가수당이 포함되도록 계약을 체결하면서 근로자로 하여금 연차를 사용하지 못하도록 하는 것은 실질적으로 근로자의 휴가권 행사를 박탈하는 것이므로 그 효력이 없다.

3) 유효한 연차유급휴가의 사전매수계약

다만, 연봉제 금액에 연차수당을 포함시켜 지급하는 형식을 취하는 경우에 있어서, 근로자가 이미 발생한 연차유급휴가를 자유롭게 사용할 수 있도록 보장한다면 그러한 계약까지 당연히 무효라 할 수는 없을 것이다. 이는 판례도 같은 입장이다. 대법원은 '주휴수당이나 연월차휴가수당이 근로기준법에서 정한 기간을 근로하였을 때 비로소 발생하는 것이라 할지라도 당사자 사이에 미리 그러한 소정기간의 근로를 전제로 하여 주휴수당이나 연월차휴가수당을 일당임금이나 매월 일정액에 포함하여 지급하는 것이 불가능한 것이 아니다'고 판시한 바 있다.(대법원 1998.03.24. 선고 96다24699 판결)

4) 검토

연차유급휴가를 사전적으로 금전보상하는 이른바 '사전매수계약'은 연차유급휴가를 사실상 사용하지 못하게 하므로 이는 근로자의 휴가권 행사를 박탈하는 것으로서 그 효력이 부인되어야 한다. 그러나, 연봉계약을 체결함에 있어서 연차수당을 비롯한 모든 각종 수당을 포함하여 포괄임금제 형식으로 연봉을 정하더라도, 그러한 연봉제 계약이 단지 임금 계산의 편의만을 위한 것일 뿐이고 연차유급휴가에 대한 근로기준법상의 규제를 배제할 목적이 아니라면, 다시 말하면 근로자가 자유스럽게 자신의 연차유급휴가를 사용할 수 있는 것이 전제된다면, 사적자치의 원칙상, 그러한 연봉제 계약의 효력을 무조건 부정할 수는 없을 것이다.

5) 연차유급휴가수당 사후정산과 임금전액지급원칙과의 관계

연차수당을 비롯한 모든 각종 수당을 포함하여 포괄역산임금제 형식으로 연봉제 계약을 체결한 경우라도, 근로자는 자유롭게 연차휴가를 사용할 수 있을 것이고, 그 결과 실무에서 근로자는 당해 년도에 실제로 사용한 연차 일수에 해당하는 연차수당을 이미 지급 받은 임금(연차수당을 포함해 받은 임금)에서 공제하여 정산한다. 그런데, 이러한 연차수당의 사후 정산은 조정적 상계의 대상인 단순한 임금의 초과 지급이라 볼 수 없으므로, 근로기준법 제43조 제1항에 위반될 수 있다. 다만, 합의로 공제할 것을 약정하는 상계합의는 법위반이 아니다.

(7) 연차유급휴가 사용촉진제도

1) 연차유급휴가 사용촉진제도의 의의

'연차유급휴가 사용촉진제도'란 사용자의 적극적인 사용권유에도 불구하고 근로자가 휴가를 사용하지 않는 경우에 사용자의 금전보상의무(연차유급휴가미사용수당)를 면제하는 제도를 의미한다[25]. 연차유급휴가 사용촉진제도는 **근로기준법 제61조에 의하여 인정되는 법정제도**이므로 이를 행사하는 데에 반드시 노사간의 합의가 있어야 하는 것은 아니다. 다만, **단체협약으로 사용자의 연차휴가사용촉진조치를 배제**할 수 있다는 것이 대법원의 입장이므로(대법원 2015.10.29. 선고 2012다71138 판결),단체협약 등에서 **연차유급휴가 사용촉진제도의 시행을 배제하는 등의 특별한 사정이 존재하지 아니하는 한, 사용자는 근로기준법 제61조에 따라 임의로 연차유급휴가사용 촉진조치를 할 수 있다.** 계속근로년수가 1년 미만인 근로자의 휴가도 연차유급휴가의 대상이다.

2) 요건

가. 사용자의 미사용휴가일수 주지 및 근로자의 시기지정 촉구

사용자는 연차유급휴가청구권의 사용기간이 끝나기 **6개월 전을 기준으로 10일 이내**에 사용자가 근로자별로 사용하지 아니한 휴가 일수를 알려주고, 근로자가 그 사용 시기를 정하여 사용자에게 통보하도록 **서면**으로 **촉구**하여야 한다.(근로기준법 제61조 제1항 제1호)

(1년미만) 최초 1년의 근로기간이 끝나기 **3개월 전**을 기준으로 10일 이내에 사용자가 근로자별로 사용하지 아니한 휴가 일수를 알려주고, 근로자가 그 사용 시기를 정하여 사용자에게 통보하도록 서면으로 촉구할 것. 다만, **사용자가 서면 촉구한 후 발생한 휴가에 대해서는 최초 1년의 근로기간이 끝나기 1개월 전을 기준으로 5일 이내에 촉구하여야 한다**(근로기준법 제61조 제2항 제1호)

나. 사용자의 사용시기지정 통보

사용자의 서면 촉구에도 불구하고 근로자가 **촉구를 받은 때부터 10일 이내**에 사용하지 아니한 휴가의 전부 또는 일부의 사용 시기를 정하여 사용자에게 통보하지 아니하면 연차유급휴가청구권의 사용기간이 끝나기 **2개월 전까지** 사용자가 사용하지 아니한 휴가의 사용 **시기를 정하여** 근로자에게 **서면**으로 **통보**하여야 한다.(근로기준법 제61조 제1항 제2호)

(1년 미만) 제1호에 따른 촉구에도 불구하고 근로자가 촉구를 받은 때부터 10일 이내에 사용하지 아니한 휴가의 전부 또는 일부의 사용 시기를 정하여 사용자에게 통보하지 아니하면 **최초 1년의 근로기간이 끝나기 1개월 전까지** 사용자가 사용하지 아니한 휴가의 사용 시기를 정하여 근로자에게 서면으로 통보할 것. 다만, 제1호 단서에 따라 **촉구한 휴가**에 대해서는 최초 1년의 근로기간이 끝나기 **10일 전**까지 서면으로 통보하여야 한다.(2호)

다. 사용자의 노무수령거부 및 근로자의 휴가 미사용

사용자는 지정된 휴가일에 근로자가 출근한 경우에는 **노무수령 거부의사**를 명확히 표시하여야 하며, 명확한 노무수령 거부의사에도 불구하고 근로를 제공한 경우에 비로소 연차유급휴가근로수당을 지급할 의무가 없다는 것이 판례의 태도이다.(대법원 2020. 2. 27. 선고 2019다279283 판결)

---

25) 연차휴가 사용촉진제도는 2003년 도입되었는데 근로시간을 주 44시간에서 40시간을 축소하면서 연월차 휴가제도의 재편을 통하여 도입된 제도이다. 이 제도는 미사용 연차휴가에 대한 금전적 보상을 전제로 하기 때문에 이는 연차휴가근로수당이 주어지는 우리나라의 경우에만 나타나는 고유한 현상으로 이해된다.

3) 효과

사용자가 유급휴가의 사용을 촉진하기 위하여 필요한 조치를 하였음에도 불구하고 근로자가 휴가를 사용하지 아니하고 연차휴가를 1년간 행사하지 않아 연차휴가청구권이 소멸된 경우에는 사용자는 그 사용하지 아니한 휴가에 대하여 보상할 의무가 없고, 사용자의 귀책사유에 해당하지 아니하는 것으로 본다. **(근로기준법 제61조 제1항)**. 즉, 사용자의 지정통보 및 노무수령의사 거부 통지에도 불구하고 근로자가 휴가를 사용하지 않는 경우에 **근로자의 연차유급휴가 청구권도 소멸하고 사용자의 금전보상의무(연차유급휴가 미사용수당)도 면제된다.**

1. 1년 이상 근로자 : ① **연차유급휴가청구권의 사용기간이 끝나기 (6개월) 전을 기준으로** (10일) 이내에 서면으로 촉구 ② 연차유급휴가청구권의 사용기간이 끝나기 **(2개월)** 전까지 사용자가 사용하지 아니한 휴가의 사용 시기를 정하여 근로자에게 서면으로 통지 →**근로자의 연차유급휴가 청구권, 사용자의 금전보상의무 소멸**
2. 1년 미만 재직 근로자 : ① 최초 1년 근로한 기간이 끝나기 (3개월) 전을 기준으로 (10일) 이내에 서면으로 촉구 다만, 사용자가 서면으로 촉구한 후 발생한 휴가에 대해서는 최초의 근로기간이 끝나기 (1개월)전을 기준으로 (5일)이내에 촉구② 연차유급휴가 청구권의 사용기간이 끝나기 (1개월) 전까지 사용자가 사용하지 아니한 휴가의 사용 시기를 정하여 근로자에게 서면으로 통지, 다만, 사용자가 ① 단서에 따라 촉구한 휴가에 대해서는 최초 1년의 근로기간간이 끝나기 (10일)전까지 서면으로 통보→**근로자의 연차유급휴가 청구권, 사용자의 금전보상의무 소멸**

연차유급휴가 사용촉진제도 프로세스

		1차 통보(촉구)	사용시기통보	2차 통보(지정)
일반 근무자		7.1 - 7.10	10일 이내	10.31 전까지
1년 미만	9일	10.1 - 10.10	10일 이내	11.31 전까지
	2일	12.1 - 12.5	10일 이내	12.21 전까지

1. 사용시기 촉구통보 (사용자 → 근로자) (근로기준법 제61조 제1항, 제2항 제1호)
- 만료일(12.31) 이전 ① 6개월 전(7.1)을 기준으로10일이내 서면으로 촉구
② 3개월 전(10.1)을 기준으로10일 이내 서면으로 촉구(9일짜리)
+ 서면촉구한 이후 발생한 휴가(2일짜리)→1개월 기준(12.1)으로 5일 이내(12.5)촉구
2. 사용시기 지정통보 (근로자→ 사용자)
- 촉구받은날로부터 10일 이내에 (7.1/10 – 7.10/20) 사용시기를 통보

3. 사용자의 사용시기지정 통보 (사용자→근로자) (근로기준법 제61조 제2항, 제2항 제2호)
- 만료일(12.31) 이전 ① 2개월 전(10.31전)까지 서면으로 통보
② 1개월전(11.31)까지 서면으로 통보
+ 최초의 1년의 근로기간 끝나기 10일전(12.21)까지 서면 통보

제6장 인사권

1. 인사이동 총론

(1) 인사이동의 의의(→사례: 58,59,60)

1) 인사이동의 개념

'인사이동'이란 사용자의 명령에 의하여 근로자의 종사업무, 근무장소, 지위 등의 변동을 가져오는 것을 의미한다. 인사이동에는 기업 내에서 근무내용 내지 근무장소가 변경되는 전직, 그리고 기업 간에 행하여져서 전출 또는 전적이 포함된다. 기업은 적재적소에 노동력 배치를 통한 경영능률의 증진과 근로의욕의 증대, 부서간 인사교류를 통한 업무의 원활화, 조직개편에 따른 노동력 수급조절 등 다양한 목적에서 인사이동을 필요로 한다. 이러한 인사이동은 사용자의 **'인사권 행사'의 한 내용**이라 할 것인데, 사용자의 **인사권의 근거**는 근로계약상 인정되는 사용자의 **'노무지시명령권'**이다.

> **관련판례** 대법원 1991.12.12. 선고 91다24250 판결 사용자의 노무지시 · 명령권
> 타인을 위하여 근로를 제공하고 보수를 받는 여타의 고용 · 도급 · 위임 계약과 구분되는 점은 **사용자와의 종속관계하에서 그의 지시 · 명령에 따라 근로를 제공하**는지의 여부에 있다.

2) 인사이동에 대한 대법원 판례의 기본적 경향

근로자에 대한 배치전환(전직) 처분은 근로자가 제공하여야 할 근로의 종류 · 내용 · 장소 · 지위 등에 변경을 가져온다는 점에서 근로자에게 불이익한 처분이 될 수도 있으나, 이러한 인사이동은 사용자의 '인사권'의 한 내용으로서 원칙적으로 인사권자인 사용자의 권리에 속한다. 따라서, **사용자는 업무상 필요한 범위 내에서 인사에 대한 상당한 재량을 가지며 그것이 근로기준법 등 강행법규에 위반된다든지 권리남용에 해당되는 등의 특별한 사정이 없는 한 유효하다.** 배치전환(전직) 처분이 권리남용에 해당하는지 여부는 배치전환(전직) 처분의 업무상의 필요성과 그에 따른 근로자의 생활상의 불이익을 비교형량하여 결정되어야 하고, 업무상의 필요에 의한 배치전환(전직)에 따른 생활상의 불이익이 근로자가 통상 감수하여야 할 정도를 현저하게 벗어난 것이 아니라면 이는 정당한 인사권의 범위 내에 속하는 것으로서 권리남용에 해당하지 않는다고 보아야 한다. 그리고, 배치전환(전직)처분을 함에 있어서 **근로자 본인과 성실한 협의절차를 거쳤는지의 여부는 정당한 인사권의 행사인지 여부를 판단하는 하나의 요소라고 는 할 수 있으나, 그러한 절차를 거치지 아니하였다는 사정만으로 배치전환(전직)처분이 권리남용에 해당하여 당연히 무효가 된다고는 볼 수 없다.**(대법원 1995.05.09. 선고 93다51263 판결 등)

(쟁점) 인사이동의 근거

1. 문제점

사용자의 인사이동의 근거는 사용자의 '노무지시명령권(인사권)'인 바, 이러한 사용자의 노무지시명령권인 인사권의 근거가 무엇인지 문제된다.

2. 학설

(1) 경영권설

경영권설은 사용자의 재산권에 기초하여 형성된 경영권에 근거하여 인사권을 행사한다고 한다. 그러나, '경영권'의 실체 그 자체가 모호할 뿐 아니라 설령 경영권의 실체를 인정한다 한들 경영권이 근로자에게 생활상 불이익을 발생시키는 인사권 행사의 근거가 된다는 것은 순환논리에 불과하다고 평가된다.

(2) 포괄적 합의설

'포괄적 합의설에 따르면 근로계약은 본질적으로 근로자가 그의 노동력의 사용을 사용자에게 맡기는 포괄적 합의를 포함하고 있다고 해석하므로, 사용자는 이 합의(계약)에 근거하여 근로의 내용을 결정하는 노무지시명령권을 보유하게 된다.

(3) 계약설

반면에, '계약설'에 따르면 근로계약에서 합의한 범위내에서만 사용자의 전직 명령권 등의 인사권 행사가 허용될 뿐이므로, 그 범위를 넘는 인사권 행사의 경우에는 근로자의 개별 동의가 필요하다고 본다.

3. 판례

판례는 '타인을 위하여 근로를 제공하고 보수를 받는 여타의 고용 · 도급 · 위임 계약과 **구분되는 근로계약의 특징**은 사용자와의 종속관계하에서 그의 지시 · 명령에 따라 근로를 제공하는지의 여부에 있다'고 하여 **근로계약에 기초한 사용자의 노무지시명령권을 정면으로 인정**하면서, '전직이나 전보는 피용자에게 불이익한 처분이 될 수 있으나 **원칙적으로 사용자의 권한**에 속하여 업무상 필요한 범위 내에서는 상당한 재량을 인정해야 한다'고 판시하여,(대법원 1998.12.22. 선고 97누5435 판결) **경영권설내지 포괄적 합의설**의 입장을 취하고 있다고 평가된다.

4. 검토

근로계약은 특정한 내용의 급부의 실현을 목적으로 성립되는 여타의 계약과는 그 성질이 확연히 구별되는 계약으로서, 근로계약은 사용자와 근로자의 '**포괄적이며 전인격적인 근로관계**'의 **형성**이 그 본질적 특징이라는 점에서, 근로계약은 근로자가 그의 노동력의 사용을 사용자에게 맡기는 포괄적이며 전인격적인 합의를 포함하고 있다고 해석하는 것이 타당하다. 따라서, **근로계약은 인사명령을 포함하는 사용자의 노무지시명령권이 당연히 전제된 계약**이며, 사용자는 근로계약에 내재된 이러한 **포괄적 합의에 근거**하여 근로자에 대하여 인사명령을 포함하는 노무지시명령권을 가진다고 보는 할 것이라는 점에서 **포괄적 합의설**이 타당하다.

(2) 인사이동의 정당성(→사례: 58)

[요약] 인사이동(전직)의 정당성(필불비/보성신)

'인사이동' 이란 사용자의 명령에 의하여 근로자의 종사업무, 근무장소, 지위 등의 변동을 가져오는 것을 의미하는 바, 사용자의 인사명령은 사용자의 **업무상 필요성**과 근로자의 **생활상 불이익**을 비교형량하고, **비교형량**과정에서의 사용자의 보상조치, 근로자와의 성실한 협의 등 **신의칙상 요구되는 절차** 등을 준수하여야 그 정당성이 인정될 수 있다. 다만, **신의칙 위반 여부**는 그 내용과 정도에 따라 **상대적 관점**에서 사회통념에 따라 종합적으로 판단하여야 할 것이므로 이를테면, 전보처분을 함에 있어서 근로자 본인의 협의절차를 거치지 아니하였다는 사정만으로 전보처분이 권리 남용에 해당하여 당연히 무효가 된다고는 볼 수 없을 것이다.

1) 의의

'인사이동'이 사용자의 지시명령권에 근거한 것으로서 업무상 필요성이 인정되는 경우라 할지라도, 그로 인하여 근로자에게 생활상 불이익이 발생할 수 있다는 점에서, 사용자의 인사명령권의 행사는 권리남용에 해당하지 말아야 한다는 명백한 내재적 한계가 존재한다. 따라서 **사용자의 인사명령은 사용자의 업무상 필요성과 근로자의 생활상 불이익을 비교형량하고, 비교형량과정에서의 사용자의 보상조치, 근로자와의 성실한 협의 등 신의칙상 요구되는 절차 등을 준수하여야 그 정당성이 인정될 수 있다.**

2) '인사이동' 특유의 '정당화 요건'

근로자의 인사이동 특유의 '정당화 요건'은 ① **회사측의 '업무상 필요성'**과 ② **근로자측의 '생활상의 불이익'** ③ **'비교형량과정에서의 보상조치'**이다. 즉, 근로자에 대한 사용자의 인사이동의 적법성은 근로자의 인사이동에 대한 회사측의 '업무상 필요성'과 근로자측의 '생활상의 불이익'을 비교형량하여 결정한다.

가. 업무상 필요성

회사측의 '업무상 필요성'은 사용자의 주관적 판단에 의할 것이 아니라 **기업의 합리적 운영에 기여한다는 '객관적 기준'**에 의하여 판단되어야 한다. 사용자가 전직처분 등을 할 때 요구되는 **업무상의 필요**란 인원 배치를 변경할 필요성이 있고 그 변경에 어떠한 근로자를 포함시키는 것이 적절할 것인가 하는 **인원선택의 합리성**을 의미하는데, 여기에는 업무능률의 증진, 직장질서의 유지나 회복, 근로자 간의 인화 등의 사정도 포함된다.(대법원2006.1.27. 선고 2005두16772판결 등)

나. 근로자측의 '생활상의 불이익'

근로자측의 생활상의 불이익이란 전직 등에 따라 **해당 근로자가 받게 되는 일체의 불이익**을 의미한다. 따라서, 생활상 불이익은 경제적 불이익에 한정되지 않고 정신적, 육체적, 가족·사회 생활상의 불이익익 나아가 노동조합 활동상의 제약까지도 포함된다. '생활상 불이익'이 예측할 수 있고 감수할 정도인지 여부는 직무내용의 변경으로 인한 업무수행상의 어려움, 근무 장소 변경으로 인한 출퇴근 어려움, 기존 직무 수행으로 인해 근로자가 받고 있는 특수한 이익이 있는 경우 그 특수이익의 상실 등을 기준으로 '근로자가 감수할 수 있는 정도를 현저히 초과하였는지'의 여부를 판단한다. 업무상 필요가 있더라도 근로자에게 통상 예측할 수 없는 중대한 '생활상 불이익'변경을 초래하는 것이라면 정당한 이유가 없는 처분으로 무효이다.(대법원 1997.12.12. 선고 97다36316 판결)

다. 비교형량과정에서의 사용자의 보상조치

업무상 필요성과 근로자측의 생활상 불이익의 **비교형량의 과정에서 근로자의 불이익을 경감 · 회피하기 위한 사용자의 조치의 유무내지 보상조치**가 있었는지의 여부도 인사이동의 정당화 요소로 고려되어야 한다.(대법원 1995. 5. 9. 선고 93다51263 판결)

3) 근로자측과의 사전 협의

인사명령을 하는 과정에서 근로자 본인과의 협의 등 신의칙상 요구되는 절차를 거쳤는지 여부도 사용자의 인사명령의 정당성을 판단하는 하나의 요소이다. 다만, 신의칙 위반 여부는 그 내용과 정도에 따라 상대적 관점에서 사회통념에 따라 종합적으로 판단하여야 할 것이므로, 이를테면, 전보처분을 함에 있어서 **근로자 본인의 협의절차를 거치지 아니하였다는 사정만으로 전보처분이 권리 남용에 해당하여 당연히 무효가 된다고는 볼 수 없을 것이며**(대법원 2006.1.27. 선고2005두16772 판결), 직위해제나 대기발령은 장래의 위험을 예방하기 위한 '잠정적'인 처분이라는 점에서 그 정당성 판단은 합리적인 범위에서 완화되어야 할 것이다.

4) 인사이동(명령)으로서의 전직과 징벌로서의 전직의 구별

근로기준법 제23조 제1항은 '사용자는 근로자에게 정당한 이유 없이 해고, 휴직, 정직, 전직, 감봉, 그 밖의 징벌(懲罰)(이하 '부당해고등'이라 한다)을 하지 못한다.'고 규정하고 있는바, 여기에서의 '전직'은 '징벌'로서의 전직을 의미하므로 통상적인 '인사명령'으로서의 전직과는 구별된다. 그런데, 징벌로서의 전직과 통상적인 인사명령으로서의 전직의 구별이 항상 용이한 것은 아니므로, 이를테면, 사용자가 실질적으로는 징벌의 성격을 띠는 전직명령을 하면서도 형식적으로는 일상적인 인사이동에 해당되는 것처럼 주장하는 경우에 이를 구별하는 것은 사실상 불가능하다. 따라서, 전직을 비롯한 인사이동의 경우에는 어느 경우에나 인사이동 특유의 정당화요건으로서 사용자의 업무상 필요성과 근로자의 생활상 불이익을 비교형량하고 비교형량과정에서의 사용자의 보상조치, 근로자와의 성실한 협의 등 신의칙상 요구되는 절차 등을 준수하여야 그 적법성이 인정될 수 있다.

관련판례 대법원 1995. 5. 9. 선고 93다51263 판결 인사이동의 정당성

근로자에 대한 전직이나 전보는 피용자가 제공하여야 할 근로의 종류와 내용 또는 장소 등에 변경을 가져온다는 점에서 피용자에게 불이익한 처분이 될 수도 있으나 **이는 원칙적으로 인사권자인 사용자의 권한에 속하여 업무상 필요한 범위 안에서는 상당한 재량을 인정하여야 할 것이지만, 그것이 근로기준법 제27조 제1항 또는 제105조에 위반하거나 권리남용에 해당하는 등 특별한 사정이 있는 경우에는 허용되지 않는다** 고 할 것이고(위 90다12366 판결; 당원 1994.4.26. 선고 93다10279 판결; 1994.5.10 선고 93다47677 판결 등 참조), 전직처분이 정당한 인사권의 범위 내에 속하는지 여부는 전직명령의 업무상의 필요성과 전직에 따른 근로자의 생활상 불이익과의 비교교량, 근로자 본인과의 협의 등 그 전직명령을 하는 과정에서 신의칙상 요구되는 절차를 거쳤는지의 여부에 의하여 결정되어야 할 것이다.

원심은 이 점에 관하여 아무런 심리판단을 하고 있지 아니하나, 기록에 의하면, 원고는 좌측대퇴부가 절단된 장애자(갑 제23호증, 장애자수첩)로서 인천에서 서울로 근무지를 변경함에 따라 출퇴근시간이 늘어날 뿐 아니라 정상인과는 달리 육체적으로 이를 감내하기가 극히 어렵다고 보여짐에 반하여, 피고 회사는 원고에 대한 전보의 업무상 필요성에 대하여 그 구체적인 주장, 입증을 하고 있지 아니하고 있는바, 이러한 점에 비추어 보면, 이 사건 전보로 인하여 원고가 입는 불이익의 정도보다 이 사건 전보의 필요성이 크다고 볼 수는 없을 뿐 아니라, 그 전보명령을 하는 과정에서 원고와의 협의 등 신의칙상 요구되는 절차를 전혀 거치지 아니하였으므로 이 사건 전보명령은 무효라고 할 것이다.

사례연습 58

인사이동 (변호사시험 2013년 기출문제)

A회사는 상시 근로자 300명을 고용하여 사무용품의 판매업을 영위하는 회사로서, 서울에본점이 있고 대전 · 부산 · 제주에 지점을 두고 있다. 甲은 A회사의 서울 본점에서 영업부과장으로 근무하고 있었다. 甲의 근로계약서에는 근무장소가 기재되어 있지 않으며, A회사의 취업규칙에는 회사는 업무상 필요한 경우 직원을 본사 및 지점에 근무할 것을 명할 수 있다고 규정되어 있다. 또한 위 취업규칙에는 과장이 차장으로 승진하기 위한 요건으로 서울 이외의 지점에서 1년 이상 근무할 것이 규정되어 있다.

A회사는 대전지점의 영업부 과장 乙이 사직을 하자 차장 승진이 유력한 甲이 가장 적합하다고 판단하여 甲의 의사는 묻지 않고 甲을 대전지점의 영업부 과장으로 전근을 명령하였다. 위 취업규칙에는 연고가 없는 지역에 근무하는 직원에 대해서는 회사의 비용으로 사택을 제공하고 매월 기본급의 100%에 해당하는 지역근무수당을 추가하여 지급한다고 규정되어 있다. 그러나 甲은 자신은 서울에서만 살았고 대전에는 연고가 전혀 없으며 사진 동호회의 정기 모임이 매월 첫째 주 일요일에 서울에서 열리는데 자신이 동호회의 회장이라는 이유로 대전에서 근무할 수 없다고 하소연하면서 대전지점에 부임하지 않고 1개월간 출근을 거부하였다.

A회사는 甲이 계속 출근을 거부하자 위 취업규칙상 10일 이상 무단결근을 하는 때 또는 정당한 업무 명령을 거부하는 때에는 징계를 할 수 있다는 규정에 근거하여 甲을 적법하게 구성된 A회사는 甲이 계속 출근을 거부하자 위 취업규칙상 10일 이상 무단결근을 하는 때 또는 정당한 업무 명령을 거부하는 때에는 징계를 할 수 있다는 규정에 근거하여 甲을 적법하게 구성된 징계위원회에 회부하였다. 한편, 위 취업규칙에는 징계위원회 개최일 5일 전까지 징계대상자에게 징계사유와 징계위원회 개최 일시를 통보하고 소명의 기회를 주어야 한다고 규정되어 있다. 그러나 A회사는 甲의 징계사유가 명백하다고 판단하여 甲에게 징계위원회 개최사실을 알리지 아니하였고, 소명의 기회도 부여하지 아니하였다. 징계위원회는 甲의 전근명령 거부 및 무단결근을 사유로 하여 징계해고처분을 결정하였다. 이에 A회사의 대표이사는 2012년 11월 4일 甲을 직접 불러 전근명령 거부 및 무단결근을 이유로 2012년 12월 5일자로 징계해고 될 것임을 구두로 통보하였고, 이에 따라 甲은 2012년 12월 5일에 해고되었다.

A회사의 甲에 대한 전근명령은 정당한가?

1. 쟁점의 정리

사안에서 甲의 근로계약서에는 근무장소가 기재되어 있지 않고, A회사의 취업규칙에는 회사는 업무상 필요한 경우 직원을 본사 및 지점에 근무할 것을 명할 수 있다고 규정되어 있는데, A회사는 甲의 의사에 반하여 서울에서 대전지점의 영업부 과장으로 전근명령을 내렸다. 따라서, ① 먼저 이러한 甲의 의사에 반하는 전근 처분이 인사명령의 정당성 요건을 갖춘 정당한 인사명령으로서 인정될 수 있는지를 여부로 판단하고, ② 甲의 근로계약서에는 근무장소가 기재되어 있지 않았지만 근무장소에 묵시적인 약정이 있는 경우로 보아 전근명령에 근로자의 동의가 필요한지 등을 검토해야 할 것이다.

2. 전근(전직)의 개념 및 근거

(1) 전근(전직)의 개념

전직(배치전환)이란 동일 기업 내에서 근로자의 직무내용(전보)이나 근무장소(전근)를 변경하는 사용자의 인사명령을 의미한다. 즉, 전보와 전근을 통틀어 '전직' 혹은 '배치전환'이라고 한다. 판례는 '전직이란 동일한 기업 내에서 근로자의 근로계약상의 지위(근로의 종류, 장소)를 장기간에 걸쳐 변동시키는 인사조치'라고 정의하고 있다.(대법원 1991.05.28. 선고 90다8046 판결)

(2) 전근(전직)의 근거

근로자에 대한 배치전환(전직) 처분은 근로자가 제공하여야 할 근로의 종류·내용·장소·지위 등에 변경을 가져온다는 점에서 근로자에게 불이익한 처분이 될 수도 있으나, 이러한 인사이동은 사용자의 '인사권'의 한 내용으로서 원칙적으로 인사권자인 사용자의 권리에 속한다. 따라서 사용자는 업무상 필요한 범위 내에서 인사에 대한 상당한 재량을 가지며 그것이 근로기준법 등 강행법규에 위반된다든지 권리남용에 해당되는 등의 특별한 사정이 없는 한 유효하다는 것이 판례의 입장이다.(대법원 1989.02.28. 선고 86다카2567 판결 등)

3. 전근(전직)의 정당성 여부

(1) 전근(전직)의 정당성 요건

'전직'이 사용자의 지시명령권에 근거한 것으로서 업무상 필요성이 인정되는 경우라 할지라도, 그로 인하여 근로자에게 생활상 불이익이 발생할 수 있다는 점에서, 사용자의 인사명령권의 행사로서의 전직은 권리남용에 해당하지 말아야 한다는 명백한 내재적 한계가 존재한다. 따라서 사용자의 인사명령은 사용자의 업무상 필요성과 근로자의 생활상 불이익을 비교형량하고, 비교형량과정에서의 사용자의 보상조치, 근로자와의 성실한 협의 등 신의칙상 요구되는 절차 등을 준수하여야 그 정당성이 인정될 수 있다.

1) 업무상 필요성

회사측의 '업무상 필요성'은 사용자의 주관적 판단에 의할 것이 아니라 노동력의 적정배치로 인한 업무의 능률증진, 근로자의 능력개발과 근무의욕의 고취, 업무운영의 원활화, 기술 혁신이나 기업 재편에 따른 인력 조정 등 기업의 합리적 운영에 기여 한다는 '객관적 기준'에 의하여 판단되어야 한다.

2) 근로자측의 '생활상의 불이익'

근로자측의 생활상의 불이익이란 전직 등에 따라 해당 근로자가 받게 되는 일체의 불이익을 의미한다. 따라서, 생활상 불이익은 경제적 불이익에 한정되지 않고 정신적, 육체적, 사회적 불이익 나아가 노동조합 활동상의 제약까지도 포함된다, 이러한 생활상 불이익은 통상적으로 근로자가 감수하여야 할 정도를 현저하게 벗어난 것인지 여부가 중요한 기준이 된다.

3) 비교형량과정에서의 사용자의 보상조치

업무상 필요성과 근로자측의 생활상 불이익의 비교형량의 과정에서 근로자의 불이익을 경감·

회피하기 위한 사용자의 조치의 유무내지 보상조치가 있었는지의 여부도 인사이동의 정당화요소로 고려되어야 한다.

4) 근로자측과의 사전 협의

사용자가 전직명령을 하는 과정에서 근로자 본인과의 협의 등 신의칙상 요구되는 절차를 거쳤는지 여부도 전직명령의 정당성을 판단하는 하나의 요소가 된다. 신의칙 위반은 그 내용과 정도에 따라 상대적 관점에서 사회통념에 따라 종합적으로 판단하여야 할 것인 바 대법원은 근로자 본인과 신의칙상 요구되는 성실한 협의절차를 거치지 아니하였다는 사정만으로 전보처분 등이 권리남용에 해당하여 당연히 무효가 된다고는 볼 수 없다는 입장이다.(대법원 2005.09.30. 선고 2005다32890 판결)

(2) 사안의 경우

① A회사의 취업규칙에는 회사는 업무상 필요한 경우 직원을 본사 및 지점에 근무할 것을 명할 수 있다고 규정되어 있으며 과장이 차장으로 승진하기 위한 요건으로 서울 이외의 지점에서 1년 이상 근무할 것이 규정되어 있으며, 甲은 차장 승진이 유력하여 전근 명령이 있었다는 점에서 업무상 필요성이 인정됨에 대하여, ② 근로자 甲의 생활상 불이익은 대전에 연고가 전혀 없으며 사진 동호회의 정기 모임이 매월 첫째 주 서울에서 열려 참가할 때 불편이 따른다는 점이라는 점에서, 甲의 생활상 불이익보다 A회사의 업무상 필요성이 더욱 크다고 판단되며, ③ 업무상 필요성과 근로자측의 생활상 불이익의 비교형량의 과정에서 A회사의 취업규칙에는 연고가 없는 지역에 근무하는 직원에 대해서는 회사의 비용으로 사택을 제공하고 매월 기본급의 100%에 해당하는 지역근무수당을 추가하여 지급하여 생활상의 불이익을 감소시키려고 노력하는 점을 고려하면, 근로자 본인과 신의칙상 요구되는 성실한 협의절차를 거치지 아니하였다는 사정만으로 전보처분 등이 권리남용에 해당하여 당연히 무효가 된다고는 볼 수 없다고 판단된다.

4. 전근(전직)명령시 근로자의 동의를 요하는 경우

(1) 근로계약서에 근로의 내용이나 근무 장소가 특정되어 있는 경우

근로계약이나 취업규칙, 단체협약에 의하여 근로의 내용이나 근무 장소가 특정 (묵시적으로 특정된 경우 포함)되어 있다면, 사용자가 일방적인 인사명령으로 근로의 내용이나 근무 장소를 변경하는 것은 원칙적으로 허용되지 아니하며, 원칙적으로 근로자의 동의가 있어야 한다.

다만, 이러한 근로자의 동의는 묵시적으로도 가능하므로, 사용자가 근로자의 동의 없이 전직처분을 하였더라도, 근로자가 이의나 거부를 하지 않은 채 상당한 기간 동안 근로를 하였다면 묵시적 동의를 한 것으로 볼 수 있다.

(2) 근로계약 내용의 기본적인(본질적인 변경)에 해당하는 경우

근로계약 내용의 기본적인(본질적인) 변경에 해당하는 경우에는 근로자의 동의를 필요로 한다.

이를테면, 특별한 기술이나 전문적 지식이 요구되는 직종에 사용자가 해당 자격을 갖춘 자를 채용하여서 종사케 한 경우에는, 근로계약상 업무의 종류·내용이 명시되지 않았더라도 그 묵시적 특정을 인정할 수 있고 해당 근로자의 동의 없이 사용자가 다른 직종이나 업무로 근로자를 배치하는 인사명령은 무효라고 볼 수 있다.

(3) 사안의 경우

전근(전직)명령시 근로자의 동의를 요하는 지의 여부와 관련하여 ① 근로계약서에는 근무장소가 기재되어 있지 않으며, 甲의 근무장소가 서울로 특정되어 있지도 않다. ② 또한 근로자 甲은 영업부 과장으로서 '특별한 기술이나 전문적 지식이 요구되는 직종'에 종사하는 자라고 보기 어렵고 설혹 이에 해당한다고 하더라도 본사 '영업부 과장'에서 전지점 '영업부 과장'으로 전근명령을 한 것이므로 다른 직종이나 업무에 종사케하는 인사명령이라고 보기도 어려우므로 전근 명령시 甲의 동의를 받아야 하는 경우에 해당되지 않는다.

5. 결론

甲에 대한 대전지점으로의 전근명령은 그 업무상 필요성이 명백하나, 그로 인한 생활상 불이익은 크지 않다고 판단되고, 본 사안은 그와 별도로 근로자의 동의절차를 거쳐야만 하는 사안도 아니므로 A회사의 甲에 대한 전근명령은 정당하다.

2. 기업내 인사이동 (전직/배치전환)

(1) 전직(→사례: 58,59,60)

1) 전직의 의미

전직(배치전환)이란 동일 기업 내에서 근로자의 직무내용(전보)이나 근무장소(전근)를 변경하는 사용자의 인사명령을 의미한다. 즉, **전보와 전근을 통틀어 '전직' 혹은 '배치전환'**이라고 한다'. 판례는 '전직이란 동일한 기업 내에서 근로자의 근로계약상의 지위(근로의 종류, 장소)를 장기간에 걸쳐 변동시키는 인사조치'라고 정의하고 있다 대법원은, **전직이 기업 운영상 불가피하다는 점에서 전직명령에 대한 사용자의 재량권을 인정하면서도, 그 재량권의 행사는 근로기준법 등 강행규정에 위반되지 않고 권리남용에 해당하지 말아야 하는 내재적 한계가 존재한다는 입장이다.**(대법원 1991.05.28. 선고 90다8046 판결)

2) 전직의 종류

가. 전보

'전보'라 함은 동일한 직급내에서 직무의 종류와 내용을 변경하거나 기존의 직책과 동일 수준의 다른 직책을 부여하는 것을 의미한다.(예 인사팀장에서 생산팀장으로) 실무에서는 '전보'를 근무지가 변경되는 '전근'과 구별하지 않거나 혼용하여 사용하는 경우도 있는데, 원래적 의미의 '전보'는 근무지의 변경이 수반되지 않으므로 근로자와의 성실한 협의 절차를 거치지 않았다는 사정만으로 전보처분이 당연히 권리남용에 해당하여 무효가 된다고 볼 수는 없다.(대법원 2009.03.12. 선고 2007두22306 판결)

나. 전근

'전근'이란 직급이나 직종의 변경 없이 근무지(사업장)를 달리하여 근무장소가 바뀌는 것을 의미한다.(예 서울지사에서 대전지사로) 이러한 '전근'은 근무장소의 변경으로 인하여 근로자에게 불이익이 초래될 수 있으므로 업무상의 필요 외에 **근로자와의 성실한 협의**가 필요하며, 근로계약에 근무장소가 **특정**되어 있는 경우에는 원칙적으로 근로자가 **동의**하여야 한다.(대법원 1997.07.22. 선고 97다18165 판결)

3) 전직명령의 정당성

사용자의 전직처분의 정당성은 ① **업무상 필요성** ② **근로자의 생활상의 불이익** ③ **업무상 필요성과 생활상 불이익의 비교 · 교량** ④ **노동조합 또는 근로자와의 협의 등 신의칙상 요구되는 절차 준수 등을 종합적으로 고려**하여야 한다는 것이 판례의 일관된 견해이다. 한편, 전보처분이 외형상으로는 업무상 필요를 내세우고 있지만, 실질적으로는 근로자의 노동조합 조직 · 가입 또는 노조 활동에 대한 보복조치로서 이루어진 경우, 이는 불이익 취급의 부당노동행위에 해당하고, 그 효력이 부인될 수 있다.

가. 업무상 필요성

'업무상 필요성'은 전직명령의 **정당화 요소**이다. 따라서, 전직명령이 업무상 필요 없이 이루어진 경우, 그것은 실체적 정당성을 흠결한 것으로서 무효이다.(대법원 1991.05.28. 선고 90다8046 판결, 1995. 5. 9. 선고 93다51263 판결 등) '업무상 필요성'은 사용자의 주관적 판단에 의할 것이 아니라 노동력의 적정배치로 인한 업무의 능률증진, 근로자의 능력개발과 근무의욕의 고취, 업무운영의 원활화, 기술 혁신이나 기업 재편에 따른 인력 조정 등 기업의 합리적 운영에 기여 한다는 **'객관적 기준'**에 의하여 판단되어야 한다. (대법원 2006.01.27. 선고 2005두16772 판결) 나아가, 업무상 필요성이 존재하기 위해서는 기업 내 인원배치를 변경하여야 할 일반적인 필요성뿐만 아니라 그 재배치에 있어서 당해 근로자를 선택할 수밖에 없는 **구체적인 합리성**이 존재해야 한다.(대법원 1993.09.14. 선고 92누18825 판결)

다만, 근로자에 대한 배치전환은 원칙적으로 인사권자인 사용자의 권리이므로 업무상 필요한 범위 안에서는 상당한 재량을 인정하여야 하므로, 직장질서의 유지나 회복, 근로자간의 인화 등 기업의 합리적인 운영을 위한 전직도 업무상 그 필요성이 인정된다.(대법원 1999.09.03. 선고 97누2528,2535 판결)

나. 근로자측의 '생활상의 불이익'

근로자측의 **생활상의 불이익**이란 전직 등에 따라 해당 근로자가 받게 되는 **일체의 불이익**을 의미한다. 따라서, 생활상 불이익은 경제적 불이익에 한정되지 않고 정신적, 육체적, 사회적 불이익 나아가 노동조합 활동상의 제약까지도 포함된다, 이러한 생활상 불이익은 통상적으로 **근로자가 감수하여야 할 정도를 현저하게 벗어난 것인지 여부**가 중요한 기준이 된다. 전직처분에 따른 근로자의 생활상의 불이익이 통상 예측할 수 없는 중대한 것일 때, 만약 그 근로자 대신에 다른 근로자에게 전직명령을 내리는 것이 곤란한 특별한 사정이 있는 경우에는 업무상의 필요성을 인정하여 정당한 이유가 있다고 할 것이나, 그와 반대로 다른 근로자로 대체할 수 있는 한 그 전직처분은 정당성을 상실하게 될 것이다.

다. 비교형량과정에서의 사용자의 보상조치

업무상 필요성과 근로자측의 생활상 불이익의 **비교형량의 과정에서 근로자의 불이익을 경감 · 회피하기 위한 사용자의 조치**의 유무내지 보상조치가 있었는지의 여부도 인사이동의 정당화 요소로 고려되어야 한다. 이를테면, 사용자가 전보처분을 하면서 통근차량이나 숙소를 제공하였는지 여부, 특별수당을 지급하여 불이익 제거 또는 완화조치를 취하였는지 여부 등도 업무상 필요성과 근로자측의 생활상 불이익의 비교형량의 과정에서 근로자의 불이익을 경감 · 회피하기 위한 사용자의 보상조치로 고여할 수 있을 것이다.

라. 근로자측과의 사전 협의

사용자가 전직명령을 하는 과정에서 **근로자 본인과의 협의 등 신의칙상 요구되는 절차를 거쳤는지 여부**도 전직명령의 정당성을 판단하는 하나의 요소가 된다. 신의칙 위반은 그 내용과 정도에 따라 상대적 관점에서 사회통념에 따라 종합적으로 판단하여야 할 것이다. 전직 처분으로 인하여 근로자가 입게 될 생활상의 불이익이 크면 클수록 신의칙상의 협의절차 이행 의무의 정도도 더 높아진다고 보아야 한다. 특히, 근로계약이나 취업규칙, 단체협약에서 전직처분에 대하여 절차 규정을 두고 있다면, 설령 인사발령으로서의 전직처분이라 할지라도 그 절차를 흠결한 전직명령은 허용되지 아니한다. 다만, 대법원은 근로자 본인과 신의칙상 요구되는 성실한 협의절차를 거치지 아니하였다는 사정만으로 전보처분 등이 권리남용에 해당하여 당연히 무효가 된다고는 볼 수 없다는 입장이므로,(대법원 2005.09.30. 선고 2005다32890 판결) 다른 요건이 구비된 경우에는 협의절차 불이행이라는 이유만으로는 부당전직이라고 판단하기는 어려울 것이다.

(쟁점) 전직명령의 제한(전직명령시 근로자의 동의를 요하는 경우)(→사례: 59,60)

1. 근로계약서에 근로의 내용이나 근무 장소가 특정되어 있는 경우

근로계약이나 취업규칙, 단체협약에 의하여 **근로의 내용이나 근무장소가 특정**(묵시적으로 특정된 경우 포함)되어 있다면, 사용자가 일방적인 인사명령으로 근로의 내용이나 근무 장소을 변경하는 것은 원칙적으로 허용되지 아니하며, 원칙적으로 근로자의 **동의가** 있어야 한다.(대법원 1994.02.08. 선고 92다893 판결) 다만, 이러한 근로자의 동의는 묵시적으로도 가능하므로, 사용자가 근로자의 동의 없이 전직 처분을 하였더라도, 근로자가 이의나 거부를 하지 않은 채 상당한 기간동안 근로를 하였다면 **묵시적 동의**를 한 것으로 볼 수 있다.

(1) 직무내용이 특정된 경우

근로계약서 등에 근로자의 **직무내용이 특별히 한정된 경우**, 사용자가 당해 근로자에 대해 직무내용의 변경을 수반하는 전직처분을 하려면 원칙적으로 근로자의 동의를 필요로 한다. 특히, 의사, 간호사 운전기사 보일러공 등과 같이 특수한 기술이나 전문적인 자격을 소지하고 있는 것을 전제로 취업한 근로자의 경우에는 특별한 사정이 없는 한 근로계약상 근로의 종류나 내용이 특정되어 있다고 할 것이다.

(2) 근무장소가 특정된 경우

근로계약 등에 근무 **장소를 특정한 경우**. 사용자가 당해 근로자에 대해 근로장소의 변경을 명하는 전직 처분을 하려면 원칙적으로 근로자의 동의를 필요로 한다. 근로계약 등에 근로장소가 특정되어 있지 않더라도 **현지 채용하여 관행상 전근 없이 근로하여 온 근로자, 파트타임 근로자와 같이 생활 본거지가 고정되어 있고 근로계약상 이를 전제로 취업한 근로자의 경우에는 '묵시적'으로 근무 장소를 특정한 것으로 보아야 하므로** 근로자 본인의 동의를 얻어야 전보처분의 정당성이 인정된다.(대법원 1992.01.21. 선고 91누5204 판결)

2. 근로계약 내용의 기본적인(본질적인 변경)에 해당하는 경우)

반면에, 근로계약서에 직종이 특정되어 있지 않으며 취업규칙이나 인사관행에 따라 직종이나 직군간 순환배치를 해왔다면 근로자와의 성실한 협의만으로도 인사이동이 가능하다. 다만, 배치전환으로 인하여 **원래 합의한 근로계약의 본질적인 내용이 변경된다고 평가되는 경우**에는 근로자의 동의를 얻어야 할 것이다. 이를테면, 특별한 기술이나 전문적 지식이 요구되는 직종에 사용자가 해당 자격을 갖춘 자를 채용하여서 종사케 한 경우에는, 근로계약상 업무의 종류·내용이 명시되지 않았더라도 그 묵시적 특정을 인정할 수 있고 해당 근로자의 동의 없이 사용자가 다른 직종이나 업무로 근로자를 배치하는 인사명령은 무효라고 볼 수 있다.

예 ① 생산부 보일러공을 영업부에 근무토록 인사조치한 사건(92다893), ② 호텔 전화교환원을 객실부 하우스키핑 내 오퍼레이터로 전보처분한 사건(92다893), ③ 언론사 기자직 직원을 업무직 직원으로 전직발령한 사건(92다893)2. 근로계약서에 근로의 내용이나 근무장소가 특정되어 있지 않은 경우

사례연습 59

배치전환 (2021년 제1차 변호사시험 모의시험)

상시 근로자 수가 150명인 여과지 등을 제조·판매하는 A회사에서 현장직 3교대 형태의 품질검사원의 업무를 담당하던 근로자 甲에 대하여, A회사는 2020년 8월 16일 '검사진행 속도가 느리고(이 점은 甲도 인정하고 있다) 검사 결과를 현장에 늦게 전달하여 현장에서 불만을 제기한다'는 등의 이유를 들어 甲과 3차례에 걸쳐 면담을 실시하였다. 그 후 A회사는 甲으로 하여금 근무부서의 변경 없이 계속 품질검사원의 업무를 수행하되, 상주근무자(08:00부터 17:00까지 근무)인 근로자 乙과 맞교환하여 2020년 8월 21일부터 현장직 3교대 형태에서 현장직 상주 형태로 근무하도록 하는 배치전환의 인사발령(이하 '이 사건 배치전환'이라 함)을 하였다. A회사의 작업 공정상 품질검사원 중 3교대 근무를 하는 근로자와 상주 근무를 하는 근로자가 모두 필요한 상황이다.

이 사건 배치전환 후 甲에게 부여된 업무는 품질검사원의 기존 업무 외에 중요 거래처 성적서 작성, 고객관리, 시험성적서 발행, 고객요청 샘플발송 등인데, 이에 대해 甲은 검사의 난이도가 높고, 문서 작업의 양이 막대하게 늘어나 그 적응에 어려움과 불편을 겪고 있다. 또한 甲은 배치전환 이전에 지급받던 급여보다 약 30%가 감소한 급여를 지급받게 되었는데, 이는 甲이 자발적으로 야간·휴일 근무 등을 하지 않기로 선택한 결과이다.

.근로자 甲은 이 사건 배치전환명령은 정당하지 않다고 주장한다. 근로자 甲의 주장은 정당한가?

1. 쟁점의 정리

사안에서 甲은 회사의 배치전환 이후 기존 업무 외에 추가된 업무로 인하여 작업양이 막대하게 늘어났을 뿐 아니라 적응에도 어려움과 불판을 겪고 있음에도 급여는 배치전환 이전보다 30% 감소하였는 바, 이러한 배치전환은 정당하지 않다고 주장한다. 따라서, 이러한 甲의 주장의 정당성을 검토하기 위해서, 먼저 배치전환에 대하여 살펴본 후, 특히 사용자의 인사권의 한계와 관련하여 배치전환의 정당성 요건을 검토하면서, 주어진 사실 관계를 기초로 하여 이러한 A회사의 배치전환이 사용자의 권리남용에 해당하는지 여부를 검토해 보도록 한다.

2. 배치전환의 개념 및 근거

(1) 베치전환의 개념

배치전환(전직)이란 동일 기업 내에서 근로자의 직무내용(전보)이나 근무장소(전근)를 변경하는 사용자의 인사명령을 의미한다. 즉, 전보와 전근을 통틀어 '전직' 혹은 '배치전환'이라고 한다. 판례는 '전직이란 동일한 기업 내에서 근로자의 근로계약상의 지위(근로의 종류, 장소)를 장기간에 걸쳐 변동시키는 인사조치'라고 정의하고 있다.(대법원 1991.05.28. 선고 90다8046 판결)

(2) 배치전환의 근거

근로자에 대한 배치전환(전직) 처분은 근로자가 제공하여야 할 근로의 종류·내용·장소·지위 등에 변경을 가져온다는 점에서 근로자에게 불이익한 처분이 될 수도 있으나, 이러한 인사이동은 사용자의 '인사권'의 한 내용으로서 원칙적으로 인사권자인 사용자의 권리에 속한다. 따라서 사용자는 업무상 필요한 범위 내에서 인사에 대한 상당한 재량을 가지며 그것이 근로기준법 등 강행법규에 위반된다든지 권리남용에 해당되는 등의 특별한 사정이 없는 한 유효하다는 것이 판례의 입장이다.(대법원 1989.02.28. 선고 86다카2567 판결 등)

3. 배치전환의 정당성 여부

(1) 배치전환의 정당성 요건

'배치전환'이 사용자의 지시명령권에 근거한 것으로서 업무상 필요성이 인정되는 경우라 할지라도, 그로 인하여 근로자에게 생활상 불이익이 발생할 수 있다는 점에서, 사용자의 인사명령권의 행사로서의 배치전환은 권리남용에 해당하지 말아야 한다는 명백한 내재적 한계가 존재한다. 따라서 사용자의 인사명령은 사용자의 업무상 필요성과 근로자의 생활상 불이익을 비교형량하고, 비교형량 과정에서의 사용자의 보상조치, 근로자와의 성실한 협의 등 신의칙상 요구되는 절차 등을 준수하여야 그 정당성이 인정될 수 있다.

1) 업무상 필요성

회사측의 '업무상 필요성'은 사용자의 주관적 판단에 의할 것이 아니라 노동력의 적정배치로 인한 업무의 능률증진, 근로자의 능력개발과 근무의욕의 고취, 업무운영의 원활화, 기술 혁신이나 기업 재편에 따른 인력 조정 등 기업의 합리적 운영에 기여 한다는 '객관적 기준'에 의하여 판단되어야 한다.

2) 근로자측의 '생활상의 불이익'

근로자측의 생활상의 불이익이란 전직 등에 따라 해당 근로자가 받게 되는 일체의 불이익을 의미한다. 따라서, 생활상 불이익은 경제적 불이익에 한정되지 않고 정신적, 육체적, 사회적 불이익 나아가 노동조합 활동상의 제약까지도 포함된다, 이러한 생활상 불이익은 통상적으로 근로자가 감수하여야 할 정도를 현저하게 벗어난 것인지 여부가 중요한 기준이 된다.

3) 비교형량과정에서의 사용자의 보상조치

업무상 필요성과 근로자측의 생활상 불이익의 비교형량의 과정에서 근로자의 불이익을 경감·회피하기 위한 사용자의 조치의 유무내지 보상조치가 있었는지의 여부도 비치전환의 정당화요소로 고려되어야 한다.

4) 근로자측과의 사전 협의

사용자가 배치전환명령을 하는 과정에서 근로자 본인과의 협의 등 신의칙상 요구되는 절차를 거쳤는지 여부도 전직명령의 정당성을 판단하는 하나의 요소가 된다. 신의칙 위반은 그 내용과 정도에 따라 상대적 관점에서 사회통념에 따라 종합적으로 판단하여야 할 것인 바 대법원은 근로자 본인과 신의칙상 요구되는 성실한 협의절차를 거치지 아니하였다는 사정만으로 배치전환명령 등이 권리남용에 해당하여 당연히 무효가 된다고는 볼 수 없다는 입장이다.(대법원 2005.09.30. 선고 2005다32890 판결)

(2) 사안의 경우

① 근로자 甲이 스스로 검사가 늦었다는 점을 인정한 사실을 고려하면, 이 사건 전환배치를 할 업무상의 필요성이 없었다고 단정하기 어려우며, ② 이 사건 전환배치 후 甲이 근무부서의 변경 없이 계속 품질검사원의 업무를 수행하되, 다만 현장직 3교대 근무에서 현장직 상주 근무로 그 근무형태가 변경된 사실을 알 수 있는데, 이 사건 전환배치로 인하여 겪는 어려움과 불편의 정도가 근로자가 전환배치 후 통상적으로 겪게 되는 업무 적응과정에서의 어려움과 불편의 정도를 현저하게 벗어난 것이라고 단정하기 어렵다. ③ 또한, 이 사건 전환배치가 정당한 인사권의 범위를 벗어난 것으로서 권리남용에 해당하려면, 전환배치에 따라 甲이 겪게 되는 생활상의 불이익이 근로자가 통상 감수하여야 할 정도를 현저하게 벗어난 것이어야할 것인데, 전환배치 후 갑이 실제 지급받는 급여가 감소하였다고 하더라도, 만약 그 급여 감소가 갑이 자발적으로 야간·휴일 근무 등을 하지 않기로 선택한 것에 따른 결과라면, 그 급여 감소를 이유로 이 사건 전환배치가 권리남용에 해당한다고 보기는 어렵다. ④ 나아가 회사의 작업 공정상 품질검사원 중 3교대 근무를 하는 근로자와 상주 근무를 하는 근로자가 모두 필요한 상황이라면, 근무시간이 08:00부터 17:00까지인 상주 근무의 성격상 해당 근로자의 급여가 3교대 근무 근로자의 급여보다 상대적으로 적을 수밖에 없다고 하더라도, 그러한 급여 차이의 정도가 근로자가 통상 감수하여야 할 정도를 현저하게 벗어나고 대상 근로자 선택에 합리성이 없는 등의 특별한 사정이 없는 한, 위와 같은 급여 차이만으로 3교대 근무와 상주 근무 사이의 전환배치가 정당한 인사권의 범위를 벗어난 것이라고 단정하기 어렵다.⑤ 또한, 회사가 이 사건 전환배치 전 甲과 3차례에 걸쳐 면담을 실시하는 등 신의칙상 요구되는 절차도 모두 거쳤으므로, 이 사건 전환배치가 권리남용에 해당한다고 보기는 어렵다.

5. 결론

甲에 대한 대전지점으로의 전근명령은 그 업무상 필요성이 명백하나, 그로 인한 생활상 불이익은 크지 않다고 판단되고, 본 사안은 그와 별도로 근로자의 동의절차를 거쳐야만 하는 사안도 아니므로 A회사의 甲에 대한 전근명령은 정당하다.

3. 기업간의 인사이동

'전직(전보나 전근)'이 기업 내 인사이동임에 반하여, '전출 및 전적'은 기업 간 인사이동에 해당한다. 먼저, '전출'이란 근로자가 원래 고용된 기업에 소속해 있으면서 다른 기업의 사업장에서 상당기간 종사하게 되는 것을 말한다. 이에 반해 '전적'은 원래 고용된 기업과의 근로관계를 종료하고 다른 기업과 새로운 근로관계를 형성하는 것을 의미한다. 따라서, **전출 및 전적**은 전직(전보나 전근)과 같은 단순한 근로조건의 변경의 차원을 넘어서 근로관계에 있어서의 업무지휘권의 주체가 달라지는 중대한 변경이므로 **원칙적으로 근로자의 동의가 필요하다.**

(1) 전출

1) 전출의 의의

전출은 근로자가 **본래의 소속기업과의 근로계약관계를 유지한 상태**로 장기출장, 파견근무, 사외근무 등의 형태로 다른 기업의 사업장에서 상당기간 종사하게 되는 것을 말한다. 전출시에 근로자는 원래기업에서 휴직하고 새로운 기업의 지휘감독하에서 근로를 계속 수행하는 형식을 취하게 되는 것이 일반적이다. 전출은 일정한 기간이 경과한 후에 근로자가 원래의 소속 회사로 **복귀할 것이 예정**되었다는 점에서, 원래의 소속 회사와 근로관계를 종료하고 다른 회사와 근로관계를 새롭게 형성하는 전직과 구별된다.

2) 전출의 유효요건

가. 근로자의 동의

전출은 근로제공의 상대방이 변경되므로, 근로계약의 일신전속성(민법 제657조 제1항)에 비추어 원칙적으로 근로자의 동의가 있어야 유효하다. 이때의 '동의'는 근로계약서나 전출동의서 등에 의한 **개별적 동의를 의미**하는 것이지만, **동일한 그룹내의 계열사간**에는 근로계약, 취업규칙 등에 의한 **사전적, 포괄적인 동의**도 가능하며, 가령 전출명령에 대해 이의가 없이 상당 기간 정상적으로 근무를 했다면 **묵시적 동의**를 한 것으로 볼 수도 있을 것이다. 단, 이 경우에 근로자가 부득이 회사의 인사명령을 수용할 수밖에 없었던 사정이 존재한다면 그러한 묵시적 동의는 인정되지 않는다.(대법원 1993.01.26. 선고 92누8200 판결)

나. 정당한 이유

전출의 정당성이 인정되기 위해서는 근로자의 동의 이외에 전출의 업무상 필요성과 근로자의 불이익 등이 종합적으로 고려되어야 한다. 즉, 근로자의 전출에 대한 회사측의 업무상 필요성과 근로자측의 생활상 불이익 등을 비교형량하여 결정되어야 한다.

다. 관행에 의한 전출

계열사간 전적에 대한 근로자의 동의가 없는 경우에도, 기업그룹 내에서 근로자의 동의를 얻지 않고 다른 계열기업으로 전출시키는 관행이 그룹내 기업 구성원들에게 일반적으로 아무런 이의 없이 받아들여 **'사실상 제도'로 확립**되어 있으며, 그러한 관행이 근로계약의 내용을 이루고 있다고 인정되는 경우에는 개별 근로자의 동의가 없더라도 계열사내의 전출의 유효성이 인정될 수 있다

3) 전출명령의 효과

가. 유효한 전출명령의 효과

유효한 전출이 행해진 경우에, 근로자는 원래의 소속 회사와 근로관계는 존속하면서(통상 '휴직'처리된다) 근로는 전출기업에 제공하게 된다. 그 결과, 원래 소속회사와는 근로제공을 전제로 하지 않는 근로계약의 당사자로서의 부분(임금 지급, 해고 포함)이 적용되고, 근로제공과 관련된 부분은 전출기업의 취업규칙에 따르게 될 것이므로, 원래의 기업 및 전출기업과 근로자 사이에는 **이중의 근로관계**가 성립하는 것으로 보아야 할 것이다.

나. 무효인 전출명령의 효과

사용자의 전출명령이 근로자의 동의 없이 행하여진 경우, 근로기준법 등 강행법규에 위반한 경우, 혹은 부당노동행위로 행해진 경우에는 그러한 전출명령은 무효이다. 따라서 근로자가 그러한 무효인 전출명령을 거부하는 것을 이유로 한 해고는 '부당해고'에 해당할 것이므로, 근로자는 노동위원회에 부당해고 구제신청을 제기하거나(근로기준법 28조 1항) 법원에 해고무효확인소송을 제기할 수 있다.

[관련문제] 전출과 근로자 파견 (→제11장 비정규직 근로자, **(쟁점) 계열사간 전출과 근로자 파견**)

(쟁점) 전출중의 근로관계

1. 의의

유효한 전출이 이루어지는 경우에, 근로자는 원래의 소속 회사와 근로관계는 존속하지만 근로는 전출기업에 제공하므로, 원래 소속회사와는 근로제공을 전제로 하지 않는 부분만 계속 적용되고, 그 외의 근로제공과 관련된 부분은 전출기업의 취업규칙에 따르게 된다. 그 결과, **원래의 기업 및 전출기업과 근로자 사이에는 이중의 근로관계가 성립**하는 것으로 보아야 할 것이므로, 원래의 기업뿐 아니라 근로자를 직접 지휘·감독하는 전출기업도 일정한 사용자책임을 부담한다. 계속근로기간은 두 기업에서의 근무 기간을 통산하여 원래의 기업의 재직기간으로 산정하여야 할 것이다

2. 근로기준법상의 사용자책임

근로자에 대해서 해당 근로조건에 관한 '실질적 권한'을 가지고 있는 기업이 근로기준법상 사용자로서의 책임을 부담한다. 즉, 근로시간, 휴게, 휴일 등 근로자의 근로를 전제로 책임은 사용자가 부담할 것이며, 근로자에 대한 임금지급 책임은 원칙적으로 **전출기업**이 부담하는 것이 일반적이지만 전출계약에서 이를 달리 정할 수 있을 것이다. 반면에, 근로계약의 해지권(해고 포함)은 근로계약의 당사자인 **원래의 소속 회사**가 보유하는 것으로 보아야 할 것이지만, 근로자에 대한 징계권은 **양사가 모두 보유**하는 것으로 해석된다..

3. 산안법 등의 사용자 책임

산안법상의 사용자책임은 현실적으로 근로를 제공받고 있는 전출기업이 됨이 원칙이다. 산재보험법상의 사용자는 원칙적으로 전출기업이지만 전출계약에서 달리 정할 수 있다. 고용보험법상의 사용자는 원기업과 전출기업 중 주된 임금을 지급하는 사용자로 인정되는 자이다.(고용보험법 시행규칙 제17조)

(2) 전적(→사례: 60)

1) 전적의 의의

전적이라 함은 근로자가 **원래의 소속기업과의 근로관계를 종료**하고 타 기업으로 소속을 옮겨 새로운 근로계약을 체결하고 그 기업과 **새로운 근로관계를 형성**하는 것을 말한다. 일반적으로 전적은 원기업과의 근로계약을 합의해지하고 전적기업과 새로운 근로계약의 체결하는 방식으로 이루어진다. 전적은 종전 사용자와의 근로계약을 완전히 해지하여 근로관계를 종료한다는 점에서 종전 사용자와의 근로계약의 존속을 전제로 하는 전출이나 파견 또는 동일 기업 내 인사이동인 전근이나 전보와 다르다.

2) 전적의 요건(→(쟁점) 전적의 유효요건)

① 전적은 종래에 종사하던 기업과 근로계약을 합의해지하고, 이적하게 될 기업과 새로운 근로계약을 체결하는 것이므로 **근로계약의 일신전속성(민법 제657조 제1항)에 비추어** 특별한 사정이 없는 한 근로자의 **구체적인 개별적 동의**를 받아야 효력이 있다. ② **다만, 기업그룹을 형성한 계열기업 사이에는 사전적 포괄적 동의도 가능하지만,** 판례는 기업그룹내의 전적의 경우에는 이러한 사전적인 포괄적 동의의 방법을 더욱 엄격하게 해석하여, **사용자가 기업그룹 내의 전적에 관하여 근로자의 포괄적인 사전동의를 받는 경우에는 전적할 기업을 특정하고(복수기업이라도 좋다) 근로자가 전적될 기업에서 종사해야 할 업무 등 기본적 근로조건에 관해 구체적으로 인식하고 있어야 한다**는 입장이다.(대법원 1993.01.26. 선고 92다11695 판결) ③ 나아가, 기업그룹 내에서 근로자의 동의를 얻지 않고 다른 계열기업으로 전적시키는 관행이 그룹내 기업 구성원들에게 일반적으로 아무런 이의 없이 받아들여 '사실상 제도'로 확립되어 있다면 근로자의 동의가 없더라도 계열사 내의 전적의 유효성이 인정될 수 있다고 한다.(대법원 1993.01.26. 선고 92다11695 판결 등)

3) 전적의 효과

(1) 유효한 전적의 효과

유효한 전적이 이루어진 경우에 근로자는 전출된 새로운 기업에 대하여 근로를 제공할 의무를 부담한다. 따라서, 전적이 이루어진 경우 당해 근로자와 종전 기업과의 근로관계는 단절되므로, 이적하게 될 기업이 종전 기업의 근로관계를 **승계하지 않는다.**(대법원 1996.12.23. 선고 95다29970 판결)**(해약형 전적)** 다만, 당사자 사이에 종전 기업과의 근로관계를 승계하기로 하는 특약이 있거나 이적하게 될 기업의 취업규칙 등에 종전 기업에서의 근속기간을 통산하도록 하는 규정이 있는 것과 같은 **특별한 사정**이 있는 경우(양도형 전적)에는 당해근로자의 종전 기업과의 근로관계는 단절되지 않고 이적하게 될 기업이 **근로자의 종전 기업의 근로관계를 승계**한다고 보아야 할 것이다.(대법원 1996.05.10. 선고 95다42270 판결)

(2) 무효인 전적의 효과

사용자의 전적이 근로자의 동의 없이 행하여진 경우, 근로기준법 등 강행법규에 위반한 경우, 혹은 부당노동행위로 행해진 경우에는 그러한 전적은 효력이 없는 바, 유효하지 않은 전적이 이뤄진 경우 **종전 근로관계가 단절되지 않고 전적 전후의 근무는 그 계속성이 인정된다.** 따라서 전적 당시 지급된 퇴직급여나 연차유급휴가 등의 정산은 무효이고 전체 근무기간을 통산해 다시 산정해야 한다(대법원 2003.4.11. 선고 2001다71528 판결 등 참조).

(쟁점) 전적의 유효요건(→사례: 60)

1. 근로자의 동의

(1) 근로자의 개별적 동의 원칙

전적은 종래에 종사하던 기업과 근로계약을 합의해지하고, 이적하게 될 기업과 새로운 근로계약을 체결하는 것이므로 근로계약의 일신전속성(민법 제657조 제1항)에 비추어 특별한 사정이 없는 한 근로자의 구체적인 **개별적 동의**를 받아야 효력이 생기는 것이다.[1]

(2) 사전 포괄적 동의

전적의 경우에는 근로자의 구체적인 · 개별적 동의를 받아야 효력이 생기는 것이 원칙이지만, 기업그룹을 형성한 계열기업 사이에는 사전적 포괄동의도 가능하다. 다만, **전출의 경우와 달리** 전적의 경우에는 사전적인 포괄적 동의의 방법을 엄격하게 해석하여, 사용자가 기업그룹 내의 전적에 관하여 근로자의 포괄적인 사전동의를 받는 경우에는 **전적할 기업을 특정하고(복수기업이라도 좋다) 근로자가 전적될 기업에서 종사해야 할 업무 등 기본적 근로조건에 관해 구체적으로 인식**하고 있어야 한다는 것이 판례의 태도이다.(대법원 1993.01.26. 선고 92다11695 판결) 따라서, 근로자를 그룹차원에서 일괄 채용하는 형식을 밟아 입사 전에 계열회사 간 인사이동에 대한 설명을 들어서 알고 있다든지, 사전에 근로자로부터 일반적인 내용의 포괄적인 동의만 받아 두었다거나 취업규칙이나 단체협약에서 근로자를 계열회사에 인사이동 시킬 수 있다는 일반규정만을 두고 있다고 하여 전적에 관한 근로자의 포괄적 사전동의가 있다고 볼 수 없다.(대법원 1993.01.26. 선고 92다11695 판결)

(3) 묵시적 동의

전적에 관한 근로자의 **묵시적 동의도** 가능하다. 근로자가 전적에 따르기로 하여 회사로부터 퇴직하는 절차를 마치고 계열회사에 취업하는 서류를 작성, 제출하고 그 후 상당기간(사안에서는 2개월) 정상적으로 근무하였다면 특별한 사정이 없는 한 근로자의 위와 같은 행동은 전적에 대한 동의를 전제로 행하여진 것이라고 볼 수 있다는 것이 대법원의 입장이다..(대법원 1993.01.26. 선고 92누8200 판결)

2. 관행에 의한 전적

기업그룹 내에서 근로자의 동의를 얻지 않고 다른 계열기업으로 전적시키는 관행이 그룹내 기업 구성원들에게 일반적으로 아무런 이의 없이 받아들여 **'사실상 제도'**로 확립되어 있으며, 그러한 관행이 근로계약의 내용을 이루고 있다고 인정되는 경우에는 근로자의 동의가 없더라도 계열사내의 전적의 유효성이 인정될 수 있다는 것이 대법원의 입장이다. (대법원 1993.01.26. 선고 92다11695 판결 등)[2]

---

1) 따라서, 채용시 또는 근무 중에 근로자로부터 사전적으로 포괄적인 동의를 얻은 경우에도 전적 시점에는 근로자의 구체적인 개별적 동의가 있어야 한다.

2) 다만, **기업내 관행에 의한 전적이 사실상 제도로 확립**되었다고 보아 근로자의 동의가 없는 전적의 유효성이 인정된 판례는 일부 하급심 판례(서울행법 2011.02.11. 선고 2010구합31270 판결 등) 외에 대법원 판례는 아직 없다.

관련판례 대법원 2021.10.14. 선고 2017다204087 판결 인사이동(전출 or 전적)[3]

피고 회사 등이 원고들에게 중국 현지법인에 근무하도록 인사명령을 한 것과 중간정산 퇴직금을 지급한 것이 전적 등 근로계약의 종료 의사를 표시한 것이라거나 근로계약의 종료한 것으로 보기 어려워 중국에서 제공한 근로에 관하여 피고 회사 등이 임금 지급책임이 있다는 판결

가. 전적은 종전 기업과의 근로관계를 합의해지하고, 이적하게 될 기업과 사이에 새로운 근로계약을 체결하는 것이므로 원칙적으로 **근로자의 동의**가 필요한 것으로서, 근로자가 전적명령에 응하여 종전 기업에 사직서를 제출하고 퇴직금을 수령한 다음 이적하게 될 기업에 입사하여 근무를 하였다면 특별한 사정이 없는 한 이는 전적에 대한 동의를 전제로 한 행동이라고 볼 수 있다(대법원1998. 12. 11. 선고 98다36924 판결 등 참조[4]).

계약의 합의해지는 계속적 채권채무관계에서 당사자가 이미 체결한 계약의 효력을 장래에 향하여 소멸시킬 것을 내용으로 하는 새로운 계약으로서, 이를 인정하기 위해서는 계약이 성립하는 경우와 마찬가지로 기존 계약의 효력을 장래에 향하여 소멸시키기로 하는 내용의 청약과 승낙이라는 서로 대립하는 의사표시가 합치될 것을 요건으로 한다. **계약의 합의해지**는 묵시적으로 이루어질 수도 있으나, 계약에 따른 채무의 이행이 시작된 다음에 당사자 쌍방이 계약실현 의사의 결여 또는 포기로계약을 실현하지 않을 **의사가 일치되어야만 한다**(대법원 2018. 12. 27. 선고 2016다274270,274287 판결 등 참조).

나. 앞서 본 사실관계를 위 법리에 비추어 살펴보면, 아래와 같이 판단할 수 있다.

1) 피고 회사 등이 원고들에게 인사명령을 한 것과 중국 현지법인으로의 이동 무렵 원고들에게 중간정산 퇴직금을 지급한 것이 전적 등 근로계약의 종료 의사를 표시한 것이라거나 근로계약의 종료를 전제로 한 것이라고 보기 어렵다. 원고들은 피고 회사 등의 인사명령에 따라 중국 현지법인에서 근무하였고, 원고들이 중국 현지법인으로의 이동 무렵 피고 회사 등에 사직서를 제출하는 등 퇴직의 의사를 표시하였다는 사정이 발견되지 않는다. 달리 피고 회사 등과 원고들이 근로계약 실현 의사의 결여 또는 포기로 근로계약을 실현하지 않을 의사를 표시하였다고 볼 사정을 찾기 어렵다.

2) 원고들이 중국 취업비자를 발급받은 점, 중국 현지법인과 연봉계약을 체결한 점, 근로제공에 관하여 중국 현지법인의 지휘 감독을 받은 점, F에 대한 복귀 여부나 시기에 관하여 구체적으로 정하지 않은 점 등 원심이 드는 사정만으로는 원고들과 피고 회사 등이 근로계약을 합의해지하였다고 볼 수 없다. 또한 원심과 같이 F이 원고들에게 고용보험 등을 제공한 사정이 H 기업집단의 계열회사로서 근로자들의 이익과 편의를 위한 것에 불과하다고 단정하기도 어렵다.

3) 따라서 원고들은 피고 회사 등에 대한 기존 근로계약상 근로제공의무의 이행으로서 중국 현지법 인에서 근무하였고, 이에 따라 피고는 원고들에게 원고들이 중국 현지법인에서 제공한 근로에 대하여 임금지급책임을 부담한다고 볼 여지가 큰 반면, 근로계약의 해지에 관한 원고들과 피고 회사 등의 객관적인 의사가 일치하였다고 단정하기는 어렵다.

---

3) 피고는 상선, 특수선 등 선박 건조 및 선박기자재 제조 등과 같은 사업을 주요 목적사업으로 하던 중 중국 대련지역에 중국 현지법인을 설립하고, 소속 근로자들을 인사명령으로 중국 현지법인에서 근무하도록 하였고, 원고들은 2005년 내지 2009년경 피고 회사 등에 입사하여 근무중 회사의 인사명령에 따라 국내에서 중국 현지법인으로 이동하여 그 무렵부터 2013년 또는 2014년 1월경까지 중국 현지법인에서 근무하였는데, 원고 회사가 회생절차에 들어가 임금을 지급하지 못하자 원고(근로자)들이 피고(회사의 회생 관재인)를 상대로 중국 현지법인 근무기간 중 2012년 이후에 중국 현지법인으로부터 지급받지 못한 임금 및 중간정산 퇴직금 등의 지급을 구한 사안이다. 따라서 이 사안은 전적이 아니라 **전출에 해당**하는 전형적인 사례이다. 따라서, 근로자를 전출시킨 이 사건의 피고가 임금지급(퇴직금 지급)의 책임을 부담하는 것은 당연하다.

4) **관행화된 계열사간의 전적**의 경우에도 회사로부터 퇴직하고 계열회사에 취업하는 절차가 필요하다.

사례연습 60

전적과 전직(전근) (2012년 제2차 변호사시험 모의시험)

A그룹은 그 산하에 A전자, A백화점 등의 계열회사를 두고 있다. A그룹은 대졸관리직 사원을 그룹차원에서 일괄채용한 후에 각 계열회사에 배정하며, 계열회사간 인사이동을 실시하여 왔다. A그룹의 각 계열회사의 취업규칙에서는 '회사는 근로자를 계열회사간 인사이동을 시킬 수 있다.'는 규정을 두고 있고, A그룹은 근로자가 입사할 때 '전근, 출장 기타 귀사의 명령에 대해서는 불평없이 절대 복종하겠습니다'라는 서약서를 받아 왔다. 갑(甲)은 2002. 3. 2.에 A전자에 위의 서약서를 제출하고 대졸관리직 사원으로 입사하여 근무하고 있다.

한편, A그룹의 각 계열회사들은 대졸관리직 이외의 근로자들에 대해서는 개별적으로 채용하고 있다. 상시 1,000명의 근로자를 고용하고 있는 A전자는 구미시, 광주시, 수원시에 공장을 두고 있는데, 구미시 공장에서는 공장 설립 이후 구내 식당 조리원을 모두 구미시에 거주하는 40대의 기혼여성으로 채용하여 왔다. 43세 기혼여성인 을(乙)은 2011.3. 2. A전자 구미시 공장의 구내식당 조리원으로 채용되어 근무하고 있다.

A전자는 2012. 3. 1. 자 인사에서 갑(F)을 A백화점에서 종전과 같은 직급으로 근무하도록 발령하였고, 을(乙)에 대해서는 광주시 공장의 구내식당 조리원으로 발령하였다.

1. 갑(甲)은 2012.3.1.자 인사발령이 계열회사간 전적의 요건을 갖추지 않은 것으로 부당하다고 주장한다. 이 주장은 타당한가?

2.을(乙)은 2012.3.1.자 인사발령이 부당하다고 주장한다. 이 주장은 타당한가?

Ⅰ. 설문 1의 해결(50점)

1. 쟁점의 정리

A 그룹의 취업규칙에는 계열사간 인사이동을 시킬 수 있다는 규정을 두고 있고, A그룹은 근로자가 입사할 때 '전근, 출장 기타 귀사의 명령에 대해서는 불평없이 절대 복종하겠습니다'라는 서약서를 받아 왔는데, 이 사안에서는 甲의 주장의 타당성과 관련하여, 2012년 3월 1일자 인사발령이 전적으로서 유효요건을 갖추었는지가 문제된다. 문제를 해결하기 위해서 먼저 전적의 의의 및 전적의 정당화 요건을 살펴보면서, 특히, 전적이 정당하기 위한 요건으로 항상 근로자의 동의를 받아야 하는지, 아니면 포괄적 사전동의나 관행이 있는 경우에도 전적이 유효하게 될 수 있는지 검토하기로 한다.

2. 전적의 의의

'전적'은 원래 고용된 기업과의 근로관계를 종료하고 다른 기업과 새로운 근로관계를 형성하는 것을 의미한다. 따라서 전적은 전직(전보나 전근)과 같은 단순한 근로조건의 변경의 차원을 넘어서 근로관계에 있어서의 업무지휘권의 주체가 달라지는 중대한 변경이므로 원칙적으로 근로자의 동의가 필요하다. 또한, 전적은 근로자가 원래 근무하던 기업과 근로관계를 종료하고 다른 기업과 근로계약관계를 맺는다는 점에서 전출과도 구별된다.

3. 전적의 정당화 요건

근로기준법 제4조에서는 근로조건은 근로자와 사용자가 동등한 지위에서 자유의사에 따라 결정하여야 한다고 규정하고 있으며, 근로기준법 제23조 제1항에 따라 사용자는 근로자에게 정당한 이유없이 해고, 휴직, 정직, 전직, 감봉 그 밖의 징벌을 하지 못한다고 규정하고 있으므로 ① 사용자가 근로자의 동의 없이 일방적으로 전적명령을 내릴 수 없고, ② 근로자 개인의 동의가 있더라도 그 명령자체에 정당한 이유가 있어야 한다.

(1) 근로자의 동의

1) 근로자의 구체적 개별적 동의 원칙

전적은 종래에 종사하던 기업과 근로계약을 합의해지하고, 이적하게 될 기업과 새로운 근로계약을 체결하는 것이므로 근로계약의 일신전속성(민법 제657조 제1항)에 비추어 특별한 사정이 없는 한 근로자의 구체적이며 개별적인 동의를 받아야 효력이 생기는 것이다.

2) 사전 포괄적 동의

전적의 경우에는 근로자의 구체적인·개별적 동의를 받아야 효력이 생기는 것이 원칙이지만, 기업그룹을 형성한 계열기업 사이에는 사전적 포괄동의도 가능하다. 다만, 전적의 경우에는 사전적인 포괄적 동의의 방법을 엄격하게 해석하여, 사용자가 기업그룹 내의 전적에 관하여 근로자의 포괄적인 사전동의를 받는 경우에는 전적할 기업을 특정하고 근로자가 전적될 기업에서 종사해야 할 업무 등 기본적 근로조건에 관해 구체적으로 인식하고 있어야 한다는 것이 판례의 태도이다.(대법원 1993.01.26. 선고 92다11695 판결)

3) 묵시적 동의

전적에 관한 근로자의 묵시적 동의도 가능하다. 가령 근로자가 전적명령에 대해 이의가 없이 상당 기간 정상적 근무를 했다면 묵시적 동의를 한 것으로 볼 수도 있을 것이다.

(2) 정당한 이유

전적의 정당성이 인정되기 위해서는 근로자의 동의 이외에 전적의 업무상 필요성과 근로자의 불이익 등이 종합적으로 고려되어야 한다. 즉, 근로자의 전적에 대한 회사측의 업무상 필요성과 근로자측의 생활상 불이익 등을 비교형량하여 결정되어야 한다.

4. 관행에 의한 전적여부

(1) 법원으로서의 노동관행

대법원은 '관행이 근로계약의 내용을 이루고 있다고 인정하기 위하여는 그와 같은 관행이 기업사회에서 일반적으로 근로관계를 규율하는 규범적인 사실로서 명확히 승인되거나 기업의 구성원이 일반적으로 아무런 이의도 제기하지 아니한 채 당연한 것으로 받아들여 기업 내에서 '사실상의 제도'로서 확립되어 있지 않으면 안된다.'고 하여 노동관행의 법원으로서의 규범성을 인정하고 있다.

(2) 관행에 의한 전적

계열사간 전적에 대한 근로자의 동의가 없는 경우에도, 기업그룹 내에서 근로자의 동의를 얻지 않고 다른 계열기업으로 전적시키는 관행이 그룹내 기업 구성원들에게 일반적으로 아무런 이의 없이 받아들여 '사실상 제도'로 확립되어 있으며, 그러한 관행이 근로계약의 내용을 이루고 있다고 인정되는 경우에는 근로자의 동의가 없더라도 계열사내의 전적의 유효성이 인정될 수 있다는 것이 대법원의 입장이다.(대법원 1993.01.26. 선고 92다11695 판결, 대법원 1996.12.23. 선고 95다29970 판결 등)

4. 사안의 해결

① A그룹의 각 계열회사의 취업규칙에서는 '회사는 근로자를 계열회사간 인사이동을 시킬 수 있다.'는 규정을 두고 있고, A그룹은 근로자가 입사할 때 '전근, 출장 기타 귀사의 명령에 대해서는 불평 없이 절대 복종하겠습니다'라는 서약서를 받아 왔을 뿐 전적할 기업을 특정하고 근로자가 전적될 기업에서 종사해야 할 업무 등 기본적 근로조건에 관해 구체적으로 인식하고 있다고 볼만한 사정이 없다. ② 또한 사안에서 기업그룹 내에서 근로자의 동의를 얻지 않고 다른 계열기업으로 전적시키는 관행이 '사실상 제도'로 확립되어 있다는 사정도 엿보이지 않는다. 따라서, 2012.3.1.자 인사발령은 계열회사간 전적의 요건을 갖추지 않은 것으로 부당하다는 갑(甲)의 주장은 타당하다.

II. 설문 2의 해결

1. 쟁점의 정리

사안에서 A전자는 구미시, 광주시, 수원시에 공있는 구내 식당 조리원을 모두 해당 지역에 거주하는 40대의 기혼여성으로 채용하여 왔고, 乙다 역시 43세 기혼여성으로서 구미시 공장의 구내식당 조리원으로 채용되어 근무해 왔는데 광주시 공장의 구내식당 조리원으로 발령받게 되었다. 이러한 乙에 대한 인사발령이 부당한지와 관련하여 먼저 전직의 의의와 근거를 살펴본 후, 전직의 정당성 여부와 관련하여 구미시 공장의 구내식당 조리원으로 채용되어 근무하는 자를 광주시 공장의 구내식당 조리 원으로 전직 발령하는 것이, 근로기준법 제23조 제1항에 반하거나 권리남용에 해당하는지 검토하여야 할 것인 바, 이를 근무장소에 대한 약정이 있는 경우와 없는 경우로 나누어서 살펴보기로 한다.

2. 전직의 의의와 근거

(1) 전직의 의미

전직(배치전환)이란 동일 기업 내에서 근로자의 직무내용(전보)이나 근무장소(전근)를 변경하는 사용자의 인사명령을 의미한다. 즉, 전보와 전근을 통틀어 '전직' 혹은 '배치전환'이라고 한다. 판례는 '전직이란 동일한 기업 내에서 근로자의 근로계약상의 지위(근로의 종류, 장소)를 장기간에 걸쳐 변동시키는 인사조치'라고 정의하고 있다.(대법원 1991.05.28. 선고 90다8046 판결)

(2) 전직의 근거

근로자에 대한 배치전환(전직) 처분은 근로자가 제공하여야 할 근로의 종류 · 내용 · 장소 · 지위 등에 변경을 가져온다는 점에서 근로자에게 불이익한 처분이 될 수도 있으나, 이러한 인사이동은 사용자의 '인사권'의 한 내용으로서 원칙적으로 인사권자인 사용자의 권리에 속한다. 따라서 사용자는 업무상 필요한 범위 내에서 인사에 대한 상당한 재량을 가지며 그것이 근로기준법 등 강행법규에 위반된다든지 권리남용에 해당되는 등의 특별한 사정이 없는 한 유효하다는 것이 판례의 입장이다.(대법원 1989.02.28. 선고 86다카2567 판결 등)

3. 전직의 정당성 여부

(1) 전직의 정당성 요건

근로기준법 제23조 제1항은 '사용자는 근로자에게 정당한 이유 없이 해고, 휴직, 정직, 전직, 감봉, 그 밖의 징벌(懲罰)을 하지 못한다.'고 규정하고 있는바, 여기에서의 '전직'은 '징벌'로서의 전직을 의미하므로 통상적인 '인사명령'으로서의 전직과는 구별된다. 그런데, 징벌로서의 전직과 통상적인 인사명령으로서의 전직의 구별이 항상 용이한 것은 아니므로, 전직을 비롯한 인사이동의 경우에는 어느 경우에나 인사이동 특유의 정당화요건으로서 사용자의 업무상 필요성과 근로자의 생활상 불이익을 비교형량하고 비교형량과정에서의 사용자의 보상조치, 근로자와의 성실한 협의 등 신의칙상 요구되는 절차 등을 준수하여야 그 적법성이 인정될 수 있다.(대법원 2000.04.11. 선고 99두2963 판결)

1) 업무상 필요성

회사측의 '업무상 필요성'은 사용자의 주관적 판단에 의할 것이 아니라 기업의 합리적 운영에 기여 한다는 '객관적 기준'에 의하여 판단되어야 한다.(대법원 2006.01.27. 선고 2005두16772 판결 등)

2) 근로자측의 '생활상의 불이익'

근로자측의 생활상의 불이익이란 전직 등에 따라 해당 근로자가 받게 되는 일체의 불이익을 의미하는 바, 업무상 필요가 있더라도 근로자에게 통상 예측할 수 없는 중대한 '생활상 불이익'변경을 초래하는 것이라면 정당한 이유가 없는 처분으로 무효이다.(대법원 1997.12.12. 선고 97다36316 판결)

3) 비교형량과정에서의 사용자의 보상조치

업무상 필요성과 근로자측의 생활상 불이익의 비교형량의 과정에서 근로자의 불이익을 경감 · 회피하기 위한 사용자의 조치의 유무내지 보상조치가 있었는지의 여부도 인사이동의 정당화요소로 고려되어야 한다.

4) 근로자측과의 사전 협의

사용자가 전직명령을 하는 과정에서 근로자 본인과의 협의 등 신의칙상 요구되는 절차를 거쳤는지 여부도 전직명령의 정당성을 판단하는 하나의 요소가 된다. 신의칙 위반은 그 내용과 정도에 따라 상대적 관점에서 사회통념에 따라 종합적으로 판단하여야 할 것인 바 대법원은 근로자 본인과 신의칙상 요구되는 성실한 협의절차를 거치지 아니하였다는 사정만으로 전보처분 등이 권리남용에 해당하여 당연히 무효가 된다고는 볼 수 없다는 입장이다.(대법원 2005.09.30. 선고 2005다32890 판결)

(2) 사안의 경우

구미시 공장의 구내식당 조리원으로 근무하고 있는 乙을 광주시 공장의 구내식당의 조리원으로 보낼 업무상 필요성이 없으며, 전직으로 인해 乙이 입게 되는 생활상의 불이익은 乙의 거주지가 구미시이고 기혼여성이라는 점을 고려하면 매우 크다 할 것이고, 사안에서 업무상 필요성과 근로자측의 생활상 불이익의 비교형량의 과정에서 乙의 생활상의 불이익을 감소시키려고 노력하는 점도 보이지 않으며, 근로자 본인과 신의칙상 요구되는 성실한 협의절차를 거쳤다고 볼 수 없으므로, 이러한 전직 명령은 사용자의 재량권의 한계를 벗어 난 것으로서 권리남용에 해당한다고 볼 수 있다.

4. 전직명령시 근로자의 동의를 요하는 경우인지 여부

(1) 전직명령시 근로자의 동의를 요하는 경우

1) 근로계약서에 근로의 내용이나 근무 장소가 특정되어 있는 경우

근로계약이나 취업규칙, 단체협약에 의하여 근로의 내용이나 근무 장소가 특정 (묵시적으로 특정된 경우 포함)되어 있다면, 사용자가 일방적인 인사명령으로 근로의 내용이나 근무 장소를 변경하는 것은 원칙적으로 허용되지 아니하며, 원칙적으로 근로자의 동의가 있어야 한다. 다만, 이러한 근로자의 동의는 묵시적으로도 가능하므로, 사용자가 근로자의 동의 없이 전직처분을 하였더라도, 근로자가 이의나 거부를 하지 않은 채 상당한 기간 동안 근로를 하였다면 묵시적 동의를 한 것으로 볼 수 있다.

2) 근로계약 내용의 기본적인(본질적인 변경)에 해당하는 경우

근로계약 내용의 기본적인(본질적인) 변경에 해당하는 경우에는 근로자의 동의를 필요로 한다.이를테면, 특별한 기술이나 전문적 지식이 요구되는 직종에 사용자가 해당 자격을 갖춘 자를 채용하여서 종사케 한 경우에는, 근로계약상 업무의 종류·내용이 명시되지 않았더라도 그 묵시적 특정을 인정할 수 있고 해당 근로자의 동의 없이 사용자가 다른 직종이나 업무로 근로자를 배치하는 인사명령은 무효라고 볼 수 있다.

(2) 사안의 경우

A전자 구미시 공장에서는 공장 설립 이후 구내식당 조리원을 모두 구미시에 거주하는 40대의 기혼여성으로 채용하여 온 점을 보면 乙의 근무장소가 구미시로 묵시적으로 약정된 것으로 볼 수 있다. 따라서 乙의 동의 없는 전직 명령은 부당하다.

5. 결론

구미시 공장의 구내식당 조리원으로 근무하고 있는 乙을 광주시 공장의 구내식당의 조리원으로 보낼 업무상 필요성이 없으며, 전직으로 인해 乙이 입게 되는 생활상의 불이익은 매우 크다 할 것이므로, 이러한 전직 명령은 사용자의 재량권의 한계를 벗어 난 것으로서 권리남용에 해당한다고 볼 수 있다. 또한, 乙의 근무장소가 구미시로 묵시적으로 약정된 것으로 볼 수 있으므로 乙의 동의 없는 전직 명령은 부당하다. 따라서, 2012.3.1.자 인사발령이 부당하다고 주장하는 을(乙)의 주장은 타당하다.

4. 직위해제와 대기발령

(1) 직위해제와 대기발령

1) 의의

직위해체와 대기발령은 법적개념은 아니므로 사업장마다 그 내용과 성격을 달리하지만, 일반적 의미의 **직위해체나 대기발령**은 확정적인 처분이 아니라 **장래의 위험을 예방하기 위한 '잠정적'인 처분**이라는 점에서, 근로자의 과거의 비위행위에 대하여 기업질서의 유지를 목적으로 **사후적으로 행하는 제재인 징계와는 그 성질이 다르다.** 특히, 사용자의 직위해체나 대기발령은 장래의 위험을 예방하기 위한 잠정적인 조치라는 점에서 사용자에게 **상당한 재량**이 인정되는 것이 원칙이다. 따라서, 징계의 성격을 가지지 않는 원래적 의미의 직위해체나 대기발령은 반드시 취업규칙 등에 근거해야 하는 것은 아니므로, 취업규칙 등에 직위해제와 대기발령을 별도로 규정하지 않았다 하더라도, 사용자의 인사권에 근거한 업무명령만으로도 직위해체나 대기발령 조치를 할 수 있다. 판례도 '(징계의 성격을 지니지 않은 원래적 의미의)대기발령이 근로자에게 불이익한 처분이라도, 대기발령이 취업규칙 등에 징계처분으로 규정되어 있지 않다면, 이는 원칙적으로 **인사권자인 사용자의 교유권한**에 속하는 인사명령의 범주에 속하는 것이라고 보아야 하고, 인사명령에 대하여는 업무상 필요한 범위안에서 사용자에게 상당한 재량을 인정하여야 하므로, 위와 같은 처분이 근로기준법에 위반되거나 권리남용에 해당하는 등의 특별한 사정이 없는 한, 단지 징계절차를 거치지 아니하였다는 사정만으로 위법하다고 할 수 없다'는 입장이다.(대법원 2013.10.11. 선고 2012다12870 판결)(직위해제나 대기발량은 징계가 아니기 때문이다.)

2) 직위해체와 대기발령의 개념

가. 직위해제의 개념

'직위해제'란 근로자를 직무에 종사하게 하는 것이 불가능하거나 또는 적당하지 아니한 사유가 발생한 경우, **장래에 발생할 것이 예상되는 업무상의 장애를 예방하기 위하여** 근로계약관계를 유지하면서 일시적으로 당해 근로자에게 직위를 부여하지 아니함으로써 직무에 종사하지 못하도록 하는 **잠정적인 조치**를 의미한다.

나. 대기발령의 개념

'대기발령'이란 근로자가 현재의 직위 또는 직무를 계속 담당하게 되면 **장래에 업무상 장애 등이 예상되는 경우에 이를 예방하기 위하여** 일시적으로 당해 근로자에게 직위를 부여하지 아니함으로써 직무에 종사하지 못하도록 하는 **잠정적인 조치**를 의미한다.

다. 직위해체와 대기발령의 관계

직위해제는 직위를 박탈하여 직무수행을 못하게 하는 것이 그 본질적인 내용인 반면, 대기발령은 반드시 직위의 박탈을 전제로 하는 것은 아니라는 점에서 차이가 있기는 하지만, 양자는 모두 근로자에게 일정기간 동안 보직을 부여하지 않고 대기시키는 인사발령이라는 점에서 그 기능이 사실상 동일하기 때문에, 실제로 법원에서도 이를 엄격하게 구별하여 사용하고 있지는 않은 것으로 보인다. 설령, 양자의 개념을 구분하더라도 직위해제가 대기발령에 선행하는 처분이라는 정도의 의미만 있을 뿐 그 구별의 실익도 크지 않다. 따라서, 이하에서는 양자를 '대기명령'으로 취급하여 일체적으로 다루기로 한다.

3) 징계와의 구별

직위해체와 대기발령은 기업의 인사권에 근거한 인사명령으로서 당해 근로자가 계속 직무를 담당하게 되는 경우 장래에 예상되는 업무상의 장애 등을 예방하기 위하여 사전적으로 취하는 잠정적인 조치라는 점에서, 근로자의 과거의 비위행위에 대하여 기업질서의 유지를 목적으로 사후적으로 행하는 징벌적 제재인 징계와는 그 성질이 다르다. 따라서, 인사발령 조치로서의 대기발령 후 다시 징계하였다고 하여 이중징계에 해당하는 것은 아니고, 징계를 받은 후에 다시 대기발령하였다고 하여 그것이 일사부재리나 이중처벌금지의 원칙에 저촉되는 것도 아니다. 마찬가지로, 어떤 사유로 징계를 받았다 하더라도 동시에 그것이 직위해체 사유에 해당한면 이를 이유로 새로이 직위해체할 수 있는 것이고, 이 역시 일사부재리나 이중처벌금지원칙에 저촉되는 것이 아니다.

반면에, 취업규칙 등 '징계의 장'에 징계의 종류로서 직위해체나 대기발령을 규정하게 된다면 (주로 대기발령보다는 '직위해체'를 '징계의 장'에 두는 경우가 일반적이다) 이는 징벌의 성질을 가지는 것이므로, 이런 경우의 직위해체의 경우에는 직위해체의 사유, 절차 등의 정당성은 사용자의 통상적인 인사명령에 대한 정당성의 기준(인사명령 고유의 정당성)이 아닌 징계사유 및 징계절차의 정당성의 기준에 따라야 할 것이다. 이 경우에, 이를테면, 직위해체 후 다시 징계하는 경우에는 이중징계 혹은 징계의 절차 위반 여부가 문제될 수 있다.

> **관련판례** 대법원 2005.11.25. 선고 2003두8210 판결 인사명령으로서의 직위해제
>
> 직위해제는 일반적으로 근로자가 직무수행능력이 부족하거나 근무성적 또는 근무태도 등이 불량한 경우, 근로자에 대한 징계절차가 진행 중인 경우, 근로자가 형사사건으로 기소된 경우 등에 있어서 **당해 근로자가 장래에 있어서 계속 직무를 담당하게 될 경우 예상되는 업무상의 장애 등을 예방하기 위하여 일시적으로 당해 근로자에게 직위를 부여하지 아니함으로써 직무에 종사하지 못하도록 하는 잠정적인 조치로서의 보직의 해제를** 의미하고, 근로자의 과거의 비위행위에 대하여 기업질서 유지를 목적으로 행하여지는 징벌적 제재로서의 징계와는 그 성질이 다르다. 그러므로 **근로자에 대한 직위해제처분의 정당성은 근로자에게 당해 직위해제사유가 존재하는지 여부나 직위해제에 관한 절차규정을 위반한 것이 당해 직위해제처분을 무효로 할 만한 것이냐**에 의하여 판단할 것이다.

한편, 판례는 인사명령인 직위해체와 징계처분을 실질적인 관점에서 구별하는 태도를 취하고 있는데, 가령, 운송회사에서 단체협약에 승무정지가 징계사유로 열거되어 있다고 하여도 **징계로서의 승무정지와 업무명령으로서의 승무정지는 구별되는 것**이므로, 징계로서의 승무정지와 별도로 업무명령으로서의 승무정지를 하더라도 이중징계의 문제는 발생하지 않는다고 한다.(대법원 2006.11.23. 선고 2006두11644 판결)

> **관련판례** 대법원 2006.11.23. 선고 2006두11644 판결 인사명령으로서의 승무정지
>
> 운송사업체에 있어서의 승무정지처분은 사용자가 경영권 행사의 일환으로 업무수행을 위하여 근로자에 대하여 행하는 업무명령인 승무지시의 소극적 양태라 할 것이고, 이러한 승무정지처분이 경영상의 필요나 업무수행의 합리적인 이유에 기인한 경우에는 이는 정당한 업무명령에 속한다고 할 것이므로 **비록 단체협약에 승무정지가 징계사유로 열거되어 있다고 하여도 징계로서의 승무정지와는 별도로 업무명령으로서의 승무정지도 가능하다.**

4) 직위해제, 대기발령의 정당성(→사례: 61)

가. 원칙

대기발령의 정당성 판단도 인사명령의 정당성 판단에 대한 원칙이 그대로 적용된다. 즉, **대기발령을 포함한 인사명령은 원칙적으로 인사권자인 사용자의 고유권리에 속한다 할 것이고, 따라서 이러한 인사명령에 대해서는 업무상 필요한 범위 내에서 사용자에게 상당한 재량을 인정해야 할 것이지만, 대기명령의 사유 또는 업무상의 필요성이 인정된다 하더라도 근로기준법 등에 위반하거나 권리남용에 해당하지 않아야 하고, 대기발령이 사용자의 정당한인사권의 범위 내에 속하는지 여부는 인사명령의 업무상의 필요성과 그에 따른 근로자의 생활상의 불이익과 비교·교량하고 근로자 본인과의 협의 등 그 처분을 하는 과정에서 신의칙상 요구되는 절차를 거쳤는지 여부를 종합적으로 고려하여 결정하여야 한다.**(대법원 2013.05.09. 선고 2012다64833 판결)

판례는 개별사안에 따라서는 근로자의 생활상 불이익과의 비교형량을 완화하여 업무상 필요성을 인정할 필요성이 있음을 인정하며,(대법원 2002.07.01. 선고 2000두9113 판결) 특별한 사정이 없는 한 근로자의 협의를 거치지 않았다는 이유만으로 대기발령이 권리남용이 되어 당연히 무효가 되는 것은 아니라고 한다.(대법원 2002.12.26. 선고 2000두8011 판결) 또한, 인사규정에 대기발령을 할 수 있는 사유에 관하여 규정하고 있으나 그 형식 및 절차에 관하여는 아무런 규정이 없는 경우, 대기발령의 사유를 명시하지 아니하였다는 사정만으로 대기발령이 무효로 되는 것은 아니다.(대법원 2002.12.26. 선고 2000두8011 판결)

나. 장기간에 걸친 대기발령의 효력

한편, '대기발령'은 **잠정적인 인사명령**이자 근로자의 불이익을 수반하는 인사명령이라는 점에서, 사용자는 대기명령 사유가 소멸하였는지의 여부를 지속적으로 점검하여야 할 **신의칙상 부수의무**를 부담한다. .대기발령이 그 명령 당시에는 정당한 경우라고 하더라도, **대기발령과 같은 잠정적인 인사명령은 ① 그러한 명령의 목적과 실제 기능, ② 그 유지의 합리성 여부 및 ③ 그로 인하여 근로자가 받게 될 신분상·경제상의 불이익 등 구체적인 사정을 모두 참작하여 그 기간은 합리적 인 범위 내에서 이루어져야 한다.** 따라서, 대기발령이 그 명령 당시에는 정당한 경우라고 하더라도, **대기발령중인 근로자가 상당한 기간에 걸쳐 근로를 제공 할 수 없다거나 근로를 제공하는 것이 부적당한 경우가 아님에도 장기간 동안 잠정적 지위의 상태로 유지하는 경우와 같이 합리성 없는 대기발령은 무효이다.**(대법원 2007.02.23. 선고 2005다3991 판결)

5) 대기발령에 따른 면직(당연퇴직)의 정당성(→사례: 62)

취업규칙에 '대기발령 후 일정 기간이 경과했음에도 직위를 부여받지 못한 경우에 면직(당연퇴직)한다'는 취지의 규정을 두고 있는 경우, 이와 관련하여 판례는 '일단 대기발령이 정당하게 내려졌다면 그 후 대기발령 기간 동안 직무수행능력의 회복이나 근무태도 개선 등 대기발령의 사유가 소멸되어 마땅히 직위를 부여해야 할 사정이 있음에도 합리적인 이유 없이 직위를 부여하지 아니하는 등의 경우가 아닌 한 면직(당연퇴직)의 **정당성이 인정**된다'고 보고 있다.(대법원 1995.12.05. 선고 94다43351 판결) 그런데, 최근에 판례는 이를 더욱 엄격하게 판단하여 '**일단 대기발령이 인사규정 등에 의하여 정당하게 내려진 경우라도** 일정한 기간이 경과한 후의 당연퇴직 처리 그 자체가 인사권 내지 징계권의 남용에 해당하지 아니하는 정당한 처분이 되기 위해서는 **대기발령 당시**에 이미 사회통념상 당해 근로자와의 고용관계를 계속할 수 없을 정도의 사유가 존재하였거나, 대기발령 기간 중 그와 같은 해고사유가 확정되었어야 할 것이라고 하면서, 당해 근로자와의 고용관계를 계속할 수 없을 정도인지의 여부는 ① 당해 사용자의 사업의 목적과 성격, 사업장의 여건, ② 당해 근로자의 지위 및 담당직무의 내용, ③ 비위행위의 등 이로 인하여 기업의 위계질서가 문란하게 될 위험성 등 기업질서에 미칠 영향, ④ 과거의 근무태도 등 여러 가지 사정을 종합적으로 검토하여 판단하여야 할 것이라고 한다.(대법원 2007.05.31. 선고 2007두1460 판결)

6) 노동위원회의 구제이익

가. 인사명령으로서의 대기명령

법률상 또는 인사상 불이익이 없는 대기발령은 근로기준법 제23조제1항의 '징벌'에 해당할 여지가 없어 노동위원회에서 구제대상이 되지 않으므로 구제신청을 '각하'하는 것이 이론상으로는 타당하다. 특히, 대기발령은 잠정적인 처분이라는 점에서, 이를테면 사용자의 대기발령에 대하여 근로자가 노동위원회에 부당대기발령 구제신청을 하는 경우라도 그 사이에 대기발령이 끝나고 전직이나 전출 등 다른 처분이 있다면 대기발령 상태에서 복직을 구하는 구제신청의 이익이 없게 된다고 보아야 한다. 다만, 대기발령에 기하여 이미 발생한 효과까지 소급하여 소멸되는 것은 아니므로 법률상 또는 인사상 불이익이 있는 대기발령, 이를테면, 대기발령으로 인해 승진 · 승급에 제한이 가해지는 등의 특별한 사정이 있는 경우라면 구제이익이 인정될 수 있을 것이다.

나. 징벌적 성격의 대기발령

징벌적 성격의 대기발령의 경우에는 근로기준법 제23조제1항의 '징벌'에 해당할 것이므로 노동위원회에서의 구제대상이 된다. 단, 대기발령이 징벌적 성격이라는 사실은 근로자가 주장하여야 할 것이다.

7) 대기발령시의 근로관계

가. 대기발령시의 출근의무 유무

대기발령은 대기발령 기간 중 대기 장소에 따라 자택대기, 총무 · 인사부 대기가 있는데, 자택대기가 아닌 이상 출근의무가 있다 할 것이다. 따라서 총무 · 인사부 대기발령을 받은 근로자가 결근하는 것이 징계사유에 해당하는 경우에는 징계가 가능하다.

나. 대기발령시의 근로조건

인사명령인 대기발령이 징계로 취급받지 않기 위해서는 임금 등 근로조건의 저하가 없어야 하는 것이 원칙이며,(따라서, 대기발령 중에 임금 등 근로조건이 합리적 이유 없이 저하되는 경우에는 실질적으로 불이익한 처분으로서 '징계'에 해당할 가능성이 있다) 사용자의 유책사유인 경영상의 필요에 따라 근로자에게 출근의무를 부여하지 않고 집에서 대기하도록 하는 '자택대기'의 경우에는 근로기준법 제46조제1항에서 정한 '휴업'을 실시한 경우에 해당하므로 사용자는 근로자에게 휴업수당(평균임금의 100분의 70이상)을 지급할 의무가 있다. (대법원 2013.10.11. 선고 2012다12870 판결) 다만, 대기발령이 사용자가 아닌 근로자의 유책사유로 인한 경우라면, 그러한 대기발령은 휴업이 아닌 '휴직'에 해당하며, 휴직기간 중에는 근로자의 근로제공의무가 중지되므로 무노동무임금의 원칙상 임금의 지급이 중지되는 것이 원칙이다. 대기발령 사유를 불문하고, 사용자에 대한 사용종속관계가 유지되는 한 대기발령기간은 퇴직금 산정을 위한 근속년수(계속근로기간)에 포함되어야 한다.

(쟁점) 대기발령시의 임금

1. 순수한 인사목적의 대기발령

인사이동 및 직무 통폐합으로 인한 인사 배치 등 인사목적상의 대기발령의 경우에는 임금 등 근로조건의 저하가 없어야 한다. 다만, 보직을 받지 못하여 근로를 제공하지 못하는 경우에는 근로자의 근로제공을 전제로 하는 각종 직무수당이나 연장근로수당 등이 지급되지 않을 수 있을 것이다.

2. 휴업성 대기발령

사용자의 경영상의 필요에 따라 근로자에게 출근의무를 부여하지 않는 '자택대기'로서 근로기준법 제46조제1항에서 정한 '휴업'을 실시한 경우에 해당하는 경우에 사용자는 근로자에게 휴업수당(평균임금의 100분의 70이상)을 지급하여야한다. 반면에 사용자가 정당한 경영상 이유가 없음에도 고의로 근로를 수령하지 않는 않아 민법상 채무불이행을 구성하는 경우에는 임금전액지급 책임이 있다..

3. 징계 목적의 대기발령

확정된 징계로서의 대기발령은 실질적으로는 '정직'에 해당하므로 단체협약이 취업규칙 등으로 이를 달리 정하지 않은 한 무노동무임금의 원칙상 임금지급이 정지되는 것이 원칙이다. 다만, 징계절차 및 징계를 확정하는 과정에서 대기발령을 한 경우에는 (설령 대기발령이 징계사유로 취업규칙 등에 규정된 경우라 하더라도) 아직 징계가 확정된 상황이 아니므로 휴업성 대기발령에 준하여 휴업수당을 지급하여야 할 것이다.

4. 휴직성 대기발령

근로자의 유책사유로 인한 대기발령인 경우라면, 그러한 대기발령은 휴업이 아닌 '휴직'에 해당하며, 휴직기간 중에는 근로자의 근로제공의무가 중지되므로, 단체협약이 취업규칙 등으로 이를 달리 정하지 않은 한, 무노동무임금의 원칙상 임금의 지급이 중지되는 것이 원칙이다.

5. 평균임금의 산정

(1) 대기발령이 정당한 처분인 경우

대기발령이 정당한 처분이라면 그 기간과 그 기간 중에 지불된 임금은 평균임금 산정 기준이 되는 기간과 임금의 총액에 각각 포함하여 평균임금을 산정한다. 따라서, 근로자가 대기발령으로 인하여 무보직으로 직책수당 등을 지급받지 못했거나 기본급만을 지급받은 경우라 하더라도 현실적으로 지급된 임금을 기준으로 평균임금을 산출해야 하므로 일반적으로 평균임금의 저하를 가져온다.

(2) 대기발령이 부당한 처분인 경우

대기발령이 부당한 처분이라면 그 기간과 그 기간 동안에 지급 받은 임금을 평균임금 산정 기준이 되는 기간과 임금의 총액에서 각각 제외하는 것이 타당하다.

사례연습 61

대기발령의 정당성 (2021년 제3차 변호사시험 모의시험)

甲은 상시 근로자 150명을 사용하여 의약품을 제조하는 A회사의 연구소 실험실에서 정규직 직원으로 근무하다가 2019. 10. 1. 경영상의 어려움에 따른 과원을 이유로 대기발령을 받았다. 이후 A회사는 B회사와 영업양도계약을 체결하였고, 이에 따라 甲은 대기발령 중인 2020. 9. 1. B회사에 고용관계가 승계되었다. 그러나 甲은 B회사가 고용승계를 한 이후에도 보직을 부여받지 못한 채 기본급만 지급받고 있다. A회사 및 B회사의 취업규칙은 경영형편상 과원으로 인정되는 직원에 대하여 대기발령을 할 수 있고, 대기발령 시 기본급만 지급하도록 규정하고 있다. 그러나 甲을 비롯한 A회사 소속 직원 모두가 B회사에 고용승계된 후 B회사의 경영사정이 어렵다고 볼만한 특별한 사정은 존재하지 않는다.

甲은 B회사가 고용승계 이후에도 대기발령을 장기간 유지한 조치는 정당하지 않다고 주장한다. 甲의 주장은 타당한가? (40점)

1. 쟁점의 정리

사안에서 A회사는 경영상의 어려움에 따른 과원을 이유로 甲을 대기발령하였을 하였는 바, 먼저 이러한 대기발령이 정당한 지 검토해야 할 것이고, 대기발령 이후 甲은 B회사에 고용승계된 이후에도 여전히 대기발령 상태에 있는 바, B회사에 고용승계된 후 B회사의 경영사정이 어렵다고 볼 만한 특별한 사정은 존재하지 않음에도 불구하고 이와 같이 장기간 대기발령 상태로 있는 것이 정당한 지의 여부를 살펴보아야 할 것이다. 이를 위하여 먼저,대기발령의 법적성질 및 그 정당성 판단에 관한 판례법리를 살펴본 후, 특히, 장기간에 걸친 대기발령의 효력에 대해 검토하고자 한다.

2. 대기발령의 정당성

(1) 대기발령의 의의

'대기발령'이란 근로자가 현재의 직위 또는 직무를 계속 담당하게 되면 장래에 업무상 장애 등이 예상되는 경우에 이를 예방하기 위하여 일시적으로 당해 근로자에게 직위를 부여하지 아니함으로써 직무에 종사하지 못하도록 하는 잠정적인 조치를 의미한다. 대기발령은 일반적으로는 출근은 하되 직무에 종사하지 못하도록 하는 것이므로 '휴직'과 다르지만, 출근의무를 부여하지 않는 '자택대기'의 경우에는 법리상 '휴직'에 해당한다.

(2) 대기발령의 정당성

대기발령을 포함한 인사명령은 원칙적으로 인사권자인 사용자의 고유권리에 속한다 할 것이고, 따라서 이러한 인사명령에 대해서는 업무상 필요한 범위 내에서 사용자에게 상당한 재량을 인정해야 할 것이고 징계의 성격을 가지지 않는 원래적 의미의 대기발령은 반드시 취업규칙 등에 근거해야 하는 것은 아니므로, 취업규칙 등에 대기발령을 규정하지 않았다면, 인사권에 근거한 업무명령만으로도 대기발령 조치를 할 수 있다, 그러나, 대기명령의 사유 또는 업무상의 필요성이 인정된다 하더라도 근로기준법 등에 위반하거나 권리남용에 해당하지 않아야 하고, 대기발령이 사용자의 정당한 인사권의 범위 내에 속하는지 여부는 인사명령의 업무상의 필요성과 그에 따른 근로자의 생활상의 불이익과 비교 · 교량하고 근로자 본인과의 협의 등 그 처분을 하는 과정에서 신의칙상 요구되는 절차를 거쳤는지 여부를 종합적으로 고려하여 결정하여야 한다.(대법원 2013.05.09. 선고 2012다64833 판결)

(3) 장기간에 걸친 대기발령의 효력)

한편, '대기발령'은 잠정적인 인사명령이자 근로자의 불이익을 수반하는 인사명령이라는 점에서, 사용자는 대기명령 사유가 소멸하였는지의 여부를 지속적으로 점검하여야 할 신의칙상 부수의무를 부담한다. .대기발령이 그 명령 당시에는 정당한 경우라고 하더라도, 대기발령과 같은 잠정적인 인사명령은 ① 그러한 명령의 목적과 실제 기능, ② 그 유지의 합리성 여부 및 ③ 그로 인하여 근로자가 받게 될 신분상 · 경제상의 불이익 등 구체적인 사정을 모두 참작하여 그 기간은 합리적인 범위 내에서 이루어져야 한다. 따라서, 대기발령이 그 명령 당시에는 정당한 경우라고 하더라도, 대기발령중인 근로자가 상당한 기간에 걸쳐 근로를 제공 할 수 없다거나 근로를 제공하는 것이 부적당한 경우가 아님에도 장기간 동안 잠정적 지위의 상태로 유지하는 경우와 같이 합리성 없는 대기발령은 무효이다.(대법원 2007.02.23. 선고 2005다3991 판결)

(3) 사안의 경우

, A회사와 B회사 취업규칙에서 경영형편상 과원으로 인정되는 직원에 대하여 대기발령을 할 수 있도록 규정하고 있을 뿐 아니라, 실제로 A 회사의 대기잘령 당시에는 경영상 어려움이 있었고, 대기발령 등 인사권한은 원칙적으로 사용자의 권한으로 상당한 재량이 인정된다는 점에서, 2019.10. 1.의 대기발령은 경영상의 어려움에 따른 과원을 이유로 한 인사권의 행사로서 대기발령의 업무상 필요성이 인정되고, 대기발령으로 인한 을의 생활상 불이익이 현저하게 크다고 볼 만한 다른 사정이 보이지 아니 한다. 따라서, 2019.10.1.의 A 회사의 대기발령은 권리의 남용으로 평가되지 않으므로 정당하다고 판단된다. 그러나, '대기발령'은 잠정적인 인사명령이자 근로자의 불이익을 수반하는 인사명령이라는 점에서, 사용자는 대기명령 사유가 소멸하였는지의 여부를 지속적으로 점검하여야 할 신의칙상 부수의무를 부담한다. 그런데, 사안에서 B회사가 2020. 9. 1. A회사와 甲 사이의 고용관계를 승계한 후 경영사정이 어렵다고 볼만한 특별한 사정이 존재하지 않으므로, 현재의 상황은 취업규칙상의 대기발령 사유인 경영형편상 과원에 해당한다고 보기 어렵다고 판단된다. 따라서 현재 甲에 대한 대기발령 사유는 해소되었다고 볼 수 있음에도 甲에게 아무런 직무도 부여하지 않은 채 기본급만을 받도록 하면서 장기간 대기발령 조치를 그대로 유지한 것은 정당한 사유가 있다고 보기 어렵다.

4. 결론

고용승계 이후에도 대기발령을 장기간 유지한 조치가 정당하지 않다는 甲의 주장은 타당하다.

사례연습 62

직위해제 및 대기발령과 당연퇴직 (변호사시험 2016년 기출문제)

A회사는 2014.9.초부터 진행한 구조조정의 일환으로 2015.2.2.자로 연구개발부를 폐지하고, 소속 연구원들을 그들의 신청에 따라 사무부서나 영업부서로 전보발령을 하였다. 그러나 연구개발부의 존속을 주장한 乙에 대해서는 인사규정 제15조 제1항에 따라 같은 날짜로 3개월의 대기발령을 명하였다. 乙이 계속하여 주장을 굽히지 않자, A회사는 인사규정 제15조 제2항에 따라 2015.5.4. 자로 乙에게 당연퇴직을 통보하였다.

A회사 인사규정 제15조
① 회사는 보직을 부여하기 어려운 사정이 있는 경우에는 3개월 이내의 기간을 정해 대기발령을 명할 수 있다.
② 대기발령 후 3개월이 경과하도록 보직을 부여받지 못한 직원은 당연퇴직한다.

A회사가 乙에게 행한 2015.2.2.자 대기발령 및 2015.5.4.자 당연퇴직 조치는 정당한가?

1. 쟁점의 정리

사안에서 A회사가 乙에게 행한 2015.2.2.자 대기발령 및 2015.5.4.자 당연퇴직 조치의 정당성을 검토하기 위해서는 먼저 A회사가 구조조정의 일환으로 2015.2.2.자로 연구개발부를 폐지하고 소속 연구원들을 취업규칙에 따라 그들의 신청에 따라 사무부서나 영업부서로 전보발령한 인서명령의 정당성을 대기발령의 법적성질 및 그 정당성 판단에 관한 판례법리를 통하여 검토한 후, A회사의 2015.5.4.자 당연퇴직 조치의 정당성을 검토하기 위해서는 대기발령 후 당연퇴직 처분이 실질적으로 해고에 해당되어 근로기준법 제23조 제1항의 제한을 받는지 여부를 살펴보아야 할 것이다.

2. 대기발령의 정당성

(1) 대기발령의 의의

'대기발령'이란 근로자가 현재의 직위 또는 직무를 계속 담당하게 되면 장래에 업무상 장애 등이 예상되는 경우에 이를 예방하기 위하여 일시적으로 당해 근로자에게 직위를 부여하지 아니함으로써 직무에 종사하지 못하도록 하는 잠정적인 조치를 의미한다. 대기발령은 일반적으로는 출근은 하되 직무에 종사하지 못하도록 하는 것이므로 '휴직'과 다르지만, 출근의무를 부여하지 않는 '자택대기'의 경우에는 법리상 '휴직'에 해당한다.

(2) 대기발령의 정당성

대기발령을 포함한 인사명령은 원칙적으로 인사권자인 사용자의 고유권리에 속한다 할 것이고, 따라서 이러한 인사명령에 대해서는 업무상 필요한 범위 내에서 사용자에게 상당한 재량을 인정해야 할 것이고 징계의 성격을 가지지 않는 원래적 의미의 대기발령은 반드시 취업규칙 등에 근거해야 하는 것은 아니므로, 취업규칙 등에 대기발령을 규정하지 않았다면, 인사권에 근거한 업무명령만으로도 대기발령 조치를 할 수 있다, 그러나, 대기명령의 사유 또는 업무상의 필요성이 인정된다

하더라도 근로기준법 등에 위반하거나 권리남용에 해당하지 않아야 하고, 대기발령이 사용자의 정당한 인사권의 범위 내에 속하는지 여부는 인사명령의 업무상의 필요성과 그에 따른 근로자의 생활상의 불이익과 비교·교량하고 근로자 본인과의 협의 등 그 처분을 하는 과정에서 신의칙상 요구되는 절차를 거쳤는지 여부를 종합적으로 고려하여 결정하여야 한다.(대법원 2013.05.09. 선고 2012다64833 판결)

한편, '대기발령'은 잠정적인 인사명령이자 근로자의 불이익을 수반하는 인사명령이라는 점에서, 사용자는 대기명령 사유가 소멸하였는지의 여부를 지속적으로 점검하여야 할 신의칙상 부수의무를 부담한다. 따라서 대기발령이 그 명령 당시에는 정당한 경우라고 하더라도, 대기발령중인 근로자가 상당한 기간에 걸쳐 근로를 제공 할 수 없다거나 근로를 제공하는 것이 부적당한 경우가 아님에도 장기간 동안 잠정적 지위의 상태로 유지하는 경우와 같이 합리성 없는 대기발령은 무효이다.(대법원 2007.02.23. 선고 2005다3991 판결)

(3) 사안의 경우

대기발령 등 인사권한은 원칙적으로 사용자의 권한으로 상당한 재량이 인정되는 바, A회사의 연구개발부를 폐지한 것은 구조조정의 일환으로 발생한 것이고 연구개발부를 폐지하면서 소속 연구원들에 대해서는 부서 전직에 대한 선택권을 부여하고 신청에 따라 사무부서나 영업부서로 전보발령을 하였으나, 을은 일방적으로 이에 불응하고 연구개발부의 존속을 주장하고 있어 전보발령을 할 수 없었다는 점 등을 고려할 때 대기발령의 업무상 필요성이 인정되고, 대기발령으로 인한 을의 생활상 불이익이 크다고 볼 만한 다른 사정이 보이지 아니 한다. 따라서 인사규정 제15조 제1항에 근거하여 A회사가 을에게 행한 2015.2.2. 자 대기발령조치는 정당하다.

3. 대기발령에 따른 면직(당연퇴직)의 정당성

(1) 당연퇴직의 개념

'당연퇴직'이란 취업규칙에 규정된 채용 결격 사유 혹은 근로관계의 당연 종료 사유가 발생된 경우에 별도의 징계절차를 거치지 않고 일방적으로 근로계약을 해지하는 것을 의미한다. 판례도 당연퇴직사유를 정한 것이 사회통념상 상당성을 인정하기 어렵다는 등의 특별한 사정이 없는 한, 위 규정들의 취지는 존중되어야 할 것이라고 하여 당연퇴직 규정의 유효성을 인정하고 있다.

(2) 당연퇴직의 법적 성격

판례는 인사규정 등에 '대기발령 후 일정 기간이 경과하도록 복직발령을 받지 못하거나 직위를 부여받지 못하는 경우에는 당연퇴직된다.'는 규정을 두는 경우, 이는 근로자의 의사에 반하여 사용자의 일방적 의사에 따라 근로계약 관계를 종료시키는 것으로서 실질상 해고에 해당하므로 근로기준법 제23조 제1항 소정의 정당한 이유가 필요하다고 한다.(대법원 2007.05.31. 선고 2007두1460 판결)

(3) 당연퇴직의 정당성

일단 대기발령이 인사규정 등에 의하여 정당하게 내려진 경우라도 일정한 기간이 경과한 후의 당연퇴직 처리 그 자체가 인사권 내지 징계권의 남용에 해당하지 아니하는 정당한 처분이 되기 위해서는 대기발령 당시에 이미 사회통념상 당해 근로자와의 고용관계를 계속할 수 없을 정도의 공용관계를 계속할 수 없을 정도인지의 여부는 ① 당해 사용자의 사업의 목적과 성격, 사업장의 여건, ② 당해 근로자의 지위 및 담당직무의 내용, ③ 비위행위의 등 이로 인하여 기업의 위계질서가 문란하게 될 위험성 등 기업질서에 미칠 영향, ④ 과거의 근무태도 등 여러 가지 사정을 종합적으로 검토하여 판단한다는 것이 판례이다.(대법원 2007.05.31. 선고 2007두1460 판결)

(4) 사안의 경우

A회사는 경영상 필요에 의한 구조조정의 일환으로 연구개발부를 폐지하였고, 소속 연구원들에 대해서는 신청을 받아 전보발령을 하였으나 을이 이를 거부하여 3개월의 대기발령을 하게 되었는바, 사실상 이는 근로제공을 거부한 것으로서 이러한 거부행위가 상당기간 지속된다면 사회통념상 고용관계를 지속할 수 없을 정도에 이르게 된다고 평가할 수 있을 것인데, 이후에도 을이 계속하여 주장을 굽히지 않아 인사규정 제15조 제2항에 따라 을에게 당연퇴직을 통보하게 되었다는 점 등을 고려할 때 을에 대한 대기발령 당시 이미 사회통념상 을과 고용관계를 계속할 수 없을 정도의 사유가 존재하였거나 대기발령 기간 중 을에 대한 해고사유가 확정되었다고 보아야 한다. 따라서, 인사규정 제15조 제2항에 근거하여 A회사가 을에게 행한 2015. 5.4.자 당연퇴직 조치는 정당하다.

4. 결론

인사규정 제15조 제1항에 근거하여 A회사가 을에게 행한 2015. 2. 2. 대기발령조치는 정당하고, A회사의 을에 대한 대기발령 당시 이미 사회통념상 을과 고용관계를 계속할 수 없을 정도의 사유가 존재하였고 대기발령 기간 중 해고사유가 확정되었다고 볼 수 있으므로, 인사규정 제15조 제2항에 근거하여 A회사가 을에게 행한 2015. 5.4.자 당연퇴직 조치도 정당하다.

5. 휴직(→사례: 63)

1) 휴직의 의의

휴직이란 근로자를 직무에 종사하게 하는 것이 곤란하거나 또는 적당하지 아니한 사유가 발생한 때에 **근로계약관계를 유지하면서** 일정한 기간 동안 **근로제공을 면제 또는 금지**시키는 사용자의 처분을 말한다. 따라서, 노사간의 특약이 없는 한 **무노동 무임금의 원칙상** 휴직기간 중에는 근로자는 근로의무를 면하는 대신 사용자는 임금지급의무를 면한다. 다만, **사용자의 귀책사유**로 인한 휴직의 경우로서 그것이 '**휴업**'에 해당한다면 근로기준법 제46조에 따라 **휴업수당이 지급**되어야 할 것이다. 또한, 사용자는 근로자의 휴직 사유가 소멸한 경우에는 즉시 복직 시켜야 할 **신의칙상 의무**를 부담한다.

2) 휴직의 종류

휴직의 종류에는 근로자의 신청에 의한 '**의원휴직**'과 사용자의 일방적인 인사명령의 형식으로 이루어지는 '**직권휴직**'이 있다.

가. 의원 휴직

의원휴직이란 근로자 개인의 사정으로 사용자에게 휴직을 신청하고 사용자가 승낙을 함으로써 실시하는 휴직을 말한다. 의원휴직의 사유가 취업규칙이나 단체협약에 규정된 경우 (예 근로자는 다음의 사유로 휴직을 신청하는 경우에는 휴직을 명할 수 있다)라 하더라도 의원 휴직에 대한 승인여부는 원칙적으로 사용자의 재량에 속하는 것이므로, 근로자와 사용자가 개별적으로 특정한 약정을 하였다든지 하는 예외적인 사정이 없는 한, **사용자가 반드시 의원휴직을 승낙할 의무를 진다고 할 수는 없다**[5]. 다만, 근로자가 휴직을 신청하면 사용자가 반드시 휴직을 승낙해야 하는 의무가 있는 노동관련법령상의 휴직(예 육아휴직, 가족돌봄휴직, 업무상 재해로 인한 산재휴직 등)의 경우에는, 취업규칙 등에서 휴직사유로 규정하고 있는 지의 여부와 무관하게, 법에서 정한 바에 따른 휴직을 부여하여야 함은 물론이다.

나. 직권 휴직(→3. 직권휴직의 정당성))

'직권휴직'이란 근로자가 휴직을 신청하지도 않았음에도 사용자가 일정한 사유를 이유로 휴직을 명하는 인사명령을 의미한다[6]. 판례는 '근로자가 해당 직무에 종사하는 것이 불능이거나 적당하지 아니한 사유가 발생한 때에 그 근로자의 지위를 그대로 두면서, 일정한 기간 그 직무에 종사하는 것을 금지시키는 사용자의 처분'이라고 정의한다. 휴직명령을 포함한 인사명령은 원칙적으로 사용자의 고유권한인 인사권의 행사의 하나이므로 이러한 인사명령에 대해서는 업무상 필요한 범위 안에서 사용자에게 상당한 재량이 인정된다. 다만, 사용자에 의한 휴직명령은 '**정당한 이유**'가 있어야 한다.(**근로기준법 제23조 제1항**)

---

5) (사례) 근로자가 상사·동료의 폭행·협박으로 직장생활을 감당할 수 없음을 이유로 휴직을 신청하였는데 회사가 승인하지 않자 근로자는 계속 그 승인을 요구하면서 무단결근하자, 회사는 근로자의 무단결근을 이유로 직권면직처분을 한 경우, 회사에게는 근로자의 휴직신청을 승낙할 의무는 없지만, 그로 인하여 발생한 무단결근을 이유로 징계면직 처분하는 것은 또 다른 별개의 문제로서 그러한 징계면직처분은 징계권의 남용이나 형평의 원칙에 반하여 무효이다(대법원 1997.07.22. 선고 95다53096 판결)

6) 직권휴직은 근로자의 의사와 관계없이 부여된다는 점에서 휴가와는 다르며, 근로자가 근로를 제공하지 않는다는 점에 있어서는 정직과 유사하나, 근로자의 비위를 이유로 하는 제재가 아니라는 점에서 징계의 일종인 '정직'과도 구별된다

3) 직권휴직명령의 정당성

근로기준법 제23조제1항에서 '사용자는 정당한 이유 없이 근로자에게 휴직을 하지 못한다.'고 하고 있으므로, 사용자에 의한 휴직명령은 '정당한 이유'가 있어야 한다. 휴직기간중에는 원칙적으로 임금이 지급되지 않거나 직권휴직의 경우에도 휴업수당만 지급될 수 있으므로, 근로자의 요구하지 않았음에도 사용자가 직권으로 무급휴직 조치를 내리는 경우에는 그에 대한 '정당한 이유'가 있어야 함은 당연한다.

판례에 의하면 '기업이 그 활동을 계속적으로 유지하기 위해서는 노동력을 재배치하거나 그 수급을 조절하는 것이 필요불가결하므로 휴직명령을 포함한 인사명령은 원칙적으로 인사권자인 사용자의 고유권한에 속하고 따라서 이러한 인사명령에 대해서는 업무상 필요한 범위안에서 사용자에게 상당한 재량을 인정해야 한다.'고 하면서(대법원 2009.09.10. 선고 2007두10440 판결) **사용자의 휴직명령이 정당한 요건을 갖추기 위해서는 '취업규칙이나 단체협약 등에 휴직명령의 근거(사유)가 있어야 하며 사유가 존재하는 경우에도 휴직규정의 설정목적과 실제기능, 휴직명령권 발동의 합리성 여부, 그로 인해 근로자가 받게 될 신분상 · 경제상의 불이익, 기타 신의성실 및 권리남용금지의 원칙 등 구체적인 사정을 참고하여 근로자가 상당한 기간 동안 근로를 제공할 수 없거나 근로제공이 부적당하다고 인정되어야 한다.'**(대법원 2005.02.18. 선고 2003다63029 판결)고 한다. 또한 '구체적인 사정을 모두 참작하여 그 기간은 합리적인 범위 내에서 이루어져야 하므로, 근로자가 상당한 기간에 걸쳐 근로의 제공을 할 수 없다거나 근로제공을 함이 매우 부적당한 경우가 아닌데도, **사회통념상 합리성이 없을 정도로 부당하게 장기간 동안 잠정적 지위의 상태로 유지하는 것**은 특별한 사정이 없는 한 정당한 이유가 있다고 보기 어려우므로 그와 같은 조치는 **무효**라고 보아야 한다.'(대법원 2005.02.18. 선고 2003다63029 판결)

4) 휴직사유의 소멸 등

사용자는 근로자의 휴직사유가 소멸한 경우에는 즉시 복직 시켜야 할 신의칙상 의무를 부담한다. 따라서, 휴직기간 중이라도 휴직의 사유가 소멸하여 근로자가 복직을 신청한 경우에 사용자는 근로자를 복직시켜야 할 것이지만, 구체적인 복귀시기는 취업규칙이나 단체협약 등에 달리 정한 바가 없다면 근로자와 사용자간 협의에 의하여 정할 문제이다.[7] 한편, 휴직기간이 만료될 때까지 휴직의 사유가 소멸되지 않거나 근로자가 복직신청을 하지 않은 경우로서 그 정당한 이유가 인정되는 경우에는 근로관계를 종료할 수 있다. **회사의 취업규칙에 휴직기간의 만료일 또는 휴직사유 소멸일로부터 일정 기한 안에 복직원을 제출하지 아니하여 복직되지 아니한 때 자진 퇴직하는 것으로 간주한다고 규정되어 있는 경우**에, 이는 휴직한 직원이 복직원을 제출하지 아니하면 회사가 퇴직처분(해고처분)을 할 수 있으며, 퇴직처분을 하였을 때 회사와 직원 사이의 근로계약관계가 종료된다는 의미로 해석하여야 할 것이지, **이와 달리 '자진퇴직으로 간주한다.'는 문구에 구애되어 근로관계의 당연종료사유를 규정한 것으로 보아서는 안 된다**는 것이 대법원의 입장이다.(대법원 1993.11.09. 선고 93다7464 판결) **또한, 부당한 휴직은 사법상 무효**이므로 근로자는 법원에 제소하여 사법적 구제를 받을 수도 있다. 정당한 이유가 없는 직권휴직 명령은 무효이므로 근로자는 휴업수당이 아니라 휴직기간 동안의 임금 전부를 청구할 수 있다.

---

7) 이를테면, 장기간에 걸친 휴직 중 근로자가 갑자기 조기 복귀를 희망하는 경우, 사업주로서는 이 기간에 대체인력을 채용하는 등 인력 운용에 변화가 있을 수 있으므로, 언제나 반드시 근로자를 조기에 업무에 복귀시켜야 하는 신의칙상 의무를 인정하기는 어렵다.

(쟁점) 휴직기간 중의 법률관계

1. 계속근로기간의 경우

휴직기간 중에는 근로자와 사용자의 주된 권리의무는 정지되지만 근로관계 그 자체는 유지하고 있는 것이므로, 근로자가 그 회사에 적을 계속 보유하고 있는 한 휴직기간은 계속근로기간의 근속연수에 삽입하는 것이 원칙이다.

2. 연차유급휴가 산정의 경우

연차유급휴가 산정의 경에 있어서 ① 근로자가 업무상의 부상 또는 질병으로 휴업한 기간, ② 임산부의 보호로 휴업한 기간, ③ 남녀고평법상의 육아휴직으로 휴업한 기간은 **출근한 것으로 본다.**(근로기준법 제60조제6항) 다만, **개인적인 지병 등으로 인한 휴직기간, 범죄행위로 구금되어 휴직한 기간 등 개인적인 사유로 휴직한 기간은 연차유급휴가산정을 위한 출근을 계산시에는** 결근으로 처리된다. .

3. 휴직기간 중의 임금

(1) 의원휴직의 경우

의원휴직기간 중에는 취업규칙이나 단체협약 등에서 달리 정한 바가 없는 한 무노동무임금의 원칙상 '무급'이 원칙이다. 한편, 휴직기간 중에 취업규칙이나 단체협약 등에서 휴직기간 중에도 일정부분의 금품을 지급하기로 정한 경우, 이러한 금품은 근로의 대가로 볼 수 없기 때문에 근로기준법 제43조의 '임금'에 해당하지 않는다.

(2) 직권휴직의 경우

사용자가 일방적으로 휴직을 실시하는 직권휴직의 경우에는 '사용자 귀책사유에 의한 휴직(직권휴직)'으로 간주되기 때문에 휴업기간 동안 근로자에게 평균임금의 100분의 70 이상의 휴업수당을 지급하여야 하며, 휴직이 사용자의 고의 과실 등 민법상 귀책사유에 의한 것이라면 휴직기간동안 임금전액이 지급되어야 한다.

4. 휴직기간과 평균임금의 산정

휴직기간과 그 기간 중에 지불된 임금은 평균임금 산정 기준이 되는 기간과 임금의 총액에 각각 포함하여 평균임금을 산정하며, 그 결과 평균임금이 **통상임금보다 저액인 경우에는 통상임금액을 평균임금으로 보아야 할 것이지만,**(근로기준법 제2조 제2항) 통상임금으로 산정하는 것이 특수한 사정으로 인하여 불합리한 예외적인 경우에는 근로자의 통상적인 생활임금을 사실대로 반영할 수 있는 합리적이고 타당한 다른 방법으로 그 평균임금을 따로 산정하여야 한다. 다만, 육아휴직 기간은 평균임금의 계산에서 제외되는 기간(근로기준법 시행령 제2조)에 해당하므로 육아휴직기간과 그 기간 중의 임금은 평균임금 산정이 되는 기간과 임금의 총액에서 제외하고 나머지의 기간과 나머지 기간 동안에 지급된 임금의 총액을 기준으로 평균임금을 산정하되, 육아휴직 기간이 3개월 이상인 경우에는 제외되는 기간의 최초일을 평균임금의 산정사유가 발생한 날로 보아 평균임금을 산정한다.(평균임금 산정 특례고시 제1조)

사례연습 63

취업규칙의 변경과 휴직명령의 정당성 (공인노무사 24회 기출문제)

A회사의 근로자 甲이 근무하던 중 2011. 12. 6. 업무상 배임의 혐의로 구속되자, A회사는 인사규정 제33조 제3호에 따라 근로자 甲이 구속된 다음날 근로자 甲에게 휴직을 명령하였다. 이 후 근로자 甲은 2012. 1. 13. 구속이 취소되어 불구속 기소 상태에서 A회사 인사규정 제34조 제1항(직원이 복직을 신청한 때에는 특별한 사유가 없는 한 10일 이내에 복직을 명하여야 한다)에 따라 복직을 신청하였으나, A회사는 대법원 판결결과에 따라 복직 여부를 결정하겠다고 하면서 복직을 허락하지 않았다. 그리고 A회사는 인력운영 효율성 차원에서 인사규정을 변경하기로 하였다. 이를 위하여 A회사는 근로자 과반수로 구성된 노동조합에 동의를 요구하였으나 노동조합의 동의를 얻지 못하자 근로자들을 개별적으로 접촉하여 과반수 동의를 받아 2012. 2. 1. 인사규정을 변경하였다. 근로자 甲은 2013. 7. 8. 대법원에서 무죄판결을 선고받았다.

(종전의 인사규정)
제33조 제3호 형사사건으로 구속 또는 기소된 때에는 판결확정시까지 휴직을 명령할 수 있다.
(변경된 인사규정)
제33조 제3호 형사사건으로 구속 또는 기소된 때에는 판결확정 후 3개월까지 휴직을 명령할 수 있다.

근로자 甲은 (i) 2012. 2. 1. 인사규정의 변경이 효력이 없을 뿐만 아니라, (ii) 근로자甲의 복직 신청을 받아들이지 않고 휴직명령을 계속 유지한 조치는 정당성이 없는 것으로 주장한다. 이러한 근로자 甲의 주장이 타당한지 논하시오.

1. 인사규정 변경의 효력

(1) 쟁점의 정리

근로자 甲의 주장의 타당성과 관련하여, 먼저 사안의 인사규정이 취업규칙에 해당하는 지 살펴본 후, 인사규정이 취업규칙이라면 사안의 인사규정의 변경이 취업규칙의 불이익 변경에 해당하는 지 검토하고, 또한 이러한 취업규칙 변경의 사회통념상합리성을 인정받을 수 있는 지의 여부도 아울러 살펴보기로 한다. 만일 취업규칙의 불이익한 변경이라면 근로기준법 제94조 제1함에 따른 적절한 동의절차를 거쳤는지가 검토해야 할 것인데, 특히 근로자들을 개별적으로 접촉하여 개별적인 동의를 취합하여 과반수 동의를 받은 것이 적법한 것인지의 여부를 검토하여야 할 것이다.

(2) 인사규정이 취업규칙에 해당하는지 여부

1) 취업규칙의 의의

'취업규칙'이란 사업장 내 '근로조건'과 '복무질서'를 통일적으로 처리하기 위하여 사용자가 일방적으로 작성한'규칙'을 말한다. 판례는 '취업규칙은 사용자가 근로자의 복무규율과 임금 등 당해 사업의 근로자 전체에 적용될 근로조건에 관한 준칙을 규정한 것'이라고 정의한다. 따라서, 명칭에 관계 없이 사업장의 모든 근로자에게 적용되는 근로조건 등을 포함하고 있다면 취업규칙이라고 해석한다.

2) 사안의 경우

사안의 인사규정은 모든 근로자들의 근로조건을 통일적으로 규율하고 있으므로 취업규칙에 해당된다고 보아야 한다.

(3) 인사규정 개정이 취업규칙의 불이익 변경에 해당하는지 여부

1) 불이익 변경의 의미

'취업규칙의 불이익 변경'이란 사업장에서 이미 정하여진 근로조건을 종전보다 저하시키거나 복무규율을 강화하는 것을 의미한다. 따라서, 취업규칙의 불이익 변경에 해당하는지 여부는 그 변경으로 인하여 근로자의 '기득의 권리 또는 이익'이 침해되는지 여부에 따라 결정된다.

2) 사안의 경우

인사규정이 개정되기 이전에는 형사사건으로 구속 또는 기소된 때에는 판결확정시까지 휴직을 명령할 수 있었으나, 변경이후에는 형사사건으로 구속 또는 기소된 때에는 판결확정 후 3개월까지 휴직을 명령할 수 있으므로, 이와 같은 인사규정의 개정은 근로자가 가지고 있는 기득의 권리나 이익을 박탈하는 불이익한 근로조건을 부과하는 취업규칙의 불이익한 변경에 해당한다.

(4) 취업규칙의 불이익 변경의 동의의 주체

1) 동의의 주체로서 근로자 집단의 의의

취업규칙의 작성변경은 사용자의 권한이므로 사용자는 그 의사에 따라서 취업규칙을 작성 · 변경할 수 있다. 다만 취업규칙을 불이익하게 변경하는 경우에는 종전 취업규칙의 적용을 받고 있던 근로자 집단의 집단적 의사결정방법에 의한 동의를 요한다.(근로기준법 제94조 제1항 단서)

2) 동의의 주체

취업규칙의 불이익 변경에 있어서의 동의주체로서의 '근로자 과반수'라 함은 사업장에서 근무하는 근로기준법상의 근로자에서 근로기준법 제2조 제1항 제2호에서 정한 사용자 (사용자성을 가진자 포함)를 제외한 근로자의 과반수를 의미한다. 그리고, '근로자의 과반수로 조직된 노동조합'이라 함은 조합원 자격 유무와 관계없이 기존 취업규칙을 적용받고 있던 전체 근로자의 과반수로 조직된 노동조합을 의미한다. 그리고 취업규칙의 불이익 변경이 근로자과 반수로 구성된 노동조합의 동의를 얻은 경우 위 변경은 노동조합원은 물론 노동조합에 가입할 자격은 없지만 기존 취업규칙의 적용을 받았던 근로자에게도 그의 개별적 동의 여부와 관계없이 당연히 적용된다는 것이 판례의 입장이다.(대법원 2008.02.29. 선고 2007다85997 판결)

3) 사안의 경우

과반수 노동조합이란 취업규칙의 변경이 있던 당시 기존 취업규칙의 적용을 받던 근로자의 과반수로 조직된 노동조합을 의미하는데, 사안에서 과반수 노동조합인 A노동조합은 취업규칙의 변경을 반대하고 있으므로 취업규칙을 불이익 하게 변경하기 위해서는 취업규칙의 적용을 받고 있던 근로자 집단의 집단적 의사결정방법에 의한 동의를 요한다.

(5) 취업규칙 불이익 변경에 대한 동의 방법

1) 집단적 의사결정방법에 의한 과반수

취업규칙을 근로자에게 불리하게 변경하는 경우 사용자는 과반수 노동조합 혹은 근로자 과반수의 동의를 받아야 하는 바(근로기준법 제97조 제1항 단서), 근로자의 과반수로 조직된 노동조합이 없는 경우에는 집단적 의사결정방법에 의한 과반수를 필요로 한다. 여기서 '집단적 의사결정방법에 의한 과반수'란 근로자들의 '회의방식'에 의한 과반수의 동의'를 의미하는데, 이는 근로자가 동일 장소에 집합된 회의에서 사용자측의 개입이나 간섭이 없는 상태에서 근로자 개개인의 의견표명을 자유롭게 할 수 있는 적절한 방법으로 의사를 결정한 결과가 근로자의 과반수의 찬성이어야 한다. 그러나, 사용자측의 충분한 설명과 근로자 상호간의 충분한 설명과 의견 교환과정이 생략된 채 서면동의서에 동의를 받은 경우라든지 취업규칙 개정안을 회람케하고 개별적으로 찬성 반대의사를 표시하게 하여 개별의견을 취합하는 방식은 회의방식에 의한 적법한 동의절차를 거쳤다고 보기 어렵다는 것이 판례이다.(대법원 2004.05.14. 선고 2002다23185 판결)

2) 사안의 경우

사안에서 A회사는 근로자들을 개별적으로 접촉하여 과반수 동의를 받았는 바, 이는 회의방법에 의한 집단적 의사결정방법에 따른 동의라고 할 수도 없으므로, 그러한 동의는 효력이 없다.

(6) 사회통념상 합리성을 인정받을 수 있는 지의 여부

1) 사회통념상 합리성 이론

당해 취업규칙의 변경이 그 필요성 및 내용의 양면에서 보아 그에 의하여 근로자가 입게 될 불이익의 정도를 고려하더라도 여전히 당해 조항의 법적 규범성을 시인할 수 있을 정도로 사회통념상 합리성이 있다고 인정되는 경우에는 종전 근로조건 또는 취업규칙의 적용을 받고 있던 근로자의 집단적 의사결정 방법에 의한 동의가 없다는 이유만으로 그 적용을 부정할 수는 없다는 것이 판례의 태도이다. 판례에 따르면, 취업규칙의 변경에 사회통념상 합리성이 있다고 인정되려면 취업규칙을 변경할 당시의 상황을 토대로 ① 근로자가 입게 되는 불이익의 정도, ② 취업규칙 변경 필요성의 내용과 정도, ③ 변경 후 내용의 상당성, ④ 대상 조치 등을 포함한 다른 근로조건의 개선 상황, ⑤ 노동조합 등과의 교섭 경위와 노동조합이나 다른 근로자의 대응, ⑥ 동종 사항에 관한 국내 일반적인 상황 등을 종합적으로 고려하여 판단한다. 다만, 사회통념상 합리성이 인정되는 경우는 사실상 근로자의 집단적 동의를 받도록 한 근로기준법의 규정이 배제되는 결과를 가져오므로, 판례는 근로자에게 침해되는 기득권이나 기득의 이익이 존재하지 않거나, 혹은 그것이 사회적으로 용인될 수 있는 경우에 한하여 매우 제한적인 범위에서 예외적으로 인정한다.(대법원 2001.01.28. 선고 2009다32362 판결 등)

2) 사안의 경우

사안에서 취업규칙의 변경으로 근로자가 입게 되는 불이익의 정도, 취업규칙 변경 필요성의 내용과 정도 등을 고려할 때, 인사규정이 개정되기 이전에는 형사사건으로 구속 또는 기소된 때에는 판결확정시까지 휴직을 명령할 수 있었으나, 변경이후에는 형사사건으로 구속 또는 기소된 때에는 판결확정 후 3개월까지만 휴직을 명령할 수 있는 바, 이는 명백하게 근로자의 기득의 이익만이 침해되는 결과가 발생되므로, 이러한 취업규칙의 변경은 사회통념상 합리성을 인정받기 어렵다.

(7) 소결

A회사의 인사규정은 취업규칙인데, A회사의 취업규칙의 변경은 불이익 변경에 해당하며, 취업규칙

변경의 사회통념상합리성도 있 인정받을 수 없는 바, A회사는 과반수 노조합의 동의를 받지 못하였으므로 A회사는 취업규칙을 불이익하게 개정하기 위해서 집단적 의사결정방법에 의한 전체 근로자 과반수의 동의를 얻어야 하고, 근로자들을 개별적으로 접촉하여 개별적인 동의를 취합하여 과반수 동의를 받은 것은 취업규칙을 불이익하게 개정하기 위해서 필요한 집단적 의사결정방법에 의한 동의 방법으로서 부적법하므로, 2012. 2. 1. 인사규정의 변경은 효력이 없다는 甲의 주장은 타당하다.

2. A회사가 취업규칙에 근거하여 甲에게 행한 휴직명령의 정당성

(1) 쟁점의 정리

근로기준법 제23조 제1항에서는 '사용자는 근로자에게 정당한 이유 없이 휴직을 하지 못한다' 고 규정하고 있는바, 설문에서 근로자 甲이 업무상 배임의 혐의로 구속되자 A회사는 인사규정 제33조 제3호에 따라 근로자 甲이 구속된 다음날 근로자 甲에게 휴직을 명령하였는 바 이러한 직권휴직 명령의 정당성이 문제된다. 설령 직권휴직명령의 정당성이 인정되는 경우에도 사용자는 근로자의 휴직사유가 소멸한 경우에는 즉시복직 시켜야 할 신의칙상 의무를 부담하는 바, 사안에서 갑은 구속이 취소된 불구속 기소 상태에서 인사규정 제34조 제1항에 따라 복직을 신청하였으나, A회사는 여전히 복직을 허락하지 않았다는 바, 이러한 A회사의 복직신청의 거부가 정당한 지 검토해야 할 것이다.

(2) 직권휴직의 법적근거와 정당성 판단기준

1) 휴직의 의의

휴직이란 근로자를 직무에 종사하게 하는 것이 곤란하거나 또는 적당하지 아니한 사유가 발생한 때에 근로계약관계를 유지하면서 일정한 기간 동안 근로제공을 면제 또는 금지시키는 사용자의 처분을 말한다.(대법원 1992.11.13. 선고 92다16690 판결) 따라서, 노사간의 특약이 없는 한 무노동 무임금의 원칙상 휴직기간 중에는 근로자는 근로의무를 면하는 대신 사용자는 임금지급의무를 면한다. 다만, 사용자의 귀책사유로 인한 휴직의 경우로서 그것이 '휴업'에 해당한다면 근로기준법 제46조에 따라 휴업수당이 지급되어야 할 것이다. 또한, 사용자는 근로자의 휴직사유가 소멸한 경우에는 즉시복직 시켜야 할 신의칙상 의무를 부담한다.

2) 직권휴직

'직권휴직'이란 근로자가 휴직을 신청하지도 않았음에도 사용자가 일정한 사유를 이유로 휴직을 명하는 인사명령을 의미한다. 판례는 '근로자가 해당 직무에 종사하는 것이 불능이거나 적당하지 아니한 사유가 발생한 때에 근로자의 지위를 그대로 두면서, 일정한 기간 그 직무에 종사하는 것을 금지시키는 사용자의 처분'이라고 정의한다.(대법원 1992.11.13. 선고 92다16690 판결) 판례는 사용자의 취업규칙이나 단체협약 등의 휴직근거규정에 의하여 사용자에게 일정한 휴직사유의 발생에 따른 휴직명령권을 인정한다.

3) 직권휴직명령의 정당한 이유

근로기준법 제23조제1항에서 '사용자는 정당한 이유 없이 근로자에게 휴직을 하지 못한다.'고 하고 있으므로, 사용자에 의한 휴직명령은 '정당한 이유'가 있어야 한다. 판례에 의하면 '기업이 그 활동을 계속적으로 유지하기 위해서는 노동력을 재배치하거나 그 수급을 조절하는 것이 필요불가결하므로 휴직명령을 포함한 인사명령은 원칙적으로 인사권자인 사용자의 고유권한에 속하고 따라서 이러한 인사명령에 대해서는 업무상 필요한 범위안에서 사용자에게 상당한 재량을 인정해야 한다.' 고 하면서(대법원 2009.09.10. 선고 2007두10440 판결) 사용자의 휴직명령이 정당한 요건을 갖추기 위해서는 '취업규칙이나 단체협약 등에 휴직명령의 근거(사유)가 있어야 하며 사유가 존재하는 경우에도 휴직규정의 설정목적과 실제기능, 휴직명령권 발동의 합리성 여부. 그로 인해 근로자가 받게 될 신분상 · 경제상의 불이익, 기타 신의성실 및 권리남용금지의 원칙 등 구체적인 사정을 참고하여 근로자가 상당한 기간 동안 근로를 제공할 수 없거나 근로제공이 부적당하다고 인정되어야 한다.'(대법원 2005.02.18. 선고 2003다63029 판결)고 한다. 또한 '구체적인 사정을 모두 참작하여 그 기간은 합리적인 범위 내에서 이루어져야 하므로, 근로자가 상당한 기간에 걸쳐 근로의 제공을 할 수 없다거나 근로제공을 함이 매우 부적당한 경우가 아닌데도, 사회통념상 합리성이 없을 정도로 부당하게 장기간 동안 잠정적 지위의 상태로 유지하는 것은 특별한 사정이 없는 한 정당한 이유가 있다고 보기 어려우므로 그와 같은 조치는 무효라고 보아야 한다.'(대법원 2005.02.18. 선고 2003다63029 판결)

(3) 소결

1) 최초 휴직명령의 적법성

본 사안에서 A회사의 근로자 이 근무하던 중 2011.12.6. 업무상 배임의 혐의로 구속되자, A회사는 인사규정 제55조 제5호에 따라 근로자 甲이 구속된 다음날 근로자 甲에게 휴직을 명령하였다. A회사의 인사규정에는 '형사사건으로 구속 또는 기소된 때에는 판결확정시까지 휴직을 명령할 수 있다'고 규정되어 있으며, 특히, 甲은 구속으로 인하여 노무제공이 불가능하였기 때문에 이러한 장기구속에 따른 장기결근이라는 근로자 측의 사정으로 말미암아 근로계약에 기한 기본적 의무인 근로제공을 할 수 없게 되었다는 점에서 최초의 휴직명령의 적당성은 충분히 인정된다.

2) 복직신청 거부의 적법성

그러나 甲은 2012.1.13. 구속이 취소되어 불구속 기소 상태에서 A회사 인사규성 제34조 제1항(직원이 복직을 신청한 때에는 특별한 사유가 없는 한 10일 이내에 복직을 명하여야 한다)에 따라 복직을 신청하였는데, A회사는 甲이 상당한 기간에 걸쳐 근로의 제공을 할 수 없다거나 근로제공을 함이 매우 부적당한 경우가 아닌데도, 장기간동안 휴직상태를 유지하였다. 사용자는 근로자의 휴직사유가 소멸한 경우에는 즉시복직 시켜야 할 신의칙상 의무를 부담한다는 점에서도, A회사가 근로자甲의 복직 신청을 받아들이지 않고 휴직명령을 계속 유지한 조치는 특별한 사정이 없는 한 정당한 이유가 있다고 보기 어려우므로 그와 같은 조치는 효력이 없다고 보아야 할 것이다. 따라서, 근로자甲의 복직 신청을 받아들이지 않고 휴직명령을 계속 유지한 조치는 정당성이 없다는 근로자 甲의 주장은 타당하다.

3. 결론

(i) 2012. 2. 1. 인사규정의 변경이 효력이 없을 뿐만 아니라, (ii) 근로자甲의 복직 신청을 받아들이지 않고 휴직명령을 계속 유지한 조치는 정당성이 없다는 甲의 주장은 타당하다.

제7장 징계권

(1) 사용자의 징계권의 의의와 근거(→사례: 64,65,66)

1) 사용자의 징계권의 의의

'징계권'이란 사용자가 기업의 직장질서를 확립하고 유지하기 위하여 경영조직의 질서나 규율을 위반한 근로자에 대해 일정한 불이익을 가할 수 있는 권리를 의미한다. 징계벌은 기업질서 위반자에 대해 가하는 질서벌의 성격을 가진다는 점에서, 계약위반에 대한 제재로서 가해지는 계약벌과 구별된다. 다만, 징계권을 포함하는 사용자의 지시 · 감독권은 신의성실의 원칙에 따라 공정하게 행사되어야 하며 이를 남용할 수 없다는 내재적 한계를 가진다. 특히, 근로기준법 제23조 제1항은 명시적으로 '**정당한 이유**'가 없는 해고 등의 징벌을 금지하고 있다.

2) 사용자의 징계권의 근거

가. 문제점

징계벌은 기업질서 위반자에 대해 가하는 질서벌의 성격을 가진다는 점에서, 근로계약의 당사자의 하나인 사용자가 징계권을 행사할 수 있는 근거가 무엇인지와 관련하여 징계권의 법적성질이 문제된다.

나. 학설

(i) 고유권설

사용자는 기업의 질서를 유지하기 위하여 **고유의 징계권**을 가지고 있으며, 이러한 사용자의 징계권은 권리남용의 법리에 따라 제한될 수 있다는 견해이다.

(ii) 계약설

사용자의 고유한 징계권이란 인정되지 않는다는 전제에서, 사용종속성이 전제되는 근로계약의 성질상 인정되는 **사용자의 '지시감독권'**으로부터 사용자의 징계권의 근거를 찾는 견해이다.

(iii) 취업규칙설(법규범설)

취업규칙의 본질을 법규범으로 파악하는 전제에서, **취업규칙을 포함하는 노사관계를 지배하는 일정한 법규법을 근거**로 사용자는 징계권을 행사한다는 견해이다.

다. 판례

판례는 '**인사권은 사용자 고유의 권한**으로서 그 징계규정의 내용이 강행법규나 단체협약의 내용에 반하지 않는 한 사용자는 그 구체적인 내용을 자유롭게 결정할 수 있다'고 하여 '**고유권설**'의 입장에 있는 것으로 해석된다.

관련판례 대법원 2003.06.10. 선고 2001두3136 판결

사용자가 인사처분을 함에 있어 노동조합의 사전 동의나 승낙을 얻어야 한다거나 노동조합과 인사처분에 관한 논의를 하여 의견의 합치를 보아 인사처분을 하도록 단체협약 등에 규정된 경우에는 그 절차를 거치지 아니한 인사처분은 원칙적으로 무효라고 보아야 할 것이나, 이는 사용자의 노동조합 간부에 대한 부당한 징계권 행사를 제한하자는 것이지 **사용자의 본질적 권한**에 속하는 피용자에 대한 인사권 내지 징계권의 행사 그 자체를 부정할 수는 없는 것이므로 노동조합의 간부인 피용자에게 징계사유가 있음이 발견된 경우에 어떠한 경우를 불문하고 노동조합측의 적극적인 찬성이 있어야 그 징계권을 행사할 수 있다는 취지로 해석할 수는 없다.

라. 검토

기업의 '공통질서'를 교란하는 자에 대해서는 '계약설'이 예정하는 계약법상의 손해배상이나 계약관계의 해지 또는 전직 등의 조치 이외의 특별한 제재가 불가피하다는 점에서 계약설은 사용자의 인사권의 근거는 될 지언정 사용자의 징계권의 근거로는 부적절하다. 또한, '취업규칙설'에 의하면 결국 근로계약이나 취업규칙 등에 규정되지 않은 사유로는 사용자가 징계권을 행사할 수 없다는 결론에 이른다는 점에서 구체적인 타당성을 확보하는 것이 부적절하다. 따라서 징계권은 경영권에서 도출되는 **사용자의 고유한 권리**로 보는 판례의 태도가 타당하며, 다만, 이러한 징계권의 행사는 **권리남용 금지라는 내재적 한계**가 있으며 **근로기준법 제23조 제1항에 위배되어서는 아니 될 것이다.**

[요약] 징계권의 근거

'징계권'이란 사용자가 기업의 직장질서를 확립하고 유지하기 위하여 기업의 질서나 규율을 위반한 근로자에 대해 일정한 불이익을 가할 수 있는 권리를 의미하는 바, 이러한 사용자의 징계권의 근거가 무엇이냐에 대하여 학설이 대립된다. 학설은 크게 나누어 **'고유권설'과 '계약설'의 대립이 존재**하는데, **고유권설**은 징계권의 근거를 사용자의 **경영권**에서 유래하는 사용자의 고유의 권리에서, 그리고 **계약설**은 징계권의 근거를 근로계약이나 취업규칙 등에 기초하는 당사자의 '**합의**'에서 찾는다. **판례는 '인사권은 사용자 고유의 권한으로서 그 징계규정의 내용이 강행법규나 단체협약의 내용에 반하지 않는 한 사용자는 그 구체적인 내용을 자유롭게 결정할 수 있다' 고 하여 '고유권설'의 입장에 있는 것으로 해석된다.** '계약설'에 의하면 결국 근로자측과 사용자측의 합의에 의하여 징계권이 도출되어야 하므로 근로계약이나 취업규칙 등에 규정되지 않은 사유로는 사용자가 징계권을 행사할 수 없다는 결론에 이른다는 점에서 구체적인 타당성을 확보하는 것이 부적절하다. 따라서, 징계권은 경영권에서 도출되는 사용자의 고유한 권리로 보는 판례의 태도가 타당하며, **다만, 이러한 징계권의 행사는 권리남용 금지라는 내재적 한계가 있으며 근로기준법 제23조 제1항에 위배되어서는 아니될 것이다.**

관련 문제 _ 인사권과 징계권의 구별

'사용자의 인사명령권(노무지시명령권)은 근로계약의 본질로부터 당연히 인정된다는 점에서 업무상 필요한 범위내에서는 사용자에게 상당한 재량이 인정되어야 할 것이므로(대법원 2009.4.23.판결 2007두20157 판결) 인사명령권의 적법성은 사용자의 재량권 행사에 대한 적법성 통제, 즉, '자의금지 원칙'에 따른 합리성 심사로 족한 반면, **사용자의 징계권의 적법성에 대한 심사에 있어서도 보다 엄격한 기준인 근로기준법 제23조 제1항에 따라야 할 것이므로, 사용자가 징계권을 행사하는 데에는 '정당한 이유'가 필요하다.**

(2) 징계의 종류

1) 의의

'징계의 종류'는 법정사항이 아니므로 사용자는 징계의 종류를 회사의 실정에 맞도록 취업규칙 등에 임의로 정할 수 있다. 단, 사용자는 취업규칙 등에 규정되어 있지 않은 징계 처분을 임의로 창설하여 처분할 수 없으므로 사용자가 징계 처분을 행함에 있어서 취업규칙에 없는 종류의 징계를 임의로 고안한 징계는 원칙적으로 효력이 없다. 이러한 징계처분의 내용에는 해당 근로자에게 발생하는 근로조건 등의 경제적 불이익의 제재에 한정되는 것은 아니고, **구두경고처분이나 시말서 제출 등과 같이 경제적인 불이익과 무관한 징계처분도 포함된다.**

2) 구두경고, 서면 경고(견책) : 경징계

① **구두경고**는 비위행위를 행한 근로자에 대하여 징벌의 의미로 비위행위를 지적하고 반성을 촉구하는 의미의 경징계로서 통상 시말서의 제출까지는 요구하지 않는다. ② **서면경고**는 사용자가 근로자의 비위행위에 대하여 이를 반성케 하는 경징계로서 서면경고에 대응하여 서면으로 시말서를 작성토록 하는 경우가 일반적이다.

3) 감급

'감급'이란, 직장 규율을 위반한 근로자에 대하여 임금의 일부를 공제하고 지급하는 불이익한 처분, 즉, 금전적 제재를 수반하는 '징계' 처분을 의미한다. 그런데, 사용자의 근로자에 대한 제재(징계)의 성질을 가지는 감급 처분은 무제한 허용되는 것이 아니며, 이는 **근로기준법 제95조**에 따른 엄격한 제한을 받는다.

취업규칙에서 근로자에 대해 감급의 제재를 정할 경우에 그 감액은 **1회의 금액이 평균임금 1일분의 2분의 1을, 총액이 1임금지급기 임금총액의 10분의 1**을 초과하지 못한다.(근로기준법 제95조)

관련 문제 _ 감봉의 제한의 구체적인 예

취업규칙에서 근로자에 대해 감급의 제재를 정할 경우에 그 감액은 **1회의 금액이 평균임금 1일분의 2분의 1을, 총액이 1임금지급기 임금총액의 10분의 1**을 초과하지 못한다.(근로기준법 제95조)

(예) 1일 **평균임금이 100,000원이고 1임금지급기가 월급형태이며, 월평균임금이 3,000,000원인 근로자**에 대해서는 ① 월평균 임금 총액의 10분의1인 300,000원을 초과하지 않는 범위에서 감급이 가능하며, ② 감급 1회의 감액은 100,000원의 반액인 50,000원을 초과할 수 없으므로, 결론적으로 **최대 가능한 감급 기간은 6개월이다.** (50,000월 × 6개월 = 300,000원)

관련 문제 _ 퇴직금의 감급

퇴직금은 임금에 해당하나 후불적 성격을 지닌 임금으로서의 성격 이외에도 공로보상으로서의 성격을 아울러 가지며 퇴직금은 평균임금 산정에 포함되지 않는다는 점에서 감급제한을 받지 않는 것으로 본다. 그러므로 징계해고를 하면서 회사의 규정에 의해 퇴직금 누진율을 달리하거나 적용하지 않더라도 이는 감급하고는 관계없는 것이므로 감급한도액을 초과하여도 법위반이 되지 않는다.(대법원 1994.04.12. 선고 92다20309 판결) 물론 이 경우에도 법정퇴직금보다 낮은 퇴직금을 지급하는 것은 위법하므로 적어도 법정 퇴직금은 이상은 보장되어야 한다.

4) 정직(출근정지)

기업질서를 위반한 근로자에 대하여 근로자로서의 신분은 유지한 채 일정기간 출근을 정지시키고 노무의 수령을 거부하는 징계처분을 의미한다. 정직 기간 동안은 '무노동 무임금의 원칙'이 적용되므로 임금을 지급하지 않아도 무방하다. 또한, 정직 기간은 근로자의 귀책사유이므로 연차계산시에도 결근으로 처리된다.

5) 강등

강등이란 일정기간 승급이나 승진을 제한하거나 근로자의 직급을 하향시키는 징계처분을 의미한다. 강등이 취업규칙 등에 징계로 규정되어 있지 않음에도 불구하고, 이를테면 **간부사원을 일반사원인 팀원으로 인사발령을 내려 내릴 수 있도록 하는 보직부여 등이 실질적으로 징계의 일종인 강등과 유사한 결과를 초래한다고 평가되는 경우에는 부당하다는 것이 판례의 태도이다.**(대법원 2015.08.13. 선고 2012다43522 판결) 강등이 업무는 종전과 마찬가지로 하면서 임금만 삭감하는 취지라면 근로기준법 제95조의 감봉제재의 제한 위반이 될 수 있다. 반면에, 강등이 직무를 바꾸는 취지라면 임금삭감은 직무변경에 수반하는 결과로서 근로기준법 제95조의 감봉제재의 제한의 적용을 받지 않는다.

6) 징계 해고(→(쟁점) 징계 해고)

징계해고란 근로관계를 소멸시키는 사용자의 일방적 의사표시로서 **가장 중한 종류의 징계처분**이다. 따라서, **사용자가 근로자를 해고하기 위해서는 더 이상 고용관계를 지속시킬 수 없는 객관적인 정당한 사유를 필요로 한다.** 사용자에게 근로자를 징계할 '정당한 이유'가 있는 경우에도 사규로 징계위원회 등의 절차가 규정되어 있는 경우에는 반드시 그 절차를 지켜야 한다. 또한, 근로자에 대한 징계는 비례의 원칙에 따라 적정하게 행사하여야 하며, 특히, 근로자의 '해고'는 '최후의 수단'서 해고 이외에는 도저히 다른 방법이 없을 경우에 한하여 인정되어야 한다.

7) 그 밖의 징벌

'그 밖의 징벌'이라 함은 해고, 휴직, 정직, 전직, 감봉을 제외한 처분으로서 사용자가 당해 근로자에게 제재로서 가하는 불이익한 처분만을 의미하고 근로계약관계에서 일반적으로 발생할 수 있는 모든 불이익한 처분을 의미하는 것은 아니다. 판례는 징벌적 성격을 갖는 근속승진 누락, 평가등급에 영향을 미치는 주의처분, 근무평정에 영향을 미치는 경고에 대하여는 그 밖의 징벌에 해당하는 것으로 본다.(서울행정법원 2009.07.01. 2008구합47494) 반면 일반적인 호봉승급 누락, 성과급 미지급, 승진누락, 경고, 근무형태 변경, 성과급 차등지급에 대해서는 그 밖의 징벌에 해당하지 않는 것으로 본다.

▌그 밖의 징벌에 대한 판례

그 밖의 징벌 인정	그 밖의 징벌 부정
- 근속승진 누락 - 배차변경 - 평가등급에 영향을 미치는 주의 처분 - 근무평정에 영향을 미치는 경고	- 인사고과에 따른 임금삭감 - 비전속배치로의 근무형태 변경 - 정기승진의 누락 - 경고(구두 또는 서면으로 훈계하는 제재)

(쟁점) 징계 해고(→징계해고의 정당성 판단기준)(→사례: 64,65,66,67,68)

1. 의의

징계해고란 근로관계를 소멸시키는 **사용자의 일방적 의사표시**로서 가장 중한 종류의 징계처분이다. 따라서, **사용자가 근로자를 해고하기 위해서는 더 이상 고용관계를 지속시킬 수 없는 객관적으로 정당한 사유를 필요로 한다.** 즉, 사용자가 근로자의 책임 있는 사유를 이유로 일방적으로 근로관계를 종료시키려면 단순한 근로계약의 불이행으로는 부족하고, 근로자가 직장 질서를 문란케 하는 등 **사회통념상 고용관계를 계속시킬 수 없다고 인정**될 만큼 해고를 정당화시킬 수 있는 '정당한 이유'가 있어야 한다.(근로기준법 제23조 제1항) 또한, 사용자에게 근로자를 징계할 '정당한 이유'가 있는 경우에도 사규로 징계위원회 등의 절차가 규정되어 있는 경우에는 반드시 그 절차를 지켜야 한다.

2. 징계해고 사유의 정당성

사용자가 근로자의 책임 있는 사유를 이유로 근로관계를 종료시키려면 근로자가 직장 질서를 문란케 하는 등 사회통념상 고용관계를 계속시킬 수 없을 정도로 해고를 정당시할 만한 '정당한 이유'를 요한다. 즉, 근로자의 비위행위가 도저히 고용관계를 유지하는 것이 현저하게 부당 또는 불공평하다고 인정될 정도에 이르러야 징계해고의 정당성이 인정될 수 있다.(대법원 1990.04.27. 선고 89다카5451 판결) '**사회통념상 당해 근로자와의 고용관계를 계속할 수 없을 정도인지의 여부는 당해 사용자의 사업의 목적과 성격, 사업장의 여건, 당해 근로자의 지위 및 담당직무의 내용, 비위행위의 동기와 경위, 이로 인하여 기업의 위계질서가 문란하게 될 위험성 등 기업질서에 미칠 영향, 과거의 근무태도 등 여러 가지 사정을 종합적으로 검토하여 판단하여야 한다.**'라고 한다.(대법원 2002.05.28. 선고 2001두10455 판결)

3. 징계해고절차의 적법성

근로기준법 제23조 제1항에서 말하는 '정당한 이유'에는 실체적 정당성뿐만 아니라 절차적 정당성도 포함된다. 따라서, 사용자에게 근로자를 해고할 정당한 이유가 있는 경우에도 절차적 정당성을 인정받아야 할 것이므로, 사규로 징계위원회 등의 절차가 규정되어 있는 경우에는 반드시 그 절차를 지켜야 하고, 해고예고와 서명통지 등 법정사항도 준수하여야한다.

4. 징계양정의 적정성(비례의 원칙의 준수)

근로자에게 징계사유가 존재한다고 하더라도 내용적으로 정당한 이유가 있으며 형식적으로 징계해고 절차를 모두 거친 경우라 하더라도, **징계양정의 정당성이 인정되어야만 사용자의 징계권행사가 정당하다고 인정될 수 있다.** 즉, ① 징계권을 행사할 경우 선택된 징계는 징계사유에 비례하여 적정(상당)한 것이어야 하고(**적정성의 원칙**), ② 같은 비위행위에 대하여 종전에 또는 다른 근로자에게 행한 징계와 동등하거나 비슷하여야 한다.(**형평의 원칙**) 특히, 근로자에 대한 징계해고는 '최후의 수단'으로서 해고 이외에는 도저히 다른 방법이 없을 경우에 한하여 인정되어야 한다.

(3) 징계사유

1) 무단결근

'무단결근'이란 정당한 이유 없이 소정근로일에 근로를 제공하지 않은 것을 의미한다. 결근은 근로계약상 근로제공의무의 불이행(채무불이행)이므로, 근로계약상 노무를 제공하지 않은 근로자에게는 그에 해당하는 시간만큼 임금을 삭감하거나 인사고과에의 반영하는 것이 원칙이기는 하지만, **직장질서의 유지를 목적으로 무단결근을 징계사유로 삼을 수도 있으며, 나아가 그러한 무단결근이 사용자의 업무에 중대한 지장을 초래하고 장래에도 안정적인 근로의 제공을 기대할 수 없는 경우에는 이를 해고(직권면직)사유로 삼는 것도 가능하다.** 다만, 어떠한 경우를 '무단결근'한 것으로 취급할 것인가는 또 다른 별개의 문제인데, 이는 취업규칙 등의 규정을 검토하여 개별적으로 평가하여야 할 것이다.

이를테면, 취업규칙에 질병 또는 부득이한 사유가 있어 결근할 때에는 사전에 결근계를 제출하여 승낙을 받도록 하고, 전화 또는 구두로 신고하여 사전승낙을 받은 경우에도 사후에 사유서를 첨부한 결근계를 제출하도록 규정하고 있다면, **위 규정에 따라 결근계를 제출하지 않은 이상** 실제로 질병 또는 부득이한 사유가 있었다거나 전화 또는 구두로 신고하여 사전승낙을 받은 사실이 있다고 하더라도 **위 규정상 무단결근으로 취급된다.**(대법원 1987.04.14. 선고 86다카1875 판결, 대법원 1990.04.27. 선고 89다카5451 판결 등)

관련 문제 _ 무단결근 일수를 기준으로 징계해고(직권면직)사유로 규정하고 있는 경우

1. 취업규칙 등에서 일정기간 이상의 결근일수를 기준으로 하여 징계나 해고사유로 규정하고 있는 경우, 그 의미는 일정한 시간적 제한 없이 합계 며칠 이상의 무단결근을 한 모든 경우를 가리키는 것이 아니라, **상당하다고 인정되는 일정한 기간 내에 합계 며칠 이상의 무단결근을 한 경우를 뜻한다고 제한적으로 해석**하여야 한다는 것이 판례이다.(대법원 1995.05.26. 선고 94다46596 판결) 따라서, 이를테면, '7일 이상 무단결근'이라고 규정된 경우, 이는 원칙적으로 '상당한 기간'내 합계 7일 이상 무단결근한 경우를 의미하는 것으로 제한적으로 해석하여야지, 이를테면, 1년 2개월에 결쳐 합 7일 무단결근한 것이라면 사회통념상 고용관계를 계속할 수 없을 정도의 징계해고 사유에 해당하지 않는다.(대법원 1997.05.16. 선고 96다47074 판결)
2. 휴일은 결근일수에서 제외된다. 따라서, 징계해고 사유로 특정일 이상 계속 무단결근을 규정한 경우, 결근한 첫날과 마지막 날 사이에 있는 주휴일은 법정 강행규정이므로 결근일수에 포함시키지 않고 결근한 날만 포함한다.(대법원 2004.06.25. 선고 2002두2857 판결)
3. 취업규칙에 질병 또는 부득이한 사유가 있어 결근할 때에는 사전에 결근계를 제출하여 승낙을 받도록 하고, 전화 또는 구두로 신고하여 사전승낙을 받은 경우에도 사후에 사유서를 첨부한 결근계를 제출하도록 규정하고 있다면, 위 규정에 따른 결근계를 제출하지 않은 이상 실제로 질병 또는 부득이한 사유가 있었다거나 전화 또는 구두로 신고하여 사전승낙을 받은 사실이 있다고 하더라도 위 규정상 무단결근으로 취급된다.(대법원 1987.04.14. 선고 86다카1875 판결, 1990.4.27. 선고 89다카5451 판결) 또한, 취업규칙 등에 질병이나 부득이한 사유로 인한 결근이나 조퇴 등에 관한 특별한 규정이 없는 경우 역시 근로자에게 진실로 질병이나 부득이한 사유가 있었다고 하더라도 객관적인 소명자료를 제시하는 등 적당한 방법에 의하여 사용자측의 사전 또는 사후승인을 받아야만 결근 또는 조퇴 등이 정당화된다.(대법원 1989.05.09. 선고 87누980 판결, 대법원 1996.11.26. 선고 95누17571 판결)

2) 업무상 횡령, 뇌물수수, 공금유용(→사례: 67)

회사의 재산횡령, 뇌물 수수, 업무와 관련된 부당이득의 취득 등은 근로계약상 성실의무에 대한 중대한 위반행위이자 범죄행위이므로 징계사유가 될 수 있는 것은 당연하다. 절도, 배임, 횡령과 같은 해고사유에 대한 법원의 시각은 '횡령은 범죄행위로서 그 액수가 적다하여 그 사실만으로 비행의 정도가 낮다고 평가할 수 없다'는 것이 법원의 기본적인 태도이다.(대법원 1990.11.23. 선고 90다카21589 판결) 즉 법원은 근로자의 횡령 등은 범죄행위로서 그 액수의 다과를 불문하고 해고의 정당사유로 평가하고 있다. 따라서, 영업이익관리를 담당하는 근로자의 횡령은 금액에 불구하고 신뢰를 져버린 행위로 해고가 정당하며, 뇌물수수 명목이 식대, 전별금 등이라는 이유로 고의성이 부인되지 않는다 특히, 업무의 성격상 금융회사 등의 임직원에게는 고도의 청렴성이 요구되므로 매우 근소한 횡령 금액을 이유로 해고하는 것도 정당성이 인정된다.

3) 사용자에 대한 명예훼손(회사 및 상사에 대한 비방)

가. 원칙

근로자는 사용자의 이익을 배려하여야할 근로계약상의 성실의무를 지고 있다. 따라서, 만약 근로자가 유인물이나 기타 언동으로 회사나 대표이사의 명예를 훼손하였다면, 대부분의 경우 이러한 행위는 해고사유가 될 수 있다. **설령 그 근로자에게 명예훼손의 고의가 없었다 하더라도,** 관련 내용이 회사의 운명이나 존속에 지장을 초래할 만한 중대한 사항임에도, 이에 관한 구체적인 자료나 충분한 검토 없이 함부로 감독관청에 발설함으로써 결과적으로 허위사실을 들어 회사를 비방하거나 그 명예를 훼손한 경우도 마찬가지이다. 특히, 근로자의 그러한 행위가 **자신의 개인적인 이익을 달성할 목적으**로 행해졌다면, 이를 이유로 한 해고가 정당하다고 평가될 가능성은 더욱 높다. 판례는 고의적·상습적으로 진정을 근거 없이 남발하여 직장의 화합을 해친다거나 뚜렷한 자료도 없이 사용자를 심사기관에 고소·고발하는 것을 정당한 징계사유로 인정하기도 하였다.(대법원 1995.03.03. 선고 94누11767 판결) 다만, 법원은 구체적인 사건에서 명예훼손행위가 존재하는 경우라 하더라도, 근로자와 회사간의 관계, 비방 또는 고발의 경위, 반복 정도 등 그 행위가 발생하게 된 경위를 구체적으로 살펴 **해고로서의 양정**이 적정한지 여부를 판단한다. 만약 그 행위가 개인의 이익을 위한 것이 아니라 근로자들의 권익을 보호하기 위하여 혹은 사용자의 부당한 처사에 대항하기 위하여 행하여진 것이지만 그 내용이나 표현방식이 과격하여 명예훼손의 정도에 이른 경우라면, 이는 달리 취급되어야 할 것이다.

나. 근로조건의 개선 등을 위한 경우(노동조합의 활동 관련)

회사에 대한 비방이나 명예훼손의 목적이 **근로조건 등의 게선 등을 위한 경우, 특히 노동조합 활동과 관련**하여 판례는 '기재되어 있는 문언에 의하여 타인의 인격, 신용, 명예 등이 훼손 또는 실추되거나 그렇게 될 염려가 있고, 또 문서에 기재되어 있는 **사실관계 일부가 허위이거나 표현에 다소 과장되거나 왜곡된 점이 있다고 하더라도,** 근로조건의 유지·개선과 근로자의 복지증진 기타 경제적·사회적 지위의 향상을 도모하기 위한 것으로서 문서 내용이 전체적으로 보아 진실한 것이라면 **이는 근로자의 정당한 활동범위에 속한다'고 본다.** 따라서, 그러한 발언 등을 이유로 근로자를 징계하는 것은 효력이 없으며, 나아가 노조법 제81조 제1항 제1호의 불이익 취급의 부당노동행위로 취급될 수도 있다.

4) 사생활영역에서의 비행(→사례: 65)

근로자 개인의 사생활영역에서의 비행은 원칙적으로 직장질서를 훼손한다고 볼 수 없을 것이므로, 사용자는 원칙적으로 근로자의 사생활의 영역에 속하는 사유를 이유로 징계 또는 해고를 할 수 없다. **다만, 근로자의 사생활에서의 비행이 사업활동에 직접 관련이 있거나 기업의 사회적 평가를 훼손할 염려가 있는 것에 한하여 정당한 징계사유가 될 수 있다 할 것이다.** 여기서 기업의 사회적평가를 훼손할 염려가 있다고 하기 위해서는 반드시 구체적인 업무저해의 결과나 거래상의 불이익이 발생하여야하는 것은 아니고 **당해 행위의 성질과 정상 기업의 목적과 경영방침, 사업의 종류와 규모 및 근로자의 기업에 있어서의 지위와 담당 업무 등 제반 사정을 종합적으로 고려하여 그 비위행위가 기업의 사회적 평가에 미친 악영향이 상당히 중대하다고 객관적으로 평가될 수 있어야 한다.**(대법원 2001.12.14. 선고 2000두3689 판결)_

5) 성희롱, 직장 내 괴롭힘 등

가. 직장 내 성희롱의 개념과 징계 등 조치의무

"직장 내 성희롱"이란 사업주 · 상급자 또는 근로자가 직장 내의 지위를 이용하거나 업무와 관련하여 다른 근로자에게 성적 언동 등으로 성적 굴욕감 또는 혐오감을 느끼게 하거나 성적 언동 또는 그 밖의 요구 등에 따르지 아니하였다는 이유로 근로조건 및 고용에서 불이익을 주는 것을 말한다.(남녀고용평등법 제2조 제2호) 사업주는 조사 결과 직장 내 성희롱 발생 사실이 확인된 때에는 지체 없이 직장 내 성희롱 행위를 한 사람에 대하여 **징계 등의 조치를 할 의무를 부담한다.**(남녀고용평등법 제14조 제5항)

나. 직장 내 성희롱의 인정요건

직장 내 성희롱이 성립하기 위해서는 행위자에게 반드시 성적 동기나 의도가 있어야 하는 것은 아니지만, **당사자의 관계, 행위가 행해진 장소 및 상황, 행위에 대한 상대방의 명시적 또는 추정적인 반응의 내용, 행위의 내용 및 정도, 행위가 일회적 또는 단기간의 것인지 아니면 계속적인 것인지 여부 등의 구체적 사정을 참작하여 볼 때,** 객관적으로 상대방과 같은 처지에 있는 일반적이고도 평균적인 사람으로 하여금 성적 굴욕감이나 혐오감을 느낄 수 있게 하는 행위가 있고, 그로 인하여 행위의 상대방이 성적 굴욕감이나 혐오감을 느꼈음이 인정되어야 한다.

다. 직장 내 성희롱과 징계해고

객관적으로 상대방과 같은 처지에 있는 일반적이고도 평균적인 사람의 입장에서 보아 어떠한 성희롱 행위가 고용환경을 악화시킬 정도로 매우 심하거나 또는 반복적으로 행해지는 경우, 사업주가 사용자책임으로 피해 근로자에 대해 손해배상책임을 지게 될 수도 있을 뿐아니라 성희롱 행위자가 징계해고되지 않고 같은 직장에서 계속 근무하는 것이 성희롱 피해 근로자들의 고용환경을 감내할 수 없을 정도로 악화시키는 결과를 가져 올 수도 있으므로, 근로관계를 계속할 수 없을 정도로 근로자에게 책임이 있다고 보아 내린 징계해고처분은 객관적으로 명백히 부당하다고 인정되는 경우가 아닌 한 쉽게 징계권을 남용하였다고보아서는 안 된다는 것이 판례의 태도이다.(대법원 2008.7.10. 선고 2007두22498 판결)

6) 경력 · 학력 · 전력 은폐(→사례: 64,69)

가. 학력은폐가 해고사유가 될 수 있는 지 여부 (→(쟁점) 경력사칭과 징계해고)

근로계약 체결 이전에 발생한 학력은폐, 경력사칭 등과 같은 진실고지의무 위반을 이유로 징계해고할 수 있는 지 문제되는 바, 판례는 사회통념상 사용자가 사전에 그 허위 사실을 알았더라면 근로계약을 체결하지 아니하였거나 적어도 동일 조건으로는 계약을 체결하지 않았으리라는 점이 인정되는 경우에는 진실고지의무 위반으로 해고하는 데에 정당성이 인정된다고 한다.(대법원 2012.07.05. 선고 2009두15763 판결) 즉, 근로자의 진실고지의무위반 중 경력사칭의 경우에 사용자가 근로자를 고용하면서 학력 또는 경력을 기재한 이력서나 그 증명서를 요구하는 이유는 단순히 근로자의 근로능력을 평가하기 위해서만이 아니라 **노사간 신뢰형성과 기업질서유지를 위해 근로자의 지능, 경험 등 전인격적 판단을 거쳐 고용여부를 판단하기 위한 것으로 보고 있다.** 그리하여 이력서에 학력이나 경력을 허위로 기재하는 것은 **전인격적 신뢰관계**를 깬 것이므로 징계해고사유로 될 수 있다고 본다.

나. 학력은폐와 해고의 정당성의 판단

이력서에 학력을 허위기재한 것이 취업규칙상 징계해고사유에 해당된다 하더라도 곧바로 해고가 정당한 것으로 판단될 수 없고, **그것이 사회통념상 고용관계를 계속할 수 없을 정도로 근로자에게 책임 있는 사유가 있는 경우에 한하여 해고의 정당성이 인정된다는 것이 판례의 태도이다.** 즉, 판례는 '근로기준법 제23조 제1항은 사용자는 근로자에게 정당한 이유 없이 해고하지 못한다고 하여 해고를 제한하고 있으므로, 징계해고사유가 인정된다고 하더라도 **사회통념상 고용관계를 계속할 수 없을 정도로 근로자에게 책임 있는 사유가 있는 경우에 한하여 해고의 정당성이 인정된다.** 이는 근로자가 입사 당시 제출한 이력서 등에 학력 등을 허위로 기재한 행위를 이유로 징계해고를 하는 경우에도 마찬가지이고, 그 경우 사회통념상 고용관계를 계속할 수 없을 정도인지는 **사용자가 사전에 허위 기재 사실을 알았더라면 근로계약을 체결하지 않았거나 적어도 동일 조건으로는 계약을 체결하지 않았으리라는 등 고용 당시의 사정뿐 아니라, 고용 이후 해고에 이르기까지 그 근로자가 종사한 근로의 내용과 기간, 허위기재한 사실을 알게 된 경우, 알고 난 이후 근로자의 태도 및 사용자의 조치내용, 학력 등이 종전에 알고 있던 것과 다르다는 사정이 드러남으로써 노사 간 및 근로자 상호간 신뢰관계의 유지와 안정적인 기업경영과 질서유지에 미치는 영향 기타 여러 사정을 종합적으로 고려하여 판단**해야 한다'는 입장이다.(대법원 2012.07.05. 선고 2009두16763 판결)

한편, 판례는 회사가 학력은폐 사실을 알고도 이를 이유로 징계권을 행사하지 아니할 것으로 신뢰할 만한 **정당한 기대를 가지게 된 경우**에는 회사측의 징계권 행사가 **신의칙에 반하여 부당**할 수 있다고 하며(대법원 1994.01.28. 선고 92다45230 판결), 또한 판례는 경력을 사칭한 근로자가 장기간 성실하고 무난하게 근무해 온 경우에는 **채용당시에 있었던 흠이 치유될 수도 있**다고 하면서 근로자가 입사 당시, 과거에 형사처벌을 받고 파면되었던 사실을 은폐하였더라도 입사 이후 **13년 간 성실하게 근무한 경우 경력 은폐를 이유로 한 징계해고는 정당한 이유가 없는 것**이라고 판시한 바 있는데(대법원 1993.10.28. 선고 93다30921 판결), 이는 학력은폐의 경우에도 동일하게 적용될 수 있을 것이다.

사례연습 64

경력 · 학력 · 전력 은폐행위와 징계해고(변호사시험 2020년 기출문제)

상시 근로자 500명을 사용하여 자동차 부품을 제조하는 A회사는 사업 분야를 확장하기로 하였다. 이 과정에서 발생할 수 있는 법률 문제에 대응하기 위하여 A회사는 사내 법무팀에서 일할 근로자를 추가 채용하기로 하고 채용 공고를 냈다. 그 주요 내용은 다음과 같다.

(1) 인원: 2명 이내 (단, 적격자가 없는 경우 채용하지 않을 수 있음)
(2) 자격 요건: 변호사 자격 소지자로서 3년 이상 법무법인에서 근무한 경력이 있는 자
(3) 배치 예정 부서: 사내 법무팀
(4) 근로 조건: (이하 생략)

乙은 상기 A회사 채용 공고를 보고 지원하면서 변호사자격증은 위조하여 제출하였고, 입사지원서에는 법무법인 K에서 6년 동안 변호사로 활동한 것으로 허위 기재하여 제출하였다. 이후 乙은 A회사로부터 최종 합격 통지를 받았고, A회사 법무팀에 배치되었다. 근무를 시작한 乙은, 당시 외국 자동차사와의 부품 공급 계약서에 법적 문제가 있음을 적절히 제기함으로써 법적 분쟁을 예방하는 성과를 거두었다. 나아가 회사 자산 처분 과정에서 발생한 법률분쟁 해소에도 상당히 기여하였다. 그 결과 乙은 입사한 지 2년 만에 특별 승진 대상자로 선정되었다.

A회사 인사팀이 乙의 승진 절차에 필요한 인사 기록을 검토하던 중 乙이 입사 당시 제출했던 변호사자격증이 위조된 것이며, 법무법인 K에서의 근무 경력도 허위임을 확인하였다. 이러한 사실을 보고받은 A회사 대표자 사장 甲은 회사 취업규칙에 따라 乙을 징계위원회에 회부하였다. 징계위원회는 乙의 소명을 듣는 절차를 거치는 등 취업규칙에 정해진 제반 징계절차를 적법하게 진행한 이후 최종적으로 A회사 취업규칙 제7조에 따라 乙을 징계해고하기로 의결하고, 이러한 사실을 甲에게 통보하였다.

乙은 비록 변호사자격증을 위조하고 관련 경력을 허위로 기재하였지만, 회사를 위해서 변호사 자격 소지자보다 훨씬 더 큰 성과를 내 왔다는 점을 감안해야 한다는 점에서, 자신에 대한 징계는 정당하지 않다고 항변하였다. 乙의 주장에 대한 당부를 논하라(다만 징계절차에 관한 쟁점은 논외로 함).

1. 쟁점의 정리

사안에서, 乙은 변호사자격증을 위조하고 관련 경력을 허위로 기재한 것을 사유로징계해고 당하였는데, 乙은 자신이 변호사자격증을 위조하고 관련 경력을 허위로 기재한 것은 사실이지만, 회사를 위해서 변호사 자격 소지자보다 훨씬 더 큰 성과를 내 왔다는 점이 감안되어야 한다고 주장하고 있다. 이러한 乙의 주장의 정당성을 판단하기 위하여 먼저 변호사자격증을 위조하고 관련 경력을 허위로 기재한 것이 징계해고사유에 해당하는 지 여부를 경력은폐가 전인격적신뢰관계에 미치는 영향과 관련하여 살표본 후, 과연 乙이 주장하는 사유를 징계양정에서 고려할 수 있는지 검토해 보도록 하겠다.

2. 징계권의 의의와 법적 성질

(1) 징계권의 의의

'징계권'이란 사용자가 기업의 직장질서를 확립하고 유지하기 위하여 경영조직의 질서나 규율을 위반한 근로자에 대해 일정한 불이익을 가할 수 있는 권리를 의미한다. 사용자는 '지시 · 감독권'에 근거하여 사업장의 질서를 유지하기 위하여 근로자에게 일정한 불이익을 가하는 징계를 할 수 있고, 징계벌은 기업질서 위반자에 대해 가하는 질서벌(징벌)의 성격을 가진다는 점에서, 계약위반에 대한 제재로서 가해지는 계약벌과 구별된다. 다만, 징계권을 포함하는 사용자의 지시 · 감독권은 신의성실의 원칙에 따라 공정하게 행사되어야 하며 이를 남용할 수 없다는 내재적 한계를 가진다.

(2) 징계권의 법적성질

'징계권'이란 사용자가 기업의 직장질서를 확립하고 유지하기 위하여 기업의 질서나 규율을 위반한 근로자에 대해 일정한 불이익을 가할 수 있는 권리를 의미하는바, 이러한 사용자의 징계권의 근거가 무엇이냐에 대하여 학설이 대립된다. 학설은 크게 나누어 '고유권설'과 '계약설'의 대립이 존재하는데, 고유권설은 징계권의 근거를 사용자의 경영권에서 유래하는 사용자의 고유의 권리에서, 그리고 계약설은 징계권의 근거를 근로계약이나 취업규칙 등에 기초하는 당사자의 '합의'에서 찾는다.

판례는 '인사권은 사용자 고유의 권한으로서 그 징계규정의 내용이 강행법규나 단체협약의 내용에 반하지 않는 한 사용자는 그 구체적인 내용을 자유롭게 결정할 수 있다'고 하여 '고유권설'의 입장에 있는 것으로 해석된다.

'계약설'에 의하면 결국 근로자측과 사용자측의 합의에 의하여 징계권이 도출되어야 하므로 근로계약이나 취업규칙 등에 규정되지 않은 사유로는 사용자가 징계권을 행사할 수 없다는 결론에 이른다는 점에서 구체적인 타당성을 확보하는 것이 부적절하다. 따라서 징계권은 경영권에서 도출되는 사용자의 고유한 권리로 보는 판례의 태도가 타당하며, 다만, 이러한 징계권의 행사는 권리남용 금지라는 내재적 한계가 있으며 근로기준법 제23조 제1항에 위배되어서는 아니 될 것이다.

3. 근로기준법 제23조 제1항에 의한 제한

근로기준법 제23조 제1항에서 '사용자는 근로자에게 정당한 이유 없이 해고, 휴직, 정직, 전직, 감봉, 그 밖의 징벌(이하 '부당해 고등'이라 한다)을 하지 못한다.'고 규정하고 있다. 따라서, 징계처분이 정당하기 위해서는 근로기준법 제23조 제1항의 '정당한 이유'가 있어야하는 바, '정당한 이유'가 있다고 하기 위해서는 징계사유의 정당성 (징계사유의 존재) 및 징계양정의 정당성(징계양정의 적정성)이 인정되어야 한다. 특히 해고의 경우에는 사용자의 일방적인 의사에 기해 근로자와의 근로관계를 단절시키는 처분이므로 최후수단으로서의 성격이 인정되어야 한다.

4. 징계사유의 정당성

(1) 의의

근로기준법 제23조 제1항은 '사용자는 근로자에게 정당한 이유 없이 해고, 정직, 감봉, 그 밖의 징벌을 하지 못한다.'고 규정하고 있는 바, 징계의 정당성을 인정받기 위해서는 먼저 근로자의 행위가 기업질서에 위배되는 사유가 있음이 인정되어야 하며, 그 사유가 근로계약, 취업규칙, 단체협약 등에 정한 징계해고사유에 해당되어야 한다.(대법원 1990.04.27. 선고 89다카5451 판결) 판례는 '근로기준법 제23조 제1항에서 규정한 정당한 이유라 함은 사회 통념상 고용관계를 계속시킬 수 없을 정도로 근로자에게 책임있는 사유가 있다든가 부득이한 경영상의 필요가 있는 경우를 말하는 것이다.'라고 하면서(대법원 1990.11.23. 선고 90다카21589 판결), '사회통념상 당해 근로자와의 고용관계를 계속할 수 없을 정도인지의 여부는 당해 사용자의 사업의 목적과 성격, 사업장의 여건, 당해 근로자의 지위 및 담당직무의 내용, 비위행위의 동기와 경위, 이로 인하여 기업의 위계질서가 문란하게 될 위험성 등 기업질서에 미칠 영향, 과거의 근무태도 등 여러 가지 사정을 종합적으로 검토하여 판단하여야 한다.'라고 한다.(대법원 2002.05.28. 선고 2001두10455 판결)

(2) 경력 은폐가 징계사유에 해당하는지 여부

근로계약 체결 이전에 발생한 학력은폐, 경력사칭 등과 같은 진실고지의무 위반을 이유로 징계해고할 수 있는 지 문제되는 바, 판례는 사회통념상 사용자가 사전에 그 허위 사실을 알았더라면 근로계약을 체결하지 아니하였거나 적어도 동일 조건으로는 계약을 체결하지 않았으리라는 점이 인정되는 경우에는 진실고지의무 위반으로 해고하는 데에 정당성이 인정된다고 한다.(대법원 2012.07.05. 선고 2009두15763 판결) 즉, 근로자의 진실고지의무위반 중 경력사칭의 경우에 사용자가 근로자를 고용하면서 학력 또는 경력을 기재한 이력서나 그 증명서를 요구하는 이유는 단순히 근로자의 근로능력을 평가하기 위해서만이 아니라 노사간 신뢰형성과 기업질서유지를 위해 근로자의 지능, 경험 등 전인격적 판단을 거쳐 고용여부를 판단하기 위한 것으로 보고 있다. 그리하여 이력서에 학력이나 경력을 허위로 기재하는 것은 전인격적 신뢰관계를 깬 것이므로 징계해고사유로 될 수 있다고 본다.

(3) 사안의 경우

사안에서 乙갑은 변호사 자격증을 위조하고 허위의 경력증명서를 제출하여 A회사에 채용되었는 바, 변호사 자격은 사내 변호사 업무를 수행하기 위하여 기본적으로 필요한 자격 요건이라는 점, 경력을 소극적으로 은폐하는 데에서 더 나아가 적극적으로 위조하였다는 점 등을 고려할 때, 사회통념상 사용자가 사전에 그 허위 사실을 알았더라면 근로계약을 체결하지 아니하였거나 적어도 동일 조건으로는 계약을 체결하지 않았으리라는 점이 인정된다 할 것이다. 설령, 을이 뛰어난 업무 실적을 보여주었다 하더라도, 근로자의 진실고지의무위반 중 경력사칭의 경우에 사용자가 근로자를 고용하면서 학력 또는 경력을 기재한 이력서나 그 증명서를 요구하는 이유는 단순히 근로자의 근로능력을 평가하기 위해서만이 아니라 노사간 신뢰형성과 기업질서유지를 위해 근로자의 지능, 경험 등 전인격적 판단을 거쳐 고용여부를 판단하기 위한 것으로 보고 있다. 따라서, 이력서에 학력이나 경력을 허위로 기재하는 것은 전인격적 신뢰관계를 깬 것이므로 징계해고사유로 될 수 있다고 할 것이다.

5. 징계양정의 적정성

(1) 의의

근로자에게 징계사유가 존재한다고 하더라도 징계양정의 정당성이 인정되어야만 사용자의 징계권행사가 정당하다고 인정될 수 있다. 즉, ① 징계권을 행사할 경우 선택된 징계는 징계사유에 비례하여 적정(상당)한 것이어야 하고(적정성의 원칙), ② 같은 비위행위에 대하여 종전에 또는 다른 근로자에게 행한 징계와 동등하거나 비슷하여야 한다.(형평의 원칙)

판례는 '취업규칙이나 상벌규정에서 징계사유를 규정하면서 동일한 사유에 대하여 여러 등급의 징계가 가능한 것으로 규정한 경우에 그중 어떤 징계처분을 선택할 것인지는 징계권자의 재량에 속한다고 할 것이지만, 이러한 재량은 징계권자의 자의적이고 편의적인 재량이 아니며 징계사유와 징계처분과의 사이에 상당하다고 인정되는 균형의 존재가 요구되므로, 징계처분이 사회통념상 현저하게 타당성을 잃어 징계권자에 맡겨진 재량권을 남용한 것이라고 인정되는 경우에는 위법하다고 할 것이다'고 한다.(대법원 2014.11.27. 선고 2011다41420 판결)

(3) 사안의 경우

본 사안에서 乙이 회사를 위해서 큰 성과를 내 왔다는 점은 징계양정 사유로 삼을 수는 있을 것이다. 그러나, 乙의 회사에 대한 기여도를 고려한다 하더라도 변호사의 자격을 사칭하고 적극적으로 서류를 위조한 乙의 비위의 정도가 사회통념상 현저하게 비난 가능성이 높다 할 것이고, 특히 변호사 자격을 필수로 하고 있는 乙의 업무의 특성을 고려하였을 때, 본 사안의 징계권자가 행한 징계처분이 사회통념상 현저하게 타당성을 잃어 징계권자의 재량을 남용한 것으로 인정되지 않는다. 따라서, A회사의 근로자 乙에 대한 징계해고는 징계양정의 측면에서 그 적정성이 인정된다.

6. 징계절차의 정당성

사용자에게 근로자를 징계할 정당한 이유가 있는 경우에도 징계절차를 거치지 아니하였다고 하여 그 징계를 무효라 할 수 없는 것이겠지만, 단체협약이나 취업규칙 등에 징계절차가 규정된 경우에는 반드시 그 규정된 절차를 지켜야 하므로, 징계절차를 지키지 않거나 징계절차를 위반한 경우에는 징계사유의 정당성 여부와 무관하게 그러한 징계는 효력이 없다.(대법원 1991.07.09. 선고 90다8077 판결) 다만, 설문에서 절차에 대한 사항은 논외로 한다고 전제하므로, 본 사안의 경우에는 적법한 징계절차를 거친 것으로 본다.

7. 결론

비록 변호사자격증을 위조하고 관련 경력을 허위로 기재하였지만, 회사를 위해서 변호사 자격 소지자보다 훨씬 더 큰 성과를 내 왔다는 점을 감안해야 한다는 점에서, 자신에 대한 징계는 정당하지 않다고 항변하는 乙의 주장은 타당하지 않다.

(쟁점) 범죄행위로 인한 형사처벌을 해고사유로 정한 경우(→사례: 65,67,68)

1. 문제점

취업규칙이나 단체협약상에 근로자가 범죄행위로 형사처벌을 받는 경우를 해고사유로 규정하고 있는 경우에 있어서, 취업규칙 등에 해고사유의 하나로 단순히 '형사상 유죄판결을 받은 경우'라고만 표현해 놓고 있는 경우가 많은데, 이 때 '유죄판결'의 범위를 어디까지로 볼 것인가 하는 해석과 관련하여 다툼의 여지가 있을 수 있다.

2. 유죄판결을 받은 때로 정한 경우

유죄판결의 선고를 받았지만 상고의 제기 등으로 아직 확정되지 않은 경우에도 사용자는 위 규정을 근거로 해고할 수 있는가가 문제되는 바, 일반적으로 유죄의 판결이 확정될 때까지는 무죄로 추정된다는 헌법상의 '**무죄 추정의 원칙**'에 비추어 유죄의 '**확정**'**판결만을 의미**하는 것으로 해석하여야 할 것이다. 그리고, '**유죄판결**'이란 실형을 선고받은 때와는 다른 의미로서, 실형뿐 아니라 집행유예, 선고유예, 징역, 구류, 벌금, 과료, 부가적처분인 몰수, 자격상실, 자격정지 등도 유죄의 범위에 포함된다.

3. 유죄확정판결을 받은 때로 정한 경우

'**유죄확정**'을 해고요건으로 하고 있는 경우에는 그 취지를 좁게 해석하여 근로제공이 불가능한 신체의 구속상태가 해소되지 아니하는 내용의 실형의 유죄판결이 확정된 경우만을 의미하는 것으로 볼 것은 아니고, **그 밖에 실형이 아닌 집행유예 등의 확정판결을 받았다고 하더라도, 그 유죄의 판결을 받게 된 행위가 사용자의 직장질서 유지에 악영향을 미칠 것이 명백하다고 보여지는 경우에는 유죄확정판결을 받은 경우에 해당한다.(대법원 1997.09.26. 선고 96누1600 판결)** '유죄확정'을 해고요건으로 하고 있는 경우에는 최종심의 확정이 될 때까지 지켜보는 것이 원칙이지만(대법원 1997.07.25. 선고 97다7066 판결), 확정판결 전이라도 유죄판결에 이르게 된 행위가 질서를 문란케 하는 등 근로관계를 유지하기가 어려운 경우라면 확정 판결과 관계없이 취업규칙 등의 다른 징계사유(예: 기업의 사회적 평가 훼손, 구속으로 인한 근로제공 불능 등)를 들어 적절한 징계할 수 있을 것이다.

4. 유죄와 징계요건을 정하지 않은 경우

징계혐의 사실을 인정하는 것은 형사재판의 유죄 확정여부와는 무관한 것이므로 **혐의사실이 인정된다면 유죄로 확정되지 않았다고 하더라도 해고처분이 가능**할 수 있다. 취업규칙 등에 구체적으로 정해놓지 않은 유죄판결 및 범죄사실 등이 해고사유로 되었다면 **죄의 경중보다 내용이 노무수령과 질서유지, 인화단결 등 제반사정에 비추어 근로관계를 계속유지하기가 어려운지 여부에 따라 정당성을 판단한다.** 다만, 단순기소의 경우에는 혐의사실이 명확하게 입증되기 전에는 징계사유로 삼을 수 없는 것이 원칙이다.

사례연습 65

범죄행위와 징계해고(변호사시험 2017년 기출문제)

A회사는 상시 500명의 근로자를 고용하여 자동차 부품 제조업을 영위하는 회사이고, 근로자甲은 A회사의 생산직 사원으로 근무하고 있다. 甲은 A회사에 입사 후 10년 동안 징계 없이 성실하게 근무하였고, 대표이사로부터 모범사원 표창을 3회 받은 바 있다. 甲은 친구들과 저녁모임을 하던 중 옆 테이블에 앉은 손님 2명과 싸움을 한 것 때문에 폭행죄 혐의로 불구속 상태로 기소되었고, 법원으로부터 150만 원의 벌금형을 선고받아 그 판결이 확정되었다.

이를 알게 된 A회사는 甲이 형사판결을 받은 것과 관련하여 징계위원회를 소집하기로 하고 2016.10.4. 甲에게 '개최일시: 2016.10.6, 징계사유: 사규위반'이라고 기재된 통보서를 발송하였다. 甲은 소명을 준비할 시간이 매우 부족하다는 것을 이유로 징계위원회에 참석하지 않았다. 징계위원회는 甲이 출석하지 않은 상태에서 2016. 10. 31.자로 甲을 징계해고하기로 의결하였다.

A회사의 취업규칙인 [인사 및 징계규정] 중 관련 조항은 다음과 같고, 징계절차에 관하여는 별도의 규정이 없다.

> 제20조(징계해고사유) 회사는 다음 각 호의 경우에 근로자를 징계해고 할 수 있다.
> 5. 형사상 유죄의 확정판결을 받은 경우
>
> 제21조(징계양정) 회사는 다음 각 호의 경우에 근로자에 대한 징계를 감경할 수 있다.
> 1. 모범사원 표창을 2회 이상 받은 경력이 있는 자

A회사에서는 위 제 20조 제5호 징계해고사유와 관련하여, 과거 5년 내에 '회사 자금 300만원을 횡령'한 행위로 벌금 300만 원의 형이 확정된 근로자 乙에게는 정직 6개월의 징계처분을, '회사에서 다른 부서 상급자를 폭행'한 행위로 벌금 200만 원의 형이 확정된 근로자 저에게는 정직 5개월의 징계처분을 한 적이 있다. 乙과 은 모범사원 표창을 받은 경력이 없었다.

A회사는 2016.10.7. 징계위원회가 甲을 해고하기로 결정한 내용의 해고예고 통지서를 내용증명우편으로 甲에게 발송하였고, 甲은 2016.10.8. 이를 수령하였다.

> 징계해고 예고 통지서
>
> ○ 대상 자: 甲　　　　○ 해고일자: 2016.10.31.
>
> ○ 징계내용: 해고　　　○ 징계사유: 인사 및 징계규정 제20조 제5호

A회사가 근로자 甲을 징계해고하기로 한 것은 그 징계사유와 징계양정, 징계절차(서면통지의무는 아래 문항에서 별도로 논함)의 측면에서 정당한가?

1. 쟁점의 정리

사안에서, A회사는 갑이 형사상 유죄확정관결 받았음을 이유로 징계해고하였는 바, ① 먼저 징계사유와 관련하여 인사 및 징계규정 제20조 5호에 '형사상 유죄의 확정판결을 받은 경우 근로자를 징계해고 할 수 있다'고 규정하고 있는데, 여기에 '유죄의 확정판결'이 업무관련성이 있는 유죄의 확정판결 외에 업무와 무관한 경우까지 포함하는 것으로 해석할 수 있는지 문제되고, ② 징계의 정당성과 관련하여 만약 징계사유에 업무외의 경우까지 포함된다고 해석된다면 그러한 징계규정이 정당한지 그리고 甲의 행위로 인한 유죄의 확정판결까지 이 사건 징계해고규정에 해당된다고 볼 수 있을지 여부를 검토해야 할 것이다. ③ 또한, 징계양정의 적정성과 관련하여 갑은 모범사원 표창을 3회 받은바 있으므로 인사 및 징계규정 제21조 제1호의 징계감경규정의 적용을 받을 수 있는데, 유사한 징계 사례의 다른 근로자의 징계처분과 비교해 봤을 때 갑이 현저하게 중한 징계처분을 받았다는 점에서, 갑에 대한 징계양정의 적정성이 문제된다.

2. 징계권의 의의와 법적 성질

(1) 징계권의 의의

'징계권'이란 사용자가 기업의 직장질서를 확립하고 유지하기 위하여 경영조직의 질서나 규율을 위반한 근로자에 대해 일정한 불이익을 가할 수 있는 권리를 의미한다. 사용자는 '지시 · 감독권'에 근거하여 사업장의 질서를 유지하기 위하여 근로자에게 일정한 불이익을 가하는 징계를 할 수 있고, 징계벌은 기업질서 위반자에 대해 가하는 질서벌(징벌)의 성격을 가진다는 점에서, 계약위반에 대한 제재로서 가해지는 계약벌과 구별된다. 다만, 징계권을 포함하는 사용자의 지시 · 감독권은 신의성실의 원칙에 따라 공정하게 행사되어야 하며 이를 남용할 수 없다는 내재적 한계를 가진다.

(2) 징계권의 법적성질

'징계권'이란 사용자가 기업의 직장질서를 확립하고 유지하기 위하여 기업의 질서나 규율을 위반한 근로자에 대해 일정한 불이익을 가할 수 있는 권리를 의미하는바, 이러한 사용자의 징계권의 근거가 무엇이냐에 대하여 학설이 대립된다. 학설은 크게 나누어 '고유권설'과 '계약설'의 대립이 존재하는데, 고유권설은 징계권의 근거를 사용자의 경영권에서 유래하는 사용자의 고유의 권리에서, 그리고 계약설은 징계권의 근거를 근로계약이나 취업규칙 등에 기초하는 당사자의 '합의'에서 찾는다.

판례는 '인사권은 사용자 고유의 권한으로서 그 징계규정의 내용이 강행법규나 단체협약의 내용에 반하지 않는 한 사용자는 그 구체적인 내용을 자유롭게 결정할 수 있다'고 하여 '고유권설'의 입장에 있는 것으로 해석된다.

'계약설'에 의하면 결국 근로자측과 사용자측의 합의에 의하여 징계권이 도출되어야 하므로 근로계약이나 취업규칙 등에 규정되지 않은 사유로는 사용자가 징계권을 행사할 수 없다는 결론에 이른다는 점에서 구체적인 타당성을 확보하는 것이 부적절하다. 따라서 징계권은 경영권에서 도출되는 사용자의 고유한 권리로 보는 판례의 태도가 타당하며, 다만, 이러한 징계권의 행사는 권리남용 금지라는 내재적 한계가 있으며 근로기준법 제23조 제1항에 위배되어서는 아니 될 것이다.

3. 근로기준법 제23조 제1항에 의한 제한

근로기준법 제23조 제1항에서 '사용자는 근로자에게 정당한 이유 없이 해고, 휴직, 정직, 전직, 감봉, 그 밖의 징벌(이하 '부당해 고등'이라 한다)을 하지 못한다.'고 규정하고 있다. 따라서, 징계처분이 정당하기 위해서는 근로기준법 제23조 제1항의 '정당한 이유'가 있어야하는 바, '정당한 이유'가 있다고 하기 위해서는 징계사유의 정당성 (징계사유의 존재) 및 징계양정의 정당성(징계양정의 적정성)이 인정되어야 한다. 특히 해고의 경우에는 사용자의 일방적인 의사에 기해 근로자와의 근로관계를 단절시키는 처분이므로 최후수단으로서의 성격이 인정되어야 한다.

4. 징계사유의 정당성

(1) 의의

근로기준법 제23조 제1항은 '사용자는 근로자에게 정당한 이유 없이 해고, 정직, 감봉, 그 밖의 징벌을 하지 못한다.'고 규정하고 있는 바, 징계의 정당성을 인정받기 위해서는 먼저 근로자의 행위가 기업질서에 위배되는 사유가 있음이 인정되어야 하며, 그 사유가 근로계약, 취업규칙, 단체협약 등에 정한 징계해고사유에 해당되어야 한다.(대법원 1990.04.27. 선고 89다카5451 판결) 판례는 '근로기준법 제23조 제1항에서 규정한 정당한 이유라 함은 사회 통념상 고용관계를 계속시킬 수 없을 정도로 근로자에게 책임있는 사유가 있다든가 부득이한 경영상의 필요가 있는 경우를 말하는 것이다.'라고 하면서(대법원 1990.11.23. 선고 90다카21589 판결), '사회통념상 당해 근로자와의 고용관계를 계속할 수 없을 정도인지의 여부는 당해 사용자의 사업의 목적과 성격, 사업장의 여건, 당해 근로자의 지위 및 담당직무의 내용, 비위행위의 동기와 경위, 이로 인하여 기업의 위계질서가 문란하게 될 위험성 등 기업질서에 미칠 영향, 과거의 근무태도 등 여러 가지 사정을 종합적으로 검토하여 판단하여야 한다.'라고 한다.(대법원 2002.05.28. 선고 2001두10455 판결)

(2) 사생활의 비행이 징계사유에 해당하는지 여부

근로자 개인의 사생활영역에서의 비행은 원칙적으로 직장질서를 훼손한다고 볼 수 없을 것이므로, 사용자는 원칙적으로 근로자의 사생활의 영역에 속하는 사유를 이유로 징계 또는 해고를 할 수 없다. 다만, 근로자의 사생활에서의 비행이 사업활동에 직접 관련이 있거나 기업의 사회적 평가를 훼손할 염려가 있는 것에 한하여 정당한징계사유가 될 수 있다 할 것이다.(대법원 1994.12.13. 선고 93누23275 판결) 여기서 기업의 사회적평가를 훼손할 염려가 있다고 하기 위해서는 반드시 구체적인 업무저해의 결과나 거래상의 불이익이 발생하여야하는 것은 아니고 당해 행위의 성질과 정상 기업의 목적과 경영방침, 사업의 종류와 규모 및 근로자의 기업에 있어서의 지위와 담당 업무 등 제반 사정을 종합적으로 고려하여 그 비위행위가 기업의 사회적 평가에 미친 악영향이 상당히 중대하다고 객관적으로 평가될 수 있어야 한다.(대법원 2001.12.14. 선고 2000두3689846 판결)

(3) 사안의 경우

갑이 폭행죄로 벌금형을 선고받은 것은 친구들과 저녁 모임을 하는 중에 발생한 것으로서 이는 사생의 영역에 속한 것이고 A회사의 사업활동과 전혀 관련이 없었으며, 이로 인하여 A회사의 사회적 평가가 훼손될 염려가 거의 없다. 따라서 이를 해고의 사유로 삼는 것은 부당하다.

5. 징계양정의 적정성

(1) 의의

근로자에게 징계사유가 존재한다고 하더라도 징계양정의 정당성이 인정되어야만 사용자의 징계권행사가 정당하다고 인정될 수 있다. 즉, ① 징계권을 행사할 경우 선택된 징계는 징계사유에 비례하여 적정(상당)한 것이어야 하고(적정성의 원칙), ② 같은 비위행위에 대하여 종전에 또는 다른 근로자에게 행한 징계와 동등하거나 비슷하여야 한다.(형평의 원칙)

판례는 '취업규칙이나 상벌규정에서 징계사유를 규정하면서 동일한 사유에 대하여 여러 등급의 징계가 가능한 것으로 규정한 경우에 그중 어떤 징계처분을 선택할 것인지는 징계권자의 재량에 속한다고 할 것이지만, 이러한 재량은 징계권자의 자의적이고 편의적인 재량이 아니며 징계사유와 징계처분과의 사이에 상당하다고 인정되는 균형의 존재가 요구되므로, 징계처분이 사회통념상 현저하게 타당성을 잃어 징계권자에 맡겨진 재량권을 남용한 것이라고 인정되는 경우에는 위법하다고 할 것이다'고 한다.(대법원 2014.11.27. 선고 2011다41420 판결)

(2) '유죄의 확정판결'을 받은 때로 해고요건으로 정한 경우

'유죄확정'을 해고요건으로 하고 있는 경우에는 그 취지를 좁게 해석하여 근로제공이 불가능한 신체의 구속상태가 해소되지 아니하는 내용의 실형의 유죄판결이 확정된 경우만을 의미하는 것으로 볼 것은 아니고(대법원 1994.06.24. 선고 93다28584 판결), 그 밖에 실형이 아닌 집행유예 등의 확정판결을 받았다고 하더라도, 그 유죄의 판결을 받게 된 행위가 사용자의 직장질서 유지에 악영향을 미칠 것이 명백하다고 보여지는 경우에는 유죄확정판결을 받은 경우에 해당한다.(대법원 1997.09.26. 선고 96누1600 판결) 따라서 '유죄판결'이란 실형을 선고받은 때와는 다른 의미로서, 집행유예, 선고유예, 징역, 구류, 벌금, 과료, 부가적처분인 몰수, 자격상실, 자격정지 등도 유죄의 범위에 포함되지만, 그것의 원인이 개인의 사생활영역에서 발생한 것이라면 당연히 직장질서를 훼손한다고 볼 수 없을 것이므로 근로자의 사생활에서의 비행이 사업활동에 직접 관련이 있거나 기업의 사회적 평가를 훼손할 염려가 있는 것에 한하여 정당한 징계사유가 될 수 있을 것이다.

(3) 사안의 경우

A회사의 취업규칙 제20조 제5항에 형사상 '유죄의 확정판결'을 받은 경우 징계해고 할 수 있다고 규정하고 있다. 그러나 갑의 폭행행위는 A회사와 관련 없는 사적인 영역에서 벌어진 일이고, 우발적으로 벌어진 일로서, 그 정도도 심한 것도 아니며, A회사의 직장질서에 직접적인 미치는 것으로 보기도 어렵다. 그리고 갑은 10년간 징계 없이 성실하게 근무하였고, 모범사원 표창을 3회 받은 사람으로 똑같은 행위가 반복되리라고 예상하기도 어렵다. 그런 점에서 갑에 대한 징계해고는 징계사유에 비추어 지나친 것으로 상당성이 인정되지 않는다. 또한 회사 자금 300만 원을 횡령한 근로자 을과 회사에서 다른 부서 상급자를 폭행한 근로자 병의 경우는 A회사의 직장질서에 직접적으로 영향을 미치는 것이고 그 비위행위의 정도가 근로자 갑의 경우보다 심함에도 불구하고 각각 정직 6개월과 5개월에 그쳤다. 이에 비추어 볼 때, 갑에 대한 징계해고는 균형성을 잃은 것으로 정당하지 않다. 결국 근로자 갑에 대한 징계해고는 징계양정의 측면에서 정적성이 인정되지 않는다.

6. 징계절차의 정당성

(1) 의의

사용자에게 근로자를 징계할 정당한 이유가 있는 경우에도 사규로 징계위원회 등의 절차가 규정되어 있는 경우에는 반드시 그 절차를 지켜야 한다. 징계절차에 관한 근로기준법상 제한규정은 존재하지 아니하므로, 취업규칙이나 단체협약 등에 징계절차에 관한 규정이 없거나 또는 징계절차가 임의규정으로 되어 있는 경우에는 징계절차를 거치지 아니하였다고 하여 그 징계를 무효라 할 수 없는 것이겠지만, 단체협약이나 취업규칙 등에 징계절차가 규정된 경우에는 반드시 그 규정된 절차를 지켜야 하므로, 징계절차를 지키지 않거나 징계절차를 위반한 경우에는 징계사유의 정당성 여부와 무관하게 그러한 징계는 효력이 없다.(대법원 1991.07.09. 선고 90다8077 판결)

(2) 자치규범에 징계절차 규정이 있는 경우

취업규칙 등에서 근로자를 징계하고자 할 때에는 징계위원회의 의결을 거치도록 명하고 있는 경우, 이러한 절차를 거치지 아니하고 한 징계처분은 원칙적으로 효력을 인정할 수 없는 것이나 다만, 사용자와 노동조합 사이에 근로자에 대한 징계절차를 취업규칙에 정해진 징계절차보다 근로자에게 유리한 방식으로 운영하기로 합의가 이루어져 상당한 기간 그 합의에 따라 징계절차가 운영되어 왔고, 이에 대하여 근로자들도 아무런 이의를 제기하지 아니하였다면, 그와 같은 징계절차의 운영은 취업규칙의 징계절차에 따르지 않았다고 하더라도 그 효력을 부인할 수는 없다.(대법원 2001.04.10. 선고 2000두7605 판결)

(3) 자치규범에 징계절차규정을 두지 않은 경우

판례는 '회사의 단체협약이나 취업규칙 등에 징계절차에서 피징계자에게 사전에 통고하거나 변명의 기회를 부여할 것을 명한 규정이 없는 이상, 회사의 피징계자에 대한 징계절차에서 그와 같은 절차를 거치지 않았다고 하더라도 징계처분을 무효라고 할 수 없다는 입장이다.(대법원 1992.04.14. 선고 91다4775 판결) 즉, 회사의 징계에 관한 규정에 징계혐의사실의 고지, 변명의 기회부여 등의 절차가 규정되어 있지 않은 경우에는 그와 같은 절차를 밟지 아니하고 한 징계처분도 정당하며, 절차적 제한 규정이 존재한다 하더라도 징계혐의사실에 대한 사전통지규정이나 피징계자의 진술이 임의적인 것으로서 규정된 것에 불과하다면, 사용자에게는 그러한 절차를 행할 의무는 없다는 것이 법원의 확립된 입장이다.(대법원 1991.04.09. 선고 90다카27042 판결)

(4) 사안의 경우

A회사에는 징계절차에 관한 별도의 규정을 없지만, A회사는 징계위원회를 소집하고 징계위원회 출석통지를 하는 등 징계절차를 거친 것은 甲에게 최소한 자기변명의 기회는 부여한 것으로 보이는 바, 갑이 징계위원회 개최 이틀 전에 통보서를 받았다면, 소명자료를 준비하기에 충분하다고 말할 수는 없지만, 불가능하다고 보기는 어려우므로, 설령 징계위원회 의결에서 근로자 갑에게 소명기회를 부여하지 않은 측면에서 부당한 측면이 있다 하더라도, 징계절차에 관하여 A회사의 취업규칙에 별도의 규정이 없다는 점에서. 적어도 판례의 태도에 따른다면, 위 징계의결 자체를 무효라고 보기는 어렵다. 그럼에도 불구하고 甲은 준비할 기간이 부족하다는 이유로 징계위원회에 참석하지 아니

하였는 바, 이는 甲이 자기변명의 기회를 포기한 것으로 보아야 할 것이므로 징계절차적인 측면에서는 하자가 없다. 따라서 A회사의 징계해고는 절차적 측면에서 정당성은 인정된다.

7. 결론

(1) 징계사유의 측면:

취업규칙에 유죄의 확정판결을 받은 것이 징계 사유에 해당하더라도 그 유죄의 확정을 받은 것이 업무 관련되거나 직장질서 유지에 악영향을 미칠 것이 명백한 경우라야 징계사유로 삼을 수 있다고 보는 것이 타당하므로 징계사유의 정당성은 인정되지 않는다.

(2) 징계양정의 측면

징계의 정당성이 인정된다 하더라도 다른 유사 징계 사례의 경우와 비교할 때 현저하게 징계 양정의 형평성을 일탈하였을 뿐 아니라 경감사유(표창 받은 사실)도 고려되지 않은 것으로 보이므로 징계양정에서의 하자가 인정된다.

(3) 징계절차의 측면

인사위원회 등과 관련된 징계절차에 관한 사항은 회사가 임의로 정할 수 있는 바, 비록 A회사에는 징계절차에 관하여 별도로 규정하고 있지 않음에도 징계위원회를 소집하고 甲에게 소명할 기회를 준 것은 甲에게 최소한 자기변명의 기회를 부여한 것으로 보인다. 그럼에도 불구하고 甲은 준비할 기간이 부족하다는 이유로 징계위원회에 참석하지 아니하였는 바, 이는 甲이 자기변명의 기회를 포기한 것으로 보아야 할 것이므로 징계절차적인 측면에서는 하자가 없다.

(쟁점) 단체협약에 의한 취업규칙상의 징계사유의 제한(→사례: 66)

1. 문제점

단체협약상의 규정과 취업규칙상의 규정이 상호 저촉되는 경우, 이를테면 회사와 노동조합이 체결한 단체협약에는 무단결근을 해고사유로 규정하고 있지 않음에도 회사가 취업규칙으로 무단결근을 해고사유로 규정할 수 있는지, 나아가 이에 근거하여 해고할 수 있는지 문제된다.

2. 학설

① 징계권의 법적 성질에 대하여 **고유권설**을 취하는 긍정설은 근로자의 기업질서에 관련한 비위행위에 대하여 이를 취업규칙 등에서 징계사유로 규정하는 것은 원래 사용자의 권한에 속하는 것이므로 사용자는 취업규칙에서 새로운 해고사유를 정할 수 있고 그 해고사유에 근거하여 근로자를 징계할 수 있다고 할 것인 반면, ② **계약설내지 취업규칙설**에 기초하는 부정설은 단체협약상의 규정과 취업규칙상의 규정이 상호 저촉되는 경우에는 단체협약에 규정하고 있지 않은 징계사유를 취업규칙에서 새로운 해고사유로 정할 수 없다고 본다.

3. 판례의 태도

(1) 원칙

판례는 '단체협약에서 규율하고 있는 기업질서 위반행위 외의 근로자의 기업질서에 관련한 비위행위에 대하여 이를 취업규칙에서 해고 등의 징계사유로 규정하는 것은 원래 사용자의 권한에 속하는 것이므로 사용자는 취업규칙에서 새로운 해고사유를 정할 수 있고 그 해고사유에 터잡아 근로자를 해고할 수 있다.(대법원 1994.06.14. 선고 93다26151 판결) 이는 설령 단체협약에 '협약은 취업규칙보다 우선한다'거나 '이 협약에 명시되지 않는 사항은 취업규칙에 따르되 단체협약상의 근로조건을 저하할 수 없다'고 규정되어 있더라도 마찬가지이다.(대법원 1995.01.20. 선고 94다37851 판결)

(2) 단체협약상의 규정과 취업규칙상의 규정이 상호 저촉되는 경우

다만, 단체협약에서 '해고에 관하여는 단체협약에 의하여야 하고 취업규칙에 의하여 해고할 수 없다.'는 취지로 규정하거나(대법원 1994.06.14. 선고 93다62126 판결) 동일한 징계사유나 징계절차에 관하여 단체협약상의 규정과 취업규칙 등의 규정이 상호 저촉되는 경우에는 단체협약이 우선적으로 적용된다.(대법원 1997.07.25. 선고 97다7066 판결) 따라서 사용자는 단체협약에 저촉되는 다른 징계사유를 취업규칙에 규정하고 그러한 해고사유에 근거하여 근로자를 해고할 수 없다

4. 검토

회사가 취업규칙에서 근로자의 기업질서에 관련한 비위행위를 징계사유로 규정하는 것은 원래 사용자의 권한에 속하는 것으로서, 사용자는 취업규칙에서 단체협약 소정의 해고사유와는 관련이 없는 새로운 해고사유를 정할 수 있으며, 따라서 사용자는 단체협약과 다른 징계사유를 취업규칙에 규정하더라도 **단체협약상의 제한에 저촉하지 않는다면** 그러한 징계규정도 유효한 것이므로, 그 해고사유에 터 잡아 근로자를 해고할 수 있다고 해석하는 판례의 태도가 타당하다.

사례연습 66

단체협약에 의한 취업규칙상의 징계사유의 제한 (2016년도 제2차 변호사시험 모의시험)

근로자 갑은 2014년 2월 29일 A회사에서 해고되었으나 해고무효확인소송을 제기하여 2016년 법원에서 자신에 대한 해고가 무효라는 판결을 최종적으로 확정받았다.

근로자 갑은 복직 후 A회사의 유일한 노동조합인 B노동조합에 가입하였다. 갑은 2016년 7월에 개인적인 사유로 무단으로 7일간 결근을 하였다. A회사는 무단결근을 이유로 갑을 다시 해고하였다. A회사의 취업규칙 제50조에는 5일 이상의 무단결근은 해고사유에 해당한다고 규정되어 있다. 한편 A회사와 B노동조합이 체결한 단체협약 제45조에서는 '회사는 조합원을 다음의 7가지 사유로 해고할 수 있다'고 규정하고 있으나 그 7가지의 사유에는 무단결근이 포함되어 있지 않다.

A회사가 해고사유로 내세우는 무단결근은 단체협약 제45조의 해고사유에 해당하지 않기 때문에 자신에 대한 해고가 무효라고 주장한다. 갑의 주장은 정당한가?

II. 설문2의 해결

1. 쟁점의 정리

갑은 A회사가 해고사유로 내세우는 무단결근은 단체협약상 해고사유에 해당하지 않으므로 해고가 무효라고 주장하고 있는바, 갑 주장의 당부와 관련하여 A회사의 징계권의 법적근거, A회사가 단체협약상의 징계해고사유와 무관한 새로운 징계해고사유를 취업규칙으로 정할 수 있는지, 나아가 그에 기한 해고의 정당성이 인정되는지 여부를 검토하여야 할 것이다.

2. 징계권의 의의와 법적 성질

(1) 징계권의 의의

'징계권'이란 사용자가 기업의 직장질서를 확립하고 유지하기 위하여 경영조직의 질서나 규율을 위반한 근로자에 대해 일정한 불이익을 가할 수 있는 권리를 의미한다. 사용자는 '지시 · 감독권'에 근거하여 사업장의 질서를 유지하기 위하여 근로자에게 일정한 불이익을 가하는 징계를 할 수 있고, 징계벌은 기업질서 위반자에 대해 가하는 질서벌(징벌)의 성격을 가진다는 점에서, 계약위반에 대한 제재로서 가해지는 계약벌과 구별된다. 다만, 징계권을 포함하는 사용자의 지시 · 감독권은 신의성실의 원칙에 따라 공정하게 행사되어야 하며 이를 남용할 수 없다는 내재적 한계를 가진다.

(2) 징계권의 법적성질

1) 문제점

징계벌은 기업질서 위반자에 대해 가하는 질서벌의 성격을 가진다는 점에서, 계약위반에 대한 제재로서 가해지는 계약법상 제재와 구별된다. 그런데, 근로계약의 당사자의 하나인 사용자가 징계권을 행사할 수 있는 근거가 무엇인지와 관련하여 징계권의 법적성질이 문제된다.

2) 학설

가. 고유권설

사용자의 고유한 징계권이란 인정되지 않는다는 전제에서, 사용종속성이 전제되는 근로계약의 성질상 인정되는 사용자의 '지시감독권'으로부터 사용자의 징계권의 근거를 찾는 견해이다.

나. 계약설

사용자는 기업의 질서를 유지하기 위하여 고유의 징계권을 가지고 있으며, 이러한 사용자의 징계권은 권리남용의 법리에 따라 제한될 수 있다는 견해이다.

다. 취업규칙설(법규범설)

취업규칙의 본질을 법규범으로 파악하는 전제에서, 취업규칙을 포함하는 노사관계를 지배하는 일정한 법규법을 근거로 사용자는 징계권을 행사한다는 견해이다.

3) 판례

판례는 '인사권은 사용자 고유의 권한으로서 그 징계규정의 내용이 강행법규나 단체협약의 내용에 반하지 않는 한 사용자는 그 구체적인 내용을 자유롭게 결정할 수 있다'고 하여 '고유권설'의 입장에 있는 것으로 해석된다.

4) 검토

기업의 '공통질서'를 교란하는 자에 대해서는 '계약설'이 예정하는 계약법상의 손해배상이나 계약관계의 해지 또는 전직 등의 조치 이외의 특별한 제재가 불가피하다는 점에서 계약설은 사용자의 인사권의 근거는 될 지언정 사용자의 징계권의 근거로는 부적절하다 또한, '취업규칙설'에 의하면 결국 근로계약이나 취업규칙 등에 규정되지 않은 사유로는 사용자가 징계권을 행사할 수 없다는 결론에 이른다는 점에서 구체적인 타당성을 확보하는 것이 부적절하다. 따라서 징계권은 경영권에서 도출되는 사용자의 고유한 권리로 보는 판례의 태도가 타당하며, 다만, 이러한 징계권의 행사는 권리남용 금지라는 내재적 한계가 있으며 근로기준법 제23조 제1항에 위배되어서는 아니 될 것이다.

3. A회사의 갑에 대한 징계해고의 정당성

(1) 단체협약에 의한 취업규칙상의 징계사유의 제한

1) 문제점

본 사례와 같이 단체협약상의 규정과 취업규칙상의 규정이 상호 저촉되는 경우, 이를테면 A회사와 B노동조합이 체결한 단체협약에는 무단결근을 해고사유로 규정하고 있지 않음에도 A회사가 취업규칙으로 무단결근을 해고사유로 규정할 수 있는지, 나아가 이에 근거하여 해고할 수 있는지 문제된다.

2) 학설

징계권의 법적 성질에 대하여 고유권설을 취하는 긍정설은 근로자의 기업질서에 관련한 비위행위에 대하여 이를 취업규칙 등에서 징계사유로 규정하는 것은 원래 사용자의 권한에 속하는 것이므로 사용자는 취업규칙에서 새로운 해고사유를 정할 수 있고 그 해고사유에 근거하여 근로자를 징계할 수 있다고 할 것인 반면, 계약설내지 취업규칙설에 기초하는 부정설은 단체협약상의 규정과 취업규칙상의 규정이 상호 저촉되는 경우에는 단체협약에 규정하고 있지 않은 징계사유를 취업규칙에서 새로운 해고사유로 정할 수 없다고 본다.

3) 판례의 태도

가. 원칙

판례는 '단체협약에서 규율하고 있는 기업질서위반행위 외의 근로자의 기업질서에 관련한 비위행위에 대하여 이를 취업규칙에서 해고 등의 징계사유로 규정하는 것은 원래 사용자의 권한에 속하는 것이므로 사용자는 취업규칙에서 새로운 해고사유를 정할 수 있고 그 해고사유에 터잡아 근로자를 해고할 수 있다.'라고 판시하고 있다.(대법원 1994.06.14. 선고 93다26151 판결) 이는 설령 단체협약에 '협약은 취업규칙보다 우선한다'거나 '이 협약에 명시되지 않는 사항은 취업규칙에 따르되 단체협약상의 근로조건을 저하할 수 없다'고 규정되어 있더라도 마찬가지이다.(대법원 1995.01.20. 선고 94다37851 판결) 따라서 사용자는 단체협약과 다른 징계사유를 취업규칙에 규정하더라도 단체협약상의 제한에 저촉하지 않는다면 그러한 징계규정도 유효한 것이므로, 그 해고사유에 터 잡아 근로자를 해고할 수 있다.

나. 예외

단체협약에서 '해고에 관하여는 단체협약에 의하여야 하고 취업규칙에 의하여 해고할 수 없다'는 취지로 규정하거나 '단체협약에 정한 사유 외의 사유로는 근로자를 해고할 수 없다'고 규정하는 등 근로자를 해고함에 있어서 해고사유 및 해고절차를 단체협약에 의하도록 명시적으로 규정하고 있거나 동일한 징계사유나 징계절차에 관하여 단체협약상의 규정과 취업규칙 등의 규정이 상호 저촉되는 경우에는 취업규칙에서 새로운 해고사유를 정할 수 없다.(대법원 1994.06.14. 선고 93다26151 판결)

4) 검토

단체협약에서 규율하고 있는 기업질서 위반행위 외의 근로자의 기업질서에 관련한 비위행위에 대하여 취업규칙에서 해고 등의 징계사유로 규정하는 것은 원래 사용자의 권한에 속하는 것으로서, 사용자는 취업규칙에서 단체협약 소정의 해고사유와는 관련이 없는 새로운 해고사유를 정할 수 있으며, 따라서 사용자는 단체협약과 다른 징계사유를 취업규칙에 규정하더라도 단체협약상의 제한에 저촉하지 않는다면 그러한 징계규정도 유효한 것이므로, 그 해고사유에 터 잡아 근로자를 해고할 수 있다고 해석하는 것이 타당하다.

5) 사안의 전우

A회사와 B노동조합이 체결한 단체협약에서 근로자를 해고함에 있어서 해고사유 및 해고차를 단체협약에 의하도록 명시적으로 규정하고 있거나 동일한 징계사유나 징계절차에 관하여 단체협약상의 규정과 취업규칙 등의 규정이 상호 저촉되는 경우에 해당하지 않으므로 A회사는 취얼규칙에서 새로운 해고사유를 정할 수 있고 그 해고사유에 터잡아 근로자를 해고할 수 있다고 보아야 한다.

(2) 징계해고의 정당성 여부

1) 징계사유의 정당성

징계사유의 정당성은 단순한 근로자의 근로계약상의 의무 불이행만으로 부족하고, 근로자의 행위가 기업의 질서를 문란케 하거나 침해하는 등의 구체적인 사유로 인하여 사용자의 징계권의 행사가 정당화될 것을 요구한다. 또한, 사용자의 징계처분이 정당한 것으로 인정되기 위해서는 근로자의 행위가 취업규칙 내지 단체협약 등에서 규정하고 있는 징계사유에 해당할 뿐만 아니라, 해당 징계사유 그 자체가 정당해야 한다.(대법원 1992.05.12. 선고 91다27518 판결)

판례는 '근로기준법 제23조 제1항에서 규정한 정당한 이유라 함은 사회 통념상 고용관계를 계속시킬 수 없을 정도로 근로자에게 책임있는 사유가 있다든가 부득이한 경영상의 필요가 있는 경우를 말하는 것이다.'라고 하면서(대법원 1990.11.23. 선고 90다카21589 판결), '사회통념상 당해 근로자와의 고용관계를 계속할 수 없을 정도인지의 여부는 당해 사용자의 사업의 목적과 성격, 사업장의 여건, 당해 근로자의 지위 및 담당직무의 내용, 비위행위의 동기와 경위, 이로 인하여 기업의 위계질서가 문란하게 될 위험성 등 기업질서에 미칠 영향, 과거의 근무태도 등 여러 가지 사정을 종합적으로 검토하여 판단하여야 한다.'라고 한다.(대법원 2002.05.28. 선고 2001두10455 판결)

2) 사안의 경우

A회사 취업규칙에서 해고사유로 규정하고 있는 '5일이상의 무단결근'은 사회통념상 고용관계를 계속시킬 수 없을 정도로 근로자에게 귀책사유가 있는 것으로 볼 수 있으므로 해당 징계사유 그 자체는 정당하다.

(3) 소결(징계해고의 정당성)

A회사와 B노동조합이 체결한 단체협약에는 해고사유를 7가지로 열거하고 있을 뿐, 해고사유를 단체협약에 의하도록 명시적으로 규정하고 있지 아니하므로, 사용자는 단체협약과 단체협약상의 제한에 저촉하지 않는다면 다른 징계사유를 취업규칙에 규정할 수 있는 바, A회사 취업규칙에서 해고사유로 규정하고 있는 '5일이상의 무단결근'은 사회통념상 고용관계를 계속시킬 수 없을 정도로 근로자에게 귀책사유가 있는 것으로 볼 수 있다. 따라서 A회사가 취업규칙에 근거하여 근로자 갑이 무단으로 7일간 결근하였음을 이유로 갑을 징계해고한 것은 정당하다.

4. 결론

A회사가 해고사유로 내세우는 무단결근은 단체협약 제45조의 해고사유에 해당하지 않기 때문에 자신에 대한 해고가 무효라는 갑의 주장은 정당하지 않다.

(4) 징계권 행사의 요건(→사례: 64,65,66,67,68,69)

1) 징계사유의 정당성

근로기준법 제23조 제1항은 '사용자는 근로자에게 **정당한 이유 없이** 해고, 정직, 감봉, 그 밖의 징벌을 하지 못한다.'고 규정하고 있는 바, **징계의 정당성**을 인정받기 위해서는 먼저 근로자의 행위가 **기업질서에 위배되는 사유가 있음이 인정**되어야 하며, 그 사유가 근로계약, 취업규칙, 단체협약 등에 정한 **징계해고사유에 해당**되어야 한다.(대법원 1990.04.27. 선고 89다카5451 판결) 판례는 특히, 징계해고의 경우, '근로기준법 제23조 제1항에서 규정한 정당한 이유라 함은 사회 통념상 고용관계를 계속시킬 수 없을 정도로 근로자에게 책임있는 사유가 있다든가 부득이한 경영상의 필요가 있는 경우를 말하는 것이다.'라고 하면서(대법원 1990.11.23. 선고 90다카21589 판결), '사회통념상 당해 근로자와의 고용관계를 계속할 수 없을 정도인지의 여부는 당해 사용자의 사업의 목적과 성격, 사업장의 여건, 당해 근로자의 지위 및 담당직무의 내용, 비위행위의 동기와 경위, 이로 인하여 기업의 위계질서가 문란하게 될 위험성 등 기업질서에 미칠 영향, 과거의 근무태도 등 여러 가지 사정을 종합적으로 검토하여 판단하여야 한다.'라고 한다.(대법원 2002.05.28. 선고 2001두10455 판결)

2) 징계양정의 적정성 (비례성의 원칙의 준수)

근로자에게 징계사유가 존재한다고 하더라도 **징계양정의 정당성이 인정되어야만 사용자의 징계권행사가 정당하다고 인정될 수 있다.** 즉, ① 징계권을 행사할 경우 선택된 징계는 징계사유에 비례하여 적정(상당)한 것이어야 하고(**적정성의 원칙**), ② 같은 비위행위에 대하여 종전에 또는 다른 근로자에게 행한 징계와 동등하거나 비슷하여야 한다.(**형평의 원칙**)

판례는 '취업규칙이나 상벌규정에서 징계사유를 규정하면서 동일한 사유에 대하여 여러 등급의 징계가 가능한 것으로 규정한 경우에 그중 어떤 징계처분을 선택할 것인지는 **징계권자의 재량**에 속한다고 할 것이지만, 이러한 재량은 징계권자의 자의적이고 편의적인 재량이 아니며 징계**사유**와 징계**처분**과의 사이에 **상당**하다고 인정되는 **균형의 존재**가 요구되므로, **징계처분이 사회통념상 현저하게 타당성을 잃어 징계권자에 맡겨진 재량권을 남용한 것이라고 인정되는 경우에는 위법**하다고 할 것이다'고 한다.(대법원 2014.11.27. 선고 2011다41420 판결)

3) 징계절차의 정당성

사용자에게 근로자를 징계할 정당한 이유가 있는 경우에도 사규로 징계위원회 등의 **절차가 규정되어 있는 경우에는 반드시 그 절차를 지켜야 한다.** 징계절차에 관한 근로기준법상 제한규정은 존재하지 아니하므로, 취업규칙이나 단체협약 등에 징계절차에 관한 규정이 없거나 또는 징계절차가 임의규정으로 되어 있는 경우에는 징계절차를 거치지 아니하였다고 하여 그 징계를 무효라 할 수 없는 것이겠지만, 단체협약이나 취업규칙 등에 징계절차가 규정된 경우에는 반드시 그 규정된 절차를 지켜야 하므로, 징계절차를 지키지 않거나 징계절차를 위반한 경우에는 징계사유의 **정당성 여부**와 **무관하게** 그러한 징계는 **효력이 없다**.(대법원 1991.07.09. 선고 90다8077 판결)

(쟁점) 징계양정의 적정성(비례의 원칙의 준수)(→사례: 64,65,66,67)

1. 의의

징계사유가 인정되는 경우에 어떤 징계를 선택할 것인지는 원칙적으로 **징계권자의 재량**에 속하며 징계권자가 징계양정 기준을 정하고 그에 따라 징계처분을 하였을 경우 정해진 징계양정 기준이 전혀 합리성이 없다거나 특정의 근로자만을 해고하기 위한 방편이라는 등의 특별한 사정이 없는 한 그 징계처분이 형평의 원칙에 반하여 위법하다고 할 수는 없는 것이 원칙이다. 그러나, **사용자의 징계권의 행사는 신의성실의 원칙에 따라 공정하게 행사되어야 하며 이를 남용할 수 없다는 내재적 한계**를 가지므로, 징계사유가 인정되는 경우에도 징계권자가 행한 징계처분이 사회통념상 현저하게 타당성을 잃어 징계권자의 재량을 남용한 것으로 인정되는 경우에 당해 처분은 위법하다.(대법원 2012.09.27. 선고 2010다99279 판결)

2. 적정성의 원칙과 형평의 원칙

근로자에게 징계사유가 존재한다고 하더라도 **징계양정의 정당성**이 인정되어야만 사용자의 징계권 행사가 정당하다고 인정될 수 있다. 즉, ① 징계권을 행사할 경우 선택된 징계는 징계사유에 비례하여 **적정(상당)한** 것이어야 하고(**적정성의 원칙**), ② 같은 비위행위에 대하여 종전에 또는 다른 근로자에게 행한 징계와 **동등하거나 비슷**하여야 한다.(**형평의 원칙**) 판례는 '취업규칙이나 상벌규정에서 징계사유를 규정하면서 동일한 사유에 대하여 여러 등급의 징계가 가능한 것으로 규정한 경우에 그중 어떤 징계처분을 선택할 것인지는 징계권자의 재량에 속한다고 할 것이지만, 이러한 재량은 징계권자의 자의적이고 편의적인 재량이 아니며 징계사유와 징계처분과의 사이에 상당하다고 인정되는 균형의 존재가 요구되므로, 징계처분이 사회통념상 현저하게 타당성을 잃어 징계권자에 맡겨진 재량권을 남용한 것이라고 인정되는 경우에는 위법하다고 할 것이다'고 한다.(대법원 2014.11.27. 선고 2011다41420 판결)

다만, 형평의 원칙의 적용도 사용자의 재량의 범위에 포함되는 것이므로, 이를테면, 동일한 징계해고사유에 해당하는 자가 수없이 많아 그 자들을 전부 징계해고 한다면 업무에 지장을 줄 우려가 있다고 판단하여 상대적으로 비위의 정도가 낮은 자를 구제하기 위하여 징계양정 기준을 정하고 이에 따라 징계처분을 하였을 경우, 징계양정 기준이 **전혀 합리성이 없다거나** 특정 근로자를 해고하기 위한 방편이라는 **특별한 사정이 없는 한**, 징계처분이 형평의 원칙에 반하여 위법하다고 할 수 없다.(대법원 1997.09.12. 선고 97누7165 판결)

3. 징계양정의 자료

사용자는 피징계자의 과거의 근무태도 등을 징계양정의 참작자료로 삼을 수 있으므로, 단체협약 등의 규정에 의하여 표창이나 수상경력이 있으면 징계양정이 경감될 수 있으며 피징계자의 평소의 소행과 근무성적, 당해 징계처분 사유 전후에 저지른 비위행위 사실 등은 징계양정에 있어서의 참작 자료로 삼을 수 있을 것이다. 나아가, 징계처분에 대한 **재심절차**가 있는 경우에는 **징계처분 후 재심결정이 있기 전까지 발생한 사정**도 근로자가 신청한 재심 신청의 당부를 판단할 때 **참작**하여야 하므로, 만약 그러한 사정(징계처분후 재심전의 사정)을 참작하지 않고 재심신청을 기각하여 원래의 처분, 특히 해고처분을 그대로 유지하였다면 이는 위법한 징계권의 행사에 해당하여 그 해고처분은 무효라 할 것이다.

(쟁점) 징계절차의 정당성(→사례: 66,67)

1. 의의

근로기준법 제23조 제1항에서 말하는 '**정당한 이유**'에는 **실체적** 정당성뿐만 아니라 **절차적** 정당성도 포함된다. 따라서, 사용자에게 근로자를 징계할 정당한 이유가 있는 경우에도 사규로 징계위원회 등의 절차가 규정되어 있는 경우에는 반드시 그 절차를 지켜야 하므로, 징계절차를 지키지 않거나 징계절차를 위반한 경우에는 징계사유의 정당성 여부와 무관하게 그러한 징계는 효력이 없다. (대법원 1991.07.09. 선고 90다8077 판결)

2. 취업규칙 등에 징계절차 규정이 있는 경우

취업규칙 등에서 근로자를 징계하고자 할 때에는 징계위원회의 의결을 거치도록 명하고 있는 경우, 이러한 절차를 거치지 아니하고 한 징계처분은 원칙적으로 효력을 인정할 수 없는 것이나 다만, 사용자와 노동조합 사이에 근로자에 대한 징계절차를 취업규칙에 정해진 징계절차보다 **근로자에게 유리한 방식으로 운영하기로 합의가 이루어져 상당한 기간 그 합의에 따라 징계절차가 운영**되어 왔고, 이에 대하여 근로자들도 아무런 이의를 제기하지 아니하였다면, 그와 같은 징계절차의 운영은 취업규칙의 징계절차에 따르지 않았다고 하더라도 그 효력을 부인할 수는 없다.(대법원 2001.04.10. 선고 2000두7605 판결)

3. 취업규칙 등에 징계절차 규정이 없는 경우

징계절차에 대해서는 법률에서 특별히 규정하고 있지 아니하므로, 회사의 징계에 관한 규정에 징계혐의사실의 고지, 변명의 기회부여 등의 절차가 규정되어 있지 않는 경우에는 회사의 피징계자에 대한 징계절차에서 그와 같은 절차를 거치지 않았다고 하더라도 징계처분을 무효라고 할 수 없다' 는 입장이다.(대법원 1992.04.14. 선고 91다4775 판결) 설령, 절차적 제한 규정이 존재한다 하더라도 징계혐의사실에 대한 사전통지규정이나 피징계자의 진술이 **임의적인 것으로서 규정된 것에 불과하다면**, 사용자에게는 그러한 절차를 행할 의무는 없다는 것이 법원의 확립된 입장이다.(대법원 1991.04.09. 선고 90다카27042 판결)

4. 소명 기회의 부여(→(쟁점) 소명의 기회)

판례는 '단체협약이나 취업규칙 등에서 징계대상자에게 소명절차를 규정한 경우 그 취지는 징계대상자로 하여금 징계혐의 사실에 대한 변명을 위하여 자신에게 이익되는 소명자료를 준비제출 할 수 있는 기회를 보장하려는데 있으므로 위와 같은 절차에 위반한 처분은 원칙적으로 무효이고, **징계사항의 통보시기에 관하여 특별한 규정이 없다고 하더라도 변명과 소명자료를 준비하기 위한 상당한 기간을 두고 통보하여야 한다.**(대법원 1992.09.22. 선고 91다36123 판결) 한편, 취업규칙 등에 피징계자의 출석 및 진술의 기회부여 등에 관한 절차가 규정되어 있는 경우, 그 규정의 취지는 피징계자에게 징계혐의 사실에 관하여 자신에게 이익되는 소명의 기회를 부여하여야 한다는 데 있고 **소명 자체가 반드시 있어야 하는 것은 아니다.**

(5) 징계위원회(→사례: 67,68)

1) 징계위원회의 구성

근로기준법에는 징계해고와 관련하여 근로기준법 제23조에서 징계 해고의 정당성을 요구하면서, 제26조와 27조에서 30일 전 해고예고와 해고의 서면통지를 규정한 것 이외에, 징계절차에 대해서는 특별히 규정하고 있지 아니하다. 마찬가지로 징계위원회의 구성 등에 대한 특별한 법적 규제도 존재하지 않으므로 인사위원회의 구성은 회사가 임의로 정할 수 있다. 따라서, 징계 징계위원(인사위원)의 구성에 대하여 취업규칙 등에 별도의 규정이 없다면 해당 사업장에 소속되지 않는 자를 위원으로 선정해도 무효라고 볼 수 없을 것이다. 그러나, **취업규칙 등에서 징계위원회의구성에 대하여 별도로 정하고 있다면 반드시 그에 따라야 한다**.이를테면, 취업규칙에 노사 동수로 징계위원회를 구성하도록 하고 있다면 취업규칙에 직접적으로 징계위원의 자격과 선임절차를 구체적으로 규정하지 않았다 하더라도 특별한 사정이 없는 한 근로자들의 의견을 반영하는 과정 없이 사용자가 임의로 노측 징계위원을 위촉할 수는 없을 것이다.(대법원 2006.11.23. 선고 2006다48069 판결) 또한, 단체협약상의 징계규정 내지 절차에 위반하여 상벌위원회를 구성한다든지 무자격자를 징계위원회에 참석시켜 징계해고를 하였다면, **징계사유가 인정되는 여부에 관계없이** 절차에 위반되어 **무효**이며, **이는 자격 없는 위원을 제외하고도 의결정족수가 충족된다 하더라도** 그 상벌위원회의 구성 자체에 위법이 있는 이상 마찬가지이다.(대법원 1996.06.28. 선고 94다53716 판결) 한편, 노사협의회나 단체협약 등의 규정상 징계위원회 구성이 노사협의회 구성과 같고 통상 노사협의회에서 근로자 징계사항에 대해서도 처리해 왔다면 (형식적으로는) 서류상으로 노사협의회를 소집하여 당해 근로자를 징계한 것으로 기재되어 있더라도 징계위원회를 대신하여 노사협의회가 열린 것으로 서류가 작성되었다고 보는 것이 타당할 것이다.(대법원 1993.07.13. 선고 92다42774 판결)

2) 제척원인이 있는 징계위원(이해관계인)의 참여

엄격한 공식절차에서와는 달리, 징계위원회에는 이해관계인의 참여를 금지하는 제척[1)]제도가 규정되어 있지 않다. 따라서, 취업규칙 등에 징계사유에 관하여 이해관계 있는 징계위원은 징계위원회에 참석할 수 없다는 규정이 있는 경우가 아닌한, 그러한 이해관계인이 징계위원으로 참석하였다고 하여 징계가 무효라고 할 수 없다. 반면에. 취업규칙 등에 징계사유에 관하여 이해관계가 있는 징계위원이 참석할 수 없다는 규정이 있는 경우, **그러한 이해관계인이 징계위원으로 참석하는 것은 절차상 중대한 하자가 있어 무효이다**.다만, 징계사유와 관계있는 자가 의결권이 있는 인사위원이 아닌 간사 등으로 참여하는 것은 무방하다고 한다.(대법원 2015.01.29. 선고 2014두42827 판결)

그러나 (단순한 이해관계인이 아니라) 근로자에게 고소당한 **당사자**가 징계위원으로 참석하는 것은 절차상 하자로서 그 징계처분은 무효이며(대법원 2007.02.08. 선고 2006두18027 판결) **징계혐의 피해자**가 징계결의에 참석하는 것은 **징계사유가 인정되는 지의 여부와 무관하게** 절차에 관한 정의에 반하는 처사로서 무효로 보아야 한다.(대법원 1995.04.28. 선고 94다59882 판결)

---

1) '제척'이란 공정한 징계절차가 이루어질 수 있도록 징계 사건의 당사자 또는 사건의 내용과 특수한 이해관계를 가진 위원 등을 그 직무의 집행에서 배제하는 것을 의미한다.

3) 징계위원회 개최 사전통지

취업규칙 등에서 징계해고를 함에 있어서는 징계대상자에게 징계위원회에 출석하여 변명할 기회를 부여하도록 규정하고 있는 경우, 징계위원회의 개최통지는 **그 변명과 소명자료를 준비할 수 있을 정도의 시간적 여유를 두고 고지되어야 한다.**(대법원 2007.10.12. 선고 2006다59748 판결)[2] 그러나, 징계위원회에 출석통지를 할 때는 반드시 서면으로 할 필요는 없으며 구두, 전언의 방법도 가능하다. 구두로 할 경우 직접 본인에게 통보해야 하는 것은 아니며 어떤 경우든 징계혐의자 본인에게 전달되었다는 사실을 입증할 수 있으면 된다. 또한, 징계위원회 출석요청서에 대하여 **수령을 거부하여** 사내 **게시판에 게시**한 것은 적절한 출석 통지와 함께 의견을 진술할 기회를 충분히 부여한 것으로 **징계절차에 하자가 없다.**(대법원 2006.04.14. 선고 2006두1715 판결)

4) 사전통지시 혐의사실 고지의 정도

징계대상자에게 미리 혐의사실을 고지하여야 한다는 취지의 **규정이 없는 경우**, 사용자가 반드시 징계대상자에게 징계혐의 사실을 **구체적으로** 고지하여 줄 의무가 있는 것은 아니어서 징계통보 당시 단지 직장질서 문란'이라고만 고지하더라도 절차상 하자가 있다고 할 수 없다.(대법원 2004.01.29. 선고 2001다6800 판결) 그러나 '취업규칙 제00조, 제00의 각 위반'으로만 통지한 경우 그 조항이 추상적 · 포괄적인데다가 여러 사유들이 열거되어 있어 징계사유 특정 이 곤란하고 근로자의 이의 제기에도 불구하고 해고통보에 이르기까지 끝내 사유를 통보 받지 못한 경우에는 절차상 하자가 있어 위법하다.(서울행법 2007.02.15. 2006구합24701 판결)

5) 재심절차

취업규칙이나 단체협약 등에 징계 절차에 대한 재심기회 부여에 대한 규정이 없다면 재심절차를 이행하지 아니했어도 절차상 하자가 없으나, 규정이 있음에도 재심 절차를 생략하였다면 절차상 중대한 하자가 있어 징계 처분은 무효이다.(대법원 1993.10.22. 선고 92다49935 판결) 다만, 단체협약에 징계처분을 받은 자가 재심을 청구할 수 있다고 규정되었더라도, 재심절차는 근로자에 대한 구제절차에 불과하고, 징계해고는 즉시 효력을 발생하여 사용자와 징계해고된 근로자와의 근로관계는 종료되며, **다만 재심에서 징계해고 처분이 취소되는 경우에는 소급하여 해고되지 아니한 것으로 볼 뿐이다.**(대법원 1993.05.11. 선고 91누11698 판결)

6) 절차상 하자의 치유

징계절차상의 하자가 있음에도 피징계자가 스스로 징계를 위한 인사위원회에 출석하여 출석통지절차에 대한 이의를 제기함이 없이 충분한 변명을 하였다면, 그와 같은 절차상의 하자는 치유된다.(대법원 1993.07.16. 선고 92다55251 판결) **그러나, 원래의 처분에 있지 않던 사유를 재심에서 비로소 추가하는 것은, 재심에서 충분히 방어권을 행사할 수 있는 등의 특별한 사정이 인정되지 않는 한 허용되지 않는다.**

---

2) 징계위원회 출석통지서가 징계위원회 개최 1시간 50분전에 징계대상자에게 도달하였다면 해당징계자는 소명자료를 준비할 시간도 부족할 뿐 아니라, 징계위원회에 참석하는 것도 어려울 수 있으므로, **실질적으로 변명의 기회를 부여하지 않은 것과 마찬가지로서 위법하다.** (대법원 1991.7.23. 선고 91다13731 판결)

(쟁점) 소명의 기회(→사례: 67)

1. 의의

징계위원회를 두고 소명 등 관련 '절차'를 정해 두는 것은 사용자의 재량에 속한다. 따라서 소명기회 부여 등에 관한 징계절차 규정 자체가 없는 경우에는 그러한 절차를 거치지 아니하고 징계를 하더라도 그 징계를 무효로 할 수 없다.(대법원 1992.04.14. 선고 92다4755 판결) 그러나 **단체협약이나 취업규칙상에 소명절차를 규정한 경우에는 이를 준수하여야 하며** 징계규정에 소명절차에 대한 구체적인 시기와 방법에 대하여 규정된 바가 없다 하더라도 변명과 소명자료를 준비할 만한 상당한 기간을 두고 개최일시와 장소를 통보하여야 할 것이므로, 이러한 **시간적 여유를 주지 않고 촉박하게 이루어진 통보**(예 징계위원회의 개최일시 및 장소를 징계회의가 개최되기 불과 30분 전에 통보)**한 것은 징계규정이 규정한 사전통보의 취지를 몰각한 것으로서 부적법하다.**(대법원 1991.07.09. 선고 90다8077 판결) 그러나, 예를 들어 징계위원회 개최 2~3일 전에 그 개최사실을 통보하였다면, 이것은 징계 대상자가 변명과 소명자료를 준비할 만한 상당한 기간을 두고 이루어 진 것으로 볼 수 있다고 한다. 또한, 단체협약에 규정된 통보시점을 준수하지 못하였다 하더라도 **근로자가 징계회부된 내용을 통지받고 직접 징계위원회에 출석하여 변명의 기회까지 부여받아 자신의 의사까지 개진하였다면 통지기간의 불준수라는 점을 들어 징계결의의 무효사유로 삼을 수 없다**는 것이 판례의 태도이다.(대법원 1991.02.08. 선고 90다15884 판결)

2. 소명권의 포기

사용자가 피징계자에게 출석하여 소명하거나 의견을 개진할 기회를 부여하였음에도 스스로 출석을 거부한 경우 **소명권의 포기**에 해당하므로 통보만으로 징계절차를 속행할 수 있으며, 징계위원회가 진술의 기회를 부여하였음에도 징계혐의자가 진술권을 포기하거나 출석통지서의 수령을 거부하여 진술권을 포기한 것으로 간주되는 경우 징계위원회는 차후 그 징계혐의자에 대하여 징계위원회 출석통지를 할 필요 없이 **서면심사만으로 징계의결을 할 수 있다.** 나아가, 규정에 따라 소명의 기회를 부여하였음에도 소명하지 아니하고 연기요청하는 경우에는 연기요청에 불구하고 **징계자의 참석과 의견개진 없이** 징계위원회를 유효하게 개최할 수 있다.(대법원 1995.05.23. 선고 94다24763 판결) 따라서 비록 회사에는 징계절차에 관하여 별도로 규정하고 있지 않음에도 징계위원회를 소집하고 근로자에게 소명할 기회를 준 것은 근로자에게 **최소한** 자기변명의 기회를 부여한 것으로 보아야 할 것이므로, 그럼에도 불구하고 근로자가 징계위원회에 참석하지 않는 경우에는 근로자가 스스로 **자기변명의 기회를 포기**한 것으로 보아야 할 것이다.

관련판례 대법원 1995.05.23. 선고 94다24763 판결 소명의 기회

취업규칙 등의 징계에 관한 규정에 피징계자의 출석 및 진술의 기회부여 등에 관한 절차가 규정되어 있는 경우에는 그러한 절차는 징계처분의 유효요건이지만, 그 규정의 취지는 피징계자에게 징계혐의 사실에 관하여 자신에게 이익되는 소명의 기회를 부여하여야 한다는 데 있고 **소명 자체가 반드시 있어야 하는 것은 아니므로** 그 기회를 부여하였는데도 소명하지 아니하고 연기요청을 하는 경우에는 연기요청에 불구하고 피징계자의 참석과 의견개진 없이 징계위원회를 예정대로 개최할 수 있다.

사례연습 67

소명의 기회 (2011년도 제1차 변호사시험 모의시험)

[사실관계]

X회사는 상시 근로자 약 500명을 사용하여 제조업을 영위하고 있다. A는 X회사에 1990년 2월 1일에 입사하여 근무하던 중 2011년 6월 2일에 해고되었다. X회사가 A에게 교부한 해고통지문에는 '취업규칙 제73조의 징계사유인 회사에 대한 손해발생(제5호) 및 직장질서의 문란(제7호)에 따른 징계해고'라고 기재되어 있다.

A는 2011년 4월 12일 작업 도중 자신의 실수로 기계를 고장 내고 원자재를 훼손하여 X회사에 300만원 상당의 손해를 입혔다. 이에 대하여 총부부장 B는 같은 달 13일 A에게 사고발생의 경위서를 작성하여 같은 달 15일까지 제출하도록 지시하였다. A가 경위서를 제출하지 않자 같은 달 16일 오후 3시경 B는 작업을 하고 있던 A를 직접 찾아가 '야! xx 야! 왜 경위서를 내지 않는 거야'라고 추궁하였다. A는 자기보다 어린 B가 갑자기 나타나 욕설과 반말로 추궁하자 울컥한 마음에 B를 가볍게 밀치며 마찬가지로 욕설을 하였고(당시 A는 46세, B는 40세), 이 때문에 5분 정도 서로 간에 고성이 오가는 다툼이 있었다. A는 당일 자신의 작업을 마치고 오후 7시경에 총무부에 4월 12일의 사고발생에 관한 경위서를 제출하였다.

X회사는 A의 4월 12일의 사고발생 및 4월 16일의 총무부장 B와의 다툼과 관련하여 A를 징계하기로 하고 징계위원회에 회부하였다. X회사의 취업규칙 제75조에는 '① 징계위원회는 징계대상자에게 징계위원회 개최 7일전에 징계사유 및 징계위원회의 출석을 통지한다. ② 징계위원회는 징계를 의결하기 전에 징계대상자에게 소명할 기회를 부여한다.'고 규정되어 있다.

X회사의 징계위원회는 4월 29일 A를 해고하기로 의결하였다. 이 과정에서 징계위원회는, i) A가 4월 12일의 사고에 대한 경위서를 4월 16일에 총무부에 제출하였고, ii) 4월 16일의 A와 B의 다툼에대해 징계위원회에서 직접 B로부터 사정을 청취하였으므로, 별도로 A를 징계위원회에 출석시켜 소명을 들을 필요가 없다고 판단하여 A에게 징계위원회의 출석통지를 하지 않았다.

[질문]

1. '제 실수로 회사에 손해를 끼쳤고 총무부장에 대하여 언성을 높인 잘못은 있지만 제가 해고될 정도의 잘못은 아니라고 생각합니다.'라는 A의 주장에 대한 법적 의견은?
2. '징계위원회에 출석하여 사건의 경위를 제대로 설명하고 싶었으나 그럴 기회가 없었으므로 해고는무효라고 생각합니다.'라는 A의 주장에 대한 법적 의견은?

Ⅰ. 설문 1의 해결(→사례연습 69 징계해고)

Ⅱ. 설문 2의 해결

1. 쟁점의 정리

X회사의 취업규칙 제75조에는 징계대상자에게 징계위원회 출석통지 및 소명기회를 부여하도록 징계절차가 규정되어 있는데, X회사는 甲으로부터 경위서를 받았고, 甲과 乙의 다툼에 대해 징계위원회에서 乙로부터 사정을 청취하였다는 이유로 甲에게 징계위원회의 출석통지를 하지 않았으며, 甲에게 소명기회를 주지 않은 채 甲을 해고하자, 甲은 자신에게 소명기회가 부여되지 않은 채 해고된 것은 무효라고 주장하고 있다. 이 경우, 취업규칙 소정의 징계절차에 관한 규정을 위반하여 징계해고한 것이 절차 위반의 해고로서 무효가 되는지 여부가 문제된다.

2. 징계권의 의의

'징계권'이란 사용자가 기업의 직장질서를 확립하고 유지하기 위하여 경영조직의 질서나 규율을 위반한 근로자에 대해 일정한 불이익을 가할 수 있는 권리를 의미한다. 사용자는 '지시 · 감독권'에 근거하여 사업장의 질서를 유지하기 위하여 근로자에게 일정한 불이익을 가하는 징계를 할 수 있고, 징계벌은 기업질서 위반자에 대해 가하는 질서벌(징벌)의 성격을 가진다는 점에서, 계약위반에 대한 제재로서 가해지는 계약벌과 구별된다. 다만, 징계권을 포함하는 사용자의 지시 · 감독권은 신의성실의 원칙에 따라 공정하게 행사되어야 하며 이를 남용할 수 없다는 내재적 한계를 가진다.

3. 징계권의 법적성질

'징계권'이란 사용자가 기업의 직장질서를 확립하고 유지하기 위하여 기업의 질서나 규율을 위반한 근로자에 대해 일정한 불이익을 가할 수 있는 권리를 의미하는바, 이러한 사용자의 징계권의 근거가 무엇이냐에 대하여 학설이 대립된다. 학설은 크게 나누어 '고유권설'과 '계약설'의 대립이 존재하는데, 고유권설은 징계권의 근거를 사용자의 경영권에서 유래하는 사용자의 고유의 권리에서, 그리고 계약설은 징계권의 근거를 근로계약이나 취업규칙 등에 기초하는 당사자의 '합의'에서 찾는다.

판례는 '인사권은 사용자 고유의 권한으로서 그 징계규정의 내용이 강행법규나 단체협약의 내용에 반하지 않는 한 사용자는 그 구체적인 내용을 자유롭게 결정할 수 있다'고 하여 '고유권설'의 입장에 있는 것으로 해석된다.

기업의 '공통질서'를 교란하는 자에 대해서는 '계약설'이 예정하는 계약법상의 손해배상이나 계약관계의 해지 또는 전직 등의 조치 이외의 특별한 제재가 불가피하다는 점에서 계약설은 사용자의 인사권의 근거는 될 지언정 사용자의 징계권의 근거로는 부적절하다 또한, '취업규칙설'에 의하면 결국 근로계약이나 취업규칙 등에 규정되지 않은 사유로는 사용자가 징계권을 행사할 수 없다는 결론에 이른다는 점에서 구체적인 타당성을 확보하는 것이 부적절하다. 따라서 징계권은 경영권에서 도출되는 사용자의 고유한 권리로 보는 판례의 태도가 타당하며, 다만, 이러한 징계권의 행사는 권리남용 금지라는 내재적 한계가 있으며 근로기준법 제23조 제1항에 위배되어서는 아니 될 것이다.

4. 징계절차의 정당성

(1) 의의

사용자에게 근로자를 징계할 정당한 이유가 있는 경우에도 사규로 징계위원회 등의 절차가 규정되어 있는 경우에는 반드시 그 절차를 지켜야 한다. 징계절차에 관한 근로기준법상 제한규정은 존재하지 아니하므로, 취업규칙이나 단체협약 등에 징계절차에 관한 규정이 없거나 또는 징계절차가 임의규정으로 되어 있는 경우에는 징계절차를 거치지 아니하였다고 하여 그 징계를 무효라 할 수 없는 것이겠지만, 단체협약이나 취업규칙 등에 징계절차가 규정된 경우에는 반드시 그 규정된 절차를 지켜야 하므로, 징계절차를 지키지 않거나 징계절차를 위반한 경우에는 징계사유의 정당성 여부와 무관하게 그러한 징계는 효력이 없다.(대법원 1991.7.9. 선고 90다8077 판결)

(2) 취업규칙 등에 징계절차 규정이 있는 경우

취업규칙 등에서 근로자를 징계하고자 할 때에는 징계위원회의 의결을 거치도록 명하고 있는 경우, 이러한 절차를 거치지 아니하고 한 징계처분은 원칙적으로 효력을 인정할 수 없는 것이나 다만, 사용자와 노동조합 사이에 근로자에 대한 징계절차를 취업규칙에 정해진 징계절차보다 근로자에게 유리한 방식으로 운영하기로 합의가 이루어져 상당한 기간 그 합의에 따라 징계절차가 운영되어 왔고, 이에 대하여 근로자들도 아무런 이의를 제기하지 아니하였다면, 그와 같은 징계절차의 운영은 취업규칙의 징계절차에 따르지 않았다고 하더라도 그 효력을 부인할 수는 없다.(대법원 2001.04.10. 선고 2000두7605)

(3) 취업규칙 등에 징계절차 규정이 없는 경우

판례는 '회사의 단체협약이나 취업규칙 등에 징계절차에서 피징계자에게 사전에 통고하거나 변명의 기회를 부여할 것을 명한 규정이 없는 이상, 회사의 피징계자에 대한 징계절차에서 그와 같은 절차를 거치지 않았다고 하더라도 징계처분을 무효라고 할 수 없다'는 입장이다.(대법원 1992.4.14. 선고 91다4775 판결) 즉, 회사의 징계에 관한 규정에 징계혐의사실의 고지, 변명의 기회부여 등의 절차가 규정되어 있지 않는 경우에는 그와 같은 절차를 밟지 아니하고 한 징계처분도 정당하며,(대법원 1979.1.30. 선고 78다304 판결) 절차적 제한 규정이 존재한다 하더라도 징계혐의사실에 대한 사전통지규정이나 피징계자의 진술이 임의적인 것으로서 규정된 것에 불과하다면, 사용자에게는 그러한 절차를 행할 의무는 없다는 것이 법원의 확립된 입장이다.(대법원 1991.4.9. 선고 90다카27042 판결)

5. 소명기회를 부여하지 않은 징계의 효력

가. 소명 기회를 부여하도록 한 취지

판례는 '단체협약이나 취업규칙 등에서 징계대상자에게 징계사항을 통보하고 경위서를 징구하도록 규정한 경우 그 취지는 징계대상자로 하여금 징계혐의 사실에 대한 변명을 위하여 자신에게 이익되는 소명자료를 준비제출 할 수 있는 기회를 보장하는 한편, 징계권자로 하여금 비위 사실을 정확하게 파악하고 사건을 공정하게 처리하게 하려는데 있으므로 위와 같은 절차에 위반한 처분은 원칙적으로 무효이고, 징계사항의 통보시기에 관하여 특별한 규정이 없다고 하더라도 변명과 소명자료를 준비하기 위한 상당한 기간을 두고 통보하여야 하며, 징계대상자가 징계사유 이외에 다른 불법행위를 저지를 위험이 있다고 하더라도 특별한 사정이 없는 한 그 점만으로 징계에서 당연히 밟아야 할 절차를 생략할 정당한 사유가 될 수는 없다.'라고 한다.(대법원 1992.09.22. 선고 91다36123 판결)

나. 징계 자체가 무효인지 여부

단체협약이나 취업규칙에서 정한 징계절차를 지키지 않거나 징계절차를 위반한 경우에는 징계사유의 정당성 여부와 무관하게 그러한 징계는 효력이 없다. 판례는 '단체협약이나 취업규칙 또는 이에 근거를 둔 징계규정에서 징계위원회의 구성에 노동조합의 대표자를 참여시키도록 되어 있고 또 징계대상자에게 징계위원회에 출석하여 변명과 소명자료를 제출할 기회를 부여하도록 되어 있음에도 불구하고 이러한 징계절차를 위배하여 징계해고를 하였다면 이러한 징계권의 행사는 징계사유가 인정되는 여부에 관계없이 절차에 있어서의 정의에 반하는 처사로서 무효라고 보아야 한다.'라고 한다.(대법원 1991.07.09. 선고 90다8077 판결)

6. 결론

X회사 취업규칙 제75조에는 징계대상자에게 징계위원회 개최 7일전에 징계사유 및 징계위원회의 출석을 통지 및 징계의결 전 소명할 기회를 부여하도록 규정하고 있으므로 당해 징계절차를 거쳐서 A를 징계해고 하여야 하는 바, 이러한 절차를 위배하였다. 이는 A의 소명자료 준비 제출 할 수 있는 기회를 박탈하였고 징계권자로 하여금 비위 사실을 정확하게 파악하고 사건을 공정하게 처리할 기회를 주지 않았으므로, 그러한 징계해고는 징계사유의 정당성 여부와 무관하게 효력이 없다.

(쟁점) 이중처벌의 금지

1. 의의

근로자의 징계사유에 대해 이미 징계 처분을 한 후 같은 사유에 대하여 이중으로 징계처분을 하는 **이중처벌은 일사부재리의 원칙이나 신의칙에 위배되어 무효**이다. **이중징계처분**에 해당하려면 선행처분과 후행처분의 법적 성질이 모두 '징계'라야 하고, 선행 징계처분이 취소됨이 없이 유효하게 확정되어야 하며 후행처분의 징계혐의 사실이 선행처분의 징계사실과 동일해야 한다.(대법원 2009.09.29. 선고 99두10902 판결) 또한, 선행 처분과 후행 처분의 징계혐의 사실이 동일해야 이중징계가 되므로 징계 혐의 사실이 다르면 이중징계가 되지 않는다.

2. 1차 징계를 취소한 후에 취한 재징계 처분의 효력

1차 징계를 취소한 후 재차 징계처분하는 것이 일사부재리의 원칙에 위배되는 지 문제되는데, 판례는 '사용자가 징계 절차의 하자나 징계사유의 존부, 징계 양정 등에 잘못이 있음을 스스로 인정한 때에는 노동위원회의 구제명령이나 법원의 무효확인 판결을 기다릴 것 없이 스스로 징계 처분을 취소할 수 있고, 징계 해고처분이 취소되면 **소급**하여 처음부터 해고되지 아니한 것으로 보게 되므로 그 후 새로이 **같은 사유 또는 새로운 사유를 추가**하여 다시 징계처분을 한다고 하여 **일사부재리의 원칙이나 신의칙에 위배된다고 볼 수는 없다**'고 한다.(대법원 1998.06.12. 선고 97누16084 판결)[3] 나아가, 절차상의 위법을 이유로 한 직위해제 및 직권면직 처분의 무효 확인 판결이 확정된 경우 **그 소송 도중 징계시효 기간이 도과했어도** 실체적 징계 사유가 정당하다면 판결확정일로부터 상당한 기간 내에 동일한 사유로 다시 징계처분을 할 수 있고, 위원회나 법원에서 징계절차 위반이나 양정이 부당하다고 판정되자 사용자가 동일한 사유에 대하여 다시 절차를 밟거나 징계수위를 낮추어 다시 징계하는 것도 인정된다.(대법원 1998.06.12. 선고 97누16084 판결)

3. 근로자를 원직복귀후 재채 해고 가능 여부

1차 징계해고가 양정과다로 구제명령을 받아 복직시킨 뒤 **동일한 사안**에 대하여 해고사유를 추가로 보완해서 2차 징계해고를 하는 것이나 과거에 발견하지 못한 징계사유를 상당한 시일이 경과하여 발견해서 징계사유로 삼는 것도 가능하다. 판례는 회사가 불법파업을 이유로 한 제1차 해고의 효력을 다투는 소송계속 중 항소를 취하하고 근로자를 복직시킨 후 그 소송 중 주장하지 않았던 허위경력기재 사실을 들어 다시 해고한 경우, 제1차 해고의 효력을 다투는 소송에서 별도의 해고사유인 학력 등의 기망사실을 주장하지 않았다 하여 근로자에게 장차 이를 문제삼지 않겠다는 신뢰를 부여하였다고 볼 수 없으며, 그 허위기재사실을 알고도 근로관계를 용인하였다고 볼 아무런 근거가 없으므로 2차 해고가 신의칙에 반하여 징계권을 남용하였다고 볼 수 없다고 하였다.(대법원 1997.05.28. 선고 95다45903 판결)

---

3) 따라서, 형사처벌에서의 이중위험의 원칙과 같은 것이 징계절차에는 적용되지 않으므로, 1차 처분을 취소한 후 재차 동일한 사유로 재징계처분할 수 있으며, 이것은 이중처벌금지에 해당하지 않는다.

(6) 징계시효

1) 징계시효의 의미

징계시효'란 징계사유에 해당하는 어떤 행위에 대해 일정 기간이 지나면 징계권을 소멸케 하는 제도이다. 징계시효에 관한 규정은 근로자에 대한 징계사유가 발생해 사용자가 일방적으로 근로자를 징계할 수 있었음에도 그 행사 여부를 확정하지 않음으로써 근로자로 하여금 상당기간 불안정한 지위에 있게 하는 것을 방지하기 위한 것으로서, 이는 어떤 범죄에 대해 일정 기간이 지나면 형벌권이 소멸하는 공소시효 제도와 유사하다. 징계시효가 정해진 경우에는 징계시효가 지났음에도 불구하고 이를 징계사유로 삼는 것은 절차위반으로 무효이다. 반면에, 징계시효에 관한 규정이 취업규칙 등에 정해져 있지 않다면 징계사유가 발생한 날로부터 오랜 시간이 지났어도 이를 징계사유로 삼을 수 있다.

2) 징계 시효의 기산점

징계시효의 기산점은 원칙적으로 회사가 근로자의 비위행위를 알았거나 알 수 있었을 때가 아니라 징계사유가 발생한 때이다.(대법원 2008.07.10. 선고 2008두2484 판결) 다만, 사용자가 징계권을 행사하는 것이 객관적으로 불가능한 사유가 존재하는 경우에는 **현실적으로 징계가 가능한 시점**부터 시효가 기산된다.(대법원 2013.02.15. 선고 2010두20362 판결)

예 ① 근로자가 허위의 경력증명서를 제출해 임금을 부당하게 지급받아 온 경우에는 최종적으로 임금을 수령한 시점이 징계시효의 기산점이 된다.

② 근로자가 비위행위를 저질러 그것이 언론에 보도돼 회사의 명예를 손상시킨 경우에, 그에 대한 징계는 해당 근로자의 비위행위 시가 아니라 해당 근로자의 비위행위가 언론에 보도된 때로부터 징계시효가 진행한다고 보아야 할 것이다.

③ 단체협약에 의해 파업기간 중에는 징계가 금지돼 있다면 불법파업 일련행위에 대한 징계를 위한 징계시효는 행위시가 아니라 **파업종료일부터 기산**해야 할 것이다.

④ 비위사실이 계속적으로 행하여진 일련의 행위로서 하나의 행위로 볼 수 있는 경우 징계시효의 기산점은 일련의 행위 중 최종의 것을 기준으로 하여야 한다.(대법원 1986.01.21. 선고 85누841 판결)

⑤ 사립학교 교원이 그 임용과 관련된 비위행위에 의하여 사립학교 교원으로 임용되었다면 그 신분을 취득하기까지의 일련의 행위가 사립학교법상의 징계사유에 해당하므로 징계시효의 기산점도 임용 전의 비위행위 시가 아니라 교원으로 임용된때로부터 기산하여야 한다.(대법원 1996.03.08. 선고 95누18536 판결)

3) 징계 시효의 완성

징계시효는 예외적으로 인사규정 등에서 재판진행 내지 수사개시 등을 징계시효 정지의 사유로 규정하고 있는 경우에 한하여 정지될 수 있다.(대법원 2008.07.10. 선고 2008두2484 판결) 징계시효가 완성되면 징계권은 당연히 소멸되므로 회사는 동일한 사유로 근로자를 징계할 수 없으므로 징계시효가 경과한 후 이루어 진 징계는 무효이다. 그러나 징계시효가 지난 비위행위라 하더라도 그러한 비위행위가 있었던 점을 다른 징계에 대한 징계양정의 판단자료로 삼는 것까지 금지하는 것은 아니다. 따라서, 근로자가 징계시효가 완성된 뒤에 다른 비위행위로 징계를 받을 경우에 징계양정상 가중된다 하더라도, 그것이 현저하게 지나치지 않다면, 이를 부당한 징계의 양정으로 볼 수 없다. 그리고, 징계시효가 완성되었는지 여부는 징계시효 기간이 경과할 때까지 징계의결 요구 등에 의하여 징계절차에 착수하였는지 여부로 판단하며 징계처분까지 완료하여야 한다는 의미는 아니다. 즉, 징계시효의 기산점은 징계대상자를 징계하기 위해 필요한 절차에 착수한 사실을 징계대상자가 객관적으로 인식할 수 있게 된 때이다.(대법원 2012.03.15. 선고 2011두32690 판결) 또한, 절차상의 위법을 이유로 한 직위해제 및 직권면직처분의 무효확인 판결이 확정된 경우 그 소송 도중 징계시효기간이 도과하였어도 같은 사유로 다시 징계처분을 할 수 있다.(대법원 1981.05.26. 선고 80다2945 판결)

4) 징계 시효의 연장

징계사유의 발생시와 징계절차 요구시 사이에 취업규칙이 개정되어 징계의 시효가 연장된 경우에는 경과규정에서 달리 정함이 없는 한, 징계사유 발생시의 취업규칙이 아니라, **징계절차 요구 당시 시행되는 개정 취업규칙을 적용**하는 것이 원칙이다. 그리고, **사후적인 취업규칙의 개정으로 징계의 시효를 연장한다고 하여 이를 헌법상 불소급의 원칙에 위배된다고 볼 수 없다.**(대법원 2014.06.12. 선고 2014두4931 판결) 한편, 이미 징계시효가 도과되었음에도 사후적으로 취업규칙을 변경하여 징계시효를 연장하여 처벌하는 것은 불소급원칙에 위배되어 허용되는 것이 아니겠지만, **개정전 취업규칙의 존속에 대한 근로자의 신뢰가 개정 취업규칙의 적용에 관한 공익상의 요구보다 더 보호가치가 있다고 인정되는 예외적인 경우에 한하여 그러한 근로자의 신뢰를 보호하기 위하여 신의칙상 적용이 제한될 수 있다고 보아야 한다.** 이를테면, 근로자의 비위행위가 비윤리·반도덕적 행위로서 사회통념상 도저히 용인되지 않을 정도라고 인정될 경우에 이르는 경우에 한하여 징계시효의 완성여부와 무관하게 언제든지 처벌할 수 있다고 보아야 할 것이다.

관련판례 대법원 2013. 2. 15. 선고 2010두20362 판결 징계시효의 기산점

단체협약에서 '징계위원회는 징계사유 발생일로부터 15일 이내에 개최되어야 하고, 이를 따르지 않는 징계는 무효로 한다'고 정하고 있는 경우, **징계대상자 및 징계사유의 조사 및 확정에 상당한 기간이 소요되어 위 규정을 준수하기 어렵다는 등의 부득이한 사정이 없는 한, 위** 규정을 위반하여 개최된 징계위원회에서 한 징계 결의는 무효라고 할 것이다. 한편 징계위원회 개최시한의 기산점은 원칙적으로 **징계사유가 발생한 때**라고 할 것이나, 쟁의기간 중에 쟁의 과정에서 발생한 징계사유를 들어 징계를 함에 있어서 앞서 본 '쟁의기간 중의 징계금지'와 같이 **징계가 불가능한 사유가 있는 경우에는 쟁의행위가 종료된 때로부터 위 기간이 기산**된다고 할 것이다.

원심은, 원고 회사의 단체협약 제32조가 '회사가 조합원을 징계하고자 할 때는 다음의 절차를 거쳐야 하며 이를 따르지 않는 징계는 무효로 한다'고 정하고 있고, 그 중 제2호는 '징계위원회는 징계사유 발생일로부터 15일 이내에 개최되어야 한다'고 정하고 있으므로 징계위원회 개최시한에 관한 위 규정은 단순한 훈시규정이 아니라 효력규정이라고 전제한 후, 그 기산점은 원칙적으로 징계사유가 발생한 때라고 할 것이나, **단체협약 제108조에서 쟁의기간 중의 징계 등을 금지하고 있는 것과 같이 징계가 불가능한 사유가 있는 경우에는 이 사건 쟁의행위가 종료한 때로부터 위 기간이 기산된다고 보았다.** 그리고 2008. 4. 23.자 피고보조참가인 2의 징계사유를 제외한 피고보조참가인들에 대한 징계사유는 모두 이 사건 쟁의행위 과정에서 발생한 것으로, 이 사건 쟁의행위가 종료한 2008. 4. 4.부터 15일 이내에 징계위원회가 개최되어야 함에도, 피고보조참가인들에 대한 이 사건 각 해고 및 정직 처분은 그로부터 15일이 훨씬 지난 후에 개최된 징계위원회에서 한 결의에 의한 것으로 무효라고 판단하였다. 기록에 비추어 살펴보면, 이러한 원심판결은 정당한 것으로 수긍이 가고, 거기에 상고이유로 주장하는 바와 같이 징계위원회의 구성에 관한 법리오해 등의 위법이 없다.

제8장_ 해고

1. 사용자의 해고와 정당한 이유

(1) 사용자의 해고의 의의

사용자의 '해고'란 근로자의 의사에 반하여 근로계약을 해지하는 사용자의 '일방적 의사표시'를 의미한다. 판례는 해고를 '실제 사업장에서 불리는 명칭이나 그 절차에 관계없이 근로자의 의사에 반하여 사용자의 일방적인 의사에 의하여 이루어지는 모든 근로계약관계의 종료를 의미한다'고 정의한다.(대법원 1992.08.04. 선고 91다29811 판결 등) 사용자가 근로자를 '해고'하는 경우에는 실체적 요건으로서 근로기준법 제23조의 '정당한 이유'가 필요하며, 절차적 요건으로서 근로기준법 제27조 (해고사유 등의 서면통지) 및 근로기준법 26조 (해고예고기간)를 준수하여야 한다. 따라서, 명칭이나 절차를 불문하고 그것이 '해고' (즉, 사용자의 일방적인 의사에 의하여 이루어지는 모든 근로계약관계의 종료)로 평가된다면, 근로기준법에서 규정한 실체적 요건(정당한 이유)과 절차적 요건을 모두 갖추어야만 유효한 해고로 인정된다.

(2) 근로기준법 제23조 제1항의 '정당한 이유'(당목사당근지무/비동경)

1) 의의

사용자가 근로자와의 근로계약을 일방적으로 종료하는 경우에는, 즉, 사용자가 근로자를 '해고'하는 경우에는 근로기준법 제23조에 의하여 반드시 '정당한 이유'가 필요하다. 단체협약이나 취업규칙 등에 해고에 관한 규정이 있는 경우, 그것이 법에 위배되거나 권리남용에 해당하지 않는 한, 원칙적으로 그에 따른 해고는 정당한 이유가 있는 해고로 보아야 할 것이지만, 그렇다고 하여 단체협약이나 취업규칙에 해고사유로 규정된 사유가 곧바로 '정당한 이유'가 되는 것은 아니고, 그것이 사회통념상 근로관계를 계속할 수 없을 정도로 근로자에게 책임 있는 사유 또는 긴박한 경영상의 사유에 해당되는 경우에만 그 해고의 정당성이 인정된다. 대법원 판례는 '정당한 이유'에 관하여, '(징계)해고'는 사회통념상 고용관계를 계속할 수 없을 정도로 근로자에게 책임 있는 사유가 있는 경우에 행하여져야 그 정당성이 인정되는 것'이라는 전제하에, 사회통념상 근로자와 고용관계를 계속할 수 없을 정도인지의 여부는 ① 당해 사용자의 사업의 목적과 성격, 사업장의 여건, ② 당해 근로자의 지위 및 담당직무의 내용, ③ 비위행위의 동기와 경위, ④ 이로 인하여 기업의 위계질서가 문란하게 될 위험성 등 기업질서에 미칠 영향, ⑤ 과거의 근무태도 등 여러 가지 사정을 종합적으로 검토하여 판단하여야 한다는 입장이다.(대법원 1992.05.12. 선고 91다27518 판결 등)

2) '4인 이하인 사업장'의 경우

4인 이하의 사업장에서 근로자를 해고하는 경우에는 근로기준법 제23조 제1항의 '정당한 이유'가 필요하지 않으며, 해고의 방식도 반드시 서면이 아닌 구두에 의한 해고도 가능할 뿐 아니라, 근로자는 노동위원회에 부당해고 구제신청을 제기할 수 없다.(근로기준법 시행령 별표1 참조)[1] 한편, '근로기준법 제23조 제2항'은 상시 4인 이하 사업 또는 사업장에도 적용되므로 사용자는 근로자가 업무상 부상 또는 질병의 요양을 위하여 휴업한 기간과 그 후 30일 동안 또는 산전·산후의 여성이 이 법에 따라 휴업한 기간과 그 후 30일 동안은 해고하지 못하며, 근로기준법 제26조의 '해고의 예고'는 4인 이하의 사업 또는 사업장의 경우에도 동일하게 적용된다.

(쟁점) 변경해지권(조건부 해고) 인정여부

1. 의의

사용자의 '해고'란 근로자의 의사에 반하여 근로계약을 해지하는 사용자의 '일방적 의사표시'를 의미하는 '단독행위'이므로 원칙적으로 조건을 붙여서는 행할 수 없다. **다만, 예외적으로 단독행위의 경우에도 상대방에게 유리한 조건과 같이 상대방의 지위를 불리하지 않은 조건을 붙이는 이른바 '수의조건'인 경우에는 조건부 단독행위도 유효하므로, 해고의 경우에도 근로자의 지위를 현저하게 불리하게 만들지 않은 조건부 해고(조건부 퇴직)도 가능하다는 것이 판례의 태도이다.**(대법원 1995.11.14. 선고 95누1422 판결) 다만, 조건부 해고 그 자체가 인정된다는 것과 해고의 정당한 이유는 별개의 문제이므로, 이를테면 '일정한 기한내에 사직원을 제출하지 않으면 징계면직한다'는 조건부 징계면직의 경우에 근로자가 일정한 기한 내에 사직원을 제출하지 않는다면 사용자의 징계면직(해고) 그 자체의 정당성은 별도로 인정되어야 할 것이다.

2. 조건부 징계면직통지의 유효성

소위 조건부징계면직처분에 있어서, 사직원 제출에 일정기간을 둔 취지는 근로자로 하여금 사직원을 제출하여 의원면직될 것인지 또는 징계면직된 다음 법적 절차에 따른 구제를 받을 것인지의 여부에 관하여 신중히 고려하여 선택할 수 있는 시간적 여유를 보장하려는 데 있다고 할 것이므로, 취업규칙 등에 사직원 제출기간에 관하여 특별한 규정이 없다고 하더라도, 상당한 시간적 여유를 두지 않고 촉박하게 사직원 제출기간을 정하여 조건부징계면직통지가 되었다면, 이는 사직원 제출기간의 취지를 몰각한 것으로서 부적법하다 할 것이고, 따라서 근로자가 촉박하게 지정된 사직원 제출기간 내에 사직원을 제출하지 않았다고 하더라도 징계면직처분의 효력이 확정적으로 발생하는 것은 아니며 그 후 근로자가 상당한 기간 내에 사직원을 제출하였다면 이는 조건부징계면직처분에 기초한 사직원의 제출로 보아야 할 것이다.(대법원 1995.11.14. 선고 95누1422 판결)

---

1) 그러나, 이는 민사적인 측면에서 사용자가 근로계약상 부담하는 계약상 의무와는 무관하다. 이를테면, 근로계약서에서 **4인 이하 사업장**에서 **'정당한 이유'없이** 해고하지 못한다는 해고제한의 특약을 한 경우에 그 특약을 위반한 **'정당한 이유'가 없는 해고는 무효**이다.(대법원 2008.03.14. 선고 2007다1418 판결)

2. 해고의 종류

> 사용자가 근로자와의 근로계약을 일방적으로 종료하는 경우에는, 즉, 사용자가 근로자를 '해고'하는 경우에는 근로기준법 제23조에 의하여 반드시 **'정당한 이유'**가 필요한 바, 근로기준법 제23조에서 의미하는 해고의 '정당한 이유'가 무엇이냐에 따라 해고는 다음의 3가지 유형으로 분류된다. 다시 말하자면, 다음의 세 가지의 정당화 사유가 없는 경우에는 어떠한 경우에도 근로자에 대한 '해고'는 인정되지 않는다.
>
> ① **통상해고**, ② **징계해고**. ③ **긴박한 경영상의 필요에 의한 해고 (이른바 '정리해고')**

(1) 통상해고(→사례: 68)

1) 통상해고의 의의

'통상해고'라 함은 근로자에게 필요한 정신적, 육체적 또는 그 밖의 업무적격성이 현저하게 결여되어 불완전한 노무를 제공하는 경우에 사용자가 부득이하게 근로계약을 일방적으로 해지하는 것을 의미한다. 따라서, 통상해고는 근로계약 고유의 성질상 인정되는 해고라는 점에서, 반드시 취업규칙 등에 별도의 근거가 없더라도 인정됨은 물론, 통상해고와 징계혜고는 구별되는 것이므로 취업규칙 등에 규정된 징계해고의 절차나 요건을 갖추지 않아도 된다. 그리고 **여기에서 근로계약 고유의 성질상 인정되는 해고 사유란 당해 '근로계약'을 체결한 당사자의 '합의'를 비롯한 제반 사정에 비추어, 신의칙상 '근로계약'을 유지할 것을 더 이상 기대할 수 없는 경우**를 의미한다. 근로자의 현격한 업무수행능력의 부족, 질병, 성격상의 부적격 등이 그 예이다. 그런데 통상해고의 경우에도 신의칙상 **'최후의 수단'**일 것이 요구되므로, 이를테면 근로자의 업무능력의 상실의 경우에도 단기내에 회복이 가능하다든지, 근로자의 능력에 적합한 다른 직무로 배치전환할 가능성이 있다면, 이는 근로계약을 유지할 것을 더 이상 기대할 수 없는 경우라 하기 어려우므로, 통상해고가 당연히 허용된다고 볼 수는 없을 것이다.

2 통상해고의 사유

가. 업무능력 결여

근로자가 직무수행에 필수적인 전문적인 지식이나 기능 등이 부족하거나 성격, 적성 등의 부적합으로 인하여 직무수행능력이 현저하게 떨어져 근로계약관계를 더 이상 유지하기 어려운 경우에는 통상해고로 근로계약을 해지할 수 있다.(대법원 1987.04.14. 선고 86다카1875 판결) 다만, 해고는 최후의 수단으로서 사회통념상 그 상당성을 인정받아야 하므로 **업무능력이 부족한자를 해고하기 이전에 지속적인 면담, 지시, 주의, 경고 조치 등을 통해 스스로 부족한 능력을 개발하고 성과를 행상시킬 수 있도록 기회를 부여하고 능력개발을 위한 교육 훈련 등의 기회를 제공하고, 배치전환 등 해고회피노력을 하여도 해고가 불가피한 경우에 한하여 해고하여야 그러한 통상해고의 정당성이 인정될 수 있다.** 다만, 직무의 성격이 전문적인 경우에는 일반적인 근로자와 달리 배치전환 등을 하지 않았다고 하여 통상해고의 정당성이 부정되는 것은 아니다.

나. 질병 · 부상 등 신체적 장해

업무상 재해 · 질병로 인한 경우에는 원칙적으로 업무 외의 재해의 경우보다 통상해고를 엄격하게 인정하여야 한다. 일단, 근로자가 업무상 질병 또는 부상에 따른 요양을 위하여 휴업한 기간과 그 후 30일 동안은 해고가 금지된다.(근로기준법 제23조 제2항) 그러나, 그 후 30일이 지난 뒤에도 노동능력을 상실하여 업무에 복귀하지 못한다든지, 근로자에게 적합한 다른 업무로의 배치전환이나 임금조정 등 해고 대신에 고용을 유지할 수 있는 방법을 모색하였음에도 업무 복귀가 불가능한 경우에는 통상해고가 가능하다. **근로자가 신체장해로 인하여 직무를 감당할 수 없을 때에 해당한다고 보아 퇴직처분을 할 때, 그 해고의 정당성은 장해를 입게 된 경위와 사용자의 귀책사유 또는 업무상 부상으로 인한 것인지 여부, 치료 기간 및 치료 종결 후 노동능력 상실 정도, 사고 당시 담당업무의 성격과 내용, 잔존 노동능력으로 할 수 있는 업무의 존부와 내용, 근로자의 복귀를 위하여 업무 조정 등 사용자의 배려 여부, 새 업무에 대한 근로자의 적응노력 등 제반 사정을 종합적으로 고려하여 합리적으로 판단**하여야 할 것이지만,(대법원 1996.12.06. 선고 95다45934 판결) 해고를 하기에 앞서 반드시 장해근로자에 대하여 일정기간 유예기간을 두고 배치전환 등을 하여 근무하도록 하면서 관찰해야 하는 등의 신의칙상 의무가 있는 것은 아니다.(대법원 1996.11.12. 선고 95누15728 판결)

다. 자격 등의 상실

운전업무 종사자가 운전면허 취소처분을 받은 경우, 교사, 의사, 약사, 변호사, 노무사, 회계사, 세무사, 변리사, 건축사 등의 전문자격을 전제로 근무하다가 자격을 상실한 경우, 일정한 기술자격자 채용의무제에 따라 채용된 근로자가 그 기술자격을 상실한 경우 등과 같이 근로자가 업무수행에 필수적인 자격이나 면허를 상실한 경우에는 이를 이유로 해고할 수 있다. 다만, 판례는 영업용 택시운전기사가 적성검사를 받지 않아 운전면허가 취소되었다가 면허 재발급을 신청해서 곧 재발급 받은 경우 해고의 정당성을 부정한 사건에서, '**일정기간 자격이 정지된 경우 면허정지 기간, 면허정지 사유, 근무기간, 업무내용 등을 종합하여 근로관계를 계속할 수 없을 정도로 중대한 사유인지, 정직이나 휴직 등 다른 징계나 제도에 의해 해고를 피할 수 있는지를 판단**해야 한다'는 기준을 제시한 바 있다.(서울고법 1991.01.23. 선고 90구10997 판결)

라. 기타 근로제공을 받을 수 없는 사유의 발생

근로자가 개인적인 사유로 장기간 휴직을 신청하는 경우, 이를테면, 근로자가 장기간 유학을 다녀오거나, 근로자가 공직에 당선된 후 장기간에 걸쳐서 공의 직무를 수행하게 된 경우 등에는 휴직처리하거나 근로관계를 합의해지하는 것이 일반적이겠지만, 근로자가 합의해지를 거부하고 근로자의 장기간의 휴직에 따른 배치전환 등도 불가능하여 정상적인 근로관계 유지가 불가능한 경우에는 '통상해고'로 처리할 수 있을 것이다. 또한, 직제규정이 개정됨으로 말미암아 특정직책이 폐지되었음에도 불구하고, 종전에 이를 담당하고 있던 근로자가 그 직책으로의 복귀만을 고집하면서 직급과 보수가 동일한 타 직책으로는 근무하지 않겠다는 의사를 명백히 표시함으로써 이루어진 해고는 정당한 이유가 있는 통상해고이다.(대법원 1989.07.25. 선고 88다카25595 판결) 그 외에, 이른바 '경향사업'의 특징적 활동을 직접 수행할 의무가 있는 자가 그 경향사업의 사상이나 신조에 반하는 행위를 한 경우(예 특정 정당의 직원이 다른 정당으로 당적을 변경한 경우), 사용자의 정당한 업무명령에 대하여 근로자가 자신의 종교, 양심, 신조에 반한다는 이유로 해당 노무를 거부하는 경우, 기타 전염성 질병, 음주 · 마약중독, 등으로 인하여 사회통념상 정상적인 근로관계가 불가능하다고 인정되는 경우에는 통상해고의 사유로 인정될 수 있을 것이다.

(쟁점) 저성과자 해고(→사례: 68)

1. 저성과자에 대한 해고의 의의

일반적으로 '저성과자'란 근로자의 업무수행결과가 당해 사업장내의 동종 · 유사 근로자 혹은 해당 직무에서 평균적으로 요구되는 업무성과에 비하여 현저하게 낮은 자를 의미한다. 즉, 통상해고의 대상으로서의 '저성과자'는 **단순히 성과가 낮다는 것이 아니라** 목표 또는 예상되는 성과에 비해 **현저하게 성과가 낮은자**를 의미한다. 판례는 '해당 근로자에게 그의 직위와 보수에 비추어 일반적으로 기대되는 최저한의 실적에 미치지 못하는 자를 저성과자로 이해하고 있다. 저성과자를 해고하는 것은 **통상해고** 사유에 해당하므로 사용자는 취업규칙 등에 별도의 근거가 없더라도 근로기준법 제26조 (해고의 예고) 및 제27조 (해고사유 등의 서면통지)를 준수하기만 한다면 근로자를 유효하게 해고할 수 있다.

2. 저성과자 근로자의 해고의 요건

(1) 현격한 업무수행능력의 부족

사용자의 '저성과자' 해고는 근로자의 근무 성적이나 근무 능력이 다른 근로자에 비하여 상대적으로 낮은 정도를 넘어 상당한 기간 동안 일반적으로 기대되는 최소한에도 미치지 못하고 향후에도 개선될 가능성을 인정하기 어렵다는 등 **사회통념상 고용관계를 계속할 수 없을 정도인 경우**에 한하여 해고의 정당성이 인정된다. 이때 사회통념상 고용관계를 계속할 수 없을 정도인지는 **근로자의 지위와 담당 업무의 내용, 그에 따라 요구되는 성과나 전문성의 정도, 근로자의 근무 성적이나 근무 능력이 부진한 정도와 기간, 사용자가 교육과 전환 배치 등 근무 성적이나 근무 능력 개선을 위한 기회를 부여하였는지 여부, 개선의 기회가 부여된 이후 근로자의 근무 성적이나 근무 능력의 개선 여부, 근로자의 태도, 사업장의 여건 등 여러 사정을 종합적으로 고려하여 합리적으로 판단하여야 한다.**(대법원 2021.02.25. 선고 2018다253680 판결)

(2) 객관적이고 공정한 평가제도

사용자가 근로자의 근무 성적이나 업무적격성이 현저하게 불량하여 더 이상 정삭적으로 업무를 수행할 수 없음을 이유로 근로자를 해고하는 경우, 그러한 판단의 근거가 되는 근로자에 대한 평가는 반드시 공정하고 객관적인 기준에 따라 이루어진 것이어야 할 것이다. 따라서, **저성과자를 해고하기 위해서는 객관적이고 공정한 평가제도를 갖추어야 하며, 평가의 실행에 있어서도 공정성과 신뢰성이 담보되어야 한다.** 나아가 해고하기 이전에 지속적인 면담, 지시, 주의, 경고 조치 등을 통해 스스로 부족한 능력을 개발하고 성과를 행상시킬 수 있도록 기회를 부여하고 능력개발을 위한 교육 및 훈련 등의 기회를 제공하고, 배치전환 등 해고회피노력을 하여야 하고, 그러한 노력에도 불구하고 해고가 불가피한 경우에 한하여 해고하여야 통상해고로서의 정당성이 인정될 수 있다.

사례연습 68

저성과자에 대한 통상해고(대법원 : 2021.2.5. 선고 2018다253680 판결:출제유력)

근로자 갑과 을은1999년과 2005년 각각 년 A사에 입사해 근무하던 중, A사는 2010년부터 직원들에 대해 연 2회에 걸쳐 종합인사평가를 실시했다. 그런데 갑과 을의 경우 2010년부터 2016년 상반기까지 종합인사평가 결과가 전체 직원 3,859명 중 각각 3,857위와 최하위를 차지할 정도로 평가가 좋지 않았다. 회사는 2012년부터 직무성과가 미흡한 근로자들에게 직무경고를 내렸는데, 이들은 2013년부터 거의 매년 직무경고를 받았다. 회사는 2015년, 종합인사평가 등을 기준으로 A와 B를 비롯해 직무역량을 하위 2%의 과장급 이상 직원 65명을 대상으로 한해 동안 직무역량 향상과 직무재배치를 위한 교육을 실시했는데, 회사는 2012년 이후 인사평가 기준을 근로자들에게 공개했고, 이의제기 절차를 체계적으로 정비하고 근로자들에게 절차를 안내하여 주었으며, 평가방식은 상대평가 방식을 채택했지만 그 불합리성을 보완하기 위해 인사평가자가 피평가자의 자질 등을 감안해 최저등급인 C, D등급을 부여하지 않을 수 있는 재량을 주어 왔으며, 특정 인사평가권자 1명의 판단에 따라 결과가 정해지는 것이 아니라 팀장과 부서장, 담당 임원 등 3명의 판단으로 평가결과가 정해져 있었다. 갑와 을은 직무 재배치 이후인 2016년 상반기 성과평가에서도 최저 등급인 D를 받았다. 결국 회사는 '근로자들의 근무성적과 능력이 현저하게 불량해 직무를 수행할 수 없다'며 2016년, A와 B를 해고했다. 이 회사 취업규칙은 '근무성적 또는 능력이 현저하게 불량하여 직무를 수행할 수 없다고 인정되었을 때"를 해고사유로 정하고 있다. 근로자 A와 B는 반발하면서, 자신들이 "회사와 고용관계를 지속하지 못할 정도로 손해를 기치거나, 회사 운영에 중대한 장애를 끼치지 않았다"며 "성과평가도 객관적이고 합리적인 기준에 따라 공정하게 이뤄졌다고 보기 어렵다" 면서 A회사의 해고가 무효고 주장하고 있다. 근로자 갑과 을의 주장은 정당한가?(절차적인 측면은 논의에서 제외한다.)

Ⅰ. 질문1의 해결

1. 쟁점의 정리

사안에서 갑과 을이 회사에 특별히 손해를 끼치거나 회사운영에 중대한 지장을 초래한 사정은 없지만, A회사는 갑과 을에 대하여 '근로자들의 근무성적과 능력이 현저하게 불량해 직무를 수행할 수 없다'며 해고하였는 바. 이러한 A회사의 해고가 정당한 지 문제된다. 따라서, 이를 검토하기 위해서는 먼저 해고의 개념에 대해서 살펴본 후, 만일 근로자들의 근무성적과 능력이 현저하게 불량하여 직무를 수행할 수 없는 경우에 회사가 근로자를 해고할 수 있다면 그 해고의 종류가 무엇이고, 그러한 해고의 요건과 관련하여 근로자의 현격한 업무수행능력 부족의 판단 기준이 그것을 판단하기 위한 객관적이고 공정한 평가제도는 무엇을 의미하는 지 검토하여야 할 것이다.

2.사용자의 해고와 통상해고

(1) 사용자의 해고의 의의

사용자의 '해고'란 근로자의 의사에 반하여 근로계약을 해지하는 사용자의 '일방적 의사표시'를 의미한다. 판례는 해고를 '실제 사업장에서 불리는 명칭이나 그 절차에 관계없이 근로자의 의사에 반하여 사용자의 일방적인 의사에 의하여 이루어지는 모든 근로계약관계의 종료를 의미한다'고 정의한다.(대법원 1992.08.04. 선고 91다29811 판결 등) 사용자가 근로자를 '해고'하는 경우에는 실체적 요건으로서 근로기준법 제23조의 '정당한 이유'가 필요하며, 절차적 요건으로서 근로기준법 제27조 (해고사유 등의 서면통지) 및 근로기준법 26조 (해고예고기간)를 준수하여야 한다. 따라서, 명칭이나 절차를 불문하고 그것이 '해고' (즉, 사용자의 일방적인 의사에 의하여 이루어지는 모든 근로계약관계의 종료)로 평가된다면, 근로기준법에서 규정한 실체적 요건(정당한 이유)과 절차적 요건을 모두 갖추어야만 유효한 해고로 인정된다.

(2) 통상해고의 의의

''통상해고'라 함은 근로자에게 필요한 정신적, 육체적 또는 그 밖의 업무적격성이 현저하게 결여되어 불완전한 노무를 제공하는 경우에 사용자가 부득이하게 근로계약을 일방적으로 해지하는 것을 의미한다. 따라서, 통상해고는 근로계약 고유의 성질상 인정되는 해고라는 점에서, 반드시 취업규칙 등에 별도의 근거가 없더라도 인정됨은 물론, 통생해고와 징계헤고는 구별되는 것이므로 취업규칙 등에 규정된 징계해고의 절차나 요건을 갖추지 않아도 된다. 그리고 여기에서 근로계약 고유의 성질상 인정되는 해고 사유란 당해 '근로계약'을 체결한 당사자의 '합의'를 비롯한 제반 사정에 비추어, 신의칙상 '근로계약'을 유지할 것을 더 이상 기대할 수 없는 경우를 의미한다. 근로자의 현격한 업무수행능력의 부족, 질병, 성격상의 부적격 등이 그 예이다.

3. 저성과자의 해고 가능성

(1) 저성과자에 대한 해고

일반적으로 '저성과자'란 근로자의 업무수행결과가 당해 사업장내의 동종·유사 근로자 혹은 해당 직무에서 평균적으로 요구되는 업무성과에 비하여 현저하게 낮은 자를 의미한다. 즉, 통상해고의 대상으로서의 '저성과자'는 단순히 성과가 낮다는 것이 아니라 목표 또는 예상되는 성과에 비해 현저하게 성과가 낮은자를 의미한다. 판례는 '해당 근로자에게 그의 직위와 보수에 비추어 일반적으로 기대되는 최저한의 실적에 미치지 못하는 자를 저성과자로 이해하고 있다. 저성과자를 해고하는 것은 통상해고 사유에 해당하므로 사용자는 취업규칙 등에 별도의 근거가 없더라도 근로기준법 제26조 (해고의 예고) 및 제27조 (해고사유 등의 서면통지)를 준수하기만 한다면 근로자를 유효하게 해고할 수 있다.

(2) 저성과자 근로자의 현격한 업무수행능력 부족의 판단 기준

사용자가 근로자의 근무 성적이나 근무 능력이 불량하여 업무적격성이 현저하게 결여되어 직무를 수행할 수 없음을 이유로 근로자를 해고하는 경우, 사용자가 근로자의 근무 성적이나 근무 능력이 불량하다고 판단한 근거가 되는 평가가 공정하고 객관적인 기준에 따라 이루어진 것이어야 할 뿐 아니라, 근로자의 근무 성적이나 근무 능력이 다른 근로자에 비하여 상대적으로 낮은 정도를 넘어 상당한 기간 동안 일반적으로 기대되는 최소한에도 미치지 못하고 향후에도 개선될 가능성을 인정하기 어렵다는 등 사회통념상 고용관계를 계속할 수 없을 정도인 경우에 한하여 해고의 정당성이 인정된다. 이때 사회통념상 고용관계를 계속할 수 없을 정도인지는 근로자의 지위와 담당 업무의 내용, 그에 따라 요구되는 성과나 전문성의 정도, 근로자의 근무 성적이나 근무 능력이 부진한 정도와 기간, 사용자가 교육과 전환 배치 등 근무 성적이나 근무 능력 개선을 위한 기회를 부여하였는지 여부, 개선의 기회가 부여된 이후 근로자의 근무 성적이나 근무 능력의 개선 여부, 근로자의 태도, 사업장의 여건 등 여러 사정을 종합적으로 고려하여 합리적으로 판단하여야 한다.(대법원 2021.02.25. 선고 2018다253680 판결)

(2) 객관적이고 공정한 평가제도

저성과자를 해고하기 위해서는 객관적이고 공정한 평가제도를 갖추어야 하며, 평가의 실행에 있어서도 공정성과 신뢰성이 담보되어야 할 뿐 아니라, 해고하기 이전에 지속적인 면담, 지시, 주의, 경고 조치 등을 통해 스스로 부족한 능력을 개발하고 성과를 행상시킬 수 있도록 기회를 부여하고 능력개발을 위한 교육 및 훈련 등의 기회를 제공하고, 배치전환 등 해고회피노력을 하여야 하고, 그러한 노력에도 불구하고 해고가 불가피한 경우에 한하여 해고하여야 통상해고로서의 정당성이 인정될 수 있다. 따라서, 이를테면, 근로자가 배치전환 직후 업무실적을 기대하기 어려운 여건하에서 근무실적 부진을 이유로 한 해고와 같이 공정한 평가의 기회가 전제되지 않은 저성과자해고는 정당성을 인정할 수 없다.

(3) 사안의 경우

사안에서, 갑과 을은 2010년부터 2016년 상반기까지 종합인사평가 결과가 전체 직원 3,859명 중 각각 3,857위와 최하위를 차지할 정도로 평가가 좋지 않았으며, 이들은 2013년부터 거의 매년 직무경고를 받았다.또한 직무역량 향상과 직무재배치를 위한 교육후의 직무 재배치 이후에도 다면평가에서 업무역량이 부족하다는 평가를 받았고, 업무오류를 일으켜 여러 차례 문제점이 발생된 바 있다는 점에서. 갑과 을은 근로자의 근무 성적이나 근무 능력이 다른 근로자에 비하여 상대적으로 낮은 정도를 넘어 상당한 기간 동안 일반적으로 기대되는 최소한에도 미치지 못하고 향후에도 개선될 가능성을 인정하기 어렵다고 판단된다. 또한, 회사의 평가제도와 관련해서 볼 때,비록 평가방식은 상대평가 방식을 채택했지만 그 불합리성을 보완하기 위해 인사평가자가 피평가자의 자질 등을 감안해 최저등급인 C, D등급을 부여하지 않을 수 있는 재량을 주어 왔으며, 특정 인사평가권자 1명의 판단에 따라 결과가 정해지는 것이 아니라 팀장과 부서장, 담당 임원 등 3명의 판단으로 평가결과가 정해져 있었다. 또한, 회사는 2012년 이후 인사평가 기준을 근로자들에게 공개했고, 이의제기 절차를 체계적으로 정비하고 근로자들에게 절차를 안내하여 주었다는 점 등에 비추어 볼 때, 객관적이고 공정한 평가제도를 실시한 것으로 보인다. 따라서, 갑과 을은 근로자에게 필요한 정신적, 육체적 또는 그 밖의 업무적격성이 현저하게 결여되어 불완전한 노무를 제공하는 경우에 해당하여 사용자가 부득이하게 근로계약을 일방적으로 해지하는 저성과자 해고의 대상이 된다 할 것이다.

4. 결론

비록 갑과 을이 회사에 손해를 기치거나, 회사 운영에 직접적인 중대한 장애를 끼치지 않았다고 하더라도, 갑과 을의 근로자의 근무 성적이나 근무 능력이 다른 근로자에 비하여 상대적으로 낮은 정도를 넘어 상당한 기간 동안 일반적으로 기대되는 최소한에도 미치지 못하고 향후에도 개선될 가능성을 인정하기 어렵다고 판단되며, 성과평가도 객관적이고 합리적인 기준에 따라 공정하게 이루어 졌다고 보아야 하므로, 갑과 을의 주장은 정당하지 않다.

(2) 징계해고(→사례: 69,70,71)

1) 징계해고의 의의

'징계해고'란 근로자에게 책임 있는 비위행위 등을 원인으로 사용자가 일방적인 의사표시로 근로관계를 종료시키는 것을 의미한다. 사용자가 근로자의 책임 있는 사유를 이유로 일방적으로 근로관계를 종료시키려면 단순한 근로계약의 불이행으로는 부족하고, 근로자가 직장 질서를 문란케 하는 등 사회통념상 고용관계를 계속시킬 수 없다고 인정될 만큼 해고를 정당화시킬 수 있는 '정당한 이유'가 있어야 한다.(근로기준법 제23조 제1항) 또한, **징계해고의 경우에도, 근로기준법 제26조에서 정한 절차, 즉 사용자는 ① 30일 이전에 해고를 예고 (혹은 30일분의 통상임금의 지급)하여야 하며 ② 해고사유와 해고시기를 서면으로 통지(해고통지)하고 근로관계를 종료할 수 있다. 또한 ① 업무상 부상 또는 질병의 요양을 위한 휴업기간과 그 후 30일 ② 산전산후 산후의 휴업기간과 그 후 30일간 ③ 육아휴직기간 동안은 해고할 수 없다.(근로기준법 제23조 제2항, 고평법 제37조 제2항)**

2) 징계해고의 정당성

근로기준법 제23조 제1항은 '사용자는 근로자에게 정당한 이유 없이 해고, 정직, 감봉, 그 밖의 징벌을 하지 못한다.'고 규정하고 있다. 따라서, 사용자가 근로자의 책임 있는 사유를 이유로 근로관계를 종료시키려면 근로자가 직장 질서를 문란케 하는 등 사회통념상 고용관계를 계속시킬 수 없을 정도로 해고를 정당시할 만한 '정당한 이유'를 요한다. 즉, 근로자의 비위행위가 도저히 고용관계를 유지하는 것이 현저하게 부당 또는 불공평하다고 인정될 정도에 이르러야 징계해고의 정당성이 인정될 수 있다. 대법원은 **사회통념상 근로자와 고용관계를 계속할 수 없을 정도인지의 여부는 ① 당해 사용자의 사업의 목적과 성격, 사업장의 여건, ② 당해 근로자의 지위 및 담당직무의 내용, ③ 비위행위의 동기와 경위, ④ 이로 인하여 기업의 위계질서가 문란하게 될 위험성 등 기업질서에 미칠 영향, ⑤ 과거의 근무태도 등 여러 가지 사정을 종합적으로 검토하여 판단**하여야 한다는 입장이다.(대법원 1992.05.12. 선고 91다27518 판결) 아울러, 근로자에 대한 징계 '해고'는 해고 이외에는 도저히 다른 방법이 없을 경우에 한하여 사용되는 '최후 수단'이어야 한다. 판례는 근로계약, 취업규칙, 단체협약 등에 규정된 해고사유가 근로기준법 등 강행규정에 위반되지 않으며 권리남용에 해당하지 않으며 그 합리성이 인정될 수 있다면, 취업규칙이나 단체협약에서 정한 해고사유에 따른 징계해고처분은 일단 정당한 것으로 본다.(대법원 1989.09.26. 선고 89다카5473 판결 등)

3) 징계해고의 정당성 판단 시점

징계해고사유에 해당하는지 여부는 비위행위가 행해진 시점을 기준으로 판단하여야 한다. 따라서 만약 취업규칙 위반행위시와 징계처분시에 있어서 서로 다른 내용의 취업규칙이 존재한다면, 특별한 사정이 없는 한 해고 등의 처분은 처분시의 시점에 시행되고 있는 신 취업규칙 소정의 절차에 따라 행하여야 하나, 징계권(징계사유)의 유무에 관한 결정은 문제가 되는 행위시에 시행되고 있던 구 취업규칙에 따라 행하여야 한다.(대법원 1994.12.13. 선고 94다27960 판결)

(쟁점) 징계해고의 정당성(→사례: 69,70,71)

1. 징계사유의 정당성 (당목사당근지무/비동경)

징계해고의 정당성을 인정받기 위해서는 먼저 근로자의 행위가 기업질서에 위배되는 사유가 있음이 인정되어야 하며, 그 사유가 근로계약, 취업규칙, 단체협약 등에 정한 징계해고사유에 해당되어야 한다.(대법원 1990.04.27. 선고 89다카5451 판결)_판례는 '근로기준법 제23조 제1항에서 규정한 정당한 이유라 함은 사회 통념상 고용관계를 계속시킬 수 없을 정도로 근로자에게 책임있는 사유가 있다든가 부득이한 경영상의 필요가 있는 경우를 말하는 것이다.'라고 하면서(대법원 1990.11.23. 선고 90다카21589 판결), '**사회통념상 당해 근로자와의 고용관계를 계속할 수 없을 정도인지의 여부는 당해 사용자의 사업의 목적과 성격, 사업장의 여건, 당해 근로자의 지위 및 담당직무의 내용, 비위행위의 동기와 경위, 이로 인하여 기업의 위계질서가 문란하게 될 위험성 등 기업질서에 미칠 영향, 과거의 근무태도 등 여러 가지 사정을 종합적으로 검토하여 판단하여야 한다.**'라고 한다.(대법원 2002.05.28. 선고 2001두10455 판결)

2. 징계양정의 적정성(적정성의 원칙 + 형평의 원칙) = 비례의 원칙

사용자의 징계권의 행사는 신의성실의 원칙에 따라 공정하게 행사되어야 하며 이를 남용할 수 없다는 내재적 한계를 가진다. 따라서, 근로자에게 징계사유가 존재한다고 하더라도 징계양정의 정당성이 인정되어야만 사용자의 징계권행사가 정당하다고 인정될 수 있다. 즉, ① **징계권을 행사할 경우 선택된 징계는 징계사유에 비례하여 적정**(상당)**한 것이어야 하고**(적정성의 원칙), ② **같은 비위행위에 대하여 종전에 또는 다른 근로자에게 행한 징계와 동등하거나 비슷하여야 한다.**(형평의 원칙)

판례는 '취업규칙이나 상벌규정에서 징계사유를 규정하면서 동일한 사유에 대하여 여러 등급의 징계가 가능한 것으로 규정한 경우에 그중 어떤 징계처분을 선택할 것인지는 징계권자의 재량에 속한다고 할 것이지만, 이러한 재량은 징계권자의 자의적이고 편의적인 재량이 아니며 징계사유와 징계처분과의 사이에 상당하다고 인정되는 균형의 존재가 요구되므로, 징계처분이 사회통념상 현저하게 타당성을 잃어 징계권자에 맡겨진 재량권을 남용한 것이라고 인정되는 경우에는 위법하다고 할 것이다'고 한다.(대법원 2014.11.27. 선고 2011다41420 판결)

3. 징계절차의 정당성

사용자에게 근로자를 징계할 정당한 이유가 있는 경우에도 사규로 징계위원회 등의 절차가 규정되어 있는 경우에는 반드시 그 절차를 지켜야 한다. 징계절차에 관한 근로기준법상 제한규정은 존재하지 아니하므로, 취업규칙이나 단체협약 등에 징계절차에 관한 규정이 없거나 또는 징계절차가 임의규정으로 되어 있는 경우에는 징계절차를 거치지 아니하였다고 하여 그 징계를 무효라 할 수 없는 것이겠지만, 단체협약이나 취업규칙 등에 징계절차가 규정된 경우에는 반드시 그 규정된 절차를 지켜야 하므로, **징계절차를 지키지 않거나 징계절차를 위반한 경우에는 징계사유의 정당성 여부와 무관하게 그러한 징계는 효력이 없다.**(대법원 1991.07.09. 선고 90다8077 판결)

사례연습 69

징계해고 (2011년도 제1차 변호사시험 모의시험)

[사실관계]

X회사는 상시 근로자 약 500명을 사용하여 제조업을 영위하고 있다. A는 X회사에 1990년 2월 1일에 입사하여 근무하던 중 2011년 6월 2일에 해고되었다. X회사가 A에게 교부한 해고통지문에는 '취업규칙 제73조의 징계사유인 회사에 대한 손해발생(제5호) 및 직장질서의 문란(제7호)에 따른 징계해고'라고 기재되어 있다.

A는 2011년 4월 12일 작업 도중 자신의 실수로 기계를 고장 내고 원자재를 훼손하여 X회사에 300만원 상당의 손해를 입혔다. 이에 대하여 총부부장 B는 같은 달 13일 A에게 사고발생의 경위서를 작성하여 같은 달 15일까지 제출하도록 지시하였다. A가 경위서를 제출하지 않자 같은 달 16일 오후 3시경 B는 작업을 하고 있던 A를 직접 찾아가 '야! xx 야! 왜 경위서를 내지 않는 거야'라고 추궁하였다. A는 자기보다 어린 B가 갑자기 나타나 욕설과 반말로 추궁하자 울컥한 마음에 B를 가볍게 밀치며 마찬가지로 욕설을 하였고(당시 A는 46세, B는 40세), 이 때문에 5분 정도 서로 간에 고성이 오가는 다툼이 있었다. A는 당일 자신의 작업을 마치고 오후 7시경에 총무부에 4월 12일의 사고발생에 관한 경위서를 제출하였다.

X회사는 A의 4월 12일의 사고발생 및 4월 16일의 총무부장 B와의 다툼과 관련하여 A를 징계하기로 하고 징계위원회에 회부하였다. X회사의 취업규칙 제75조에는 '① 징계위원회는 징계대상자에게 징계위원회 개최 7일전에 징계사유 및 징계위원회의 출석을 통지한다. ② 징계위원회는 징계를 의결하기 전에 징계대상자에게 소명할 기회를 부여한다.'고 규정되어 있다.

X회사의 징계위원회는 4월 29일 A를 해고하기로 의결하였다. 이 과정에서 징계위원회는, i) A가 4월 12일의 사고에 대한 경위서를 4월 16일에 총무부에 제출하였고, ii) 4월 16일의 A와 B의 다툼에대해 징계위원회에서 직접 B로부터 사정을 청취하였으므로, 별도로 A를 징계위원회에 출석시켜 소명을 들을 필요가 없다고 판단하여 A에게 징계위원회의 출석통지를 하지 않았다.

[질문]

1. '제 실수로 회사에 손해를 끼쳤고 총무부장에 대하여 언성을 높인 잘못은 있지만 제가 해고될 정도의 잘못은 아니라고 생각합니다.'라는 A의 주장에 대한 법적 의견은?

2. '징계위원회에 출석하여 사건의 경위를 제대로 설명하고 싶었으나 그럴 기회가 없었으므로 해고는무효라고 생각합니다.'라는 A의 주장에 대한 법적 의견은?

Ⅰ. 설문 1의 해결

1. 쟁점의 정리

X회사에 300만원 상당의 손해를 끼치고, B에게 욕설을 한 이유로 징계해고 된 A는 자신의 잘못을 인정하면서도 해고될 정도는 아니라고 주장하고 있는데, 이러한 A의 주장의 타당성을 검토하기

위하여 먼저 징계해고의 의미 및 그 정당성 판단기준을 살펴보고, 특히 본 사안에서는 그 중에서 상당성의 원칙을 위반한 것인지 여부를 검토해야 할 것이다.

2. 징계해고의 의의

'징계해고'란 근로자에게 책임 있는 비위행위 등을 원인으로 사용자가 일방적인 의사표시로 근로관계를 종료시키는 것을 의미하는바, 사용자가 근로자의 책임 있는 사유를 이유로 일방적으로 근로관계를 종료시키려면 단순한 근로계약의 불이행으로는 부족하고, 근로자가 직장 질서를 문란케 하는 등 사회통념상 고용관계를 계속시킬 수 없다고 인정될 만큼 해고를 정당화시킬 수 있는 '정당한 이유'가 있어야 한다.(근로기준법 제23조 제1항) 그리고 근로기준법 제23조 제1항에서 말하는 '정당한 이유'에는 실체적 정당성뿐만 아니라 절차적 정당성도 포함되므로 사용자에게 근로자를 해고할 정당한 이유가 있는 경우에도 절차적 정당성을 인정받아야 할 것이므로, 사규로 징계위원회 등의 절차가 규정되어 있는 경우에는 반드시 그 절차를 지켜야 하고, 해고예고와 서명통지 등 법정사항도 준수하여야 한다.

3. 징계해고의 정당성 판단기준

(1) 징계사유의 정당성

근로기준법 제23조 제1항은 '사용자는 근로자에게 정당한 이유 없이 해고, 정직, 감봉, 그 밖의 징벌을 하지 못한다.'고 규정하고 있는 바, 징계의 정당성을 인정받기 위해서는 먼저 근로자의 행위가 기업질서에 위배되는 사유가 있음이 인정되어야 하며, 그 사유가 근로계약, 취업규칙, 단체협약 등에 정한 징계해고사유에 해당되어야 한다.(대법원 1990.4.27. 선고 89다카5451 판결) 판례는 '근로기준법 제23조 제1항에서 규정한 정당한 이유라 함은 사회 통념상 고용관계를 계속시킬 수 없을 정도로 근로자에게 책임있는 사유가 있다든가 부득이한 경영상의 필요가 있는 경우를 말하는 것이다.'라고 하면서(대법원 1990.11.23. 선고 90다카 21589 판결), '사회통념상 당해 근로자와의 고용관계를 계속할 수 없을 정도인지의 여부는 당해 사용자의 사업의 목적과 성격, 사업장의 여건, 당해 근로자의 지위 및 담당직무의 내용, 비위행위의 동기와 경위, 이로 인하여 기업의 위계질서가 문란하게 될 위험성 등 기업질서에 미칠 영향, 과거의 근무태도 등 여러 가지 사정을 종합적으로 검토하여 판단하여야 한다.'라고 한다.(대법원 2002.05.28. 선고 2001두10455 판결)

(2) 징계양정의 적정성

근로자에게 징계사유가 존재한다고 하더라도 징계양정의 정당성이 인정되어야만 사용자의 징계권행사가 정당하다고 인정될 수 있다. 즉, ① 징계권을 행사할 경우 선택된 징계는 징계사유에 비례하여 적정(상당)한 것이어야 하고(적정성의 원칙), ② 같은 비위행위에 대하여 종전에 또는 다른 근로자에게 행한 징계와 동등하거나 비슷하여야 한다.(형평의 원칙)

판례는 '취업규칙이나 상벌규정에서 징계사유를 규정하면서 동일한 사유에 대하여 여러 등급의 징계가 가능한 것으로 규정한 경우에 그중 어떤 징계처분을 선택할 것인지는 징계권자의 재량에 속한다고 할 것이지만, 이러한 재량은 징계권자의 자의적이고 편의적인 재량이 아니며 징계사유와 징계처분과의 사이에 상당하다고 인정되는 균형의 존재가 요구되므로, 징계처분이 사회통념상 현저하게 타당성을 잃어 징계권자에 맡겨진 재량권을 남용한 것이라고 인정되는 경우에는 위법하다고 할

것이다'고 한다.(대법원 2014. 11. 27. 선고 2011다41420 판결)

(3) 징계절차의 정당성

사용자에게 근로자를 징계할 정당한 이유가 있는 경우에도 사규로 징계위원회 등의 절차가 규정되어 있는 경우에는 반드시 그 절차를 지켜야 한다. 징계절차에 관한 근로기준법상 제한규정은 존재하지 아니하므로, 취업규칙이나 단체협약 등에 징계절차에 관한 규정이 없거나 또는 징계절차가 임의규정으로 되어 있는 경우에는 징계절차를 거치지 아니하였다고 하여 그 징계를 무효라 할 수 없는 것이겠지만, 단체협약이나 취업규칙 등에 징계절차가 규정된 경우에는 반드시 그 규정된 절차를 지켜야 하므로, 징계절차를 지키지 않거나 징계절차를 위반한 경우에는 징계사유의 정당성 여부와 무관하게 그러한 징계는 효력이 없다.(대법원 1991.7.9. 선고 90다8077 판결)

4. 사안의 경우

(1) 기업에 손해를 끼친 부분에 대한 판단

징계해고는 근로기준법 제23조 제1항의 정당한 이유를 갖추어야 적법한 해고가 될 수 있으며, 이는 징계사유의 정당성과 징계절차의 정당성 그리고 징계수단의 정당성을 모두 충족하여야 한다. 사안에서 징계사유와 징계절차에 대한 정당성은 문제가 없으나 징계수단의 정당성과 관련하여, 먼저 A가 2011년 4월 12일 작업 도중 자신의 실수로 기계를 고장 내고 원자재를 훼손하여 300만원의 손해를 입힌 것은 X회사가 상시 근로자 500명을 사용하는 대규모의 기업인 점 등의 회사의 여건과 손해 발생 금액이 300만원 정도인 점, 고의로 기계를 고장낸 것이 아닌 점 등을 고려하면 징계해고 할 정도의 사유에 해당한다고 보기는 어렵다고 판단된다.

(2) 직장질서 문란 부분에 대한 판단

또한 A가 총무부장 B를 가볍게 밀치며 욕설을 한 점은 직장질서 문란 행위를 한 것에 해당하지만 A보다 어린 B가 먼저 욕설과 반말로 추궁하자 우발적으로 B를 가볍게 밀치며 욕설을 한 것이고, 5분정도의 다툼이었던 점 등을 고려할 때, 징계해고라는 가장 무거운 징계수단을 취하는 것은 상당하지 못하다고 판단된다.

따라서 A의 '제 실수로 회사에 손해를 끼쳤고 총무부장에 대하여 언성을 높인 잘못은 있지만 제가 해고될 정도의 잘못은 아니라고 생각합니다.'라는 주장은 징계수단의 정당성, 즉 상당성의 원칙에 위반된다는 주장으로 살핀바와 같이 타당하다.

5. 결론

A의 주장은 징계수단의 정당성, 즉 상당성의 원칙에 위반된다는 주장으로서 타당한 주장이다.

II. 설문 2의 해결 (→ 사례연습 67 소명의 기회)

(쟁점) 징계절차규정(→사례: 69)

1. 징계절차규정

(1) 징계절차규정이 있는 경우

단체협약이나 취업규칙 등에 징계절차가 규정된 경우에는 반드시 그 규정된 절차를 지켜야 한다. 단체협약이나 취업규칙에서 해고를 할 때에는 해당 근로자에게 사전통지를 하여 변명의 기회를 제공한다든지, 노동조합 또는 본인과 협의나 동의를 하여야 한다는 등 해고의 절차에 대한 규정을 두는 예도 있는데, 단체협약이나 취업규칙에서 정한 징계절차를 지키지 않거나 징계절차를 위반한 경우에는 징계사유의 정당성 여부와 무관하게 그러한 징계는 효력이 없다.(대법원 1991.07.09. 선고 90다8077 판결)[2) 한편, '단체협약에 의해서만 해고 또는 징계를 할 수 있다'는 배타적 배제규정이 있는 경우에는 취업규칙에만 규정된 사유를 적용하여 해고 또는 징계할 수 없는 것이 원칙이지만, 단체협약에 규정되지 않은 해고사유를 취업규칙에 정하더라도 그러한 내용이 사회통념상 합리성이 인정된다면 이를 단체협약보다 불리한 것으로 보거나 당연히 무효로 볼 수는 없다.(대법원 1993.02.23. 선고 92나40294 판결)

(2) 징계절차규정이 없거나 임의규정으로 규정된 경우

징계절차에 관한 근로기준법상 제한규정은 존재하지 아니하므로, 취업규칙이나 단체협약 등에 징계절차에 관한 규정이 없거나 또는 징계절차가 임의규정으로 되어 있는 경우에는 징계절차를 거치지 아니하였다고 하여 그 징계를 무효라 할 수 없다. 대법원도 징계나 해고 절차가 규정되어 있지 않은 경우에는, 그와 같은 절차를 거치지 않고 징계나 해고를 하였다 하더라도, 그 처분은 유효하다는 견해를 취하고 있다. 즉, 회사의 징계에 관한 규정에 징계혐의사실의 고지, 변명의 기회부여 등의 절차가 규정되어 있지 않는 경우에는 그와 같은 절차를 밟지 아니하고 한 징계처분도 정당하며,(대법원 1979.01.30. 선고 78다304호 판결) 절차적 제한 규정이 존재한다 하더라도 징계혐의사실에 대한 사전통지규정이나 피징계자의 진술이 임의적인 것으로서 규정된 것에 불과하다면, 사용자에게는 그러한 절차를 행할 의무는 없다는 것이 법원의 확립된 입장이다.(대법원 1991.04.09. 선고 90다카27042호 판결)

3. 징계절차에 따르지 않았더라도 징계처분이 유효한 경우

취업규칙상의 징계 절차에 따르지 않았더라도 사용자와 노동조합 사이에 근로자에 대한 징계절차를 취업규칙에 정한 징계절차보다 근로자에게 유리한 방식으로 운영하기로 합의가 이루어져 상당한 기간 동안 그 합의에 따라 징계 절차가 운영되어 왔고 이에 대하여 근로자들도 아무런 이의를 제기하지 아니하였다면[3], 그와 같은 징계 절차의 운영은 취업규칙의 징계 절차에 따르지 않았다고 하더라도 그 효력을 부인할 수는 없을 것이다.(대법원 2001.04.10. 선고 2000두7605 판결)

---

2) 단체협약이나 취업규칙 등에 근로자에 대한 징계해고사유가 제한적으로 '열거'되어 있는 경우라면 그와 같이 열거되어 있는 사유 이외의 사유로는 징계해고할 수 없을 것이므로,(대법원 1993.11.09. 선고 93다37915 판결) 취업규칙 등에 열거되지 않은 사유를 들어 징계해고사유로 삼았다면 그러한 징계해고는 무효이다.(대법원 1992.07.14. 선고 91다32329 판결, 1992.09.08. 선고 91다27556 판결)

3) 징계에 관한 경영관행이 기업의 사실상 제도로 확립된 경우이다.

(쟁점) 경력사칭과 징계해고(→사례: 70)

1. 문제점

경력사칭을 포함하는 근로자의 진실고지의무 위반 문제는 통상 근로계약 체결하는 과정에서 발생되는 바, 일단 근로계약 체결에 있어서 의사표시에 흠이 있을 때에는 착오에 의한 의사표시(민법 제109조)가 문제될 것이다. 그런데, 이러한 근로계약체결과정상 의사표시의 하자로 인한 사용자의 취소권 행사 외에 근로자의 진실고지의무 위반을 근로계약체결 이후의 직장질서 위반행위로 평가하여 징계해고할 수 있는 지 문제된다.

2. 경력사칭의 징계해고 해당 여부

(1) 학설

1) 가정적 인과관계설

이력서에 허위의 경력을 기재한 것은 사용자로 하여금 그 근로자에 대한 신뢰를 상실하게 만드는 것이고, 그 허위 또는 은폐한 내용이 사전에 발각되었다면 고용계약을 체결하지 않았을 것으로 인정될 때에는 징계해고의 사유가 된다는 입장이다.

2) 현실적 인과관계설

근로자의 경력사칭이 진실고지의무에 위반한다고 할 수 있으나 징계는 기업질서 위반에 대해 하는 것이고, 이러한 경력사칭이 기업질서에 중대한 영향을 미쳐 현실적으로 더 이상근로계약관계를 지속할 수 없을 정도에 이르렀을 때 비로소 해고를 할 수 있다는 입장이다.

(2) 판례

판례는 이른바 가정적 인과관계설에 따라 그 허위 사실을 알았더라면 근로계약을 체결하지 아니하였을 것으로 인정되는 경우에는 징계해고의 사유가 된다고 하였으나,(대법원 1985.04.09. 선고 83다카2202 판결) 최근의 판례는 **허위 사실을 알았더라면 근로계약을 체결하지 아니하였을 것이라는 사정과 같은 고용 당시의 사정뿐 아니라 고용 이후 해고에 이르기까지 그 근로자가 종사한 근로의 내용과 기간, 허위기재한 사실을 알게 된 경우, 알고 난 이후 근로자의 태도 및 사용자의 조치내용, 학력 등이 종전에 알고 있던 것과 다르다는 사정이 드러남으로써 노사 간 및 근로자 상호간 신뢰관계의 유지와 안정적인 기업경영과 질서유지에 미치는 영향 기타 여러 사정을 종합적으로 고려하여 판단해야** 한다는 입장이다.(대법원 2012.07.05. 선고 2009두16763 판결)

(3) 검토

근로계약의 취소와 해고는 구별되어야 하는 바, 가정적 인과관계설에 따른 판단은 근로계약 체결과정상 의사표시의 하자의 문제의 해결에 보다 적절하고, **징계해고는 근로계약체결상의 의사형성과정의 문제가** 아닌 직장질서 위반의 문제이므로 근로자의 경력사칭이 기업질서에 중대한 영향을 미쳐 현실적으로 더 이상근로계약관계를 지속할 수 없을 정도에 이르렀을 때 비로소 해고를 할 수 있다고 보는 현실적 인과관계설이 타당하다.

사례연습 70

경력사칭과 징계해고 (2018년도 제1차 변호사시험 모의시험)

甲은 2009. 1. 1. A회사에 입사하여 생산직 사원으로 계속 근무하여 왔다. A회사는 甲이 4년제 대학을 졸업했음에도 입사 당시 이력서에 최종학력을 고등학교 졸업으로 기재한 사실을 2017. 4. 우연히 알게 되었다. 그러나 A회사가 甲을 채용할 당시 4년제 대학졸업자는 생산직 사원으로 채용하지 않는다는 조건을 제시한 바는 없었다. 이력서 허위기재는 A회사의 취업규칙에서 정한 해고사유의 하나이다. A회사는 이력서 허위기재를 이유로 적법한 징계절차를 거쳐 2017. 5. 1. 甲을 해고하였다.

A회사의 甲에 대한 해고가 정당한가? (甲에 대한 해고가 부당노동행위에 해당하는지의 논점은 제외한다)

1. 쟁점의 정리

사안에서 A회사는 甲이 4년제 대학을 졸업했음에도 입사 당시 이력서에 최종학력을 고등학교 졸업으로 기재한 사실을 2017. 4. 우연히 알게 되었고 징계해고를 하였는 바, 이러한 A회사의 甲에 대한 해고의 정당성을 판단하기 위하여는 징계사유의 정당성 판단과 관련하여 甲이 이력서에 학력을 허위로 작성하여 입사한 것이 근로관계의 계속·유지에 장애가 될 수 있는지 검토하여야 할 것이다.

2. 징계사유의 정당성 판단기준(근로기준법 제23조 제1항)

징계해고는 근로기준법 제23조 제1항의 정당한 이유를 갖추어야 하는바. 판례는 '취업규칙 등의 징계해고사유에 해당하는 경우, 이에 따라 이루어진 해고처분이 당연히 정당한 것으로 되는 것이 아니라 사회통념상 고용관계를 계속할 수 없을 정도로 근로자에게 책임 있는 사유가 있는 경우에 행하여져야 정당성이 인정되는 것이고, 사회통념상 당해 근로자와의 고용관계를 계속할 수 없을 정도인지는 당해 사용자의 사업의 목적과 성격, 사업장의 여건, 당해 근로자의 지위 및 담당직무의 내용, 비위행위의 동기와 경위, 이로 인하여 기업의 위계질서가 문란하게 될 위험성 등 기업질서에 미칠 영향, 과거의 근무태도 등 여러 가지 사정을 종합적으로 검토하여 판단하여야 한다.'라고 한다. (대법원 1998.11.10. 선고 97누18189 판결)

3. 학력은폐와 해고의 정당성

(1) 학력은폐가 해고사유가 될 수 있는 지 여부

1) 문제점

경력사칭을 포함하는 근로자의 진실고지의무 위반 문제는 통상 근로계약 체결하는 과정에서 발생되는 바, 일단 근로계약 체결에 있어서 의사표시에 흠이 있을 때에는 착오에 의한 의사표시(민법 제109조)가 문제될 것이다. 그런데, 이러한 근로계약체결과정상 의사표시의 하자로 인한 사용자의 취소권 행사 외에 근로자의 진실고지의무 위반을 근로계약체결 이후의 직장질서 위반행위로 평가하여 징계해고할 수 있는 지 문제된다.

2) 학설

가. 가정적 인과관계설

이력서에 허위의 경력을 기재한 것은 사용자로 하여금 그 근로자에 대한 신뢰를 상실하게 만드는 것이고, 그 허위 또는 은폐한 내용이 사전에 발각되었다면 고용계약을 체결하지 않았을 것으로 인정될 때에는 징계해고의 사유가 된다는 입장이다.

나. 현실적 인과관계설

근로자의 경력사칭이 진실고지의무에 위반한다고 할 수 있으나 징계는 기업질서 위반에 대해 하는 것이고, 이러한 경력사칭이 기업질서에 중대한 영향을 미쳐 현실적으로 더 이상근로계약관계를 지속할 수 없을 정도에 이르렀을 때 비로소 해고를 할 수 있다는 입장이다.

3) 판례

판례는 이른바 가정적 인과관계설에 따라 그 허위 사실을 알았더라면 근로계약을 체결하지 아니하였을 것으로 인정되는 경우에는 징계해고의 사유가 된다고 하였으나,(대법원 1985.04.09. 선고 83다카2202 판결) 최근의 판례는 허위 사실을 알았더라면 근로계약을 체결하지 아니하였을 것이라는 사정과 같은 고용 당시의 사정뿐 아니라 고용 이후 해고에 이르기까지 그 근로자가 종사한 근로의 내용과 기간, 허위기재한 사실을 알게 된 경우, 알고 난 이후 근로자의 태도 및 사용자의 조치내용, 학력 등이 종전에 알고 있던 것과 다르다는 사정이 드러남으로써 노사 간 및 근로자 상호간 신뢰관계의 유지와 안정적인 기업경영과 질서유지에 미치는 영향 기타 여러 사정을 종합적으로 고려하여 판단해야 한다는 입장이다.(대법원 2012.07.05. 선고 2009두16763 판결)

4) 검토

근로계약의 취소와 해고는 구별되어야 하는 바, 가정적 인과관계설에 따른 판단은 근로계약 체결과정상 의사표시의 하자의 문제의 해결에 보다 적절하고, 징계해고는 근로계약체결상의 의사형성과정의 문제가 아닌 직장질서 위반의 문제이므로 근로자의 경력사칭이 기업질서에 중대한 영향을 미쳐 현실적으로 더 이상근로계약관계를 지속할 수 없을 정도에 이르렀을 때 비로소 해고를 할 수 있다고 보는 현실적 인과관계설이 타당하다..

4. 사안의 해결

취업규칙에는 입사 당시 이력서 등에 주요 사항을 누락 또는 허위로 기재한 것을 해고사유로 규정하고 있기는 하지만, 내을 채용할 당시 4년제 대학졸업자는 생산직 사원으로 채용하지 않는다는 조건을 제시한 바는 없었던 점, 사용자가 허위 기재 사실을 2017. 4. 우연히 알게 된 점, 甲이 2009. 1.1. A회사에 입사하여 2017.4. 까지도 생산직 사원으로 계속 근무해온 것에 비추어 생산직 업무와 최종학력 사이에 별다른 관련성이 없다고 보이는 점, 사안에서 별도로 甲의 근무태도가 불성실하였다거나 최종 학력 등이 이력서의 기재와 다르다는 사정이 드러남으로써 노사간 및 근로자 상호간 신뢰관계 유지와 안정적인 기업경영과 질서유지에 악영향을 미쳤다고 볼 만한 사정이 없는 점 등의 여러 가지 사정을 종합해 볼 때, 甲이 입사 당시 최종학력을 허위로 기재한 이력서를 제출하였다는 이유로 이루어진 이 사안 징계해고는 사회통념상 현저히 부당하여 정당성이 없다고 할 것이다.

(3) 직권면직과 당연퇴직(→사례: 71,101)

1) 직권면직과 당연퇴직의 의의

'**직권면직**'이란 취업규칙에 규정된 비위의 정도가 중대하고 명백한 특정한 사유가 발생하는 경우에 징계절차 등을 거치지 않고 사용자가 일방적으로 근로관계를 해지하는 것을 의미한다. 반면에, '**당연면직**'이란 취업규칙에 규정된 채용 결격 사유(예 채용 조건인 학력 및 면허 위조) 혹은 근로관계의 당연 종료 사유 (예 근로자의 사망, 정년의 도래, 근로계약기간의 만료 등)가 발생(발견)된 경우에 징계절차 등을 거치지 않고 사용자가 일방적으로 근로계약을 해지하는 것을 의미한다. 직권면직 · 당연퇴직 사유의 정당성이 사회통념상 인정될 수 있다면 이는 **근로기준법 제23조상의 '정당한 이유'로 인정**될 수 있을 것이므로 사용자는 근로관계를 적법하게 해지할 수 있다. 판례도 당연퇴직사유를 정한 것이 사회통념상 상당성을 인정하기 어렵다는 등의 특별한 사정이 없는 한, 위 규정들의 취지는 존중 되어야 할 것이라고 하여 직권면직과 당연퇴직 규정의 유효성을 인정하고 있다. 따라서, 일단 직권면직이 유효하게 이루어진 경우에 근로관계는 확정적으로 종료되는 것이므로, 설령 사후에 직권면직 사유가 소멸하였다고 하여 일단 종료한 근로관계가 당연히 회복되는 것은 아니다. 이를테면, 버스회사가 운전기사의 운전면허가 취소되었음을 이유로 퇴직처분을 한 경우, 그 후 그 운전면허취소처분이 취소되었다 하더라도 그 퇴직처분의 효력은 여전히 유효하다.

2) 징계해고와의 구별

징계해고 처분과 직권면직 · 당연퇴직 처분이 사용자가 일방적으로 근로관계를 해지하는 '해고'라는 점에서는 동일하지만, 사용자가 취업규칙 등에 직권면직 · 당연퇴직 사유를 징계해고와 달리 별도로 규정하였다면, **그러한 취업규칙에 규정된 직권면직이나 당연퇴직 사유의 발생만으로 근로관계는 당연히 종료한다.** 즉, 직권면직이 징계처분의 하나로 규정되어 있지 아니한 이상, 취업규칙 등에 진술의 기회를 부여하는 등의 징계절차가 규정된 경우라 하더라도 이들 절차를 거칠 필요가 없다. 따라서, 직권면직이나 당연퇴직 사유가 발생한 경우에는, 취업규칙 등에 별도로 규정되어 있는 징계절차를 거칠 필요 없이, 근로자로부터 직권면직 · 당연면직 사유를 확인 받는 정도의 간편한 절차만으로 근로자와의 근로관계를 종료시킬 수 있다는 것이다. 그러나, 그러한 직권면직 · 당연퇴직 사유에 대하여 근로자가 이의를 제기하는 경우에는 근로기준법 제23조 소정의 부당 해고의 분쟁으로 확대될 수도 있음은 물론이다. 사용자가 일방적으로 취업규칙 등에 규정한 직권면직 · 당연퇴직 사유가 언제나 그리고 당연히 해고의 정당한 이유로 인정되는 것은 아니기 때문이다.

3) 직권면직 · 당연면직과 해고절차의 관계

직권면직 · 당연퇴직도 근로계약의 일방적인 해지, 즉 '해고'라는 점에서는 통상해고 · 징계해고와 법률적으로 다른 점이 없으므로, 직권면직 · 당연퇴직의 경우에도 근로기준법 제26조에서 정한 절차, 즉 사용자는 ① 30일 이전에 해고를 예고 (혹은 30일분의 통상임금의 지급)하여야 하며 ② 해고사유와 해고시기를 서면으로 통지(해고 통지)하고 근로관계를 종료할 수 있으며, ③ 해고금지시기의 제한(근로기준법 제23조 제2항, 고평법 제19조 제3항)도 그대로 적용된다. **다만, 근로자가 고의로 사업에 막대한 지장을 초래하거나 재산상 손해를 끼친 경우로서 근로기준법 제 26조 단서, 규칙 제4조, 별표에 준하는 사유에 해당하는 경우에는 해고예고나 해고예고수당을 지급하지 않고 근로자를 즉시해고 시킬 수 있다.**

4) 직권면직이 징계의 절차에 따르도록 규정된 경우

직권면직 · 당연퇴직 사유가 발생하는 경우에는, 취업규칙 등에 별도로 징계 절차가 규정되어 있다 하더라도 그러한 징계절차와 무관하게, 근로자를 직권면직 · 당연퇴직 시킬 수 있다. 그런데, 직권면직이 '징계의 장(章)'에 규정되어 있어 **징계의 절차에 따르도록 규정된 경우**에는 '직권면직도' 징계의 종류의 하나로 해석되기 때문에 징계절차에 따라야 한다. 또한, 취업규칙에 동일한 사유가 직권면직 사유와 징계사유에 모두 규정된 경우에도 징계절차를 따르지 않고 직권면직하는 것은 위법하다. 다만, 외면적으로는 두 사유가 유사해 보이지만 실질적으로는 징계사유와 직권면직의 사유의 동일성을 인정할 수 없는 경우에는 직권면직 처분이 가능하다. 이를테면, 취업규칙에 징계사유로 '무단결근'을 규정하면서, 이와 별도로 '월 5일 이상 무단결근'을 직권면직사유로 규정한 경우, 위 두 개의 사유는 회사의 복무규율을 해하는 면에서 그 정도를 달리하는 별개의 사유로서 두 사유 사이에 동일성이 인정되지 않으므로, 사용자는 근로자가 월 5일 이상 무단결근하는 경우에는 징계절차 없이 직권면직 시킬 수 있는 것이다.

5) 형사상 유죄판결과 당연퇴직

가. 당연퇴직사유로 규정되어 있는 경우

판례에 따르면, '형사상 (확정판결이 아니라) 유죄판결을 받았을 경우를 당연퇴직사유로 한 취지는 '근로계약에 따른 근로자의 기본적인 의무인 근로제공의무를 이행할 수 없는 상태가 장기간 계속되어 왔'기 때문이다. 따라서, 판례에 따르면, 사용자가 근로자를 당연퇴직시켜도 근로자측에서 이의를 제기할 여지가 없을 정도의 상태, 즉 형사상 범죄로 구속되어 있는 근로자가 현실적인 근로제공이 불가능한 신체의 구속상태가 해소되지 아니하는 내용의 유죄판결(예컨대, 실형 판결)을 받은 경우를 의미한다고 풀이함이 상당하다고 하며, 이러한 해석이 무죄 추정의 원칙에 반하는 것이라고 할 수 없다'고 한다.(대법원 1995.03.24. 선고 94다42082 판결)

나. 기소휴직 중 유죄판결이 당연퇴직사유로 규정되어 있는 경우

기소휴직 중 유죄판결을 당연퇴직사유로 하는 경우, 범죄사실에 의하여 퇴직이라는 불이익처분을 한다는 것이 아니라, **장기구속에 따른 장기결근이라는 근로자 측의 사정으로 말미암아 근로계약에 기한 기본적 의무인 근로제공을 할 수 없게 되었다는 사실 그 자체에 기하여 퇴직처분을 한다는 취지라 할 수 있다.** 판례는 이와 같이 기소휴직에 따른 퇴직사유로 규정된 '유죄판결을 받았을 경우'의 의미는 구속기소로 인하여 휴직처리된 선고시까지도 현실적인 근로제공이 불가능한 신체구속이라는 당초의 실질적인 휴직사유가 해소되지 아니하는 내용의 유죄판결 즉 실형의 판결을 선고받는 것을 의미하는 것으로 풀이하여야 할 것이라고 하며, 이러한 내용이 헌법상 무죄추정의 원칙에 어긋나는 것은 아니라고 한다.(대법원 1993.05.25. 선고 92누12452 판결)

사례연습 71

형사유죄판결과 당연퇴직(대법원 1993.10.26. 선고 92다54210 판결 : 출제유력)

A회사의 근로자 甲은 이 회사 노동조합의 위원장으로 선출되어 2010. 4. 20. 경부터 같은해 6. 7.경까지 사이에 노사 간에 임금교섭을 하는 과정에서 회사업무를 방해하고, 불법으로 태업, 파업을 하며 옥외집회를 열고 시위를 주동하였다는 이유로 같은 해 6. 13. 구속되어 기소되었다. 2010. 9. 8. 징역 1년의 실형을 선고받고 2011. 1. 25. 항소심은 징역 1년에 집행유예 2년을 선고하였는데 이 원심판결은 2011. 6. 26. 대법원의 상고기각으로 확정되었다.

A회사는 甲이 구속기소 되자 처음에는 연차유급휴가를 사용하도록 하고 그 소진 이후에는 甲의 휴직신청을 받아들여 제1심 재판까지 조건부로 휴직처리를 해 주었다.2010. 9. 8. 대구지방법원에서 징역 1년의 실형선고가 내려지자 A회사는 갑에게 별도의 소명기회를 부여하지 않고 2010. 9.15. 징계위원회가 아닌 인사위원회를 열어 단체협약 및 취업규칙상의 당연퇴직사유('형사상의 범죄로 유죄판결을 받았을 때')가 발생하였다 하여 2010.9.15.자로 당연퇴직처리하기로 결정하고 그 사유와 시기를 기재한 서면을 통해 甲에게 당연퇴직사실을 통보하였다.

> 단체협약 제13조
> 다음 각호의 사유에 해당하는 경우에는 당연퇴직 한다.
> 1. 조합원이 정년에 달했거나 사망하였을 때
> 2. 형사상의 범죄로 유죄판결을 받았을 때
> 3. 전역일 또는 질병, 부상, 기타의 사유로 회사의 승인을 받아 휴직한 자가 그 사유 소멸일로부터 1월 이내에 복직원을 제출하지 아니한 때
> 4. '7일 이상의 무단결근 후 회사의 취업요구에 응답하지 아니한 때

한편 A회사의 취업규칙 제15조 제2항 제1호는 당연면직과는 별도로 성실의무와 품위유지의무 및 복종의무를 규정한 취업규칙을 위반하는 자에 대하여는 경고, 견책, 감봉, 정직, 해고 등의 징계를 할 수 있다고 규정하면서, 동조 제2항에서는 징계위원회의 구성과 징계대상자의 징계위원회 출석통지 등 소명기회를 부여한다는 내용의 징계절차에 관한 규정을, 동조 제3항에서는 구체적인 징계해고사유에 관한규정을 두고 있다. 다만 그 해고사유에는 앞의 당연퇴직사유와 같은 사유는 포함되어 있지 않다.

甲은 위 당연퇴직처분이 무죄추정의 원칙에 반하는 부당해고에 해당하고, 취업규칙에서 정한 징계절차에 관한 규정을 준수하지 않아 무효라고 주장하는 바, 이러한 甲의 주장은 정당한가?

1. 쟁점의 정리

甲의 주장은 정당성과 관련하여 A회사가 근로자 甲을 '형사상의 범죄로 유죄판결을 받았을 때'에 해당함을 이유로 당연퇴직 처리한 것이 근로기준법 제23조 해고제한규정의 취지에 비추어 정당화되는지 문제되는 바, 이는 본 사례에서 문제가 된 '형사상 유죄판결'을 받았다는 사실이 과연 근로관계의 존속을 더이상 기대할 수 없는 해고의 '정당한 이유'에 해당될 수 있는가와 관련하여 판단해야 할 것이다. 그리고, 甲의 형사유죄판결선고 직후에 A회사의 취업규칙상 규정된 징계위원회절차를 밟지 않고 인사위원회의 의결을 거쳐 당연퇴직처분을 통보한 것이 해고절차에 관한 제한규정을

위반한 것이 되는지 여부도 검토해야 할 것이다.

2. 당연퇴직사유에 대한 해고제한규정의 적용 여부

(1) 당연퇴직의 의의

'당연면직'이란 취업규칙에 규정된 특정한 사유가 발생(발견)된 경우에 단체협약이나 취업규칙 등에 규정된 '징계절차를 거칠 필요 없이' 근로관계를 종료하는 것을 의미한다. 판례도 당연퇴직사유를 정한 것이 사회통념상 상당성을 인정하기 어렵다는 등의 특별한 사정이 없는 한, 위 규정들의 취지는 존중되어야 할 것이라고 하여 직권면직과 당연퇴직 규정의 유효성을 인정하고 있다.(대법원 2005.06.10. 선고 2004두10548 판결) 일단 직권면직이 유효하게 이루어진 경우에 근로관계는 확정적으로 종료되는 것이므로, 설령 사후에 직권면직사유가 소멸하였다고 하여 일단 종료한 근로관계가 당연히 회복되는 것은 아니다.

(2) 징계해고와의 구별

사용자가 취업규칙 등에 · 당연퇴직 사유를 징계해고와 달리 별도로 규정하였다면, 그러한 취업규칙에 규정된 당연퇴직 사유의 발생만으로 근로관계는 당연히 종료한다. 따라서, 직권면직이 징계처분의 하나로 규정되어 있지 아니한 이상 단체협약이나 취업규칙 등에서 정한 징계절차를 거칠 필요가 직권면직(당연퇴직) 처리할 수 있다는 것이 판례의 태도이다.(대법원 2002.07.12. 선고 2002다21233 판결)

(3) 근로기준법 제23조의 적용

사용자의 '해고'란 근로자의 의사에 반하여 근로계약을 해지하는 사용자의 '일방적 의사표시'를 의미하는 바, 판례는 해고를 '실제 사업장에서 불리는 명칭이나 그 절차에 관계없이 근로자의 의사에 반하여 사용자의 일방적인 의사에 의하여 이루어지는 모든 근로계약관계의 종료를 의미한다'고 정의한다.(대법원 1993.10.26. 선고 92다54210 판결 등)

따라서 사용자가 어떤 사유의 발생을 취업규칙이나 단체협약 등에 당연퇴직의 사유로 규정하고 그 절차를 통상의 해고나 징계해고와는 달리 정하고 있다 할지라도 그 당연퇴직사유가 근로자의 사망이나 정년, 근로계약기간의 만료 등 근로관계의 자동소멸사유로 볼 수 있는 경우가 아니라 근로자의 일신상 · 행태상에 의한 사유에 관한 것인 경우에는, 이에 따른 당연퇴직은 근로기준법 제23조 소정의 제한을 받는 해고로 보아야 한다.(대법원 1993.10.26. 선고 92다54210 판결)

(4) 사안의 경우

사안에서 A회사는 형사상 유죄판결이 단체협약 제43조 및 취업규칙상의 당연퇴직사유에 해당한다고 하여 甲을 퇴직시켰는 바, 그 사유는 결국 해고사유로서 '행태상의 이유'에 기초한 것이고 그 퇴직 또한 甲의 의사에 반해 이루어진 것으로 볼 수 있기 때문에 그 퇴직처리의 본질은 해고에 해당한다. 그러므로 취업규칙이나 단체협약의 당연퇴직규정은 그 자체로서 유효한 것이 아니라 근로기준법 제23조에 위반되지 않는 한도 내에서만 효력이 인정된다고 보아야 한다.

3. 甲에 대한 당연퇴직의 정당성 여부

(1) 형사상 유죄판결과 당연퇴직

1) 당연퇴직사유로 규정되어 있는 경우

판례에 따르면, '형사상 유죄판결을 받았을 경우를 당연퇴직사유로 한 취지는 '근로계약에 따른 근로자의 기본적인 의무인 근로제공의무를 이행할 수 없는 상태가 장기간 계속되어' 왔기 때문이다. 따라서 판례에 따르면, 사용자가 근로자를 당연퇴직 시켜도 근로자측에서 이의를 제기할 여지가 없을 정도의 상태, 즉 형사상 범죄로 구속되어 있는 근로자가 현실적인 근로제공이 불가능한 신체의 구속상태가 해소되지 아니하는 내용의 유죄판결(예컨대, 실형 판결)을 받은 경우를 의미한다고 풀이함이 상당하다고 하며, 이러한 해석이 무죄 추정의 원칙에 반하는 것이라고 할 수 없다'고 한다.(대법원 1995.03.24. 선고 94다42082 판결)

2) 기소휴직 중 유죄판결이 당연퇴직사유로 규정되어 있는 경우

휴직 중 유죄판결을 당연퇴직사유로 하는 경우, 범죄사실에 의하여 퇴직이라는 불이익처분을 한다는 것이 아니라, 장기구속에 따른 장기결근이라는 근로자 측의 사정으로 말미암아 근로계약에 기한 기본적 의무인 근로제공을 할 수 없게 되었다는 사실 그 자체에 기하여 퇴직처분을 한다는 취지라 할 수 있다. 판례는 이와 같이 기소휴직에 따른 퇴직사유로 규정된 '유죄판결을 받았을 경우'의 의미는 구속기소로 인하여 휴직처리된 선고시까지도 현실적인 근로제공이 불가능한 신체구속이라는 당초의 실질적인 휴직 사유가 해소되지 아니하는 내용의 유죄판결 즉 실형의 판결을 선고받는 것을 의미하는 것으로 풀이하여야 할 것이라고 하며, 이러한 내용이 헌법상 무죄추정의 원칙에 어긋나는 것은 아니라고 한다.(대법원 1993.05.25. 선고 92누12452 판결)

(2) 사안의 경우

사안에서 단체협약 제43조 및 취업규칙 제9조 제2항 제3호의 당연퇴직규정이나 당연면직규정에서 규정한 '형사상의 범죄로 유죄판결을 받았을 때'를 장기간 신체적 구속에서 벗어날 수 없는 실형판결을 받은 경우라고 해석할 수 있는 한, 甲이 제1심법원에서 벌금형이나 집행유예가 아닌 징역 1년의 실형판결을 받았다는 사실은 당연퇴직사유이자 해고의 정당한 이유도 된다고 할 것이다. 근로계약에 따른 근로제공의무를 상당기간 미이행한다는 것은 통상해고의 전형적인 사유라고 보아야 하기 때문이다. 비록 실형판결이 제1심 법원에서 선고된 것으로서 아직 확정된 판결이 아니라고 하더라도, 그 실형판결로 인하여 甲의 근로제공이 장기간 불가능하게 되었다는 점에서 무죄주정의 원칙은 A회사의 당연퇴직처분과 무관하며 그 처분의 효력에 영향을 주지 못한다고 볼 것이다. 결국 위 사안에서 A회사에 의한 甲의 당연퇴직처분은 해고의 정당한 이유를 갖춘 것이고, 일단 직권면직이 유효하게 이루어진 경우에 근로관계는 확정적으로 종료되는 것이므로, 비록 상급법원에서 집행유예의 관결을 받았다고 하여 일단 종료한 근로관계가 당연히 회복된다거나 이미 효과가 발생한 당연퇴직의 처분이 취소되어야 하는 것은 아니다.

4. 결론

(1) 부당해고에 해당한다는 甲의 주장의 정당성

甲에게 제1심 법원이 징역 1년의 실형판결을 선고한 직후에 A회사가 그것이 단체협약과 취업규칙상 당연퇴직사유의 하나인 '형사상의 범죄로 유죄판결을 받았을 때'에 해당한다고 보아 당연퇴직처분을 하였더라도 그 성격은 근로관계의 자동종료사유라기보다는 사용자에 의한 해고로 보아야 하고, 따라서 거기에는 근로기준법 제23조 제1항에 따른 정당한 이유가 있을 것이 요구된다. 그리고, 형사상 유죄판결의 의미를 합리적으로 해석한다면 유죄판결 사실 자체가 징계해고 사유가 된다고 보기는 어렵고 이는 실형판결로 인하여 상당기간 근로제공이 불가능하게 됨에 따라 행하는 일반적인 통상해고사유로 봄이 상당하므로, 위 당연퇴직처분이 무죄추정의 원칙에 반하는 부당해고에 해당한다고 주장하는 甲의 주장은 정당하지 않다.

(2) 취업규칙에서 정한 징계절차에 관한 규정을 준수하지 않아 무효라는 甲의 주장의 정당성

사용자가 취업규칙 등에 · 당연퇴직 사유를 징계해고와 달리 별도로 규정하였다면, 그러한 취업규칙에 규정된 당연퇴직 사유의 발생만으로 근로관계는 당연히 종료한다. 그리고, A회사의 당연퇴직처분의 실질은 통상해고로서 부당해고에 해당하지 않음은 위에서 검토한 바와 같다. 따라서, 취업규칙에서 정한 징계절차에 관한 규정을 준수하지 않은 당연퇴직처분이 무효라는 甲의 주장은 정당하지 않다.

(4) 긴박한 경영상의 필요에 의한 해고(정리해고)

1) 긴박한 경영상 필요에 의한 해고의 의의

'경영상 필요에 의한 해고(경영상 해고)'라 함은 기업의 유지와 존속을 위하여 경영상 필요에 의해 일정한 요건 아래 근로자들 가운데 일부를 해고하는 것을 말한다.(대법원 2003.04.25. 선고 20037005 판결) 경영상 해고는 근로자와 무관한 오로지 사용자측의 경영상 사정으로 인한 해고라는 점에서 근로기준법 제24조는 예외적으로 엄격한 요건하에 경영상 해고를 인정하고 있다. 즉, 경영상 해고에 있어서는 첫째 해고를 하지 않으면 기업 경영이 위태로울 정도의 긴박한 경영상의 필요성이 존재하여야 하고, 둘째 경영방침이나 작업방식의 합리화, 신규채용 금지, 일시휴직 및 희망퇴직의 활용, 배치전환 등 해고회피를 위한 노력을 다하여야 하며, 셋째 합리적이고 공정한 정리기준을 설정하여 이에 따라 해고대상자를 선별하여야 하고, 이밖에도 해고에 앞서 노동조합이나 근로자측에 적절한 통지를 하고 이들과 사이에 성실한 협의를 거칠 것이 요구된다. 또한 근로기준법에서는 경영상 해고 규정과 함께 사용자의 우선 재고용의무를 규정하면서, 정부의 해고 근로자에 대한 생계안정, 재취업, 직업훈련 등의 조치의무를 연계시키고 있다.(근로기준법 제25조))

2) 청산해고(통상해고)와의 구별

한편, 경영상 해고는 기업의 유지·존속을 전제로 하는 해고라는 점에서, 사업의 폐지를 위한 청산과정에서 근로자를 해고하는 것과 구별된다. 판례도 사업의 폐지를 위하여 해산한 기업이 그 청산 과정에서 근로자를 해고하는 경우 또는 기업이 파산선고를 받아 사업의 폐지를 위하여 그 청산과정에서 근로자를 해고하는 경우는 경영상 해고가 아닌 통상해고에 지나지 않기 때문에 경영상 해고의 요건을 갖출 필요가 없다고 한다.(대법원 2003.04.25. 선고 2003다7005 판결) 그런데, 우리나라에서의 통상해고는 원칙적으로 사업 '전체'를 폐지하는 경우를 의미하며, '일부' 만성 적자인 사업부를 폐지하는 경우에는 통상해고의 법정사유가 아니므로, 사용자가 일부 사업 부분을 폐지하고 그 사업 부문에 속한 근로자를 해고하는 경우에는 예외적으로 일부 사업의 폐지가 사업 전체의 폐지와 같다고 볼만한 특별한 사정이 인정되어야 하는데, **일부 사업의 폐지가 폐업과 같다고 인정할 수 있는지는 해당 사업 부문이 인적·물적 조직 및 운영상 독립되어 있는지, 재무 및 회계의 명백한 독립성이 갖추어져 별도의 사업체로 취급할 수 있는지, 폐지되는 사업 부문이 존속하는 다른 사업 부문과 취급하는 업무의 성질이 전혀 달라 다른 사업 부문으로의 전환배치가 사실상 불가능할 정도로 업무 종사의 호환성이 없는지 등 여러 사정을 구체적으로 살펴 종합적으로 판단하여야 한다.**(대법원 2021.07.29. 선고 2016두64876 판결)(→(쟁점) 긴박한 경영상의 필요성의 판단범위)

3) 긴박한 경영상의 필요가 없는 해고의 효과

사용자가 근로기준법 제24조에서 정한 경영상 해고의 요건을 갖추어 해고한 경우에는 정당한 이유가 있는 해고를 한 것으로 본다(근기법 24조 5항). 그러나 **경영상 해고의 요건을 갖추지 못한 해고는 효력이 없다.** 다만, 긴박한 경영상의 필요가 없는 경영상 해고에 대한 벌칙은 없다. 그러나 정당한 이유가 없는 해고(부당해고)로서 해당 근로자는 노동위원회에 구제신청을 할 수 있고(근로기준법 28조 1항), 법원에 제소하여 사법적 구제를 받을 수도 있다.

4) 긴박한 경영상의 필요성(→사례: 72,73)

가. 개념

경영상 해고를 하기 위해서는 우선 해당 사업장이 경영상 해고를 해야 할 만큼의 긴박한 경영상의 필요성이 인정되어야 한다. '긴박한 경영상의 필요성'이란 기업의 경영이 악화되거나 혹은 가까운 장래에 기업의 생존이 위태로울 정도의 상황이 초래될 수 있기 때문에, 기업의 생존을 위하여 부득이하게 인원을 감축해야만 하는 경영상의 필요성을 의미하며, 특히, 경영악화를 방지하기 위한 사업의 양도, 인수, 합병은 긴급한 경영상의 필요가 있는 것으로 본다.(근로기준법 제24조 제1항) 판례는 여기에서의 **'긴박한 경영상의 필요성'이란 해고를 하지 않으면 기업이 도산되거나 존속을 유지하는 것을 위태롭게 하는 경우에 한정되지 않고, 나아가 장래에 올 수도 있는 위기에 미리 대처하기 위하여 생산성 향상이나 기술혁신 등을 위한 인원삭감이 객관적으로 합리성이 있다고 인정되는 경우까지 포함한다고 한다.** (대법원 1991.12.10. 선고 91다8647 판결)

나. 긴박한 경영상의 필요성 판단시점 및 판단방법

경영상의 필요성을 이유로 근로자에 대한 경영상 해고를 한 경우에 그 타당성 여부의 판단은 **경영상 해고를 한 '당시'를 기준**으로 하는 바, 긴박한 경영상의 필요성의 판단시점은 특정시점을 의미하는 것이 아니라, 사용자가 해고회피 조치를 취할 시점부터 해고조치를 취할 때까지의 사이를 의미한다. **따라서, 일단 경영상 해고를 시행한 뒤에 경영상태가 호전되었는지 여부는 원칙적으로 고려사항이 아니다.** 그러나, 감원을 한 **직후** 대폭적인 임금인상, 대규모의 신규인력 채용, 고율의 주주배당 등 **경영상 해고 사유와 명백하게 모순되는 조치가 뒤따른 경우 등에는** 긴박한 경영상의 필요성이 부정될 수도 있다. 다만, 국가 · 지방자치단체 및 출연한 기관의 경영상 해고에 있어서는 긴박한 경영상의 필요성을 비교적 넓게 인정하고 있는 경향이다.

다. '긴박한 경영상 필요성'의 판단에 대한 판례의 태도

근로기준법 제24조에서 정한 경영상 이유에 의한 해고의 요건 중 긴박한 경영상의 필요란 반드시 기업의 도산을 회피하기 위한 경우에 한정되지 아니하고, 인원감축이 객관적으로 보아 합리성이 있는 경우도 포함되지만, 긴박한 경영상의 필요가 있는지는 법인의 어느 사업 부문이 다른 사업 부문과 인적 · 물적 · 장소적으로 분리 · 독립되어 있고 재무 및 회계가 분리되어 있으며 경영여건도 서로 달리하는 예외적인 경우가 아니라면 **법인의 일부 사업 부문의 수지만을 기준으로 할 것이 아니라 법인 전체의 경영사정을 종합적으로 검토하여 판단**하여야 한다.(대법원 2021. 7. 29. 선고 2016두64876 판결)

관련 문제 _ '긴박한 경영상 필요성'의 판단에 대한 판례의 변화

① 초기의 판례는 '경영상 해고 하지 않으면 경영악화로 사업을 계속할 수 없거나 적어도 기업재정상 심히 곤란한 처지에 놓일 개연성이 있을 긴박한 경영상의 필요성이 있어야 한다(도산회피설)는 입장이었으며, ② 그 후 판례는 '긴박한 경영상의 필요'의 의미에 대하여 기업의 도산을 회피하기 위한 경우에 한정되지 않고 인원감축이 객관적으로 보아 합리성이 있다고 판단되는 경우도 인정된다.'(객관적 합리성설)고 하였으며, ③ 나아가 판례는'장래에 올수도 있는 위기에 미리 대처하기 위하여 인원 삭감이 객관적으로 보아 합리성이 있다고 인정되는 경우까지도 포함하는 입장(위기예방설)으로 확대되었다.

(쟁점) 긴박한 경영상의 필요성의 판단범위(→사례: 72)

1. 원칙 : 기업 '전체'의 경영상태를 종합적으로 판단

긴박한 경영상 필요'가 있는지를 판단할 때는 **법인 '전체'의 경영사정을 종합적으로 검토**하여 결정하는 것이 원칙이며, 단지 기업의 '일부' 사업부문에 적자가 발생하였다고 하여 이를 가지고 경영상 해고를 위한 긴박한 경영상의 필요가 있다고 판단할 수 없다는 것이 판례의 입장이다.(대법원 2015. 5. 28. 선고 2012두25873 판결) 예컨대, 사용자가 위탁관리하고 있는 여러 개의 아파트 단지 중 일부 영업소의 영업이익이 감소하였다는 사정만으로는 긴박한 경영상의 필요를 인정할 수 없다. 또한, '법인' 자체가 다르더라도 같은 업종의 사업을 경영하여 그 업종의 경기상황에 동시에 반응하며, 상호 인적·물적 설비가 엄격하게 분리되어 있지 않고, 노조도 단일노조로 구성되어 두 법인과 통일적으로 교섭하고 있는 등 사실상 하나의 기업(법인)으로 볼 수 있을 정도로 상호 밀접한 관련이 있는 경우에는 두 법인의 긴박한 경영상의 필요에 관하여는 종합적으로 판단하여야 한다.

2. 예외: 기업 전체의 경영상황이 악화될 우려가 있는 경우

사업 전체로는 흑자인 경우에도 일부 사업부문이 경영악화를 겪고 있는 경우, 당해 경영악화가 쉽게 개선될 가능성이 없고 해당 사업부문을 그대로 유지한다면 결국 기업 전체의 경영상황이 악화될 우려가 있는 등의 사정이 있다면, **해당사업부문을 축소 또는 폐지하고 이로 인하여 발생하는 잉여인력을 감축하는 것이 객관적으로 보아 불합리한 것이라고 볼 수 없다는** 것이 판례의 입장이다.(대법원 2012.02.23. 선고 2010다3735 판결)

3. 해당 사업부가 실질적으로 독립되어 있는 경우

법인의 어느 사업부문이 다른 사업부문과 인적 · 물적 · 장소적으로 독립되어 있고 재무 및 회계가 분리되어 있으며 경영 여건도 서로 달리하는 경우에는 예외적으로 해당 일부 사업부문의 수지만을 기준으로 '긴박한 경영상의 필요성'을 판단할 수 있다. **반면에, 외형적으로는 사업부가 분리되어 있는 것으로 보이더라도 실질적으로 재무, 회계, 영업, 인사노무 등이 밀접하게 결합된 경우에는 이를 분리하여 판단할 수 없다.** 예컨대, 자치단체와 별개의 용역계약을 체결하여 운영하고 있는 여러 개의 사업부문이 있으나 회계처리, 사업장간의 인사이동 등에서 독립된 사업부문이라고 볼 수 없다면 긴박한 경영상의 필요성 판단은 법인 전체를 기준으로 판단하여야 한다.

4. 사안의 경우(예시)

A회사의 공식적인 재무제표는 서울호텔사업부와 제주호텔사업부를 포함한 법인 전체를 기준으로 작성되었다는 점, A회사에는 양 사업부의 인사·노무 및 재무 관련 업무를 모두 관장하는 하나의 관리부서가 있다는 점, 등에 비추어 보면 서울호텔사업부와 제주호텔사업부의 재무와 회계가 분리되어 있다고 단정하기 어렵다. 따라서 서울호텔사업부만을 분리하여 '긴박한 경영상 필요' 여부를 판단할 수 있는 경우에 해당된다고 보기 어렵고, 제주호텔사업부를 포함하여 법인 전체를 기준으로 판단해야 한다.

사례연습 72

긴박한 경영상의 필요성의 판단범위 대법원 : 2020년도 제3차 변호사시험 모의시험)

甲시 근로자 300명을 사용하여 관광호텔업을 경영하는 A회사에는 서울호텔사업부와 제주호텔사업부가 있다. A회사의 공식적인 재무제표는 서울호텔사업부와 제주호텔사업부를 포함한 법인 전체를 기준으로 작성되었고, A회사에는 양 사업부의 인사·노무 및 재무 관련 업무를 모두 관장하는 하나의 관리부서가 있으며, A회사는 양 사업부 근로자들에게 일률적으로 동일한 근로조건을 적용하였다. 서울호텔사업부와 제주호텔사업부를 모두 포함한 법인 전체에서는 최근 3년간 영업흑자를 기록하였지만 서울호텔사업부가 최근 2년간 상당한 금액의 영업적자를 기록하였기 때문에 A회사는 2016. 10. 1. 서울호텔사업부의 경비절감이 긴급하게 필요하다고 판단하였다. 이에 따라 A회사는 서울호텔사업부에서 근무하는 근로자 중 20명의 희망퇴직 대상자를 선정하여 이들에게 사직서를 제출하라고 권유했다. 이 중 11명은 희망퇴직 권고를 받아들여 사직서를 제출했고, 근로자 甲을 포함한 나머지 9명은 사직서 제출을 거부했다. A회사는 사직서 제출을 거부한 근로자들을 모두 정리해고했다.

甲은 "A회사가 정리해고를 할 때 서울호텔사업부만의 경영사항을 기준으로 판단했기 때문에 위법하다."라고 주장한다. 甲의 주장은 타당한가?

Ⅰ. 설문 1의 해결

1.쟁점의 정리

甲의 주장의 정당성을 판단하기 위해서는 경영상 해고의 요건 중에서 긴박한 경영상 필요성이 인정되는 지 문제된다. 따라서, 먼저 긴박한 경영상 해고의 필요성에 대해여 검토한 후, 특히, 본 사안에서 서울호텔사업부가 최근 2년간 상당한 금액의 영업적자를 기록하였기 때문에 서울호탤사업부만을 기준으로 판단한다면 적어도 장래에 올 수도 있는 위기에 미리 대처하기 위하여 인원삭감이 필요한 경우로서 긴박한 경영상의 필요성이 인정될 여지도 있을 것이지만, 서울호텔사업부와 제주호텔사업부를 모두 포함한 법인 전체로는 최근 3년간 영업흑자를 기록하고 있기 때문에, 긴박한 경영상 필요성의 판단범위와 관련하여 현재 법인 전체를 기준으로 판단하여야 하는지, 혹은 적자인 법인의 일부 사업장만을 기준으로 판단할 수 있는 지에 대하여 검토하여야 할 것이다.

2. A회사의 경영상 해고의 적법성

(1) 긴박한 경영상해고의 의의

경영상 해고라 함은 기업의 유지와 존속을 위하여 경영상 필요에 의해 일정한 요건 아래 근로자들 가운데 일부를 해고하는 것을 말하는 바, 경영상 해고는 근로자와 무관한 오로지 사용자측의 경영상 사정으로 인한 해고라는 점에서 엄격한 제한이 요구된다. 따라서, 경영상해고에 있어서는 첫째 해고를 하지 않으면 기업 경영이 위태로울 정도의 긴박한 경영상의 필요성이 존재하여야 하고, 둘째 해고회피를 위한 노력을 다하여야 하며, 셋째 합리적이고 공정한 정리기준을 설정하여 이에 따라 해고대상자를 선정하여야 하고, 넷째, 근로자의 과반수로 조직된 노동조합 또는 근로자대표에게 해고실시일 50일전까지 통보하고 성실하게 협의해를 거칠 것이 요구된다.(근로기준법 제24조)

(2) 긴박한 경영상의 필요성

'긴박한 경영상의 필요성'이란 기업의 경영이 악화되거나 혹은 가까운 장래에 기업의 생존이 위태로울 정도의 상황이 초래될 수 있기 때문에, 기업의 생존을 위하여 부득이하게 인원을 감축해야만 하는 경영상의 필요성을 의미하며, 특히, 경영악화를 방지하기 위한 사업의 양도, 인수, 합병은 긴급한 경영상의 필요가 있는 것으로 본다.(근로기준법 제24조 제1항) 판례는 여기에서의긴박한 경영상의 필요'란 반드시 기업의 도산을 회피하기 위한 경우에 한정되지 아니하고, 장래에 올 수도 있는 위기에 미리 대처하기 위하여 인원삭감이 필요한 경우도 포함되지만, 그러한 인원삭감은 객관적으로 보아 합리성이 있다고 인정되어야 한다는 입장이다...(대법원 1991, 12, 10, 91다8647 판결)

(3) 긴박한 경영상의 필요성의 판단범위

1) 원칙 : 기업 '전체'의 경영상태를 종합적으로 판단

긴박한 경영상 필요'가 있는지를 판단할 때는 법인 '전체'의 경영사정을 종합적으로 검토하여 결정하는 것이 원칙이며, 단지 기업의 '일부' 사업부문에 적자가 발생하였다고 하여 이를 가지고 경영상 해고를 위한 긴박한 경영상의 필요가 있다고 판단할 수 없다는 것이 판례의 입장이다.(대법원 2015. 5. 28. 선고 2012두25873 판결) 예컨대, 사용자가 위탁관리하고 있는 여러 개의 아파트 단지 중 일부 영업소의 영업이익이 감소하였다는 사정만으로는 긴박한 경영상의 필요를 인정할 수 없다. 또한, '법인' 자체가 다르더라도 같은 업종의 사업을 경영하여 그 업종의 경기상황에 동시에 반응하며, 상호 인적·물적 설비가 엄격하게 분리되어 있지 않고, 노조도 단일노조로 구성되어 두 법인과 통일적으로 교섭하고 있는 등 사실상 하나의 기업(법인)으로 볼 수 있을 정도로 상호 밀접한 관련이 있는 경우에는 두 법인의 긴박한 경영상의 필요에 관하여는 종합적으로 판단하여야 한다.

2) 예외: 기업 전체의 경영상황이 악화될 우려가 있는 경우

사업 전체로는 흑자인 경우에도 일부 사업부문이 경영악화를 겪고 있는 경우, 당해 경영악화가 쉽게 개선될 가능성이 없고 해당 사업부문을 그대로 유지한다면 결국 기업 전체의 경영상황이 악화될 우려가 있는 등의 사정이 있다면, 해당사업부문을 축소 또는 폐지하고 이로 인하여 발생하는 잉여인력을 감축하는 것이 객관적으로 보아 불합리한 것이라고 볼 수 없다는 것이 판례의 입장이다. (대법원 2012.02.23. 선고 2010다3735 판결)

3) 해당 사업부가 실질적으로 독립되어 있는 경우

법인의 어느 사업부문이 다른 사업부문과 인적·물적·장소적으로 독립되어 있고 재무 및 회계가 분리되어 있으며 경영 여건도 서로 달리하는 경우에는 예외적으로 해당 일부 사업부문의 수지만을 기준으로 '긴박한 경영상의 필요성'을 판단할 수 있다. 반면에, 외형적으로는 사업부가 분리되어 있는 것으로 보이더라도 실질적으로 재무, 회계, 영업, 인사노무 등이 밀접하게 결합된 경우에는 이를 분리하여 판단할 수 없다.예컨대, 자치단체와 별개의 용역계약을 체결하여 운영하고 있는 여러 개의 사업부문이 있으나 회계처리, 사업장간의 인사이동 등에서 독립된 사업부문이라고 볼 수 없다면 긴박한 경영상의 필요성 판단은 법인 전체를 기준으로 판단하여야 한다.

(4) 사안의 경우

A회사의 공식적인 재무제표는 서울호텔사업부와 제주호텔사업부를 포함한 법인 전체를 기준으로 작성되었다는 점, A회사에는 양 사업부의 인사·노무 및 재무 관련 업무를 모두 관장하는 하나의 관리부서가 있다는 점, A회사는 양 사업부 근로자들에게 일률적으로 동일한 근로조건을 적용하였다는 점 등에 비추어 보면 서울호텔사업부와 제주호텔사업부의 재무와 회계가 분리되어 있다고 단정하기 어렵다. 따라서 서울호텔사업부만을 분리하여 '긴박한 경영상 필요' 여부를 판단할 수 있는 경우에 해당된다고 보기 어렵고, 제주호텔사업부를 포함하여 법인 전체를 기준으로 판단해야 한다.

3. 결론

A회사가 경영상 이유에 의한 해고를 할 때 서울호텔사업부와 제주호텔사업부를 포함한 법인 전체의 경영상황을 기준으로 긴박한 경영상 필요 여부를 판단해야 하기 때문에 서울호텔사업부만을 기준으로 판단했기 때문에 위법하다는 근로자 甲의 주장은 타당하다.

관련판례 대법원 2021. 7. 29. 선고 2016두64876 판결 **경영상 해고와 폐지해고(통상해고)**

1. 부당해고 구제신청에 관한 중앙노동위원회의 명령 또는 결정의 취소를 구하는 소송에서 그 명령 또는 결정이 적법한지는 그 명령 또는 결정이 이루어진 시점을 기준으로 판단하여야 하고, 그 명령 또는 결정 후에 생긴 사유를 들어 적법 여부를 판단할 수는 없으나, 그 명령 또는 결정의 기초가 된 사실이 동일하다면 노동위원회에서 주장하지 아니한 사유도 행정소송에서 주장할 수 있다.

2. 어떤 기업이 경영상 이유로 사업을 여러 개의 부문으로 나누어 경영하다가 그중 일부를 폐지하기로 하였더라도 이는 원칙적으로 사업 축소에 해당할 뿐 사업 전체의 폐지라고 할 수 없으므로, 사용자가 일부 사업을 폐지하면서 그 사업 부문에 속한 근로자를 해고하려면 **근로기준법 제24조에서 정한 경영상 이유에 의한 해고 요건**을 갖추어야 하고, 그 요건을 갖추지 못한 해고는 정당한 이유가 없어 무효이다.

한편 **사용자가 사업체를 폐업하고 이에 따라 소속 근로자를 해고하는 것**은 그것이 노동조합의 단결권 등을 방해하기 위한 위장 폐업이 아닌 한 원칙적으로 **기업 경영의 자유에 속하는 것으로서 유효**하고, 유효한 폐업에 따라 사용자와 근로자 사이의 근로관계도 종료한다. 따라서 사용자가 일부 사업 부문을 폐지하고 그 사업 부문에 속한 근로자를 해고하였는데 그와 같은 해고가 경영상 이유에 의한 해고로서의 요건을 갖추지 못하였지만, 폐업으로 인한 통상해고로서 예외적으로 정당하기 위해서는 **일부 사업의 폐지 · 축소가 사업 전체의 폐지와 같다고 볼 만한 특별한 사정이 인정되어야 한다. 이때 일부 사업의 폐지가 폐업과 같다고 인정할 수 있는지는 해당 사업 부문이 인적 · 물적 조직 및 운영상 독립되어 있는지, 재무 및 회계의 명백한 독립성이 갖추어져 별도의 사업체로 취급할 수 있는지, 폐지되는 사업 부문이 존속하는 다른 사업 부문과 취급하는 업무의 성질이 전혀 달라 다른 사업 부문으로의 전환배치가 사실상 불가능할 정도로 업무 종사의 호환성이 없는지 등 여러 사정을 구체적으로 살펴 종합적으로 판단하여야 한다.** 근로기준법 제31조에 따라 부당해고구제 재심판정을 다투는 소송에서 해고의 정당성에 관한 증명책임은 이를 주장하는 사용자가 부담하므로, 사업 부문의 일부 폐지를 이유로 한 해고가 통상해고로서 정당성을 갖추었는지에 관한 증명책임 역시 이를 주장하는 사용자가 부담한다.

(쟁점) 경영악화를 방지하기 위한 사업의 양도, 인수, 합병(→사례: 73,94)

1. 긴박한 경영상 필요성

'경영상 해고를 하기 위해서는 우선 해당 사업장이 경영상 해고를 해야 할 만큼의 긴박한 경영상의 필요성이 인정되어야 한다. '긴박한 경영상의 필요성'이란 기업의 경영이 악화되거나 혹은 가까운 장래에 기업의 생존이 위태로울 정도의 상황이 초래될 수 있기 때문에, 기업의 생존을 위하여 부득이하게 인원을 감축해야만 하는 경영상의 필요성을 의미한다. '긴박한 경영상 필요성'이 있다고 보는 구체적인 내용으로는 사업의 양도 · 인수 · 합병, 도산 및 고도의 경영위기, 작업부서 폐지와 직제개편, 업무축소, 사업폐지, 청산, 하도급제 운용, 생산성 향상을 위한 기술혁신, 작업형태 변경, 신기술의 도입, 산업구조의 변화 등이 주된 내용이다. **특히, 경영악화를 방지하기 위한 사업의 양도, 인수, 합병은 긴급한 경영상의 필요가 있는 것으로 본다.**(근로기준법 제24조 제1항)

2. 경영악화를 방지하기 위한 사업의 양도, 인수, 합병

(1) 경영악화 방지 목적

경영악화를 방지하기 위한 사업의 양도 · 인수 · 합병은 긴박한 경영상의 필요가 있는 것으로 본다(근기법 24조 1항 후단: 1998. 2.20. 신설). 이 경우 "경영악화를 방지"하기 위한 경우에 한하여 긴박한 경영상의 필요가 인정되는 것으로 좁게 해석하여야 할 것이다. 따라서 단순한 사업의 확장 등의 경우에는 경영해고가 인정되지 아니하는 것으로 보아야 할 것이다.

(2) 사업의 양도, 인수, 합병시의 경영상 해고의 주체

1) 양도인 등이라는 견해

경영악화 방지의 목적은 양도인 또는 피인수 · 합병인에게 존재해야 하고, 이들이 현재 근로계약의 당사자로서의 사용자이기 때문에 양도인이 정리해고의 주체가 된다고 보아야 한다는 견해이다. 경영악화에 직면한 기업이 사업의 양도 · 인수 · 합병 전에 그 근로자를 정리해고함으로써 양도 · 인수 · 합병 후의 경영악화를 방지하고 경쟁력을 가지도록 하려는 것이 이 규정을 둔 취지이기 때문이다.

2) 양수인 등이라는 견해

경영악화를 방지하기 위하여 사업의 양도 또는 합병이 있는 때에 해고의 요건이 되는 긴박한 경영상의 필요는 양수기업 또는 존속기업을 중심으로 판단하여야 할 것이다. 다시 말하면 이 경우의 해고권자는 사업의 양수인 또는 존속기업주로 보아야 한다는 견해이다.

3) 양자 모두라는 견해

종전의 기업주는 그가 경영악화를 방지하기 위하여 다른 사람에게 기업을 양도하거나 합병하게 되었다는 이유로 종업원을 정리해고 할 수 있고, 기업을 인수받거나 합병에 따르는 새로운 기업주도 같은 이유로 종업원을 정리해고 할 수 있다는 견해이다.

사례연습 73

경영악화 방지를 위한 영업양도와 경영상 해고 (2012년도 제2차 변호사시험 모의시험 변형)

A회사는 상시 1,000명의 근로자를 사용하여 자동차부품을 생산 판매하는 업체이다. A회사는 판매부진으로 경영상황이 악화되자, 자산매각조치와 명예퇴직자 모집 등 자구노력을 하였으나, 경영상황이 개전되지 않아 B회사와 영업양도계약을 체결하였다. 위 계약에서는 'B회사는 A회사 근로자의 고용을 승계한다. 단, B회사는 A회사 근로자들 중 인사고과가 최하위 집단에 속하는 자의 고용을 승계하지 않는다'는 특약을 두었다. 위 영업양도계약에 따라 A회사를 양수한 B회사는 갑(甲) 등10명의 고용을 승계하지 않았다. A회사는 위의 특약에 따라 선정된 甲등의 명단을 A회사의 과반수 노조에게 통보하고 20일만에 전격적으로 합의를 마치고 B회사로 고용이 승계되지 않은 甲 등에게는 서면으로 해고통지서를 발송하면서 30일분의 통상임금을 해고예고수당으로 지급하였다.

한편, A회사의 취업규칙상 직원의 월 기본급은 150만원이었고, B회사의 취업규칙에서는 직원의 월기본급을 100만원으로 규정하고 있다. B회사는 A회사와의 영업양도계약에 따라 고용을 승계한 을(乙)등 종전 A회사 소속 근로자들에게 B회사의 취업규칙을 적용하여 월 기본급 100만원을 지급하였다.

1. B회사로의 고용승계가 배제된 갑(甲) 등 10명은 B회사에 대해 고용승계를 주장한다. 이 주장은 타당한가?(단, 해고의 절차적인 요건은 논의의 대상으로 하지 않는다.)
2. 을(乙) 등 종전 A회사 소속 근로자들은 B회사 취업규칙에 따른 기본급을 적용하는 것은 부당하다고 하며, A회사 취업규칙의 기본급 규정을 적용해야 한다고 주장한다. 이 주장은 타당한가?

Ⅰ. 설문1의 해결

1. 쟁점의 정리

A회사는 경영상황이 악화되자, B회사와 영업양도계약을 체결하면서 A회사 근로자들 중 인사고과가 최하위 집단에 속하는 자의 고용을 승계하지 않는다는 특약을 두고, 이에 근거하여 甲등을 고용승계하지 하였다. 그 결과, 고용승계 대상에서 배제된 甲 등은 고용승계를 주장하고 있다. 이러한 甲등의 주장의 정당성을 판단하기 위해서 먼저 영업양도시의 고용승계의 법리 및 사안에서의 고용승계 배제의 의미에 대하여 살펴본 후, 만일 그러한 고용승계 배제특약이 인정된다면 이는 실질적으로 해고로서의 의미를 가질 것인데, 그렇다면 그러한 해고의 종류는 무엇이고, 또한 그러한 해고의 효력이 인정될 수 있는 지 여부를 A회사가 실시한 경영상 해고의 유효성과 관련하여 검토해 보도록 하겠다.

2. 영업양도와 근로관계의 승계

(1) 문제점

'영업양도'란 일정한 영업목적에 의하여 유기적으로 조직화된 물적·인적조직의 전부나 일부가 그 조직상의 동일성을 유지하면서 일체로서 이전하는 것을 말하는 바, 합병과는 달리, 영업양도의 경우에는 상법에서 포괄적 권리의무의 승계를 규정하지 않고 있으며, 민법상으로도 사용자의 변경으로 인한 근로관계의 포괄적 이전에 관해서는 규정이 없으므로 영업양도의 효과로 당연히 고용승계가 되는지 여부가 문제된다.

(2) 학설

1) 당연 승계설

영업양도의 경우에도 회사합병의 경우와 마찬가지로 양도 당사자의 의사와 관계없이 종래의 근로관계가 전체로서 당연히 사업양수인에게 포괄적으로 승계되는 것이므로, 당사자 사이에 근로자의 일부를 승계하지 않기로 하는 내용의 '승계배제의 합의'는 효력이 없으며 민법 제67조 제1항도 적용될 여지가 없어 승계의 요건으로 근로자의 동의를 필요로 하지 않다는 견해이다.

2) 특약 필요설

영업양도에 부수하여 근로관계가 양수인에게 법률상 당연히 이전되는 것은 아니고, 근로관계의 승계에 관해 영업양도 당사자 사이에 명시적 특약 내지 묵시적 합의가 있고, 근로자 역시 이에 동의해야만 이를 근거로 근로관계가 양수인에게 이전된다는 견해이다.

3) 원칙 승계설

영업양도 당사자 사이에 반대의 특약이 없는 한 영업의 양도에 관한 합의 속에는 원칙적으로 근로관계를 포괄적으로 승계시키기로 하는 합의가 포함된 것으로 사실상 추정되므로 승계를 배제하는 경우에는 합리적인 이유가 있어야 한다는 견해이다.

(3) 판례

판례는 영업양도의 경우, 근로관계 승계에 대한 양도인과 양수인 간 명시적 합의가 있는 경우는 물론, 명시적 합의가 없더라도 원칙적으로 근로관계는 양수인에게 포괄적으로 승계되는 것으로 본다. 또한, 일부 근로자를 승계의 대상에서 제외하기로 하는 특약(일부 승계 배제 특약)에 대해서는 원칙적으로 유효하다고 하면서도, 다만, 이는 실질적으로 해고나 다름이 없으므로 근로기준법 제23조 제1항 소정의 정당한 이유가 있어야 한다는 입장이다.(대법원 1990.11.23. 선고 90다카21589 판결)

(4) 검토

인적 · 물적 조직의 전부나 일부를 동일성을 유지하면서 일체로서 이전하는 영업양도 계약 당사자의 의사를 합리적으로 해석할 때, 특별한 사정이 없는 한 영업의 양도에 관한 합의 속에는 근로관계도 양수인에게 승계되는 것으로 해석하여야 할 것이라는 점에서, 판례와 원칙승계설의 입장이 타당하다. 당연승계설은 법률의 근거도 없이 포괄승계를 인정한 결과 영업양도계약에서의 당사자사이의 배제특약의 효력마저 부정함으로써 사적자치에 반하고 그 결과 거래의 안전을 해할 수 있다는 점에서 받아들이기 어렵다. 한편, 영업양도시 근로자의 동의가 필요하다는 특약 필요설은 영업양도계약을 실질적으로 3면적 합의를 요구하는 결과가 되어 영업양도계약의 본질에 반하는 결과를 가져온다.

(5) 사안의 경우

사안에서 일부 근로자를 승계의 대상에서 제외하기로 하는 특약은 원칙적으로 유효하다 할 것이지만, 이는 실질적으로 해고나 다름이 없으므로, 특약의 유효성을 검토하기 위해서는 결국 본 사안의 특약이 근로기준법 제23조 제1항 소정의 정당한 이유로 인정되어야 할 것이다. 따라서, 본 사안에서 A사가 실시한 경영상 해고의 정당성에 대하여 판단하도록 한다.

4. A회사의 경영상 해고의 적법성

(1) 긴박한 경영상해고의 의의

경영상 해고라 함은 기업의 유지와 존속을 위하여 경영상 필요에 의해 일정한 요건 아래 근로자들 가운데 일부를 해고하는 것을 말하는 바, 경영상 해고는 근로자와 무관한 오로지 사용자측의 경영상 사정으로 인한 해고라는 점에서 엄격한 제한이 요구된다. 따라서, 경영상해고에 있어서는 첫째 해고를 하지 않으면 기업 경영이 위태로울 정도의 긴박한 경영상의 필요성이 존재하여야 하고, 둘째 해고회피를 위한 노력을 다하여야 하며, 셋째 합리적이고 공정한 정리기준을 설정하여 이에 따라 해고대상자를 선정하여야 하고, 넷째, 근로자의 과반수로 조직된 노동조합 또는 근로자대표에게 해고실시일 50일전까지 통보하고 성실하게 협의를 거칠 것이 요구된다.(근로기준법 제24조)

(2) 사안의 경우

1) 긴박한 경영상 해고의 필요성 및 해고회피노력 여부

사안에서 ① 먼저. '긴박한 경영상 필요성'과 관련하여 경영악화를 방지하기 위한 사업의 양도, 인수, 합병은 긴급한 경영상의 필요가 있는 것으로 보는 바.(근로기준법 제24조 제1항), 사안에서 A사는 경영악화로 인하여 영업을 양도하였으므로 긴박한 경영상 필요성이 인정된다. ② '해고회피노력'과 관련하여 A회사는 자산매각조치와 명예퇴직자 모집 등 자구노력을 하였다는 점에서, 해고회피를 위한 노력의 적법성을 인정할 수 있을 것이다

2) 합리적이고 공정한 기준에 의한 해고 대상자의 선정여부

'합리적이고 공정한 기준에 의한 해고 대상자의 선정여부와 관련하여 판례는 사용자측 기준과 함께 근로자측 기준을 함께 종합적으로 고려하되, 형식적으로는 사용자측 기준과 근로자측 기준이 모두 고려되어 해고대상자 선정기준을 정하였으나, 실질적으로는 사용자의 주관적 평가에 의하여 해고 여부가 일방적으로 결정된 경우에는 정당하지 않은 정리해고라고 판단하고 있다.

사안에서 고용 승계 배제의 대상을 오로지 인사고과 점수만으로 선정하였는 바, 결국 인사고과라는 사용자의 주관적 평가에 의하여 해고여부가 일방적으로 결정된다는 점에서, 이는 합리적이고 공정한 기준애 의한 해고대상자의 선정이라 할 수 없다. 특히, 사안에서 배제된 인원의 규모 등을 고려할 때 인사고과가 최하위 집단에 속하는 경우라고 하여 이러한 사유만으로 사회통념상 근로관계를 계속할 수 없을 정도로 甲 등의 근로자들에게 책임있는 사유가 있다고 보기는 더욱 어렵다.

3) 근로자 대표와 성실한 협의 여부

사용자는 해고를 피하기 위한 방법과 해고의 기준 등에 관하여 그 사업 또는 사업장에 근로자 과반수로 조직된 노동조합 또는 근로자 과반수를 대표하는 자에게 해고하려는 날의 50일전까지 통보하고 성실하게 협의하여야 한다(근로기준법 제24조 제3항).

사안의 과반수 노동조합은 甲 등을 실질적으로 대표할 수 있는 자격이 인정된다면, 적법한 협의

의 주체로 인정될 것이다. 다만, 사안에서 협의기간 20일만에 해고 대상자 선정에 대한 합의를 하였는 바, 50일의 통보기간의 법적 성질과 관련하여 이를 강행규정으로 해석하고 50일의 통보기간을 준수하지 않은 경영상 해고는 효력이 없다는 견해도 있지만, 판례는 구체적 사건에서 경영상 이유에 의한 당해 해고가 위 각 요건을 모두 갖추어 정당한지 여부는 위 각 요건을 구성하는 개별사정들을 종합적으로 고려하여 판단하여야 한다는 전제 하에, 50일이라는 기간이 효력요건은 아니기에, 협의에 소요되는 시간으로 부족하였다는 등의 특별한 사정이 없는 한, 정리해고의 그 밖의 요건은 충족되었다면 그 정리해고는 유효하다"는 입장이다.(대법원 2004.10.15. 선고 2001두1154 판결)

따라서, 사안에서는 20일만에 전격적으로 해고 대상자 선정에 대하여 합의하였으므로, 그 요건은 충족한 것으로 볼 수 있을 것이다.

(3) 소결

사안에서, 경영악화를 방지하기 위한 사업의 양도, 인수, 합병은 긴급한 경영상의 필요가 있는 것으로 보기 때문에, A사의 긴박한 경영상의 필요성은 인정되고, 해고회피 노력도 인정될 뿐 아니라, 근로자 대표와 성실한 협의의무도 이행하였다. 그러나, 고용 승계의 배제가 되는 대상의 기준, 즉, 해고 대상자의 선정 기준을 오로지 인사고과라는 사용자의 주관적인 기준에 의하여 삼았다는 점에서, 본 사안의 경영상 해고는 효력이 없다.

4. 결론

B회사가 甲등 10명의 고용을 승계하지 않은 행위는 정당하지 않으므로 甲 등의 주장은 정당하다.

Ⅱ. 설문 2의 해결 (→ 사례연습 94 영업양도와 취업규칙의 승계)

5) 해고회피를 위한 노력

가. 의의

긴박한 경영상 필요성이 인정된다 하더라도, 해고는 최후의 수단으로 이루어져야 한다는 점에서, **사용자는 경영상의 이유에 의하여 근로자를 해고하기에 앞서 해고를 피하기 위한 노력을 다하여야 한다.**(근로기준법 제27조제2항 전단) 사용자의 해고회피노력의 여부는 일률적으로 판단할 수는 없고, 사업의 성격이나 규모, 경영상 필요성의 정도, 직급별 인원상황이나 인력구조 및 규모 등을 고려하여 구체적 · 개별적으로 판단하여야 하고, 사용자가 해고를 회피하기 위한 방법에 관하여 노동조합 또는 근로자대표와 성실하게 협의하여 경영상해고 실시에 관한 합의에 도달하였다면, 이러한 사정도 해고회피노력의 판단에 참작되어야 한다는 것이 판례의 태도이다.(대법원 2002.07.09. 선고 2001다29452 판결)

사용자의 해고회피 조치는 구체적이고 명확하게 이루어질 필요가 있으나 해고회피 노력을 함에 있어서 이와 같은 수단들이 모두 사용된 뒤에야 경영상 해고를 할 수 있는 것은 아니다. 또한, 근로자의 이익이 적게 침해되는 수단을 먼저 활용하고 다음 단계의 조치가 모색되어야 한다는 '단계적 해고회피 원칙'의 적용이 바람직하기는 하나, 기업마다 긴박한 경영상 필요의 원인과 내용이 달라 해고회피수단이 정형화되어 있지 않고 근로자마다 이익 침해정도가 다를 수 있다는 점 등도 고려되어야 한다.

나. 구체적인 해고회피 수단과 방법

해고회피 노력으로 인정되는 수단과 내용 및 그 노력 정도의 판단기준은 획일적 · 확정적 · 고정적인 것이 아니라 경영위기의 정도, **경영상 해고를 실시해야 하는 경영상의 이유, 사업의 내용과 규모, 직급별 인원상황 등에 따라 달라진**다[4]. 나아가 사용자가 해고를 회피하기 위한 방법에 관하여 노동조합 또는 근로자대표와 성실하게 협의하여 경영상 해고 실시에 관한 합의에 도달하였다면, 이러한 사정도 해고회피노력의 판단에 참작되어야 한다. (대법원 2003.11.13. 선고 2003두4119 판결)

다. 판단시점

해고회피의 노력은 경영상 해고를 실행하기 전까지의 노력을 기준으로 판단하여야 하며, 경영상 해고가 이루어진 이후의 조치는 원칙적으로 고려의 대상이 아니다.(대법원 2003.09.26. 선고. 2001두10776 판결

> 관련판례 대법원 2021. 7. 29. 선고 2016두64876 판결 **해고회피를 위한 노력**
>
> 근로기준법 제24조에서 정한 경영상 이유에 의한 해고의 요건 중 해고를 피하기 위한 노력을 다하여야 한다는 것은 경영방침이나 작업방식의 합리화, 신규 채용의 금지, 일시휴직 및 희망퇴직의 활용, 전근 등 사용자가 해고범위를 최소화하기 위하여 가능한 모든 조치를 취하는 것을 의미하고, **그 방법과 정도는 확정적 · 고정적인 것이 아니라 당해 사용자의 경영위기의 정도, 해고를 실시하여야 하는 경영상의 이유, 사업의 내용과 규모, 직급별 인원상황 등에 따라 달라지는 것이다.** 한편 경영상 이유에 의한 해고가 정당하기 위한 요건은 사용자가 모두 증명해야 하므로, 해고 회피 노력을 다하였는지에 관한 **증명책임은 이를 주장하는 사용자**가 부담한다.

---

4) 해고를 피하기 위한 노력'에는 사용자의 조업단축, 교대제전환 등과 같은 일자리 함께 나누기를 위한 조치, 근로자들의 배치전환, 전직, 훈련, 휴직, 일시휴업, 임금동결, 하청회사 · 협력회사 · 합작회사 등에 근로자의 파견 연장근로축소, 근로시간단축, 인건비절감, 탄력적 근로시간제의 도입 등 이라고 판시하고 있다.(대법원 1992.12.22. 선고 92다14779 판결)

6) 합리적이고 공정한 대상자의 선정(→사례: 73,74,75)

가. 의의

기업의 생존을 위하여 부득이하게 인원을 감축해야만 하는 경영상의 필요성이 인정되어 이를 극복하기 위하여 인원삭감이라는 조치를 취하기에 앞서 해고회피의 노력을 다하였음에도 불구하고 부득이하게 근로자를 해고할 수밖에 없다 하더라도, 사용자는 근로자들 중에 어느 근로자라도 임의로 선택하여 해고할 수 있는 것이 아니라 합리적이고 공정한 해고의 기준을 정하고 이에 따라 그 대상자를 선정하여야 한다.(근로기준법 제24조 제2항)

나. 선별의 대상이 되는 근로자의 범위

해고대상이 되는 근로자는 감원을 해야만 하는 긴박한 경영상의 필요성이 생긴 **해당 사업 '전체'**를 기준으로 **감원의 원인**이 된 구체적인 경영합리화 조치와 직접 관련되는 근로자 및 이들이 수행하여 오던 업무와 동일하거나 유사한 근로에 종사하고 있는 근로자들이 **일차적 선별 대상자**가 된다. **따라서, 경영합리화조치와 직접 관련되는 근로자의 직무와 전혀 무관한 근로에 종사하는 근로자까지 관련 사업장 소속 근로자라는 이유만으로 감원심사의 범위에 포함시키는 것은 불합리하다.**[5)]

다. 합리적이고 공정한 해고 기준 (→ (쟁점) 합리적이고 공정한 이유의 판단기준)

합리적이고 공정한 해고기준은 당해 사용자가 직면한 경영위기의 강도와 경영상 해고를 실시하여야 할 경영상의 이유, 경영상 해고를 실시한 사업 부문의 내용과 근로자의 구성, 경영상 해고 실시 당시의 사회경제상황 등에 따라 달라지는 것이고, **사용자가 해고의 기준에 관하여 노동조합 또는 근로자대표와 성실하게 협의하여 해고에 관한 기준에 합의하였다면, 이러한 사정도 해고의 기준이 합리적이고 공정한 기준인지 여부에 대한 판단에 참작되어야 할 것이다.**(대법원 2002.07.09. 선고 2001다29452 판결) . 즉, 법원은 해고기준의 합리성, 공정성에 대한 일반적인 기준을 제시하지 않고, **구체적, 개별적 상황**을 고려하여 이를 판단하고 있다.

판례는 취업규칙이나 단체협약상 해고자 선정기준을 '합리적이고 공정한 해고대상자 선정기준'으로 인정하고 있으므로(대법원 2000.10.13. 선고 98다11437 판결), **사전에 취업규칙이나 단체협약상 해고기준이 정해져 있는 경우 사용자는 그에 따라 해고대상자를 선정하면 되고 별도로 근로자 대표와 협의하여 새로이 해고기준을 정할 필요는 없는 것이 원칙이다.** 판례는 해고대상자 선정에 있어 기존 단체협약에 정하여진 선정기준이 있음에도 그에 따르지 않은 사건에 대하여 '공정성과 합리성을 결한 해고'로 보고 이를 무효로 판시한 바 있다.(대법원 2006.07.28. 선고 2004두1001 판결 등)

---

5) 예를 들어, 회사에 종래 10개의 부서가 설치되어 있었으나 경영합리화 조치에 따라 7개 부서로 축소하는 기구개편을 하는 경우 그 폐지되는 3개 부서의 소속 근로자들만을 해고대상자의 선별을 위한 근로자의 범위에 포함시켜서는 안되고, 10개 부서 전체의 근로자들 중 폐지되는 부서에 소속한 근로자들과 그 직급이나 직책 등 직무기능이 동일하거나 유사한 모든 근로자를 일단 감원심사의 범위에 포함시킨 후 그 가운데서 해고 대상자를 선별하여야 한다. 따라서 합리적인 이유가 없이 사업장 내의 특정 사업부서 (예 특정 부, 실, 과, 계 등)에 소속한 근로자들로만 국한하여 그 중에서 해고대상자를 선별하거나, 여러 개의 사업을 계열기업으로 두고 있는 재벌그룹의 경우에 문제가 되는 하나의 사업범위를 넘어서 기업그룹 전체로 그 범위를 확대하여 전체의 근로자 중에서 해고대상자를 선별하는 것은 공정하고 합리적인 선별이라고 할 수 없다.(대법원 1993.01.26. 선고 92누3076 판결)

(쟁점) 합리적이고 공정한 대싱자 선정의 기준(→사례: 74,75)

1. 문제점

기업이 당면한 경영상의 어려움을 극복하기 위하여 인원삭감이라는 조치를 취하기에 앞서 해고회피의 노력을 다하였음에도 불구하고 부득이하게 근로자를 해고할 수밖에 없다고 하더라도, 경영상 해고는 사용자측의 사유에 의한 해고하는 점에서, 사용자는 근로자들 중에 어느 근로자라도 임의로 선택하여 해고할 수 있는 것이 아니라 합리적이고 공정한 해고의 기준을 정하고 이에 따라 그 대상자를 선정하여야 한다.(근로기준법 제24조 제2항) **해고기준의 선정은 상호 충돌하는 사용자측 이익과 근로자측 이익을 어떻게 조정하는 것이 합리적인가 하는 문제로 귀결된다.** 또한 근로자 상호간에도 어떠한 기준으로 해고 대상자를 선정하느냐 따라 기업내 잔존 여부가 결정되기 때문에, 근로자 상호간의 주관적 이익조정의 여부도 문제된다.

2. 판단기준

(1) 사용자측 이익기준과 근로자측 보호기준

1) 사용자측 기준(기업 경영상 이익)

경영상 해고는 기업의 계속적 존속을 그 목적으로 하는 것이다. 따라서 기업은 존속을 위한 기업경쟁력 확보를 위하여 경영상 이익이 되는 근로자를 선별하여 조직에 남기려고 한다. 이를테면, 동일한 숙련도를 가지고 있다면 인건비가 비싼 근로자를 우선적으로 해고하고자 할 것이다. 이러한 기준으로는 '인사고과 또는 근무평정 점수', '업무능력', '자격증', 핵심업무와 관계된 '경력이나 숙련도', '경력', '기능의 숙련도', '전직, 전적에 대한 수용여부', '고용형태에 있어서 기업에의 귀속성 정도'(비정규직, 수습 등), '상벌관계', '근태' 등을 들 수 있다.

2) 근로자측 기준(사회적 보호 필요성)

경영상 해고는 근로자의 귀책과 상관없이 '긴박한 경영상의 이유'라는 사용자측 사정에 의한 것이므로 경제적 사회적 보호 필요성이 상대적으로 큰 근로자를 우선적으로 보호할 필요성이 있다. 이를 위한 해고대상자 선정기준으로는 경제적보호 필요성 측면에서 '재산상태', '배우자 취업유무', '부양가족 수' 등을 들 수 있고, 재취업 가능성 측면에서 '연령'이나 '건강상태', '산업재해 및 업무로 인한 직업병' 유무 등을 들 수 있다.

(2) 위법한 기준

법률의 규정에 위반하는 해고 대상자 선정기준은 합리성과 공평성이 인정되지 않으며 위법하다.

1) **근로기준법 제6조**에 따르면 '사용자는 근로자에 대하여 성별을 이유로 차별적 대우를 하지 못하고, 국적 · 신앙 또는 사회적 신분을 이유로 근로조건에 대한 차별적 처우를 하지 못한다.

2) '**남녀고용평등과 일 · 가정양립 지원에 관한 법률**'(이하 '남녀고평법') **제11조**는 퇴직 및 해고에서 남녀를 차별하여서는 아니 된다 규정하고 있다.

3) 정당한 조합 활동만을 이유로 합리적 이유 없이 경영상 해고에 있어 해고대상자로 선정하는 것은 **노동조합 및 노동관계조정법**(이하 '노조법') **제81조**상 부당노동행위에 해당하며 이 또한 정당성을 인정받을 수 없다 할 것이다.

3. 학설

(1) 객관적 기준설(객관설)

경영상 해고는 경영상 필요라는 객관적인 사정에 기인하는 것이기에 **그 대상자 선정은 지극히 객관적이며 합리적**이어야 하고, 사용자의 주관성이 개입되어 노동조합의 배제를 위한 목적 등으로 활용되어서는 안 된다는 입장이다.

(2) 근로자측 기준 우선적 고려설(주관설)

경영상 해고는 근로자의 유책사유와 관계없이 발생한다는 측면에서 근로자측 기준과 사용자측 사정을 모두 고려하되 **근로자측 기준을 우선**적으로 고려해야 한다는 입장이다.

(3) 종합적 고려설(종합설)

근로자 보호를 위한 요소와 기업 보호를 위한 요소를 균형적 내지 종합적으로 고려하여야 한다는 견해이다. 다시 말해 합리적이고 공정한 해고기준은 당해 기업의 업종과 규모 및 인원 정리 필요성 등을 종합하여 사용자측 사정과 근로자측 사정을 종합적으로 비교하여 구체적으로 정하여야 한다는 견해이다.

4. 판례

① 노사가 합의한 해고 대상 근로자가 **단체협약 등에 정해진 경우**에는 원칙적으로 그러한 노사합의가 정한 기준에 따르고, ② 만일 노사합의가 없는 경우에는 **사용자측 기준과 함께 근로자측 기준을 함께 종합적으로 고려**하되, 형식적으로는 사용자측 기준과 근로자측 기준이 모두 고려되어 해고대상자 선정기준을 정하였으나, **실질적으로는 사용자의 주관적 평가**에 의하여 해고여부가 일방적으로 결정된 경우에는 정당하지 않은 정리해고라고 판단하고 있다.[6]

관련판례 대법원 2012.05.24. 선고 2011두11310 판결 합리적이고 공정한 대상자 선정의 기준

1. 사용자가 경영상의 이유로 근로자를 해고하고자 하는 경우 근로기준법 제24조 제1항 내지 제3항에 따라 합리적이고 공정한 해고의 기준을 정하고 이에 따라 대상자를 선정하여야 하는데, 이때 합리적이고 공정한 기준이 확정적 · 고정적인 것은 아니고 **당해 사용자가 직면한 경영위기의 강도와 정리해고를 해야 하는 경영상 이유, 정리해고를 시행한 사업 부문의 내용과 근로자의 구성, 정리해고 시행 당시의 사회경제상황 등에 따라 달라지는 것이기는 하지만, 객관적 합리성과 사회적 상당성을 가진 구체적인 기준이 마련되어야 하고 그 기준을 실질적으로 공정하게 적용하여 정당한 해고대상자의 선정이 이루어져야 한다.**
2. 회사가 마련한 정리해고 대상자 선정기준은 근무태도에 대한 주관적 평가와 객관적 평가 및 근로자 측 요소가 각 1/3씩 비중을 차지하고 있는데, 근무태도라는 단일한 대상을 주관적 평가와 객관적 평가로 나누어 동일하게 배점하고 주관적 평가 항목에서 乙 등 해고 근로자들과 잔존 근로자들 사이에 점수를 현격하게 차이가 나도록 부여함으로써 결국 **근무태도에 대한 주관적 평가로 해고 여부가 좌우되는 결과**가 된 점 등에 비추어 보면 **선정기준 자체가 합리적이고 공정하다고 인정하기 어렵고 甲 회사가 기준을 정당하게 적용하여 해고 대상자를 선정하였다고 보이지도 않는다**는 이유로, 乙 등 근로자들에 대한 해고는 위법하다.

6) 이를테면, 해고대상자 선정을 평가점수를 기준으로 하는 경우, 근태기록, 징계기록, 상벌기록 등 객관적 평가보다, 근무태도, 품위유지와 같은 주관적 평가 항목에서 근로자들 사이에 점수를 현격하게 차이가 나도록 부여함으로써 결국 **근무태도에 대한 주관적 평가에 의하여 해고 여부가 좌우되는 경우**(대법원 2002.07.09. 선고 2001다29452 판결)

사례연습 74

경영상 해고와 합리적이고 공정한 대상자의 선정(공인노무사 제28회 기출문제)

상시 근로자 100명을 고용하여 자동차부품을 생산하는 A회사는 최근 판매실적의 부진을 이유로 다음과 같은 해고의 기준을 가지고 甲을 포함한 생산직 근로자 12명을 선정하여 2017년 1월 2일에 정리해고를 단행하였다.

[A회사가 정한 해고 대상자 선정기준(합계: 100점)]

근무태도평가(근무태도는 기본품성, 동료의식, 책임감, 자기계발로 구성):40점
징계: 10점, 근태: 5점, 경미 사고: 5점, 포상: 10점
근속기간: 15점, 부양가족: 15점

그런데, 해고된 근로자 甲 등 12명 중 甲을 포함하여 10명은 징계, 근태, 경미 사고, 포상 평가에서는 최상위권 점수를 받았으나 근무태도평가에서는 최하위권 점수를 받은 반면, 정리해고 되지 않은 잔존근로자 88명 중 12명은 근무태도평가에서 만점을 받았으나 징계, 근태, 경미 사고, 포상 평가에서는 최하위권 점수를 받았다.

다음 물음에 답하시오.

甲은 위와 같은 해고 대상자 선정기준을 가지고 정리해고 한 것은 위법하다고 주장한다. 甲의 주장의 타당성에 관하여 논하시오. (단, 나머지 정리해고의 유효요건은 논하지 아니함)

1. 쟁점의 정리

경영상 해고라 함은 기업의 유지와 존속을 위하여 경영상 필요에 의해 일정한 요건 아래 근로자들 가운데 일부를 해고하는 것을 말하는 바, 경영상 해고는 근로자와 무관한 오로지 사용자측의 경영상 사정으로 인한 해고라는 점에서 근로기준법 제24조는 일정한 요건하에 예외적으로 경영상 해고를 인정하면서, 특히, 근로기준법 제24조 제2항에서는 경영상 이유에 의한 해고를 할 경우에는 합리적이고 공정한 기준에 의해 대상자가 선정되어야 한다고 규정하고 있다. 따라서, 기업이 긴박한 경영상 필요에 의해 해고회피의 노력을 다하였음에도 불구하고 부득이하게 근로자를 해고할 수 밖에 없다고 하더라도, 사용자는 근로자들 중에 어느 근로자라도 임의로 선택하여 해고할 수 있는 것이 아니라 합리적이고 공정한 해고의 기준을 정하고 이에 따라 그 대상자를 선정하여야 한다.(근로기준법 제24조 제2항) 본 사례에서 甲은 해고 대상자 선정기준이 합리적이고 공정하지 않음을 주장하고 있는 바, 이러한 甲의 주장의 정당성을 검토하기 위해서는 먼저 합리적이고 공정한 이유의 판단기준에 대한 학설과 판례의 태도를 살펴본 후 A회사의 해고대상자 선정기준을 구체적으로 판단해 보도록 하겠다.

2. 합리적이고 공정한 이유의 판단기준

(1) 의의

해고기준의 선정은 상호 충돌하는 사용자측 이익과 근로자측 이익을 어떻게 조정하는 것이 합리적인가 하는 문제로 귀결된다. 또한 근로자 상호간에도 어떠한 기준으로 해고 대상자를 선정하느냐

따라 기업내 잔존 여부가 결정되기 때문에, 근로자 상호간의 주관적 이익조정의 여부도 문제된다.

(2) 사용자측 이익기준과 근로자측 보호기준

1) 사용자측 기준(기업 경영상 이익)

경영상 해고는 기업의 계속적 존속을 그 목적으로 하는 것이다. 따라서 기업은 존속을 위한 기업 경쟁력 확보를 위하여 경영상 이익이 되는 근로자를 선별하여 조직에 남기려고 한다. 이를테면, 동일한 숙련도를 가지고 있다면 인건비가 비싼 근로자를 우선적으로 해고하고자 할 것이다. 이러한 기준으로는 '인사고과 또는 근무평정 점수', '업무능력', '자격증', 핵심업무와 관계된 '경력이나 숙련도', '경력', '기능의 숙련도', '전직, 전적에 대한 수용여부', '고용형태에 있어서 기업에의 귀속성 정도'(비정규직, 수습 등), '상벌관계', '근태' 등을 들 수 있다.

2) 근로자측 기준(사회적 보호 필요성)

경영상 해고는 근로자의 귀책과 상관없이 '긴박한 경영상의 이유'라는 사용자측 사정에 의한 것이므로 경제적 사회적 보호 필요성이 상대적으로 큰 근로자를 우선적으로 보호할 필요성이 있다. 이를 위한 해고대상자 선정기준으로는 경제적보호 필요성 측면에서 '재산상태', '배우자 취업유무', '부양가족 수' 등을 들 수 있고, 재취업 가능성 측면에서 '연령'이나 '건강상태', '산업재해 및 업무로 인한 직업병' 유무 등을 들 수 있다.

(3) 학설

1) 객관적 기준설(객관설)

경영상 해고는 근로자 귀책사유가 아니라 경영상 필요라는 객관적인 사정에 기인하는 것이기에 그 대상자 선정은 지극히 객관적이며 합리적이어야 하고, 사용자의 주관성이 개입되어 노동조합의 배제를 위한 목적 등으로 활용되어서는 안 된다는 입장이다.

2) 근로자측 기준 우선적 고려설(주관설)

경영상 해고는 근로자의 유책사유와 관계없이 발생한다는 측면에서 근로자측 기준과 사용자측 사정을 모두 고려하되 근로자측 기준을 우선적으로 고려해야 한다는 입장이다.

3) 종합적 고려설(종합설)

근로자 보호를 위한 요소와 기업 보호를 위한 요소를 균형적 내지 종합적으로 고려하여야 한다는 견해이다. 다시 말해 합리적이고 공정한 해고기준은 당해 기업의 업종과 규모 및 인원 정리 필요성 등을 종합하여 사용자측 사정과 근로자측 사정을 비교하여 구체적으로 정하여야 한다는 견해이다.

(4) 판례

노사가 합의한 해고 대상 근로자가 단체협약 등에 정해진 경우에는 원칙적으로 그러한 노사합의가 정한 기준에 따르고, 만일 노사합의가 없는 경우에는 사용자측 기준과 함께 근로자측 기준을 함께 종합적으로 고려하되, 형식적으로는 사용자측 기준과 근로자측 기준이 모두 고려되어 해고대상자 선정기준을 정하였으나, 실질적으로는 사용자의 주관적 평가에 의하여 해고여부가 일방적으로 결정된 경우에는 정당하지 않은 정리해고라고 판단하고 있다. 이를테면, 해고대상자 선정을 평가점수를 기준으로 하는 경우, 근태기록, 징계기록, 상벌기록 등 객관적 평가보다, 근무태도, 품위유지와 같은 주관적 평가 항목에서 근로자들 사이에 점수를 현격하게 차이가 나도록 부여함으로써 결국 근무태도에 대한 주관적 평가에 의하여 해고 여부가 좌우되고 당해 평가의 기준이 업무특성에 비추어 적절치 않다면 정리해고의 정당성이 인정될 수 없다는 것이 판례의 태도이다.(대법원 2002.07.09. 선고 2001다29452 판결)

3. 사안의 경우

해고된 근로자 甲 등 12명 중 甲을 포함하여 10명은 징계, 근태, 경미 사고, 포상 평가와 같은 객관적 평가에서는 최상위권 점수를 받았으나 근무태도평가와 같은 주관적 평가에서는 최하위권 점수를 받은 반면, 정리해고 되지 않은 잔존근로자 88명 중 12명은 주관적 평가인 근무태도평가에서 만점을 받았으나 객관적 평가인 징계, 근태, 경미 사고, 포상 평가에서는 최하위권 점수를 받았다는 점에 비추어 볼 때, 사안의 경우에는 객관적 평가보다, 주관적 평가 항목에서 근로자들 사이에 점수를 현격하게 차이가 나도록 부여함으로써 결국 근무태도와 같은 주관적 평가에 의하여 해고 여부가 좌우되고 있다고 보이므로 이는 합리적이고 공정한 대상자의 선정기준이라 할 수 없다고 판단된다.

4. 결론

사안의 경우에는 결국 근무태도와 같은 주관적 평가에 의하여 해고 여부가 좌우되고 있다고 평가되므로 이는 합리적이고 공정한 대상자의 선정기준이라 할 수 없다. 따라서 甲의 주장은 타당하다.

7) 근로자대표와의 성실한 협의(→사례: 73,75)

가. 의의

사용자는 해고를 피하기 위한 방법과 해고의 기준 등에 관하여 그 사업 또는 사업장에 근로자 과반수로 조직된 노동조합 또는 근로자 과반수를 대표하는 자(→ **(쟁점)** 협의의 주체 : 근로자 대표)에게 해고하려는 날의 50일 전 (→ **(쟁점)** 50일의 통보기간(사전통보기간 미 준수시의 효력) 까지 통보하고 성실하게 협의하여야한다.(근로기준법 제24조 제3항) (근로자의 과반수로 조직된 노동조합이 없는 경우에는 근로자의 과반수를 대표하는 자를 의미한다.(근로기준법 제24조 제3항) 근로기준법이 협의 절차를 규정하고 있는 취지는 정리해고의 실질적 요전의 충족을 담보함과 아울러 비록 불가피한 정리해고라 하더라도 협의과정을 통한 쌍방의 이해 속에서 실시되는 것이 바람직하다는 이유에서다. 다만, 정리해고는 경영권의 본질에 속하는 사항이기에 해고협의는 사전 동의를 거쳐야 한다는 뜻이 아니라, 의견을 성실히 참고해 구조조정의 합리성을 담보하고자 하는 '협의'의 의미로 해석되므로, 근로자대표와 협의가 행해지면 그것으로 충분한 것이고, 그 이외의 근로자들과의 개별적인 협의는 필요하지 않다.

나. 협의의 대상

협의의 대상의 내용으로는 일반적으로 ① 기업의 경영상황, ② 경영상 해고에 이르게 된 경위, ④ 해고회피 노력의 방법, ⑤ 경영상 해고 대상자의 수와 범위, ⑥ 해고대상자 선정 기준, ⑦ 해고 일정및 절차, ⑧ 해고 후 3년 이내 해고자의 우선 재고용 노력의무에 대한 상황, ⑨이직 · 퇴직 · 해고의 조건(해고예고제, 보상, 재고용 특권 등) 등을 들 수 있다.

다. 협의의무 위반의 효과

'협의'는 경영상 해고의 요건이므로 협의 그 자체를 거치지 않고 실시한 해고는 무효이지만, 여기에서의 '협의'는 '동의나 '합의'를 의미하는 것은 아니므로, 협의가 합의에 이르지 못했다고 하더라도 해고회피조치는 유효하게 시행할 수 있는 것이 판례이다.(대법원 2002.07.09. 선고 2001다29452 판결) 그러나, 근로자대표에게 일방적으로 해고계획을 통보만 하고 해고하는 경우, 노동조합이 없다는 이유로 협의하지 않은 경우, 해고회피방법 및 해고기준과 방법을 제시하지 않고 협의하는 경우, 해고회피 방법 및 해고기준을 통보한 후 50일이 경과하지 않은 상태에서 일방적으로 해고한 경우 등에는 성실한 협의가 있었다고 볼 수 없으므로 그러한 해고는 효력이 없다. 한편, 근로자대표가 합리적인 근거나 이유 제시 없이 무작정 반대하여 협의를 하지 못한 경우에는 근로자 대표 스스로가 권리행사를 포기한 것이므로 보아야 할 것이므로 협의를 얻지 않고 실행한 해고처분도 유효하다고 보아야 할 것이다.(대법원 1993.09.28. 선고 91다30620 판결)

라. 채용내정자의 경우

판례는 채용내정의 취소를 '해고'로 보고 있으므로 사용자가 채용내정을 취소하기 위하여는 정당한 사유가 있어야 함은 당연하나 채용내정을 취소하기 위해 50일 전에 이를 통보하고 근로자대표와 사전협의할 것을 규정한 근로기준법 제24조 제3항의 규정은 근로계약이 확정된 근로자를 전제로 하는 것으로서 사용자에게 해약권이 유보되어 있는 **채용내정자에 대하여는 그 적용이 없다**고 한다.(대법원 2000.11.28. 선고 2000다51476 판결)

(쟁점) 협의의 주체 : 근로자 대표(→사례: 75)

1. 의의

협의의 주체는 근로자대표이다. '근로자대표'라 함은 당해 사업 또는 사업장에 근로자의 과반수로 조직된 노동조합이 있는 경우에는 그 노동조합[7], 근로자의 과반수로 조직된 노동조합이 없는 경우에는 근로자의 과반수를 대표하는 자를 의미한다.(근로기준법 제24조 제3항) 다만, 경영상 해고의 요건으로서의 근로자대표와 관련하여 **판례는 '형식적으로 노조가 과반수로 조직되었는지 여부가 중요한 것이 아니라 과반수 미달의 노조라도 실질적으로 근로자의 의사를 대표할 수 있다면 근로자대표로 인정할 수 있다'고 하여 근로자 대표성 여부를 실질적인 관점에서 판단하고 있다**. 따라서, 과반수 미달의 노동조합이라도 실질적으로 근로자의 의사를 대표할 수 있다면 근로자대표로 인정할 수 있다고 한다.(대법원 2006.01.26. 선고 2003다69393 판결) 마찬가지의 관점 서 법원은 근로자대표가 설령 과반수를 대표하는 경우라도 경영상 해고 대상 근로자들과 이해관계가 없는 근로자들의 대표로 구성되어 있는 경우에는 사용자가 성실한 협의절차를 거쳤다고 보지 않는다.(대법원 2004.10.15. 선고 2001두1154,1161,1178 판결)

2. 과반노조가 있는 경우(조합원 중 경영상 해고 대상자가 없는 경우)

과반수노조가 경영상 해고 대상 근로자들과 이해관계가 없는 근로자들의 대표로 구성되어 있는 등의 사유로 경영상 해고 대상 근로자들의 대표성을 지니지 않은 경우에는 과반수 노보의 근로자대표성이 부정되는 것이 원칙이다. 다만, 판례는 과반노조가 존재하는 사업장의 경우 비록 경영상 해고 대상자 중 조합원이 없다고 하더라도 노동조합이 종전에도 사용자와 임금협상 등 단체교섭을 함에 있어 경영상 해고 대상 근로자들에 대한 부분까지 포함시켜 함께 협약을 해왔고 당해 경영상 해고에 있어서도 노동조합이 협의에 나서 격렬한 투쟁 끝에 대상자 수를 줄이기로 합의하는데 성공하는 등의 사정이 있다면, 사용자가 그 노동조합과의 협의 외에 경영상 해고의 대상인 근로자들만의 대표를 새로이 선출케 하여 그 대표와 별도로 협의를 하지 않았다고 하여 그 경영상 해고를 협의절차의 흠결로 무효라 할 수는 없다는 입장이다.(대법원 2002.07.09. 선고 2001다29452 판결)

3. 과반노조가 없는 경우

반면에, 과반노조가 존재하지 않는 사업장에서 특정 직군만이 경영상 해고의 대상이 된 경우에는 해당 직군을 대표하는 근로자 대표와의 협의가 필요하다고 한다. 다만, 법원은 노조가 있으나 과반수가 되지 않거나 노조가 없는 경우에는 근로자대표를 선출하여야 하는 것이 원칙이나, 형식적으로 노조가 과반수로 조직되었는지 여부가 중요한 것이 아니라 과반수 미달의 노조라도 실질적으로 근로자의 의사를 대표할 수 있다면 근로자대표로 인정하는 태도를 보이고 있다. 대법원은 여기에서 한 걸음 더 나아가 노조가 과반수대표 노조가 아니더라도 근로자들이 경영상 해고 협의에 있어 그 노조가 자신들을 대표하는 것으로 묵시적으로 인정한 경우에도 실질적인 대표성이 있다고 한다.(대법원 2012.05.24. 선고 2010두15964 판결)

관련 문제 _ 노사협의회, 직원단체대표 등의 근로자대표성

대법원은 노사협의회나 기타 직종별 직원단체대표의 경우에도 근로자대표로서의 협의대상으로 인정하고 있다. 이를테면, 사용자가 관행적으로 사우회의 임원들을 근로자대표위원으로 인정하여 노사협의회를 구성해 운영해 왔다면, 사우회의 임원들에게 근로자대표로서의 자격을 인정해 노사협의회를 구성하여 경영상 해고에 대한 협의를 한 것은 정당하다고 한다.(대법원 2004.10.15. 선고 2001두1154,1161,1178 판결) 노조위원장 의에 노조원들이 모두 탈퇴한 상태에서 근로자들이 구성한 직장협의회에서 선출된 근로자대표들과 수차례 협의하여 경영상 해고의 기준 및 정리인원을 합의하였다면 성실한 협의를 거친 것으로 본 사례도 있다.(대법원 2003.11.13. 선고 2003두4119 판결) 또한 사용자가 총 구조조정 인원 중 관리직 감원규모만을 증가시킨 경우, 생산직이 대부분인 노조와의 협의 없이 관리직으로 구성된 사무직대표자협의회와 협의한 것도 정당한 것으로 판단했다.(대법원 2004.10.15. 선고 2001두1154,1161,1178 판결) 노동조합이나 노사협의회가 모두 없는 경우에는 별도의 근로자대표 선출절차를 거치는 것이 원칙이나, 법원은 사용자가 경영상 해고 이전에 노조나 노사협의회가 구성되어 있지 않아 **개별 직원들의 동의를 구하는 절차를 거친 경우에도**, 직원들과 상당한 방법으로 성실한 사전협의 요건을 충족한 것으로 인정한 바 있다.(대법원 2002.07.12. 선고 2002다21233 판결)

(쟁점) 50일의 통보기간(사전통보기간 미 준수시의 효력)(→사례: 73)

1. 문제점

사용자는 경영상 해고를 하기 위해서는 해고를 피하기 위한 방법과 해고의 기준 등에 관하여 근로자대표에게 해고를 하려는 날의 50일 전까지 통보하고 성실하게 협의하여야 하는 바, 이러한 50일의 협의기간의 법적 성질 그리고 50일간의 협의기간과 해고예고기간(근로기준법 제60조)의 관계가 문제된다.

2. 50일의 통보기간의 법적 성질

50일의 통보기간의 법적 성질과 관련하여 이를 강행규정으로 해석하고 50일의 통보기간을 준수하지 않은 경영상 해고는 효력이 없다는 견해도 있지만, **판례는 구체적 사건에서 경영상 이유에 의한 당해 해고가 위 각 요건을 모두 갖추어 정당한지 여부는 위 각 요건을 구성하는 개별사정들을 종합적으로 고려하여 판단하여야 한다는 전제 하에, 50일이라는 기간이 효력요건은 아니기에, 협의에 소요되는 시간으로 부족하였다는 등의 특별한 사정이 없는 한, 정리해고의 그 밖의 요건은 충족되었다면 그 정리해고는 유효하다"는 입장이다.**(대법원 2004.10.15. 선고 2001두1154 판결)

3. 50일의 협의기간과 해고의 예고기간의 관계

집단적 노사관계에 관한 근로기준법 제24조 제3항의 경영상 해고해고 통보기간(50일)과 개별적 근로관계에 관한 근로기준법 제26조의 해고기간은 **각각 별개의 제도**이므로 50일의 협의기간(근로기준법 제24조 제3항)과 해고예고기간(근로기준법 제60조)은 동시에 보장되어야 한다. 따라서, 협의기간이 지연되어 50일이 넘어서 개별 근로자들에게 해고예고를 하는 경우에도, 개별 근로자에 대한 해고예고 기간은 적어도 30일 이상이 되어야 한다.

7) 노동조합의 경우는 협의권한이 있는 노동조합의 지부라면 본 조합의 지시에 반해 협의내용에 원만히 합의한 경우 그에 따른 해고는 당연히 유효하다.

사례연습 75

공정한 대상자의 선정과 협의의 주체 (2018년도 제2차 변호사시험 모의시험)

자동차 부품을 생산판매하는 A회사에는 근로자 400명이 고용되어 있고, 이 중 250명이 가입하고 있는 기업별 노동조합(이하 'B노조'라 함)이 설립되어 있다. A회사 직원의 직급은 1급~5급으로 분류되는데, B노조 규약에 따르면 1급 및 2급 직원은 노조 가입자격이 없다. A회사는 노조 가입자격이 없거나 노조에 가입하지 않은 직원들에게도 단체협약상의 근로조건을 동일하게 적용해 왔다.

A회사는 2015년 이후 생산 판매실적이 급감하고, 적자가 누적되는 등 경영상황이 악화되어, B노조와의 합의 하에 2017년에는 신규채용을 중단하고, 명예퇴직을 실시하였으며, 각 팀별로 돌아가며 무급휴직을 실시하였다. 또한 A회사 임원들의 급여는 20% 삭감되었다.

그럼에도 경영상황이 개선되지 않자 A회사는 2018년 1월 25일 경영상 해고를 실시할 계획임을 B노조에 통보하였다. A회사는 B노조와의 협의를 통해 1급, 2급, 3급 직원 중 각 직급에서 연령이 많은 직원, 재직기간이 장기간인 직원, 근무성적이 불량한 직원을 해고 대상자로 하되, 연령이 많고 재직기간이 장기간이라도 근무성적 상위자는 해고 대상자에서 제외하기로 합의하였다. 또한 A회사는 당초 30명을 해고할 계획이었으나 B노조의 요구를 받아들여 20명을 해고하기로 하였다.

1. 경영상 이유에 의한 해고대상자로 선정된 근로자 甲은 A회사가 경영상 이유에 의한 해고를 실시하기에 앞서 해고를 피하기 위한 노력을 다하지 아니하였고, 해고대상자 선정 기준이 공정하지 못하다고 주장한다. 甲의 주장은 타당한가?

2. A회사의 1급 직원 乙은 A회사가 경영상 이유에 의한 해고와 관련하여 B노조와 협의할 것이 아니라, 1급 및 2급 직원들이 별도로 선출한 대표와 협의해야 한다고 주장한다. 乙의 주장은 타당한가?

Ⅰ. 설문1의 해결

1. 쟁점의 정리

사안에서 甲의 주장을 검토하기 위해서는 A회사가 경영상 이유에 의한 해고를 실시하기에 앞서 신규채용 중단, 명예퇴직 실시, 무급휴직 실시, 임원 급여 삭감 등의 조치를 한 것이 해고회피의 노력을 다한 것으로 인정될 수 있는지, 또한 합리적이고 공정한 대상자의 선정과 관련하여, 연령, 재직기간, 근무성적을 기준으로 한 것이 공정한지를 검토하여야 할 것이다.

2. 경영상 필요에 의한 해고

'경영상 필요에 의한 해고' 라 함은 기업의 유지와 존속을 위하여 경영상 필요에 의해 일정한 요건 아래 근로자들 가운데 일부를 해고하는 것을 말한다. 경영상 해고에 있어서는 첫째 해고를 하지 않으면 기업 경영이 위태로울 정도의 긴박한 경영상의 필요성이 존재하여야 하고, 둘째 해고회피를 위한 노력을 다하여야 하며, 셋째 합리적이고 공정한 정리기준을 설정하여 이에 따라 해고대상자를 선정하여야 하고, 넷째, 근로자의 과반수로 조직된 노동조합 또는 근로자대표에게 해고실시일 50일

전까지 통보하고 성실하게 협의해를 거칠 것이 요구된다.(근로기준법 제24조)

3. 해고회피를 위한 노력을 다하였는 지 여부

(1) '해고회피를 위한 노력'의 의의

긴박한 경영상 필요성이 인정된다 하더라도, 해고는 최후의 수단으로 이루어져야 한다는 점에서, 사용자는 경영상의 이유에 의하여 근로자를 해고하기에 앞서 해고를 피하기 위한 노력을 다하여야 한다.(근로기준법 제27조제2항 전단) 사용자의 해고회피노력의 여부는 일률적으로 판단할 수는 없고, 사업의 성격이나 규모, 경영상 필요성의 정도, 직급별 인원상황이나 인력구조 및 규모 등을 고려하여 구체적·개별적으로 판단하여야 하고, 사용자가 해고를 회피하기 위한 방법에 관하여 노동조합 또는 근로자대표와 성실하게 협의하여 경영상해고 실시에 관한 합의에 도달하였다면, 이러한 사정도 해고회피노력의 판단에 참작되어야 한다는 것이 판례의 태도이다.(대법원 2002.07.09. 선고 2001다29452 판결)

(2) 사안의 경우

A회사는 신규채용을 중단하고 명예퇴직을 실시한 점, 무급휴직을 실시한 점, 임원들의 급여 20%를 삭감하였다는 점, 특히 A회사는 근로자의 과반수로 조직된 노조와의 합의를 통하여 결정하였다는 점에서 해고회피를 위한 노력의 적법성을 인정할 수 있을 것이다.

4. 합리적이고 공정한 대상자의 선정 여부

(1) 합리적이고 공정한 대상자의 선정의 의의

기업이 해고회피의 노력을 다하였음에도 불구하고 부득이하게 근로자를 해고할 수 밖에 없다고 하더라도, 사용자는 근로자들 중에 어느 근로자라도 임의로 선택하여 해고할 수 있는 것이 아니라 합리적이고 공정한 해고의 기준을 정하고 이에 따라 그 대상자를 선정하여야 한다.(근로기준법 제24조 제2항)

판례는 노사가 합의한 해고 대상 근로자가 단체협약 등에 정해진 경우에는 원칙적으로 그러한 노사합의가 정한 기준에 따르고, 만일 노사합의가 없는 경우에는 사용자측 기준과 함께 근로자측 기준을 함께 종합적으로 고려하되, 형식적으로는 사용자측 기준과 근로자측 기준이 모두 고려되어 해고대상자 선정기준을 정하였으나, 실질적으로는 사용자의 주관적 평가에 의하여 해고 여부가 일방적으로 결정된 경우에는 정당하지 않은 정리해고라고 판단하고 있다.

(2) 사안의 경우

사안에서 A회사는 B노조와의 협의를 통해 1급, 2급, 3급 직원 중 각 직급에서 연령이 많은 직원, 재직기간이 장기간인 직원, 근무성적이 불량한 직원을 해고 대상자로 하되, 연령이 많고 재직기간이 장기간이라도 근무성적 상위자는 해고 대상자에서 제외하기로 합의하였으며, 특히 A회사는 당초 30명을 해고할 계획이었으나 B노조의 요구를 받아들여 20명을 해고하기로 하였다는 점에서, 사용자의 주관적 평가에 의하여 해고 여부가 일방적으로 결정되었다고 보기는 어려우므로 해고대상자를 합리적이고 공정한 기준에 따라 선정하였다고 할 수 있다.

5. 결론

A회사가 조와의 합의 하에 신규채용을 중단하고 명예퇴직 및 무급휴직을 실시한 점, 임원 급여를 삭감한 점, 해고 회피 방안에 대해 B노조와 합의한 점 등을 고려할 때 해고회피의 노력을 다한 것으로 인정된다. 또한 B노조와의 합의하에 각 직급별 연령, 재직기간, 근무성적을 해고대상자 선정기준으로 정한 것은 공정성이 인정된다. 따라서 甲의 주장은 타당하지 아니하다.

II. 설문2의 해결

1. 쟁점의 정리

사용자는 해고를 피하기 위한 방법과 해고의 기준 등에 관하여 그 사업 또는 사업장에 근로자 과반수로 조직된 노동조합 또는 근로자 과반수를 대표하는 자에게 해고하려는 날의 50일전까지 통보하고 성실하게 협의하여야 하는 바(근로기준법 제24조 제3항), 사안에서는 협의의 주체로서의 과반노조의 경우, 과반수 노조의 조합원 중 경영상 해고 대상자가 없는 경우에도 그러한 과반수 노조가 협의의 주체로서 적접한 지 문제된다.

2. 협의의 주체의 적법성

(1) 협의의 주체의 의의

협의의 주체는 근로자대표인 바, '근로자대표'라 함은 당해 사업 또는 사업장에 근로자의 과반수로 조직된 노동조합이 있는 경우에는 그 노동조합, 근로자의 과반수로 조직된 노동조합이 없는 경우에는 근로자의 과반수를 대표하는 자를 의미한다.(근로기준법 제24조 제3항) 다만, 경영상 해고의 요건으로서의 근로자대표와 관련하여 판례는 근로자 대표성 여부를 실질적인 관점에서 판단하여 형식적으로 노조가 과반수로 조직되었는지 여부가 중요한 것이 아니라, ① 과반수 미달의 노조라도 실질적으로 근로자의 의사를 대표할 수 있다면 근로자대표로 인정할 수 있으며, ② 형식적으로 노조가 과반수로 조직된 경우에도 근로자대표가 경영상 해고대상 근로자들과 이해관계가 없는 근로자들의 대표로 구성되어 있는 경우에는 사용자가 성실한 협의절차를 거쳤다고 보지 않는다.

(2) 과반노조의 조합원 중 경영상 해고 대상자가 없는 경우

과반수노조가 경영상 해고 대상 근로자들과 이해관계가 없는 근로자들의 대표로 구성되어 있는 등의 사유로 경영상 해고 대상 근로자들의 대표성을 지니지 않은 경우에는 과반수 노보의 근로자대표성이 부정되는 것이 원칙이다. 다만, 판례는 과반노조가 존재하는 사업장의 경우 비록 경영상 해고 대상자 중 조합원이 없다고 하더라도 노동조합이 종전에도 사용자와 임금협상 등 단체교섭을 함에 있어 경영상 해고 대상 근로자들에 대한 부분까지 포함시켜 함께 협약을 해왔고 당해 경영상 해고에 있어서도 노동조합이 협의에 나서 격렬한 투쟁 끝에 대상자 수를 줄이기로 합의하는데 성공하는 등의 사정이 있다면, 사용자가 그 노동조합과의 협의 외에 경영상 해고의 대상인 근로자들만의 대표를 새로이 선출케 하여 그 대표와 별도로 협의를 하지 않았다고 하여 그 경영상 해고를 협의절차의 흠결로 무효라 할 수는 없다는 입장이다.(대법원 2002.07.09. 선고 2001다29452 판결)

3. 사안의 경우

B노조는 A회사 전체 근로자의 과반수로 조직된 노조로서, 비록 B노조의 규약상 乙은 노동조합 가입자격이 없지만 A회사는 노조 가입자격이 없거나 노조에 가입하지 않은 직원들에게도 단체협약상의 근로조건을 동일하게 적용해왔던 점, A회사는 당초 30명을 해고할 계획이었으나 B노조의 요구를 받아들여 20명을 해고하기로 한 점 등을 종합하여 보면, 별도로 선출된 1급, 2급 직원의 대표와 협의하지 않았다고 하여 그 경영상 해고를 협의절차의 흠결로 무효라 할 수는 없다 할 것이다. 따라서, 乙의 주장은 타당하지 않다.

4. 결론

A회사 근로자 과반수로 조직된 B노조가 1급 및 2급 직원에 대한 경영상 이유에 의한 해고와 관련하여 A회사와 합의한 것은 적법하고, 별도로 선출된 1급 및 2급 직원 대표를 통해 협의해야 하는 것은 아니다. 따라서 乙의 주장은 타당하지 않다.

(쟁점) 재고용의무(→사례: 76,77)

1. 재고용의무의 의의

사용자는 근로기준법 제24조에 따라 해고한 날부터 **3년 이내**에 해고된 근로자가 해고 당시 담당했던 업무와 같은 업무를 할 근로자를 채용하려고 할 경우, 경영상 해고된 근로자가 **원하면** 그 근로자를 **우선적으로** 고용해야 한다.(근로기준법 제25조 제1항)[8]

2. 재고용 의무의 법적 성격

재고용 의무의 법적 성격에 대해서는 근로기준법상 **공의무**라는 견해, **사법상 청구권**이 인정된다는 견해 등이 있다.

대법원은 '근로기준법의 규정 내용과, 자신에게 귀책사유가 없음에도 경영상 이유에 의하여 직장을 잃은 근로자로 하여금 이전 직장으로 복귀할 수 있는 기회를 보장하여 해고 근로자를 보호하려는 입법 취지 등을 고려하면, 해고 근로자가 반대하는 의사를 표시하거나 고용계약을 체결할 것을 기대하기 어려운 객관적인 사유가 있는 등의 특별한 사정이 있는 경우가 아닌 한 사용자는 해고 근로자를 우선 재고용할 의무가 있다.'고 판시하면서 근로자는 근로기준법 제24를 근거로 사용자에게 고용의무 이행을 구하는 것이 **사법상 청구권**으로서의 성격을 가진다는 입장이다.(대법원 2020.11.26. 선고 2016다13437 판결)

3. 재고용의무의 요건

사용자의 재고용의무를 인정하기 위해서는 ① 적법한 경영상 해고였으나 단기간 내에 경영사정이 호전되어 다른 근로자를 채용할 것. ② 경영상 해고 한 날부터 3년 이내의 재고용일 것, ③재고용의 업무가 해고된 근로자가 해고 당시 담당하였던 업무와 같은 업무일 것 ① 해고자가 재고용을 원할 것이 요구된다.

4. 효과

사용자는 해고한 날로부터 3년 이내에 해고된 근로자가 해고 당시 담당하였던 업무와 같은 업무를 할 근로자를 채용하려고 할 경우 해고된 근로자가 원하면 그 근로자를 우선적으로 고용하여야 한다. 따라서, 사용자가 근로기준법 제25조 제1항에서 정한 **우선 재고용의무를 이행하지 아니하는 경우, 해고 근로자가 사용자를 상대로 고용의 의사표시를 갈음하는 판결을 구할 사법상의 권리**가 있으므로 판결이 확정되면 사용자와 해고 근로자 사이에 고용관계가 성립한다. 나아가 해고 근로자는 사용자의 우선 재고용의무 불이행에 대하여 우선 **재고용의무가 발생한 때부터 고용관계가 성립할 때까지의 임금 상당 손해배상금을 청구**할 수 있다.(대법원 2020.11.26. 선고 2016다13437 판결)

---

8) 구법에서는 고용하도록 노력하는 선언적 조항이었지만, 2007년 개정된 근로기준법에서는 '고용하여야 한다고 규정하여 사용자에게 고용의무를 지우고 있다.

사례연습 76

재고용의무(대법원 2020. 11. 26. 선고 2016다13437 판결: 출제유력)

재단법인 A가 운영하는 ○○원에서 생활부업무 담당 생활재활교사로 근무하던 근로자 甲과 체육교육업무 담당 근로자 乙 등은 2010. 6. 1. 경영상 이유에 의하여 해고되었다. 이후 재단법인 A는 2010. 12. 1. B를 사무행정업무 담당 생활재활교사로, 2011. 7. 1. C를 사무행정업무 담당 생활재활교사로, 2011. 8. 1. D를 사무행정업무 담당 생활재활교사로, 2011. 9. 1. E를 사무행정업무 담당 생활재활교사로, 2011. 10. 1. F를 생활부업무 담당 생활재활교사로, 2011. 11. 1. G를 생활부업무 담당 생활재활교사로, H를 사무국장으로, 2012. 2. 1. I를 생활부업무 담당 생활재활교사로, 2013. 4. 1. I를 생활부업무 담당 생활재활교사로, J를 사무행정업무 담당 생활재활교사로, 2013. 5. 1. K를 생활부업무 담당 생활재활교사로 각 채용하였다. 근로자 甲과 乙에 대한 해고 이후에 근로자 甲과 乙의 주소나 연락처가 변경되어 재단법인 A가 연락을 취하기 어려웠다고 볼 만한 자료는 없으며, 위 각 채용 당시 근로자 甲과 乙이 고용계약을 체결하기를 원하지 않았을 것이라거나, 재단법인 A에게 원고와 고용계약을 체결할 것을 기대하기 어려운 객관적인 사유가 있었다고 볼 자료는 없다. 그럼에도 재단법인 A는 위와 같이 근로자를 채용하면서 근로자 甲과 근로자 乙에게 채용 사실을 고지하거나 고용계약을 체결할 의사가 있는지 확인하지 않았다. 이에 근로자 甲과 乙은 재단법인A가 자신들이 아닌 A와 B를 채용한 것이 부당하다고 주장하고 있다. 이러한 근로자 甲과 근로자 乙의 주장이 정당한가?

1. 쟁점의 정리

사안에서 재단법인 A가 A와 B를 채용한 것이 부당하다는 甲과 乙의 주장의 정당성을 판단하기 위하여, 먼저 재고용의무의 의의 및 법적 성격에 대해여 살펴본 후 재단법인 A가 A와 B를 채용한 것 근로기준법상 재고용의무에 위반되는 지 여부를 재고용의무의 요건과 관련하여 살펴보도록 한다.

2. 재고용의무의 의의 및 법적 성격

(1) 재고용의무의 의의

사용자는 근로기준법 제24조에 따라 근로자를 해고한 날 해고한 날부터 3년 이내에 해고된 근로자가 해고 당시 담당했던 업무와 같은 업무를 할 근로자를 채용하려고 할 경우, 경영상 해고된 근로자가 원하면 그 근로자를 우선적으로 고용해야 한다.(근로기준법 제25조 제1항)

(2) 재고용의무의 법적 성격

재고용 의무의 법적 성격에 대해서는 근로기준법상 공의무라는 견해, 사법상 청구권이 인정된다는 견해 등이 있으나, 대법원은 근로기준법의 규정 내용과, 자신에게 귀책사유가 없음에도 경영상 이유에 의하여 직장을 잃은 근로자로 하여금 이전 직장으로 복귀할 수 있는 기회를 보장하여 해고 근로자를 보호하려는 입법 취지 등을 고려하면, 근로자는 근로기준법 제24를 근거로 사용자에게 고용의무 이행을 구하는 것이 사법상 청구권으로서의 성격을 가진다고 한다(대법원 2020.11.26. 선고 2016다13437 판결)

3. 요건

사용자의 재고용의무를 인정하기 위해서는 ① 적법한 경영상 해고였으나 단기간 내에 경영사정이 호전되어 다른 근로자를 채용할 것. ② 경영상 해고 한 날부터 3년 이내의 재고용일 것, ③재고용의 업무가 해고된 근로자가 해고 당시 담당하였던 업무와 같은 업무일 것 ① 해고자가 재고용을 원할 것이 요구된다.

4. 효과

사용자는 해고한 날로부터 3년 이내에 해고된 근로자가 해고 당시 담당하였던 업무와 같은 업무를 할 근로자를 채용하려고 할 경우 해고된 근로자가 원하면 그 근로자를 우선적으로 고용하여야 한다. 따라서, 사용자가 근로기준법 제25조 제1항에서 정한 우선 재고용의무를 이행하지 아니하는 경우, 해고 근로자가 사용자를 상대로 고용의 의사표시를 갈음하는 판결을 구할 사법상의 권리가 있으므로 판결이 확정되면 사용자와 해고 근로자 사이에 고용관계가 성립한다. 나아가 해고 근로자는 사용자의 우선 재고용의무 불이행에 대하여 우선 재고용의무가 발생한 때부터 고용관계가 성립할 때까지의 임금 상당 손해배상금을 청구할 수 있다.(대법원 2020.11.26. 선고 2016다13437 판결)

5. 사안의 경우

(1) 근로자 甲의 경우

① 재단법인 A사의 2010년 6월 1일자의 경영상 해고의 정당성은 인정된다는 전제하에 경기의 회복을 원인으로 한 신규채용이므로 그 정당성이 인정된다. ② 또한, A재단의 2013년 6월의 재고용은 2010년 6월 1일자의 경영상 해고한 날부터 3년 이내의 재고용임이 인정된다. ③ 또한, A 재단법인의 2010년 12월 1일 채용한 업무와 甲이 경영상 해고를 당할 당시에 담당한 업무는 생활부업무로서 업무의 동일성이 인정된다. ④ 나아가, 2010.12.1. A를 생활부업무 담당 교사로채용할 당시 근로자 甲에게 재단법인 A와 고용계약을 체결할 것을 기대하기 어려운 객관적인 사유가 있었다고 볼 자료는 없다는 점에서 甲이 고용을 원하였음이 인정된다. 따라서, 근로자 갑에 대한 재단법인 A의 재고용의무가 인정된다.

(2) 근로자 乙의 경우

한편, A 재단법인은 2010. 12. 1. A를 생활부업무 담당 교사로, 2011. 7. 1. B를 사무행정업무 담당 생활재활교사로 각 채용하였는데, 2010년 6월 1일 경영상 해고 당시 근로자 乙의 업무는 체육교육 업무였다. 따라서 재고용 업무와 경영상 해고 당시 담당 업무와의 동일성이 부정되므로 근로자 乙에 대한 재단법인 A의 재고용의무는 인정되지 않는다.

6. 사례의 해결

사례에서 재단법인 A는 근로자 甲에 대한 재고용의무가 인정됨에도 불구하고 甲게에 채용 사실을 고지하거나 고용계약을 체결할 의사가 있는지 확인하지 하였으므로 재단법인 A의 근로자 甲며에 대한 재고용의무 위반이 인정된다. 반면에, 乙의 재고용 업무와 경영상 해고 당시 업무의 동일성이 인정되지 않으므로, A재단에는 乙을 재고용하여야 할 의무가 없다. 따라서 근로자 甲의 주장은 정당하지만 근로자 乙의 주장은 정당하지 않다.

사례연습 77

경영상 해고의 정당성과 재고용 의무 (2013년도 제3차 변호사시험 모의시험)

2012년 7월 A사는 누적적자로 인한 경영의 악화로 회사의 생존이 어렵게 되자 자산매각조치와 명예퇴직자 모집 등 충분한 자구노력을 하였다. 이러한 자구노력에도 불구하고 경영악화가 지속되어 A사는 어쩔 수 없이 A사 노동조합과 9회에 걸쳐 정리해고에 관한 구체적 협의를 진행하였다.

이러한 협의를 통해 도출된 합의에 따라 합리적 기준에 의거 근로자 30명을 2012년 8월 30일자로 정리해고하기로 하였고 이에 대해 별다른 의견대립이 없었다. 그 결과 2006월 3월 20일자에 입사하여 그 동안노무관리를 담당하여 오던 행정직 근로자 갑(甲)과 을(乙)도 2012년 8월 30일자로 정리해고 되었다.

A사 노동조합의 조합원 수는 근로자 과반수에 미치지 아니하였으나, 1987년 A사 노동조합 설립 이후 회사와 노동조합 사이에 체결된 단체협약의 내용은 노동조합에 가입하지 아니한 A사의 다른 모든 근로자들에게도 적용되었으며, 그 단체협약 제26조에는 회사 경영상 종업원의 감원이 불가피할 시 노동조합과 협의하여 인원을 정리한다고 규정되어 있었다.

또한 A사가 정리해고를 위하여 A사노동조합과 9회에 걸쳐 협의하는 동안 A사노동조합은 조합원인 근로자뿐만 아니라 비조합원인 근로자의 의견까지도 수렴하고 정리해고 대상자 수를 당초 50명에서 30명으로 줄이는 등 실질적으로 근로자 전체를 위한 협상을 수행하였던 바가 있었다.

그 과정에서 노동조합에 가입하지 아니한 근로자들이 노동조합의 대표성을 문제 삼은 흔적은 전혀 보이지 아니하고, 정리해고 대상자로 선정된 근로자들이 모두 노사협의 결과를 수용하여 희망퇴직에 응하였던 바가 있었다.

이후 2013년 6월 A사는 경기가 좋아져 경영이 정상화되면서, 영업직 근로자 10명을 신규채용하게 되었는데, 이때 갑과 을은 A사에 다시 취업하고자 하였으나 재고용되지 아니하였다.

A사가 갑과 을을 재고용하여야 할 의무가 있는 지에 대하여 설명함.

1. 쟁점의 정리

경영상 해고라 함은 기업의 유지와 존속을 위하여 경영상 필요에 의해 일정한 요건 아래 근로자들 가운데 일부를 해고하는 것을 말하는 바, 경영상 해고는 근로자와 무관한 오로지 사용자측의 경영상 사정으로 인한 해고라는 점에서 엄격한 제한이 요구된다. 따라서, 경영상해고에 있어서는 첫째 해고를 하지 않으면 기업 경영이 위태로울 정도의 긴박한 경영상의 필요성이 존재하여야 하고, 둘째 해고회피를 위한 노력을 다하여야 하며, 셋째 합리적이고 공정한 정리기준을 설정하여 이에 따라 해고대상자를 선정하여야 하고, 넷째, 근로자의 과반수로 조직된 노동조합 또는 근로자대표에게 해고실시일 50일전까지 통보하고 성실하게 협의해를 거칠 것이 요구된다.(근로기준법 제24조) 본 사례에서 A사의 2012년 8월 30일자 정리해고에 있어서 긴박한 경영상의 필요성이 인정되는지 여부, 근로자 대표와의 성실한 협의와 관련하여 A사 노동조합을 근로자대표로 볼 수 있는지 여부, 해고회피노력 및 해고자 선정기준이 합리적이고 공정한 기준이었는지 등이 정리해고가 정당한지 여부와 관련하여 문제된다.

2. 긴박한 경영상의 필요성의 인정여부

(1) 긴박한 경영상의 필요성의 의의

'긴박한 경영상의 필요성'이란 기업의 경영이 악화되거나 혹은 가까운 장래에 기업의 생존이 위태로울 정도의 상황이 초래될 수 있기 때문에, 기업의 생존을 위하여 부득이하게 인원을 감축해야만 하는 경영상의 필요성을 의미하며, 특히, 경영악화를 방지하기 위한 사업의 양도, 인수, 합병은 긴급한 경영상의 필요가 있는 것으로 본다.(근로기준법 제24조 제1항) 판례는 여기에서의 '긴박한 경영상의 필요성'이란 해고를 하지 않으면 기업이 도산되거나 존속을 유지하는 것을 위태롭게 하는 경우에 한정되지 않고, 나아가 장래에 올 수도 있는 위기에 미리 대처하기 위하여 생산성 향상이나 기술혁신 등을 위한 인원삭감이 객관적으로 합리성이 있다고 인정되는 경우까지 포함한다고 한다.(대법원 1991.12.10. 선고 91다8647 판결)

(2) 사안의 경우

A사는 누적적자로 인한 경영의 악화로 회사의 생존이 어렵게 되었다는 점에서, 긴박한 경영상의 필요성이 인정된다.

3. 해고회피노력의 인정여부

(1) 해고회피노력의 의의

긴박한 경영상 필요성이 인정된다 하더라도, 해고는 최후의 수단으로 이루어져야 한다는 점에서, 사용자는 경영상의 이유에 의하여 근로자를 해고하기에 앞서 해고를 피하기 위한 노력을 다하여야 한다.(근로기준법 제27조제2항 전단) 사용자의 해고회피노력의 여부는 일률적으로 판단할 수는 없고, 사업의 성격이나 규모, 경영상 필요성의 정도, 직급별 인원상황이나 인력구조 및 규모 등을 고려하여 구체적·개별적으로 판단하여야 하고, 사용자가 해고를 회피하기 위한 방법에 관하여 노동조합 또는 근로자대표와 성실하게 협의하여 경영상해고 실시에 관한 합의에 도달하였다면, 이러한 사정도 해고회피노력의 판단에 참작되어야 한다는 것이 판례의 태도이다.(대법원 2002.07.09. 선고 2001다29452 판결)

(2) 사안의 경우

A회사는 자산매각조치와 명예퇴직자 모집 등 충분한 자구노력을 하였다는 점에서, 해고회피를 위한 노력의 적법성을 인정할 수 있을 것이다.

4. 합리적이고 공정한 기준에 의한 해고대상자의 선정 여부

(1) 합리적이고 공정한 기준에 의한 해고대상자의 선정의 의의

기업이 해고회피의 노력을 다하였음에도 불구하고 부득이하게 근로자를 해고할 수 밖에 없다고 하더라도, 사용자는 근로자들 중에 어느 근로자라도 임의로 선택하여 해고할 수 있는 것이 아니라 합리적이고 공정한 해고의 기준을 정하고 이에 따라 그 대상자를 선정하여야 한다.(근로기준법 제24조 제2항) 판례는 노사가 합의한 해고 대상 근로자가 단체협약 등에 정해진 경우에는 원칙적으로 그러한 노사합의가 정한 기준에 따르고, 만일 노사합의가 없는 경우에는 사용자측 기준과 함께 근로자측 기준을 함께 종합적으로 고려하되, 형식적으로는 사용자측 기준과 근로자측 기준이 모두 고려되어 해고대상자 선정기준을 정하였으나, 실질적으로는 사용자의 주관적 평가에 의하여 해고 여부가 일방적으로 결정된 경우에는 정당하지 않은 정리해고라고 판단하고 있다.

(2) 사안의 경우

사안에서 A사노동조합과 9회에 걸쳐 협의하는 동안 A사노동조합은 조합원인 근로자뿐만 아니라 비조합원인 근로자의 의견까지도 수렴하고 정리해고 대상자 수를 당초 50명에서 30명으로 줄이는 등 실질적으로 근로자 전체를 위한 협상을 수행한 점에 비추어, 해고대상자를 합리적이고 공정한 기준에 따라 선정하였다고 볼 수 있다.

5. 근로자 대표와 성실한 협의 여부

(1) 근로자 대표와 성실한 협의의 의의

사용자는 해고를 피하기 위한 방법과 해고의 기준 등에 관하여 그 사업 또는 사업장에 근로자 과반수로 조직된 노동조합 또는 근로자 과반수를 대표하는 자에게 해고하려는 날의 50일전까지 통보하고 성실하게 협의하여야 한다.(근로기준법 제24조 제3항)비록 해고의 사전협의가 절차적 요건에 해당되지만 이는 정리해고의 필요적 요건으로서 이를 거치지 아니하는 경우 해고는 정당성을 상실하여 무효라는 것이 판례의 태도이다.(대법원 1993.01.26. 선고 92누376 판결) 다만, 근로자대표와 협의가 행해지면 그것으로 충분한 것이고, 그 이외의 근로자들과의 개별적인 협의는 필요하지 않다.

(2) 사전협의의 상대방

당해 사업장에 근로자의 과반수로 조직된 노동조합이 있는 경우에는 당해 노동조합과 이러한 노동조합이 없는 경우에는 근로자의 과반수를 대표하는 근로자대표와 협의하여야 한다. 다만 협의대표자가 형식적으로는 근로자 과반수의 대표자로서의 자격을 명확히 갖추고 있지 아니할지라도 실질적으로 근로자의 의사를 반영할 수 있는 대표자라고 인정할 수 있는 경우에는 동 요건을 충족한다는 것이 판례의 태도이다.(대법원 2006.01.26. 선고 2003다69393 판결)

(3) 사안의 경우

A사 노동조합의 조합원 수는 근로자 과반수에 미치지 아니하였으나, 1987년 A사 노동조합 설립 이후 회사와 노동조합 사이에 체결된 단체협약의 내용은 노동조합에 가입하지 아니한 A사의 다른 모든 근로자에게 적용된 점, 그 단체협약 제26조에는 회사 경영상 종업원의 감원이 불가피할 시 노동조합과 협의하여 인원을 정리한다고 규정되어 있는 점, A사가 정리해고를 위하여 A사노동조합과 9회에 걸쳐 협의하는 동안 A사노동조합은 조합원인 근로자뿐만 아니라 비조합원인 근로자의 의견까지도 수렴하고 정리해고 대상자 수를 당초 50명에서 30명으로 줄이는 등 실질적으로 근로자 전체를 위한 협상을 수행하였던 점 등을 고려할 때 실질적으로 근로자를 대표한다고 볼 수 있으므로 그 대표성이 인정된다. 또한 A사가 A사노동조합과 9회에 걸쳐 협의하는 동안 A사노동조합은 조합원인 근로자분만 아니라 비조합원인 근로자의 의견까지도 수렴하고 정리해고 대상자 수를 당초 50명에서 30명으로 줄이는 등 실질적으로 근로자 전체를 위한 협상을 수행 하였으므로 성실한 협의가 있었음도 인정된다. 따라서 사전협의절차의무도 이행되었다.

6. 결론

A사의 긴박한 경영상의 필요성 및 해고회피 노력이 인정되는 점, 감축대상 집단을 실질적으로 대표할 수 있는 A사 노동조합과 협의하였던 점, 해고자 선정 기준이 정당하였던 점을 고려할 때 A사의 2012년 8월 30일자 정리해고는 정당성이 인정된다 할 것이다.

II. 설문 2의 해결

1. 쟁점의 정리

A사가 2013년 6월 경기가 좋아져 경영이 정상화 되면서 영업직 10명을 신규채용 하였는바, 이때 2012년 8월 20일자로 정리해고 된 甲과 乙을 재고용해야 할 의무가 있는지가 문제된다.

2. 재고용의무의 법적 근거와 제도의 취지

(1) 재고용의무의 의의

사용자는 근로기준법 제24조에 따라 근로자를 해고한 날 해고한 날부터 3년 이내에 해고된 근로자가 해고 당시 담당했던 업무와 같은 업무를 할 근로자를 채용하려고 할 경우, 경영상 해고된 근로자가 원하면 그 근로자를 우선적으로 고용해야 한다.(근로기준법 제25조 제1항)

(2) 재고용의무의 법적 성격

근로기준법의 규정 내용과, 자신에게 귀책사유가 없음에도 경영상 이유에 의하여 직장을 잃은 근로자로 하여금 이전 직장으로 복귀할 수 있는 기회를 보장하여 해고 근로자를 보호하려는 입법 취지 등을 고려하면, 근로자는 근로기준법 제24를 근거로 사용자에게 고용의무 이행을 구하는 것이 사법상 청구권으로서의 성격을 가진다 것이 대법원의 입장이다.(대법원 2020.11.26. 선고 2016다13437 판결)

3. 재고용의무의 인정범위

(1) 요건

① 적법한 정리해고였으나 단기간 내에 경영사정이 호전되어 다른 근로자를 채용할 것. ② 정리해고 한 날부터 3년 이내의 재고용일 것, ③ 해고자가 재고용을 원할 것, ① 재고용의 업무가 해고된 근로자가 해고 당시 담당하였던 업무와 같은 업무일 것이 요구된다.

(2) 다른 업무의 근로자인 경우

판례는 '정리해고자가 사용자가 신규채용하려는 직책에 맞는 사람이라고 볼 만한 사정이 인정되지 아니한다면 사용자가 그의 합리적인 경영판단에 의하여 다른 근로자를 채용하였다고 하더라도 근로기준법이 정한 위 우선재고용 노력의무를 위반하였다고 평가할 수는 없다.'라고 한다.(대법원 2006.01.26. 선고 2003다69393 판결)

(3) 사안의 경우

앞서 살펴본 바와 같이, A사의 2012년 8월 30일자의 정리해고의 정당성은 인정되며, 경기의 회복을 원인으로 한 신규채용이므로 그 정당성이 인정된다. 또한 A사의 2012년 8월 30일자의 정리해고 이후 2013년 6월의 재고용이므로 정리해고한 날부터 3년 이내의 재고용임이 인정된다. 나아가 재고용 당시 2012년 8월 30일자의 정리해고자인 과 乙은 A사에 다시 취업하고자 하였으나 재고용되지 아니하였으므로 재고용을 원하였음이 인정된다. 하지만 2013년 6월 재고용 업무의 대상은 영업직 근로자인바 2012년 8월 30일 정리해고 당시 근로자 甲과 乙의 업무는 노무관리를 담당하여 오던 행정직 근로였다. 이에 따라 재고용의 업무와 해고 당시 담당 업무와의 동일성이 부정된다. 따라서 재고용의무가 인정되는 범위로 볼 수 없다.

4. 결론

甲과 乙은 A사의 2012년 8월 30일 정리해고 근로자로서 재고용의무가 인정되는 근로자이나, 재고용의 업무가 정리해고 당시 업무와 동일성이 인정되지 않으므로, A사는 甲과 乙을 재고용하여야할 의무가 없다.

관련판례 대법원 2016.06.23. 선고 2012다108139 판결

1. 근로기준법 제25조 제1항의 규정 내용과, 자신에게 귀책사유가 없음에도 경영상 이유에 의하여 직장을 잃은 근로자로 하여금 이전 직장으로 복귀할 수 있는 기회를 보장하여 해고 근로자를 보호하려는 입법 취지 등을 고려하면, 사용자는 근로기준법 제24조에 따라 근로자를 해고한 날부터 3년 이내의 기간 중에 해고 근로자가 해고 당시에 담당하였던 업무와 같은 업무를 할 근로자를 채용하려고 한다면, 해고 근로자가 반대하는 의사를 표시하거나 고용계약을 체결할 것을 기대하기 어려운 객관적인 사유가 있는 등의 특별한 사정이 있는 경우가 아닌 한 해고 근로자를 우선 재고용할 의무가 있다. 이때 사용자가 해고 근로자에게 고용계약을 체결할 의사가 있는지 확인하지 않은 채 제3자를 채용하였다면, 마찬가지로 해고 근로자가 고용계약 체결을 원하지 않았을 것이라거나 고용계약을 체결할 것을 기대하기 어려운 객관적인 사유가 있었다는 등의 특별한 사정이 없는 한 근로기준법 제25조 제1항이 정한 우선 재고용의무를 위반한 것으로 볼 수 있다.

2. 갑이 을 재단법인이 운영하는 장애인 복지시설에서 생활부업무 담당 생활재활교사로 근무하다가 경영상 이유에 의하여 해고된 후 3년 이내의 기간 중에 을 법인이 여러 차례 생활재활교사를 채용하면서 갑에게 채용 사실을 고지하거나 고용계약을 체결할 의사가 있는지 확인하지 아니하였는데, 을 법인이 근로기준법 제25조 제1항에서 정한 우선 재고용의무를 위반한 시점이 문제 된 사안에서, 갑이 고용계약을 체결하기를 원하지 않았을 것이라거나 을 법인에 갑과 고용계약을 체결할 것을 기대하기 어려운 객관적인 사유가 있었다고 볼 수 없고, 을 법인이 갑에게 채용 사실과 채용 조건을 고지하여 고용계약을 체결할 의사가 있는지 확인하지 아니하였으므로, 늦어도 갑이 해고 당시 담당하였던 생활부업무 담당 생활재활교사 업무에 근로자를 2명째 채용한 무렵에는 을 법인의 우선 재고용의무가 발생하였다고 볼 수 있는데도, 이와 달리 갑이 을 법인에 재고용을 원한다는 뜻을 표시한 이후로서 을 법인이 신규채용을 한 때에 비로소 을 법인의 우선 재고용의무가 발생하였다고 본 원심판단에 법리오해의 잘못이 있다고 한 사례.

3. 근로기준법 제25조 제1항에 따라 사용자는 해고 근로자를 우선 재고용할 의무가 있으므로 해고 근로자는 사용자가 위와 같은 우선 재고용의무를 이행하지 아니하는 경우 사용자를 상대로 고용의 의사표시를 갈음하는 판결을 구할 사법상의 권리가 있고, 판결이 확정되면 사용자와 해고 근로자 사이에 고용관계가 성립한다. 또한 해고 근로자는 사용자가 위 규정을 위반하여 우선 재고용의무를 이행하지 않은 데 대하여, 우선 재고용의무가 발생한 때부터 고용관계가 성립할 때까지의 임금 상당 손해배상금을 청구할 수 있다.

3. 근로자 해고의 법정요건

해고에 '정당한 이유'가 있다는 전제에서, 사용자가 근로자를 해고하기 위해서는 ① **30일 이전에 해고를 예고**(혹은 **30일분의 통상임금의 지급**)하여야 하며 ② **해고사유와 해고시기를 서면으로 통지**(**해고 통지**)하여야 한다. 따라서, ① 해고예고(근로기준법 제26조)와 ② 서면 해고통지(근로기준법 제27조)가 근로자를 해고하기 위한 법정요건이다. 그러나, 사용자가 ①과 ②와 같은 법정 절차를 지켰다 하더라도 '정당한 사유' 없이 행해진 해고는 효력이 없다.

(1) 해고예고

1) 해고예고 제도의 의의

근로기준법 제26조는 해고에 정당한 사유가 있음을 전제로, '사용자가 근로자를 해고하는 경우에는 근로관계가 종료되는 날로부터 적어도 30일 전에 해고할 것을 예고하거나, 30일분 이상의 '통상임금'을 주어야 한다'고 규정하고 있다. 이러한 **해고예고제도는 돌발적인 실직의 위험으로부터 근로자를 보호하려는데 그 취지가 있으며, 사용자에 대해서는 대체근로자를 찾는 과정에서 해고를 재고하도록 하는 일종의 숙려기간으로 작용하기도 하고, 근로자에게는 정당한 해고사유의 유무에 대한 자기변호의 기회를 부여하는 효과도 있다.**[9] 해고의 예고는 4인 이하 사업장을 포함하여 통상해고, 징계해고, 경영상 해고를 불문하고 반드시 하여야 한다. 다만, 정년퇴직이나 기간의 정함이 있는 근로계약의 종료, 합의퇴직 등과 같이 사전에 이미 근로관계의 종료를 예견할 수 있는 경우는 '해고'에 해당하지 않으므로 해고예고제도 자체가 적용될 여지가 없다. 그리고, 3개월 미만의 단기 근로계약의 경우나 즉시해고 등 예외적인 사유가 있는 경우에는 해고예고 제도가 적용되지 않는다.

2) 해고예고 기간

사용자가 근로자를 해고하는 경우에는 근로관계가 종료되는 날로부터 적어도 **30일 전**에 해고할 것을 예고하거나, **30일분 이상의 '통상임금**을 주어야 한다. (근로기준법 제26조) 기간 계산시 초일(해고예고한 당일)은 산입하지 않으며,[10] 30일의 해고예고기간은 역일로 계산하므로 휴일이나 휴무일도 해고예고기간에 포함된다.(따라서, 예고기간 중에 휴일·휴무일이 있더라도 30일의 기간이 연장되는 것은 아니다)

3) 해고예고 방법

해고예고는 **해고일을 특정**하여야 하며, **불확정 기한을 붙이거나 조건을 붙인 해고예고는 원칙적으로 효력이 없다.** 다만, '해고의 예고'는 반드시 서면으로 할 필요는 없으므로 문서 외에 구두 혹은 게시와 같은 방법에 의한 '해고의 예고'도 유효하다 사용자가 해고하려는 날로부터 30일 이전에 해고사유와 해고시기를 명확하게 표기하여 해고를 서면으로 통지한 경우에는 서면 해고 통지 그 자체가 해고예고의 효과

9) 해고예고 제도는 근로관계의 존속이라는 근로자 보호의 본질적 부분과 관련되는 것은 아니므로 해고예고제도에 관해서는 상대적으로 넓은 입법형성의 여지가 있다는 것이 헌법재판소의 태도이다.(헌재[전합] 2001.07.19. 선고 99헌마663 결정)

10) 해고예고일은 초일 당일은 산입하지 않고 그 다음날부터 종료일까지로 계산해야 한다. 따라서, 예를 들어 10월 30일에 해고를 하고자 한다면 9월 31일 이전에는 해고예고를 해야 한다.

도 동시에 가지므로 별도의 해고예고는 불필요하다.(근로기준법 제27조 제3항) 해고예고는 사용자의 일방적 의사표시이므로 **원칙적으로 근로자가 동의하지 않는 한 철회가 인정되지 않는다**. 사용자가 당초에 예고한 해고의 예고시기를 연기하는 취지로 새로이 해고의 의사표시를 한 경우, 이는 **새로운 해고의 의사표시**에 해당하는 것으로 보아야 한다.

4) 해고예고기간 중의 근로관계

해고예고 기간은 정상적인 근로기간이므로 해고예고기간 중 명절상여 등도 동일하게 지급하여야 하며, 이 기간에 지각이나 결근이 생기게 되면 임금도 감액될 수 있고, 해고예고기간도 계속근로기간에 포함되므로 퇴직금 계산을 위한 평균임금 산정기간에 해고예고기간도 포함된다. 또한, 행정해석에 따르면, 해고예고기간 중 근로자가 스스로 퇴사를 한 경우라면 사용자는 근로자에게 해고예고 수당을 지급할 의무가 없을 것이지만, 해고예고기간 중에 근로자의 무단결근을 이유로 즉시 해고한 경우라 할지라도 그 사유가 해고예외 사유에 해당하지 않는 한 통상임금의 30일분 이상을 지급해야 한다.

5) 해고예고 위반의 효과

해고예고제도와 해고의 효력과는 아무런 관계가 없으므로 **해고예고절차에 위반한 해고도 유효**한 것으로 인정된다. 즉, 해고의 정당성이 없는 경우에는 해고예고를 적법하게 하여도 해고의 효력은 발생하지 아니하며, 해고가 정당한 사유를 갖추고 있는 한 예고의무를 위반하더라도 해고의 유효성에는 아무런 영향이 없다. 다만, 사용자가 30일 전에 해고예고를 하지 않거나 해고예고수당도을 지급하지 않은 경우에는 **처벌의 대상이 될 뿐이다**. 또한, **부당해고가 무효**로서 효력이 없어서 근로자가 사업장으로 **원직복귀**되는 경우에도 해고예고수당은 임금이 아니므로 **근로자는 이미 지급받은 해고예고수당을 부당이득으로 반환할 필요가 없다**.(→(쟁점) 해고가 부당해고로 무효인 경우의 해고예고수당)

6) 해고예고기간 중의 사용자의 배려의무[11)]

해고기간 중에 근로자가 새로운 직장을 알아 보기 위하여 불가피하게 지각이나 조퇴 혹은 결근하는 경우에도 일반적인 지각 · 조퇴 · 결근의 경우와 마찬가지로 임금을 감액하거나 지급하지 않을 수 있는 지 문제된다. 만일 해고예고 기간 중에 새로운 직장을 알아보기 위하여 지각 · 조퇴 · 결근하였다고 해서 임금을 지급하지 않는다면, 근로자가 근로도 제공하지 않고 해고예고수당을 지급받은 경우와 비교할 때 현저하게 불공정할 뿐 아니라, 고양된 신의칙이 적용되는 근로계약의 특징에 비추어 볼 때, 사용자의 근로자에 대한 배려의무는 근로관계가 종료할 때에도 여전히 인정되어야 한다 할 것이다. 따라서, 근로자가 해고예고 기간 중 지각 · 조퇴 · 결근 등을 하는 경우에 사용자가 근태관리 규정에 따라 임금을 감액할 수는 있겠지만, 적어도 근로자가 해고예고 기간 중에 새로운 직장을 알아 보기 위하여 불가피하게 지각이나 조퇴 혹은 결근하는 경우에는 임금을 감액할 수 없다고 해석하는 것이 타당하다. 다만, 행정해석은 근로자가 해고예고기간 중에도 연차휴가를 사용할 수 있는 것이므로 새로운 직장을 알아보기 위해 결근을 하였다고 하더라도 사용자에게 임금을 지급할 법적 의무는 인정하기 어렵다는 입장이다.

---

11)이것은 학술상의 논의일 뿐이므로 실제로 시험에 출제될 가능성은 희박하다. 이는 신의칙상 인정되는 사용자의 배려의무의 하나일 뿐이고 공법에서 이와 관련된 사용자의 의무를 부여하고 있지는 않기 때문에, 해고예고기간 중 새로운 직장을 알아보기 위해 결근을 하였다고 하더라도 사용자가 임금을 지급할 법적 의무는 인정하기 어렵기 때문이다.

(쟁점) 해고예고제도와 해고의 효력의 관계(해고예고 위반의 효과)(→사례: 78)

1. 문제점

사용자가 해고예고의무를 위반하여 30일전의 해고예고도 하지 않고, 해고예고수당도 지급하지 아니할 경우에는 벌칙이 적용되는 바, 해고예고제도와 해고의 효력의 관계와 관련하여 이러한 해고예고의무 위반이 해고의 효력에도 영향을 주는지 문제된다.

2. 학설

(1) 무효설

해고예고 의무규정은 강행법규이므로 이에 위반하는 해고의 통지는 언제나 무효라는 견해이다. 이에 따르면 사용자가 이미 한 해고의 통지는 무효이므로 해고의 예고를 하여 30일이상의 예고 기간이 만료될 때까지 또는 예고수당을 지급하면서 다시 해고의 통지를 할 때까지 근로관계는 종료되지 않는다.

(2) 유효설

해고예고제도와 해고의 효력과는 아무런 관계가 없으므로 해고예고절차에 위반한 해고통지도 유효한 것으로 인정된다는 견해이다. 즉, 해고의 정당성이 없는 경우에는 해고예고를 적법하게 하여도 해고의 효력은 발생하지 아니하며, 해고가 정당한 사유를 갖추고 있는 한 예고의무를 위반하더라도 해고의 유효성에는 아무런 영향이 없다. 다만, 사용자가 30일 전에 해고예고를 하지 않거나 해고예고수당도을 지급하지 않은 경우에는 처벌의 대상이 될 뿐이라고 한다.

(3) 상대적 무효설

해고도 하지 않고 예고수당도 지급도 없이 한 해고의 통지는 즉시해고로서는 효력을 발생하지 않지만, 사용자가 즉시해고를 고집하는 취지가 아닌 이상 통지 후 30일이 지나거나 예고수당을 지급하면 그때부터 해고의 효력이 발생한다고 한다.

3. 판례

대법원과 고용노동부는 일관되게 해고예고의무를 위반한 해고라 하더라도 해고의 정당한 이유를 갖추고 있는 한 해고의 **사법상의 효력에는 영향이 없어 당해 해고는 유효**하다는 입장이다.(대법원 1998.11.27. 선고 97누14132 판결)

4. 검토

해고예고제도는 돌발적인 실직의 위험으로부터 근로자를 보호하려는데 그 취지가 있으며, 30일 전의 예고를 하지 않은 경우에는 예고수당을 지급하도록 규정되어 있다는 점에 비추어 볼 때 **해고의 정당한 이유가 인정되는 한 예고의무를 위반하더라도 해고의 사법상 효력에는 아무런 영향이 없다고 보는 것이 타당하다.** 즉, 해고의 정당성이 없는 경우에는 해고예고를 적법하게 하여도 해고의 효력은 발생하지 아니하며, 해고가 정당한 사유를 갖추고 있는 한 예고의무를 위반하더라도 해고의 유효성에는 아무런 영향이 없다.

7) 해고예고의 예외 (즉시 해고)

가. 의의

사회통념상 도저히 근로관계를 유지할 것을 기대할 수 없는 경우에까지 해고예고를 하도록 강제하는 것은 타당하지 않기 때문에, 근로기준법 제26조는 해고예고를 하지 않아도 되는 3가지의 법정 사유를 규정하고 있다. 따라서, ① **근로자가 계속 근로한 기간이 3개월 미만인 경우, ② 천재 · 사변, 기타 부득이한 사유로 사업계속이 불가능한 경우, ③ 근로자가 고의로 사업에 막대한 지장을 초래하거나 재산상 손해를 끼친 경우에는 해고예고나 해고예고수당을 지급하지 않고 근로자를 즉시 해고 시킬 수 있다.**(근로기준법 제26조)

나. 단기 · 임시직 근로자에 대한 해고예고의 적용 제외 (근로기준법 제35조 삭제, 근로기준법 제26조)

새로 개정된 근로기준법(2019년 1월 15일 시행)은 기존의 근로기준법 제35조를 삭제하고, 근로기준법 제26조에 근로자의 계속근로기간이 '3개월 미만'인 경우에는 정규직, 기간제, 수습 근로자 등 고용형태와 상관없이 해고예고 적용 예외 대상으로 하였다. 개정법에서의 '3개월의 단기성 계약'은 실질적인 관점에서 파악되어야 하므로, 이를테면, 사용자가 해고예고제도를 피할 목적으로 실제로는 3개월 이상의 장기계약임에도, 형식상 3개월 단위의 단기성 계약의 체결을 반복하는 경우는 해고예고의무에서 제외될 수 없을 것이다.

다. 천재 · 사변 기타 부득이한 사유로 인하여 사업을 계속하는 것이 불가능한 경우

천재 · 사변, 기타 부득이한 사유로 사업 계속이 불가능한 경우란 해고예고를 할 여유와 필요가 없는 경우로서 풍수해 화재 등 예측할 수 없는 돌발적인 사태로 인해 사업주의 중요한 건물 · 설비 · 기자재 등의 전부나 일부의 멸실 · 손실로 사업운영이 불가능한 경우, 사회통념상 천재지변에 준할 정도로 돌발적이고 불가항력적인 사유로 사업 계속이 불가능한 경우, 기타 법령의 개폐 등으로 행정관청으로부터 폐지명령이 있는 경우 등과 같이 **사업주에게 그 책임을 물을 수 없는 경우**를 말한다. 그러나, 단순히 경기침체로 인한 불황, 매출감소, 거래선 파산, 노사분규로 인한 생산차질, 거래선 이탈 등 영업활동 위축 등으로 인한 경영위기 · 경영난은 여기에 포함되지 않는다. 따라서, 법인의 '해산'이나 '폐업' 등의 경우를 기타 부득이한 사유로 볼 수는 없으므로, 이런 경우에도 해고예고는 필요하다. 다만, 행정해석에 의하면, 회사가 부도로 인해 도산된 경우는 근로기준법 제26조 단서인 '부득이한 사유로 사업 계속이 불가능한 경우'에 해당한다고 보아서 해고예고를 할 필요가 없다고 본다.

라. 근로자가 고의로 사업에 막대한 지장을 초래하거나 재산상 손해를 끼친 경우

근로자가 **고의**로 사업에 **막대한 지장**을 초래하거나 **재산상 손해**를 끼친 경우로서 근로기준법 제 26조 단서, 규칙 제4조, 별표 사유에 해당하는 경우에는 해고예고를 하거나 해고예고수당을 지급하지 않고 근로자를 즉시 해고 시킬 수 있다. 따라서, 이를 '즉시해고'라 부르기도 하는데, 해고예고의 예외가 인정되는 근로자의 귀책사유는 즉시해고를 하지 않을 수 없을 정도의 중대한 복무규율 위반이나 배신행위를 의미한다.

(쟁점) 해고예고 수당(→사례: 78,80,81,82)

1. 해고예고제도와 해고예고수당의 의의

사용자는 근로자를 해고(경영상 이유에 의한 해고를 포함한다)하려면 적어도 30일 전에 예고를 하여야 하고, 30일 전에 예고를 하지 아니하였을 때에는 해고예고수당으로서 30일분 이상의 통상임금을 지급하여야 한다.(근로기준법 제26조). **해고예고제도는 돌발적인 실직의 위험으로부터 근로자를 보호하려는데 그 취지가 있으며, 사용자에 대해서는 대체근로자를 찾는 과정에서 해고를 재고하도록 하는 일종의 숙려기간으로 작용하기도 하고, 근로자에게는 정당한 해고사유의 유무에 대한 자기변호의 기회를 부여하는 효과도 있다.** 해고예고수당은 그 취지상 해고와 동시에 지급되어야 하며 해고예고수당이 지급되지 않는 한 즉시해고로서의 효력을 발생하지 않는다고 해석하는 것이 타당하다.

2. 해고예고수당의 법적성질

'해고예고수당'은 해고로 인해 발생한 금품이지 근로의 대가가 아니므로 평균임금에 포함되지 않는다. 또한, '해고예고수당'은 임금이 아니므로 임금과 같이 일할분할되어 지급되는 성질의 것도 아니다. 한편, 해고예고수당은 임금은 아니지만 근로관계로부터 발생하여 근로자에게 귀속되는 '기타 금품'으로서 근로기준법 제36조 '금품청산'의 대상이므로 사용자가 자신의 개인적인 금전채권과 해고예고수당을 상계하는 것은 허용되지 않는다.

3 해고예고수당 수령의 효력

해고의 예고(또는 예고예고수당의 지급)는 정당한 이유가 있는 경우에 적용되는 것이므로, 해고의 예고를 했다고 하여 정당한 이유 없이 해고할 수 있는 뜻은 아니다. 그러므로 해고예고수당과 함께 퇴직금을 수령했다 하더라도 해고에 대한 이의를 보류하는 한 그것이 해고처분을 승인했다거나 그에 대한 불복을 포기한 것으로 볼 수는 없다. 판례는 '근로자가 징계해고 직후에 회사가 변제공탁한 퇴직금과 해고수당을 수령하였으나 묵시적으로 이의를 유보하였으므로 위 공탁물을 수령한 행위만으로 징계해고를 유효한 것으로 승인하였다고는 할 수 없다'고 한 바 있다.(대법원 1991.05.14. 선고 91다2663 판결)

4 해고의 효력과 해고예고수당과의 관계

사용자가 근로기준법 제26조의 해고예고제도를 위한하여 해고처분을 하는 경우 해고의 효과에 대해서는 견해가 대립하지만, 판례는 해고예고의무를 위한한 해고라 하더라도 해고의 사법상 효력에는 영향이 없다고 한다.(대법원 1993.09.24. 선고 93누4199 판결) 즉, 해고예고제도는 해고의 효력과는 아무런 관계가 없으므로, 해고의 정당성이 없는 경우에는 해고예고를 적법하게 하여도 해고의 효력은 발생하지 아니하며, 해고가 정당한 사유를 갖추고 있는 한 해고예고의무를 위반하더라도 해고의 유효성에는 아무런 영향이 없으므로, **해고예고절차에 위반한 해고도 유효한 것으로 인정**된다. 다만, 사용자가 30일 전에 해고예고를 하지 않거나 해고예고수당을 지급하지 않은 경우에는 처벌의 대상이 될 뿐이다.

(쟁점) 해고가 부당해고로 무효인 경우의 해고예고수당(→사례: 78,80,81,82)

1. 문제점

해고가 부당해고로 판명되면 사용자는 원상회복으로서 근로자의 부당해고 기간 중의 임금을 근로자에게 지급하는 바, 그 결과 근로자는 해고예고기간에 해당하는 임금도 원상회복의 내용에 포함되므로 사용자로서는 근로자에게 해고예고기간 동안에는 해고예고수당과 임금을 중복으로 지급하는 문제가 발생한다. 또한 해고가 무효로 되는 경우에는 해고예고수당은 그 법률상 원인이 없게 되어 부당이득으로 반환해야 하는 지 문제된다.

2. 판례

대법원은 '근로기준법 제26조 본문은 '사용자는 근로자를 해고(경영상 이유에 의한 해고를 포함한다)하려면 적어도 30일 전에 예고를 하여야 하고, 30일 전에 예고를 하지 아니하였을 때는 30일분 이상의 통상임금을 지급하여야 한다.'라고 규정하고 있을 뿐이고, 위 규정상 해고가 유효한 경우에만 해고예고 의무나 해고예고수당 지급 의무가 성립한다고 해석할 근거가 없다. 근로기준법 제 26조에서 규정하는 **해고예고제도는 근로자로 하여금 해고에 대비하여 새로운 직장을 구할 수 있는 시간적 · 경제적 여유를 주려는 것으로, 해고의 효력 자체와는 관계가 없는 제도이다. 해고가 무효인 경우에도 해고가 유효한 경우에 비해 해고예고제도를 통해 근로자에게 위와 같은 시간적 · 경제적 여유를 보장할 필요성이 작다고 할 수 없다. 사용자가 근로자를 해고하면서 해고예고를 하지 않고 해고예고수당도 지급하지 않은 경우, 그 후 해고가 무효로 판정되어 근로자가 복직을 하고 미지급 임금을 지급받더라도 그것만으로는 해고예고제도를 통하여 해고 과정에서 근로자를 보호하고자 하는 근로기준법 제26조의 입법 목적이 충분히 달성된다고 보기 어렵다.** 해고예고 여부나 해고예고수당 지급 여부가 해고의 사법상 효력에 영향을 미치지 않는다는 점을 고려하면, 해고예고제도 자체를 통해 근로자를 보호할 필요성은 더욱 커진다.'고 판시하면서 **해고예고수당을 반환하지 않아도 된다고 하였다.**(대법원 2018.09.13. 선고 2017다16778 판결)

3. 검토

해고예고수당의 입법 취지는 해고 과정에서 근로자를 보호하기 위한 것으로 그 헌법적 근거는 인간다운 생활을 할 권리를 규정한 헌법 제34조 제1항, 근로의 권리를 규정한 제32조 제1항, 근로조건 법정주의를 규정한 동조 제3항 등이 될 것인 바, 근로기준법 제26조 본문에 따라 사용자가 근로자를 해고하면서 30일 전에 예고를 하지 아니하였을 때 근로자에게 지급하는 해고예고수당은 해고가 유효한지 여부와 관계없이 지급되어야 하는 돈이고, **그 해고가 부당해고에 해당하여 효력이 없다고 하더라도 근로자가 해고예고수당을 지급받을 법률상 원인이 없다고 볼 수 없다.** 그러므로 해고처분이 무효인 경우에 근로자는 회사로부터 지급받은 해고예고수당 상당액을 부당이득으로 반환할 필요가 없다.

사례연습 78

해고예고수당 (2019년도 제2차 변호사시험 모의시험)

A회사 취업규칙상 근로자는 회사에서 실시하는 성평등교육 및 교양교육을 매년 각 1회 이상 받아야하고, 성평등교육 등을 필하지 아니한 경우 징계할 수 있도록 규정되어 있다. 그러나 A회사는 위 취업규칙에 의하여 실제로 근로자를 징계한 사실이 없고, 교육을 담당하는 B이사는 교육 참가자수를 과장 보고하기 위하여 대부분의 근로자들이 참석한 것으로 임의로 작성하여 관리해 왔다. 2017.1.에 입사한 乙은 2017년도 교육에 한 번도 참석하지 않았지만, 참석자로 표기되었다. A회사는 신입사원 乙이 허위로 참석자 명단에 표기되어 있는 것을 이유로 취업규칙의 규정에 따라 2018. 1. 10.30일분의 통상임금을 해고예고수당으로 지급하고 즉시 해고하였다.

乙에 대한 해고가 부당해고에 해당하여 원직에 복귀하고, 예고기간에 대하여 소급임금을 받은 경우, 乙은 해고 시 수령한 해고예고수당을 반환하여야 하는가?

1. 쟁점의 정리

해고가 부당해고로 판명되면 사용자는 원상회복으로서 근로자의 부당해고 기간 중의 임금을 근로자에게 지급하는 바, 그 결과 근로자는 해고예고기간에 해당하는 임금과 해고예고수당을 이중으로 지급받는 문제가 발생한다. 따라서, 이와 관련하여 근로자가 해고가 무효로 되는 경우에 근로자는 해고예고수당을 부당이득으로 반환해야 하는 지 여부가 해고예고수당의 법적 성질 및 해고의 효력과 해고예고수당의 관계에서 문제된다.

2. 해고예고제도와 해고예고수당

(1) 해고예고제도와 해고예고수당의 의의

사용자는 근로자를 해고(경영상 이유에 의한 해고를 포함한다)하려면 적어도 30일 전에 예고를 하여야 하고, 30일 전에 예고를 하지 아니하였을 때에는 해고예고수당으로서 30일분 이상의 통상임금을 지급하여야 한다.(근로기준법 제26조), 해고예고제도는 돌발적인 실직의 위험으로부터 근로자를 보호하려는데 그 취지가 있으며, 사용자에 대해서는 대체근로자를 찾는 과정에서 해고를 재고하도록 하는 일종의 숙려기간으로 작용하기도 하고, 근로자에게는 정당한 해고사유의 유무에 대한 자기변호의 기회를 부여하는 효과도 있다.

(2) 해고예고수당의 법적성질

'해고예고수당'은 해고로 인해 발생한 금품이지 근로의 대가가 아니므로 평균임금에 포함되지 않으며, 그 취지상 해고와 동시에 지급되어야 한다. 또한, '해고예고수당'은 임금이 아니므로 임금과 같이 일할분할되어 지급되는 성질의 것도 아니다.

3. 해고의 효력과 해고예고수당과의 관계

사용자가 근로기준법 제26조의 해고예고제도를 위한하여 해고처분을 하는 경우 해고의 효과에 대해서는 유효설과 무효설의 견해가 대립하지만, 판례는 해고예고의무를 위한한 해고라 하더라도 해고의 사법상 효력에는 영향이 없다고 한다.(대법원 1993. 9. 24. 선고 93누4199 판결) 즉, 해고예고

제도는 해고의 효력과는 아무런 관계가 없으므로, 해고의 정당성이 없는 경우에는 해고예고를 적법하게 하여도 해고의 효력은 발생하지 아니하며, 해고가 정당한 사유를 갖추고 있는 한 해고예고의무를 위반하더라도 해고의 유효성에는 아무런 영향이 없으므로, 해고예고절차에 위반한 해고도 유효한 것으로 인정된다. 다만, 사용자가 30일 전에 해고예고를 하지 않거나 해고예고수당을 지급하지 않은 경우에는 처벌의 대상이 될 뿐이다.

4. 해고가 부당해고로 무효인 경우 해고예고수당을 받아야 하는 지 여부

(1) 문제점

해고가 부당해고로 판명되면 사용자는 원상회복으로서 근로자의 부당해고 기간 중의 임금을 근로자에게 지급하는 바, 그 결과 근로자는 해고예고기간에 해당하는 임금도 원상회복의 내용에 포함되므로 사용자로서는 근로자에게 해고예고기간 동안에는 해고예고수당과 임금을 중복으로 지급하는 문제가 발생한다. 또한 해고가 무효로 되는 경우에는 해고예고는 그 법률상 원인이 없게 되어 부당이득으로 반환해야 하는 지 문제된다.

(2) 판례

대법원은 '근로기준법 제26조 규정상 해고가 유효한 경우에만 해고예고 의무나 해고예고수당 지급 의무가 성립한다고 해석할 근거가 없으며, 근로기준법 제 26조에서 규정하는 해고예고제도는 근로자로 하여금 해고에 대비하여 새로운 직장을 구할 수 있는 시간적·경제적 여유를 주려는 것으로서 해고예고제도는 해고의 효력 자체와는 관계가 없는 제도라는 입장이다. 따라서, 사용자가 근로자를 해고하면서 해고예고를 하지 않고 해고예고수당도 지급하지 않은 경우, 그 후 해고가 무효로 판정되어 근로자가 복직을 하고 미지급 임금을 지급받더라도 그것만으로는 해고예고제도를 통하여 해고 과정에서 근로자를 보호하고자 하는 근로기준법 제26조의 입법 목적이 충분히 달성된다고 보기 어려우며, 해고예고 여부나 해고예고수당 지급 여부가 해고의 사법상 효력에 영향을 미치지 않는다는 점을 고려하면, 해고예고제도 자체를 통해 근로자를 보호할 필요성은 더욱 커진다.'고 판시하면서 해고예고수당을 반환하지 않아도 된다고 하였다.(대법원 2018.9.13. 선고 2017다16778 판결)

(3) 검토

해고예고수당의 입법 취지는 해고 과정에서 근로자를 보호하기 위한 것으로 그 헌법적 근거는 인간다운 생활을 할 권리를 규정한 헌법 제34조 제1항, 근로의 권리를 규정한 제32조 제1항, 근로조건 법정주의를 규정한 동조 제3항 등이 될 것이다. 근로가 국가와 개인에게 있어 가지는 중요성과 이를 보장하고자 하는 헌법 규정들의 취지에 비추어 볼 때 사용자는 해고의 효력과 상관없이 해고예고수당을 지급할 의무가 있으며 해고예고수당은 임금이 아니므로 설령 해고가 무효라고 할지라도 근로자는 해고예고수당 상당액을 부당이득으로 반환할 필요성이 없다고 해석하는 것이 타당하다.

5. 결론

乙은 해고 시 수령한 해고예고수당을 반환할 필요가 없다.

(2) 해고의 서면통지(→사례: 79.80,81)

1) 해고의 서면통지제도의 의의

근로자에 대한 해고는 해고사유와 해고시기를 서면으로 통지하여야 **효력이 있는 바** 서면통지는 해고의 효력요건이므로 서면으로 통지하지 않은 해고는 **효력이 없다.**(근로기준법 제27조 제2항) **근로기준법이 해고의 서면통지를 의무화한 취지는 사용자로 하여금 해고를 신중하게 결정하도록 함과 아울러, 해고의 존부 및 시기와 그 사유를 명확하게 하여 사후의 분쟁해결을 적정하고 용이하게 할 수 있도록 하고 근로자도 해고에 적절히 대응할 수 있도록 하기 위한 것이다.**

2) 해고의 서면통지의 적용

근로기준법 제27조의 해고에는 **모든 유형의 해고가 포함**되므로 서면통지제도는 징계해고 뿐 아니라 통상해고, 경영상 해고에 대해서도 적용된다. 단기근로계약의 경우나 즉시해고 등 해고예고제도가 적용되지 않는 경우에도 서면해고 통지는 하여야 한다. **다만, 상시근로자 4인 이하 사업(장)의 경우에는 서면에 의한 해고 통지 의무규정(근로기준법 제27조)이 적용되지 않으며,** 정년퇴직이나 기간의 정함이 있는 근로계약의 종료, 권고사직이나 명예퇴직을 포함하는 합의퇴직 등과 같이 사전에 이미 근로관계의 종료를 예견할 수 있는 경우에도 서면해고 통지는 적용될 여지가 없다. **또한, 사용자가 갱신기대권을 가지는 근로자들에게 갱신 거절의 통보를 하는 경우에도 근로기준법 제27조가 적용되지 않는다(대법원 2021.10.28. 선고 2021두45114 판결)**

3) 서면통지의 방법

'서면'이란 종이로 된 문서를 의미하므로 이메일이나 휴대폰 문자메세지 등을 이용한 통지는 원칙적으로 서면통지로 볼 수 없다. 다만, 예외적으로 ① 회사가 전자결재체계를 완비하여 전자문서로 모든 업무의 기안, 결재, 시행과정 등을 관리하는 경우에는 전자문서도 문서로 볼 수 있다.(**대법원 2014.03.06. 선고 2013구합79 판결**) ② 근로자가 원거리나 격리장소 에 있는 등의 사정으로 인하여 이메일 외에 의사연락수단이 마땅히 없는 등의 특별한 사정이 있는 경우에는 이메일 등 전자문서를 통한 해고의 서면통지도 인정될 수 있을 것이다.(**대법원 2010.08.06. 선고 2010다33279 판결**) ③ 판례는 복사한 문서의 문서성을 인정하고 있으므로(**대법원 2000.09.05. 선고 2000도2855 판결**), 이를테면 사용자의 인감이 날인된 해고 통지서를 팩스로 보내거나 이를 스캔하여 첨부파일 형태로 이메일을 보내는 것도 (i) 팩스로 보내거나 첨부된 통지서(**복사 · 스캔문서**)에 해고시가와 해고사유에 관한 내용이 구체적으로 명시되어 있어 근로자가 해고에 대응하는 데에 아무런 지장이 없는 등 서면에 의한 해고 통지의 역할과 기능을 충분히 수행하고 있으며, (ii) 실제로 근로자가 이를 수령(**수신**)하였음이 증명된다면, 이메일이나 팩스 등에 의한 해고통지도 서면에 의한 해고통지로서의 그 효력이 인정될 것이다.

4) 서면통지의 시기

해고 예고는 반드시 30일 이전에 해야 하지만, 서면통지 시기는 별도로 규정된 바가 없다. 다만, 서면통지의 시기는 적어도 해고의 효력이 발생하는 해고처분일 이전이라야 할 것이므로, 해고처분의 효력이 발생한 뒤에 통지한 경우에는 절차상 근로기준법 제27조를 위반한 위법이 있다. 또한, **사용자가 해고하려는 날로부터 30일 이전에 해고사유와 해고시기를 명확하게 표기하여 해고를 서면으로 통지한 경우는 서면 해고 통지 그 자체가 해고예고의 효과도 동시에 가지므로(근로기준법 제27조 제3항) 별도의 해고예고는 불필요하다.**

5) 서면통지의 기재 내용

사용자는 해고사유와 해고시기를 '확정'하여 서면으로 통보해야 하므로 확정적인 해고의사가 기재되지 않은 조건부 해고통지나 불확정 기한부 해고통지는 허용되지 않는다. 해고사유와 해고시기는 구체적이고 명확하게 기재하여야 하는데, 어느 정도 구제적으로 기재하여야 하는 지는 특별히 규정된 바 없지만, 적어도 서면통지의 기재내용에 의하여 근로자는 언제 어떠한 이유에서 해고되었는지 명확하게 인식할 수 있으며 해고에 대응하는 데에 실질적으로 지장이 없어야 한다. 따라서, 사용자가 해고사유 등을 서면으로 통지할 때 **해고통지서 등 명칭과 상관없이** 근로자의 처지에서 해고사유가 무엇인지를 구체적으로 알 수 있는 서면이면 충분한 것이므로, 이를테면, **해고 대상자가 교부된 회의록을 통하여 이미 해고사유가 무엇인지 구체적으로 알고 있고 그에 대해 충분히 대응할 수 있는 상황이었다면, 교부된 회의록을 통하여 해고 대상자가 해고사유가 무엇인지 알고 해고에 대응할 수 있었다면 위 조항을 위반한 것이라고 볼 수 없다 할 것이지만,**(대법원 2014.12.24. 선고 2012다81609 판결, 대법원 2021.07.29. 선고 2021두36103 판결 등)[12], 설령 해고 대상자가 해고사유가 무엇인지 알고 있고 그에 대해 대응할 수 있는 상황이었다고 하더라도, 사용자가 해고를 서면으로 통지하면서 **해고사유를 '전혀' 기재하지 않았다면** 이는 근로기준법 제27조에 **위반한 것**이라고 보아야 한다는 것이 대법원의 입장이다.(대법원 2021.02.25. 선고 2017다226605 판결)

6) 서면통지의 효과

서면통지의 효력은 서면이 근로자에게 도달하여야 발생한다. 여기서 도달이라 함은 근로자가 직접 수령한 것뿐 아니라 사회통념상 상대방이 통지 내용을 알 수 있는 객관적 상태에 놓여 있는 경우를 가리키는 것으로서, 상대방이 통지를 현실적으로 수령하거나 통지의 내용을 알 것까지는 필요로 하지 않는다. 따라서, 근로자가 정당한 사유 없이 통지의 수령을 거절한 경우에는 근로자가 그 통지의 내용을 알 수 있는 객관적 상태에 놓여 있는 때에 의사표시의 효력이 생기는 것으로 보아야 한다.(대법원 2008.06.12. 선고 2008다19973 판결)

7) 서면통지를 위반한 해고의 효력

해고와 관련하여 근로기준법 제27조는 해고방식에 있어 요식주의를 채택하고 있는 바, 이는 사용자가 해고 여부를 더 신중하게 결정하도록 할 뿐만 아니라 해고사유를 통지 받은 근로자로 하여금 해고의 존부 및 해고사유 등 해고를 둘러싼 분쟁 사항을 명확하게 알게 하여 근로자의 방어권을 보장함으로써 종국적으로 근로자의 권익을 보호하기 위한 강행규정이라고 할 것이므로 해고 사유가 구체적으로 기재되지 않은 해고통지의 경우에는 해고에 정당한 사유가 있는지 여부를 살펴볼 필요도 없이 해고의 절차적 요건을 충족하지 못하여 무효이다.(대법원 2011.10.27. 선고 2011다42324 판결) 따라서, 해고의 정당한 이유가 있는 경우라 할지라도 서면통지를 위반한 경우에는 부당해고에 해당하므로 노동위원회에서는 원직복귀와 임금 상당액을 지급하는 구제명령을 내려야 한다.[13]

12) **사용자가 해고통지와 함께 회의 내용을 정리한 회의록을 작성하여 근로자로부터 확인 서명을 받아 사본을 교부하였다면,** 근로자가 위 서면에 의해 해고통지를 받을 당시 해고사유가 무엇인지 구체적으로 알고 있었고 이에 대해 충분히 대응할 수 있는 상황이었으므로 근로기준법 제27조를 위반한 것으로 볼 수 없다.(대법원 2021.07.29. 선고 2021두36103 판결)

13) 이 경우, 사용자는 동일한 해고사유에 대하여 다시 서면통지를 하여 절차적 흠을 치유하고 유효하게 해고처분을 할 수 있다. 다만, 서면통지 위반에 대한 벌칙은 없다.(반면에, 해고예고 위반에 대해서는 벌칙이 있다)

사례연습 79

근로자 해고의 법정요건(변호사시험 2017년 기출문제)

A회사는 2016.10.7. 징계위원회가 甲을 해고하기로 결정한 내용의 해고예고 통지서를 내용증명우편으로 甲에게 발송하였고, 甲은 2016.10.8. 이를 수령하였다.

징계해고 예고 통지서	
○ 대상 자: 甲	○ 해고일자: 2016.10.31.
○ 징계내용: 해고	○ 징계사유: 인사 및 징계규정 제20조 제5호

A회사가 근로자 甲에게 한 징계해고 통지는 유효한가?

1. 쟁점의 정리

A회사는 甲에게 서면으로 해고예고통지서를 작성하여 해고일자를 2016. 10. 31. 징계사유를 '인사 및 징계규정 제20조 제5호'라고만 기재하여 발송하였고 甲은 이를 2016. 10.8. 수령하였는 바, 이러한 징계해고 통지가 근로기준법 제26조 및 제27조에 위반되어 무효인지 여부가 문제된다.

2. 근로기준법 제26조 준수여부

(1) 해고예고 제도의 의의

사용자는 근로자를 해고하려면 적어도 30일 전에 예고를 하여야 하고, 30일 전에 예고를 하지 아니하였을 때에는 30일분 이상의 통상임금을 지급하여야 하는바(근로기준법 제26조), 해고예고제도는 돌발적인 실직의 위험으로부터 근로자를 보호하려는데 그 취지가 있으며, 사용자에 대해서는 대체근로자를 찾는 과정에서 해고를 재고하도록 하는 일종의 숙려기간으로 작용하기도 하고, 근로자에게는 정당한 해고사유의 유무에 대한 자기변호의 기회를 부여하는 효과도 있다.

(2) 해고예고제도와 해고의 효력의 관계

사용자가 근로기준법 제26조의 해고예고제도를 위한하여 해고처분을 하는 경우 해고의 효과에 대해서는 유효설과 무효설의 견해가 대립하지만, 판례는 해고예고의무를 위한한 해고라 하더라도 해고의 사법상 효력에는 영향이 없다고 한다.(대법원 1993.09.24. 선고 93누4199 판결)

(3) 해고예고의 적용

해고의 예고는 4인 이하 사업장을 포함하여 통상해고, 징계해고, 경영상 해고를 불문하고 반드시 하여야 한다. 다만, 정년퇴직이나 기간의 정함이 있는 근로계약의 종료, 합의퇴직 등과 같이 사전에 이미 근로관계의 종료를 예견할 수 있는 경우에는 해고예고제도 자체가 적용될 여지가 없다. 그리고, 3개월 미만의 단기 근로계약의 경우나 즉시해고 등 예외적인 사유가 있는 경우에는 해고예고 제도가 적용되지 않는다.

(4) 사안의 경우

A회사는 해고일자를 2016. 10.31.로 특정하여 해고예고 통지를 하였지만, 甲이 해고예고통지를 수

령한 날짜는 2016. 10. 8.이다. 따라서, 해고예고통지는 30일 전에 해야 한다는 근로기준법 제26조 규정을 위반하였을 뿐만 아니라 별도로 30일분의 통상임금을 지급하지도 않았으므로 근로기준법 제26조를 위반한 것으로 판단된다. 따라서, 근로자는 A회사에 대하여 통상임금 30일분의 해고예고수당을 청구할 수 있지만, 근로기준법 제26조 위반을 이유로 해고처분 자체의 무효를 주장할 수는 없다.

3. 근로기준법 제27조 준수여부

(1) 해고의 서면통지 제도의 의의

근로자에 대한 해고는 해고사유와 해고시기를 서면으로 통지하여야 효력이 있으며(근로기준법 제27조 제2항), 서면으로 통지하지 않은 해고는 효력이 없다. '서면'이란 종이로 된 문서를 의미하므로 이메일이나 휴대폰 문자메세지 등을 이용한 통지는 원칙적으로 서면통지로 볼 수 없다. 근로기준법이 해고의 서면통지를 의무화한 취지는 사용자로 하여금 해고를 신중하게 결정하도록 함과 아울러, 해고의 존부 및 시기와 그 사유를 명확하게 하여 사후의 분쟁해결을 적정하고 용이하게 할 수 있도록 하고 근로자도 해고에 적절히 대응할 수 있도록 하기 위한 것이다.

(2) 서면통지의 기재 내용

사용자는 해고사유와 해고시기를 '확정'하여 서면으로 통보해야 하므로 확정적인 해고의사가기재되지 않은 조건부 해고통지나 불확정 기한부 해고통지는 허용되지 않는다. 해고사유와 해고시기는 구체적이고 명확하게 기재하여야 하는바, 적어도 서면통지의 기재내용에 의하여 근로자는 언제 어떠한 이유에서 해고되었는지 명확하게 인식할 수 있으며 해고에 대응하는 데에 지장이 없을 정도는 되어야 할 것이므로,

(3) 서면통지를 위반한 해고의 효력

해고와 관련하여 근로기준법 제27조는 해고방식에 있어 요식주의를 채택하고 있는바, 이는 사용자가 해고 여부를 더 신중하게 결정하도록 할 뿐만 아니라 해고사유를 통지 받은 근로자로 하여금 해고의 존부 및 해고사유 등 해고를 둘러싼 분쟁 사항을 명확하게 알게 하여 근로자의 방어권을 보장함으로써 종국적으로 근로자의 권익을 보호하기 위한 강행규정이라고 할것이므로 해고사유가 구체적으로 기재되지 않은 해고 통지의 경우에는 해고에 정당한 사유가 있는지 여부를 살펴볼 필요도 없이 해고의 절차적 요건을 충족하지 못하여 무효이다.(대법원 2011.10.27. 선고 2011다42324 판결)

(4) 사안의 경우

A회사는 해고예고 통지를 서면으로 하였지만 징계사유로 '인사 및 징계규정 제20조 제5호'라고만 기재하였는 바, 적어도 서면통지의 기재내용에 의하여 근로자는 언제 어떠한 이유에서 해고되었는지 명확하게 인식할 수 있으며 해고에 대응하는 데에 지장이 없을 정도는 되어야 할 것이고, 위와 같이 해고사유를 단지 취업규칙의 조문만 나열한 본 사안에서의 통지는 효력이 없다.

4. 결론

A회사가 근로자 甲에게 한 징계해고 통지는 유효하지 않다.

사례연습 80

근로자 해고의 법정요건(변호사시험 2017년 기출문제)

공인노무사 갑은 2012. 10. 1.부터 사단법인 A경영컨설팅에서 경영상담사로 근무하였는데, 스스로 특정 기업과의 경영상담 계약을 체결한 적이 없이 오로지 A경영컨설팅의 대표인 을의 지시에 따라 담당기업을 배정받아 경영자문 및 노무관련 분쟁해결 등의 법률상담 업무를 수행하였다. 그런데 A경영컨설팅은 2015. 4. 30. 이메일을 통해 '후임자가 선정될 때까지 근무하다가 후임자가 정해지면 업무를 인계하도록' 갑에게 지시하였다가, 2015. 5.31. 오전 '후임자가 선정되었으므로 내일부터 법인으로 출근할 필요가 없음' 이라는 문자를 갑의 휴대전화로 보냈다. 이에 갑이 을에게 전화를 걸어 항의하자, 을은 '경영상담 실적이 극히 저조할뿐 아니라 고객으로부터의 항의가 빈발하였음'을 이유로 해고하는 것이라고 설명하였다.

갑은 A경영컨설팅이 자신을 부당하게 해고하였다고 주장하면서 노동위원회에 부당해고 구제를 신청하는 동시에, 재직기간에 상응하는 퇴직금을 지급하여 줄 것을 A경영컨설팅에 청구하였다.

A경영컨설팅의 갑에 대한 해고는 절차적 측면에서 정당한가? (단, 사안에서 공인노무사 갑은 근로기준법 근로자임이 인정된다는 것을 전제로 한다.)

1. 쟁점의 정리

A경영컨설팅의 갑에 대한 해고의 절차적 정당성과 관련하여 A경영컨설팅이 2015. 4. 30. 이메일을 통해 갑에게 지시한 것을 적법한 해고예고로 볼 수 있는지, 이메일과 함께 2015.5.31. 문자를 갑의 휴대전화로 보내고, 갑이 항의하자 해고사유를 설명한 것이 적법한 해고의 서면통지로 볼 수 있는지 여부 등이 근로기준법 제26조 및 제27조 위반 여부와 관련되어 문제된다.

2. 갑에 대한 해고의 절차적 정당성

해고의 정당한 이유가 인정되기 위해서는 실질적 요건분만 아니라 절차적 요건도 충족하여야 하는 바, 해고에 '정당한 이유'가 있다는 전제에서, 사용자가 근로자를 해고하기 위해서는 ① 30일 이전에 해고를 예고 (혹은 30일분의 통상임금의 지급)하여야 하며 ② 해고사유와 해고시기를 서면으로 통지(해고 통지)하여야 한다. 즉, ① 해고예고(근로기준법 제26조)와 ② 서면 해고통지(근로기준법 제27조)가 근로자를 해고하기 위한 법정 요건이다.

3. 근로기준법 제26조 준수여부

(1) 해고예고 제도의 의의

(2) 해고예고제도와 해고의 효력의 관계

(3) 해고예고의 적용

(4) 사안의 경우

해고예고는 특별한 형식을 요하지 않으므로 이메일을 통해 해고예고를 할 수도 있으나, A경영컨설팅이 2015.4. 30. 이메일을 통해 '후임자가 선정될 때까지 근무하다가 후임자가 정해지면 업무를 인계하도록' 갑에게 지시한 것만으로는 해고일자를 특정하였거나 이를 알 수 있는 방법으로 예고한 것으로 볼 수 없다. 판례도 사용자인 피고인이 근로자 갑에게 '후임으로 발령받은 을이 근무하여야 하니 업무 인수인계를 해 달라.', '당분간 근무를 계속하며 을에게 업무 인수인계를 해주라.'고만 말하고 갑을 해고한 사안에서, 피고인의 위와 같은 말만으로는 갑의 해고일자를 특정하거나 이를 알 수 있는 방법으로 예고한 것이라고 볼 수 없어 적법하게 해고예고를 하였다고 할 수 없다고 판시하였다.(대법원 2010.04.15. 선고2009도13833 판결)

따라서, 사안에서 A경영컨설팅은 근로기준법 제26조를 위반한 절차상 위법이 있다.

4. 근로기준법 제27조 준수여부

(1) 해고의 서면통지 제도의 의의

(2) 서면통지의 기재 내용

(3) 서면통지를 위반한 해고의 효력

(4) 사안의 경우

사안에서 A경영컨설팅이 갑을 해고하면서 이메일, 휴대전화 문자메시지로 해고사실만을 통보하였을뿐, 해고사유가 되는 구체적 사실이나 법적근거에 관하여 근로자가 알 수 있을 정도로 기재하지 않았으므로 적법하게 서면에 의한 해고통지를 한 것으로 볼 수 없다. 이후 갑의 항의하자 '경영상담 실적이 극히 저조하고 고객으로부터 항의가 빈발하였음'을 해고사유로 설명한 것도 서면에 의하지 아니하였으므로 적법하게 해고통지를 한 것으로 볼 수 없다. 따라서 A경영컨설팅은 해고에 정당한 사유가 있는지 여부를 살펴볼 필요도 없이 해고의 절차적 요건을 충족하지 못하여 무효이다.

5. 결론

A경영컨설팅이 2015.4.30. 이메일을 통해 '후임자가 선정될 때까지 근무하다가 후임자가 정해지면 업무를 인계하도록' 갑에게 지시한 것은 해고일자를 특정하였거나 이를 알 수 있는 방법으로 예고한 것으로 볼 수 없으므로 해고예고의무를 위반한 것이다. 또한, A경영컨설팅이 갑을 해고하면서 이메일, 휴대전화 문자메시지로 해고사실만을 통보하였을 뿐. 해고사유가 되는 구체적 사실이나 법적근거에 관하여 근로자가 알 수 있을 정도로 기재하지 않았고, 이후 갑의 항의하자 '경영상담 실적이 극히 저조하고 고객으로부터 항의가 빈발하였음'을 해고사유로 설명하였으나, 이는 서면에 의하지 아니하였으므로 적법하게 서면에 의한 해고통지를 한것으로 볼 수 없다. 따라서 A경영컨설팅의 갑에 대한 해고는 해고예고의무, 해고사유 및 시기의 서면통지의무를 위반하였으므로 절차상 위법하여 효력이 없다.

사례연습 81

근로자 해고의 서면통지 방법 (대법원 2021. 7. 29. 선고 2021두36103 판결: 출제유력)

갑은 근로계약기간을 2019. 3. 1.부터 2020. 2. 29.까지로 하되 1년의 시용기간을 두는 조건으로 A 회사에게 채용되어 인도네시아 현지법인 본부장으로 근무하였다. 갑은 게이트밸브 공급업체(이하 '이 사건 공급업체'라 한다)에서 법인명의의 세금계산서를 발행받았는데, 경리직원의 이의제기에도 불구하고 그 대금을 이 사건 공급업체의 법인명의가 아닌 개인명의 계좌로 대금을 지급하면서, 이 사건 공급업체의 납세자 등록 여부 등에 관한 확인이나 별다른 조치를 취하지 않았다. A회사는 갑의 시용기간 중 발생한 위와 같은 업무처리로 말미암아 인도네시아 현지에서 부가가치세를 환급받기 어려워지고 세무조사를 받는 등 경제적으로 큰 불이익을 입게 되었다. A회사의 취업규칙에는 징계해고규정과 별도로 즉시해고를 규정하면서 근로자가 고의로 회사에 일정한 재산상 손해를 발생한 사실이 확인되는 경우에는 해고예고를 하지 않고 즉시해고 할 수 있음이 규정되어 있다. A회사는 2019. 5. 16. 근로자 갑의 위와 같은 업무처리와 관련하여 회의를 진행하면서, 갑으로부터 업무처리 경위와 후속조치 계획에 관한 사유서를 제출받고, 이를 검토하여 퇴사를 명할 수 있다고 경고한 다음 같은 날 08:20부터 갑의 업무를 정지시켰다. 원고는 회의 결과 최종적으로 삽을 해고하기로 결정하고 이와 같은 사실을 기재한 회의록에 갑으로부터 확인 서명을 받고 그 사본을 교부하였다. 이 사건 서면에는 회의 일시, 장소와 참석자를 기재하고, 회의 내용으로 '세금계산서 문제'로 회의를 개최하고, 회사에서 구매한 물품에 대해서 송금처가 법인명의 계좌가 아닌 개인명의 계좌로 되어 있다는 갑이 사유서를 제출하였으며, 갑에 대한 즉시 퇴사조치를 2019. 5. 16. 12:11으로 한다는 사실이 일목요연하게 기재되어 있었다. A회사는 갑으로 부터 회의록에 서명을 받고 그 사본을 갑에게 교부하였다.

갑은 A회사의 해고가 부당해고라고 주장한다. 이러한 갑의 주장은 정당한가?(단, 해고의 정당한 사유는 존재한다는 것으로 전제한다.)

1. 쟁점의 정리

A회사는 甲에게 서면으로 해고예고통지서를 작성하여 해고일자를 2016. 10. 31. 징계사유를 '인사 및 징계규정 제20조 제5호'라고만 기재하여 발송하였고 甲은 이를 2016. 10.8. 수령하였는 바, 이러한 징계해고 통지가 근로기준법 제26조 및 제27조에 위반되어 무효인지 여부가 문제된다.

2. 근로기준법 제26조 준수여부

(1) 해고예고 제도의 의의

(2) 해고예고의 적용

(3) 해고예고의 예외 (즉시 해고)

사회통념상 도저히 근로관계를 유지할 것을 기대할 수 없는 경우에까지 해고예고를 하도록 강제하는 것은 타당하지 않기 때문에, 근로기준법 제26조는 해고예고를 하지 않아도 되는 3가지의 법정 사유를 규정하고 있다. 따라서, ① 근로자가 계속 근로한 기간이 3개월 미만인 경우, ② 천재 · 사변, 기타 부득이한 사유로 사업계속이 불가능한 경우, ③ 근로자가 고의로 사업에 막대한 지장을 초래하거나 재산상 손해를 끼친 경우에는 해고예고나 해고예고수당을 지급하지 않고 근로자를 즉시 해고 시킬 수 있다.(근로기준법 제26조)

(4) 사안의 경우

사안에서 A회사는 갑의 시용기간 중 발생한 위와 같은 업무처리로 말미암아 인도네시아 현지에서 부가가치세를 환급받기 어려워지고 세무조사를 받는 등 경제적으로 큰 불이익을 입게 되었다. 이러한 갑의 행위가 고의로 인한 것인지 여부는 명확하지 않으나, 사안에서 갑이 경리직원의 이의제기에도 불구하고 대금을 법인명의가 아닌 개인명의로 대금을 지급한 사정 등을 고려할 때, 갑이 고의로 회사에 막대한 재산상 손해를 입힌 것으로 판명된 경우에는 취업규칙이 정하는 바에 따라 별ㄹ도의 징계절차를 거치지 아니하고도 해고예고없이 갑을 즉시해고할 수 있을 것이다.

3. 근로기준법 제27조 준수여부

(1) 해고의 서면통지 제도의 의의

(2) 서면통지의 기재 내용

(3) 서면통지를 위반한 해고의 효력

(4) 사안의 경우

사안에서 갑은 서면에 의해 해고통지를 받을 당시 이미 해고사유가 무엇인지 구체적으로 알고 있었고 이에 대해 충분히 대응할 수 있는 상황이었다. 따라서 이 사건 서면에 해고사유가 회의록의 형식으로 작성되었다고 하더라도 위 서면에 의한 해고통지가 근로기준법 제27조를 위반한 것으로 보기 어렵다고 판단된다.

4. 결론

갑에 대한 해고에 정당한 이유가 인정된다는 전제하에, 해고의 요건과 관련하여 먼저 해고의 예고를 정한 근로기준법 제26조와 관련하여, 갑이 고의로 회사에 막대한 재산상 손해를 입힌 것으로 판명되었으므로 A회사는 갑에게 해고의 예고를 하지 아니하고 즉시 해고할 수 있으며, 해고의 서면통지 의무를 규정한 근로기준법 제27조와 관련하여, 사안에서 갑은 서면에 의해 해고통지를 받을 당시 이미 해고사유가 무엇인지 구체적으로 알고 있었고 이에 대해 충분히 대응할 수 있는 상황이었으므로, 이 사건 서면에 해고사유가 회의록의 형식으로 작성되었다고 하더라도 위 서면에 의한 해고통지가 근로기준법 제27조를 위반한 것으로 보기 어렵다고 판단된다. 따라서, A회사의 해고가 부당해고라는 갑의 주장은 정당하지 않다.

4. 해고의 시기적인 제한

(1) 해고금지기간(→사례: 82)

1) 해고금지기간의 의의

해고에 대한 정당한 사유가 있더라도 ① **업무상 부상 또는 질병**(공상포함)**의 요양을 위한 휴업기간 과 그 후 30일 동안** ② **산전산후 휴업기간과 그 후 30일간** ③ **육아휴직기간 동안**은 해고할 수 없다.(근로기준법 제23조 제2항, 고평법 제19조 제3항) 이는 근로자가 업무상 재해를 입고 노동력을 회복하는 기간이나 산전산후 휴업기간과 및 육아휴직기간과 같이 취약한 기간 동안 근로자를 실직의 위협으로부터 보호하기 위한 것이다. 위와 같이 근로자의 노동력 회복을 도모하고 생계를 유지하도록 일정 기간 해고를 절대적으로 제한하는 근로기준법 제23조 제2항의 내용과 취지 및 판단 기준 등에 비추어 볼 때, **업무상 재해를 입은 근로자를 보호하기 위한 해고 제한의 필요성은 수습(시용) 근로자에 대하여도 동일하게 인정**되므로, 시용 근로관계에 있는 근로자가 업무상 부상 등으로 요양이 필요한 휴업 기간 중에도 사용자는 시용 근로자를 해고하거나 본계약 체결을 거부하지 못한다.(대법원 2021. 4. 29. 선고 2018두43958 판결)

다만, 해고금지 기간 시기 중이라도 근로자는 언제든지 사직할 수 있으며, 사용자와 근로자의 합의에 의한 근로계약의 해지는 금지되지 않는다.

2) 해고시기 제한의 예외

근로자가 **근로기준법 제84조에 따라 '일시보상'을 하였을 경우**(요양을 시작한지 '2년'이 경과하여도 부상 · 질병이 완치되지 않아 사용자가 그 근로자에게 평균임금의 1,340 일분의 일시보상을 한 경우)와 **사용자가 사업을 계속할 수 없는 경우에는** 근로자를 해고할 수 있다.(근로기준법 제84조, 산재보험법 제80조 제4항) 즉, 근로자의 동의가 없더라도 위의 조항에 따라 일시보상하고 근로관계를 종료할 수 있다. 또한, 산재법에 의거 요양급여를 받는 자가 요양개시 후 3년이 경과한 날 이후에 상병보상연금을 지급받고 있으면 근로기준법 제84조에 따른 일시보상을 지급한 것으로 보기 때문에 이 경우에도 마찬가지로 근로자를 해고를 할 수 있다.

3) 해고금지기간 중 해고예고

해고금지기간 중에도 해고예고가 금지되는 지 문제되는 바, 해고금지기간의 규정의 취지상 해고금지기간 내에는 해고 자체뿐 아니라 해고예고도 금지하는 것으로 해석하는 견해도 있지만, 근로기준법은 '해고'와 '해고예고'를 명백히 구분하고 있으며 법으로 금지하는 것은 근로자가 취약기간인 해고 금지기간 중에 직장을 상실하는 것을 방지하려는 것이지 '해고예고'까지 금지된다고 보기는 어려우므로, 해고금지기간에도 해고예고는 허용된다고 보아야 한다.

4) 해고 금지기간에 위반한 해고의 효과

근로기준법 제23조 제2항을 위반한 해고는 위법한 해고로서 사법상 무효일뿐 아니라, 해고 후 상당 기간의 경과로 무효였던 해고가 유효로 될 수도 없다. 또한, 사용자가 해고금지 기간 중 해고를 한 경우에는 근로기준법 제107조에 의거 5년 이하의 징역 또는 5천만원 이하의 벌금에 처해진다.

(2) 해고금지기간의 유형

> **근로기준법 제23조[해고 등의 제한]** ② 사용자는 근로자가 업무상 부상 또는 질병의 요양을 위하여 휴업한 기간과 그 후 30일 동안 또는 산전(産前)·산후(産後)의 여성이 이 법에 따라 휴업한 기간과 그 후 30일 동안은 해고하지 못한다. 다만, 사용자가 제84조에 따라 일시보상을 하였을 경우 또는 사업을 계속할 수 없게 된 경우에는 그러하지 아니하다.
>
> **고평법 제19조[육아휴직]** ③ 사업주는 육아휴직을 이유로 해고나 그 밖의 불리한 처우를 하여서는 아니 되며, 육아휴직 기간에는 그 근로자를 해고하지 못한다. 다만, 사업을 계속할 수 없는 경우에는 그러하지 아니하다.

1) 업무상 재해

사용자는 근로자가 업무상 부상 또는 질병의 요양을 위하여 휴업한 기간과 그 후 30일 동안 은 해고하지 못한다.(근로기준법 제23조 제2항) 해고가 금지되는 것은 요양을 위하여 '휴업'한 기간이라야 적용되는 것이므로, 요양기간 중이지만 **통원치료를 받으면서 정상적으로 출근하고 있는 경우와 같이 요양을 위한 휴업이 실제로 인정되지 않는 경우에는 해고의 금지가 적용되지 않는다.** 여기서 '정상적인 출근'이라 함은 정상적인 상태에서 근로를 제공하는 것을 의미하므로 객관적으로 요양을 위한 휴업이 필요함에도 사용자의 요구 등 다른 사정으로 출근하여 근무하고 있는 경우하고 있는 것과 같은 경우는 이에 해당하지 아니한다. 한편, 최근의 대법원 판례에 의하면, 업무상 재해를 입고 병원에 전혀 출근을 못하는 경우뿐 아니라, 부분적으로 근로를 제공하더라도 그 기간 역시해고금지기간에 포함된다고 한다.(대법원 2021. 4. 29. 선고 2018두43958 판결) **요양을 위하여 휴업이 필요한지 여부는 업무상 부상 등의 정도, 부상 등의 치료과정 및 치료방법, 업무의 내용과 강도, 근로자의 용태 등 객관적 사정을 기초로 실질적으로 판단하여야 할 것이다.** 이를테면, 근로자가 요양기간 중 쟁의행위를 주도하였더라도 휴업기간중이었으며 본래 업무를 정상적으로 수행할 정도로 회복된 것이 아니라면 요양을 위한 휴업기간으로 보아야 할 것이므로 해고가 금지된다. 다만, 요양종결 처분 후, 산재보상보험법에 의하여 후유증상의 진료를 위하여 근로복지공단으로부터 승인받은 후유증상의 진료기간을 법 제23조제 2항의 업무상 부상 또는 질병의 요양을 위한 휴업기간'으로 볼 수 없다.

2) 출산전후 휴가

사용자는 산전(産前)·산후(産後)의 여성이 이 법에 따라 휴업한 기간과 그 후 30일 동안은 해고하지 못하는 바(근로기준법 제23조 제2항), 출산전후휴가 기간과 그 후 30일간 및 육아휴직 기간은 절대적 해고금지 기간이므로 설령 해당 근로자가 이의를 제기하지 않겠다고 합의를 하거나 사후에 그 해고를 승인했다고 하더라도 그러한 합의나 승인은 무효이므로, 사용자가 해고금지 기간 중 근로자를 해고를 한 경우에는 근로기준법 제107조에 의거 5년 이하의 징역 또는 5천만원 이하의 벌금에 처한다.

3) 육아휴직 (남녀고평법상 해고의 시기적인 제한)

사업주는 육아휴직을 이유로 해고나 그 밖의 불리한 처우를 하여서는 아니 되며, 육아휴직 기간에는 그 근로자를 해고하지 못한다. 다만, 사업을 계속할 수 없는 경우에는 그러하지 아니하다.(고평법 제19조 제3항) 사업주가 고평법 제19조 제3항에 위반하는 행위를 한 경우에는 3년 이하의 징역 또는 3천만원 이하의 벌금에 처한다.(고평법 제37조 제2항)

사례연습 82

수습기간 중 부분휴업과 해고 금지기간 (대법원 2021. 4. 29. 선고 2018두43958 판결 : 출제유력)

A사와 근로자 갑은 2018년 9월 근로계약을 체결하면서 수습기간을 1~3개월로 정하고, 수습기간 중 적성이나 능력, 적응도를 종합해서 채용여부를 판정해 적합한 경우 정식사원으로 연봉근로계약을 체결하기로 정했다. 갑은 연구실에 배치돼 일하게 됐는데 같은 해 12월 10일, 사업장 이전 작업을 하면서 서랍장을 들다 간헐적으로 있던 허리통증이 재발했다. 다음날 통증이 심해지자 응급실로 이송됐고, 이후 가까운 병원으로 전원했다가 퇴원했다.병원으로부터 수술하라는 진단을 받았지만 갑은 12일까지만 입원했다가 월요일인 14일에 정상 출근했다. 그 이후에도 회사 물품을 정리하고 옮기는 일을 계속 했지만 발가락까지 저리는 등 증상이 심해졌고, 30일에는 수술을 안 하면 마비될 수 있다는 진단까지 받았지만 한의원에서 비수술 요법 치료를 받았을 뿐이었다. 이후 회사 직원에게 통증을 호소하자 결국 회사는 갑를 무거운 물건을 들지 않아도 되는 조립실로 전환 배치했다. 결국 수습사원 근무평가 결과 "본채용을 하지 않기로 결정했다"는 통보가 1월 14일에 갑에게 내려졌다. 갑은 통보 당일에도 허리치료를 위해 출근하지 못한 상황이었다. 이후 갑는 산업재해보상보험 청구를 위한 진단을 받았는데, 1월 12일자 초진 소견서에는 "8주간 통원치료가 예상되고, 통증이 있으니 어느 정도 활동이 가능하다"는 부분 취업 치료가능이라는 진단을 받았다. 이를 바탕으로 19일에는 근로복지공단에 산업재해 요양, 보험급여를 신청했고 공단은 시용기간 중 입은 부상에 대해 결국 통원 치료 42일 치료의 요양, 보험급여 결정을 내렸다. 갑은 이후 자신에 대한 해고가 부당해고라고 주장하자, A회사는 근로자 甲이 수습기간 중에 있을 뿐 아니라, 甲이 요양기간 중이라도 통원치료를 받으면서 회사에 정상적으로 출근하였으므로, 부당해고가 아니라고 주장하고 있다. A회사의 주장은 정당한가?(甲의 재해는 업무상 재해에 해당한다고 가정하고, A회사의 본채용 거부에도 합리적인 사유가 있음을 전제로 한다)

1. 쟁점의 정리

사안에서 A회사는 업무중 부상을 당하고 부분휴업중인 시용근로자 갑의 본채용을 거절하였는바, 이러한 A회사의 본채용의 거부의 정당성을 판단하기 위해서 먼저 시용기간부 근로관계의 법적 성질에 대하여 살펴본 후, 만일 시용근로자의 본채용 거부가 해고에 해당한다면, 시용근로자의 본채용을 거부하는 경우에도 근로기준법상 제23조 제2항의 해고제한 규정이 적용되는 지 검토해야 할 것이다. 그리고 만일 시용근로의 본채용을 거부하는 경우에도 근로기준법상 해고 제한 규정이 적용된다면, 부분 휴업중인 경우에도 휴업의 필요성이 인정되는 해고금지기간으로 볼 수 있는 지 살펴보도록 하겠다.

2. 시용근로자에 대한 본채용거부가 해고에 해당하는 지 여부

(1) 시용 근로관계의 의의

'시용'이란 사용자가 근로자 채용의 신중을 기하기 위하여 처음부터 근로자를 정규직원으로 임명하지 않고 일정한 기간을 정하여 그 기간 내의 근무상황 등을 고려하여 근로자의 직업적성과 업무능력, 자질, 인품, 성실성 등 근로자로서의 적격 여부를 평가하여 본채용 여부를 결정하는 것을 말한다. 시용기간이 정식채용을 전제로 하여 직업능력과 기업에의 적응성을 판단하기 위한 기간임에 비하여 수습 기간은 정식채용된 근로자의 직업능력의 양성·교육을 목적으로 설정되는 것이므로 양자는 서로 구별된다. 본 사안에서는 비록 명칭은 '수습'이라고 하지만, 본채용을 전제로 하는 계약이므로, 이는 수습이 아니라 '시용계약'이라고 판단된다 .따라서, 이하에서는 갑이 시용근로자임을 전제로 하기로 한다.

(2) '시용기간부 근로관계'의 법적성질

1) 학설

가. 정지조건설

정지조건설은근로자로서 적격하다는 평가를 정지조건으로 하여 근로자는 정규사원으로 채용된다는 견해이다.

나. 해제조건설

해제조건설은 근로자로서 부적격하다는 평가를 해제조건으로 하여 근로관계는 해지된다는 견해이다.

다. 해약권유보부 근로계약 성립설

시용계약에 의하여 일단 근로계약은 성립하지만 사용자는 근로관계를 해지할 수 있는 해약권(형성권)이 유보되어 있다고 보는 견해이다.

2) 판례

판례는 '시용기간 중에 있는 근로자를 해고하거나 시용기간 만료시 본계약의 체결을 거부하는 것은 사용자에게 유보된 해약권의 행사'라고 하여 해약권유보부 근로계약 성립설의 입장에 있다.(대법원 2006.02.24. 선고 2002다62432 판결)

3) 검토

시용기간중에도 사용종속관계를 전제로 하는 근로계약관계가 존재하는 것이고, 다만 시용기간 중에 있는 근로자를 해고하거나 시용기간 만료시 본계약의 체결을 거부하는 것은 사용자에게 유보된 해약권의 행사하는 것으로 보는 해약권유보부 근로계약 성립설이 타당하다.

(3) 사안의 경우

해약권 유보부 근로계약설에 따를 때, 사용자가 시용 근로자의 본채용을 거부하는 것은 사실상 '해고'에 해당한다. 따라서, 사용자가 근로자를 해고하기 위해서는 먼저 실체적 요건으로 근로기준법 제23조의 '정당한 이유' 및 '해고금지기간'의 제한이 따르고, 절차적 요건으로 근로기준법 제26조 및 제27조가 규정한 해고의 예고 및 해고의 서면 통지 요건을 갖추어야 할 것다이.

3. 사용 근로자에게 해고금지기간이 적용되는 지 여부

(1) 해고금지기간의 의의

해고에 대한 정당한 사유가 있더라도 ① 업무상 부상 또는 질병(공상포함)의 요양을 위한 휴업기간 과 그 후 30일 동안 ② 산전산후 휴업기간과 그 후 30일간 ③ 육아휴직기간 동안은 해고할 수 없다.(근로기준법 제23조 제2항, 고평법 제19조 제3항) 이는 근로자가 업무상 재해를 입고 노동력을 회복하는 기간이나 산전산후 휴업기간과 및 육아휴직기간과 같이 취약한 기간 동안 근로자를 실직의 위협으로부터 보호하기 위한 것이다.

(2) 업무상 재해의 의미

사용자는 근로자가 업무상 부상 또는 질병의 요양을 위하여 휴업한 기간과 그 후 30일 동안 은 해고하지 못하는 바(근로기준법 제23조 제2항), 해고가 금지되는 것은 요양을 위하여 '휴업'한 기간이라야 적용되는 것이고, 요양기간 중이지만 통원치료를 받으면서 정상적으로 출근하고 있는 경우와 같이 요양을 위한 휴업이 실제로 인정되지 않는 경우에는 해고의 금지가 적용되지 않는다. 여기서 '정상적인 출근'이라 함은 정상적인 상태에서 근로를 제공하는 것을 의미하므로 객관적으로 요양을 위한 휴업이 필요함에도 사용자의 요구 등 다른 사정으로 출근하여 근무하고 있는 경우하고 있는 것과 같은 경우는 이에 해당하지 아니한다. 요양을 위하여 휴업이 필요한지 여부는 업무상 부상 등의 정도, 부상 등의 치료과정 및 치료방법, 업무의 내용과 강도, 근로자의 용태 등 객관적 사정을 기초로 실질적으로 판단하여야 할 것이다.

(3) 부분 휴업의 해고금지기간 인정 여부

산업재해보상보험법 제53조 제3항 및 산업재해보상보험법 시행령 제49조에 따르면 '부분휴업'이란 요양 중 회복단계에 있는 근로자 또는 경미한 부상으로 취업하면서 주기적으로 요양을 받을 필요가 있는 자'를 의미하는 바, 최근의 대법원 판례에 의하면, 근로자를 실직의 위협으로부터 절대적으로 보호하기 위한 해고금지기간의 취지 등에비추어 볼 때, 요양을 위하여 필요한 휴업에는 정상적인 노동력을 상실하여 출근을 전혀 할 수 없는 경우뿐만 아니라, 노동력을 일부 상실하여 정상적인 노동력으로 근로를 제공하기 곤란한 상태에서 치료 등 요양을 계속하면서 부분적으로 근로를 제공하는 부분 휴업도 해고금지기간에 포함된다고 한다.(대법원 2021. 4. 29. 선고 2018두43958 판결)

(4) 해고금지기간 중인 시용근로자에 대한 본채용의 거부

근로자의 노동력 회복을 도모하고 생계를 유지하도록 일정 기간 해고를 절대적으로 제한하는 근로기준법 제23조 제2항의 내용과 취지 및 판단 기준 등에 비추어 볼 때, 업무상 재해를 입은 근로자를 보호하기 위한 해고 제한의 필요성은 시용 근로자에 대하여도 동일하게 인정되므로, 시용 근로관계에 있는 근로자가 업무상 부상 등으로 요양이 필요한 휴업 기간 중에는 사용자가 시용 근로자를 해고하거나 본계약 체결을 거부하지 못한다는 것이 대법원의 입장이다.(대법원 2021. 4. 29. 선고 2018두43958 판결)

(5) 사안의 경우

사안에서 갑은 '수술을 고려하라'는 진단을 받고도 계속 출근했고, 마비가 진행될 가능성이 있음에도 통원치료를 받았다는 점에서, 갑에게는 요양을 위한 휴업의 필요성이 인정된다. 그럼에도 근로자 갑이 전면적인 휴업을 하지 못하고 출근한 것은 시용기간 중 요양을 위해서 휴업 하면 본채용

에 불이익해질 것을 우려했기 때문으로 판단된다. 따라서, 갑은 A사로 부터 본채용 거부, 즉 해고 당시 업무상 부상 요양을 위해 적어도 부분적으로 휴업할 필요가 있는 경우에 해당한다 할 것이고. 부갑은 부분 휴업중이라고 요양을 위하여 휴업을 할 필요가 있다 할 것이므로, 시용근로자인 갑에게는 해고금지기간의 해고 제한규정이 적용된다..

4. 결론

시용근로자인 갑에게는 해고금지기간의 해고 제한규정이 적용되어야 할 것이므로 A회사는 업무상 재해중인 수습 근로자 갑을 해고, 즉 본채용 거부를 할 수 없다. 따라서, 근로자 甲이 수습기간 중에 있을 뿐 아니라, 요양기간 중이라도 통원치료를 받으면서 회사에 정상적으로 출근하였으므로, 부당해고가 아니라고 주장하는 A회사의 주장은 정당하지 않다.

관련판례 대법원 2021. 4. 29. 선고 2018두43958 판결 부분휴업과 해고 금지기간

근로기준법 제23조 제2항은, 사용자는 근로자가 업무상 부상 또는 질병의 요양을 위하여 휴업한 기간과 그 후 30일 동안은 해고하지 못한다고 규정하여 해고를 제한하고 있다. 이는 근로자가 업무상의 재해로 인하여 노동력을 상실하고 있는 기간과 노동력을 회복하는 데 필요한 그 후의 30일간은 근로자를 실직의 위협으로부터 절대적으로 보호하기 위한 것이다.

이와 같은 규정의 내용과 입법 목적에 비추어 보면, 요양을 위하여 필요한 휴업에는 정상적인 노동력을 상실하여 출근을 전혀 할 수 없는 경우뿐만 아니라, **노동력을 일부 상실하여 정상적인 노동력으로 근로를 제공하기 곤란한 상태에서 치료 등 요양을 계속하면서 부분적으로 근로를 제공하는 부분 휴업도 포함된다.** 이 경우 요양을 위하여 휴업이 필요한지는 업무상 부상 등의 정도, 치료 과정 및 치료 방법, 업무의 내용과 강도, 근로자의 용태 등 객관적인 사정을 종합하여 판단하여야 한다.

위와 같이 근로자의 노동력 회복을 도모하고 생계를 유지하도록 일정 기간 해고를 절대적으로 제한하는 근로기준법 제23조 제2항의 내용과 취지 및 판단 기준 등에 비추어 볼 때, **업무상 재해를 입은 근로자를 보호하기 위한 해고 제한의 필요성은 시용(시용) 근로자에 대하여도 동일하게 인정되므로,** 시용 근로관계에 있는 근로자가 업무상 부상 등으로 요양이 필요한 휴업 기간 중에는 사용자가 시용 근로자를 해고하거나 본계약 체결을 거부하지 못한다.

5. 부당해고 등의 구제절차

(1) 부당해고 등의 구제절차

1) 부당해고 등의 구제절차에서의 이원주의

우리나라는 부당해고 등의 구제절차에 있어서 **노동위원회와 법원에 의한 '이원주의'**를 취하여, 부당해고 등의 처분을 받은 근로자는 ① 노동위원회를 통한 행정적 구제를 받을 수 있을 뿐 아니라, 동시에 ② 법원에 의한 사법적 사법적 구제를 선택적으로, 혹은 병행적으로 제기할 수 있도록 하였다. 즉, 노동위원회의 구제절차와 해고무효확인소송은 전혀 별개의 절차이다. 다만, 법치주의원칙하에서 최종적 판단권한은 법원에 있으므로, 법원에서의 확정 판결 이후에 행정적 구제절차는 더 이상 진행될 수 없다.

2) 노동위원회를 통한 행정적 구제

사용자가 근로자에 대하여 정당한 이유 없이 해고 · 휴직 · 정직 · 전직 · 감봉 기타 징벌을 행한 때에 당해 근로자는 노동위원회에 그 구제를 신청할 수 있는 바, 노동위원회를 통한 행정적 구제를 규정한 취지는 법원에 의한 구제는 절차가 복잡하고, 소송기간이 길며, 비용부담이 큰 반면, 근로관계에 관련된 분쟁은 그 성질상 신속한 해결이 요구되므로, 노동위원회를 통하여 비교적 간단하고 빠르게 근로관계에 관한 분쟁을 해결하기 위함이다.

3) 법원을 통한 사법적 구제

해고를 당한 근로자는 노동위원회에 부당해고구제신청을 청구하는 것과 별도로, 사용자의 해고 등이 부당한 경우 근로자는 법원에 해고무효확인의 소 또는 근로자지위확인의 소 등을 제기하여 구제받을 수 있고, 신속한 구제가 필요한 경우 상기 소송을 본안으로 하여 근로자지위 보전의 가처분 신청이나 임금지급의 가처분 신청을 할 수 있다.(대법원 1978.02.14. 선고 77다1648 판결) 이 경우 해고 등의 정당성에 대한 입증책임은 사용자에게 있다는 것이 판례의 입장이다.(대법원 1992.08.14. 선고 91다29811 판결)

부당해고 구제명령제도에 관한 근로기준법의 규정 내용과 목적 및 취지, 임금 상당액 구제명령의 의의 및 법적 효과 등을 종합적으로 고려하면, **근로자가 부당해고 구제신청을 하여 해고의 효력을 다투던 중 정년에 이르거나 근로계약기간이 만료하는 등의 사유로 원직에 복직하는 것이 불가능하게 된 경우**에도 해고기간 중의 임금 상당액을 지급받을 필요가 있다면 **임금 상당액 지급의 구제명령을 받을 이익**이 유지되므로 구제신청을 기각한 중앙노동위원회의 재심판정을 다툴 **소의 이익**이 있다고 보아야 한다는 것이 변경된 최근의 대법원의 태도이다.(대법원[전합] 2020.2.20. 선고 2019두52386 판결) 한편, 해고무효확인청구의 소가 패소 확정된 경우에는 해고 등 불이익처분이 정당한 것이라는 점이 이미 확정되어 더 이상 구제절차를 유지할 필요가 없게 되었으므로 구제이익이 소멸한 것으로 보아야 할 것이다. (대법원 1992.11.24. 선고 92두9766 판결, 대법원 1996.04.23. 선고 95두6151 판결) 그러나, 위 경우와 달리, 중앙노동위원회 재심판정의 취소를 구하는 행정소송까지 제기하였는데 결국 청구기각의 판결을 받아 확정되었더라도, 근로자가 이와 별도로 제기하여 진행중인 해고 등 무효확인청구의 소에 대하여 그 소의 이익이 있다.

(쟁점) 법원에 의한 사법적 구제(소의 이익)(→사례: 83)

1. 문제점

근로자가 부당해고 구제신청을 하여 해고의 효력을 다투던 중 정년에 이르거나 근로계약기간이 만료하는 등의 사유로 **원직에 복직하는 것이 불가능**하게 되었으나 해고기간 중의 임금 상당액을 지급받을 필요가 있는 경우, 구제신청을 기각한 중앙노동위원회의 재심판정을 다툴 소의 이익이 있는지 여부가 문제된다.

2. 판례의 태도

(1) 기존의 대법원의 태도

부당해고 구제신청을 하여 해고의 효력을 다투던 중 근로관계가 판정이전에 계약기간의 만료로 적법하게 종료하였다면 더 이상 구제절차를 유지할 필요가 없게 되었으므로 구제이익내지 소의 이익이 소멸한 것으로 보아야 한다는 것이 기존의 대법원의 태도였다.(대법원 1992.11.24. 선고 92두9766 판결 등)

(2) 변경된 대법원의 태도

부당해고 구제명령제도에 관한 근로기준법의 규정 내용과 목적 및 취지, 임금 상당액 구제명령의 의의 및 법적 효과 등을 종합적으로 고려하면, 근로자가 부당해고 구제신청을 하여 해고의 효력을 다투던 중 정년에 이르거나 근로계약기간이 만료하는 등의 사유로 원직에 복직하는 것이 불가능하게 된 경우에도 **해고기간 중의 임금 상당액을 지급받을 필요가 있다면** 임금 상당액 지급의 구제명령을 받을 이익이 유지되므로 구제신청을 기각한 중앙노동위원회의 재심판정을 다툴 소의 이익이 있다고 보아야 한다는 것이 변경된 최근의 대법원의 태도이다.(대법원[전합] 2020.02.20. 선고 2019두52386 판결)

3. 검토

① 부당해고 구제명령제도는 부당한 해고를 당한 근로자에 대한 원상회복, 즉 근로자가 부당해고를 당하지 않았다면 향유할 법적 지위와 이익의 회복을 위해 도입된 제도로서, 부당한 해고라는 사실을 확인하여 해고기간 중의 임금 상당액을 지급받도록 하는 것도 부당해고 구제명령제도의 목적에 포함된다는 점. ② 근로자를 원직에 복직하도록 하는 것과, 해고기간 중의 임금 상당액을 지급받도록 하는 것은 서로 목적과 효과가 다르기 때문에 원직복직이 가능한 근로자에 한정하여 임금 상당액을 지급받도록 할 것은 아니라는 점. ③ 근로자가 해고기간 중의 미지급 임금과 관련하여 강제력 있는 구제명령을 얻을 이익이 있으므로 이를 위해 재심판정의 취소를 구할 이익도 인정된다는 점. ④ 해고기간 중의 임금 상당액을 지급받기 위하여 민사소송을 제기할 수 있다는 사정이 소의 이익을 부정할 이유가 되지는 않는다는 점 등에 비추어 볼 때, 근로자가 부당해고 구제신청을 하여 해고의 효력을 다투던 중 원직에 복직하는 것이 불가능하게 되었으나 해고기간 중의 임금 상당액을 지급받을 필요가 있는 경우, 구제신청을 기각한 중앙노동위원회의 재심판정을 다툴 소의 이익이 인정되어야 할 것이다.

사례연습 83
법원에 의한 사법적 구제(소의 이익) (2021년 공인노무사 제30회 기출문제)

근로자 乙은 기간의 정함이 없는 근로계약을 체결하고 근무하던 중 2020.2. 28. 취업규칙에서 정한 징계사유와 절차에 따라 징계해고 처분을 받았다. 乙은 노동위원회에 부당해고 구제신청을 제기하였고, 관할 지방 노동위원회는 2020. 6.1., 중앙노동위원회는 2020. 9. 1. 각각 乙에 대한 해고에 정당한 이유가 있다고 보아 기각하였다. 乙은 중앙노동위원회 재심판정취소를 구하는 소송을 행정법원에 제기하였고, 소송이 진행되던 중 乙은 2020. 12. 31. 정년 도달로 당연퇴직하였다. 행정법원은 2021. 6. 1. 乙이 정년에 도달하여 당연퇴직하였으므로 소의 이익이 없다는 이유로 각하하였다. 乙의 정년 도달로 근로관계가 종료되었으므로 소의 이익이 없다는 행정법원의 각하는 정당한지 논하시오. (25점)

1. 문제점

사안에서 乙이 중앙노동위원회 재심판정취소를 구하는 소송을 행정법원에 제기하였는데, 소송이 진행되던 중 乙은 2020. 12. 31. 정년 도달로 당연퇴직하자 행정법원은 2021. 6. 1. 乙이 정년에 도달하여 당연퇴직하였으므로 소의 이익이 없다는 이유로 각하하였는 바, 이러한 행정법원의 각하의 정당성 여부가 근로자가 부당해고 구제신청을 하여 해고의 효력을 다투던 중 정년에 이르거나 하는 등의 사유로 원직에 복직하는 것이 불가능하게 되었으나 해고기간 중의 임금 상당액을 지급받을 필요가 있는 경우 구제신청을 기각한 중앙노동위원회의 재심판정을 다툴 소의 이익이 있는지 여부와 관련하여 문제된다.

2. 해고기간 중의 임금 상당액의 지급

노동위원회는 심문을 끝내고 부당해고 등이 성립한다고 판정하면 사용자에게 구제명령을 하여야 하는 바(근로기준법 제30조 제2항) 구제명령의 내용에 대해서는 특별한 규정이 없지만, 노동위원회는 부당해고에 대하여 일반적으로 원직복직의 구제명령을 하며, 이에 덧붙여 해고 등이 없었더라면 지급받았을 임금 상당액을 지급할 것을 명령한다. 만일, 근로자가 원직복귀를 희망하지 않는 경우에는 임금 상당액을 지급할 것만을 명령할 수도 있다.

3. 원직에 복직하는 것이 불가능하게 되었으나 해고기간 중의 임금 상당액을 지급받을 필요가 있는 경우의 소의 이익

(1) 문제점

근로자가 부당해고 구제신청을 하여 해고의 효력을 다투던 중 정년에 이르거나 근로계약기간이 만료하는 등의 사유로 원직에 복직하는 것이 불가능하게 되었으나 해고기간 중의 임금 상당액을 지급받을 필요가 있는 경우, 구제신청을 기각한 중앙노동위원회의 재심판정을 다툴 소의 이익이 있는지 여부가 문제된다.

(2) 판례의 태도

1) 기존의 대법원의 태도

부당해고 구제신청을 하여 해고의 효력을 다투던 중 근로관계가 판정이전에 계약기간의 만료로 적법하게 종료하였다면 더 이상 구제절차를 유지할 필요가 없게 되었으므로 구제이익내지 소의 이

익이 소멸한 것으로 보아야 한다는 것이 기존의 대법원의 태도였다.(대법원 1992.11.24. 선고 92두9766 판결,대법원 1996,4,23. 선고 95두6151판결)

2) 변경된 대법원의 태도

부당해고 구제명령제도에 관한 근로기준법의 규정 내용과 목적 및 취지, 임금 상당액 구제명령의 의의 및 법적 효과 등을 종합적으로 고려하면, 근로자가 부당해고 구제신청을 하여 해고의 효력을 다투던 중 정년에 이르거나 근로계약기간이 만료하는 등의 사유로 원직에 복직하는 것이 불가능하게 된 경우에도 해고기간 중의 임금 상당액을 지급받을 필요가 있다면 임금 상당액 지급의 구제명령을 받을 이익이 유지되므로 구제신청을 기각한 중앙노동위원회의 재심판정을 다툴 소의 이익이 있다고 보아야 한다는 것이 변경된 최근의 대법원의 태도이다.(대법원[전합] 2020.2.20. 선고 2019두52386 판결)

(3) 검토

① 부당해고 구제명령제도는 부당한 해고를 당한 근로자에 대한 원상회복, 즉 근로자가 부당해고를 당하지 않았다면 향유할 법적 지위와 이익의 회복을 위해 도입된 제도로서, 근로자 지위의 회복만을 목적으로 하는 것이 아니다. 해고를 당한 근로자가 원직에 복직하는 것이 불가능하더라도, 부당한 해고라는 사실을 확인하여 해고기간 중의 임금 상당액을 지급받도록 하는 것도 부당해고 구제명령제도의 목적에 포함된다는 점. ② 근로자를 원직에 복직하도록 하는 것과, 해고기간 중의 임금 상당액을 지급받도록 하는 것은 서로 목적과 효과가 다르기 때문에 원직복직이 가능한 근로자에 한정하여 임금 상당액을 지급받도록 할 것은 아니라는 점. ③ 근로자가 해고기간 중의 미지급 임금과 관련하여 강제력 있는 구제명령을 얻을 이익이 있으므로 이를 위해 재심판정의 취소를 구할 이익도 인정된다는 점. ④ 해고기간 중의 임금 상당액을 지급받기 위하여 민사소송을 제기할 수 있다는 사정이 소의 이익을 부정할 이유가 되지는 않는다는 점 등에 비추어 볼 때, 근로자가 부당해고 구제신청을 하여 해고의 효력을 다투던 중 원직에 복직하는 것이 불가능하게 되었으나 해고기간 중의 임금 상당액을 지급받을 필요가 있는 경우, 구제신청을 기각한 중앙노동위원회의 재심판정을 다툴 소의 이익이 인정되어야 할 것이다.

4. 결론

본 사안에서 乙은 비록 소송이 진행되던 중 정년 도달로 당연퇴직하였으므로 원직에 복직하는 것이 불가능하지만 해고기간 중의 임금 상당액을 지급받을 필요가 있는 한 소의 이익이 있다. 따라서, 행정법원의 각하는 정당하지 않다.

(2) 노동위원회를 통한 행정적 구제

1) 구제신청의 대상

구제신청의 대상은 '부당해고 등 (정당한 이유 없이 한 해고 · 휴직 · 전직 · 정직 · 감봉 · 그 밖의 징벌)이다. 그러나 해고나 징계 등 근로기준법에 명시된 것은 예시에 불과하므로 이들과 비슷한 성질을 가진 전출, 전적, 휴직자의 복직거부 등 근로자에게 불이익한 인사처분은 정당한 이유 없이 한 이상 구제신청의 대상에 포함된다.

2) 당사자

부당해고 등의 구제신청을 할 수 있는 근로자는 **5인 이상 사업장**에 근로하는 근로자이다.(근로기준법 제28조제1항) 근로자에 대한 해고나 징계 등이 노동조합의 조직 · 가입이나 정당한 조합활동 등을 이유로 한 경우에는 불이익 취급의 부당노동행위에도 해당하고 부당해고등에도 해당하지만, 부당해고 등의 구제신청은 근로자 개인만이 할 수 있고 노동조합은 할 수 없다. 또한, 당해 구제신청의 피신청인은 근로계약 체결의 당사자인 사업주이다.

3) 제척기간

구제신청은 부당해고등이 있었던 날부터 **3개월** 이내에 해야 한다.(근로기준법 제28조 제2항) 사용자가 해고를 예고한 때에는 3개월의 신청기간(제척기간)은 예고한 날이 아니라 해고의 효력 발생일부터 기산한다. 사용자의 근로자에 대한 부당해고 등의 불이익처분이 일정한 기간이 경과한 후에 그 효력을 발생하는 경우에 그 불이익처분에 대한 구제신청기간의 기산일은 당해 불이익한 처분의 효력발생일이다.

4) 구제 절차 등

가. 조사와 심문

부당해고등 구제신청을 받으면 지체 없이 필요한 조사를 해야 하며 당사자를 심문해야 한다.(근로기준법 제29조 제1항) 노동위원회에는 **직권주의**가 적용되므로 위원회가 필요하다고 인정하는 경우에는 직권으로 조사, 탐지할 수 있다.

나. 화해

노동위원회는 판정 · 명령 또는 결정이 있기 전까지 관계 **당사자의 신청 또는 직권**에 의하여 화해를 권고하거나 화해안을 제시할 수 있다.(노동위원회법 제16조의3 제1항) 화해가 성립된 후 당사자는 이를 번복할 수 없으며.(노동위원회 규칙 제71조), 화해조서는 민사소송법에 따른 **재판상 화해**의 효력을 갖는다.(동법 제16조의3 제5항)

다. 판정

(i) 각하결정(구제의 이익)

'구제의 이익'이라 함은 부당해고의 구제신청인이 자신의 구제신청 당부에 관해 노동위원회의 공권적 판단을 구할 수 있는 구체적 이익 내지 필요를 의미한다. 노동위원회는 구제명령을 발하는 시점에 신청인에게 구제이익이 없는 경우라면 해고가 부당한 것으로 인정되더라도 구제명령을 발하지 않고 구제신청을 각하한다.

(ii) 기각결정

노동위원회는 심문을 끝내고 부당해고 등이 성립하지 않는다고 판정하면 구제신청을 기각하여야 한다.(근로기준법 제30조 제1항)

(iii) 구제명령

노동위원회는 심문을 끝내고 부당해고 등이 성립한다고 판정하면 사용자에게 구제명령을 하여야 한다.(근로기준법 제30조 제2항) 노동위원회는 부당해고에 대하여 일반적으로 **원직복직**의 구제명령을 하며, 이에 덧붙여 **금전보상**으로 임금 상당액을 지급할 것을 명령한다. 이러한 노동위원회의 구제명령은 중앙노동위원회에 대한 재심 신청이나 행정소송제기에 의하여 그 효력이 정지되지 아니한다.(근로기준법 제32조)

라. 불복 및 확정

(i) 구제명령에 대한 불복

당사자가 지방노동위원회의 명령 · 결정에 불복한 경우 명령서 또는 결정서의 송달을 받은 날부터 **10일 이내**에 중앙노동위원회에 그 재심을 신청할 수 있다.(근로기준법 제31조 제1항) 중앙노동위원회의 재심에 불복하고자 하는 경우에는 그 재심판정서의 송달을 받은 날부터 **15일 이내**에 행정소송을 제기할 수 있다.(근로기준법 제31조 제2항)

(ii) 구제명령의 확정

규정된 기간 이내에 재심을 신청하지 아니하거나 행정소송을 제기하지 아니하면 그 구제명령 · 기각결정 또는 재심판정은 확정된다.(근로기준법 제31조 제3항)

마. 확정된 구제명령 미이행시 벌칙

근로기준법 제31조제3항에 따라 확정되거나 행정소송을 제기하여 **확정된** 구제명령 또는 구제명령을 내용으로 하는 재심판정을 이행하지 아니한 자는 **1년 이하의 징역 또는 1천만원 이하의 벌금**에 처한다.(근로기준법 제111조, 제112조) 이행강제금의 경우는 노동위원회의 구제명령을 모두 대상으로 하나, 확정된 구제명령 미이행에 대한 벌칙조항은 확정된 구제명령 또는 구제명령을 내용으로 하는 재심판정을 이행하지 않은 자를 대상으로 한다는 점에서 차이가 있다. 또한 이행강제금의 경우 일종의 행정벌이지만, 확정된 구제명령 미이행에 대한 벌칙의 경우는 **국가형벌권**의 발동이라는 측면에서 차이가 있다.

5) 부당해고에서의 입증책임(증명책임)

가. '해고사실'의 입증책임(증명책임)

사직 또는 해고 사실의 진위가 불명한 경우, 즉 해고처분의 존부에 관한 다툼이 있는 경우 이에 대한 입증책임은 해고처분이 존재한다고 주장하는 **근로자**에게 있다

나, '정당한 이유'의 증명책임

사용자의 근로자에 대한 해고는 정당한 이유가 없으면 무효이고 그러한 정당한 이유가 있다는 점은 **사용자가 주장 입증**하여야한다.(대법원 1992. 8. 14. 선고 91다29811 판결 등)[14]

---

14) 부당해고구제재심판정을 다투는 취소소송(행정소송)에 있어서는 해고의 정당성에 관한 입증책임은 이를 주장하는 자가 부담한다.(대법원 1991.07.12. 선고 90다9353 판결)

(3) 금전보상제

1) 금전보상제의 의의

부당해고에 대한 금전보상제라 함은 부당해고 구제절차에서 **근로자**가 복직을 원하지 않는 경우 노동위원회가 금전보상의 구제명령을 할 수 있도록 한 제도를 의미한다. 즉, 노동위원회는 해고에 대한 구제명령을 할 때에 근로자가 원직복직(原職復職)을 원하지 아니하면 원직복직을 명하는 대신 근로자가 해고기간 동안 근로를 제공하였더라면 받을 수 있었던 임금 상당액 이상의 금품을 근로자에게 지급하도록 명할 수 있다. (근로기준법 제30조 제3항) 금전보상은 근로자가 원직복직을 원하지 아니하는 경우에만 인정되며, 사용자가 원직복귀대신 금전보상을 신청할 수 없다.(노동위원회 규칙 제64조 제2항) 금전보상명령을 신청하고자 하는 근로자는 심문회의 개최일을 통보받기 전까지 금전보상명령신청서를 제출하여야 한다.(노동위원회 규칙 제64조)

한편, 이러한 금전보상명령은 구제명령을 할 때 원직복직이 객관적으로 가능한 것을 전제로 부당해고에 대한 구제명령인 원직복직명령을 '대신하여' 금전보상을 명할 수 있다는 것일 뿐 **원직복직이 객관적으로 가능하지 않는 경우까지 금전보상명령을 할 수 있다는 의미는 아니다.**(대법원 2019.01.17. 선고 2018두58349 판결)[15)]

2) 보상금의 지급 요건

가. 부당해고의 성립

금전보상은 부당해고 구제신청에 대해 노동위원회가 부당해고가 성립한다고 판정하여 구제명령을 내리는 경우에만 해당되고, 해고 **그 외의 휴직, 정직, 전직, 감봉 기타 징벌에 대한 구제명령은 해당되지 않는다.**

나. 근로자의 신청

금전보상은 근로자가 원직복직을 원하지 아니하는 경우에만 인정되며, 사용자가 원직복귀대신 금전보상을 신청할 수 없다.(노동위원회 규칙 제64조 제2항)

다. 보상금액의 산정

(i) 해고기간 동안의 임금상당액

금전보상제의 경우 임금상당액 지급의 대상기간은 '해고기간'이다. 즉, '보상금액의 산정기간은 해고일로부터 당해 사건의 판정일까지이다.(노동위원회규칙 제65조 제2항) 해고기간 동안의 '임금상당액'이란 근로자가 해고기간 동안 근로를 제공하였더라면 지급받을 수 있었던 임금에 상당하는 금액을 말한다.

(ii) 추가되는 액수

보상금은 해고기간 동안의 '임금상당액'과 위로금을 포함하여 원직복직을 대신한 것으로, 노동위원회가 근로자의 귀책사유, 해고의 부당성 정도 등을 고려하여 결정할 수 있다.

---

15) 즉, 금전보상명령 그 자체는 노동위원회가 발할 수 있는 독립적 구제명령은 아니고, 다만 객관적으로 원직복귀가 가능한 상황인데 근로자가 이를 원치 않는다면 권리구제수단의 실효성을 확보하기 위하여 **노동위원회가 내리는 부수적 구제명령**이라는 것이다.

(4) 이행강제금

1) 의의

노동위원회는 구제명령(구제명령을 내용으로 하는 재심판정 포함)을 받은 후 이행기한까지 구제명령을 이행하지 아니한 사용자에게 **3천만원 이하의 이행강제금을 부과한다.**(근로기준법 제33조 제1항) 지방노동위원회의 구제명령에 불복하여 중앙노동위원회에 재심을 제기하는 사용자라 할지라도 일단 지방노동위원회의 구제명령을 이행할 의무를 부담하므로, 설령 구제명령이 아직 중앙노동위원회에서 확정되지 않은 단계라 할지라도, 사용자가 지방노동위원회의 구제명령을 이행하지 않는 경우에 지방노동위원회는 사용자에게 이행강제금을 부과한다.

2) 법적 성질

이행강제금은 과거의 일정한 법률위반행위에 대한 제재로서의 형벌이 아니라, 행정법상의 의무를 이행하지 아니한 때에 그 의무자에게 강제금을 부과한다는 사실을 고지함으로써 심리적으로 압박을 주어 의무의 **이행을 강제하는 행정상의 강제집행수단**의 하나이다.

3) 이행강제금의 징수

노동위원회는 이행강제금 납부의무자가 납부기한까지 이행강제금을 내지 아니하면 기간을 정하여 독촉을 하고, 지정된 기간에 이행강제금을 내지 아니하면 국세 체납처분의 예에 따라 징수할 수 있다.(근로기준법 제33조 제7항) 노동위원회는 구제명령을 받은 자가 구제명령을 이행하면 새로운 이행강제금을 부과하지 아니하되, **구제명령을 이행하기 전에 이미 부과된 이행강제금은 징수하여야 한다.**(근로기준법 제33조 제6항). 즉, 이행강제금 부과처분이 있은 후에는 설사 납부기한이 만료되기 전에 사용자가 구제명령을 이행하더라도 이는 이미 이루어진 이행강제금 부과처분의 취소사유가 되지 않는다.

4) 이행강제금의 반환

노동위원회는 중앙노동위원회의 재심판정이나 법원의 확정판결에 따라 노동위원회의 구제명령이 **취소**되면 **직권 또는 사용자의 신청**에 따라 이행강제금의 부과 · 징수를 즉시 중지하고 이미 징수한 이행강제금을 반환하여야 한다.(근로기준법 시행령 제15조 제1항) 노동위원회가 이행강제금을 반환하는 때에는 이행강제금을 납부한 날부터 반환하는 날까지의 기간에 대하여 고용노동부령으로 정하는 이율을 곱한 금액을 가산하여 반환하여야 한다.(근로기준법 시행령 제15조 제2항)

5) 형벌과의 관계

구제명령을 받은 후 이행기한까지 구제명령을 이행하지 아니한 사용자에게 3천만원 이하의 이행강제금을 부과하고(근로기준법 33조), **확정된 구제명령**을 이행하지 아니한 자는 1년 이하의 징역 또는 1천만원 이하의 벌금에 처한다.(근로기준법 제111조), 이행강제금(근로기준법 제33조)은 구제명령이 확정되었는지에 관계없이 사용자가 구제명령을 이행하지 아니할 때 부과하는 '**행정상의 간접강제수단**'이고, 확정된 구제명령불이행죄(근로기준법 제111조)는 구제명령이 확정되었음에도 불구하고 사용자가 구제명령을 이행하지 아니할 경우의 **형사제재**이므로 양자는 법적 성질이 다르다. 따라서 사용자가 구제명령을 이행하지 아니할 경우 이행강제금부과와 확정된 구제명령 불이행죄의 형벌부과는 이중처벌금지원칙(헌법 13조1항)에 어긋나는 것은 아니다.

(5) 법원을 통한 사법적 구제

1) 의의

해고를 당한 근로자는 노동위원회에 부당해고구제신청을 청구하는 것과 별도로, 사용자의 해고 등이 부당한 경우 소의 이익이 인정되는 한 근로자는 법원에 해고무효확인의 소 또는 근로자지위확인의 소 등을 제기하여 구제받을 수 있다. 그런데, **법원에 제기한 해고무효확인청구의 소가 패소 확정된 경우**에는 해고 등 불이익처분이 정당한 것이라는 점이 이미 확정되어 더 이상 구제절차를 유지할 필요가 없게 되었으므로 **구제이익은 소멸**한 것으로 보아야 한다고 한다. 따라서 이 경우 구제신청을 기각하는 내용의 노동위원회 결정에 대하여 재심신청을 구할 이익이나 같은 내용의 중앙노동위원회의 재심판정에 대하여 그 취소를 구하는 소의 이익은 없다고 할 것이다.(대법원 1992.11.24. 선고 92두9766 판결) 그러나, **위 경우와 달리**, 중앙노동위원회 재심판정의 취소를 구하는 행정소송까지 제기하였는데 결국 청구기각의 판결을 받아 확정되었더라도, **근로자가 이와 별도로 제기하여 진행중인 해고 등 무효확인청구의 소에 대하여 그 소의 이익이 있다.**

2) 사법적 구제의 내용(부당해고에 대한 사용자의 민사상 책임)(→사례: 84)

가. 부당해고 기간 동안의 임금상당액

사용자의 부당한 해고처분이 무효이거나 취소된 때에는 그동안 해고당한 근로자의 근로자로서의 지위는 계속되고 있었던 것이 되고, 근로자가 그간 근로의 제공을 하지 못한 것은 사용자의 귀책사유로 인한 것이라 할 것이므로 근로자는 민법 제538조 제1항에 의하여 **계속 근로하였을 경우에 받을 수 있는 임금 전부**의 지급을 청구할 수 있다.[16)]

나. 임금상당액의 구체적 범위에 대한 판례 법리

(i) 지급의무가 인정된 경우

임금상당액 지급 법리에 비추어볼 때, 개근을 조건으로 지급하는 연말표창 등도 근로자들이 계속 근로하였을 경우에 받을 수 있는 임금에 포함된다고 보아야 한다. 또한 근로자가부당해고로 인하여 지급받지 못한 임금이 연차유급휴가수당인 경우에도 부당해고 기간을 출근한 것으로 보고 산정하여 지급하여야 한다.

(ii) 지급의무가 인정되지 않은 경우

해고기간 중 **근로자에게 취업이 사실상 불가능한 상태가 발생**했다면 사용자는 그 기간에 대한 임금상당액을 지급할 의무가 없다. 예컨대 해고된 근로자가 그 후 쟁의행위에 참가하였거나 쟁의행위 중 해고가 된 경우에 그 해고가 무효라고 하더라도 만일 해당 근로자가해고가 없었어도 쟁의행위에 참가하여 근로를 제공하지 않았을 것임이 명백한 경우라면 해당 근로자는 쟁의행위 기간 중 근로를 제공하지 못한 것 역시 사용자에게 귀책사유가 있다고 볼 수 있는 특별한 사정이 있는 경우를 제외하고는 그 기간의 임금을 청구할 수 없다.

---

16) 여기에서 근로자가 지급을 청구할 수 있는 임금은 근로기준법 제2조에서 규정하는 임금을 의미하므로. 사용자가 근로의 대가로 근로자에게 지급하는 일체의 금원으로서, 근로자에게 계속적·정기적으로 지급되고 그 지급에 관하여 단체협약, 취업규칙, 급여규정, 근로계약, 노동관행 등에 의하여 사용자에게 지급의무가 지워진 것이라면 그 명칭여부를 불문하고 모두 이에 포함되고, 반드시 통상임금에 한정되지 않는다.(대법원 2012.02.09. 선고 2011다20034 판결)

3) 중간수입공제 및 그 한도

가. 문제점

근로자가 해고기간 중에 다른 직장에 종사하여 얻은 수입은 근로제공의 의무를 면함으로써 얻은 이익(중간수입)에 해당한다. 사용자가 근로자에게 해고기간 중의 임금을 지급함에 있어 이러한 중간수입을 민법 제538조 제2항에 따라 공제할 수 있는지 여부 및 그 공제의 한도가 문제된다.

나. 학설

① 민법 제538조 제2항의 채권자 귀책사유로 인한 이행불능 규정에 기하여 중간수입을 전부 공제하여야 한다는 **전액공제설**, ② 중간수입 공제를 인정하면 근로자의 노력 여하에 따라 사용자가 이득을 취하게 되어 형평의 원칙에 반함을 이유로 공제를 부정하는 **공제부정설** 등이 대립한다.

다. 판례

판례는 부당해고 기간 중 다른 직장에서 중간수입을 얻은 경우, 강행규정인 휴업수당의 범위내의 금액은 중간수입으로 공제할 수 없고 근로기준법 46조의 휴업수당을 초과하는 금액만을 중간수입으로 공제하여야 한다는 입장이다.(대법원 1991.06.28. 선고 90다카25277 판결)

예 임금 100만원 중간수입 10만원 → 90만원 (100만원-10만원) : 근로자 총수입: 100만원
임금 100만원 중간수입 30만원 → 70만원 (100만원-30만원) : 근로자 총수입: 100만원
임금 100만원 중간수입 40만원 → 70만원 (100만원-30만원) : 근로자 총수입: 110만원
임금 100만원 중간수입 50만원 → 70만원 (100만원-30만원) : 근로자 총수입: 120만원
임금 100만원 중간수입 100만원 → 70만원 (100만원-30만원) : 근로자 총수입:170만원

(6) 행정소송

1) 행정소송의 제기

중앙노동위원회의 **재심판정**에 대하여 사용자나 근로자는 재심판정서를 송달받은 날부터 **15일 이내**에 행정소송법의 규정에 따라 행정법원에 소(訴)를 제기할 수 있다.(근로기준법 제31조 제2항)

2) 당사자

사업주가 근로자측 불복당사자인 경우 해당 **근로자**에게 원고적격이 인정된다. 중앙노동위원회의 판정의 취소를 구하는 취소소송의 피고는 중앙노동위원회위원장이다.(노동위원회법 제27조) 다만, 사용자가 원고인 경우에는 근로자가 그리고 근로자가 원고인 경우에는 사용자가 각각 해당 소송에 **보조참가**를 할 수 있다.

3) 확정된 구제명령 미이행시 벌칙

근로기준법 제31조제3항에 따라 **확정**되거나 행정소송을 제기하여 **확정된** 구제명령 또는 구제명령을 내용으로 하는 재심판정을 이행하지 아니한 자는 **1년 이하의 징역 또는 1천만원 이하의 벌금**에 처한다.(근로기준법 제111조, 제112조)

사례연습 84

부당해고와 손해배상 및 중간수입의 공제 (2016년도 제2차 변호사시험 모의시험)

근로자 갑은 2014년 2월 29일 A회사에서 해고되었으나 해고무효확인소송을 제기하여 2016년 법원에서 자신에 대한 해고가 무효라는 판결을 최종적으로 확정받았다. A회사는 2016년 4월 1일자로 갑을 원직에 복직시켰다. 한편 해고기간 동안 갑은 생계를 유지하기 위하여 2014년 4월 1일부터 복직되기 전날인 2016년 3월 31일까지 B회사에서 기간제 근로자로 근무하였다. B회사에 근무하는 기간동안 갑은 해고되지 않고 A회사에서 계속 정상적으로 근무하였다면 받았을 임금액 60%를 받았다. 갑이 복직한 후 A회사는 해고기간 동안의 소급임금을 지급하기 위해 A회사가 해고하지 않았더라면 지급하여야 했던 임금액을 계산하고 있던 중에 갑이 B회사에서 해고기간 동안 근로를 제공하고 임금을 받았다는 사실을 발견하였다. A회사는 해고하지 않았더라면 갑에게 지급하여야 했던 임금총액에서 갑이 해고기간 동안 받았던 임금을 전액공제하고 임금총액의 40%만을 갑에게 지급하였다.

A회사가 갑에게 소급임금을 지급할 때, 해고기간 동안 B회사에서 받은 임금 전액을 공제한 것은 정당한가?

1. 쟁점의 정리

갑이 제기한 해고무효확인소송에서 해고가 무효라는 판결이 확정된 경우, 근로자 갑이 A회사에 부당해고기간 동안 A회사에서 받을 수 있었던 임금 전부을 청구할 수 있는지, A회사는 갑이 부당해고기간 동안 B회사에서 근무하면서 받은 임금을 중간수입으로 공제할 수 있는지 여부 및 공제의 한도 등을 검토하고자 한다.

2. A회사 소급임금 지급시 B회사 임금전액 공제의 당부

(1) 부당해고 기간 중의 임금지급

1) 임금청구 가부

사용자의 부당한 해고처분이 무효이거나 취소된 때에는 그동안 해고당한 근로자의 근로자로서의 지위는 계속되고 있었던 것이 되고, 근로자가 그간 근로의 제공을 하지 못한 것은 사용자의 귀책사유로 인한 것이라 할 것이므로 근로자는 민법 제538조 제1항에 의하여 계속 근로하였을 경우에 받을 수 있는 임금 전부의 지급을 청구할 수 있다. 여기에서 근로자가 지급을 청구할 수 있는 임금은 근로기준법 제18조에서 규정하는 임금을 의미하므로 같은 법 제19조에서 말하는 평균임금산정의 기초가 되는 임금의 총액에 포섭될 임금이 전부 포함되고 통상임금으로 반드시 국한되는 것은 아니다.(대법원 1993.12.21. 선고 93다11463 판결)

2) 사안의 경우

근로자 갑이 제기한 해고무효확인소송에서 해고무효확인판결이 확정되었으므로 근로자 갑은2014.3.1.부터 2016.3.31.까지 A회사에서 근무하였더라면 받을 수 있었던 임금상당액 전액을 청구할 수 있다.

(2) 중간수입공제 및 그 한도

1) 문제점

근로자가 해고기간 중에 다른 직장에 종사하여 얻은 수입은 근로제공의 의무를 면함으로써 얻은 이익(중간수입)에 해당한다. 사용자가 근로자에게 해고기간 중의 임금을 지급함에 있어 이러한 중간수입을 민법 제538조 제2항에 따라 공제할 수 있는지 여부 및 그 공제의 한도가 문제된다.

2) 학설

① 민법 제538조 제2항의 채권자 귀책사유로 인한 이행불능 규정에 기하여 중간수입을 전부 공제하여야 한다는 전액공제설, ② 중간수입 공제를 인정하면 근로자의 노력 여하에 따라 사용자가 이득을 취하게 되어 형평의 원칙에 반함을 이유로 공제를 부정하는 공제부정설 등이 대립한다.

3) 판례

판례는 부당해고 기간 중 다른 직장에서 중간수입을 얻은 경우, 강행규정인 휴업수당의 범위내의 금액은 중간수입으로 공제할 수 없고 근로기준법 46조의 휴업수당을 초과하는 금액만을 중간수입으로 공제하여야 한다는 입장이다.(대법원 1991.06.28. 선고 90다카25277 판결)

4) 사안의 경우

공제부정설에 의하면 A회사는 근로자 갑에게 지급하여야 할 부당해고기간 동안의 임금에서 근로자 갑이 2014. 4. 1.부터 2016. 3.31.까지 B회사에서 기간제근로자로 근무하면서 받은 임금을 중간수입으로 공제할 수 없다. 다만 판례에 의하면 2014. 4. 1.부터 2016. 3. 31.까지 B회사에서 받은 임금 중 휴업수당을 초과하는 금액에 대해서는 중간수입으로 공제하여야 한다. 따라서 공제부정설이나 판례에 따르면 A회사가 갑에게 소급 임금을 지급할 때 해고기간 동안 B회사에서 받은 임금 전액을 공제한 것은 부당하다.

3. 사안의 해결

근로자 갑이 해고무효확인소송을 제기하여 해고가 무효라는 판결이 최종적으로 확정되었으므로 A회사는 부당해고기간 동안의 임금을 근로자 갑에게 지급하여야 하고, 공제부정설에 의하면 A회사는 근로자 갑이 2014. 4. 1.부터 2016.3.31.까지 B회사에서 근무하면서 받은 임금을 중간수입으로 공제할 수 없다. 다만, 판례에 의하면 B회사에서 받은 임금 중 휴업수당을 초과하는 금액에 대해서만 중간수입으로 공제하여야 한다. 따라서 공제 부정설이나 판례에 따르면 A회사가 갑에게 소급임금을 지급할 때 해고기간 동안 B회사에서 받은 임금 전액을 공제한 것은 부당하다.

(쟁점) 부당해고와 불법행위에 따른 손해배상(→사례: 85)

1. 문제점

사용자의 근로자에 대한 해고가 정당하지 못하여 무효로 판단되는 경우 그러한 사유만으로 곧바로 그 해고가 불법행위를 구성하게 되는 것은 아니고, 불법행위가 성립하려면 ① 고의, 과실에 의한 ② 위법행위가 있고 ③ 그로 인한(인과관계) ④ 손해가 발생한 경우여야 할 것인바(민법 제390조), 어떤 경우에 해고가 무효가 되는 외에 불법행위가 될 수 있는지 문제된다.

2. 판례의 태도

판례에 의하면 '사용자가 근로자를 징계해고할 만한 사유가 전혀 없는데도 오로지 근로자를 사업장에서 몰아내려는 의도하에 고의로 어떤 명목상의 해고사유를 만들거나 내세워 징계라는 수단을 동원하여 해고한 경우나, 해고의 이유로 된 어느 사실이 소정의 해고사유에 해당되지 아니하거나 해고사유로 삼을 수 없는 것임이 객관적으로 명백하고, 또 조금만 주의를 기울이면 이와 같은 사정을 쉽게 알아볼 수 있는데도 그것을 이유로 징계해고에 나아간 경우 등 **징계권의 남용이 우리의 건전한 사회통념이나 사회상규상 용인될 수 없음이 분명한 경우**에 있어서는 그 해고가 근로기준법 제27조 제1항에서 말하는 정당성을 갖지 못하여 효력이 부정되는 데 그치는 것이 아니라, **위법하게 상대방에게 정신적 고통을 가하는 것이 되어 근로자에 대한 관계에서 불법행위를 구성**할 수 있을 것'이라고 한다.(대법원 1992.10.22. 선고 92다43586 판결 등) 즉, 이러한 악의적원 해고는 근로기준법 제23조 제1항에서 말하는 정당성을 갖지 못하여 효력이 부정되는 데 그치는 것이 아니라, 근로자에 대한 관계에서 불법행위가 성립되어 그에 따라 입게 된 근로자의 정신적 고통에 대하여도 이를 배상할 의무가 있다.

3. 임금상당액과 불법행위에 따른 손해배상의 관계

불법행위가 성립한 부당해고의 경우 근로자가 민법 제538조 제1항에 따른 임금상당액 대신 민법 제750조를 근거로 임금 상당의 손해배상청구를 할 수 있는지가 문제되는 바, 판례는 '부당해고가 무효임을 이유로 민법 제538조 제1항에 따라 회사에 대하여 계속 근로하였을 경우 그 반대급부로 받을 수 있는 임금의 지급을 구할 수 있음은 물론이고, 아울러 부당해고가 불법행위에 해당함을 이유로 손해배상을 구할 수 있으며, 그 중 어느 쪽의 청구권이라도 선택적으로 행사할 수 있다고 한다.

4. 해고와 실효의 원칙, 금반언의 원칙

비록 사용자의 해고가 부당해고로서 무효인 경우에도, **근로자 자신의 선행행위와 모순된 주장을 하거나**(금반언의 원칙) **사용자의 부당해고임을 뒤늦게 주장**(실효의 원칙)**하는 등의 신의칙에 위반되는 사정**이 있다고 인정되는 경우에는, 그러한 근로자의 주장은 허용되지 않는다는 것이 대법원의 확립된 입장이다. 구체적으로 대법원은, 사용자로부터 해고된 근로자가 퇴직금을 수령하면서 아무런 이의를 보류함이 없이 퇴직금을 수령한 경우에는 특별한 사정이 없는 한 해고의 효력을 인정하였다고 할 것이고, 그로부터 상당한 기간이 경과(각 8개월, 3년, 1년 7개월)하였기 때문에 사용자로서도 이제는 해고된 근로자가 권리를 행사하지 아니할 것으로 신뢰할 만한 정당한 기대를 가지게 된 다음에 뒤늦게 해고의 무효를 주장하여 소를 제기하는 것은 **신의칙 내지 금반언의 원칙상 허용될 수 없다고** 판결하였다.(대법원 1993.12.28. 선고 92다34858 판결 등)

사례연습 85

부당해고와 불법행위 (2013년도 제2차 변호사시험 모의시험)

A회사는 상시 300명의 근로자를 사용하여 자동차를 판매하는 주식회사이다. A회사는 자동차를 판매하는 영업사원들에게 기본급 외에 매월 자동차 판매 실적에 따른 특별인센티브(판매차량 1대당 10만원)를 지급하는 급여제도를 취업규칙(보수규정)에서 규정하여 운영하여 오고 있다.

2010년 3월 1일 A회사에 입사한 영업사원 갑(甲)은, 영업사원들이 A회사의 영업방침에 따라 2012년 10월 1일부터 법정근로시간을 초과하여 연장근로를 주 2회 하여 오고 있음에도 불구하고, A회사가 영업사원들에게 연장근로수당을 지급하지 않고 있는 것을 2013년 2월 중순경에 관할 고용노동관서에 신고하였다. 이로 인해 A회사는 관할 고용노동관서의 조사를 받았고, 그 후 관할 법원으로부터 근로기준법 위반을 이유로 벌금형을 선고받았으며, 이러한 사실은 언론에 보도되기도 하였다.A회사의 취업규칙(인사규정)에는 근로자가 회사의 명예나 신용을 실추시킨 경우를 징계사유로 규정하고 있다. A회사는 위와 같은 신고를 한 갑(甲) 회사의 명예와 신용을 실추시켰다는 이유로 갑(甲)을 징계위원회에 회부하여 해고하였다.

한편, A회사는 위 특별인센티브는 실적에 따라 그 지급 여부 및 지급액이 달라지는 금품으로서 임금에 해당하지 않는다고 보아서, 갑(甲) 해고 직전 3개월 동안 수령한 특별인센티브 금액 300만원을 평균임금 계산의 기초인 임금총액에서 제외하고 갑(甲)의 퇴직금을 계산 지급하려고 한다.

1. 갑(甲)은 위 징계해고가 위법하게 자신에게 정신적 고통을 가하는 것이어서 위자료가 지급되어야하는 불법행위를 구성한다고 주장한다. 이러한 갑(甲)의 주장은 타당한가?

2. A회사가 갑(부)에게 지급한 위 특별인센티브 금액 300만원을 평균임금 계산의 기초인 임금총액에서 제외하는 것이 타당한가?

Ⅰ. 설문1의 해결

1. 쟁점의 정리

사안에서 A회사의 영업사원 甲은 연장근로수당 미지급에 대해 고용노동관서에 신고하여 취업규칙상의 회사의 명예나 신용을 실추 시켰다는 사유로 해고된 바, 위 해고에 근로기준법 제23조 제1항의 정당한 이유가 있는지 문제되고, 나아가 이러한 A회사의 행위가 불법행위를 구성하는지, 만일 불법행위가 인정될 수 있다면 어떠한 요건하에서 인정되는 지 문제되며, 나아가 甲의 인격권 침해에 따른 손해배상책임이 인정되는지도 검토하여야 할 것이다.

2. 甲에 대한 해고가 부당해고인지 여부

(1) 문제점

징계해고가 정당하려면 근로기준법 제23조 제1항의 정당한 이유를 갖추어야 하는데, 정당한 이유를 긍정하려면 징계사유의 정당성, 징계절차의 정당성, 징계수단의 정당성을 갖추어야 한다. 사안에서는 연장근로수당 미지급에 대해 고용노동관서에 신고한 행위가 정당한 해고사유가 되는 지 문제된다.

(2) 근로자의 위법사실 통지

근로기준법 제104조 제1항에서는 '사업 또는 사업장에서 근로기준법 및 대통령령을 위반한 사실이 있으면 근로자는 그 사실을 고용노동부장관이나 근로감독관에게 통보할 수 있다.'라고 규정하고 있으며 동조 제2항에서는 '사용자는 제1항의 통보를 이유로 근로자에게 해고나 그밖에 불리한 처우를 하지 못한다.'라고 규정하고 있다. 따라서 근로기준법 위반사실을 신고한 것은 정당한 행위를 한 것이고 징계해고 사유가 될 수 없다.

(3) 사안의 경우

따라서 甲이 연장근로수당 미지급에 대하여 고용노동관서에 신고한 것은 정당한 권리행사이고, 甲을 해고시키는 것은 근로기준법 제104조 제2항에 위반되는 것으로서 정당한 이유가 없는 부당해고이다.

3. 甲에 대한 해고가 불법행위인지 여부

(1) 문제점

사용자의 근로자에 대한 해고가 정당하지 못하여 무효로 판단되는 경우 그러한 사유만으로 곧바로 그 해고가 불법행위를 구성하게 되는 것은 아니고, 불법행위가 성립하려면 ① 고의, 과실에 의한 ② 위법행위가 있고 ③ 그로 인한(인과관계) ④ 손해가 발생한 경우여야 할 것인바, 어떤 경우에 해고가 무효가 되는 외에 법행위가 될 수 있는지 문제된다.

(2) 판례의 태도

판례에 의하면 '사용자가 근로자를 징계해고할 만한 사유가 전혀 없는데도 오로지 근로자를 사업장에서 몰아내려는 의도하에 고의로 어떤 명목상의 해고사유를 만들거나 내세워 징계라는 수단을 동원하여 해고한 경우나, 해고의 이유로 된 어느 사실이 소정의 해고사유에 해당되지 아니하거나 해고사유로 삼을 수 없는 것임이 객관적으로 명백하고, 또 조금만 주의를 기울이면 이와 같은 사정을 쉽게 알아볼 수 있는데도 그것을 이유로 징계해고에 나아간 경우 등 징계권의 남용이 우리의 건전한 사회통념이나 사회상규상 용인될 수 없음이 분명한 경우에 있어서는 그 해고가 근로기준법 제27조 제1항에서 말하는 정당성을 갖지 못하여 효력이 부정되는 데 그치는 것이 아니라, 위법하게 상대방에게 정신적 고통을 가하는 것이 되어 근로자에 대한 관계에서 불법행위를 구성할 수 있을 것'이라고 한다(대법원 1992. 10. 22. 선고 92다43586 판결 등). 즉, 이러한 악의적원 해고는 근로기준법 제23조 제1항에서 말하는 정당성을 갖지 못하여 효력이 부정되는 데 그치는 것이 아니라, 근로자에 대한 관계에서 불법행위를 구성할 수 있다.

(3) 사안의 경우

甲의 행위가 해고사유로 삼을 수 없는 것임이 객관적으로 명백하고 이를 쉽게 알 수 있음에도 징계해고 한 것으로 볼 수 있으므로 A회사의 행위는 위자료가 지급되어야 하는 불법행위를 구성한다.

4. 甲의 인격권 침해에 따른 손해배상책임(위자료)인정여부

A회사가 부당해고의 확정에도 불구하고 의 근로제공을 거부할 만한 특별한 사정이 없음에도 근로제공을 계속 거부하다가 비슷한 사유로 다시 해고한 것은 사회상규에 어긋나는 위법한 행위로서 이로 인해 甲은 계속 복직도 하지 못한 채 2차 해고에 대해 무효확인의 소를 제기해야 하는 등 상당한 정신적 고통을 받았을 것임은 경험칙에 비추어 명백하다고 볼 수 있다. 따라서 A회사는 甲의 이로 인한 정신적 손해에 대해 배상할 책임이 있다.

5. 사안의 해결

甲은 A회사의 연장근로수당 미지급이라는 근로기준법 위반사실을 고용노동관서에 신고하였고 이는 근로기준법 제104조 제1항에 따른 정당한 행위이며 이를 이유로 해고하는 것은 부당해고에 해당할 뿐 아니라, 나아가 甲에 대한 부당해고가 위자료 지급을 요하는 불법행위를 구성하는지와 관련하여, 甲이 A회사의 연장근로수당 미지급이라는 근로기준법 위반사실을 고용노동관서에 신고한 것은 근로기준법 제104조 제1항의 정당한 권리인 바, A회사가 甲이 고용노동관서에 신고한 것을 이유로 해고하는 것은 甲을 오로지 사업장에서 몰아내려는 의도하에 고의로 명목상의 해고 사유로 만든 것으로 볼 수 있거나, 해고 사유로 삼을 수 없는 것이 객관적으로 명백한 경우로 볼 수 있으므로, 甲에게 위법하게 정신적 고통을 가하는 것이 되어 甲에 대한 관계에서 위자료가 지급되어야 하는 불법행위를 구성한다. 따라서 甲의 주장은 타당하다.

II. 설문2의 해결

1. 쟁점의 정리

A회사는 보수규정에 근거하여 자동차를 판매하는 영업사원들에게는 기본급 이외에 매월 자동차 판매 실적에 따른 특별인센티브로 판매차량 한 대 당 10만원을 지급하고 있음에도 불구하고, A회사는 이러한 특별인센티브를 실적에 따라 그 지급여부 및 지급액이 달라지는 것으로 보고 평균임금에 포함시키지 않으려고 하는 바, 따라서 판매실적에 따라 지급되는 금품이 평균임금의 산정의 기초가 되는 근로기준법상 임금에 해당하는 지 문제된다.

2. 퇴직금 산정

퇴직금제도를 설정하려는 사용자는 계속근로기간 1년에 대하여 30일분 이상의 평균임금을 퇴직금으로 퇴직 근로자에게 지급할 수 있는 제도를 설정하여야 한다.(근로자퇴직급여보장법 제8조 제1항) 즉 30일분의 평균임금에 계속근로기간을 곱한 금액이 법률상 사용자가 지급해야 할 퇴직금의최저액이다.

3. 특별인센티브가 평균임금 산정의 기초인지

(1) 근로기준법상 임금과 평균임금의 개념

근로기준법상 임금이란 ① 사용자가 근로자에게 지급하는 ② 근로의 대가로서 ③ 명칭과는 상관없이 지급되는 일체의 금품을 말하고(근로기준법 제2조 제1항 제5호) 평균임금이란 '산정하여야 할 사유가 발생한 날 이전 3개월 동안에 그 근로자에게 지급된 임금의 총액을 그 기간의 총 일수로 나눈 금액'을 말한다.(근로기준법 제2조 제1항 제6호)

(2) 평균임금의 산정기초

평균임금의 산정기초가 되는 임금총액에 에 대하여 판례는 '사용자가 근로의 대가로 근로자에게 지급하는 일체의 금원으로서 계속적 · 정기적으로 지급되고 이에 관하여 단체협약, 취업규칙, 급여규정, 근로계약, 노동관행 등에 의하여 사용자에게 지급의무가 지워져 있다면 명칭 여하를 불문하고 모두 이에 포함되며, 반드시 통상임금으로 국한되는 것은 아니다.'라고 판시하여 ① 근로제공의 대가인지 여부, ② 계속적, 정기적으로 지급되는지 여부, ③ 단체협약이나 취업규칙 등에 의하여 사용자에게 지급의무가 있는지 여부를 기준으로 판단하고 있다.(대법원 2012.2.9. 선고2011다20034 판결)

(3) 특별인센티브의 경우

판례는 甲자동차 판매회사가 영업사원들에게 매월 자동차 판매수량에 따른 일정 비율의 인센티브(성과급)를 지급한 것이 퇴직금 산정의 기초가 되는 근로기준법상 임금으로서 평균임금에 포함되는지가 문제된 사안에서, '인센티브 지급규정이나 영업 프로모션 등으로 정한 지급기준과 지급시기에 따라 인센티브를 지급하여 왔고, 영업사원들이 차량판매를 위하여 하는 영업활동은 甲회사에 대하여 제공하는 근로의 일부라 볼 수 있어 인센티브는 근로의 대가로 지급되는 것이며, 인센티브의 지급이 매월 정기적 · 계속적으로 이루어지고, 지급기준 등 요건에 맞는 실적을 달성하였다면 甲회사로서는 그 실적에 따른 인센티브의 지급을 거절할 수 없을 것이며, 인센티브를 일률적으로 임금으로 보지 않을 경우 인센티브만으로 급여를 지급받기로 한 근로자는 근로를 제공하되 근로의 대상으로서의 임금은 없는 것이 되고 퇴직금도 전혀 받을 수 없게 되는 불합리한 결과가 초래될 것인 점 등에 비추어 위 인센티브는 퇴직금 산정의 기초가 되는 평균임금에 해당한다.'라고 판시한바 있다.(대법원 2011.07.14. 선고.2011다23149 판결)

(4) 사안의 경우

A회사의 영업사원 甲이 해고 직전 3개월 동안 수령한 특별인센티브 300만 원은 ① 영업사원들이 차량판매를 위하여 하는 영업활동은 회사에 대하여 제공하는 근로의 일부라 볼 수 있어 인센티브는 근로의 대가로 지급되는 점, ② 인센티브가 취업규칙(보수규정)에 근거하여 매월 정기적 · 일률적 계속적으로 지급되고 있는 점, ③ 지급기준 등 요건에 맞는 실적을 달성하였다면 A회사로서는 그 실적에 따른 인센티브의 지급을 거절 할 수 없는 점 등을 고려해 볼 때 특별인센티브 금액은 평균임금산정 기초임금에 포함되어야 한다.

4. 결론

사안의 특별인센티브는 근로기준법상 임금으로서 평균임금 계산의 기초인 임금총액에 포함되어야 하므로 A회사가 甲에게 지급한 특별인센티브 금액 300만원을 평균임금 계산의 기초인 임금총액에서 제외하는 것은 타당하지 않다.

제9장 근로관계의 종료

근로관계의 종료에는 ① 근로계약의 당사자인 사용자와 근로자의 **'의사'와 무관**하게 근로계약 기간의 만료 등의 사유로 **당연하게 종료**되는 **'정년퇴직' 및 '계약기간의 만료** ② 근로계약의 당사자인 사용자와 근로자의 **'의사' 에 의해 종료**하는 **'합의해지' 및 '해고/사직'**으로 크게 나눌 수 있다. 먼저, ① 근로계약 당사자의 의사나 능력과 무관하게 정년이나 계약기간의 만료로 근로관계가 종료되는 정년퇴직'이나 '계약기간의 만료'의 경우에는 장래의 특정 시점에 근로관계가 종료할 것 이미 예정되어 있다는 점에서 근로계약의 '종료' 그 자체가 특별히 문제될 것이 없다. 한편, ② 근로계약의 당사자인 사용자나 근로자의 **'의사'에 의한 종료**에는 (i) 당사자의 **'합의'**에 의한 종료와 (ii) 당사자 **'일방의 의사표시'**에 의한 종료가 있는데, 그 중에서 가장 바람직한 것은 당사자의 합의가 전제되는 **'합의'에 의한 근로관계의 종료**임은 물론이다. 반면에, 당사자가 합의하지 못하고 '일방'의 의사로 근로관계가 종료되는 '일방의 의사표시'에 의한 종료'의 경우에는 항상 다양한 문제가 발생할 가능성이 존재한다. 당사자가 합의를 하지 못하였다는 의미는 **결국 일방 당사자의 의사에 반하여** 근로관계가 종료됨을 의미하는 것이기 때문이다. 따라서, **일방의 의사표시**로 근로관계를 종료하는 경우에는 항상 **상대방에 대한 보호**가 문제된다. 즉, 사용자가 일방적으로 근로관계를 종료하는 경우에는 상대방인 근로자가 보호되어야 할 것이며, 근로자가 일방적으로 근로관계를 종료하는 경우에는 반대로 사용자의 보호가 문제될 것이다. 이러한 **근로관계의 종료**의 법률관계는 **민법(민법상 고용계약) 고유의 영역**이기는 하지만, 판례는 민법의 규정임에도 불구하고 이들 근로관계의 종료에 관한 규정들을 근로기준법과 같은 **편면적 강행규정**으로 해석하고 있다. 이를테면, 민법의 규정과 다른 기간으로 근로자의 사직(퇴직)예고기간을 설정하는 경우에는, 그러한 퇴직예고 기간이 **근로자에게 불리하다고 해석되는 한** 그 효력은 원칙적으로 부정된다. 한편, 우리나라에서는 일방적 의사표시에 의한 '근로계약 해지의 자유'는 오로지 '근로자'만 향유하고 있다는 점도 유의하여야 한다. 즉, **사용자의 일방적 의사표시에 의한 해지, 즉, '해고'**의 경우 사용자에게는 민법이 아니라 **'근로기준법'이 적용**되기 때문에, 근로기준법 제23조에 의하여 사용자가 근로계약을 해지하는 경우에는, 즉 사용자가 근로자를 **'해'고**하는 경우에는 반드시 **'정당한 이유'**가 필요하다. 그리고 사용자에게는 민법이 아니라 근로기준법상의 **특별 해지예고기간** (**근로기준법 제26조**)이 적용되므로, 사용자가 근로자를 해고하기 위해서는 반드시 '30일전'에 해고예고하거나 30일분 이상의 통상임금을 주어야 한다.

당연종료 (기간의 만료)	정년 - 정규직
	계약기간의 만료 - 비정규직
의사표시에 의한 종류	당사자의 일방적 의사표시
	(사용자) 해고- 해고예고 (해고예고 기간)
	(근로자) 사직- 사직서 (사직예고 기간)
	당사자의 합의 (청약+승낙의 의사표시)
	(사용자) 권고사직 명예퇴직
	(근로자) 사직-사직원(사직의 의사표시의 청약)

1. 근로관계 종료의 법률관계

(1) 당연종료(→사례: 100)

1) 정년퇴직

가. 정년퇴직의 의의

근로계약서나 취업규칙 혹은 단체협약에서 정한 일정한 연령에 달하여 근로자의 의사나 능력과 무관하게 근로계약이 당연히 종료하는 것을 '정년퇴직'이라 한다. 따라서, 사용자가 정년규정에 따라 근로관계의 종료를 통지하는 것은 단순한 '사실의 통지'에 불과할 뿐, 사용자의 의사와 무관한 것이다(즉, 사용자의 해고가 아니다.) 따라서, 이를테면 업무상 재해로 인한 요양 기간 중이라도 정년이 도래하면 근로관계는 당연히 종료한다.(즉, 해고금지기간이 적용되지 않는다). 한편, 근로자가 정년을 초과하여 계속 근무하는 경우에는 특별한 사정이 없는 한 **묵시적으로 정년이 없는 근로계약을 체결한 것으로 간주**된다는 것이 판례의 태도이다.(대법원 2003.12.12. 선고 2002두12809 판결)

라. 고령자의 갱신기대권

기간제법상 정규직 전환의 예외에 해당하는 55세 이상의 고령자의 경우에는 정규직 전환은 이후어지지 않지만, 판례는 그와 별개로 고령자의 갱신기대권을 인정하고 있다. 특히, **정년 퇴직 후 기간제 근로계약을 체결한 경우, 해당 직무의 성격에 의하여 요구되는 직무수행 능력과 당해 근로자의 업무수행 적격성, 연령에 따른 작업능률 저하나 위험성 증대의 정도, 해당 사업장에서 정년을 경과한 고령자가 근무하는 실태 및 계약이 갱신되어 온 사례 등을 종합적으로 고려하여 근로계약에 대한 갱신기대권이 인정되는지 여부를 판단한다는 것이 판례의 태도이다**(대법원 2017.02.03. 선고 2016두50563 판결).

2) 계약기간의 만료

가. 계약기간의 만료의 의의

근로계약서나 취업규칙 혹은 단체협약에서 정한 일정한 기한에 달하여 당연히 근로계약이 종료하는 것을 '계약기간 만료에 의한 근로관계의 종료'라 한다. 기간제 근로계약의 경우에는 계약기간의 만료로 근로관계는 별도의 의사표시 없이 당연히 종료한다. 계약기간의 만료는 해고가 아니므로 계약기간의 만료를 서면으로 통보하는 등의 절차도 요하지 않는다. 사용자가 갱신기대권을 가지는 근로자들에게 갱신 거절의 통보를 하는 경우에도, 근로기준법 제27조는 적용되지 않는다.(대법원 2021.10.28. 선고 2021두45114 판결)

나. 기간의 정함이 형식에 불과한 경우(→ **제11장 비정규직 근로자 1.기간제 근로자 (3) 사실상 무기계약의 법리**)

기간제 근로계약을 체결한 경우라도, 그 계약기간의 정함이 단지 형식에 불과하고 당해 계약의 실질은 기간의 정함이 없는 무기계약이라는 사실이 인정되는 경우에는, 기간제 근로계약서의 문언(계약기간)에도 불구하고 그 근로계약은 기한의 정함이 없는 무기계약으로 간주된다(사실상 무기계약의 법리). 나아가, 근로계약기간을 정한 것이 단지 형식에 불과한 경우가 아니라도 기간제 근로자에게 근로계약 갱신에 대한 정당한 기대권이 인정되는 경우에는 기간제 근로자의 갱신기대권이 인정될 수 있다)(대법원 2014. 2. 13. 선고 2011두12528 판결 등)(→ **제11장 비정규직 근로자 1.기간제 근로자 (4) 기간제 근로자의 갱신기대권**)

다. 기간제 근로계약의 묵시의 갱신

기간의 정함이 있는 '기간제 계약'의 경우에는 별도의 통보가 없더라도 계약기간의 만료로 근로관계는 당연히 종료되는 것이지만, 계약기간이 종료되었음에도 불구하고 사용자와 근로자가 별다른 문제제기 없이 상당기간 계속 근로를 계속하는 경우에는 **전고용과 동일한 조건으로 다시 고용한 것으로 본다**(민법 제662조). 즉, 근로계약기간이 종료되었음에도 근로자가 계속 근로를 제공하고 있으며 사용자도 이에 대하여 어떤 이의도 제기하지 않고 있는 경우에는 **민법 제662조에 의하여 묵시의 갱신이 있는 것으로 간주**되어 계약기간의 만료와 동시에 만료된 계약과 동일한 근로조건으로 근로계약이 자동 갱신된 것으로 간주된다. 따라서, 연봉제계약 등에서 연봉기간이 종료하였음에도 불구하고 연봉에 대한 재협상이 이루어지지 않은 채 연봉기간이 종료하면 기존의 연봉계약과 동일한 조건으로 묵시적 갱신이 된다. 그리고 이와 같이 묵시적 갱신이 이루어진 경우에 당사자는 근로기간의 약정이 없는 때와 마찬가지로 언제든지 계약 해지의 통고를 할 수 있는데(민법 제662조 제1항), 이 경우에 상대방이 해**지의 통고를 받은 날로부터 1월이 경과하면** 해지의 효력이 발생한다.(민법 제662조 제2항) 그러나 기간으로 보수를 정한 때에는 상대방이 해지의 통고를 받은 당기 후의 일기를 경과함으로써 해지의 효력이 생긴다.(민법 제662조 제3항) 다만, 민법 제662조 제1항 단서에 의해 준용되는 민법 제660조 제2항과 제3항은 오로지 근로자에게만 적용되는 것이고 **사용자에게는 근로기준법 제23조가 적용**된다는 점을 유의하여야 한다. 따라서 오로지 근로자만 1개월 혹은 1임금지급기일전에 사용자에게 해지통고함으로써 근로계약을 자유롭게 해지할 수 있는 것이고, **사용자가 근로계약을 해지하기 위해서는 근로기준법 제23조 제1항의 '정당한 이유'가 필요하다.**

(2) 당사자의 '일방적 의사표시'에 의한 근로관계의 종료

1) 근로자의 일방적 의사표시에 의한 근로관계의 종료(민법 제660조, 제661조)

근로자의 일방적 의사표시에 의한 근로관계의 종료의 경우에는 민법 제660조내지 제661조에 의하여 ① '기간의 정함이 없는 정규근로계약'의 경우에 근로자는 언제든지 근로계약을 해지할 수 있다.② '기간의 정함이 없는 계약'의 경우와 달리 기간의 정함이 있는 근로계약의 경우에는 **'계약해지자유의 원칙'이 배제**되므로, 부득이한 사유 있는 때에 한하여 각 당사자는 계약을 해지할 수 있다. 그러나 그 사유가 당사자 일방의 과실로 인하여 생긴 때에는 상대방에 대하여 손해를 배상하여야 한다.(민법 제661조)

2) 사용자의 일방적 의사표시에 의한 근로관계의 종료(근로기준법 제23조 제1항)

가. 근로계약의 해지(사용자의 해고)

근로계약의 해지를 규정한 민법 제660조 이하의 규정들은 오로지 근로자에게만 적용되는 것이고, **사용자가 근로계약을 일방적으로 해지하는 것은 곧 사용자의 해고'를 의미하므로, 사용자가 근로계약을 해지, 즉 근로자를 해고하기 위해서는 근로기준법 제23조 제1항의 '정당한 이유' 등의 법정 요건을 갖추어야 한다.**

나. 근로계약의 취소(→(쟁점) 근로계약의 취소)

, 근로계약의 취소는 실질적으로 사용자의 해고에 해당한다는 점에서, 근로계약을 취소하는 경우에도 근로기준법상 해고의 법리가 적용되는지 문제되는데, 대법원에 따르면 근로계약의 취소는 민법상 취소의 요건만 충족하면 인정되는 것이고, 그 외에 별도로 근로기준법상 해고의 요건은 필요로 하지 않는다고 한다.

(쟁점) 근로계약의 취소 대법원 2017. 12. 22. 선고 2013다25194 판결

(사례) 백화점에서 의류 판매점을 운영하는 사용자A는 2010. 6. 25.경 근로자 B로부터 백화점 의류 판매점 매니저로 근무한 경력이 포함된 이력서를 제출받은 후 이력서에 기재된 경력을 믿고 2010. 7. 2. 근로자 B와 근로계약을 체결하고, 백화점 의류 판매점의 매니저로 근무하게 하였다. 그런데 사용자 A는 근로자B의 일부 경력은 허위이고, 일부 경력은 과장된 사실을 알게 되었다. 이에 사용자 A는 2010. 9. 17. 근로자B에게 구두로 2010. 9. 30.까지 근무할 것을 통보하자, 근로자 B는 노동위원회에 사용자의 해고는 서면통지의무위반으로 무효라는 이유로 부당해고구제신청을 제기하였다. 부당해고 구제명령이 확정됨에 따라 근로자 A는 사용자 B를 상대로 마지막으로 출근한 다음 날인 2010. 10. 1.부터 퇴사한 2011. 4. 29.까지 기간 동안의 임금 지급을 구하는 이 사건 소송을 제기하였다.이에 사용자 A는 2012. 5. 3. 근로자 B 를 상대로 손해배상을 구하는 반소장을 제출하였다. 위 반소장에는 이 사건 당사자 간 체결된 2010. 7. 2.자 근로계약은 근로자 B가 이력서에 자신의 경력을 허위로 기재하는 방법으로 사용자 A를 기망하여 체결되었다는 이유로 이를 취소한다는 의사가 기재되어 있고, 이 반소장은 2012. 5. 9. 근로자 B에게 도달하였다. 사용자는 설령 해고가 서면통지 위반으로 무효라 하더라고 하더라도 이와 별개로 근로계약을 유효하게 취소할 수 있고, 근로계약이 취소되는 경우에는 근로자의 현실적인 노무의 제공이 없었던 기간에 대해서는 소급적으로 근로계약의 효력이 소멸하므로, 자신은 근로자의 현실적인 노무의 제공이 없는 기간에 대해서는 임금을 지급할 의무가 없다고 주장한다. 이러한 사용자 A의 주장은 적법한가?

1. 근로계약의 취소에 근로기준법상 해고의 법리가 적용되는 지 여부

근로계약도 계약이므로 의사표시 하자에 의한 취소는 가능할 것이지만, 근로계약의 취소는 실질적으로 사용자의 해고에 해당한다는 점에서, 근로계약을 취소하는 경우에도 근로기준법상 해고의 법리가 적용되는지 문제된다. 학설로서는 ① 근로계약의 취소와 해고는 그 요건과 효과면에서 구별되어야 하며, 따라서 **근로계약의 취소와 해고는 별개로 인정되어야 한다는 견해**와, ② 근로계약의 취소는 실질적으로 사용자의 일방적 의사에 의하여 이루어지는 근로계약관계의 종료인 해고에 해당하므로 **해고제한법리가 적용된다는 견해** 등이 있다. ③ 판례는 사용자가 반소를 통해 근로계약을 취소한 것을 인정한 점으로 보아 근로계약의 취소와 해고를 구별하는 것으로 보인다. 따라서, 판례에 따르면 근로계약의 취소는 민법상 의사표시의 하자로 인한 취소의 요건만 충족하면 인정되는 것이고, 그 외에 **별도로 근로기준법상 해고의 요건은 필요로 하지 않는다**고 할 것이다.

2. 소급하여 취소되는 근로계약의 범위

취소된 법률행위는 소급하여 처음부터 무효로 되어 근로계약관계는 애초부터 성립하지 않은 것으로 되고,(민법 제141조) 당사자의 법률관계는 부당이득의 반환관계(민법 제741조)로 들어설 것이지만, 근로자가 기왕에 제공한 근로의 효과까지 소급하여 부정하는 것은 타당하지 않으므로, 이미 제공된 근로자의 노무를 기초로 형성된 취소 이전의 법률관계까지 소급하여 효력을 잃는다고 보아서는 아니될 것이다. 그런데, 이 경우 소급하여 효력을 잃는 근로계약의 범위와 관련하여 견해의 대립이 있지만, 대법원은 **취소의 의사표시 이후 장래에 관하여만 근로계약의 효력이 소멸된다고 보아야 한다**는 입장이다(대법원 2017. 12. 22. 선고 2013다25194 판결). 따라서, 설령 근로자의 현실적인 노무의 제공이 없는 경우라 하더라도 그 기간까지도 취소의 소급효가 미치지 않으므로, 본 사안에서 사용자는 **근로자의 현실적인 노무의 제공이 없는 기간에 대해서 임금을 지급할 의무가 있다**. 결국, 판례에 따를 때 사용자 A의 주장은 적법하지 않다.

(3) 흠이 있는 사직의 의사표시(→사례: 86,87,92)

> 법률행위가 유효하기 위해서는 의사와 표시가 일치하여야 하고 의사형성의 과정에 하자가 없는 자유의사에 따른 것이어야 하며, 이는 근로자의 사직의 의사표시의 경우에도 마찬가지이다. 이러한 '흠이 있는 의사표시로'는 진의 ① **아닌 의사표시(민법 제107조)**, ② **동정 허위표시(민법 제108조)**, ③ **착오에 의한 의사표시(민법 제109조)**, ④ **사기나 강박에 의한 의사표시(민법 제110조)**가 있다.

1) 진의 아닌 사직의 의사표시(→사례: 86,87,92)

의사표시는 표의자가 진의 아님을 알고 한 것이라도 효력이 있는 것이 원칙이다. 그러나 상대방이 표의자의 진의 아님을 알았거나 이를 알 수 있었을 경우에는 무효로 한다.(민법 제107조제1항에) 따라서 사용자가 근로자로 하여금 사직서를 제출하도록 강요하였다든지, 정황으로 보아 근로자의 사직의사가 진의가 아니었다는 것을 사용자가 알았거나 알 수 있다고 평가되는 경우에는 그러한 사직의 의사표시는 효력이 없다. 다만, 이 경우에 진의는 특정한 내용의 의사표시를 하고자 하는 생각을 말하는 것이지 근로자가 마음속으로 진심으로 바라는 사항을 의미하는 것이 아니므로, 이를테면, 근로자가 내심으로는 사직을 하고 싶지 않지만, 경영상 여건, 향후 징계 가능성을 고려한 후 그 당시에는 최선이라고 판단하여 의사표시를 하였다면 이를 진의 아닌 의사표시라고 하기는 어렵다. 근로자의 사직서의 제출이 진의아닌 의사표시에 해당하는지의 여부는 **근로자가 사직서를 제출하게 된 경위, 사직서의 기재 내용과 회사의 관행, 사용자측의 퇴직권유의 방법, 강도 및 횟수, 사직서를 제출하지 않을 경우 예상되는 불이익의 정도, 사직서 제출에 따른 경제적 이익의 제공 여부, 사직서 제출 전후의 근로자의 태도 등을 종합적으로 고려하여 판단**하여야 한다.(대법원 1988.04.25. 선고 87다카1280 판결) 특히, 사용자의 사직서 일괄제출 지시에 의하여 사직서를 제출하도록 하여 선별수리되어 면직되었다면 해고에 해당할 가능성이 높다.(대법원 1991.7.12. 선고 90다11554 판결, 1993.2.9. 선고 91다44452 판결 등)

2) 강박에 의한 사직의 의사표시

사용자의 강박 또는 강요에 의한 사직 의사표시는 취소할 수 있다.(민법 제110조) 따라서, 사용자가 일방적으로 사직서 제출을 강요하여 근로자가 어쩔 수 없이 사직서에 서명을 하였다면 강박에 의한 의사표시가 되어 그 의사표시는 취소할 수 있다. 다만, 강박에 따른 의사표시에서의 강박의 정도는 단순한 불법적인 해약의 고지로 공포를 느끼게 할 정도로 부족하고 근로자가 스스로 의사결정을 할 수 있는 여지가 없을 정도라야 하며, 사직서 제출이 강요에 의해 이루어졌다는 점은 근로자가 스스로 증명하여야 한다.[1)]

3) 사기와 착오 등 의사표시의 하자

사기에 의한 의사표시(제110조), 착오로 인한 의사표시(제109조)는 취소할 수 있다는 바, 근로자가 사용자의 회유 또는 기망에 의해 사직서를 제출하였다면 근로자는 그 의사표시의 하자를 이유로 취소할 수 있을 것이다..

---

1) 사용자가 퇴직의사가 전혀 없는 근로자에게 계속하여 반복적으로 퇴직을 종용하였고 근로자가 생활하던 기숙사에 새벽에침입하여 폭언 등을 하면서 퇴직을 요구한 점을 감안하면, 여자인 근로자로서 회사의 강요된 분위기에 위축되어 어쩔 수 없이 사직서를 제출할 수밖에 없었으므로 부당해고에 해당한다(대법원2006,10,26, 2006두15172).

사례연습 86

비진의 의사표시와 해고 (2017년도 제3차 변호사시험 모의시험)

취업청탁을 위해 甲에게 500만 원을 제공한 甲의 지인 乙은 취업이 이루어지지 않자 2017년 5월 중순경 A회사에 甲의 금전 수령 사실을 알렸다. 이러한 제보를 받은 A회사는 을 상대로 금전 수령 경위 등을 조사하게 되었고, 그 과정에서 A회사의 인사부장은 甲에게 징계위원회가 열리면 엄중한 징계가 불가피하니 차라리 사직서를 제출하는 것이 좋겠다는 취지의 발언을 수차례 하였다. 은 처음에는 가족부양 등을 이유로 사직할 처지가 아니라고 설명하면서 사직의 의사가 없다고 하였다. 그러나 인사부장이 사직을 거부한다면 회사규정에 따른 징계절차를 진행할 수밖에 없다고 거듭하여 말하자 甲은 결국 2017년 5월 말일부로 개인사정상 퇴직하고자 한다는 내용의 사직서를 작성하여 인사부장에게 제출하였다. 이 사직서를 제출한 다음 날 A회사는 에게 사직서가 수리되었음을 통보하였다.

甲은 사직서 제출이 인사부장의 강요에 의한 것으로 진의 아닌 의사표시에 해당하여 무효이므로 A회사의 사직서 수리는 실질적으로 해고라고 주장한다. 이러한 주장은 타당한가

1. 쟁점의 정리

사안에서 갑은 A회사의 인사부장의 권고에 의하여 사직서를 제출하였는 바, 이러한 사직서의 제출이 민법 제107조의 규정에 의한 비진의 의사표시로서 무효인지 여부가 문제되고, 또한 A회사의 사직서 수리행위가 사실상 해고에 해당하여 근로기준법 제23조 제1항이 적용되어야 하는지 여부가 문제된다.

2. 갑이 제출한 사직서가 진의 아닌 의사표시에 해당하여 무효인지 여부

(1) 진의 아닌 의사표시의 의의

의사표시는 표의자가 진의 아님을 알고 한 것이라도 효력이 있는 것이 원칙이다. 그러나 상대방이 표의자의 진의아님을 알았거나 이를 알 수 있었을 경우에는 무효로 한다.(민법 제107조 제1항) 다만, 이 경우에 진의는 특정한 내용의 의사표시를 하고자 하는 생각을 말하는 것이지 근로자가 마음속으로 진심으로 바라는 사항을 의미하는 것이 아니므로, 이를테면, 근로자가 내심으로는 사직을 하고 싶지 않지만, 경영상 여건, 향후 징계 가능성을 고려한 후 그당시에는 최선이라고 판단하여 의사표시를 하였다면 이를 진의 아닌 의사표시라고 하기는 어렵다.(대법원 2007.12.27. 선고 2007두15612 판결)

(2) 진의 아닌 의사표시의 판단

근로자의 사직서의 제출이 진의아닌 의사표시에 해당하는지의 여부는 근로자가 사직서를 제출하게 된 경위, 사직서의 기재 내용과 회사의 관행, 사용자측의 퇴직권유의 방법, 강도 및 횟수, 사직서를 제출하지 않을 경우 예상되는 불이익의 정도, 사직서 제출에 따른 경제적 이익의 제공 여부, 사직서 제출 전후의 근로자의 태도 등을 종합적으로 고려하여 판단하여야 한다.

(3) 사안의 경우

사안에서 갑은 자신의 비위 사실에 대하여 회사의 징계위원회가 열릴 수 있는 상황이었고, 인사부장이 엄중한 징계가 불가피함을 듣고, 사직서를 제출한 것인바 갑은 당시 상황을 고려하여 사직서 제출이 최선이라고 판단하여 제출한 것이므로 이를 진의 아닌 의사표시라고 할 수 없다.

3. 갑의 사직서 제출이 해고에 해당하는 지 여부

(1) 해고의 의의

사용자의 '해고'란 근로자의 의사에 반하여 근로계약을 해지하는 사용자의 '일방적 의사표시'를 의미한다. 판례는 해고를 '실제 사업장에서 불리는 명칭이나 그 절차에 관계없이 근로자의 의사에 반하여 사용자의 일방적인 의사에 의하여 이루어지는 모든 근로계약관계의 종료를 의미한다'고 정의한다. 사용자가 근로자와의 근로계약을 일방적으로 종료하는 경우에는, 즉 사용자가 근로자를 '해고'하는 경우에는 근로기준법 제23조에 의하여 반드시 '정당한 이유'가 필요하다.

(2) 비진의 의사표시와 해고

정황으로 보아 사직서의 제출이 근로자 자신의 의사에 의한 것이 아니고, 근로자의 사직의사가 진의가 아니었다는 것을 사용자가 알았거나 알 수 있다고 평가되는 경우에는 이는 사용자의 일방적 의사표시인 해고로 보아야 할 것이므로 사용자가 근로자를 해고하기 위해서는 근로기준법 제23조 제1항의 정당한 이유가 필요하다.

(3) 사안의 경우

사안에서 갑이 사직원 제출 당시 징계면직처분의 효력을 다투는 것보다는 장래를 위해 징계면직처분의 취소와 의원면직처분을 받는 것이 최선이라고 판단하여 그 의사표시를 한 것으로서 사직의 의사가 결여된 진의 아닌 의사표시로 볼 수 없다. 따라서 사직서 제출과 수리에 따른 효과는 근로계약관계의 합의해지라 할 것이고, 이는 해고라 할 수 없다.

4. 결론

갑의 사직서 제출은 인사부장의 강요에 의한 것이 아니라 당시의 상황에서 사직서 제출이 자신에게 최선이라는 판단 하에 행하여진 것으로 진의 아닌 의사표시에 해당한다고 보기 어렵다. 따라서 사직서의 수리행위는 해고가 아닌 근로계약관계의 합의해지에 해당하므로 갑의 주장은 타당하지 않다.

사례연습 87

비진의 의사표시와 해고 (대법원 2022. 2. 10. 선고 2020다279951 판결: 출제유력)

2017. 5. 1.A회사는 근로자 甲을 항공기를 이용한 산불진압 등의 업무를 수행하는 헬기조종사로 채용하면서 근로계약서에는 근로계약기간에 대해 다음과 같이 기재하였다.

> 제1조 [근로계약기간]
> 계약기간은 2017년 5월 1일부터 2018년 4월 30일까지로 하며, 계약기간 만료 시까지 별도 합의가 없으면 기간만료일에 자동 연장한다.

甲은 교육훈련에서 역량미달 평가를 받았고, A회사는 같은 해 11월 甲에 대하여 재교육을 살시했지만 훈련교관은 甲이 수준미달이라는 평가를 내렸다. 한편, A회사는 회사의 내부사정으로 모든 조종사들에게 형식적으로 사직서를 제출할 것을 요구하였고, 2017.12.1. 甲등은 사직원을 일괄 제출하였다. 이후 2017.12.12. A회사는 甲에게 사직원이 수리되어 2017.12.31.근로계약관계가 종료한다는 통보를 하였다. 이에 반발한 甲은 자신이 제출한 사직서는 회사의 요청에 의하여 다른 근로자들과 함께 형식적으로 제출한 것으로서 비진의 의사표시이므로 효력이 없다고 주장하고 있다. 한편 A회사는 甲의 역량 부족으로 근로계약기간 동안 항공종사자 자격을 유지함으로써 근로계약상 정해진 근로를 정상적으로 제공하는 것이 어렵다고 판단한 A회사는 2018. 4. 2. 근로자에게, '원고와 근로계약기간이 2018. 4. 30. 자로 만료될 예정이고 헬기조종사로서 필요한 직무상 역량미달로 근로계약 갱신이 불가능하다.'는 내용증명을 발송하였다. 甲은 A회사의 이러한 내용증명 통보가 아무 효력이 없고 근로계약은 2018. 5.1.부터 자동 갱신되었음 주장하고 있다.

1. 甲은 A회사의 2017.12.12. 사직원 수리가 비진의표시에 해당하여 효력이 없고 , 그럼에도 갑의 사직서를 수리하는 것은 해고라고 주장하고 있다. 이러한 甲의 주장은 정당한가?
2. A회사의 2018.4.2. 내용증명 통보는 아무런 효력이 없으므로 근로계약은 2018. 5.1.부터 자동 갱신된다는 甲의 주장은 정당한가?

Ⅰ. 설문 1의 해결

1. 쟁점의 정리

사안에서 갑은 회사의 요구에 따라 다른 모든 조종사들과 함께 사직서를 제출하였는 바, 이러한 사직서의 제출이 민법 제107조의 규정에 의한 비진의 의사표시로서 무효인지 여부가 문제되고, 또한 A회사의 사직서 수리행위가 사실상 해고에 해당하여 근로기준법 제23조 제1항이 적용되어야 하는지 여부가 문제된다.

2. 갑이 제출한 사직서가 진의 아닌 의사표시에 해당하여 무효인지 여부

(1) 진의 아닌 의사표시의 의의

의사표시는 표의자가 진의 아님을 알고 한 것이라도 효력이 있는 것이 원칙이다. 그러나 상대방이 표의자의 진의 아님을 알았거나 이를 알 수 있었을 경우에는 무효로 한다.(민법 제107조 제1항) 다만, 이 경우에 진의는 특정한 내용의 의사표시를 하고자 하는 생각을 말하는 것이지 근로자가 마음속으로 진심으로 바라는 사항을 의미하는 것이 아니므로, 이를테면, 근로자가 내심으로는 사직을 하고 싶지 않지만, 경영상 여건, 향후 징계 가능성 등을 고려한 후, 그 당시에는 최선이라고 판단하여 의사표시를 하였다면 이를 진의 아닌 의사표시라고 하기는 어렵다.(대법원 2007.12.27. 선고 2007두15612 판결) 반면에, 사용자가 다수의 근로자로부터 일괄적으로 사직서를 받는 경우와 같이 근로자의 법률행위에 대한 효과의사가 없는 경우에는 비진의 의사표시로 볼 수 있을 것이다.(대법원 1991.7.12. 선고 90다11554 판결 등)

(2) 진의 아닌 의사표시의 판단

근로자의 사직서의 제출이 진의아닌 의사표시에 해당하는지의 여부는 근로자가 사직서를 제출하게 된 경위, 사직서의 기재 내용과 회사의 관행, 사용자측의 퇴직권유의 방법, 강도 및 횟수, 사직서를 제출하지 않을 경우 예상되는 불이익의 정도, 사직서 제출에 따른 경제적 이익의 제공 여부, 사직서 제출 전후의 근로자의 태도 등을 종합적으로 고려하여 판단하여야 한다.

(3) 사안의 경우

사안에서 갑은 단지 회사의 요구에 따라 다른 모든 조종사들과 함께 사직서를 제출한 것에 불과하므로 상대방인 사용자도 비진의의사표시임을 이미 알고 있었다고 볼 수 있고, 사직서를 제출하는 것에 대한 甲의 효과의사도 존재한다고 볼 수 없으므로 갑의 사직서 제출은 진의 아닌 의사표시로서 무효이다.

3. 갑의 사직서 제출이 해고에 해당하는 지 여부

(1) 해고의 의의

사용자의 '해고'란 근로자의 의사에 반하여 근로계약을 해지하는 사용자의 '일방적 의사표시'를 의미한다. 판례는 해고를 '실제 사업장에서 불리는 명칭이나 그 절차에 관계없이 근로자의 의사에 반하여 사용자의 일방적인 의사에 의하여 이루어지는 모든 근로계약관계의 종료를 의미한다'고 정의한다. 사용자가 근로자와의 근로계약을 일방적으로 종료하는 경우에는, 즉 사용자가 근로자를 '해고'하는 경우에는 근로기준법 제23조에 의하여 반드시 '정당한 이유'가 필요하다.

(2) 비진의 의사표시와 해고

정황으로 보아 사직서의 제출이 근로자 자신의 의사에 의한 것이 아니고, 근로자의 사직의사가 진의가 아니었다는 것을 사용자가 알았거나 알 수 있다고 평가되는 경우에는 이는 사용자의 일방적 의사표시인 해고로 보아야 할 것이므로 사용자가 근로자를 해고하기 위해서는 근로기준법 제23조 제1항의 정당한 이유를 갖추어야 하고 근로기준법 제27조 이하의 요건이 필요하다.

(3) 사안의 경우

사안에서 갑이 사직서 제출은 진의 아닌 의사표시로서 무효인 법률행위인데, 그림에도 A회사가 갑의 사직서를 수리하는 것은 결국 해고라 할 것이다..

4. 결론

갑의 사직서 제출은 진의 아닌 의사표시로서 무효인 법률행위인데, 그럼에도 A회사가 갑의 사직서를 수리하는 것은 결국 해고라 할 것이므로, 근로자 甲. 주장은 타당하다.

II. 설문 2의 해결 (→사례연습 17 근로계약의 해석)

(4) 당사자의 '합의'에 의한 근로관계의 종료

1) 계약의 합의해지

계약의 합의해지는 계속적 채권채무관계에서 당사자가 이미 체결한 계약의 효력을 장래에 향하여 소멸시킬 것을 내용으로 하는 새로운 계약으로서, 이를 인정하기 위해서는 계약이 성립하는 경우와 마찬가지로 기존 계약의 효력을 장래에 향하여 소멸시키기로 하는 내용의 청약과 승낙이라는 서로 대립하는 의사표시가 합치될 것을 요건으로 한다. 계약의 합의해지는 묵시적으로 이루어질 수도 있으나, 계약에 따른 채무의 이행이 시작된 다음에 당사자 쌍방이 계약실현 의사의 결여 또는 포기로 계약을 실현하지 않을 의사가 일치되어야만 한다(대법원 2018. 12. 27. 선고 2016다274270,274287 판결 등 참조).

2) 명예퇴직(희망퇴직)(→사례: 88)

'명예퇴직'이란 아직 정년 연령이나 계약기간의 만료에 도달하지 않은 근로자들에게 사용자가 일정한 보상이나 퇴직위로금 등 추가적인 금원을 지급하고 정상적인 퇴직시기를 앞당겨 퇴사하도록 하는 자발적인 조기퇴직제도를 말한다. 이러한 명예퇴직은 당사자의 청약과 승낙의 의사표시의 합치에 의하여 성립하는 합의해지로서, 통상 사용자가 희망퇴직자를 모집하는 **청약의 유인에 대해** 퇴직희망자들의 신청은 **청약**이며, 사용자가 희망퇴직자를 결정하는 것은 **승낙**에 해당한다. 희망퇴직의 효력발생시기에 관하여 판례는 명예퇴직 대상자로 확정되었다고 하여 그 때에 곧바로 효력이 발생하는 것이 아니라 **예정된 명예퇴직일자에 비로소 퇴직의 효력이 발생**하는 것으로 해석하고 있다.(대법원 2000.07.07. 선고 98다42172 판결 등) 따라서 명예퇴직의 신청에 대한 사용자의 승낙이 있어 근로계약이 **합의해지되기 전에**는 근로자가 임의로 **그 청약의 의사표시를 철회할 수 있다**.(대법원 2003.04.25. 선고 2002다11458 판결) 다만, 그 철회가 사용자에게 예측할 수 없는 손해를 주는 등 신의칙에 반한다고 인정되는 특별한 사정이 있다면 그 철회는 허용되지 않는다.(대법원 2000.09.05. 선고 99두8657 판결) 다만, 근로자와 사용자 사이에 명예퇴직에 관한 합의가 있은 후에는 당사자 일방이 임의로 그 의사표시를 철회할 수 없으며, 이 합의에 따라 명예퇴직 예정일이 도래하면 근로자는 당연히 퇴직하고 사용자는 명예퇴직금을 지급할 의무를 부담하게 된다. 다만, 명예퇴직 합의 이후 **명예퇴직 예정일이 도래하기 이전**에 근로자에게 근로관계를 계속하게 하는 것이 곤란할 정도의 **중대한 비위행위**가 있는 경우에는 사용자가 명**예퇴직의 승인을 철회**하고 당해 근로자에 대하여 **징계해고**를 하는 것은 가능하다고 한다.(대법원 2002.08.23. 선고 2000다60890,60906 판결)

3) 권고사직

'권고사직'이란 사용자의 근로계약 해지의 **청약의 의사표시** (퇴직의 권유)에 대하여 근로자가 이를 **승낙** (사직서의 제출)함으로써, 즉 사용자가 근로자가 상호 '**합의**'함으로써 근로계약을 종료하는 '합의 해지', 즉 당사자의 합의에 의한 근로관계의 종료를 의미한다. 따라서, 해고에 관한 규정은 원칙적으로 합의에 의한 근로관계의 종료인 권고사직에 대해서는 그 적용이 없다.(대법원 1975.12.9. 75다1028 선고) 그런데, 권고사직이 합의 해지가 아닌 사용자의 해고로 다투어지는 경우에는 **근로자가 사직서를 제출하게 된 경위, 사직서의 기재 내용과 회사의 관행, 사용자측의 퇴직권유의 방법, 강도 및 횟수, 사직서를 제출하지 않을 경우 예상되는 불이익의 정도, 사직서 제출에 따른 경제적 이익의 제공 여부, 사직서 제출 전후의 근로자의 태도 등을 종합적으로 고려하여 판단하여야 할 것이다.**

4) 조건부 퇴직(→ 9. 해고. (쟁점) 변경해지권(조건부 해고) 인정여부)

조건부퇴직이란 근로자측에 징계해고 사유에 해당하는 비위사실이 있거나 외부적 요인이 있는 경우에, 사용자가 근로자에게 먼저 사직을 권고하고 그 근로자가 일정 기간 내에 사직서를 제출하면 **의원퇴직**으로 처리하는 것을 말한다. 다시 말하면 회사의 퇴직권고를 받아들이는 조건으로 퇴직을 인정하는 것이다. 만약 근로자가 회사의 권고에 불응할 때에는 회사는 일방적으로 **해고처분**을 내리게 된다. 이 경우에 의원퇴직으로 처리하는 조건부퇴직을 근로자의 일방적 의사표시에 의한 근로관계의 해지로 볼 것인지 아니면 합의해지로 볼 것인지가 명확하지 않으나, 후자의 것으로 판단하는 것이 옳을 것이다. 다만, 조건부 면직처분이 실체상 또는 절차상의 이유로 무효인 경우에는 이에 따라 제출된 사직원에 의한 의원면직 처분도 특별한 사정이 없는 한 무효라고 보아야 할 것이다.(대법원 1995.11.14. 선고 95누142 판결 등)

(5) 근로자의 사직의사의 철회(→사례: 88)

판례는 사직의사의 철회를 **'임의사직'**의 경우와 **'합의해지'**의 경우를 구별하여, **임의사직** (일방적인 근로계약의 해지 통고)의 경우에는 사용자에게 의사표시가 도달한 이후에는 사용자의 동의 없이 철회가 인정되지 않으나(대법원 2000.09.05. 선고 99두8657 판결), **예외적으로 사직서의 기재내용, 사직서의 제출 동기 및 경위, 근로자의 사직을 수리하는 절차 내지 규정의 존재 여부, 사직 의사표시를 철회하는 동기** 기타 여러 사정을 참작하여 원고의 사직서 제출이 해약의 고지가 아닌 근로계약의 '합의해지'를 청약한 것으로 볼 수 있는 경우에 한하여 사용자의 승낙의사가 형성되어 그 승낙의 의사표시가 근로자에게 도달하기 전이라면, **그 사직의 의사표시를 자유로이 철회할 수 있다는 것이** 판례의 태도이다. 다만, 근로계약 종료의 효과발생 전이라고 하더라도 근로자가 사직의 의사표시를 철회하는 것이 사용자에게 불측의 손해를 주는 등 신의칙에 반한다고 인정되는 특별한 사정이 있는 경우에 한하여 그 철회가 허용되지 않는다고 해석함이 상당하다고 한다.(대법원 2000.09.05. 선고 99두8657 판결) 따라서, 근로자의 사직원의 제출이 임의사직이 아니라 합의해지로 평가되는 경우라면, 사직원을 제출한 근로자는 사용자가 사표를 수리하기 전에는 자신의 사직의 의사표시를 철회 할 수 있는 것이며, 만일, 근로자가 자신의 사직의사의 철회를 분명히 했음에도 불구하고 사용자가 당초 사직원을 접수했다는 이유만으로 면직처분을 한다면 이는 무효이다.

(6) 법인의 파산 및 당사자의 사망

1) 법인의 파산

사용자인 법인에 대하여 법원이 파산선고 결정하게 되면 법인은 해산되고 파산절차에 의해 청산된다. 파산법인의 재산(파산재단)에 대한 관리 및 처분의 권한은 파산관재인에게 이전되며, 근로계약의 해지의 시기와 방법에 대해서도 파산관재인에게 그 재량이 위임되어 있다고 보아야 할 것이다

2) 당사자의 사망

사용자가 개인인 경우에는 근로계약상의 지위는 일신전속적인 것으로서 상속되지 않으므로(민법 제657조) 근로관계는 원칙적으로 상속인에게 이전되지 않는다. 근로자가 사망하는 경우에 근로계약상의 지위는 일신전속적인 것으로서 상속되지 않으므로(민법 제657조) 근로관계는 원칙적으로 상속인에게 이전되지 않는다.

사례연습 88

사직의 의사표시의 철회와 명예퇴직(대법원 2003.04.25. 선고 2002다11458 판례: 출제유력)

A회사는 상시근로자 1,000명이 근무하는 가전제품 제조 · 판매 회사이다. 2015. 1.1. A회사는 매출부진 등을 이유로 부서간 통폐합 등 조직개편을 단행하였다. 영업부 과장으로 근무하던 근로자 甲은 부서간 통폐합으로 인해 정기승진에서 부장승진을 할 수 없게 되자 2015.6.1. 사직서를 작성하여 A회사에 제출하였다. 그런데, 2015. 6. 5. A회사는 근속연수 10년이상 또는 과장급이상 근로자들을 대상으로 하는 명예퇴직 실시방안을 발표하였다. 명예퇴직 실시방안은 2015.7.1.까지 명예퇴직신청을 받고 2015. 7. 15.까지 명예퇴직 신청자 중 100명을 선별하여 명예퇴직대상자를 결정하고 이를 개별적으로 서면 통지하고, 2015. 8. 1.자로 일괄퇴직하며 명예퇴직 대상자들에게는 퇴직금 외에 1억원의 명예퇴직수당을 별도로 지급한다는 내용이었다.

근로자 甲은 2015. 6. 5. 명예퇴직 실시방안이 발표되자 1억원의 명예퇴직수당을 받기 위하여 2015. 6.1.에 행한 사직의 의사표시를 철회하고 명예퇴직을 신청하는 내용의 서면을 작성하여 A회사에 제출하였다. 한편, 인사부장으로 근무하던 乙은 2015. 6. 10. 명예퇴직신청서를 A회사 제출하였으나, 2015. 6. 20. 명예퇴직신청을 철회한다는 내용의 서면을 작성하여 A회사에 제출하였다.

그러나 A회사는 이미 명예퇴직신청서를 정식으로 제출하였으므로 철회를 수용할 수 없다는 점을 분명히 한 후 인사부장 乙의 명예퇴직신청을 승인하고 2015. 7. 15. 乙에게 이를 서면통보하였다.

1. 근로자 甲의 사직의 의사표시 철회는 유효한가?

2. 명예퇴직신청을 한 乙이 명예퇴직신청을 철회하였는데 이러한 의사표시는 유효한가?

Ⅰ. 설문1의 해결

1. 쟁점의 정리

사안에서 근로자 甲은 2015.6.1. 사직서를 작성하여 A회사에 제출하였는데, 그 이후 명예퇴직 실시방안이 발표되자 甲은 1억원의 명예퇴직수당을 받기 위하여 사직의 의사표시를 철회하고 명예퇴직을 신청하는 내용의 서면을 작성하여 제출하였다. 이러한 근로자 甲의 사직의 의사표시 철회가 유효한지 여부 그리고 사직의 의사표시를 철회할 수 있다면 사직의 의사표시를 철회할 수 있는 시기가 언제까지인지 검토하여야 할 것인 바, 이를 위해서는 먼저 사직의 의의 및 법적 성격을 살펴본 후 근로자의 사직의 의사표시의 철회에 대한 판례의 법리를 검토하겠다.

2. 甲의 사직의 의사표시 철회가 유효한지 여부

(1) 사직의 의의 및 법적 성격

사직은 근로관계를 종료하겠다는 근로자의 일방적인 의사표시로서 상대방 있는 단독행위이다. 법원은 근로자가 한 사직의 의사표시를, 특별한 사정이 없는 한, 당해 근로계약을 종료시키는 취지의 해약고지(해지)로 본다.(대법원 2000.09.05. 선고 99두8657 판결) 따라서 '기간의 정함이 없는 근로계약'의

해지의 경우에는 사용자가 사표를 제출받은 날로부터 1월이 경과하면(기간의 보수를 정한 때에는 사용자가 사표를 제출받은 당기(當期) 후의 1기를 경과하면) 당해 근로계약은 해지된다.(민법 제660조 제2항)

(2) 근로자의 사직의 의사표시 철회

사직의 의사표시가 사용자에게 도달한 이상 근로자로서는 상대방인 사용자의 동의 없이는 비록 민법 제660조 제3항 소정의 기간이 경과하기 전이라 하더라도 사직의 의사표시를 철회할 수 없는 것이 원칙이다.(대법원 2000.09.05. 선고 99두8657 판결) 다만, 예외적으로 사직서의 기재내용, 사직서의 제출 동기 및 경위, 근로자의 사직을 수리하는 절차 내지 규정의 존재 여부, 사직 의사표시를 철회하는 동기 기타 여러 사정을 참작하여 원고의 사직서 제출이 해약의 고지가 아닌 근로계약의 '합의해지'를 청약한 것으로 볼 수 있는 경우에 한하여, 사직원의 제출에 따라 사용자의 승낙의사가 형성되어 확정적으로 근로계약 종료의 효과가 발생하기 전이라면, 그 사직의 의사표시를 자유로이 철회할 수 있다고 볼 수 있다는 것이 판례의 태도이다.(대법원 2003.04.25. 선고 2002다11458 판결)

(3) 사안의 경우

사안에서 근로자 甲의 사직의 의사표시가 합의해지를 위한 청약의 의사표시로 볼 수 있는 특별한 사정은 보이지 않는다. 따라서, 甲이 2005. 6. 1. A회사에 사직서를 작성하여 제출한 행위는 단독행위인 해약의 고지에 해당한다고 할 것이므로 사직의 의사표시가 사용자인 A회사에 도달한 이상 사직의 의사표시를 철회할 수 없다. 또한, 사안에서 사용자가 사직의 의사표시 철회에 대해 동의한 것으로 볼 수 있는 사실관계도 없으므로 근로자 甲의 사직의 의사표시 철회는 유효하지 않다.

3. 결론

근로자 甲의 사직의 의사표시는 이미 A회사에 도달하였으므로 사직의 의사표시를 철회할 수 없다. 따라서, 甲의 사직의 의사표시 철회는 유효하지 않다.

II. 설문 2의 해결

1. 쟁점의 정리

사안에서 근로자 乙은 2015. 6. 10. 명예퇴직신청서를 A회사 제출하였다가 2015. 6. 20. 명예퇴직신청을 철회한다는 내용의 서면을 작성하여 A회사에 제출하였음에도, A회사는 이미 명예퇴직신청서를 정식으로 제출하였으므로 철회를 수용할 수 없다는 점을 분명히 한 후 乙의 명예퇴직신청을 승인하고 2015. 7. 15. 乙에게 이를 서면 통보하였다. 이러한 乙의 명예퇴직신청의 철회의 유효여부 그리고 철회를 할 수 있다면 철회를 할 수 있는 시기가 언제까지인지 검토하여야 할 것인 바, 이를 위해서는 먼저 명예퇴직의 의의와 법적성격을 살펴본 후 Z의 명예퇴직신청의 철회가 효력이 있는 지의 여부를 청약의 구속력을 규정한 민법 제527조와의 관계에서 검토해 보도록 한다.

2. 乙의 명예퇴직신청 철회가 유효한지 여부

(1) 명예퇴직의 의의 및 법적성질

명예퇴직(희망퇴직)이란 아직 정년 연령이나 계약기간의 만료에 도달하지 않은 근로자들에게 사용자가 일정한 보상이나 퇴직위로금 등 추가적인 금원을 지급하고 정상적인 퇴직시기를 앞당겨 퇴사하도록 하는 자발적인 조기퇴직제도를 말한다. 명예 퇴직의 법적성격은 근로계약의 '합의해지'의 성질을 가지므로 당사자간 합의된 바에 따라 그 효력이 발생한다. 즉, 사용자가 희망퇴직자를 모집하는 행위는 청약의 유인이고, 퇴직희망자들의 신청행위는 청약이며, 사용자가 희망퇴직자를 결정하는 것은 승낙에 해당한다.

(2) 명예퇴직 신청의 철회

희망퇴직의 효력발생시기에 관하여 판례는 명예퇴직이란 근로자가 명예퇴직의 신청(청약)을 하면 사용자가 요건을 심사한 후 이를 승인(승낙) 함으로써 합의에 의하여 근로관계를 종료시키는 것으로, 명예퇴직 대상자로 확정되었다고 하여 그 때에 곧바로 효력이 발생하는 것이 아니라 예정된 명예퇴직일자에 비로소 퇴직의 효력이 발생하는 것으로 해석하고 있다.(대법원 2000.07.07. 선고 98다42172 판결 등) 따라서 명예퇴직의 신청은 근로계약에 대한 합의해지의 청약에 불과하여 이에 대한 사용자의 승낙이 있어 근로계약이 합의해지되기 전에는 근로자가 임의로 그 청약의 의사표시를 철회할 수 있다.(대법원 2003.04.25. 선고 2002다11458 판결) 다만, 그 철회가 사용자에게 예측할 수 없는 손해를 주는 등 신의칙에 반한다고 인정되는 특별한 사정이 있는 경우에는 그 철회가 허용되지 않는다.(대법원 2000.09.05. 선고 99두8657 판결)

(3) 사안의 경우

1) 명예퇴직 신청 철회가 가능한 시점

근로자는 사용자의 승낙의 의사표시가 자신에게 도달하기 이전까지 합의해지 청약의 의사표시를 철회할 수 있다. A회사가 명예퇴직 신청자들에게 명예퇴직 신청에 대한 승인의 의사표시를 한 날은 2015. 7.15.이었다. 사안에서 서면으로 통보하였고 특별히 도달시 점에 대한 언급이 없으나 회사내부의 문서에 의해 통보한 것으로서 2015.7.15.에 각 근로자들에게 승낙의 의사표시가 도달되었다고 판단된다. 각 근로자들은 명예퇴직 신청에 대한 승낙의 의사표시가 도달하기 전까지는 명예퇴직 신청을 철회할 수 있다.

2) 근로자 乙의 명예퇴직 신청 철회가 유효한지 여부

인사부장인 근로자 乙은 2015. 6. 10. 명예퇴직신청서를 A회사에 제출하였고, 2015.6.20.에 명예퇴직신청을 철회한다는 내용의 서면을 작성하여 A회사에 제출하였다. 따라서, 乙이 명예퇴직 신청을 철회한 시점은 2016. 6.20.이다. A회사가 乙에 대해 명예퇴직신청을 승인하고 이를 통보한 시점은 2015.7.15.이다. 따라서, 근로자 乙은 사용자의 승낙의 의사표시가 도달하기 이전에 명예퇴직 신청을 철회하였으므로 그 철회는 유효하다.

3. 결론

근로자 乙은 사용자의 승낙의 의사표시가 도달하기 이전에 명예퇴직 신청을 철회하였으므로 근로자 乙의 명예퇴직 신청의 철회는 유효하다.

2. 퇴직급여제도(퇴직금 및 퇴직연금제도)

(1) 퇴직급여제도의 개요

1) 퇴직급여제도의 도입 및 퇴직급여제도의 설정

'퇴직급여제도'란 종래의 '퇴직금제도' 및 '퇴직연금제도'를 총칭하는 것으로, 모든 사업장(상시근로자 4인 이하의 사업장은 2010년 12월 1일부터 적용)은 퇴직금제도 또는 퇴직연금제도 중 하나 이상의 퇴직급여 제도를 설정, 운영할 수 있다. 단, 사용자가 퇴직급여제도나 개인형 퇴직연금제도를 설정하지 아니한 경우에는 근퇴법 제8조의 퇴직금 제도를 설정한 것으로 본다.(근퇴 법 제11조),

2) 퇴직급여제도의 종류

① **퇴직금 제도**: 계속근로기간 1년에 대하여 30일분 이상의 평균임금을 퇴직금으로 퇴직 근로자에게 지급하는 제도를 의미한다.(근로자퇴직급여 보장법 제8조 제1항)

② **퇴직연금제도** : 퇴직연금제도는 **확정급여형**(Defined Benefit, 근로자의 연금급여가 사전에 확정되며, 사용자의 적립부담은 적립금 운용결과에 따라 변동됨)과 **확정기여형**(Defined Contribution, 사용자의 부담금이 사전에 확정되고 근로자의 연금급여는 적립금 운용수익에 따라 변동됨)이 있다.

3) 퇴직급여의 차등 금지

퇴직급여제도를 설정하는 경우에 하나의 사업에서 급여 및 부담금 산정방법의 적용 등에 관하여 차등을 두어서는 아니된다.(근퇴법 제4조 제2항) 따라서, 하나의 사업에 포함되는 본사 · 지사간에 퇴직금 지급조건을 달리하거나, 하나의 사업 또는 사업장내에서 직위별, 직급별, 직종별로 차등을 두거나 누진율을 달리 적용하는 것은 법위반으로서 허용되지 않는다.

4) 수급권의 보호

가. 양도 · 담보 금지 원칙

퇴직연금제도의 급여를 받을 권리는 양도하거나 담보로 제공할 수 없다.(근퇴법 제 7조 제1항) 따라서 퇴직연금제도의 급여를 받을 권리에 대한 압류명령은 실체법상 무효이고, 퇴직연금채권은 그 전액에 관하여 압류가 금지된다 다만, 가입자가 주택구입 등 다음의 사유와 요건을 갖춘 경우에는 일정 한도에서 퇴직연금제도의 급여를 받을 권리를 담보로 제공할 수 있다 (근퇴법 제7조 제1항, 제2항)

나. 퇴직급여등의 우선변제

퇴직급여는 임금에 준하여 우선변제권 및 최우선변제권이 인정된다 따라서, 사용자에게 지급의무가 있는 퇴직금, 확직연금제도의 부담금 중 미납입 부담금 및 미납입 부담금에 대한 지연이자 등은 사용자의 총재산에 대하여 질권 또는 저당권에 의하여 담보된 채권을 제외하고는 조세 · 공과금 및 다른 채권에 우선하여 변제되어야 한하고, 최종 3년간의 퇴직급여 등은 사용자의 총재산에 대하여 질권 또는 저당권에 의하여 담보된 채권, 조세 · 공과금 및 다른 채권에 우선하여 변제되어야 한다.

(2) 퇴직금 제도

1) 퇴직금의 의의 및 법적성질

'퇴직금'이란 근로자가 일정 기간을 근속하고 근로관계가 종료할 때에 사용자가 근로자에게 지급하는 금전급여를 의미한다. 퇴직금제도에 관하여는 근로자가 기업에 기여한 공로를 보상하기 위하여 지급하는 은혜적 급여라는 '**공로보상설**,' 재직 중에 근로한 대가의 일부를 퇴직 시에 후불적으로 지급하는 임금이라는 '**임금후불설**,' 등 학설의 대립이 있으나, 퇴직금은 재직 중 적립하여 두었던 임금을 근로자가 퇴직할 때에 사후적으로 지급하는 것으로 파악하는 '임금후불설'이 판례이자 학설의 통설적 견해이다.

2) 퇴직금 제도의 설정

퇴직금 제도를 설정하려는 사용자는 계속근로기간 1년에 대하여 30일분 이상의 평균임금을 퇴직금으로 퇴직 근로자에게 지급할 수 있는 제도를 설정하여야 한다.(근로자퇴직급여 보장법 제8조 제1항)'

3) 퇴직금의 지급요건

① **적용 사업장** :퇴직급여제도는 2010.11.30까지는 상시 5인 이상 근로자를 사용하는 사업 또는 사업장에만 적용되었으나, 2010.12.1.부터는 상시 4인 이하의 사업장을 포함하는 모든 사업장에 대해서도 확대 적용되고 있다.[2)]

② **지급의무자**: 퇴직금지급의무자는 '근로기준법상 사용자(근로기준법 제2조)'를 의미한다.

③ **근로자의 퇴직**: 1주 소정근로시간이 15시간 이상인 근로자로서 1년 이상 근로한 근로자가 퇴직하는 경우이다. 근로자가 '퇴직'한 경우란 근로관계가 종료하는 모든 경우를 의미하고, 퇴직의 원인이 무엇이든지 묻지 않는다.

4) 계속근로기간

퇴직금 제도를 설정하려는 사용자는 계속근로기간 1년에 대하여 30일분 이상의 평균임금을 퇴직금으로 퇴직 근로자에게 지급할 수 있는 제도를 설정하여야 하는 바(근로자퇴직급여 보장법 제8조 제1항), 여기서 '계속근로기간'이란 근로계약 체결시부터 근로계약 종료시까지의 역일상의 근로계약 존속기간으로서 이른바 '재직기간'을 말한다. 근로자의 개근 또는 출근, 휴직, 휴업 등과 무관하게 근로자가 그 사업 또는 사업장에 적을 가지고 있는 기간은 원칙적으로 모두 계속근로기간에 포함된다는 점에서, 계속근로기간은 근로자가 실제로 근로를 제공한 '실근로기간'과 구별된다.. 판례는 '군복무기간'을 제외하고 사실상 거의 모두 재직기간에 포함시키고 있다. 또한, 시용기간의 경우에도, 근속기간 중에 직종 등 근로제공의 형태가 변경된 경우와 마찬가지로, 시용기간 만료 후 본 근로계약을 체결하여 공백 기간 없이 계속 근무한 경우에도 시용기간과 본 근로계약기간을 통산한 기간을 퇴직금 산정의 기초가 되는 계속근로기간으로 보아야 한다(대법원 1995. 7. 11. 선고 93다26168).

---

2) 따라서, 전체근속기간 중 2010. 12.1 이전 기간에서 상시 근로자수가 5인 이상인 경우와 미만인 경우가 혼재된 경우에는 전체 기간 중 5인 이상에 해당되는 기간만을 뽑아서 합산하여 그 기간이 1년 이상이 되는지 여부를 판단하여야 한다.

5) 연속적 근로계약관계 등의 경우의 계속근로기간

계속근로 여부와 관련하여 퇴직금지급청구가 인정되기 위해서는 적어도 근로연수가 계속해서 1년 이상이어야 하는 바, 근로계약기간이 만료되면서 다시 근로계약을 맺어 그 근로계약기간을 갱신하거나 동일한 조건의 근로계약을 반복하여 체결한 경우에는 갱신 또는 반복된 계약기간을 합산하여 계속 근로 여부와 계속 근로 연수를 판단하여야 하고(대법원[전합] 1995.07.11. 선고 93다26168 판결 등 참조), 갱신되거나 반복된 근로계약 사이에 일부 공백 기간이 있다 하더라도 그 기간이 전체 근로계약기간에 비하여 길지 아니하고, 계절적 요인이나 방학 기간 등 당해 업무의 성격에 기인하거나 대기 기간재충전을 위한 휴식기간 등의 사정이 있어 그 기간 중 근로를 제공하지 않거나 임금을 지급하지 않을 상당한 이유가 있다고 인정되는 경우에는, 근로관계의 계속성은 그 기간 중에도 유지된다.

'**합병이나 영업양도** 등이 있는 경우에도 기업이 동일성을 유지하면서 근로관계가 포괄승계되어 근로관계의 계속성이 유지되는 한 계속근로연수는 합산되므로 되고, 그 기간들 모두를 하나의 계속근로년수로 합하여 인정해야 할 것이다.

6) 퇴직금의 지급(→사례: 38)

가. 지급액

법정퇴직금은 근로자의 계속근로연수 1년에 대하여 퇴직당시의 **평균임금 30일분 이상**을 지급하여야 한다.(근퇴법 제8조 제1항) 퇴직금은 반드시 퇴직 당시의 평균임금을 기준으로 산정하여야 한고, 이 경우 평균임금은 근로기준법 제2조 제1항 제6호에 따라 산정한다.

나. 퇴직금 청구권의 행사 시점

사용자는 근로자가 퇴직한 경우에는 그 지급사유가 발생한 날부터 **14일 이내**에 퇴직금을 지급해야 한다. 다만, 특별한 사정이 있는 경우에는 당사자 간의 합의에 따라 지급기일을 연장할 수 있다.(근로자퇴직급여보장법 제9조)

다. 퇴직금 지급률

퇴직금 산정의 기초가 되는 평균임금의 산정은 특별한 사정이 없는 한 퇴직 당시를 기준으로 하여야 하고, 계속근로기간의 중간에 적용될 퇴직금규정이 유효하게 변경되었다면 **근로자의 기득이익을 침해하는 등의 특별한 사정이 없는 한** 원칙적으로 전체의 근무기간에 대하여 퇴직 당시에 유효한 퇴직금규정을 적용하는 것이지, 퇴직금규정 변경 전후의 기간을 나누어서 변경 전 근무기간에 대하여 변경 전의 퇴직금규정을 적용할 것은 아니라는 입장이다.(대법원 1997.07.11. 선고 96다45399 판결 등)

라. 퇴직금 사전포기의 유효여부

퇴직금 청구권은 근로계약 종료시에 발생하고, 근로계약이 존속하는 동안에는 퇴직금 지급의무가 발생될 여지가 없다. 따라서 퇴직금청구권은 퇴직한 다음날부터 이를 행사할 수 있다고 봄이 타당하며, 근로자가 퇴직하기 이전에 사용자에 대하여 퇴직금청구권을 포기하거나 민사소송을 제기하지 않겠다는 부제소특약은 근로기준법에 위반되어 무효이다. 다만, 근로관계가 종료하여 근로자에게 구체적인 퇴직금 청구권이 발생한 상태에서 근로자가 퇴직금의 전부 또는 일부를 받지 않기로 약정(합의)하는 것은 사적자치 원칙상 유효하다.

7) 퇴직금 중간정산 제도

가. 퇴직금 중간정산의 제한

퇴직금 청구권은 근로관계가 종료하여야 발생하는 것이지만, 근로관계가 종료하기 전 재직 중 기왕에 근로한 근로자의 계속근로기간에 대한 퇴직금'을 미리 정산하여 지급하는 것을 '퇴직금 중간정산'이라고 한다. 중간정산은 이미 계속 근로한 기간에 대하여 발생한 퇴직금을 대상으로 하며, 아직 근로하지 아니한 장래의 기간에 대하여 미리 정산을 약정하는 것은 중간정산이 아니다. '이 경우 미리 정산하여 지급한 후의 퇴직금 산정을 위한 계속근로기간은 정산시점부터 새로 계산한다.(근퇴법 제8조제2항) 다만, 사용자는 근로자가 중간정산의 요건을 갖추었다고 하여 중간정산 요구에 반드시 응해야 할 의무가 있는 것은 아니며, 반드시 근로자가 요구한 기간 전부에 대해 응낙해야 하는 것도 아니다.

나. 퇴직금 중간정산 사유

기존에는 퇴직금의 중간정산을 자유롭게 인정하였으나, 2012.7.20부터는 퇴직금의 중간정산이 원칙적으로 금지되고 예외적으로 주택구입 등 대통령령으로 정하는 제한된 사유로 근로자의 요구가 있는 경우에만 인정하고 있다.

다. 퇴직금 중간정산의 효과

(i) 법정요건을 갖춘 중간정산의 효력

법정요건을 갖추어 유효한 퇴직금 중간정산을 실시한 경우에는 퇴직금중간정산의 효력이 발생하므로, 근로자 퇴직시 사용자는 이미 중간정산을 한 기간을 제외한 계속근로기간에 해당하는 퇴직금을 지급할 의무가 있다. 근로자의 계속근로기간과 관련해서는 퇴직금과 관련된 계속근로기간에 한하여 중간정산 시점부터 처음부터 새로 기산된다. 따라서, 연차유급휴가를 위한 계속근로기간 등은 퇴직금중간정산의 영향을 받지 않는다.

(ii) 법정요건을 갖추지 않은 중간정산의 효력

퇴직금 중간정산 사유에 해당하지 않음에도 중간정산한 경우, 즉, 법정요건을 갖추지 않은 중간정산은 퇴직금 중간정산으로서의 효력이 없으므로 사용자는 근로자가 퇴직시에 이미 중간정산을 한 기간을 포함하는 모든 계속근로기간에 해당하는 퇴직금을 지급하여야 하며, 이미 중간정산하여 지급한 금액은 근로자에 대하여 별도로 부당이득의 반환을 구하여야 한다. 중간정산 금지규정은 강행규정이나 처벌규정 없으므로 '부당이득환수'라는 민사문제만 발생할 뿐이다.

라. 잘못된 중간정산 퇴직금의 소멸시효

퇴직금은 근로관계의 종료로 인하여 발생하는 것이므로, **중간정산시 계산착오** 등 하자가 있어 정산기간 중 일부 지급받지 못한 금액은 **금품청산미지급 금액**에 **포함**되므로 근로자가 그 사업장을 퇴직한 날로부터 **3년간 소멸시효**가 기산된다. 다만, 중간정산시 계산착오가 아니라, 중간정산 당시의 회사의 퇴직금 규정에 따라 정상적으로 퇴직금을 지급하였으나 결과적으로 **근로기준법이 정한 기준에 미달되는 경우**에는 각 퇴직금 중간정산일로부터 **소멸시효 10년의 부당이득 반환청구권이** 발생한다. (대법원 2012.10.11. 선고 2010다95147 판결)

(쟁점) 퇴직금 분할 약정(→사례: 89)

1. 퇴직금 분할 약정의 효력

'퇴직금분할약정'이란 본래 근로자의 퇴직 이후 지급하여야 할 퇴직금을 미리 월급 또는 일당을 지급할 때마다 양 당사자가 정한 일정한 금액으로 미리 지급하기로 하는 약정을 의미한다. 이러한 퇴직금 분할 약정은 퇴직금 중간정산으로 인정되는 경우가 아닌 한 퇴직시 발생하는 퇴직금청구권을 근로자가 사전에 포기하는 것으로서 강행법규에 위배되어 무효이다. 그리고, 퇴직금 분할 약정이 위와 같은 이유로 무효여서 퇴직금 지급으로서의 효력이 없다면 위 약정에 의하여 이미 지급한 퇴직금 명목의 금원은 근로의 대가로 지급하는 '임금'에도 해당한다고 할 수 없다. 따라서, 사용자는 법률상 원인 없이 근로자에게 퇴직금 명목의 금원을 지급함으로써 그 금액 상당의 손해를 입은 반면 근로자는 같은 금액 상당의 이익을 얻은 셈이 되므로, 근로자는 수령한 퇴직금 명목의 금원을 부당이득으로 사용자에게 반환하여야 한다. 다만 퇴직금 제도를 강행법규로 규정한 입법취지를 감안할 때 사용자와 근로자가 체결한 당해 약정이 그 실질은 임금을 정한 것에 불과하고 사용자가 퇴직금의 지급을 면탈하기 위하여 퇴직금 분할 약정의 형식만을 취한 것이라고 인정되는 경우라면, 사용자는 근로자에게 이미 지급된 금원에 대하여 부당이익으로서 반환할 것을 요구할 수 없을 것이다.

2. 무효인 퇴직금 분할지급약정과 부당이득 반환의 조정적 상계

(1) 부당이득 반환의 조정적 상계의 의의 및 그 요건

'조정적 상계'란 사용자가 근로자에게 초과 지급한 임금에 대한 부당이득 반환청구권을 자동채권으로 하여 이후 발생하는 임금채권과 상계하여 정산하는 것을 의미한다. 판례는 이러한 조정적 상계는 매우 엄격한 요건하에서 그리고 제한된 범위에서 인정하고 있는 바, 대법원은 퇴직금 분할지급약정이 무효인 경우, 퇴직금 명목으로 지급된 금원이 부당이득이 되기 위해서는 ① **사용자와 근로자 사이에 월급이나 일당 등에 퇴직금을 포함시키고 퇴직 시 별도의 퇴직금을 지급하지 않는다는 취지의 합의가 존재할 뿐만 아니라, ② 임금과 구별되는 퇴직금 명목 금원의 액수가 특정되고, ③ 종전의 근로계약이나 근로기준법 등에 비추어 근로자에게 불이익하지 아니하여야 하는 등, 사용자와 근로자가 임금과 구별하여 추가로 퇴직금 명목으로 일정한 금원을 실질적으로 지급할 것을 요구한다.**

(2) 조정적 상계의 범위

민사집행법 제246조 제1항 제5호는 근로자인 채무자의 생활보장이라는 공익적, 사회 정책적 이유에서 '퇴직금 그 밖에 이와 비슷한 성질을 가진 급여채권의 2분의 1에 해당하는 금액'을 압류금지채권으로 규정하고 있고, 민법 제497조는 압류금지채권의 채무자는 상계로 채권자에게 대항하지 못한다고 규정하고 있으므로, 사용자가 근로자에게 퇴직금 명목으로 지급한 금원 상당의 부당이득 반환채권을 자동채권으로 하여 근로자의 퇴직금채권을 상계하는 것은 퇴직금채권의 2분의 1을 초과하는 부분에 해당하는 금액에 관하여만 허용된다고 봄이 상당하다는 것이 판례의 태도이다. (대법원 2010.05.20. 선고 2007다90760 판결) 따라서 사용자가 그 외의 나머지 금원을 반환받기 위해서는 별도로 민사소송 (부당이익반환소송)을 제기하여야 한다.

사례연습 89

퇴직금분할지급약정 (공인노무사 26회 기출문제)

한편, A사는 모든 근로자들과 1년 단위로 연봉계약을 체결하였다. 연봉계약서에는 기본급, 수당 및 상여금, 1년에 1개월 평균임금 상당액인 퇴직금과 이를 12개월로 분할 지급되는 금액이 기재되었다. 이에 따라 근로자 을은 A사로부터 퇴직금 명목의 금원을 매월 균분하여 지급받았다. 이후 근로자 乙 은 퇴직하면서 퇴직금 지급청구를 하였다. 다음 물음에 답하시오. 근로자 을의 퇴직금지급 청구의 정당성에 대해 설명하시오.

1. 쟁점의 정리

사안에서 을의 퇴직금 지급 청구의 정당성을 판단하기 위하여, ① 먼저 퇴직금의 의의 및 퇴직금 지급의무의 발생 시기에 대하여 살펴보고, ② 퇴직금 분할지급약정의 유효성 여부를 검토한 후, ③ 퇴직금으로 지급된 금품이 부당이득반환의 대상이 되는 지 검토하도록 한다.

2. 퇴직금의 의의 및 퇴직금 지급의무의 발생 시기

(1) 퇴직금의 의의

'퇴직금'이란 근로자가 일정 기간을 근속하고 근로관계가 종료할 때에 사용자가 근로자에게 지급하는 금전급여를 의미한다. 판례는 '퇴직금'은 사용자가 근로자의 근로 제공에 대한 임금 일부를 지급하지 아니하고 축적하였다가 이를 기본적 재원으로 하여 근로자가 1년 이상 근무하고 퇴직할 때 일시금으로 지급하는 것으로서, 본질적으로 후불적 임금의 성질을 지니는 것'으로 정의하고 있다.

(2) 퇴직금 지급의무의 발생

법정퇴직금은 근로자의 계속근로연수 1년에 대하여 퇴직당시의 평균임금 30일분 이상을 지급하여야 한다.(근퇴법 제8조 제1항)이 경우 퇴직금은 반드시 퇴직 당사의 평균임금을 기준으로 산정하여야 하고, 근로관계가 존속하는 한 사업주의 퇴직금 지급의무는 발생할 여지가 없고, 근로관계가 종료되는 때에 비로소 그 지급의무가 생긴다.(대법원 2011.10.27. 선고 2011다42324 판결)

3. 퇴직금 분할지급의 유효 여부

(1) 퇴직금 분할지급약정의 유효성

'퇴직금분할약정'이란 본래 근로자의 퇴직 이후 지급하여야 할 퇴직금을 미리 월급 또는 일당을 지급할 때마다 양 당사자가 정한 일정한 금액으로 미리 지급하기로 하는 약정을 의미하는 바, 이러한 퇴직금 분할 약정은 소정의 퇴직금 중간정산으로 인정되는 경우가 아닌 한 최종 퇴직 시 발생하는 퇴직금청구권을 근로자가 사전에 포기하는 것으로서 강행법규에 위배되어 효력이 없다는 것이 판례의 태도이다. (대법원[전합] 2010.05.20. 선고 2007다90760 판결)

(2) 퇴직금 중간정산의 유효성

근로관계가 종료하기 전 재직중 기왕에 근로한 근로자의 계속근로기간에 대한 퇴직금'을 미리 정산하여 지급하는 것을 '퇴직금 중간정산'이라고 하는 바, 유효한 중간정산을 위해서는 ① 근로자의 요구가 있어야 하며, ② 주택구입 등 근퇴법 시행령 제3조가 정하는 사유로 인한 것이어야 하고, 위와 같은 법정요건을 갖추지 않은 중간정산은 그 효력이 없으므로 사용자는 근로자가 퇴직시에 이미 중간정산을 한 기간을 포함하는 모든 계속근로기간에 해당하는 퇴직금을 지급하여야 한다.다

(3) 사안의 경우

사안의 경우, 사용자인 A회사가 일방적으로 보수규정으로 퇴직금을 분할지급하고 있는바, 이러한 퇴직금분할약정은 시행령 제3조에서 나열하고 있는 소정의 퇴직금 중간정산 사유에 해당하지 않으며, 근로자가 요구하고 있지도 않아 적법한 퇴직금 중간정산으로 인정되지 않으므로 무효이다.

4. 부당이득 반환여부

(1) 부당이득반환의 요건

퇴직금 분할지급약정이 무효인 경우, 퇴직금 명목으로 지급된 금원이 부당이득이 되는 지 문제되는 바, 대법원은 ① 사용자와 근로자 사이에 월급이나 일당 등에 퇴직금을 포함시키고 퇴직 시 별도의 퇴직금을 지급하지 않는다는 취지의 합의가 존재할 뿐만 아니라, ② 임금과 구별되는 퇴직금 명목 금원의 액수가 특정되고, ③ 종전의 근로계약이나 근로기준법 등에 비추어 근로자에게 불이익하지 아니하여야 하는 등, 사용자와 근로자가 임금과 구별하여 추가로 퇴직금 명목으로 일정한 금원을 실질적으로 지급할 것 경우에 한하여 퇴직금 명목의 금원의 부당이득으로 해석된다고 판단하였다.

(2) 사안의 경우

사안의 경우, 구체적인 사실관계가 명확하지 않으나, 설령 해당 금원이 부당이득에 해당한다 하더라도 , 판례에 따르면 사용자가 이를 자동채권으로 하여 근로자의 퇴직금채권과 상계할 수 있는 범위는 민사집행법 제246조에 의하여 2분의 1을 초과하는 부분에 해당하는 금액에 한한다.(대법원 2010.05.20. 선고 2007다90760 판결) 따라서 근로자 을은 여전히 A회사에 퇴직금의 지급을 청구할 수 있다.

5. 결론

사업주의 퇴직금 지급의무는 근로관계가 종료되는 때에 비로소 발생하는 바, 사안의 퇴직금분할약정은 무효이고, 설령 퇴직금으로 지급된 명목이 부당이득에 해당한다 하더라도 A회사는 여전히 퇴직금 지급의무를 부담하므로, 근로자 을의 퇴직금지급 청구는 정당하다.

3. 금품청산

(1) 금품청산의 의의

사용자는 근로자의 사망 · 퇴직 등의 사유가 발생한 날로부터 '**14일 이내**'에 임금, 보상금 기타 일체의 금품을 청산해야 주어야 하며, 14일이 경과한 날로부터 단 하루라도 금품을 청산하지 않으면 '임금 체불'이 성립하게 된다.(근로기준법 제36조) 근로기준법 제36조의 법문에는 '사망 또는 퇴직한 경우'라고 되어 있지만, 여기에서의 '퇴직'은 통상해고, 징계해고, 경영상 해고 등 모든 종류의 퇴직사유를 포함하는 '넓은 의미의 퇴직'으로 보아야 한다.

근로자의 사망 또는 퇴직의 사유가 발생한 날로부터 14일 이내에 금품을 청산하지 않으면 사용자는 임금체불에 따른 형사처벌의 대상(3년 이하 징역 또는 3,000만원 이하의 벌금)이 되고, 근로기준법 제37조가 정한 임금 및 퇴직금의 경우에는 14일이 지난 그 다음날부터 **연 100분의 20**의 지연이자가 가산된다.

(2) 금품청산의 청구권자 및 금품청산의 범위

1) 금품청산의 청구권자

사용자에 대하여 금품 청산을 요구(청구)할 수 있는 청구권자는 오로지 퇴직한 근로자 '본인'에 한한다. 일반적인 금전채권의 경우와 달리 근로자에 대한 '임금'은 오로지 근로자 '본인'에 대하여 '직접' 지급해야 하기 때문이다.

2) 금품 청산 의무자

금품청산의무를 부담하는 사용자의 범위에는 근로기준법 제2조 제1항 제2호 소정의 사업주 또는 사업경영담당자, 그 밖에 근로자에 관한 사항에 대하여 사업주를 위하여 행위하는 자가 모두 포함될 수 있다. 다만, 원칙적으로 금품청산의무자는 사업주 또는 사업경영담당자이고 사업경영담당자가 아닌 이사 등은 근로조건 등에 관한 실질적 결정권을 가지고 실질적으로 임금 지급에 관한 업무를 담당하는 등 사업주로부터 사업경영의 전부 또는 일부에 대하여 포괄적인 위임을 받고 대외적으로 사업을 대표하거나 대리하는 경우에 임금지불 책임자가 된다.

3) 금품 청산의 범위

금품 청산의 범위는 퇴직금을 포함하는 임금, 산재보상금, 등 **근로관계에서 발생한 일체의 금품**이다. '임금'은 근로기준법 제2조 제1항 제5호에서 규정한 임금을 말하는 것으로 연장 · 야간 · 휴일근로수당, 연차유급휴가수당, 출산전후휴가수당, 휴업수당, 상여금 등 근로자가 청구할 수 있는 모든 임금을 포함한다. '보상금'은 근로기준법 제78조 내지 제85조에서 규정한 재해보상금을 의미하는 것으로 해석되고, '그 밖에 일체의 금품'은 적립금, 보증금, 저축금, 퇴직금, 해고예고수당, 귀향여비, 퇴직위로금, 명예퇴직금, 월세지원금(임금근로시간정책팀-2422) 등 명칭에 관계없이 사용자에게 지급의무가 있는 일체의 금품을 의미한다.

4) 금품청산 기간 연장의 합의

현실적으로 14일 이내에 청산할 수 없는 '특별한 사정'이 있는 경우에는 **당사자간의 '합의'**에 의하여 기간을 '연장'할 수 있다. 여기서 **'특별한 사정'**이란 천재사변, 사용자의 파산 등 기타 이에 준하는 부득이한 사정으로서 **사용자에게 지급의무의 이행을 기대할 수 없는 '객관적 사정**을' 의미한다. 임금 등의 기간 연장의 합의는 지급사유가 발생한 날로부터 14일 이내에 해야 하며, 그 기간이 지나 근로기준법 위반의 죄가 성립한 후에는 비록 합의가 이루어 지더라도 이는 정상참작 사유에 지나지 않는다. 다만, 금품 청산 위반은 반의사불벌죄이므로 사용자의 의사에 반하여 처벌할 수는 없지만, 근로자와 합의하더라도 일단 성립한 근로기준법 위반 범죄의 효력에는 영향이 없다.

5) 금품청산의 대상에 대한 상계의 금지

금품청산의 대상에는 임금 뿐 아니라 임금 외의 '일체의 기타금품'이 포함되는 바, 해석상 임금에 준하여 취급되어야 하는 기타 금품 (예 퇴직으로 인하여 발생하는 연차유급휴가미사용수당 등)에 대해서도 상계가 금지된다고 해석된다. 해고예고수당도 임금은 아니지만 30일전에 해고예고를 하지 않음으로서 발생하는 '기타금품'에 해당하므로 사용자의 개인적인 채권으로 일방적으로 상계하는 것은 허용되지 않는다.

6) 미지급 임금 및 퇴직금에 대한 지연이자

가. 지연이자의 대상

근로관계가 종료한 날로부터 14일 이내에 근로기준법 제37조가 정한 임금 및 퇴직금을 지급하지 아니한 경우 사용자는 그 지급 사유가 발생한 날부터 **14일 이내**에 지급하지 아니한 경우 그 다음 날부터 지급하는 날까지의 지연 일수에 대하여 연 100분의 40 이내의 범위 이내의 범위에서 대통령령으로 정하는 이율에 따른 지연이자를 지급하여야 한다.(근로기준법 제37조 제1항) 근로기준법 제37조의 위임을 받은 대통령령(시행령)은 지연이자를 **연 20프로**로 정하였다.(시행령 제17조) 근로기준법 시행령이 정한 연 20프로의 지연이자 지급대상은 **임금 및 퇴직금**에 한정되고, 재해보상금과 그 밖의 금품은 연 20프로 지연이자 대상이 아니다.

나. 근로기준법 시행령 제18조 지연이자의 적용제외 사유

천재 · 사변, 그 밖에 대통령령으로 정하는 사유로 인하여 임금 지급을 지연하는 경우에는 그 사유가 존속하는 기간에 대하여는 근로기준법 제37조 제1항에 따른 지연이자를 지급하지 않아도 된다. 근로기준법 시행령 제18조에서는 지연이자 특칙 적용의 제외 사유를 4가지 경우로 정하고 있다[3]. 이에 따라 근로기준법 제37조 제1항에 따른 지연이자의 적용이 제외되는 기간에 대하여는 상법 소정의 연 6 프로의 지연이자만 발생한다.

---

3) ① 「임금채권보장법」 제7조제1항 각 호의 어느 하나에 해당하는 경우(채무자회생파산법에 따른 파산선고 및 회생절차개시결정, 고용노동부장관의 도산등사실인정을 말한다.) ② 「채무자 회생 및 파산에 관한 법률」,「국가재정법」,「지방자치법」 등 법령상의 제약에 따라 임금 및 퇴직금을 지급할 자금을 확보하기 어려운 경우, ③ 지급이 지연되고 있는 임금 및 퇴직금의 전부 또는 일부의 존부(存否)를 법원이나 노동위원회에서 다투는 것이 적절하다고 인정되는 경우, ④ 그 밖에 제1호부터 제3호까지의 규정에 준하는 사유가 있는 경우(**근로기준법 시행령 제18조**)

제10장 기업변동시의 근로관계

기업변동은 실질적인 구조조정(해고)의 효과를 가져올 수도 있다는 점에서 노동법상 문제가 발생할 여지가 크다. 특히, IMF 외환위기 이후 기업의 인수 · 합병이 확산되고, 특히 자산 양수도 방식에 의한 영업양도가 등장하면서 기업변동시의 근로관계의 문제가 부각된 바 있다. 그럼에도 불구하고 법률행위(계약)인 영업양도시의 근로관계의 승계에 관하여 입법적인 해결을 시도한 서유럽 각국이나 노사당사자의 자치적 해결을 도모하고 있는 미국 등 영미법계 국가들의 경우와 달리,[1] 우리나라에는 기업 변동시의 법률관계와 대해서는 상법상의 합병(제235조, 530조제2항, 603조)에 관한 규정 외에는 어디에도 관련규정이 존재하지 않고, 주로 판례와 해석론에 맡기고 있어 적지 않은 문제가 상존하고 있다.

1. 합병

(1) 회사의 합병

1) 회사의 합병의 의미

'회사의 합병'이란 2개 이상의 회사가 상법에 정해진 절차에 따라 회사의 일방이 소멸되고 1개 회사로 남거나(흡수합병) 혹은 2개 이상의 회사 전부가 소멸하고 새롭게 하나의 기업으로 신설되는 것(신설합병)을 말한다. **합병 후 존속한 회사 또는 합병으로 설립된 회사는 법률의 규정(상법 제235조)에 의하여 합병으로 인하여 소멸된 회사의 권리 · 의무를 포괄적으로 승계한다.**

2) 특정 근로자의 승계를 배제하는 특약의 효력

회사의 합병에 의하여 소멸회사와 근로자 사이의 근로관계는 존속회사 또는 신설회사에 법률상 당연히 포괄적으로 승계되어 그대로 유지되어야 하므로, **소멸회사의 근로자의 전부 또는 일부를 승계의 대상에서 제외한다는 합병 계약 당사자 사이의 합의 또는 결의는 무효라고 보아야 한다.** 다만, 근로자 본인의 의사에 의해 합병과 동시에 사직하고 합병 후 신설회사 혹은 존속회사에 입사하였다면, 그것이 당사자의 자유로운 의사에 의하여 결정된 것으로서 근로기준법을 잠탈한 목적이 있었다든지 신의칙이나 사회정의 및 형평에 반한 것이라는 비난가능성이 전제되지 아니하는 이상, 원칙적으로 소멸회사와의 근로관계는 단절되고 신설회사와 새로운 근로관계를 시작하는 것으로 볼 수 있을 것이다.

---

1) 독일 민법 제613a조 제1항은 '영업 또는 영업의 일부가 법률행위에 의하여 다른 소유자에게 이전된 경우, 양수인은 이전시에 해당 사업장에 성립된 고용관계로부터 발생하는 권리와 의무를 승계한다고 함으로써 영업양도 전에 성립한 근로관계로 인한 채무에 대한 양수인의 책임을 인정하고 있다 . 또한, 유럽연합 입법지침 제3조 제1항 제2문은 '회원국은 영업양도 이전에 성립했거나 영업양도시 성립한 근로관계로 인한 채권에 대하여 양도인과 양수인이 영업양도 후 연대책임을 지도록 할 수 있다고 정하고 있다.

3) 근로자의 동의 요부

민법 제657조 제1항은 '사용자는 근로자의 동의없이 그 권리를 제3자에게 양도하지 못한다'는 '권리의무의 전속성'을 규정하고 있는 바, 회사합병의 경우에도 위의 규정에 따라 근로자의 동의가 있어야 하는지 문제될 수 있지만, 소멸회사와 근로자 사이의 근로관계는 회사합병에 관한 상법의 규정(상법 제235조)에 따라 존속회사 또는 신설회사에 법률상 당연히 포괄승계 된다는 통설 및 판례의 입장에 따른다면, 위 민법 제657조 제1항은 회사합병의 경우에는 그 적용이 없다고 보아야 할 것이다.[2]

한편, 근로자에게 합병 이후 새로운 사용자와의 근로관계를 강제할 수 없는 것은 당연하므로, 합병 이후 고 존속회사 또는 신설회사에 계속 근로를 제공하기를 원하지 않는 근로자는 회사와 근로계약을 합의해지하거나 민법 제660조의 규정에 따라 사직할 수 있다.

(2) 회사합병의 근로관계(→사례: 90)

1) 근로관계의 포괄적 승계

회사의 합병에 의하여 근로자의 종전의 근로계약상의 지위가 그대로 포괄적으로 승계되므로, 합병 당시 취업규칙의 개정이나 단체협약의 체결 등을 통하여 합병 후 근로자들의 근로관계의 내용을 단일화하거나 변경 · 조정하기로 하는 새로운 합의가 없는 한, 소멸회사에 근무하던 근로자에 피합병회사의 권리와 의무는 종전과 동일한 내용으로 합병 후 존속회사나 신설회사에 그대로 승계된다[3].

2) 계속근로연수

회사의 합병에 의하여 근로자의 종전의 근로계약상의 지위가 그대로 포괄적으로 승계되므로, 근로자의 계속연수도 합병전후를 합산하여 산정하여야 하며, 기업의 흡수 · 합병시 퇴직금을 정산하여 현실로 지급받고, 장차 합병 후 회사에서의 근무기간만을 기초로 퇴직금을 받기로 하는 약정은 근퇴법이 규정한 적법한 중간정산에 해당하지 않는 한 그 효력이 없다.

3) 취업규칙의 승계여부(→(쟁점) 합병과 취업규칙의 승계 여부)

판례는 '회사의 합병에 의하여 근로관계가 승계되는 경우에는 종전의 근로계약상의 지위가 그대로 포괄적으로 승계되는 것이므로 합병 당시 취업규칙의 개정이나 단체협약의 체결 등을 통하여 합병 후 근로자들의 근로관계의 내용을 단일화하기로 변경 조정하는 새로운 합의가 없는 한 합병 후 존속회사나 신설회사는 **소멸회사에 근무하던 근로자**에 대한 퇴직금 관계에 관하여 **종전과 같은 내용으로 승계**하는 것'이라고 보아야 한다'.(대법원 1994.03.08. 선고 93다1589 판결)고 하여 취업규칙 그 자체가 포괄적으로 승계되는 것으로 보는 것으로 해석된다.

---

2) 민법 제657조 제1항은 사용자가 법률행위(계약)에 의하여 그 권리를 제3자에 양도하는 경우(민법 제186조 참조)에 적용되는 것이며, 합병은 법률의 규정에 의한 이전(민법 제187조 참조)으로서 합병에 따라 소멸하는 회사의 법률상 지위 그 자체가 존속 또는 신설하는 회사로 동일성을 유지하면서 그대로 이전하여 존속하기 때문에, 민법 제657조 제1항은 합병의 경우에는 적용될 여지가 없기 때문이다.

3) 그 결과 합병회사의 근로자들이 서로 다른 근로조건 (예 퇴직금 누진제 등)을 적용받는다 하더라도 이는 퇴직금 차등적용 금지(근퇴법 제4조 제2항) 등 노동관계법상 문제를 발생시키지는 않는다.

(쟁점) 합병과 취업규칙의 승계 여부(→사례: 90)

1. 문제점

합병 후 존속한 회사 또는 합병으로 설립된 회사는 법률의 규정(상법 제235조)에 의하여 합병으로 인하여 소멸된 회사의 권리·의무를 포괄적으로 승계하는 바, 합병 당시 취업규칙의 개정이나 단체협약의 체결 등을 통하여 합병 후 근로자들의 근로관계의 내용을 단일화하거나 변경·조정하기로 하는 새로운 합의가 없는 경우, 합병에 따른 근로관계의 승계에 수반하여 취업규칙도 승계되는지 문제된다.

2. 학설

합병에 따른 근로관계의 승계에 수반하여 취업규칙도 승계되는지 여부에 대하여, 학설상으로는 ① 근로관계 승계 시에 기존 사업장의 취업규칙 그 자체가 그대로 승계된다는 견해(**취업규칙 승계설**)과 ② 취업규칙의 내용이 승계되는 근로자의 근로계약의 내용으로 화체되어 승계된다는 견해 즉, 근로관계의 승계에 따라 이전·승계의 대상이 되는 것은 취업규칙 그 자체가 아니라 취업규칙에 의하여 형성된 근로관계의 내용인 것으로 보아야 한다는 견해(**근로계약 화체 승계설**)로 나뉘고 있다.

3. 판례

판례는 '회사의 합병에 의하여 근로관계가 승계되는 경우에는 종전의 근로계약상의 지위가 그대로 포괄적으로 승계되는 것이므로 합병 당시 취업규칙의 개정이나 단체협약의 체결 등을 통하여 합병 후 근로자들의 근로관계의 내용을 단일화하기로 변경 조정하는 새로운 합의가 없는 한 합병 후 존속회사나 신설회사는 소멸회사에 근무하던 근로자에 대한 퇴직금 관계에 관하여 종전과 같은 내용으로 승계하는 것'이라고 보아야 한다'.(대법원 1994.03.08. 선고 93다1589 판결)고 하여 취업규칙 그 자체가 포괄적으로 승계되는 것으로 보는 것으로 해석된다.

3. 검토

취업규칙의 승계와 관련하여, 취업규칙에서 정한 근로조건이 합병 후에도 유지된다는 점에 있어서는 대부분의 학설과 판례가 결론을 같이하고 있다. 다만, 취업규칙 승계설은 회사의 합병에 의하여 종전의 근로계약상의 지위가 그대로 포괄적으로 승계되는 것이므로 취업규칙 그 자체도 포괄적으로 승계되는 것으로 보는 반면, 근로계약 화체 승계설은 사용자가 취업규칙 자체에 구속되는 것이 아니라, 취업규칙에 의해 정하여진 기준이 근로기준법 제97조(강행적·직접적 효력)에 따라 근로조건으로 되어 사용자가 취업규칙상의 근로조건에 구속되는 것으로 이론을 구성하고 있는 것이다. 살피건대, 합병 후 존속한 회사 또는 합병으로 설립된 회사는 법률의 규정(상법 제235조)에 의하여 합병으로 인하여 소멸된 회사의 권리·의무를 포괄적으로 승계하므로 합병으로 인하여 취업규칙 그 자체도 포괄적으로 승계되는 것으로 보는 것으로 해석하는 것이 타당하다. 따라서, 회사의 합병에 의하여 근로관계가 승계되는 경우에는 종전의 근로계약상의 지위가 그대로 포괄적으로 승계되는 것이므로 합병 당시 취업규칙의 개정이나 단체협약의 체결 등을 통하여 합병 후 근로자들의 근로관계의 내용을 단일화하기로 변경 조정하는 새로운 합의가 없는 한 합병 후 존속회사나 신설회사는 소멸회사에 근무하던 근로자의 근로관계는 종전과 같은 내용으로 승계하는 것이라고 보아야 할 것이다.

사례연습 90

회사의 합병과 근로조건 (대법원 1994.03.08. 선고 93다1589 판결 : 출제유력)

甲은 1990년 8월부터 A사에 입사하여 근무해 오던 중 1998년 6월 A사가 B사에 흡수합병됨에 따라 B사에서 근무하다가 2005년 말 퇴직하였다. 회사의 합병 당시 취업규칙의 개정이나 단체협약의 체결 등을 통하여 합병 후 근로자들의 근로관계의 내용을 단일화하기로 변경 조정하는 새로운 합의는 없었다. 그런데 B사가 甲의 퇴직금을 산정함에 있어 단수제로 되어 있던 A사의 취업규칙 규정에 기초하여 이를 지급하자, 甲은 누진제의 적용 등으로 퇴직금 산정에 있어 유리한 B사의 취업규칙규정에 따라 퇴직금을 산정하여 지급해 주거나, 적어도 B사와의 합병 이후(1998년 6월 이후) B사에 근무한 기간에 대하여는 B사의 누진제 퇴직금 규정에 따라 산정해 줄 것을 요구하고 있다. 이러한 甲의 요구는 타당한가?

1. 쟁점의 정리

甲은 1990년 퇴직금 단수제가 적용되는 A사에 입사하여 근무해 오던 중 A사가 B사에 흡수합병됨에 따라 퇴직금 복수제가 적용되는 B사에서 근무하다가 퇴직하였는데, B사는 단수제로 되어 있던 A사의 취업규칙 규정에 기초하여 퇴직금을 지급하자, 甲은 적어도 B사와의 합병 이후 B사에 근무한 기간에 대하여는 B사의 누진제 퇴직금 규정에 따라 산정해 줄 것을 청구하고 있다. 이러한 甲의 주장의 정당성을 판단하기 위해서는 먼저 회사의 합병의 의미 및 효과를 살펴보고 B사가 A사의 퇴직금 지급의무를 승계하는 지 여부를 살펴본 후, 만일 B사가 A사의 퇴직금 지급의무를 승계하는 경우에는 B사가 A사의 취업규칙을 승계하는 지 아니면 취업규칙이 근로계약의 내용으로는 화체된 근로관계의 내용을 승계하는 것인지 검토하여야 할 것이다.

2. 회사의 합병의 의미

'회사의 합병'이란 2개 이상의 회사가 상법에 정해진 절차에 따라 회사의 일방이 소멸되고 1개 회사로 남거나(흡수합병) 혹은 2개 이상의 회사 전부가 소멸하고 새롭게 하나의 기업으로 신설되는 것(신설합병)을 말한다. 합병 후존속한 회사 또는 합병으로 설립된 회사는 법률의 규정(상법 제235조)에 의하여 합병으로 인하여 소멸된 회사의 권리 · 의무를 포괄적으로 승계한다.

3. B사의 퇴직금 지급의무 승계 여부

(1) 합병의 효과(근로관계의 포괄적 승계)

회사의 합병에 의하여 근로자의 종전의 근로계약상의 지위가 그대로 포괄적으로 승계되므로(대법원 1994.03.08. 선고 93다1589 판결) 합병 당시 취업규칙의 개정이나 단체협약의 체결 등을 통하여 합병 후 근로자들의 근로관계의 내용을 단일화하거나 변경 · 조정하기로 하는 새로운 합의가 없는 한, 소멸회사에 근무하던 근로자에 피합병회사의 권리와 의무는 종전과 동일한 내용으로 합병 후 존속회사나 신설회사에 그대로 승계된다. 그 결과 합병회사의 근로자들이 서로 다른 근로조건(예 퇴직금 누진제 등)을 적용받는다 하더라도 이는 퇴직금 차등적용 금지(근퇴법 제4조 제2항) 등 노동관계법상 문제를 발생시키지는 않는다.

(2) 사안의 경우

합병시 포괄승계의 법리에 따라 단수제 계산에 의해 적치된 甲의 임금에 대한 A사의 지급의무를 B사가 승계하게 된다.

4. 합병과 취업규칙의 승계 여부

(1) 학설

합병에 따른 근로관계의 승계에 수반하여 취업규칙도 승계되는지 여부에 대하여, 학설상으로는 ① 근로관계 승계 시에 기존 사업장의 취업규칙 그 자체가 그대로 승계된다는 견해(취업규칙 승계설)과 ② 취업규칙의 내용이 승계되는 근로자의 근로계약의 내용으로 화체되어 승계된다는 견해 즉, 근로관계의 승계에 따라 이전 · 승계의 대상이 되는 것은 취업규칙 그 자체가 아니라 취업규칙에 의하여 형성된 근로관계의 내용인 것으로 보아야 한다는 견해(근로계약 화체 승계설)로 나뉘고 있다.

(2) 판례

판례는 '회사의 합병에 의하여 근로관계가 승계되는 경우에는 종전의 근로계약상의 지위가 그대로 포괄적으로 승계되는 것이므로 합병 당시 취업규칙의 개정이나 단체협약의 체결 등을 통하여 합병 후 근로자들의 근로관계의 내용을 단일화하기로 변경 조정하는 새로운 합의가 없는 한 합병 후 존속회사나 신설회사는 소멸회사에 근무하던 근로자에 대한 퇴직금 관계에 관하여 종전과 같은 내용으로 승계하는 것'이라고 보아야 한다.(대법원 1994.03.08. 선고 93다1589 판결)고 하여 취업규칙 그 자체가 포괄적으로 승계되는 것으로 보는 것으로 해석된다.

(3) 검토

취업규칙의 승계와 관련하여, 취업규칙에서 정한 근로조건이 합병 후에도 유지된다는 점에 있어서는 대부분의 학설과 판례가 결론을 같이하고 있다. 다만, 취업규칙 승계설은 회사의 합병에 의하여 종전의 근로계약상의 지위가 그대로 포괄적으로 승계되는 것이므로 취업규칙 그 자체도 포괄적으로 승계되는 것으로 보는 반면, 근로계약 화체 승계설은 사용자가 취업규칙 자체에 구속되는 것이 아니라, 취업규칙에 의해 정하여진 기준이 근로기준법 제97조(강행적 · 직접적 효력)에 따라 근로조건으로 되어 사용자가 취업규칙상의 근로조건에 구속되는 것으로 이론을 구성하고 있는 것이다. 살피건대, 합병 후 존속한 회사 또는 합병으로 설립된 회사는 법률의 규정(상법 제235조)에 의하여 합병으로 인하여 소멸된 회사의 권리 · 의무를 포괄적으로 승계하므로 합병으로 인하여 취업규칙 그 자체도 포괄적으로 승계되는 것으로 보는 것으로 해석하는 것이 타당하다.

(4) 사안의 경우

회사의 합병에 의하여 근로관계가 승계되는 경우에는 종전의 근로계약상의 지위가 그대로 포괄적으로 승계되는 것이므로 합병 당시 취업규칙의 개정이나 단체협약의 체결 등을 통하여 합병 후 근로자들의 근로관계의 내용을 단일화하기로 변경 조정하는 새로운 합의가 없는 한 합병 후 존속회사나 신설회사는 소멸회사에 근무하던 근로자에 대한 퇴직금 관계에 관하여 종전과 같은 내용으로 승계하는 것이라고 보아야 할 것이다.

5. 사안의 해결

회사의 합병에 의하여 기존의 취업규칙을 포함하는 근로관계의 내용이 포괄적으로 승계되는 바, 사안에서는 합병 당시 취업규칙의 개정이나 단체협약의 체결 등을 통하여 합병 후 근로자들의 근로관계의 내용을 단일화하기로 변경 조정하는 새로운 합의가 있는 등의 사정은 보이지 않으므로 B회사는 A회사에 근무하던 근로자에 대한 퇴직금 관계에 관하여 종전과 같은 내용으로 승계하는 것이므로 甲의 요구는 정당하지 않다.

관련판례 대법원 1995.12.26. 선고 95다41659 판결 영업양도와 취업규칙

1. 영업양도나 기업합병 등에 의하여 근로계약 관계가 포괄적으로 승계된 경우에 근로자의 종전 근로계약상의 지위도 그대로 승계되는 것이므로, 승계 후의 퇴직금규정이 승계 전의 퇴직금규정보다 근로자에게 불리하다면 근로기준법 제95조 제1항 소정의 당해 **근로자집단의 집단적인 의사결정 방법에 의한 동의** 없이는 승계 후의 퇴직금규정을 적용할 수 없다.
2. 근로기준법 제28조 제2항, 부칙(1980. 12. 31.) 제2항이 하나의 사업 내에 차등 있는 퇴직금제도의 설정을 금하고 있지만, 이는 하나의 사업 내에서 직종, 직위, 업종별로 퇴직금에 관하여 차별하는 것을 금하고자 하는 데 그 목적이 있으므로, 근로관계가 포괄적으로 승계된 후의 새로운 퇴직금제도가 기존 근로자의 기득이익을 침해하는 것이어서 그들에게는 그 효력이 미치지 않고 부득이 종전의 퇴직금규정을 적용하지 않을 수 없어서 **결과적으로 하나의 사업 내에 별개의 퇴직금제도를 운용**하는 것으로 되었다고 하더라도, 이러한 경우까지 근로기준법 제28조 제2항, 부칙 제2항이 금하는 **차등 있는 퇴직금제도를 설정한 경우에 해당한다고는 볼 수 없다.**

2. 분할

(1) 회사의 분할

1) 회사의 분할의 의의

'회사의 분할'이란 하나의 회사가 영업부문의 일부 또는 전부를 둘 이상으로 분리하고, 분리된 영업재산을 자본으로 하여 회사를 신설하거나 다른 회사와 합병시키는 조직법적 행위를 말한다. 우리나라의 상법은 회사분할의 주체를 주식회사로 제한하고 있다. 회사분할은 사업의 일부를 분리시켜 경영의 전문화·효율화를 도모하거나, 적자사업부문을 분리시켜 경영위험의 부담을 축소하려는 등의 이유로 활용되고 있다. 그런데 기업이 적자부문을 분리하여 회사 분할을 실시하는 경우, 실질적으로 구조조정(해고)의 효과를 가져올 수 있고, 그 결과 해당사업부문의 근로자들의 지위가 불안해진다는 점에서, 노동법상 문제가 발생할 수 있다.

2) 회사분할의 유형

가. 단순분할

'단순분할'이란 회사의 영업을 수개로 분할하고, 분할된 영업 중의 1개 또는 수개를 각각 출자하여 1개 또는 수개의 회사를 신설하는 것을 말한다.(상법 530조의2 제1항)

나. 분할합병

'분할합병'이란 분할되는 회사의 영업을 분할하는 동시에 분할되는 일부 영업을 다른 회사에 합병시키는 방법을 말한다.(상법 530조의2 제2항)

다. 물적 분할

상법은 신설 회사 또는 합병상대방 회사의 주식을 분할회사의 주주에게 귀속시키지 않고 분할회사가 그대로 소유하는 물적 분할의 방법도 허용하고 있다.(상법 제530조의12)

2) 회사분할의 효과

분할은 합병의 경우와 마찬가지로 법률의 규정(상법 제530조의10)에 의한 이전이므로(민법 제187조 참조), 회사의 분할의 경우에도 상법 제530조의10에 의한 회사 분할에 따른 근로관계의 승계는 근로자의 이해와 협력을 구하는 절차를 거치는 등 절차적 정당성을 갖춘 경우에 는 종전의 근로계약상의 지위는 그대로 포괄적으로 신설회사에 승계되는 것이 원칙이다. 즉, 회사의 분할에서는 근로자의 동의가 승계의 요건이 아닐 뿐만 아니라 근로관계가 승계된 후에도 별도의 동의는 원칙적으로 필요가 없다고 판단된다. 그러나 근로관계의 승계를 원하지 않는 근로자에게 근로관계의 승계를 강요할 수는 없으므로(민법 제657조) 승계대상 근로자가 당해 근로관계의 승계를 거부하는 것은 가능하다 할 것이지만, 이는 실질적으로는 '사직'의 의미를 가진다.

(2) 회사 분할시의 근로관계의 승계에 대한 판례의 법리(→사례: 91)

1) 의의

'회사의 분할'이란 하나의 회사가 영업부문의 일부 또는 전부를 둘 이상으로 분리하고, 분리된 영업재산을 자본으로 하여 회사를 신설하거나 다른 회사와 합병시키는 조직법적 행위를 말하는 바, 판례는 분할하는 회사의 근로관계도 상법 제530조의 10에 따라 분할계획서가 정하는 바에 의해 승계의 대상에 포함될 수 있다는 전제하에 승계되는 근로관계의 범위와 내용, 신설회사의 개요 및 업무 내용 등을 설명하고 이해와 협력을 구하는 절차를 거쳤다면 그 승계되는 사업에 관한 근로관계는 해당 근로자의 동의를 받지 못한 경우라도 신설회사에 승계되는 것이 원칙이라는 입장이다. 다만 회사의 분할이 근로기준법상 해고의 제한을 회피하면서 해당 근로자를 해고하기 위한 방편으로 이용되는 등의 특별한 사정이 있는 경우에는, 해당 근로자는 근로관계의 승계를 통지받거나 이를 알게 된 때부터 사회통념상 상당한 기간 내에 반대 의사를 표시함으로써 근로관계의 승계를 거부하고 분할하는 회사에 잔류할 수 있다.(대법원 2013. 12.12. 선고 2011두4282 판결)'라고 판시하여 근로자의 동의 없이도 고용이 승계되고, 예외적인 경우에만 거부권이 인정된다는 입장을 취하고 있다.

2) 근로관계 승계의 요건

가. 승계되는 근로자의 범위가 분할계획서에 기재되어 있을 것

상법 제530조의10은 분할로 인하여 설립되는 신설회사는 분할하는 회사의 권리와 의무를 분할계획서가 정하는 바에 따라서 승계한다고 규정하고 있으므로 승계되는 근로자의 범위가 분할계획서에 기재되어야 한다.

나. 근로자의 이해와 협력을 구하는 절차를 거치는 등 절차적 정당성을 갖출 것

헌법이 직업선택의 자유를 보장한 취지 및 근로기준법이 정한 강행규정들의 취지에 비추어 볼 때, 상법 제530조의10에 의한 회사 분할에 따른 근로관계의 승계는 근로자의 이해와 협력을 구하는 절차를 거치는 등 절차적 정당성을 갖춘 경우에 한하여 허용된다는 것이 판례의 태도이다.(대법원 2013.12.12. 선고 2011두4282 판결)

다. 해고제한을 회피하려는 특별한 사정이 없을 것.

회사의 분할이 근로자 보호를 위한 해고의 제한 등 관련 법령을 잠탈하기 위한 방편으로 이용되는 경우라면 그 효력이 부정된다.(대법원 2013.12.12. 선고 2011두4282 판결) 따라서, 회사의 분할이 근로기준법상 해고의 제한을 회피하면서 해당 근로자를 해고하기 위한 방편으로 이용되는 등의 특별한 사정이 없어야 한다.(대법원 2013.12.12. 선고 2011두4282 판결)

3) 효과

회사의 분할에 따라 종전 근로자의 근로계약상의 지위는 포괄적으로 신설회사에 그 동일성을 유지하면서 이전하여 그대로 존속한다. **다만 회사의 분할이 근로기준법상 해고의 제한을 회피하면서 해당 근로자를 해고하기 위한 방편으로 이용되는 등의 특별한 사정이 있는 경우에는 해당 근로자는 이를 알게 된 때부터 사회통념상 상당한 기간 내에 반대 의사를 표시함으로써 근로관계의 승계를 거부하고 분할하는 회사에 잔류할 수 있다.**

(쟁점) 회사분할시 근로관계의 승계(→사례: 91)

1) 문제점

상법은 합병에 관하여 '합병 후 존속하는 회사 또는 합병으로 인하여 설립되는 회사는 합병으로 인하여 소멸된 회사의 권리 의무를 승계한다.'고 규정하고 있으나(상법 제235조), 분할에 관하여는 상법 제530조의10에서 '분할 또는 분할합병으로 인하여 설립되는 회사 또는 존속하는 회사는 분할하는 회사의 권리와 의무를 분할계획서 또는 분할합병계약서가 정하는 바에 따라 승계한다.'고규정하고 있을 뿐 근로관계가 승계되는지 여부는 명시하고 있지 않고, 노동법 역시 이에 관해 아무런 규정이 없다. 이에 회사분할시 근로관계의 승계 여부와 근로자 측의 거부권 인정 여부에 관해 견해가 대립한다.

2) 견해의 대립

① 기업조직의 재편이라는 회사분할의 취지를 중시하여 합병의 경우와 마찬가지로 개별근로자의 동의 여부를 불문하고 근로계약관계가 승계된다고 보아야 한다는 **당연승계설**, ② 헌법상의 직업선택의 자유와 근로관계의 일신전속성(민법 제657조)을 강조하여 전적의 경우와 마찬가지로 근로자의 동의를 조건으로 승계가 된다는 **동의필요설**, ③ 원칙적으로 회사분할시 고용승계를 인정하되 이를 원하지 않는 근로자는 거부권을 행사하여 존속회사에 계속 근무할 수 있다는 **거부권설**(절충설)이 대립한다.

3) 판례의 태도

이와 관련하여 판례는 분할하는 회사의 근로관계도 상법 제530조의 10에 따라 분할계획서가 정하는 바에 의해 승계의 대상에 포함될 수 있다고 한다. 즉, '둘 이상의 사업을 영위하던 회사의 분할에 따라 일부 사업 부문이 신설회사에 승계되는 경우 분할하는 회사가 분할계획서에 대한 주주총회의 승인을 얻기 전에 미리 노동조합과 근로자들에게 회사 분할의 배경, 목적 및 시기, 승계되는 근로관계의 범위와 내용, 신설회사의 개요 및 업무 내용 등을 설명하고 이해와 협력을 구하는 절차를 거쳤다면 그 승계되는 사업에 관한 근로관계는 해당 근로자의 동의를 받지 못한 경우라도 신설회사에 승계되는 것이 원칙이다. **다만 회사의 분할이 근로기준법상 해고의 제한을 회피하면서 해당 근로자를 해고하기 위한 방편으로 이용되는 등의 특별한 사정이 있는 경우에는, 해당 근로자는 근로관계의 승계를 통지받거나 이를 알게 된 때부터 사회통념상 상당한 기간 내에 반대 의사를 표시함으로써 근로관계의 승계를 거부하고 분할하는 회사에 잔류할 수 있다.**(대법원 2013.12.12. 선고 2011두4282 판결)'라고 판시하여 원칙적으로 근로자의 동의 없이도 고용이 승계되고, 예외적인 경우에만 거부권이 인정된다는 입장을 취한다.

4. 검토

분할 또는 분할합병으로 인하여 설립되는 회사 또는 존속하는 회사는 분할하는 회사의 권리와 의무를 분할계획서와 분할합병계획서가 정하는 바에 따라 승계하는 바(상법 제530조의10) 이는 합병의 경우와 마찬가지로 법률의 규정(상법 제530조의10)에 의한 이전이므로, 회사의 분할의 경우에도 종전의 근로계약상의 지위는 그대로 포괄적으로 신설회사에 승계된다고 보는 것이 타당하다.

사례연습 91
회사의 분할 (공인노무사 24회 기출문제)

A회사에는 상시 근로자 500명이 근무하고, 근로자 과반수가 조합원으로 가입한 노동조합이 있다. A회사는 경영상 필요성에 의해 회사분할을 하기로 결정하고 1개월 동안 노동조합에게 이해와 협력을 구했으나 노동조합은 회사분할 자체를 반대하였다. 그러자 A회사는 상법상 회사분할(존속회사와 신설회사) 절차를 마친 후 분할된 업무에 종사하던 근로자 甲을 포함한 100명에게 신설회사(B회사)로 근로관계가 승계되었다며 B회사에서 근무하도록 서면으로 통보하였다. 근로자 甲이 B회사로 근로관계의 승계를 거부할 수 있는지 여부를 설명하시오.

1. 쟁점의 정리

본 사안에서 A회사는 경영상 필요에 의해 회사분할을 하기로 결정하고 1개월 동안 과반노조에게 이해와 협력을 구했으나 노동조합은 회사분할 자체를 반대하였다. 그럼에도 불구하고 A회사는 분할 후 근로관계 승계를 일방적으로 서면통보하였는데, 이 경우 승계대상자들이 근로관계의 승계를 거부할 수 있는지가 문제가 되는 바, 이하에서는 ① 분할시 근로관계승계여부, ② 만일 승계가 된다면 근로자가 이를 거부할 수 있는지 여부를 검토하도록 한다.

2. 회사분할시 근로관계의 승계

(1) 문제점

상법은 합병에 관하여 '합병 후 존속하는 회사 또는 합병으로 인하여 설립되는 회사는 합병으로 인하여 소멸된 회사의 권리 의무를 승계한다.'고 규정하고 있으나(상법 제235조), 분할에 관하여는 상법 제530조의10에서 '분할 또는 분할합병으로 인하여 설립되는 회사 또는 존속하는 회사는 분할하는 회사의 권리와 의무를 분할계획서 또는 분할합병계약서가 정하는 바에 따라 승계한다.'고규정하고 있을 뿐 근로관계가 승계되는지 여부는 명시하고 있지 않고, 노동법 역시 이에 관해 아무런 규정이 없다. 이에 회사분할시 근로관계의 승계 여부와 근로자 측의 거부권 인정 여부에 관해 견해가 대립한다.

(2) 견해의 대립

① 기업조직의 재편이라는 회사분할의 취지를 중시하여 합병의 경우와 마찬가지로 개별근로자의 동의 여부를 불문하고 근로계약관계가 승계된다고 보아야 한다는 당연승계설, ② 헌법상의 직업선택의 자유와 근로관계의 일신전속성(민법 제657조)을 강조하여 전적의 경우와 마찬가지로 근로자의 동의를 조건으로 승계가 된다는 동의필요설, ③ 원칙적으로 회사분할시 고용승계를 인정하되 이를 원하지 않는 근로자는 거부권을 행사하여 존속회사에 계속 근무할 수 있다는 거부권설(절충설)이 대립한다. 거부권설은 다시 ⑤ 영업양도의 경우와 마찬가지로 회사분할 시에도 언제든지 전면적으로 거부권이 인정된다는 전면적 거부권설과 근로자가 업무부분에 전혀 무관한 경우에는 거부권을 인정하자거나, 부당노동행위와 같은 특별한 사정이 있는 경우에만 거부권을 인정하자는 제한적 긍정설이 대립한다.

(3) 판례의 태도

이와 관련하여 최근의 판례는 분할하는 회사의 근로관계도 상법 제530조의 10에 따라 분할계획서가 정하는 바에 의해 승계의 대상에 포함될 수 있다고 한다. 즉, '둘 이상의 사업을 영위하던 회사의 분할에 따라 일부 사업 부문이 신설회사에 승계되는 경우 분할하는 회사가 분할계획서에 대한 주주총회의 승인을 얻기 전에 미리 노동조합과 근로자들에게 회사 분할의 배경, 목적 및 시기, 승계되는 근로관계의 범위와 내용, 신설회사의 개요 및 업무 내용 등을 설명하고 이해와 협력을 구하는 절차를 거쳤다면 그 승계되는 사업에 관한 근로관계는 해당 근로자의 동의를 받지 못한 경우라도 신설회사에 승계되는 것이 원칙이다. 다만 회사의 분할이 근로기준법상 해고의 제한을 회피하면서 해당 근로자를 해고하기 위한 방편으로 이용되는 등의 특별한 사정이 있는 경우에는, 해당 근로자는 근로관계의 승계를 통지받거나 이를 알게 된 때부터 사회통념상 상당한 기간 내에 반대 의사를 표시함으로써 근로관계의 승계를 거부하고 분할하는 회사에 잔류할 수 있다.(대법원 2013.12.12. 선고 2011두4282 판결)'라고 판시하여 원칙적으로 근로자의 동의 없이도 고용이 승계되고, 예외적인 경우에만 거부권이 인정된다는 입장을 취한다.

(4) 검토

분할 또는 분할합병으로 인하여 설립되는 회사 또는 존속하는 회사는 분할하는 회사의 권리와 의무를 분할계획서와 분할합병계획서가 정하는 바에 따라 승계하는 바(상법 재530조의10) 이는 합병의 경우와 마찬가지로 법률의 규정(상법 제530조의10)에 의한 이전이므로(민법 제187조 참조), 회사의 분할의 경우에도 종전의 근로계약상의 지위는 그대로 포괄적으로 신설회사에 승계된다고 보는 것이 타당하다. 다만, 합병의 경우와 달리 회사분할의 경우에는 '분할계획서' 또는'분할합병계획서'에 기재된 근로자들에 한하여 종전의 근로계약상의 지위가 포괄적으로 신설회사에 승계되는 이른바 '부분적인' 포괄승계라는 점에서, 기업의 모든 근로자의 지위가 포괄적으로 승계되는 합병의 경우와 구별된다.

3. 근로관계 승계거부권의 행사

(1) 문제점

민법 제657조 제1항은 '사용자는 노무자의 동의 없이 그 권리를 제삼자에게 양도하지 못한다'고 규정하고 있는 바, 기업분할의 경우에도 민법 제657조 제1항에 따라 승계대상자의 개별적 동의를 그 요건으로 하는지 여부가 문제가 된다.

(2) 판례

1) 종래 판례

종래 법원은 근로자의 동의가 있는 경우에만 근로관계가 승계된다는 취지로 판결하기도 하고, (대법원 2007.01.25. 선고 2006다66968 판결), 분할 시 근로관계는 원칙적으로 승계되나 다만 근로자에게는 이를 거부할 권리가 인정되며, 이러한 거부권의 행사를 위한 상당기간을 부여하여야 한다는 취지로 판결하기도 하였다.(대법원 2009.09.24. 선고 2009두9796 판결)

2) 최근 판례

최근 대법원은 '분할하는 회사가 분할계획서에 대한 주주총회의 승인을 얻기 전에 미리 노동조합과 근로자들에게 회사 분할의 배경, 목적 및 시기, 승계되는 근로관계의 범위와 내용, 신설회사의 개요 및 업무 내용 등을 설명하고 이해와 협력을 구하는 절차를 거쳤다면, 그 승계되는 사업에 관한 근로관계는 해당 근로자의 동의를 받지 못한 경우라도 신설회사에 승계되는 것이 원칙' 이라고 하면서, '다만 회사의 분할이 근로기준법상 해고의 제한을 회피하면서 해당 근로자를 해고하기 위한 방편으로 이용되는 등의 특별한 사정이 있는 경우에는, 해당 근로자는 근로관계의 승계를 통지받거나 이를 알게된 때부터 사회통념상 상당한 기간 내에 반대 의사를 표시함으로써 근로관계의 승계를 거부하고 분할하는 회사에 잔류할 수 있다' 고 설시하였다.

(3) 검토

분할은 합병의 경우와 마찬가지로 법률의 규정(상법 제530조의10)에 의한 이전이므로(민법 제187조 참조), 회사의 분할의 경우에도 종전의 근로계약상의 지위는 그대로 포괄적으로 신설회사에 승계된다고 보는 것이 타당하다. 따라서 근로자의 동의가 승계의 요건이 아닐 뿐만 아니라 근로관계가 승계된 후에도 별도의 동의는 필요가 없다고 판단된다. 그러나 근로관계의 승계를 원하지 않는 근로자에게 근로관계의 승계를 강요할 수는 없으므로(민법 제657조) 승계대상 근로자가 당해 근로관계의 승계를 거부하는 것은 가능하다 할 것이지만, 이는 실질적으로는 '사직'의 의미를 가진다.

4. 사안의 해결

본 사안에서 A회사는 경영상 필요에 의해 회사분할을 하기로 결정하고 1개월 동안 과반 노조에게 이해와 협력을 구하였다. 그리고, A회사의 분할이 근로기준법상 해고의 제한을 회피하면서 해당 근로자를 해고하기 위한 방편으로 이용된다는 등의 사정은 본 설문에서 찾아보기 어렵다. 그렇다면 최근 판례 법리에 따를 경우 과반노조의 반대에도 불구하고 근로자들의 근로관계는 B회사로 승계되고, 여기에 근로자들의 별도 동의는 필요하지 않다. 나아가 근로자들이 거부권을 행사할 수 있는 요건에도 해당되지 않기에 근로자 甲이 B회사로 근로관계의 승계를 거부할 수 없다. 따라서, 근로자 甲이 B회사로 근로관계의 승계를 거부하는 것은 실질적으로는 '사직'의 의미를 가진다.

3. 영업양도

(1) 영업양도의 개념과 자산매매와의 구별

1) 영업양도의 개념

'영업양도'란 일정한 영업목적에 의하여 유기적으로 조직화된 인적·물적 조직의 전부나 일부가 그 조직상의 동일성을 유지하면서 일체로서 이전하는 것을 말한다. **영업양도에서의 '영업'이란 객관적 의미의 영업, 즉, 일정한 영업 목적에 의하여 조직화된 유기적 일체로서의 기능적 재산의 전체를 의미하는데, 이는 단순히 재산을 물리적으로 집합시킨 산술적 의미의 총합을 의미하는 것이 아니라, 그 재산이 유기적으로 결합되어 지속적으로 수익활동을 할 수 있도록 조직화된 것을 의미한다.** 영업양도'는 합병이나 회사의 분할과 달리 영업양도계약이라는 법률행위(계약)이지만, 법원은 영업이 양도되면 반대의 특약이 없는 한 근로관계는 **원칙적**으로 양수인에게 **포괄적으로 승계**된다는 입장이다. 다만, 영업양도 당사자 사이에 근로관계의 일부를 승계의 대상에서 제외하기로 하는 특약이 있는 경우에는 그에 따라 근로관계의 승계가 이루어지지 않을 수 있으나, 그러한 특약은 실질적으로 **해고**와 다름이 없으므로, 근로기준법에서 정하고 있는 **해고의 정당한 이유**가 있어야 유효하다고 한다(대법원 2002. 3. 29. 선고 2000두8455 판결).

2) 영업양도와 자산매매의 구별

'영업양도'란 인적·물적 조직이 그 조직상의 동일성을 유지하면서 일체로서 이전하는 것을 의미하므로 이러한 영업양도의 인정여부는 결국 '영업의 동일성'의 인정여부로 귀결될 것이다. 대법원의 기준에 따르면 **영업의 동일성 인정여부는 양도계약 당사자의 주관적 의사에 의하여 결정되는 것이 아니라 '일반 사회관념'에 따라 객관적으로 결정되는 바, 이러한 '영업의 동일성'의 유지여부는 계약의 형식적인 명칭이나 내용만으로 판단하여서는 아니 될 것이고, 계약체결 전후의 사정과 경위, 당사자의 의사, 현실적으로 이전된 물적 · 인적 조직의 범위와 내용 등을 종합적으로 고찰하여 판단하여야할 것이다.**(대법원 2001.07.27. 선고 99두2680 판결) '영업양도'와 단순한 '자산매매'를 구별하는 본질적인 징표는, 전자가 **영업의 동일성이 유지**되면서 양도인으로부터 양수인에게 영업의 전부 혹은 포괄적으로 이전되는 것인데 비하여, 후자는 단순히 자산의 양도·양수관계가 성립할 뿐 영업의 동일성은 유지되지 않는다는 데에 있다. 영업의 폐지후의 물적시설만을 양수하는 것은 자산매매의 대표적인 유형이다.

> **관련판례** 대법원 2001.07.27. 선고 99두2680 판결 영업의 양도
>
> 영업의 양도라 함은 일정한 영업목적에 의하여 조직화된 업체, 즉 **인적 · 물적 조직을 그 동일성은 유지**하면서 일체로서 이전하는 것으로서 영업의 일부만의 양도도 가능하고, 이러한 이러한 영업양도가 이루어진 경우에는 **원칙적으로** 해당 근로자들의 근로관계를 양수하는 기업에 **포괄적으로 승계**되는 바, 여기서 **영업의 동일성 여부**는 일반 사회관념에 의하여 결정되어져야할 사실행위(양도계약관계)가 영업의 양도로 인정되느냐 안되느냐는 단지 어떠한 영업재산이 이전되어 있는가에 의하여 결정되어져야 하는 것이 아니고 거기에 종래의 영업조직 이 유지되어 그 조직이 진보 또는 중요한 일부로서 기능할 수 있는가에 의하여 결정되어져야 하는 것이므로, 예컨대 영업재산의 전부를 양도했어도 그 조직을 해체하여 양도했다면 영업의 양도는 되지 않는 반면에 그 일부를 유보한 채 영업시설을 양도했어도 그 양도한 부분만으로도 **종래의 조직이 유지**되어 있다고 사회관념상 인정되면 그것을 영업의 양도라 볼 것이다.

(2) 영업양도와 근로관계의 승계(→사례: 92)

1) 문제점

우리나라에는 회사합병의 경우 외에는 영업양도시의 근로관계의 승계문제에 관한 명문규정을 두고 있지 않기 때문에, 영업양도시의 양도인의 근로관계의 승계여부에 대해서는 견해가 대립한다.

2) 학설

가. 당연 승계설

영업양도의 경우에는 회사합병의 경우와 마찬가지로 양도 당사자의 의사와 관계없이 종래의 근로관계가 전체로서 당연히 사업양수인에게 포괄적으로 승계되는 것이므로, 당사자 사이에 근로자의 일부를 승계하지 않기로 하는 내용의 '승계배제의 합의'는 효력이 없으며 민법 제67조 제1항도 적용될 여지가 없어 승계의 요건으로 근로자의 동의를 필요로 하지 않다는 견해이다.

나. 특약 필요설

영업양도에 부수하여 근로관계가 양수인에게 법률상 당연히 이전되는 것은 아니고, 근로관계의 승계에 관해 영업양도 당사자 사이에 명시적 특약 내지 묵시적 합의가 있고, 근로자 역시 이에 동의해야만 이를 근거로 근로관계가 양수인에게 이전된다는 견해이다.

다. 원칙 승계설

근로관계의 승계 여부를 영업양도 당사자 사이의 의사해석 문제로 보면서 영업양도 당사자 사이에 반대의 특약이 없는 한 영업의 양도에 관한 합의 속에는 원칙적으로 근로관계를 포괄적으로 승계시키기로 하는 합의가 포함된 것으로 사실상 추정되므로 승계를 배제하는 경우에는 합리적인 이유가 있어야 한다는 견해이다.

3) 판례

판례는 영업양도의 경우, 근로관계 승계에 대한 양도인과 양수인 간 명시적 합의가 있는 경우는 물론, 명시적 합의가 없더라도 원칙적으로 근로관계는 양수인에게 포괄적으로 승계되는 것으로 본다. 또한, **일부 근로자를 승계의 대상에서 제외하기로 하는 특약(일부 승계 배제 특약)에 대해서는, 원칙적으로 유효하다고 하면서도, 다만, 이는 실질적으로 해고나 다름이 없어 근로기준법 제23조 제1항 소정의 정당한 이유가 있어야 한다는 입장이다.**(대법원 2002. 3. 29. 선고 2000두8455 판결)

4) 검토

인적·물적 조직의 전부나 일부를 동일성을 유지하면서 일체로서 이전하는 영업양도 계약 당사자의 의사를 합리적으로 해석할 때, 특별한 사정이 없는 한 영업의 양도에 관한 합의 속에는 근로관계도 양수인에게 승계되는 것으로 해석하여야 할 것이라는 점에서, 판례와 원칙승계설의 입장이 타당하다. 당연승계설은 법률의 근거도 없이 포괄승계를 인정한 결과 거래의 안전을 해할 수 있다는 점에서 받아들이기 어렵다. 한편, 영업양도시 근로자의 동의가 필요하다는 특약 필요설은 영업양도계약을 실질적으로 3면적 합의를 요구하는 결과가 되어 영업양도계약의 본질에 반하는 결과를 가져온다.

(3) 영업양도에서의 근로관계의 승계 요건

1) 영업의 양도의 존재

먼저 영업이 동일성을 유지하면서 양수인에게 양도되는 '영업의 양도'가 있어야 한다. 영업양도'란 일정한 영업목적에 의하여 유기적으로 조직화된 인적 · 물적 조직의 전부나 일부가 그 조직상의 동일성을 유지하면서 일체로서 이전하는 것을 말한다. 그리고, 영업의 동일성 인정여부는 양도계약 당사자의 주관적 의사에 의하여 결정되는 것이 아니라 '일반 사회관념'에 따라 객관적으로 결정된다. 즉, **'영업의 동일성'의 유지여부는 계약의 형식적인 명칭이나 내용만으로 판단하여서는 아니 될 것이고, 계약체결 전후의 사정과 경위, 당사자의 의사, 현실적으로 이전된 물적 · 인적 조직의 범위와 내용 등을 종합적으로 고찰하여 판단하여야할 것이다.**(대법원 2001.07.27. 선고 99두2680 판결)

2) 근로관계의 승계(고용승계)에 대한 합의의 존재

영업양도에서의 근로관계가 승계되기 위해서는 영업양도 당사자 사이에 **근로관계의 승계에 대한 '합의'**가 있어야 한다. 다만, 영업양도의 계약내용에 근로관계의 승계에 대한 명시적인 합의가 없는 경우에도 **영업양도를 전후로 하여 영업이 그 동일성을 유지하면서 계속 운영되고 있다면** 그 영업양도 계약에는 근로관계를 포괄적으로 승계시키기로 하는 합의가 포함된 것으로 해석된다(대법원 2002. 3. 29. 선고 2000두8455 판결).

3) 고용승계에 대한 근로자의 동의 요부

영업의 양도 등이 있게 되면 근로자는 원칙적으로 영엽양도 등에 수반하는 고용승계에 대하여 동의내지 승낙한 것으로 추정되고(대법원 2002. 3. 29. 선고 2000두8455 판결), 근로관계의 포괄승계에 대한 근로자의 적극적인 동의 의사의 표시가 요구되는 것은 아니다. 한편, 민법 제657조 제1항은 '사용자는 근로자의 동의 없이 그 권리를 제3자에게 양도하지 못한다'고 규정하고 있는 바, **근로계약의 일신전속적 성격**에 비추어 볼 때, 근로자에게 영업양도 이후 새로운 사용자와의 근로관계를 강제할 수 없는 겻이므로, 근로자가 동의하지 않는 한 근로자와 양수인과의 근로관계는 당연히 양도인에게 이전되지 않는다. 다시 말하면, 근로자의 동의가 영업양도계약 그 자체의 요건이 될 수는 없지만, 근로자의 동의가 없다면 양도인과 근로자의 근로관계는 양수인에게 승계되지 않는다. 따라서, **근로자는 고용승계에 대하여 반대의사를 표시함으로써 양수인에게 승계되는 대신 양도인에 잔류하거나 양도인과 양수인 모두에서 퇴직할 수도 있다.**(대법원 2002.03.29. 선고 2000두8455 판결) (→'(쟁점) 영업양도시 근로자의 승계거부'참조)

관련판례 대법원 2021. 11. 11. 선고 2019다280733 판결(→(쟁점) 수탁기관의 변경과 고용승계)

고용승계는 새로운 사업주가 기존 근로계약에 따른 사용자의 권리의무를 포괄적으로 양수하고 종전 사업주는 고용관계에서 탈퇴하는 것으로서 계약인수의 실질을 가진다. 이러한 계약인수는 계약상 지위에 관한 양도인과 양수인 사이의 합의와 나머지 당사자가 이를 동의 내지 승낙하는 방법으로도 이루어질 수 있다(대법원 2007. 9. 6. 선고 2007다31990 판결 등 참조). 한편 근로자는 자신이 속한 사업의 운영주체 변경에 관계없이 근로의 계속을 원하는 것이 일반적이므로, 사업운영에 관한 위탁계약에서 계약이 종료되면 위탁자가 그 사업을 위하여 수탁자에게 고용된 근로자에 대한 고용을 승계하기로 정한 경우 그 **근로자는 명시적으로 반대의사를 표시하지 않는 한** 위 고용승계에 대하여 동의 내지 승낙한 것으로 추정된다(영업양도에 관한 대법원 2002. 3. 29. 선고 2000두8455 판결, 대법원 2012. 5. 10. 선고 2011다45217 판결의 취지 참조).

사례연습 92

영업양도와 고용승계 (변호사시험 2015년 기출문제)

A회사는 상시 500명의 근로자를 사용하여 각종 전자부품을 제조 · 판매하는 회사이고, B회사는 상시 100명의 근로자를 사용하여 자동차용 오디오를 제조 · 판매하는 회사이다. A회사는 2014. 3경부터 자동차용 전자장비 생산부를 확장하기로 하고, 그 일환으로 B회사를 양수하기로 결정하였다. 두 회사가 2014.5.1. 체결한 영업양도계약 제25조는 '① B회사는 2014.7.31.자로 A회사에 그 건물과 시설 및 설비 등 영업에 필요한 재산 일체를 양도한다. ② A회사는 2014.8.1.자로 B회사 근로자들의 고용을 모두 승계한다. 다만, 근로 연수 20년 이상인 근로자의 고용은 승계하지 않을 수 있다.'라고 규정하고 있다. B회사의 모든 근로자들은 영업양도 절차에 협조하기 위하여 A회사의 요청에 따라 B회사에 사직서와 A회사로의 재취업신청서를 함께 제출하였다. 그러나 A회사는 2014.8.1. B회사의 근로 연수 20년 이상인 근로자 10명 중에서 인사고과 점수가 낮은 甲 등 5명의 고용을 승계하지 않았다.

한편, A회사의 근로자 乙은 2014.5.6.부터 2주 동안 두 회사 사이의 영업양도계약의 부당성과 A회사를 비방하는 취지의 다수 문건을 A회사 홈페이지에 게시하였다. A회사는 전체 근로자들에게 영업양수의 필요성을 홍보하는 한편, 乙에게도 공문이나 인사부장과의 면담 등을 통해 회사에 대한 비방을 중단하지 않으면 징계할 수 있음을 여러 차례 경고하였다. 그러나 그 후에도 乙은 자신의 행위는 회사의 발전을 위한 것으로 비방이 아니라면서 동일한 행위를 계속하였다. 이에 A회사는 乙의 행위가 취업규칙 제12조(징계해고의 사유) 제5호 '고의적이거나 계속적으로 회사를 비방하는 행위'에 해당한다고 판단하여 필요한 모든 징계절차를 거쳐 2014.8.15. 乙을 징계해고 하였다.

1, A회사가 2014.8.1.자로 甲등 5명의 고용을 승계하지 않은 행위는 정당한가?

2. A회사가 2014.8.15.자로 乙을 징계해고 한 것은 정당한가?

Ⅰ. 설문1의 해결

1. 쟁점의 정리

이 사안에서는 먼저 회사와 B회사 간에 2014. 5.1. 체결한 영업양도계약에 따라 그 법적 효과로서 B회사 근로자들의 근로관계가 모두 A회사로 승계되는지 여부를 검토하기 위하여 영업양도의 개념 및 영업양도와 근로관계의 승계에 대하여 살펴보도록 한다. 다음으로 위 영업양도계약에서 A회사는 근로 연수 20년 이상인 근로자의 고용을 승계하지 않을 수 있다는 조항을 두고 있는 바, 이러한 조항에 근거하여 A회사가 甲 등 5명의 고용을 승계하지 않은 것이 정당한지 여부를 검토하여야 할 것이다. 또한 B회사의 모든 근로자들은 영업양도 절차에 협조하기 위하여 A회사의 요청에 따라 B회사에 사직서와 A회사로의 재취업신청서를 제출하였는바, 이는 근로자들이 B회사를 퇴직하거나 A회사로의 인수를 거부한다는 의사로 해석될 수 있는지 여부도 검토하여야 한다.

2. 영업양도의 개념

'영업양도'란 일정한 영업목적에 의하여 유기적으로 조직화된 물적 · 인적조직의 전부나 일부가 그 조직상의 동일성을 유지하면서 일체로서 이전하는 것을 말한다. 영업양도에서의 '영업'이라는 객관적 의미의 영업, 즉 일정한 영업 목적에 의하여 조직화된 유기적 일체로서의 기능적 재산의 전체를 의미하는데, 이는 단순히 재산을 물리적으로 집합시킨 산술적 의미의 총합을 의미하는 것이 아니라, 그 재산이 유기적으로 결합되어 지속적으로 수익활동을 할 수 있도록 조직화된 것을 의미한다.

3. 영업양도와 근로관계의 승계

(1) 문제점

합병과는 달리, 영업양도의 경우에는 상법에서 포괄적 권리의무의 승계를 규정하지 않고 있으며, 민법상으로도 사용자의 변경으로 인한 근로관계의 포괄적 이전에 관해서는 규정이 없으므로 영업양도의 효과로 당연히 고용승계가 되는지 여부가 문제된다.

(2) 학설

1) 당연 승계설

영업양도의 경우에도 회사합병의 경우와 마찬가지로 양도 당사자의 의사와 관계없이 종래의 근로관계가 전체로서 당연히 사업양수인에게 포괄적으로 승계되는 것이므로, 당사자 사이에 근로자의 일부를 승계하지 않기로 하는 내용의 '승계배제의 합의'는 효력이 없으며 민법 제657조 제1항도 적용될 여지가 없어 승계의 요건으로 근로자의 동의를 필요로 하지 않다는 견해이다.

2) 특약 필요설

영업양도에 부수하여 근로관계가 양수인에게 법률상 당연히 이전되는 것은 아니고, 근로관계의 승계에 관해 영업양도 당사자 사이에 명시적 특약 내지 묵시적 합의가 있고, 근로자 역시 이에 동의해야만 이를 근거로 근로관계가 양수인에게 이전된다는 견해이다.

3) 원칙 승계설

영업양도 당사자 사이에 반대의 특약이 없는 한 영업의 양도에 관한 합의 속에는 원칙적으로 근로관계를 포괄적으로 승계시키기로 하는 합의가 포함된 것으로 사실상 추정되므로 승계를 배제하는 경우에는 합리적인 이유가 있어야 한다는 견해이다.

(3) 판례

판례는 영업양도의 경우, 근로관계 승계에 대한 양도인과 양수인 간 명시적 합의가 있는 경우는 물론, 명시적 합의가 없더라도 원칙적으로 근로관계는 양수인에게 포괄적으로 승계되는 것으로 본다. 또한, 일부 근로자를 승계의 대상에서 제외하기로 하는 특약(일부 승계 배제 특약)에 대해서는 원칙적으로 유효하다고 하면서도, 다만, 이는 실질적으로 해고나 다름이 없으므로 근로기준법 제23조 제1항 소정의 정당한 이유가 있어야 한다는 입장이다(대법원 2002. 3. 29. 선고 2000두8455 판결)

(4) 검토

인적 · 물적 조직의 전부나 일부를 동일성을 유지하면서 일체로서 이전하는 영업양도 계약 당사자의 의사를 합리적으로 해석할 때, 특별한 사정이 없는 한 영업의 양도에 관한 합의 속에는 근로관계도 양수인에게 승계되는 것으로 해석하여야 할 것이라는 점에서, 판례와 원칙승계설의 입장이 타당하다. 당연승계설은 법률의 근거도 없이 포괄승계를 인정한 결과 영업양도계약에서의 당사자사이의 배제특약의 효력마저 부정함으로써 사적자치에 반하고 그 결과 거래의 안전을 해할 수 있다는 점에서 받아들이기 어렵다. 한편, 영업양도시 근로자의 동의가 필요하다는 특약 필요설은 영업양도계약을 실질적으로 3면적 합의를 요구하는 결과가 되어 영업양도계약의 본질에 반하는 결과를 가져온다.

4. 근로 연수 20년 이상인 근로자의 고용을 승계하지 않기로 한 특약의 효력

(1) 영업양도에 있어 근로관계의 일부를 승계 대상에서 제외하는 특약의 효력

판례의 원칙적 승계설에 따를 때 영업양도 당사자 사이에 근로관계의 일부를 승계의 대상에서 제외하기로 하는 특약이 있는 경우에는 그에 따라 근로관계의 승계가 이루어지지 않을 수 있지만, 그러한 특약은 실질적으로 해고나 다름이 없으므로 근로기준법 제23조 제1항 소정의 정당한 이유가 있어야 유효하며, 영업양도 그 자체만을 사유로 삼아 근로자를 해고하는 것은 정당한 이유가 있는 경우에 해당한다고 볼 수 없다고 한다. 즉, 영업양도 당사자인 A회사와 B회사 사이의 일부 고용승계 배제의 합의는 실질적으로 해고이므로 근로기준법 제23조 제1항의 정당한 이유가 있거나 제24조의 정리해고요건을 충족해야 하는 것이다.

(2) 사안의 경우

사안에서 A회사는 B회사의 근로 연수 20년 이상인 근로자 10명 중에서 인사고과 점수가 낮은 甲 등 5명의 고용을 승계하지 않았는바, 먼저 근로 연수가 일정 기간 이상이라는 것은 정당한 해고 사유가 될 수 없다. 다음으로 인사고과 점수가 낮다는 것이 정당한 해고 사유가 되는지 여부가 문제되는데, 판례에 따르면 근무성적 불량을 이유로 하는 해고의 정당성이 문제되는 경우, 근무성적불량은 상당한 기간에 걸쳐 현저한 것이어야 하고, 객관적으로 확인 가능한 것이어야 하며 근무성적 평가기준은 추상적, 자의적인 것이 아니라 평가대상 근로자들 간에 공정한 것이어야 하고 특정 근로자에게 부당하게 차별적이거나 과중한 것이어서는 안된다(대법원 1991.3.27. 선고 90다카25420 판결). 특히, 사안에서 배제된 인원의 규모 등을 고려할 때 인사고과가 최하위 집단에 속하는 경우라고 하여 이러한 사유만으로 사회통념상 근로관계를 계속할 수 없을 정도로 甲 등의 근로자들에게 책임있는 사유가 있다고 보기는 어렵고, 달리 정리해고의 요건을 갖춘 바도 없다. 따라서 甲 등에 대한 고용승계 배제행위는 부당하다.

5. 甲 등이 제출한 사직서가 진의 아닌 의사표시에 해당하여 무효인지 여부

(1) 문제점

사안에서 甲 등 5명의 근로자들은 B회사의 모든 근로자들과 마찬가지로 영업양도 절차에 협조하기 위하여 A회사의 요청에 따라 B회사에 사직서와 A회사로의 재취업신청서를 제출하였는 바, 이러한 사직서의 제출이 진의 아닌 의사표시에 해당하여 무효인지 문제된다.

(2) 진의 아닌 의사표시의 의의

의사표시는 표의자가 진의 아님을 알고 한 것이라도 효력이 있는 것이 원칙이다. 그러나 상대방이 표의자의 진의아님을 알았거나 이를 알 수 있었을 경우에는 무효로 한다.(민법 제107조 제1항) 다만, 이 경우에 진의는 특정한 내용의 의사표시를 하고자 하는 생각을 말하는 것이지 근로자가 마음속으로 진심으로 바라는 사항을 의미하는 것이 아니라는 것이 판례의 태도이다.(대법원 2007.12.27. 선고 2007두15612 판결)

(3) 진의 아닌 의사표시의 판단

근로자의 사직서의 제출이 진의아닌 의사표시에 해당하는지의 여부는 근로자가 사직서를 제출하게 된 경위, 사직서의 기재 내용과 회사의 관행, 사용자측의 퇴직권유의 방법, 강도 및 횟수, 사직서를 제출하지 않을 경우 예상되는 불이익의 정도, 사직서 제출에 따른 경제적 이익의 제공 여부, 사직서 제출 전후의 근로자의 태도 등을 종합적으로 고려하여 판단하여야 한다.

(4) 사안의 경우

사안에서 甲 등이 사직서를 제출하게 된 경위는 A회사의 요청에 형식적으로 퇴사와 재취업신청서을 하기 위함이지 근로자가 그 당시에는 사직서를 제출하는 것이 최선이라고 판단하여 의사표시를 한 것은 아니다. 따라서, 정황으로 보아 사직서의 제출이 근로자 자신의 의사에 의한 것이 아니고, 근로자의 사직의사가 진의가 아니었다는 것을 사용자가 알았거나 알 수 있다고 평가되므로, A회사가 사직서가 진의에 의하여 제출되는 것이 아님을 알면서도 의원면직처리한 것은 무효라 할 것이다.

6. 결론

이 사안의 A회사와 B회사 간의 계약은 근로관계 승계의 효과가 발생되는 영업양도 계약에 해당되고 따라서 원칙적으로 B회사 근로자들의 근로관계는 A회사에 포괄적으로 승계된다. 다만 두 회사 간의 특약을 통해 A회사는 甲등 5명이 근로 연수 20년 이상인 근로자로서 인사고과 점수가 낮다는 이유로 고용승계를 거부하였는데 이는 실질적으로 정당한 사유가 없는 부당해고에 해당된다. 또한, A회사가 甲등이 제충한 사직서가 진의에 의하여 제출되는 것이 아님을 알면서도 의원면직처리한 것은 무효라 할 것이다. 따라서 A회사가 2014.8.1.자로 甲등 5명의 고용을 승계하지 않은 행위는 정당하지 않다.

II. 설문2의 해결

1. 쟁점의 정리

징계처분이 정당하기 위해서는 근로기준법 제23조 제1항의 '정당한 이유'가 있어야 하는 바, 정당한 이유가 있다고 하기 위해서는 징계사유의 정당성(징계사유의 존재) 및 징계양정의 정당성(징계양정의 적정성)이 인정되어야 한다. 또한, 자치규범에 징계절차 규정을 둔 경우에는 그 절차를 준수하여야 하고, 징계해고처분의 경우에는 근로기준법상 해고절차규정인 제26조 및 제27조를 준수해야 한다. 다만, 설문은 필요한 모든 징계절차를 거쳤음을 전제하므로 절차의 정당성은 논외로 하기로 하고, 징계사유와 관련하여 A회사의 근로자 乙이 2014. 5. 6.부터 2주 동안 두 회사 사이의 영업양도계약의 부당성과 A회사를 비방하는 취지의 다수 문건을 A회사 홈페이지에 게시한 사용자에 대한 비판활동을 이유로 징계해고가 정단한 지 문제된다.

2. 징계권의 의의와 법적 성질

(1) 징계권의 의의

'징계권'이란 사용자가 기업의 직장질서를 확립하고 유지하기 위하여 경영조직의 질서나 규율을 위반한 근로자에 대해 일정한 불이익을 가할 수 있는 권리를 의미한다. 사용자는 '지시 · 감독권'에 근거하여 사업장의 질서를 유지하기 위하여 근로자에게 일정한 불이익을 가하는 징계를 할 수 있고, 징계벌은 기업질서 위반자에 대해 가하는 질서벌(징벌)의 성격을 가진다는 점에서, 계약위반에 대한 제재로서 가해지는 계약벌과 구별된다. 다만, 징계권을 포함하는 사용자의 지시 · 감독권은 신의성실의 원칙에 따라 공정하게 행사되어야 하며 이를 남용할 수 없다는 내재적 한계를 가진다.

(2) 징계권의 법적성질

'징계권'이란 사용자가 기업의 직장질서를 확립하고 유지하기 위하여 기업의 질서나 규율을 위반한 근로자에 대해 일정한 불이익을 가할 수 있는 권리를 의미하는바, 이러한 사용자의 징계권의 근거가 무엇이냐에 대하여 학설이 대립된다. 학설은 크게 나누어 '고유권설'과 '계약설'의 대립이 존재하는데, 고유권설은 징계권의 근거를 사용자의 경영권에서 유래하는 사용자의 고유의 권리에서, 그리고 계약설은 징계권의 근거를 근로계약이나 취업규칙 등에 기초하는 당사자의 '합의'에서 찾는다. 판례는 '인사권은 사용자 고유의 권한으로서 그 징계규정의 내용이 강행법규나 단체협약의 내용에 반하지 않는 한 사용자는 그 구체적인 내용을 자유롭게 결정할 수 있다'고 하여 '고유권설'의 입장에 있는 것으로 해석된다.

'계약설'에 의하면 결국 근로자측과 사용자측의 합의에 의하여 징계권이 도출되어야 하므로 근로계약이나 취업규칙 등에 규정되지 않은 사유로는 사용자가 징계권을 행사할 수 없다는 결론에 이른다는 점에서 구체적인 타당성을 확보하는 것이 부적절하다. 따라서 징계권은 경영권에서 도출되는 사용자의 고유한 권리로 보는 판례의 태도가 타당하며, 다만, 이러한 징계권의 행사는 권리남용 금지라는 내재적 한계가 있으며 근로기준법 제23조 제1항에 위배되어서는 아니 될 것이다.

3. 근로기준법 제23조 제1항에 의한 제한

근로기준법 제23조 제1항에서 '사용자는 근로자에게 정당한 이유 없이 해고, 휴직, 정직, 전직, 감봉, 그 밖의 징벌(이하 '부당해 고등'이라 한다)을 하지 못한다.'고 규정하고 있다. 따라서, 징계처분이 정당하기 위해서는 근로기준법 제23조 제1항의 '정당한 이유'가 있어야하는 바, '정당한 이유'가 있다고 하기 위해서는 징계사유의 정당성 (징계사유의 존재) 및 징계양정의 정당성(징계양정의 적정성)이 인정되어야 한다. 특히 해고의 경우에는 사용자의 일방적인 의사에 기해 근로자와의 근로관계를 단절시키는 처분이므로 최후수단으로서의 성격이 인정되어야 한다.

4. 징계사유의 정당성

(1) 의의

근로기준법 제23조 제1항은 '사용자는 근로자에게 정당한 이유 없이 해고, 정직, 감봉, 그 밖의 징벌을 하지 못한다.'고 규정하여 사용자의 부당한 징계권 행사로부터 근로자를 보호하고 있다. 따라서, 징계의 정당성을 인정받기 위해서는 먼저 근로자의 행위가 기업질서에 위배되는 사유가 있음이 인정되어야 하며, 그 사유가 근로계약, 취업규칙, 단체협약 등에 정한 징계해고사유에 해당되어야 한다.(대법원 1990.4.27. 선고 89다카5451 판결)

(2) 취업규칙상의 징계사유의 해석

사용자가 미리 징계의 사유를 규정한 경우에도 사용자의 구체적 징계처분이 정당한 것으로 인정되기 위해서는 근로자의 행위가 취업규칙상의 징계사유에 해당할 뿐만 아니라 취업규칙상의 징계사유 그 자체가 정당해야 하는 바 (근로기준법 제23조 제1항), 정당한 이유의 의미에 대하여 판례는 '취업규칙 등의 징계해고사유에 해당하는 경우, 이에 따라 이루어진 해고처분이 당연히 정당한 것으로 되는 것이 아니라 사회통념상 근로관계를 계속할 수 없을 정도로 근로자에게 책임 있는 사유가 있는 경우에 행하여져야 정당성이 인정되는 것이고, 사회통념상 당해 근로자와의 고용관계를 계속할 수 없을 정도인지는 당해 사용자의 사업의 목적과 성격, 사업장의 여건, 당해 근로자의 지위 및 담당직무의 내용, 비위행위의 동기와 경위, 이로 인하여 기업의 위계질서가 문란하게 될 위험성 등 기업질서에 미칠 영향, 과거의 근무태도 등 여러 가지 사정을 종합적으로 검토하여 판단하여야 한다.'고 판시한다.(대법원 1998.11.10.,선고 97누18189 판결)

(3) 사용자에 대한 비판활동과 징계사유의 정당성

판례는 근로자가 사용자의 자의적인 인사처분에 대해 사내게시판에 공개적으로 비판한 것이 문제된 사안에서 '사내 전자게시판에 게시된 문서에 기재되어 있는 문언에 의하여 타인의 인격, 신용, 명예 등이 훼손 또는 실추되거나 그렇게 될 염려가 있고, 또 문서에 기재되어 있는 사실관계 일부가 허위이거나 표현에 다소 과장되거나 왜곡된 점이 있다고 하더라도, 문서를 배포한 목적이 타인의 권리나 이익을 침해하려는 것이 아니라 근로조건의 유지 개선과 근로자의 복지증진 기타 경제적 사회적 지위의 향상을 도모하기 위한 것으로서 문서 내용이 전체적으로 보아 진실한 것이라면 이는 근로자의 정당한 비판활동범위에 속한다.'고 한다.(대법원 2012.01.27. 선고 2010다100919 판결)

(4) 사안의 경우

A회사의 취업규칙 제12조 제5호에서 '고의적이거나 계속적으로 회사를 비방하는 행위'를 징계해고사유로 규정하고 있는바 이러한 규정 자체는 부당하다고 할 수 없다. 근로자 乙은 2014. 5.6.부터 2주 동안 영업양도계약의 부당성과 A회사를 비방하는 취지의 다수 문건을 A회사 홈페이지에 게시하였는 바, 설문 1에서 살핀 대로 A회사와 B회사의 합의에 따른 甲 등 일부 근로자에 대한 고용승계배제는그 정당성이 없어 무효이다. 따라서 乙이 두 회사 사이의 영업양도계약의 부당성과 A회사를 비방하는 취지의 다수 문건을 A회사 홈페이지에 게시한 행위는 A회사에 대한 비방행위라기보다는, 오히려 근로조건의 유지 개선과 근로자의 복지증진 향상을 도모하기 위한 것으로 근로자의 정당한 활동범위에 속한다고 볼 수 있다. 따라서 A회사 취업규칙 제12조(징계해고의 사유) 제5호 '고의적이거나 계속적으로 회사를 비방하는 행위'에 해당한다고 볼 수 없다. 또한 乙의 행위가 사회통념상고용관계를 계속할 수 없을 정도로 근로자에게 책임 있는 사유가 있는 경우라고 볼 수도 없으므로 사안의 징계해고는 부당하다. 한편 징계사유의 정당성이 인정되지 않으므로 징계수단의 정당성 등은 검토할 필요가 없다.

5. 결론

A회사가 2014.8.15.자로 乙을 징계해고 한 것은 정당하지 않다.

(쟁점) 영업양도시 근로자의 승계거부(→사례: 93)

1. 영업양도시 근로자의 승계거부권

회사의 합병은 종전의 근로자의 근로계약상의 지위가 그대로 포괄적으로 승계되는 것이므로, 합병의 경우에 근로자가 승계를 거부하는 것은 단순한 '사직'에 불과하겠지만, 일부 영업양도의 경우에는 근로자가 양도되는 기업의 영업부문에 근로하였다는 사실만으로 당연히 근로관계의 승계가 인정된다고 할 수는 없고 영업양도의 경우에는 민법 제657조 제1항에 따라 **사용자는 근로자에 대한 권리를 제3자에게 양도할 때 근로자의 동의를 얻어야 한다.** 따라서, 합병의 경우와 달리 영업양도의 경우에 근로자는 **양수회사로의 근로관계의 승계를 거부할 수 있다**. 판례도 근로관계의 승계를 거부하는 근로자의 승계거부권을 인정하고 있다.

2. 승계거부의 유형

(1) 양도기업 잔류(대법원 2010.09.10. 선고 2010다41089 판결)

영업양도의 경우에 근로자는 승계를 거부하고 양도기업에 잔류하는 것이 인정된다. 다만 이때 양도기업은 영업 일부의 양도로 인한 경영상의 필요에 따라 감원이 불가피하게 되는 사정이 있어 경영해고로서의 정당한 요건이 갖추어져 있다면 그 절차에 따라 승계를 거부한 근로자를 해고할 수 있다.

(2) 양도기업, 양수기업 모두 퇴직(대법원 2002.03.29. 선고 2000두8455 판결)

영업양도의 경우에도 **근로자에게는 사직의 자유가 인정**되는 것은 당연하므로, 근로자는 양도기업 및 양수기업 모두로부터 퇴사할 수 있다.

(3) 양도기업 퇴직, 양수기업 신규 입사(대법원 2012.05.10. 선고 2011다45217 판결)

영업양도시 **근로자가 직접 근로관계를 승계하는 형식을 취하지 않고 일단 양도회사에서 퇴직한 후, 양수기업에 새로이 입사하는 형식**으로 근로관계를 승계하는 것도 인정된다. 이를테면, 양도기업의 퇴직금 제도가 근로자에게 유리하다든지 장차 양수기업에서 경영난으로 퇴직금을 제대로 지급하지 못할 것이 우려된다면 근로자로서는 양도기업에서의 계속근로기간에 해당하는 퇴직금을 미리 받기 위하여 양수기업으로의 승계를 거부하고 양도기업에서 퇴직하면서 퇴직금을 받음과 동시에 양수기업에 새로이 입사하는 것도 인정된다.

3. 승계거부 의사표시의 기한

근로관계 승계에 반대하는 의사는 근로자가 영업양도가 이루어진 사실을 '안 날'부터 상당한 기간 내에 양도기업 또는 양수기업에 표시해야 한다는 것이 판례의 입장이다. **상당한 기간 내에 표시했는지 여부는 영업양도가 근로자에게 미치는 영향, 영업양도를 알 수 있었던 시점, 근로자가 자신의 의사를 결정하는데 필요한 시간 등 제반사정을 고려하여 판단해야 한다.**(대법원 2012.05.10. 선고 2011다45217 판결)

사례연습 93

영업양도와 근로자의 승계거부권 (공인노무사 22회 기출문제)

A회사는 자신이 운영하던 2개의 사업부문 중 하나를 B회사에 양도하였다. B회사에 양도된 사업부문에 소속된 근로자 甲이 B회사로의 근로관계의 승계를 거부하는 경우, A회사와 근로자 甲 사이의 법률관계를 설명하시오.

Ⅰ. 설문1의 해결

1. 쟁점의 정리

영업(사업)양도란 일정한 영업목적에 의하여 조직화된 업체, 즉 인적 · 물적 조직을 그 동일성을 유지하면서 일체로서 이전하는 것을 의미하는 바(대법원 2001.7.27. 선고 99두2680 판결) 사안과 같이 B회사에 양도된 사업부문에 소속된 근로자 甲이 B회사로의 근로관계의 승계를 거부하는 경우, 甲이 B회사(양수회사)로의 승계를 거부할 권리가 있는지 여부가 문제된다. 만일 영업양도의 경우에 있어서 근로자의 근로관계 승계권이 인정된다면, 승계거부의 유형을 검토하면서 그 유형에 따른 A회사(양도회사)와 甲 사이의 법률관계를 살펴보도록 하겠다.

2. 영업양도의 개념

3. 영업양도와 근로관계의 승계

(1) 문제점

합병과는 달리, 영업양도의 경우에는 상법에서 포괄적 권리의무의 승계를 규정하지 않고 있으며, 민법상으로도 사용자의 변경으로 인한 근로관계의 포괄적 이전에 관해서는 규정이 없으므로 영업양도의 효과로 당연히 고용승계가 되는지 여부가 문제된다.

(2) 학설

1) 당연 승계설

2) 특약 필요설

3) 원칙 승계설

(3) 판례

(4) 검토

3. 영업양도시 근로자의 승계거부권

(1) 의의

회사의 합병은 종전의 근로자의 근로계약상의 지위가 그대로 포괄적으로 승계되는 것이므로, 합병의 경우에 근로자가 승계를 거부하는 것은 단순한 '사직'에 불과하겠지만, 일부 영업양도의 경우에는 근로자가 양도되는 기업의 영업부문에 근로하였다는 사실만으로 당연히 근로관계의 승계가 인정된다고 할 수는 없고 영업양도의 경우에는 민법 제657조 제1항에 따라 사용자는 근로자에 대한 권리를 제3자에게 양도할 때 근로자의 동의를 얻어야 한다. 따라서, 합병의 경우와 달리 영업양도의 경우에 근로자는 양수회사로의 근로관계의 승계를 거부할 수 있다. 판례도 근로관계의 승계를 거부하는 근로자의 승계거부권을 인정하고 있다.

(2) 승계거부의 유형

1) 양도회사 및 양수회사 모두 퇴직

근로자에게는 사직의 자유가 인정된다 할 것이므로, 근로자는 승계를 거부함으로써 양도회사 및 양수회사 모두로부터 퇴직하는 것이 인정된다(대법원 2002.3.29. 선고 2000두8455 판결)

2) 양도회사에 잔류

근로자가 양수회사로의 승계를 거부하고 양도회사에 잔류하는 것이 인정된다.(대법원 2010.9.30. 선고2010다41089 판결) 다만 이때 양도기업은 영업일부의 양도로 인한 경영상의 필요에 따라 감원이 불가피하게 되는 사정이 있어 경영해고로서의 정당한 요건이 갖추어져 있다면 그 절차에 따라 승계를 거부한 근로자를 해고 할 수 있다.

3) 양도기업 퇴직, 양수기업 신규 입사

근로자가 승계를 거부하고 양도회사에서 퇴직하면서 양수기업에 새로이 입사하는 것이 인정된다.(대법원 2012.5.10. 선고 2011다45217 판결) 즉, 근로자는 장차 양수회사의 경영난으로 퇴직금등을 제대로 지급받지 못할 우려가 있는 경우, 양도기업에서의 계속근로기간에 해당하는 퇴직금을 미리 받기 위하여 승계를 거부하고 양도기업에서 퇴직하면서 퇴직금을 받고 동시에 양수기업에 새로이 입사하는 것도 인정된다.

(3) 승계거부 의사표시의 기한

판례는 근로관계 승계에 반대하는 의사는 근로자가 영업양도가 이루어진 사실을 '안 날'부터 상당한 기간 내에 양도기업 또는 양수기업에 표시해야 한다고 판시하였다. 상당한 기간 내에 표시했는지 여부는 영업양도가 근로자에게 미치는 영향, 영업양도를 알 수 있었던 시점, 근로자가 자신의 의사를 결정하는데 필요한 시간 등 제반사정을 고려하여 판단해야 한다(대법원 2012.5.10. 선고 2011다45217 판결).

4. 결론

(1) 양도회사 및 양수회사 모두 퇴직

甲이 A회사와 B회사에서 퇴직할 의사로 승계를 거부하는 경우, 甲과 A회사와의 근로관계는 종료되고 A회사는 퇴직금 등의 금품청산만 하면 된다.

(2) 양도회사에 잔류

甲의 승계거부로 A회사에 잔류하는 경우, 甲과 A회사와의 근로관계는 그대로 유지된다. 다만, A회사는 경영상의 필요에 따라 감원이 불가피하게 되는 사정이 있어 경영해고로서의 정당한 요건이 갖추어져 있다면 그 절차에 따라 승계를 거부한 근로자를 해고 할 수 있다.

(3) 양도기업 퇴직, 양수기업 신규 입사

甲의 승계거부로 A회사에서 퇴직하고 B사에 입사하는 경우, A회사와의 근로관계는 종료되고 A회사는 금품청산만 하면 된다.

(쟁점) 수탁기관의 변경과 고용승계 대법원 2021. 11. 11. 선고 2019다280733 판결

(사례) 정신건강전문요원 자격을 가진 갑은 2008. 4. 1. X병원에 고용되어 A센터에서 근무하여 오다가 2016. 11. 14. 위 병원과 근로계약기간을 2018, 12. 31.까지로 갱신하였다. 위 근로계약 제7조(기타 근로조건) 제7항이 준용하는 2016년 년 이전 보건복지부 정신건강사업안내에는 '치료적 관계 형성 및 사업의 연속성을 고려하여 수탁기관의 변경은 신중하게 추진하고 수탁기관 변경 시 사업수행 인력은 원칙적으로 고용승계 하되, 사업수행 인력에 대하여 재계약을 거부하거나 해고할 시에는 정당한 사유와 정당한 절차, 제반 사항 등을 종합적으로 검토하여 운영위원회를 거쳐 시·도 또는 시·군·구(보건소)에 보고하여야 한다.'라고 정하고 있었다. 2017년 보건복지부 정신건강사업안내에서는 위 '수탁기관 변경 시' 부분이 '수탁기관 변경 또는 운영형태(위탁/직영) 변경 시'로 개정되었다. 한편 A센터는 X병원과 사이에 횡령사건의 책임 소재에 관한 분쟁이 있게 되자 협의를 거쳐 2017. 7. 20.경 X병원은 이 사건 위탁계약을 2017. 8. 21,자로 해지하고 위 센터를 직영으로 전환하기로 하였다. A센터는 X병원과 이 사건 위탁계약의 해지에 합의하고 이 사건 센터의 기존 인력에 대한 고용승계를 하지 않는 것을 전제로 신규 근로자는 시간선택제 임기제공무원으로 공개 채용하기로 정한 다음 2017. 8. 28.부터 2017. 9. 10.까지 채용공고를 한 후 채용절차를 진행하였다. 갑은 위 채용절차에 참가하였다가 최종 탈락하였고, 2017. 9. 30. 최종적으로 고용승계가 거부되자 A센터에 고용을 승계할 것을 주장하고 있다. A센터는 갑 등의 근로자의 고용을 승계할 의무가 있는가?

판례의 태도

1. 고용승계는 새로운 사업주가 기존 근로계약에 따른 사용자의 권리의무를 포괄적으로 양수하고 종전 사업주는 고용관계에서 탈퇴하는 것으로서 계약인수의 실질을 가진다. 이러한 계약인수는 계약상 지위에 관한 양도인과 양수인 사이의 합의와 나머지 당사자가 이를 동의 내지 승낙하는 방법으로도 이루어질 수 있다(대법원 2007. 9. 6. 선고 2007다31990 판결 등 참조). 한편 근로자는 자신이 속한 사업의 운영주체 변경에 관계없이 근로의 계속을 원하는 것이 일반적이므로, 사업운영에 관한 위탁계약에서 계약이 종료되면 위탁자가 그 사업을 위하여 수탁자에게 고용된 근로자에 대한 고용을 승계하기로 정한 경우 그 **근로자는 명시적으로 반대의사를 표시하지 않는 한 위 고용승계에 대하여 동의 내지 승낙한 것으로 추정된다**(영업양도에 관한 대법원 2002. 3. 29. 선고 2000두8455 판결, 대법원 2012. 5. 10. 선고 2011다45217 판결의 취지 참조).

2. 사안의 근로계약 제7조는 계약에 정함이 없는 사항은 정신보건사업안내 등에 따른다고 정하고 있으므로 이는 근로계약의 내용에 포함되고, 위 정신건강사업안내에서는 이 사건 센터의 운영주체가 변경되는 경우에 새로운 운영주체가 위 센터 소속 직원들에 대한 고용관계를 승계하도록 정하고 있다. 이에 따라 원고는 이 사건 위탁계약이 종료될 경우 새로운 수탁기관이나 피고에게로의 고용승계에 명시적으로 동의하였다고 볼 수 있다, 그리고, 이 사건 위탁계약이 2017. 9. 29.자로 해지되고 피고가 이 사건 센터의 운영을 직영으로 전환하면서 운영주체가 피고로 변경되었으므로 위 위탁계약 제16조 제7항과 보건복지부 정신건강사업안내가 정하는 고용승계의무의 정지조건이 성취되었으므로, 특별한 사정이 없는 한 새로운 운영주체인 피고는 원고를 포함한 직원들에 대한 고용관계를 승계할 의무가 있다.

(4) 영업양도로 인한 근로관계 승계의 효과

1) 근로자의 근로조건의 포괄적 승계

영업양도에 따라 영업양수인은 영업양도인이 종래 근로자에 대하여 갖고 있던 사업주로서의 지위를 그대로 인수하게 된다. 즉, **영업양도인과 근로자 사이의 근로계약, 취업규칙 등에 의하여 형성된 근로조건 등을 포함하는 근로관계는 동일성을 가지고 양수인에게 이전**된다 할 것이므로 기존의 근로자의 근로조건 등 근로관계의 내용은 사업주의 교체와 관계없이 아무런 변동이 없다고 보아야 할 것이다. 따라서, 영업양도시 양수인의 승계 근로자에 대한 퇴직금 지급 채무는 영업양수 전후의 근로기간을 합산하여 산정함이 원칙이며, 영업양도 시점 이후에는 영업양도의 양수인이 종래 양도인이 근로자에게 대해 부담하던 퇴직금을 포함하는 임금지급의무도 그대로 승계한다.

2) 체불임금 책임의 승계 여부

가. 민사상 임금지급의무의 승계

영업양도의 양수인이 자신에게 고용승계된 근로자에 대하여 영업양도 시점 이후의 임금 및 퇴직금 지급의무를 부담하는 것 외에, **영업양도 시점 이전에 이미 성립되어 체불중인 임금지급채무**에 대하여도 책임이 있는지 문제된다. 학설의 일반적인 입장은 영업양도에 따라 근로관계는 포괄적으로 양수인에게 승계되는 것이지만, 영업양도 이전에 이미 발생한 채무(임금)는 채권자인 근로자의 동의가 없는 한 양수인에게 이전되지 않으므로(민법 제453조 내지 454조) **양도인은 근로자에 대하여 체불임금의 책임을 면할 수 없다는 것이다. 그 결과, 양도인과 양수인의 근로자에 데힌 각 의무는 부진정연대채무관계**에 있으므로, 근로자는 양도인과 양수인 모두에게 임금을 청구할 수 있다. 다만, 이 경우에도, 영업양도 전 해고 등의 사유로 인하여 양수인에게 근로관계가 승계되지 아니한 근로자는 영업양도 시점 이전의 체불임금채권을 양수인에게 청구할 수 없다 할 것이다.

나. 형사상 임금체불 책임의 승계

영업양도로 임금 등 채권채무가 포괄적으로 이전한다고 하더라도 임금, 퇴직금 등의 체불에 관한 **형사상 책임**은 양수인에게 이전되지 않는다. 즉, 기업이 합병 또는 양수 양도로 인해 종전 기업의 근로관계가 새로운 기업에 승계되는 경우의 임금 미지급에 따른 형사적 책임은 새로운 사용자에게 승계되지 않으므로 근로자는 새로운 사용자인 양수인에게 근로기준법 위반의 책임을 물을 수는 없다.

3) 근로계약상 체무불이행 또는 불법행위에 기한 손해배상채권(→사례: 95)

최근 대법원은 양수기업이 양도기업의 근로계약을 함께 인수했다면 양수기업이 양도기업의 근로자에 대한 근로계약상 채무불이행 또는 근로계약을 위반한 불법행위에 따른 손해배상채권을 승계취득 할 수 있다고 판단했다(대법원 2020.12.10. 선고 2020다245958 판결). 즉, 영업양도에 근로계약 인수가 수반된 것으로 볼 수 있고, 양수인 역시 근로계약의 인수를 승낙했으므로 개별 채권 양도에서 요구하는 대항요건과 관계없이 양도인에 대한 **손해배상채권이 양수인 회사에 이전**된다는 것이다. 이 사건은 기존 영업양도와 근로관계 승계 법리에 더해 **계약인수 법리를 구체적으로 적용**해 판단했다는 데에 그 의미가 있다.

4) 취업규칙의 승계(→(쟁점) 영업양도와 취업규칙의 승계 여부)

(쟁점) 영업양도와 취업규칙의 승계 여부(→사례: 94)

1. 문제점

영업양도나 기업합병 등에 의하여 근로계약 관계가 포괄적으로 승계된 경우에 근로자의 종전 근로계약상의 지위도 그대로 승계되는 바, 영업양도에 따른 근로관계의 승계에 수반하여 취업규칙도 승계되는지 문제된다.

2. 학설

영업양도에 따른 근로관계의 승계에 수반하여 취업규칙도 승계되는지 여부에 대하여, 학설상으로는 ① 근로관계 승계 시에 기존 사업장의 취업규칙 그 자체가 그대로 승계된다는 견해(취업규칙 승계설)과 ② 취업규칙의 내용이 승계되는 근로자의 근로계약의 내용으로 화체되어 승계된다는 견해 즉, 근로관계의 승계에 따라 이전·승계의 대상이 되는 것은 취업규칙 그 자체가 아니라 취업규칙에 의하여 형성된 근로관계의 내용인 것으로 보아야 한다는 견해(근로계약 화체 승계설)로 나뉘고 있다.

3. 판례

판례는 영업양도나 기업합병 등에 의하여 근로계약 관계가 포괄적으로 승계된 경우에 근로자의 종전 근로계약상의 지위도 그대로 승계되는 것이라는 전제하에, 즉 회사의 합병이나 영업양도에 의하여 근로관계가 승계되는 경우에는 종전의 근로계약상의 지위가 그대로 포괄적으로 승계되는 것이므로 합병 당시 취업규칙의 개정이나 단체협약의 체결 등을 통하여 합병 후 근로자들의 **근로관계의 내용을 단일화하기로 변경 조정하는 새로운 합의가 없는 한**, 합병 후 존속회사나 신설회사는 소멸회사에 근무하던 근로자에 대한 퇴직금 관계에 관하여 종전과 같은 내용으로 승계하는 것이라고 보아야 한다는 입장이다.(대법원 1994.03.08. 선고 93다1589 판결) 다만, 취업규칙이나 단체협약을 통하여 **합병 후 근로자들의 근로관계의 내용을 단일화하기로 변경 조정하는 새로운 합의를 하는 경우**, 판례는 '승계 후의 규정이 승계 전의 규정보다 근로자에게 불리하다면 근로기준법 제94조 제1항 소정의 당해 근로자 집단의 집단적인의사결정 방법에 의한 동의 없이는 승계 후의 퇴직금규정을 적용할 수 없다.'라고 하여 '취업규칙 불이익 변경의 법리'를 영업양도에도 적용시키면서도, 동시에 사회통념상 합리성이 있다고 인정되는 경우에는 종전 근로조건 또는 취업규칙의 적용을 받고 있던 근로자의 집단적 의사결정방법에 의한 동의가 없다는 이유만으로 그 적용을 부정할 수는 없다고 판시하였다. (대법원 2010.01.28. 선고 2009다32363 판결)

4. 검토

영업양도로 인하여 일정한 영업 목적에 의하여 조직화된 유기적 일체로서의 기능적 재산의 전체를 양수한 회사는 영업을 양도한 회사의 권리·의무를 포괄적으로 승계하므로, 합병 당시 취업규칙의 개정이나 단체협약의 체결 등을 통하여 합병 후 근로자들의 근로관계의 내용을 단일화하기로 변경 조정하는 새로운 합의가 없는 한, 영업양도로 인하여 취업규칙 그 자체가 포괄적으로 승계되는 것으로 보는 것으로 해석하는 판례의 태도가 타당하다

사례연습 94

영업양도와 취업규칙의 승계 (2012년도 제2차 변호사시험 모의시험 변형)

A회사는 상시 1,000명의 근로자를 사용하여 자동차부품을 생산 판매하는 업체이다. A회사는 판매부진으로 경영상황이 악화되자, 자산매각조치와 명예퇴직자 모집 등 자구노력을 하였으나, 경영상황이 개전되지 않아 B회사와 영업양도계약을 체결하였다. 위 계약에서는 'B회사는 A회사 근로자의 고용을 승계한다. 단, B회사는 A회사 근로자들 중 인사고과가 최하위 집단에 속하는 자의 고용을 승계하지 않는다'는 특약을 두었다. 위 영업양도계약에 따라 A회사를 양수한 B회사는 갑(甲) 등10명의 고용을 승계하지 않았다. A회사는 위의 특약에 따라 선정된 甲등의 명단을 A회사의 과반수 노조에게 통보하고 20일만에 전격적으로 합의를 마치고 B회사로 고용이 승계되지 않은 甲 등에게는 서면으로 해고통지서를 발송하면서 30일분의 통상임금을 해고예고수당으로 지급하였다.

한편, A회사의 취업규칙상 직원의 월 기본급은 150만원이었고, B회사의 취업규칙에서는 직원의 월기본급을 100만원으로 규정하고 있다. B회사는 A회사와의 영업양도계약에 따라 고용을 승계한 을(乙)등 종전 A회사 소속 근로자들에게 B회사의 취업규칙을 적용하여 월 기본급 100만원을 지급하였다.

1. B회사로의 고용승계가 배제된 갑(甲) 등 10명은 B회사에 대해 고용승계를 주장한다. 이 주장은 타당한가?(단, 해고의 절차적인 요건은 논의의 대상으로 하지 않는다.)
2. 을(乙) 등 종전 A회사 소속 근로자들은 B회사 취업규칙에 따른 기본급을 적용하는 것은 부당하다고 하며, A회사 취업규칙의 기본급 규정을 적용해야 한다고 주장한다. 이 주장은 타당한가?

Ⅰ. 설문1의 해결 (→ 사례연습 73 경영악화 방지를 위한 영업양도와 경영상 해고)

Ⅱ. 설문 2의 해결

1. 쟁점의 정리

甲은 취업규칙상 직원의 월 기본급이 150만원인 A사에 입사하여 근무해 오던 중 A사가 취업규칙상 직원의 월기본급을 100만원인 B사에 흡수합병됨에 따라 甲은 종전 A회사 소속 근로자들에게는 여전히 A회사 취업규칙의 기본급 규정을 적용해야 한다고 주장하고 있다. 이러한 甲의 주장의 정당성을 판단하기 위해서는 먼저 B사가 A사의 취업규칙을 승계하는 지 여부를 살펴본 후, 만일 B사가 A사의 취업규칙을 승계하는 경우에는 본 사안과 같이 취업규칙이 불이익하게 변경되는 경우에는 취업규칙 불이익 변경의 요건을 갖추어야 하는 지 검토해야 할 것이다.

2. 영업양도로 인한 근로관계 승계의 효과

영업양도에 따라 영업양수인은 영업양도인이 종래 근로자에 대하여 갖고 있던 사업주로서의 지위를 그대로 인수하게 된다. 즉, 영업양도인과 근로자 사이의 근로계약, 취업규칙 등에 의하여 형성된 근로조건 등을 포함하는 근로관계는 동일성을 가지고 양수인에게 이전된다 할 것이므로 기존의 근로자의 근로조건 등 근로관계의 내용은 사업주의 교체와 관계없이 아무런 변동이 없다고 보아야 한다. 나아가, 양수인은 근로계약상 책임 이외에 종래 양도인이 근로자에게 지고 있던 재해보상책임이나 불법행위책임에 따른 금품지급의무도 특별한 약정이 없는 한 원칙적으로 그대로 승계된다. 따라서 양수기업은 양도인으로부터 승계한 종전의근 근로계약, 취업규칙 또는 단체협약에서 정한 근로조건을 준수해야 한다.

3. 영업양도와 취업규칙의 승계 여부

(1) 학설

영업양도, 합병, 회사분할 등에 따른 근로관계의 승계에 수반하여 취업규칙도 승계되는지 여부에 대하여, 학설상으로는 ① 근로관계 승계 시에 기존 사업장의 취업규칙 그 자체가 그대로 승계된다는 견해(취업규칙 승계설)과 ② 취업규칙의 내용이 승계되는 근로자의 근로계약의 내용으로 화체되어 승계된다는 견해 즉, 근로관계의 승계에 따라 이전·승계의 대상이 되는 것은 취업규칙 그 자체가 아니라 취업규칙에 의하여 형성된 근로관계의 내용인 것으로 보아야 한다는 견해(근로계약 화체 승계설)로 나뉘고 있다.

(2) 판례

판례는 영업양도나 기업합병 등에 의하여 근로계약 관계가 포괄적으로 승계된 경우에 근로자의 종전 근로계약상의 지위도 그대로 승계되는 것이라는 전제하에, 즉 영업양도나 기업합병 등에 의하여 근로계약 관계가 포괄적으로 승계된 경우에는 취업규칙 그 자체가 포괄적으로 승계된다는 전제하에, '다만, 승계 후의 퇴직금 규정이 승계 전의 퇴직금규정보다 근로자에게 불리하다면 근로기준법 제94조 제1항 소정의 당해 근로자 집단의 집단적인의사결정 방법에 의한 동의 없이는 승계 후의 퇴직금규정을 적용할 수 없다.'라고 판시하여(대법원 1995.12.26. 선고 95다41659 판결), 취업규칙 불이익 변경의 법리를 영업양도에도 적용시키고 있다.

(3) 검토

영업양도로 인하여 일정한 영업 목적에 의하여 조직화된 유기적 일체로서의 기능적 재산의 전체를 양수한 회사는 영업을 양도한 회사의 권리·의무를 포괄적으로 승계하므로 영업양도로 인하여 취업규칙 그 자체도 포괄적으로 승계되는 것으로 보는 것으로 해석하는 것이 타당하다.

(4) 사안의 경우

영업을 양수한 회사는 영업을 양도한 회사의 권리·의무를 포괄적으로 승계하므로 영업양도로 인하여 취업규칙 그 자체도 포괄적으로 승계될 것인데, 본 사례에서 B회사는 을(乙)등 종전 A회사 소속 근로자들에게도 B회사의 취업규칙을 적용하여 월 기본급 100만원을 지급하였는 바, 이는 취업규칙의 불이익 변경에 해당하므로 이러한 B회사의 취업규칙 적용이 적법하기 위해서는 근로기준법 제94조 제1항 소정의 당해 근로자 집단의 집단적인의사결정 방법에 의한 동의를 필요로 할 것인지 여부가 검토되어야 할 것이다.

4. 취업규칙의 불이익 변경

(1) 취업규칙의 불이익 변경과 근로기준법 제97조 제1항 단서

취업규칙의 작성과 마찬가지로 취업규칙의 변경권한도 사용자에게 있는 것이므로 취업규칙의변경의 경우에도 취업규칙의 작성과 동일하게 근로자의 의견을 듣는 것으로 충분하다. 그런데근로기준법 제97조 제1항 단서는 '취업규칙을 근로자에게 불이익하게 변경하는 경우에는 근로자 과반수로 조직된 노동조합이 있는 경우에는 그 노동조합, 그렇지 않은 경우에는 근로자 과반수의 동의를 얻어야 한다.'고 규정하고 있다. 그리고 취업규칙의 불이익 변경이 근로자과 반수로 구성된 노동조합의 동의를 얻은 경우 위 변경은 노동조합원은 물론 노동조합에 가입할 자격은 없지만 기존 취업규칙의 적용을 받았던 근로자에게도 그의 개별적 동의 여부와 관계없이 당연히 적용된다는 것이 판례의 입장이다.(대법원 2008.02.29. 선고 2007다85997 판결)

(2) 사회통념상 합리성 이론

취업규칙의 변경이 근로자가 불이익한 변경이라고 느끼더라도 사회통념상 그 변경이 객관적으로 합리적인 것이라면 불이익변경으로 취급할 수 없는 것이 판례의 태도인바, 판례에 따르면, 취업규칙의 변경에 사회통념상 합리성이 있다고 인정되려면 취업규칙을 변경할 당시의 상황을 토대로 ① 근로자가 입게 되는 불이익의 정도, ② 취업규칙 변경 필요성의 내용과 정도, ③ 변경 후 내용의 상당성, ④ 대상 조치 등을 포함한 다른 근로조건의 개선 상황, ⑤ 노동조합 등과의 교섭 경위와 노동조합이나 다른 근로자의 대응, ⑥ 동종 사항에 관한 국내 일반적인 상황 등을 종합적으로 고려하여 판단한다. 다만, 사회통념상 합리성이 인정되는 경우는 사실상 근로자의 집단적 동의를 받도록 한 근로기준법의 규정이 배제되는 결과를 가져오므로, 판례는 근로자에게 침해되는 기득권이나 기득의 이익이 존재하지 않거나, 혹은 그것이 사회적으로 용인될 수 있는 경우에 한하여 매우 제한적인 범위에서 예외적으로 인정한다.(대법원 2001.01.28. 선고 2009다32362 판결 등)

(3) 사안의 경우

A회사의 취업규칙상 직원의 월 기본급은 150만원인 반면, B회사의 취업규칙상 직원의 월 기본급은 100만원이므로, B회사의 취업규칙이 불리하다. 따라서 영업양도의 경우에도 취업규칙 불이익변경 시 집단적 동의 절차를 거치도록 한 근로기준법 제94조 제1항 단서가 적용된다고 볼 것이다. 사안에서는 이러한 동의절차를 받은 사실이 없고, B회사의 취업규칙상의 기본급을 乙 등에게 적용하여야 할 사회통념상 합리성을 인정할 근거도 없다. 그러므로 乙 등의 근로자들은 양도기업인 A회사의 취업규칙이 적용되고, 이에 따른 기본급 규정이 적용된다 할 것이다. 따라서 乙 등의 주장은 타당하다.

5. 결론

영업을 양수한 회사는 영업을 양도한 회사의 권리·의무를 포괄적으로 승계하므로 영업양도로 인하여 취업규칙 그 자체도 포괄적으로 승계될 것인데, B회사는 을(乙)등 종전 A회사 소속 근로자들에게도 B회사의 취업규칙을 적용하여 월 기본급 100만원을 지급하였는 바, 이는 취업규칙의 불이익 변경에 해당하므로 이러한 B회사의 취업규칙 적용이 적법하기 위해서는 근로기준법 제94조 제1항 소정의 당해 근로자 집단의 집단적인의사결정 방법에 의한 동의를 필요로 할 것이고 달리 B회사의 취업규칙상의 기본급을 乙 등에게 적용하여야 할 사회통념상 합리성을 인정할 근거도 없다. 따라서, A회사 취업규칙의 기본급 규정을 적용해야 한다는 乙 등의 주장은 타당하다.

사례연습 95

영업양도와 근로자의 채무불이행 승계 (대법원 2020.12.10. 선고 2020다245958 판결: 출제유력)

A회사는 2015. 11.경, B회사와 항공권 발권대행 사업 부문을 영업 양수하는 계약을 체결하였는데, 이 계약에는 자산이나 영업권, 고객관계, 부채 등과 근로자 갑을 포함한 A회사 소속 근로자에 대한 사용자로서의 모든 권리의무도 원고로 이전한다는 내용도 포함되어 있었다. A회사와 근로자 갑은 영업양도계약에 따라 2016. 3. 1. 근로계약 개시일을 2009. 10. 19.로 소급하여 A회사와의 동일한 근로조건으로 연봉근로계약서를 작성하였다. 그런데 갑은 A회사의 항공권 구매대행 업무를 담당하던 당시, 2010년 10월 무렵부터 2015년 11월 무렵까지 A회사의 고객이나 거래처가 송금한 돈을 본인 계좌로 입금 받아 개인용도로 사용한 일이 있었다. 이에 A회사는 근로자 갑을 상대로 'A회사가 갑에 대하여 2015. 11. 4. 이전에 취득한 근로계약상 채무불이행 또는 불법행위를 원인으로 한 손해배상청구권을 2015. 11. 4.자 영업양도에 수반된 근로계약인수의 효과 또는 영업양도에 수반된 개별 채권양도의 효과에 따라 승계취득하였다'고 주장하면서 갑에 대하여 근로계약상 채무불이행을 이유로 손해배상을 청구하고 있다. A회사가 갑에 대하여 근로계약의 당사자의 지위에서 손해배상을 청구하는 것은 적법한가?

1. 쟁점의 정리

이 사안에서는 먼저 A회사와 B회사 간에 2015. 11.경 체결한 영업양도계약에 따라 그 법적 효과로서 B회사 근로자 갑의 근로관계가 B회사로 승계되는지 여부를 검토하기 위하여 영업양도의 개념 및 영업양도와 근로관계의 승계에 대하여 살펴보도록 한다. 다음으로 위 영업양도계약에서 A회사와 근로자 갑은 영업양도계약에 따라 2016. 3. 1. 근로계약 개시일을 2009. 10. 19.로 소급하여 A회사와의 동일한 근로조건으로 연봉근로계약서를 작성하였는데, 영업을 양수한 A회사가 영업양도가 있은 2015.11. 이전에 근로자 갑이 B회사에 대하여 한 채무불이행내지 불법행위를 이유로 한 손해배상 청구를 근로자갑에게 직접 청구할 수 있는 지의 여부를 A회사와 B회사 간에 2015. 11.경 체결한 계약인수의 효과와 관련하여 검토해 보도록 하겠다.

2. 영업양도의 개념

'영업양도'란 일정한 영업목적에 의하여 유기적으로 조직화된 물적・인적조직의 전부나 일부가 그 조직상의 동일성을 유지하면서 일체로서 이전하는 것을 말한다. 영업양도에서의 '영업'이라는 객관적 의미의 영업, 즉 일정한 영업 목적에 의하여 조직화된 유기적 일체로서의 기능적 재산의 전체를 의미하는데, 이는 단순히 재산을 물리적으로 집합시킨 산술적 의미의 총합을 의미하는 것이 아니라, 그 재산이 유기적으로 결합되어 지속적으로 수익활동을 할 수 있도록 조직화된 것을 의미한다.

3. 영업양도와 근로관계의 승계

(1) 문제점

합병과는 달리, 영업양도의 경우에는 상법에서 포괄적 권리의무의 승계를 규정하지 않고 있으며, 민법상으로도 사용자의 변경으로 인한 근로관계의 포괄적 이전에 관해서는 규정이 없으므로 영업양도의 효과로 당연히 고용승계가 되는지 여부가 문제된다.

(2) 학설

1) 당연 승계설

2) 특약 필요설

3) 원칙 승계설

(3) 판례

(4) 검토

인적 · 물적 조직의 전부나 일부를 동일성을 유지하면서 일체로서 이전하는 영업양도 계약 당사자의 의사를 합리적으로 해석할 때, 특별한 사정이 없는 한 영업의 양도에 관한 합의 속에는 근로관계도 양수인에게 승계되는 것으로 해석하여야 할 것이라는 점에서, 판례와 원칙승계설의 입장이 타당하다. 당연승계설은 법률의 근거도 없이 포괄승계를 인정한 결과 영업양도계약에서의 당사자사이의 배제특약의 효력마저 부정함으로써 사적자치에 반하고 그 결과 거래의 안전을 해할 수 있다는 점에서 받아들이기 어렵다. 한편, 영업양도시 근로자의 동의가 필요하다는 특약 필요설은 영업양도계약을 실질적으로 3면적 합의를 요구하는 결과가 되어 영업양도계약의 본질에 반하는 결과를 가져온다.

4. 근로계약상 채무불이행 또는 불법행위에 따른 손해배상채권의 승계여부

(1) 계약인수에 의한 근로계약상 채무불이행 또는 불법행위채권의 승계

계약인수는 개별 채권·채무의 이전을 목적으로 하는 것이 아니라, 다수의 채권·채무를 포함한 계약 당사자의 지위의 승계를 목적으로 하는 것으로서 계약 당사자 3인의 관여에 의하여 비로소 효력이 발생하고, 계약인수가 적법하게 이루어지면 양도인은 계약관계에서 탈퇴하게 되므로, 계약인수 후에는 그 계약관계에서 이미 발생한 채권 채무는 특별한 사정이 없는 한 양도인에게서 양수인에게 이전되고, 개별 채권양도에서 요구되는 대항요건은 계약인수에서는 별도로 요구되지 않는다.(대법원 2012. 5. 24. 선고 2009다88303 판결 등 참조). 따라서, 회사의 양도인과 양수인사이의 계약인수가 이루어지고 양도인과 근로자사이의 근로계약을 체결일로 소급하여 양수인과 근로자사이에 근로계약을 체결하게 되면, 근로자의 기존의 양도인에 대한 근로계약상 채무불이행 또는 불법행위에 기한 채권도 회사의 양수인에게 승계된다는 것이 대법원의 입장이다.(대법원 2020. 12. 10. 선고 2020다245958) 판결)

(2) 사안의 경우

사안에서 A회사와 B회사 그리고 근로자 갑의 당사자 3인은 A회사 계약 당사자의 지위를 승계할 것을 목적으로 하눈 계약인수를 하였으므로, 근로자 갑의 B회사에 대한 근로계약상 채무불이행 또는 불법행위에 기한 채권은 A회사에게 승계되었다.

5. 결론

근로자 갑의 기존 B회사에 대한 근로계약상 채무불이행 또는 불법행위에 기한 채권이 A회사에게 승계되었으므로, A회사가 갑에 대하여 근로계약의 당사자의 지위에서 손해배상을 청구하는 것은 적법하다.

(쟁점) 영업양도시 승계되는 근로자의 범위(→사례: 96,97)

1. 원칙

영업이 포괄적으로 양도되면 반대의 특약이 없는 한 양도인과 근로자 간의 근로관계도 원칙적으로양수인에게 포괄적으로 승계되는 바, 영업양도에 의하여 근로관계가 양수인에 포괄적으로 승계되는 경우 승계의 대상이 되는 근로관계는 **영업양도계약 체결일 현재 실제로 그 영업부문에서 근무하고 있는 근로자와의 근로관계만을 의미**하고, 그 계약 체결일 이전에 해당 영업부문에서 근무하다가 해고된 자로서 그 해고의 효력을 다투는 근로자와의 근로관계까지 승계되는 것은 아니라는 것이 판례의 태도이다. (대법원 1993.05.25. 선고 91다41750 판결)

2. 영업양도 전에 이루어진 해고나 퇴직이 무효인 경우(→사례 :97)

(1) 영업 전부를 양도하는 경우

근로자가 영업양도일 이전에 정당한 이유 없이 해고된 경우 양도인과 근로자 사이의 근로관계는 여전히 유효하고, 해고 이후 영업 전부의 양도가 이루어진 경우라면 해고된 근로자로서는 양도인과의 사이에서 원직 복직도 사실상 불가능하게 되므로, 영업양도 계약에 따라 영업의 전부를 동일성을 유지하면서 이전받는 양수인으로서는 양도인으로부터 정당한 이유 없이 해고된 근로자와의 근로관계를 원칙적으로 승계한다고 보아야 한다. **영업 전부의 양도가 이루어진 경우 영업양도 당사자 사이에 정당한 이유없이 해고된 근로자를 승계의 대상에서 제외하기로 하는 특약이 있는 경우에는 그에 따라 근로관계의 승계가 이루어지지 않을 수 있으나, 그러한 특약은 실질적으로 또 다른 해고나 다름이 없으므로, 마찬가지로 근로기준법 제23조 제1항에서 정한 정당한 이유가 있어야 유효하고, 영업양도 그 자체만으로 정당한 이유를 인정할 수 없다.**(대법원 2020.11.05. 선고 2018두54705 판결)

(2) 영업의 일부만을 양도하는 경우

다만, 영업양도인이 영업의 전부를 양도한 것이 아니라 일부의 영업부문만을 양도하기로 한 경우에는 계약체결일 당시에 실제로 그 영업부문에 근무하고 있는 근로자와의 근로관계만을 승계하기로 하였다고 해석하는 것이 영업양도 당사자의 의사에 부합할 것이고, **이러한 당사자의 의사는 영업양도계약의 내용, 계약의 동기 및 경위 등을 합리적으로 해석하여 판단하여야 할 사항이다.** 다만, 이와 같이 해고 등으로 인하여 실제 사업장에 근무하지 않는 일부 근로자와의 근로관계를 승계의 대상에서 제외시키기로 하는 영업양도 당사자 사이의 합의가 유효한 것이라고 할 수 있으려면, 영업양도인이 해당 근로자를 다른 영업부문으로 배치전환 등 합리적인 조치를 통하여 근로관계를 유지시킬 의사가 있는 것으로 볼 수 있는 경우라야 할 것이다.

사례연습 96

영업양도 승계의 범위(대법원 1993.05.25. 선고 91다41750 판결 : 출제유력)

유동성 위기에 빠진 A회사는 구조조정작업의 일환으로서 A회사 사업부 중의 하나인 신문발행사업부를 B 회사로 매각하기로 결정하고 1998.3.30. B 회사와 A회사 신문 사업부 양도양수계약에 합의하자, A회사 노동조합의 신문발행사업부 지부장 갑은 회사의 신문발행사업부 매각결정에 반대하여 1인 시위를 벌이게 되었는데 그 과정에서 회사 경비원과 몸싸움을 벌이느라고 회사 기물을 일부 손상시키고 경비원에게 전치 2주의 상해를 가하게 되어 1998.2.10. A회사는 근로자 갑에 대하여 기물 파괴 등을 이유로 적법한 징계절차를 거쳐 징계해고처리하였다. 이에 갑은 1998. 2. 28 A회사를 상대로 서울지방노동위원회에 부당노동행위 및 부당해고 구제신청을 제기한 상태이다. 한편 신문기자 을은 회사의 매각 방침에 반대하고 A회사에 대하여 A회사에 잔존하겠다는 의사를 명확히 하였다. A회사 신문발행사업부 근로자들의 근로관계는 1998.4.15. B회사로 승계를 완료하였다.

갑과 을의 근로관계는 1998.4.15. B회사로 이전되는 지 여부를 검토하시오.

1. 쟁점의 정리

이 사안에서는 먼저 회사와 B회사 간에 2014. 5.1. 체결한 영업양도계약에 따라 그 법적 효과로서 B회사 근로자들의 근로관계가 모두 A회사로 승계되는지 여부를 검토하기 위하여 영업양도의 개념 및 영업양도와 근로관계의 승계에 대하여 살펴보도록 한다. 다음으로 위 영업양도계약에서 A회사는 근로 연수 20년 이상인 근로자의 고용을 승계하지 않을 수 있다는 조항을 두고 있는 바, 이러한 조항에 근거하여 A회사가 甲 등 5명의 고용을 승계하지 않은 것이 정당한지 여부를 검토하여야 할 것이다. 또한 B회사의 모든 근로자들은 영업양도 절차에 협조하기 위하여 A회사의 요청에 따라 B회사에 사직서와 A회사로의 재취업신청서를 제출하였는바, 이는 근로자들이 B회사를 퇴직하거나 A회사로의 인수를 거부한다는 의사로 해석될 수 있는지 여부도 검토하여야 한다.

2. 영업양도의 개념

'영업양도'란 일정한 영업목적에 의하여 유기적으로 조직화된 물적·인적조직의 전부나 일부가 그 조직상의 동일성을 유지하면서 일체로서 이전하는 것을 말한다. 영업양도에서의 '영업'이란 객관적 의미의 영업, 즉 일정한 영업 목적에 의하여 조직화된 유기적 일체로서의 기능적 재산의 전체를 의미하는데, 이는 단순히 재산을 물리적으로 집합시킨 산술적 의미의 총합을 의미하는 것이 아니라, 그 재산이 유기적으로 결합되어 지속적으로 수익활동을 할 수 있도록 조직화된 것을 의미한다.

3. 영업양도와 근로관계의 승계

(1) 문제점

합병과는 달리, 영업양도의 경우에는 상법에서 포괄적 권리의무의 승계를 규정하지 않고 있으며, 민법상으로도 사용자의 변경으로 인한 근로관계의 포괄적 이전에 관해서는 규정이 없으므로 영업양도의 효과로 당연히 고용승계가 되는지 여부가 문제된다.

(2) 학설

1) 당연 승계설

2) 특약 필요설

3) 원칙 승계설

(3) 판례

(4) 검토

4. 갑의 근로관계가 B회사로 이전되는 지 여부

(1) 영업양도시 승계되는 근로자의 범위

영업양도시 승계되는 근로자의 범위는 영업양도 계약체결일 현재 실제로 근무하고 있는 근로자들로 한정되며, 영업양도계약 체결일 이전에 근무하다가 해고된 근로자로서 해고의 효력을 다투는 근로자는 승계되지 않는다는 것이 판례의 태도이다. 그 결과, 영업의 양수인은 단체협약, 취업규칙, 근로계약 등을 통해 양도인과 근로자 사이에 형성된 종래의 근로관계에 따라 임금을 지급하고 사용자로서 의무를 이행해야 하므로, 양수인은 근로자의 동의 없이는 영업양도 당시 유효하게 적용되던 근로관계를 일방적으로 근로자에게 불리하게 변경할 수 없다.

영업양도 전에 이루어진 해고나 퇴직이 무효인 경우, 그 후 영업양도에 따라 사업주가 변경된 경우그 해고 또는 퇴직근로자의 근로관계는 원칙적으로 명시적인 반대의 특약이 없는 한 영업양양수인에게 승계된다고 보아야 할 것이다. 다만, 영업양도인이 영업의 전부를 양도한 것이 아니라 일부의 영업부문만을 양도하기로 한 경우에는 계약체결일 당시에 실제로 그 영업부문에 근무하고 있는 근로자와의근로관계만을 승계하기로 하였다고 해석하는 것이 영업양도 당사자의 의사에 부합할 것이다.

(2) 사안의 경우

영업양도시 승계되는 근로자의 범위는 영업양도 계약체결일 현재 실제로 근무하고 있는 근로자들로 한정되며, 노조법 제2조 제4호 라목 단서에 의하여 근로자성을 인정받는 경우라 하더라도 당해 근로자에게는 오로지 노조법상의 근로자의 지위만 유지될 뿐 근로기준법이나 근참법상 근로자 지위까지 당연히 인정되는 것은 아니다. 따라서, 갑의 근로관계는 1998.4.15. B회사로 이전되지 않는다.

5. 을의 근로관계가 B회사로 이전되는 지 여부

(1) 영업양도시 근로자의 승계거부권

회사의 합병은 종전의 근로자의 근로계약상의 지위가 그대로 포괄적으로 승계되는 것이므로, 합병의 경우에 근로자가 승계를 거부하는 것은 단순한 '사직'에 불과하겠지만, 일부 영업양도의 경우에는 근로자가 양도되는 기업의 영업부문에 근로하였다는 사실만으로 당연히 근로관계의 승계가 인정된다고 할 수는 없고, 영업양도의 경우에는 민법 제657조 제1항에 따라 사용자는 근로자에 대한 권리를 제3자에게 양도할 때 근로자의 동의를 얻어야 한다. 따라서, 합병의 경우와 달리 영업양도의 경우에 근로자는 양수회사로의 근로관계의 승계를 거부할 수 있다. 판례도 근로관계의 승계를 거부하는 근로자의 승계거부권을 인정하고 있다.

(2) 승계거부 의사표시의 기한

판례는 근로관계 승계에 반대하는 의사는 근로자가 영업양도가 이루어진 사실을 '안 날'부터 상당한 기간 내에 양도기업 또는 양수기업에 표시해야 한다고 판시하였다. 상당한 기간 내에 표시했는지 여부는 영업양도가 근로자에게 미치는 영향, 영업양도를 알 수 있었던 시점, 근로자가 자신의 의사를 결정하는데 필요한 시간 등 제반사정을 고려하여 판단해야 한다.(대법원 2012.05.10. 선고 2011다45217 판결)

(3) 사안의 경우

근로자가 양수회사로의 승계를 거부하고 양도회사에 잔류하는 것이 인정된다.(대법원 2010.09.30. 선고 2010다41089 판결) 다만 이때 양도기업은 영업일부의 양도로 인한 경영상의 필요에 따라 감원이 불가피하게 되는 사정이 있어 경영해고로서의 정당한 요건이 갖추어져 있다면 그 절차에 따라 승계를 거부한 근로자를 해고 할 수 있다.

6. 사안의 해결

(1) 갑의 근로관계

다른 기업의 사업부문의 일부를 양수하는 계약을 체결하면서 그 물적 시설과 함께 그 사업부문에 근무하는 근로자들에 대한 권리의무도 함께 포괄승계받기로 약정한 경우에는 원칙적으로 해당 근로자와의 근로관계는 영업양수인에게 승계되는 것이지만, 이때 승계되는 근로관계는 계약체결일 현재 실제로 그 영업부문에서 근무하고 있는 근로자와의 근로관계만을 의미하고 계약체결일 이전에 해당 영업부문에서 근무하다가 해고 또는 면직된 근로자로서 해고 및 면직처분의 효력을 다투는 근로자와의 근로관계까지 승계하는 것은 아니다. 따라서, 현재 해고의 효력을 다투고 있는 갑의 근로관계는 1998.4.15. B회사로 이전되지 않는다.

(2) 을의 근로관계

영업양도의 경우 근로관계의 이전에 관하여 근로자가 이의를 할 경우에는 근로관계는 양수인에게 이전되지 아니하고 양도인과 사이에 존속한다고 보아야 할 것이므로 을의 근로관계는 1998. 4. 15. B회사로 이전되지 않는다.

사례연습 97

부당해고와 근로자의 승계(대법원 2020. 11. 5. 선고 2018두54705판결 : 출제유력)

A는 D병원을 운영하다가 2016.1.2.영업의 전부를 B에게 양도(1차 영업양도)하였는데, B는 A로부터 영업을 양수받으면서 근로자 甲, 乙을 승계 대상에서 제외하였고, 영업양수 이후 근로자 丙을 해고하였다. 甲,乙,丙은 부당해고와 부당노동행위를 주장하며 노동위원회에 구제신청을 하였는데, 심판 절차 중인 2017.3.10.B는 甲, 乙, 丙을 승계 대상에서 제외하고 병원을 다시C에게 영업의 전부를 양도(2차 영업양도)하고 병원을 폐업하였다. C는 영업양수 당시 D병원 노동조합으로부터 B가 단체협약 및 근로관계 승계에 대하여 책임을 충실히 이행하지 않아 법적인 다툼이 진행 중인 점, C가 이에 대한 협의 없이 이 사건 병원을 양수할 경우 근로관계 등에 대한 책임을 부담할 가능성이 있다는 점 등을 고지 받았고, 이 사건 근로자들과 B사이에 부당해고 사건이 OO지방노동위원회에서 진행 중인 점도 알고 있었기는 하였지만 甲, 乙, 丙 에 대한 해고가 부당해고인지는 알 수 없었다. 또한, 영업양도당시에 B와 C사이에는 해고된 근로자를 승계의 대상에서 제외하기로 하는 특약이 있었다. 노동위원회에서 부당해고로 판명된 이후 甲, 乙, 丙은 C에게 고용의 승계를 요구하고 있다. C에게는 甲, 乙, 丙의 고용을 승계할 의무가 있는지 논하시오. (甲, 乙, 丙에 대한 부당해고와 관련된 논점은 제외함)

1. 쟁점의 정리

본 사안에서 영업양수인 C가 영업양수하기 전에 부당해고된 甲 등의 고용을 승계할 의무가 있는 지 문제되는 바, 이를 검토하기 위하여 먼저 영업양도의 개념 및 영업양도와 근로관계의 승계에 대하여 살펴보고, 다음으로 위 C는 이 사건 엽업양도 당시 甲 에 대한 해고가 부당해고인 지 알 수 없었음에도 甲 등의 고용을 승계하여야 하는 지 여부, 그리고 사안의 B와 C사이에 해고된 근로자를 승계의 대상에서 제외하기로 하는 특약의 효력 여부를 판례법리를 중심으로 살펴보도록 하겠다.

2. 영업양도의 개념

'영업양도'란 일정한 영업목적에 의하여 유기적으로 조직화된 물적 · 인적조직의 전부나 일부가 그 조직상의 동일성을 유지하면서 일체로서 이전하는 것을 말한다. 영업양도에서의 '영업'이란 객관적 의미의 영업, 즉 일정한 영업 목적에 의하여 조직화된 유기적 일체로서의 기능적 재산의 전체를 의미하는데, 이는 단순히 재산을 물리적으로 집합시킨 산술적 의미의 총합을 의미하는 것이 아니라, 그 재산이 유기적으로 결합되어 지속적으로 수익활동을 할 수 있도록 조직화된 것을 의미한다.

3. 영업양도와 근로관계의 승계

(1) 문제점

(2) 학설

1) 당연 승계설

2) 특약 필요설

3) 원칙 승계설

(3) 판례

(4) 검토

4. C가 갑 등의 고용을 승계할 의무가 있는 지 여부

(1) 영업양도시 승계되는 근로자의 범위

영업양도시 승계되는 근로자의 범위는 영업양도 계약체결일 현재 실제로 근무하고 있는 근로자들로 한정되며, 영업양도계약 체결일 이전에 근무하다가 해고된 근로자로서 해고의 효력을 다투는 근로자는 승계되지 않는다는 것이 판례의 태도이다.

(2) 영업양도전의 해고나 퇴직이 무효인 경우의 영업 양수인의 고용승계 의무

근로자가 영업양도일 이전에 정당한 이유 없이 해고된 경우 양도인과 근로자 사이의 근로관계는 여전히 유효하고, 해고 이후 영업 전부의 양도가 이루어진 경우라면 해고된 근로자로서는 양도인과의 사이에서 원직 복직도 사실상 불가능하게 되므로, 영업양도 계약에 따라 영업의 전부를 동일성을 유지하면서 이전받는 양수인으로서는 양도인으로부터 정당한 이유 없이 해고된 근로자와의 근로관계를 원칙적으로 승계한다고 보아야 한다는 것이 판례의 태도이다.(대법원 2020. 11. 5. 선고 2018두54705판결)

(3) 해고된 근로자를 승계의 대상에서 제외하기로 하는 특약의 효력

영업 전부의 양도가 이루어진 경우 영업양도 당사자 사이에 정당한 이유 없이 해고된 근로자를 승계의 대상에서 제외하기로 하는 특약이 있는 경우에는 그에 따라 근로관계의 승계가 이루어지지 않을 수 있으나, 그러한 특약은 실질적으로 또 다른 해고나 다름이 없으므로, 마찬가지로 근로기준법 제23조 제1항에서 정한 정당한 이유가 있어야 유효하고, 영업양도 그 자체만으로 정당한 이유를 인정할 수 없다는 것이 판례의 입장이다.(대법원 1994. 6. 28. 선고 93다33173 판결 등 참조)

(4) 사안의 경우

원칙적으로, 영업양도계약 체결일 이전에 근무하다가 해고된 근로자로서 해고의 효력을 다투는 근로자는 승계되지 않는 것이 원칙이지만, 甲 등은 영업양도일 이전에 정당한 이유 없이 해고된 근로자들이므로 양도인 B와 근로자 甲 등과의 사이의 근로관계는 여전히 유효하고, 해고 이후 영업 전부의 양도가 이루어지고 B는 병원을 폐업하였으므로 해고된 甲근 등으로서는 B와의 사이에서 원직 복직도 사실상 불가능하게 되므로, 영업양도 계약에 따라 영업의 전부를 동일성을 유지하면서 이전받는 양수인 C가 정당한 이유 없이 해고된 甲 등의 근로관계를 승계한다. 또한, B와 C사이에 정당한 이유 없이 해고된 근로자를 승계의 대상에서 제외하기로 하는 특약에는 근로기준법 제23조 제1항에서 정한 정당한 이유가 인정되지 아니하므로 甲 등에게 그 효력이 없다.

5. 결론

영업을 전부 양수한 C에게는 해고된 근로자 甲, 乙, 丙의 고용을 승계할 의무가 인정된다.

(5) 기타 고용승계가 이루어지지 않는 경우

1) 경매에 의한 원시취득

합병이나 영업양도 등과 같은 법률행위가 아니라 법원의 공매절차에 의해 기업시설을 경락받은 경우에, 이는 법률상 원시취득이므로 고용관계의 승계가 발생할 여지가 없다. 또한, 법의 개정으로 정부업무대행기관이 변경되면서 법의 규정 또는 새로운 기관의 정관의 규정으로 신설법인에 권리·의무가 승계되도록 규정된 경우에도 해산되는 종전 단체의 직원들과의 근로관계가 승계되는 지의 여부에 관하여 별도의 규정을 두지 않은 경우에는 종전 단체에 소속된 직원들의 근로관계가 새로 설립되는 법인에 당연히 승계되지 않는다. 대법원은 IMF(국제통화기금) 외환위기 직후 행하여졌던 부실금융기관에 대한 금융감독위원회의 계약의 결정과 이에 부수한 별도의 계약으로 자산과 부채의 일부만 다른 은행으로 인수된 사안의 경우에도 이는 부실은행의 인가가 취소되어 그 조직이 해체되는 과정에서 이루어진 것에 불과하므로 영업양도라 할 수 없다고 하였다.

2) 입법에 의한 사업이관

법률의 제정·개정에 의해 공공기관이 통폐합되거나 업무가 이관되는 경우 또는 새로운 특수법인이 설립되어 종전에 동일한 기능을 수행하던 법인 등 단체의 기능을 흡수하는 경우에 있어서 근로관계가 이전되는지 여부는 당해 법률에 근로관계의 승계에 관한 규정이 있는지 여부에 따라 달라진다. 즉, 법률에 근로관계의 승계에 관한 명문의 규정을 둔 경우[4]에는 이를 근거로 근로관계는 새로 설립되는 법인에 승계될 것이지만, 이와 달리, 근로관계의 승계여부에 대한 별도의 규정을 두지 아니한 채 단순히 새로 설립되는 법인이 종전 단체에 속하였던 모든 재산과 권리·의무를 승계한다는 규정만 두고 있는 경우에는 종전 단체의 직원들의 근로관계가 당연히 새로 설립되는 법인에 승계되는 것은 아니다. 또한, 법률의 개정으로 인하여 정부의 특정업무의 대행기관이 변경된 경우에는 이를 두 단체 사이의 약정에 의한 영업양도라고 볼 수는 없으므로 종전에 그 대행 업무에 종사하던 직원들의 근로관계가 새로이 그 업무를 맡게 된 기관에 포괄적으로 승계된다고 할 수 없고, 이러한 경우에 있어 근로관계의 승계가 있다고 보기 위하여는 법률의 부칙이나 새로이 업무를 맡게 된 기관의 정관, 취업규칙 등에 근로관계의 승계에 관한 경과규정을 두거나 두 단체 사이에 직원들의 근로관계의 승계에 관한 별개의 약정이 있어야 한다.

3) 행정기관 내부의 업무처리방침에 의한 업무이관

법률의 제정이나 개정 또는 이와 동등한 효력이 있는 법규에 의하지 아니하고, 행정기관 내부의 업무처리방침 또는 행정조치 등에 의하여 새로운 법인이 설립되어 종전에 동일한 기능을 수행하던 법인 등 단체의 기능을 흡수하는 경우가 있다. 이러한 경우 신설되는 법인의 정관에 기존 법인의 업무, 재산 및 권리 의무를 승계한다는 규정만 두고, 근로관계에 관해서는 아무런 규정을 두고 있지 않아도 영업양도와 동일한 법리를 적용하여 근로관계의 승계가 인정된다.(대법원 2007.12.27. 선고 2007다51017 판결)

---

4) 1989, 12, 30, 법률 제4193호로 개정된 전파법 부칙 제7조제3항에서는 '이 법에 의한 사업단 설립당시 협회의 직원은 사업단의 직원으로 임명된 것으로 본다'고 규정하고 있었다.

(6) 영업양도시 집단적 노사관계의 보호

1) 노동조합

가. 기업별 노동조합

영업양도시 양도인 노동조합은 양수인에게 승계되지 않는다고 보는 견해도 있으나, 판례는 노동조합의 승계를 인정하고 있으므로, 그 결과 동일한 사업장에 복수의 노동조합이 존재하게 될 것이다. 또한, 양수인에게 승계되는 근로자들로만 별개의 노동조합을 설립하여 양수인에게 승계되는 것도 가능할 것이다. 노동조합은 기업과는 독립하여 근로자들이 주체가 되어 설립되는 것이므로 영업양도에 따라 이미 설립된 노동조합의 존립이 영향을 받게 되거나 조직형태가 변경되어야 하는 것은 아니기 때문이다.

나. 초기업별 노동조합

산업별 노동조합과 같이 한 기업의 범위를 넘어서 동일한 산업내의 여러 기업을 포섭하여 조직되어 있는 경우에는 그 조직대상이 되는 특정한 기업이 다른 기업으로 양도되더라도 노동조합의 조직에는 영향을 미치지 아니한다. 따라서 근로자는 여전히 그 산업별 노동조합의 조합원으로 남아 있게 되며, 산업별 노동조합은 양수인에 대하여 조합원을 위하여 노동조합으로서의 모든 권리를 주장할 수 있다.

2) 단체협약

가. 견해의 대립

단체협약의 승계 여부에 대해서는 학설상 ① 영업이 포괄적으로 양도됨으로써 근로관계가 승계되는 경우에는 그 사업양수인은 사업양도인의 사용자로서 지위를 그대로 이어받는 것이므로 기존 사업장에서 체결된 단체협약도 그대로 승계되는 것으로 보아야 한다는 '**승계 긍정설**'과 ② 단체협약 당사자의 일방이 소멸하는 이상 소멸된 사업장에 존재하였던 단체협약이 별단의 조치 없이 별개의 당사자에게 그대로 승계된다는 것은 있을 수 없다는 '**승계 부정설**'의 대립이 있다.

나. 판례

대법원은 복수의 회사가 합병되더라도 피합병회사와 그 근로자 사이의 집단적 근로관계나 근로조건 등은 합병회사와 합병 후 전체 근로자들을 대표하는 노동조합과 사이에 단체협약 체결 등을 통하여 합병 후 근로자들의 근로관계 내용을 단일화하기로 변경 · 조정하는 새로운 합의가 있을 때까지는 피합병회사의 근로자들과 합병회사 사이에 대로 승계된다고 판시하여, 기본적으로 단체협약이 승계된다는 입장을 취하고 있다.

다. 검토

영업양도로 인하여 일정한 영업 목적에 의하여 조직화된 유기적 일체로서의 기능적 재산의 전체를 양수한 회사는 영업을 양도한 회사의 권리 · 의무를 포괄적으로 승계하므로 영업양도가 있는 경우 노동조합은 동일성을 유지하면서 양수회사에 존속하고, 양수인도 단체협협약체결 당사자로서의 사용자 지위를 승계하므로 원칙적으로 단체협약의 모든 규범적 채무적 부분이 승계된다고 보아야 할 것이다. 아울러 하나의 사업장에 단체협약이 복수로 존재하는 문제는 최초로 도래하는 교섭창구 단일화 절차로 해결하면 될 것이다.

제11장 비정규직 근로자

1. 기간제 근로자

(1) 총설

1) 기간제 근로자의 개념

기간제 근로자라 함은 '**기간의 정함이 있고 정년의 보장이 되지 않는 기간제 근로계약**'을 **제결한 근로자**를 의미한다. 이는 고용의 지속성(근로계약기간)인 측면에서 기간의 정함이 없고 정년까지 고용이 보장되는 정규직 근로자와 대비되는 비정규직 근로자의 한 유형이다. 근로계약의 당사자는 원칙적으로 근로계약기간을 임의로 정할 수 있으며, 계약기간을 정한 경우에 있어서 근로계약 당사자 사이의 근로관계는 특별한 사정이 없는 한 그 기간이 만료함에 따라 사용자의 해고 등 별도의 조처를 기다릴 것 없이 당연히 종료된다.

2) 기간제 근로계약의 성립

기간제 근로계약이 유효하게 성립하기 위해서는 근로계약을 체결하는 근로자와 사용자가 근로계약의 정함이 있는 근로계약을 체결하는 것에 대하여 서로 합의하여야 한다. 즉, 근로자와 사용자가 체결하는 근로계약에는 근로계약의 정함이 있으며, 근로자와 사용자는 **그러한 계약기간 동안 근로관계를 유지한다는 점에 대한 '합의'가 전제**되어야 한다. 만일 근로계약서에 근로계약 기간이 명시되지 않으면 기간의 정함이 없는 계약, 즉 정년이 보장되는 정규직 근로계약으로 추정된다.

3) 기간제 근로관계 규제 방식

기간제 근로관계를 규제하는 방식은 크게 세 가지로 나눌 수 있는데, 이른바 '**입구 규제**' 방식과 '**출구규제 방식**', **그리고** '**내용규제 방식**'이 있다.[1] 우리나라는 현재 기간제법에서 기간제 근로관계의 사용제한에 출구 규제 방식 중에서 **기간제한의 방식**을 채택하고 있으면서도 **근로계약의 갱신횟수의 상한을 제한하는 방식을 채택하지 않으며**, 따라서, 우리나라 법원의 판례법이 보충적으로 **갱신기대권의 법리를 갱신회수의 제한에까지 확장**적용하고 있는 것으로 해석된다. 그러나 갱신횟수의 상한선은 향후 입법적으로 해결되어야 할 문제이다.

---

1) **입구규제방식**은 기간제 근로계약을 체결하여야 할 객**관적인 사유가** 있는 경우에만 기간제 근로계약을 체결할 수 있도록 하는 계약의 체결사유에 대한 규제방식이고, **출구규제방식은** 기간제 근로계약의 갱신 횟수의 상한을 제한하거나 갱신 횟수를 포함한 근로계약의 최대 지속기간을 제한하는 이용가능기간의 규제방식이며, **내용규제 방식**은 무기계약근로자와의 불이익 취급의 금지 등과 같은 내용상의 규제방식이다. **입구규제는 사용사유의 제한**으로 대표되고, **출구규제는** '**사용기간의 제한**'으로 대표되며, **내용규제는** '**차별금지**'로 대표된다.

4) 기간제 근로자의 사용기간의 제한

가. 기간제 근로자의 사용기간 제한

원칙적인 근로형태는 기간의 정함이 없는 근로계약 즉, 정년까지 고용이 보장되는 정규직 근로계약이며, '기간제 근로자'는 단기고용의 필요성이 있는 경우에 한하여 사용하여야 한다. 따라서, **사용자는 2년을 초과하지 아니하는 범위** 안에서(기간제 근로계약의 반복갱신 등의 경우에는 그 계속근로한 총기간이 2년을 초과하지 아니하는 범위 안에서) 기간제근로자를 사용할 수 있다(기단법 제4조 제1항).

나. 기간제 근로자의 정규직 전환

기간제법 제4조 제2항은 기간제 근로계약의 남용을 억제하고 해당 기간제근로자의 고용안정을 위해 사용자가 객관적 사유없이 **2년을 초과**하여 기간제근로자를 사용한 경우에는 그 기간제근로자에 대하여 기간의 정함 부분을 무효로 하여 **무기계약직 전환**이라는 효과를 부여하였다. 따라서, 근로자가 같은 직장에서 2년을 초과하여 근로를 제공하는 경우에는 2년을 초과한 시점부터 '기간의 정함이 없는 근로계약'을 체결한 정규근로자의 신분으로 법률상 자동 전환되는 바, **이것은 당사자의 의사와 무관하게 발생하는 기단법이라는 법률에 의한 효과**이므로, 사용자는 기단법에 의하여 기간의 정함이 없는 정규직 근로자의 신분을 취득한 종전의 기간제 근로자에 대하여 근로계약기간이 만료되었음을 이유로 근로관계를 일방적으로 종료시킬 수 없다. 만일 사용자가 기존에 체결한 계약기간이 만료되었음을 이유로 근로관계를 일방적으로 종료시키고자 한다면, 이는 결국 '해고'에 해당하므로 근로기준법 제23조제1항의 '**정당한 이유**'가 필요하다.

5) 2년 사용기한 제한의 예외

기간제법 제4조 ① **사업의 완료 또는 특정한 업무의 완성에 필요한 기간**을 정한 경우 외에, 법에서 정한 다음의 사유에 해당하는 경우에는 2년을 초과하여 기간제 근로자를 사용할 수 있다.
1. 근로자에게 장기간 결원사유가 발생하여 그 결원 기간 동안 대체 근로자를 채용하는 경우
2. 근로자가 학업·직업훈련 등을 이수함에 따라 그 이수에 필요한 기간을 정한 경우
3. 55세 이상의 고령자와 근로계약을 체결하는 경우
4. 전문적 지식·기술의 활용이 필요한 경우로서 대통령령이 정하는 경우(시행령 제3조 제1항)
5. 정부의 복지정책·실업대책 등에 의하여 일자리를 제공하는 경우(시행령 제3조 제2항)
6. 그 밖에 위 각 사유에 준하는 합리적인 사유가 있는 경우로서 대통령령이 정하는 경우(시행령 제3조 제3항)

기간제법 제4조 제1항 단서는 **예외적으로 2년을 초과하여 기간제근로자로 사용할 수 있는 업무를 열거**하고 있다. 즉, 사용기한 제외 예외 사유에 해당하는 경우에는 **2년을 초과하여 기간제 근로자를 사용하더라도 정규직 근로자로 전환되지 않는다**. 위와 같이 전문적 지식·기술의 활용이 펼요한 경우, 정부의 복지정책, 실업대책 등에 따라 일자리를 제공하는 경우에는 기간 제한을 통해 보호할 필요성과 당위성이 상대적으로 낮거나 사용기간을 제한하지 않아도 다시 취업할 가능성이 높다는 등의 특성을 고려하여 예외를 둔 것이다. 다만, 위의 사용기한 제한의 예외에 해당하는 근로자의 경우에도 갱신기대권이 인정되는 경우, 사용자가 이를 위반하여 부당하게 **근로계약의 갱신을 거절하는 것은 부당해고**와 마찬가지로 아무런 효력이 없다.

(쟁점) 정규직 전환시의 근로조건(→사례: 98)

1. 문제점

기간제 근로자가 2년을 초과하여 '기간의 정함이 없는 근로계약'을 체결한 정규근로자의 신분으로 법률상 자동 전환되는 경우, 해당 근로자는 더 이상 비정규직 근로자의 지위에 있지 않으므로 기단법이 적용되지 않는 바, 그 결과 정규근로자의 신분으로 법률상 자동 전환된 근로자의 근로조건과 관련하여 해당 사업 또는 사업장 내 동종 또는 유사한 업무에 종사하는 기간의 정함이 없는 근로계약을 체결한 근로자에게 적용되는 취업규칙 등이 동일하게 적용되어야 하는지 문제된다.

2. 견해의 대립

① **기간제법의 취지 등을 목적론적으로 해석**할 때, 정규직으로 전환된 무기직 근로자에게도 정규직 근로자의 취업규칙이 적용될 것이므로 그와 동일한 근로조건을 가진다는 견해, ② 무기직 근로자의 근로조건이 자동적으로 다른 정규직 근로자의 근로조건으로 변경되는 것이 아니므로 당사자의 별도의 정함이 없는 한 종래의 근로조건이 계속 적용된다는 견해 등이 대립하고 있다.

3. 판례

대법원은 '기간제법 제8조 제1항은 '사용자는 기간제근로자임을 이유로 당해 사업 또는 사업장에서 동종 또는 유사한 업무에 종사하는 기간의 정함이 없는 근로계약을 체결한 근로자에 비하여 차별적 처우를 하여서는 아니 된다.'라고 정하고 있는 바, 위 규정이 문언상으로는 기간제근로자에 대한 차별적 처우만을 금지하고 있지만, 그 규정 취지와 공평의 관념 등을 함께 고려하면, 기간제법 제4조 제2항에 따라 기간의 정함이 없는 근로계약을 체결한 것으로 간주되는 근로자의 근로조건은 다른 **특별한 사정이 없는 한** 동종 또는 유사 업무에 종사하는 기간의 정함이 없는 근로계약을 체결한 근로자에게 적용되는 근로조건보다 불리하여서는 아니된다고 해석된다'는 전제하에, 기간제 근로자의 사용기한을 2년으로 제한하고 사용자가 이를 위반하는 경우 벌칙규정이 아닌 **무기계약직 전환에 관한 규정을 둔 동법의 목적·체계·취지·제정경위를 살펴보면 특별한사정이 없는 한 무기계약직에게도 정규직근로자의 근로조건이 적용되어야 한다**고 판단하였다.(대법원 2019.12.24. 선고 2015다254873 판결) 나아가 대법원은 본 사안에서 **취업규칙의 강행적 · 보충적 효력**(근로기준법 제97조)에 따라 **정규직 근로자에 대한 취업규칙이 무기계약직에도 적용**된다고 판시하였다.

3. 검토

기간제 근로자가 정규근로자의 신분으로 법률상 자동 전환되는 경우 해당 근로자는 더 이상 비정규직 근로자의 지위에 있지 않으므로 기단법이 적용되지 않는 바, 그럼에도 불구하고 우리나라에는 정규직 전환시의 근로조건에 대해서는 별도로 규정하고 있지 아니하므로, 정규직 근로자로 전환된 이른바 '무기직 근로자'의 보호를 위해서는 정규근로자의 신분으로 법률상 자동 전환된 근로자의 근로조건과 관련하여_**별도로 취업규칙이나 단체협약 등에 정함이 없는 한 해당 사업 또는 사업장 내 동종 또는 유사한 업무에 종사하는 기간의 정함이 없는 근로계약을 체결한 근로자에게 적용되는 취업규칙 등이 동일하게 적용**된다고 보는 판례의 태도가 타당하다.

사례연습 98

정규직 전환시의 근로조건 (대법원 2019. 12. 24. 선고 2015다254873 판결: 출제유력)

A회사는 방송사업 및 문화서비스업, 광고사업 등을 영위하는 회사이고, 甲 등은 A회사에 기간제근로자로 입사하여, 그때부터 계약기간이 만료될 때마다 계약을 갱신하면서 계속 피고 회사에서 근로자로 재직하였다. 甲 등은 '기간제 및 단기간근로자 보호 등에 관한 법률(이하 '기간제법'이라 한다)'에 따라 이 법 시행 이후 2년을 초과하게 된 날에 기간의 정함이 없는 근로자(이하 '무기계약직'이라 한다)로 각각 전환되었다. A회사는 甲 등이 무기계약직으로 전환된 이후에도 매 1~2년마다 각각 고용계약을 체결하고 그에 따라 甲 등에게 기본급과 상여금을 지급하였는데, 그 액수는 A회사 소속 정규직으로서의 일반직 및 기능직 직원들(이하 '정규직 직원들'이라 한다)에 대한 기본급 및 상여금의 80% 수준이었다.한편, A회사는 직무수당, 면허수당, 물가수당, 주택수당, 식대 등의 수당은 정규직 직원들이나 甲 등에게 동일한 액수와 방식으로 지급하였다. 다만, 정규직 직원들에게 매월 지급한 근속수당은 甲 등에게 지급하지 않았고, 정규직 직원들에게는 자가운전 보조금으로 월 30만 원씩 지급하였으나 甲 등에게는 월 20만 원씩 지급하였다. 그밖에 甲 등의 A회사에서의 호봉은 2012년 5월을 기준으로 그 이후 甲등에 대한 호봉 정기승급을 인정하지 않았다 甲 등은 A회사가 甲 등의 무기계약직 전환 후부터 甲 등에 대하여 A회사의 '취업규칙'을 적용하여 정규직 직원들과 같은 임금을 지급하여야 하는데도, 甲 등을 기간제근로자와 같이 취급하여 위와 같이 처우한 것은 위법한 차별행위라고 주장한다. 이러한 甲 등의 주장은 정당한가??

1. 쟁점의 정리

사안에서, 甲 등은 '기간제 및 단기간근로자 보호 등에 관한 법률(이하 '기간제법'이라 한다)'에 따라 이 법 시행 이후 2년을 초과하게 된 날에 기간의 정함이 없는 근로자로 각각 전환되었지만, 기간의 전함이 없는 무기계약직으로 전환된 이후에도 동일 사업장의 동종 유사한 업무에 종사하는 다른 정규직 근로자에 비하여 상여금, 각종 수당, 심지어 호봉에 있어서도 차별적인 대우를 받고 있다. 甲 등은 이와 같이 자신들을 기간제근로자와 같이 취급하여 차별대우하는 것은 위법이라고 주장하고 있는 바 이러한 甲 등의 주장의 정당성을 판단하기 위해서, 먼저 기간제 근로자의 사용기간의 제한과 정규직 제한의 법리에 대하여 살펴본 후, 정규근로자의 신분으로 법률상 자동 전환된 근로자의 근로조건과 관련하여 해당 사업 또는 사업장 내 동종 또는 유사한 업무에 종사하는 기간의 정함이 없는 근로계약을 체결한 근로자에게 적용되는 취업규칙 등이 동일하게 적용될 수 있는 지, 될 수 있다면 어떠한 근거에서 그러한 지에 대하여 살펴보도록 하겠다.

2. 기간제 근로자의 사용기간의 제한과 정규직 전환

원칙적인 근로형태는 기간의 정함이 없는 근로계약 즉, 정년까지 고용이 보장되는 정규직 근로계약이며, '기간제 근로자'는 단기고용의 필요성이 있는 경우에 한하여 사용하여야 한다. 그럼에도 불구하고, 정규직 근로자를 고용할 필요성이 있는 경우에도 기간제 근로계약을 체결하는 경우를 방지함으로써 근로자의 고용의 안정을 확보하고, 기간제 근로계약의 남용을 억제하기 위하여, 기간제법은 사용자는 2년을 초과하지 아니하는 범위 안에서(기간제 근로계약의 반복갱신 등의 경우에는 그 계속근로한 총기간이 2년을 초과하지 아니하는 범위 안에서) 기간제근로자를 사용할 수 있으며(기단법 제4조

제1항), 2년을 초과하여 기간제근로자로 사용하는 경우에는 그 기간제근로자는 기간의 정함이 없는 근로계약을 체결한 근로자로 보도록 하고 있다.(기단법 제4조 제3항), 따라서, 근로자가 같은 직장에서 2년을 초과하여 근로를 제공하는 경우에는 2년을 초과한 시점부터 '기간의 정함이 없는 근로계약'을 체결한 정규근로자의 신분으로 법률상 자동 전환되는 바, 이것은 당사자의 의사와 무관하게 발생하는 기단법이라는 법률에 의한 효과이므로, 사용자는 기단법에 의하여 기간의 정함이 없는 정규직 근로자의 신분을 취득한 종전의 기간제 근로자에 대하여 근로계약기간이 만료되었음을 이유로 근로관계를 일방적으로 종료시킬 수 없다.

3. 정규직 전환시의 근로조건

(1) 문제점

기간제 근로자가 2년을 초과하여 '기간의 정함이 없는 근로계약'을 체결한 정규근로자의 신분으로 법률상 자동 전환되는 경우, 해당 근로자는 더 이상 비정규직 근로자의 지위에 있지 않으므로 기단법이 적용되지 않는 바, 그 결과 정규근로자의 신분으로 법률상 자동 전환된 근로자의 근로조건과 관련하여 해당 사업 또는 사업장 내 동종 또는 유사한 업무에 종사하는 기간의 정함이 없는 근로계약을 체결한 근로자에게 적용되는 취업규칙 등이 동일하게 적용되어야 하는지 문제된다.

(2) 견해의 대립

1) 긍정설

근로자의 고용의 안정을 확보하고, 기간제 근로계약의 남용을 억제하고자 하는 기간제법의 취지 등을 목적론적으로 해석할 때, 정규직으로 전환된 무기직 근로자에게도 정규직 근로자의 취업규칙이 적용될 것이므로 무기계약직으로 전환된 근로자도 원칙적으로 정규직 근로자와 동일한 근로조건을 가져야 한다는 견해이다.

2) 부정설

법률에 의하여 고용형태뿐만 아니라 근로조건의 내용까지 강제로 정하는 것은 당사자의 계약자유 원칙을 중대하게 훼손하는 것이므로, 무기계약직 전환 근로자가 정규직 근로자에게 적용되는 취업규칙을 적용받기 위해서는 사용자와 그에 관한 별도의 합의가 있어야 한다는 견해이다.[2]).

(3) 판례

대법원은 '기간제법 제8조 제1항은 '사용자는 기간제근로자임을 이유로 당해 사업 또는 사업장에서 동종 또는 유사한 업무에 종사하는 기간의 정함이 없는 근로계약을 체결한 근로자에 비하여 차별적 처우를 하여서는 아니 된다.'라고 정하고 있는 바, 위 규정이 문언상으로는 기간제근로자에 대한 차별적 처우만을 금지하고 있지만, 그 규정 취지와 공평의 관념 등을 함께 고려하면, 기간제법 제4조 제2항에 따라 기간의 정함이 없는 근로계약을 체결한 것으로 간주되는 근로자의 근로조건은 다른 특별한 사정이 없는 한 동종 또는 유사 업무에 종사하는 기간의 정함이 없는 근로계약을 체결한 근로자에게 적용되는 근로조건보다 불리하여서는 아니된다고 해석된다'는 전제하에, 기간제 근로자의 사용기한을 2년으로 제한하고 사용자가 이를 위반하는 경우 벌칙규정이 아닌 무기계약직

전환에 관한 규정을 둔 동법의 목적·체계·취지·제정경위를 살펴보면 특별한사정이 없는 한 무기계약직에게도 정규직근로자의 근로조건이 적용되어야 한다고 판단하였다.(대법원 2019.12.24. 선고 2015다254873 판결) 나아가 대법원은 본 사안에서 취업규칙의 강행적 · 보충적 효력(근로기준법 제97조)에 따라 정규직 근로자에 대한 취업규칙이 무기계약직에도 적용된다고 판시하였다.

(4) 검토

기간제 근로자가 정규근로자의 신분으로 법률상 자동 전환되는 경우 해당 근로자는 더 이상 비정규직 근로자의 지위에 있지 않으므로 기단법이 적용되지 않는 바, 그럼에도 불구하고 우리나라에는 정규직 전환시의 근로조건에 대해서는 별도로 규정하고 있지 아니하므로, 정규직 근로자로 전환된 이른바 '무기직 근로자'의 보호를 위해서는 정규근로자의 신분으로 법률상 자동 전환된 근로자의 근로조건과 관련하여 별도로 취업규칙이나 단체협약 등에 정함이 없는 한 해당 사업 또는 사업장 내 동종 또는 유사한 업무에 종사하는 기간의 정함이 없는 근로계약을 체결한 근로자에게 적용되는 취업규칙 등이 동일하게 적용된다고 보는 판례의 태도가 타당하다..

4. 결론

A회사에서 취업규칙 등으로 달리 정함이 없는 한 甲 등에게 동종 또는 유사 업무에 종사하는 기간의 정함이 없는 근로계약을 체결한 근로자에게 적용되는 근로조건보다 불리하여서는 아니된다 할 것이므로, 甲 등을 기간제근로자와 같이 취급하여 처한 것은 위법한 차별행위라는 甲 등의 주장은 정당하다.

관련 문제 _ 기간제 근로자의 기간의 정함이 없는 근로자로의 전환노력

기단법 제5조는 사용자가 기간의 정함이 없는 근로자를 채용하고자 하는 경우에 당해 사업 또는 사업장의 동종 또는 유사한 업무에 종사하는 기간제 근로자를 **우선적으로 고용하도록 노력하여야 한다**고 규정하고 있다. 그러나 이와 같이 '노력하여야 한다'는 규정은 사용자에게 어떤 확정적인 의무를 부과하는 것이라고 볼 수 없으며 위반에 대한 제재도 규정되어 있지 않다.

관련 문제 _ 기간제 근로자법 예외근로자에 대한 갱신기대권의 인정

2년을 초과하여 기간제 근로자를 사용할 수 있는 예외사유에 해당하는 위의 근로자들의 경우에도, 기단법과 별도로 '갱신기대권'의 법리를 주장할 수 있다. 특히, 고령자의 경우에는 일반적인 갱신기대권 법리와 함께 기단법 및 고령자고용법의 관련 규정들의 입법 취지 등을 종합적으로 고려하여 근로계약에 대한 갱신기대권이 인정되는지 여부를 판단하며, 기단법상 사용기간 제한의 예외규정이 적용되는 전문직 근로자의 경우에도 근로자에게 정당한 갱신기대권이 인정되는 경우에는 사용자가 이에 위반하여 근로계약의 갱신을 거절하는 것은 부당해고와 마찬가지로 아무런 효력이 없다.

2) 종전 기간제근로자에게 적용되는 근로조건 중 기간의 정함을 제외한 나머지 근로조건, 즉 임금, 근로시간, 복무규율, 복리후생 등은 계속해서 그대로 적용된다(독일과 일본의 통설).

(2) 사실상 무기계약의 법리

1) 사실상 무기계약의 의미

유기계약(기간제 근로계약)이라도 장기간에 걸쳐서 그 기간의 갱신이 반복되어 그 정한 기간이 단지 형식에 불과하게 된 경우, 즉, '기간의 정함'이 단지 '형식'에 불과한 이른바 '연쇄적 근로관계'로가 인정되는 경우에는, **기간제 근로계약서의 문언(계약기간)에도 불구하고 사실상 기한의 정함이 없는 무기계약으로 간주한다는** 것이 '**사실상 무기계약의 법리**'이다. 대법원은 1994년 연세어학당사건(대법원 1994.01.11. 선고 93다17843 판결)에서 처음으로 연쇄적 근로관계를 인정하여 '기간을 정하여 채용된 근로자라고 할지라도 장기간에 걸쳐서 그 기간의 갱신이 반복되어 그 정한 기간이 단지 형식에 불과하다고 평가되는 경우에는 사실상 기간의 정함이 없는 근로자의 경우와 다를 바가 없게 되는 것'이라고 판단하였다. 이러한 '사실상 무기계약'의 법리는 근로계약이 비록 형식적으로는 기간제 근로계약의 형식을 취하지만, 그 계약을 체결한 당사자들의 의사가 실질적으로는 기간의 정함이 없는 계약을 체결한 것으로 평가되는 경우에는, **계약서의 문언에도 불구하고 사실상 무기계약으로 보아야 한다는 것**으로서, 이는 법률행위의 해석에 있어서 '실질주의'를 취하고 있는 법원의 기본적인 입장과 그 궤를 같이 한다.

2) 사실상 무기계약의 효과

'사실상 무기계약 법리'에 따라 '무기계약'인 것으로 간주되는 경우에 근로자는 기한의 정함이 없는 근로계약을 체결한 무기근로자로 의제되므로 이러한 **무기근로자와 근로계약의 갱신을 거절하는 것은 실질적으로 '해고'이므로 근로기준법 제23조 제1항의 정당한 이유가 필요**하다. 즉, 사용자가 사실상 무기계약으로 의제되는 근로자와 체결한 근로계약을 해지(해고)하는 경우에는 근로기준법 제23조 제1항이 직접 적용되어 '정당한 이유'가 필요하다.

3) 사실상 무기계약 법리와 갱신기대권 법리의 구별

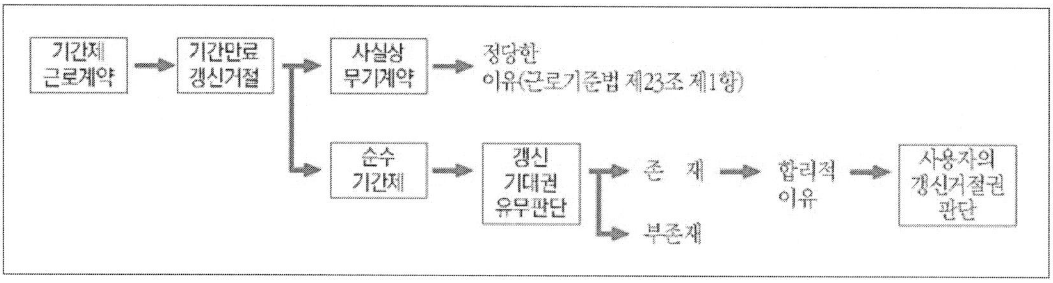

사실상 무기계약이 인정되기 위해서는 그 전제로서 계약기간의 정함이 단지 형식에 불과한 것인지의 여부가 판단되었으므로 그와 별도로 기간제 근로자의 갱신기대권의 인정여부를 판단할 필요가 없다는 점에서 '사실상 무기계약 법리'와 '갱신기대권 법리'는 구별된다. 즉, 사실상 무기계약의 법리에 따라 근로자가 체결한 근로계약이 무기계약으로 의제되는 경우에는 '근로계약기간의 만료'라는 개념 그 자체가 부정되고, **따라서, 별도로 갱신기대권 인정여부도 판단할 여지가 없다**는 점에서, '근로계약기간의 만료'를 전제로 계약기간만료시의 갱신기대권의 인정여부를 판단하는 '갱신기대권 법리'와 구별된다.

(3) 기간제 근로자의 갱신기대권(→사례: 99)

1) 기간제 근로자의 '갱신기대권'

기간의 정함이 있는 '기간제 계약'은 계약기간이 만료되면 별도의 의사표시를 기다리지 않고 당연히 근로계약이 자동적으로 종료되는 것이 원칙이다. 그러나 계약기간이 종료되었음에도 불구하고 기간제 근로자에게 **계약을 갱신할 수 있는 기대권이 형성되어 있다고 평가**되는 경우에는, 사용자가 일방적으로 근로자의 그러한 근로자의 갱신기대권을 무시하고 **근로관계가 기간의 만료로 당연히 종료되었음을 주장할 수 없다**. 기간제 근로자의 계약 갱신 기대권은 근로계약 이외의 다른 계약에서는 찾아보기 어려운 기대권으로서, 이는 **법원의 판례에 의하여 형성된 법리**이다(대법원 2011. 4. 14. 선고 2007두1729 판결). 이러한 갱신기대권은 기단법상 2년 사용기한 제한의 예외에 해당하는 고령자.라든지 관리직 · 전문직 종사자 등의 경우에도 인정되고 있으며(대법원 2017. 2.3 선고, 2016두50563 판결 등), 최근에는 종전 용역업체 소속 근로자의 새로운 용역 업체에 대한 고용승계기대권으로까지 그 영역이 확장되고 있다.(대법원 2021.6.3. 선고 2019누59402판결). .

2) 갱신기대권의 법리

근로계약에서 기간을 정한 것이 단지 형식에 불과한 것으로 볼 수 없는 경우라도 (즉, 사실상 무기계약의 법리가 적용되지 않는 경우라도), ① **근로계약, 취업규칙, 단체협약 등에서 기간 만료에도 불구하고 일정한 요건이 충족되면 당해 근로계약이 갱신된다는 취지의 규정을 두고 있거나,** ② **그러한 규정이 없더라도 당해 근로관계를 둘러싼 여러 사정을 종합하여 볼 때, 근로계약 당사자 사이에 일정한 요건이 충족되면 근로계약이 갱신된다는 신뢰관계가 형성되어 있어, 근로자에게 근로계약이 갱신될 수 있으리라는 정당한 '기대권'이 인정되는 경우**에는 사용자가 이를 위반하여 부당하게 근로계약의 갱신을 거절하는 것은 부당해고와 마찬가지로 아무런 효력이 없고, 이 경우 기간 만료 후의 근로관계는 종전의 근로계약이 갱신된 것과 동일하다(대법원 2011. 4. 14. 선고 2007두1729 판결),

3) 갱신기대권이 인정되는 경우

판례의 갱신기대권 법리에 따르면 다음과 같은 경우에는 근로자에게 갱신기대권이 인정될 수 있다.

가. 근거규정이 있는 경우

근로계약, 취업규칙, 단체협약 등에서 기간만료에도 불구하고 일정한 요건이 충족되면 근로계약이 갱신된다는 취지의 규정을 두고 있는 경우에는 근로자의 갱신기대권이 인정된다.

나. 근거규정이 없는 경우

근거규정이 없더라도 ① **근로계약의 내용과 근로계약이 이루어지게 된 동기 및 경위,** ② **계약갱신의 기준 등 갱신에 관한 요건이나 절차의 설정여부 및 실태,** ③ **근로자가 수행하는 업무의 내용 (예 일시적으로 발생된 결원을 충원하기 위하여 채용된 것이 아니라 상시 발생하는 업무를 수행하기 위하여 채용된 경우)** ④ **동종업무를 수행하는 다른 근로자들의 갱신여부 등 근로관계를 둘러싼 여러 사정을 종합하여 볼 때** 근로계약 당사자 사이에 일정한 요건이 충족되면 근로계약이 갱신된다는 신뢰관계가 형성되어 있는 경우에는 근로자에게 그에 따라 근로계약이 갱신될 수 있으리라는 정당한 기대권이 인정될 수 있다.

4) 갱신기대권이 부정되는 경우

일단, 사용자가 일시적인 업무의 공백 등과 같은 특수한 사정에 의하여 기간제 근로자를 사용한 경우에는 갱신 기대권이 인정될 여지가 없다. 기단법의 취지가 몰각될 이유가 없기 때문이다. 그리고 기간제 계약이 계약서에 기재된 계약기간의 만료로 당연히 종료한다는 것은 처분문서인 근로계약서의 문언상 명백하므로, 설령 정규직 재계약에 대한 규정이 취업규칙 등에 존재하는 경우라 하더라도, 근로계약서에 사용자에게 재계약 의무가 있음을 정하지 않고 취업규칙에도 일정 요건을 충족하면 재계약한다는 의무규정을 두고 있지 아니하며, **재계약을 위한 요건이나 절차를 규정한 바 없다면** 근로자에게 재계약에 대한 정당한 기대권이 존재한다고 보기 어렵다.(대법원 2019.10.14. 선고 2019다289709판결 등)

5) 고령자의 갱신기대권

고령자의 경우에는 일반적인 갱신기대권 법리와 함께 기단법 및 고령자고용법의 관련 규정들의 입법취지와 사업장 내에서 정한 정년의 의미 및 정년 이후에 기간제 근로계약을 체결하는 근로계약당사자의 일반적인 의사 등을 모두 고려한다. 특히, 정년을 이미 **경과한 상태**에서 기간제 근로계약을 체결한 경우, **해당 직무의 성격에 의하여 요구되는 직무수행 능력과 당해 근로자의 업무수행 적격성, 연령에 따른 작업능률 저하나 위험성 증대의 정도, 해당 사업장에서 정년을 경과한 고령자가 근무하는 실태 및 계약이 갱신되어 온 사례 등을 종합적으로 고려하여 근로계약에 대한 갱신기대권이 인정되는지 여부를 판단한다.**(대법원 2017.2.3 선고, 2016두50563 판결)

6) 전환기대권의 법리

대법원은 기간제 근로자의 종전 근로계약의 갱신에 대한 기대권뿐 아니라 정규직 근로자로의 전환기대권을 명시적으로 인정하여 '① **근로계약, 취업규칙, 단체협약 등에서 기간제 근로자의 계약기간이 만료될 무렵 인사평가 등을 거쳐 일정한 요건이 충족되면 기간의 정함이 없는 근로자로 전환된다는 취지의 규정을 두고 있거나, ② 그러한 규정이 없더라도 근로계약의 내용과 근로계약이 이루어지게 된 동기와 경위, 기간의 정함이 없는 근로자로의 전환에 관한 기준 등 그에 관한 요건이나 절차의 설정 여부 및 그 실태, 근로자가 수행하는 업무의 내용 등 당해 근로관계를 둘러싼 여러 사정을 종합하여 볼 때, 근로계약 당사자 사이에 일정한 요건이 충족되면 기간의 정함이 없는 근로자로 전환된다는 신뢰관계가 형성되어 있어 근로자에게 기간의 정함이 없는 근로자로 전환될 수 있으리라는 정당한 기대권이 인정되는 경우에**는 사용자가 이를 위반하여 합리적 이유 없이 기간의 정함이 없는 근로자로의 전환을 거절하여 근로계약의 종료를 통보하더라도 이는 부당해고와 마찬가지로 효력이 없고, **그 이후의 근로관계는 기간의 정함이 없는 근로자로 전환된 것과 동일하다고 보아야 한다.**'고 판시하고 있다.(대법원 2016.11.10. 선고 2014두45765 판결)[3]

---

3) 다만, 전환기대권의 법리의 요건과 효과는 기간제 근로자의 종전 근로계약에 대한 갱신기대권의 요건과 효과와 사실상 동일하다는 점에서, 이러한 전환기대권의 실익은 ① 기간제법 제4조 제1항의 **사용제한의 예외**에 해당하는 근로자들의 경우, ② 근로계약, 취업규칙 등에서 2년 미만의 기간제 근로자의 계약기간이 만료될 무렵 인사평가 등을 거쳐 일정한 요건이 충족되면 **기간의 정함이 없는 근로자로 전환된다는 취지의 규정을 두고 있거나**, 그러한 규정이 없더라도 일정한 요건을 충족하면 기간의 정함이 없는 근로자로 전환된다는 신뢰관계가 형성되어있어 근로자에게 기간의 정함이 없는 근로자로 전환될 수 있으리라는 **정당한 기대권이 인정되는 경우** 있는 경우라 할 것이다.

7) 기간제법 시행과 갱신기대권 법리 인정 여부(→사례: 99)

가. 문제점

기간제법 제4조에서, 기간제근로자를 사용할 수 있는 총 사용기간은 2년으로 제한하고, 2년을 초과할 경우 기간의 정함이 없는 근로계약을 체결한 근로자로 간주하고 있는 바, 이러한 기간제법 규정의 시행으로 인하여 기간제근로자에게 인정되어 오던 갱신기대권 법리가 배제 또는 제한되어야 하는지, 아니면 기간제법 시행과 무관하게 갱신기대권 법리를 계속 인정해야 하는지 문제된다.

나. 견해의 대립

(i) 갱신기대권 부정설

기간제법 하에서 갱신기대권 법리를 인정하게 되면, 사실상 기한의 정함이 없는 근로계약의 체결까지 보장하는 결과를 초래하게 되므로 부당하다는 견해이다.

(ii) 갱신기대권 긍정설

기간제법 시행으로 갱신기대권 법리를 부정하게 된다면, 기간제법 시행이 오히려 기간제근로자에게 불리하게 작용되는 결과가 초래되므로 부당하다는 견해이다.

다. 판례

대법원은 '기간제법의 규정들에 의하여 기간제근로자의 갱신에 대한 정당한 기대권 형성이 제한되는 것도 아니다'라고 판시하여 기간제법 시행전은 물론 시행 후에 신규로 기간제 근로계약을 체결한 경우에도 갱신기대권이 형성될 수 있다는 점을 분명히 하였다.(대법원 2014.02.13. 선고 2011두12528 판결)

라. 검토

기간제법의 입법 취지가 기간제 근로계약의 남용을 방지함으로써 근로자의 지위를 보장하려는 데에 있는 점 등을 고려하면, 기간제법의 시행이 곧 재계약의 정당한 기대권의 형성을 막는다거나 이미 형성된 재계약의 기대권을 소멸시키는 사유라고 보기는 어렵다고 할 것이다. 따라서, 갱신기대권 긍정설이 타당하다.

8) 사용자의 갱신 거절(→사례: 99)

근로자에게 갱신기대권이 인정된다고 하여 사용자에게 근로계약을 갱신할 의무가 당연히 발생하는 것은 아니다. '갱신기대권'은 계약의 갱신이나 무기직계약직으로의 전환 심사시 객관적이고 합리적인 절차와 심사기준으로 사용자가 평가할 것을 요구할 수 있는 '기대권'에 불과하기 때문이다.(대법원 2017.10..12. 선고 2015두44493 판결) 사용자는 사회통념상 상당하다고 인정될만한 '**합리적인 이유**'가 있는 경우에는 갱신기대권을 가지는 근로자에 대한 계약의 갱신을 거부할 수 있다. 그리고, 여기서의 '합리적 이유'는 근로기준법 제23조 제1항의 해고제한의 기준인 '**정당한 이유**'**보다는 완화된 기준**이 적용된다. 판례는 사용자의 근로자 채용여부 내지 방식에 대한 결정은 근본적으로 경영자의 자유로운 판단에 맡겨져 있다는 전제하에 **근무평정기준 기준과 그에 따른 평가가 자의적이지 않고 합리성과 객관성이 있다면** 근무평정기준 미달을 이유로 한 갱신기대권을 가진 근로자에 대한 갱신거절은 합리적 이유가 있다고 본다.(대법원 2017.10.12. 선고 2015두44493 판결)

사례연습 99

갱신기대권 (변호사시험 2019년 기출문제)

甲은 2018. 1. 1. A회사의 연구 · 개발부서에 연구직 근로자로 입사하였다. 근로계약서에는 근로계약 기간이 1년으로 정해져 있다. A회사의 취업규칙에 따르면, ① 연구직 근로자는 1년 계약기간의 계약제로 고용하되, ② 계약기간 만료 전에 근무성적을 평가하여 재계약 여부를 결정하며, ③ 3명의 평가위원이 작성한 평가심사표의 점수를 평균하여 70점 이상이면 재계약을 체결한다.고 규정하고 있다. 그간에 중한 징계처분을 받아 평가 점수를 낮게 받은 극히 예외적인 몇몇 근로자들을 제외하고, 대부분의 연구직 근로자들은 재계약이 체결되었다. 甲은 징계를 받은적도 없고 평소에 근무태도에 대해 별다른 지적을 받은 적도 없었다. 그런데 甲의 재계약 체결을 위한 근무성적 평가심사에서, 연구 · 개발부서에 근무하는 평가위원 2명은 높은 점수를 부여하였으나, 평소 甲과 사이가 좋지 않은 총무부장이 평가위원으로 이례적으로 낮은 점수인 25점을 부여하여 甲의 평균 점수는 68점이 되었다. A회사는 2018. 12. 31. 甲에게 재계약 체결을 거부한다는 통지를 하였다. A회사는 ① 甲의 근로계약 기간이 만료되어 당연히 퇴직되었을 뿐이며, ② 근무성적평가 점수도 70점 미달이고, ③ 재계약 체결 여부는 회사가 자유로이 판단하여 결정할 수 있다고 주장한다.

甲은 근로계약이 갱신되리라 기대하고 있었으며, A회사가 재계약 체결을 거부한 것은 부당하다고 한다. 甲의 주장은 타당한가?

1. 쟁점의 정리

甲과 A회사는 근로계약 기간이 1년인 기간제 근로계약을 체결하였으므로 원칙적으로 1년의 근로계약 기간이 만료되면 당사자의 의사와 무관하게 근로관계는 당연히 종료된다. 그런데, 판례는 계약기간이 종료되었음에도 불구하고 기간제 근로자에게 계약을 갱신할 수 있는 기대권이 형성되어 있다고 평가되는 경우에는. 사용자가 일방적으로 근로자의 그러한 근로자의 갱신기대권을 무시하고 근로관계가 기간의 만료로 당연히 종료되었음을 주장할 수 없음을 인정하고 있는 바, 사안에서 갑에게 갱신기대권이 인정되는지 그리고 만약 甲의 갱신기대권이 인정된다면 이에 대한 A 회사의 재계약 체결 거부가 정당한 것인지 여부가 문제 된다. 또한, 판례 법리에 의해서 인정되어 오던 갱신기대권이 '2년을 초과할 경우 기간의 정함이 없는 근로계약을 체결한 근로자로 간주'하고 있는 기간제법시행에도 불구하고 여전히 인정되는지 여부도 검토해야 할 것이다.

2. 甲에게 갱신기대권이 인정되는 지 여부

(1) 갱신기대권의 법리

대법원은 근로계약에서 기간을 정한 것이 단지 형식에 불과한 것으로 볼 수없는 경우라도 (즉, 사실상 무기계약의 법리가 적용되지 않는 경우라도), ① 근로계약, 취업규칙, 단체협약 등에서 기간 만료에도 불구하고 일정한 요건이 충족되면 당해 근로계약이 갱신된다는 취지의 규정을 두고 있거나, ② 그러한 규정이 없더라도 (i) 근로계약 내용과 (ii) 근로계약이 이루어지게 된 동기 및 경위, (iii) 계약갱신 기준 등 갱신에 관한 요건이나 절차의 설정 여부 및 그 실태, (iv) 근로자가 수행하는 업무 내용 등 근로관계를 둘러싼 여러 사정을 종합하여 볼 갱신된다는 신뢰관계가 형성되어 있어서 근로자에게 근로계약이 갱신될 수 있으리라는 정당한 기대권이 인정되는 경우에는 사용자가 이를 위반하여 부당하게 근로계약의 갱신을 거절하는 것은 부당해고와 마찬가지로 아무런 효력이 없고, 이 경우기간 만료 후의 근로관계는 종전의 근로계약이 갱신된 것과 동일하다고 판단하고 있다.(대법원 2011. 4. 14. 선고 2007두1729 판결 등),

(2) 기간제법 시행과 갱신기대권 법리 인정 여부

1) 문제점

기간제법 제4조에서, 기간제근로자를 사용할 수 있는 총 사용기간은 2년으로 제한하고, 2년을 초과할 경우 기간의 정함이 없는 근로계약을 체결한 근로자로 간주하고 있는 바, 이러한 기간제법 규정에 의해서 기간제근로자에게 인정되어 오던 갱신기대권 법리가 배제 또는 제한되어야 하는지, 아니면 기간제법 시행과 무관하게 갱신기대권 법리를 계속 인정해야 하는지 문제된다.

2) 견해의 대립

가. 갱신기대권 부정설

기간제법 하에서 갱신기대권 법리를 인정하게 되면, 사실상 기한의 정함이 없는 근로계약의 체결까지 보장하는 결과를 초래하게 되므로 부당하다. 따라서 2년 미만의 기간 동안 기간제근로자의 사용에 대하여는 갱신기대권의 법리가 적용될 수 없다는 견해이다.

나. 갱신기대권 긍정설

기간제법 시행으로 갱신기대권 법리를 부정하게 된다면, 기간제법 시행이 오히려 기간제근로자에게 불리하게 작용되는 결과가 초래되므로 부당하다는 견해이다.

3) 판례

대법원은 '기간제법의 규정들에 의하여 기간제근로자의 갱신에 대한정당한 기대권 형성이 제한되는 것도 아니다'라고 판시하여 기간제법 시행전은 물론 시행 후에 신규로 기간제 근로계약을 체결한 경우에도 갱신기대권이 형성될 수 있다는 점을 분명히 하였다.(대법원 2014.02.13. 선고 2011두12528 판결)

4) 검토

근로계약은 고양된 신뢰관계가 전제된 계약이라는 점, 그리고 기간제법의 입법 취지가 기본적으로 기간제 근로계약의 남용을 방지함으로써 근로자의 지위를 보장하려는 데에 있는 점 등을 고려하면, 기간제법의 시행이 곧 재계약의 정당한 기대권의 형성을 막는다거나 이미 형성된 재계약의 기대권을 소멸시키는 사유라고 보기는 어렵다고 할 것이다. 따라서, 갱신기대권 긍정설이 타당하다.

(3) 사안의 경우

판례에 따를 때, 근로계약, 취업규칙, 단체협약 등에서 기간 만료에도 불구하고 일정한 요건이 충족되면 당해 근로계약이 갱신된다는 취지의 규정을 두고 있는 경우에는 기간제 근로자에게 갱신기대권이 인정될 것인 바, A 회사의 취업규칙을 살펴보면 연구직 근로자는 1년 기간의 계약제이기는 하지만 계약기간 만료 전에 근무성적을 평가하여 평균 점수 70점 이상이면 재계약을 체결한다는 취지의 규정을 두고 있음을 알 수 있다. 또한, 평가 점수가 낮은 극히 예외적인 몇몇 근로자들을 제외하고 대부분의 연구직 근로자들은 재계약을 체결한 것도 설문을 통해서 알 수 있다. 이와 같은 사정이라면 판례의 법리의 따를 때, 평가심사표의 점수가 70점 이상이라는 일정한 요건이 충족되면 계약이 갱신되는 것으로 약정이 성립하였거나, 적어도 평가심사표상 70점 이상의 점수를 얻으면 근로계약이 갱신된다는 신뢰관계가 형성되어 근로계약이 갱신되리라는 정당한 기대권이 인정되는 경우에 해당한다고 할 것이다. 또한, 본 사건 근로계약은 2018. 1. 1.에 체결되었으므로, 기간제법이 시행(2007. 7.1.)된 이후에 체결된 계약이지만, 위에서 살펴본바와 같이 갱신기대권 법리를 인정하는 것이 타당하다.

3. A 회사가 甲과의 근로계약의 갱신을 거절한 것이 정당한지 여부

(1) 사용자의 갱신 거절권의 의의

근로자에게 갱신기대권이 인정된다고 하여 사용자에게 근로계약을 갱신할 의무가 당연히 발생하는 것은 아니다. 따라서 사용자는 사회통념상 상당하다고 인정될만한 '합리적인 이유'가 있는 경우에는 갱신기대권을 가지는 근로자에 대한 계약의 갱신을 거부할 수 있다. 그리고 여기서의 '합리적 이유'는 근로기준법 제23조 제1항의 해고제한의 기준인 '정당한 이유'보다는 상대적으로 완화된 기준이 적용된다.(대법원 2005.07.08. 선고 2002두8640 판결, 대법원 2017.10.12. 선고 2015두44493 판결)

판례는 갱신거절의 정당성 여부는 ① 일정한 요건 충족 여부 및 ② 평가의 공정성 및 객관성 확보 여부에 의해 판단한다. 따라서, 근무평정기준 기준과 그에 따른 평가가 자의적이지 않고 합리성과 객관성이 있다면 근무평정기준 미달을 이유로 한 사용자의 갱신거절은 합리적 이유가 있다고 본다. (대법원 2013.01.24. 선고 2012두21710 판결)

(2) 사안의 경우

설문에 따르면 甲은 징계를 받은 적도 없고 평소에 근무태도에 대해 별다른 지적을 받은 적도 없었다. 근무성적 평가심사에서는 평가위원 2명으로부터 높은 점수를 부여받기도 하였다. 다만, 평소 사이가 좋지 않은 총무부장이 이례적으로 낮은 점수인 25점을 부여한 결과 평균 68점이 되었는 바, 결국 총무부장의 이례적인 주관적인 평가에 의해서 평균 70점 이상의 점수를 부여받지 못하게 된 것이다. 따라서, 근무평정기준 기준과 그에 따른 평가가 자의적이고 합리성과 객관성을 결여한 근무평정기준 미달을 이유로 한 A회사가 재계약 체결을 거부는 그 정당성을 인정할 수 없다고 할 것이다.

4. 사안의 해결

근로자 甲에게는 갱신기대권이 인정되고, A회사는 정당한 이유없이 근로계약 갱신을 거절한 것으로 판단된다. 따라서, 근로계약이 갱신되리라 기대하고 있었으며, A회사가 재계약 체결을 거부한 것은 부당하다는 甲의 주장은 타당하다.

(쟁점) 종전 용역업체 근로자의 고용승계기대권(→사례: 100)

1. 문제점

외부용역업체가 변경되는 것은 단순한 용역업체의 변경에 불과하다는 점에서, 양도인의 영업이 그 동일성을 유지하면서 양수인에게 이전되는 영업양도와는 그 성격을 달리한다. 따라서 영업양도의 경우와 달리, 용역계약을 통하여 사업주체가 변경되는 경우에는 고용관계의 승계가 당연히 이루어져야 하는 것은 아니기 때문에, 용역업체가 변경되는 경우의 기존 근로자들의 고용승계가 문제된다. 이하에서는, 최근에 대법원이 인정한 **고용승계기대권에 관한 판례 법리를 기초로**, 甲의 주장의 정당성에 대하여 논해 보도록 하겠다.

2. 고용승계 기대권의 법리

대법원은 '도급업체가 사업장 내 업무의 일부를 기간을 정하여 다른 '용역업체'에 위탁하고, 용역업체가 위탁받은 용역업무의 수행을 위해 해당 용역계약의 종료 시점까지 기간제근로자를 사용하여 왔는데, 해당 용역업체의 계약기간이 만료되고 새로운 용역업체가 해당 업무를 위탁받아 도급업체와 사이에 용역계약을 체결한 경우, **새로운 용역업체가 종전 용역업체 소속 근로자에 대한 고용을 승계하여 새로운 근로관계가 성립될 것이라는 신뢰관계가 형성되었다면**, 특별한 사정이 없는 한 근로자에게는 그에 따라 새로운 용역업체로 고용이 승계되리라는 기대권이 인정된다. 이와 같이 근로자에게 고용승계에 대한 기대권이 인정되는 경우 근로자가 고용승계를 원하였는데도 새로운 용역업체가 합리적 이유 없이 고용승계를 거절하는 것은 부당해고와 마찬가지로 근로자에게 효력이 없다.'고 하여 명시적으로 고용승계기대권을 인정하고 있다(대법원 2021.6.3. 선고 2019누59402판결).

3. 고용승계기대권이 인정되는 경우

(1) 고용승계의무 조항이 있는 경우

종전 용역회사 혹은 용역계약의 당사자 사이에 종전 **용역업체 근로자에 대한 고용을 승계하기로 하는 고용승계의무조항을 포함**하는 구체적인 계약 내용, 해당 용역계약의 체결 동기와 경위, 등 근로관계 및 해당 용역계약을 둘러싼 여러 사정을 종합적으로 고려하여 종전 용역업체 근로자의 고용승계기대권을 인정할 수 있다(대법원 2021.4.29. 선고 2016두57045 판결).

(2) 고용승계의무조항이 없는 경우

고용승계의무조항이 없더라도 고용을 승계하기로 구체적인 계약내용, 해당 용역계약의 체결 동기와 경위, 도급업체 사업장에서의 용역업체 변경에 따른 고용승계 관련 기존 관행, 위탁의 대상으로서 근로자가 수행하는 업무의 내용, 새로운 용역업체와 근로자들의 인식 등 근로관계 및 해당 용역계약을 둘러싼 여러 사정을 종합적으로 고려하여 종전 용역업체 근로자의 고용승계기대권을 인정할 수 있다(대법원 2021.6.3. 선고 2019누59402판결).

사례연습 100

종전 용역업체 근로자의 고용승계기대권 (대법원 2021.06.03. 선고 2019누59402판결:출제유력)

A용역업체는 B용역업체의 뒤를 이어 새로이 2018.3.2.장성광업소와 선탄작업관리 용역계약(계약기간:2018.4.1.~ 2018 .12.31.)을 체결하였다. 그동안 장성광업소의 용역업체는 수차례 변경되었지만 고용관계는 관행적으로 승계되었다.(단, A용역회사와 B용역회사사이는 물론 새로운 용역계약상에도 종전 용역업체 소속 근로자에 대한 고용을 승계하기로 하는 고용승계의무조항은 존재하지 않는다). A용역업체는 종전 B용역업체에서 근무하던 근로자 18명(선탄작업 근로자 11명) 중 근로자 甲을 제외한 17명(선탄작업 근로자 10명)과 새롭게 근로계약서를 작성하여 기존과 같은 근로조건으로 근무를 계속할 수 있도록 하였다. 그런데, 근로자 甲은 2009.10.1.이래로 2018년까지 여러 차례 용역업체가 바뀌는 과정에서도 근로기간의 단절없이 고용관계가 승계되었으며, 2015년에는 A용역업체에 고용이 승계된 사실도 있었다.

한편, 근로자 甲은 2017.12.경 손가락 골절상의 업무상 재해를 입고 치료를 받던 중, 2018.3.경 B용역업체로부터 향후 용역업체가 변경될 예정이라는 연락을 받고 출근하였다. 2018.4.1. A용역업체는 근로자 甲에게 다친 손가락에 대한 의사 소견서 제출을 요구하였고, 근로자 甲은 2018.4.3. 일상 직업에 지장이 없는 상태라는 내용의 의사 소견서를 제출하였다. 또한, 근로자 甲은 A용역업체의 요구로 2018.4.8.'다친 손가락에 관해 A역업체에게 민형사상 책임을 묻지 않겠다.'라는 취지의 각서 및 인감증명서를 제출하였다. 한편, 근로자 甲이 속한 노동조합은 A용역업체에 근로자 甲이 장성광업소의 작업장에 2018. 6.1.부터 출근할 수 있게 해 달라.'라는 취지의 문서를 보내자 A용역업체는 2018.5.31. 근로자 甲이 속한 노동조합에 '근로자 甲의 고용계약을 승계할 의사가 없다.'라는 내용의 문서를 송부하였다. 이에 근로자 甲은 A용역업체가 고용을 승계할 의무가 있는데도 합리적 이유 없이 고용승계를 거부한 것이므로 부당해고라고 주장하고 있다. 이러한 甲의 주장은 정당한가?

1. 쟁점의 정리

외부용역업체가 변경되는 것은 단순한 용역업체의 변경에 불과하다는 점에서, 양도인의 영업이 그 동일성을 유지하면서 양수인에게 이전되는 영업양도와는 그 성격을 달리한다. 따라서 영업양도의 경우와 달리, 용역계약을 통하여 사업주체가 변경되는 경우에는 고용관계의 승계가 당연히 이루어져야 하는 것은 아니기 때문에 본 사안과 같이 용역업체가 변경되는 경우의 기존 근로자들의 고용승계가 문제된다. 이하에서는, 최근에 대법원이 인정한 고용승계기대권에 관한 판례 법리를 기초로, 甲의 주장의 정당성에 대하여 논해 보도록 하겠다.

2. 甲에게 고용승계기대권이 인정되는 지 여부

(1) 고용승계 기대권의 법리

대법원은 '도급업체가 사업장 내 업무의 일부를 기간을 정하여 다른 '용역업체'에 위탁하고, 용역업체가 위탁받은 용역업무의 수행을 위해 해당 용역계약의 종료 시점까지 기간제근로자를 사용하여 왔는데, 해당 용역업체의 계약기간이 만료되고 새로운 용역업체가 해당 업무를 위탁받아 도급업체와 사이에 용역계약을 체결한 경우, 새로운 용역업체가 종전 용역업체 소속 근로자에 대한 고용을 승계하여 새로운 근로관계가 성립될 것이라는 신뢰관계가 형성되었다면, 특별한 사정이 없는 한 근로자에게는 그에 따라 새로운 용역업체로 고용이 승계되리라는 기대권이 인정된다. 이와 같이 근로자에게 고용승계에 대한 기대권이 인정되는 경우 근로자가 고용승계를 원하였는데도 새로운 용역업체가 합리적 이유 없이 고용승계를 거절하는 것은 부당해고와 마찬가지로 근로자에게 효력이 없다.'고 하여 명시적으로 고용승계기대권을 인정하고 있다.

(2) 고용승계기대권이 인정되는 경우

1) 고용승계의무 조항이 있는 경우

종전 용역회사 혹은 용역계약의 당사자 사이에 종전 용역업체 근로자에 대한 고용을 승계하기로 하는 고용승계의무조항을 포함하는 구체적인 계약 내용, 해당 용역계약의 체결 동기와 경위, 등 근로관계 및 해당 용역계약을 둘러싼 여러 사정을 종합적으로 고려하여 종전 용역업체 근로자의 고용승계기대권을 인정할 수 있다(대법원 2021.4.29. 선고 2016두57045 판결).

2) 고용승계의무조항이 없는 경우

고용승계의무조항이 없더라도 고용을 승계하기로 구체적인 계약내용, 해당 용역계약의 체결 동기와 경위, 도급업체 사업장에서의 용역업체 변경에 따른 고용승계 관련 기존 관행, 위탁의 대상으로서 근로자가 수행하는 업무의 내용, 새로운 용역업체와 근로자들의 인식 등 근로관계 및 해당 용역계약을 둘러싼 여러 사정을 종합적으로 고려하여 종전 용역업체 근로자의 고용승계기대권을 인정할 수 있다(대법원 2021.6.3. 선고 2019누59402판결).

(3) 사안의 경우

본 사안의 경우에는, 비록 종전 용역업체 소속 근로자에 대한 고용을 승계하기로 하는 고용승계의무조항은 존재하지 않지만, 그 동안 이 사건 장성광업소의 용역업체가 수차례 변경면서도 고용관계는 관행적으로 승계되었다는 점, A용역업체도 종전 용역업체에서 근무하던 근로자 18명 중 오로지 근로자 甲을 제외한 17명의 고용을 승계하였다는 점, 근로자 甲 역시 2009.10.1.이래로 2018년까지 여러 차례 용역업체가 바뀌는 과정에서도 근로기간의 단절없이 고용관계가 승계되었으며, 2015년에는 A용역업체에 고용이 승계된 사실도 있다는 점 등의 사실관계에 비추어 볼 때, 근로자 甲에게는 A 용역업체가 종전 용역업체 소속 근로자의 고용을 승계할 것이라는 신뢰가 형성되었다고 판단된다.

3. A 회사가 甲과의 고용승계를 거절한 것이 정당한지 여부

(1) 사용자의 고용승계거절권

근로자에게 고용승계기대권이 인정되는 경우라 하더라도, 사용자는 사회통념상 상당하다고 인정될만한 '합리적인 이유'가 있는 경우에는 고용승계기대권을 가지는 근로자에 대하여 고용승계를 거부할 수 있다고 보아야 한다. 그리고 여기서의 '합리적 이유'는 근로기준법 제23조 제1항의 해고제한의 기준인 '정당한 이유'보다는 완화된 기준이 적용될 것이다.

(2) 사안의 경우

설문에 따르면, A회사에는 특별히 甲의 고용을 승계를 거절할 만한 특별한 사정도 보이지 않을 뿐 아니라, 주어진 사실관계를 보다라도 근로자 甲에게 다친 손가락에 대한 의사 소견서를 제출하라는 A용역업체의 요구에 대하여 근로자 甲은 일상 직업 복구에 지장이 없는 상태라는 내용의 의사 소견서를 제출하였다는 점, 근로자 甲은 A용역업체의 요구로 '다친 손가락에 관해 A역업체에게 민형사상 책임을 묻지 않겠다.'라는 취지의 각서 및 인감증명서를 제출하기까지 하였다는 점 등에 비추어 볼 때, A용역회사가 甲의 고용 승계를 거절한만한 합리적인 이유를 인정할 수 없다.

4. 사안의 해결

근로자 甲에게는 고용승계기대권이 인정되지만, A용역회사는 합리적인 이유없이 甲의 고용승계를 거절한 것으로 판단된다. 따라서, A회사가 고용을 승계하지 않고 재계약 체결을 거부한 것은 부당하다는 甲의 주장은 타당하다.

관련판례 대법원 2021.6.3. 선고 2019누59402판결 고용승계 기대권

도급업체가 사업장 내 업무의 일부를 기간을 정하여 다른 업체(이하 '용역업체'라고 한다)에 위탁하고, 용역업체가 위탁받은 용역업무의 수행을 위해 해당 용역계약의 종료 시점까지 기간제근로자를 사용하여 왔는데, 해당 용역업체의 계약기간이 만료되고 새로운 용역업체가 해당 업무를 위탁받아 도급업체와 사이에 용역계약을 체결한 경우, 새로운 용역업체가 종전 용역업체 소속 근로자에 대한 고용을 승계하여 새로운 근로관계가 성립될 것이라는 신뢰관계가 형성되었다면, 특별한 사정이 없는 한 근로자에게는 그에 따라 새로운 용역업체로 고용이 승계되리라는 기대권이 인정된다. 이와 같이 근로자에게 고용승계에 대한 기대권이 인정되는 경우 근로자가 고용승계를 원하였는데도 새로운 용역업체가 합리적 이유 없이 고용승계를 거절하는 것은 부당해고와 마찬가지로 근로자에게 효력이 없다. 이때 **근로자에게 고용승계에 대한 기대권이 인정되는지 여부는 새로운 용역업체가 종전 용역업체 소속 근로자에 대한 고용을 승계하기로 하는 조항을 포함하고 있는지 여부를 포함한 구체적인 계약내용, 해당 용역계약의 체결 동기와 경위, 도급업체 사업장에서의 용역업체 변경에 따른 고용승계 관련 기존 관행, 위탁의 대상으로서 근로자가 수행하는 업무의 내용, 새로운 용역업체와 근로자들의 인식 등 근로관계 및 해당 용역계약을 둘러싼 여러 사정을 종합적으로 고려하여 판단하여야 한다**(대법원 2021. 4. 29. 선고 2016두57045 판결 참조).

(쟁점) 근로관계 자동소멸 대법원 2009.2.12. 선고 2007다62840 판결(→사례: 101)

(사례) A회사는 주차관리 및 경비요원을 파견하는 것을 주요 사업으로 하는 시설관리업체로서 B건물주와 시설관리계약을 체결하였다. A회사는 B건물의 시설관리에 필요한 인원을 충원하기 위해 2022. 6. 1. 甲을 파견직 주차관리요원으로 채용하였다. A회사가 甲과 체결한 근로계약에는 "계약기간은 1년으로 하되 근로자가 근무하는 시설의 건물주 (B)와 A회사 사이의 관리용역계약이 해지될 때 이 근로계약도 당연히 해지된 것으로 본다"는 조항이 포함되어 있다. 그러던 중 B건물주는 A회사와 시설관리계약을 해지한다는 통보를 하였다. 이에 A회사는 甲이 근무하는 건물의 건물주와 시설관리계약이 2022. 12. 31. 해지되었음을 이유로 甲에게 근로계약이 해지되었음을 통보하였다. 甲은 이러한 A회사의 통보는 부당하고 주장하고 있다. 근로자 甲의 주장은 정당한가?

1. 자동소멸사유에 관한 판례의 태도

판례는 '사용자가 어떤 사유의 발생을 당연퇴직 또는 면직사유로 규정하고 그 절차를 통상의 해고나 징계해고와 달리한 경우에 그 당연퇴직사유가 근로자의 사망이나 정년, **근로계약기간의 만료 등 근로관계의 자동소멸사유로 보이는 경우를 제외하고는** 이에 따른 당연퇴직처분은 구근로기준법 제23조 소정의 제한을 받는 **해고**라고 할 것인데, 사용자가 주차관리 및 경비요원을 필요한 곳에 파견하는 것을 주요 사업으로 하는 회사로서 그 근로자와 사이에, 근로자가 근무하는 건물주 등과 사용자 간의 관리용역계약이 해지될 때에 그 근로자와 사용자 사이의 근로계약도 해지된 것으로 본다고 약정하였다고 하여 그와 같은 해지사유를 **근로관계의 자동소멸사유라고 할 수 없다**. 그리고 "회사가 어떠한 사유의 발생을 당연퇴직사유로 규정하고 그 절차를 통상의 해고나 징계해고와는 달리 하였더라도 근로자의 의사와 관계없이 사용자측에서 일방적으로 근로관계를 종료시키는 것이면 성질상 이는 해고로서 근로기준법에 의한 제한을 받는다고 보아야 할 것이므로 근로자에 대한 퇴직조치가 단체협약이나 취업규칙에서 당연퇴직으로 규정되었다 하더라도 위 퇴직조처가 유효하기 위하여는 근로기준법 제23조 제1항이 규정하는 바의 정당한 이유가 있어야 하고, 이와 같은 정당한 이유가 없는 경우에는 퇴직처분무효확인의소를 제기할 수 있다.(대법원 2009.2.12. 선고 2007다62840 판결)

2. 사안의 해결

본 사안에서 'A 회사와 甲 사이에 근로계약에서 건물주와 A 사이의 관리용역계약이 해지되면 근로계약도 해지된 것으로 본다'는 취지의 약정은 근로계약 자동소멸사유가 될 수 없는 사유를 자동소멸사유로 규정한 것에 불과하므로 그 효력이 없고, 만일 취업규칙 등에 그 절차를 징계해고와 달리 정한 경우라면 이는 **당연퇴직**사유의 하나로 규정한 것으로 볼 것이다. 따라서, 당연퇴직은 해고에 해당하므로, 근로기준법 제23조 제1항의 정당한 이유가 없는 한 A회사의 통보는 그 효력이 없다. 따라서, 사안에서 A회사의 통보는 정당하지 않다.

사례연습 101

근로관계 자동소멸과 당연퇴직(해고) (대법원 2009.2.12. 선고 2007다62840 판결:출제유력)

A회사는 주차관리 및 경비요원을 파견하는 것을 주요 사업으로 하는 시설관리업체로서 B건물주와 시설관리계약을 체결하였다. A회사는 B건물의 시설관리에 필요한 인원을 충원하기 위해 2022. 6. 1. 甲을 파견직 주차관리요원으로 채용하였다. A회사가 甲과 체결한 근로계약에는 "계약기간은 1년으로 하되 근로자가 근무하는 시설의 건물주 (B)와 A회사 사이의 관리용역계약이 해지될 때 이 근로계약도 당연히 해지된 것으로 본다"는 조항이 포함되어 있다. 그러던 중 B건물주는 A회사와 시설관리계약을 해지한다는 통보를 하였다. 이에 A회사는 甲이 근무하는 건물의 건물주와 시설관리계약이 2022. 12. 31. 해지되었음을 이유로 甲에게 근로계약이 해지되었음을 통보하였다. 甲은 이러한 A회사의 통보는 부당하고 주장하고 있다. 근로자 甲의 주장은 정당한가?

1. 쟁점의 정리

근로자 甲은 '근로자가 근무하는 시설의 건물주 (B)와 A회사 사이의 관리용역계약이 해지될 때 이 근로계약도 당연히 해지된 것으로 본다'는 근로관계 자동소멸조항이 포함된 계약기간 1년의 기간제 근로계약을 A회사와 체결하였는 바, 사안에서 근로자 甲의 주장의 타당성을 검토하기 위해서는 먼저 위의 근로관계 자동소멸조항의 법적성격 및 그 유효성을 검토하여야 할 것이다. 만일 본 사안의 자동소멸조항이 유효하지 않다면, 사안에서의 A회사의 근로계약 해지의 법적 성격은 무엇인지 살펴보고, 만일 그것이 사용자의 해고에 해당한다면, 이 사안에서의 A회사의 통보, 즉 근로계약의 해고가 효력이 있는 지 검토해야 할 것이다.

2. 근로관계 자동소멸조항의 유효성

(1) 근로관계의 자동소멸

근로계약 당사자의 의사나 능력과 무관하게 당사자의 사망이나 정년 혹은 계약기간의 만료로 근로관계가 종료되는 것을 근로관계의 자동소멸이라고 한다. 특히, 정년퇴직'이나 '계약기간의 만료'의 경우에는 장래의 특정 시점에 근로관계가 종료할 것이 이미 예정되어 있다는 점에서 근로계약의 당사자인 사용자나 근로자의 '의사'에 의한 근로관계의 종료와 구별된다.

(2) 사안의 경우

본 사안에서 'A 회사와 甲 사이에 근로계약에서 건물주와 A 사이의 관리용역계약이 해지되면 근로계약도 해지된 것으로 본다'는 취지의 약정은 당사자의 사망이나 정년 혹은 계약기간의 만료와 같은 근로관계의 자동소멸 사유에 해당하지 않는다. 따라서, 본 사안의 약정은 근로관계의 자동소멸사유가 될 수 없는 사유를 자동소멸사유로 규정한 것에 불과하므로 그 효력이 없다.

3. 당연퇴직 규정의 유효성

(1) 당연퇴직의 의의

'당연면직'이란 취업규칙에 규정된 일정한 사유가 발생된 경우에 사용자가 징계절차 등을 거치지 아니하고 일방적으로 근로계약을 해지하는 것을 의미한다. 당연퇴직 사유의 정당성이 사회통념상 인정될 수 있다면 이는 근로기준법 제23조상의 '정당한 이유'로 인정될 수 있을 것이므로 사용자는 근로관계를 적법하게 해지할 수 있다. 판례도 당연퇴직사유를 정한 것이 사회통념상 상당성을 인정하기 어렵다는 등의 특별한 사정이 없는 한, 위 규정들의 취지는 존중 되어야 할 것이라고 하여 직권면직과 당연퇴직 규정의 유효성을 인정하고 있다.

(2) 사안의 경우

본 사안에서 'A 회사와 甲 사이에 근로계약에서 건물주와 A 사이의 관리용역계약이 해지되면 근로계약도 해지된 것으로 본다'는 취지의 약정은 근로계약 자동소멸사유가 될 수 없는 사유를 자동소멸사유로 규정한 것에 불과하므로 그 효력이 없고, 만일 취업규칙 등에 그 절차를 징계해고와 달리 정한 경우라면 이는 당연퇴직사유의 하나로 규정한 것으로 볼 것이다.

판례는 '사용자가 어떤 사유의 발생을 당연퇴직 또는 면직사유로 규정하고 그 절차를 통상의 해고나 징계해고와 달리한 경우에 그 당연퇴직사유가 근로자의 사망이나 정년, 근로계약기간의 만료 등 근로관계의 자동소멸사유로 보이는 경우를 제외하고는 이에 따른 당연퇴직처분은 근로기준법 제23조 소정의 제한을 받는 해고라는 입장이다.(대법원 2009.2.12. 선고 2007다62840 판결)

4. 사용자의 해고

(1) 사용자의 해고의 의의

사용자의 '해고'란 근로자의 의사에 반하여 근로계약을 해지하는 사용자의 '일방적 의사표시'를 의미한다. 판례는 해고를 '실제 사업장에서 불리는 명칭이나 그 절차에 관계없이 근로자의 의사에 반하여 사용자의 일방적인 의사에 의하여 이루어지는 모든 근로계약관계의 종료를 의미한다'고 정의한다.(대법원 1992.08.04. 선고 91다29811 판결 등) 사용자가 근로자를 '해고'하는 경우에는 실체적 요건으로서 근로기준법 제23조의 '정당한 이유'가 필요하며, 절차적 요건으로서 근로기준법 제27조(해고사유 등의 서면통지) 및 근로기준법 26조 (해고예고기간)를 준수하여야 한다. 따라서, 명칭이나 절차를 불문하고 그것이 '해고'로 평가된다면, 근로기준법에서 규정한 실체적 요건(정당한 이유)과 절차적 요건을 모두 갖추어야만 유효한 해고로 인정된다.

(2) 사안의 경우

사안에서 A회사는 계약기간이 종료하기 전에 근로자 甲을 당연면직 처분하였는 바, 이는 사용자가 일방적으로 근로계약관계를 종료하는 해고에 해당한다. 그런데, 사안에서 당연퇴직사유가 되지 않는 사유를 당연퇴직 사유로 정한 근로계약의 당연퇴직 조항은 효력이 없고, 그 외 달리 사회통념상 고용관계를 계속할 수 없는 사유도 보이지 않는다. 따라사, A회사의 해고는 정당한 이유가 없는 해고로서 그 효력이 없다.

5. 사안의 해결

B건물주와 시설관리계약이 2022. 12. 31. 해지되었음을 이유로 甲에게 근로계약이 해지되었음을 통보한 것은 정당한 이유가 없는 해고로서 그 효력이 없다.따라서, 이러한 A회사의 통보는 부당하다는 근로자 甲의 주장은 정당하다.

2. 단시간 근로자

(1) 단시간 근로자의 의의

'단시간근로자'라 함은 1주 동안의 '**소정근로시간**'이 그 사업장에서 같은 종류의 업무에 종사하는 '**통상근로자**'의 1주 동안의 **소정근로시간**에 비하여 더 '**짧은**' 근로자를 의미하는 바 (근로기준법 제2조, 기단법 제2조 제2호), '단시간근로자의 근로조건은 그 사업장의 같은 종류의 업무에 종사하는 통상 근로자의 근로시간을 기준으로 산정한 비율에 따라 결정되어야 한다'(근로기준법 제18조 제1항)

(2) 단시간 근로자의 근로조건

1) 단시간 근로자의 근로조건 결정의 원칙 : 비례보호의 원칙

근로기준법 제18조 제1항은 '단시간근로자의 근로조건은 그 사업장의 같은 종류의 업무에 종사하는 통상 근로자의 근로시간을 기준으로 산정한 비율에 따라 결정되어야 한다'고 하여 단시간근로자의 근로조건 결정에 관하여 **근로시간 비례의 원칙**을 규정하고 있다. 즉, 단시간 근로자의 일부 근로조건은 통상 근로자와 비교하여 오로지 '근로시간'에 비례해서만 차이를 두어야 하는 바, 이를 단시간 **근로자의 '비례보호의 원칙**'이라고 한다.[4]

2) 단시간 근로자의 근로조건 서면명시

사용자는 기간제근로자 또는 단시간근로자와 근로계약을 체결하는 때에는 기간법 제17조 각 호의 모든 사항을 서면으로 명시하여야 한다. 본조를 위반하는 경우에는 500만원 이하의 과태료가 부과된다.(기단법 제24조) 기단법 제17조 각 호는 서면 명시 근로조건으로서 '근로계약기간에 관한 사항, 근로시간 · 휴게에 관한 사항, 임금의 구성항목 · 계산방법 및 지불방법에 관한 사항, 휴일 · 휴가에 관한 사항, 취업의 장소와 종사하여야 할 업무에 관한 사항,근로일 및 근로일별 근로시간'을 규정하고 있다.

(3) 단시간 근로자의 초과근로의 제한

1) 단시간 근로자의 근로시간의 결정

단시간 근로자는 소정근로시간과 일수가 통상 근로자보다 짧은 근로자로서 단시간 근로자의 근로시간의 길이 · 시간대 · 근로일수는 근로자의 생활일정에 기초하여 구성되는 것이 일반적이다. 따라서 그러한 단시간근로자의 근로시간의 선택은 존중되어야 할 것이므로 단시간 근로자의 시간외 · 휴일 근로는 예외적인 경우에 한하여 반드시 근로자의 개별 동의를 전제로 허용된다고 보아야 한다. 또한, 단시간 근로자의 근로일 근로시간은 구체적으로 서면 명시하여야하므로(기단법 제17조), 단시간 근로자의 시간외 · 휴일 근로시간 역시 사전에 특정되어야 할 것으로 해석된다.

---

4) 이를테면, 단시간 근로자의 통상임금은 당해 사업장의 동종업무에 종사하는 일반 근로자의 통상임금과 동일해야 하며, 단지 근로시간에 비례해서만 통상근로자와 차이를 둘 수 있을 뿐이다. 따라서, 근로시간과 관계없는 일반적인 근로조건은 통상 근로자와 통일하게 부여하여야 한다.

2) 단시간 근로자의 연장근로시간

기단법은 단시간 근로자에 대한 과도한 초과근로의 남용을 방지하기 위하여 사용자는 단시간근로자에 대하여 소정근로시간을 초과하여 근로하게 하는 경우에는 해당 근로자의 **동의**를 받아야하고, 이 경우 1주간에 **12시간**을 초과하여 근로하게 할 수 없다.(기단법 제6조 제1항) 나아가, 단시간 근로자는 사용자가 단시간근로자의 동의를 얻지 아니하고 초과근로를 하게 하는 경우에는 이를 거부할 수 있다.(기단법 제17조)

3) 단시간 근로자의 초과근로에 대한 가산수당

단시간 근로자의 초과 근로의 경우에는 정규 근로자의 초과근로와 달리 법내 초과근로의 경우에도 통상임금의 100분의 50 이상을 가산하여 지급하여야 한(기단법 제6조 제3항) 즉, 일반 상용 근로자는 법정근로시간을 넘는 경우에만 초과 근로 가산임금을 지급하지만, 단시간 근로자의 경우에는 소정근로시간을 넘는 경우에는 **법정근로시간의 초과여부와 무관하게 항상 통상임금의 100분의 50 이상을 가산**하여 임금을 지급해야 한다.

4) 위반의 효과

사용자가 법규정을 위반하여 단시간근로자에게 초과근로를 하게 할 경우에는 **1천만원 이하의 벌금형**에 처해지며(기단법 제22조), 사용자는 부당한 초과근로 지시를 거부한 것을 이유로 해고 그 밖의 불리한 처우를 하지 못한다.(기단법 제16조 제1호)

(4) 근로시간이 현저하게 짧은 단시간 근로자(초단시간 근로자)

1) 근로시간이 현저하게 짧은 근로자의 의의

'근로시간이 현저하게 짧은 근로자'라 함은 4주 동안 (4주간 미만으로 근로하는 경우에는 그 주간)을 평균하여 1주의 소정근로시간이 15시간 미만인 근로자를 말한다[5]. 근로시간이 현저하게 짧은 근로자(초단시간 근로자)도 단시간 근로자이므로 단시간 근로자의 '비례보호의 원칙'이 그대로 적용되기는 하지만, 근로기준법을 비롯한 일부 노동관계법령이 배제된다.[6]

2) 배제되는 규정

4주동안(4주간 미만으로 근로하는 경우에는 그 주간)을 평균하여 1주의 소정 근로시간이 15시간 미만인 근로자에게는 **유급휴일, 연차유급휴가, 퇴직금에 관한 규정이 배제되며 기간제 근로자의 무기계약직 전환도 이루어지지 않는다.**(근로기준법 제18조 제3항, 근퇴법 제4조 제1항 단서) 한편, 주15시간 미만 근로자로 기간제 근로계약을 체결하였다가 해당 근로관계가 종료된 이후에 새로 주15시간 이상 일반 기간제 근로계약을 체결한 경우, 기존 주 15시간 미만 근로자로 근무한 기간은 기단법 제4조 제2항의 '2년'의 기간에 포함되지 않는다는 것이 대법원의 입장이다.(대법원 2014.11.27. 선고 2013다2672 판결)

---

5) 초단시간 근로자를 결정하는 기준은 '**소정 근로시간**'이다. 따라서, 1주의 실근로시간이 15시간 이상인 경우라도 소정근로시간이 1주 15시간 미만인 경우에는 여전히 초단시간근로자에 해당한다.
6) 이와 같이 초단시간 근로자를 일반 근로자와 구별하여 취급하는 이유는 이들 근로자의 근로시간이 지나치게 단시간이기 때문에 노동법적 보호의 정도가 완화된다는 법정책상의 결과이다.

3. 근로자 파견

(1) 근로자 파견과 간접고용

1) 근로자 파견의 개념

. "근로자파견"이란 파견사업주가 근로자를 고용한 후 그 고용관계를 유지하면서 근로자파견계약의 내용에 따라 사용사업주의 지휘·명령을 받아 사용사업주를 위한 근로에 종사하게 하는 것을 말한다.(파견법 제2조 제1호) 따라서 파견 근로계약은 필연적으로 파견사업주, 파견근로자, 사용사업주의 '3면 당사자의 법률관계'인 **간접고용형태의 근로관계**를 형성하게 된다.

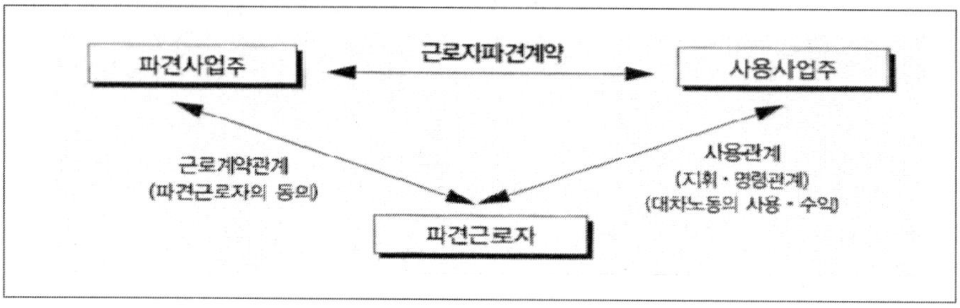

2) 간접고용으로서의 근로자 파견

'**간접고용**'이란 사용자가 근로자를 '직접' 고용하지 않고 파견회사로부터 파견근로자를 공급받아 필요한 노동력을 활용하는 '간접적인' 고용형태를 의미한다. 즉, '간접고용'이란 사용사업자가 근로자와 직접 근로계약을 체결하지 않고 파견업체로부터 근로자'들을 파견 받아 자신이 파견근로자를 직접 지휘 감독을 하면서 근로를 제공받는 것을 의미하는 것이다. 이러한 간접고용 형태의 근로관계는 **중간착취의 위험**이 있을 뿐 아니라, 사용사업주가 **직접 고용을 회피하는 수단**으로 악용될 위험이 있다.7)

3) 근로자 파견과 도급 등과의 구별

'도급'이란 당사자의 일방(수급인)이 어느 일을 완성할 것을 상대방(도급인)에게 약정하고 상대방인 도급인은 이 그 일의 결과에 대하여 수급인에게 보수를 지급할 것을 약정함으로서 성립하는 민법상의 전형계약의 하나이다(민법 제664조).여기에서 '어떤 일의 완성'이란 어떤 물건을 제작하거나 가공·수리하는 경우뿐만 아니라, 노동이나 노무 제공을 통해서 어떤 일을 끝내는 노무도급도 포함되는데, 이러한 노무도급을 포함하는 도급의 실무상 명칭은 업무위탁, 아웃소싱, 소사장제 등 다양하다. 따라서, 노무도급을 포함하는 '도급'은 사용자와 근로자의 일반적인 2면 당사자 법률관계라는 점에서, 3면 당사자 법률관계인 근로자 파견과는 구조적으로 다른 계약 형태이므로, 일반적인 도급에는 파견법이 적용될 여지가 없다. 그런데, 형식으로는 도급, 업무위

---

7) 따라서, 우리나라는 종래 노동조합에 의한 근로자공급사업 및 특별법에 의하여 허용된 일부사업을 제외하고는 어떠한 형태의 근로자파견도 금지하는 엄격한 입법태도를 취해 왔으나, 1998년 2월 20일 파견근로자보호 등에 관한 법률(법률 5512호)이 제정되어 오로지 제한된 업종에 한하여 매우 엄격한 요건하에 근로자 파견을 인정하고 있다.

탁, 아웃소싱 등의 명칭으로 불리우지만, 실질적으로는 **발주자(원청)가** 외주업체인 수급인의 근로자를 직접 자신의 지휘·명령하에 두는 '**간접 근로관계**'를 **유지**하는 경우에는, 그 계약의 명칭이나 형식과 무관하게(발주자(원청)가 근로자를 자신의 지휘·명령하에 두는) '근로자 파견'에 해당하므로 '**파견법**'이 **전면적으로 적용**된다.(이와 관한 상세한 설명은 해당부분에서 후술한다).

4) 근로자 파견과 전출과의 구별(→(쟁점) 계열사간 전출과 근로자 파견)

전출'(사외파견)이라 함은 근로자가 당초 기업에 소속을 유지하면서 타기업의 사업장에서 상당히 장기간 업무에 종사하게 되는 것을 말한다. 전출과 근로자파견은 모두 원래 근로계약을 체결한 회사에 소속을 유지하면서 상당 기간 근로자에 대한 업무지휘권(지시·명령권)을 타기업에 넘겨주어 근로자가 타기업의 사업장의 업무에 종사한다는 점에서는 외형상의 모습이 유사하다. 그러나 무엇보다도 **근로자파견**은 파견이 업으로서 행해지는 것이지만, **전출은** 파견이 업으로서 행해지는 것이 아니라, 즉 '영리'를 목적으로 업으로서 행해지는 것이 아니라, **계열사간의 업무상의 필요성**에 따라 행해진다는 점에서 근본적으로 차이가 있다. **전출이 계속적·반복적**으로 행해질 때에는 **업으로서 행해지는 것**이 되어 실질적으로는 **근로자파견**으로 인정될 여지가 있다.

5) 근로자 파견의 규제

위에서 살펴본 대로, 간접고용형태로서의 근로자 파견계약은 사용사업자가 근로자와 직접 근로계약을 체결하지 않으면서도 근로자 파견계약을 통하여 간접적으로 근로자를 자신의 지휘 감독하에 두기 때문에, **사용사업주가 근로자와 통상적인 근로관계를 형성하는 것을 회피하는 수단으로 악용될 가능성**이 있다. 이에 파견법은 근로자 **파견사업 허가**받은 자에게만 파견사업을 허용하고 있으며 파견사업의 '**허용 대상**' 및 '**파견기간**'을 엄격하게 제한하면서, 이를 위반한 사용사업주에게는 파견 근로자를 직접 고용할 의무, 즉, **직접고용의무**를 부과하고 있다..(이와 관한 상세한 설명은 해당부분에서 후술한다).

가. 근로자 파견사업 허가

파견사업을 하고자 하는 자는 파견법 제9조의 요건을 갖추어 고용노동부장관의 **허가를 받아야** 하는 바, 고용노동부장관의 허거를 받지 않은 파견업자로부터 근로자를 파견받아 사용하는 경우에는 파견사업주뿐 아니라 그로부터 노무를 제공받은 사용사업주에게도 파견사업주와 동일한 형벌이 부과되며(파견법 제43조의 형벌 부과), 사용사업주는 당해 파견근로자를 직접 고용할 의무를 부담한다.(파견법 제6조의 2)

나. 파견대상의 제한

파견법은 근로자 **파견이 가능한 업무를 엄격하게 제한**하고 있다. 파견업무가 가능한 업무와 관련해서, 파견법 제5조 제1항은 항시 허용되는 업무와 제3항에 절대로 금지되는 특정업무를 열거하는 한편, 제2항에는 일정한 조건이 충족되는 경우에는 예외적으로 제3항의 절대로 금지되는 특정 업무를 제외하고 모든 업무에 대하여 파견사업을 할 수 있도록 하는, **원칙과 예외의 규율 방법**을 취하고 있다.(파견법 제5조)

다. 파견기간의 제한

근로자 파견기간은 원칙적으로 1년 이내이며 파견사업주·사용사업주·파견근로자간의 3자 합의로 1회에 한하여 1년의 범위 안에서 연장이 가능하다. 따라서, **근로자 파견기간은 최장 2년**이다.(파견법 제6조)

(2) 근로자 파견 허용 업무 및 근로자 파견기간

1) 근로자 파견 허용 업무

파견법 제5조 제1항은 **항시 허용되는 업무**와 제3항에 **절대로 금지되는 특정업무**를 열거하는 한편, 제2항에는 일정한 조건이 충족되는 경우에는 예외적으로 제3항의 절대로 금지되는 특정업무를 제외하고 모든 업무에 대하여 파견사업을 할 수 있도록 하는, **원칙과 예외**의 규율방법을 취하고 있다.

> **파견법 제5조 (근로자 파견대상업무 등)**
> ① 근로자 파견사업은 제조업의 직접생산공정업무를 제외하고 **전문지식 · 기술 · 경험 또는 업무의 성질 등을 고려하여 적합**하다고 판단되는 업무로서 대통령령이 정하는 업무를 대상으로 한다. : 상시적 허용업무
> ② 제1항의 규정에 불구하고 **출산 · 질병 · 부상 등으로 결원이 생긴 경우 또는 일시적 · 간헐적으로 인력을 확보하여야 할 필요가 있는 경우**에는 근로자 파견사업을 행할 수 있다. : **일시적 허용업무**
> ③ 제1항 및 제2항의 규정에 불구하고 다음 각 호의 업무에 대하여는 근로자 파견사업을 행하여서는 아니 된다. : **절대 파견 금지업무**

가. 상시적 허용 업무(전문지식 · 기술 · 경험 등을 필요로 하는 업무)

파견법은 **제조업의 직접생산공정업무를 제외**하고 전문지식 · 기술 · 경험 또는 업무의 성질을 고려하여 파견사업에 적합하다고 판단되는 업무를 **대통령령**으로 규정하고 있다.(파견법 제5조 제1항)

나. 일시적 허용 업무(결원 또는 일시적 사유에 의한 인력보강 업무)

상시적 허용업무에 해당하지 않더라도(예: 제조업의 직접생산공정업무) ① **재직 근로자의 출산 · 질병 · 부상 등으로 결원이 생긴 경우 또는** ② **일시적 · 간헐적으로 인력을 확보하여야 할 필요가 있는 경우**에는, 절대 파견 금지업무를 제외하고, 근로자 파견이 가능하다.(파견법 제5조 제2항. 제3항) 단, 이 경우에 사용사업주는 당해 사업 또는 사업장에 근로자의 과반수로 조직된 노동조합이 있는 경우에는 그 노동조합, 근로자의 과반수로 조직된 노동조합이 없는 경우에는 **근로자의 과반수를 대표하는 자**와 사전에 성실하게 **협의**하여야 한다.(파견법 제5조 제4항)

다. 절대 파견 금지업무

'절대 파견 금지업무'란 **어떤 사유로도** 근로자 파견사업을 할 수 없는 업무를 의미한다. 따라서, 건설현장에서 이루어지는 업무 등의 절대적 파견 근지업무에 대해서는 근로자의 출산 · 질병 · 부상 등으로 결원이 생긴 경우 또는 일시적 · 간헐적으로 인력을 확보하여야 할 필요가 있는 경우와 같은 일시적 파견 허용사유에 해당되어 파견하는 것도 허용되지 않는다. (파견법 5조 제3항)

> (★) 절대 파견금지 업무 ① 건설현장에서 이루어지는 업무, ② 항만 · 철도 등에서의 하역업무로서 근로자공급사업 허가를 받은 지역의 업무 ③ 선원법에 따른 선원의 업무, ④ 산안법 28조(유해작업 도급 금지)의 유해 · 위험 업무, ⑤ 의료인의 업무 및 간호조무사의 업무 ⑥ 그 밖에 근로자보호 등의 이유로 파견의 대상으로서 적절하지 못하다고 인정되어 시행령을 정하는 업무('진폐의 예방과 진폐근로자의 보호 등에 관한 법률'에 따른 분진작업을 하는 업무, 여객자동차운수사업운전업무, 화물자동차운송사업운전업무 등(파견법 시행령 2조 2항)

2) 근로자 파견기간

가. 원칙

근로자파견기간은 **상시허용업무**의 경우에는 1년을 초과하지 못한다.(파견법 제6조 제1항) 그러나 파견사업주・사용사업주・파견근로자간의 **3자 합의**가 있는 경우에는 파견기간을 연장할 수 있으며, 이 경우 **1회에 한하여 1년**의 범위에서 연장이 가능하다. 따라서, **근로자 파견기간은 최장 2년**이다.(파견법 제6조)[8)]

나. 예외

한편, 파견법은 근로자 파견 기간에 대하여 다음과 같은 예외를 인정한다.

① 55세 이상 고령자의 경우

55세 이상의 고령자의 경우에는 연장 횟수 및 총 파견기간에 대한 제한 없이 파견기간을 연장할 수 있으다.(파견법 제6조 제3항),

② 출산・질병・부상 등 그 사유가 객관적으로 명백한 경우

출산・질병・부상 등 그 사유가 객관적으로 명백한 경우의 파견기간은 **그 사유해소에 '필요한 기간'**으로 병가 또는 휴가기간으로 한다..(파견법 제6조 제4항 제1호),

③ 계절적 요인 등 일시적・간헐적 사유로 인력확보가 필요한 경우

일시적・간헐적으로 인력을 확보하여야 할 필요가 있어 파견근로자를 사용하고자 할 경우의 파견기간은 **3개월 이내**가 원칙적이며 당사자간의 **3자 합의**(파견사업주, 사용사업주,파견근로자)가 있는 경우에 1회에 한해 3개월의 범위 안에서 **연장**이 가능하다.(파견법 제6조 제4항 2호) 따라서, 이 경우의 근로자 파견기간은 **최장 6개월**이다.(파견법 제6조 제4항 제2호)

> **제6조(파견기간)** ① 근로자파견의 기간은 제5조제2항에 해당하는 경우를 제외하고는 1년을 초과하여서는 아니 된다.→ 3년 이하의 징역 또는 3천만원 이하의 벌금(양벌규정)
> ② 제1항에도 불구하고 파견사업주, 사용사업주, 파견근로자 간의 합의가 있는 경우에는 파견기간을 연장할 수 있다. 이 경우 1회를 연장할 때에는 그 연장기간은 1년을 초과하여서는 아니 되며, 연장된 기간을 포함한 총 파견기간은 2년을 초과하여서는 아니 된다.→ 3년 이하의 징역 또는 3천만원 이하의 벌금(양벌규정)
> ③ 제2항 후단에도 불구하고 「고용상 연령차별금지 및 고령자고용촉진에 관한 법률」 제2조제1호의 고령자인 파견근로자에 대하여는 2년을 초과하여 근로자파견기간을 연장할 수 있다.
> ④ 제5조제2항에 따른 근로자파견의 기간은 다음 각 호의 구분에 따른다.→ 3년 이하의 징역 또는 3천만원 이하의 벌금(양벌규정)
> 1. 출산・질병・부상 등 그 사유가 객관적으로 명백한 경우: 해당 사유가 없어지는 데 필요한 기간
> 2. 일시적・간헐적으로 인력을 확보할 필요가 있는 경우: 3개월 이내의 기간. 다만, 해당 사유가 없어지지 아니하고 파견사업주, 사용사업주, 파견근로자 간의 합의가 있는 경우에는 3개월의 범위에서 한 차례만 그 기간을 연장할 수 있다.

---

8) 다만, 파견근로자를 2년간 고용한 후 동일한 근로자를 계약직 근로자로 2년까지 직접 고용한 후 2년의 기간제 근로계약 기간의 만료를 이유로 근로관계를 종료할 수는 있다. 따라서, 이 경우에는 비정규 근로자의 계약기간이 최대 4(파견기간 2년 + 기간제 기간 2년)년이 될 수 있다

근로자파견대상업무

대 상 업 무	비 고
컴퓨터관련 전문가의 업무	
행정, 경영 및 재정 전문가의 업무	행정 전문가(161)의 업무를 제외한다.
특허 전문가의 업무	
기록 보관원, 사서 및 관련 전문가의 업무	사서(18120)의 업무를 제외한다.
번역가 및 통역가의 업무	
창작 및 공연예술가의 업무	
영화, 연극 및 방송관련 전문가의 업무	
컴퓨터관련 준전문가의 업무	
기타 전기공학 기술공의 업무	
통신 기술공의 업무	
제도 기술 종사자, 캐드 포함의 업무	
광학 및 전자장비 기술 종사자의 업무	보조업무에 한한다.
정규교육이외 교육 준전문가의 업무	
기타 교육 준전문가의 업무	
예술, 연예 및 경기 준전문가의 업무	
관리 준전문가의 업무	
사무 지원 종사자의 업무	
도서, 우편 및 관련 사무 종사자의 업무	
수금 및 관련 사무 종사자의 업무	
전화교환 및 번호안내 사무 종사자의 업무	전화교환 및 번호안내 사무 종사자의 업무가 당해 사업의 핵심 업무인 경우를 제외한다.
고객 관련 사무 종사자의 업무	
개인보호 및 관련 종사자의 업무	
음식 조리 종사자의 업무	「관광진흥법」 제3조에 따른 관광 숙박업의 조리사 업무를 제외한다.
여행안내 종사자의 업무	
주유원의 업무	
기타 소매업체 판매원의 업무	
전화통신 판매 종사자의 업무	
자동차 운전 종사자의 업무	
건물 청소 종사자의 업무	
수위 및 경비원의 업무	「경비업법」 제2조제1호에 따른 경비업무를 제외한다.
주차장 관리원의 업무	
배달, 운반 및 검침 관련 종사자의 업무	

(3) 위장도급과 불법파견

1) 파견과 도급의 구별

가. 의의

근로자 파견계약의 목적은 '노동력(노무)의 제공'이지만, 도급계약의 목적은 '일의 완성'이라는 점에서 양자는 명백하게 구별된다. 따라서, 적법한 도급에는 파견법이 적용될 여지가 없다. 그런데, 형식으로는 도급계약, 용역계약을 체결하지만, 실질적으로는 발주자(원청)가 외주업체인 수급인의 근로자를 자신의 지휘·명령하에 두는 간접 근로관계를 유지하는 경우에는, 그 계약의 명칭과 무관하게 그 실질은 '**근로자 파견**'에 해당하므로 '**파견법**'이 전면적으로 적용된다.

나. 파견과 도급의 구별 기준

파견과 도급의 구별 기준은 외주업체(수급업체)의 사업자로서의 **실질적 독립성**의 인정여부이다. 즉,외주업체가 실질적 독립성을 가지고 독립된 사업자로서의 실질을 가지고 근로자를 직접 지휘·명령하였는지의 여부로 파견과 도급을 구별한다. 외주업체(수급업체)가 사업자로서의 '실질적 독립성'을 인정받기 위해서는 외주업체(수급업체)가 ① **사업경영상의 독립성과** ② **노무관리상의 독립성**을 모두 인정받아야 하는데[9], 외주업체(수급업체)의 '사업경영상의 독립성'이 부정되는 경우를 '**위장도급**', 사업경영상 독립성은 인정되지만 '노무관리상의 독립성'이 인정되지 않는 경우를 '**불법파견**'이라 한다.

위장도급과 불법파견
1) **위장도급** 문제 → **법인격 부인론**, **묵시적 근로계약 법리**에 따라 도급업체가 처음부터(소급) 사용자로 의제
2) **불법파견** 문제 → **불법파견** → 도급인의 직접고용의무 발생

도급계약 형태로 파견법을 위반하는 **불법파견/위장도급**에는 다음과 같은 3가지 같은 유형이 있다.

① 사업경영상의 독립성 부정

외주업체(수급업체)가 실질적으로 독립된 회사로서의 실체를 가지고 있지 못한 경우(인사이트코리아 사건)

∴ **위장도급** 문제 → 묵시적 계약이론(법인격 부인론)에 따라 도급업체가 **처음부터(소급) 사용자로 의제**

② 노무관리상의 독립성 부정

외주업체(수급업체)가 실질적으로 근로자에 대하여 지휘 명령권을 행사하지 못한 경우(현대 미포조선사건)

∴ **불법파견**의 문제 → 파견법 제6조의 2에 따라 도급인(원청)의 **직접고용의무 발생**

③ 근로자 파견 대상업무(파견법 제5조)의 위반

하청회사 근로자들이 원청회사(사용 사업주)로부터 직접적인 지휘감독을 받아 근로를 제공하였으므로 근로자 파견에 해당하지만, 파견대상 업무가 아니므로 불법파견에 해당하는 경우 (현재 자동차 사건)

∴ **불법 파견** 문제 → 파견법 제6조의 2에 따라 도급인(원청)의 **직접고용의무 발생**

---

9). '**사업상 독립성**'이라 함은 독립된 경영의 주체로서의 사업자로서의 실질을 가지고 있음을 의미하고, '**노무관리상 독립성**'.이란 적어도 사업상 독립성은 갖추고 있음을 전제로 자신의 근로자들에 대하여 지휘명령하는 노무관리상의 주체로서 인정이 되는 지의 문제이다.

2) 위장도급: 사업경영상 독립성이 없는 경우

가. 위장도급의 개념

'위장도급'이란 외형적으로는 원청기업과 하청기업(수급회사)사이에는 도급계약의 형식을 취했지만, 하청업체가 **독립된 회사로서의 실체**를 전혀 가지고 있지 못하여 **'사업경영상의 독립성'**조차 인정되지 않아 사업체로서의 실체 그 자체가 부정되는 것을 의미한다. 그 결과, 이른바 **'법인격 부인론'**내지 **'묵시적 근로계약 법리'**에 따라 하청업체의 실체내지 법인격이 부인되므로 원청기업이 처음부터(소급하여) 하청업체 소속이었던 근로자의 사용자였던 것으로 의제된다.

나. 묵시적 근로계약 성립의 법리의 적용

판례는 '원고용주에게 고용되어 제3자의 사업장에서 제3자의 업무에 종사하는 자를 제3자의 근로자라고 할 수 있으려면, 형식적으로는 피고 회사와 도급계약을 체결하고 소속 근로자들인 원고들로부터 노무를 제공받아 자신의 사업을 수행한 것과 같은 외관을 갖추었다고 하더라도, **실질적으로는 업무수행의 독자성이나 사업경영의 독립성을 갖추지 못한 채** 피고 회사의 일개 사업부서로서 기능하거나, 노무대행기관의 역할을 수행하였을 뿐이고, 오히려 피고 회사가 원고들로부터 종속적인 관계에서 근로를 제공받고 임금을 포함한 제반 근로조건을 정하였다고 봄이 상당하므로, 원고들과 피고 회사 사이에는 직접 피고 회사가 원고들을 채용한 것과 같은 **묵시적 근로관계**가 성립되어 있었다고 보는 것이 옳다.'(대법원 2008.07.10. 선고 2005다75088 판결)고 하여 명시적으로 묵시적 근로관계의 성립을 인정하고 있다.

다. 위장도급의 판단기준

하청기업이 사업주로서의 독립성을 가지고 있는지 여부에 관한 실체적인 판단기준은 다음과 같다.

① 채용과 해고 등 결정권이 있는지 여부, ② 소요자금의 조달 및 지급에 관하여 책임이 있는지

③ 4대보험, 제세공과금 등 관계 법령상 사업주로서의 책임을 지고 있는지, ④ 기계 · 설비 · 기자재에 관한 조달 · 유지 · 보수 등에 관한 책임과 부담 여부, 등

라. 위장도급(묵시적 근로관계의 인정)의 법률관계

수급인(하청업체)이 사업주로서의 독자성이 없거나 독립성을 결하여 그 존재가 형식적 · 명목적인 것에 지나지 않아 도급인과 근로자 사이에 묵시적 계약관계가 인정되는 경우에는, 도급인(원청기업)이 처음부터(소급하여) 수급인(하청업체) 소속이었던 근로자의 사용자였던 것으로 의제되므로, 도급인(원청기업)은 수급인(하청업체) 소속 근로자에 대하여 사용자로서 모든 책임을 부담하게 된다. 즉, 임금, 퇴직금, 재해보상 등 개별적 근로관계에서의 책임은 물론 단체교섭에 응하고 단체협약을 체결하며 쟁의행위를 감내하는 등 집단적 노사관계에 따른 사용자로서의 책임도 부담한다. 그리고, **도급인(원청기업)과 수급인(하청업체) 소속 근로자 사이에 직접고용관계가 인정되는 경우의 근로조건**은 형식적 노무대행기관에 불과한 수급인(하청업체)과 체결한 근로계약상의 근로조건이 아니라 **도급인(원청기업)의 사업장에 종사하는 동종 유사한 근로자의 근로조건을 기준으로 결정**되어야 할 것이며(근로기준법 제6조의 2 제3항), 도급인(원청기업)의 사업장의 취업규칙이나 단체협약도 수급인(하청업체) 소속 근로자에게 그대로 적용되어야 한다..(→ **(쟁점) 직접고용의 경우 파견근로자의 근로조건 등)**

3) 불법파견 : 노무관리상의 독립성이 없는 경우

가. 불법파견의 개념

형식으로는 도급계약, 용역계약을 체결하지만, 실질적으로는 발주자 또는 원청과 같은 제3자가 외주업체인 수급인의 근로자를 자신의 지휘·명령 하에 두는 간접 근로관계를 유지하는 경우에는, 그 계약의 명칭과 무관하게 그 실질은 '근로자 파견'에 해당하므로 '파견법'이 전면적으로 적용된다. 그 결과 **불법파견**이 인정되어 파견사업주와 사용사업주는 모두 파견법 위반으로 처벌받고, 사용사업주인 도급인(원청기업)은 수급인(하청업체) 소속 근로자를 **직접 고용할 의무를 부담한다**

나. 도급과 근로자파견의 구별

따라서, 정상적인 '도급'과 '근로자 파견'을 어떻게 구별할 수 있는지 문제될 것인데, 그 구별 기준은 외주업체(수급업체)가 **독립된 사업자로서의 실질을 가지고서 실제로 근로자를 직접 지휘·명령**하였는지의 여부, 즉, 외주업체(하청기업)의 **노무관리의 독립성**의 인정여부이다. 노무관리의 독립성이라 함은 하청기업이 스스로의 전문적인 기술이나 자본의 소유의 주체로서 근로자를 직접 지휘·명령하는 노무관리상의 독립성을 보유하였음을 의미한다. 따라서, 설령 외주업체가 독립된 회사로서의 실체를 가지고 있다고 하더라도, 하청기업이 아닌 원청 등의 제3자가 사실상 사용사업주로서 근로자에 대하여 지휘, 명령권 행사하였다면, 그러한 하청업체는 **노무관리상의 독립성**이 인정되지 않는 **'불법파견'**에 불과한 것이고, 불법파견의 경우에는 원**청기업에게 근로자에 대한 직접고용의무가 발생**하는 것이다.(대법원 2013.11.28. 선고 2011다60247 판결 등)

다. 불법파견의 판단 기준

원청 등 제3자가 해당 근로자에 대하여 직·간접적으로 그 업무수행 자체에 관한 구속력 있는 지시를 하는 등 상당한 지휘·명령을 하는지, 해당 근로자가 제3자 소속 근로자와 하나의 작업집단으로 구성되어 직접 공동작업을 하는 등 제3자의 사업에 실질적으로 편입되었다고 볼 수 있는지, 원고용주가 작업에 투입될 근로자의 선발이나 근로자의 수, 교육 및 훈련, 작업·휴게시간, 휴가, 근무태도 점검 등에 관한 결정 권한을 독자적으로 행사하는지, 계약의 목적이 구체적으로 범위가 한정된 업무의 이행으로 확정되고 해당 근로자가 맡은 업무가 제3자 소속 근로자의 업무와 구별되며 그러한 업무에 전문성·기술성이 있는지, 원고용주가 계약의 목적을 달성하기 위하여 필요한 독립적 기업조직이나 설비를 갖추고 있는지 등의 요소를 바탕으로 그 근로관계의 실질에 따라 판단하여야 한다.(대법원 2021.07.08. 선고 2018다243935,243942판결)

라. 불법파견의 법률관계

형식은 도급이지만 실질이 근로자 파견에 해당할 경우에는 **불법파견**에 해당할 것이며, 불법파견의 경우에는 도급인(원청기업)은 수급인(하청업체) 소속 근로자를 직접 고용할 의무를 부담한다. 즉, 사내하청업체 등의 활용이 '불법파견'으로 판정되면 원청업체는 해당 근로자에 대한 **직접 '고용의무'를 부담**하게 된다.(파견법 제6조의 2)[10] 사용사업주의 '직접 고용의무'가 발생하는 경우는 다음의 세가지 이다.

① 대상업무 위반 (제5조), **② 파견기간의 위반** (제6조), **③ 무허가 파견** (제7조)

---

10) 2년 이상 근로한 기간제 근로자는 기간의 정함이 없는 근로자로 법률상 '의제'되지만, **불법파견**의 경우에는 정규 근로자로 의제되는 것이 아니라 **정규근로자로 고용할 법적인 '의무'가 발생할 뿐이다.**

(4) 파견법상 사용사업주의 직접고용의무(→사례: 102)

1) 의의

파견법은 파견대상 업무의 제한, 파견기간의 제한, 파견사업 허가제를 통한 **파견사업의 제한을 위반하는 경우에 처벌**할 수 있도록 규정하고 있고(파견법 제43조의 형별 부과), 또한, 불법파견된 근로자의 지위를 보장하기 위하여 위와 같은 **불법파견에 대하여 사용사업주의 직접 고용을 의무화**하는 한편, 파견근로자를 직접고용시의 파견근로자의 근로조건을 직접 규정하고 있다(파견법 제6조의2).

2) 고용의제(간주)와 고용의무

1998.7.1. 시행된 구 파견법은 '사용사업주가 2년을 초과하여 계속적으로 파견근로자를 사용하는 경우에는 2년의 기간이 만료된 날의 다음날부터 파견근로자를 고용한 것으로 본다'고 규정하여 '**직접고용간주**'[11] **규정**을 두었으나, 2007.7.1.부터 시행된 **현행 파견법**은 **직접고용의무**[12]**를 규정**하고 있다.(파견법 6조의2)

직접 고용의무를 불이행하는 사용자에게는 **3천만원 이하의 과태**료가 부과된다(파견법 제46조 제2항). 다만, **당해 파견근로자가 명시적인 반대의사를 표시**하거나 **대통령령이 정하는 정당한 이유**가 있는 경우에는 사용사업주의직접 고용의무를 적용하지 아니한다.(파견법 제43조의 형별 부과)

3) 불법파견의 경우에도 직접 고용의무가 발생하는 지 여부

구 파견법이 적용되던 당시에, '적법한 근로자 파견'의 경우뿐 아니라, '불법파견,'의 경우에도 고용간주 규정이 적용되는지에 관하여 해석론상의 다툼이 있었으나, 판례는 이른바 '적법한 근로자 파견의 경우에만 불법파견 규정이 적용된다고 축소하여 해석하는 것은 규정의 문언이나 입법 취지 등에 비추어 아무런 근거가 없다.'고 하여 **불법파견도 직접고용간주의 대상**이 된다고 판시하였다.(대법원[전합] 2008.09.18. 선고 200722320 판결)

---

11) '**고용의제(간주)**'란 파견근로자의 지위가 법률상 고용된 것으로 의제(간주)되는 것을 의미한다. 의제(간주)되는 것은 법률의 규정에 의한 효과로서, '추정'과 달리 번복되지 않는 강력한 사법상 효과가 발생한다. **노동법관계에서 '고용(간주)의제'되는 대표적인 경우**는 기단법 부칙 제2항에 의한 **기간제 근로자의 '기간의 정함이 없는 근로자로의 전환 간주**'와 판례법상의 **묵시적 계약 법리에 따른 하청기업 근로자의 '원청기업 근로자 의제**'가 있다. 고용의제(간주)의 효과가 발생하게 되면, 근로자의 지위는 이미 고용된 것으로 취급된다. 따라서, 사용사업자가 근로자와의 계속 고용을 거부하는 것은 근로계약을 사용자가 일방적으로 해지하는 '해고'에 해당하므로 부당 해고 문제가 발생될 수 있다. 이 경우에 근로자는 노동위원회에 부당해고 구제신청을 제기하거나 사용사업주를 상대로 법원에 **종업원 지위 확인 및 임금청구의 소**를 제기할 수 있을 것이다. 판례는 사용사업주가 파견근로자를 직접 고용한 것으로 간주되는 경우, 간주된 시점부터 사용사업주의 근로자와 동일하게 호봉승급이 이루어져야 한다고 판시한 바 있다.(대법원 2016.6.23. 선고 2012다108139 판결)

12) '**고용 의무**'는 고용의제(간주)와 같이 근로자의 지위가 법률상 고용된 것으로 취급되는 사법상 효과가 발생하는 것이 아니라 **단지 사용자에게 당해 근로자를 고용해야 하는 '의무'가 발생한** 것에 불과하다.(여기에서의 '의무'의 성격에 대한 견해의 대립→'**5. 직접고용의무의 법적성격**' 참조있음.) 따라서,**아직은 근로관계가 성립한 것이 아니므로** 사용사업주가 직접고용의무를 이행하지 아니하는 경우, 이를테면, 사용사업주가 계약기간의 만료 등을 이유로 파견 근로자에 대한 계속 고용을 거부하더라도 적어도 아직까지는 원칙적으로 부당해고의 문제는 발생할 여지는 없고, **다만 고용노동부 진정을 통한 '고용명령' 유도 및 불이행시 3천만원 이하의 과태료 처분을 받을 뿐이다**.(그래서 ;의무'의 성격에 대하여 **공의무설**과 **청구권설** 등의 대립이 있는 것아다.) 그리고, 사법상으로 파견근로자는 사용사업주를 상대로 고용 의사표시에 갈음하는 판결을 구할 수 있고, 그 판결이 확정되면 비로소 사용사업주와 파견근로자 사이에 직접고용관계가 성립한다.

4) 직접고용의무 발생

사용사업주에게 '직접 고용의무'가 발생하는 경우는 다음의 세가지의 경우이다.

가. 대상업무 위반(제5조)

(i) 비대상업무 파견: 상시적 허용 업무에 해당하지 아니하는 업무에서 파견근로자를 사용하는 경우

(ii) 절대파견금지업무 위반 : 절대 파견금지업무를 위해 파견근로자를 사용하는 경우

나. 파견기간의 위반(제6조)

(i) 통상허용업무에서 파견기간 2년을 초과하여 계속적으로 파견근로자를 사용하는 경우(파견법 제6조제2항을 위반)

(ii) 일시허용업무에서 적법하게 허용된 파견기간을 위반하여 파견근로자를 사용하는 경우(파견법 제6조제4항 위반)

다. 무허가 파견(제7조)

파견사업을 하고자 하는 자는 파견법 제9조의 요건을 갖추어 **고용노동부장관의 허가**를 받아야 하는 바, 고용노동부장관의 허가를 받지 않은 파견업자로부터 근로자를 파견받아 사용하는 경우에는 파견사업주뿐 아니라 그로부터 노무를 제공받은 사용사업주에게도 파견사업주와 동일한 형벌이 부과되며 파견법(파견법 제43조의 형벌 부과), 사용사업주는 당해 파견근로자를 직접 고용할 의무를 부담한다.(파견법 제6조의 2)

5) 직접고용의무 발생 예외 사유

① 파견법상 직접고용의무 대상이 되는 당해 파견근로자가 **명시적인 반대의사**를 표시한 경우, ② 임금채권보장법 제7조 제1항 각호의 어느 하나에 해당하는 경우,[13]) ③ 천재·사변 그 밖의 부득이한 사유로 사업의 계속이 불가능한 경우에는 사용사업주의 직접 고용의무가 발생하지 않는다.

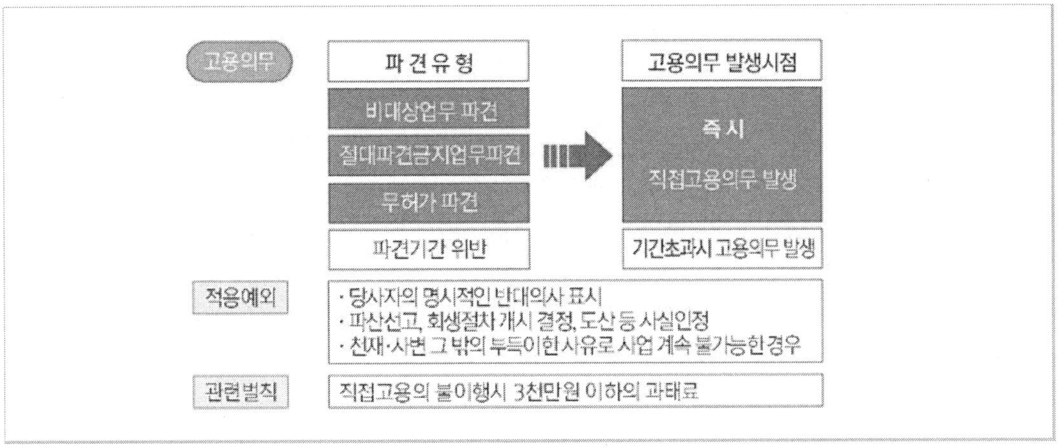

13)임금채권보장법 제7조 제1항 각호의 어느 하나에 해당하는 경우(근로자에 대한 체당금 지급사유), 채무자 회생 및 파산에 관한 법률'에 따른 파산선고의 결정이 있는 경우, 고용노동부장관이 도산 등 사실인정을 하는 경우.

5) 직접고용의무의 법적성질

가. 견해의 대립

파견법은 불법파견에 대하여 사용사업주의 직접고용을 의무화하고 있는 바, 이러한 사용사업주의 직접고용의무의 효과로서의 권리의 내용이 무엇인 지에 대하여는 견해가 대립하고 있다. ① 직접고용요건에 해당하면 구 파견법 내용과 같이 직접고용이 간주돼 고용관계가 형성된 것으로 해석하는 견해(형성권설), ② 직접근로관계가 형성되는 것이 아니라 사용사업주에게 고용의무가 발생하는 것이고 파견근로자는 사용사업주에게 고용의무를 이행하도록 청구권을 가진다는 견해(청구권설), ③ 직접고용의무를 이행하지 않으면 벌칙을 규정하고 있는 점 등을 이유로 공법상 의무조항에 불과하다는 견해(공법상의무 규정설)등이 있다.

나. 판례

판례는 '파견근로자는 사용사업주가 직접고용의무를 이행하지 아니하는 경우 사용사업주를 상대로 **고용 의사표시에 갈음하는 판결**을 구할 사법상의 권리가 있고, 그 판결이 확정되면 사용사업주와 파견근로자 사이에 직접고용관계가 성립한다'고 판시하여(대법원 2015.11.26. 선고 2013다14965 판결) 청구권설의 입장을 취한 것으로 평가할 수 있다.

다. 검토

직접고용의무를 위반하는 경우에는 공법상 처벌을 받을 뿐 아니라 파견근로자는 사용사업주가 직접고용의무를 이행할 수 있는 사법상 권리가 인정된다는 점에서, 직접고용의무는 근로자 개인에게 실체법상 의무를 부과한다고 보아야 할 것이다. 그런데, 실체법상 의무를 부담한다 형성권설에 따르면 개정 전의 고용간주규정과 개정 후의 고용의무규정의 차이가 무엇인지 의문이다. 따라서, 파견근로자는 사용사업주에게 고용의무를 이행하도록 청구권을 가진다는 청구권설이 타당하다.

6) 직접고용의 경우 파견근로자의 근로조건 등

가. 근로계약기간

파견법의 직접고용의무 규정의 입법취지 및 목적에 비추어 볼 때, 특별한 사정이 없는 한 사용사업주는 직접고용의무 규정에 따라 근로계약을 체결할 때 **기간을 정하지 않은 근로계약을 체결**하여야 함이 원칙이다. 다만, 파견법 제6조의2 제2항에서 파견근로자가 명시적으로 반대의사를 표시하는 경우에는 직접고용의무의 예외가 인정되는 점을 고려할 때 파견근로자가 사용사업주를 상대로 직접고용의무의 이행을 구할 수 있다는 점을 알면서도 기간제 근로계약을 희망하였다거나, 사용사업주의 근로자 중 해당 파견근로자와 같은 종류의 업무 또는 유사한 업무를 수행하는 근로자가 대부분 기간제 근로계약을 체결하고 근무하고 있어 파견근로자로서도 애초에 기간을 정하지 않은 근로계약 체결을 기대하기 어려웠던 경우 등과 같이 직접고용관계에 계약기간을 정한 것이 직접고용의무 규정의 입법취지 및 목적을 잠탈한다고 보기 어려운 **특별한 사정이 존재하는 경우**에는 사용사업주가 파견근로자와 **기간제 근로계약을 체결할 수 있을 것**이다. 그리고 이러한 특별한 사정의 존재에 관하여는 **사용사업주가 증명책임을 부담한다.** 따라서, 직접고용의무를 부담하는 사용사업주가 파견근로자를 고용하면서 특별한 사정이 없음에도 기간제 근로계약을 체결하는 것은 직접고용의무를 완전히 이행한 것으로 보기 어렵고, 이러한 근로계약기간 중 **기간을 정한 부분**은 파견근로자를 보호하기 위한 파견법의 **강행 규정을 위반**한 것에 해당하여 무효가 될 수 있다.(대법원 2022.1.27. 선고 2018다207847 판결)

나. 직접고용의 경우 파견근로자의 근로조건 등(→(쟁점) 직접고용의 경우 파견근로자의 근로조건 등)

> 파견법 제6조의2(고용의무) ③ 제1항에 따라 사용사업주가 파견근로자를 직접 고용하는 경우의 파견근로자의 근로조건은 다음 각 호의 구분에 따른다
> 1. 사용사업주의 근로자 중 해당 파견근로자와 같은 종류의 업무 또는 유사한 업무를 수행하는 근로자가 있는 경우: **해당 근로자에게 적용되는 취업규칙 등에서 정하는 근로조건에 따를 것**
> 2. 사용사업주의 근로자 중 해당 파견근로자와 같은 종류의 업무 또는 유사한 업무를 수행하는 근로자가 없는 경우: **해당 파견근로자의 기존 근로조건의 수준보다 낮아져서는 아니 될 것**

사용사업주가 파견근로자를 직접 고용하는 경우에 있어서 근로자의 근로조건은 사용사업주의 근로자 중에서 당해 파견근로자와 동종 또는 유사 업무를 수행하는 근로자가 있는 경우에는 **그 근로자에게 적용되는 취업규칙 등에서 정한 근로조건**에 따르고, 사용사업주의 근로자 중에서 당해 파견근로자와 동종 또는 유사 업무를 수행하는 근로자가 없는 경우에는 **당해 파견근로자의 기존 근로조건의 수준보다 저하되어서는 아니 될 것이다.**(파견법 제6조의2 제3항)

> **관련판례** 대법원 2016.06.23. 선고 2012다108139 판결 직접고용간주후의 근로조건 소급 변경
> 직접고용간주 규정에 의한 법적 효과가 이미 발생하여 파견근로자와 사용사업주 사이에 직접고용관계가 성립하고 파견근로자가 사용사업주의 근로자와 동일한 근로조건을 적용받을 수 있는 권리를 취득한 뒤에 노동조합 등의 제3자와 사용사업주가 합의하여 파견근로자의 직접고용 여부를 결정하면서 그 직접고용에 따른 최초 근로조건을 위와 같은 근로조건에 비하여 파견근로자에게 불리하게 설정하는 것은 직접고용간주 규정의 취지에 반할 뿐만 아니라 파견근로자에게 이미 귀속된 권리를 파견근로자의 개별적인 동의나 수권도 없이 소급적으로 변경하는 것에 해당하므로 **이러한 합의는 효력이 없다**고 보아야 한다.

7) 직접고용의무 발생 이전 기간에 대한 손해배상

파견근로자는 사용사업주를 상대로 법원에 **고용 의사표시에 갈음하는 판결**을 구하는 경우, 파견근로자는 판결 확정시까지 근로계약의 성립이 인정되지 않더라도 직접 고용의무조항에 규정된 법정의무를 이행하지 않은 사용사업주에 대하여 직접고용관계가 성립할 때까지의 임금 상당 손해배상금을 청구할 수 있다. 이때, 직접고용의무발생 이전 기간에 대하여 파견법상 차별금지의무 규정의 위반을 이유로 파견근로자와 동종 또는 유사한 업무를 수행하는 근로자와의 임금 등의 차액 상당액을 손해배상으로 구할 수 있고, 이 경우 파견사업주는 물론 사용사업주를 상대로도 이와 같은 손해배상 청구를 할 수 있다. 한편, 이와 같은 손해배상청구시 중간수입 공제와 관련하여, 법원은 고용의무 발생 이후 파견근로자가 다른 사업장 등에서 별도의 수입 (이른바 '중간수입')을 얻었을 경우 그 **중간수입이 사용사업주의 직접고용의무 불이행과 사이에 상당인과관계가 있다면** 손해액에서 위 중간수입을 공제해야 하고, 이는 해고에서와 달리 청구 금원의 성격이 손해배상액이므로 **중간수입 전액을 공제**해야 한다고 판단하였다.(대법원 2016.06.23. 선고 2012다108139 판결)

(5) 파견근로자의 우선고용 노력

사용사업주는 파견근로자를 사용하고 있는 업무에 **근로자를 직접 고용하려는 경우**에는 해당 파견근로자를 우선적으로 고용하도록 **노력하여야 한다.**(파견법 제6조의2 제4항) 이는 기간제·단시간 근로자의 정규직 전환 노력의무에 준하여 파견근로자에 대한 사용사업주의 직접고용하도록 '노력'할 의무를 정한 규정이다.

(쟁점) 파견법상 직접고용의무(→사례: 102)

1. 고용의제(간주)와 고용의무

1998.7.1. 시행된 구 파견법은 '사용사업주가 2년을 초과하여 계속적으로 파견근로자를 사용하는 경우에는 2년의 기간이 만료된 날의 다음날부터 파견근로자를 고용한 것으로 본다'고 규정하여 '직접고용간주' 규정을 두었으나, 2007.7.1.부터 시행된 현행 파견법은 직접고용의무를 규정하고 있다.(파견법 6조의2)

2. 불법파견의 경우에도 직접고용의무가 발생하는 지 여부

구 파견법이 적용되던 당시에, 이른바 '적법한 근로자 파견'의 경우에만 적용되고, 같은 법 제5조의 파견대상의 제한을 위반하거나 같은 법 제6조의 허가제를 위반하는 '불법파견,'의 경우에도 고용간주 규정이 적용되는지에 관하여 해석론상의 다툼이 있었으나, 판례는 이른바 '적법한 근로자 파견의 경우에만 불법파견 규정이 적용된다고 축소하여 해석하는 것은 규정의 문언이나 입법 취지 등에 비추어 아무런 근거가 없다.'고 하여 **불법파견도 직접고용간주의 대상**이 된다고 판시하였다.(대법원[전합] 2008.09.18. 선고 200722320 판결)

3. 견해의 대립

파견법은 불법파견에 대하여 사용사업주의 직접고용을 의무화하고 있는 바, 이러한 사용사업주의 직접 고용의무의 효과로서의 권리의 내용이 무엇인 지에 대하여는 견해가 대립하고 있다. ① 직접고용요건에 해당하면 구 파견법 내용과 같이 직접고용이 간주돼 고용관계가 형성된 것으로 해석하는 견해(**형성권설**), ② 직접근로관계가 형성되는 것이 아니라 사용사업주에게 고용의무가 발생하는 것이고 파견근로자는 사용사업주에게 고용의무를 이행하도록 청구권을 가진다는 견해(**청구권설**), ③ 직접고용의무를 이행하지 않으면 벌칙을 규정하고 있는 점 등을 이유로 공법상 의무조항에 불과하다는 견해(**공법상의무 규정설**)등이 있다.

4. 판례

판례는 '파견근로자는 사용사업주가 직접고용의무를 이행하지 아니하는 경우 사용사업주를 상대로 **고용 의사표시에 갈음하는 판결**을 구할 사법상의 권리가 있고, 그 판결이 확정되면 사용사업주와 파견근로자 사이에 직접고용관계가 성립한다'고 판시하여(대법원 2015.11.26. 선고 2013다14965 판결) 청구권설의 입장을 취한 것으로 평가할 수 있다.

5. 검토

직접고용의무를 위반하는 경우에는 공법상 처벌을 받을 뿐 아니라 파견근로자는 사용사업주가 직접고용의무를 이행할 수 있는 사법상 권리가 인정된다는 점에서, 직접고용의무는 근로자 개인에게 실체법상 의무를 부과한다고 보아야 할 것이다. 그런데, 실체법상 의무를 부담한다 형성권설에 따르면 개정 전의 고용간주규정과 개정 후의 고용의무규정의 차이가 무엇인지 의문이다. 따라서, 파견근로자는 사용사업주에게 고용의무를 이행하도록 청구권을 가진다는 청구권설이 타당하다.

사례연습 102

파견사업자의 직접 고용의무 (2020년 공인노무사 제29회 기출문제)

A공사는 고속국도의 설치 · 관리 및 통행료 수납업무를 수행하는 공기업이다. 개인사업자 B는 2018. 6. 30. A공사에서 정년퇴직한 자로서, 2018. 12. 31. 수의(隨意)계약 방식으로 A공사와 통행료 수납업무에 관한 용역계약을 체결하였다(계약기간: 2019. 1. 1. ~ 2021. 12. 31.). B는 용역업체의 창업에 소요된 5천만원 전액을 A공사로부터 연 1%의 이자율로 차입하여 조달하였고, 별도의 사무실을 두지않았으며, 용역계약에 따라 A공사의 영업소에서 근무할 수납원 외에는 다른 근로자를 채용하지 않았으며, 2020. 8. 15.까지 A공사 이외의 거래처에서 발생한 매출은 없다. B는 용역계약의 이행을 위하여 2019. 1. 1. A공사로부터 소개받은 甲과 기간의 정함이 없는 근로계약을 체결하였다. 甲은 채용과 동시에 A공사가 관리하는 ○○영업소의 통행료 수납원으로 발령받아 계속 근무하고 있다.

한편, C사는 시설관리 등을 사업목적으로 2000. 1. 1. 설립된 회사로서 2020. 8.15. 현재 자본금은 5억 원이며, 다수의 거래처로부터 시설관리 등의 업무를 도급받아 수행하고 있다. 다만, C사는 근로자파견사업의 허가를 받지는 아니하였다. C사는 2017. 12. 31. 공개입찰 방식으로 2018. 1. 1. ~ 2018. 12. 31.의 1년의 계약기간으로 A공사와 통행료 수납업무 용역계약을 체결하였고, 이후 같은 방식으로 두 차례계약을 갱신하였다. C사는 기존에 근무하던 수납원이 퇴직하여 결원이 생기자 구직자를 모집하여 2019. 8. 14. 乙과 1년의 계약기간으로 근로계약을 체결하였다. 乙은 채용과 동시에 A공사가 관리하는 △△영업소의 통행료 수납원으로 발령받아 근무하던 중 2020. 8. 13. 계약기간이 만료되어 C사에서 퇴사하였다. C사는 乙에게 기존과 동일한 조건으로 근로계약을 갱신할 것을 제안하였으나, 乙은 "A공사에게 나를 직접 고용하라고 요구하겠다."며 그 제안을 거절하였다.

A공사는 사전에 정해 둔 용역대금 산정기준에 따라 B 및 C사 등 외주업체와 용역계약을 체결하였고, A공사의 영업소는 A공사의 직원인 소장, 과장, 대리, 주임과 외주업체 소속인 수납원으로 구성되어 있다. 수납원들은 A공사의 영업소 사무실로 출근하여 A공사의 로고가 새겨진 근무복과 명찰을 착용한 후 주임으로부터 지시사항을 전달받고 요금소로 이동하여 통행료 수납업무 등을 수행하였다. 또 수납원들은 교대시간 또는 근무시간 종료 후 사무실로 이동하여, 징수한 통행료를 확인한 후 주임에게 입금확인서와 개인별 근무확인서를 작성 · 제출하였고, 주임은 이러한 개인별 근무확인서의 내용이 A공사의 전산시스템에 자동 저장된 정보와 일치하는지 확인하고 소장의 결재를 받았다. 한편, 외주업체들은 영업소 소장에게 매월 소속수납원들의 근무편성표, 출퇴근 사항을 보고하였다. A공사는 2018. 1. 1. 통행료 수납업무와 관련하여 고객을 응대할 때의 행동, 표정, 언어, 예절, 자세, 예외적 상황별 고객응대 요령 등이 기재된 매뉴얼을 제작하여 외주업체에 배포하였고, 외주업체 소속 수납원들은 이러한 매뉴얼에 따라 업무를 수행하였다. 다음 물음에 답하시오. (50점)

물음1) 자신이 A공사에 직접 채용된 근로자라고 주장한다. 판례법리에 근거하여 甲의 주장의 타당성에 관하여 논하시오.

물음 2) 乙은 자신이 A공사에 파견된 근로자였음을 이유로 A공사가 자신을 직접고용할 의무가 있다고 주장한다. 판례법리에 근거하여 乙의 주장의 타당성을 논하시오. (다만, 파견대상업무에 관한 부분은 논점에서 제외한다.)

Ⅰ. 설문 1의 해결

1. 쟁점의 정리

사례에서 乙의 주장과 관련하여 A공사와 C사가 체결한 통행료 수납업무 용역계약이 실질적으로 도급계약으로 평가되어야 하는지 아니면 근로자파견에 해당하는지가 문제되며, 만일 근로자파견에 해당하는 경우에는 근로자파견허가를 받지 않은 C사의 근로자 파견이 불법파견에 해당하여 A공사가 乙에 대한 직접고용의무가 인정되지 검토해야 할 것이다. 아울러 A공사의 乙에 대한 직접고용의무의 효과와 관련하여 이와 같은 A공사의 고용의무는 공법상 의무인지 혹은 실체법상 의무인지 여부도 살펴보아야 할 것이다.

2. A공사의 불법파견 인정여부

(1) 파견과 도급의 구별

근로자 파견계약의 목적은 '노동력(노무)의 제공'이지만, 도급계약의 목적은 '일의 완성'이라는 점에서 양자는 명백하게 구별된다. 따라서, '도급'은 일반적인 근로계약과 마찬가지로 사용자와 근로자의 2면 당사자 법률관계라는 점에서, 3면 당사자 법률관계인 근로자 파견과는 구조적으로 다른 계약 형태이므로, 적법한 도급에는 파견법이 적용될 여지가 없다.

(2) 파견의 판단기준

형식으로는 도급계약, 용역계약을 체결하지만, 실질적으로는 발주자(원청)가 외주업체인 수급인의 근로자를 자신의 지휘 · 명령 하에 두는 간접 근로관계를 유지하는 경우에는, 그 계약의 명칭과 무관하게 그 실질은 '근로자 파견'에 해당하므로 '파견법'이 전면적으로 적용된다. 따라서, 정상적인 '도급'과 '근로자 파견'을 어떻게 구별할 수 있는지 문제될 것인데, 그 구별 기준과 관련하여 판례는 원청 등 제3자가 해당 근로자에 대하여 직·간접적으로 그 업무수행 자체에 관한 구속력 있는 지시를 하는 등 상당한 지휘·명령을 하는지, 해당 근로자가 제3자 소속 근로자와 하나의 작업집단으로 구성되어 직접 공동 작업을 하는 등 제3자의 사업에 실질적으로 편입되었다고 볼 수 있는지, 원고용주가 작업에 투입될 근로자의 선발이나 근로자의 수, 교육 및 훈련, 작업·휴게시간, 휴가, 근무태도 점검 등에 관한 결정 권한을 독자적으로 행사하는지, 계약의 목적이 구체적으로 범위가 한정된 업무의 이행으로 확정되고 해당 근로자가 맡은 업무가 제3자 소속 근로자의 업무와 구별되며 그러한 업무에 전문성·기술성이 있는지, 원고용주가 계약의 목적을 달성하기 위하여 필요한 독립적 기업조직이나 설비를 갖추고 있는지 등의 요소를 바탕으로 그 근로관계의 실질에 따라 판단하여야 한다.

(3) 사안의 경우

사안에서 乙 등 수납원들은 A공사의 영업소 사무실로 출근하여 A공사의 로고가 새겨진 근무복과 명찰을 착용한 후 주임으로부터 지시사항을 전달받고 요금소로 이동하여 통행료 수납업무 등을 수행하였다. 또 수납원들은 교대시간 또는 근무시간 종료 후 사무실로 이동하여, 징수한 통행료를 확인한 후 주임에게 입금확인서와 개인별 근무확인서를 작성 · 제출하였고, 주임은 이러한 개인별 근무확인서의 내용이 A공사의 전산시스템에 자동 저장된 정보와 일치하는지 확인하고 소장의 결재를 받았다. 한편, 외주업체들은 영업소 소장에게 매월 소속수납원들의 근무편성표, 출퇴근 사항을 보고하였다. A공사는 2018. 1. 1. 통행료 수납업무와 관련하여 고객을 응대할 때의 행동, 표정, 언어, 예절, 자세, 예외적 상황별 고객응대 요령 등이 기재된 매뉴얼을 제작하여 외주업체에 배포하였고, 외주업체 소속 수납원들은 이러한 매뉴얼에 따라 업무를 수행하였다는 점에서,.A공사가 사실상 사용사업주로서 근로자에 대하여 지휘, 명령권 행사하였다고 판단되므로, A공사와 C는 형식으로는 용역계약을 체결하지만, 실질적으로는 A공사 외주업체인 C사의 근로자인을 등을 자신의 지휘・명령 하에 두는 간접 근로관계를 유지하고 있다고 평가되므로, 그 계약의 명칭과 무관하게 그 실질은 '근로자 파견'에 해당하므로 파견법이 전면적으로 적용되어야 한다. 그런데, 사안에서 C사는 파견사업의 허가를 받지 아니하였므로, 근로자 乙을 A공사로 파견한 것은 불법파견에 해당한다.(파견법 제6조의 2 제1항).

3. 불법파견의 경우에도 직접고용의무가 발생하는 지 여부

(1) 고용의제(간주)와 고용의무

1998.7.1. 시행된 구 파견법은 '사용사업주가 2년을 초과하여 계속적으로 파견근로자를 사용하는 경우에는 2년의 기간이 만료된 날의 다음날부터 파견근로자를 고용한 것으로 본다'고 규정하여 '직접고용간주' 규정을 두었으나, 2007.7.1.부터 시행된 현행 파견법은 직접고용의무를 규정하고 있다.(파견법 6조의2)

(2) 불법파견과 직접고용의무

구 파견법이 적용되던 당시에, 직접고용간주 규정이 같은 법 제5조에 정한 파견의 사유가 있고 같은 법 제7조의 허가를 받은 파견사업주가 행하는 이른바 '적법한 근로자 파견'의 경우에만 적용되고, 같은 법 제5조의 파견대상의 제한을 위반하거나 같은 법 제6조의 허가제를 위반하는 '불법파견,'의 경우에도 고용간주 규정이 적용되는지에 관하여 해석론상의 다툼이 있었으나, 판례는 직접고용간주 규정이 같은 법 제5조에 정한 파견의 사유가 있고 같은 법 제7조의 허가를 받은 파견사업주가 행하는 이른바 '적법한 근로자 파견의 경우에만 적용된다고 축소하여 해석하는 것은 위와 같이 위 규정의 문언이나 입법 취지 등에 비추어 아무런 근거가 없다.'고 하여 불법파견도 직접고용간주의 대상이 된다고 판시하였다.(대법원[전합] 2008.09.18. 선고 200722320 판결)

4. A공사의 甲에 대한 직접고용의무의 효과

(1) 파견법상 직접고용의무

파견법 제6조의 2는 ① 파견대상업무의 제한, ② 파견기간의 제한, ③ 파견사업 허가제를 통한 파견사업의 제한을 위반하는 경우에 사용사업주의 직접고용을 규정하고 있는 바, 이러한 직접 고용의무효과의 구체적 내용이 무엇인 지에 대하여 학설상 논란이 있다.

(2) 학설

직접고용의무의 효과와 관련해서는 ① 직접고용요건에 해당하면 구 파견법 내용과 같이 직접고용이 간주돼 고용관계가 형성된 것으로 해석하는 견해(형성권설), ② 직접근로관계가 형성되는 것이 아니라 사용사업주에게 고용의무가 발생하는 것이고 파견근로자는 사용사업주에게 고용의무를 이행하도록 청구권을 가진다는 견해(청구권설), ③ 고용관계는 당사자 의사를 무시하고 그 형성을 법률에서 강제하기 어려우며 사용사업주가 고용의무를 이행하지 않으면 벌칙을 규정하고 있는 점 등을 이유로 공법상 의무조항에 불과하다는 견해(공법상의무 규정설)등이 대립하고 있다.

(3) 판례

판례는 '파견근로자는 사용사업주가 직접고용의무를 이행하지 아니하는 경우 사용사업주를 상대로 고용 의사표시에 갈음하는 판결을 구할 사법상의 권리가 있고, 그 판결이 확정되면 사용사업주와 파견근로자 사이에 직접고용관계가 성립한다'고 판시하여(대법원 2015.11.26. 선고 2013다14965 판결) 청구권설의 입장을 취한 것으로 평가할 수 있다.

(4) 검토

직접고용의무를 위반하는 경우에는 공법상 처벌을 받을 뿐 아니라 파견근로자는 사용사업주가 직접고용의무를 이행할 수 있는 사법상 권리가 인정된다는 점에서, 직접고용의무는 단순한 공법상 의무를 넘어 근로자 개인에게 실체법상 의무를 부과한다고 보아야 할 것이 그런데, 실체법상 의무를 부담한다 하는 경우에 형성권설에 따르자면, 이는 실체법적으로 이미 근로관계가 전환되었음을 전제로 하여야 할 것인데, 그렇다면 개정 전의 고용간주규정과 개정 후의 고용의무규정의 차이가 무엇인지 의문이다. 따라서, 파견근로자는 사용사업주에게 고용의무를 이행하도록 청구권을 가진다는 청구권설이 타당하다.

(5) 사안의 경우

사안에서 C사는 근로자를 파견하면서도 파견사업의 허가를 받지 아니하였므로, 근로자 乙을 A공사로 파견한 것은 불법파견에 해당한다 할 것이고, 불법파견의 경우에는 A공사에게 C사의 근로자 乙 등에 대한 직접고용의무가 발생할 것이다.(대법원 2013.11.28. 선고 2011다60247 판결 등), 따라서 '파견근로자는 사용사업주가 직접고용의무를 이행하지 아니하는 경우 사용사업주를 상대로 고용 의사표시에 갈음하는 판결을 구할 사법상의 권리가 있고, 그 판결이 확정되면 사용사업주 A회사와 파견근로자 甲 사이에 직접고용관계가 성립할 것이다.'(대법원 2015.11.26. 선고 2013다14965 판결)

5. 결론

C사는 근로자를 파견하면서도 파견사업의 허가를 받지 아니하였므로, 근로자 乙을 A공사로 파견한 것은 불법파견에 해당한다 할 것이고, 불법파견의 경우에는 A공사에에 직접고용의무가 발생하므로 자신이 A공사에 파견된 근로자였음을 이유로 A공사가 자신을 직접 고용할 의무가 있다는 乙의 주장은 타당하다.

II. 설문 2의 해결 (→ 사례연습 8 근로기준법상 사용자 개념의 확장)

관련판례 대법원 2021.07.08. 선고 2018다243935,243942판결 사외하청 불법도급

1공장은 혼재근무가 이뤄졌고 2공장은 전체가 협력업체에 일괄 도급된 사외하청 형태였지만 법원은 사외하청 2공장에 대해서도[14] 1공장과 별다른 구분없이 불법파견을 인정했음

(요지) △△○○와 도급계약을 체결한 사내협력업체 소속으로 △△○○의 공장에서 엔진 조립 등 업무에 종사한 근로자들과 △△○○는 근로자파견관계에 있었다고 봄이 타당하다.(★★★)

1 .파견법 제2조제1호에 의하면, 근로자파견이란 파견사업주가 근로자를 고용한 후 그 고용관계를 유지하면서 근로자파견계약의 내용에 따라 사용사업주의 지휘·명령을 받아 사용사업주를 위한 근로에 종사하게 하는 것을 말한다. **원고용주가 어느 근로자로 하여금 제3자를 위한 업무를 수행하도록 하는 경우** 그 법률관계가 위와 같이 파견법의 적용을 받는 근로자파견에 해당하는지는 당사자가 붙인 계약의 명칭이나 형식에 구애될 것이 아니라, **제3자가 해당 근로자에 대하여 직·간접적으로 그 업무수행 자체에 관한 구속력 있는 지시를 하는 등 상당한 지휘·명령을 하는지, 해당 근로자가 제3자 소속 근로자와 하나의 작업집단으로 구성되어 직접 공동 작업을 하는 등 제3자의 사업에 실질적으로 편입되었다고 볼 수 있는지, 원고용주가 작업에 투입될 근로자의 선발이나 근로자의 수, 교육 및 훈련, 작업·휴게시간, 휴가, 근무태도 점검 등에 관한 결정 권한을 독자적으로 행사하는지, 계약의 목적이 구체적으로 범위가 한정된 업무의 이행으로 확정되고 해당 근로자가 맡은 업무가 제3자 소속 근로자의 업무와 구별되며 그러한 업무에 전문성·기술성이 있는지, 원고용주가 계약의 목적을 달성하기 위하여 필요한 독립적 기업조직이나 설비를 갖추고 있는지 등의 요소를 바탕으로 그 근로관계의 실질에 따라 판단하여야 한다.**

2 .피고는 작업표준서 등을 통하여 사내협력업체 근로자들에게 공정에 투입할 부품 및 조립방법 등에 관해 직·간접적으로 구속력 있는 지시를 하는 등으로 상당한 지휘·명령을 하였다고 보이는 점, 사내협력업체 근로자들이 피고의 필수적이고 상시적인 업무를 수행하는 과정에서 피고가 계획한 전체 엔진 생산 일정 등에 연동하여 작업이 진행되지 않을 수 없으므로, **이들은 피고의 사업에 실질적으로 편입되었다고 볼 수 있는 점**, 공정에 필요한 전체 인원이나 각 공정별 투입인원에 관한 실질적 작업배치권, 현장 및 휴일근로 지시권 등 사내협력업체 근로자들의 전반적인 노무관리에 관한 결정 권한은 실질적으로 피고가 가지고 있었다고 보이는 점, 사내협력업체 근로자들은 엔진 조립 업무 이외에도 가공업무 등 다양한 업무를 수행하였고 이에 대하여 별도의 도급비가 지급되는 등, 피고와 사내협력업체 사이의 도급계약의 목적 또는 대상이 구체적으로 범위가 한정된 업무의 이행으로 확정되었다고 보기 어려운 점, **사내협력업체는 엔진 조립 업무에 필요한 공장, 기계 설비 등을 피고로부터 무상으로 임차**하였으며, 고유한 기술이나 자본 등을 투입하거나 피고 이외에 다른 업체를 상대로 사업을 영위했다고는 보이지 않는 점 등에 비추어 살펴보면, **피고는 이 사건 사내협력업체 소속 근로자들에게 직·간접적으로 그 업무수행 자체에 관한 구속력 있는 지시를 하는 등 상당한 지휘·명령을 하면서 이들을 자신의 사업에 실질적으로 편입시켰다고 보이며**, 이 사건 사내협력업체는 그 소속 근로자들의 전반적인 노무관리에 관한 결정 권한을 독자적으로 행사하였다고 보기 어렵다. 또한 이 사건 도급계약의 목적이 구체적으로 범위가 한정된 업무의 이행으로 확정되었거나 그 업무에 전문성·기술성이 있었다고 보기 어렵고, 이 사건 사내협력업체가 이 사건 도급계약의 목적을 달성하기 위하여 필요한 독립적 기업조직이나 설비를 갖추고 있었다고 보기도 어렵다.원고들은 이 사건 각 사내협력업체에 고용된 후 피고의 평택 1, 2공장에 파견되어 피고로부터 직접 지휘·명령을 받은 근로자파견관계에 있었다고 봄이 타당하다.

---

14) 본 사안에서 **제2공장은 이에 별도의 장소에서 오로지 협력업체 직원만으로 생산을 진행한 경우**임에도 대법원은 이를 불법파견으로 인정하였다. 실무에서 본 사안과 같은 이른바 OEM방식의 사외하청은 보편적인데, 이 경우 하청업체 근로자들에 대한 원청의 지시감독은 항상 어느 정도 수반될 수 밖에 없다는 점에서, 실무에서 이 판례가 주는 파괴력은 가공할 정도이다. 판례의 취지에 따른다면 현재 실무적으로 이러한 방식으로 진행되는 사외하청은 모두 불법파견으로 평가될 것이기 때문이다.

(쟁점) 계열사간 전출과 근로자 파견 서울고등법원 2019. 11. 12. 선고 2019나2001310 판결[15]

(사례) S사는 플랫폼 사업과 관련한 신규 사업인 티밸리 사업을 추진하면서 이를 위해 플랫폼 관련 전문성을 갖춘 근로자들을 계열사인 P사와 T사로부터 전출 받아 근무시켜 왔는데, P사 등은 티밸리 사업으로 2년 6개월간 매월 최소 8명에서 최대 121명에 이르는 다수를, 특히 T사는 2016년에 149명, 2017년 107명을 전출시켰는데, 이는 2016년 회사 총인원 422명의 35.3%, 2017년 총인원 511명의 20.9%에 각 이른다. 티밸리 조직은 S사 사장의 직속 또는 '플랫폼 사업부문'의 사업본부로 운영됐고, S사가 그 운영비용을 모두 부담했으며, P사 등이 티밸리 사업 운영에 관해 구체적으로 관여하거나, S사와 티밸리 사업의 수익원 분배 등에 관해 어떠한 약정을 체결하지 않았다. 또한, S사와 P사 등은 티밸리 사업 인력을 P사 등을 통해 고용하는 것을 원칙으로 정하고, P사 등은 S사가 티밸리 사업에 필요하다고 최종적으로 선정한 근로자들을 신규로 고용한 후 바로 S사로 전출시켰다. S사와 P사 등의 임금 체계는 일부 다르고 S사가 근로자를 직접 고용했을 경우에 비해 P사는 근로자들에게 초과근로수당, 복지포인트 등을 적게 지급하고 있다.

근로자 갑은 2015. 5., 근로자 을은 2005. 1. 각각 P사와 T사의 근로자들로, S사에서 추진하는 티밸리 사업 조직으로 전출돼 근무했다. 그러던 중 이 사업은 성과 없이 종료하게 됐고, 2017. 7. 모두 각 계열사로 복귀했는데, 갑 등은 자신들이 S사와 근로자파견관계라면서 S사스케이가 직접 고용의무를 부담하라고 청구하고 있다. 이러한 갑 등의 주장은 타당한가?

1. 관련 법리

(1) 원고용주가 어느 근로자로 하여금 제3자를 위한 업무를 수행하도록 하는 경우 그 법률관계가 파견법의 적용을 받는 근로자파견에 해당하는지는 당사자가 붙인 계약의 명칭이나 형식에 구애될 것이 아니라, **제3자가 해당 근로자에 대하여 직·간접적으로 그 업무수행 자체에 관한 구속력 있는 지시를 하는 등 상당한 지휘·명령을 하는지, 해당 근로자가 제3자 소속 근로자와 하나의 작업집단으로 구성되어 직접 공동 작업을 하는 등 제3자의 사업에 실질적으로 편입되었다고 볼 수 있는지, 원고 용주가 작업에 투입될 근로자의 선발이나 근로자의 수, 교육 및 훈련, 작업·휴게시간, 휴가, 근무태도 점검 등에 관한 결정 권한을 독자적으로 행사하는지, 계약의 목적이 구체적으로 범위가 한정된 업무의 이행으로 확정되고 해당 근로자가 맡은 업무가 제3자 소속 근로자의 업무와 구별되며 그러한 업무에 전문성·기술성이 있는지, 원고용주가 계약의 목적을 달성하기 위하여 필요한 독립적 기업조직이나 설비를 갖추고 있는지 등의 요소를 바탕으로 그 근로관계의 실질에 따라 판단**하여야 한다(대법원 2015. 2. 26. 선고 2010다93707 판결 등 참조).

(2) 파견법상 "근로자파견"이란 "파견사업주가 근로자를 고용한 후 그 고용관계를 유지하면서 근로자파견계약의 내용에 따라 사용사업주의 지휘·명령을 받아 사용사업주를 위한 근로에 종사하게 하는 것"을 말한다(파견법 제2조 제1호), 이에 의하면 파견법상 근로자파견은 "**파견사업주**"가 주체가 되어 파견을 하는 경우를 의미한다. 그런데 "**파견사업주**"란 근로자파견사업을 하는 자를 말하고(파견법 제2조 제3호), **"근로자파견사업"이라 함은 근로자파견을 업으로 하는 것을 말한다**(파견법 제2조 제2호).

2.결론

위 관련 법령의 내용, 취지 등을 고려하면, 근로자파견을 '업'으로 하는 파견사업주가 행하는 근로자파견만 파견법상 근로자파견에 해당하여 파견법이 적용된다. 이 때 근로자파견을 '업'으로 하였는지 여부는 **파견을 한 경위, 파견행위의 반복·계속성 여부, 규모, 횟수, 기간, 영업성의 유무 등을 종합적으로 고려하여 사회통념에 따라 판단하여야 하고,** 반드시 영리의 목적이 요구되는 것은 아니다. 또한 근로자파견을 '업'으로 하였다고 인정되는 이상, **계열 회사 간 전출이라는 이유로 파견법의 적용이 배제되지는 않는다.** 결국 P사 등이 갑 등 근로자들을 전출시킨 것은 실질적으로 근로자파견에 해당하고, P사 등은 근로자파견을 업으로 하였다고 인정되므로, 그에 대하여는 파견법이 적용된다. 그런데 P사 등이 근로자파견사업 허가를 받았다고 볼 증거가 없으므로, S사는 파견법 제6조의2 제1항 제5호, 제7조 제3항에 따라 **갑 등에게 고용의 의사표시를 할 의무가 있다.**

3. 근로자파견의 '업'으로서의 판단 기준

(1) 파견의 규모 및 계속성과 반복성 여부

근로자 대부분 또는 상당수의 근로자를 파견 보낸다면 파견을 업으로 하는지를 의심할 수 있다. 본 사안에서는 20%에서 35%에 달하는 인원을 계열사로 전출하였는 바, 이는 통상적인 전출의 경우와 구별되는 특징이다. 그러나 규모가 작더라도 특정한 소수의 근로자를 특정한 기업에 파견해서 지속적, 반복적으로 근로하게 하고, 업무협조나 기술제휴, 경력개발과 같은 목적 없이 그저 인건비에 더한 얼마간의 대가를 받는 데 지나지 않는다면 근로자파견으로 평가할 수 있을 것이다.

(2) 파견근로자가 근로하는 조직 및 사업의 주도성 여부

본 사안의 경우 티밸리 사업의 주도권은 오로지 S사에 있었고, 근로자들을 전출 보낸 기업들은 인력파견 외에는 아무런 개입을 하지 않았으며, 심지어 S사가 티벨리 사업에 필요하다고 인정한 근로자들을 신규로 고용한 후 P사 등을 통하여 S사로 전출시켜 인력을 공급받았다. 이는 전출의 목적이 S사에서 추진하는 티밸리 사업에서 근로할 인력을 공급해 주는 데에 국한돼 있었기 때문이다.

(3) 근로자파견이 아닌 인력교류 또는 경력개발 등의 합목적성이 있는지 여부

근로자파견이 업이 아니라는 것이 인정되려면 단순히 인력을 공급하는 목적외에 인력교류 또는 경력개발 등 합목적적인 다른 목적이 존재해야 한다. 이를테면, 소속 근로자의 능력이나 기술 개발을 위해 관련사나 협력사에 파견을 보내 수련시키는 경우 등을 예로 들 수 있다. 그런데, 본 사안에서는 파견의 목적이 오로지 S사에서 추진하는 티밸리 사업에서 근로할 인력을 공급해 주는 것 외에는 존재하지 않는다.

(4) 파견하는 자 또는 받는 자의 근로자파견으로서 얻는 이익이 있는지 여부

S사와 P사 등의 임금 체계는 일부 다르고 S사가 근로자를 직접 고용했을 경우에 비해 P사는 근로자들에게 초과근로수당, 복지포인트 등을 적게 지급하고 있다는 점에서 계열사간의 전출로 S사는 실질적으로 인건비 절감이라는 이익이 있다고 판단된다.[16]

15) 이 사건은 현재 대법원 2019다299393 사건으로 계류 중이지만, 고등법원 판결이 그대로 확정될 것으로 예상됨.
16) 위의 판결은 '파견에 영리성·영업성이 있는지는 근로자를 파견하는 사람뿐만 아니라 근로자를 파견받은 사람이 파견을 통하여 이익을 취했는지도 아울러 고려하여 판단하여야 할 것'이라고 판시하였다.

(6) 파견사업주 · 사용사업주의 파견법상 조치

1) 차별적처우의 금지 및 시정(파견법 제21조)

파견사업주와 사용사업주는 파견근로자임을 이유로 사용사업주의 사업 내의 동종 또는 유사한 업무를 수행하는 근로자에 비하여 파견근로자에게 차별적 처우를 하여서는 아니 된다. 파견근로자는 차별적 처우를 받은 경우 노동위원회에 그 시정을 신청할 수 있다.

2) 계약의 해지(파견법 제22조)

① 사용사업주는 파견근로자의 성별 · 종교 · 사회적 신분이나 파견근로자의 정당한 노동조합 활동 등을 이유로 근로자 파견계약을 해지하여서는 아니 된다.(파견법제22조 제1항)[17]

② 사용사업주가 파견근로에 관하여 파견법 또는 동법에 의한 명령, 근로기준법 또는 동법에 의한 명령, 산안법 또는 동법에 의한 명령에 위반하는 경우에는 근로자 파견을 정지하거나 근로자 파견계약을 해지할 수 있다.(파견법제22조 제2항)파 (**파견사업주의 특별 해지권** 인정)

3) 파견사업주의 파견법상 조치

가. 파견근로자의 복지증진(파견법 제23조)

파견사업주는 파견근로자의 희망과 능력에 적합한 취업 및 교육훈련기회의 확보, 근로조건의 향상 기타 고용안정을 기하기 위하여 필요한 조치를 강구함으로써 파견근로자의 복지증진에 노력하여야 한다.

나. 파견근로자에 대한 고지의무(파견법제24조)

파견사업주는 근로자를 파견근로자로서 고용하고자 할 때에는 미리 당해 근로자에게 파견근로자로 채용하는 취지를 서면으로 알려주어야 한다.(파견법 제24조제1항)

다. 파견근로자에 대한 고용제한 금지(파견법 제25조)

파견사업주는 정당한 이유 없이 파견근로자 또는 파견근로자로서 고용되고자하는 자와 그 고용관계의 종료 후에 사용사업주에게 고용되는 것을 금지하는 내용의 근로계약을 체결할 수 없고(파견법 제25조 제1항), 사용사업주와도 정당한 이유 없이 파견근로자의 고용관계 종료 후 사용사업주가 해당 파견근로자를 고용하는 것을 금지하는 내용의 근로자 파견계약을 체결해서도 아니된다.(파견법 제25조 제2항)

라. 취업조건의 고지(파견법 제26조)

파견근로자의 사용사업주에 대한 근로의 제공과 관련된 각종 근로조건들은 파견사업주와 사용사업주 사이에 체결된 근로자 파견계약에서 기본적으로 결정된다. 이에 따라 파견근로자가 근로자 파견계약에서 정해진 취업조건을 사전에 숙지하고 대응할 수 있도록 하기 위해서 파견법에는 파견사업주는 근로자 파견을 파견 할 때에 미리 당해 파견근로자에게 근로자 파견계약에서 정한 주요한 취업조건을 서면으로 알려주어야 한다는 규정을 두고 있다.(파견법 제26조 제1항), 이 때 알려주어야 하는 취업조건은 근로자 파견

17) 이를테면, 근로자 파견계약에 파견근로자가 노동조합을 결성하는 경우사용사업주가 계약을 해지할 수 있다고 약정하더라도 이러한 약정 해지사유는 강행법규인 위 규정에 위반되어 무효가 된다.

계약에 필수적으로 포함되어야 하는 파견법 제20조 제1항 각 호의 12가지 사항과 파견근로자가 파견되어 근로할 사업장의 복리후생 시설의 이용에 관한 사항(파견법 시행규칙 제12조)이다. 파견사업주가 이를 위반하여 파견근로자에게 근로자 파견 대가의 내역을 지체없이 서면으로 제시하지 아니한 경우에는 300만 원 이하의 과태료에 처한다.(파견법 제46조 제5항 제292호)

마. 사용사업주에 대한 통지(파견법제27조)

파견사업주는 근로자 파견을 할 경우에는 파견근로자의 성명 기타 고용노동부령이 정하는 사항을 사용사업주에게 통지하여야 한다.

바. 파견사업관리책임자(파견법 제28조)

파견 사업주는 파견근로자의 적절한 고용관리를 위하여 결격사유에 해당하지 아니하는 자 중에서 파견사업관리책임자를 선임하여야 한다. 파견사업관리책임자는 근로자에 대한 고자통지 업무, 파견근로자의 고충처리, 파견 사업관리대장의 작성·보존 등의 업무를 수행한다.

사. 파견사업관리대장(파견법 제29조)

파견사업주는 파견사업관리대장을 작성하여 근로자 파견의 종료일로부터 3년간 보존하여야한다.

4) 사용사업주의 파견법상 조치

가. 근로자 파견계약에 관한 조치(파견법 제30조)

사용사업주는 파견법 제20조의 규정에 의하여 파견사업주와 체결한 근로자 파견계약에 위반되어 근로자 파견이 이루어지지 않도록 필요한 조치를 강구하여야한다.(파견법 제30조) 따라서 파견사업주와 체결한 근로자 파견계약에서 휴게시설, 식당의 이용, 작업복의 대여 기타 파견근로자의 복지 증진을 위한 편의 제공을 정한 경우에는 이를 위반하지 않도록 사용사업주는 필요한 조치를 적절하게 취하여야 하며, 현장에서 파견근로자들을 직접 지휘·감독하는 관리 책임자들에게 근로자 파견계약에서 정한 취업조건을 주지시키는 등 지도·교육을 철저히 하여야 한다.

나. 적정한 파견근로의 확보(파견법 제31조)

사용사업주는 파견근로자로부터 파견근로에 관한 고충의 제시가 있는 경우에는 그 고충의 내용을 파견사업주에게 통지하고 신속하고 적절하게 고충을 처리하도록 하여야 한다.(파견법 제31조 제1항) 그리고 이러한 고충 처리 외에도 사용사업주는 파견근로가 적정하게 행하여 지도록 필요한 조치를 강구하여야 한다.(파견법 제31조 제2항)

다. 사용사업관리책임자(파견법 제32조)

사용사업주는 파견근로자의 적절한 파견근로를 위하여 사용사업관리책임자를 선임하여야 한다.

라. 사용사업관리대장(파견법 제33조)

사용사업주는 사용사업관리대장을 작성하여 근로자 파견의 종료일로부터 3년간 보존하여야 한다.

(7) 파견사업주 및 사용사업주의 의무

1) 사용자 책임의 분배 및 공동 책임

파견근로는 고용관계와 사용관계가 분리되므로 근로기준법상 사용자 책임을 서로 회피할 위험이 있다. 따라서 파견법은 파견사업주 및 사용사업주 **모두를** 근로기준법 제2조의 규정에 의한 **사용자**로 보아 근로기준법을 적용하는 것을 원칙으로 하면서(파견법 제34조 제1항 본문), 아울러 파견근로자 보호를 위해 **사용자 책임의 분배**(파견법 제34조 제1항 단서) 및 **공동 책임**(파견법 제34조 제2항, 3항)을 명확히 규정하고 있다. 따라서, 파견근로자의 파견근로에 관하여서는 파견법 제34조 제1항 단서에 규정된 근로기준법 조항을 제외한 나머지 부분은 모두 공동으로 사용자 책임을 지게 된다.

2) 파견사업주만을 사용자로 보는 경우

'파견 근로자와 근로계약을 직접 **체결한 당사자**는 파견사업주이다. 따라서, 파견근로자는 파견사업주 사업장의 상시 고용 근로자 수에 포함될 뿐 아니라 파견사업주가 **대부분의 근로기준법**의 조항에 대하여 근로가준법상 사용자로서의 책임을 진다.(파견법 제34조 제1항 단서)

3) 사용사업주만을 사용자로 보는 경우

파견근로자는 사용사업주의 지휘·명령 아래 사용사업주의 사업장에서 사용사업주를 위하여 근로를 제공하므로 그 **근로 제공의 과정**에서 파견근로자의 보호가 필요한 부분은 사용사업주에게만 사용자 책임을 부담시키고 있다. 따라서, 파견근로자가 사용사업장에서 파견근로 중인 경우에 파견근로자의 출퇴근 시간, 휴일 근로, 휴게, 연장 근로 등에 관해서는 파견사업주가 아닌 사용사업주를 사용자로 보고 사용사업주가 단독으로 사용자 책임을 진다.

4) 파견사업주·사용사업주 양자를 모두 사용자로 보는 경우(사용자 책임의 분배 및 공동 책임)

파견근로자에 대한 책임은 원칙적으로 파견사업주에게 있으나, 고용과 사용이 분리되는 간접고용의 특성상 파견근로자를 보호하기 위하여 근로기준법의 일부 규정[18]은 **파견사업주와 사용사업자**에게 양자에게 공통적으로 적용한다.(파견법 제34조제1항) 특히, 근로자의 임금채권을 보호하기 위하여 파견사업주가 **사용사업주의 귀책사유**로 인하여 파견근로자의 임금을 지급하지 못하는 경우에는 **사용사업주도 당해 파견사업주와 연대하여 책임**을 진다.(파견법 제34조 제2항)[19]

(예) 연장근로의 경우 연장근로시간은 사용사업주 책임, 연장근로수당은 파견사업주 책임

(예) 임금지급책임은 파견사업주가 부담(원칙) but 사용사업주의 귀책사유 → 함께 연대책임.

5) 위반의 효과

본 규정을 위반한 자는 3년 이하의 징역 또는 3천만원 이하의 벌금에 처한다.(파견법 제43조 제3호)

---

18) 제1장 총칙 중의 균등처우, 강제근로의 금지, 폭행의 금지, 중간착취의 배제, 공민권 행사의 보장, 보고·출석의무등의 규정, 제7장 기능습득, 제9장 취업규칙, 제10장 기숙사 제11장 근로감독관 및 12장 벌칙규정

19) 따라서, 사용사업주가 정당한 사유 없이 근로자 파견계약을 해지하거나, 사용사업주가 정당한 사유 없이 근로자 파견계약에 의한 근로자 파견의 대가를 지급하지 아니하여 파견사업주가 파견근로자의 임금을 지급하지 못한 때에는 사용사업주는 당해 파견사업주와 연대하여 책임을 진다.(파견법 시행령 제5조)이 경우 근로기준법 제43조(임금지급) 및 제68조(미성년자의 임금 청구)의 규정을 적용함에 있어서는 파견사업주 및 사용사업주 모두를 사용자로 보고 연대책임을 인정한다.(파견법 제34조 제2항)

4. 비정규직 근로자 차별금지 및 시정절차

(1) 차별처우의 금지(→사례: 103)

1) 차별적 처우의 금지영역

기단법과 파견법은 차별적 처우를 금지하는 영역을 ① **근로기준법 제2조 제1항 제5호에 따른 임금**, ② **정기상여금, 명절상여금 등 정기적으로 지급되는 상여금**, ③ **경영성과에 따른 성과금**, ④ **그 밖에 근로조건 및 복리후생 등에 관한 사항**으로 정하고, 이들 영역에서 합리적인 이유 없이 불리하게 처우하는 것을 금지하고 있다.(기단법 2조 3호, 파견법 2조 7호) 이 중에서 '그 밖의 근로조건 등에 관한 사항'에는 근로시간, 휴일, 휴가, 교육 훈련, 배치전환, 안전과 보건, 재해보상, 해고, 기타 복리후생 등 근로관계와 연관성을 가지는 모든 근로조건이 해당한다. 사용자가 근로자에게 지급하는 금전적 급부 중에서 근로의 대가성이 인정되지 않아 근로기준법 소정의 임금에는 해당하지 않는 것도 여기서 말하는 그 밖의 근로조건 등에 포함된다. 즉 차별 금지의 영역에는 **근로와 직접적인 대가관계가 인정되지 않더라도** 근로관계에 기인하여 근로자에게 지급되는 모든 급부를 포괄한다.

2) 차별금지 의무자

가. 사용자

기단법상 차별적 처우를 하여서는 아니 되는 의무자인 '**사용자**'는 **근로기준법상 사용자** 곧 '사업주 또는 사업 경영 담당자 그 밖에 근로자에 관한 사항에 대하여 사업주를 위하여 행위하는 자'를 의미한다.(근로기준법 제2조 제2호) 따라서 사업또는 사업장의 경영주체인 사업주 외에도, 사업주로부터 사업 경영의 전부 또는 일부에 대하여 포괄적인 위임을 받고 대외적으로 사업을 대표하거나 대리하는 사업 경영 담당자)나 그 밖에 사업주 또는 사업의 경영 담당자로부터 권한을 위임받아 자신의 책임 아래 근로자를 채용하거나 해고하는 등의 인사처분을 할 수 있고, 직무상 근로자의 업무를 지휘·감독하며 근로시간이나 임금 등 근로조건에 관한 사항을 결정하고 집행할 수 있는 자(사업주의 이익대표자)도 차별금지 의무자에 포함된다.

나. 파견사업주와 사용사업주

파견법상 차별 금지의 의무자는 '**파견사업주와 사용사업주**, 양자 모두를 가리킨다. 노동위원회 또한 종래에는 파견법 제34조 제1항에 따라 책임 영역별로 금지의 주체가 구별된다고 보아 왔으나, 파견·사용사업주의 **연대책임**을 인정하는 것으로 입장을 변경하였으며, 법원도 같은 취지로 판단하고 있다.다만, 파견사용사업주의 연대책임이 어느 경우에나 무조건적으로 인정되는 것이 아니라, 파견근로자가 차별적 처우를 받게 된 것에 대해 파견·사용사업주 **모두에게 귀책사유가 있는 경우**여야만 양자가 연대책임의 주체로 된다.

(2) 비교대상 근로자(→사례: 103)

1) 의의

'차별'은 그 개념상 본질적으로 '**비교가능한 대상자**'를 전제로 성립된다. 따라서, 기간제 단시간 근로자에 대한 차별적 처우 여부를 판단하기 위해서는 이들 주체와 비교할 수 있는 다른 대상 근로자가 존재하여야 한다. **기단법**은 그 **비교의 대상이 되는 근로자**를 당해 사업 또는 사업장에서 동종 또는 유사한 업무에 종사하는 **기간의 정함이 없는 근로계약을 체결한 근로자**'(기간제근로자의 경우 기단법 제8조 제1항) 및 '**통상근로자**'로 (단시간근로자의 경우 기단법 제8조 제2항), **파견법**은 '사용사업주의 사업 내의 동종 또는 **유사한 업무를 수행하는 근로자**로 규정하고 있다.(파견법 제21조 제1항)

2) 기간제 · 단시간근로자의 경우

기간제 · 단시간 근로자의 비교대상근로자는 '① 당해 사업 또는 사업장에서 ② 동종 또는 유사한 업무에 종사하는 **기간의 정함이 없는 근로계약을 체결한 근로자/통상근로자**'이다.

가. 당해 사업 또는 사업장

기간제 · 단시간근로자의 **비교대상 근로자**는 기간제 · 단시간 근로자와 동일한 사업 또는 사업장에 고용된 근로자이다. 따라서, 기간제 근로자와 동일한 사업장에 비교대상근로자가 없는 경우에는 같은 사용자가 운영하는 사업체의 다른 사업장 소속의 근로자를 비교대상근로자로 삼아야 할 것이다.

예컨대, 기간제근로자를 고용하고 있는 甲회사가 A, B, C 지역에 사업장을 두고 있고, 각 사업장에 기간제근로자와 동종 또는 유사한 업무를 수행하고 있는 a, b, c 의 기간의 정함이 없는 근로자가 근무하고 있는 경우, 기간제근로자는 A, B, C 사업장의 a, b, c 전부와 비교가 가능하다. 또한, 비교대상근로자가 당해 '사업장' 범위 내와 당해 '사업' 범위 내 양자 모두에 존재하는 경우의 비교대상근로자는 양자 중 어느 쪽에서든 선택할 수 있다고 해석된다.

나. 동종 또는 유사한 업무

'**동종 또는 유사한 업무**'란 직종, 직무 및 작업내용이 동일성, 유사성을 가진 업무를 말한다. **동종 또는 유사한 업무에 해당하는지 여부**는 취업규칙이나 근로계약 등에 명시된 업무내용이 아니라 **근로자가 실제 수행한 업무**를 기준으로 판단한다. 구체적으로 ① **해당 업무에 있어서 각 근로자 집단의 상호 대체 가능성**, ② **각 근로자집단이 수행하는 해당 업무의 유사성**, ③ **해당 업무가치의 유사성** 등으로 판단된다. 다만 이들이 수행하는 업무가 서로 완전히 일치하지 아니하고 업무의 범위 또는 책임과 권한 등에서 다소 차이가 있다고 하더라도 '**주된 업무'의 내용에 본질적인 차이가 없다면** 달리 특별한 사정이 없는 한 이들은 동종 또는 유사한 업무에 종사한다고 보아야 할 것이다.(대법원 2012.10.25. 선고 2011두7045 판결)

예컨대, 정규직근로자에게는 해당 업무와 직접 관련된 자격이 요구되는 반면, 기간제근로자에게는 그러한 자격이 요구되지 않는 경우와 같이 양자 사이에 '현저한 질적 차이가 인정될 만한 특별한 사정이 없는 한, '주된 업무'의 내용에 본질적인 차이가 없다면 채용 절차나 부수적인 업무 내용 등에서 다소의 차이가 있더라도 이들은 동종 또는 유사한 업무에 종사한다고 봄이 타당하다.

(쟁점) 동종 유사업무를 평가하는 구체적인 기준

1. 기간제 근로자의 경우

기간제 근로자의 비교대상근로자는 당해 사업 또는 사업장에서 동종 또는 유사한 업무에 종사하는 **가장 낮은 처우를 받는 정규직 근로자**(기간의 정함이 없는 근로자)를 선정하여야 한다.[20] 이러한 근로자가 당해 사업 또는 사업장에 실제로 근무하고 있을 필요는 없으나 **직제에 존재하지 않는 근로자를 비교대상 근로자로 삼을 수는 없다**.(대법원 2019. 9. 26. 선고 2016두47857 판결)

2. 단시간근로자의 경우

단시간근로자(초단시간근로자를 포함한다)의 비교대상근로자는 당해 사업 또는 사업장에서 동종 또는 유사한 업무에 종사하는 **'통상근로자'**이다. 그런데 근로기준법은 단시간근로자와 통상근로자를 절대적 기준이 아닌 상대적 기준으로 정의하고 있어, 이를 어떻게 판단할 것인지 문제되는데, 행정해석은 이 때 **'통상근로자'**란 소정근로시간뿐 아니라 당해 사업장의 고용형태(계약기간), 임금체계 등을 종합적으로 고려해 볼 때 **통상적으로 근로할 것이 예정되어 있는 정규직근로자**를 의미하며, 취업규칙 등에 의해 채용, 계약기간(정년 등), 임금, 호봉, 승진 등 중요한 근로조건 대부분이 직접 규율되고 있는 근로자라면 통상근로자로 볼 수 있다고 해석한다.

3. 파견 근로자의 경우

파견 근로자의 **비교대상근로자**는 ① **사용사업주**의 사업 내의 ② **동종 또는 유사한 업무**를 수행하는 근로자이다.(파견법 제21조 제1항)

(1) 사용사업주의 사업

파견법 제21조 제1항은 파견근로자의 비교대상근로자를 '**사용사업주**'의 사업내의 동종 또는 유사한 업무를 수행하는 근로자로 정하고 있으므로, 사용사업주가 아닌 파견사업주에게 고용된 근로자는 파견법상 차별시정제도에 따른 비교대상근로자가 될 수 없다. 그리고, '사용사업주의 사업 내의 근로자'는 사용사업주에게 직접고용된 근로자를 말하는 것으로 보아야 한다.

(2) 동종 또는 유사한 업무

'**동종 또는 유사한 업무**'란 직종, 직무 및 작업내용이 동일성, 유사성을 가진 업무를 말한다. 동종 또는 유사한 업무에 해당하는지 여부는 취업규칙이나 근로계약 등에 명시된 업무내용이 아니라 근로자가 **실제 수행한 업무를 기준**으로 판단한다. 그리고, 구체적인 내용은 기간제 단시간 근로자에서의 경우와 동일하다. 따라서, 파견근로자의 비교대상근로자는, 기간제 근로자의 경우와 마찬가지로, 사용사업주의 사업 또는 사업장에서 동종 또는 유사한 업무에 종사하는 **가장 낮은 처우를 받는 정규직 근로자**이다

---

20) 기간제 근로자의 근로조건을 보호하기 위한 간제법 제8조의 취지에 비추어 보면, 정규직 근로자 중 가장 높은 처우를 받는 근로자를 비교대상 근로자로 선정하는 경우에는 가장 낮은 처우를 받는 정규직 근로자가 기간제 근로자보다 더 불이익을 받게 되는 역차별이 발생할 우려가 있기 때문이다.

(3) 합리적인 이유의 존재(→사례: 101)

1) 의의

기간제법 제2조 제3호에서 '**합리적인 이유가 없는 경우**'라 함은 기간제 근로자를 달리 처우할 필요성이 인정되지 아니하거나, 달리 처우할 필요성이 인정되는 경에도 그 방법 · 정도 등이 적정하지 아니한 경우를 의미한다고 할 것이고, **합리적인 이유가 있는지 여부는 개별 사안에서 문제가 된 불리한 처우의 내용 및 사용자가 불리한 처우의 사유로 삼은 사정을 기준으로 기간제 근로자의 고용형태의 내용과 범위, 권한, 책임, 임금 그 밖의 근로조건 등의 결정 요소 등을 종합적으로 고려하여 판단하여야 한다.**(대법원 2012.10.25. 선고 2011두7045 판결)

2) 구체적인 기준

합리적인 이유가 있는지는 개별 사안에서 문제가 된 불리한 처우의 내용 및 사용자가 불리한 처우의 사유로 삼은 사정을 기준으로 기간제근로자의 고용형태, 업무내용과 범위 · 권한 · 책임, 임금 그 밖의 근로조건 등의 결정요소 등을 종합적으로 고려하여 판단해야 한다' 구체적으로는 '기간제근로자의 근속기간, 단기고용이라는 특성, 채용조건, 기준. 방법. 절차, 업무의 범위 · 권한 · 책임, 노동시장의 수급상황 및 시장가치, 사용목적(수습 · 사용 · 직업훈련, 인턴 등), 임금 및 근로조건의 결정요소(직무, 능력, 기능, 기술, 자격, 경력, 학력, 근속연수, 책임, 업적, 실적 등) 등을 고려하여 개별 사안별로 판단하여야 할 것이다.

3) 차별대우의 합리적 이유에 대한 개별적 검토

가. 합리적 이유가 인정될 수 있는 경우

① 고용형태의 본질과 관련된 차이

비정규직근로자에 대한 불리한 처우가 기간제 · 단시간 · 파견근로관계라는 고용형태의 속성(예: 비례보호의 원칙)에 내재하여 발생할 수밖에 없는 경우에는, 이로 인한 불리한 처우에는 합리적인 이유가 있는 것으로 볼 수 있다. 예컨대, 단시간근로자에게 그 **근로시간에 비례**하여 휴게시간 등을 적게 인정하는 행위나 기간의 정함이 없는 근로계약을 체결한 근로자들의 **장기근속 유도**를 위해 지급되는 수당을 기간제근로자에게는 지급하지 아니하는 행위 등이 이에 해당할 수 있다. 대법원도 장기근속수당(대법원 2014.09.24. 선고 2012두2207 판결), 정근수당(대법원 2014.11.27. 선고 2011두6592 판결) 등이 문제된 사례에서 기간제근로자는 장기근속이 예정되어 있지 않다는 점에서 불리한 처우의 합리적 이유를 인정한 바 있다.

② 노동가치 · 노동생산성의 차이

업무의 객관적 성격이라는 측면에서는 동종 또는 유사한 업무에 해당한다고 하더라도, 해당 직무의 성격상 비교대상근로자가 보유하고 있는 **능력, 기능, 기술, 자격, 경력, 학력, 근속년수, 책임, 업적, 실적 등이 노동가치 · 노동생산성의 차**이를 가져오고, 그에 따라 사용자가 차별적 처우를 행하는 경우에는 합리적인 이유가 인정될 수 있다.

③ 업무의 범위, 권한, 책임 등이 다른 경우

업무범위는 근로의 양, 질과 직결되고 임금결정의 중요한 요소가 되므로 **업무범위의 차이**를 엄격하게 고려하여 비교대상근로자를 선정하여야 하며, 업무범위의 차이로 인한 임금 및 근로조건 등에서 불리한 처우는 합리적인 이유가 있는 것으로 볼 수 있다. 업무 **권한, 책임의 정도**에 따라 임금에 차이를 두는 것도 합리적 이유로 인정될 수 있다.

④ 채용방법 · 절차가 다른 경우[21]

근로자의 업무수행능력을 반영하기 위하여 **채용방법 · 절차**를 달리한 것(예 채용조건, 기준이 당해 사업장의 임금결정요소 내지 업무수행과 관련이 있어 이에 근거하여 근로조건을 달리한 경우)이라면 이는 업무능력수행의 차이를 뒷받침하는 합리적 이유가 될 수 있겠지만, 채용방법 · 절차는 다르지만 비교대상 근로자들이 동일한 조건 및 내용의 실질적으로 동일한 근로를 제공하는 경우에는 불리한 처우를 정당화하는 합리적 이유가 될 수 없을 것이다.

⑤ 경력 및 자격증 등의 채용조건, 기준이 다른 경우

사용자가 불리한 처우를 정당화하는 합리적 이유로서 채용조건 · 기준, 즉, **경력 및 자격증 등의 요건**이 다름을 주장하는 경우, 채용조건 · 기준이 업무수행과 관련이 있고 이에 근거하여 당해 사업장의 임금이 결정되는 경우라면 이 범위 내에서 불리한 처우는 정당화될 수 있을 것이다.

나. 합리적 이유가 인정될 수 없는 경우

① 성과상여금의 차등지급에 합리적인 이유가 없는 경우

성과상여금의 차등지급이 개인의 담당업무나 실적이 아닌 **부서 또는 팀의 실적을 기초로 지급된 경우**에는 합리적인 이유를 인정할 수 없다.(중앙노동위원회 2007차별1, 2008.1.25.)

② 수당의 차등지급의 근거가 업무내용이나 업무량 등과 무관한 경우

수당의 차등지급의 근거로 업무내용이나 업무량의 차이를 내세우고 있으나, 통근비, 중식대는 실비변상적인 것으로서 업무내용이나 업무량 등에 따라 차등지급할 성질의 것이 아니므로 차별대우의 합리적인 이유를 인정할 수 없다.(대법원 2012.03.29. 선고 2011두2132 판결)

③ 채용방법의 차이가 업무수행과 객관적으로 관련성이 없는 경우

채용방법의 차이에 기한 상여금 등의 차이가 업무수행과 객관적으로 관련성이 없는 경우에는 합리적 이유를 인정할 수 없다.(중앙노동위원회 2009차별2, 2009.5.20.)

④ 사업 목적상 필요성 · 노동시장에서의 수급상황, 시장가치 등

기업의 사업목적상 필요성이나 노동시장에서의 수급상황. 시장가치 등과 같이, 포괄적 · 추상적이면서 사용자의 자의적 판단에 좌우되는 내용들은 합리적 이유로 인정될 수 없다. 기업의 내부적 상황 등 사용자의 주관적 사정의 경우에도 마찬가지다.

---

21) 반면에, 대법원 2015.10.29. 선고 2013다1051판결은 계약직에서 일반직으로 전환되는 근로자와 공개시험을 총해 일반직으로 임용된 직원들 사이에는 임용경로에 차이가 있으며, 이와 같은 임용경로의 차이에서 호봉의 차이가 발생한 것이므로 이들은 비교대상 근로자 자체가 아니라고 판시한 바 있는데, 최근에 대법원은 특별한 사정이 없는 한 무기계약직에게도 정규직 근로자의 근로조건이 적용돼야 한다고 판단했다.(대법원 2019.12.24. 선고 2015다254873 판결)

(4) 차별시정제도

1) 차별시정제도의 의의

차별시정제도는 사용자가 비정규직근로자(기간제, 단시간, 파견근로자)를 비교대상 근로자에 비하여 **임금 그 밖의 근로조건 등**에 있어서 **합리적인 이유 없이** 불리하게 처우하는 것을 금지하는 제도이다. '비정규 근로자에 대한 차별'과 관련해서는 **사용자**가 스스로 '차별하지 않았음'을 **증명**하여야 한다. 비정규직 근로자는 차별적 처우를 받은 경우 노동위원회를 통한 차별시정을 신청하는 것과 별개로 **법원에 민사소송을 제기**하여 불법행위에 기한 손해배상을 청구할 수 있다.[22] 노동위원회에 임금차별에 대한 시정을 신청하여 시정명령 또는 기각명령을 받고 그에 대하여 행정소송으로 다툰 경우에는 소멸시효 중단사유로서의 **재판상 청구**에 해당한다.

2) 차별시정제도의 당사자 적격

가. 기간제, 단시간근로자

(i) 신청인

차별시정 신청권자는 근로기준법상의 근로자로서 **상시 5인 이상의 근로자를 사용하는 사업 또는 사업장**에서 근로하는 기간제근로자 및 단시간근로자이다.(기간제법 제3조 제1항) **상시 근로자수의 산정 시점**은 차별신청을 하는 때가 아니라 **차별적 처우가 있었던 때**를 기준으로 한다. 단, 기간제 근로자와 단시간 근로자가 국가 및 지방자치단체의 기관에 속한 경우에는 상시 근로자수에 관계 없이 차별신청을 할 수 있다.(기간제법 제3조 제3항)

(ii) 피신청인

피신청인으로서의 차별시정의 주체는 기간제 · 단시간 근로계약 체결의 당사자인 **사업주**에 한한다. 따라서, 개인 기업의 경우에는 '**개인**, 법인 기업인 경우에는 '**법인**' 그 자체이다. 국가기관이나 지방자치단체도 피신청인이 될 수 있다(국립대학교, 국가기관인 경우에는 피신청인을 '국가(대한민국으'로 한다.).

나. 파견근로자

(i) 신청인

파견근로자의 신청인 적격은 기간제근로자 및 단시간근로자의 경우와 동일하다. 즉, 차별시정 신청권자는 근로기준법상의 근로자로서 **상시 5인 이상의 근로자를 사용하는 사업 또는 사업장**에서 근로하는 파견근로자이다.(파견법 제21조 제4항) 또한, 파견근로자가 아닌 도급계약상 수급인(하청)의 근로자로서 불법파견된 근로자도 차별시정 신청권자가 될 수 있다.[23]

(ii) 피신청인

피신청인으로서의 차별시정의 주체는 **파견사업주와 사용사업주**이며, **각각 사용자 책임영역**에 따라 차별시정의 피신청인이 되는 것이 원칙이다.[24]

---

22) 파견법상 차별시정절차에 따른 노동위원회의 시정명령은 사용자에게 **공법상의 의무를 부담시킬 뿐** 근로자와 사용자 간의 사법상 법률관계를 발생시키거나 변경시키는 것은 아니기 때문아다

23) 다만, 사용사업주를 상대로 신청한 **고용의 의사표시에 갈음하는 판결이 확정되어 직접 고용관계가 성립된** 이후에는 **파견근로자로서의 지위를 상실**하므로 신청인 적격성이 부정될 것이다.

24) 이와 관련하여, 파견법 제34조는 근로기준법에 대한 특칙을 두고 있다.

3) 신청의 이익

비정규직 근로자(기간제근로자 및 단시간근로자)로서의 지위는 사용자의 **차별적 처우가 있었던 때**에 있으면 충분하고, 차별시정을 신청할 당시에 까지 그 지위를 유지하고 있어야 하는 것은 아니다. 따라서, 기간제 근로자가 차별적 처우에 대한 시정신청을 한 후에 근로관계가 종료된 경우, 이를테면, 정절차 진행 도중에 근로계약기간의 만료 등으로 비정규직 근로자가 그 지위를 상실한 경우에도 기간제근로자가 차별적 처우의 시정을 구할 시정이익이 소멸하지 않는다.

4) 제척기간(→사례: 103)

기간제근로자, 단시간근로자 및 파견근로자가 차별적 처우를 받은 경우에는 차별적 처우가 있은 날(계속되는 차별적 처우는 그 종료일)부터 **6월 이내**에 노동위원회에 그 시정을 신청할 수 있다.(기간제법 제9조 제1항, 파견법 제21조 제2항) 기간제법, 파견법에 의한 차별처우의 시정신청 기간은 **제척기간**이므로 차별이 있은 날로부터 6개월의 기간이 경과함으로써 시정을 신청할 권리는 소멸한다.

다만, **'계속되는 차별'**의 경우에는 그 '종료일'로부터 6월 이내에 신청하였다면 그 계속되는 차별적 처우 전체에 대하여 제척기간을 준수한 것이 될 것이다. 사용자가 계속되는 근로제공에 대하여 기간제근로자 또는 단시간근로자에게 차별적인 규정 등을 적용하여 차별적으로 임금을 지급하여 왔다면 특별한 사정이 없는 이상 그와 같은 임금의 차별적 지급은 기간제법 제9조 제1항 단서에서 정한 '계속되는 차별적 처우'에 해당한다(대법원 2011.12.22. 선고 2010두3237 판결)해당하며 **그러한 차별적으로 임금을 지급한 경우의 시정대상기간은 시정신청일 이전 6개월이 아니라 차별적 임금이 발생한 전체 기간**이다.(대법원 2011.12.22. 선고 2010두3237 판결)

5) 차별신청에 대한 심사

가. 조사 · 심문

(i) 조사의 개시

노동위원회는 차별시정신청을 받은 때에는 지체 없이 필요한 조사와 관계 당사자에 대한 심문을 하여야 하는바(기간제법 제10조 제1항), 위원장은 차별시정신청서가 접수되면 지체 없이 사건 처리를 담당할 차별시정위원회를 구성하고 담당 조사관을 지정하여 조사를 개시하여야 한다..(규칙 제106조)

(ii) 심문회의의 개최

노동위원회는 차별 시정신청의 접수일로부터 **60일 이내**에 심문회의를 개최하여야 한다. 다만 당사자가 합의로 연기를 신청하거나 다수인 사건으로 조사에 상당기간이 필요한 경우에는 위원장의 승인을 얻어 위 기간을 연장할 수 있으며, 조정을 하는 때에는 조정기간은 위 기간에서 제외한다.(규칙 제107조 제1항)

(iii) 증명책임

기간제법은 증명책임을 **사용자가 부담**하도록 규정하고 있다.(기간제법 제9조 제4항)[25]

---

25) 차별 관련 분쟁에서 입증자료 내지 증거의 대부분은 차별을 행한 사용자의 수중에 있기 때문에 차별의 피해자가 차별을 입증하는 것은 쉽지 않고, 따라서 차별의 피해자가 차별을 추정하게 하는 사실을 제시하면 상대방이 차별이 아니라는 점에 대한 증명책임을 부담하도록 제도화할 필요성이 있기 때문이다.

나. 조정 · 중재 및 심판

(i) 조정 · 중재

사용자의 근로자에 대한 불리한 처우가 합리적인지에 관한 판단에 앞서 당사자 간에 자율적으로 분쟁을 해결할 수 있도록 조정(調停)과 중재(仲裁)로 사건을 처리할 수 있다. 조정 절차는 관계 당사자 쌍방 또는 일방의 신청뿐만 아니라 직권에 의해서도 개시되고 당사자가 그 결과를 수락해야만 효력이 생기는 반면, 중재 절차는 관계 당사자의 합의에 의한 신청이 있는 경우에만 개시되고 대신 당사자의 수락 의사와 관계없이 중재 결과에 구속된다는 차이가 있다.(기간제법 제11조 제1항)

(ii) 조정 · 중재 절차의 개시와 진행

조정 절차는 관계 당사자 쌍방 또는 일방의 신청이나 직권에 의하여 개시되며, 중재 절차는 관계 당사자가 미리 노동위원회의 중재 결정에 따르기로 합의하여 신청한 경우 개시된다.(기간제법 제11조 제1항), 관계 당사자에 의한 조정 또는 중재의 신청은 차별시정신청을 한 때로부터 **14일 이내**에 하여야 하는 것이 원칙이지만, 노동위원회의 승낙이 있는 경우에는 14일 이후에도 신청할 수 있다.(기간제법 제11조 제2항) 노동위원회는 조정 또는 중재를 함에 있어서 관계 당사자의 의견을 충분히 들어야 하며, 특별한 사유가 없는 한 조정 절차를 개시하거나 중재 신청을 받은 때부터 60일 이내에 조정안을 제시하거나 중재 결정을 하여야 한다.(기간제법 제11조제3항 및 제4항) 차별시정위원회는 조정이 중지되거나 조정이 성립되지 않은 때에는 지체 없이 조사 · 심문절차를 재개하여야 하며(노동위원회규칙 제119조 제5항), 중재의 경우 중재결정이 내려지기 전에 관계 당사자가 자율적으로 분쟁을 해결한 때에는 중재결정을 하지 않을 수 있다.(규칙 제122조 제2항)

다. 조정 · 중재의 성립

노동위원회는 조정 절차에서 관계 당사자 쌍방이 조정안을 수락한 경우에는 조정조서를 작성하고, 중재 절차에서 중재 결정을 한 경우에는 중재결정서를 작성하여야 한다.(기간제법 제11조 제5항), 그리고 조정조서에는 관계 당사자와 조정에 관여한 위원 전원이 서명 · 날인하여야 하고, 중재 결정을 한 경우에는 당해 중재에 관여한 위원 전원이 서명 · 날인을 한 중재 결정서를 작성하여야 한다.(기간제법제11조 제6항) 중재결정에 대하여 관계 당사자의 수락은 필요하지 않으므로 중재결정서에 관계 당사자의 서명 · 날인은 요구하지 않는다.

라. 조정 · 중재의 효력

조정조서 또는 중재결정서는 민사소송법의 규정에 의한 **재판상 화해**의 효력을 갖는다.(기간제법 제11조 제7항) 이러한 효력의 발생 시점을 명확하게 하기 위하여 노동위원회규칙에서는 위원장은 조정이 성립된 경우에는 조정이 성립된 날로부터 5일 이내에, 중재 결정이 있는 경우에는 지체 없이 조정조서나 중재결정서 정본을 배달증명우편으로 당사자에게 통보하여야 하고, 당사자가 송달증명서 발급을 신청하는 경우에는 송달증명서를 발급하여야 한다고 규정하고 있다.(노동위원회규칙 제124조 및 제125조)

6) 노동위원회의 시정명령

가. 시정명령의 내용

노동위원회는 조사 · 심문을 종료하고 차별적 처우에 해당된다고 판정한 때에는 사용자에게 **시정명령**을 발하고, 차별적 처우에 해당하지 아니한다고 판정한 때에는 그 시정신청을 **기각하는 결정**을 하여야 한다.(동법 제12조제1항),시정명령의 내용에는 차별적 행위의 중지, 임금 등 근로조건의 개선(취업규칙, 단체협약 등의 제도개선 명령을 포함한다) 또는 적절한 배상 등이 포함될 수 있으며, 여기에서의 '배상액'은 차별적 처우로 인하여 기간제근로자 또는 단시간근로자에게 발생한 손해액을 기준으로 정한다. 또한, 노동위원회는 사용자의 차별적 처우에 명백한 고의가 인정되거나 **차별적 처우가 반복**되는 경우에는 손해액을 기준으로 **3배**를 넘지 아니하는 범위에서 배상을 명령할 수 있다.(기간제법 제13조)

나. 확정된 시정명령의 효력 확대

확정된 이행할 의무가 있는 사용자의 사업 또는 사업장에서 **동일한 업무**를 수행하는 시정명령은 **다른 비정규직 근로**자에게 그 효력이 확대 적용된다.

다. 시정명령에 대한 불복

지방노동위원회의 시정명령 또는 기각결정에 대하여 불복이 있는 관계 당사자는 그 명령서 또는 기각결정서의 송달을 받은 날부터 10일 이내에 중앙노동위원회에 그 재심을 신청할 수 있고, 중앙노동위원회의 재심결정에 대하여 불복이 있는 관계 당사자는 그 재심결정서의 송달을 받은 날부터 15일 이내에 행정소송을제기할 수 있다. 위 기간 내에 재심이나 행정소송을 제기하지 않으면 시정명령기각결정 또는 재심결정은 확정된다.(기간제법 제14조 제1항 내지 제3항)

라. 노동부장관의 차별적 처우 시정요구 등

고용노동부장관은 확정된 시정명령에 대하여 사용자에게 **이행상황**을 제출할 것을 요구할 수 있고.(기간제법 제15조의 2 제1항), 시정신청을 한 근로자는 사용자가 확정된 시정명령을 이행하지 아니하는 경우 이를 고용노동부장관에게 신고할 수 있다기간제법 제15조의 2 제2항) 차별받는 당사자가 차별시정을 신청하지 않는 경우라도, 고용노동부장관은 사용자가 비정규직 근로자에 대하여 차별적 처우를 한 경우에는 그 시정을 요구할 수 있다.(기간제법 제15조의 2 제1항) 만일, 사용자가 시정요구에 응하지 아니할 경우에, 고용노동부장관은 차별적 처우의 내용을 구체적으로 명시하여 노동위원회에 통보하여야 하며, 이 경우 고용노동부장관은 해당 사용자 및 근로자에게 그 사실을 통지하여야 한다.(기간제법 제15조의 2 제2항) 노동위원회는 고용노동부장관의 통보를 받은 경우에는 지체 없이 차별적 처우가 있는지 여부를 심리하여야 하며, 이 경우 노동위원회는 해당 사용자 및 근로자에게 의견을 진술할 수 있는 기회를 부여하여야 한다.(기간제법 제15조의 2 제3항) 차별시정을 통보받은 노동위원회는 원칙적으로 근로자의 차별신청사건 처리절차와 동일한 절차 (조사 → 심문회의 개최 →(임의적) 조정 및 중재 →시정명령 또는 기각 결정)를 걸쳐 사건을 처리한다.

(쟁점) 기간제 근로자에 대한 차별의 판단(요약)(→사례: 103)

1. 비교대상 근로자의 존재 여부

(1) 비교대상 근로자의 존재의 의의

기간제 단시간 근로자에 대한 차별적 처우 여부를 판단하기 위해서는 이들 주체와 비교할 수 있는 다른 **비교 대상 근로자**가 존재하여야 한다. 따라서, 먼저 ① 당해 사업 또는 사업장 내에 ② 기간제 단시간 근로자와 '동종 · 유사업무를 수행하는 근로자'가 있는 가의 여부를 판단한다. 동종 또는 유사한 업무에 해당하는지 여부는 취업규칙이나 근로계약 등에 명시된 업무내용이 아니라 근로자가 실제 수행한 업무를 기준으로 판단한다. 이들이 수행하는 업무가 서로 완전히 일치하지 아니하고 업무의 범위 또는 책임과 권한 등에서 다소 차이가 있다고 하더라도 '주된 업무'의 내용에 본질적인 차이가 없다면 달리 특별한 사정이 없는 한 이들은 동종 또는 유사한 업무에 종사한다고 보아야 할 것이다. (대법원 2012.10.25. 선고 2011두7045 판결)

(2) 사안의 경우

2. 차별적 대우의 존재 여부

(1) 차별적 대우의 존재의 의의

동일 사업 또는 사업장 내에 비정규직 근로자와 동종 · 유사 업무를 수행하는 근로자가 있다고 판명되는 경우에는 임금 · 성과급 그 밖의 근로조건 및 복리후생 등에서 **차별적 대우가 존재**하는 지를 판단한다. 차별적 처우 금지 영역은 근로제공에 대한 대가적 관계에 있는 임금 그 밖의 근로조건에 국한되지 않고 제반사정에 비추어 근로관계와 보상적 관계에 있다면 모두 인정된다고 보아야 한다. 따라서, 취업규칙 등에 지급조건 등이 규정되어 있지 않더라도 모든 근로자에 대하여 정기적으로 지급하여 왔기 때문에 지급관행이 형성된 경우에도 비정규 근로자라는 이유로 지급하지 않거나 차별적으로 지급하는 것은 금지되는 차별적 처우에 해당한다.

(2) 사안의 경우

3. 차별적 대우의 합리적 이유 존재 여부

(1) 차별적 대우의 합리적 이유의 의의

만일, 사용자가 기간제, 단시간근로자를 비교대상 근로자에 비하여 불리하게 대우하는 데에 **합리적 이유**가 있다면 그러한 불리한 대우는 정당화되고 차별적 대우에 해당하지 않게 될 것이다. 기간제법 제2조 제3호에서 '합리적인 이유가 없는 경우'라 함은 기간제 근로자를 달리 처우할 필요성이 인정되지 아니하거나, 달리 처우할 필요성이 인정되는 경에도 그 방법 · 정도 등이 적정하지 아니한 경우를 의미한다고 할 것이고, 합리적인 이유가 있는지 여부는 개별 사안에서 문제가 된 불리한 처우의 내용 및 사용자가 불리한 처우의 사유로 삼은 사정을 기준으로 기간제 근로자의 고용형태의 내용과 범위, 권한, 책임, 임금 그 밖의 근로조건 등의 결정 요소 등을 종합적으로 고려하여 판단하여야 한다.(대법원 2012.10.25. 선고 2011두7045 판결)

(2) 사안의 경우

사례연습 103

기간제 근로자에 대한 차별시정 (대법원 2012.03.29. 선고 2011두2132 판결 : 출제유력)

甲은 20년 동안 초등학교 교사로 근무하다 퇴직한 후 2010. 3. 1.부터 乙초등학교에서 학기단위로 계약체결을 하고 기간제 교원으로 근무하였다. 甲은 2010. 3. 1. 경부터 2011. 2. 28.까지는 방학기간이 계약기간에 포함된 계약을 체결했으나, 2011년 2월경 체결된 2011학년도 1학기 계약에서는 같은 해 3.1. 과 여름방학기간(2011.7.20.~2011.8.28.)이 계약기간에서 제외되었다.

乙초등학교의 2011학년도 업무분장표상 甲은 3학년 3반 담임으로 '청소구역배정, 분실물, 화단. 화분관리, 실외청소' 등의 업무를 담당하게 되어 있었다. 또한 乙초등학교의 2011학년도 여름방학기간은 2011.7.20.부터 같은 해 8, 28.까지인데, 여름방학 실시 전날에 乙초등학교 3학년 3반 학생들에게 배부된 '방학 중 학생지도' 관련문서에는 비상연락망 중 선생님의 연락처로 甲의 휴대전화번호가 기재되어 있다.

甲은 2011학년도 여름방학기간 중에 '乙초등학교' 홈페이지의 3학년 3반 학급게시판에 방학 중의 생활 및 학습 등에 관한 당부의 글을 작성. 게시한 바 있고, 학부모들로부터 방학과제물과 개학 준비 등에 관한 문의전화를 받고 답변한 적도 있다. 그 후 甲과 乙초등학교는 2011. 8.26. 2학기 계약을 체결하였는데 그 계약기간(2011. 8. 29.~2011. 12.20.)에서도 겨울방학기간이 제외되어 있었고, 그 이후로도 계속 방학기간은 계약기간에 포함된 적이 없다. 한편 甲은 2012. 12. 23.을 마지막으로 더 이상 乙초등학교에 근무하지 않는다.

1. 甲은 '乙초등학교의 교장이 자신을 2011년도 1학기 담임교사로 임용하면서 정규직담임교사와 달리 방학기간을 계약기간에서 제외하고 방학기간 중 급여를 지급하지 않은 것이 차별적 처우에 해당한다' 고 주장하고 있다. 이 주장은 타당한가?

2. 甲은 위 차별적 처우에 대하여 2013. 5.3. 관할지방노동위원회에 구제신청을 제기하였다. 그러자 乙초등학교는 2012학년도 2학기 계약을 제외하고 그 이전의 계약은 차별적 처우의 종료일로부터 6월이 지났으므로 각하되어야 한다고 주장한다. 이러한 乙초등학교의 주장은 타당한가?

Ⅰ. 제1문의 해결

1. 쟁점의 정리

헌법 제11조는 '누구든지 성별, 종교 또는 사회적 신분에 의하여 정치적 · 경제적 · 사회적 생활의 모든 영역에서 차별을 받지 아니한다.'고 규정하여 일반적 차별금지를 선언하고 있으며, 기단법 제2조는 '차별적 처우'를 '임금 그 밖의 근로조건 등에 있어서 합리적인 이유 없이 불리하게 처우하는 것'으로 정의한 다음, 기간제 및 단시간근로자 보호 등에 관한 법률 (이하 '기단법') 제8조에서 '사용자는 기간제 근로자임을 이유로 당해 사업 또는 사업장에서 동종 또는 유사한 업무에 종사하는 기간의 정함이 없는 근로자에 비하여 차별적 처우를 하여서는 아니 된다.'(제1항) '사용자는 단시간근로자임을 이유로 당해 사업 또는 사업장의 동종 또는 유사한 업무에 종사하는 통상 근로자에 비하여 차별적 처우를 하여서는 아니 된다.'(제2항)는 차별 금지 규정을 두고 있다.

본 사례에서 甲의 주장이 타당한 지의 여부를 검토하기 위해서는 결국 금지되는 차별적 처우의 존재가 인정되어야 할 것인데, 차별적 처우의 존재를 인정되기 위해서는 첫째, 차별시정 신청인 적격이 인정되어야 하고 둘째, 비교대상근로자가 존재하여야 하며 셋째, 차별적 처우가 존재하여야하고 넷째 차별적 처우에 합리적 사유가 존재하지 않아야 한다. 이하에서는 이상의 차별의 판단 기준에 따라 乙초등학교 교장이 甲을 기간제교사로 임용하면서 계약기간에 방학을 포함하지 않은 것이 비정규직 근로자인 甲에 대한 차별적 처우에 해당하는지를 검토하도록 한다.

2. 기간제 근로자에 대한 차별의 판단

(1) 비교대상 근로자의 존재 여부

1) 비교대상 근로자의 존재의 의의

기간제 단시간 근로자에 대한 차별적 처우 여부를 판단하기 위해서는 이들 주체와 비교할 수 있는 다른 비교 대상 근로자가 존재하여야 한다. 따라서, 먼저 ① 당해 사업 또는 사업장 내에 ② 기간제 단시간 근로자와 '동종 · 유사업무를 수행하는 근로자'가 있는 가의 여부를 판단한다. 동종 또는 유사한 업무에 해당하는지 여부는 취업규칙이나 근로계약 등에 명시된 업무내용이아니라 근로자가 실제 수행한 업무를 기준으로 판단한다. 이들이 수행하는 업무가 서로 완전히 일치하지 아니하고 업무의 범위 또는 책임과 권한 등에서 다소 차이가 있다고 하더라도 '주된 업무'의 내용에 본질적인 차이가 없다면 달리 특별한 사정이 없는 한 이들은 동종 또는 유사한 업무에 종사한다고 보아야 할 것이다.(대법원 2012.10.25. 선고 2011두7045 판결)

2) 사안의 경우

甲은 학급담임으로서 근무하였으며, 청소구역 배정, 분실물, 화단 · 화분관리, 실외청소 등의 업무를 담당하였는 바, 甲이 실제 수행해왔던 업무는 정규직교사와 본질적인 차이가 없으므로, 甲의 비교대상근로자는 乙초등학교의 정규직교사이다.

(2) 차별적 대우의 존재 여부

1) 차별적 대우의 존재의 의의

동일 사업 또는 사업장 내에 비정규직 근로자와 동종 · 유사 업무를 수행하는 근로자가 있다고 판명되는 경우에는 임금 · 성과급 그 밖의 근로조건 및 복리후생 등에서 차별적 대우가 존재하는 지를 판단한다. 차별적 처우 금지 영역은 근로제공에 대한 대가적 관계에 있는 임금 그 밖의 근로조건에 국한되지 않고 제반사정에 비추어 근로관계와 보상적 관계에 있다면 모두 인정된다고 보아야 한다. 따라서, 취업규칙 등에 지급조건 등이 규정되어 있지 않더라도 모든 근로자에 대하여 정기적으로 지급하여 왔기 때문에 지급관행이 형성된 경우에도 비정규 근로자라는 이유로 지급하지 않거나 차별적으로 지급하는 것은 금지되는 차별적 처우에 해당한다.

2) 사안의 경우

사안에서 甲의 경우 기간제 교원이라는 이유만으로 일반 정규직교사와 달리 방학 중 근로관계가 단절된 것으로 취급받고 있는 바, 이는 차별적 처우에 해당한다.

(3) 차별적 대우의 합리적 이유 존재 여부

1) 차별적 대우의 합리적 이유의 의의

만일, 사용자가 기간제, 단시간근로자를 비교대상 근로자에 비하여 불리하게 대우하는 데에 합리적 이유가 있다면 그러한 불리한 대우는 정당화되고 차별적 대우에 해당하지 않게 될 것이다. 기간제법 제2조 제3호에서 '합리적인 이유가 없는 경우'라 함은 기간제 근로자를 달리 처우할 필요성이 인정되지 아니하거나, 달리 처우할 필요성이 인정되는 경에도 그 방법 · 정도 등이 적정하지 아니한 경우를 의미한다고 할 것이고, 합리적인 이유가 있는지 여부는 개별 사안에서 문제가 된 불리한 처우의 내용 및 사용자가 불리한 처우의 사유로 삼은 사정을 기준으로 기간제 근로자의 고용형태의 내용과 범위, 권한, 책임, 임금 그 밖의 근로조건 등의 결정 요소 등을 종합적으로 고려하여 판단하여야 한다.(대법원 2012.10.25. 선고 2011두7045 판결)

2) 사안의 경우

甲은 실질적으로 방학기간 중 담임교사로서 방학지도 활동을 하였던 점(乙초등학교의 방학 중 학생지도 관련문서에는 비상연락망 중 선생님의 연락처로 甲의 휴대전화번호가 기재되었던 점, 2011학년도 여름방학기간 중에 '乙초등학교' 홈페이지의 3학년 3반 학급게시판에 방학 중의 생활 및 학습 등에 관한 당부의 글을 작성. 게시한 점 등)을 고려해 본다면 방학 중 근로관계가 중단되어야 할 합리적 이유가 존재하지 않는다.

(4) 사안의 해결

甲이 실제 수행해왔던 업무는 정규직교사의 업무인 바, 사안에서 甲은 기간제 교원이라는 이유만으로 일반 정규직교사와 달리 방학 중 근로관계가 단절된 것으로 취급받았으며 이는 합리적 이유가 없는 차별이다. 따라서, 甲은 기간제 교원이라는 이유만으로 방학 중 근로관계가 단절된 것은 차별적 처우에 해당한다.

3. 결론

'乙초등학교의 교장이 자신을 2011년도 1학기 담임교사로 임용하면서 정규직담임교사와 달리 방학기간을 계약기간에서 제외하고 방학기간 중 급여를 지급하지 않은 것이 차별적 처우에 해당하다는'다는 甲의 주장은 타당하다.

II. 제2문의 해결

1. 쟁점의 정리

甲의 2013.5.3. 구제신청에 대하여 '乙초등학교' 는 2012년도 2학기 계약을 제외하고 그 이전의 계약은차별적 처우의 종료일로부터 6월이 지났으므로 각하되어야 한다고 주장한다. 그에 대하여 甲은 그 차별적처우가 '계속된 차별적 처우'에 해당한다고 주장할 수 있는지가 문제된다.

2. 계속된 차별적 처우와 제척기간의 기산점

(1) 문제점

기단법 제9조는 노동위원회의 차별시정 신청기간을 '차별적 처우가 있은 날(계속되는 차별적 처우는 그 종료일) 부터 6개월' 로 규정하고 있는 바, 甲의 경우 근로계약은 학기마다 체결되었고, 차별적 처우를 계속되는 차별적 처우로 보지 않는 한 2011년도 1학기부터 2012년도 1학기까지의 계약은 이미 제척기간을 도과한 것으로 된다. 그러나 계속되는 차별적 처우로 본다면 甲이 2013. 5.3.구제신청을 하였으므로 근로계약이 종료된 2012. 12. 20. 로부터 6개월이 도과하지 않아 모두 시정대상에 포함될 수 있을 것이다.

(2) 제척기간

기간제근로자, 단시간근로자 및 파견근로자가 차별적 처우를 받은 경우에는 동차별적 처우가 있은 날(계속되는 차별적 처우는 그 종료일)부터 6월 이내에 노동위원회에 그 시정을 신청할 수 있다.(기간제법 제9조 제1항, 파견법 제21조 제2항) 기간제법, 파견법에 의한 차별처우의 시정신청 기간은 제척기간이므로 차별이 있은 날로부터 6개월의 기간이 경과함으로써 시정을 신청할 권리는 소멸한다. 다만, '계속되는 차별'의 경우에는 그 '종료일'로부터 6월 이내에 신청하였다면 그 계속되는 차별적 처우 전체에 대하여 제척기간을 준수한 것이 될 것이다.

(3) 계속된 차별적 처우에 관한 판례의 태도

대법원은 기단법 제9조 제1항에서 정한 차별적 처우의 시정신청기간은 제척기간이므로 그 기간이 경과하면 그로써 기간제법에 따른 시정을 신청할 권리는 소멸하나, 계속되는 차별적 처우의 경우 종료일로부터 3월 이내에 시정을 신청하였다면 계속되는 차별적 처우 전체에 대하여 제척기간을 준수한 것이 된다. 한편 사용자가 계속되는 근로제공에 대하여 기간제근로자 또는 단시간근로자에게 차별적인 규정 등을 적용하여 차별적으로 임금을 지급하여 왔다면 특별한 사정이 없는 이상 그와 같은 임금의 차별적 지급은 기간제법 제9조 제1항 단서에서 정한 '계속되는 차별적 처우'에 해당한다고 보는 것이 타당하다'라고 하였다.(대법원 2011.12.22. 선고 2010두3237 판결)

(4) 사안의 경우

'乙초등학교' 의 교장은 甲에 대하여 근로계약기간에서 방학기간을 제외시키는 차별적 처우를 2011년도 제1학기부터 2012년도 제2학기까지 계속하여 왔다. 따라서 甲에 대한 차별적 처우는 계속되는 차별적 처우에 해당하기에 최종 근로계약이 종료된 2012. 12. 20, 로부터 6개월이 지나지 않았다는 점에서 甲의 2013.5.3.의 구제신청은 타당하다.

3. 결론

2012학년도 2학기 계약을 제외하고 그 이전의 계약은 차별적 처우의 종료일로부터 6월이 지났으므로 각하되어야 한다고 주장하는 乙초등학교의 주장은 타당하지 않다.

제12장 재해보상제도

1. 서설

(1) 재해보상제도의 의의

근로자의 업무상 부상 · 질병 또는 사망 등 재해에 대하여 이를 보상함으로써 근로자와 그 유족을 보호하는 제도를 산업재해보상제도라 한다. 과거의 업무상 재해는 민법상 과실책임의 원칙에 기초하였기 때문에 근로자 보호에 불충분하였다. 따라서 근로자의 생존권 보호를 위해 기업활동을 통하여 이익을 얻고 있는 사용자는 기업활동에 수반하는 위험도 보상하여야 한다는 취지에서 사용자의 무과실책임의 원칙을 인정하는 재해보상제도가 확립되었다.

(2) 손해배상책임 인정근거

업무상 재해에 대한 사용자의 손해배상책임을 인정하는 근거는 종래에는 ① 일반불법행위책임(민법 제750조), ② 사용자책임(민법 제756조), ③ 공작물 소유자 · 점유자의 책임(민법 제758조) 등의 불법행위 규정에서 찾았지만, 근래에는 근로계약에 수반되는 신의칙상 부수의무의 하나로서 사용자가 부담하는 안전보호의무 위반에서 그 근거를 찾는 것이 적절하다는 견해가 유력하다 왜냐하면, 보호의무위반의 채무불이행책임이 불법행위책임보다 근로자에게 보다 유리한 측면이 있기 때문이다[1].

---

1) '안전보호의무'란 근로자가 근로를 제공하는 과정에서 생명, 신체, 건강을 해치는 일이 없도록 물적 환경을 정비하는 등 필요한조치를 마련하여야 하는 사용자의 신의칙상 의무를 말한다. **안전보호의무 위반은 채무불이행책임이므로** 채무불이행책임을 묻는 경우 **근로자 측**에서는 사용자가 부담하는 **안전보호의무의 구체적 내용을 특정**하고, **업무상 재해가 그러한 안전보호의무의 범위에서 발생하였다는 사실을 증명**하여야 하며, **이에 대하여 사용자가 책임을 면하기 위해서는** 상대방인 사용자가 자신에게 귀책사유가 없다는 사실(안전보호의무에 따른 제반 조치를 모두 이행하였다는 점, 재해 발생에 대한 예측가능성이 없었다는 점, 근로자 자신의 귀책사유 또는 불가항력에 의해 재해가 발생하였다는 점 등)을 증명하여야 한다. 반면에, **불법행위책임의 경우**에는 근로자측이 **사용자의 위법행위 사실과 그에 대한 고의 · 과실 및 위법행위와 재해 사이의 인과관계 등 불법행위의 성립요건을 모두 증명**하여야 하므로, 근로자측의 증명책임의 측면에서는 불법행위책임보다는 **채무불이행책임 이 수월한 측면이 있다**. 또한 채무불이행책임을 원인으로 하는 손해배상청구권에 대하여도 채권의 일반적 소멸시효인 10년의 적용을 받으므로, 불법행위책임에 관한 3년의 단기소멸시효 규정(민법 766조 1항)이 적용되지 않는 다는 점에서도고 이러한 점에서도 안전보호의무 위반의 채무불이행책임을 묻는 것이 근로자 측에게 유리하다.// **반면에** 채무불이행책임에서는 유족 고유의 위자료는 인정되지 않는 점, 불법행위로 인한 손해배상채무의 지연손해금 기산일은 불법행위 성립일이지만, 채무불이행의 경우에는 특별한 사정이 없는 한 채권자가 이행을 청구한 날의 다음 날부터 지연손해금이 발생하는 점(민법 제387조 제2항)에서는 **불법행위책임이 근로자 측에게 더 유리할 수도 있다**.

2. 재해보상의 요건(→사례: 104,105)

(1) 의의

근로기준법상의 재해보상이나 산업재해보상보험법상의 보험급여의 대상인 **'업무상의 재해'**란 업무상의 사유에 따른 근로자의 부상·질병·장해 또는 사망을 말한다.(산재보험법 제5조 제1호)[2] 여기에서 업무상 재해로 인정되기 위한 기초 개념으로서의 **'업무'**란 그 성질상 회사의 사업이나 업무 또는 그와 관련된 일체의 활동을 말하고, 회사의 노무관리업무와 밀접한 관련이 있는 업무도 포함된다.(대법원 2014.05.29. 선고 2014두35232 판결)

(2) 업무상 재해의 적극적 요건[3]

1) 업무기인성

'업무기인성'이란 업무와 재해 사이의 **인과관계** 즉 업무를 하지 않았으면 생기지 않았을 재해가 업무로 인하여 발생하였거나, 업무를 하지 않았으면 악화되지 않았을 기존 질병이나 기초 질환이 업무로 인하여 악화된 것을 말한다. 따라서, 업무기인성이란 근로자가 담당하는 업무와 재해발생 사이에 **상당인과관계**가 존재하여야 하는 것을 의미하게 된다.(산재보험법 제37조 제1항)

2) 업무수행성

'업무수행성'이란 사용자의 지배 또는 관리하에서 이루어지는 당해 근로자의 업무수행 및 그에 수반되는 통상적인 활동의 과정에서 재해의 원인이 발생한 것을 의미한다. 즉 업무상 재해의 요건인 업무수행성은 반드시 근로자가 현실적으로 업무에 종사하는 동안만 인정할 수 있는 것이 아니라, 업무 수행에 수반하여 이루어지는 활동과정에서 일어난 재해도 업무수행성이 인정된다.

3) 업무수행성과 업무기인성의 관계

업무수행성이 업무상 재해여부를 결정하는 1차적인 판단기준임은 부인할 수 없지만, 업무상 재해가 사업장 밖이나 취업시간 외에 직업병이나 과로사 형태로 발생하는 경우에 까지 반드시 업무수행성을 요구하는 것은 불합리하는 점에서, 업무수행성을 업무상 재해를 인정하기 위한 불가결한 기준이라 할 수는 없다. 따라서, 업무와 재해 사이의 인과관계 판단하는 결정적이고 **본질적인 기준은 '업무기인성'**이라고 해석하는 것이 타당하므로, 업무기인성만 인정된다면 업무상 재해가 인정되어야 할 것이다.

(3) 업무상 재해의 소극적 요건(고의 · 자해 등에 의한 재해)

근로자의 고의 · 자해행위나 범죄행위 또는 그것이 원인이 되어 발생한 부상·질병·장해 또는 사망은 업무상의 재해로 보지 않는다. 다만, 그 부상·질병·장해 또는 사망이 정상적인 인식능력 등이 뚜렷하게 저하된 상태에서 한 행위로 발생한 경우로서 대통령령으로 정하는 사유가 있으면 업무상의 재해로 인정된다.(산재법 제37조 제3항)

---

2) 종전(2008.7.1. 이전의 법)에는 업무상 재해에 대하여 지나치게 포괄적으로 정하고 있어 포괄위임의 논란이 제기되었다. **이에 산재보험법 개정(전부개정 2007.12.14 법률 제8694호. 시행일 2008.7.1.)하면서 제37조를 신설하여 업무상 재해를 '업무상 사고'와 '업무상 질병'으로 구분하여(법 제37조 제1항), 업무상 재해의 인정 기준을 법률에 명확히 규정하였다.**

3) '업무상 재해'가 인정되기 위해서는 ① **적적극적 요건으로 '업무수행성'과 '업무기인성'이 요구되고, ② 소극적 요건으로 '업무상 재해가 근로자의 고의나 자해행위 등에 의해 발생되지 않을 것'이 요구된다.**

사례연습 104

회식과 업무상 재해 (2020년 공인노무사 제29회 기출문제)

근로자 甲은 A회사의 상담팀에 소속된 상담원으로서, 2019. 7. 5. 오후 7시부터 같은 날 오후 9시까지 음식점에서 상담팀 책임자인 실장을 포함하여 30명의 직원과 함께 1차 회식을 하였다. 1차 회식에서 실장이 참석 직원들에게 술잔을 돌리거나 술을 권하지 않았다. 甲이 1차 회식에서 자신의 평소 주량보다 많은 술을 급하게 마시자 실장이 이를 만류하였으나, 甲은 실장의 만류에도 불구하고 계속 술을 마셔 1차 회식이 끝날 당시 이미 만취한 상태였다. 1차 회식이 마무리되던 즈음 실장이 "회사로부터 사용을 허락받은 회식비가 남았으니 노래연습장에 가서 2차를 하자"고 제안하였다. 이에 같은 날 오후 9시 15분 경 실장과 근로자 甲을 포함한 12명이 바로 옆 건물 4층에 있는 노래연습장으로 자리를 옮겨 2차 회식을 하였다.

甲은 노래연습장으로 옮기고 얼마 지나지 않아 화장실을 찾기 위해 노래연습장에서 나왔다. 같은 층에 있는 비상구 문을 열고 들어가 화장실을 찾던 중 건물 밖으로 나 있는 커다란 창문을 화장실 문으로 오인하여 밑에 놓여있는 발판을 밟고 올라가 창문을 열고 나갔다가 건물 밖으로 추락하여 골반골절 등의 부상을 입었다.

이 사건 재해가 산업재해보상보험법상 요양급여의 대상이 되는지 설명하시오. (25점).

1. 쟁점의 정리

산업재해보상보험법상의 보험급여의 대상이 되기 위해서는 근로자의 재해가 '업무상'재해일 것을 요한다. 업무상 재해로 인정되기 위해서는 적극적요건으로서 '업무수행성'과 '업무기인성'이 요구되는 바, 사안에서 甲의 회식에 참석한 행위 그 자체는 업무를 직접 수행하는 것은 아니므로 업무수행성이 인정되지 않을 수 있지만, 업무상 재해의 성립요건으로서의 업무수행성은 반드시 근로자가 현실적으로 업무에 종사하는 동안만 인정할 수 있는 것이 아니라, 업무 수행에 수반하여 이루어지는 일련의 활동과정에서 일어난 재해의 경우에도 업무수행성이 인정된다는 점에서, 2차 회식 중 발생한 사고를 사업주의 지배·관리 하에 있다고 보아 업무상 재해로 인정할 수 있는지 여부가 문제 된다. 이하에서는 甲의 회식중 부상이 업무상 재해에 해당하는 지의 여부를 검토하기 위해서 먼저 업무상 재해의 의미 및 업무상 재해의 성립요건을 살펴본 후, 회식중의 재해를 업무상 재해로 볼 수 있는 지 여부를 검토하도록 한다.

2. 산재법상 요양급여의 대상

(1) 업무상 재해의 의미

산업재해보상보험법상의 보험급여의 대상이 되기 위해서는 근로자의 재해가 '업무상'재해일 것을 요한다. 업무상 재해에 관하여 근로기준법은 아무런 규정을 두고 있지 않으나 산업재해보상보험법 제5조 제1항은 '업무상 재해란 업무상의 사유에 따른 근로자의 부상·질병·장해 또는 사망을 말한다.'고 규정하고 있는 바, 여기에서 업무상 재해로 인정되기 위한 기초 개념으로서의 '업무'란 그 성질상 회사의 사업이나 업무 또는 그와 관련된 일체의 활동을 말하고, 회사의 노무관리업무와 밀접한 관련이 있는 업무도 포함된다.(대법원 2014.05.29. 선고 2014두35232 판결)

(2) 업무상 재해 성립 요건

'업무상 재해'가 인정되기 위해서는 ① 적적극적 요건으로 '업무수행성'과 '업무기인성'이 요구되고, ② 소극적 요건으로 '업무상 재해가 근로자의 고의나 자해행위 등에 의해 발생되지 않을 것'이 요구된다.

1) 적극적 요건

가. 업무기인성

'업무기인성'이란 업무와 재해 사이의 '인과관계' 즉 업무를 하지 않았으면 생기지 않았을 재해가 업무로 인하여 발생하였거나, 업무를 하지 않았으면 악화되지 않았을 기존 질병이나 기초 질환이 업무로 인하여 악화된 것을 말한다. 즉, 업무기인성이란 근로자가 담당하는 업무와 재해발생 사이에 상당인과관계가 존재하여야 하는 것을 의미한다.(산재보험법 제37조 제1항)

나. 업무수행성

'업무수행성'이란 사용자의 지배 또는 관리하에서 이루어지는 당해 근로자의 업무수행 및 그에 수반되는 통상적인 활동의 과정에서 재해의 원인이 발생한 것을 의미한다. 업무상 재해의 요건인 업무수행성은 반드시 근로자가 현실적으로 업무에 종사하는 동안만 인정할 수 있는 것이 아니라, 업무 수행에 수반하여 이루어지는 일련의 활동과정에서 일어난 재해도 업무수행성이 인정된다.(대법원 1995.03.14. 선고 94누7935 판결)

2) 소극적 요건

산재보험법 제37조 제2항 본문에서 '근로자의 고의·자해행위나 범죄행위 또는 그것이 원인이 되어 발생한 부상·질병·장해 또는 사망은 업무상의 재해로 보지 아니한다.(산재보험법 제37조 제2항 본문)'고 규정하고 있다. 다만, 그 부상·질병·장해 또는 사망이 정상적인 인식능력 등이 뚜렷하게 저하된 상태에서 한 행위로 발생한 경우로서 대통령령으로 정하는 사유가 있으면 업무상의 재해로 본다.(산재보험법 제37조 제2항 단서)

3. 회식 중 사고의 업무상 재해 해당 여부

(1) 문제점

甲은 회식 도중 건물에서 추락하여 부상을 입었는 바, 사안에서 甲의 회식에 참석한 행위 그 자체는 근로계약에 의하여 통상 종사할 업무로 규정된 것이 아니므로 업무수행성이 인정되지 않을 수 있지만, 업무상 재해의 성립요건으로서의 업무수행성은 반드시 근로자가 현실적으로 업무에 종사하는 동안만 인정할 수 있는 것이 아니라, 업무 수행에 수반하여 이루어지는 일련의 활동과정에서 일어난 재해의 경우에도 업무수행성이 인정된다는 점에서, 회식 중 발생한 사고를 사업주의 지배·관리 하에 있다고 보아 업무상 재해로 인정할 수 있는지 여부가 문제 된다.

(2) 견해의 대립

1) 업무상 재해 인정성

업무수행성은 반드시 근로자가 현실적으로 업무에 종사하는 동안만 인정할 수 있는 것이 아니라,

회식 등과 같이 업무 수행에 수반하여 이루어지는 일련의 활동과정에서 일어난 재해의 경우에도 업무수행성이 인정된다는 견해이다.

2) 업무상 재해 제한적 인정성

비록 근로자의 회식 등의 참석이 노무의 제공이라는 업무와 밀접·불가분의 관계에 있다 하더라도, 통상 사업주의 지배·관리 하에 있다고 할 수 없고, 따라서, 회식 등에 참석 중에 발생한 재해가 업무상의 재해로 되기 위하여는 사업주의 지배·관리 하에 있다고 볼 수 있는 경우라야 한다는 견해이다.

(3) 판례

근로자가 근로계약에 의하여 통상 종사할 의무가 있는 업무로 규정되어 있지 않은 회사 외의 행사나 모임에 참가하던 중 재해를 당한 경우, 이를 업무상 재해로 인정하려면, 우선 그 행사나 모임의 주최자, 목적, 내용, 참가인원과 그 강제성 여부, 운영방법, 비용부담 등의 사정들에 비추어, 사회통념상 그 행사나 모임의 전반적인 과정이 사업주의 지배나 관리를 받는 상태에 있어야 하고, 또한 근로자가 그와 같은 행사나 모임의 순리적인 경로를 일탈하지 아니한 상태에 있어야 한다(대법원 2007. 11. 15. 선고 2007두6717 판결 참조).는 것이 대법원의 입장이다.

(4) 검토

업무수행성은 반드시 근로자가 현실적으로 업무에 종사하는 동안만 인정할 수 있는 것이 아니라, 회식 등과 같이 업무 수행에 수반하여 이루어지는 일련의 활동과정에서 일어난 재해의 경우라고 근로자가 그와 같은 행사나 모임의 순리적인 경로를 일탈하지 아니한 상태에 있다고 볼 수 있는 한 업무수행성이 인정된다고 보는 것이 타당하다 할 것이다.

4. 2차 회식 중 사고의 업무상 재해 해당 여부

(1) 문제점

甲은 1차 회식을 마치고 만취한 상태에서 2차 회식 장소로 노래연습장으로 옮기고 얼마 지나지 않아 노래연습장에서 부상을 당하였는 바, 이러한 甲의 재해가 행사나 모임의 순리적인 경로를 일탈하지 아니한 상태에서 발생한 것으로 평가할 수 있어 업무수행성이 인정되므로 과음과 재해 사이에 인과관계가 인정되는 지 문제된다.

(2) 판례의 태도

사업주가 지배나 관리를 하는 회식에서 근로자가 주량을 초과하여 음주를 한 것이 주된 원인이 되어 부상·질병 또는 장해가 발생하거나 사망하게 된 경우에도 업무와 과음, 그리고 위와 같은 재해 사이에 상당인과관계가 인정된다면 산업재해보상보험법에서 정한 업무상 재해에 해당한다고 볼 수 있는 바, 여기서 업무와 과음, 재해 사이에 상당인과관계가 있는지는 사업주가 음주를 권유하거나 사실상 강요하였는지 아니면 음주가 근로자 본인의 판단과 의사에 의하여 자발적으로 이루어진 것인지, 재해를 당한 근로자 외에 다른 근로자들이 마신 술의 양은 어느 정도인지, 그 재해가 업무와 관련된 회식 과정에서 통상 수반하는 위험의 범위 내에 있는 것인지, 회식 또는 과음으로 인한 심신장애와 무관한 다른 비정상적인 경로를 거쳐 발생한 재해는 아닌지 등 여러 사정을 고려하여 신중하게 판단하여야 할 것이다.(대법원 2015. 11. 12. 선고 2013두25276 판결)

(3) 검토

근로자 甲이 참여한 회식이 사업주 측의 주최로 이루어진 것이라고 하더라도, 원고는 사업주의 강요 등이 없었음에도 자발적 의사로 자신의 주량을 초과하여 회식을 함께 하였던 다른 사람들의 음주량을 훨씬 넘는 과음을 하였고, 그것이 주된 원인이 되어 업무와 관련된 회식 과정에 통상 수반되는 위험이라고 보기 어려운 사고를 당하게 된 것으로 보이므로, 업무와 근로자 甲이 입은 재해 사이에 상당인과관계가 있다고 보기는 어렵다고 할 것이다.

4. 결론

근로자 甲이 주량을 초과하여 음주한 것이 주된 원인이 되어 상해가 발생하였다고 평가되므로 근로자 甲의 사고는 사업주의 지배나 관리를 받는 상태에 있었다고 보기 어렵다. 따라서, 이 사건 재해는 산업재해보상보험법상 요양급여의 대상이 되는 업무상 재해에 해당하지 않는다.

(쟁점) 출퇴근 재해(→사례: 105)

1. 문제점

업무상 재해로 인정되기 위해서는 적극적요건으로서 '업무수행성'과 '업무기인성'이 요구되는 바, 출퇴근 행위 그 자체는 업무를 직접 수행하는 것은 아니므로 업무수행성이 인정되지 않을 수도 있지만, **출퇴근 중 발생한 사고를 사업주의 지배 · 관리 하에 있다고 보아 업무상 재해로 인정할 수 있는지 여부가 문제 된다.**

2. 견해의 대립

(1) 업무상 재해 인정설

업무수행성은 반드시 근로자가 현실적으로 업무에 종사하는 동안만 인정할 수 있는 것이 아니라, 업무수행에 수반하여 이루어지는 일련의 활동과정에서 일어난 재해의 경우에도 업무수행성이 인정된다 할 것이므로, 출퇴근 중의 사고는 **업무와 밀접한 관련성**이 인정되므로 업무상 재해에 해당한다는 견해이다.

(2) 업무상 재해 제한적 인정설

비록 근로자의 출 · 퇴근이 노무의 제공이라는 업무와 밀접 · 불가분의 관계에 있다 하더라도, 일반적으로 출 · 퇴근 방법과 경로의 선택이 근로자에게 유보되어 있어 통상 사업주의 지배 · 관리 하에 있다고 할 수 없고, 따라서, 출 · 퇴근 중에 발생한 재해가 업무상의 재해로 되기 위하여는 사업주가 제공한 교통수단을 근로자가 이용하거나 또는 사업주가 이에 준하는 교통수단을 이용하도록 하는 등 근로자의 출 · 퇴근 과정이 사업주의 지배 · 관리 하에 있다고 볼 수 있는 경우라야 한다는 견해이다.

3. 헌법재판소의 헌법불합치 결정과 산재법 개정

대법원 전원합의체 판결은 출퇴근재해와 관련하여 근로자의 출 · 퇴근 과정이 **사업주의 지배 · 관리 하에 있다고 볼 수 있는 경우에 한하여** 업무상 재해로 인정하였다.(대법원[전합] 2007.09.08. 선고 2005두12572 판결) 위의 대법원의 판례에 따라 산업재해보상보험법이 개정(2008.7.1.시행)되어 법 제37조가 신설되고 시행령에 구체적인 인정 기준이 규정되었지만, 개정된 산업재해보상보험법은 사업주가 제공하는 교통수단 등을 이용하는 근로자와 그렇지 않은 근로자와의 차별문제가 발생하였다. 이에 **헌법재판소는 산업재해보상보험법 제37조 제1항 제1호 다목의 규정에 대해 헌법불합치 결정**을 선고하고 2017.12.31.을 시한으로 입법자의 개선입법이 있을 때까지 계속 적용을 명하였다.(헌재 2016.09.29. 선고 2014헌바254 결정)

4. 검토

업무수행성은 반드시 근로자가 현실적으로 업무에 종사하는 동안만 인정할 수 있는 것이 아니라, 업무수행에 수반하여 이루어지는 일련의 활동과정에서 일어난 재해의 경우에도 업무수행성이 인정된다고 보아야 할 것이므로, **합리적인 방법과 경로에 의한 출 · 퇴근 행위**라면 이는 **사업주의 지배 · 관리하**에 있다고 보아야 하고, 그러한 출 · 퇴근 과정에서 발생한 재해는 **업무상재해에 해당**한다고 보는 것이 타당하다.

사례연습105

출퇴근 재해의 업무상 재해 (대법원[전합] 2007.09.08. 선고 2005두12572 : 출제유력)

A사에 근무하는 근로자 甲과 乙은 2인 1조로 거래처 납품업무를 담당하고 있으며 甲은 운전을 乙은 납품과 관련된 보조업무를 담당하고 있다. 2016.8.20 甲은 乙과 함께 거래처에 납품하기 위해 운전하던 중 교통신호를 위반하여 과속으로 달리던 丙의 차량과 충돌하였고 이로 인해 현장에서 근로자 甲과 丙은 경상을 입었지만, 근로자 乙은 사망하였다.(1차 사고) 위 사고와 관련하여 운전 중이던 근로자 甲에게 30%의 과실이 상대편 차량의 운전자인 丙에게 70%의 과실이 각각 인정되었다. 그런데, 근로자 甲은 사고를 수습하고 A사에 돌아가서 인사부장에게 사고 경위에 대해서 보고한 후 자신의 승용차를 운전하여 평소 출퇴근하던 도로를 이용하여 집으로 가던 중, 교차로에서 교통신호를 위반하여 운전해 온 트럭과 충돌하여 현장에서 사망하였다.(이하 2차사고)

1. 1차 사고와 관련된 근로자 甲의 부상과 乙의 사망이 업무상 재해에 해당되는가?

2. 2차 사고와 관련된 근로자 甲의 사망이 업무상 재해에 해당되는지에 대해 논하시오.

1. 쟁점의 정리

사안에서 근로자 甲은 乙과 함께 업무시간 중 거래처에 납품하기 위해 운전하던 중 교통신호를 위반하여 과속으로 달리던 丙의 차량과 충돌하여 인해 현장에서 근로자 甲은 경상을 입고 근로자 乙은 사망하였는 바 (1차사고), 근로자 甲의 부상과 乙의 사망이라는 1차사고가 업무상 재해에 해당하는 지의 여부를 검토하기 위해서 먼저 업무상 재해의 의미를 살펴본 후, 업무상 재해의 성립요건을 중심으로 검토하도록 한다.

2. 1차 사고의 업무상 재해 해당 여부

(1) 업무상 재해의 의미

(2) 업무상 재해 성립 요건

1) 적극적 요건

가. 업무기인성

나. 업무수행성

'2) 소극적 요건

(3) 사안의 경우

근로자 甲은 乙과 함께 업무시간 중 거래처에 납품하기 위해 운전하던 중 교통신호를 위반하여 과속으로 달리던 丙의 차량과 충돌하였고 이로 인해 현장에서 근로자 甲은 경상을 입었지만, 근로자 乙은 사망하였는 바, (i) 먼저 적극적 요건과 관련하여, ① 근로자 甲과 乙은 업무수행 중 발생한 사고인 것이 명백하므로 '업무수행성' 요건을 충족하고, ② 업무수행 중 발생한 사고가 직접 원인이 되어서 甲은 부상을 입었고 乙은 사망을 하였으므로 근로자 甲과 乙이 담당하는 업무와 부상 및 사망 사이에 상당인과관계가 있음이 명백하므로 '업무기인성' 요건도 만족한다. (ii) 소극적 요건과 관련하여 1차 사고에 대해 근로자 甲에게 30%의 과실이 인정되지만 이것은 고의・자해행위나 범죄행위 등에는 해당되지 않으므로 '소극적 요건'도 충족한다. 따라서, 1차 사고와 관련된 근로자 甲의 부상과 乙의 사망은 업무상 재해에 해당된다.

3. 2차 사고의 업무상 재해 해당 여부

(1) 문제점

甲은 업무를 마치고 자신의 승용차를 운전하여 평소 출퇴근하던 도로를 이용하여 집으로 가던 중 교통사고로 사망하였다.(2차 사고), 그런데, 업무상 재해로 인정되기 위해서는 적극적요건으로서 '업무수행성'과 '업무기인성'이 요구되는 바, 사안에서 甲의 출퇴근 행위 그 자체는 업무를 직접 수행하는 것은 아니므로 업무수행성이 인정되지 않을 수 있지만, 업무상 재해의 성립요건으로서의 업무수행성은 반드시 근로자가 현실적으로 업무에 종사하는 동안만 인정할 수 있는 것이 아니라, 업무 수행에 수반하여 이루어지는 일련의 활동과정에서 일어난 재해의 경우에도 업무수행성이 인정된다는 점에서, 출퇴근 중 발생한 사고를 사업주의 지배・관리 하에 있다고 보아 업무상 재해로 인정할 수 있는지 여부가 문제 된다.

(2) 견해의 대립

1) 업무상 재해 인정성

업무수행성은 반드시 근로자가 현실적으로 업무에 종사하는 동안만 인정할 수 있는 것이 아니라, 회식 등과 같이 업무 수행에 수반하여 이루어지는 일련의 활동과정에서 일어난 재해의 경우에도 업무수행성이 인정된다는 견해이다.

2) 업무상 재해 제한적 인정성

비록 근로자의 회식 등의 참석이 노무의 제공이라는 업무와 밀접・불가분의 관계에 있다 하더라도, 통상 사업주의 지배・관리 하에 있다고 할 수 없고, 따라서, 회식 등에 참석 중에 발생한 재해가 업무상의 재해로 되기 위하여는 사업주의 지배・관리 하에 있다고 볼 수 있는 경우라야 한다는 견해이다.

(3) 판례

대법원 전원합의체 판결은 '근로자가 선택한 출퇴근 방법이 근로자에게 유보되어 있어 통상 사업주의 지배・관리하에 있다고 할 수 없다.'고 하여 출퇴근 중의 재해는 원칙적으로 업무상 재해가 될 수 없다고 하면서, '산업재해보상보험법에서 근로자가 통상적인 방법과 경로에 의하여 출・퇴근하는 중에 발생한 사고를 업무상 재해로 인정한다는 특별한 규정을 따로 두고 있지 않은 이상, 근로자가 선택한 출・퇴근 방법과 경로의 선택이 통상적이라는 이유만으로 출・퇴근 중에 발생한 재해가 업무상의 재해로 될 수는 없다.'고 판시하여 출퇴근재해와 관련하여 근로자의 출・퇴근 과정이 사업주의 지배・관리 하에 있다고 볼 수 있는 경우에 한하여 업무상 재해로 인정하였다.(대법원[전합] 2007.09.08. 선고 2005두12572)

(4) 헌법재판소의 헌법불합치 결정

위의 대법원의 판례에 따라 산업재해보상보험법이 개정(2008.7.1.시행)되어 법 제37조가 신설되고 시행령에 구체적인 인정기준이 규정되었지만, 개정된 산업재해보상보험법은 사업주가 제공하는 교통수단 등을 이용하는 경우의 출퇴근 중의 사고에 대해서만 산재를 인정하였기 때문에 사업주가 제공하는 교통수단 등을 이용하는 근로자와 그렇지 않은 근로자와의 차별문제가 발생하였다.

이에 헌법재판소는 이에 헌법재판소는 근로자의 출퇴근 행위는 업무의 전 단계로서 업무와 밀접·불가분의 관계에 있다는 점을 고려하여 산업재해보상보험법 제37조 제1항 제1호 다목의 규정에 대해 헌법불합치 결정을 선고하고 2017.12.31.을 시한으로 입법자의 개선입법이 있을 때까지 계속 적용을 명하였다.(헌재 2016.09.29. 선고 2014헌바254 결정)

(5) 산업재해보상보험법 개정(법률 제14933호, 2018. 1.1. 시행)

헌법재판소의 헌법불합치 결정에 따라 개정된 산업재해보상보험법 제5조 제8호에서 '출퇴근이란 취업과 관련하여 주거와 취업장소 사이의 이동 또는 한 취업장소에서 다른 취업장소로의 이동을 말한다.'는 규정을 신설하고, 산업재해보상보험법 제37조 제1항 제3호 나목에 '그 밖에 통상적인 경로와 방법으로 출퇴근하는 중 발생한 사고'라는 규정을 신설하여 사업주가 제공한 교통수단이나 그에 준하는 교통수단을 이용하는 등 사업주의 지배관리 하에서 출퇴근하는 중 발생한 사고외의 경우에도 업무상 재해가 인정될 수 있도록 하였다.

(6) 검토

업무수행성은 반드시 근로자가 현실적으로 업무에 종사하는 동안만 인정할 수 있는 것이 아니라, 업무 수행에 수반하여 이루어지는 일련의 활동과정에서 일어난 재해의 경우에도 업무수행성이 인정된다고 보아야 할 것이므로, 사업주가 제공한 교통수단이나 그에 준하는 교통수단을 이용하는 등 사업주의 지배관리하에서 출퇴근 중 발생한 사고에 한하여 업무상 재해를 인정하는 것은 합리적 이유 없는 차별로서 헌법상 평등원칙에 위배된다고 판단된다. 따라서, 합리적인 방법과 경로에 의한 출·퇴근 행위라면 이는 사업주의 지배·관리하에 있다고 보아야 하고, 그러한 출·퇴근 과정에서 발생한 재해는 업무상재해에 해당한다고 보는 것이 타당하다.

4. 결론

사안에서 근로자 甲은 사고를 수습하고 자신의 자가용을 운전하여 평소 출퇴근하던 도로를 이용하여 퇴근하는 과정에서 발생한 사고는 ① '산업재해보상보험법 제37조 제1항 제3호 나목의 '그 밖에 통상적인 경로와 방법으로 출퇴근하는 중 발생한 사고'에 해당하고, ② 그 외에 출퇴근 경로 일탈 또는 중단이 있는 사정이 엿보이지 않으며 (산업재해보상보험법 제37조 제3항 단서), ③ 출퇴근 경로와 방법이 일정하지 아니한 직종으로 대통령령(산업재해보상보험법 시행령 제35조의2)으로 정하는 경우에 해당하지 않으므로(산업재해보상보험법 제37조 제4항) 산업재해보상보험법상 업무상 재해에 해당한다.

(쟁점) 제3자에 대한 손해배상과의 조정(→사례: 106)

1. 조정의 원칙

업무상 재해가 보험가입자(사업주) 이외의 제3자의 귀책사유로 인하여 발생한 경우, 산재보험급여를 지급한 근로복지공단은 그 보험급여액의 한도 안에서 보험급여를받은 자의 제3자에 대한 손해배상청구권을 대위한다.(산재법 제87조 제1항) 이 경우에 수급권자가 제3자로부터 동일한 사유로 산재법의 보험급여에 상당하는 손해배상을 먼저 받으면, 근로복지공단은 그 배상액을 대통령령으로 정하는 방법에 따라 환산한 금액의 한도 안에서 산재법에 따른 보험급여를 지급하지 아니한다.(산재법 87조 2항)

2. 제3자의 범위

(1) 제3자의 의미

'제3자'라고 함은 보험가입자인 사업주와 함께 **직 · 간접적으로 재해근로자와 산업재해보상보험관계가 없는 자**로서, 재해근로자에 대하여 불법행위책임 내지 자동차손해배상보장법이나 민법 또는 국가배상법의 규정에 의하여 손해배상책임을 지는 자를 말한다.

(2) 제3자에서 제외되는 경우

1) 동료 근로자

근로자가 동일한 사업주에 의하여 고용된 동료 근로자의 행위로 인하여 업무상 재해를 입은 경우에 그 동료 근로자는 보험가입자인 사업주와 함께 직 · 간접적으로 재해근로자와 산업재해보상보험관계를 가지는 자로서 위 제3자에서 제외된다.(대법원 2004.12.24. 선고 2003다33691 판결 등)

2) 같은 장소에서 하나의 사업의 분할의 경우

보험가입자인 2 이상의 사업주가 같은 장소에서 하나의 사업을 분할하여 각각 행하다가 그 중 사업주를 달리하는 근로자의 행위로 재해가 발생한 경우에도 제3자의 행위에 의한 재해에 해당하지 않는다.(산재법 제87조 제1항 단서)

3) 도급사업의 일괄적용

건설업에서 수차의 도급에 의하여 사업이 시행되면 그 원수급인이 하수급인의 근로자에 대해서까지 산재보험을 가입하게 되므로 원수급인이 보험가입자가 되는 바(보험료징수법 제9조) 이러한 경우에는 하수급인이 고용한 근로자도 원수급인의 근로자로 보아야 하므로 하수급인이 고용한 근로자에 의해 발생한 재해도 제3자의 행위에 의한 재해에 해당하지 않는다.(대법원 1994.11.18. 선고 93다3592 판결)

3. 조정의 범위

근로복지공단은 **제3자의 행위**에 의한 재해로 인하여 보급여를 지급한 경우에는 그 급여액의 한도 안에서 급여를 지급받은 자의 제3자에 대한 손해배상청구권을 대위하는 바(산재법 제87조 제1항 본), 따라서, 제3자의 행위에 의하여 재해를 입은 근로자에게 보험급여를 지급한 근로복지공단이 산재법 제87조 제1항에 따라 제3자에게 행사하는 구상권은 보험급여와 그 성질과 대상기간을 같이 하는 **피해 근로자의 제3자에 대한손해배상청구권의 금액을 한도**로 한다.(대법원 2009.05.21. 선고 2008다13104 판결)

사례연습 106

재해보상 청구권과 근로자의 책임제한 (노동법 사례연습, 하경효, 2008, 박영사, P249)

甲은 1998년 12월 1일부터 창고업체인 A사에 입사하여 창고에서 지게차로 화물을 쌓는 작업을 하여 왔다. 1999년 3월 1일에 甲은 야간작업을 하다가 실수로 쌓여 있는 화물상자를 무너뜨려 옆에 쌓아 놓은 다른 화물상자를 파손하였고, 주변에서 작업하던 동료 근로자 乙에게 상해를 입혔다. 또한 甲 자신도 무너지는 화물상자에 부딪쳐 다리에 골절상을 입었다. 그런데 A사의 창고는 장소가 매우 협소하고, 조명등의 전기설비가 미비하여 작업환경이 좋지 못한 편이었다. 이 경우 A사, 甲, 乙의 법률관계를 설명하라.

1. 문제의 소재

근로자 乙이 작업도중에 근로자 甲의 과실에 의하여 신체상의 손해를 입었으므로, 우선 甲이 乙에 대하여 민법 제750조상의 불법행위책임을 지는지 여부가 문제된다. 나아가 A사에 대해서는 근로자 甲의 사용자로서 피해자인 乙에 대하여 민법 제756조상의 사용자책임의 성립이 문제되며, 특히 이 A사에 고용된 근로자이기 때문에 근기법상의 재해보상책임 및 산재보험법의 적용 여부가 검토되어야 한다. 또한 甲이 A사에 대하여 채무불이행책임(적극)적 채권침해)과 불법행위책임을 부담하는지가 검토될 수 있다. 한편 이와 같이 甲의 부주의에 기한 손해에 대하여 배삼책임이 인정되는 경우에도 가해행위가 작업수행중에 발생한 재해라는 점에서 甲의 책임이 제한될 수 있는지 여부를 살펴보아야 한다.

2. 甲과 乙의 법률관계

甲은 지게차로 화물을 적재하는 작업을 수행하는 도중에 화물상자를 넘어뜨려 乙에게 상해를 입혔다. 甲의 이와 같은 과실있는 위법한 행위에 의하여 乙에게 손해가 발생하였으므로 甲의 행위는 민법 제750조의 불법행위를 구성한다. 따라서 甲은 乙에게 불법행위에 의한 손해배상책임을 부담하게 된다.

3. A사와 乙의 법률관계

(1) A사의 사용자책임

甲과 A사 사이에는 근로계약관계가 성립하고 있으므로, A사가 사용자의 지위에 따라 민법 제756조상의 사용자책임을 부담하는지 여부가 문제된다. 사용자책임의 성립요건으로는 ① 피용자의 가해행위, ② 사용관계의 존재, ③ 업무 집행관련성, ① 면책사유의 부존재 등을 들 수 있다. 본 사안의 경우 A사는 甲을 고용하여 지게차의 운전에 종사하게 하였는데 그 업무수행중에 乙에 대한 상해가 발생하였으므로 사용관계의 존재 및 '업무집행관련성'은 인정될 수 있다고 본다. 한편 피용자의 가해행위라는 요건과 관련하여서는 학설의 대립이 있다. 대위책임설에서는 피용자의 불법행위의 성립을 사용자책임의 전제요건으로 보고 있으나, 자기책임설에서는 피용자의 불법행위의 존재라는 요건은 반드시 필요하지 않고 피용자에 대해 선임 ·감독상의 주의의무를 제대로 다하지 못한 데 따른 책임으로서 사용자책임을 인정한다. 본 사안의 경우에는 근로자 甲의 불법행위가 이미 성립하고 있기 때문에 학설대립에 따른 사용자책임의 성립에 차이가 발생하지 는 않는다. 나아가 A사는 위의 가해행위의 발생을 방지하는 데 필요한 제반조치를 취하였어야 함에도 불구하고 협소한 작업창고에 전기시설을 제대로 설치하지 않았고, 이러한 상황에서 야간작업을 하다가 乙에게 상해가 발생하였기 때문에 甲에 대한 업무감독상의 주의의무를 다한 것으로 볼 수 없다.따라서 A사는 피해근로자 乙에게 사용자책임을 부담한다. 한편 민법 제756조 제1항 단서에 따르면 "사용자는 피용자의 선임 및 그 사무감독에 상당한 주의를 한 때, 또는 상당한 주의를 하여도 손해가 있을 경우"에 그 책임을 면할 수 있다고 규정하고 있으나, 판례는 실제에 있어서 동 단서의 적용과 관련하여 사용자의 면책을 거의 인정하지 않고 있다. 통설과 판례에 의하면 근로자 甲과 사용자 A사는 乙에 대하여 부진정연대채무관계에 있다.

(2) A사의 안전배려의무 위반에 기한 손해배상책임

일반적으로 근로관계에서 사용자는 주된 급부의무인 임금지급의무를 부담하는 외에 근로자의 생명·신체·건강 등을 보호하여야 할 신의칙상의 부수적 의무로서의 안전배려의무를 부담한다. 따라서 사용자는 생산설비 · 기계·원료·보호구 등과 같은 물건에 대해서뿐만 아니라, 노무관리상 발생할 수 있는 위험으로부터 근로자의 법익을 보호하기 위한 제반조치를 강구하여야 한다. 또한 사용자가 안전배려의무 이행을 위하여 이행보조자를 둔 경우에 그 이행보조자의 행위에 의하여 재해가 발생한 때에는 이는 곧 사용자의 안전배려의무 불이행이 된다(빈법 제391조, 제390조). 그러나 안전배려의무와 관련한 이행보조자로 볼 수 없는 동료근로자에 의한 업무상 재해에 대하여 사용자는 민법 제391조에 기한 책임을 원칙적으로 부담하지 않는다고 할 것이다. 사안에서 甲을 A사가 안전배려의무의 이행을 위하여 특별히 둔 보조인으로 볼 수는 없기 때문에 사용자인 A사에게 피해자인 乙에 대한 안전배려의무위반으로서의 적극적 채권침해에 따른 손해배상의무를 부담하도록 할 수는 없다고 생각한다. 본 사안의 내용에 비추어 본다면 오히려 乙이 직접 A사에 대하여 창고작업장 내의 필요한 안전조치의 미비(입출고 공간협소, 전기시설미비에 기한 안전배려의무위반에 따른 손해배상청구가 가능하다고 본다(민법 제390조).

(3) A사의 재해보상책임

1) 재해보상제도의 의의

乙은 A사의 근로자로 작업중에 부상을 당하였다. 乙은 그 신체적 부상에 대하여 민법상의 손해배상청구를 통해 손해를 보전받는 방법도 있지만, 이는 과실의 입증부담 등 소송수행에 있어서 어려운 점들이 많다. 노동관계법은 이와 같은 난점을 해소하고 근로자를 보호하기 위해 이른바 재해보상제도를 마련해 놓았는바, 여기에는 근기법에 의한 재해보상제도와 산재보험법상의 산재보험제도가 있다. 양 재해보상제도들이 가지는 특징은 모두 사용자의 무과실책임주의를 원칙으로 하고 있다는 점이다. 따라서 근로자는 사용자의 귀책사유를 별도로 입증할 필요가 없으며 그 청구권의 발생 여부는 재해보상요건의 충족 여부로 판단·결정되므로 근로자의 청구권행사가 용이하다. 이때 사용자는 근로자에게 산재보험법상의 보험급여 청구권의 발생을 이유로 재해보상의 의무를 면하게 된다 (근로기준법 제87조, 산재보험법 제80조)

2) 乙의 재해보상청구권

乙이 A사에 대해 근기법상의 재해보상을 청구할 수 있기 위해서는 신체상의 부상이 '업무상 발생한 것이어야 한다(근로기준법 제89조 이하). 그리고 근로기준법에 의한 휴업보상과 장해보상의 경우에는 당해 부상에 대하여 乙에게 중대한 과실이 없어야 한다.

근로자의 부상이 업무상 재해가 되는지에 대한 판단기준으로는 '업무수행성'과 '업무기인성' 이 있다. 업무수행성이란 사업주의 지배·관리하에서 근로자가 작업을 행하는 것을 의미하고, 업무기인성은 업무상의 행동 · 작업조건또는 작업환경과 재해와의 사이에 상당인과관계가 존재하는 것을 의미한다.일반적으로 업무수행성이 있는 한 업무기인성은 추정된다. 그러므로 업무기인성을 부인하기 위하여는 사용자가 반증사유의 존재를 입증하지 않으면 안된다.

본 사안에서 乙은 회사창고에서 업무를 수행하던 중에 부상을 당한 것이므로 업무수행성과 업무기인성은 충족된 것으로 보여진다. 한편 사용자인 A사의 재해보상책임은 무과실책임이므로 과실이 없는 경우에도 근로자에 대한 보상책임을 부담한다. 따라서 乙은 근기법에 따른 요양보상(치료 및 요양에 드는 비용의 보상), 휴업보상(요양기간중 취업하지 못한 경우 평균임금의 60%), 장해 보상(부상의 완치 후에도 신체상의 장애가 남아 있는 경우 재해보상표에 따른 보상)을 청구할 수 있다.

그러나 원칙적으로 모든 사업 또는 사업장의 사업주는 의무적으로 산재보험에 가입하여야 하기 때문에 근기법의 적용을 받는 대부분의 사업 또는 사업장에 산재보험법이 적용되고 있다. 따라서 재해보상의 거의 대부분은 근기법에 의한 직접 보상보다는 산재보험에 의한 보험급여를 통해 이루어지고 있는 실정이다. 산재보험에 따른 보험급여 수준은 근기법에 기한 재해보상 수준보다 대체로 높은 편이며, 특히 근로자의 중과실의 경우 휴업 및 장해보상의 제한을 인정하는 근로기준법 제81조와 같은 규정이 산재보험법에는 존재하지 않는다. 산재보험의 주체는 근기법상의 보상주체가 사용자인 점과는 달리 국가 (노동부장관)가 된다. 따라서 보험급여관계는 노동부장관과 해당 근로자와의 관계이다. 그러므로 A사가 산재보험법상의 보험에 가입되어 있는 경우, 사용자인 A사는 乙에게 산재보험법상의 보험급여청구권이 구체적으로 발생하고 있음을 주장·입증하여 근기법상의 보상지급의무를 면할 수 있고, 피해근로자인 乙에게는 산재보험법상의 보험급여청구권이 인정된다.

(4) 각 청구권 사이의 관계

재해보상이 행하여진 경우에 A사는 乙에게 부담하는 민법상의 손해배상 책임 (민법 재390조,

제750조 이하)에 대하여도 동일한 성질의 손해에 관한 한, 그 가액의 한도에서 책임을 면한다. 그러나 민법상의 손해배상과 재해보상은 그 책임의 성질및 요건을 달리하는 것이므로 재해보상을 받았다고 하여 언제나 민법상의 손해배상청구가 배제되는 것은 아니다. 또한 A사가 乙에게 민법상의 손해배상을 한 경우에는 사용자의 재해보상책임은 그 한도 내에서 감면된다 (근로기준법 제97조). 산재보험에 따른 보험급여의 경우에도 이와 같이 이해하여야 할 것이다. 제주항). 그러나 위자료는 재해보상의 범위에 속하지 않으므로 위자료의 지급은 재해보상액 산정에 아무 영향이 없고, 재해보상을 하였음을 이유로 하여 위자료지급책임을 면하지는 못한다.

4. A사와 甲의 법률관계

(1) A사의 재해보상권

甲은 지게차로 화물의 적재작업과정에서 부상을 당하였기 때문에 A사에 대하여 재해보상을 청구할 수 있다. 근로자 甲의 부상은 작업수행 과정중에 자신의 과실에 기하여 야기된 것이기는 하나 창고의 협소함과 야간작업, 그리고 근무기간 등을 고려한다면 중대한 과실이 있다고 보기 어려울 것이다.물론 산재보험법이 적용되는 경우에는 甲의 중과실이 인정된다 할지라도 재해보상에 아무런 제한을 받지 않는다. 따라서 甲은 A사에 대하여 재해보상을 청구할 수 있을 것인데 A사가 산재보험가입대상업체로 보이기 때문에 실제로 모은 근로복지공단에 산재보험급여를 청구하게 될 것이다. 이 외에도 甲은 A사에 대하여 안전배려의무 위반에 기한 손해배상청구도 가능할 것이다. 그러나 이 경우에는 甲의 부상이 자신의 과실있는 행동에 의하여 야기된 것이어서 과실상계가 적용되므로 甲에게는 불리할 수 있으나, 위자료청구가 가능하다는 점을 고려하여 민사상의 손해배상청구가 궁극적으로 실익이 있는지판단하여야 할 것이다

(2) A사의 구상권

1) 문제점

피해자에 대하여 사용자책일과 가해행위를 한 피용자의 책임이 동시에 성립한 경우 대외적으로 양 책임은 독립된 관계에 있다. 학설과 판례는 사용자와 피용자 사이에서는 연대채무에 있어서와 같은 주관적 공동관계가 없다는 측면과 피해자의 보호라는 측면에서 이를 부진정연대채무관계로 본다. 사안에서와 같이 甲에 의하여 동료근로자 그의 부상이 발생한 때에 A사가 사용자책임에 기하여 乙에게 손해배상을 한 경우에 A사의 甲에 대한 구상권의 인정과 그 제한문제가 제기된다.

2) 사용자 A사의 구상권

민법 제756조 제 3항에 따르면, 사용자는 피용자에 대하여 구상권을 행사할 수 있다고 규정하고 있으므로 A사가 발생한 손해의 전액을 배상한 경우에는 甲에게 구상권을 행사할 수 있다.그런데 사용자책임의 본질과 관련하여 보면 사용자는 피용자를 사용하여 그 자신의 활동영역을 확대하는 것이므로 이로 인한 피용자의 침해행위도 사용자의 행위 범위 내에서 판단되어

야 한다는 점에서 사용자책임을 보상책임 내지 위험책임으로서의 측면이 반영된 것으로 볼 수 있다. 이때 사용자책임은 피해자의 보호를 위하여 단순히 피용자책임을 담보하는 대위 책임으로서가 아니라 고유의 채무를 가지는 자기책임으로 구성할 수 있다. 이에 따른다면 사용자책임은 사용자 자신의 고유 책임이고 피용자의 불법행위책임이 성립한 경우에도 사용자책임은 본래 자기의 고유한 부담 부분에 대하여는 피용자에게 구상할 수 없다. 그러나 피용자의 업무집행과 관련한 불법행위에 대하여 사용자가 대위하여 책임을 부담한다는 관점에서 사용자책임을 인정하는 다수 견해에 따르면 사용자는 피용자에 대해 원칙적으로 전역을 구상할 수 있으며 다만, 전액 구상이 신의칙에 비추어 허용될 수 없는 경우에는 구상권이 제한될 수 있다.

본 사안에서는 사용자책임의 본질을 어떻게 파악하느냐에 상관없이 A사의 구상권은, A사의 안전시설이나 조치상의 과실 창고가 비좁고 어두운 상태에 서 근로자 甲을 야간작업에 투입한 사실)이 인정되므로 제한되어야 할 것이다.

(3) 근로자의 책임제한이론에 기한 근로자 甲의 책임제한

1) 근로자책임제한법리의 배경

민법상의 손해배상법리에 의하면 원칙적으로 근로자는 작업수행중에 자신의 고의·과실로 인해 야기된 모든 손해에 대하여 배상할 책임이 있다. 그러나 작업의 성질상 근로자가 배상할 수 없는 정도의 손해가 흔히 근로자의 경미한 과실에 의하여도 발생하며, 또한 산업사회에 있어서 주의깊은 근로자라도 작업중 부주의를 범하게 마련이므로 이러한 이유로 근로자의 사용자에 대한 책임을 제한하려는 근로자책임제한법리가 나타나게 되었다.[4] 이에 따르면 그의 · 중과실의 경우에는 근로자가 책임을 전적으로 부담하고, 보통(중간) 과실인 경우에는 책임을 분담하고, 최경과실인 경우에는 사용자가 궁극적으로 책임을 부담하게 된다.

2) 근로자책임제한법리의 일반적 내용

종래 독일에서는 근로자책임제한의 근거로 오랫동안 사용자의 배려의무가 제시되었다. 그러나 근로자책임제한문제는 손해귀속에 관한 사항인데 비해 배려의무는 손해귀속 근거로 될 수 없다는 관점에서 7 현재는 경영위험은 원칙적으로 사용자가 부담해야 한다는 점을 근로자의 책임의 면제 내지 경감의 근거로 삼는 것이 일반적이다.

사용자가 근로자로 하여금 일정한 업무를 수행하도록 하였다면 이에 따른 손해 (책임) 위험을 근로자에게 모두 부담시키는 것은 타당하지 않다는 점은 분명하다. 사용자가 자신이 직접 그러한 업무를 수행하는 경우에는 손해위험 내지 발생된 손해에 대한 책임을 회피할 수 없다는 점에서, 근로자를 사용하였다고 하여 자신이 부담해야 하는 이러한 위험을 전부 근로자에게 이전할 수 있는 것은 아니라고 할 것이다. 물론 이러한 경영위험의 분배라는 측면에서 근로자책임제한의 근거를 찾을 수는 있지만, 어떠한 요건에서 어느 정도로 사용자와 근로자에게 이러한 손해를 귀속시킬 수 있느냐를 판단함에 있어서는 사용자의 보호의무 내지 배려의무가 여전히 유용하게 고려될 수 있을 것이다.

근로자책임제한문제는 사용자책임( )에서 사용자의 피용자(근로자)에 대한 구상권행사의 제한과도 관련된다. 특히 사용자책임의 본질을 사용자의 피용자에 대한 선임·감독상의 주의의무와 관련한 사용자의 과실에서 찾는다면 사용자와 피용자 사이의 과실의 정도에 따라 손해배상에 대한 부담부분이 결정되고 피용자의 부담부분에 대해서만 구상권이 인정될 수 있을 것이다. 이처럼 근로자책임제한이론과 동일한 결과를 민법의 사용자책임규정의 해석을 통해서도 근거지울 수 있는 가능성이 있다.

3) 사안에서의 검토

본 사안의 경우 甲이 조명시설이 불량한 상태에서 야간에 비좁고 화물이 백백하게 들어선 창고에서 지게차를 운전하여야 하는 상황을 고려한다면 구체적으로 손해야기의 위험성이 존재하고 A사가 그 위험원을 창출한 것으로 볼 수 있다. 따라서 이러한 상태에서 작업을 수행하다가 손해를 야기시킨 경우에는 근로자책임제한의 원칙이 적용될 수 있다고 보아야 한다.

또한 사용자는 위험원을 조성하고, 근로자를 사용하여 이익을 취득하므로 이에 따른 손해위험도 부담하는 것이 공평의 관념에도 부합한다. 사례에서 A사는 甲을 고용하여 자기의 활동범위를 확대하고 이윤을 확보하기 위하여 창고에서 일정한 업무에 종사하게 함으로써 언제든지 손해위험이 발생할 수 있는 위험원을 제공하였다. 이에 따라 근로자의 책임제한 원칙이 적용되는 경우에는 구체적으로 A사의 甲에 대한 손해배상청구권이나 구상권이 제한될 수 있다. 그리고 甲은 자신의 책임이 제한되는 한도에서 A사에게 동료근로자인 乙에 대한 책임을 면제하여 줄 것을 청구할 수 있다.

5. 결론

乙은 작업도중에 동료근로자 甲의 과실에 의하여 신체상의 손해를 입었으므로, 甲에 대하여 불법행위책임제)을 물을 수 있으며, 甲의 사용자인 A사에게는 사용자책임(제조)을 물을 수 있다. 이 경우 양자는 부진정연대채무관계에 있게 된다. 그리고 은 A사에 대하여 창고작업장 내의 필요한 안전조치의 미비에 기한 안전배려의무위반에 따른 손해배상청구권을 행사할 수 있을 것인데 (민법 제750조), 이와는 별도로 당해 상해는 업무수행중에 발생한 것이므로 근기법상의 재해보상청구권 또는 산재법상의 보험급여청구권이 인정된다.

甲은 작업도중에 부상을 당하였기 때문에 A사에 대하여 재해보상을 청구할 수 있다. 또한 A사에 대한 안전배려의무위반에 대한 손해배상청구도 가능하나 이 경우에는 과실상계가 적용된다. 그리고 甲은 근로자책임제한법리에 따라 자신의 책임이 경감 또는 면제되는 한도에서 A사에게 乙에 대한 책임을 면제하여 줄 것을 청구할 수 있다. 한편 A사는 甲에 대하여 화물손괴에 따른 손해배상청구권과 乙에 대한 사용자책임에 따른 구상권을 가지나, 근로자책임제한법리에 따라 그 내용이 제한될 수 있다.

4) 사용자에 대한 근로자의 책임제한 원칙은 독일의 학설과 판례에 의해서 형성된 것이고, 우리나라의 판례에서도 이 원칙의 영향을 받은 듯한 판결을 내놓은 바 있다(대법원 1987. 9. 8. 선고, 86다카1045 판결)

제13장 산업안전보건법

1. 서설

제1조(목적) 이 법은 산업 안전 및 보건에 관한 기준을 확립하고 그 책임의 소재를 명확하게 하여 산업재해를 예방하고 쾌적한 작업환경을 조성함으로써 노무를 제공하는 사람의 안전 및 보건을 유지 · 증진함을 목적으로 한다.

(1) 산업안전보건법의 의의

산업안전보건법(이하 '산안법')은 산업안전보건에 관한 기준을 확립하고, 그 책임의 소재를 명확하게 하여 산업재해를 사전에 예방하고 쾌적한 작업환경을 조성함으로써 근로자의 안전과 보건을 유지·증진시키고자 제정되었다(산안법 제1조). 산업안전법은 사용자의 안전배려 의무와 근로자의 사고대처 의무 등을 법률상 의무로 구체화하고, 노사에게 산업재해 예방을 위한 기준을 준수하도록 함과 동시에 정부차원의 책무를 설정함으로써 근로자의 생명·신체·건강 등에 대한 보호를 강화시키는데 의의가 있다. 산업안전법에서 '산업재해'란 근로자가 업무에 관계되는 건설물·설비·원재료·가스·증기·분진 등에 의하거나 작업 또는 그 밖의 업무로 인하여 사망 또는 부상하거나 질병에 걸리는 것을 말한다(산안법 제2조제1호). 2020.1.16. 부터 시행된 산업안전법 전부개정법률은 산안법의 적용대상을 근로자뿐 아니라 '노무를 제공하는 자'로 정의하여 그 대상을 확대하였다.[1)]

(2) 산업안전법상 사업주

산안법에서의 사업자란 근로자를 사용하여 사업을 하는 자(산안법 제2조 제3호), 즉 사업경영 이익의 실질적인 귀속주체가 되는 '사업주'를 의미한다.(따라서 근로기준법상 사용자와 개념이 동일하지 않다.) 즉, 개인기업에서는 '개인', 법인기업의은 법인의 경우에는 '법인' 그 자체가 사업주이다. 건설현장에서 사업주는 건축주가 아니라 시공업자가 된다.(대법원 2008.08.21. 선고 2008도5431 판결) 한편, 파견사업에서 파견중인 파견근로자에 대해서는 사용사업주를 산업안전법상 의무가 있는 사업주로 판단하며, 파견사업주와 사용사업주가 산업안전법을 위반하는 내용을 포함한 근로자 파견계약을 체결하고 파견근로자를 근로하게 하여 산업안전법을 위반하면 파견사업주와 사용사업주 모두를 사업주로 보고 벌칙을 적용한다.(파견법 제35조제6항, 산업법 제2조제3호)

---

1) 구체적으로는 그동안 산업재해 위험에 노출되어 있음에도 불구하고, 산업안전보건법의 보호대상에서는 제외되었던 건설기계 차주겸 운전사 배달종사자 등 특수형태근로종사자를 보호대상으로 포함하였다(법 제1조 및 법제77조 내지 제79조).

2. 산업안전보건 관리체제(→사례: 107)

산안법은 산업재해의 방지를 위하여 사업장 내에 안전보건관리체제를 확립하도록 '사업주'에게 일정한 의무를부과하고 있는 바, 산안법에서 규정한 주요 산업안전보건관련 체제는 다음과 같다.

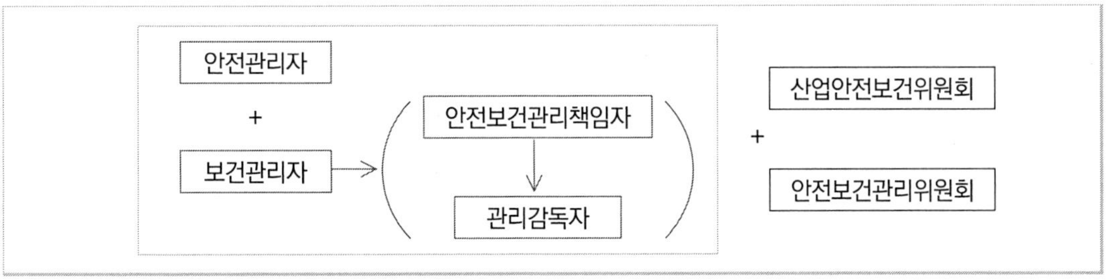

(1) 안전보건관리책임자와 관리감독자(라인)

1) 안전보건관리책임자

상시 근로자 100인 이상을 사용하는 사업과 상시 근로자 100인 미만을 사용하는 사업 중 고용노동부령이 정하는 사업[2]의 사업주는 사업장에 '안전보건관리책임자'를 두어야 한다(산안법 제15조). 안전보건관리책임자는 사업주로부터 안전보건관리에 관한 총괄책임을 위임받은 자로서 전무이사, 상무이사 등 임원 혹은 부장, 차장 등이 선임될 수 있을 것이지만, 실질적으로 사업장의 안전보건관리를 총괄 관리하는 권한과 책임을 가진 자라야 한다.

안전보건관리책임자가 해당 직무를 수행하지 않거나 태만히 한 사실이 드러나면, 해당 사업주에 대해서는 안전보건관리책임자로 하여금 해당 업무를 실시하도록 하지 않은 것이 되어 과태료가 부과될 수 있다(산안법 제175조 제5항 제1호, 시행령 제119조 관련 별표 35). 사업주가 안전보건관리책임자로 하여금 업무를 총괄하여 관리하도록 하지 않은 경우 500만 원 이하의 과태료를 부과하도록 규정하고 있다.

2) 관리 감독자

'관리감독자'란 경영조직에서 산재예방활동을 촉진하기 위하여 생산과 관련되는 업무와 그 소속 직원을 직접 지휘·감독하는 부서의 장 또는 그 직위를 담당하는 자를 말한다(산안법 제16조). 사업주는 관리감독자로 하여금 직무와 관련된 안전·보건에 관한 업무로서 안전·보건 점검등 대통령령에서 정한 업무를 수행하도록 하여야 한다. 따라서, 관리감독자는 안전보건관리책임자의 지휘를 받아 사업장에서 해당 직무와 관련된 안전·보건상의 업무를 수행한다.[3] 이를테면, 건설사업의 경우에는 사업장을 총괄하는 현장소장이 안전보건관리책임자라면, 그 현장소장 아래의 안전팀장을 맡은 자가 관리감독자에 해당할 수 있다.

---

2) 건설업으로서 공사금액 20억원 이상이면 안전보건관리책임자를 선임할 의무가 있다.

3) 관리감독자는 작업현장을 실제로 관리감독하는 자로서, 작업반정이나 작업조장을 안정담당자로 지정하여 산업안전보건법상의 각종 안정조치업무를 수행한다. 관리감독자가 있는 경우에는 「건설기술 진흥법」 제64조제1항제2호에 따른 안전관리책임자 및 같은 항 제3호에 따른 안전관리담당자를 각각 둔 것으로 본다(산안법 제14조 제2항).

(2) 안전관리자와 보건관리자(스테프)

1) 안전관리자

안전관리자는 산업재해를 예방하기 위하여 사업주로부터 안전관리의 업무를 위임받아 수행하는 자를 의미한다(산안법 제17조). 사업주는 안전에 관한 기술적인 사항에 대하여 사업주 또는 관리책임자를 보좌하고 관리감독자에게 지도·조언을 하도록 사업장에 안전관리자를 두어야 한다(산안법 제17조제1항),

2) 보건관리자

보건관리자란 사업 또는 사업장에서 산업보건에 관한 분야의 전문지식을 가지고 보건관리업무를 수행하는 자를 말한다(산안법 제16조). 상시 근로자 50인 이상을 사용하는 사업장에는 사업장 규모에 따라 1인 이상의 보건관리자를 두어야 한다.4)

3) 산업보건의: 상시 근로자 50인 이상을 사용하는 사업

산업보건의란 근로자의 건강을 유지관리하기 위하여 산업현장에서 각종 질병을 예방하고 치료하는 업무에 종사하는 의사를 말한다(산안법 제22조).

4) 안전보건관리담당자(산안법 제19조): 소규모 사업장

안전보건관리담당자란 해당분야의 전문적인 지식을 가지고 사업 또는 사업장의 안전 및 보건에 관한 업무에 종사하는 자를 말한다. 종전에는 안전보건관리체제에서 안전보건관리담당자가 없었으나, 2016년 1월 산안법을 개정하면서 50인 이하의 사업장에 새로 도입한 제도이다5).

제62조(안전보건총괄책임자) ① 도급인은 관계수급인 근로자가 도급인의 사업장에서 작업을 하는 경우에는 그 사업장의 안전보건관리책임자를 도급인의 근로자와 관계수급인 근로자의 산업재해를 예방하기 위한 업무를 총괄하여 관리하는 안전보건총괄책임자로 지정하여야 한다. 이 경우 안전보건관리책임자를 두지 아니하여도 되는 사업장에서는 그 사업장에서 사업을 총괄하여 관리하는 사람을 안전보건총괄책임자로 지정하여야 한다.

② 제1항에 따라 안전보건총괄책임자를 지정한 경우에는 「건설기술 진흥법」 제64조제1항제1호에 따른 안전총괄책임자를 둔 것으로 본다.

③ 제1항에 따라 안전보건총괄책임자를 지정하여야 하는 사업의 종류와 사업장의 상시근로자 수, 안전보건총괄책임자의 직무·권한, 그 밖에 필요한 사항은 대통령령으로 정한다.

---

4) 다만, 상시 근로자 300명 미만을 사용하는 사업장에서는 보건관리자가 보건관리 업무에 지장이 없는 범위에서 다른 업무를 겸할 수 있다(산안법 시행령 제16조 제2항). 또한, 사업주가 경영하는 둘 이상의 사업장에 대하여 1명의 보건관리자를 공동으로 둘 수 있다. 같은 장소에서 이루어지는 도급사업에서 도급인인 사업주가 보건관리자가 선임하는 경우에는 수급인은 보건관리자를 선임하지 않을 수 있다.

5) 50인 이하의 사업장에서 전체 산업재해의 80% 이상이 발생함에도 불구하고 50인 미만 사업장은 안전보건관리책임자, 안전、보건관리자 선임의무가 없었기 때문에, 50인 미만 사업장의 산업재해를 예방하고자 본 제도가 도입된 것이다.2018년 9월 1일부터는 상시 근로자 30명 이상 50명 미만을 사용하는 사업장, 2019년 9월 1일부터는 상시 근로자 20명 이상 30명 미만을 사용하는 사업장으로 확대 적용된다.

5) 안전보건총괄책임자

: 도급회사와 수급회사의 근로자가 동일한 장소에서 작업을 수행하는 경우

안전보건총괄책임자라 함은 동일한 장소에서 행하여지는 사업에 있어 당해 근로자 및 수급인이 사용하는 근로자에 대한 산업재해의 예방을 총괄·관리하는 자를 의미한다. 건설현장과 같이 여러차례의 하도급이 이루어져 하나의 작업 장소에 도급인과 수급인의 근로자들이 혼재하는 경우에는 근로계약 관계가 복잡하기 때문에, 안전보건 조치의무 책임을 지는 사업주가 누구인지 그 책임소재를 가리는 것이 어렵다. 따라서, 산안법에서는 도급회사와 수급회사의 근로자가 동일한 장소에서 작업을 행하는 일부 도급사업의 경우에는 원청의 관리감독자 혹은 해당 사업 총괄책임자를 안전보건총괄책임자로 지정하여 원청 근로자뿐 아니라 수급인 하청업체 근로자들의 산업재해를 예방하기 위한 각종 안전보건조치를 행할 것 규정한 것이다.(산안법 제62조)

관련 문제 _ 산안전보건총괄책임자 지정업종

산안법 제18호 제1조 각호의 어느 하나에 해당하는 사업 중 대통령령으로 정하는 사업의 사업주는 그 사업의 관리책임자를 안전보건총괄책임자로 지정하여 자신이 사용하는 근로자와 수급인이 사용하는 근로자가 같은 장소에서 작업을 할 때에 생기는 산업재해를 예방하기 위한 업무를 총괄관리하도록 하여야 한다. 따라서, 다음의 ①과 ②의 사업 모두에 해당하여야 동법의 적용을 받는 안전보건총괄책자 지정업종에 해당한다.

① 산안법 제18조 제1항 각호의 사업

1. 사업의 일부를 분리하여 도급을 주어 하는 사업

2. 사업이 전문분야의 공사로 이루어져 시행되는 경우 각 전문분야에 대한 공사의 전부를 도급을 주어 하는 사업

② 대통령령으로 정하는 사업

수급인에게 고용된 근로자를 포함한 상시 근로자가 100명(선박 및 보트 건조업, 1차 금속 제조업 및 토사석 광업의 경우에는 50명) 이상인 사업 및 수급인의 공사금액을 포함한 해당 공사의 총공사금액이 20억원 이상인 건설업을 말한다

6) 안전보건조정자

: 건설공사 분리발주 도급 공사의 원청사업주(발주자)의 선임 의무

건설공사를 분리 발주하는 경우, 다수의 수급인이 사용하는 근로자가 하나의 장소에 혼재해 작업을 함으로써 안전사고의 시각지대가 발생할 위험성이 상존하다. 따라서, 발주자(원청 사업주)로 하여금 안전보건조정자를 두도록 함으로써 위험의 외주화를 방지하고 발주자에 대한 안전보건상의 책임 강화를 도모하고자 2017년 개정 산안법은 '안전보건조정자'제도를 신설하였다(산안법 제68조).

7) 명예산업안전감독관

명예산업안전감독관이란 산업현장에서 일하는 근로자와 노사단체 등의 산업재해 예방에 대한 관심을 고취하고 안전의식을 높이기 위한 근로자의 참여를 활성화하기 위한 제도를 말한다(산안법 제23조).

3. 안전상의 조치의무(→사례: 107)

(1) 의의

산업사회로의 진전은 산업재해의 발생을 증가시켰으며, 근로자의 안전과 보건에 대한 법적보호의 필요성이 대두되었다. 이에 현행 산안법은 사업장에서의 유해·위험을 예방하기 위한 조치로서 사업주 및 근로자의 의무를 규정하게 되었다.

(2) 사용자와 근로자의 기본의무

1) 사용자의 기본의무

사업주[6]는 산안법과 산안법에 따른 명령에서 정하는 산업재해 예방을 위한 기준을 지키며 해당 사업장 안전·보건에 관한 정보를 근로자에게 제공하고, 근로조건을 개선하여 적절한 작업환경을 조성함으로써신체적 피로와 정신적 스트레스 등으로 인한 건강장해를 예방함과 동시에 근로자의 생명을 지키고 안전 및 보건을 유지·증진시켜야 하며, 국가의 산업재해 예방시책에 따라야 한다. 이 경우 사업주는 이를 준수하기 위하여 **지속적으로 사업장유해 · 위험요인에 대한 실태를 파악하고 이를 평가하여 관리 · 개선**하는 등 필요한 조치를하여야 한다(산안법 제5조).

2) 근로자의 기본의무

근로자는 산안법과 동법에 따른 명령으로 정하는 기준 등 산업재해 예방에 필요한 사항을 지켜야 하며, 사업주 또는 근로감독관, 공단 등 관계자가 실시하는 산업재해 방지에 관한 조치에 따라야 한다(산안법 제6조).

(3) 안전·보건상의 조치의 내용

1) 법령 등 요지의 게시

사업주는 산안법과 산안법에 따른 명령의 요지를 상시 각 작업장 내에 근로자가 쉽게 볼 수 있는 장소에 게시하거나 갖추어 두어 근로자로 하여금 알게 하여야 한다(산안법 제11조 제1항).

2) 안전·보건표지의 부착

사업주는 사업장의 유해하거나 위험한 시설 및 장소에 대한 경고, 비상시 조치에 대한 안내, 그 밖에 안전의식의 고취를 위하여 고용노동부령으로 정하는 바에 따라 안전·보건표지를 설치하거나 부착하여야 한다. 이 경우「외국인근로자의 고용 등에 관한 법률」제2조에 따른 외국인근로자를 채용한 사업주는 고용노동부장관이 정하는 바에 따라 외국어로 보정표지와 작업안전 수칙을 부착하도록 노력하여야 한다(산안법 제12조).

---

6) 사업주는 근로기준법상의 사업주는 근로기준법상 사용자 중에서 근로계약의 당사자인 '사업주'를 의미한다. 즉, 개인 기업의 경우에는 '사업 경영주', 법인 기업의 경우에는 '법인'그 자체(법인의 대표자는 사업주가 아님)를 의미한다.

3) 안전·보건상의 조치

가. 안전조치

사업주는 사업을 할 때 ① 기계·기구, 그 밖의 설비에 의한 위험, ② 폭발성, 발화성 및 인화성 물질 등에 의한 위험, ③ 전기, 열, 그 밖의 에너지에 의한 위험을 예방하기 위하여 필요한 조치를 하여야 한다(산안법 제38조).

나. 보건조치

사업주는 사업을 할 때 가스·분진·방사선·소음·진동·이상기압·단순반복작업 등에 의한 건강장해를 예방하기 위하여 필요한 조치를 하여야 한다(산안법제24조).

다. 안전조치 의무 위반의 판단

안전보건조치 의무를 위반하였는지 여부는 **산업안전보건법령 및 시행규칙에서 개별 조항으로 정한 의무의 내용과 산재 발생 현장의 특성 등을 토대로 산업안전보건법의 입법 목적, 관련 규정이 사업주에게 안전보건조치를 부과한 구체적인 취지뿐 아니라 사업장의 규모와 해당 사업장에서 이루어지는 작업의 성격 및 이에 내재되어 있거나 합리적으로 예상되는 안전보건상 위험의 내용, 산업재해의 발생 빈도, 안전 보건조치에 필요한 기술 수준 등을 구체적으로 살펴** 규범 목적에 부합하도록 객관적으로 판단하여야 한다.(대법원 2021. 9. 30. 선고 2020도3996 판결)

라. 산안법 제38조 위반의 효과

. 산안법 제38조에 의한 안전상의 조치의무를 위반한 경우에는 5년 이하의 징역 또는 5천만원 이하의 벌금에 처한다(산안법 제67조제1호), 그러나 사망사고가 발생한 경우에는 제23조 및 제24조 위반에 대하여 7년 이하의 징역 또는 1억원 이하의 벌금에 처한다(산안법 제66조의2)

관련 문제 _ 산안법과 형법의 관계(중대재해처벌법의 시행)

산안법상 **안전·보건상 조치의무 등 위반죄**는 이른바 **위험형법** 영역으로서 **형법상 고의·과실을 따지지 아니하고** 산안법에 규정된 안전조치 등을 이행하지 않으면 성립되며, 형법상 과실치사죄(형법 제268조)보다 가중처벌된다는 특징이 있다. 법원도 이러한 산안법의 처벌규정의 가혹성을 인식하여 산안법상 규정의 적용을 엄격하게 판단하는 경향인 것으로 보여왔다. 이를테면, 산안법상의 안전조치의무를 위반하였다고 인정되기 위해서는 산안법규칙 에서 규정한 각 안전조치의무를 이행하지 않았음이 인정되어야 하고,설령 사업장에서 사망사고 등이 발생하는 경우라도 **산안법에서 규정한 각 안전규칙에 해당하지 않는 것을 이유로 사고가 발생하는 경우에는 산안법의 규정을 적용하여 처벌할 수 없다**는 입장이다.(대법원 2014.8.28. 선고 2013도3242 판결 등 참조) 즉,형법상 과실치사상죄가 성립하는 것은 별론으로 하고, 가혹한 산안법상 처벌은 피할 수 있다는 것이다.

그런데, 사업현장에서 발생하는 중대재해에 대한 경각심이 높아지면서 **2022년 1월 27일 중대재해처벌법이 시행**되기에 이르렀다. 중대재해처벌법은 결국 중대재해의 책임을 경영책임자에게 묻겠다는 것이 주된 입법 목적이다. 산안법은 원칙적으로 '사업장' 단위로 적용되기 때문에 사업장에 (이를테면) 안전보건총괄책임자를 선임하게 되면, 그가 사업장(현장)에서 발생한 사고에 대하여 책임을 부담하고, 대표이사와 같은 최고 경영책임자는 처벌할 수 없다는 처벌 공백이 발생하였다.(예: 대표이사는 산안법의 위반 행위자가 될 수 없다는 판례: 대법원 2016.12. 29. 선고 2016도16409 판결 등 참조) 따라서, **중대재해처벌법은 중대재해 방지를 위하여 대표이사를 비롯한 사업최고경영자들에게 형사책임을 물을 수 있도록 하기 의하여 입법화된 것이다.**

관련판례 대법원 2021. 9. 30. 선고 2020도3996 판결 안전조치 의무 위반의 판단

직산업안전보건법에서 정한 안전보건조치 의무를 위반하였는지는 **산업안전보건법 및 같은 법시행규칙에 근거한 「산업안전보건기준에 관한 규칙」의 개별 조항에서 정한 의무의 내용과 해당 산업현장의 특성 등을 토대로 산업안전보건법의 입법목적, 관련 규정이 사업주에게 안전보건조치를 부과한 구체적인 취지, 사업장의 규모와 해당 사업장에서 이루어지는 작업의 성격 및 이에 내재하여 있거나 합리적으로 예상되는 안전보건상 위험의 내용, 산업재해의 발생 빈도,안전보건조치에 필요한 기술 수준 등을 구체적으로 살펴 규범 목적에 부합하도록 객관적으로**

판단하여야 한다. 나아가 해당 안전보건규칙과 관련한 일정한 조치가 있었다고 하더라도 해당 산업현장의 구체적 실태에 비추어 예상 가능한 산업재해를 예방할 수 있을 정도의 실질적인 안전조치에 이르지 못하면 안전보건규칙을 준수하였다고 볼 수 없다. 특히 해당 산업현장에서 동종의 산업재해가 이미 발생하였던 경우에는 사업주가 충분한 보완대책을 세움으로써 산업재해의 재발 방지를 위해 안전보건규칙에서 정하는 각종 예방 조치를 성실히 이행하였는지 엄격하게 판단하여야 한다.

4) 고객의 폭언등으로 인한 건강장해 예방조치(감정노동자 건강장해 예방 조치)

2018년 개정 산안법에서는 이른바 '감정 노동자'의 보호를 위한 사업주의 보건상 조치의무가 입법되어 2018.10.18.부터 시행되고 있다. 고객의 폭언 등으로 인한 건강장해 예방조치(감정노동자 건강장해 예방조치)의 구체적인 내용은 다음과 같다.

① 고객의 폭언, 폭행, 적정범위를 벗어난 신체적 정신적 고통 유발행위 예방조치의무 (제1항)

사업주는 주로 고객을 직접 대면하거나 정보통신망을 통하여 상대하면서 상품을 판매하거나 서비스를 제공하는 업무에 종사하는 고객응대 근로자에 대하여 고객의 폭언, 폭행, 그 밖에 적정 범위를 벗어난 신체적·정신적 고통을 유발하는 행위로 인한 건강장해를 예방하기 위하여 고용노동부령으로 정하는 바에 따라 필요한 조치를 하여야 한다. 사업주가 취해야 할 고객의 폭언 등으로 인한 건강장해 예방조치의무의 내용은 다음과 같다.

㉠ 폭언 등을 하지 아니하도록 요청하는 문구 게시 또는 음성 안내

㉡ 고객과의 문제 상황 발생 시 대처방법 등을 포함하는 고객응대업무 매뉴얼 마련

㉢ 고객응대업무 매뉴얼의 내용 및 건강장해 예방 관련 교육 실시

㉣ 그 밖에 고객응대근로자의 건강장해 예방을 위하여 필요한 조치

② 고객의 폭언 등으로 건강장해의 발생 또는 발생우려가 있는 경우의 조치의무(제2항)

사업주는 고객의 폭언등으로 인하여 고객응대근로자에게 건강장해가 발생하거나 발생할 현저한 우려가 있는 경우에는 업무의 일시적 중단 또는 전환 등 다음과 같은 조치를 하여야 한다.

㉠ 업무의 일시적 중단 또는 전환, ㉡ 휴게시간의 연장, ㉢ 폭언 등으로 인한 건강장해 관련 치료 및 상담 지원, ㉣ 관할 수사기관 또는 법원에 증거물·증거서류를 제출하는 등 법 제26조의2제1항에 따른 고객응대 근로자 등이 같은 항에 따른 폭언등으로 인하여 고소, 고발 또는 손해배상 청구 등을 하는 데 필요한 지원

③ 불리한 처우의 금지

고객응대근로자는 사업주에게 법이 정한 조치를 요구할 수 있고 사업주는 고객응대근로자의 요구를 이유로 해고, 그 밖에 불리한 처우를 하여서는 아니 된다.

(쟁점) 중대재해 발생 시 사업주의 조치 등

1. 중대재해의 개념

중대재해'란 산업재해 중 사망 등 재해 정도가 심하거나 다수의 재해자가 발생한 경우로서 고용노동부령으로 정하는 ① 사망자가 1명 이상 발생한 재해, ② 3개월 이상의 요양이 필요한 부상자가 동시에 2명 이상 발생한 재해, ③ 부상자 또는 직업성 질병자가 동시에 10명 이상 발생한 재해를 말한다.(산안법 제2조 제2호, 시행규칙 제3조)

2. 중대재해 위험시 작업중지

(1) 사업주에 의한 작업중지

사업주는 산업재해가 발생할 급박한 위험이 있을 때 또는 중대재해가 발생하였을 때에는 즉시 작업을 중지시키고 근로자를 작업장소로부터 대피시키는 등 필요한 안전·보건상의 조치를 한 후 작업을 다시 시작하여야 한다(산안법 제51조).

(2) 근로자에 의한 작업중지

근로자는 산업재해가 발생할 급박한 위험이 있는 경우에는 작업을 중지하고 대피할 수 있고, .이때에는 지체 없이 그 사실을 바로 관리감독자 등에게 보고하고, 관리감독자자는 이에 대한 적절한 조치를 하여야 한다.(산안법 제52조 제2항) 사업주는 산업재해가 발생할 급박한 위험이 있다고 믿을 만한 합리적인 근거가 있을 때에는 제2항에 따라 작업을 중지하고 대피한 근로자에 대하여 이를 이유로 해고나 그 밖의 불리한 처우를 하여서는 아니된다(산안법 제52조 제3항).

3. 중대재해 발생 시 고용노동부장관의 작업중지 조치

고용노동부장관은 중대재해가 발생하였을 때 ① 중대재해가 발생한 해당 작업, ② 중대재해가 발생한 작업과 동일한 작업의 어느 하나에 해당하는 작업으로 인하여 해당 사업장에 산업재해가 다시 발생할 급박한 위험이 있다고 판단되는 경우에는 그 작업의 중지를 명할 수 있다.(산안법 제55조)

4. 현장보존 및 조사방해의 금지

고용노동부장관은 중대재해가 발생하였을 때에는 그 원인 규명 또는 예방대책 수립을 위하여 중대재해 발생원인을 조사하고, 근로감독관과 관계 전문가로 하여금 고용노동부령으로 정하는 바에 따라 안전·보건진단이나 그 밖에 필요한 조치를 하도록 할 수 있다. 따라서, 누구든지 중대재해 발생현장을 훼손하여 제4항의 원인조사를 방해하여서는 아니 된다(산안법 제56조 제5항). 현장을 훼손한 자에게는 1천만원 이하의 벌금에 처한다(산안법 제170조).

사례연습 107

산안법상 안전조치 의무 (대법원 2022.1.14. 선고 2021도15004 판결:출제유력)

상시 100인 이상을 사용하는 A회사는 총공시금액 30억의 플랜트 건설사업을 수주받아 현장소장으로 갑을 선임하였다. 현장소장 갑은 25톤급 이동식 크레인을 사용하여 작업하기로 작업계획서를 작성하였는데, 실제 사용될 크레인의 규격이 16톤급 이동식 크레인으로 변경되었다. 그런데, 갑은 작업 계획서를 새로 작성하지는 아니하였고, 25톤급 크레인을 기준으로 작성된 기존 작업계획서의 장비 위치와 동선, 중량물의 무게 및 그따른 위험예방대책 등을 이 사건 크레인의 규격에 맞게 조정하지 아니하였다. 갑은 크레인으로 철근 2톤을 들어 옮기다가 크레인 뒷바퀴가 들리는 것을 확인하여 위험을 인지하였지만, 크레인이 작업에 적합하다는 크레인 임대업체 담당자와 근로자 을이의 말을 신뢰하여 크레인의 적재하중을 파악하기 위해 제원표나 안전인증 합격필증을 확인하는 등의 조치는 취하지 않고 근로자 을로 하여금 적재하중을 초과하는 철근 인양작업을 지시하였는데, 결국 철근의 무게를 이기지 못하여 이동식 크레인이 전도되어 근로자 을에게 상해를 입혔다. 현장소장 갑의 산안법상 책임에 대하여 논하시오.

1. 쟁점의 정리

A회사는 30억의 플랜트 건설사업을 수주받아 현장소장으로 갑을 선임하였다. 선임된 현장소장 갑은 25톤급 이동식 크레인을 사용하여 작업하기로 작업계회서를 작성하였는데, 실제 사용될 크레인의 규격이 16톤급 이동식 크레인으로 변경되었음에도 작업계획서를 새로 작성하지는 아니하고 근로자 을로 하여금 적재하중을 초과하는 철근 인양작업을 지시하여 이동식 크레인이 전도되어 근로자 을에게 상해를 입혔다. 이러한 현장소장 갑의 산안법상 책임에 대하여 논하기 위해서는 먼저 산업안전보건관리 책임상 현장소장 갑의 지위가 무엇인 지 검토해야 할 것이다. 그리고, 사안에서는 갑의 안전조치의무 위반 여부가 문제될 것인데, 갑의 안전조치의무 위반을 검토하기 위하여 먼저 안전조치의무 위반에 대하여 살펴본 후, 안전조치 의무 판단의 기준은 어떠하고, 특히 사안에서 갑이 작업계획서를 수정하지 않거나 작업계획서에 따라 작업을 지시하지 않은 것이 산안법상 안전조치 의무위반과 어떠한 관련이 있는 지의 여부 등을 중심으로 살펴보도록 하겠다.

2. 갑의 산업안전보건관리 책임상의 지위

(1) 안전보건관리책임자의 의의

사업장안전보건체계에서 산업안전보건법령을 이행할 책임을 부담하는 자는 안전보건총괄책임자, 안전보건관리책임자, 관리감독자, 그리고 직접 작업을 하는 근로자인 바, 상시 근로자 100인 이상을 사용하는 사업과 상시 근로자 100인 미만을 사용하는 사업 중 고용노동부령이 정하는 사업의 사업주는 사업장에 '안전보건관리책임자'를 두어야 한다(산안법 제15조). 안전보건관리책임자는 실질적으로 사업장의 안전보건관리를 총괄 관리하는 권한과 책임을 가진 자라야 한다.

(2) 안전보건관리자의 업무의 내용

안전보건관리책임자는 안전관리자, 보건관리자 등 산업안전보건법상 관리체제에 있는 자를 지휘함과 동시에 다음 업무를 총괄 관리해야 한다.(산안법 제15조 제1항)

① 산업재해예방계획의 수립에 관한 사항.
② 안전보건관리규정의 작성 및 변경에 관한 사항.
③ 근로자의 안전 · 보건교육에 관한 사항.
④ 작업환경의 측정 등 작업환경의 점검 및 개선에 관한 사항.
⑤ 근로자의 건강진단 등 건강관리에 관한 사항.
⑥ 산업재해의 원인조사 및 재해방지대책의 수립에 관한 사항.
⑦ 산업재해에 관한 통계의 기록 · 유지에 관한 사항.
⑧ 안전 · 보건에 관련되는 안전장치 및 보호구 구입시의 적격품 여부 확인에 관한 사항.
⑨ 기타 산업안전보건법 제4장의 규정에 의한 근로자의 유해 · 위험 예방조치에 관한 사항으로서 노동부장관이 정하는 사항.

(3) 사안의 경우

상시 100인 이상을 사용하는 A회사는 총공시금액 30억의 플랜트 건설사업을 수주받았으므로 산업안전보건법상 안전보건관리 책임자를 선임할 의무를 부담하는 바, 따라서 갑은 현장소장으로서 산업안전보건법상의 안전보건관리 책임자의 지위에 있다고 판단된다. 따라서 갑은 안전보건책임자로서 산안법상 안전조치의무를 부담한다.

3. 산업안전법상 안전조치 위반 여부

(1) 안전조치의무의 의의

사업주는 사업을 할 때 기계·기구, 그 밖의 설비에 의한 위험, 폭발성, 발화성 및 인화성 물질 등에 의한 위험, 전기, 열, 그 밖의 에너지에 의한 위험을 예방하기 위하여 필요한 조치를 하여야 하는 바(산안법 제23조), 이를 사업주의 산안법상 안전조치의무라 한다. 안전조치의무의 구체적인 내용은 산안법 시행령 및 시행규칙에서 정하고 있는데, 안전조치 의무중에는 작업계획서의 작성이 포함된다.

(2) 안전조치 의무 위반의 판단

안전보건조치 의무를 위반하였는지 여부는 산업안전보건법령 및 시행규칙에서 개별 조항으로 정한 의무의 내용과 산재 발생 현장의 특성 등을 토대로 산업안전보건법의 입법 목적, 관련 규정이 사업주에게 안전보건조치를 부과한 구체적인 취지뿐 아니라 사업장의 규모와 해당 사업장에서 이루어지는 작업의 성격 및 이에 내재되어 있거나 합리적으로 예상되는 안전보건상 위험의 내용, 산업재해의 발생 빈도, 안전 보건조치에 필요한 기술 수준 등을 구체적으로 살펴 규범 목적에 부합하도록 객관적으로 판단하여야 한다.나아가 해당 안전보건규칙과 관련한 일정한 조치가 있었다고 하더라도 해당 산업현장의 구체적 실태에 비추어 예상 가능한 산업재해를 예방할 수 있을 정도의 실질적인 안전조치에 이르지 못하면 안전보건규칙을 준수하였다고 볼 수 없다(대법원 2021. 9. 30. 선고 2020도3996 판결)

(3) 작업계획서의 작성

사업주는 건물의 해체작압, 중량물의 취급작업 등 산업재해 발생 위험이 있는 작업에서 작업계획서를 작성하고 그 계획에 따라 작업을 하도록 하여야 하는 바(산안법 시행령 제38조), 작업 계획서를 작성하지 않거나 그 계획에 따라 작업하지 않은 자는 안전조치의무 위반에 따른 처벌을 받는다.

(4) 산안법 제38조 위반의 효과

산안법 제38조 위반으로 5년 이하의 징역 또는 또는 5천만원 이하의 벌금에 처한다(산안법 제67조제1호), 사망사고가 발생한 경우에는 제23조 및 제24조 위반에 대하여 7년 이하의 징역 또는 1억원 이하의 벌금에 처한다(산안법 제66조의2)

(5) 사안의 경우

사안에서 갑은 이 사건 사고 전날 25톤급 크레인을 기준으로 한 작업계획서를 작성하였는데, 실제 사용될 크레인의 규격이 변경되었다는 사정을 알면서도 그에 맞추어 작업계획서를 새로 작성하지 않을 뿐 아니라, 이 사건 크레인으로 철근 2톤을 들어 옮기다가 크레인 뒷바퀴가 들리는 것을 확인하여 위험을 인지하고도 크레인 임대업체 담당자와 근로자 을의 의견을 신뢰하여 크레인의 적재하중을 파악하기 위해 제원표나 안전인증 합격필증을 확인하는 등의 조치도 취하지 아니하였는 바, 이는 산안법상 안전조치 의무 위반에 해당한다.

4. 결론

갑은 현장소장으로서 산업안전보건법상의 안전보건관리 책임자로서 산안법상 안전조치의무를 부담하는 바, 사안에서 갑은 작업계획서를 변경하거나 새로 작성하지 아니하였을 뿐 아니라, 필요한 안전조치를 취하지 아니하여 근로자 을에게 상해를 입혔다. 따라서, 갑은 산안법 제38조 위반으로 5년 이하의 징역 또는 5천만원 이하의 벌금의 처벌을 받게 될 것이다.

제14장 고용보험법

1. 서설

(1) 고용보험제도의 의의

고용보험제도란 근로자가 실직한 경우에 생활안정을 위하여 일정기간 동안 일정수준의 실업급여를 지급하는 종래의 전통적인 실업보험사업과 함께 취업희망자에 대한 적극적인 취업알선을 통한 재취업의 촉진과 근로자의 직업안정, 그리고 고용구조개선을 지원하는 고용안정사업 및 직업능력개발사업 등 실업의 예방을 위한 적극적이고 종합적인 고용정책관련 사업을 하나의 체계 내에서 상호관련적으로 실시하는 제도를 말한다.(고용보험법 제1조 참조)

(2) 고용보험제도와 사회보장제도의 구별

고용보험제도는 사회보장제도와는 그 성격 및 차원을 달리하는 제도이다. **사회보장법**은 헌법상의 생존권적 기본권에 근거한 제도로서 구체적으로는 우리 **헌법 제34조 1항 및 2항**에 그 규범적 근거를 두면서 근로자를 포함한 전체 국민의 생활보장을 위하여 국가가 포괄적인 책임주체로서 기능하는 것임에 비하여, **고용보험법**은 기본적으로 **헌법 제32조의 근로의 권리**에 기초하는 제도이다. 따라서 고용보험법상의 실업 또는 실직의 위험이라는 개념은 사회보장법상의 포괄적인 생활위험 내지 생활장애라는 의미로서가 아니라, 근로관계와의 관계하에서 그 구체적인 내용이 형성된다. 즉, 고용보험법에 있어서는 단순히 실업자 내지 추상적 국민 전체가 그 대상이 아니라 근로관계에 있는 근로자를 규율대상으로 파악한다. 따라서 이 법은 1차적으로는 취업중인 근로자의 고용안정을 촉진하며, 부득이 실업이 되더라도 2차적으로 실업급여를 지급하고 재취업을 촉진하는 것을 그 목적으로 한다.

(3) 고용보험사업

고용보험사업은 **고용안정 · 직업능력개발사업, 실업급여사업, 모성보호사업**으로 구분된다. 첫째, **고용안정 · 직업능력개발사업**은 근로자를 해고시키지 않고 고용을 유지하거나 구조조정으로 인한 실직자를 채용하여 고용을 늘리는 사업주에게 소요비용을 지원함으로써 고용안정을 유지할 수 있도록 해주는 동시에 근로자의 직업능력개발을 위하여 훈련을 실시하는 사업주 또는 근로자에게 당해 훈련을 위하여 부담한 비용을 지원해주는 사업이다. 둘째, **실업급여사업**은 산업구조조정, 조직 및 기구 축소 등 기업사정으로 인해 불가피하게 실직하는 근로자에게 생활안정 및 재취직을 촉진할 수 있도록 지원해준다. 셋째, **모성보호사업**은 모성보호와 일·가정을 양립할 수 있도록 국가가 필요한 정책과 그에 수반하는 재정적 지원을 마련하는 역할을 수행한다. 구체적으로는 육아휴직급여 및 출산전후휴가급여가 있다.

2. 고용안정·직업능력개발사업

1) 의의

고용노동부장관은 **경기의 변동, 산업구조의 변화 등에 따른 사업규모의 축소, 사업의 폐지 또는 전환으로 인하여 고용조정이 불가피하게 된 경우**, 고용보험의 피보험자 및 피보험자였던 자의 실업의 예방, 취업의 촉진, 고용기회의 확대, 직업능력개발·향상의 기회 제공 및 지원, 그 밖의 고용안정과 사업주에 대한 인력확보를 지원하기 위하여 **고용안정직업능력개발사업**을 실시한다(고보법 제19조 제1항).

2) 고용안정사업의 내용

고용안정사업은 ① 고용조정지원사업, ② 지역고용촉진의 촉진사업, ③ 고령자 등의 고용촉진사업, ④ 고용촉진시설에 대한 지원사업 등이 있다. **고용조정지원사업**은 산업구조의 조정과정에서 불가피하게 발생하는 잉여인력을 감원하지 아니하고 근로시간 단축, 휴업, 훈련 등을 실시하여 계속 고용하는 경우 지원함으로써 근로자의 고용 및 임금의 안정을 동시에 도모하기 위한 것이다. **지역고용촉진사업**은 산업구조의 변화 등에 따라 특정지역 또는 특정업종에서의 고용사정이 현저히 악화되어 당해 지역의 사회불안이 야기되고 있는 경우 등에 당해 지역의 고용을 촉진·장려함으로써 고용안정을 도모하기 위한 것이다. 고용안정사업에서는 그밖에도 고용촉진을 위한 채용장려금, 재고용장려금, 장기실업자·고령자·여성 등 취직 곤란 자에 대하여 고용을 촉진하기 위한 고용촉진장려금제도, 탁아시설 등 각종 고용촉진시설에 대한 지원사업과 건설근로자 퇴직공제부금지원제도를 두고 있다.

3) 고용유지지원제도

가 의의

고용유지 지원제도는 경기침체에 따른 산업구조의 조정과정에서 예상되는 심각한 고용불안을 해소하고, 사업주가 인력을 감축하지 않고 고용을 유지할 수 있도록 지원하는 제도이다.

나. 고용유지 지원제도의 지원요건

생산량 감소, 재고량 증가 등으로 고용조정이 불가피하게 된 사업주가 사전에 고용유지조치계획서를 고용지원센터에 제출한 후 일시휴업·직업훈련·휴직·인력재배치 등 고용유지조치를 실시하고 **그 기간 동안 근로자에게 임금 및 수당을 지급**하며, 고용유지조치 기간과 그 후 1개월 동안 당해 사업장 소속 근로자를 고용조정으로 이직시키지 않아야 한다.

다. 지원대상 고용유지조치의 종류

① 휴업: 1개월의 단위기간 동안 사업장의 휴업규모율이 20% 를 초과하는 휴업을 실시하고, 휴업수당을 근로자에게 지급한다.

② 훈련: 고용유지조치 대상자에게 1일 4시간, 총 12시간 이상의 적합한 직업훈련을 실시한다.

③ 휴직 고용유지조치 대상자에게 1개월 이상의 유·무급휴직을 실시한다.

④ 인력재배치 : 시설·설비를 새로이 설치하거나 정비하고 새로운 업종으로 사업을 전환하여 기존 사업장에 종사하던 근로자의 50% 이상을 전환업종에 재배치한다.

3. 실업급여

1) 의의

근로자가 근로의 기회를 상실하여 '실업'이라고 하는 보험사고가 발생한 때에는 보험자인 정부는 피보험자인 근로자에게 실업급여를 지급한다. 실업급여는 **구직급여와 취업촉진수당**으로 크게 구별되는 바(고보법 제37조 제1항), 실업급여를 지급 받고자 하는 이직자는 이직 후 지체 없이 거주지를 관할하는 직업안정기관에 출석하여 실업을 신고하여야 한다(고보법 제33조).

2) 실업급여의 요건

근로자가 실업하고 있는 경우, 법률이 정한 일정한 요건을 구비하고 있는 자에게는 고용보험의 실업급여를 수급할 수 있는 바, 여기서 '실업'이라 함은 근로자(피보험자)가 이직하여 근로의 능력 및 의사를 가지고 있음에도 불구하고 취업하지 못한 상태에 있는 것을 말한다(고보법 제2조 제3호). 즉 법률상 실업으로 인정되기 위해서는 ① **근로하다 경영상 해고, 권고사직, 계약기간만료 등 불가피한 사유로 직장을 이직한 근로자로서 ② 근로의 의사와 능력을 가지고 적극적으로 구직활동을 할 것 ③ 이직 전 18월간에 피보험단위기간이 총산하여 180일 이상이며 수급기간내의 자일 것(이직일로부터 12개월내) ,④ 구직 신청을 하였을 것 ⑤ 법 제45조의 수급자격의 제한사유**[1]**에 해당하지 않을 것**이라는 요건을 갖추어야 한다(고보법 제2조 제4호, 고보법 제40조 제1항 제4호)..

3) 실업급여의 종류

실업급여의 종류는 크게 **구직급여와 취업촉진수당**으로 구성되며, 후자는 조기재취업수당, 직업능력개발수당, 광역구직활동비, 이주비가 포함된다(고보법 제37조 제2항). **구직급여의 산정기초가 되는 임금일액**(기초일액)은 수급자격과 관련된 최종 이직 일을 기준으로 근로기준법 제2조 1항 6호의 규정에 의하여 산정된 **평균임금**으로 한다.(고보법 제45조 제1항). 다만, 이와 같이 산정된 급여 기초 임금일액이 당해 근로자의 통상임금보다 낮을 경우에는 그 통상임금을 기준으로 한다 (고보법 제41조 제1항 본문). **조기재취업수당**은 실직자의 실직기간을 최소화시키고 안정된 직장에 조기에 재취직을 장려하기 위한 인센티브제도로서 미지급금액의 1/2을 조기재취업수당으로 하여 일시금으로 지급한다.

4) 피보험자격의 심사

고용보험법 제17조의 규정에 의한 피보험자격의 취득과 상실에 대한 확인 또는 실업급여에 대한 처분에 이의가 있는 자는 고용보험심사관에게 심사를 청구할 수 있고, 그 결정에 이의가 있는 자는 고용보험심사위원회에 재심사를 청구할 수 있다. 심사의 청구는 그 확인 또는 처분이 있음을 안 날로부터 90일 이내에, 재심사의 청구는 심사청구에 대한 결정이 있음을 안 날로부터 90일 이내에 각각 청구하여 야 한다(고보법 제87조 제1항).

---

1) 이직사유에 따른 수급자격의 제한(법 제45조) 1. 피보험자가 자기의 중대한 귀책사유로 해고되거나, 정당한 사유없는 자기사정으로 이직한 경우에는 수급자격이 불인정 되며 2. 중대한 귀책사유, 정당한 사유 없는 자기사정의 유무에 대한 인정 기준은 노동부령이 정하도록 함

4. 모성보호급여

1) 의의

우리나라의 노동법은 근로기준법과 남녀고용평등법에 여성근로자들이 직장생활과 가정생활을 양립시킬 수 있도록 대표적으로 육아휴직제도와 출산전후휴가제도규정을 두고 있으며, 고용보험법은 근로자가 남녀고용평등법 제19조에 의한 육아휴직을 부여받은 경우와 남녀고용평등법 제18조에 의하여 근로기준법 제74조에 의한 산전후휴가를 부여받은 경우에 소정의 급여를 지급하도록 규정하고 있다.

2) 육아휴직 급여(→사례: 108)

사용자는 근로자가 만 8세 이하 또는 초등학교 2학년 이하의 자녀(입양한 자녀를 포함한다)를 양육하기 위하여 육아휴직을 신청하는 경우에 이를 허용 하여야 하는 바(고평법 제19조 제1항), 육아휴직급여는 육아휴직 개시일 이전에 피보험단위기간이 180일 이상인 피보험자가 30일 이상의 유급휴직을 부여받은 경우에 지급한다(고보법 제70조 제1항).육아휴직 급여를 지급받으려는 사람은 육아휴직을 시작한 날 이후 1개월부터 육아휴직이 끝난 날 이후 12개월 이내에 신청하여야 한다. 다만, 해당 기간에 대통령령으로 정하는 사유로 육아휴직 급여를 신청할 수 없었던 사람은 그 사유가 끝난 후 30일 이내에 신청하여야 한다.(고보법 제70조 제2항)

3) 육아기 근로시간 단축급여

사업주는 육아휴직을 신청 할 수 있는 근로자가 육아휴직 대신 근로시간의 단축(육아기 근로시간 단축)을 신청하는 경우 주당 15시간 이상 35시간 이하의 시간을 정하여 이를 허용할 수 있다(고평법 제19조의 2). 육아기 근로시간 단축 급여는 육아기 근로시간 단축을 시작한 날 이전에 피보험단위기간이 180일 이상인 피보험자가 30일 이상의 육아기 근로시간 단축을 실시한 경우에 육아휴직 급여액에서 단축된 시간에 해당하는 비율을 곱한 금액을 지급한다(고평법 제73조의 2).

3) 출산전후휴가급여

출산전후휴가급여는 전체 90일의 휴가기간 중 최초 60일은 사용자가 유급으로 통상임금을 지급하고 나머지 30일은 근로자부담의 무급휴가인 것이 원칙이다. 다만 기업의 규모를 고려하여 고용보험기금에서 사업주와 근로자에게 각각 일정한도까지 임금을 지원한다. 즉, 근로기준법 제74조의 규정에 의하여 출산전후휴가 또는 유산·사산휴가를 사용하는 고용보험의 피보험자인 근로자가 휴가종료일을 기준으로 피보험 단위기간이 180일 이상이며, 휴가종료일로부터 12개월 이내에 신청한 경우에 출산전후휴가 급여가 지급된다.

4) 소멸시효(→사례: 108)

고용보험법 제3장부터 제5장까지의 규정에 따른 지원금·실업급여·육아휴직 급여 또는 출산전후휴가 급여 등을 지급받거나 그 반환을 받을 권리는 3년간 행사하지 아니하면 **시효로 소멸한다.** 다만, 보험료징수법 제22조의3에 따라 고용보험료를 면제받는 기간 중에 발생하는 사업주의 제3장에 따른 지원금을 지급받을 권리는 보험에 가입한 날이 속하는 그 보험연도의 직전 보험연도 첫날에 소멸한 것으로 본다.(고평법 제107조).

사례연습 108

육아휴직급여 산정과 소멸시효 (대법원 2021. 6. 3. 선고 2015두49481 판결[2]) : 출제유력)

근로자 갑은 X 근로복지공단에서 근무하다가 1년 동안(2010. 11. 15.~2011. 11. 14.) 육아휴직을 하였다. 갑은 사용자인 A지청장에게 육아휴직급여를 신청했는데, 당시의 육아휴직급여액은 '월 통상임금의 40%'를 매월 지급하되 그 상한액은 '월 100만 원'이다(예컨대, 월 통상임금이 250만 원 이상인 근로자는 상한액인 월 100만 원의 육아휴직급여를 받게 된다). A지청장은 '갑이 받은 기본급과 자격증수당만 통상임금에 해당한다.'며, 육아휴직급여 12개월분으로 총 8,198,720원(월 평균 683,227원)을 지급하였다. 육아휴직이 끝난 날로부터 약 2년 2개월이 지난 2014. 1. 3.갑은 '상여금(연 600%), 장기근속수당, 급식보조비, 교통보조비 등도 통상임금에 해당한다.'며 이를 기초로 재산정한 육아휴직급여와 이미 지급받은 급여와의 '차액'을 달라고 A지청장에게 신청하였다. 그러나 A지청장은 육아휴직급여 전액이 제대로 지급되었을 뿐 아니라, 육아휴직급여를 지급받기 위해서는 육아휴직이 끝난 날 이후 12개월 이내에 신청하여야 하는데, 해당 기간을 경과하여 한 육아휴직급여 신청은 부적법하다고 주장하고 있다. 이러한 A지청장의 주장은 적법한가?(단, 사안에서 근로자 갑이 주장하는 통상임금액 산정에 관한 주장은 적법한 것으로 전제한다.)

[구 고용보험법]

제70조(육아휴직 급여)

① 고용노동부장관은 「남녀고용평등과 일·가정 양립 지원에 관한 법률」 제19조에 따른 육아휴직을 30일(「근로기준법」 제74조에 따른 출산전후휴가기간과 중복되는 기간은 제외한다) 이상 부여 받은 피보험자 중 다음 각 호의 요건을 모두 갖춘 피보험자에게 육아휴직 급여를 지급한다.

1. 육아휴직을 시작한 날 이전에 제41조에 따른 피보험 단위기간이 통산하여 180일 이상일 것

2. 같은 자녀에 대하여 피보험자인 배우자가 30일 이상의 육아휴직을 부여 받지 아니하거나 「남녀고용평등과 일·가정 양립 지원에 관한 법률」 제19조의2에 따른 육아기 근로시간 단축(이하 "육아기 근로시간 단축"이라 한다)을 30일 이상 실시하지 아니하고 있을 것

② 제1항에 따른 육아휴직 급여를 지급받으려는 사람은 육아휴직을 시작한 날 이후 1개월부터 육아휴직이 끝난 날 이후 12개월 이내에 신청하여야 한다. 다만, 해당 기간에 대통령령으로 정하는 사유로 육아휴직 급여를 신청할 수 없었던 사람은 그 사유가 끝난 후 30일 이내에 신청하여야 한다.

제107조(소멸시효)

① 제3장부터 제5장까지의 규정에 따른 지원금·실업급여·육아휴직 급여 또는 출산전후휴가 급여 등을 지급받거나 그 반환을 받을 권리는 3년간 행사하지 아니하면 시효로 소멸한다. 다만, 보험료징수법 제22조의3에 따라 고용보험료를 면제받는 기간 중에 발생하는 사업주의 제3장에 따른 지원금을 지급받을 권리는 보험에 가입한 날이 속하는 그 보험연도의 직전 보험연도 첫날에 소멸한 것으로 본다.

1. 쟁점의 정리

사안에서 갑의 육아휴직급여 차액 청구에 대하여 A지청장은 육아휴직급여를 지급받기 위해서는 육아휴직이 끝난 날 이후 12개월 이내에 신청하여야 하는데, 해당 기간을 경과하여 갑의 육아휴직

급여 신청은 부적법하다고 주장하고 있는 바, 이러한 A지청장의 주장이 적법한 지 여부는 결국육아휴직이 끝난 날로부터 약 2년 2개월이 지난 시점에 근로자 갑이 육아휴직급여 차액을 신청한 것이 고용보험법 제70조 제2항의 육아휴직급여 신청기간(육아휴직이 끝난 날 이후 12개월이내)과 동법 제107조 제1항의 육아휴직급여를 받을 권리의 소멸시효(3년) 중에 어떤 규정을 적용할지의 문제로 귀결될 것이다. 이하에서는 먼저 사회보장수급권의 신청기간의 법적 성격에 대하여 먼저 살펴본 후, 특히, 고용보험법 제70조 제2항은 신청기간의 법적 성질이 제척기간인지 혹은 소멸시효인지 검토한 후, 갑이 육아휴직급여 차액을 신청한 것이 고용보험법 제70조 제2항과 동법 제107조 제1항 중에 어떤 규정을 적용해야 하는지 살펴보도록 한다.

2. 사회보장수급권 신청기간의 법적 성격

'사회보장수급권'은 법령의 규정에 의하여 곧 바로 구체적인 권리가 발생하는 것이 아니라, 관계법령에서 정한 절차, 방법, 기준에 따라 관할 행정청에 지급 신청을 하여 관할 행정청이 지급결정을 하면 그때 비로소 구체적인 수급권으로 전환된다. 이와 같은 사회보장수급권의 실현은 추상적 형태의 권리와 구체적 형태의 권리로 나뉘는 바, 각각의 권리행사는 그 목적과 방법이 서로 다르므로 결국 이는 입법자가 각각의 권리행사기간을 결정할 사항에 해당한다. 일반적으로 추상적 권리에 대해서는 제척기간으로, 그리고 구체적인 권리에 대해서는 소멸시효로 것으로 보는 것이 타당하다는 것이 대법원의 입장이다(대법원 2021. 6. 3. 선고 2015두49481 판결).

3. 고용보험법 제70조 제2항의 법적 성격과 근로자 갑의 청구권

(2) 육아휴직급여청구권의 법적 성격

육아휴직급여를 받을 권리는 법령에 의하여 직접 발생하는 것이 아니라, 급여를 받으려고 하는 사람이 신청서에 소정의 서류를 첨부하여 관할 직업안정기관의 장에게 제출하고, 관할 직업안정기관의 장이 육아휴직급여의 요건을 갖추었는지, 급여 지급 제한의 사유가 있는지 등을 검토한 후 급여 지급결정을 함으로써 비로소 구체적인 권리가 발생하는 것이라고 보아야 하므로. 육아휴직급여 신청권은 추상적권리에 해당한다는 것이 대법원의 입장이다.(대법원 2021. 6. 3. 선고 2015두49481 판결).

(3) 사안의 경우

고용보험법 제70조 제2항은 육아휴직급여에 관한 법률관계를 조속히 확정시키기 위한 강행규정이라 할 것이고, 육아휴직급여 신청권은 추상적권리에 해당히므로 육아휴직급여청구권은 제척기간으로 보는 것이 타당하다.(대법원 2021. 6. 3. 선고 2015두49481 판결). 따라서, 육아휴직급여를 지급받기 위해서는 육아휴직이 끝난 날 이후 12개월 이내에 신청하여야 하고, 이 기간은 제척기간이므로, 만일 본 사안에서의 근로자 갑의 청구를 육아휴직급여의 청구로 보는 경우에는 갑의 청구는 제척기간을 경과하였으므로 부적법하다 할 것이다.

4. 고용보험법 제107조 제1항의 법적 성격과 근로자 갑의 청구권

(1) 고용보험법 법규정

고용보험법 제3장부터 제5장까지의 규정에 따른 지원금·실업급여·육아휴직 급여 또는 출산전후휴가 급여 등을 지급받거나 그 반환을 받을 권리는 3년간 행사하지 아니하면 시효로 소멸한다. 다만, 보험료징수법 제22조의3에 따라 고용보험료를 면제받는 기간 중에 발생하는 사업주의 제3장에 따른 지원금을 지급받을 권리는 보험에 가입한 날이 속하는 그 보험연도의 직전 보험연도 첫날에 소멸한 것으로 본다.(고평법 제107조).

(2) 사안의 경우

고용보험법 제107조 제1항은 고용보험법상 급여 등을 지급받거나 그 반환을 받을 권리는 3년간 행사하지 않으면 '시효'로 소멸한다고 규정되었으므로 본 조항의 급여 청구권은 이미 구체적으로 발생한 구체적 청구권의 행사기간인 소멸시효에 해당한다. 따라서, 근로자 갑이 A지청장으로부터 지급 받은 육아휴직급여가 정당한 급여액에 미치지 못하는 경우의 육아휴직급여 '차액'은 고용보험법 제107조 제1항의 소멸시효인 3년 이내에 청구할 수 있다 할 것이다.

5. 결론

고용보험법 제70조 제2항의 육아휴직급여 신청기간은 강행규정이므로, 근로자 갑은 육아휴직이 끝난 날부터 12개월 이내에 육아휴직급여를 신청해야 한다 그러나, 근로자 갑이 받은 육아휴직급여가 정당한 급여액에 미치지 못하는 경우의 육아휴직급여 '차액'은 이미 구체적으로 발생한 권리를 행사하는 것이므로 소멸시효로 보는 것이 타당하다. 따라서, 근로자 갑의 육아휴직급여 '차액'은 고용보험법 제107조 제1항의 소멸시효인 3년 이내에 청구할 수 있으므로, A지청장의 주장은 적법하지 않다.

관련판례 대법원 2021. 6. 3. 선고 2015두49481 판결 육아휴직 청구권의 법적 성격

1. **공법상 각종 급부청구권**은 행정청의 심사 · 결정의 개입 없이 법령의 규정에 의하여 **직접 구체적인 권리가 발생하는 경우**와 관할 행정청의 심사 · 인용결정에 따라 **비로소 구체적인 권리가 발생하는 경우**로 나눌 수 있다. 이러한 두 가지 유형 중 어느 것인지는 관계 법령에 구체적인 권리의 존부나 범위가 명확하게 정해져 있는지, 행정청의 거부결정에 대하여 불복절차가 마련되어 있는지 등을 종합하여 정해진다. 그중 **사회보장수급권**은 법령에서 실체적 요건을 규정하면서 수급권자 여부, 급여액 범위 등에 관하여 행정청이 1차적으로 심사하여 결정하도록 정하고 있는 경우가 일반적이다. 이 사건 육아휴직급여 청구권도 관할 행정청인 직업안정기관의 장이 심사하여 지급결정을 함으로써 비로소 구체적인 수급청구권이 발생하는 경우로 앞서 본 후자의 유형에 해당한다.

2. 즉, 사회보장수급권을 구체적 형태의 권리로 전환하여 달라는 취지에서 행사하는 '**신청권**'과 구체적 형태의 권리로 전환된 급여액을 지급하여 달라는 취지에서 행사하는 '**청구권**'은 성질상 동일하지 않기 때문에, 이를 달리 규율하는 것이 공법상 권리행사기간 규정 체계에 부합한다.

3. 구 고용보험법은 육아휴직급여 청구권의 행사에 관하여 이 사건 조항에서는 **신청기간**을 규정하고, 이와 별도로 제107조 제1항에서는 육아휴직급여 청구권의 **소멸시효기간**을 규정하고 있다. 이 사건 조항은 통상적인 '제척기간'에 관한 규정 형식을 취하고 있는 반면, 제107조 제1항은 소멸시효에 관한 규정임을 명시하고 있다. 이러한 점으로 볼 때, 이 사건 조항과 제107조 제1항은 사회보장수급권의 권리행사기간에 관한 입법 유형 중 첫째 유형에 해당하는 경우로서, 뒤에서 보는 바와 같이 이 사건 조항에서 정한 신청기간은 추상적 권리의 행사에 관한 '**제척기간**'이라고 봄이 타당하다.

2) 본 사례의 사실관계는 대법원 2021. 6. 3. 선고 2015두49481판결을 기초로 하여 변형하였음

공인노무사 김성권

고려대학교 법과대학 법학과 졸업하고 고려대학교 노동 대학원에 수석으로 입학하여 노동법을 전공하였다. 대한민국 최대의 노무법인으로 알려진 노무법인 유앤의 수석 노무사 출신으로서 현재 대명노동법률사무소 대표인 김성권노무사는 외투기업 전문 노무사로서 인도의 타타 그룹 및 그 계열사를 비롯하여 미국, 독일, 프랑스, 스위스, 싱가폴, 홍콩 등의 기업을 자문하였고 영국 런던 왕립 우취협회(RPSL)정회원,국제노동법포럼(ILF) 대한민국 대표로 활동 중이다. 특히, 2018년에는 미국 University of Minnesota(아이비리그) 초빙 강의로 대한민국 노동법을 소개하기도 하였다.
중앙법률사무교육원(인사노무법률 전임교수) 및 커넥츠 노무사단기(노동법전임교수)에서 인사노무법률 및 노동법 전임 교수로 있는 김성권 노무사는 한국공인노무사회 및 공인행정사협회 등 전문자격사 협회 등에서 공인노무사 연수교육 및 행정사 연수교육 등을 맡았으며, 삼성생명, 교보생명, 미래에셋투자 증권을 비롯한 많은 기업에서 강의하였다.

[주요저서]
- 통합 노동법 강의
- 통합 노동법 요론
- 통합 노동법 사례연습
- 통합 노동법 쟁점 및 사례
- 노동법I 쟁점과 사례연습
- 노동법II 쟁점과 사례연습
- 단체협상 가이드북
- 미국의 부당노동행위제도 연구
- 근로자를 위한 임금체불 구제 실무
- 채용에서 퇴직까지, 인사노무관리 매뉴얼 및 해설
- 영미법상 금반언의 원칙과 노동법상 강행규정의 관계